JN440888

刑 法 總 論

[第 15 訂版]

任　　雄
金 成 圭
朴 成 敏

共著

法 文 社

Strafrecht

Allgemeiner Teil
15. Auflage

von

Prof. Dr. Woong YIM
Prof. Dr. Seong Gyu KIM
Prof. Dr. Sung Min PARK

2025
Bobmun Sa
Paju Bookcity, Korea

第15訂版　序文

본서는 매년 증보(增補)를 원칙으로 개정작업을 진행하고 있는데, 제15정판이 나오기까지는 1년 6개월이 걸렸다. 낡고 허물어진 집을 보수하는 심정으로 매년 공을 들이고 있고 저자들이 들이는 품에도 해마다 차이는 없다. 그런데도 약속한 공기(工期)를 맞추지 못하는 데는 나름의 부득이한 사정이 있음을 독자들께서 이해해 주셨으면 한다.

이번 개정작업에서도 법률의 제·개정사항을 반영하고 법원의 주요 판례를 보완하는 데 집중하였다. 2024. 6. 27. 친족간 재산범죄에 대해 형을 면제하는 형법 제328조 제1항에 대해 헌법불합치 결정이 있었다. 인적처벌조각사유의 주요 예시로 거론되던 본 규정에 대해 헌법재판소가 위헌취지의 결정을 함에 따라 본문에서도 이를 반영하였다. 또한 형벌론을 중심으로 해외 입법례에 대한 보완작업을 진행하였다. 외국 형법의 제·개정 상황을 확인하는 데 공을 들이는 것은, 그 과정에서 우리 형법의 과거를 반추(反芻)하고 현재를 통찰한 다음 미래를 설계할 수 있기 때문이다. 일례로 2025. 6. 시행된 일본 형법은 징역형과 금고형을 구금형으로 통일함에 따라 자유형의 단일화에 접근하고 있는데, 최근 우리 형법학계에서도 이에 대한 노력이 있어 그 귀추가 주목된다.

그 밖에도 2025년에는 결과적 가중범의 미수범을 부정하는 취지의 대법원 전원합의체판결이 있었다. 종전 우리 법원의 태도를 유지하는 취지의 판결임에도 서경환, 권영준 두 대법관의 반대의견이 주목할 만하여 이를 본문에 소개하였다. 소소한 개정작업을 모두 반영하는 것은 어렵지만, 저자들이 본서의 행간을 꼼꼼하게 살피면서 그 흠을 메꾸어 나가고 있음을 독자들께서 알아주셨으면 하는 바람뿐이다.

마지막으로 20여 년 동안 한결같이 본서의 편집작업에 정성을 들이고 있는 법문사 편집부의 김용석 차장과 출간작업에 힘써 주고 있는 기획영업부의 유진걸 과장에게 깊은 감사의 마음을 전한다.

2025년 8월

임 웅

第14訂版　序文

저자가 교단에서 정년퇴임을 한 지 꼭 10년이 되었다. 그동안 형법총론과 각론의 개정작업을 혼자서 해오다가, 이제는 제자들과 공동작업으로 하는 것이 저자의 나이에 걸맞는다고 판단되어, 14정판부터는 공저로 출간하기로 했다. 한국외국어대학교 법학전문대학원의 김성규 교수와 경상대학교 법과대학의 박성민 교수 등 2인의 제자가 총론의 개정작업에 합류하였다. 실력있는 학자들이니만큼, 앞으로의 개정판이 '靑出於藍而靑於藍'하기를 바라는 마음이 간절하다.

형법총칙에 있어서는 제77조 '형의 시효'가 적용되는 형벌 중에서 '사형'을 제외시킨 2023. 12. 22.의 형법개정(2024. 2. 9. 시행)이 의미가 있다.

형사판례에 있어서는 한시법의 추급효 인정여부에 관하여 이른바 '동기설'을 채택하고 있었던 종전의 판례를 변경한 대법원 전원합의체판결(대판 2022. 12. 22, 2020 도 16420)이 주목된다.

빠듯한 일정 가운데에서도 차질없이 편집을 완료해준 법문사 편집부의 김용석 차장과 출간작업을 성실하게 뒷받침해준 기획영업부의 유진걸 과장에게 깊은 감사의 뜻을 표한다.

2024년 2월

임 웅

第13訂版　序文

이번 개정판 발간에 있어서 가장 신경을 쓴 작업은 형법전의 용어와 문장을 일반국민이 알기 쉽게 이해할 수 있도록 변경한 형법개정(법률 제17571호, 2020. 12. 8. 개정; 2021. 12. 9. 시행)을 반영하는 일이었다. 이 작업을 하면서 느낀 소회를 서문에 적어본다.

어찌 보면 法文을 평이하고도 생활밀착형 표현으로 고치는 형법개정은 단순작업일 수 있다. 그런데 그 법문 개정이 ① 형법학 해석에 영향을 줄 수 있는 경우가 있고, ② 해석에 별반 영향을 주지 않는 경우도 있다. 총칙상의 법문 변경에 있어서 형법 제33조(공범과 신분)는 전자에 속한다고 볼 여지가 있다. 그러나 총칙상 대부분의 개정은 ②의 경우에 속한다. 그러니까 학자들의 주장인 학설 내용에 변화가 올 개정은 아니라고 하겠다.

②의 경우에 있어서는 변경된 법문 표현이 합당하고 적절한지를 검토할 필요가 있다. ㉠ 저자가 보기에는 높이 평가할 법문 변경이 다수 눈에 띈다. 예컨대 제48조(몰수의 추징과 대상) 제1항에서 "정을 알면서"를 "사정을 알면서"로 고친 것, 동조 제2항에서 "생하였거나"를 "생겼거나"로 고친 것은 그야말로 구태를 벗어버린 신선한 바람이다. ㉡ 한편 저자의 견해로는 의문이 드는 용어 변경도 없지 않다. 대표적인 것이 제11조 "농아자"를 "듣거나 말하는 데 모두 장애가 있는 사람"으로 고친 것이다. 한국어는 순수 우리말과 한자어로 구성되어 있다. 둘 사이에서 균형을 발휘하기가 쉽지는 않겠지만, 한자문화권에 속한 언어 지형에 비추어 한자어 사용이 효율성 내지 경제성과 함축성, 국민 지도적 역할에 있어서 장점이 있을 수 있다. 그리고 농아자는 이미 대중화된 용어가 아닌가를 알아볼 필요가 있다. 이 용어를 순수 우리말로 너무 느슨하게 풀어놓은 변경이 과연 적절했는지? 학계의 중지를 모아보는 것이 바람직하다고 본다. ㉢ 그 밖에 지적할 점은 표현에 통일을 기하는 작업이다. 예컨대 "자"(者)란 표현을 제33, 35, 59조에서는 "사람"으로 고치면서, 제48조에서는 그대로 둔 것, 그리고 "수개의" 죄란 표현을 제40조에서는 "여러

개의" 죄로 변경하면서, 제37조에서는 그대로 둔 것이 옥의 티로 보인다. 앞으로의 개정작업에 기대를 건다.

총론 13판 출간에 있어서 상술한 작업 이외에 내용, 법령, 판례 등 upgrade, update 작업도 적지 않게 행해졌으나, 서문에서는 그 골자를 생략하기로 한다.

13판 개정의 준비 자료로는 한국외국어대학교 법학전문대학원의 김성규 교수, 신한대학교 경찰사법학과의 이현정 교수, 경상대학교 법과대학의 박성민 교수 등, 세 학자가 성심껏 마련해서 보내준 자료가 큰 도움이 되었다. 이 자리를 빌어, 꼼꼼하게 가다듬어 보내준 정성에 깊이 감사한다. 법문사 편집부의 김용석 과장과 기획영업부의 유진걸 대리, 두 분이 쏟은 노고에도 재삼 감사의 뜻을 밝힌다.

2022년 1월, 평창에서

저 자 씀

第12訂版　序文

2020년 초 COVID-19 사태가 발발하였다. 그 후 삶의 거의 전 영역에 걸쳐서 패러다임이 바뀌는 대변혁이 뒤따랐다. 당연히 학교에서의 교육방식과 개개인의 공부방법에도 변화가 일었다. 그렇다면 시대적 변화에 발맞추어 형법교과서는 어떻게 틀을 바꿀 것인가?

책이란 지식과 정보의 전달에 있어서 본질적으로 '1 대 1' 방식이다. 문자를 통해서 저자와 독자가 만난다는 책의 본질은 책이 코로나 시대에 더 더욱 적합한 지식매개체임을 확인해준다고 생각한다. 그렇기에 이 개정판을 쓰면서 저자가 취한 자세는 '양서 만들기에 충실해야 한다는 기본적 사명'을 변함없이 다지는 것이었다.

2019. 5. 10. 제11정판을 발행한 시점 이후를 기준으로 해서 주목해야 할 '형사법령'의 상황을 개관하기로 한다.

2020. 5. 19.의 형법개정에서 ① 강간죄, 유사강간죄, 준강간죄, 강간상해죄, 의제강간죄 · 의제강제추행죄의 '예비 · 음모'를 처벌하는 제305조의3을 신설하고, ② 13세 이상 16세 미만의 사람에 대하여 간음 또는 추행을 한 19세 이상의 사람을 의제강간죄 또는 의제강제추행죄로 처벌하는 제305조 제2항을 신설하였다. 후자의 조항은 행위의 '객체'와 '주체'에 '연령 제한'을 둔 점에 특징이 있다.

2019. 4. 11.에 헌법재판소의 헌법불합치 결정(2017 헌바 127 전원재판부)을 받은 형법 제269조 제1항('자기낙태죄 조항')과 의사가 임신한 여성의 촉탁 또는 승낙을 받아 낙태하게 한 경우를 처벌하는 제270조 제1항 중 '의사'에 관한 부분('의사낙태죄 조항')은 2020. 12. 31.을 시한으로 입법자가 개선입법을 할 때까지 적용되고 있었다. 그런데 국회는 이 입법 시한을 도과하여, 입법 개정을 하지 못한 채로 2020년을 넘겼다. 따라서 문제된 낙태죄 조항은 2021년 1월 1일부터 효

력을 상실하며, 이 효력 상실은 소급효를 갖기 때문에(헌법재판소법 제47조 제3항 본문), 위 두 조항을 적용하여 낙태죄로 공소가 제기되는 형사사건은 입법 시한 전후를 불문하고 법원에서 '무죄판결'이 선고된다. 낙태죄를 둘러싼 입법 공백에 관하여 이영진 헌법재판관과 법리적(法理的) 의견을 나누었다. 여기에 성의를 다해 도움을 주신 이재판관님에게 깊은 감사의 뜻을 전한다.

양심적 병역거부자에 대한 병역법상의 처벌 관련조항은 2018년 6월에 헌법재판소의 헌법불합치 결정(2011 헌바 379)을 받은 바 있다. 이 결정에 따른 개선입법으로서, ① 2019. 12. 31.에 '병역법'이 개정되면서, 제5조 제1항 제6호에 '양심의 자유'를 이유로 한 '대체역'이 '병역의 종류'로서 신설되었고, ② '대체역의 편입 및 복무 등에 관한 법률'이 2019. 12. 31.에 제정되었다.

12정판에서는 '형사판례'가 비교적 많이 증보되었다. 대판 이외에 헌재의 결정례가 10여개 추가・소개되었다.

본서의 '내용'에 있어서는 코로나19 시대임을 반영하여 '감염병의 예방 및 관리에 관한 법률'에 의거하여 '감염병환자 또는 감염병의심자에 대한 강제입원・격리행위'가 법령에 의한 행위(형법 제20조)로서 감금죄의 위법성이 조각됨을 특별히 언급할 가치가 있다고 보았다. 이와 병행하여 '가축전염병 예방법'에 의거하여 전염병가축에 대한 강제살처분(殺處分)행위의 위법성이 조각된다는 점도 부언하였다.

여느 때와 마찬가지로 본서의 개정작업에 있어서도 한국외국어대학교 법학전문대학원의 김성규 교수, 신한대학교 경찰사법학과의 이현정 교수, 경상대학교 법과대학의 박성민 교수 등 세 사람이 힘을 보태어 주었다. 이 세 학자는 본서에 애정을 갖고 있다고 할 만큼 성심을 다해 양서 만들기에 조력해 주었다. 출판사에서는 편집부의 김용석 과장과 기획영업부의 유진걸 대리, 두 분이 겨울철 추위를 마다하지 않으며 수고해 주었다. 이 다섯 분들에게 이 자리를 빌어 재삼 감사의 뜻을 표한다.

저자는 2014년 2월 교수직에서 퇴임한 후, 문학서 집필에 몰두하고 있음을 오래전에 밝힌 바 있다. 그 문학 작업의 결실로 2019년 6월에는 장편소설 '영성지수'(센타크논 시리즈 제3권)를 출간하였고, 2019년 11월 강원도 평창으로 이사하고 나서는 1년에 걸친 저작물로서 2020년 12월 '센타크논 傳文集'(센타크논 시리즈 제4권)을 출간하였다. 후자는 소설이 아니라 짧은 글을 모은 短文集이다. 법을 전공하시는 분들도 저자의 문학서에 관심을 가져주시고 응원해 주신다면 더할 나위 없이 고맙겠다.

2021년 1월, 평창에서

저 자 씀

第11訂版　序文

작년 8월에 총론 제10정판을 출간하였다. 11정판을 위한 개정작업은 예년처럼 올 7월 여름철에 하게 될 것으로 예상하고 있었는데, 출판사가 10정판의 매진을 알려오면서 11정판 출간이 앞당겨지게 되고, 저자는 3월 봄철에 이 준비작업을 마쳤다.

본서의 내용을 가다듬으면서 맨 먼저 주목한 것은 양심적 병역거부자에 대한 병역법상의 처벌 관련조항을 작년 6월 헌법불합치로 결정한 헌법재판소의 선고(2011헌바379)를 존중하는 대법원판결이었다. 대법원은 2018. 11. 1.에 전원합의체 판결(2016도10912)에서 양심적 병역거부를 유죄로 판단한 원심판결을 무죄의 취지로 파기·환송하였다. 우리나라에서 매년 평균 약 600명 정도의 양심적 병역거부자가 1년 6개월 이상의 징역형을 선고받아 실형으로 복역해오던 전근대적인 법률과 재판이 2018년에서야 종식된 것이다.

형법총칙에서는 2018. 12. 18.에 제10조 제2항이 개정되었다. 심신미약자에 대한 형의 필요적 감경을 임의적 감경으로 변경한 개정이다. 그 밖에 의미 있는 대법원판결과 헌법재판소 결정을 본서에 추가하였고, 세칭 윤창호법 등, 그동안 개정된 관련 법령을 반영하였으며, 내용도 다소간 손질하였다.

저자는 최근 몇 년 동안 동아대학교 법학전문대학원의 하태영 교수와 교분을 두터이 쌓았다. 하교수님은 仁과 才와 誠을 두루 갖춘 분으로서 드물게 보는 인재이시다. 가까이 하게 된 인연을 하늘에 감사하고 있다. 11정판을 위한 개정작업에 있어서도 중요한 형사판례를 보내오셨고, 평소의 지론인 法文章論으로 조언해주셨다. 도움을 주신 데 대하여 감사의 뜻을 밝힌다.

본서의 출간에 도움을 준 제자들을 거명하고자 한다. 한국외국어대학교 법학전문대학원의 김성규 교수, 경상대학교 법과대학의 박성민 교수, 도규엽 박사 등, 세 사람이다. 매번 개정작업을 함께 하면서 '저자에게 이런 우수하고도 성의 있는 제자들이 있구나!' 하는 감탄을 금치 못한다. 이 역시 하늘에 감사할 일이다. 법문사에서는 편집부의 김용석 과장과 기획영업부의 유진걸 대리가 애써주었다. 여기에 감사의 정을 싣는다.

저자가 제10정판 서문 말미에서 언급한 소설 집필은 아직도 계속하고 있다. 요즈음 센타크논 시리즈 제3권의 마지막 부분을 쓰고 있는데, 소설의 성격상 숙성 과정이 필요하지만, 늦어도 올 여름에는 출판되리라고 생각한다.

2019년 3월, 영종도에서

저 자 씀

第10訂版　序文

총론 제9정판을 출간한 지 1년 가까이 되었다. 그 간에 형사법분야에서 일어난 획기적 사건을 들자면, 뭐니 뭐니 해도 '양심적 병역거부'에 대한 헌법재판소의 결정(2018. 6. 28. 선고 2011 헌바 379)일 것이다. 헌재는 병역거부를 처벌하는 병역법 제88조 제1항 제1호와 제2호에 대하여는 합헌으로 결정하고, 병역의 종류에 양심적 병역거부자에 대한 대체복무제를 규정하지 아니한 병역법 제5조 제1항에 대하여는 헌법불합치 결정을 내렸다. 헌법불합치 결정을 선고받은 제5조 제1항은 2019. 12. 31.을 시한으로 국회에서 대체복무제를 도입하는 손질을 받게 될 것이다. 당장 대법원도 양심적 병역거부자에 대하여 헌재의 결정 취지를 존중하는 판결로 방향을 선회할 것이다. 헌재의 결정으로 우리 사회에 소수자들이 설 자리를 마련해주는 다원주의 가치관의 역사적 획이 한줄 그어졌다. 이 결정이 있기까지 양심적 병역거부자에 대하여 무죄를 선고해 온 하급심의 용기있고 양심적인 판결들이 징검다리가 된 것을 잊을 수 없다. 양심범을 옥중에서 구출한 공(功)은 하급심에 돌아가야 한다고 본다.

집주인이 자기 집에 살지 않고 오래 비워두면, 집이 후패하여 폐가가 된다는 말을 종종 듣곤 한다. 저자는 형법교과서 개정판을 낼 때마다 그 말이 집뿐만 아니라 책에도 — 적어도 법서에 관한 한 — 타당함을 느낀다. 해마다 개정판을 내면서도 어찌 그리 손볼 곳이 많은지 스스로 놀란다. 고칠 곳, 빠진 곳, 새는 곳, 더할 곳, 막을 곳, 개량할 곳 등등 이리저리 가다듬는 작업이 상당하다. 그러한 집수리, 그러니까 총·각론 개정작업 덕에 저자의 책이 낙후하거나 폐서가 되지 않고 언제든지 독자들의 손에 들어갈 태세를 갖추고 있음을 퍽이나 다행으로 생각한다.

수리에 의해 새집이 탄생하듯, 개정작업으로 새책이 탄생한다. 저자의 집수리 팀에는 성실하고 우수한 장인들이 있다. 저자가 해마다 집수리를 하자고 연락하면, 장인 세 사람이 달려온다. 저자의 제자인 외국어대학교 법학전문대학원의 김성규 교수, 경상대학교 법과대학의 박성민 교수, 국회 입법조사처의 도규엽 입법조사관이 무보수로 집수리에 매달린다. 고맙기 짝이 없다. 집수리 비용은 법문사가 낸다. 요즘 사람들이 책을 사보지 않아서 고전(苦戰) 중인 업종이 출판업인데, 저자가 집수리하자고 하면 법문사는 흔쾌히 나선다. 저자가 1999년에 법문사에서 형법총론 초판을 출간한 이래로 20년 가까이 인연을 맺어 겪어본 바에 의하면, 법문사는 참으로 훌륭한 출판사이다. 법문사에서는 편집부의 김용석 과장, 기획영업부의 유진걸 선생이 집수리에 참여해서 힘을 보탠다. 이 모든 게 감사할 일이다.

저자는 교수직에서 정년퇴임한 이후, 법학 이외에 문학에도 발을 들여놓았다. 작년 10월에는 장편소설 '탁란조의 비밀'을 출간하였다. 센타크논 시리즈의 제2권에 해당한다. 지금은 시리즈 제3권을 집필하고 있는데, 논리적 설득을 앞세우는 법학서적이 아니고 뭉클한 감동을 자아내는 소설을 쓰는 기쁨이 삶에 생기를 더해준다.

2018년 7월, 가회동에서

저 자 씀

第9訂版 序文

올 여름 7월은 유난히 폭우로 인한 물난리가 심했다. 저자도 직·간접으로 물난리를 겪었다. 난리 중에도 형법 총론과 각론 교과서를 개정하는 작업은 생활의 중심축이 되어 저자를 붙들어주었다. 놀이가 아닌 할 일, 해야 할 일은 정신을 하나로 단단히 모아서 잡사와 번뇌를 물리치는 응집소 역할을 한다. 본서 개정작업이 저자에게 던져주는 의미를 고맙게 받고 있다.

총론 제8정판을 간행한 후 1년여의 기간 동안에 있은 형사입법과 형사사법의 동향을 총론에 관련되는 범위 내에서 일별해 본다. 형법 총칙에서는 제7조가 개정되어 피고인이 외국에서 집행된 형을 필요적으로 산입하도록 하는 입법개선이 이루어졌다. 관련 입법을 보자면, '의사의 설명의무'에 대한 근거 규정이 의료법 제24조의2에 신설되었고, 정신건강복지법 제43조(구 정신보건법 제24조)는 정신질환자의 신체의 자유를 한층 더 보호하는 방향으로 개정되었다. 헌법재판에 있어서는 죄형법정주의와 관련된 결정이 다대하였다. 그래서 본서에 적잖이 소개하였다. 주목할 만한 대법원판결도 상당하였다.

그런데 유독 저자의 눈길을 끈 것은 광주지법의 항소심판결(2016. 10. 18, 2015 노 1181)이었다. 이 판결은 병역법 위반 범죄로 기소된 여호와의 증인 신도인 피고인의 '양심적 병역거부'에 대하여 무죄라는 결론을 도출하였다. 거듭되는 동종의 형사사건에서 유죄라는 입장을 견지해온 대법원판례에 반대하여, 하급심 법원이 '양심적 거부'를 감행한 것이다. 대법원판례를 뒤엎는 하급심 판결문을 읽고, 판사도 해볼 만한 직업이라는 생각이 들었다.

저자의 개인적인 이야기를 해보기로 한다. 저자는 작년 6월에 간행한 장편소설 센타크논 제1권에 이어, 올 여름에는 그 연작물 제2권을 탈고하였다. 제2권의 간행을 가을철로 미루는 것이 좋겠다는 주위의 충고에 따라, 지금 저자는 센타크논 제2권이 출간될 가을을 기다리고 있다. 벌써부터 독자들의 반응이 궁금해진다.

본서의 개정작업에는 한국외국어대학교 법학전문대학원의 김성규 교수,

경상대학교 법과대학의 박성민 교수, 한국형사정책연구원에서 인턴 연구원으로 재직 중인 도규엽 박사 등 제자 세 사람이 큰 도움을 주었다. 제자들이 준비해서 보내준 자료와 의견을 세심히 검토하다 보면, 그들이 이 저서를 마치 자신의 저서처럼 아껴준다는 느낌이 들었다. 그만큼 정성을 다해 돕는다는 뜻이다. 도규엽 박사는 교정까지 수고해 주었다. 이 자리를 빌려, 세 사람에게 마음 깊이 감사한다. 그리고 편집작업에서 힘을 보탠 법문사의 김용석 과장에게도 감사한다.

2017년 7월, 영종도에서

저 자 씀

제8정판 서문

총론 제7정판을 간행한 때가 작년 8월 중순이니, 얼추 1년 만에 제8정판을 내게 되었다. 교과서가 어느 정도 틀이 잡히면, 개정판을 내는 작업은 거지반 '법령과 판례를 update'하는 일이 된다. 총론 개정판과 관련하여 형사입법과 형사사법 분야에서 지난 1년간의 수확으로 거두어들일 열매는 다음과 같다.

2016년 1월 6일에 형법이 상당 부분 개정되었다. 그 중 '총칙'부분에서는 제62조를 개정하여 500만원 이하의 벌금형에 대해서도 집행유예가 가능하도록 하였고(세칭 장발장법), 자격정지형을 규정한 제43조 제2항에는 단서를 신설하였다. 안락사와 관련해서는 2016. 2. 3.에 '호스피스·완화의료 및 임종과정에 있는 환자의 연명의료결정에 관한 법률'(세칭 존엄사법 또는 Well Dying법)이 제정되어, 종래 이론상 논의되어 오던 소극적 안락사가 '법제화'되는 획기적인 전기를 맞았다.

대법원판결로는 세월호침몰사고의 주역이라고 할 세월호 선장에게 '부작위'와 '미필적 고의'에 의한 살인죄의 성립을 긍정하여, 무기징역을 선고한 원심을 확정한 전원합의체 판결(2015. 11. 12. 선고, 2015 도 6809)이 학계뿐만 아니라 널리 국민의 관심을 끌었다. 헌법재판소의 결정으로는 '폭력행위 등 처벌에 관한 법률' 제3조 제1항 중 '특수폭행죄'의 가중처벌규정이 '위헌'이라고 선고한 2015. 9. 24.의 전원재판부 결정(2015 헌가 17)에 주목할 필요가 있는데, 이 결정에서의 위헌취지와 입법개선을 바라는 보충의견을 수용하여 2016. 1. 6.에 관련 형법규정과 특별형법규정이 상당 부분 개정되었다. 폭처법 제2조 제1항과 제3조 제1항, 제3항을 삭제하고 형법각칙에 특수상해죄 등 관련범죄를 신설한 법률 개정(2016. 1. 6.)이 그 대표적인 것이다. 8정판에서는 이 헌재 결정의 골자를 죄형법정주의 부분에서 다루었다.

7정판을 발간한 이후, 저자 개인에게도 큰 변화가 있었다. 다름 아니라 금년 6월에 장편소설 '센타크논'을 출간한 일이다. 2014년 2월말 교수직에서 정년퇴임한 이래 몰두해온 소설 집필의 성과물인데, 그 집필 동기는 소설 중 '작가 후기'부분에서 밝혔다. 앞으로 저자의 노년은 형법교과서의 개정판과 소설 센타크논의 연작물을 써나가는 생활로 채워질 것이다.

이 8정판이 간행되기까지 한국외국어대학교 법학전문대학원의 김성규 교수와 경상대학교 법과대학의 박성민 교수가 큰 도움을 주었다. 저자의 제자이기도 한 두 교수의 정성어린 협력에 힘입어, 이 총론 교과서는 나날이 발돋움할 것이다. 편집에는 법문사의 김용석 과장이, 그리고 교정에는 성균관대학교에서 형사법전공 박사과정을 수료한 김낙현 조교가 힘을 쏟았다. 김조교는 소설 센타크논의 교정 작업에서도 힘을 보탰다. 저자는 이 네 분에게 깊은 감사의 뜻을 전한다.

2016년 7월, 영종도에서

저 자 씀

제7정판 서문

책에도 나이테가 있다. 책도 나이를 먹고, 어디선가 나이 든 표시가 난다는 뜻이다.

독자는 의식하지 못하겠지만, 저자는 이 책의 여기저기서 나이테를 읽어낸다. 10여년 전에 서너 문장으로 이루어졌던 어떤 문단이 이제 일곱 여덟 문장으로 늘어난 것을 보고, 그 연륜을, 그러니까 더해진 나이테를 짚어낸다. 가급적 글을 가다듬어서 버릴 문장을 과감히 떨쳐내지만, 그래도 이론이 적용될 더 넓어진 영역을 밝혀주고, 글의 精髓를 琢磨해낸 문장을 올리고, 是非曲直을 가릴 문장을 넣는 글쓰기 작업을 통해서 한해 두해 한 문장씩 켜켜이 쌓이다 보면, 10여년 전의 문단이 훌쩍 커져 있다. 문장뿐만이 아니라 문단도 더해지고 항목도 신설되고 하면서 나름대로의 나이테가 늘어간다. 樹齡이 있듯이 書齡이 있다.

본서는 1999년에 초판이 발행되었으니, 수령에 견준다면 나이테가 열다섯쯤 되었다. 무척 늘어난 몸피를 보면서, 본서는 사법시험이나 변호사시험을 위한 수험서라기보다는 형법학의 연구서로 읽혀질 책이로구나 하는 주제 파악도 하게 된다. 속독이 아니고 정독을 해야 할 교과서가 되어 있다. 본서를 제6정판 제2쇄로 발간할 수도 있겠으나 개정판의 숫자로 책의 나이테를 의식하고 싶은 생각이 들어서 제7정판으로 간행하였다.

병들거나 벌레 먹은 해의 나무 나이테는 지울 수 없지만, 책 속의 傷한 나이테는 도려낼 수 있다는 것이 樹齡과 書齡의 차이점이다. 책 속의 결함을 저자 스스로가 인지하거나 고마운 어느 분이 지적해 준다면, 책의 나이테는 흠을 털어내고 온전히 보존될 수 있다. 개정된 유기자유형의 상한(형법 제42조)을 누범 가중처벌에 제대로 반영하지 못했던 제6정판 이전의 상처-저자가 의식하지 못했던 잘못-를 제주대학교의 김경락 교수님이 지적해주신 덕택에 제7정판의 나이테가 보다 더 온전히 보존되었다. 이 자리를 빌어 김교수님께 감사드린다.

곧 제7정판이 간행되면, 출판되기까지 음양으로 도움을 준 분들과 더불어 그 노고를 致謝하는 조촐한 저녁자리를 마련할 터이다. 대법원 판례심사위원회의 소재용 조사위원, 성균관대 형사법 박사과정의 김낙현 조교 그리고 법문사 편집부의 김용석 과장이 자리에 모이게 된다. 책이 출간되어 내 앞에 놓이는 것도 큰 기쁨이지만, 수고한 분들과 저녁자리를 함께 하는 것도 그에 못지않은 기쁨이다.

2015년 8월
저 자 씀

제6정판 서문

최근 형법개정이 비교적 빈번한 편이다. 제5정판 출간 이후에 행해진 개정을 보자면, 2014년 5월 14일의 형법개정에서 형법 제70조(노역장유치)와 제79조(시효의 정지)의 두 개 조문에 대하여 각각 제2항이 '신설'되었다. 전자의 신설은 이른바 '황제노역'의 문제점을 해소하기 위하여 '고액'벌금형에 대한 환형유치로서의 노역장유치의 '최소기간'을 법률에 명시한 것이고, 후자의 신설은 형이 확정된 후 형의 집행을 면할 목적으로 국외에 체류하는 동안 형의 시효가 진행되지 않도록 한 것이다. 양자는 형벌의 공평과 형집행의 확실성을 보장하기 위한 개정으로서 우리 형법이 조금씩 진일보하고 있음을 보여준 것이다. 응당 본서 제6정판에 반영하였다.

2014년 5월 20일에는 헌법재판소법 제47조가 개정되었다. 헌재의 위헌결정으로 인한 형벌법규의 효력상실이 '소급효'를 갖는다는 내용은 동법 제47조 제3항 '본문'에 위치시키고, 다만 종래 헌재의 합헌결정이 내려진 적이 있는 경우에는 위헌결정의 소급효가 합헌결정일 다음 날 이후로 '제한'된다는 획기적인 내용－형벌법규에 대한 위헌결정의 소급효 제한－이 제3항 '단서'로 '신설'되었다. 개정된 헌재법 제47조 제3항은 형법 제1조 제2항(행위자에게 유리한 신법 적용의 원칙)과 有意義하게 관련됨으로써, 이 양자를 어떻게 '체계적으로 해석'할 것인가가 저자에게 중요한 관심사로 떠오르면서, 본 6정판에서 비교적 상세한 논급을 시도해보았다.

그리고 독자들에게 '사과'해야 할 일이 하나 있다. 제5정판부터 본서에 향기를 입히는 idea를 실현한다고 언명하고, 출판사의 호의에 힘입어 5정판에 라일락 향기를 담아 보았었다. 그러나 아직 기술적인 문제가 원활하지 못하여 책에 殘香이 오래 가지 못하였고, 비용과 노력에 비하여 성과가 저조하였다. 이에 6정판부터 책에 향기 입히는 작업을 부득이 포기하기로 하였다. 저자는 이러한 시도가 좌절됨을 매우 서운하게 생각하고 있지만, 소정의 조작으로 향기를 뿜는 영화나 smart phone 또는 PC 등의 개발이 멀지 않다고 예상하는 만큼, 앞으로 향기 입힌 책의 보급은 그리 대단한 일도 아닌 시대가 올 것이다.

그밖에 독자들에게 '양해'를 구할 일이 있다. 저자는 2013년 12월 20일에 과분하게도 故 유기천 교수님을 기념하는 학술상을 수상하게 되었는데, 수상 소감문에서 '형법정신'과 '학문정신'을 뚜렷이 천명한 바 있다. 저자는 형법강의 중에 "민사사건은 money game이고, 형사사건은 眞實 game이다"라는 말을 가끔 하면서, 형법학은 금전을 따지는 학문이 아니고, 是非曲直을 가리는 학문인 만큼, 형법을 다루는 사람은 '대쪽같은 성품'을 가져야 함을 강조하곤 했다. 그런데 대쪽같은 성품의 소유자로서 형법정신, 학문정신을 실천하고자 비장한 길을 가셨던 형법학의 참 스승이 바로 유기천 교수님이시다. 저자는 수상 소감문에서 자유정신, 투쟁정신, Pro정신으로 유기천 정신을 집약하였는데, 그 소감문이 비록 형법총칙 해석학이 주 내용을 이루는 본서에 직결되지는 아니하지만, 형법학도들에게 요구되는 형법정신과 학문정신을 천명하고 싶은 희망이 강하고 또한 형법학도들에게 그 정신이 새겨질 수 있다는 믿음이 있기에, 그 수상 소감문을 본서 내용 전개의 순서 중에서 '차례'의 앞 부분, 초판 서문의 뒷 부분에 수록하기로 하였다. 독자들은 저자의 이러한 希求를 양해해 주시기를 바란다.

제6정판의 출간에도 변함없이 대법원 판례심사위원회 전문조사위원인 소재용 박사와 법문사 편집부 김용석 과장, 성균관대 형사법전공 박사과정생인 김낙현 조교의 도움을 받았다. 여기에 깊은 감사의 뜻을 전한다.

2014년 6월

저 자 씀

제5정판 서문

새로이 교과서를 출간하게 되면, '향기를 입힌 책'을 내고 싶었다. 제5정판에서 저자의 이러한 희망이 실현되었다. 책을 간행하면서 출판사나 저자는 여러 가지 배려를 한다. 책의 내용이 좋아야 할 것은 당연하고, 그 밖에 읽기 편하고 눈에 피로가 적은 활자체를 선택하는 시각적 배려, 사용하는 종이의 두께 그리고 종이를 넘길 때의 느낌이 좋은 紙質을 고르는 촉감적 배려도 하게 되는데, 저자는 책에서 솔솔 향기가 나는 '후각적' 배려까지 하고 싶었다. 책에 향기를 입히는 작업은 인쇄비용의 증가와 기술적인 난점 등으로 인하여 출판사 측에서는 내키지 아니할 일일 것이다. 그러나 고맙게도 법문사는 저자의 희망을 흔쾌히 수락하였다. 저자의 새로운 아이디어에 호응하여 良書를 내는데 진력하는 법문사에 깊은 謝意를 표한다. 여기에 제작부의 전택제 부장님과 편집부의 김용석 과장이 큰 역할을 하였다. 이 자리를 빌어 진정 감사한다. 향기 입힌 책의 출간은 국내 법학분야에서는 최초의 시도가 될 것이다.

제5정판은 '내용'의 면에서 다음과 같은 보완이 있다.

저자는, 우리 사회에 '무면허 의료행위'가 점증하는 현상과 이를 형법 제20조의 '사회상규 불위배행위'로서 의료법 위반범죄(제87조)의 성립을 부정하거나 긍정하는 법원의 판결이 다수 존재하고, 또 무면허 의료행위의 처벌조항이 직업선택의 자유를 침해하는 위헌규정인가가 빈번히 헌법재판소의 심판대상이 되는 법현실을 목도하면서, 무면허 의료행위를 사회상규 불위배행위 여부의 한 유형으로서 격상시켜 심도있는 논의를 할 필요성을 절감하였다. 5정판에서 개략적으로나마 이러한 논급이 활자화되었고, 법학도는 '법현실을 直視하는 법이론의 연구 감각'을 가져야 한다는 반추를 하게 되었다.

형법은 2012년 12월 18일과 2013년 4월 5일에 두 차례 개정되면서 제32장 '강간과 추행의 죄'와 제31장 '약취, 유인 및 인신매매의 죄' 부분이 획기적인 변화를 맞이하였다. 이 개정은 각론에서 취급할 영역이기는 하지만, 총론에 영향을 미치는 부분이 있는 만큼 제5정판에 반영하였다.

제4정판에서 '적극적 일반예방주의'의 요체를 '일벌백안'(一罰百安: "한 사람을 처벌함으로써 백 사람을 안심시킨다")이라는 四字成語로 창작한 후 이를 각주로 언급한 바 있는데, 이 압축적 표현이 매우 적절하다고 생각되어, 5정판에서는 '본문'으로 처리하였다.

제5정판의 출간에서도 주위 분들의 도움을 크게 받았다. 성균관대학교 대학원 박사과정에서 형사법을 전공하고 있는 김낙현 조교는 저자가 놀랄 정도로 세심하고도 정성스러운 교정작업을 해주었다. 김 조교와 학문적 자료 제공의 도움을 준 대법원 판례심사위원회 전문조사위원인 소재용 박사에게 깊이 감사한다.

2013년 7월

저 자 씀

제4정판 서문

형법총론 '제3정 보정판'이 나온 지 채 1년이 지나지 않은 시점에 '제4정판'을 출간하게 되어, 나름대로의 연유를 밝히고자 한다.

공교롭게도 형법각론 교과서의 제4정판이 먼저 출간되었는데(2012년 2월), 그렇다면 총론 교과서도 순리상 제4정판으로 펴내는 것이 맞다고 본 것이 첫째 연유이다.

그리고 내용상으로도 손질할 부분이 상당히 발생하였다. 양벌규정에 있어서 법인(및 업무주)의 처벌근거에 관한 논술부분을 고쳐야 할 필요가 컸다. 법인을 처벌하는 양벌규정이 임·직원에 대한 법인의 감독의무해태라는 '과실책임'에 근거해야 한다는 취지의 헌법재판소결정(헌재 2007. 11. 29. 2005 헌가 10)이 있은 이후, 이를 단서조항으로 명시하는 양벌규정의 개정작업이 광범위하게 행해졌고, 법인의 처벌근거에 관한 '무과실책임설'은 현행법의 해석상 더 이상 유지될 수 없게 되었으므로, 무과실책임설을 비판하는 저자의 언급 중에서 어찌 보면 이제는 장황하다고 할 만한 내용을 대폭 삭제할 필요가 있었다. 당연히 개정된 양벌규정에 따라 해당 조문도 수정해야 했다.

또 죄형법정주의의 파생원칙인 소급효금지원칙과 관련하여 '피고인에게 불리한 판례변경의 소급효'를 인정할 것인가 하는 논의 자체가 무의미하다는 점과 세칭 전자발찌법 부칙 제2조 제1항에서 보안처분의 일종인 '전자발찌부착명령의 소급효'를 명시한 것은 '위헌'이라는 점도 정면으로 지적하였다.

제4정판이라는 개정판을 쓰면서도 새로운 표현에서는 여전히 '글쓰기의 기쁨'을 맛보고 있다. 그 하나로 '소극적' 일반예방주의의 핵심을 찌른 四字成語가 '일벌백계'(一罰百戒)인데, '적극적' 일반예방주의의 요체를 어떻게 표현할 수 있을까 하고 고심하다가, 드디어 '일벌백안'(一罰百安: "한 사람을 처벌함으로써 백 사람을 안심시킨다")이라는 四字成語를 창작(다만 이 부분은 각주로 처리되었다)해 놓고, 한문학자의 검증을 받은 후, 새삼스레 글쓰는 작업의 기쁨을 음미할 수 있었다.

제4정판이 良書에로 진일보할 수 있었던 것은 언제나 그렇듯 주위 분들의 도움이 컸다. 이에 대법원 판례심사위원회 전문조사위원인 소재용 박사, 성균관대학교 대학원 형사법전공자인 김낙현 조교 그리고 법문사 편집부 김용석 과장 등에게 깊은 감사의 念을 표한다.

2012년 5월

저 자 씀

제3정판 보정 서문

본서의 제3정판을 작년 8월 말에 간행하였는데, 채 1년이 안된 시점에서 제3정판 '보정'이라는 명칭으로 다시금 출간하게 된 것을 의아스럽게 생각할 독자들이 계실 것이다. 보정이라는 표현을 쓰게 된 연유는, 본서의 내용에 적지 않은 분량의 수정・보완이 이루어져서 '補訂'이라는 명칭으로나마 종전 그대로가 아니라 달라진 부분이 있다는 것을 분명히 알리기 위한 취지에 있다.

수정된 부분의 중점은 무엇보다도 형법 제27조를 해석하는 '불능미수론'에 두어진다. 그동안 본서 중에서 저자가 낚시바늘의 미늘처럼 걸리는 부분이 있었는데, 그곳이 바로 불능미수론이었다. 이에 작년 가을, 이 미늘을 제거하고자 불능미수론의 연구에 천착하여, "불능미수에 있어서 '착오로 인한 결과발생불가능'과 '위험성'에 관한 연구"라는 논문으로 결실을 보았고, 이 논문이 「형사법연구」(제22권 제4호, 한국형사법학회, 2010. 12. 30, 151-182면)에 발표되었다. 그래서 본서를 새로 출간하는 차제에 불능미수론의 내용 변화를 대폭 반영하였다.

그밖에 총론 교과서에 '형법해석의 일반원리'를 제시할 필요성을 느끼고 있었는데, 저자가 평소 생각해 온 바를 나름대로 간결히 정리하여 죄형법정주의 중 유추적용금지원칙 부분의 말미에 적어 놓았다. 그리고 '구성요건적 착오에 있어서 병발사례' 부분에서 죄책에 관한 논의를 재검토하여 약간의 수정을 가하였다. 당연히 판례의 update 작업도 행해졌다. 여타의 보완사항에 대한 언급은 생략하기로 한다.

보정판을 준비하면서 세심한 교정은 성균관대학교 대학원 형사법전공 박사과정에 재학 중인 도규엽 조교가 맡아 주었다. 도 조교가 교정에 기울인 정성에 감사한다. 3정판의 편집이 보통 일이 아니었는데, 얼마 되지도 않아 다시금 보정판이 요구하는 상당한 보정작업을 기꺼이 치르어 낸 법문사 편집부 김용석 과장의 마음씀씀이에 깊은 고마움을 표한다.

끝으로 제3정 보정판에 대하여도 독자들의 변함 없는 호응과 叱正을 기대한다.

2011년 6월

저 자 씀

제3정판 서문

적어도 1년에 한번은 刷를 거듭하여 본서를 출간할 때마다 법령과 판례를 중심으로 한 update작업과 다소간 내용의 수정이 행해지고 있었다. 그런데 본서를 대폭적으로 개정할 필요성이 점증하여 올해 여름방학을 이용해서 제3정판을 출간하게 되었다.

개정판 출간 이후 형법학자들이 저술한 형법총론 교과서의 新刊이 적지 않았고 또 기존 교과서들도 개정된 바가 다대하여, 무엇보다도 형법총론 '문헌'을 update할 필요가 있었다. 저자가 이곳 저곳 '형법이론'을 수정 내지 개선할 부분도 발생하였기에 3정판에 반영하여 본서를 upgrade하고자 하는 의욕도 일었다. 예컨대 '불가벌적 사후행위'에 있어서 '불가벌의 근거'와 그 '성립요건' 부분을 대폭 보정하였다.

그 동안 본서의 '분량'이 서서히 증가하였기에 각주와 page의 번호 매김에 있어서 편집기술상 동일한 번호에 재차 일련 번호를 부여하는 식으로 원활치 못한 점이 발생하였다.

그리고 법학 문장의 한글화를 지향하고 있던 차에 3정판에서는 한자를 없애고 전면적인 '한글화'를 시도하였다. 차제에 이래저래 미루고 있었던 3정판의 출간에 이르게 되니 속이 후련한 감이 있다.

3정판을 준비함에 있어서 문헌처리의 복잡한 작업과 교정 등 세세한 일은 성균관대학교 대학원 형사법전공 박사과정의 황인수 조교와 박성민 조교가 수고해 주었다. 이 자리를 빌어 이 두 제자들에게 그리고 자료제공에 큰 도움을 준 대법원 판례심사위원회 전문조사위원인 소재용 박사에게 깊은 감사의 뜻을 표한다. 그리고 全訂版으로 탈바꿈하는 편집상의 대대적인 손질이 보통일이 아닌데, 여기에는 저자의 제자이기도 한 법문사 편집부 김용석 과장의 노고가 지대하였다. 김과장에게도 심심한 고마움을 전한다.

마지막으로 본서를 높이 평가해주고 아껴주면서 저자에게 격려를 보내준 독자들에게 재삼 마음에서 우러나오는 감사를 올리고 싶다. "남자는 자신을 알아주는 사람을 위하여 목숨을 바친다"는 옛 말이 있는데, 학문적 노력의 결실인 자신의 저서를 알아주는 독자에게 아까울 것이 무엇이 있겠는가?

2010년 8월

저 자 씀

개정판 서문

"집을 짓고 나서, 3년이 지나보아야 안다"라고 하는 옛말이 있다. 이 말에는 여러 가지 의미가 담겨 있겠으나, 책쓰는 일을 집짓는 일에 비유한다면, 책을 펴내고 나서 적어도 3년간은 손볼 곳이 있게 마련이며 또 계속 손을 보아야 책다운 책이 된다는 뜻으로 새기고 있다.

이제 본서의 初版이 출간된 지 3년 반 가량이 지났다. 그 동안 본서를 들여다보면서 미흡한 곳, 잘못된 곳, 보강해야 할 곳, 좀더 論旨를 뚜렷이 해야 할 곳 등이 퍽이나 쌓여서 대폭적인 개정작업에 착수해야 한다는 것을 익히 알고 있었음에도 불구하고 형법각론의 저술작업에 밀려 3년여의 세월이 지나고 말았다. 그런 만큼 본서의 개정은 저자에게는 절실한 宿願作業이었다. 초판에 손을 대야 할 곳은 저자 스스로 기록해놓은 부분도 있지만, 독자들의 따뜻한 배려가 어린 e-mail이나 전화를 통한 지적으로부터, 또 강의를 들은 학생들의 예리한 질문으로부터 축적된 바가 많다. 책이 靜物이 아니요, 독자들의 배려와 관심에 힘입어 成長하는 動物임을 깨닫고 있다. 성장의 원천이 된 독자들의 叱正이 항상 뇌리에 남아 있으면서 분발할 것을 촉구해 준다. 자신의 著書를 알아주는 한 명의 독자에게도 감사할 일인데, 거꾸로 독자측으로부터 좋은 책을 써주어 고맙다는 글을 받을 때에는 학문하는 사람만이 느낄 수 있는 기쁨에 감격한다.

改訂版에서 달라진 부분이 대략 어떠한가를 序文에서 일별해보고 싶은 독자가 있을 것이다. 그러나 개정된 骨子를 이곳에서 한 그림으로 그려낸다는 시도가 막막하게 느껴진다. 정성껏 쓴 만큼 정성껏 읽어주기를 희망할 따름이다.

가을철 추수하는 한 알의 곡식에 농부의 손길이 수십차례 스쳤듯이, 본서의 개정판이 빛을 보기까지에 여러분들의 숱한 손길이 닿았다. 그 중에서도 각주정리작업과 교정작업에 수고해 준 성균관대 석사과정의 朴成敏 조교와 박사과정의 李炫政 조교, 그리고 손색없는 편집에 진력해 주신 법문사의 玄根

宅 과장님과 柳知勳 과장님 등 여러분께 각별히 감사의 뜻을 표한다. 변함없이 뒷바라지에 충실했던 아내에게도 고마움을 전한다.

2002년 8월
저 자 씀

초판 서문

제대로 된 한 권의 책을 쓰기 위해서는 의외에도 적지 않은 조건들이 갖추어져야 한다. 저자가 본서를 쓸 수 있었던 것은 무엇보다도 1998년 한 해 동안 학교 당국으로부터 연구년을 허용받아서 강의의 의무를 면하고 집필에 전념할 시간적 여유를 얻은 것에 비롯한다. 이러한 시간적 여건 이외에도 형법총론교과서의 집필에 들어가기 전의 준비작업이 상당히 이루어져 있었고, 집필기간 동안에는 정신적 평온과 투철함, 公私에 있어서 無事함, 개인적 건강 등 여러 조건들도 큰 뒷받침이 되었다.

저자가 대학 강단에서 처음 형법총론을 강의한 때가 1977년이었으니, 20년이 넘는 세월 동안 변변한 책 한 권을 쓰지 못한 나름대로의 이유는 형법학의 학문성에 대한 회의가 길었던 것과 함부로 책을 쓰고 싶지 않다는 조심성 내지 완벽성에 기인한다. 그런데 이제 연륜도 연륜이거니와 현재 우리나라의 형법학자들이 독일 형법학에 맹종하는 정도가 도저히 참을 수 없는 수준에 이르렀기 때문에 무엇인가 할 이야기를 해야 할 시기가 되었다고 판단한 것이 본서를 집필하게 된 주요동기이면서 동시에 본서에서 유념한 주요목표이기도 하다. 법학은 우리나라의 자생학문이 아니고 일본을 통하여 서구로부터 이식된 학문인 만큼, 우리의 형법학이 제1세대는 일본 형법학의 再版, 제2세대는 독일 형법학의 再版임이 불가피했다고 하겠으나, 이제는 우리 형법학의 독자성과 自尊을 추구할 때가 되었다고 본다. 우리나라와 독일 사이에 형법 조문을 비롯한 입법현실이 判異함에도 불구하고, 도대체 우리 형법의 해석론인지 독일형법의 해석론인지 분간할 수 없는 이론을 전개하는 사태는 아직도 어지러운 우리 형법학의 현실을 말해 주고 있다. 심오하게 발전하고 풍부하게 축적된 독일의 형법학을 접하고서 이를 칭송하게 되는 것은 지당한 반응이라고 하겠다. 그러나 독일 형법학에서 취할 것은 취하고 버릴 것은 버리며 우리의 것에 맞도록 새김질하고 재단하는 일, 즉 독일 형법학을 '통해서' 나아가되 독일 형법학을 '넘어서서' 우리의 '독자적인' 형법학을 건설하는 작업이야말로

2000년대를 열어 가는 새로운 세대가 감당해내야 할 일이라는 점을 서문에서 강조하고자 한다.

그리고 우리나라의 관련문헌, 특히 형법총론교과서를 참조하면서 절실히 느낀 점은 이제 우리 형법학에 있어서 표절시대의 종지부를 찍어야 한다는 것이었다. 그 동안 삶의 질을 도외시한 채로 경제성장 일변도의 정책이 지배해온 우리나라에 학문도 그 예외가 아니어서 '보다 많이, 보다 빨리'라는 조급증이 학자들의 표절과 졸속을 낳았고, 자신의 독창적인 글을 가다듬는 성실함은 찾아보기 어려웠다. 앞으로 우리 형법학도들은 남의 글을 표절하는 일을 정말 수치스럽게 생각하고, 자신의 글을 '좀더 알차게, 좀더 정성스럽게' 가꾸려는 노력을 기울여야겠다. 저자는 집필의 과정 중에 가급적 문장 하나, 어휘 하나도 적절히 가다듬고자 고심하였으며, 나만이 쓸 수 있는 글, 나만이 할 수 있는 표현을 좀더 끌어내고자 진력하였다. 사실 그러한 글을 쓸 때만이 진정 글 쓰는 기쁨과 보람을 누릴 수 있었다. 그 평가는 이제 독자들에게 맡긴다.

본서가 출간되기까지 저자에게 큰 힘이 되었던 분들이 많이 계심에도 불구하고, 여기에서 일일이 거명하여 謝恩하지 못함을 송구스럽게 생각한다. 그 가운데 저자가 어려울 때 슬기로움과 덕스러움을 보여준 벗 李興基 판사와 大乘的 精神과 현실감각을 일깨워준 벗 李炅在 검사, 그리고 막바지 원고정리작업에 수고해 준 성균관대 박사과정의 姜碩九 조교, 본서 출판에의 노고뿐만 아니라 정신적 격려까지도 헤아려주신 법문사의 崔福鉉 상무님과 柳知勳 과장님 및 좋은 편집이 되도록 애쓰신 玄根宅 과장님 등 여러분께 각별한 감사의 뜻을 표한다. 끝으로 집필에 여념이 없었던 저자를 지켜보면서 어려운 뒷바라지를 감내해 준 아내에게도 깊은 고마움을 전한다.

1999년 2월 鎭川의 陋居에서

저 자 씀

유기천 법률문화상 수상의 변(辯)

임　웅(任雄) 교수
성균관대학교 법학전문대학원

1. 회상(回想)

평소 존경해오던 형법학자 유기천(劉基天, Paul K. Ryu, 1915-1998) 교수님을 기념하는 법률문화상의 제1회 수상자로서 여러모로 부족함이 많은 저를 선정해주심에 대하여 유기천교수기념사업출판재단의 유○ 이사장님과 재단 관계자 여러분들께 깊은 감사의 말씀을 올립니다. 다망한 연말에 즈음하여 날씨가 차가움에도 불구하고 이 시상식에 참석하여 주신 여러분들께, 그리고 귀한 축사를 해주신 한국형사법학회 회장 박○○ 교수님과 서울대학교 법학전문대학원 정○○ 원장님께도 진정 감사드립니다.

금년에는 유기천 교수님 추모사업에 진력해오시던 두 분, 황○○ 교수님과 이○○ 교수님이 타계하시는 마음 아픈 일이 있었습니다. 여기에 두 분의 명복을 비오며, 이 자리에 함께 하지 못하심을 애석하게 생각합니다. 두 분은 저희보다 먼저 하늘나라에서 유기천 교수님을 뵈었을 것입니다. 아마 유기천 교수님, 황○○ 교수님, 이○○ 교수님 세 분이 하늘나라에서 이 시상식을 지켜보고 계실지도 모를 일입니다.

유기천 법률문화상의 수상은 제게 지극한 영광입니다. 무엇보다도 35년간의 교직생활을 마감하고, 내년 2월말에 교수직에서 정년퇴임하게 되는 저에게 각별한 감회를 안겨 주었습니다.

먼저 유기천 교수님과의 개인적 인연을 회상해 보고자 합니다. 저는 1968년 3월에 서울대학교 법과대학에 입학하였습니다. 당시 법대는 법학과와 행정학과로 나뉘어져, 법대교수님들의 전공과목 강의는 학생들의 입학년도에 따라 두 학과에 번갈아 배정되었습니다. 68년도 유교수님의 형법강의는 행정학과 입학생에 배정되어 졸업 때까지 전공과목강의가 이어진 관계로 말미암아, 법학과에 입학한 저는 유교수님의 형법강의에 4년 내내 정식 수강생이 될 수 없었습니다. 그러나 숱한 일화를 간직하신 유교수님의 강의를 놓칠 수는 없는지라, 저는 여러 차례 유교수님의 강의를 청강하였고, 그 분이 예의 꼿꼿한 자세로 열강하시는 풍모를 접한 바 있습니다.

유교수님께서 1971년 독일을 거쳐 미국으로 망명하신 이후로는 교수님을 뵙기 어려웠는데, 한참 후 귀국하셔서 비교적 오래 한국에 머무신 두 차례의 시기에 교수님을 뵈올 수 있는 절호의 기회가 있기는 있었습니다. 하지만 이 두 시기에 저는 우연찮게 연구차 외국에서 장기 체류하고 있었던 까닭에 유교수님을 뵙지 못하게 되었고, 아직도 아쉬움이 진하게 남아 있습니다. 그 첫 기회는 유교수님께서 서울법대에서 다시 강의하신 1980년경이고, 이 즈음에 저는 Austria Wien 법과대학에서 2년여의 연구생활을 하고 있었으며, 두 번째 기회는 유교수님께서 고희기념논문집을 봉정받고자 귀국하신 1988년경인데, 이 시기의 전후 2년여 동안 저는 독일 Max-Planck 외국형법연구소에서 연구생활을 하고 있었습니다. 한 가지 다행인 것은 유기천교수님 고희기념논문집에 제가 "비범죄화론의 의의와 근본사상'이라는 제목의 논문을 봉정할 수 있었던 점입니다. 이 논문은 제가 독일체류 동안 '비범죄화론'이라는 일관된 연구를 수행함에 있어서 이론적 토대가 되는 논문으로서 제게는 매우 의미심장한 주제였고, 1987년 8월 Max-Planck 외국형법연구소에 도착하는 즉시 그 연구에 전념하여, 유교수님의 고희기념논문집에 기고하게 되었던 것입니다.

2004년 2학기 본인이 맡은 대학원강의에서 "이 땅의 앞선 법률가를 찾아서"라는 강의제목으로 월송(月松) 유기천 선생님을 필두로 하여, 전 대법원장 가인 김병로 선생님, 사도법관 바오로 김홍섭 선생님, 인권변호사 조영래 선생님, 전 국회의원 효당 엄상섭 선생님, 효봉스님(이찬형 판사) 등 이미 작고하신 법률가 중 후학에게 귀감이 될 6분을 선정하여, 이 분들의 고귀한 일생을 조명한 적이 있었습니다. 이 학기 동안 월송 선생님의 학문에 있어서의 철저함, 삶에 있어서의 대쪽같은 꼿꼿함은 저와 수강생들에게 깊은 감동을 남겼고, '어떻게 그럴 수 있나'하고 자문할 정도로 흠모의 념(念)을 아로새기게 되었습니다.

정년을 목전에 둔 저는 '별 탈 없이' 교직생활을 마감하게 된 것만으로도 괜찮다는 필부의 위로를 스스로에게 던지고 있었는데, 이 수상을 계기로 월송 선생님의 일생을 더듬어보면서 제 삶이 심히 초라하고도 부끄럽다고 느꼈습니다. 저의 삶은 무사안일임에 반하여, 그 분의 삶은 일로매진이요, 주도면밀이며, 질풍노도요, 고군분투며, 파란만장이었습니다. 범인(凡人)의 삶이 아니라, 위인(偉人)의 삶이었습니다. 대부분의 위인이 그러했듯이 유교수님의 삶은 시련과 고난, 고독으로 점철되었으며, 속세의 잣대로 보면 '비극적인 삶'을 사셨습니다. 그 분이 고국에서 서울대학교 총장으로서 또 뛰어난 형법학자로서 위명(威名)을 날리던 영광의 시절은 그리 길지 않았습니다. 그 분의 유일한 세속적 행복은 '존경하고 사랑하는 부인, Helen Silving 박사'와의 결혼생활뿐이었을 것입니다. 그 분의 미국에서의 오랜 망명생활은 일종의 유배형(流配刑)이었으며, 모든 것을 잃고 아무도 알아주지 않는 이국(異國) 땅에서 오로지 예수 그리스도와 Silving 여사님만을 의지하며 사신 것을 회상하면, 예수님을 영접하지 못한 제 눈에는 눈물이 앞을 가리는 비극적인 삶으로만 비춰집니다. 그러나 그 비극적인 삶이 형법학도에게 순교적(殉敎的) 모습을 비추어주는 것이라면, 기꺼이 그 분에게 경배(敬拜)드릴 수 있습니다.

유교수님은 숱한 일화와 전설을 지니신 분이십니다. 그 분의 학문정신과 인생관, 세계관 그리고 실천하는 용기는 남기신 일화와 전설에서 읽을 수도 있지만, 진솔하고도 생생하게 그것도 당신 스스로가 문자로 증거하신 결정체는 그 분의 형법교과서 '형법학 총론강의와 각론강의' 중 '서문'(序文)에 있습니다. 저도 제 형법교과서 '서문'에 저의 학문관과 저서 집필의 배경이나 우여곡절인 사정 등을 토로(吐露)하고 있음을 익히 알고 있기에, 앞으로 말씀드릴 '유기천 정신'(精神)은 거개(擧皆)가 유교수님의 형법교과서와 그 서문을 중시하여, 이를 다시금 정독하고 심려(深慮)함으로써 여러분들께 천명하는 것으로 알아주시기 바랍니다.

이제 저는 유기천 정신을 자유정신, 투쟁정신, 프로(Pro)정신으로 집약하고자 합니다.

2. 유기천 정신

(1) 자유정신

유교수님의 저서 형법학 총론강의를 보면, "본서에 있어서의 가치판단의 근본표준을 '자유사회'(free society)란 가설에 두고 있는 점"(영인본, 45면)이라는 표현과 "인권사상을… 오늘날에 있어서는 '자유사회'란 가설 밑에서 그 정신을 찾아낼 수 있다고 본다"(동 49면)라고 한 표현이 나옵니다. '자유사회'란 개념은 그 분의 글 여기저기에서 빈번하게 등장하는 이념적 지표입니다. 그 분은 학문에서뿐만 아니라 굴곡진 삶에서도 실제로 '자유'를 북극성으로 삼아 궤도를 돌고 도는 쓰러지지 않는 팽이셨습니다. 저 역시 형법총론 교과서에서 형법의 임무를 "공존할 수 있는 자유의 최대한의 보장"(제5정판, 10면)이라고 하여, 감히 법을 통한 자유사회의 이념을 지향하고 있습니다. 창의적인 학문은 자유로운 풍토에서만이 가능하고, 타율 아닌 자율의 인간 개개인은 자유사회를 전제로 해서만이 자아를 실현하고 행복을 추구할 수 있음을 아셨기에, '자유'는 그 분의 학문정신과 인생철학에서 최상의 가치로 자리매김하였습니다.

자유정신의 구현자로서 그 분은 '거침없는' 정신, 그 무엇에도 '구속받지 않는' 정신, '모든 것을 버릴 수 있는' 정신, '어떠한 편견에도 사로잡히지 않는' 정신을 갖추고 계셨고, 자유의 실현을 위한 용기와 능력도 갖추셨습니다. 제가 과대포장하는 것이 아니라, 그 분의 자유로운 정신은 형법학의 좁은 울타리에 구속받지 않으시어 입체심리학, 철학, 윤리학, 인류학에 이르기까지 거침없는 학제적 연구정신을, 그리고 영어, 독일어, 일본어에 통달하시어 여러 국가의 형법학을 넘나드는 Global한 연구능력과 시야를, 군사정권에 영합하여 얼마든지 누릴 수 있었던 일신의 영달을 가차 없이 버리신 탈속(脫俗)의 정신을, 애국심이 부족해서가 아니라 자유로운 국가건설을 위해 암울한 한국을 떠나신 비장한 용기를 지닌 분이라는 사실을 여러분께서도 잘 아실 것입니다. 그 분은 학문 간의 장벽, 국가 간의 장벽, 시대의 장벽, 마음의 장벽을 허물고 사셨던 대인(大人)이십니다. 입으로는 정의를 구현하는 법학도가 되겠다고 소리치면서 실상은 일신의 영달에 급급한 소인배가 가득한 이 땅에서 정말 그리운 분이십니다.

(2) 투쟁정신

유교수님은 저서 형법학 각론강의 서문에서 부친을 회상하는 글로 "가친(家親)은 평범한 일개 상인에 불과하였다. 그러나, 나는 당신에게서 깊은 성실성과 강인한 용기의 고귀함을 배웠다. 그는 학자도 아니었고 황차 정치가도 아니었으며, 일개의 시정인(市井人)에 불과하였지만, 이 나라의 독립과 한국민의 복리를 위한 투쟁의 정신은 영원히 나의 영혼에 깃들고 있을 줄 믿는다"(영인본, 머리말, xii면)라고 적고 계십니다. 이는 그 분의 영혼에 깃든 '투쟁정신'을 밝히신 것입니다.

투쟁은 구호로만 그쳐서는 아니되고, 용기와 실천이 따라야 합니다. 교수님은 앞의 저서에서 "오늘날 이 나라에서 가장 요구되고, 또한 저자가 가장 강력히 사모하는 성실성 · 용기 · 근면의 세 가치의 Urbild도 양친에게서 발견되었음을 솔직히 말하여 두고 싶다"(동 xi면)라고 하시고, 또한 "나는 과연 성실하고 용맹스러운 생애를 가질 수 있을는지 의심스럽고 더욱 전율을 느낀다"(동 xii면)라고 적으신 것을 보면, '용기'란 덕목을 전율을 느낄 정도로 자각하고 계셨다고 생각됩니다. 선생님이 모든 것을 내려놓고 불의(不義)에 항거하시어 군사독재정권에 감연히 맞섰던 것은 주지의 사실이며, 이 사실은 그 분의 투쟁정신을 용기와 실천으로 증거하신 것입니다. 월송(月松) 선생님은 바르지 않은 것은 보려하지 않고 가까이 하지도 않고 취하지도 않고 단호하게 내치시어, 달처럼 교교(皎皎)하고 솔처럼 청청(靑靑)하게 사신 분입니다.

그 분의 불굴의 투쟁정신과 용기를 저는 그 분의 '신앙심'에서 찾아보고 있습니다. 그 분의 영문 성함은 Paul K. Ryu입니다. 여기에서 Paul은 '사도 바울'을 뜻합니다. 유기천교수님 고희기념논문집 봉정식에 제가 참석하지 못하였지만, 독일서 귀국한 저에게 전달해주라고 유교수님이 넘겨주신 기념논문집에 친필로 성함을 적으셨던 바, '유기천 근정'이 아니라 "Paul 근정"으로 서명하신 것에 저는 깊은 의미가 있다고 추측했습니다. 유교수님은 인간 유기천이 아니라, 사도 바울로서 성령의 부르심에 따르는 길을 걷고자 하신 것이 아닌가 합니다. 바울(Paul)은 애초에 예수님의 12제자도 아니고 기독교신자를 색출하여 처단하는 임무를 가진 감찰관이었으나, 부활하신 예수님을 길에서 영접하고 사도가 되어 사역훈련을 받은 후 고난의 전도여행을 하면서 신약성경 중 옥중서신, 목회서신 등으로 불리는 많은 부분을 저술하고 최후에는 순교하신 분입니다. 비범한 능력, 대담한 용기, 강인한 실천력, 전도와 성경집필의 기적같은 업적 등, 이 모든 면에서 바울에 비견할 만한 사도는 없을 것이며, 바울은 성령의 기름부으심을 가장 많이 받은 예수 그리스도의 으뜸 제자라고 할 것입니다. 유기천 교수님은 바로 사도 바울의 길을 따르심으로써 종교적 경지의 '투쟁정신'을 보이신 분입니다. 이 점에 있어서 기독교신자인 법학도들에게는 시사하는 바가 있으리라고 생각합니다.

(3) 프로(Pro)정신

프로의 영역 중에서 가장 프로다운, 즉 가장 전문가(專門家)인 영역이 교수직일 것입니다. 그래서 숱한 professional 중에 교수가 Professor라는 명칭을 얻었습니다. 교수가 갖추어야 할 프로정신, 장인(匠人)정신을 부연(敷衍)하자면, 부단한 탐구심과 집중력을 갖고, 철저함, 치밀함, 정확함, 완벽함, 심오함, 끈질김을 추구하며, 임무 내지 책임에 충직(忠直)함으로써 지식을 넘어서 궁극에는 원리(原理)와 철리(哲理)에 이르는 지혜를 감응(感應)하는 정신이라고 할 것입니다.

유기천 교수님은 뼛속 깊은 프로정신의 소유자셨습니다. 무엇보다도 프로는 Dogma를 추종할 것이 아니라 근본적인 의심을 가질 것을 역설하신 것이 저를 크게 자극하였습니다. "법학을 지향하는 젊은이에게는 조금 어려워도 역시 근본적인 문제를 캐보는 습성을 함양함이 필요"(영인본, 총론강의, 서문, iii면)하다고 하시고, "기성법조인이 된 경우라도 연구적 태도를 버리지 말고 항상 좀더 근본적인 의문을 일으키는 것이 필요"(동 iv면)하다고 하십니다.

이러한 프로정신은 형법학 나아가 법학 일반에 있어서의 근본적인 질문, 막다른 질문을 던지게 합니다. '형법학 내지 법학은 학문(science)의 하나로 당당히 자처할 수 있는가, 아니면 하나의 기술(skill)에 불과한 것인가?' 이 질문은 법을 업으로 삼는 법학자나 법률가 모두를 곤혹스럽게 합니다. 유교수님이 1971년 나라의 암울한 세태에 절망한 심정을 "살아야 할 것이냐, 죽어야 할 것이냐? 이것이 바로 문제이다. (To be, or not to be; that is the question.)"라는 Hamlet의 부르짖음으로 대변하심(동 v면)을 보고, 저는 형법학의 '학문성'에 대한 근본적 회의와 절망을 "학문인가, 아닌가? 이것이 바로 형법의 문제로다. (To be a science, or not to be a science; that is the question of criminal law.)" 라는 표현으로 손질해 보았습니다.

저는 제가 가르친 제자들에게 '형법은 학문이 아니다'라는 말을 가끔 합니다만, 유교수님이 총론 교과서 서문에서 "형법이 만약 학문이라면"(동 ix면) 이라는 표현을 쓰신 것을 보고, 저의 '단언적 어법'보다는 유교수님의 '가정적 어법'이 훨씬 의미심장함을 깨달았습니다. 형법이 학문일 수도 있고 학문이 아닐 수도 있다는 가정하에, 유교수님은 개인적으로 형법이 학문일 수 있다는 긍정적 신념을 가지고 평생 형법을 학문으로 올려놓기 위해 노력하셨음을 천학비재한 제가 이제야 이해하였기 때문입니다. 그 분은 "저자는 재래의 법학, 특히 형법학이 참다운 Wissenschaft가 되려면, 막연한 개념의 논리적 분석만으로 만족하고 형법학의 학문성을 그 속에서 구하여 안주하려고 망상치 말고, 좀더 근본적으로 symbol로서의 개념 자체의 본질을 정확히 이해하고, 학문의 본질론과의 관련하에서 가장 합리적인 이론체계를 구성하여야 한다고 확신하고 있다"(영인본, 각론강의, 머리말, ix면)라고 하십니다. 그 분이 이러한 확신하에 이른바 상징주의 형법론(象徵主義 刑法論)을 궁구(窮究)하신 것은 형법학의 학문성에 대한 회의로 안개 속을 헤매는 저에게 희망의 등대처럼 길을 비춰주었습니다. '언어의 숙명적인 불명확함과 다의성(多義性), 무질서와 혼란'이 '형법학이 학문이고자 함을 방해하고 있음'을 깨달았기 때문입니다. 이 근본적인 질의와 응답 가운데 유교수님은 제게 학문의 구원의 '스승'이 되셨습니다.

유교수님은 서울대학교 총장으로 계실 때에도 강의를 놓지 않으셨습니다. 총장이면서 교수이고, 교수의 본분은 강의와 연구이기 때문에, 교수의 강의라는 본분을 총장직보다도 우위에 놓으신 철저한 프로정신의 소유자셨습니다. Akademisches Viertel이라는 독일식 강의전통에 따라 당시 100분 강의의 시작과 끝 15분씩 도합 30분 강의를 생략하는 관례를 저만치 물리치고, 중간 휴식 없이 정시 시작 정시 종료의 강의를 한 치의 흐트러짐 없이 꼿꼿한 자세로 시종일관하신 강의에서는 '잡것이 범접하지 못할 기상'이 넘쳐 났습니다. 언젠가 살인죄 부분의 강의시에 입장하신 유교수님이 '지금 강의실 밖에서 시위대를 무자비하게 진압하는 경찰이 유혈을 부르는 살인적 상황에 처하여, 오늘 살인죄만큼은 강의할 기분이 전혀 들지 않는다'고 하신 후 강의를 포기하신 것이 그 분이 강의하지 않으신 유일한 경우가 아닌가 합니다.

유교수님은 프로정신 중 무엇보다도 법률가의 '사명감'을 역설하셨습니다. 그 분은 "참된 사명을 다하지 못하는 법률가는 그리스도가 말씀하신 바와 같이 '이 세상에 태어나지 않았음이 좋았을 것'일지도 모른다"(총론강의, 서문, iv면)라고까지 극언하시면서, "법률가로서는 먼저 그 참된 사명이 무엇인지를 깨닫는 데에서부터 그의 직업은 시작된다"(동면)고 하십니다. 법률가, 법학도에게 윤리헌장이 있어야 하지 않을까요?

예나 지금이나 병든 사회, 정쟁으로 위태로운 국가를 향하여 그 분은 사회와 국가의 치유와 구제가 정치에 의해서가 아니라 '학문'에 의해서 가능함을 확언하고 계십니다. 그리하여 다음과 같이 말씀하십니다. "저자는 이 나라의 모든 혼란은 오로지 가장 고결한 지력(知力)에 의해서만 제거시킬 수 있고, 이 나라의 새로운 건설 또한 가장 깊은 학문의 기반 위에서만 건립될 수 있음을 믿어 의심치 않는다"(동 vii면). 이 말씀에서 저는 다가올 희망과 살아갈 활력을 얻습니다. 그리고 학문하는 분의 강력한 긍지를 읽습니다.

3. 맺음 말

이제 제 말을 맺을 때가 되었습니다. 제가 이 상을 수상하기 전에는 유교수님이 제게는 비교적 멀리 계신 분이었습니다. 이미 세상을 떠난 분이시기도 하고 저와는 연배가 한참 차이가 나기도 하기 때문입니다. 하지만 수상을 계기로 그 분의 족적을 더듬어보면서 그 분은 제게 아주 '가까운 분'이 되셨습니다. 그 분이 걸으신 '회색(灰色)의 길'을 따라가면서 눈시울을 적셨던 적도 여러 번이었습니다.

형법학계에는 우리가 위인(偉人)이라고 일컬을 만한 분이 계셔야 하고, 우리가 본받을 만한 참된 스승이 필요합니다. 유기천 교수님은 형법학계의 '스승'이자 '위인'이요, 우리가 거울처럼 바라볼 '큰바위 얼굴'이십니다. 신도(信

徒)란 어휘가 신앙(信仰)의 학도가 아니라 신념(信念)의 학도라는 의미라면, 저는 기꺼이 '유기천 신도'가 되겠습니다. 그리하여 유기천 신도로서 자유정신, 투쟁정신, 프로정신으로 집약되는 '유기천 정신'을 전파하고 구현하는 데 앞장설 것을 다짐합니다.

장시간 경청해주셔서 감사합니다.

2013년 12월 20일

서울대학교 법학도서관 유기천 세미나룸에서

차 례

제 1 편 서 론

제 2 편 범 죄 론

제 3 장 위법성론 (203-303)

제 5 장 범죄의 실현단계와 미수론 (381-440)

제3편 죄 수 론

제1장 서 론 (617-628)

제 2 장 일죄와 수죄 (629-654)

제 4 편 형벌과 보안처분의 이론

참고문헌

1. 국내문헌

1) **형법총론 교과서**(저자명 가나다 순)

권오걸, 형법총론, 제3판, 형설출판사, 2009.
김성돈, 형법총론, 제2판, 성균관대학교출판부, 2009.
김성천, 형법, 소진출판사, 2009.
김성천/김형준, 형법총론, 제3판, 동현출판사, 2005. (김/김, 면수로 略함).
김신규, 형법총론, 청목출판사, 2009.
김일수, (새로쓴) 형법총론, 박영사, 1998.
김일수/서보학, (새로쓴) 형법총론, 제11판, 박영사, 2007. (김/서, 면수로 略함).
남흥우, 형법총론, 박영사, 1975.
박상기, 형법총론, 제8판, 박영사, 2009.
배종대, 형법총론, 제9개정판, 홍문사, 2008.
성낙현, 형법총론, 동방문화사, 2010.
손동권, 형법총론, 제2개정판, 율곡출판사, 2005.
손해목, 형법총론, 법문사, 1998.
신동운, 형법총론, 제5판, 법문사, 2010.
신동욱 외 7인(8인공저), 형법총론, 사법행정사, 1978.
안동준, 형법총론, 학현사, 1998.
오영근, 형법총론, 제2판, 박영사, 2009.
유기천, 형법학[총론 강의], 일조각, 1980.
이건호, 형법학개론, 고대출판부, 1964.
이상돈, 형법학강의, 제1판, 법문사, 2010.
이영란, 형법학총론강의, 형설출판사, 2008.
이재상, 형법총론, 제6판, 박영사, 2009.
이정원, 형법총론, 제3판, 법지사, 2004.
이형국, 형법총론, 제4판, 법문사, 2007.
정성근, 형법총론, 법지사, 1998.
정성근/박광민, 형법총론, 제4판, 삼지원, 2008. (정/박, 면수로 略함).
정영석, 형법총론, 법문사, 1983.

정영일, 형법총론, 박영사, 2010.
정진연/신이철, 형법총론강의, 숭실대학교출판부, 2005. (정/신, 면수로 略함).
조준현, 형법총론, 제3정판, 법원사, 2004.
진계호, 형법총론, 제5판, 대왕사, 1996.
진계호/이존걸, 형법총론, 제8판, 대왕출판사, 2007. (진/이, 면수로 略함).
차용석, 형법총론강의Ⅰ, 고시연구사, 1984.
하태훈, 사례중심 형법강의, 법원사, 1998.
황산덕, 형법총론, 방문사, 1982.

2) 기 타

임 웅, 형법각론, 제15정판, 법문사, 2025.
편집대표 박재윤, 주석 형법각칙(1-6), 한국사법행정학회, 2006.
법무부, 형법개정법률안 제안이유서, 1992년 10월.
한국형사판례연구회, 형사판례연구[1]-[18], 박영사, 1993-2010.
신동운, (新)판례백선 형법총론, 경세원, 2009.
한국형사법학회 편, 형사법강좌 Ⅰ·Ⅱ, 박영사, 1981·1984.
Johannes Wessels 저, 허일태 역, 독일형법총론, 법문사, 1991.
김종원, 형법각론(上), 법문사, 1971.

2. 외국문헌

1) 독일·오스트리아·스위스 문헌

a) 교과서 기타 단행본

Baumann/Weber, Strafrecht, Allgemeiner Teil, 9. Aufl., 1985.
Hermann Blei, Strafrecht, Allgemeiner Teil, 18. Aufl., 1983.
Bockelmann/Volk, Stafrecht, AT, 4., Aufl., 1987.
Albin Eser, Strafrecht Ⅰ·Ⅱ, 3. Aufl., 1980.
Fritjof Haft, Strafrecht, Allgemeiner Teil, 4. Aufl., 1990.
Rolf Dietrich Herzberg, Täterschaft und Tatherrschaft, 1. Aufl., 1977.
Günther Jakobs, Strafrecht, Allgemeiner Teil, 2. Aufl., 1991.
Hans-Heinrich Jescheck, Lehrbuch des Strafrechts, Allgemeiner Teil, 4. Aufl., 1988.
Kristian Kühl, Strafrecht, Allgemeiner Teil, 1. Aufl., 1994.
Maurach/Zipf, Strafrecht, Allgemeiner Teil, 1. Teilband, 8. Aufl., 1992.

Maurach/Gössel/Zipf, Strafrecht, Allgemeiner Teil, 2. Teilband, 7. Aufl., 1989.
Peter Noll, Schweizerisches Strafrecht, Allgemeiner Teil, 1. Bd., 2. Aufl., 1986.
Claus Roxin, Strafrecht, Allgemeiner Teil, 1. Bd., 1. Aufl., 1992.
Claus Roxin, Täterschaft und Tatherrschaft, 3. Aufl., 1975; 5. Aufl., 1990.
Eberhard Schmidhäuser, Strafrecht, Allgemeiner Teil, 2. Aufl., 1984.
Otto Triffterer, Österreichisches Strafrecht, Allgemeiner Teil, 1. Aufl., 1985.
Hans Welzel, Das Deutsche Strafrecht, 11. Aufl., 1969.
Johannes Wessels, Strafrecht, Allgemeiner Teil, 27. Aufl., 1997.

b) 주석서

Schönke/Schröder, Strafgesetzbuch, Kommentar, 25. Aufl., 1997.
Dreher/Tröndle, Strafgesetzbuch, Kommentar, 44. Aufl., 1988.
Jescheck/Ruß/Willms, Strafgesetzbuch, Leipziger Kommentar, 10. Aufl., 1978.
Rudolphi/Horn/Samson, Systematischer Kommentar zum Strafgesetzbuch, 6. Aufl., 1993.
Karl Lackner, Strafgesetzbuch, Kommentar, 21. Aufl., 1994.

2) 영미문헌

LaFave/Scott, Criminal Law, 2. ed., St. Paul: West Publishing Co., 1987.
Smith/Hogan, Criminal Law, 6. ed., London: Butterworths, 1988.
Ryan/Scanlan, Criminal Law, 3. ed., London: Blackstone, 1991.

3) 일본문헌

平場安治, 刑法總論講義, 昭和 27年(1952年).
小野淸一郎, 新訂 刑法講義總論, 昭和 30年.
瀧川幸辰, 犯罪論序說, 昭和 30年.
草野豹一郎, 刑法要論, 昭和 31年.
牧野英一, 刑法總論 上・下, 昭和 33・41年.
大塚 仁, 刑法概說(總論), 昭和 38年.
木村龜二, 刑法總論, 昭和 48年.
平野龍一, 刑法總論Ⅰ・Ⅱ, 昭和 51・54年.
佐伯千仞, 三訂 刑法講義(總論), 昭和 52年.
福田 平, 新版 刑法總論, 昭和 52年.
西原春夫, 刑法總論, 昭和 55年.
藤木英雄, 刑法講義總論, 昭和 55年.
中 義勝, 講述 犯罪總論, 昭和 55年.

莊子邦雄, 刑法總論, 1980年.
團藤重光, 刑法綱要(總論), 昭和 56年.
町野 朔, 刑法總論講義案Ⅰ, 1995年.
前田雅英, 刑法總論講義, 1997年.

약 어 표

aaO = am angegebenen Ort
AT = Allgemeiner Teil
Aufl = Auflage
Bd = Band
BGH St. = Entscheidungen des Bundesgerichtshofs in Strafsachen
Dreher/Tröndle, StGB = Dreher/Tröndle, Strafgesetzbuch, Kommentar
f = folgende
ff = fortfolgende
GA = Goltdammer's Archiv für Strafrecht
JuS = Juristische Schulung
JZ = Juristenzeitung
LK = Strafgesetzbuch, Leipziger Kommentar
MDR = Monatsschrift für Deutsches Recht
NJW = Neue Juristische Wochenschrift
RG = Entscheidungen des Reichsgerichts
Rn = Randnummer
S = Seite
Schönke/Schröder, StGB = Schönke/Schröder, Strafgesetzbuch, Kommentar
SK = Systematischer Kommentar zum Strafgesetzbuch
Vor = Vorbemerkungen
ZStW = Zeitschrift för die gesamte Strafrechtswissenschaft

(국내의 형법총론 교과서는 저자와 면수만을 밝힘)

형법총론분야에 관한 저자의 집필논문 중 수험잡지에 게재되었던 논문목록

(발표연도 순)

"공동정범과 종범의 구별", 고시계, 1983. 2, 39-47면.
"죄수의 기초이론", 고시계, 1983. 5, 113-120면.
"간접정범과 교사범의 구별(상)(하)", 월간고시, 1984. 11, 108-116면; 1984. 12, 102-113면.
"위법성조각사유에 관한 착오", 월간고시, 1987. 6, 39-53면.
"죄형법정주의", 고시연구, 1990. 2, 42-52면.
"원인에 있어서 자유로운 행위", 고시계, 1990. 8, 31-41면.
"간접정범", 고시연구, 1991. 6, 28-42면.
"상상적 경합", 고시연구, 1993. 8, 86-92면.
"위법성의 의식과 그 착오", 고시계, 1993. 10, 43-57면.
"행위론", 월간고시, 1993. 11, 14-23면.
"인과관계의 착오", 고시계, 1997. 3, 49-57면.
"정범과 공범의 구별", 고시계, 1997. 11, 65-74면.
"위법성의 실질", 고시연구, 1998. 2, 139-153면.
"주관적 정당화요소", 고시연구, 1998. 5, 41-51면.
"불능미수", 고시계, 1998. 5, 153-164면.
"정당방위에 있어서 상당한 이유", 고시계, 1998. 6, 184-198면.
"책임의 의의-근거-본질", 법정고시, 1998. 6, 143-155면.
"공범과 신분", 고시연구, 1998. 6, 96-108면.
"고의의 본질", 고시계, 1998. 7, 73-84면.
"과실범에 있어서 주의의무의 표준", 고시연구, 1998. 11, 95-105면.
"범죄의 주체와 법인의 범죄능력", 고시연구, 1998. 12, 128-137면.

제 1 편

서 론

서 장

서 장

제1절 형법과 형법학

Ⅰ. 형법의 의의

형법(criminal law, Strafrecht)은 간단히 말하자면 "범죄와 형벌에 관한 법"이라고 할 수 있고,[1] 제대로 정의하자면 "일정한 행위를 범죄로 하고, 범죄에 대한 법률효과로서 일정한 형사제재(형벌과 보안처분)를 과할 것을 규정한 법규범의 총체"이다. 따라서 어디에 들어 있든지 간에 범죄와 형사제재에 관하여 규정하고 있는 법은 모두 형법에 속한다고 하겠는데, 이러한 의미에서의 형법을 '실질적 의의의 형법' 또는 '광의의 형법'이라고 한다.[2]

형사제재수단의 근간을 이루고 있는 '형벌'에는 사형, 징역, 금고, 자격상실, 자격정지, 벌금, 구류, 과료, 몰수 등 9가지 종류가 있다(**형법 제41조**).[3] 그리고 범죄로부터 사회를 방위하고 범죄자의 사회복귀를 위하여 보다 더 효과적인 형사제재수단으로 강구된 것으로서 보안처분(保安處分)이 있다. 형법전상(**제59조의 2, 제62조의 2, 제73조의 2**)의 보호관찰, 사회봉사명령·수강명령과 치료감호법상의[4] 치료감호 등이 그 대표적인 것들이다.

---

1) '범죄와 형벌에 관한 법'의 명칭을 부여함에 있어서 형벌에 중점을 두면 "형(벌)법"(Strafrecht)이 되고(입법례: 우리나라, 일본, 독일, 오스트리아, 스위스 등), 범죄에 중점을 두면 "범죄법"(criminal law)이 된다(입법례: 미국, 영국 등).

2) 실질적 의의의 형법이 들어 있는 단행법률을 열거해 보자면, ① 형식적 의의의 형법인 형법전, ② 특별형법으로서 군형법, 국가보안법, 폭력행위 등 처벌에 관한 법률, 특정범죄 가중처벌 등에 관한 법률, 경범죄처벌법 등, ③ 행정형법으로서 조세범처벌법, 관세법, 도로교통법, 건축법 등, ④ 사회법으로는 노동조합 및 노동관계조정법(同 벌칙규정) 등, ⑤ 사법으로는 상법(同 벌칙규정) 등이 있다.

3) 형벌로서의 벌금과 과료는 행정질서벌 및 민사질서벌로서의 과태료와 구별하여야 한다.

4) 종래 보안처분에 관한 주요법률로서 「사회보호법」(1980. 12. 18, 법률 제3286호)이 제정·시행되었으나, 이 법에 규정된 보호감호처분(제5-7조) 등은 피감호자의 입장에서는 이중처벌적인

실질적 의의의 형법 중 핵심적인 규정들은 형법이라는 명칭으로 공포된 법률(1953. 9. 18. 법률 제293호), 이른바 형법전에 들어 있으며, 이를 '형식적 의의의 형법' 또는 '협의의 형법'이라고 한다. 형식적 의의의 형법(형법전)에는 실질적 의의의 형법인 범죄와 형벌에 관한 규정만이 들어 있는 것이 아니고, 소송요건(예: 제318조 친고죄인 비밀침해죄에서의 고소)과 같은 실질적 의의의 형사소송법규정도 들어 있으므로 형법의 형식적 의의와 실질적 의의가 일치하는 것은 아니다.

형법전은 제1편 총칙, 제2편 각칙으로 구성되어 있다. 총칙은 범죄와 형벌에 관한 공통적·일반적 규정으로서 실질적 의의의 형법에 널리 적용된다. 형법총칙의 효력에 관하여 형법 제8조는 "본법 총칙은 타법령에 정한 죄에 적용한다. 단, 그 법령에 특별한 규정이 있는 때에는 예외로 한다"라고 규정하고 있다.[5] 각칙은 범죄가 될 행위를 개별적으로 유형화하고 또 각개의 범죄에 대하여 과하여질 형벌의 종류와 범위를 규정한 것이다.

형벌과 보안처분 이외에 제3의 형사제재수단으로는 범칙금납부통고처분(犯則金納付通告處分)(**도로교통법 제162조 이하, 경범죄처벌법 제6조 이하**)이 있는데, 이 처분의 대상을 범칙행위(犯則行爲)라고 한다. 범칙금납부통고처분은 20만원 이하의 벌금이나 구류 또는 과료의 형으로 처벌할 경미범죄에 대하여 사법경제적 관점에서 경찰서장에게 처분권을 부여하면서 당사자가 일정한 금융기관에 범칙금을 납부함으로써 형사사건이 종결되도록 하는 한편 범칙행위자에게 전과의 기록을 남기지 않도록 한 특례이다.[6]

기능을 하고 있을 뿐만 아니라, 그 집행실태도 구금위주의 형벌과 다름없이 시행되고 있어 국민의 기본권을 침해하고 있고, 또 사회보호법 자체도 지난 권위주의시대에 사회방위라는 목적을 위하여 제정된 것으로 위험한 전과자를 사회로부터 격리하는 것을 위주로 하는 보안처분에 치중하고 있어서 위헌적인 소지가 있기 때문에, 국민의 기본권을 보장하려는 취지에서 이를 폐지하여야 한다는 목소리가 높았다.

즉 헌법재판소의 합헌결정에도 불구하고 보호감호제도는 여러 위헌적 요소(제정절차의 정당성 결여, 이중처벌금지원칙의 위반, 과잉처벌금지원칙의 위반, 재범의 위험성에 대한 판단곤란 등)를 내포하고 있는 동시에 운영상의 문제점도 제기되고 있는 상황에서, 사회보호법상의 보호감호제도 및 그에 따른 보호관찰부분은 폐지하되, 다만 치료감호제도 및 그에 따른 보호관찰부분은 다른 대체입법을 통하여 존속시키자는 차원에서 「사회보호법」의 폐지(사회보호법 폐지법률: 2005. 8. 4. 공포·시행, 법률 제7656호)에 맞추어 그 대체입법으로서 「치료감호 등에 관한 법률」(약칭: 치료감호법)이 제정되었다(2005. 8. 4. 공포·시행, 법률 제7655호).

5) 특별한 규정을 두어 형법총칙의 적용을 배제한 경우는 행정형법에서 많이 찾아볼 수 있는데, 형법 제9조·제10조 제2항·제11조·제16조 등의 적용을 배제한 담배사업법 제31조가 그 예이다.

6) 범칙금납부통고처분의 특례는 독일의 질서위반법(Ordnungswidrigkeitengesetz)상의 질서위

Ⅱ. 형법의 성격

1. 형법의 국법체계상의 성격

(1) 공법(公法)

公法과 私法의 구별기준이 반드시 명확하지는 않지만, 어떠한 기준에 의하더라도 형법은 공법에 속한다. 즉 ① 규율하는 법률관계가 권력관계(상하관계)인가 또는 대등관계(수평관계)인가, ② 공익에 관한 법인가 또는 사익에 관한 법인가, ③ 국가·공공단체 상호간 내지 이와 사인(私人)간의 관계에 관한 법인가 또는 사인(私人) 상호간의 관계에 관한 법인가 등 그 어떠한 구별기준에 의하더라도 "범죄자(私人)를 처벌하는 국가의 형벌권력"에 관한 법으로서의 형법이 공법에 속한다는 것은 명백하다. 특히 형벌권력은 피해자 개인의 복수심이라는 私益의 만족이 아니라 범죄로부터 사회를 방위하고자 하는 공익적 목적을 위하여 행사되는 것이기 때문에 '私'형벌권은 결코 있을 수 없고 '公'형벌권만이 허용됨에 유의하여야 한다.

(2) 사법법(司法法)

법을 입법법(입법에 관한 법), 사법법(사법에 관한 법) 및 행정법(행정에 관한 법)으로 나눈다면, 형법은 재판에 적용될 법이므로 사법법에 속한다.

(3) 실체법(實體法)

사법법은 또 다시 실체법과 형식법(절차법)으로 나눌 수 있다. 실체법은 재판의 대상인 사건의 실체에 관한 법이고, 형식법은 재판을 하는 형식과 절차에 관한 법이다. 형법은 어떠한 행위를 범죄로 하고 범죄에 대하여 어떠한 형벌을 과하겠는가 하는 실체관계를 규율하는 법이므로 실체법에 속한다. 이에 대하여 형벌권의 실현절차를 규정한 형사소송법은 형식법에 속한다.

2. 형법의 규범적 성격

(1) 가언규범(假言規範)

사회규범 중에서 도덕규범과 종교규범은 "거짓말하지 말라" 또는 "약한 자를 도우라"라는 형식으로 단언적·정언적 규범의 성격을 지닌다. 이에 비하

반금(Bußgeld) 부과처분과 유사하다.

여 형법은 "타인의 재물을 절취한 자는 6년 이하의 징역에 처한다"라는 형식으로 규정(제329조)하여, 일정한 행위를 조건으로 하고 이 조건이 갖추어진 경우에 법률효과로서의 형벌이 부과된다는 가언적(가설적) 판단형식을 취하고 있다. 이 점에 있어서 형법은 '가언적(가설적) 규범'이다.

(2) 평가규범

형법이 일정한 행위를 범죄로 하고 이에 대하여 형벌을 과한다는 것은 일정한 행위에 대한 '평가'를 형벌을 통하여 실증하고 있는 것이다. 즉 형벌부과의 대상이 되는 행위는 형법에 의하여 가치에 반하는－반가치한－것으로서 부정적 평가를 받고 있는 것이다. 행위에 대한 가치 또는 반가치의 판단이 내려진 후에야 비로소 규범의 다른 모든 당위(Sollen)적 요청이 있을 수 있기 때문에, 형법의 1차적인 규범적 성격은 '평가규범'에 있다고 하겠다.

(3) 의사결정규범

형법은 평가규범으로서의 성격에 기초하여, 수범자(Normadressat)로[7] 하여금 형법이 반가치판단을 내린 행위를 결의하지 않도록 하는 '의사결정규범'이 된다. 즉 형법은 무엇이 가치있는 것으로서 허용되고 무엇이 반가치한 것으로서 금지되는가를 밝힘으로써 개인이 의사를 결정함에 있어서 규범을 제시한다.

(4) 행위규범

형법의 평가규범·의사결정규범으로서의 성격으로부터 당연히 부정적 평가 및 부정적 의사결정이 내려진 행위를 해서는 안된다는 '행위규범'이 제시된다.

행위규범에는 일정한 행위를 해서는 안된다는 '금지규범'과 일정한 행위를 해야 한다는 '명령규범'(요구규범)이 있는데, 형법은 가언규범이기 때문에 일정한 행위의 금지나 명령이 직접 드러나지 않고 법문의 표현에서 도출된다. 예컨대 제329조(절도죄)에서 "타인의 재물을 절취한 자는 6년 이하의 징역에 처한다"라고 하는 표현은 '타인의 재물을 절취하지 말라'는 금지규범을 제시하는 것이고, 제319조 제2항(퇴거불응죄)에서 "사람의 주거에서 퇴거요구를 받고 응하지 아니한 자도 전항의 형과 같다"는 표현은 '퇴거요구를 받으면 퇴거해야 한다'는 명령규범을 제시하는 것이다.

---

7) 수범자란 법규범을 준수해야 할 일반 국민, 달리 표현하자면 법공동체구성원을 의미한다.

(5) 재판규범

형법은 범죄가 될 행위와 범죄에 부과될 형벌의 종류와 범위를 규정하고 있기 때문에 재판당사자에게, 특히 법관에게 '재판규범'으로서의 기능을 한다. 형법이 재판에 있어서 따라야 할 규범을 제시한다는 것은 공형벌권을 확정하는 법관의 사법활동을 '규제'하는 기능도 내포하고 있다.

Ⅲ. 형법의 기능

우리나라에서는 형법의 「목적」 또는 「임무」를 기능적 관점에서 고찰하는 경향이 주조를 이루는 까닭에, 본서에서도 이 문제를 형법의 「기능」이라는 주제로 취급하고자 한다. 그리고 형법이 수행하는 기능은 범죄예방이라는 형벌의 기능 내지 목적과는 구별되어야 하지만, 형법의 기능은 형벌의 기능을 전적으로 도외시하는 것은 아니므로 후자를 포괄하되 법규범 일반의 본질적 기능에서 조명해 볼 필요가 있다.

법은 "사회의 공존조건을 보장하기 위한 강제규범"이라는 일반적 정의에 따라, 형법도 근본적으로 사회에서의 평화로운 공동생활을 보장하기 위하여 다음과 같은 기능을 수행한다.

1. 규율적 기능

형법은 평가규범·의사결정규범·행위규범으로서 국민의 가치판단과 의사결정 및 행위를 규율(규제)한다. 이를 형법의 규율적 기능(규제적 기능, 규범적 기능)이라고 하는데, 형법의 가장 근원적인 기능이라고 할 수 있다. 규율적 기능이란 표현은 '국민'의 의사와 행위에 대한 규율이란 의미에서 나온 것인데, 이 기능을 국가적·사회적 측면에서 보자면 사회의 질서유지 내지 평화로운 공동생활을 유지하기 위한 기능, 즉 질서유지적 기능 내지 사회방위(Schutz der Gesellschaft)적 기능으로 파악될 수 있다.

범죄예방(일반예방과 특별예방)이라는 형벌의 목적도 범죄행위로 나아가지 않도록 인간의 의사와 행위를 규율하려는 형법의 기능이 형벌의 영역에 적용된 것이다.

2. 보호적 기능

형법의 보호적 기능에는 사회윤리규범의 보호기능과 법익보호의 기능이 있다.

(1) 사회윤리규범의 보호기능

평가규범으로서의 형법이 범죄행위에 대하여 내리는 부정적 가치판단의 밑바탕에는 '사회윤리적' 평가가 놓여 있다. 즉 일정한 행위에 대하여 사회윤리적 비난이 고조되면서 사회여론이 그 행위에 대한 처벌을 요청하기에 이르고, 이러한 요청이 형법에 수용됨으로써 불법으로 평가되는 과정을 거치는 것이다. 반대로 사회윤리적으로 정당하다고 평가되는 행위를 형법이 범죄로 규정할 수는 없다.[8]

법은 '도덕의 최소한'이며,[9] 형법은 '도덕의 등뼈'(脊椎)로서[10] 사회윤리규범을 보호한다. 형법에는 사회윤리적 가치판단이 표명되어 있다. 형법은 자신의 평가의 토대를 이루고 있는 사회윤리규범 중에서 사회의 공존조건을 확보하기 위하여 필요한 것만큼은 형벌이라는 강력한 수단으로써 관철하고자 한다.

사회윤리규범의 보호기능은 불법관(不法觀)에 있어서 행위반가치론으로 등장하게 된다.

(2) 법익보호적 기능

형법에는 침해되는 경우에 형벌이라는 제재수단으로써 보호하고자 하는 객체, 예컨대 사람의 생명, 명예, 재산 등이 있다. 형법상 이와 같은 '보호의 객체'를 「보호법익」(保護法益)이라고 한다. 형법은 법익보호적 기능을 수행한다.

법익(Rechtsgut)이란 간단히는 "법적으로 보호되는 이익(Interesse)"이라고 할 수 있으며, 보다 더 정확히는 "사회의 공존·공영조건을 확보하기 위하여 법적으로 보호되는 생활재(財)"라고 정의할 수 있다.[11]

형사제재는 공권력 중 가장 강력한 물리력의 행사방법이므로 형법은 다른

---

8) 만일 사회윤리상 정당하다고 평가되는 행위를 처벌하는 규정이 있다면, 그 규정의 효력이 문제－위헌의 문제－될 뿐만 아니라 해당 행위는 형법 제20조 사회상규에 위배되지 아니하는 행위로서 위법성이 조각될 수 있다.

9) 독일의 법학자 옐리넥(G. Jellinek)의 말이다.

10) 심헌섭, 법철학 Ⅰ, 법문사, 1982, 126면.

11) 법익이란 개념은 독일의 법학자 비른바움(Birnbaum)이 1834년에 발표한 "범죄개념에 있어서 권리침해의 필요성에 관하여"라는 논문에서 유래한다.

법에 비하여 보충적으로 또 최후의 수단(ultima ratio)으로 사용되어야 한다. 이를 형법의 「보충성」, 「최후수단성」이라고 한다. 형벌권력의 행사는 겸허하게 억제되어야 한다는 의미에서 형법의 「겸억성」(謙抑性)이라고도 한다. 이러한 관점에서 단순히 사회윤리규범에 위반할 뿐이고 법익침해가 없는 행위(예: 성년자 사이의 동성애, 근친상간, 단순도박, 구걸행위 등)에 대해서는 형법의 자제가 요청된다. 형벌권의 발동은 보호하고자 하는 법익이 있을 경우에만 정당화되는데, 이는 형법이 사회윤리규범의 보호와 동시에 법익보호의 기능도 수행해야 한다는 것을 의미한다.

법익보호적 기능은 불법관(不法觀)에 있어서 결과반가치론으로 등장하게 된다.

(3) **사회윤리규범보호기능과 법익보호기능의 관계**

1960년대 이후 부도덕하지만 아무런 피해－사회적 유해성－가 없는 범죄를 비범죄화(非犯罪化)하려는 형법사상이 서구를 휩쓸었으며 전세계적으로도 파급되었다. 이 형법사상은 형법의 「자유화」 또는 「탈도덕화」(脫道德化)라는 구호로 대변되고 있는데,[12] 이 구호는 형법으로부터 사회윤리규범의 보호기능을 제거하려는 주장으로 오해해서는 안된다. 형법의 탈도덕화사상은, 형법에는 사회윤리규범보호기능이 필수적이지만, 이것만으로는 충분치 못하고 법익보호적 기능이 더해져야만 완전한 의미에서의 형법기능이 된다는 것이다. 비유적으로 말하자면 사회윤리규범이라는 '정신'은 법익이라는 '육체'에 체화(體化)되어서 등장하는 경우에만 형법적 보호를 받게 된다는 것이다. 단순히 사회윤리규범에 위반하는 부도덕한 행위일 뿐이지 법익침해가 없는 행위를 범죄로 처벌해서는 안된다는 것이 형법의 자유화사상이다.

3. 보장적 기능

(자유)보장적 기능이란 형법이 국가의 형벌권행사를 제한함으로써 개인의 자유와 권리를 보장하려는 기능을 말하는데, '죄형법정주의'의 뒷받침을 받아서 달성된다. 형법은 형벌권행사의 요건과 한계를 명확히 규정함으로써 어떠한 국민도 형법에 규정된 범죄를 범하지 않는 한 처벌되지 아니한다는 의미에서 개인의 자유가 보장된다. 이를 '국민'을 위한 형법의 마그나 카르타(Magna

12) 이 사상은 영미에서는 Harm Principle(유해성의 원칙)로 등장하였다.

Charta)적 기능이라고도 한다.

다른 한편으로 범죄를 범한 자라고 하더라도 이미 그 범죄에 대하여 형법이 규정한 형벌의 종류와 범위 내에서만 처벌되고, 법정되지 아니한 부당한 처벌을 받지 아니할 자유와 권리가 보장된다. 이러한 측면에 있어서 형법은 '범죄인'을 위한 마그나 카르타적 기능도 담당한다.

요컨대 형법은 범죄와 형벌을 미리 명확히 규정할 것을 요청하는 죄형법정주의의 뒷받침을 받아 국가의 형벌권을 제약함으로써 개인뿐만 아니라 범죄인의 자유와 권리까지도 보장하는 대헌장으로서의 기능을 수행한다. 자유주의·개인주의를 지향하는 형법에 있어서는 국가의 자의적인 형벌권행사를 억제하여 개인의 자유와 권리를 보장하려는 형법의 보장적 기능이 가장 중시된다. "공존할 수 있는 자유의 최대한의 보장"이라는 법의 임무는 형법에도 그대로 타당하다고 하겠다.

Ⅳ. 형 법 학

형법은 형사법의 한 분야이다. 형사법(최광의의 형법)에는 광의의 형법, 형사소송법, 형의 집행에 관한 형집행법 등이 있다. 형사법을 학문적으로 연구하는 형사법학도 개별적 법분야에 대응하여 형법학, 형사소송법학, 행형학(교정학) 등이 있고, 범죄의 원인과 대책을 연구하는 범죄학 내지 형사정책도 형사법학의 영역에 속한다.

형법학(Strafrechtswissenschaft)은 광의의 형법학과 협의의 형법학으로 나누어 볼 수 있다. 광의의 형법학은 협의의 형법학 이외에 형법이론(Strafrechtstheorie), 형법사학 및 비교형법학 등을 포함한다. 형법이론은 범죄 및 형벌에 관한 이론을 철학적 기초 위에서 다루고자 하는 것이고, 형법사학은 형법의 역사적 변천과정을 연구하는 것이며, 비교형법학은 각국의 형법을 비교법적으로 취급하는 학문이다.

협의의 형법학은 일반적으로 형법해석학(형법도그마틱: Strafrechtsdogmatik), 즉 실정형법의 해석과 체계화에 기여하는 학문분야를 의미하는데, 형법학 교과서가 취급하는 범위는 대체로 형법해석학에 그치고 있다. 우리나라, 일본, 독일, 오스트리아 등에서는 형사법학 중에서 형법해석학이 매우 중요한 자리를 차지하고 있는 특징을 보이고 있다. 심지어 형법해석학－그것도 형법총칙의 해석학－이 형법학의 목적 그 자체로 간주될 정도이다.

그러나 올바르고도 깊이있는 형법해석학은 형사법학의 전반적인 도움, 특히 연구대상의 철학적 기반, 연혁, 입법례, 문화적 배경에 관한 지식 등의 도움을 받아야 가능하다. 형법학에 있어서 학제적·통일적 연구의 중요성은 1889년 이래 독일의 형법학자 리스트(Liszt)의 강령적 표현인 「총체적 형법학」(die gesamte Strafrechtswissenschaft)으로 주장되어 오고 있다.

형법해석학은 법의 적용을 미리 투시할 수 있어야 한다는 점에서 예견가능하고도 통제가능한 형법적용, 확실하고 공평한 형법적용, 형법해석에 있어서 합리화와 자의(恣意)의 배제에 기여하여야 한다. 이를 위하여 다음과 같은 두 가지 공준(公準)을 제시할 수 있다. 첫째는 형법해석학에 있어서 "정확한 개념의 사용과 법체계상 모순없는 통일성"이다. 이는 법실증주의의 공준이기도 하다. 둘째로 "사리에 합당한" 실제문제의 해결이다. 형법해석학을 실제문제에 적용한 결론은 형법의 전문가에게나 비전문가에게나 사리에 와 닿아야 한다. 여기에서 그 촉각이 되는 「법감정」(法感情)이 존중된다.[13]

첫째의 공준을 그르치면 형법의 확실성과 공평성이 무너질 우려가 있고, 둘째의 공준을 소홀히 하면 실질적인 정의와 사회적 현실성을 상실하게 될 위험이 있다. 이 두 가지 공준은 개별문제의 해결에 있어서 서로 결부되어야 하며, 어느 하나만을 강조해서는 안될 것이다. 궁극적으로는 법적 안정성과 실질적인 정의라는 이율배반적 목적을 어떻게 조화하느냐 하는 문제로 넘어가게 된다.

---

13) 법감정에 관하여는 임웅, "법감정에 관한 연구", 법철학연구 제1권, 한국법철학회편, 1998, 85면 이하 참조. "이러한 해석은 건전한 상식과 통상적인 법감정을 가진 일반인으로서도 능히 인식할 수 있는 것"(**헌재** 1998. 7. 16, 97 **헌바** 23; 2011. 12. 29, 2010 **헌바** 54). 법감정이 '형사입법'에서도 고려되어야 할 요소라는 헌법재판소결정이 있다. "어떤 행위를 범죄로 규정하고 이를 어떻게 처벌할 것인가 하는 문제는 원칙적으로 입법자가 우리의 역사와 문화, 입법 당시의 시대적 상황과 국민 일반의 가치관 내지 법감정, 범죄의 실태와 죄질 및 보호법익 그리고 범죄예방효과 등을 종합적으로 고려하여 결정하여야 할 국가의 입법정책에 관한 사항"(**헌재** 2000. 6. 1, 99 **헌바** 73).

제2절 형법의 역사

동·서양을 막론하고 고대로부터 형법은 그 존재형식이 어떠하였든지 간에 국가의 통치와 사회의 질서유지에 지대한 역할을 하여 온 법규범이며, 모든 법 중에서 가장 긴 역사를 지닌 법이라고 할 수 있다. 형법의 발전, 특히 형벌제도의 발전은 민족에 따라 또 민족이 처한 역사적 조건에 따라 다르기는 하지만, 대체로 비슷한 과정을 밟아 왔다. 형법의 역사를 형벌사조를 중심으로 하여 시대구분해 보자면, 복수형시대, 위하형시대, 형벌의 인도화시대, 형벌의 과학화시대라는 네 단계로 살펴볼 수 있다.

Ⅰ. 복수형시대

형벌제도의 기원, 즉 형법의 기원은 복수에 있다. 응보적 제재로서의 사적 복수는 원시 씨족사회나 부족사회에서 질서유지의 주요수단이었고, 가해자에 대한 피해자측의 복수가 정의(正義)요 의무로 간주되고 있었다('사'형벌시대). 그러나 복수는 감정에 의하여 지배되고 특히 피의 복수는 잔혹하기 짝이 없었기 때문에, 복수를 완화하는 방법으로서 ① "눈에는 눈, 이에는 이"라고 표현되는 동해보복형(同害報復刑, talio), ② 범죄자가 일정한 장소로 도피한 경우에 피해자측의 복수가 금지되고 냉각기를 가질 수 있도록 한 도피처제도, ③ 피해자측이 복수 대신에 가해자측으로부터 곡식, 가축, 금전 등으로 속죄금(배상금)을 받고 가해자를 용서하는 속죄형제도(贖罪刑制度) 등이 시행되었다.

이렇게 제한된 복수마저도 고대사회가 국가화되면서 점차 국가가 형벌권을 행사하는 '공'형벌시대로 넘어가게 된다.

Ⅱ. 위하(威嚇)형시대

'형벌의 국가화'는 그 시점이 민족에 따라 다르지만, 통치권의 확립과 왕권의 위엄을 꾀하는 차원에서 형벌이 국민에게 공포심을 주고 위하하기 위한 수단으로 행사되었다는 공통점을 갖는다(위하주의). 따라서 형벌이 매우 준엄하고 형의 집행도 잔혹하였다(엄벌주의). 위하형시대에도 형벌은 범죄에 대한 응보로 이해되었으나, 사적인 복수시대에 비하면 국가에 의하여 현저히 '질서화'된 양상을 보이게 되는 차이점이 있다.

동양에서는 7세기에 제정된 중국의 당률과 14세기 말에 제정된 중국의 대명률 그리고 우리나라의 고려형법과 조선시대의 경국대전 등이, 서양에서는 고대 그리스와 로마의 형법 및 16세기에 제정된 신성로마제국의 카롤리나(Carolina) 형법 등이 위하주의 형법에 속하고, 근대 유럽의 절대왕정시대에도 매우 전단적(專斷的)이고 가혹한 위하주의 형법이 시행되었다.

Ⅲ. 형벌의 인도화시대

18세기에 즈음하여 계몽사상의 영향을 받게 된 유럽국가에서는 개인주의·자유주의정신이 형벌제도에도 반영되어, 죄형전단주의(罪刑專斷主義)로 표현되는 과거의 형벌제도에 대하여 일대 혁명이 일어나게 된다. 개인의 자유와 인권을 관철하고자 한 계몽주의시대의 형법사상가들은 국가의 자의적인 형벌권을 법률로 봉쇄하기 위하여 죄형법정주의라고 하는 형법의 기본원칙을 확립하는 한편, 형벌을 현저히 완화하고 인도화하였다. 이로써 인류는 잔혹한 위하형시대를 마감하고, '인도주의·박애주의 형벌'의 시대, '형벌의 법률화'시대에 접어들게 된다. 서양 계몽기의 시민혁명에 의하여 쟁취된 인도적인 형벌제도는 형법역사상 가장 위대한 업적에 해당한다.

형정개혁(刑政改革)에 공헌한 계몽시대의 형법사상가들로는 이탈리아의 베까리아(Beccaria), 독일의 포이에르바하(A. Feuerbach) 등을 들 수 있으며, 이들은 칸트(Kant), 헤겔(Hegel)과 같은 철학자와 함께 이른바 고전학파를 형성하면서 근대 형법학의 근간을 닦아 놓았다.

Ⅳ. 형벌의 과학화시대

19세기 후반에 이르러 서양에서의 누범 및 소년범의 격증현상과 자연과학의 발달은 형법사상에도 큰 영향을 미치게 되었다. 범죄의 원인에 있어서는 범죄인에 대한 사회학적 · 생물학적 규명이 중시됨으로써 과거의 관념적인 연구방법을 지양하고 과학적 · 실증적 방법을 채택하게 되었다. 형벌도 범죄에 대응할 것이 아니라 범죄자 개개인의 반사회적 성격에 대응해야 한다고 보아 개별화되고, 범죄적 성격을 개선 · 교육하여 범죄자의 사회복귀에 이바지하기 위한 것으로 변화하였다.

'형벌의 과학화'라는 새로운 형법사상은 죄형법정주의를 기본원칙으로 하면서 계몽주의시대에 쟁취된 개인의 자유와 권리를 존중하는 기존의 형법이론에 범죄자의 사회복귀를 위한 형벌의 개별화라는 형사정책적 관점을 더함으로써 형법학을 심도있고 알찬 것으로 만들었다.

범죄와 형벌의 과학적 · 실증적 연구에 노력한 학자로서는 이탈리아의 롬브로조(Lombroso)와 독일의 리스트(Liszt) 등이 있는데, 이들은 이른바 신파(근대학파)를 형성하면서 세계 각국의 형사입법에 지대한 영향을 주었으며 형법학의 발전에도 크게 기여하였다.

V. 우리나라 형법전의 약사(略史)

우리나라는 1905년에 근대적 의미의 최초의 형법인 「형법대전(刑法大全)」이 제정되기 전까지 대체로 중국형법의 영향 아래에 있었다. 고려시대에는 중국의 당률을 계수 · 모방하여 제정한 고려형법이 시행되었으며, 조선시대에는 중국의 대명률이 일반법으로 사용되었다.[14]

일제시대에는 1911년의 조선형사령(朝鮮刑事令)에 의하여 일본형법이 의용(依用)되었다(이른바 依用刑法 또는 舊刑法). 현행 형법전은 대한민국이 수립된 후 1953년 9월 18일 법률 제293호로 제정 · 공포되고 10월 3일부터 시행된 것이다. 그 동안 정치적 의도를 띤 조문의 삽입과 삭제를 위한 형법개정이 각각 1975년과 1988년에 있었으나,[15] 시대의 변화에 뒤따라야 할 개정은 오랫동안 행해지지 않고 있었다.

새 시대에 부응하기 위한 형법개정작업은 1985년 6월 법무부에 형사법개

---

14) 예컨대 15세기 조선시대 최초의 통일성문법전인 경국대전의 卷之五 刑典 冒頭 用律條에서 "用大明律"(대명률을 사용한다)이라 하고 있다.

15) 개폐대상이 되었던 조문은 형법 제104조의 2 국가모독죄이다.

정특별심의위원회가 설치됨과 더불어 시작되었다. 이 위원회가 마련한 형법 개정법률안은 1992년 국회에 제출되었으나, 국회에서는 이 안을 토대로 해서 법제사법심사소위원회가 다시 대안(代案)을 작성하였고, 이 법률안이 1995년 12월 2일 국회 본회의의 의결을 통과함으로써 마침내 법률로 확정되었다. 이에 따라 「형법 중 개정법률」이 1995년 12월 29일 법률 제5057호로 공포되고, 1996년 7월 1일부터 시행에 들어 갔다(동 법률 부칙 제1조 참조).

개정형법의 주요내용을 보면, ① 총칙에서는 보호관찰, 사회봉사명령 · 수강명령 등과 같은 보안처분제도를 도입한 것과 ② 재산형 액수의 현실화이며, ③ 각칙에서는 컴퓨터관련범죄, 편의시설부정이용죄, 자동차불법사용죄 등 신종범죄 및 ④ 인질관련범죄의 처벌규정을 신설한 것과 ⑤ 법정형의 조정 등을 들 수 있다.

2001년 12월 29일에는 '컴퓨터 등 사용사기죄'(제347조의 2)에 있어서 "권한없이 정보를 입력 · 변경"하는 행위태양을 추가하는 형법개정이 있었다.

2010년 4월 15일에는 유기징역과 유기금고의 상한을 15년에서 30년으로, 그리고 그 형을 가중하는 때에는 25년에서 50년으로 상향 조정하는 개정이 행해졌다(관련규정 제42조, 제55조 제1항, 제72조 제1항 참조).

2012년 12월 18일에는 형법전상의 성폭력범죄 내지 성범죄에 있어서 비교적 심도깊은 개정이 행해졌다. 획기적인 개정 내용은 ① 제297조 강간죄의 객체를 종래의 "부녀"에서 "사람"으로 변경하고, 이러한 객체의 변경을 제242조, 제288조 제2항, 제303조, 제305조, 제340조 제3항에도 확장한 점과 ② 제32장 '강간과 추행의 죄' 및 제31장 '약취와 유인의 죄'에 있어서 '친고죄 규정'인 제306조와 제296조를 삭제한 점이다. 따라서 강간죄, 강제추행죄 등은 형법전상 더 이상 친고죄가 아니다. 그 밖에 ③ '유사강간죄'(제297조의 2)를 신설하고, 유사강간이라는 행위태양을 제299조, 제300조, 제301조, 제301조의 2, 제305조, 제305조의 2에 반영하였다. ④ 혼인빙자간음죄를 위헌으로 선고한 헌법재판소의 결정(2009. 11. 26, 2008 헌바 58)에 응하여 제304조를 삭제한 점도 특기할 만하다.

2013년 4월 5일에는 '국제연합 국제조직범죄 방지협약'(United Nations Convention against Transnational Organized Crime) 및 '인신매매방지 의정서'의 국내적 이행 입법으로서 형법전상의 관련 규정을 손질하는 개정이 행해졌다. 먼저 제289조의 표제인 '국외이송을 위한 약취, 유인, 매매'를 '인신매매'로 변경하고, 제31장의 제명도 '약취와 유인의 죄'에서 '약취, 유인 및 인신매매의 죄'로 바꾸었다. 또한 제31장의 범죄를 "대한민국 영역 밖에서 범한 외국인에게도" 우리 형법을 적용한다는 명시적 규정, 즉 제296조의 2를 신설하면서, 이 조문의 표제를 '세계주의'라고 붙였다. 그 밖에 제114조 범죄단체조직죄를 개선하고, 제31장 '약취, 유인 및 인신매매의 죄'와 제23장 '도박과 복표에 관한 죄'의 내용도 부분적으로 개정하였다.

2014년 5월 14일에는 형법 제70조(노역장 유치)와 제79조(시효의 정지)에 있어서 종래의 조문을 제1항으로 하고, 각각의 조문에 제2항을 신설하는 형법개정이 행해졌다. 종래 법관이 재량으로 '고액'의 벌금형에 대한 환형처분으로서의 노역장 유치기간을 '단기'로 선고함으로써 환형처분이 무력화되고 현저히 형평을 상실하게 되는 문제점, 이른바 '황제노역'의 문제점을 시정하기 위하여 고액벌금형에 대한 노역장 유치의 최소기간을 직접 법률에 규정한 입법조치가 제70조 제2항의 신설이다. 그리고 형을 선고하는 재판이 확정된 후, 피고인이 형의 집행을 면할 목적으로 국외에 체류하는 동안에 형의 시효가 진행되지 않도록 하는 입법조치가 제79조 제2항의 신설이다.

2016. 1. 6.에는 형법이 상당 부분 개정되었다. ① 헌법재판소의 위헌결정(2009 헌바 17; 2011 헌가 31 등)을 받은 제241조(간통죄)가 삭제되었다. ② 제62조를 개정하여 500만원 이하의 벌금형에 대해서도 집행유예가 가능하도록 하였고, ③ 제43조 제2항 자격의 당연정지에 대하여 '다른 법률에 특별한 규정이 있는 경우에는 그 법률에 따른다'는 단서 규정을 신설하였다. ④ 폭처법과 특가법에 대한 헌법재판소의 위헌결정(2015 헌가 17; 2014 헌바 224 등)과 입법개선이 필요하다는 보충의견을 반영하여, 몇몇 특별형법규정의 형법에로의 통합과 중벌을 지양하는 법정형의 조정이 행해졌다. 이에 따라 형법에 신설된 조문은 제258조의 2(특수상해죄), 제324조의 2(특수강요죄), 제350조의 2(특수공갈죄)이며, 제264조의 상습범가중처벌 규정에 특수상해죄가 추가되었다. 법정형이 조정된 조문은 제258조 제3항(존속중상해죄)과 제324조 제1항(강요죄)이다.

2016. 5. 29.의 개정에서는 제357조(배임수증재) 제1항과 제3항의 법문이 다소 수정되었다. 그 후 2016. 12. 20.에 제7조를 개정하였고, 2017. 12. 12.에 제78조(형의 시효의 기간)를 개정, 2018. 10. 16.에 제303조를 개정, 2018. 12. 18.에 제10조 제2항을 개정하였다. 개정된 제10조 제2항은 심신미약자에 대한 형의

필요적 감경을 '임의적' 감경으로 변경하였다.

2020. 5. 19.의 형법개정에서는 ① 강간죄, 유사강간죄, 준강간죄, 강간상해죄, 의제강간죄·의제강제추행죄의 '예비·음모'를 처벌하는 제305조의3을 신설하고, ② 13세 이상 16세 미만의 사람에 대하여 간음 또는 추행을 한 19세 이상의 사람을 의제강간죄 또는 의제강제추행죄로 처벌하는 제305조 제2항을 신설하였다. 후자의 조항은 행위의 '객체'와 '주체'에 '연령 제한'을 둔 점에 특징이 있다.

형법 제269조 제1항('자기낙태죄 조항')과 의사가 임신한 여성의 촉탁 또는 승낙을 받아 낙태하게 한 경우를 처벌하는 제270조 제1항 중 '의사'에 관한 부분('의사낙태죄 조항')은 2019. 4. 11.에 헌법재판소의 헌법불합치 결정(2017 헌바 127-전원재판부)을 받았다. 다만, 이 결정에서 헌법재판소는 위 두 개의 조항이 "2020. 12. 31.을 시한으로 입법자가 개선입법을 할 때까지 계속 적용"하도록 했다. 그런데 국회는 이 입법 시한을 도과하여, 입법 개정을 하지 못한 채로 2020년을 넘겼다. 따라서 문제된 낙태죄 조항은 2021년 1월 1일부터 효력을 상실한다. 이 효력 상실은 소급효를 갖는다(헌법재판소법 제47조 제3항 본문). 위 두 조항을 적용하여 낙태죄로 공소가 제기되는 형사사건이 입법 시한 이전에 있었다거나 시한 이후에 있게 된다면, 법원에서 '무죄판결'이 선고된다. 이 경우에 내려지는 무죄판결은 형사소송법 제325조 전단 '피고사건이 범죄로 되지 아니하는 때'에 해당한다.[16)]

2020. 12. 8.에는 형법의 '법문'(法文)을 정비하는 개정이 행해졌다(시행: 2021. 12. 9.). 개정이유는 다음과 같다. "형법에 사용된 일본식 표현이나 어려운 한

16) "판결요지: 헌법재판소는 2018. 6. 28. "집회 및 시위에 관한 법률(2007. 5. 11. 법률 제8424호로 전부 개정된 것, 이하 '집시법'이라 한다) 제11조 제3호, 제23조 제1호 중 제11조 제3호에 관한 부분, 제24조 제5호 중 제20조 제2항 가운데 '제11조 제3호를 위반한 집회 또는 시위'에 관한 부분은 헌법에 합치되지 아니한다.", "위 법률조항들은 2019. 12. 31.을 시한으로 개정될 때까지 계속 적용한다."라는 헌법불합치결정을 선고하였고(2015헌가28, 2016헌가5 전원재판부 결정), 국회는 2019. 12. 31.까지 위 법률조항을 개정하지 않았다. 헌법재판소의 헌법불합치결정은 헌법과 헌법재판소법이 규정하고 있지 않은 변형된 형태이지만 법률조항에 대한 위헌결정에 해당한다. 집시법 제23조 제1호는 집시법 제11조를 위반할 것을 구성요건으로 규정하고 있고, 집시법 제24조 제5호는 집시법 제20조 제2항, 제1항과 결합하여 집시법 제11조를 구성요건으로 삼고 있다. 결국 집시법 제11조 제3호는 집시법 제23조 제1호 또는 집시법 제24조 제5호와 결합하여 형벌에 관한 법률조항을 이루게 되므로, 위 헌법불합치결정은 형벌에 관한 법률조항에 대한 위헌결정이라 할 것이다. 그리고 헌법재판소법 제47조 제3항 본문에 따라 형벌에 관한 법률조항에 대하여 위헌결정이 선고된 경우 그 조항은 소급하여 효력을 상실하므로, 법원은 해당 조항이 적용되어 공소가 제기된 피고사건에 대하여 형사소송법 제325조 전단에 따라 무죄를 선고하여야 한다"(대판 2020. 5. 28, 2017 도 8610. 同旨, 대판 2011. 6. 23, 2008 도 7562-전원합의체).

자어 등 개정이 시급한 대표적인 법률용어들을 국민의 눈높이에 맞추어 알기 쉬운 우리말로 변경하고, 법률문장의 내용을 정확히 전달할 수 있도록 어순구조를 재배열하는 등 알기 쉬운 법률 문장으로 개정함으로써 형법에 대한 국민의 접근성 및 신뢰성을 높이려는 것"이다.

제3절 죄형법정주의

Ⅰ. 의 의

형법의 자유보장적 기능은 무엇보다도 죄형법정주의에 의해서 발휘되고 있다. 형법의 자유보장적 기능은 오늘날 규율적 기능이나 법익보호적 기능보다도 더 중요시되는 것인 만큼 죄형법정주의는 형사입법과 형법해석을 지도·제약하는 최고원칙이라고 할 수 있다.

죄형법정주의란 "일정한 행위를 범죄로 하고 이에 대하여 일정한 형벌을 부과하기 위하여는 반드시 행위시 이전에 명확히 제정·공포된 성문의 법률을 필요로 한다는 원칙"을 말한다. 죄형법정주의는 범죄에 대한 법정주의와 형벌에 대한 법정주의의 양자를 내포하고 있는데, 독일의 형법학자 포이에르바하(A. Feuerbach)는 19세기 초에 "nullum crimen sine lege, nulla poena sine lege"(법률없으면 범죄없고, 법률없으면 형벌없다)라고 하는 라틴어로 된 표어를 지어내어 죄형법정주의의 내용을 간결히 대변하였다. 국왕, 행정권력 또는 법관의 자의적인 국가형벌권행사가 횡행했던 중세 내지 근대초기의 죄형전단주의(罪刑專斷主義)에 대항하여 서구의 계몽기에 이르러 확립된 죄형법정주의는 인류의 법문화상 귀중한 재산에 속한다. 그 정신은 국회의 의결을 거친 형식적 의의의 법률에 의해서만 행위의 가벌성을 근거지을 수 있으며 국가형벌권의 발동이 정당화되고, 사회적으로 유해하여 지탄받아 마땅한 행위일지라도 법률이 이를 범죄로 규정하지 아니하는 한 벌할 수 없고, 또 그 범죄에 대한 법률효과로서 법률이 정하고 있는 형벌 이외의 형벌을 부과할 수 없다는 것이다.

그러므로 세계각국이 죄형법정주의를 채택하고 있음은 당연한 일이라 하겠고, 우리나라도 헌법 제12조 제1항과 제13조 제1항이 이를 선언하고 있으며

(헌법적 구속력), 형법 제1조 제1항에서도 "범죄의 성립과 처벌은 행위시의 법률에 따른다"라고 하여 죄형법정주의를 규정하고 있고,[17] 형사소송법 제323조 제1항은 "형의 선고를 하는 때에는 판결이유에 범죄될 사실, 증거의 요지와 법령의 적용을 명시하여야 한다"고 함으로써 죄형법정주의를 뒷받침하고 있다.

Ⅱ. 연 혁

죄형법정주의의 사상적 기원은 1215년 영국의 존(John)왕이 공포한 대헌장(Magna Charta) 제39조 "어떠한 자유인도 동등한 신분에 있는 자의 적법한 재판이나 국법에 의하지 아니하고는 체포, 감금, 재산박탈, 법적 보호의 박탈, 추방을 당하지 아니하고 폭력이 가해지거나 투옥되지 아니한다"에서 찾아볼 수 있다. 그러나 이 대헌장의 혜택을 받은 사람은 당시 영국 전주민의 약 13%에 지나지 않았다고 하니, 연혁적 의의를 지니고 있음에 그친다고 하겠다.

죄형법정주의가 명실공히 실현된 것은 서구의 근대 계몽주의시대에 이르러서이다. 영국에서는 1628년의 권리청원과 1689년의 권리장전이 대헌장의 정신을 계승하였다. 그리고 1776년 미국 버지니아주의 권리선언 제8조 "누구든지 국법 또는 재판에 의하지 아니하고는 자유를 박탈당하지 아니한다"; 1787년 미국 연방헌법 제1조 제9항 "어떠한 형사사후법도 제정되어서는 아니된다"; 1789년 프랑스혁명에서 채택한 인권선언 제8조 "누구든지 범죄 이전에 제정·공포되고 적법하게 적용되는 법률에 의하지 아니하고는 처벌되지 아니한다"; 1791년 미국 연방헌법 수정 제5조 "법의 적정절차"[18]; 1810년 나폴레옹형법 제4조 "위경죄(違警罪), 경죄, 중죄를 불문하고 범죄 이전에 법률로서 규정되지 아니한 형벌을 가지고 벌할 수 없다" 등의 선언을 통하여 죄형법정주의와 그 중요한 내용인 형사사후법금지의 원칙이 확립되었고 점차 세계각국에 형법의 기본원칙으로서 수용되었다.

---

17) 현행형법 제1조 제1항의 문언은 죄형법정주의의 선언에 미흡하다고 판단하여 형법개정시 죄형법정주의의 규정을 형법전의 모두(冒頭)에 두자는 제안이 형사법개정특별심의위원회에 보고된 바 있었으나(同 형사법개정자료 Ⅷ, 형법개정요강 소위원회심의결과, 1989. 1, 13면), 개정에 반영되지 못하였다.

18) 同條는 "어느 누구도 법의 적정한 절차(due process of law)에 의하지 아니하고는 생명, 자유 또는 재산을 박탈당하지 아니한다"라 하고 있다.

그러나 죄형법정주의가 유린된 형법사상의 오욕(汚辱)이 20세기에 자행되었다. 그 하나는 1926년 옛 소련형법 제16조로서 "어떠한 사회적 위험행위에 대하여 본 법전에 직접 규정한 것이 없을 때에는 본 법전 중 가장 유사한 범죄를 규정한 조항에 의하여 그 책임의 근거와 범위를 정한다"라고 규정한 것이고, 다른 하나는 1935년 나치시대의 독일형법 제2조로서 "형벌법규상 처벌을 명시한 행위 또는 법규의 근본사상과 건전한 국민감정에 비추어 처벌할 필요가 있다고 인정되는 행위는 처벌한다. 행위에 대하여 직접 적용할 법규가 없을 때에는 그 행위에 가장 적합한 기본사상을 갖는 법규에 의하여 처벌한다"라고 규정하여, 형법의 유추적용을 허용하고 구성요건명확화의 원칙을 정면으로 무시하였다. 그러나 이러한 규정들은 독일에서는 1946년에, 소련에서는 1958년에 각각 폐지되어 죄형법정주의에로 복귀하였고, 오늘날 세계각국은 거의 예외없이 죄형법정주의를 채택하고 있다.

Ⅲ. 사상적 배경과 현대적 의의

죄형법정주의의 사상적 배경을 이루는 것은 삼권분립론과 심리강제설이다.

몽테스키외(Montesquieu, 佛 1689-1755)와 베까리아(Beccaria, 伊 1738-1794)에 의해 대표되는 삼권분립론은 자유주의사상의 산물로서 개인의 자유를 보장하기 위하여 국가권력을 입법·행정·사법으로 구분하면서 법관의 전단(專斷)으로부터 개인의 자유를 보장하려면 범죄와 형벌을 입법부가 미리 법률로써 명확히 규정하고 사법부의 형사재판은 이 법률에 엄격히 구속되어야 한다는 이론이다.

포이에르바하(Anselm von Feuerbach, 獨 1775-1833)가 주장한 심리강제설 내지 균형이론은 본래 인간이란 불쾌함을 피하고 쾌락을 구하여 행동하는 이해타산적 동물이기 때문에, 범죄에 대한 효과로서 형벌을 미리 법률에 규정해 놓으면 인간은 범행에 의하여 얻어지는 쾌락과 범행에 대한 형벌이 가져오는 불쾌를 계산하여 심리적으로 범행을 억제하게 된다는 이론이며, 이러한 주장의 논리적 귀결로서 죄형법정주의가 도출된다.

그러나 삼권분립론은 법관을 형벌법규에의 충실한 노예로 붙잡아 놓으려는 사고방식으로서 오늘날 급속한 사회변동에 적응하여 신축성있는 형법해석을 해야 할 시대적 요청에 부응할 수 없는 이론이고, 심리강제설은 그 인간상에 있어서 이해타산적인 합리적 인간만을 전제로 하기 때문에 충동범죄나 소년범죄에는 타당하지 않다는 결함을 지니고 있다.[19] 그러므로 이 두 가지 이론은 사상적 배경으로서 소개되고 있을 뿐 오늘날 크게 중요시되고 있지 않으며, 궁극적으로는 "국가형벌권의 자의적 행사와 남용으로부터 국민이 부당하게 처벌되지 않도록 개인의 자유와 권리를 보장하고자 하는 법치주의의 사상적·정치적 의의"가 죄형법정주의의 불변의 핵심을 이루고 있다고 하겠다.

죄형법정주의가 형법에 있어서의 법치주의의 구현이라면, 형식적 법치주의로부터 실질적 법치주의에로의 시대적 이행에 발맞추어 죄형법정주의도 고전적 의미에서 현대적 의미를 띤 것으로 변모하지 않을 수 없다고 하겠다. 이에 따라 어떠한 법률이라도 존재하기만 하면 처벌할 수 있다는 것이 아니라 형법의 "내용상의 적정성"이 요구되고, 또한 죄형법정주의가 단순히 형법적용 내지 형법해석상의 원칙으로서만이 아니라 형사"입법"에 대한 제약원리로서도 강조되고 있는 것이 오늘날의 상황이라고 하겠다.[20] 아울러 죄형법정주의의 하위원칙 내지 파생원칙 중에 명확성의 원칙과 적정성의 원칙이 형법학의 새로운 주목을 받고 있다.

Ⅳ. 내 용

죄형법정주의는 전통적으로 법률주의, 소급효금지의 원칙, 유추적용금지의 원칙, 명확성의 원칙이라고 하는 파생원칙을 그 내용으로 하고 있으며, 죄형법정주의의 현대적 의의에 맞추어 적정성의 원칙이 새로이 논의되고 있다.

1. 법률주의(성문법주의)

범죄와 형벌은 「법률」로 정해지지 않으면 안된다. 여기에서의 법률이란 국회에서 제정한 형식적 의의의 법률을 뜻한다.

형법의 「법원(法源)」은 법률에 국한된다. 법률만이 범죄를 만들 수 있고, 사법(私法) 등 다른 법영역과는 달리 형법에서 관습법·명령·규칙·판례·

19) 同旨, 김기두, "죄형법정주의", 형사법강좌 Ⅰ, 43면; 이재상, 12면.

20) 입법권의 자의에 대한 자유보장적 기능에 관해서는 김성돈, 55면; 박상기, 25면 이하; 손해목, 65면 이하; 안동준, 22면; 이재상, 13-4면; 이형국, 23면; 정/박, 13면; 차용석, 132면 등 참조.

조리의 직접적 법원성은 부정된다.[21] 특히 관습법에 의하여 법률에 규정되지 아니한 범죄나 형벌을 인정하거나 형벌을 가중할 수 없기 때문에, 이 파생원칙은 관습형법금지의 원칙 또는 성문법주의라고도 불리운다. 관습법은 그 존재와 내용이 불명확하고 반드시 국민일반에게 주지되어 있는 것도 아니므로 그 법원성을 인정하는 경우에 형법의 자유보장적 기능이 위태롭게 될 우려가 크기 때문이다. 마찬가지의 정신은 판례의 경우에도 적용되어, 예컨대 법률에 근거가 없는 공모공동정범을 우리나라와 일본의 판례가 인정하고 있는 것은 죄형법정주의에 위배된다고 보아야 한다.

그러나 관습법 등이 행위자에게 유리한 방향으로 영향을 미치는 경우, 예컨대 위법성조각사유가 되어 범죄의 성립을 조각한다거나 형벌을 감경하는 경우에는 죄형법정주의의 취지에 반하지 않으므로 허용된다고 보아야 한다.[22] 그리고 관습법은 새로운 구성요건을 설정한다거나 형벌을 가중하는 사유가 될 수 없다는 의미에서 그 직접적 법원성이 부정되는 것이지, 형법 제18조 부작위범에 있어서의 보증인의 지위, 제20조 정당행위에 있어서의 사회상규, 제184조 수리방해죄에 있어서의 수리권 등을 해석하는 경우에 있어서처럼 관습법이 형법해석의 충전적 기능을 가질 수는 있으므로 이른바 「간접적 법원성」(間接的 法源性)은 인정된다고 하겠다.[23]

그 밖에 「백지형법」(공백형법)으로서 일정한 법률이 처벌근거를 규정하고 범죄구성요건 또는 형벌에 관한 세부사항을 명령・규칙・조례 등 하위법규에 위임하는 것은 입법기술상 또는 기타의 이유로 불가피하게 허용될 경우가 있다.[24] 이 때에도 일반적・포괄적 위임은 허용되지 않고 구체적・개별적 위임이어야 한다는 것은[25] 다른 법분야보다 형법에 있어서 한결 더 강하게 요구된다(포괄위임금지원칙).[26]

---

21) 자유법운동의 구호를 연상하여 법원(法源)을 짚어 보자면, 형법은 "법전 밖에서, 그러나 법전에 의해서"라고 표현할 수 있고, 사법은 "법전에 의해서, 그러나 법전 밖으로"라고 표현할 수 있다.

22) 김성돈, 57면; 김/서, 78면; 손해목, 56-7면; 신동운, 23-4면; 안동준, 18면; 이재상, 16면; 이형국, 23면; 진/이, 169면.

23) 同旨, 손해목, 56면; 오영근, 45면; 유기천, 46면; 이재상, 16면; 이형국, 23면; 정/박, 14-5면; 정영석, 56면; 정영일, 38면; 진/이, 69면; 차용석, 133면 이하.

24) 이재상, 15면; 정/박, 14면; 차용석, 134면 이하.

25) 헌재 1991. 7. 8, 91 헌가 4.

26) 포괄위임금지원칙에 관하여 상세한 법리를 전개한 헌법재판소 결정(헌재 2021. 10. 28,

〈백지형법과 위임입법의 한계〉

일정한 법률이 처벌규정을 두고 있으나 범죄구성요건 또는 형벌에 관한 세부사항을 하위법규에 위임하고 있는 경우에, 위임하는 모법을 '백지형법'이라고 하고, 세부사항을 규정하는 하위법규를 '보충법규'(보충규범) 또는 '충전법규'(충전규범)라고 한다.

일정한 법률(백지형법)이 범죄구성요건 또는 형벌을 공백으로 해 둔 채로 하위법규로 하여금 그 내용을 보충하게 하는 것은 법률주의 및 명확성의 원칙을 거슬려 형법의 인권보장기능을 훼손할 위험성이 있는 만큼, 하위법규에의 위임은 다음과 같은 요건을 갖추어야 할 '한계'가 있다. ① 위임할 내용을 미리 법률로써 명확히 규정할 수 없는 입법기술상의 부득이한 사정이나 긴급한 사정이 존재하고, ② 백지형법 자체만으로도 처벌대상인 행위의 대강을 일반인이 예측할 수 있어야 하며, ③ 형벌을 위임함에 있어서는 형벌의 종류 및 그 상한과 범위를 명확히 정하여 위임하여야 한다.[27)]

2019 헌바 50)을 참조. 이 결정에서 반대의견도 참고할 가치가 있다.

27) 관련판례: ⓐ 위임입법의 한계를 벗어난 것으로 본 판례. ㉠ "처벌법규의 위임은 특히 긴급한 필요가 있거나 미리 법률로써 자세히 정할 수 없는 부득이한 사정이 있는 경우에 한정되어야 하고, 이러한 경우일지라도 법률에서 범죄의 구성요건은 처벌대상인 행위가 어떠한 것일 것이라고 이를 예측할 수 있을 정도로 구체적으로 정하고, 형벌의 종류 및 그 상한과 폭을 명백히 규정하여야 한다…구 복표발행·현상기타사행행위단속법 제9조는 위와 같이 막연한 포괄적 위임법률에 의하여 제정된 '각령의 규정에 위반한 행위'를 범죄의 구성요건으로 하고 있을 뿐만 아니라 각령의 규정에 위반한 행위 가운데에서도 그 중 어떠한 것을 처벌할 것인가의 선택을 전적으로 각령에서 지정하도록 위임하고 있으니, 이는 결국 벌칙규정이면서도 형벌만을 규정하고 범죄의 구성요건의 설정은 이것을 완전히 각령에 백지위임하고 있는 것이나 다름없다. 그렇다면 단속법 제9조는 위임입법의 한계를 규정한 헌법 제75조와 죄형법정주의를 규정한 헌법 제12조 제1항, 제13조 제1항에 위반되는 위헌법률이라고 아니할 수 없다"(**헌재** 1991. 7. 8, 91 **헌가** 4. 同旨, 대판 2000. 10. 27, 2000 도 1007). ㉡ "결정요지: 약사법 제77조 제1호는 약사법 제19조 제4항의 규정위반자를 200만원 이하의 벌금에 처하도록 규정하고 있고, 동법 제19조 제4항은 '약국을 관리하는 약사 또는 한약사는 보건복지부령으로 정하는 약국관리에 필요한 사항을 준수하여야 한다'하고 규정하고 있는데, 이 법률조항은 '약국관리에 필요한 사항'이라는 처벌법규의 구성요건 부분에 관한 기본사항에 관하여 보다 구체적인 기준이나 범위를 정함이 없이 그 내용을 모두 하위법령인 보건복지부령에 포괄적으로 위임함으로써, 약사로 하여금 광범위한 개념인 '약국관리'와 관련하여 준수하여야 할 사항의 내용이나 범위를 구체적으로 예측할 수 없게 하고, 나아가 헌법이 예방하고자 하는 행정부의 자의적인 행정입법을 초래할 여지가 있으므로, 헌법상 포괄위임입법금지원칙 및 죄형법정주의의 명확성원칙에 위반된다"(**헌재** 2000. 7. 20, 99 **헌가** 15). ㉢ "결정요지: 식품 관련 영업은 식품산업의 발전 및 관련 정책의 변화에 따라 수시로 변화하는 특성이 있으므로 수범자인 영업자의 범위나 영업 형태를 하위법령에 위임할 필요성이 있다. 식품 관련 영업자가 준수하여야 할 사항 역시 각 영업의 종류와 특성, 주된 업무 태양에 따라 달라질 수밖에 없으므로 하위 법령에 위임할 필요가 있다. 그러나 심판대상조항['식품접객영업자 등 대통령령으로 정하는 영업자'는 '영업의 위생관리와 질서유지, 국민의 보건위생 증진을 위하여 총리령으로 정하는 사항'을 지켜야 한다고 규정한 구 식품위생법(2013. 3. 23. 법률 제11690호로

개정되고, 2016. 2. 3. 법률 제14022호로 개정되기 전의 것) 제44조 제1항 및 제97조 제6호 중 "제44조 제1항" 부분]은 식품접객업자를 제외한 어떠한 영업자가 하위법령에서 수범자로 규정될 것인지에 대하여 아무런 기준을 정하고 있지 않다. 비록 수범자 부분이 다소 광범위하더라도 준수사항이 구체화되어 있다면 준수사항의 내용을 통해 수범자 부분을 예측하는 것이 가능할 수 있는데, '영업의 위생관리와 질서유지', '국민의 보건위생 증진'은 매우 추상적이고 포괄적인 개념이어서 이를 위하여 준수하여야 할 사항이 구체적으로 어떠한 것인지 그 행위태양이나 내용을 예측하기 어렵다. 또한 '영업의 위생관리와 국민의 보건위생 증진'은 식품위생법 전체의 입법목적과 크게 다를 바 없고, '질서유지'는 식품위생법의 입법목적에도 포함되어 있지 않은 일반적이고 추상적인 공익의 전체를 의미함에 불과하므로, 이러한 목적의 나열만으로는 식품 관련 영업자에게 행위기준을 제공해주지 못한다. 결국 심판대상조항은 수범자와 준수사항을 모두 하위법령에 위임하면서도 위임될 내용에 대해 구체화하고 있지 아니하여 그 내용들을 전혀 예측할 수 없게 하고 있으므로, 포괄위임금지원칙에 위반된다"(헌재 2016. 11. 24, 2014 헌가 6, 2015 헌가 26-병합). ㉣ "총포·도검·화약류등단속법 제2조 제1항은 총포에 관하여 규정하면서 총에 대하여는 일정 종류의 총을 총포에 해당하는 것으로 규정하면서 그 외의 장약총이나 공기총도 금속성 탄알이나 가스 등을 쏠 수 있는 성능이 있는 것은 총포에 해당한다고 규정하고 있으므로, 여기서 말하는 총은 비록 모든 부품을 다 갖추지는 않았더라도 적어도 금속성 탄알 등을 발사하는 성능을 가지고 있는 것을 가리키는 것이고(**대판 1996. 11. 8, 96 도 1995 참조**), 단순히 총의 부품에 불과하여 금속성 탄알 등을 발사할 성능을 가지지 못한 것까지 총포로 규정하고 있는 것은 아니라고 할 것이다. 그럼에도 불구하고 동법 시행령 제3조 제1항은 동법 제2조 제1항의 위임에 따라 총포의 범위를 구체적으로 정하면서도 제3호에서 모법의 위임범위를 벗어나 총의 부품까지 총포에 속하는 것으로 규정함으로써, 동법 제12조 제1항 및 제70조 제1항과 결합하여 모법보다 형사처벌의 대상을 확장하고 있으므로, 이는 결국 위임입법의 한계를 벗어나고 죄형법정주의원칙에 위배된 것으로 무효라고 하지 않을 수 없다"(**대판 1999. 2. 11, 98 도 2816-전원합의체**). ㉤ "판결요지: [다수의견] 법률의 시행령은 모법인 법률의 위임 없이 법률이 규정한 개인의 권리·의무에 관한 내용을 변경·보충하거나 법률에서 규정하지 아니한 새로운 내용을 규정할 수 없고, 특히 법률의 시행령이 형사처벌에 관한 사항을 규정하면서 법률의 명시적인 위임 범위를 벗어나 처벌의 대상을 확장하는 것은 죄형법정주의의 원칙에도 어긋나는 것이므로, 그러한 시행령은 위임입법의 한계를 벗어난 것으로서 무효이다. … 의료법(2016. 12. 20. 법률 제14438호로 개정되기 전의 것, 이하 같다) 제41조는 '각종 병원에는 응급환자와 입원환자의 진료 등에 필요한 당직의료인을 두어야 한다.'라고 규정하는 한편, 제90조에서 제41조를 위반한 사람에 대한 처벌규정을 두었다. 이와 같이 의료법 제41조는 각종 병원에 응급환자와 입원환자의 진료 등에 필요한 당직의료인을 두어야 한다고만 규정하고 있을 뿐, 각종 병원에 두어야 하는 당직의료인의 수와 자격에 아무런 제한을 두고 있지 않고 이를 하위 법령에 위임하고 있지도 않다. 그런데도 의료법 시행령 제18조 제1항(이하 '시행령 조항'이라 한다)은 '법 제41조에 따라 각종 병원에 두어야 하는 당직의료인의 수는 입원환자 200명까지는 의사·치과의사 또는 한의사의 경우에는 1명, 간호사의 경우에는 2명을 두되, 입원환자 200명을 초과하는 200명마다 의사·치과의사 또는 한의사의 경우에는 1명, 간호사의 경우에는 2명을 추가한 인원 수로 한다.'라고 규정하고 있다. 의료법 제41조가 '환자의 진료 등에 필요한 당직의료인을 두어야 한다.'라고 규정하고 있을 뿐인데도 시행령 조항은 당직의료인의 수와 자격 등 배치기준을 규정하고 이를 위반하면 의료법 제90조에 의한 처벌의 대상이 되도록 함으로써 형사처벌의 대상을 신설 또는 확장하였다. 그러므로 시행령 조항은 위임입법의 한계를 벗어난 것으로서 무효이다"(대판 2017. 2. 16, 2015 도 16014-전원합의체). ㉥ "결정요지: 자기 또는 특정인을 금고의 임원으로 당선되게 하거나 당선되지 못하게 할 목적으로, '금고의 정관으로 정하는 기간 중에' 회원의 호별방문 행위 등을 한 자를 처벌하는, 새마을금고법(2014. 6. 11. 법률 제12749호로 개정된 것) 제85조 제3항 중 제22조 제2항 제5호에 관한 부분(이하 '심판대상조항'이라 한다)에 따르면, 누구든지 자기 또는 특정인을 새마을금고의 임원으로 당선되게 하거나 당선되지 못하게 할 목적으로 회원을 호별로 방문하는 등의 행위를 한 경우에, '정관으로 정하는 기간' 내라면 형사처벌의 대상이 되고, 그렇지 않다면 형사처벌을 할 수 없게 된다. 따라서 심판대상조항에서 '정관으로 정하는 기간'은 범죄구성요건의 중요부분에 해당한다. 정관은 법인의 조직과 활동에 관하여 단체 내부에서 자율적으로 정한 자치규범으로서, 대내적으로만 효력을 가질 뿐 대외적으로 제3자를 구속하지는 않는 것이 원칙이고, 그 생성과정 및 효력발생요건에 있어 법규명령과 성질상 차이가 크다. 심판대상조항은 형사처벌과 관련되는 주요사항을 헌법이 위임입법의 형식으로 예정하고 있지도 않은 특수법인의 정관에 위임하고 있는데, 이는 사실상 그 정관 작성권자에게 처벌법규의 내용을 형성할 권한을 준 것이나 다름없고, 수범자는 호별방문 등이 금지되는 기간이 구체적으로 언제인지 예측할 수 없으므로 죄형법정주의에 위배된다"(헌재 2019. 5. 30, 2018 헌가 12-전원재판부).

ⓑ 위임입법의 한계를 벗어나지 않은 것으로 본 판례. ㉠ "청소년보호법 제17조 제1항은 청소년에 대한 청소년유해매체물의 판매·대여·배포나 시청·관람·이용의 제공을 금지하고 있고 법 제50조 제1호는 위의 금지를 위반한 자에 대하여 형사처벌하도록 규정하고 있어 청소년유해매체물은 결과적으로 범죄의 구성요건의 일부를 이루게 되나, 이 사건 법률조항은 이러한 범죄의 구성요건의 일부가 되는 청소년유해매체물의 결정을 행정기관인 청소년보호위원회 등에게 위임하고 있어, 동 규정이 위의 형벌규정의 위임의 한계 및 명확성의 원칙에 위반되는지 여부가 문제될 수 있다. 매체물은 그 종류와 형태가 다양하고 끊임없이 새로운 상품이 제조·유통되고 있으며, 각 매체물의 내용도 천차만별이다. 이러한 매체물 중 청소년에게 유해한 것을 적시하여 청소년에 대한 판매·대여 등을 제한하고자 하는 경우에는 각 매체물의 내용을 실제로 확인하여 개별적으로 유해성 여부를 판단할 수밖에 없는데, 그때마다 법을 개정하여 직접 개별 매체물을 규정하는 것은 현실적으로 거의 불가능하고 법의 개정에 소요되는 시일로 인하여 규제의 실효성도 기할 수 없게 될 것이고, 같은 이유로 하위법령에서 이를 규정하는 것 역시 곤란할 것이다. 그러므로 청소년유해매체물이 결과적으로 범죄의 구성요건의 일부를 이루게 되더라도, 이 사건 법률조항에서 직접 청소년유해매체물의 범위를 확정하지 아니하고, 행정기관(청소년보호위원회 등)에 위임하여 그 행정기관으로 하여금 청소년유해매체물을 확정하도록 하는 것은 부득이하다고 할 것이다…이 사건 법률조항이 형벌법규의 위임의 한계를 벗어났다거나 불명확하여 죄형법정주의에 위반된다고는 할 수 없다"(**헌재** 2000. 6. 29, 99 **헌가** 16). ㉡ "결정요지: 군통수(軍統帥)를 위하여 일정한 행위의무를 부과하는 명령은 그 형식에 관계없이 특정되어 존재하는 한 준수되어야 하며 명령의 구체적 내용이나 발령조건을 미리 법률로 정하는 것은 불가능하고, 군에서의 명령은 지휘계통에 따라 군통수권을 담당하는 기관이 그에게 부여된 권한 범위 내에서 발할 수 있는 것이나 구체적인 명령의 제정권자를 일일이 법률로 정하는 것도 불가능하며, 또한 군형법 제47조는 명령위반죄의 구성요건의 내용에 관한 사항을 명령에 위임한 형태를 취하고 있지만 본래의 취지는 군 내부에서 명령의 절대성을 보호하기 위한 것이고 명령위반행위에 대한 형벌의 종류와 내용은 법률에서 구체적으로 정해져 있으며 그 피적용자인 군인은 이를 충분히 예측할 수 있는 지위에 있으므로, 정당한 명령에 대한 준수의무를 과하고 그 위반에 대하여 구체적 형벌의 종류와 범위를 명시하고 있는 위 법률규정이 위임입법의 한계를 벗어난 것이라고 할 수는 없다"(**헌재** 1995. 5. 25, 91 **헌바** 20). ㉢ "판결요지: 구 결혼중개업의 관리에 관한 법률(2017. 3. 21. 법률 제14700호로 개정되기 전의 것, 이하 '결혼중개업법'이라 한다) 제26조 제2항 제4호는 '제10조의2 제1항을 위반하여 신상정보를 제공하지 아니한 자는 3년 이하의 징역 또는 2천만 원 이하의 벌금에 처한다.'라고 규정하고, 제10조의2 제1항은 '국제결혼중개업자는 계약을 체결한 이용자와 결혼중개의 상대방으로부터 혼인경력, 건강상태, 직업, 범죄경력 등의 신상정보를 받아 각각 해당 국가 공증인의 인증을 받은 다음 신상정보(증빙서류 포함)를 상대방과 이용자에게 서면으로 제공하여야 한다.'라고 규정하며, 제10조의2 제4항은 "제1항에 따른 신상정보의 제공 시

2. 형법불소급의 원칙(소급효금지의 원칙)[28]

형법은 효력발생 이후의 행위에만 적용되고, 시행되기 이전의 행위에까지 소급하여 효력을 갖지는 않는다.[29] 만일 사후입법(소급입법)에 의하여 행위시

기 및 절차, 입증방법 등에 필요한 사항은 대통령령으로 정한다."라고 규정하고 있다. 그 위임에 따른 결혼중개업의 관리에 관한 법률 시행령(이하 '결혼중개업법 시행령'이라 한다) 제3조의2 제3항은 '국제결혼중개업자는 신상정보를 이용자와 상대방이 각각 이해할 수 있는 언어로 번역·제공한 후 이용자와 상대방이 모두 만남에 서면 동의한 경우에 만남을 주선하여야 한다.'라고 규정하여 국제결혼중개업자에게 '이용자와 상대방의 만남 이전'에 신상정보를 제공할 의무를 부과하고 있다. 위와 같은 결혼중개업법과 같은 법 시행령의 규정 내용과 체계에다가 국제결혼중개업자를 통한 국제결혼의 특수성과 실태 등을 관련 법리에 비추어 살펴보면, 결혼중개업법 제10조의2 제4항에 의하여 대통령령에 규정하도록 위임된 '신상정보의 제공 시기'는 적어도 이용자와 상대방의 만남 이전이 될 것임을 충분히 예측할 수 있으므로, 결혼중개업법 시행령 제3조의2 제3항이 결혼중개업법 제10조의2 제4항에서 위임한 범위를 일탈하여 위임입법의 한계를 벗어났다고 볼 수 없다"(대판 2019. 7. 25, 2018 도 7989). ㉣ 식품의 제조방법에 관한 기준을 위반하여 소매가격으로 연간 5천만 원 이상의 식품을 제조·판매한 경우 무기 또는 3년 이상의 징역과 그 소매가격의 2배 이상 5배 이하에 해당하는 벌금을 필요적으로 병과하도록 한 구 '보건범죄 단속에 관한 특별조치법'(2011. 4. 12. 법률 제10579호로 개정되고, 2017. 12. 19. 법률 제15252호로 개정되기 전의 것) 제2조 제1항 제2호 중 식품위생법 제7조 제4항 가운데 제1항 제1호의 제조방법에 관한 부분을 위반하여 식품을 제조·판매한 부분('형사처벌조항') 및 '보건범죄 단속에 관한 특별조치법'(2011. 4. 12. 법률 제10579호로 개정된 것) 제2조 제2항 중 식품위생법 제7조 제4항 가운데 제1항 제1호의 제조방법에 관한 부분을 위반하여 소매가격으로 연간 5천만 원 이상의 식품을 제조·판매한 부분('벌금병과조항') 그리고 형사처벌조항과 벌금병과조항을 합한 '심판대상조항'에 대하여 포괄위임금지원칙에 위반되지 아니하므로 합헌이라는 헌법재판소의 결정이 있다. "결정요지: 심판대상조항은 형벌의 구성요건 일부에 해당하는 식품의 제조방법기준을 고시에 위임하고 있는데, 식품의 제조방법기준을 정하는 작업에는 전문적·기술적 지식이 요구되고 식품산업의 발전에 따른 탄력적·기술적 대응과 규율이 필요하므로, 심판대상조항이 이를 식품의약품안전처 고시에 위임하는 것은 불가피하다. 그러므로 심판대상조항이 식품의 제조방법기준을 식품의약품안전처 고시에 위임한 것이 헌법에서 정한 위임입법의 형식을 갖추지 못하여 헌법에 위반된다고 할 수 없다. … 식품으로 인하여 생기는 위생상의 위해 방지, 식품영양의 질적 향상 도모, 식품에 관한 올바른 정보 제공으로 국민보건의 향상에 이바지하고자 하는 심판대상조항의 입법목적, 식품 제조 등의 구체적 내용을 종합하여 보면, 심판대상조항의 위임에 따라 식품의약품안전처장이 규율할 내용은 국민보건 향상의 관점에서 식품 일반에 적용될 수 있는 공통적인 제조방법 및 식품별 특성을 고려한 제조방법에 관한 구체적이고 세부적인 기준이 될 것임을 충분히 예측할 수 있으므로 심판대상조항은 포괄위임금지원칙에 위반되지 아니한다"(헌재 2019. 11. 28, 2017 헌바 449-전원재판부).

28) 형'벌'불소급의 원칙이 아니라 형'법'불소급의 원칙이라는 용어가 정확한 것이다. 소급효는 '법률'의 (시간적) 효력에 관한 것이지 형벌과 직결되지는 않는다.

29) 형법불소급의 원칙에 위배되지 않는다는 판례로는 "판결요지: 도로교통법 제44조는 '술에 취한 상태에서 운전 금지'에 관하여 정하고 있는데, 제1항에서 누구든지 술에 취한 상태에서 자동차 등, 노면전차 또는 자전거를 운전해서는 안 된다고 정하고, 도로교통법(2018. 12. 24. 법률 제16037호로 개정되어 2019. 6. 25. 시행된 것, 이하 '개정 도로교통법'이라 한다) 제148조의2 제1항은 '도로교통법 제44조 제1항 또는 제2항을 2회 이상 위반한 사람(자동차 등 또는 노면전차를

에 적법이었던 행위를 행위 후에 범죄로 만든다면 죄형법정주의의 정신은 근본적으로 무너지고 말 것이다. 그러므로 특히 헌법 제13조 제1항과 형법 제1조 제1항은 이 원칙을 명백히 선언하고 있다.

이 원칙은 별단의 규정이 없는 한[30] 보안처분법에도 적용된다(통설).[31] 왜냐하면 보안처분도 형벌과 더불어 형사제재에 속하는 이상 죄형법정주의의 정신이 무시되어도 좋을 이유는 결코 없기 때문이다. 그러므로 '특정범죄자에 대한 보호관찰 및 전자장치부착 등에 관한 법률'(세칭: 전자발찌법) 부칙 제2조 제1항에서 "제5조 제1항의 부착명령청구는 이 법 시행 전에 저지른 성폭력범죄에 대하여도 적용한다"라고 규정한 것은 '위헌'이라고 본다. "법률에 의하지 아니하고는…보안처분을 받지 아니한다"라고 규정한 헌법 제12조 제1항에서의 '법률'은 '행위시의 법률'을 의미하고, 위치추적전자장치부착이 '보안처분'에 속하는 한, 소급효를 명시한 위 법률 부칙 제2조 제1항은 위헌이 아니라고 할 수 없다. 그러나 이 조항이 합헌이라고 선고한 헌법재판소 결정이 있다.[32] 대법원판례 중에는 보안처분에는 소급효금지원칙이 적용되지 않는다고

운전한 사람으로 한정한다)'을 2년 이상 5년 이하의 징역이나 1,000만 원 이상 2,000만 원 이하의 벌금에 처하도록 정하고 있다. 위 규정의 문언과 입법 취지에 비추어 '도로교통법 제44조 제1항 또는 제2항을 2회 이상 위반한 사람'에 위와 같이 개정된 도로교통법이 시행된 2019. 6. 25. 이전에 구 도로교통법 제44조 제1항 또는 제2항을 위반한 전과가 포함된다고 보아야 한다. 이와 같이 해석하더라도 형벌불소급의 원칙이나 일사부재리의 원칙에 위배되지 않는다. 개정 도로교통법 부칙 제2조는 도로교통법 제82조 제2항과 제93조 제1항 제2호의 경우 위반행위의 횟수를 산정할 때에는 2001. 6. 30. 이후의 위반행위부터 산정하도록 한 반면, 제148조의2 제1항에 관한 위반행위의 횟수 산정에 대해서는 특별히 정하지 않고 있다. 이처럼 제148조의2 제1항에 관한 위반행위의 횟수를 산정하는 기산점을 두지 않았다고 하더라도 그 위반행위에 개정 도로교통법 시행 이후의 음주운전 또는 음주측정 불응 전과만이 포함되는 것이라고 해석할 수 없다"(대판 2020. 8. 20, 2020 도 7154).

30) 예컨대 독일형법 제2조 제6항은 "개선 · 보안처분에 관하여 법률상 달리 규정되어 있지 않은 때에는 재판시에 효력을 가진 법률에 따라 재판한다"라고 규정하여 원칙적으로 보안처분법의 소급효를 인정하고 있다.

31) 김성돈, 73면; 김/서, 64면; 박상기, 31면; 배종대, 93면; 손해목, 61면; 안동준, 18면; 오영근, 45면; 이재상, 18면; 이형국, 25면; 정/박, 16면; 차용석, 137면; 정영일, 47면; 진/이, 80면.

32) "결정요지: 구 '특정범죄자에 대한 위치추적 전자장치 부착 등에 관한 법률' 부칙(2008. 6. 13. 법률 제9112호) 제2조 제1항(2010. 4. 15. 법률 제10257호로 개정된 것)은 범죄행위 당시에 없었던 위치추적 전자장치 부착명령을 출소예정자에게 소급적용할 수 있도록 규정하고 있다. 전자장치 부착은 전통적 의미의 형벌이 아니며, 이를 통하여 피부착자의 위치만 국가에 노출될 뿐 그 행동 자체를 통제하지 않는다는 점에서 비형벌적 보안처분에 해당되므로, 이를 소급적용하도록 한 부칙경과조항은 헌법 제13조 제1항 전단의 소급처벌금지원칙에 위배되지 아니한다"(헌재 2015. 9. 24, 2015 헌바 35-전원재판부). 그 밖에 참조할 헌재결정 2016. 12. 29, 2015 헌바 196 · 222 · 343(병합).

한 것이 있다.[33]

형법효력의 불소급은 실체법인 형법에 대해서만 적용되는 원칙이므로 절차법인 형사소송법이나 형집행법[34]에 있어서는 사후법의 소급효가 인정될 수 있다(전면적 소급효긍정설).[35] 헌법 제13조 제1항은 "행위시의 법률에 의하여 범죄를 구성하지 아니하는 행위"라고 규정하고 있지, '행위시의 법률에 의하여 처벌되지 아니하는 행위'라고 규정하고 있지는 않다. 즉 행위시의 법률에 의하여 '범죄'구성 여부를 소급효금지원칙의 적용대상으로 규정하고 있는 만큼, 형사실체법의 영역에 있어서 논의될 파생원칙이라고 함이 타당하다. 그러므로 행위 후에 친고죄가 비친고죄로 바뀌거나 공소시효가 폐지 또는 연장되어[36][37] 행위자에게 불리한 새로운 소송법규정이 재판시에 적용된다고 하더라

---

33) "개정 형법 제62조의 2 제1항에 의하면 형의 집행을 유예를 하는 경우에는 보호관찰을 받을 것을 명할 수 있고, 같은 조 제2항에 의하면 제1항의 규정에 의한 보호관찰의 기간은 집행을 유예한 기간으로 하고, 다만 법원은 유예기간의 범위 내에서 보호관찰의 기간을 정할 수 있다고 규정되어 있는바, 위 조항에서 말하는 보호관찰은 형벌이 아니라 보안처분의 성격을 갖는 것으로서, 과거의 불법에 대한 책임에 기초하고 있는 제재가 아니라 장래의 위험성으로부터 행위자를 보호하고 사회를 방위하기 위한 합목적적인 조치이므로, 그에 관하여 반드시 행위 이전에 규정되어 있어야 하는 것은 아니며, 재판시의 규정에 의하여 보호관찰을 받을 것을 명할 수 있다고 보아야 할 것이고, 이와 같은 해석이 형벌불소급의 원칙 내지 죄형법정주의에 위배되는 것이라고 볼 수 없다"(**대판 1997. 6. 13, 97 도 703**). 이와 반대로 '사회봉사명령'에 형벌불소급의 원칙을 적용한 대법원결정이 있다. "결정이유: 가정폭력처벌법이 정한 보호처분 중의 하나인 사회봉사명령은 가정폭력범죄를 범한 자에 대하여 환경의 조정과 성행의 교정을 목적으로 하는 것으로서 형벌 그 자체가 아니라 보안처분의 성격을 가지는 것이 사실이나, 한편으로 이는 가정폭력범죄행위에 대하여 형사처벌 대신 부과되는 것으로서, 가정폭력범죄를 범한 자에게 의무적 노동을 부과하고 여가시간을 박탈하여 실질적으로는 신체적 자유를 제한하게 되므로, 이에 대하여는 원칙적으로 형벌불소급의 원칙에 따라 행위시법을 적용함이 상당하다"(**대결 2008. 7. 24, 2008 어 4**).

34) 종래 형의 집행을 규정하던 행형법의 명칭은 2007. 12. 21.의 개정에 의하여 '형의 집행 및 수용자의 처우에 관한 법률(약칭: 형집행법)'로 변경되었다.

35) Eser, Strafrecht 1, S. 40; Jescheck, AT, S. 125; Maurach/Zipf, AT, 1. Bd., S. 158; Wessels, AT, S. 9.

36) 범죄 일반에 대하여 공소시효기간을 규정한 형사소송법 제249조는 2007. 12. 21.의 개정에 의하여 공소시효기간이 전면적으로 '연장'되었는데, 부칙 제3조에서 '공소시효에 관한 경과조치'를 두어 "이 법 시행 전에 범한 죄에 대하여는 종전의 규정을 적용한다"고 함으로써 행위자에게 불리한 법개정의 소급효를 금지하고 있다.

37) ㉠ 대법원은, 공소시효를 정지·연장·배제하는 내용의 특례조항을 신설하면서 소급적용에 관한 명시적인 경과규정을 두지 아니한 경우, 그 조항을 소급하여 적용할 것인지 판단할 때 고려할 사항에 관하여 다음과 같이 판시하고 있다. 즉, "법원이 어떠한 법률조항을 해석·적용함에 있어서 한 가지 해석방법에 의하면 헌법에 위배되는 결과가 되고 다른 해석방법에 의하면 헌법에 합치하는 것으로 볼 수 있을 때에는 위헌적인 해석을 피하고 헌법에 합치하는 해석방법을 택하여야 한다(대법원 1992. 5. 8.자 91부8 결정 등 참조). 이는 입법방식에 다소 부족한 점이 있어 어느 법률조항의 적용 범위 등에 관하여 불명확한 부분이 있는 경우에도 마찬가지이다. 이러

도 죄형법정주의에 위배되는 것은 아니다.[38] 헌법재판소도 피고인에게 불리한 형사소송규정의 소급효를 인정할 수 있다고 긍정하는 입장이다.[39] 헌법재판소는

한 관점에서 보면, 공소시효를 정지·연장·배제하는 내용의 특례조항을 신설하면서 소급적용에 관한 명시적인 경과규정을 두지 아니한 경우에 그 조항을 소급하여 적용할 수 있다고 볼 것인지에 관하여는 이를 해결할 보편타당한 일반원칙이 존재할 수 없는 터이므로 적법절차원칙과 소급금지원칙을 천명한 헌법 제12조 제1항과 제13조 제1항의 정신을 바탕으로 하여 법적 안정성과 신뢰보호원칙을 포함한 법치주의 이념을 훼손하지 아니하도록 신중히 판단하여야 한다"(대판 2015. 5. 28, 2015 도 1362, 2015 전도 19). ㉡ "판결요지: 아동학대범죄의 처벌 등에 관한 특례법(2014. 1. 28. 법률 제12341호로 제정되어 2014. 9. 29. 시행되었으며, 이하 '아동학대처벌법'이라 한다)은 아동학대범죄의 처벌에 관한 특례 등을 규정함으로써 아동을 보호하여 아동이 건강한 사회 구성원으로 성장하도록 함을 목적으로 제정되었다. 아동학대처벌법 제2조 제4호 (타)목은 아동복지법 제71조 제1항 제2호, 제17조 제3호에서 정한 '아동의 신체에 손상을 주거나 신체의 건강 및 발달을 해치는 신체적 학대행위'[구 아동복지법(2011. 8. 4. 법률 제11002호로 전부 개정되기 전의 것) 제29조 제1호 '아동의 신체에 손상을 주는 학대행위'에 상응하는 규정이다]를 아동학대범죄의 하나로 규정하고, 나아가 제34조는 '공소시효의 정지와 효력'이라는 표제 밑에 제1항에서 "아동학대범죄의 공소시효는 형사소송법 제252조에도 불구하고 해당 아동학대범죄의 피해아동이 성년에 달한 날부터 진행한다."라고 규정하며, 부칙은 "이 법은 공포 후 8개월이 경과한 날부터 시행한다."라고 규정하고 있다. 이처럼 아동학대처벌법은 신체적 학대행위를 비롯한 아동학대범죄로부터 피해아동을 보호하기 위한 것으로서, 같은 법 제34조 역시 아동학대범죄가 피해아동의 성년에 이르기 전에 공소시효가 완성되어 처벌대상에서 벗어나지 못하도록 진행을 정지시킴으로써 보호자로부터 피해를 입은 18세 미만 아동을 실질적으로 보호하려는 취지이다. 이러한 아동학대처벌법의 입법목적 및 같은 법 제34조의 취지를 공소시효를 정지하는 특례조항의 신설·소급에 관한 법리에 비추어 보면, 비록 아동학대처벌법이 제34조 제1항의 소급적용 등에 관하여 명시적인 경과규정을 두고 있지는 아니하나, 위 규정은 완성되지 아니한 공소시효의 진행을 일정한 요건 아래에서 장래를 향하여 정지시키는 것으로서, 시행일인 2014. 9. 29. 당시 범죄행위가 종료되었으나 아직 공소시효가 완성되지 아니한 아동학대범죄에 대하여도 적용된다"(대판 2016. 9. 28, 2016 도 7273. 同旨, 대판 2021. 2. 25, 2020 도 3694).

38) 성폭력범죄의 처벌 등에 관한 특례법(세칭: 도가니법) 제21조 제3항은 13세 미만의 여자 및 장애가 있는 여자에 대한 강간·준강간·준강간추행의 죄에는 공소시효의 적용이 배제되는 것으로 규정하고 있고, 부칙 제3조는 "이 법 시행 전 행하여진 성폭력범죄로 아직 공소시효가 완성되지 아니한 것에 대하여도 제21조를 적용한다"고 하여, 공소시효 적용배제 규정의 '소급효'를 명시하고 있는데, 이 부칙 제3조는 위헌이 아니라고 본다.

39) 1995. 12. 21. 법률 제5028호로 공포·시행된 '헌정질서파괴범죄의 공소시효등에 관한 법률' 제2조는 헌정질서파괴범죄에 대하여 형소법상 공소시효의 적용배제를 규정하고, 1995. 12. 21. 법률 제5029호로 공포·시행된 '5·18민주화운동등에 관한 특별법' 제2조는 헌정질서파괴범죄에 대하여 공소시효의 진행정지를 규정함으로써, 이 규정들이 죄형법정주의 내지 헌법에 위배되는가 하는 논의가 제기되었다. 헌법재판소는 후자의 법률 제2조가 합헌이라는 결정을 내린 바 있다(**헌재 1996. 2. 16, 96 헌가 2, 96 헌바 7, 96 헌바 13 병합결정**). 여기에서 헌법재판소는 "우리 헌법이 규정한 형벌불소급의 원칙은 형사소추가 '언제부터 어떠한 조건하에서' 가능한가의 문제에 관한 것이고, '얼마동안' 가능한가의 문제에 관한 것은 아니다. 다시 말하면 헌법의 규정은 '행위의 가벌성'에 관한 것이기 때문에 소추가능성에만 연관될 뿐, 가벌성에는 영향을 미치지 않는 공소시효에 관한 규정은 원칙적으로 그 효력범위에 포함되지 않는다. 행위의 가벌성은 행위에 대한 소추가능성의 전제조건이지만 소추가능성은 가벌성의 조건이 아니므로 공소시효의 정지규정을 과거에 이미 행한 범죄에 대하여 적용하도록 하는 법률이라 하더라도 그 사유만으로 헌법 제

형소법상의 공소시효의 진행을 정지시키거나 적용배제하거나 시효기간을 연장하는 법률이 제정된 경우를 두 가지 유형으로 나누어, 이미 공소시효가 완성된 범죄를 대상으로 하는 경우에는 '진정소급효'를 갖는 법률이라고 하고, 아직 공소시효가 완성되지 않은 범죄를 대상으로 하는 경우에는 '부진정소급효'를 갖는 법률이라고 표현하면서, 두 유형 모두 소급효금지원칙에 반하지 않는다고 합헌결정을 내린 바 있다(**헌재** 1996. 2. 16, 96 **헌가** 2, 96 **헌바** 7, 96 **헌바** 13 **병합결정**－**각주** 39)**의 결정**).

학설로는 ① 신법 시행 전에 고소기간이 만료했거나 공소시효가 완성된 경우에는 소급효금지의 원칙이 적용되어야 한다는 견해,[40] ② 소송법규정이라고 하더라도 범죄의 가벌성과 관계된 경우에는 소급효금지의 원칙이 적용되어야 한다는 견해,[41] ③ 형사소송법에도 전면적으로 소급효금지의 원칙이 적용되어야 한다는 견해(전면적 소급효부정설)가[42] 있다.

'피고인에게 불리한 판례변경의 소급효'가 인정될 것인가에 관하여는 논의가 있다. 행위 당시의 판례에 의하면 처벌되지 않는 행위였으나 행위 후에 판례가 처벌하는 방향으로 변경된 경우에 문제가 된다. 이에 관하여는 ① 판례에 대하여도 일반국민의 규범적 신뢰가 존재하고 국민의 예측가능성과 법적 안정성을 보호할 필요가 있으므로 변경된 판례가 피고인에게 불리한 방향으로 소급되어서는 안된다는 견해(소급효부정설)와[43] ② 판례변경이 법관의 법적 견해의 변경에 기인한 법창조활동인 경우에는 소급효가 금지되고, 객관적 법상황의 변경에 기인한 법해석활동인 경우에는 소급효가 인정된다는 견해(구분설)가[44] 있으나, ③ 소급효금지의 원칙은 입법부에 의한 '법률'의 변경에 적용되는 것이고, 사법부의 법해석에까지 적용될 것은 아니라고 하겠다(소급효긍정설).[45]

그런데 이 논의가 과연 의미가 있는가 하는 점을 근본적으로 검토해 보아야 한다. 법원조직법 제8조(상급심재판의 기속력)가 "상급법원 재판에서의 판

12조 제1항 및 제13조 제1항에 규정한 죄형법정주의의 파생원칙인 형벌불소급의 원칙에 언제나 위배되는 것으로 단정할 수는 없다"라 하고 있다. 同旨, 헌재 2021. 6. 24, 2018 헌바 457.

40) 김/김, 35면; 김성돈, 71면; 김/서, 62면; 배종대, 94면; 신동운, 41면; 이재상, 19면.

41) 정/박, 18면.

42) 오영근, 56면.

43) 배종대, 94면; 신동운, 44-5면; 이정원, 34면; 이형국, 25면; 정/박, 18면; 정영일, 51면; 진/이, 81면.

44) 김일수, 74면.

45) 김성천, 23면; 김/서, 65면; 박상기, 32면; 손동권, 35면; 안동준, 19면; 이재상, 20면.

단은 당해사건에 관하여 하급심을 기속한다"라고 규정하고 있는 이상, 실체는 같으나 '별개의' 형사사건에서 하급심은 대법원의 변경판례와 '다른' 법률판단을 할 수 있는 것이고, 하급심이 별개의 사건에서 대법원의 판례변경에 기속되지 않는다면, 판례변경의 소급효 인정여부에 대한 논의는 무의미하다. 그리고 '당해' 형사사건을 놓고 보자면, 판례변경의 '소급효부정설'의 입장에서는 (대)법원이 피고인에게 불리한 방향으로는 판례변경을 할 수 없다는 것이 되고, 항상 피고인에게 유리한 방향으로만 법해석(판례)을 변경할 수 있다는 우스꽝스러운 주장이 되고 만다. '당해' 형사사건에 국한해서 보더라도 (대)법원은 피고인에게 불리한 방향으로든 유리한 방향으로든 언제든지 종래의 법해석(판례)을 변경할 수 있다고 보아야 한다. 피고인에게 불리한 판례변경의 소급효 인정여부라는 논의는-우리나라가 판례법주의 국가가 아닌 이상-문제제기 자체에 잘못이 있는 것이 아닌가 한다.

소급효긍정설의 입장에서도 행위자가 변경 전의-즉 행위 당시의-판례를 신뢰한 경우에는 자신의 행위가 법적으로 허용되는 것으로 오인하게 되고 따라서 행위자에게 '위법성의 착오'(금지의 착오)가 발생하게 되어, 결국 형법 제16조로 해결이 가능한 문제가 된다. 이 때 변경 전의 판례에 대한 행위자의 신뢰는 제16조에 있어서 "오인에 정당한 이유"가 될 수 있다.

구분설에 대한 비판으로는, 판례변경이 법관의 법창조활동인가 법해석활동인가를 구별하기 어렵다는 점뿐만 아니라, 법관이 피고인에게 불리한 법창조활동을 한다는 것은 피고인에게 불리한 유추적용을 하는 것과 다름없으므로 판례변경의 소급효문제가 아니라 애당초 유추적용금지원칙에의 위배 여부를 검토할 문제라는 점을 지적하고자 한다.

대법원은 "형사처벌의 근거가 되는 것은 법률이지 판례가 아니고, 형법조항에 관한 판례의 변경은 그 법률조항의 내용을 확인하는 것에 지나지 아니하여 이로써 그 법률조항 자체가 변경된 것이라고 볼 수는 없으므로, 행위 당시의 판례에 의하면 처벌대상이 되지 아니하는 것으로 해석되었던 행위를 판례의 변경에 따라 확인된 내용의 형법조항에 근거하여 처벌한다고 하여, 그것이 헌법상 평등의 원칙과 형벌불소급의 원칙에 반한다고 할 수는 없다"[46]라고 함으로써 '소급효긍정설'의 입장에 선다.

---

46) 대판 1999. 9. 17, 97 도 3349. 同旨, 대판 1999. 7. 15, 95 도 2870-전원합의체.

형법불소급의 원칙은 행위자에 대한 부당한 처벌을 방지하기 위한 것이므로 피고인에게 "유리한" 방향으로 작용하는 경우에까지 적용될 이유는 없다. 이러한 취지에서 형법 제1조 제2항은 "범죄 후 법률이 변경되어 그 행위가 범죄를 구성하지 아니하게 되거나 형이 구법보다 가벼워진 경우에는 신법에 따른다"라 하고, 제3항은 "재판이 확정된 후 법률이 변경되어 그 행위가 범죄를 구성하지 아니하게 된 경우에는 형의 집행을 면제한다"라고 규정하여 범죄의 성립과 형벌의 종류・분량에 있어서 피고인에게 유리한 사후법의 소급효를 예외적으로 허용하고 있다.

3. 유추적용금지(類推適用禁止)의 원칙

유추적용금지의 원칙은 「형법의 해석」과 관련된 원칙이다. 일반적으로 법의 해석은 언어의 일상적인 사용례와 법률상의 전문적 용법에 따라 법률에 기술된 문언의 의미를 밝히는 작업으로부터 시작된다(문법해석 또는 문언해석). 그 문언이 다의적이면 법률이 제정된 사적 과정을 고려하는 역사적 해석과 법률 전체의 관점에서 체계적 관련성을 고려하는 논리해석(체계해석)이 해석의 보조수단으로 사용된다.[47)]

47) "판결요지: [1] 죄형법정주의는 국가형벌권의 자의적인 행사로부터 개인의 자유와 권리를 보호하기 위하여 범죄와 형벌을 법률로 정할 것을 요구한다. 그러한 취지에 비추어 보면 형벌법규의 해석은 엄격하여야 하고, 명문의 형벌법규의 의미를 피고인에게 불리한 방향으로 지나치게 확장해석하거나 유추해석하는 것은 죄형법정주의의 원칙에 어긋나는 것으로서 허용되지 아니하나, 형벌법규의 해석에서도 법률문언의 통상적인 의미를 벗어나지 않는 한 그 법률의 입법취지와 목적, 입법연혁 등을 고려한 목적론적 해석이 배제되는 것은 아니다. [2] 특수폭행치상죄의 해당규정인 형법 제262조, 제261조는 형법 제정 당시부터 존재하였는데, 형법 제258조의2 특수상해죄의 신설 이전에는 형법 제262조의 "전 2조의 죄를 범하여 사람을 사상에 이르게 한 때에는 제257조 내지 제259조의 예에 의한다."라는 규정 중 '제257조 내지 제259조의 예에 의한다'의 의미는 형법 제260조(폭행, 존속폭행) 또는 제261조(특수폭행)의 죄를 범하여 상해, 중상해, 사망의 결과가 발생한 경우, 그 결과에 따라 상해의 경우에는 형법 제257조, 중상해의 경우에는 형법 제258조, 사망의 경우에는 형법 제259조의 예에 준하여 처벌하는 것으로 해석・적용되어 왔고, 따라서 특수폭행치상죄의 경우 법정형은 형법 제257조 제1항에 의하여 '7년 이하의 징역, 10년 이하의 자격정지 또는 1천만 원 이하의 벌금'이었다. 그런데 2016. 1. 6. 형법 개정으로 특수상해죄가 형법 제258조의2로 신설됨에 따라 문언상으로 형법 제262조의 '제257조 내지 제259조의 예에 의한다'는 규정에 형법 제258조의2가 포함되어 특수폭행치상의 경우 특수상해인 형법 제258조의2 제1항의 예에 의하여 처벌하여야 하는 것으로 해석될 여지가 생기게 되었다. 이러한 해석을 따를 경우 특수폭행치상죄의 법정형이 형법 제258조의2 제1항이 정한 '1년 이상 10년 이하의 징역'이 되어 종래와 같이 형법 제257조 제1항의 예에 의하는 것보다 상향되는 결과가 발생하게 된다. 그러나 형벌규정 해석에 관한 법리와 폭력행위 등 처벌에 관한 법률의 개정 경과 및 형법 제258조의2의 신설 경위와 내용, 그 목적, 형법 제262조의 연혁, 문언과 체계 등을 고려할 때, 특

그러나 해석의 중점은 법률의 객관적 의미와 목적을 밝히는 데에 놓여 있다(객관적 목적론적 해석). 이 때 밝혀진 법률의 의미와 목적에 따라 확장해석을 할 것인가 혹은 축소해석을 할 것인가의 여부는 개개의 사건에 달려 있다.[48] 그런데 확장해석을 행한다고 하더라도 결코 「문언의 가능한 의미 내」라고 하는 한계선을 넘어서는 안된다는 점에 유의하여야 한다.[49]

이에 반하여 「유추」(Analogie)라 함은 일정한 사항을 직접 규정하고 있는 법규가 없는 경우에 그 사항과 가장 유사한 사항을 규정하고 있는 법규를 그 사항에 적용하는 것을 말한다. 해석은 법개념 또는 법규범의 의미·내용을 분명히 하고자 하는 것이므로 문언적 의미라고 하는 한계를 벗어나서는 안되지만, 유추는 법문에 의하여 확정된 법규의 직접적 적용범위를 벗어나는 점에 본질적 차이가 있다. 해석의 목적은 법문의 의미를 명확히 하고 경우에 따라 현재의 변화된 요청과 관념에 법률을 적용토록 하는 데 있다. 그러나 유추의 목적은 법문의 외연을 확장하고 법규의 새로운 전개를 통하여 법의 흠결을 충전하는 데 있다. 그러므로 유추는 법해석의 한 방법이라기보다는 법관에 의한 법창조이고[50] 일종의 입법에 속한다.[51]

형법상 유추적용금지의 원칙은 형벌법규에 처벌의 대상으로서 명시되지 않은 사항에 대하여 그 사항과 가장 유사한 사항을 규정한 형벌법규를 적용해서는 안된다는 원칙이며, 형법해석은 기본적으로 「엄격해석」에 입각해야 한다

수폭행치상의 경우 형법 제258조의2의 신설에도 불구하고 종전과 같이 형법 제257조 제1항의 예에 의하여 처벌하는 것으로 해석함이 타당하다"(대판 2018. 7. 24, 2018 도 3443).

48) 현행형법상 확장해석의 예는 제333조 강도죄의 「폭행」개념에 마취행위를 포함시키는 해석이고, 축소해석의 예는 제329조 절도죄의 「재물」개념에서 부동산을 제외시키는 해석이다.

49) 김성돈, 64면; 김/서, 71면; 오영근, 61-2면; 이재상, 28면; Jescheck, AT, S. 142; Wessels, AT, S. 11.

50) "[다수의견] 형법 제170조 제2항에서 말하는 '자기의 소유에 속하는 제166조 또는 제167조에 기재한 물건'이라 함은 '자기의 소유에 속하는 제166조에 기재한 물건 또는 자기의 소유에 속하든, 타인의 소유에 속하든 불문하고 제167조에 기재한 물건'을 의미하는 것이라고 해석하여야 할 것이며, 제170조 제1항과 제2항의 관계로 보아서도 제166조에 기재한 물건(일반건조물 등) 중 타인의 소유에 속하는 것에 관하여는 제1항에서 이미 규정하고 있기 때문에 제2항에서는 그 중 자기의 소유에 속하는 것에 관하여 규정하고, 제167조에 기재한 물건에 관하여는 소유의 귀속을 불문하고 그 대상으로 삼아 규정하고 있는 것이라고 봄이 관련조문을 전체적, 종합적으로 해석하는 방법일 것이다. 이렇게 해석한다고 하더라도 그것이 법규정의 가능한 의미를 벗어나 법형성이나 법창조행위에 이른 것이라고는 할 수 없어 죄형법정주의의 원칙상 금지되는 유추해석이나 확장해석에 해당한다고 볼 수는 없을 것이다"(**대결** 1994. 12. 20, 94 **모** 32-전원합의체).

51) 따라서 유추"해석"금지의 원칙보다는 유추"적용"금지의 원칙이라는 표현이 더 정확하다고 생각한다.

는 취지를 담고 있다.[52][53] 형법적용에 있어서 유추를 허용한다면 법률에 명시

52) 배종대, 101면; 이형국, 24면; 정/박, 16면; 차용석, 139면. 형법상 '엄격해석'을 강조한 대법원판결로는 다음과 같은 것이 있다. ㉠ "형벌법규의 해석은 엄격하여야 하고 명문규정의 의미를 피고인에게 불리한 방향으로 지나치게 확장해석하거나 유추해석하는 것은 죄형법정주의의 원칙에 어긋나는 것으로서 허용되지 않는다"(**대판** 2007. 6. 29, 2006 **도** 4582; 2004. 2. 27, 2003 **도** 6535). ㉡ "다수의견: 항공보안법 제42조는 "위계 또는 위력으로써 운항 중인 항공기의 항로를 변경하게 하여 정상 운항을 방해한 사람은 1년 이상 10년 이하의 징역에 처한다."라고 규정하고 있다. 같은 법 제2조 제1호는 '운항 중'을 '승객이 탑승한 후 항공기의 모든 문이 닫힌 때로부터 내리기 위하여 문을 열 때까지'로 정의하였다. 그러나 항공보안법에 '항로'가 무엇인지에 관하여 정의한 규정은 없다. 죄형법정주의는 국가형벌권의 자의적인 행사로부터 개인의 자유와 권리를 보호하기 위하여 범죄와 형벌을 법률로 정할 것을 요구한다. 그러한 취지에 비추어 보면 형벌법규의 해석은 엄격하여야 하고, 문언의 가능한 의미를 벗어나 피고인에게 불리한 방향으로 해석하는 것은 죄형법정주의의 내용인 확장해석금지에 따라 허용되지 아니한다. 법률을 해석할 때 입법 취지와 목적, 제·개정 연혁, 법질서 전체와의 조화, 다른 법령과의 관계 등을 고려하는 체계적·논리적 해석 방법을 사용할 수 있으나, 문언 자체가 비교적 명확한 개념으로 구성되어 있다면 원칙적으로 이러한 해석 방법은 활용할 필요가 없거나 제한될 수밖에 없다. 죄형법정주의의 원칙이 적용되는 형벌법규의 해석에서는 더욱 그러하다. … 본죄의 객체는 '운항 중'의 항공기이다. 그러나 위계 또는 위력으로 변경할 대상인 '항로'는 별개의 구성요건요소로서 그 자체로 죄형법정주의 원칙에 부합하게 해석해야 할 대상이 된다. 항로가 공중의 개념을 내포한 말이고, 입법자가 그 말뜻을 사전적 정의보다 넓은 의미로 사용하였다고 볼 자료가 없다. 지상의 항공기가 이동할 때 '운항 중'이 된다는 이유만으로 그때 다니는 지상의 길까지 '항로'로 해석하는 것은 문언의 가능한 의미를 벗어난다"(대판 2017. 12. 21, 2015 도 8335—전원합의체. 소위 땅콩회항 사건). ㉢ 피고인이 의뢰인들로부터 '모바일 문화상품권'의 액면가의 22% 금액을 선이자 명목으로 공제하여 매입하면서 그 대금으로 금전을 교부한 것은 '대부의 개념요소'를 갖추었다고 보기 어려우므로, '대부업 등의 등록 및 금융이용자 보호에 관한 법률'(약칭: 대부업법) 위반으로 처벌하는 것은 피고인에게 불리한 방향으로 지나치게 확장해석하거나 유추해석하는 것이 되어 죄형법정주의의 원칙에 위반된다는 대법원판결이 있다. "판결요지: [1] '대부업법' 제19조 제1항 제1호는 같은 법 제3조가 규정하는 시·도지사에 대한 등록을 하지 아니하고 대부업 등을 한 자를 처벌한다. 대부업법 제2조 제1호는 "'대부업'이란 금전의 대부(어음할인·양도담보, 그 밖에 이와 비슷한 방법을 통한 금전의 교부를 포함한다)를 업으로 하거나, 등록한 대부업자 또는 여신금융기관으로부터 대부계약에 따른 채권을 양도받아 이를 추심하는 것을 업으로 하는 것을 말한다"라고 규정하고 있다. 대부업법의 관련 규정과 입법 목적, '금전의 대부'의 사전적인 의미, 대부업법 제2조 제1호가 '금전의 대부'에 포함되는 것으로 들고 있는 어음할인과 양도담보의 성질과 효력 등에 비추어 보면, 대부업법 제2조 제1호가 규정하는 '금전의 대부'는 그 개념요소로서 거래의 수단이나 방법 여하를 불문하고 적어도 기간을 두고 장래에 일정한 액수의 금전을 돌려받을 것을 전제로 금전을 교부함으로써 신용을 제공하는 행위를 필수적으로 포함하고 있어야 한다고 보는 것이 타당하다. 따라서 재화 또는 용역을 할인하여 매입하는 거래를 통해 금전을 교부하는 경우, 해당 사안에서 문제 되는 금전 교부에 관한 구체적 거래 관계와 경위, 당사자의 의사, 그 밖에 이와 관련된 구체적·개별적 제반 사정을 종합하여 합리적으로 평가할 때, 금전의 교부에 관해 위와 같은 대부의 개념요소를 인정하기 어려운 경우까지 이를 대부업법상 금전의 대부로 보는 것은, 대부업법 제2조 제1호 등 조항의 문언의 가능한 의미를 벗어나 피고인에게 불리한 방향으로 지나치게 확장해석하거나 유추해석하는 것이 되어 죄형법정주의의 원칙에 위반된다. [2] 피고인이 인터넷 사이트에 '소액대출 및 소액결제 현금화' 등의 문구를 적시한 광고글을 게시하여 이를 보고 접근한 의뢰인들에게 문화상품권을 소액결제를 하고 구매 후 인증되는 문화상품권의 핀

(PIN) 번호를 자신에게 알려주게 하여 의뢰인들이 구매한 문화상품권 액면가의 22% 금액을 선이자 명목으로 공제하고 나머지 77.8% 금액을 대부해 준 다음 위 핀 번호를 상품권업자에게 판매하는 방법으로 미등록 대부업을 영위하였다고 하여 대부업법 위반으로 기소된 사안에서, 피고인이 의뢰인들에게 일정한 할인료를 공제한 금전을 교부하고 이와 상환하여 교부받은 상품권은 소지자가 발행자 또는 발행자가 지정하는 일정한 자에게 이를 제시 또는 교부하는 등의 방법으로 사용함으로써 권면금액에 상응하는 물품 또는 용역을 제공받을 수 있는 청구권이 화체된 유가증권의 일종인 점, 피고인과 의뢰인들 간의 상품권 할인 매입은 매매에 해당하고, 피고인과 의뢰인들 간의 관계는 피고인이 의뢰인들로부터 상품권 핀 번호를 넘겨받고 상품권 할인 매입 대금을 지급함으로써 모두 종료되는 점 등의 여러 사정을 종합하면, 피고인이 의뢰인들로부터 상품권을 할인 매입하면서 그 대금으로 금전을 교부한 것은 대부의 개념요소를 갖추었다고 보기 어려워 대부업법의 규율 대상이 되는 '금전의 대부'에 해당하지 않는다"(대판 2019. 9. 26, 2018 도 7682). ㉣ "성폭력범죄처벌 및 피해자보호 등에 관한 법률(1997 8. 22. 법률 제5343호로 개정되기 전의 법률) 제6조 제1항은 '흉기 기타 위험한 물건을 휴대하거나 2인 이상이 합동하여 형법 제297조(강간)의 죄를 범한 자는 무기 또는 5년 이상의 징역에 처한다.'고 규정하고 있고 같은 법 제9조 제1항은 '제6조의 죄를 범한 자가 사람을 상해하거나 상해에 이르게 한 때에는 무기 또는 7년 이상의 징역에 처한다.'고 규정하고 있는 바, 형벌법규는 그 규정내용이 명확하여야 할 뿐만 아니라 그 해석도 엄격함을 요하고 유추해석은 허용되지 않으므로, 같은 법 제9조 제1항의 죄의 주체는 '제6조의 죄를 범한 자'로 한정되고 같은 법 제6조 제1항의 미수범(같은 법 제12조)까지 포함되는 것으로 해석할 수는 없다"(**대판** 1998. 9. 18, 98 **도** 2171). ㉤ "원심은 다음과 같은 이유를 들어 원동기장치자전거면허의 효력이 정지된 상태에서 원동기장치자전거를 운전한 행위가 도로교통법 제154조 제2호, 제43조의 구성요건에 해당하지 아니한다고 보고, 결국 이 부분 공소사실(즉, 피고인이 '원동기장치자전거면허의 효력이 정지된 상태에서' 원동기장치자전거를 운전하였다는 공소사실: 저자 註)은 범죄가 되지 아니한다고 판단하였다. 즉, 도로교통법 제43조는 무면허운전 등을 금지하면서 '누구든지 제80조의 규정에 의하여 지방경찰청장으로부터 운전면허를 받지 아니하거나 운전면허의 효력이 정지된 경우에는 자동차 등을 운전하여서는 아니된다'고 정하여, 운전자의 금지사항으로 운전면허를 받지 아니한 경우와 운전면허의 효력이 정지된 경우를 구별하여 대등하게 나열하고 있다. 그렇다면 '운전면허를 받지 아니하고'라는 법률문언의 통상적인 의미에 '운전면허를 받았으나 그 후 운전면허의 효력이 정지된 경우'가 당연히 포함된다고는 해석할 수 없다. 그런데 자동차의 무면허운전과 관련하여서는 도로교통법 제152조 제1호 및 제2호가 운전면허의 효력이 정지된 경우도 운전면허를 애초 받지 아니한 경우와 마찬가지로 형사처벌된다는 것을 명문으로 정하고 있는 반면, 원동기장치자전거의 무면허운전죄에 대하여 규정하는 제154조 제2호는 그 처벌의 대상으로 '제43조의 규정을 위반하여 제80조의 규정에 의한 원동기장치자전거면허를 받지 아니하고 원동기장치자전거를 운전한 사람'을 정하고 있을 뿐이고, 운전면허의 효력이 정지된 상태에서 원동기장치자전거를 운전한 경우에 대하여는 아무런 언급이 없다는 것이다. … 형벌법규의 해석에 관한 원칙에 비추어 보면, 원심의 위와 같은 판단은 정당하다"(**대판** 2011. 8. 25, 2011 **도** 7725). ㉥ "판결요지: (가) 죄형법정주의 원칙상 형벌법규는 문언에 따라 엄격하게 해석·적용하여야 하고 피고인에게 불리한 방향으로 지나치게 확장해석하거나 유추해석하여서는 안되는 것이 원칙이고, 이는 특정범죄자에 대한 위치추적전자장치 부착명령의 요건을 해석할 때에도 마찬가지이다. (나) '특정범죄자에 대한 위치추적전자장치 부착 등에 관한 법률'(이하 '전자장치부착법'이라 한다) 제5조 제1항 제3호는 검사가 전자장치 부착명령을 법원에 청구할 수 있는 경우 중의 하나로 '성폭력범죄를 2회 이상 범하여(유죄의 확정판결을 받은 경우를 포함한다) 그 습벽이 인정된 때'라고 규정하고 있는데, 이 규정 전단은 문언상 '유죄의 확정판결을 받은 전과사실을 포함하여 성폭력범죄를 2회 이상 범한 경우'를 의미한다고 해석된다. 따라서 피부착명령청구자가 소년법에 의한 보호처분(이하 '소년보호처분'이라고 한

되지 아니한 행위가 법관의 자의(恣意)로 처벌될 수 있어서 개인의 자유와 권리의 보장이 위태롭게 되기 때문이다. 다만, 엄격해석의 원칙이 반드시 피고인에게 유리한 해석을 의미하는 것은 아니다.[54]

죄형법정주의에서 「허용되는 확장해석」과 「금지되는 유추적용」의 경계는 유동적이므로 실제문제에서 양자를 구별하는 것은 결코 쉬운 일이 아니다. 특히 형벌법규의 법익보호적 기능을 살리기 위하여 법의 유추적용이 확장해석이라는 명분으로 행해지기 쉽기 때문에 죄형법정주의정신을 관철하기 위해서는 예리한 주의가 필요하다. 그러므로 문제된 법의 적용방법이 확장해석에 속하느냐 또는 유추에 속하느냐가 중요한 것이 아니고, 법문의 가능한 의미 내에서 해석이 행해졌느냐 아니냐에 관건이 있다고 하겠다.[55] 문제된 해석이 확장해석에 속한다고 강변한다고 하더라도 "문언의 가능한 의미범위를 벗어나서" 피고인에게 불리한 결과를 초래한다면 죄형법정주의에 위배되는 것이다.

예컨대 "TV"에 의한 명예훼손은 형법 제309조의 출판물에 의한 명예훼손죄의 입법취지에 아무리 합치된다고 하더라도 TV가 라디오 기타 출판물이라고 하는 개념의 가능한 의미 속에 들어 올 수는 없는 것이므로 동조에 의해 처벌할 수는 없다. TV에 의한 명예훼손을 형법 제307조의 단순명예훼손죄로 처벌하는 것이 심히 법감정과 형평에 반한다고 하더라도 법관은 국회의 법개정에 의한 입법적 해결이 있을 때까지 기다릴 수밖에 없다(법의 흠결).

피고인에게 유리한 규정을 축소해석하는 방향으로 유추－이른바 제한적 유추－가 행해져서 피고인에게 불리한 결과를 가져오는 경우도 죄형법정주의에 위배된다고 보아야 한다.[56]

다)을 받은 전력이 있다고 하더라도, 이는 유죄의 확정판결을 받은 경우에 해당하지 아니함이 명백하므로, 피부착명령청구자가 2회 이상 성폭력범죄를 범하였는지를 판단할 때 소년보호처분을 받은 전력을 고려할 것이 아니다"(**대판 2012. 3. 22, 2011 도 15057**－전원합의체). ㉦ "대통령기록물법 제30조 제2항 제1호, 제14조에 의해 유출이 금지되는 대통령기록물에 원본 문서나 전자파일 이외에 그 사본이나 추가 출력물까지 포함된다고 해석하는 것은 죄형법정주의 원칙상 허용되지 아니한다"(대판 2021. 1. 14, 2016 도 7104). ◎ 기타 관련판례로서 '성폭력처벌법' 제14조 제1항의 해석에 관한 대판 2018. 8. 30, 2017 도 3443 참조.

53) "형벌법규의 해석은 엄격해야 하고 명문규정의 의미를 지나치게 확장해석하거나 유추해석하는 것은 죄형법정주의 원칙에 어긋나는 것으로서 허용되지 않는다. 그리고 이러한 법해석의 원리는 형벌법규의 적용대상이 행정법규가 규정한 사항을 내용으로 하고 있는 경우에 그 행정법규를 해석할 때에도 마찬가지로 적용된다"(대판 2021. 9. 30, 2017 도 13182).

54) 대판 2020. 10. 29, 2017 도 18164 참조.

55) 同旨, 오영근, 62면; 이재상, 28면; 차용석, 141면.

죄형법정주의의 기본정신에 비추어 볼 때 유추적용금지는 피고인에게 불리한 유추를 금지하는 것이지 피고인에게 유리한 유추적용까지 금지할 것은 아니다.[57] 따라서 범죄의 성립을 조각하거나 형벌을 감경하는 사유에 대한 유

---

56) ⓐ 유추적용금지원칙에 위배된다고 본 판례. ㉠ "형벌법규의 해석에 있어서 법규정 문언의 가능한 의미를 벗어나는 경우에는 유추해석으로서 죄형법정주의에 위반하게 된다. 그리고 유추해석금지의 원칙은 모든 형벌법규의 구성요건과 가벌성에 관한 규정에 준용되는데, 위법성 및 책임의 조각사유나 소추조건, 또는 처벌조각사유인 형면제사유에 관하여 그 범위를 제한적으로 유추적용하게 되면 행위자의 가벌성의 범위는 확대되어 행위자에게 불리하게 되는바, 이는 가능한 문언의 의미를 넘어 범죄구성요건을 유추적용하는 것과 같은 결과가 초래되므로 죄형법정주의의 파생원칙인 유추해석금지의 원칙에 위반하여 허용될 수 없다. 한편 형법 제52조나 국가보안법 제16조 제1호에서도 공직선거법 제262조에서와 같이 모두 '범행발각 전'이라는 제한문언 없이 '자수'라는 단어를 사용하고 있는데, 형법 제52조나 국가보안법 제16조 제1호의 '자수'에는 범행이 발각되고 지명수배된 후의 자진출두도 포함되는 것으로 판례가 해석하고 있으므로, 이것이 '자수'라는 단어의 관용적 용례라고 할 것인바, 공직선거법 제262조의 '자수'를 '범행발각 전에 자수한 경우'로 한정하는 풀이는 '자수'라는 단어가 통상 관용적으로 사용되는 용례에서 갖는 개념 외에 '범행발각 전'이라는 또 다른 개념을 추가하는 것으로서 결국은 '언어의 가능한 의미'를 넘어 공직선거법 제262조의 '자수'의 범위를 그 문언보다 제한함으로써 공직선거법 제230조 제1항 등의 처벌범위를 실정법 이상으로 확대한 것이 되고, 따라서 이는 단순한 목적론적 축소해석에 그치는 것이 아니라, 형면제사유에 대한 제한적 유추를 통하여 처벌범위를 실정법 이상으로 확대한 것으로서 죄형법정주의의 파생원칙인 유추해석금지의 원칙에 위반된다"(**대판** 1997. 3. 20, 96 **도** 1167－전원합의체). ㉡ "판결요지: 형벌법규의 해석에서 법규정 문언의 가능한 의미를 벗어나는 경우에는 유추해석으로서 죄형법정주의에 위반하게 되고, 이러한 유추해석금지의 원칙은 모든 형벌법규의 구성요건과 가벌성에 관한 규정에 준용되는데, 위법성 및 책임의 조각사유나 소추조건 또는 처벌조각사유인 형면제 사유에 관하여도 그 범위를 제한적으로 유추적용하게 되면 행위자의 가벌성의 범위는 확대되어 행위자에게 불리하게 되는바, 이는 가능한 문언의 의미를 넘어 범죄구성요건을 유추적용하는 것과 같은 결과가 초래되므로 죄형법정주의의 파생원칙인 유추해석금지의 원칙에 위반하여 허용될 수 없다"(**대판** 2010. 9. 30, 2008 **도** 4762). ㉢ 그 밖에 대판 2018. 10. 25, 2018 도 7041(소위 돈봉투만찬 사건) 참조.

ⓑ 유추적용금지원칙에 위배되지 않는다고 본 판례. ㉠ 법정소동죄 등을 규정한 형법 제138조에서의 '법원의 재판'에 '헌법재판소의 심판'을 포함시키는 해석이 피고인에게 불리한 확장해석이나 유추해석에 해당하는지의 여부가 문제된 사안에서 "판결요지: 본조(형법 제138조－저자註)의 '법정'의 개념도 재판의 필요에 따라 법원 외의 장소에서 이루어지는 재판의 공간이 이에 해당하는 것과 같이(법원조직법 제56조 제2항) 법원의 사법권 행사에 해당하는 재판작용이 이루어지는 상대적, 기능적 공간 개념을 의미하는 것으로 이해할 수 있으므로, 헌법재판소의 헌법재판이 법정이 아닌 심판정에서 이루어진다는 이유만으로 이에 해당하지 않는다고 볼 수 없다. 오히려 헌법재판소법에서 심판정을 '법정'이라고 부르기도 하고, 다른 절차에 대해서는 자체적으로 규정하고 있으면서도 심판정에서의 심판 및 질서유지에 관해서는 법원조직법의 규정을 준용하는 것은(헌법재판소법 제35조) 법원의 법정에서의 재판작용 수행과 헌법재판소의 심판정에서의 헌법재판작용 수행 사이에는 본질적인 차이가 없음을 나타내는 것으로 볼 수 있다. 결국, 본조에서의 법원의 재판에 헌법재판소의 심판이 포함된다고 보는 해석론은 문언이 가지는 가능한 의미의 범위 안에서 그 입법 취지와 목적 등을 고려하여 문언의 논리적 의미를 분명히 밝히는 체계적 해석에 해당할 뿐, 피고인에게 불리한 확장해석이나 유추해석이 아니라고 볼 수 있다"(대판 2021. 8. 26, 2020 도 12017).

추는 허용된다. 다만, 행위자에게 유리한 유추적용이라고 해서 무조건 허용되는 것은 아니다.[58] 판례에 따르면, "형벌법규의 해석에 있어서 유추해석이나 확장해석도 피고인에게 유리한 경우에는 가능한 것이나, 문리를 넘어서는 이러한 해석은 그렇게 해석하지 아니하면 그 결과가 현저히 형평과 정의에 반하거나 심각한 불합리가 초래되는 경우에 한하여야 할 것이고, 그렇지 아니하는 한 입법자가 그 나름대로의 근거와 합리성을 가지고 입법한 경우에는 입법자의 재량을 존중하여야 하는 것이다."[59]

〈형법해석 내지 형법적용의 일반원리〉

'형법해석 내지 형법적용의 일반원리'로서 일응 다음과 같은 내용을 제시할 수 있다.

① 3단논법(연역법): 형법의 법문(형법규정)을 대전제로 하고 구체적 사실관계를 소전제로 하여, 구체적 사실관계가 형법규정에 '포섭'되면 그 규정을 적용한다. 이 과정에서 법문의 해석이 필요하게 된다. ② 문언해석의 원칙: 형법 법문의 해석은 문언에서 출발하여 문언에서 끝난다. 형법해석의 한계는 '문언의 가능한 의미범위'에 있다. 그리고 문언해석의 원칙은 유추적용금지원칙과 표리의 관계에 있다. 문언해석에 있어서도 형법학은 엄격해석을 요구한다. ③ 헌법합치적 해석원리: 헌법은 국가법체계에서 최고법이며 근본법의 지위에 있으므로 형법의 해석 및 적용은 헌법의 가치체계에 합치해야 한다. 형법해석은 헌법 중 제10조 인간으로서의 존엄과 가치, 제12조 제1항과 제13조 제1항의 죄형법정주의, 제11조 법 앞의 평등, 제37조 제2항 국민의 자유와 권리에 대한 본질적 침해금지 등의 헌법정신을 구현하도록 해야 한다. ④ 현저성의 원칙과 경미성의 원칙: 형법해석의 한 원리로서 현저성의 원칙과 경미성의 원칙이 제시된다. 형법규정은 법익침해(위험성)의 일정한 강도를 예상해서 마련된 것이므로, 형법규정을 법익에 대한 '현저한' 침해행위에 적용하고 반면에 '경미한' 법익침해행위에 대하여는 적용하지 않도록 하는 분별력있는 법해석을 도모해야 한다.[60] ⑤ 이중평가금지의 원칙: 형법해석에 있어서 평가요소로서 한번 고려되었던 행위반가치 및 결과반가치는 재차 평가요소로 고려되어서는 안된다. 예컨대 '불가벌적 사후행위'에 있어서 사후행위의 불가벌의 근거는 '주행위의 결과반가치에 대한 이중평가금지원칙'에서 발견된다. 환언하자면, 주행위에 의하여 한번 처벌될 것으로 평가된 결과반가치는 사후행위에 의하여 재차 결과반가치의

57) 김기두, "죄형법정주의", 형사법강좌 Ⅰ, 45면; 김/서, 75면; 박상기, 34면; 배종대, 99면; 안동준, 21면; 유기천, 46면; 이재상, 26면; 이형국, 24면; 정/박, 16면; 차용석, 142면.

58) 대판 1978. 4. 25, 78 도 246－전원합의체 참조.

59) 대판 2004. 11. 11, 2004 도 4049. 또한, 대판 2024. 4. 16, 2023 도 13333 참조.

60) 이에 대하여 보다 상세히는 실질적 위법성론의 기능에 관한 본서, 212면 참조.

평가를 받아 처벌될 수는 없다. 또 '양형'에 있어서도 동일한 양형인자가 양형기준에 이중으로 고려되어서는 안된다. ⑥ 법감정에 따른 검증원리: 형법을 해석하고 적용한 결과가 형법전문가의 법감정, 무엇보다도 형법문외한인 사회일반인의 법감정에 와 닿아야 한다. 법감정이란 사회구성원의 법경험이 집적된 집단이성으로서, 직관적으로 포착된다고 생각한다.[61)]

4. 명확성의 원칙

가벌적 행위는 법률상 「명확하게」(bestimmt) 정형적으로 규정되어야 한다. 구성요건은 가벌적 행위를 가능한 한 정확히 기술해야만 한다. 내용상 윤곽이 모호한 개념, 달리 말하자면 애매하고 불분명하여 신축이 자유로운 개념의 사용을 피하고, 국가형벌권행사의 예측가능한 한계선이 지켜질 수 있는 표현을 하도록 해야 한다(예측가능성).[62)] 형벌법규의 내용이 불명확하고 추상적일 때에는 법관의 자의적 해석이 쉽게 개입해서 죄형법정주의가 위태롭게 된다. 또 범죄가 명확하게 규정된 경우에만 국민의 입장에서도 형법상 어떠한 행위가 금지되는가를 예측할 수 있게 되므로 법적 안정성을 기할 수 있다.[63)] 미국에서는 법의 일반원칙으로서 「불명확하기 때문에 무효」(void for vagueness)라는 이론이 판례에 의하여 형성되어 있다.[64)] 사실 죄형법정주의는 법의 유추적용보

---

61) 법감정에 관하여는 임웅, "법감정에 관한 연구", 법철학연구, 제1권(창간호), 한국법철학회, 1998, 85면 이하 참조.

62) 예컨대 "공공질서에 반하는 행위를 한 자는 처벌한다" 또는 "건전한 국민감정을 해하는 행위를 한 자는 처벌한다"는 식의 형벌규정은 국민으로 하여금 구체적인 경우에 과연 어떠한 행위가 금지되는 것인지를 예측할 수 없게 하므로 명확성의 원칙에 위배된다.

63) 명확성의 원칙과 위임입법의 한계를 벗어난 것을 이유로 대법원이 위헌판결을 내린 예로서는 **대판 1998. 6. 18, 97 도 2231(전원합의체)**이 있다. 여기에서 대법원은 "외국환관리규정(재정경제원고시) 제6-15조의4 제2호 (나)목 소정의 '도박 기타 범죄 등 선량한 풍속 및 사회질서에 반하는 행위'라는 요건은, 이를 한정할 합리적인 기준이 없다면, 형벌법규의 구성요건요소로서는 지나치게 광범위하고 불명확하다고 할 것인데 외국환관리에 관한 법령의 입법목적이나 그 전체적인 내용, 구조 등을 살펴보아도 사물의 변별능력을 제대로 갖춘 일반인의 이해와 판단으로서도 그 구성요건요소에 해당하는 행위유형을 정형화하거나 한정할 합리적인 해석기준을 찾기 어려우므로, 죄형법정주의가 요구하는 형벌법규의 명확성의 원칙에 반한다. 그리고 그와 같이 지나치게 광범위하고 불명확한 사유인 '범죄, 도박 등 선량한 풍속 및 사회질서에 반하는 행위와 관련한 지급 등'을 허가사유로 규정한 것은 모법인 외국환관리법 제17조 제1항에서 규정한 지급 등의 규제요건 및 위 법률조항의 위임에 따라 외국환관리법시행령 제26조 제1항에서 규정한 허가규제기준을 넘어서는 것으로서, 모법의 위임범위를 벗어난 것이라고 보지 않을 수 없으므로, 외국환관리규정 제6-15조의 4 제2호 (나)목의 규정은 죄형법정주의에 위배된 것일 뿐만 아니라 위임입법의 한계도 벗어난 것으로서 무효이다"라 하고 있다.

64) 이에 의하면, 법률이 너무 불명확하여 합리적인 인간이 그 법률이 명령 또는 금지하고자 의도하는 바를 해석으로부터 측정할 수 없는 경우에는 적정절차위반으로서 무효가 된다(Black's

다는 불명확한 형벌규정을 통하여 무너지기 쉽다.[65]

문제는 구성요건의 명확성이 최소한 어느 정도 지켜져야 하는가라는 점이다. 형사입법에 있어서도 일반조항과 가치충전이 필요한 불명확개념을 사용하는 것은 불가피하다. 그러나 이 경우에도 일반인이 형벌규정의 적용범위를 충분히 인식할 수 있을 정도, 즉 형법이 의사결정규범·행위규범으로서 기능할 수 있도록 어떠한 행위가 금지되어 있는가를 국민에게 확실히 해 줄 수 있을 정도로 법문을 구체화할 필요가 있다.[66] 그러므로 불명확개념만으로 구성요건이 규정되어 있다든가 불명확개념이 중첩적으로 사용되어 있어서 구성요건상 금지된 행위의 윤곽을 파악하기 어려운 정도가 되면 구성요건명확화의 원칙에 반한다고 하겠다.[67] 예컨대 군형법 제92조의 6 추행죄에서 "…추행을

Law Dictionary, 5th ed., 1979, p. 1412 참조).

65) Jescheck, AT, S. 122; Welzel, Das Deutsche Strafrecht, S. 23. 그리고 1935년 나치시대의 독일형법 제2조 "…건전한 국민감정에 비추어 처벌할 필요가 있다고 인정되는 행위는 처벌한다…"라는 규정에서도 "건전한 국민감정"이라는 불명확개념이 죄형법정주의를 결정적으로 유린하였다.

66) 헌법재판소는 명확성의 원칙과 관련하여 '통상의 판단능력을 가진 사람이 그 의미를 이해할 수 있었는가'라는 기준을 제시하고 있다. "구 군사기밀보호법 제6조 소정의 '군사상의 기밀을 부당한 방법으로 탐지·수집한 자'라는 구성요건은 위에 적시한 관계법령이 정하고 있는 적법한 절차에 의하지 아니하고 군사기밀을 탐지·수집한 자를 의미하는 것임이 분명하며, 이러한 내용은 통상의 판단능력을 가진 사람이라면 누구나 충분히 그 의미를 이해할 수 있다고 사료되므로, '부당한 방법으로'라는 용어를 썼다는 이유만으로 구성요건의 구체성 내지 명확성을 결여하였다고 속단할 수는 없는 것이다"(**헌재** 1992. 9. 25, 89 **헌가** 104). 同旨, 김성돈, 58면; 김/서, 67면; 박상기, 27면; 배종대, 85면; 오영근, 48면; 이형국, 23-4면; 정/박, 21면; 정영일, 52면; 차용석, 146면; Jescheck, aaO.; Maurach/Zipf, AT. 1. Bd., S. 123; Wessels, AT, S. 9. 한편 대법원은 처벌법규의 입법목적이나 전체적 내용·구조 등을 살펴보아 '사물의 변별능력을 제대로 갖춘 일반인의 이해와 판단'으로서 행위유형을 정형화하거나 한정할 합리적 해석기준을 찾을 수 있다면 명확성의 원칙에 반하는 것이 아니라고 한다(**대판** 2002. 7. 26, 2002 **도** 1855).

67) 관련판례: ⓐ 명확성의 원칙에 위반한 것으로 본 판례. ㉠ "결정요지: 불량만화를 '미성년자에게 음란성 또는 잔인성을 조장할 우려가 있거나 기타 미성년자로 하여금 범죄의 충동을 일으킬 수 있게 하는 만화'로 정의한 구 미성년자보호법 제2조의 2 [불량만화등의 판매금지등]는 모호하고 막연한 개념을 사용함으로써 적용범위를 법 집행기관의 자의적 판단에 맡기고 있어 죄형법정주의의 명확성원칙에 위배된다"(**헌재** 2002. 2. 28, 99 **헌가** 8). ㉡ "결정요지: 심판대상조항(경범죄처벌법 제3조 제1항 제33호 '여러 사람의 눈에 뜨이는 곳에서 공공연하게 알몸을 지나치게 내놓거나 가려야 할 곳을 내놓아 다른 사람에게 부끄러운 느낌이나 불쾌감을 준 사람')은 알몸을 '지나치게 내놓는' 것이 무엇인지 그 판단 기준을 제시하지 않아 무엇이 지나친 알몸노출행위인지 판단하기 쉽지 않고, '가려야 할 곳'의 의미도 알기 어렵다. 심판대상조항 중 '부끄러운 느낌이나 불쾌감'은 사람마다 달리 평가될 수밖에 없고, 노출되었을 때 부끄러운 느낌이나 불쾌감을 주는 신체부위도 사람마다 달라 '부끄러운 느낌이나 불쾌감'을 통하여 '지나치게'와 '가려야 할 곳' 의미를 확정하기도 곤란하다. 심판대상조항은 '선량한 성도덕과 성풍속'을 보호하기 위한 규정인데, 이러한 성도덕과 성풍속이 무엇인지 대단히 불분명하므로, 심판대상조항의 의미를 그

입법목적을 고려하여 밝히는 것에도 한계가 있다. 대법원은 '신체노출행위가 단순히 다른 사람에게 부끄러운 느낌이나 불쾌감을 주는 정도에 불과한 경우 심판대상조항에 해당한다.'라고 판시하나, 이를 통해서도 '가려야 할 곳', '지나치게'의 의미를 구체화 할 수 없다. 심판대상조항의 불명확성을 해소하기 위해 노출이 허용되지 않는 신체부위를 예시적으로 열거하거나 구체적으로 특정하여 분명하게 규정하는 것이 입법기술상 불가능하거나 현저히 곤란하지도 않다. 예컨대 이른바 '바바리맨'의 성기노출행위를 규제할 필요가 있다면 노출이 금지되는 신체부위를 '성기'로 명확히 특정하면 될 것이다. 따라서 심판대상조항은 죄형법정주의의 명확성원칙에 위배된다"(헌재 2016. 11. 24, 2016 헌가 3). ⓒ "외국환관리규정(재정경제원고시 제1996-13호) 제6-15조의 4 제2호 (나)목 소정의 '도박 기타 범죄 등 선량한 풍속 및 사회질서에 반하는 행위'라는 요건은, 이를 한정할 합리적인 기준이 없다면, 형벌법규의 구성요건요소로서는 지나치게 광범위하고 불명확하다고 할 것인데, 외국환관리에 관한 법령의 입법 목적이나 그 전체적 내용, 구조 등을 살펴보아도 사물의 변별능력을 제대로 갖춘 일반인의 이해와 판단으로서도 그 구성요건요소에 해당하는 행위유형을 정형화하거나 한정할 합리적 해석기준을 찾기 어려우므로, 죄형법정주의가 요구하는 형벌법규의 명확성의 원칙에 반한다"(**대판** 1998. 6. 18, 97 **도** 2231-전원합의체). ⓓ "결정요지: 이 사건 법률조항(전기통신기본법 제47조 제1항: 저자 註)은 표현의 자유에 대한 제한입법이며, 동시에 형벌조항에 해당하므로, 엄격한 의미의 명확성원칙이 적용된다. 그런데 이 사건 법률조항은 '공익을 해할 목적'의 허위의 통신을 금지하는바, 여기서의 '공익'은 형벌조항의 구성요건으로서 구체적인 표지를 정하고 있는 것이 아니라, 헌법상 기본권 제한에 필요한 최소한의 요건 또는 헌법상 언론·출판의 자유의 한계를 그대로 법률에 옮겨 놓은 것에 불과할 정도로 그 의미가 불명확하고 추상적이다. 따라서 어떠한 표현행위가 '공익'을 해하는 것인지 아닌지에 관한 판단은 사람마다의 가치관, 윤리관에 따라 크게 달라질 수밖에 없으며, 이는 판단주체가 법전문가라 하여도 마찬가지이고, 법집행자의 통상적 해석을 통하여 그 의미내용이 객관적으로 확정될 수 있다고 보기 어렵다. 나아가 현재의 다원적이고 가치상대적인 사회구조하에서 구체적으로 어떤 행위상황이 문제되었을 때에 문제되는 공익은 하나로 수렴되지 않는 경우가 대부분인바, 공익을 해할 목적이 있는지 여부를 판단하기 위한 공익 간 형량의 결과가 언제나 객관적으로 명백한 것도 아니다. 결국, 이 사건 법률조항은 수범자인 국민에 대하여 일반적으로 허용되는 '허위의 통신' 가운데 어떤 목적의 통신이 금지되는 것인지 고지하여 주지 못하고 있으므로 표현의 자유에서 요구하는 명확성의 요청 및 죄형법정주의의 명확성원칙에 위배하여 헌법에 위반된다"(헌재 2010. 12. 28, 2008 헌바 157, 2009 헌바 88-전원재판부, 이른바 '미네르바사건'). ⓔ "결정요지: '공중도덕(公衆道德)'은 시대상황, 사회가 추구하는 가치 및 관습 등 시간적·공간적 배경에 따라 그 내용이 얼마든지 변할 수 있는 규범적 개념이므로, 그것만으로는 구체적으로 무엇을 의미하는지 설명하기 어렵다. '파견근로자보호 등에 관한 법률'(이하 '파견법'이라 한다)의 입법목적에 비추어보면, 심판대상조항(공중도덕상 유해한 업무에 취업시킬 목적으로 근로자를 파견한 사람을 형사처벌하도록 규정한 구 '파견근로자보호 등에 관한 법률'(1998. 2. 20. 법률 제5512호로 제정되고 2014. 5. 20. 법률 제12632호로 개정되기 전의 것) 제42조 제1항 중 '공중도덕상 유해한 업무' 부분 및 '파견근로자보호 등에 관한 법률'(2014. 5. 20. 법률 제12632호로 개정된 것) 제42조 제1항 중 '공중도덕상 유해한 업무' 부분)은 공중도덕에 어긋나는 업무에 근로자를 파견할 수 없도록 함으로써 근로자를 보호하고 올바른 근로자파견사업 환경을 조성하려는 취지임을 짐작해 볼 수 있다. 하지만 이것만으로는 '공중도덕'을 해석함에 있어 도움이 되는 객관적이고 명확한 기준을 얻을 수 없다. 파견법은 '공중도덕상 유해한 업무'에 관한 정의조항은 물론 그 의미를 해석할 수 있는 수식어를 두지 않았으므로, 심판대상조항이 규율하는 사항을 바로 알아내기도 어렵다. … 심판대상조항에 관한 이해관계기관의 확립된 해석기준이 마련되어 있다거나, 법관의 보충적 가치판단을 통한 법문 해석으로 심판대상조항의 의미내용을 확인할 수 있다는 사정을 발견하기도 어렵다. 심판대상조항은 건전한 상식과 통상적 법감정을 가진 사람으로 하여금 자신의 행위를 결정해 나가기에 충분한 기준이 될 정도의 의미내용을 가지고 있다고 볼 수 없으므로 죄형법정주의의 명확성원칙에 위배된다"(**헌재** 2016. 11. 24, 2015 **헌가** 23). ㉥ "결정요지: 헌재 2014헌가16등 결정 이후에 심판대상조항(특가법 제5조의4 제6항 중 '제1항 또는 제2항의 죄로 두 번 이상 실형을 선고받고 그 집행이 끝나거나 면제된 후 3년 이내에 다시 제1항 중 형법 제329조에 관한 부분의 죄를 범한 경우에는 그 죄에 대하여 정한 형의 단기의 2배까지 가중한다.'는 부분)은 법률이 처벌하고자 하는 행위에 상습절도가 포함되는지 여부에 대하여 수범자가 예견할 수 없고, 범죄의 성립 여부에 대하여 법률전문가에게조차 법해석상 혼란을 야기할 수 있을 정도로 불명확한 상태로 존속하게 되었으므로, 심판대상조항의 구성요건은 죄형법정주의의 명확성원칙에 위배된다. 심판대상조항은 그 법정형에 대하여 '그 죄에 대하여 정한 형의 단기의 2배까지 가중한다.'고 규정하고 있는데, 여기서 '그 죄에 대하여 정한 형'이 특가법 제5조의4 제1항의 죄에 대하여 정한 형을 가리키는 것인지, 형법 제332조가 정한 형을 가리키는 것인지 불명확하다. 심판대상조항은 법정형이 불명확하다는 측면에서도 죄형법정주의의 내용인 형벌법규의 명확성원칙에 위배된다"(**헌재** 2015. 11. 26, 2013 **헌바** 343).

ⓑ 명확성의 원칙에 위반하지 않은 것으로 본 판례. ㉠ "일반적으로 법규는 그 규정의 문언에 표현력의 한계가 있을 뿐만 아니라 그 성질상 어느 정도의 추상성을 가지는 것은 불가피하고, 형법 제243조, 제244조에서 규정하는 '음란'은 평가적, 정서적 판단을 요하는 규범적 구성요건요소이고, '음란'이란 개념이 일반 보통인의 성욕을 자극하여 성적 흥분을 유발하고 정상적인 성적 수치심을 해하여 성적 도의관념에 반하는 것이라고 풀이되고 있음은 앞서 본 바와 같으므로 이를 불명확하다고 볼 수는 없다. 따라서 형법 제243조와 제244조의 규정 자체가 죄형법정주의에 반하는 것이라고 할 수 없을 뿐만 아니라"(**대판** 1995. 6. 16, 94 **도** 2413). ㉡ '성폭력범죄의 처벌 등에 관한 특례법' 제11조 공중밀집장소추행죄에서의 '추행'개념이 명확성의 원칙에 위반되지 않는다는 헌법재판소 결정. "결정요지: 심판대상조항의 '추행'이란 강제추행죄의 '추행'과 마찬가지로, 객관적으로 일반인에게 성적 수치심이나 혐오감을 일으키게 하고 선량한 성적 도덕관념에 반하는 행위로서 피해자의 성적 자기결정권을 침해하는 것을 뜻한다. 공중밀집장소의 특성을 이용하여 유형력을 행사하는 것 이외의 방법으로 이루어지는 추행행위를 처벌하기 위한 심판대상조항의 입법목적 및 추행의 개념에 비추어 볼 때, 건전한 상식과 통상적인 법감정을 가진 사람이라면 심판대상조항에 따라 처벌되는 행위가 무엇인지 파악할 수 있으므로, 심판대상조항 중 '추행' 부분은 죄형법정주의의 명확성원칙에 위반되지 아니한다"(헌재 2021. 3. 25, 2019 헌바 413). ㉢ "이 사건 심판대상 규정(형법 제314조)이 사용하는 '위력', '업무', '방해' 등의 용어들이 다소 광범위한 해석의 여지를 두고 있는 것은 사실이나 이 사건 심판대상 규정의 보호법익, 같이 규정된 다른 행위태양인 '허위사실의 유포'나 '위계' 그리고 이 사건 심판대상 규정과 함께 같은 장에 규정되어 있는 신용훼손죄나 경매방해죄의 해석, 그 외 형사법상의 폭력, 폭행, 협박 등의 개념과 관련지어 볼 때, 일반적으로 '위력'이라 함은 사람의 의사의 자유를 제압하거나 혼란케 할 만한 일체의 세력을 뜻하고, '업무'란 사람이 그 사회적 지위에 있어서 계속적으로 종사하는 사무 또는 사업을 뜻하며, '방해'란 업무에 어떤 지장을 주거나 지장을 줄 위험을 발생하게 하는 것을 뜻하는 것으로 해석할 수 있고, 이러한 해석은 건전한 상식과 통상적인 법감정을 가진 일반인으로서도 능히 인식할 수 있는 것으로서 어떠한 행위가 이에 해당하는지 의심을 가질 정도로 불명확한 개념이라고는 볼 수 없다. 따라서 이 사건 심판대상 규정이 죄형법정주의의 한 내용인 형벌법규의 명확성의 원칙에 반한다고 할 수 없다"(**헌재** 1998. 7. 16, 97 **헌바** 23. 同旨, 헌재 2022. 5. 26, 2012 헌바 66). ㉣ "청소년보호법 제26조의 2 제8호는 누구든지 "청소년에 대하여 이성혼숙을 하게 하는 등 풍기를 문란하게 하는 영업행위를 하거나 그를 목적으로 장소를 제공하는 행위"를 하여서는 아니된다고 규정하고 있는바,… "풍기를 문란하게 하는 영업행위를 하거나 그를 목적으로 장소를 제공하는 행위"의 의미는 청소년보호법의 입법취지, 입법연혁, 규정형식에 비추어 볼 때 "청소년이 건전한 인격체로 성장하는 것을 침해하는 영업행위 또는 그를 목적으로 장소를

제공하는 행위"를 의미하는 것으로 보아야 할 것이고, 그 구체적인 예가 바로 위 규정에 열거된 "청소년에 대하여 이성혼숙을 하게 하거나 그를 목적으로 장소를 제공하는 행위" 등이라고 보이는바, 이는 건전한 상식과 통상적인 법감정을 통하여 판단할 수 있고, 구체적인 사건에서는 법관의 보충적인 해석을 통하여 그 규범내용이 확정될 수 있는 개념이라 할 것이다. 이와 같은 취지에서, 원심이 청소년보호법 제26조의 2 제8호가 명확성의 원칙에 반하지 아니하여 실질적 죄형법정주의에도 반하지 아니한다고 판단한 것은 정당한 것"(**대판** 2003. 12. 26, 2003 **도** 5980). ㉤ "모욕죄에 있어서 '공연성'은 불특정 또는 다수인이 인식할 수 있는 상태에 있을 것임을 의미하는데, 개개의 사안에 따라 불특정 또는 다수인이 인식할 수 있는 상태에 있을 것을 인정할 수 있는 상황이 다를 수 있으므로, 입법자가 공연성을 인정할 만한 개개의 유형 및 기준을 일일이 세분하여 구체적으로 한정한다는 것은 입법기술상 불가능하거나 현저히 곤란하고, '공연성'이나 '모욕' 여부를 판단하는 기준은 추상적·일반적으로 결정될 수 없는 성질의 것으로서 사회통념과 건전한 상식에 따라 구체적·개별적으로 정해질 수밖에 없다. 결국 이 사건 형법 조항이 지닌 약간의 불명확성은 법관의 통상적인 해석 작용에 의하여 보완될 수 있고, 이 사건 형법 조항의 입법목적 등을 고려하면 건전한 상식과 통상적인 법감정을 가진 일반인이라면 이 사건 형법 조항에 의하여 금지되는 행위가 무엇인지를 예측하는 것이 현저히 곤란하다고 보기는 어려울 뿐만 아니라, 법집행기관이 이 사건 형법 조항을 자의적으로 확대하여 해석할 염려도 없으므로, 이 사건 형법 조항이 죄형법정주의의 명확성원칙에 위반된다고 할 수 없다"(**헌재** 2011. 6. 30, 2009 **헌바** 199). ㉥ "결정요지: 성폭력처벌법의 입법목적과 이 사건 처벌조항의 입법취지 및 보호법익 등을 종합하면, '성적 욕망 또는 성적 수치심을 유발'한다는 것은 가해자 본인 또는 제3자에게 단순한 호기심의 발동을 넘어 성적 욕구를 발생 내지 증가시키거나, 피해자에게 단순한 부끄러움이나 불쾌감을 넘어 인격적 존재로서의 수치심이나 모욕감을 느끼게 하는 것으로서 사회 평균인의 성적 도의관념에 반하는 것을 의미한다. '성적 욕망 또는 수치심을 유발할 수 있는 타인의 신체'에 해당하는지 여부는 촬영된 신체 부위 외에 당해 피해자의 옷차림, 촬영 경위, 촬영 장소, 촬영 거리, 촬영 방식 등을 종합적으로 고려하여 판단하여야 한다. 이는 건전한 상식과 통상적인 법감정을 가진 일반인이라면, 이 사건 처벌조항(카메라 등을 이용하여 성적 욕망 또는 수치심을 유발할 수 있는 다른 사람의 신체를 촬영한 촬영물을 그 의사에 반하여 반포한 경우 등을 처벌하는 성폭력처벌법 제14조 제2항)의 문언을 통하여 충분히 파악할 수 있다. 이와 같이 '성적 욕망 또는 수치심을 유발할 수 있는 다른 사람의 신체'는 구체적, 개별적, 상대적으로 판단할 수밖에 없는 개념이고, 사회와 시대의 문화, 풍속 및 가치관의 변화에 따라 수시로 변화하는 개념이므로, 이 사건 처벌조항이 다소 개방적이거나 추상적인 표현을 사용하면서 그 의미를 법관의 보충적 해석에 맡긴 것은 어느 정도 불가피하다. 법원은 이에 대해 합리적인 해석기준을 제시하고 그 기준에 따라 이 사건 처벌조항의 해당 여부를 판단하고 있으므로, 법 집행기관이 이 사건 처벌조항을 자의적으로 해석할 염려가 있다고 보기도 어렵다. 따라서 이 사건 처벌조항은 죄형법정주의의 명확성원칙에 위배되지 아니한다"(**헌재 2016. 12. 29, 2016 헌바** 153). 이와 동일한 입장에 선 헌재결정 2017. 6. 29, 2015 헌바 243 참조. 기타 헌재결정 2015. 6. 25, 2013 헌가 17·24, 2013 헌바 85(병합) 참조. 강제추행죄가 명확성의 원칙에 위배되지 않는다는 헌재 2017. 11. 30, 2015 헌바 300. ㉦ 구 '성폭력범죄의 처벌 등에 관한 특례법'(2012. 12. 18. 법률 제11556호로 전부개정되고, 2018. 12. 18. 법률 제15977호로 개정되기 전의 것) 제14조 제1항 중 '카메라나 그 밖에 이와 유사한 기능을 갖춘 기계장치를 이용하여 성적 욕망 또는 수치심을 유발할 수 있는 다른 사람의 신체를 그 의사에 반하여 촬영한 자'에 관한 부분('카메라 등 이용촬영죄 조항')이 죄형법정주의의 명확성원칙에 위배되지 않는다고 하면서 헌법재판소의 합헌 선례를 확인하는 결정(헌재 2019. 11. 28, 2017 헌바 182－전원재판부)이 있다. 다만, 이 결정에서 명확성원칙에 반하여 위헌이라는 반대의견이 있기에, 소개하기로 한다. "결정요지: [재판관 이은애, 재판관 김기영의 반대의견] 성적 욕망이나 수치심은 주관적 감정이 개입되는 상대적 개념이므로, '성적 욕망

한 사람은 2년 이하의 징역에 처한다"라는 규정은 명확성의 원칙을 지키지 못한 것으로 판단된다.[68)]

또는 성적 수치심을 유발'한다는 것이 무엇인지, '성적 욕망 또는 수치심을 유발할 수 있는 다른 사람의 신체'가 어디까지인지 분명하지 않다. 심판대상조항이 '성적 욕망 또는 수치심'이라는 불명확한 개념으로만 대상을 한정함에 따라, 그 수범자로서는 동 조항에 의해 처벌되는 행위와 처벌되지 않는 행위 사이의 경계를 알기가 매우 어렵다. 외국 입법례에 비추어 보면 심판대상조항의 구성요건을 보다 구체적으로 규정할 수 있고, 그렇게 규정하더라도 입법목적 달성에 큰 지장이 없다." ◎ "결정이유: (가) 심판대상조항(형법 제298조 강제추행죄-저자 註)은 폭행 또는 협박으로 사람에 대하여 추행한 자를 강제추행죄로 처벌하도록 규정하고 있다. 일반적으로 폭행이라 함은 거칠고 사나운 행동으로서 유형력의 행사를 의미하고, 협박은 타인에게 겁을 주는 등 해악을 고지하는 것을 일컫는다. 이러한 폭행 또는 협박의 의미와 더불어 강제추행죄는 형법상 대표적인 성범죄의 하나라는 점을 고려하면, 추행은 타인의 의사에 반하여 그 사람의 성적 자유 또는 성적 자기결정권을 침해하는 행위 일체를 뜻하는 것으로 파악할 수 있다. (나) 대법원은 상대방에게 폭행 또는 협박을 가하여 추행하는 경우 강제추행죄가 성립하려면 그 폭행 또는 협박이 항거를 곤란하게 할 정도일 것을 요한다고 하는 한편, 폭행 또는 협박으로 항거를 곤란하게 한 뒤에 추행행위를 하는 경우뿐만 아니라 폭행행위 자체가 추행행위라고 인정되는 경우도 강제추행죄에 포함되며 이때의 폭행은 반드시 상대방의 의사를 억압할 정도의 것임을 필요로 하지 않고 상대방의 의사에 반하는 유형력의 행사가 있는 이상 그 힘의 대소강약을 불문한다고 일관되게 판시함으로써, 심판대상조항에서 말하는 폭행 또는 협박의 형태와 정도를 추행의 유형에 따라 구체화하고 있다. 또 심판대상조항의 '추행'이라 함은 객관적으로 일반인에 성적 수치심이나 혐오감을 일으키게 하고 선량한 성적 도덕관념에 반하는 행위로서 피해자의 성적 자유를 침해하는 것인데, 이에 해당하는지는 피해자의 의사, 성별, 연령, 행위자와 피해자의 이전부터의 관계, 그 행위에 이르게 된 경위, 구체적 행위 태양, 주위의 객관적 상황과 그 시대의 성적 도덕관념 등을 종합적으로 고려하여 신중히 결정되어야 한다고 하는 등, 강제추행죄와 관련한 판단 기준을 마련하여 구체적 타당성을 도모하고 있다. (다) 이와 같이 심판대상조항의 문언이 가진 뜻, 입법목적이나 취지, 성범죄와 관련한 법규범의 체계 등을 종합하여 보았을 때, 건전한 상식과 통상적 법감정을 가진 사람이라면 어떠한 행위가 강제추행죄 구성요건에 해당하는지 합리적으로 파악할 수 있다. 또한 심판대상조항이 지닌 약간의 불명확성은 법관의 통상적인 해석작용으로써 충분히 보완될 수 있다. 그러므로 심판대상조항은 죄형법정주의의 명확성원칙에 위반되지 아니한다"(헌재 2020. 6. 25, 2019 헌바 121-전원재판부).

68) 그러나 군형법 제92조의 6(구 군형법 제92조)가 명확성의 원칙에 위배되지 않는다는 헌법재판소의 결정이 있다. "결정요지: [다수의견] '추행'이란 일반적으로 정상적인 성적만족행위에 대비되는 다양한 행위태양을 총칭하는 것이고, 그 구체적인 적용범위도 사회적 변화에 따라 변동되는 동태적 성격을 가지고 있기 때문에, 입법자가 이러한 변태성 성적만족행위의 모든 형태를 미리 예상한 다음, '추행'에 해당하는 행위를 일일이 구체적, 서술적으로 열거하는 방식으로 명확성의 원칙을 관철하는 것은 입법기술상 불가능하거나 현저히 곤란하다. 따라서 이 사건 법률조항이 명확성의 원칙에 위배되는지 여부를 판단하기 위해서는 그 입법목적과 다른 법률조항과의 연관성 등을 고려하여 '추행'이라는 일반조항에 대한 합리적인 해석이 가능한지 여부를 우선적으로 검토해야 한다. 이 사건 법률조항의 범죄구성요건사실인 '추행'은 '군이라는 공동사회의 건전한 생활과 군기'라는 보호법익을 침해하는 동시에 일반인의 입장에서 추행행위로 평가될 수 있는 행위이고, 건전한 상식과 통상적인 법감정을 가진 군형법 피적용자는 어떠한 행위가 이 사건 법률조항의 구성요건에 해당되는지 여부를 어느 정도 쉽게 파악할 수 있으며, 법률적용자가 이 사건 법률조항 중 '기타 추행' 부분을 자의적으로 확대하여 해석할 염려가 없기 때문에, 형벌법규의 명확성의 원칙에 위배되지 아니한다.

명확성의 원칙은 구성요건에서뿐만 아니라 「형사제재」에 있어서도 지켜져야 한다(구성요건의 명확화와 형사제재의 명확화). 형벌의 종류와 범위가 정해지지 않은 부정기형의 규정, 예컨대 "사람의 신체를 상해한 자는 형벌에 처한다"라는 식의 막연한 처벌규정이 죄형법정주의에 위배된다는 것은 자명하다. 그런데 부정기형은 형의 종류 또는 형의 상한과 하한이 전혀 특정되어 있지 아니한 절대적 부정기형과 형의 종류 및 형의 상한·하한이 특정되어 있는 상대적 부정기형으로 나누어지고, 또 법률이 부정기형을 규정하고 있는 경우인 부정기법정형과 형의 선고시에 부정기형을 부과하는 경우인 부정기선고형으로 구분해 볼 수 있다. 이 때 절대적으로 부정기인 법정형과 선고형을 금지하는 죄형법정주의의 한 내용을 「절대적 부정기형금지의 원칙」이라고 한다. 「상대적」 부정기형은 오늘날 목적형사상에 입각하여 필요한 제도의 하나로서 부분적으로 채택·활용되고 있다. 우리나라에서는 소년법 제60조에서 상대적 부정기형을 인정하고 있다.

절대적 부정기형금지라고 하는 죄형법정주의정신은 보안처분에도 적용되어야 한다.[69)][70)]

5. 적정성의 원칙

위에 언급한 모든 파생원칙이 지켜진다고 하더라도 만일 형법의 내용이 정당하지 못하면 죄형법정주의는 아무런 쓸모가 없게 된다. 죄형법정주의란 행위시에 어떠한 내용의 형법이라도 존재하기만 하면 된다고 하는 원칙이 아

[재판관 송인준, 재판관 주선회의 반대의견] 다수의견과 같이 '추행'의 의미에 대해서는 통상의 판단능력을 가진 군형법 피적용자가 이를 이해할 수 있어 명확성 여부는 문제되지 않는다. 다만, 이 사건 법률조항의 경우, 추행의 강제성을 요구하는지에 대해 그 구성요건이 불명확할 뿐만 아니라, 행위의 주체나 그 상대방 등에 대하여 명백하게 규정하지 않고 있기 때문에, 본죄에 해당하는 행위의 범위를 확정하기가 어려워 죄형법정주의의 내용인 형벌법규의 명확성원칙에 위배된다"(헌재 2002. 6. 27, 2001 헌바 70-전원재판부). 그리고 헌재 2011. 3. 31, 2008 헌가 21-전원재판부 참조.

69) 김성돈, 61면; 박상기, 29면; 배종대, 87면; 손해목, 60면; 안동준, 20면; 오영근, 52면; 이형국, 23면; 차용석, 137면. 반대견해로서는 이재상, 25면.

70) 종래 사회보호법 제9조 제2항에서 치료감호기간에 대하여 절대적 부정기처분주의를 규정한 것은 죄형법정주의에 위배된다고 볼 수 있다. 폐지된 구 사회보호법에 대치하여 새로 제정된 '치료감호법'(2005. 8. 4. 시행)은 치료감호기간을 심신장애인 및 정신성적(精神性的) 장애자의 경우 최장 15년, 약물중독자의 경우 최장 2년으로 규정하고 있으므로(제16조 제2항), 앞의 문제점은 해소되었다.

니라, 실질적 관점에서 「적정성」이 갖추어져야 한다.[71] 형법의 내용상의 적정성의 원칙은 실질적 법치주의가 형법에 구현된 것이라고 볼 수 있다. 이렇게 볼 때 형법의 실질적 내용은 헌법의 가치체계, 특히 제10조 인간으로서의 존엄과 가치라는 근본요청에 부합하여야 한다.

형법은 개인의 자유와 권리에 대한 가장 강력한 침해를 가져오는 것이므로 사회의 공존·공영조건을 확보하기 위하여 필요한 경우에 한하여 최후수단으로서 필요한 만큼의 형사제재를 부과하여야 한다(필요성의 원칙, 최후수단성의 원칙). 그리고 인간의 존엄이라는 헌법적 가치를 구현하기 위하여 잔혹하고도 비인도적인 형사제재수단은 배척되어야 한다(인도성의 원칙). 또한 행위자에게 책임이 있는 경우에 한해서 책임의 정도를 초과하지 않는 범위 내에서 형벌이 부과되어야 한다(책임주의).[72] 행위의 당벌성(當罰性)을 넘어 서는 감정적 판단 혹은 편견에 입각해서 과도하게 부과된 형벌은 정당치 못하다(과잉

71) 권오걸, 43면; 김성돈, 76면; 김/서, 80면; 박상기, 35면 이하; 배종대, 106면; 손동권, 32면; 손해목, 65면 이하; 안동준, 22면; 오영근, 64면; 이재상, 29면 이하; 이형국, 25면; 정/박, 23면 이하; 정영일, 54면; 조준현, 87면; 진/이, 88면; 차용석, 143면 이하.

72) "결정요지: 법정형의 종류와 범위를 정할 때는 헌법 제37조 제2항이 규정하고 있는 과잉입법금지의 정신에 따라 형벌개별화원칙이 적용될 수 있는 범위의 법정형을 설정하여 실질적 법치국가의 원리를 구현하도록 하여야 하며, 형벌이 죄질과 책임에 상응하도록 적절한 비례성을 지켜야 한다. 그러므로, 그 입법취지에서 보아 중벌(重罰)주의로 대처할 필요성이 인정되는 경우라 하더라도 범죄의 실태와 죄질의 경중, 이에 대한 행위자의 책임, 처벌규정의 보호법익 및 형벌의 범죄예방효과 등에 비추어 전체 형벌체계상 지나치게 가혹한 것이어서, 그러한 유형의 범죄에 대한 형벌 본래의 기능과 목적을 달성함에 있어 필요한 정도를 현저히 일탈함으로써 입법재량권이 헌법규정이나 헌법상의 제원리에 반하여 자의적으로 행사된 것으로 평가되는 경우에는 이와 같은 법정형을 규정한 법률조항은 헌법에 반한다고 보아야 한다. …마약의 매수 가운데 '영리매수'는 마약의 대량확산에 크게 기여할 뿐만 아니라 타인의 정신적·육체적 황폐화를 통하여 영리를 도모한다는 점과 공급이 수요를 창출하는 마약류시장의 특성상 그 불법성과 비난가능성은 일반범죄의 영리범의 경우보다 더욱 크다. 반면에 '단순매수'는 기본적으로 수요의 측면에 해당되고 마약의 유통구조상 최종단계를 형성하므로 마약확산에의 기여도와 그 행위의 구조, 위험성 및 비난가능성 등 죄질에 있어서 영리매수와는 질적으로 다르다. 이에 따라 마약류관리에관한법률에서도 마약매수의 영리범·상습범, 단순범, 미수범, 예비범·음모범의 경우를 구별하여 법정형을 정하고 있다. 그런데 특정범죄가중처벌등에관한법률(이하, "특가법"이라 한다) 제11조 제1항에서는 마약매수의 영리범·상습범, 단순범, 미수범, 예비범·음모범의 경우를 가리지 않고 일률적으로 영리범·상습범의 법정형과 동일한 사형·무기 또는 10년 이상의 징역에 처하도록 하고 있다. 또한 특가법은 매수한 마약의 양이나 위험성의 정도, 마약사용의 결과로 타인의 신체에 상해나 사망을 일으켰느냐의 여부 등 죄질이나 비난가능성의 정도를 구별하지 않는다. 결국 위 특가법조항은 그나마 존재하던 마약류관리에관한법률상의 단순범과 영리범의 구별조차 소멸시켜 불법의 정도, 죄질의 차이 및 비난가능성에 있어서의 질적 차이를 무시함으로써 죄질과 책임에 따라 적절하게 형벌을 정하지 못하게 하는바, 책임과 형벌간의 비례성원칙과 실질적 법치국가원리에 위반된다"(**헌재** 2003. 11. 27, 2002 **헌바** 24-전원재판부).

금지의 원칙).[73][74] 과잉금지의 원칙은 헌법 제37조 제2항에서 그 근거를 찾을

---

73) 특히 헌법재판소는 2009. 11. 26. 재판관 6 : 3의 의견으로 그간 비범죄화 논의의 주된 대상이 되어 오던 '혼인빙자간음죄'를 처벌하고 있는 형법 제304조가 헌법 제37조 제2항의 '과잉금지원칙'을 위반하여 남성의 성적 자기결정권 및 사생활의 비밀과 자유를 침해한다는 이유로 '위헌'이라는 결정을 선고한 바 있다. 즉 "이 사건 법률조항의 경우 입법목적에 정당성이 인정되지 않는다. 첫째, 남성이 위력이나 폭력 등 해악적 방법을 수반하지 않고서 여성을 애정행위의 상대방으로 선택하는 문제는 그 행위의 성질상 국가의 개입이 자제되어야 할 사적인 내밀한 영역인데다 또 그 속성상 과장이 수반되게 마련이어서 우리 형법이 혼전 성관계를 처벌대상으로 하지 않고 있으므로 혼전 성관계의 과정에서 이루어지는 통상적 유도행위 또한 처벌해야 할 이유가 없다. 다음 여성이 혼전 성관계를 요구하는 상대방 남자와 성관계를 가질 것인가의 여부를 스스로 결정한 후 자신의 결정이 착오에 의한 것이라고 주장하면서 상대방 남성의 처벌을 요구하는 것은 여성 스스로가 자신의 성적자기결정권을 부인하는 행위이다. 또한 혼인빙자간음죄가 다수의 남성과 성관계를 맺는 여성 일체를 '음행의 상습 있는 부녀'로 낙인찍어 보호의 대상에서 제외시키고 보호대상을 '음행의 상습없는 부녀'로 한정함으로써 여성에 대한 남성우월적 정조관념에 기초한 가부장적·도덕주의적 성 이데올로기를 강요하는 셈이 된다. 결국 이 사건 법률조항은 남녀 평등의 사회를 지향하고 실현해야 할 국가의 헌법적 의무(헌법 제36조 제1항)에 반하는 것이자, 여성을 유아시(幼兒視)함으로써 여성을 보호한다는 미명 아래 사실상 국가 스스로가 여성의 성적자기결정권을 부인하는 것이 되므로, 이 사건 법률조항이 보호하고자 하는 여성의 성적자기결정권은 여성의 존엄과 가치에 역행하는 것이다. 결혼과 성에 관한 국민의 법의식에 많은 변화가 생겨나 여성의 착오에 의한 혼전 성관계를 형사법률이 적극적으로 보호해야 할 필요성은 이미 미미해졌고, 성인이 어떤 종류의 성행위와 사랑을 하건, 그것은 원칙적으로 개인의 자유 영역에 속하고, 다만 그것이 외부에 표출되어 명백히 사회에 해악을 끼칠 때에만 법률이 이를 규제하면 충분하며, 사생활에 대한 비범죄화 경향이 현대 형법의 추세이고, 세계적으로도 혼인빙자간음죄를 폐지해 가는 추세이며 일본, 독일, 프랑스 등에도 혼인빙자간음죄에 대한 처벌규정이 없는 점, 기타 국가 형벌로서의 처단기능의 약화, 형사처벌로 인한 부작용 대두의 점 등을 고려하면, 그 목적을 달성하기 위하여 혼인빙자간음행위를 형사처벌하는 것은 수단의 적절성과 피해의 최소성을 갖추지 못하였다. 이 사건 법률조항은 개인의 내밀한 성생활의 영역을 형사처벌의 대상으로 삼음으로써 남성의 성적자기결정권과 사생활의 비밀과 자유라는 기본권을 지나치게 제한하는 것인 반면, 이로 인하여 추구되는 공익은 오늘날 보호의 실효성이 현격히 저하된 음행의 상습없는 부녀들만의 '성행위 동기의 착오의 보호'로서 그것이 침해되는 기본권보다 중대하다고는 볼 수 없으므로, 법익의 균형성도 상실하였다. 결국 이 사건 법률조항은 목적의 정당성, 수단의 적절성 및 피해최소성을 갖추지 못하였고 법익의 균형성도 이루지 못하였으므로, 헌법 제37조 제2항의 과잉금지원칙을 위반하여 남성의 성적자기결정권 및 사생활의 비밀과 자유를 과잉제한하는 것으로 헌법에 위반된다"(**헌재 2009. 11. 26, 2008 헌바 58, 2009 헌바 191(병합)**—전원재판부). 이 위헌결정에 따라 형법 제304조를 삭제하는 형법개정(2012. 12. 18.)이 행해졌다.

74) 과잉금지원칙에 위배되지 않는다는 판례로는 "결정요지: 특정공무원범죄의 범인에 대한 공소를 제기할 때 <u>제3자</u>(밑줄—저자)가 그 정황을 알면서 불법재산을 취득한 사실이 밝혀진 경우에는 '공무원범죄에 관한 몰수 특례법'(이하 '공무원범죄몰수법'이라 한다)에서 정한 바(제9조의2; 세칭: '전두환 추징법'—저자 附記)에 따라 제3자에 대한 몰수판결로써 해당 불법재산을 몰수할 수 있으나, 위와 같은 사실을 알 수 없는 경우에는 제3자로부터 불법재산을 몰수하는 것이 불가능하다. 검사는 제3자를 상대로 채권자취소권에 기한 사해행위취소소송을 제기하여 불법재산을 범인의 책임재산으로 회복한 후 범인에 대한 추징판결을 집행할 수 있을 것이나, 채권자취소권을 행사하기 위한 요건을 구비하지 못하여 불법재산을 원상회복할 수 없는 경우가 존재한다. 제3자를 '범죄수익은닉의 규제 및 처벌 등에 관한 법률' 위반 공소사실로 기소하여 해당 형사

수 있다.[75] 범죄와 형벌 사이에는 적정한 균형이 유지되어야 하고(죄형균형의 원칙),[76][77] 책임과 형벌 사이에 비례성이 지켜져야 하며(책임과 형벌 간의 비례

소송절차에서 제3자로부터 직접 불법재산을 몰수하거나 그 가액을 추징할 수 있으나, 제3자에 대한 처분이 은밀하게 이루어지는 경우에는 처분사실 자체가 드러나지 아니한 채 제3자에 대한 공소시효가 완성되어 제3자로부터 불법재산을 몰수하거나 추징할 수 없는 상황도 충분히 발생할 수 있다. 결국 현행법상의 다른 절차만으로는 범인이 특정공무원범죄로 취득한 불법재산을 그 정황을 아는 제3자에게 처분함으로써 사실상 불법재산을 그대로 보유하게 되는 위법상태를 시정할 수 없는 부당한 결과가 발생하게 된다. 또한 심판대상조항(공무원범죄몰수법 제9조의2－저자 註)은 그 집행 대상을 특정공무원범죄의 범죄행위로 얻은 재산과 그로부터 비롯된 부분으로 한정함으로써 입법목적을 달성하기 위해 필요한 범위 내에서만 제3자의 재산권을 제한하고 있다. … 집행의 신속성 · 밀행성으로 인하여 사전 통지 등의 절차를 마련하기 어려운 부득이한 사유가 존재하는 점, 제3자가 사후적으로 심판대상조항에 의한 집행을 다툴 수 있는 절차가 보장되어 있는 점 등을 종합적으로 고려하면, 법원의 사전 관여 없이 제3자 귀속재산에 대하여 범인에 대한 추징판결을 집행할 수 있도록 규정한 점만으로 심판대상조항이 침해의 최소성 원칙에 위배된다고 보기도 어렵다. 특정공무원범죄로 취득한 불법재산의 철저한 환수를 통하여 국가형벌권의 실현을 보장하고 공직사회의 부정부패 요인을 근원적으로 제거하고자 하는 심판대상조항의 입법목적은 우리 사회에서 매우 중대한 의미를 지닌다. 반면, 심판대상조항으로 인하여 제3자는 그 정황을 알고 취득한 불법재산 및 그로부터 유래한 재산에 대하여 집행을 받게 되는데, 그 범위는 범인이 특정공무원범죄의 범죄행위로 얻은 재산과 그 재산에서 비롯된 부분으로 한정되고, 제3자는 사후적으로 집행에 관한 법원의 판단을 받을 수 있다. 그렇다면 심판대상조항으로 인하여 제3자가 받는 불이익이 심판대상조항이 달성하고자 하는 공익보다 중대하다고 보기 어려우므로, 심판대상조항은 법익의 균형성 원칙에도 위배되지 않는다. 따라서 심판대상조항이 과잉금지원칙에 반하여 재산권을 침해한다고 볼 수 없다"(헌재 2020. 2. 27, 2015 헌가 4－전원재판부).

75) "결정요지: 구 특정범죄가중처벌등에 관한 법률 제5조의 3 제2항 제1호에서 사고운전자가 피해자를 치사하고 도주하거나 도주 후에 피해자가 사망한 때에 사형 · 무기 또는 10년 이상의 징역에 처하도록 규정한 것은 과실로 사람을 치상하게 한 자가 구호행위를 하지 아니하고 도주하거나 고의로 유기함으로써 치사의 결과에 이르게 한 경우에 살인죄와 비교하여 그 법정형을 더 무겁게 한 것은 형벌체계상의 정당성과 균형을 상실한 것으로서 헌법 제10조의 인간으로서의 존엄과 가치를 보장한 국가의 의무와 헌법 제11조의 평등의 원칙 및 헌법 제37조 제2항의 과잉입법금지의 원칙에 반한다"(**헌재 1992. 4. 28, 90 헌바 24**). 기타 폭처법 제3조 제2항 중 일부조항에 관한 헌재 2004. 12. 16, 2003 헌가 12 참조.

76) 헌법재판소는 상관을 살해한 경우 사형만을 유일한 법정형으로 규정하고 있는 군형법(1962. 1. 20. 법률 제1003호로 제정된 것) 제53조 제1항이 '책임과 형벌 간의 비례원칙'에 위배된다는 이유로 위헌결정을 한 바 있다. "결정요지: 법정형의 종류와 범위를 정하는 것이 기본적으로 입법자의 권한에 속하는 것이라고 하더라도, 형벌은 죄질과 책임에 상응하도록 적절한 비례성이 지켜져야 하는바, 군대 내 명령체계유지 및 국가방위라는 이유만으로 가해자와 상관 사이에 명령복종관계가 있는지 여부를 불문하고 전시와 평시를 구분하지 아니한 채 다양한 동기와 행위태양의 범죄를 동일하게 평가하여 사형만을 유일한 법정형으로 규정하고 있는 이 사건 법률조항은, 범죄의 중대성 정도에 비하여 심각하게 불균형적인 과중한 형벌을 규정함으로써 죄질과 그에 따른 행위자의 책임 사이에 비례관계가 준수되지 않아 인간의 존엄과 가치를 존중하고 보호하려는 실질적 법치국가의 이념에 어긋나고, 형벌체계상 정당성을 상실한 것이다"(**헌재 2007. 11. 29, 2006 헌가 13**－전원재판부). 그리고 구 특가법 제11조(마약사범 등의 가중처벌) 제1항이 형벌체계상의 균형을 잃어 평등원칙에 위반된다는 헌법재판소 위헌결정(헌재 2014. 4. 24, 2011 헌바 2－전원재판부)이 있다. 그 밖에 '특정범죄 가중처벌 등에 관한 법률' 제6조 제7항이 밀수출입(관세법

제269조)의 '예비'를 '본죄'(기수범을 의미－저자 주)에 준하여 처벌하도록 규정한 것은 형벌체계상의 균형성에 위배되어 위헌이라는 헌법재판소의 결정(헌재 2019. 2. 28, 2016 헌가 13－전원재판부)이 있다.

77) 관련판례: 헌법재판소는 형법 제269조 제1항('자기낙태죄 조항')과 의사가 임신한 여성의 촉탁 또는 승낙을 받아 낙태하게 한 경우를 처벌하는 제270조 제1항 중 '의사'에 관한 부분('의사낙태죄 조항')에 대하여 법익균형성의 원칙과 과잉금지원칙에 위배되므로 헌법에 불합치한다는 결정을 선고하였다. "결정요지: [재판관 4인의 헌법불합치 의견] 자기낙태죄 조항은 모자보건법이 정한 예외를 제외하고는 임신기간 전체를 통틀어 모든 낙태를 전면적·일률적으로 금지하고, 이를 위반할 경우 형벌을 부과함으로써 임신의 유지·출산을 강제하고 있으므로, 임신한 여성의 자기결정권을 제한한다. 자기낙태죄 조항은 태아의 생명을 보호하기 위한 것으로서, 정당한 입법목적을 달성하기 위한 적합한 수단이다. … 임신·출산·육아는 여성의 삶에 근본적이고 결정적인 영향을 미칠 수 있는 중요한 문제이므로, 임신한 여성이 임신을 유지 또는 종결할 것인지 여부를 결정하는 것은 스스로 선택한 인생관·사회관을 바탕으로 자신이 처한 신체적·심리적·사회적·경제적 상황에 대한 깊은 고민을 한 결과를 반영하는 전인적(全人的) 결정이다. 현 시점에서 최선의 의료기술과 의료인력이 뒷받침될 경우 태아는 임신 22주 내외부터 독자적인 생존이 가능하다고 한다. 한편 자기결정권이 보장되려면 임신한 여성이 임신 유지와 출산 여부에 관하여 전인적 결정을 하고 그 결정을 실행함에 있어서 충분한 시간이 확보되어야 한다. 이러한 점들을 고려하면, 태아가 모체를 떠난 상태에서 독자적으로 생존할 수 있는 시점인 임신 22주 내외에 도달하기 전이면서 동시에 임신 유지와 출산 여부에 관한 자기결정권을 행사하기에 충분한 시간이 보장되는 시기(이하 착상 시부터 이 시기까지를 '결정가능기간'이라 한다)까지의 낙태에 대해서는 국가가 생명보호의 수단 및 정도를 달리 정할 수 있다고 봄이 타당하다. 낙태갈등 상황에서 형벌의 위하가 임신종결 여부 결정에 미치는 영향이 제한적이라는 사정과 실제로 형사처벌되는 사례도 매우 드물다는 현실에 비추어 보면, 자기낙태죄 조항이 낙태갈등 상황에서 태아의 생명보호를 실효적으로 하지 못하고 있다고 볼 수 있다. 낙태갈등 상황에 처한 여성은 형벌의 위하로 말미암아 임신의 유지 여부와 관련하여 필요한 사회적 소통을 하지 못하고, 정신적 지지와 충분한 정보를 제공받지 못한 상태에서 안전하지 않은 방법으로 낙태를 실행하게 된다. 모자보건법상의 정당화사유에는 다양하고 광범위한 사회적·경제적 사유에 의한 낙태갈등 상황이 전혀 포섭되지 않는다. 예컨대, 학업이나 직장생활 등 사회활동에 지장이 있을 것에 대한 우려, 소득이 충분하지 않거나 불안정한 경우, 자녀가 이미 있어서 더 이상의 자녀를 감당할 여력이 되지 않는 경우, 상대 남성과 교제를 지속할 생각이 없거나 결혼 계획이 없는 경우, 혼인이 사실상 파탄에 이른 상태에서 배우자의 아이를 임신했음을 알게 된 경우, 결혼하지 않은 미성년자가 원치 않은 임신을 한 경우 등이 이에 해당할 수 있다. 자기낙태죄 조항은 모자보건법에서 정한 사유에 해당하지 않는다면 결정가능기간 중에 다양하고 광범위한 사회적·경제적 사유를 이유로 낙태갈등 상황을 겪고 있는 경우까지도 예외 없이 전면적·일률적으로 임신의 유지 및 출산을 강제하고, 이를 위반한 경우 형사처벌하고 있다. 따라서, 자기낙태죄 조항은 입법목적을 달성하기 위하여 필요한 최소한의 정도를 넘어 임신한 여성의 자기결정권을 제한하고 있어 침해의 최소성을 갖추지 못하였고, 태아의 생명보호라는 공익에 대하여만 일방적이고 절대적인 우위를 부여함으로써 법익균형성의 원칙도 위반하였으므로, 과잉금지원칙을 위반하여 임신한 여성의 자기결정권을 침해한다. 자기낙태죄 조항과 동일한 목표를 실현하기 위하여 임신한 여성의 촉탁 또는 승낙을 받아 낙태하게 한 의사를 처벌하는 의사낙태죄 조항도 같은 이유에서 위헌이라고 보아야 한다. 자기낙태죄 조항과 의사낙태죄 조항에 대하여 각각 단순위헌결정을 할 경우, 임신기간 전체에 걸쳐 행해진 모든 낙태를 처벌할 수 없게 됨으로써 용인하기 어려운 법적 공백이 생기게 된다. 더욱이 입법자는 결정가능기간을 어떻게 정하고 결정가능기간의 종기를 언제까지로 할 것인지, 결정가능기간 중 일정한 시기까지는 사회적·경제적 사유에 대한 확인을 요구하지 않을 것

원칙),[78] 보안처분도 행위자의 범죄적 위험성에 대하여 적정한 비례가 지켜져

인지 여부까지를 포함하여 결정가능기간과 사회적·경제적 사유를 구체적으로 어떻게 조합할 것인지, 상담요건이나 숙려기간 등과 같은 일정한 절차적 요건을 추가할 것인지 여부 등에 관하여 앞서 헌법재판소가 설시한 한계 내에서 입법재량을 가진다. 따라서 자기낙태죄 조항과 의사낙태죄 조항에 대하여 단순위헌결정을 하는 대신 각각 헌법불합치 결정을 선고하되, 다만 입법자의 개선입법이 이루어질 때까지 계속 적용을 명함이 타당하다"(**헌재 2019. 4. 11, 2017 헌바 127**－전원재판부).

78) ⓐ 책임과 형벌 간의 비례원칙에 위배된다는 판례. ㉠ 헌법재판소는 2021년 11월 25일 재판관 7:2의 의견으로, 2회 이상 음주운전 금지규정을 위반한 사람을 2년 이상 5년 이하의 징역이나 1천만원 이상 2천만원 이하의 벌금에 처하도록 규정한 구 도로교통법 제148조의2 제1항 중 '제44조 제1항을 2회 이상 위반한 사람'에 관한 부분(세칭 윤창호법 중 일부 조항)이 헌법에 위반된다는 결정을 선고하였다[위헌결정]. 다음은 그 결정이유의 주요 부분이다. "책임과 형벌 간의 비례원칙 위반 여부: 심판대상조항은 음주운전 금지규정을 반복하여 위반하는 사람에 대한 처벌을 강화하기 위한 규정인데, 그 구성요건을 '제44조 제1항을 2회 이상 위반'한 경우로 정하여 가중요건이 되는 과거 음주운전 금지규정 위반행위와 처벌대상이 되는 재범 음주운전 금지규정 위반행위 사이에 아무런 시간적 제한이 없고(밑줄－저자), 과거 위반행위가 형의 선고나 유죄의 확정판결을 받은 전과일 것을 요구하지도 않는다. 그런데 과거 위반행위가 예컨대 10년 이상 전에 발생한 것이라면 처벌대상이 되는 재범 음주운전이 준법정신이 현저히 부족한 상태에서 이루어진 반규범적 행위라거나 사회구성원에 대한 생명·신체 등을 '반복적으로' 위협하는 행위라고 평가하기 어려워, 이를 일반적 음주운전 금지규정 위반행위와 구별하여 가중처벌할 필요성이 있다고 보기 어렵다. 범죄 전력이 있음에도 다시 범행한 경우 재범인 후범에 대하여 가중된 행위책임을 인정할 수 있다고 하더라도, 전범을 이유로 아무런 시간적 제한 없이 무제한 후범을 가중처벌하는 예는 찾기 어렵고, 공소시효나 형의 실효를 인정하는 취지에도 부합하지 않으므로, 심판대상조항은 예컨대 10년 이상의 세월이 지난 과거 위반행위를 근거로 재범으로 분류되는 음주운전 행위자에 대해서는 책임에 비해 과도한 형벌을 규정하고 있다고 하지 않을 수 없다. 도로교통법 제44조 제1항을 2회 이상 위반한 경우라고 하더라도 죄질을 일률적으로 평가할 수 없고 과거 위반 전력, 혈중알코올농도 수준, 운전한 차량의 종류에 비추어, 교통안전 등 보호법익에 미치는 위험 정도가 비교적 낮은 유형의 재범 음주운전행위가 있다. 그런데 심판대상조항은 법정형의 하한을 징역 2년, 벌금 1천만 원으로 정하여 그와 같이 비난가능성이 상대적으로 낮고 죄질이 비교적 가벼운 행위까지(밑줄－저자) 지나치게 엄히 처벌하도록 하고 있으므로, 책임과 형벌 사이의 비례성을 인정하기 어렵다. 반복적 음주운전에 대한 강한 처벌이 국민일반의 법감정에 부합할 수는 있으나, 결국에는 중벌에 대한 면역성과 무감각이 생기게 되어 법의 권위를 실추시키고 법질서의 안정을 해할 수 있으므로, 재범 음주운전을 예방하기 위한 조치로서 형벌 강화는 최후의 수단이 되어야 한다. 심판대상조항은 음주치료나 음주운전 방지장치 도입과 같은 비형벌적 수단에 대한 충분한 고려 없이 과거 위반 전력 등과 관련하여 아무런 제한도 두지 않고 죄질이 비교적 가벼운 유형의 재범 음주운전 행위에 대해서까지 일률적으로 가중처벌하도록 하고 있으므로 형벌 본래의 기능에 필요한 정도를 현저히 일탈하는 과도한 법정형을 정한 것이다. 그러므로 심판대상조항은 책임과 형벌 간의 비례원칙에 위반된다(밑줄－저자)"(헌재 2021. 11. 25, 2019 헌바 446, 2020 헌가 17, 2021 헌바 77(병합). 同旨, 헌재 2022. 8. 31, 2022 헌가 18; 2022. 8. 31, 2022 헌가 10).

ⓑ 책임과 형벌 간의 비례원칙에 위배되지 않는다는 판례. ㉠ ㉮ 금융회사 등의 임직원이 그 직무에 관하여 금품이나 그 밖의 이익을 수수, 요구 또는 약속한 경우 이를 형사처벌하도록 정하고 있는 '특정경제범죄 가중처벌 등에 관한 법률'(2012. 2. 10. 법률 제11304호로 개정된 것) 제5조 제1항('수재행위처벌조항')이 책임과 형벌 간의 비례원칙에 위배되지 않고, ㉯ 금융회사 등의

야 한다(비례성의 원칙).[79]

임직원이 그 직무에 관하여 수수, 요구 또는 약속한 금품 기타 이익의 가액('수수액')이 1억 원 이상인 경우 가중처벌하도록 정하고 있는 구 '특정경제범죄 가중처벌 등에 관한 법률'(2007. 5. 17. 법률 제8444호로 개정되고, 2012. 2. 10. 법률 제11304호로 개정되기 전의 것) 제5조 제4항 제1호('가중처벌조항')가 책임과 형벌 간의 비례원칙에 위배되지 않으며, ㉯ 수수액의 2배 이상 5배 이하의 벌금을 필요적으로 병과하도록 정하고 있는 구 '특정경제범죄 가중처벌 등에 관한 법률'(2008. 12. 26. 법률 제9170호로 개정되고, 2012. 2. 10. 법률 제11304호로 개정되기 전의 것) 제5조 제5항 중 '제4항 제1호'에 관한 부분 및 '특정경제범죄 가중처벌 등에 관한 법률'(2012. 2. 10. 법률 제11304호로 개정된 것) 제5조 제5항 중 '제1항'에 관한 부분('벌금병과조항')이 책임과 형벌 간의 비례원칙에 위배되지 않는다는 헌법재판소의 합헌결정(**헌재 2020. 3. 26, 2017 헌바 129**－전원재판부)이 있다. ㉡ '성폭력범죄의 처벌 등에 관한 특례법'(2012. 12. 18. 법률 제11556호로 전부개정된 것) 제8조 제1항 중 '제4조 제2항 가운데 흉기나 그 밖의 위험한 물건을 지닌 채 형법 제298조(강제추행)의 죄를 범한 사람이 다른 사람을 상해한 때'에 관한 부분('심판대상조항')이 책임과 형벌 간의 비례원칙에 위배되지 않는다는 헌법재판소의 합헌결정이 있다. "결정요지: 어떤 범죄를 어떻게 처벌할 것인가 하는 문제, 즉 법정형의 종류와 범위의 선택은 그 범죄의 죄질과 보호법익에 대한 고려뿐만 아니라 우리의 역사와 문화, 입법 당시의 시대적 상황, 국민 일반의 가치관 내지 법감정, 그리고 범죄예방을 위한 형사정책의 측면 등 여러 요소를 종합적으로 고려하여 입법자가 결정할 사항으로서 광범위한 입법재량 내지 형성의 자유가 인정되어야 할 분야이다(헌재 1998. 5. 28, 97 헌바 68; 헌재 2017. 7. 27, 2016 헌바 42 참조). 강제추행행위가 흉기 등을 휴대한 상황에서 이루어지는 경우에는 피해자는 두려움으로 인해 쉽게 항거불능의 상태에 빠지게 되고, 가해자는 범행수법이 대담해지고 잔인해질 가능성이 있어 피해자에 대한 구체적 위험성과 사회 일반에 대한 위험성이 모두 증가한다는 점에서 가중처벌이 불가피하다. 나아가 가해자가 흉기 등을 휴대하고 강제추행을 하면서 피해자에게 상해까지 가하였다면 이는 피해자의 항거불능의 상태를 이용하여 성적 자기결정권은 물론 신체의 안전성까지도 동시에 해쳤다는 점에서 그 불법성은 더 커질 것이므로 더욱 엄벌에 처할 필요가 있다. 따라서 흉기 등 휴대에 의한 특수강제추행상해죄의 보호법익, 죄질, 형사정책적 목적 등을 종합적으로 고려하여 보면, 심판대상조항이 규정한 법정형이 형벌 본래의 목적과 기능을 달성함에 있어 필요한 정도를 일탈한, 지나치게 과중한 형벌이라고 보기는 어려우므로, 심판대상조항은 책임과 형벌 간의 비례의 원칙에 위배되지 아니한다"(헌재 2020. 3. 26, 2018 헌바 206－전원재판부).

79) ㉠ "결정요지: '법무부장관은 등록정보를 최초 등록일부터 20년간 보존·관리하여야 한다'고 규정한 '성폭력범죄의 처벌 등에 관한 특례법' 제45조 제1항(이하 '이 사건 관리조항'이라 한다)은 성범죄의 재범을 억제하고 수사의 효율성을 제고하기 위하여, 법무부장관이 등록대상자의 재범 위험성이 상존하는 20년 동안 그의 신상정보를 보존·관리하는 것인 바, 정당한 목적을 위한 적합한 수단이다. 그런데 재범의 위험성은 등록대상 성범죄의 종류, 등록대상자의 특성에 따라 다르게 나타날 수 있고, 입법자는 이에 따라 등록기간을 차등화함으로써 등록대상자의 개인정보자기결정권에 대한 제한을 최소화하는 것이 바람직함에도, 이 사건 관리조항은 모든 등록대상 성범죄자에 대하여 일률적으로 20년의 등록기간을 적용하고 있으며, 이 사건 관리조항에 따라 등록기간이 정해지고 나면, 등록의무를 면하거나 등록기간을 단축하기 위해 심사를 받을 수 있는 여지도 없으므로 지나치게 가혹하다. 그리고 이 사건 관리조항이 추구하는 공익이 중요하더라도, 모든 등록대상자에게 20년 동안 신상정보를 등록하게 하고 위 기간 동안 각종 의무를 부과하는 것은 비교적 경미한 등록대상 성범죄를 저지르고 재범의 위험성도 많지 않은 자들에 대해서는 달성되는 공익과 침해되는 사익 사이의 불균형이 발생할 수 있으므로 이 사건 관리조항은 개인정보자기결정권을 침해한다. 이 사건 관리조항의 위헌성을 제거하기 위하여 등록기간의 범위를 차등적으로 규정하고 재범의 위험성이 없어지는 등 사정 변경이 있는 경우 등록의무를

다음은 최근에 헌법재판소가 형벌체계상의 균형을 잃은 것–즉, 죄형균형의 원칙에 위배된다는 것–을 이유로 해서 위헌이라고 한 결정이다. ㉮ 2015. 9. 24.의 전원재판부 결정(2015 헌가 17)에서 구 '폭력행위 등 처벌에 관한 법률' 제3조 제1항 중 '특수폭행죄'의 가중처벌규정이 '위헌'이라고 선고하였다. 그 결정요지는 다음과 같다. "형법 제261조(특수폭행)는 위험한 물건을 휴대하여 형법상의 폭행죄를 범한 사람에 대한 가중처벌을 규정하고 있는데, 그 법정형이 5년 이하의 징역 또는 1천만 원 이하의 벌금으로 되어 있다. 반면 폭처법상 제3조 제1항의 특수폭행죄 처벌규정(이하 '폭처법상 폭행죄 조항'이라 한다)은 흉기 기타 위험한 물건을 휴대하여 형법상의 폭행죄를 범한 사람에 대하여 1년 이상의 유기징역형에 처한다고 규정하고 있다. 폭처법상 폭행죄 조항은 형법 제261조와 똑같은 내용의 구성요건을 규정하면서 징역형의 하한을 1년으로 올리고, 벌금형을 제외한 것이다. 따라서 폭처법상 폭행죄 조항이 형법 제261조와의 관계에서 형벌체계상의 균형을 잃어 평등원칙에 위반되는지 여부가 문제된다.…어떤 유형의 범죄에 대하여 특별히 형을 가중할 필요가 있는

면하거나 등록기간을 단축하기 위한 수단을 마련하는 것은 입법자의 형성재량의 영역에 속하므로 헌법불합치결정을 선고하고, 다만 2016. 12. 31.을 시한으로 입법자가 개선입법을 할 때까지 이 사건 관리조항의 계속적용을 명한다"(헌재 2015. 7. 30, 2014 헌마 340–전원재판부). ㉡ "결정요지: 치료감호기간 조항(정신성적 장애인을 치료감호시설에 수용하는 기간은 15년을 초과할 수 없다고 규정한 구 치료감호법[2008. 6. 13. 법률 제9111호로 개정되고, 2015. 12. 1. 법률 제13525호 '치료감호 등에 관한 법률'로 개정되기 전의 것] 제16조 제2항 제1호 중 제2조 제1항 제3호에 해당하는 자에 관한 부분)은 정신성적 장애인이 치료감호시설에 수용될 수 있는 기간의 상한을 정함으로써 치료의 필요성 및 재범의 위험성에 따라 탄력적으로 치료감호를 집행하는 동시에, 정신성적 장애인의 기본권이 과도하게 제한되는 것을 방지하기 위한 것이다. 정신성적 장애는 그 증상이나 정도, 치료의 방법 등에 따라 치료의 종료 시기가 달라질 수 있으므로 이를 일률적으로 예측하기 어렵고, 그에 따른 재범의 위험성 소멸시기를 예측하는 것도 어려우므로 정신성적 장애인에 대한 치료감호는 그 본질상 집행단계에서 기간을 확정할 수밖에 없다. 구 치료감호법은 치료의 경과 및 재범의 위험성의 소멸 정도에 따라 기간 만료 전에도 가종료나 종료 결정에 의해 치료감호소를 퇴소할 수 있도록 하는 등 구체적·개별적 사안마다 치료감호시설의 수용 계속 여부를 적절하게 심사·결정할 수 있는 장치를 마련하여 기본권 제한을 최소화하고 있다. 치료감호기간 조항으로 인하여 청구인은 상당 기간 신체의 자유가 제한되는 불이익을 입을 수 있으나 계속적인 치료감호를 통하여 해당 정신성적 장애의 증상으로부터 벗어나는 이익을 얻을 수도 있으므로, 청구인이 입는 사익의 침해는 달성하려는 공익에 비하여 결코 크다고 볼 수 없다. 따라서 치료감호기간 조항은 과잉금지원칙을 위반하여 청구인의 신체의 자유를 침해하지 않는다. … 약물·알코올 중독자에 대한 치료감호기간의 상한이 2년임에 비하여 치료감호기간 조항이 정신성적 장애인에 대한 치료감호기간의 상한을 15년으로 정하고 있는 것은 마약·알코올 중독자와 정신성적 장애인은 그 증상이나 치료방법, 치료에 필요한 기간 등에서 많은 차이가 있기 때문이다. 따라서 치료감호기간 조항이 정신성적 장애인을 약물·알코올 중독자와 달리 취급하는 것에는 합리적인 이유가 있으므로, 청구인의 평등권을 침해한다고 볼 수 없다(**헌재 2017. 4. 27, 2016 헌바 452**).

경우라 하더라도, 그 가중의 정도가 통상의 형사처벌과 비교하여 현저히 형벌체계상의 정당성과 균형을 잃은 것이 명백한 경우에는 인간의 존엄성과 가치를 보장하는 헌법의 기본원리에 위배될 뿐 아니라, 법의 내용에 있어서도 평등원칙에 반하는 위헌적 법률이 된다. 이 사건과 같이 흉기 기타 위험한 물건을 휴대하여 폭행죄를 범하는 경우, 검사는 집단적 또는 상습적으로 폭력행위 등을 범하거나 흉기 그 밖의 위험한 물건을 휴대하여 폭력행위 등을 범한 사람 등을 처벌한다는 폭처법의 입법목적(제1조)에 따라 폭처법상 폭행죄 조항을 적용하여 기소하는 것이 특별법 우선의 법리에 부합한다. 그러나 범인의 성행, 범행의 경위, 범죄전력, 결과발생의 정도 등 여러 사정을 고려하여 형법조항을 적용하여 기소할 수도 있는데, 이러한 기소가 적법함은 물론 이 경우 법원은 공소장의 변경 없이는 형이 더 무거운 폭처법상 폭행죄 조항을 적용할 수 없게 된다. 그런데 폭처법상 폭행죄 조항으로 기소된 피고인은 벌금형을 선고받을 수 없고, 1년 이상 30년 이하의 유기징역형을 선고받아야 하며, 한 차례의 법률상 감경이나 작량감경(정상참작감경-저자 註)에 의하더라도 6월 이상 15년 이하의 유기징역형을 선고받아야 함에 비하여, 형법 제261조로 기소된 피고인은 벌금형의 선고도 가능할 뿐만 아니라 1월 이상 5년 이하의 유기징역형을 선고받게 된다. 이와 같이 어느 법률조항이 적용되는지에 따라 벌금형이 선고될 수 있는지 여부가 달라지고, 징역형의 하한을 기준으로 최대 6배에 이르는 심각한 형의 불균형이 발생한다.…일반법에 대비되는 특별법은 개념적으로 특별법의 구성요건이 일반법의 모든 구성요건을 포함하면서 그 밖의 특별한 표지까지 포함한 경우를 뜻한다. 폭처법에서 말하는 가중처벌도 단순히 법정형만의 가중을 뜻하는 것이 아니라, 일반법 조항의 구성요건 이외에 특별한 구성요건 표지를 추가한 가중처벌의 근거를 마련하는 것을 포함한다고 해석하여야 한다. 만일 구성요건 표지의 추가 없이 법정형만을 가중하려고 한다면 일반법의 법정형을 올리면 되지 따로 특별법을 제정할 필요가 없기 때문이다. 따라서 폭처법상 폭행죄 조항이 형법 제261조보다 법정형을 가중하기 위해서는 범행방법, 신분 등 별도의 가중적 구성요건의 표지를 규정하는 것이 필요하다. 폭처법상 폭행죄 조항은 가중적 구성요건의 표지가 전혀 없이 법적용을 오로지 검사의 기소재량에만 맡기고 있으므로, 법집행기관 스스로도 법적용에 대한 혼란을 겪을 수 있고, 이는 결과적으로 국민의 불이익으로 돌아

올 수밖에 없다. 한편, 법집행기관이 이러한 사정을 피의자나 피고인의 자백을 유도하거나 상소를 포기하도록 하는 수단으로 악용할 소지도 있다. 결국 위험한 물건 휴대 폭행행위에 대하여 특별히 형을 가중할 필요가 있다는 사정이 인정된다고 할지라도, 형법 제261조와 똑같은 구성요건을 규정하면서 법정형만 상향 조정한 폭처법상 폭행죄 조항은 형사특별법으로서 갖추어야 할 형벌체계상의 정당성과 균형을 잃은 것이 명백하다. 따라서 폭처법상 폭행죄 조항은 인간의 존엄성과 가치를 보장하는 헌법의 기본원리에 위배될 뿐만 아니라 그 내용에 있어서도 평등원칙에 위반된다." ㉯ 2014. 11. 27.의 전원재판부 결정(2014 **헌바** 224)에서 다음과 같은 결정요지로 특가법 제10조의 통화위조 가중처벌규정이 위헌이라고 선고하였다. "국내통화를 위조 또는 변조하거나 이를 행사하는 등의 행위를 처벌하는 '특정범죄 가중처벌 등에 관한 법률' 제10조 중 형법 제207조 제1항 및 제4항에 관한 부분(이하 '심판대상조항'이라 한다)은 형법 제207조 제1항 및 제4항 부분(이하 '이 사건 형법조항'이라 한다)과 똑같은 구성요건을 규정하면서 법정형의 상한에 '사형'을 추가하고 하한을 2년에서 5년으로 올려놓았다. 이러한 경우 검사는 심판대상조항을 적용하여 기소하는 것이 특별법 우선의 법리에 부합할 것이나, 이 사건 형법조항을 적용하여 기소할 수도 있으므로 어느 법률조항이 적용되는지에 따라 심각한 형의 불균형이 초래된다. 심판대상조항은 이 사건 형법조항의 구성요건 이외에 별도의 가중적 구성요건 표지 없이 법적용을 오로지 검사의 기소재량에만 맡기고 있어 법집행기관 스스로도 혼란을 겪을 수 있고, 수사과정에서 악용될 소지도 있다. 따라서 심판대상조항은 형벌체계상의 균형을 잃은 것이 명백하므로 평등원칙에 위반된다."

㉰ 헌법재판소의 위헌결정을 받은 위 조항 이외에, 2015. 9. 24.의 헌재 결정(2015 헌가 17)에서는 위헌소지가 있기 때문에 '입법개선'이 필요한 특별형법상의 다수 조항이 '보충의견'으로서 제시되었다. 그 보충의견의 요지는 다음과 같다. "폭처법상 폭행죄 조항 이외에도 폭처법에는 형법 조항과 똑같은 구성요건을 규정하면서 법정형만 상향 조정한 조항들이 상당수 있는바, 그와 같은 조항들에 대하여 위헌법률심판이 제청되거나 헌법소원이 청구될 경우 위 판시 내용을 그대로 적용하면 위헌으로 결정될 수 있다. 이러한 상황에서 폭처법의 존재가 여전히 필요한지, 헌법재판소가 위와 같은 논리를 계속 유지할

수 있는지 여부에 대하여 의문이 제기될 수 있다.…형법과 폭처법을 정비하는 입법개선이 필요하다고 생각하므로, 다음과 같이 보충의견을 개진한다. 폭처법의 조항들 중 형법 조항과 똑같은 구성요건을 규정하면서 법정형만 상향 조정한 조항들이 상당수 있다. 예를 들어 ① 폭처법 제2조 제1항 제1호 중 "상습적으로 형법 제260조 제1항(폭행), 제283조 제1항(협박)의 죄를 범한 자"에 관한 부분, 같은 항 제2호 중 "상습적으로 형법 제260조 제2항(존속폭행), 제276조 제1항(체포, 감금), 제283조 제2항(존속협박)의 죄를 범한 자"에 관한 부분, 같은 항 제3호 중 "상습적으로 형법 제257조 제1항(상해)·제2항(존속상해), 제276조 제2항(존속체포, 존속감금), 제350조(공갈)의 죄를 범한 자"에 관한 부분은 형법 제264조(상습범), 제279조(상습범), 제285조(상습범), 제351조(상습범) 중 각 관련 부분과 그 구성요건이 동일하다. ② 폭처법 제3조 제1항 중 "단체나 다중의 위력으로써 또는 흉기나 그 밖의 위험한 물건을 휴대하여 형법 제260조 제1항(폭행)·제2항(존속폭행), 제276조 제1항(체포, 감금)·제2항(존속체포, 존속감금), 제283조 제1항(협박)·제2항(존속협박), 제319조(주거침입, 퇴거불응), 제366조(재물손괴)의 죄를 범한 자"에 관한 부분은 형법 제261조(특수폭행), 제278조(특수체포, 특수감금), 제284조(특수협박), 제320조(특수주거침입), 제369조(특수손괴) 중 각 관련 부분과 그 구성요건이 동일하다. ③ 폭처법 제3조 제3항 중 "상습적으로 단체나 다중의 위력으로써 또는 상습적으로 흉기나 그 밖의 위험한 물건을 휴대하여 형법 제260조 제1항(폭행)·제2항(존속폭행)의 죄를 범한 자"에 관한 부분은 형법 제264조(상습범) 중 제261조(특수폭행)의 상습범에 관한 부분과 그 구성요건이 동일하다. 따라서 위 폭처법 조항들에 대하여 위헌법률심판이 제청되거나 헌법소원이 청구될 경우 선례에 따라 위헌으로 결정될 수 있다. 위와 같이 상습, 공동, 집단·흉기휴대 폭력범죄 등에 대한 가중처벌을 규정하고 있는 폭처법 제2조 제1항, 제2항 및 제3조 제1항, 제3항의 내용 중 상당 부분이 별도의 가중적 구성요건의 표지 없이 형법과 동일한 내용을 규정하면서 법정형만 상향 조정하고 있어, 선례에 의할 경우 위헌으로 결정될 수 있다.…폭처법 제2조 제1항, 제2항 및 제3조 제1항, 제3항은 형법으로 통합하고, 각 범죄들 간의 법정형에 균형이 맞도록 법정형을 상호 조정하는 것이 바람직하다고 생각한다."

헌법재판소의 상술한 위헌결정과 보충의견에 따라 2016. 1. 6.에 관련 형법규정과 특별형법규정이 대폭 개정되었다. 형법에 신설된 규정은 제258조의2 특수상해죄,[80] 제324조 제2항 특수강요죄, 제350조의2 특수공갈죄이고, 폭처법에서 삭제된 규정은 제3조 제1항 특수폭력범죄의 가중처벌, 제2조 제1항 상습폭력범죄의 가중처벌, 제3조 제3항 상습특수폭력범죄의 가중처벌이며, 특가법에서 삭제된 규정은 제5조의4 제1항 상습절도죄의 가중처벌, 제3항 상습강도죄의 가중처벌, 제4항 상습장물죄의 가중처벌, 제10조 통화위조죄의 가중처벌이다. 형법에서 법정형이 조정된 규정은 제258조 제3항 존속중상해죄, 제324조 제1항 강요죄이고, 특가법 제5조의4 제2·5·6항에서 법정형이 조정되었으며, 특가법 제5조의2 미성년자약취·유인죄에서는 그 대상이 미성년자에서 13세미만의 미성년자로 축소되었고 법정형이 부분적으로 조정되었다. 법정형의 개정은 중형주의를 지양하는 방향으로 조정되었다.

제 4 절 형법사상과 형법학파

Ⅰ. 형법사상

형사입법과 형법의 해석·적용에 있어서는 그 지도원리로서 죄형법정주의 이외에 항상 형법사상 내지 형법의 기본관념이 전제되어야 한다. 형법은 범죄와 형벌에 관한 법이므로 형법의 기본관념은 범죄에 대한 기본관념, 즉 「범죄'관'」과 형벌에 대한 기본관념, 즉 「형벌'관'」의 확립을 목표로 한다. 형법의 기본관념을 둘러 싼 법철학적 논쟁을 보통 「형법이론」이라고 하며, 19세기 말엽부터 20세기 초에 걸쳐 독일의 형법학계에서 구파와 신파 사이에 치열하게 벌어졌던 학파의 논쟁이 빌미가 되어 「형법학파」라는 명칭으로 논의되기도 한다.[81]

80) 형법 제262조가 특수폭행치상죄를 제258조의2 제1항의 예에 의한다고 하여, 그 법정형을 특수상해죄와 동일하게 벌금형 없이 1년 이상 10년 이하의 징역형으로만 규정한 것은 책임과 형벌 간의 비례원칙에 위배되지 않는다고 보아 합헌이라는 헌법재판소의 결정(헌재 2018. 7. 26, 2018 헌바 5-전원재판부)이 있다. 그러나 이 결정은 '특수폭행치상의 경우 형법 제258조의2의 신설에도 불구하고 종전과 같이 형법 제257조 제1항의 예에 의하여 처벌하는 것으로 해석함이 타당하다'는 대법원판결(대판 2018. 7. 24, 2018 도 3443)과 상충되는 사태를 불러오고 있다.

81) 독일의 형법학계에서 1890년대에서부터 1910년대에 이르기까지 이른바 구파와 신파 사이에 전개된 이론적 투쟁의 불씨는 1882년 리스트가 마르부르그대학에서 행한 「형법에 있어서의 목적관념」이라는 제목의 강연이었다. 이 강연에서 리스트는 과거 오랫동안 확고한 지반을 굳혀

형법은 범죄와 형벌이라는 인간의 숙명적인 문제를 대상으로 하고 있으므로, 형법사상도 시대사상의 영향을 받으면서 변화하고, 학자 개개인의 인생관 또는 세계관의 차이에 따라 대립이 빚어졌다.

형법학에 있어서 개별적인 문제에 대한 학설의 대립도 궁극적으로는 형법사상의 대립, 형법학파의 대립에 귀착한다. 따라서 형법학에 있어서 착잡한 학설상의 차이를 이해하기 위해서는 무엇보다도 먼저 형법학파의 대립상을 충분히 이해해야 하며, 또한 학파논쟁에 있어서의 주안점, 방법적 차이, 국가관과 세계관의 차이도 검토해야 한다.

형법의 해석론과 입법론은 항상 형법사상을 전제로 하고, 형법사상에 의하여 지도된다고 할 수 있다. 따라서 형법학파의 논쟁은 형법연구의 출발점인 동시에 도달점이 된다.

형법학파는 범죄와 형벌을 어떻게 이해하겠는가라는 화두(話頭)를 놓고 종래 구파(고전학파)와 신파(실증학파)가 대립하였는데, 학파대립의 핵심은 형사책임에 있어서 행위책임(객관주의)이냐 또는 행위자책임(주관주의)이냐의 문제와 형벌의 본질에 있어서 응보형주의냐 또는 목적형주의냐의 문제에 있다.[82] 형법이론은 처음부터 논리적·체계적으로 구성되어 학파적 논쟁을 일으킨 것이 아니라 역사적 발전과정에서 형성되어 온 것이다. 그러므로 형법학파의 논쟁 속에서 형법이론의 진화를 찾아볼 수 있으며, 또한 그 진화를 비판적으로 고찰함으로써 형법이론이 나아갈 방향도 짚어낼 수 있다고 하겠다.

Ⅱ. 형법학파

1. 고전학파(구파)

17-8세기 유럽 계몽주의시대의 기조인 개인주의·자유주의를 사상적 배경으로 하고, 베까리아, 칸트, 포이에르바하 등의 주장을 바탕으로 하여 18세기

왔던 전통적인 구파의 형법이론에 대하여 새로운 형법이론으로 도전하였고, 그 후 리스트를 중심으로 하는 신파의 여러 학자와 비르크마이어를 대표로 하는 구파의 여러 학자 사이에 치열한 논쟁이 계속되었으며, 이 학파적 대립은 단순히 이론적 논쟁에 그친 것은 아니고 20세기 초 이래로 독일형법의 개정작업에서 '실천적' 투쟁의 양상으로도 전개되었다.

82) 구파와 신파의 사상적 차이는 이미 고대 그리스에서 그 싹을 찾아볼 수 있는데, 객관주의 정의론자인 피타고라스(Pythagoras)는 "죄가 있으므로 벌한다"라는 입장이었고(구파), 주관주의·상대주의 정의론자인 프로타고라스(Protagoras)는 "죄가 없도록 벌한다"라는 입장이었다(신파).

말엽부터 19세기에 걸쳐 발달한 고전학파는 중세의 잔혹한 형정(刑政)에 대항하여 정당한 형벌권을 쟁취하는 데 기여하였으며, 형법학의 이론적 체계를 마련한 공적을 세웠다.

구파는 인간을 자유의사를 가진 이성인으로 파악하고, 범죄란 자유의사를 가진 자가 도덕률에 위반한 행위라고 하여 범죄에 대한 응보로서의 형벌이 필요하다고 한다(응보형주의). 그리고 범죄에 대하여 형벌이라는 위하를 미리 규정해 놓음으로써 일반국민으로 하여금 범죄에 나아가는 것을 예방할 수 있다고 한다(일반예방주의). 다만 도덕과 법을 준별하는 입장에서 도덕은 인간의 내심의 세계를 다루지만 형법은 외부세계의 객관적 행위를 대상으로 하여 책임을 묻는 것으로 이해한다.

(1) 베까리아

구파의 형법사상은 이탈리아의 베까리아(Cesare Beccaria, 1738-1794)의 명저인 「범죄와 형벌」(Dei delitti e delle pene, 1764)에서 처음으로 전개되었다.[83] 그는 루소, 몽테스키외 등 당시 계몽철학자들의 사상적 영향을 받아 사회계약설과 권력분립론에 입각하여 형벌권의 근거를 설명하고 기본적 인권의 보장을 역설하였다.

형법이론에 있어서 그가 기여한 가장 중요한 업적은 법률만이 형벌을 정할 수가 있고, 주권은 법률을 정하지만 법률을 적용하는 자는 법관이며, 범죄사실과 형벌 사이에는 균형이 있어야 한다는 주장이었다(죄형균형론). 이러한 베까리아의 「죄형균형론」은 고전학파 형법이론의 기초가 되었고, 「형벌의 법정화(法定化)」라는 주장은 근대형법의 기본원리로 되어 있는 죄형법정주의로 결실을 보았다.

또한 그는 당시의 참혹한 형정(刑政)을 비판하면서 형벌권은 정의와 사회전체의 필요를 한도로 할 것이고, 이를 초월하는 형벌권의 행사는 형벌권의 남용이며 부당한 것이라고 하였다. 또 잔혹한 형벌은 이성과 정의에 반하며, 형벌은 범죄인의 일신(一身)에만 그쳐야 하고, 사형제도도 폐지해야 한다고 주장하였다. 베까리아의 학설은 반드시 이론적으로 정치한 것이었다고는 할 수 없으나, 그 후 독일의 관념철학자인 칸트, 헤겔 등에 의하여 고전학파의 이론적 기초가 다져지게 되었다.

83) 이 책의 번역본이 출간되어 있다. 이수성 · 한인섭 공역, 범죄와 형벌, 길안사, 1995.

(2) 칸 트

독일의 계몽철학자인 칸트(Immanuel Kant, 1724-1804)는 자연법사상을 논리적으로 구성하였다. 칸트에 의하면, 범죄는 「자유의사」를 가지는 자가 도덕률에 위반한 행위이고, 범죄에 대한 형벌은 실천이성이 요구하는 지상명령이라고 하면서, 형벌은 다른 목적을 위한 수단이 아니라 도덕률위반으로서의 범죄에 대한 논리적 필연으로서의 응보라고 함으로써, 이른바 「동해응보론」(同害應報論), 「절대적 응보론」을 주장하였다(절대주의 형벌이론).

형벌의 응보적 성격은 그에게 있어서 절대적·선험적인 것이었다. 따라서 사람이 사람을 살해하였을 경우에 그는 반드시 죽어야 하며, 이 때 정의(正義)의 만족을 위해서는 어떠한 대용물도 있을 수 없다고 하면서, 이 죽음으로써 하는 보복은 반드시 실행되어야 하기 때문에, 만약 "시민사회가 구성원 모두의 찬성으로 해체된다고 하더라도 — 예컨대 어떠한 섬에 거주하는 주민이 서로 해산할 것을 결정하였더라도 — 감옥에 갇힌 살인범은 한 사람도 남기지 말고 먼저 사형에 처하여야 한다"고 주장하였다.

(3) 헤 겔

칸트의 뒤를 이어 독일 관념철학의 거목이었던 헤겔(Friedrich Hegel, 1770-1831)은 그의 독자적인 변증법에 입각하여, 범죄에 대한 형벌은 변증법적인 필연성을 지니고 있다고 하였다. 즉 범죄는 正으로서의 법에 대한 침해 내지 부정이므로, 법은 자신의 실재성을 입증·회복하기 위하여 법에 대한 부정인 범죄를 재부정(再否定)하는 형벌의 부과가 필연적이라고 한다.

변증법으로 말하자면, 법은 정(正, These), 범죄는 반(反, Antithese), 형벌은 합(合, Synthese)이라는 형태로 전개된다고 보는 것이다. 여기에서 범죄는 법의 부정이지만, 형벌은 그 법의 부정인 범죄를 다시 부정함으로써 법 그 자체의 모습을 회복하는 점에 있어서 형벌의 필연적·적극적 의의가 존재한다고 한다. 형벌은 형식적으로는 부정이고 파괴이지만, 실질적으로는 조화이고 건설이라는 것이다. 형벌은 부정의 부정으로서 적극적인 의미를 부여할 수 있고 또 이성적·현실적인 것으로서의 의미를 가지는 것이다.

다만 형벌은 범죄에 대하여 동해보복(同害報復)일 필요는 없고 가치적으로 동등하면 충분하다고 하는 이른바 「등가치응보론(等價值應報論)」을 주장하는 점에서 칸트의 동해응보론과는 차이가 있다.

(4) 포이에르바하

베까리아를 선구자로 하는 구파의 형법이론은 근대형법'학'의 창시자라고 불리우는 포이에르바하(Anselm v. Feuerbach, 1775-1833)에 의하여 정치한 이론적 체계가 갖추어졌다.[84]

그는 계몽철학의 합리주의를 바탕으로 하여 제정법의 심리강제작용을 중심으로 한 형법이론을 전개하였다. 인간은 쾌락을 구하고 불쾌(고통)를 피하려는 본성을 가지고 있다는 인간관으로부터 출발하여, 범죄를 억압하기 위해서는 범인이 범죄로부터 얻는 쾌락보다도 범죄에 대하여 과해지는 형벌로 인한 불쾌감(고통)이 더 크다는 것을 제정법으로써 알려 줄 필요가 있다고 하였다. 즉 형벌의 고통을 법으로 예고하는 방법에 의하여 범죄의 실행을 주저하도록 일반인의 심리에 강제를 가한다는 것이다. 이것이 학설사상 유명한 「심리강제설」이다. 심리강제설은 일반인에게 형벌을 예고하여 범죄를 미연에 방지하려는 점에서는 「일반예방주의」의 입장에 서게 되며,[85] 범죄와 형벌을 미리 법정(法定)함으로써 법관의 자의(恣意)를 억제하려는 점에 있어서 죄형법정주의와 결부된다. 죄형법정주의의 표어인 "법률없으면 범죄없고 형벌없다"(nullum crimen, nulla poena sine lege)라는 유명한 문구는 로마법에서 유래하는 것이 아니고, 바로 포이에르바하의 창작이다.

(5) 요 약

구파의 형법이론은 그 후 많은 학자들에 의하여 계승·발전되었다. 주목할 만한 구파의 학자로서는 빈딩(Karl Binding, 1841-1920), 코올러(Josef Kohler, 1848-1919), 비르크마이어(Karl v. Birkmeyer, 1847-1920), 벨링(Ernst Beling, 1866-1932), 마이어(M. E. Mayer, 1875-1923) 등을 들 수 있다.

구파의 가장 큰 공적은 국가형벌권의 자의적 행사를 방지하기 위하여 죄형법정주의를 실현한 것과 중세유럽을 어둡게 지배하였던 도덕형법 내지 종교형법을 배척하고자 하여 범죄자의 도덕적 심성(인격)은 윤리와 종교가 다룰 영역이지만 형법은 객관적인 행위만을 취급대상으로 해야 한다는 '행위형법의 원칙'을 확립한 점에 있다. 그 외에 형법학에 통일적 체계를 부여하고 또 각종의 개념과 정의를 명백히 함으로써, 형법학은 실로 고전학파에 의하여 학

84) 그는 1801년 형법교과서를 출간하였고, 바이에른형법을 기초한 바 있다.

85) 위하형시대(중세)에 있어서의 형의 '집행'에 의한 위하 대신에, 그는 형의 '규정'(성문화)에 의한 위하를 주장한 점에서 차이가 난다.

문적 형태를 갖추게 되었다고 평가할 수 있다.

구파의 형법이론의 내용에는 역사적인 변천이 있고, 또 학자 개개인의 학설에 있어서도 여러 가지 뉘앙스의 차이가 있으나, 그 요점을 정리하자면 다음과 같다.

① 근대 계몽철학의 '개인주의 · 자유주의'와 '법치주의'를 사상적 배경으로 한다.

② 인간은 자유의사를 가지고 이성에 따라 자신의 행동을 규율할 수 있는 자율적 존재라는 점에서 구파의 인간관은 '추상적 이성인'이다(자유의사론).

③ 범죄인의 범죄'의사'를 근거로 한 '도의적 비난'을 책임의 본질로 한다(의사책임, 도의적 책임론).

④ 법과 도덕의 구별론(법의 외면성, 도덕의 내면성)에 기초하여 자유의사의 외부적 · 현실적 발현으로서 '개개의 범죄행위 및 결과'를 형사책임의 대상으로 한다(행위책임, 객관주의).

⑤ 형벌의 본질은 범죄에 대한 해악 · 고통으로서의 '응보'이며(응보형론), 범죄에 대한 반동으로서의 형벌은 그 자체에 절대적 의의가 있고(절대주의), 형벌은 범죄인으로 하여금 범죄에 대하여 '속죄'하게 하는 의미를 가진다(속죄형론)

⑥ 형벌의 목적은 '일반인'을 위하하여 장래의 범죄를 예방하려는 데에 있다(일반예방주의).

⑦ 범죄에 대하여 '균형'있는 형벌을 부과해야 하므로 부정기형에 반대한다(죄형균형론, 정기형주의).

⑧ 형사'책임'을 전제로 부과되는 '형벌'과 범죄인의 '사회적 위험성'을 전제로 부과되는 '보안처분'은 그 본질이 다른 것으로서 상호간에 대체가 있을 수 없다(이원론, 비대체성).

2. 실증학파(신파, 근대학파)

19세기 후반 자본주의의 모순과 도시화가 심화되자 범죄, 특히 누범과 소년범이 격증하였는데, 종래 구파의 철학적 · 관념적 형법이론으로서는 이러한 범죄현상에 무력하였으므로, 당시 급속히 발달한 자연과학적 방법을 사용하여 범죄의 원인을 실증적으로 연구하고 효과적인 범죄대책을 강구하려는 새로운 학파가 등장하게 되었다. 롬브로조, 페리, 가로팔로, 리스트 등을 중심으로 하는 이 학파를 신파 또는 근대학파, 실증학파라고 한다.

신파는 인간의 자유의사를 부정하고, 범죄를 범죄자 개인의 유전적 소질과 사회적 환경에서 나오는 필연적 산물로 이해한다(의사결정론). 따라서 형벌은 응보가 아니라 '범죄인'의 사회적 위험성(범죄적 성격)을 개선·교육하여 다시는 범죄를 저지르지 않도록 예방하는 목적을 가져야 한다고 주장한다(특별예방주의).

(1) 롬브로조

신파의 이론이 처음으로 전개된 것은 이탈리아의 법의학자 롬브로조(Cesare Lombroso, 1836-1909)가 쓴 1876년의 「범죄인론」이다. 롬브로조는 실증적 방법을 형법학에 도입하여 범죄'인'에 대하여 「생물학적·인류학적 연구」를 행하였고, 그 결론으로서 「생래적 범죄인설」을 주장하였다. 그는 수많은 범죄인의 신체적 특징, 특히 두개골의 특징을 관찰한 결과, 일정한 신체적 특징을 가지는 자는 선천적으로 범죄를 저지를 수밖에 없는 운명에 놓여 있다고 하였다. 그리고 범죄자들은 인류학적으로 원생인류에 유사한 특징을 가진 자로서 그 특징이 '격세유전'에 의하여 재현된 것으로 보았다. 따라서 범죄는 질병과 같이 사람의 「유전적 소질」이 결정하는 필연적 현상이므로, 종래의 관념적인 자유의사론을 배척하고 응보형론은 무의미하다고 하였다. 범죄인에 대한 처우는 범죄인의 개인적 특성에 맞추어 효과적인 방책을 마련해야 하는데, 생래범죄인은 교정이 불가능하므로 범죄로부터 사회를 방위하기 위하여는 영구격리 또는 도태처분을 해야 한다고 주장하였다.

롬브로조의 연구성과로 말미암아 범죄는 범죄자 자신의 자유의사에 의하여 선택되는 것이 아니고 자연현상처럼 자연과학적 인과율에 의하여 지배되는 사실이라는 점을 인식하게 됨으로써, 종래의 형법학은 사양길에 접어들게 되었으며 사회방위수단을 강구하기 위한 '형사정책'이 중시되었다.

범죄원인에 대한 롬브로조의 생물학적 연구방법은 후에 영국의 고링(Charles Goring)에 의한 실증적 반박을 비롯하여 적지 않은 반대에 부딪쳐 후퇴하는 듯 하였으나, 1960년대에는 고성능 전자현미경의 발달에 힘입어 포악한 살인범들의 염색체상의 이상이 「XYY형」으로 학계에 보고되는 등 재차 생물학적 연구가 부각되었으며, 최근 획기적인 유전공학의 진보를 고려한다면 범죄적 소질자에 대한 유전자 치료술이 개발될 수 있다는 전망을 갖게 하고 있다.

(2) 페 리

이탈리아의 페리(Enrico Ferri, 1856-1929)는 1880년에 출간한 그의 저서 「범죄사회학」에서, 범죄의 원인은 어느 한 가지로만 설명할 수는 없고, 롬브로조가 주장한 개인적(인류학적) 원인 이외에 정치제도 · 경제조직과 같은 사회환경적 원인 및 기후 · 풍토와 같은 자연적 원인 등 세 가지가 있다고 하면서, 그 중 가장 중요시해야 할 것을 사회적 원인으로 보아 범죄에 대한 「사회학적 연구」의 필요성을 강조하였다.

그는 자유의사라는 것은 순전히 '환상'에 불과하고, 인간의 의사와 행위는 위에 말한 세 가지 원인의 복합작용에 의하여 결정된다고 하였다. 그리고 한 사회에 있어서의 범죄의 발생량에 관하여 "일정한 개인적 · 사회적 · 자연적 조건하에서는 그에 상응하는 일정량의 범죄가 발생하기 마련이고, 그 이상도 그 이하도 발생하지 않는다"라는 주장을 펼치면서, 이를 「범죄포화의 법칙」이라고 불렀다.

이러한 관점에서 그는 형벌제도가 범죄방지에 무력하다고 보고 범죄발생의 원인이 되는 사회적 조건을 제거 또는 시정하는 '사회정책'에 의존해야 할 것이라고 한다. 그가 기초한 1921년의 이탈리아 형법초안－페리초안－은 책임 대신에 '위험성'을, 형벌 대신에 널리 '형벌에 대치할 제도'(사회방위처분)를 제시한 것으로 유명하다. 또 행위자의 위험성에 대한 사회방위처분이라는 의미에서 '사회적 책임론'을 주장하였다.

(3) 가로팔로

이탈리아의 가로팔로(Raffaele Garofalo, 1852-1934)는 「범죄학」이란 저서에서, 법률의 규정을 기다리지 아니하고 당연히 범죄로 되는 '자연범'과 법률이 범죄라고 규정하였기 때문에 비로소 범죄로 되는 '법정범'을 구별한 후에, 본질적인 범죄는 자연범으로 보고, 이 자연범에 있어서의 「심리학적 연구」를 중시하여 자연범의 원인은 범죄인의 범죄적 성격 내지 악성에 있다고 하였다. 그는 자연범의 경우 범죄인에게 이타적 감정, 연민과 성실의 감정이 결여되거나 퇴화되어 있다고 보았다. 그러므로 사회방위수단인 형벌도 범죄인의 악성에 대응하여, 개선가능한 성격의 범죄인에 대하여는 사회복귀를 위한 개선형(改善刑)이, 개선불가능한 성격의 범죄인에 대하여는 사회로부터 추방(영구격리)하는 것이 필요하다고 하였다.

(4) 리스트

리스트(Franz von Liszt, 1851-1919)는 예링(Jhering, 1818-1892)의 '목적법학'의 감화를 받아 목적관념을 형법이론에 도입하고, 독일 형법학계에서 신파를 주도한 학자이다. 그는 1882년 독일 마르부르그대학에의 교수취임 기념강연에서 「형법에 있어서의 목적관념」(Der Zweckgedanke im Strafrecht)이라는 획기적 논문－이를 Marburg강령이라고 한다－을 발표하였는데, 이 발표에서 리스트는 종래의 맹목적·본능적 응보형주의에 반대하고 형벌은 이성적 목적을 가져야 한다는 「목적형주의」를 내세웠으며 '보호형'(Schutzstrafe)의 필요성을 강조하였다. 그가 주장한 형벌의 주된 목적은 범죄인을 '개선'·교정하여 '재사회화'(사회복귀)에 기여하는 것이었다(개선형론).

또 "처벌되어야 할 것은 행위가 아니고 바로 행위자이다"라는 유명한 문장으로써 「행위자주의」형법을 대변하였다. 그는 형법의 초점을 행위자의 '사회적 위험성'에 맞추어야 한다고 하면서, 범죄인의 사회적 위험성의 종류에 상응하여 처우를 분류할 것이라고 하였다. 즉 교정가능한 범죄인에게는 개선형을, 교정불가능한 범죄인에게는 사회격리처분을 과할 것이라고 하였다. 특히 리스트는 범죄를 사회현상으로서 파악하여 범죄의 '사회적 원인'을 실증적으로 연구하였고 형벌의 사회적 효과를 중시하였다.

리스트의 이러한 형법사상은 주관주의(행위자주의), 목적형주의, 특별예방주의, 형벌의 개별화주의 등으로 모아질 수 있으며, 형사정책의 중요성을 강조하게 된다. 그는 1889년 국제형사학협회(I. K. V.)를 설립하여 국제적 규모로 활발한 형법개정운동을 전개하는 등, 자신의 형법사상을 실현하기 위한 노력도 아끼지 않았다. 독일의 형법개정작업에 있어서 리스트는 "과학에는 타협이 있을 수 없으나 입법에는 타협이 있을 수 있다"고 하여, 완고한 구파의 학자들과는 대조적인 자세를 보여 주었다.

(5) 그 외의 신파학자

롬브로조, 페리, 가로팔로 등 이탈리아의 실증학파 세 사람은 연구의 중심을 범죄로부터 범죄인으로 돌려놓았고, 상대적으로 범죄인에 대한 인류학적 연구에 주력하였으므로 「범죄인류학파」라고 일컬어진다.

이에 대하여 독일과 프랑스의 학자들은 범죄의 원인을 주로 사회적 견지에서 연구함으로써 「범죄사회학파」를 형성하였는데, 리스트 이외에 범죄징표설을 주장한 독일의 테자르(O. Tesar), 프랑스의 가로(R. Garraud, 1849-1930), 벨기에의 께뜰레(A. Quetelet, 1796-1874)와 프린스(A. Prins, 1845-1919), 네덜란드의 하멜(G. Hamel, 1842-1917) 등이 그 대표적 인물들이다. 특히 께뜰레는

1835년의 저서 「사회물리론」에서 범죄현상을 통계학적으로 연구하였으며(범죄통계학), 여기에서 "사회는 범죄를 예비하고, 범죄자는 그것을 실현하는 수단에 불과하다"라고 하는 의미심장한 말을 남겼다.

그 밖에 리스트의 목적형주의를 더욱 발전시켜 형벌의 목적은 범죄인을 '교육'하는 데 있다고 하는 「교육형주의」를 주장한 신파의 학자들이 있는데, 독일의 리이프만(M. Liepmann, 1869-1928), 이탈리아의 란자(V. Lanza), 스페인의 살다나(Saldana)가 이에 속한다. 란자는 "형벌은 교육적인 것이어야만 하고 그렇지 않으면 그 존재이유가 없다"고 주장한 바 있다.

(6) 요 약

신파의 형법이론은 형벌이 범죄에 대한 본능적인 반동으로서가 아니라 응보 이외의 이성적 목적을 가져야 한다고 주장하면서 범죄와 형벌에 대한 실증과학적 연구결과를 토대로 하여 범죄억제를 위한 효과적인 형사정책을 제시함으로써, 세계각국의 형법개정에 지대한 영향을 미친 바 있다.

신파의 형법이론에도 학자 개인에 따른 견해의 차이가 있으나 그 일반적 특징을 요약하면 다음과 같다.

① 19세기 후반 이래 유럽에 풍미한 '사회주의'와 '실증주의'를 사상적 배경으로 한다.

② 자유의사를 부정하면서 인간을 개인적 '소질'과 사회적 '환경'에 의하여 숙명적으로 결정되는 존재로 파악하는 점에서 신파의 인간관은 '구체적 숙명인'이다(의사결정론: determinism).

③ 범죄인의 사회적 위험성, 반사회적 '성격'을 근거로 한 '사회적 비난'을 책임의 본질로 한다(성격책임, 사회적 책임론).

④ 범죄행위는 행위자의 사회적 위험성이 '징표'된 것에 불과한 것으로서 사회적 위험성을 지닌 '행위자'를 형사책임의 대상으로 한다(행위자책임, 주관주의, 범죄징표설).

⑤ 형벌의 본질은 범죄로부터 사회를 방위하기 위하여 범죄인을 개선 · 교육하고 그 재사회화를 도모하려는 '목적'에 있으며, 형벌 그 자체가 목적이 될 수는 없다(목적형론, 상대주의, 사회방위주의, 개선형론, 교육형론).

⑥ 형벌의 목적은 '범죄인' 개인을 개선 · 교육하여 그 범죄인이 장차 범죄를 저지르지 않도록 예방하는 데에 있다(특별예방주의).

⑦ 형벌은 범죄인의 사회적 위험성의 개인차에 상응하여 '개별화'되어야 하고, 자유형의 기간은 형의 집행단계에서의 성과에 따라 결정될 수 있도록 '부정기'로 선고함이 타당하다(형벌의 개별화주의, 부정기형주의).

⑧ 형벌과 보안처분은 그 어느 것이나 범죄인의 사회적 위험성을 전제로 해서 부과된다는 점에서 본질이 동일하고 다만 범죄인을 개선·교육함에 있어서 무엇이 더 효과적인가 하는 합목적성의 차이가 있을 따름이며, 양자 상호간에 대체가 허용된다(일원론, 대체성).

Ⅲ. 형법사상의 근본적 대립상

근본적으로 보아 형법사상의 대립은 범죄관에 있어서는 객관주의와 주관주의의 대립으로, 형벌관에 있어서는 먼저 형벌의 '본질'에 관한 응보형주의와 목적형주의의 대립으로, 그 다음 형벌의 '목적'에 관한 일반예방주의와 특별예방주의의 대립으로 나타나고 있다.

1. 범죄관(犯罪觀)에 있어서 객관주의와 주관주의의 대립

객관주의와 주관주의의 대립은 범죄의 중점을 '행위'(범죄라는 침해사실)에 둘 것인가 아니면 '행위자'(범죄인의 반사회적 성격)에 둘 것인가 하는 문제에서 비롯된다.

(1) 객관주의

객관주의는 외부적 사실로서의 (범죄)행위 및 현실적으로 발생한 결과라는 객관적 측면에 중점을 두어 책임을 논하고 형벌을 부과해야 한다고 하는 구파의 행위중심의 형법사상이다(행위주의, 사실주의). 형벌의 분량도 발생한 결과로서의 실해(實害, 법익침해)의 정도 또는 위험의 정도를 대상으로 하여 정해질 것이라고 한다.

물론 객관주의에 있어서도 행위자의 주관적 측면을 완전히 무시하는 것은 아니다. 예컨대 어린이나 정신장애자의 범죄성립을 인정하지 아니하고, 또 고의·과실없는 행위는 범죄로 되지 아니한다고 하고 있다. 그러나 인간의 자유의사를 전제로 하여, 자유의사는 책임능력있는 모두에게 동등하게 주어진 것이므로, 범죄의 중점은 의사가 아니라 외부적 행위에 두어야 하고, 형벌도 범죄의 사실적 측면에 따라 과하여야 할 것이라고 한다.

이와 같이 객관주의는 범죄인의 범죄의사 내지 인격, 범죄동기 등에 치중하는 도덕형법을 배척하고, 형사책임의 대상을 외부적 행위와 실해(實害)에 둠으로써[86] 국가형벌권의 행사를 제한하여 개인의 자유와 권리를 보장하려고 하였다.

(2) 주관주의

주관주의는 범죄의 중점을 객관적 사실로서의 행위에 두지 않고, 범죄인의 내부적 세계에 속하는 성격 내지 인격에 두려는 신파의 행위자중심의 형법사상이다(행위자주의). 따라서 형사책임과 형벌은 행위를 통하여 징표된 행위자의 반사회적 성격을 대상으로 해서 정해야 하고, 형벌의 분량도 범죄인의 악성 내지 사회적 위험성에 대응할 것이라고 한다.

주관주의는 행위자의 인격, 성격, 범행동기 등의 주관적·내면적 요소에 치중한다. 객관주의가 처벌하려는 것은 행위인 데 비하여, 주관주의가 처벌하려는 것은 행위자이다. "처벌되어야 할 것은 행위가 아니고 바로 행위자이다" 라는 리스트의 말은 주관주의의 형법사상을 단적으로 보여주고 있다.

물론 주관주의도 행위라는 객관적 요소를 전적으로 무시하는 것은 아니다. 다만 행위를 행위자로부터 추상한 행위로서가 아니라 행위자의 행위로서, 즉 범죄인의 성격을 징표하는 것으로 이해하는 것이다. 비유적으로 말하자면, 수면 '위'에 드러난 빙산의 일각을 범죄라고 할 때 수면 '아래'에서 보이지 않는 빙산의 큰 부분이 범죄의 바탕이 되는 범죄인의 반사회적 성격이라고 할 수 있고, 이 후자에 보다 더 주목하자는 것이다.

주관주의는 범죄의 원인에 대한 실증적 연구의 결과, 범죄를 범인의 개인적 성격과 사회적 환경에 의하여 결정되는 필연적 현상으로 이해하고, 행위와 결과라는 외형이 동일하다고 하더라도 범죄인의 범죄적 성격이 완전히 동일한 것은 아니므로, 책임과 형벌을 범죄인의 반사회성에 대응해서 정할 것이라고 한다. 따라서 주관주의는 당연히 형벌의 '개별화'를 주장하게 된다.

2. 형벌관(刑罰觀)에 있어서 응보형주의와 목적형주의의 대립

형벌이론에 있어서 응보형주의와 목적형주의는 형벌의 '본질'을 어떻게 파

---

86) 예컨대 포이에르바하는 중세 유럽 종교재판에서의 범죄관인 기독교윤리규범위반에서가 아니라 '권리에 대한 침해'에서 범죄의 실질을 찾았다.

악하겠는가 하는 점에서 대립하고 있다.

(1) 응보형주의

범죄는 정의에 반하는 행위이며 이 범죄에 대한 '응보'로서의 형벌은 정의의 당연한 요청이라고 보는 구파의 형법사상이 응보형주의이다. 형벌의 '본질'을 정의의 요구에 기한 해악으로서의 응보로 이해하고, 응보 이외의 다른 형벌목적을 인정하지 않으면서 응보적 해악으로서의 형벌 자체를 자기목적으로 한다는 의미에서 응보형주의를 '절대주의'라고도 한다.

응보의 관념에는 ① 첫째 선인선과(善因善果)·악인악과(惡因惡果)라는 형이상학적 인과율의 입장에서 악행에 대한 응분의 보답(惡報)이라는 의미의 응보가 있다. ② 둘째 동(動)에 대한 반동(反動), 인간의 본능에 뿌리를 둔 보복의 법감정에서 나오는 응보이다. 이 때 응보적 형벌은 해악형 내지 고통형으로 이해된다. ③ 끝으로 응보를 범죄에 대한 신의 섭리, 신의 의사의 표현이라는 종교적 응보관도 있다.

그런데 형법학에 있어서 응보형주의는 자유의사론을 기초로 하는 도의적 책임론과 속죄사상에서 유래하고 있다. 즉 자유의사를 가진 범죄인이 범죄의사를 형성한 데 대한 도의적 비난으로서의 책임이 인정되고, 형벌은 이와 같은 도의적 책임비난으로부터 해제된다는 의미에서의 '속죄'이다(속죄형). 응보형은 범죄자 본인에게 '정죄'(淨罪: 죄를 씻어냄)의 효과를 자아낸다. 정죄 후에 범죄자는 정신적으로 후련해지고 '다시 태어난'(born again) 느낌을 갖는다.

오늘날 형벌의 '목적'에 있어서 응보형주의의 절대적 성격은 해악으로서의 응보 이외에 다른 형벌목적을 인정하려는 상대주의로 이행하였다. 구파의 입장에 선다고 하더라도 형벌의 목적은 형벌의 위하력에 의하여 '사회 일반인'의 범죄를 방지하려는 '일반예방'에 있다고 하는 '상대적' 응보형주의가 보편화되어 있다(일반예방주의). 즉 오늘날의 응보형론은 형벌의 본질과 목적을 구별하여, 형벌의 본질은 응보지만 그 목적은 응보이외의 것에 두는 점에서 목적론적으로 상대화한 응보형주의이다.

(2) 목적형주의

응보형주의는 형벌을 과거의 범죄에 대한 반동으로 이해하므로 형벌은 단지 회고적인 것에 불과하고 아무런 전망적인 기능을 수행할 수 없었다. 그러나 19세기 후반 실증적 연구의 결과, 범죄발생에는 개인적·사회적 조건이 결정적으로 작용한다는 사실을 깨닫게 되자, 종래 관념적인 입장에서 자유의사론을 전제로 하는 응보형주의에 대립하여, 새로이 의사결정론에 입각한 목적형주의가 제창되고 형벌의 전망적 기능을 검토하게 되었다.

목적형주의는 형벌의 본질은 응보가 아니라 응보 이외의 이성적 목적을 달성하는 데에 있다는 신파의 형벌관이다. 형벌의 본질과 목적을 상대적 의미로 이해하는 점에서 '상대주의'라고도 한다.

여기에서 형벌의 목적은 범죄로부터 사회를 방위하고 보호하는 데 있다는 '사회방위주의' 내지 '보호형주의'가 등장하고, 사회방위는 범죄인을 개선·교육하여 건전한 시민으로 재사회화시켜 장래의 범죄를 예방함으로써 달성될 수 있다고 보아 '특별예방주의' 및 '개선형주의'·'교육형주의'를 주장하게 된다. 그 내용은 후술하는 특별예방주의의 항목에서 다루기로 한다.

3. 형벌목적에 있어서 일반예방주의와 특별예방주의의 대립

일반예방주의와 특별예방주의는 범죄예방이라는 형벌의 '목적'을 사회 일반인과 범죄인 중 어느 쪽에서 달성할 것인가 하는 점에서 대립한다.

(1) 일반예방주의

(가) 일반예방주의의 전통적 의의 일반예방주의는 형벌의 대(對)사회적 작용에 중점을 두어, 고통으로서의 형벌을 과함으로써 '사회 일반인'을 위하·경계하여 최소한 '잠재적인' 범죄인으로 하여금 장차 범죄를 저지르지 않도록 예방하려는 것을 형벌의 목적으로 삼는 구파의 형벌관이다. 한 사람의 범죄인을 처벌함으로써 백 사람에게 위하의 효과를 발휘하고자 하는 '일벌백계'의 형벌목적을 가지고 있다.

그러므로 일반예방주의는 형벌의 위하효과·엄격성·가혹성에 주목한다. 일반예방주의에는 형벌의 '집행'에 의한 일반예방과 형벌의 '예고' 또는 '규정'에 의한 일반예방이 있다. 전자는 형벌의 집행을 준엄하게 하고 이를 공개하여 일반인에 대한 위하력을 통하여 범죄예방의 목적을 달성하려고 하는 것인데, 고대와 중세 이래 프랑스혁명시까지 일반적으로 행하여졌다. 후자는 '법률'에 형벌을 명확히 규정하고 이를 일반국민에게 널리 주지시키며 법의 실효성을 확보함으로써 일반인에 대한 범죄예방의 효과를 거두려는 것인데, 포이에르바하의 심리강제설이 그 이론적 근거를 제공하였다.

(나) 「적극적」 일반예방주의의 대두 형벌에는 법질서의 불가침성을 사회에 실증하여 일반국민의 법질서에 대한 복종과 신뢰를 강화하는 적극적 기능의 측면이 있다. 이에 따라 1970년대 이후 독일의 형법학자들은 일반예방주의를 '소극적' 측면과 '적극적' 측면으로 구분하고 후자의 측면을 조명하려는 경향을 보이고 있으며,[87] 현재 우리나라에서도 적극적 일반예방주의가 부각되고 있다.[88]

「소극적」 일반예방효과는 일반인 또는 잠재적 범죄인에 대한 '위하'를 의미하는 데 반해, 「적극적」 일반예방효과는 법질서의 유지와 관철력에 대한 일반국민의 '신뢰의 보존·강화'를 뜻한다. 형벌의 위하효과에서 기대하는 것은 사회 일반인이 법률에 예고된 형벌을 알게 됨으로써 법규위반에 주저하게 될 '저지선'을 마련코자 하는 점에 있다. 이에 비하여 일반예방의 적극적 측면은, 형벌로써 표명된 사회윤리적 반가치판단을 통해서 사회 일반인이 법에 충실한 자신의 심정을 확인·강화하고 자아실현을 가능하게 할 '신뢰기반'을 조성해 준다는 점에 있다. 적극적 일반예방주의는, 형벌이 국민의 법준수 의식에 내면화함으로써 "사회를 안정시키고 통합하는 기능"과[89] "법질서에 대한 신뢰를 강화하는 기능"을 발휘할 것을 기대하고 있다. 소극적 일반예방은 자유의 '제한'에, 적극적 일반예방은 자유의 '허용'과 '강화'에 관심을 갖는다.

사자성어(四字成語)를 빌어 압축적으로 표현하자면, '소극적' 일반예방주의는 '일벌백계'(一罰百戒)를 형벌목적으로 하는 것이고, '적극적' 일반예방주의는 '일벌백안'(一罰百安: 한 사람을 처벌함으로써 백 사람을 안심시킨다)을[90] 형벌목적으로 하는 것이다.

(2) 특별예방주의

특별예방주의는 범죄인에 대한 형벌의 작용에 중점을 두고, 범죄인을 개

87) Bernhard Haffke, Tiefenpsychologie und Generalprävention, 1976, S. 58 ff.; Jakobs, AT, 1/27 ff.; Roxin, AT, 1. Bd., §3 Rn. 26 f.; Heinz Zipf, Kriminalpolitik, 2. Aufl., 1980, S. 85 f.

88) 김성돈, 41면 이하; 김/서, 29면; 박상기, 16면; 배종대, 31-4면; 안동준, 11면; 이재상, 51면; 정/박, 40면.

89) 치프(Zipf)는 적극적 일반예방의 기능을 통합기능(Integrationsfunktion)이라고도 표현한다(Kriminalpolitik, S. 86).

90) 이를테면 성폭력범죄에 있어서는 성폭력범죄자를 처벌함으로써 여자들이 "안심하고" 외출할 수 있도록 하고, 학교폭력범죄에 있어서는 폭력학생을 처벌함으로써 아이들이 "안심하고" 학교에 다닐 수 있도록 하는 것이다. 범죄자가 법대로 처벌되는 것을 보고, 일반 국민은 '법을 신뢰'하며, 법의 보호 아래 '안심'하고 살아간다.

선·교육하여 '범죄인'이 다시는 범죄를 저지르지 않도록 예방하려는 것을 형벌의 목적으로 삼는 신파의 형벌관이다(개선형주의, 교육형주의). 따라서 형벌은 범죄인의 '재사회화' 내지 '사회복귀'에 기여하고자 하는 임무를 지닌다.

일반예방주의와는 달리 범죄예방효과의 대상을 범죄인 개인에게 두고 있다는 점에서 범죄인의 반사회성에 따른 '분류'가 중요하고 또 그 분류에 대응하여 '처우'의 방법도 달리하게 된다. 여기에서 '형벌의 개별화'가 요청된다. 이와 같이 범죄인에 따라 개별적으로 사회복귀수단을 강구해야 한다면, 범죄인에게 형을 선고 또는 집행하기보다는 이를 유예하거나 자유형의 집행중이라도 조기에 석방하는 것이 더욱 효과적일 수도 있으므로, 형의 선고유예제도, 형의 집행유예제도, 가석방제도 등이 필요하게 된다.

형벌의 분량도 범죄인의 개선효과와 사회복귀에 대한 전망 등에 의하여 결정될 것이고, 범죄행위와 결과라는 객관적 사실의 경중에 의하여 결정될 것은 아니다. 예컨대 우발범인에 대해서는 형벌을 경(輕)하게 하거나 전술한 유예제도를 활용하여 사회복귀를 촉진할 것이고, 위험한 상습누범에 대하여는 중(重)한 형벌을 과하거나 보안처분에 의해 사회격리를 달성하고자 할 것이다.

이제까지 언급한 구파와 신파의 대립상을 간략한 표로 작성해 보자면 다음과 같다.

	구파(고전학파)	신파(근대학파)
성립시기	18세기 후반-19세기	19세기 후반 이후
시대사상적 배경	자유주의·개인본위	실증주의·사회본위
인 간 상	추상적 이성인 자유의사론(비결정론)	구체적 숙명인 의사결정론(소질과 환경)
범 죄 론	행위주의 객관주의	행위자주의(반사회적 성격) 주관주의(범죄징표설)
책 임 론	책임의 기초: 의사책임 도의적 책임론	책임의 기초: 성격책임 사회적 책임론
형 벌 론	본질: 응보형론(절대주의) 목적: 일반예방주의 (형벌의 위하력) 정기형	본질: 목적형론(상대주의) 목적: 특별예방주의(개선형) 사회방위주의 부정기형, 형벌의 개별화
보안처분론	이원론(본질상 형벌과 다름) 형벌과의 대체성: 부정	일원론(본질상 형벌과 같음) 형벌과의 대체성: 긍정

Ⅳ. 형법학파에 있어서 대립의 지양(止揚)과 결합설

1. 자유의사론과 의사결정론

인간관에 있어서 구파의 자유의사론과 신파의 의사결정론은 형법학에서뿐만이 아니라 철학, 신학, 윤리학, 심리학 등에서도 오랜 세월 동안 고구(考究)해 온 주제로서 아직도 다툼이 있다.

절대적 자유의사를 인정하는 구파의 입장은 구체적인 범죄에 있어서 인간이 소질과 환경의 영향을 받는다는 사실을 전적으로 무시하는 점에서 비판을 받고 있다. 또한 신파는 인간이 숙명적으로 결정되는 측면만을 보고, 오로지 본능의 지배를 받는 동물과는 달리 인간은 충동을 억제하고 자신의 가치관에 따라 행위를 조종할 수 있으며 목적과 의미를 추구하는 주체적 존재라는 점을 간과하고 있다는 비판을 받고 있다.

자유의사를 둘러싼 이제까지의 방대한 연구성과를 돌이켜 보면, 증명될 수 없는 문제를 가지고 과도한 연구의욕을 보이는 것은 비생산적인 관념론에 도취할 염려가 있다는 결론에 다다른다. 따라서 엄밀한 증명에 매달리는 것보다는 "상대적인 범위 내에서" 인간의 자유의사를 책임론의 출발선상에 놓고 논의를 진행하는 것이 가능하기도 하고 또한 필요하기도 하다.

인간은 소질과 환경의 "제약"을 받기는 하지만 "결정"되지는 않는다. 인간은 한편으로는 소질과 환경의 제약을 받으면서 다른 한편으로는 자유롭게 의사를 결정하여 행동하고 그 결과에 대하여 책임질 줄 아는 주체적 존재이다. 자유와 책임은 불가분의 관계에 있는 것으로 "자유없는 책임은 없다"라는 명제는 형법에서 결코 포기될 수 없는 것이다. 이러한 의미에서 절대적 자유의사가 아니라 "상대적 자유의사"가 인정된다고 하겠다(상대적 자유의사론, 연성결정론(軟性決定論, soft determinism)).[91]

2. 객관주의와 주관주의

역사적으로 보아 객관주의는 계몽사상의 개인주의·자유주의를 신봉하여

91) 자유의사의 긍정은 김/서, 388면; 박상기, 217-8면; 배종대, 418-9면; 손해목, 586면; 신동운, 344-5면; 오영근, 398면; 이재상, 289-90면; 이형국, 181-2면; 정/박, 297면; 진/이, 412면.

국가형벌권의 제한과 인권보장을 목표로 하였으나, 개인의 자유보장을 중시한 나머지 형법의 사회방위기능을 소홀히 한 문제점이 있었다.

이에 반하여 주관주의는 사회위주의 전체주의사상에 기초하여 범죄로부터의 사회방위에 치중한 나머지 개인의 자유보장을 위태롭게 한 문제점이 있었다.

근본적으로 범죄는 객관적 요소와 주관적 요소의 양자가 결합되어 있는 것이므로, 범죄에 대한 기본관념도 객관적 요소인 행위 및 결과와 주관적 요소인 범죄의사 및 반사회적 성격을 종합한 가운데 제시되어야 할 것이고, 두 요소 중 어느 하나에 치중하는 것은 타당치 못하다고 하겠다.

3. 응보형주의와 목적형주의 및 결합설

응보형주의와 목적형주의, 그리고 일반예방주의와 특별예방주의는 각각 형벌의 본질과 목적을 밝힘에 있어서 어느 일면만을 강조한 단점이 있으므로, 오늘날에는 두 학파의 대립을 지양하고 그 장점을 결합하는 입장이 지배적이다.

형벌은 그 본질상 범죄에 대한 응보로서 책임주의는 '범죄행위'에 상응한 책임(행위책임)을 요청하고 있고, 또한 정당한 형벌이란 범죄와 행위책임에 상응한 형벌을 의미한다. 형법의 자유보장적 기능은 행위책임을 한도로 할 때 지켜진다는 점에서 구파의 장점이 있다. 행위자의 범죄적 위험성을 근거로 한 성격책임(행위자책임)과 사회방위만을 목적으로 한 형벌은 은연중에 과잉처벌로 나아갈 위험성을 안고 있다.

그렇지만 형벌은 형벌 그 자체로 끝나서는 안되고 범죄로부터 사회를 방위하기 위한 목적에 기여할 때에 비로소 그 실천적 의의가 있는 것이므로, 행위책임을 한도로 해서 이번에는 일반예방과 특별예방이라는 신파의 형벌목적과 접목되어야 한다. 입법자나 법관·검사·교도관과 같은 법집행자는 일반인의 범죄예방과 범죄인의 교정을 위하여 무엇이 가장 효과적인 형벌수단인가 하는 합목적성의 검토에 항상 고심해야 할 것이다.

이상을 종합해 보자면, 「정당한」 형벌이라는 관점에서 행위책임(응보형주의)을 형벌의 '상한'으로 하고, 「효과적인」 형벌이라는 관점에서 일반예방목적과 특별예방목적(목적형주의)을 형벌의 '하한'으로 활용한다는 것이 된다.

이러한 절충적 입장을 「결합설」(또는 합일설)이라고 하여, 현재 다수의 학

자가 지지하고 있다.[92]

Ⅴ. 현행형법의 입장

형법학파의 대립은 제2차 세계대전이 끝난 후 서서히 약화되고 두 학파를 절충해야 할 이론적 필요성도 깨닫게 되어, 오늘날은 그 대립이 거의 종식된 단계에 이르렀고 역사적 의의로서 반추되고 있는 실정이다. 물론 두 학파가 우리에게 범죄와 형벌에 대한 기본관념을 심어 주고 개별적 형법문제의 해결을 지도하는 형법사상을 제공해 준 근본적 의의를 결코 잊어서는 안된다.[93]

현행형법도 '절충적' 입장에서 한편으로는 객관주의(응보형주의)에 입각하고 있으면서 다른 한편으로는 광범위하게 주관주의(목적형주의)를 도입하고 있다.

현행형법이 단순한 범죄의사나 행위자의 위험성만에 대하여 처벌하지 않고, "…행위를 한" 자를 요건으로 하여 처벌하는 것은 행위형법, 즉 객관주의의 입장에 서 있는 것이다. 그러나 예외적으로 예비·음모를 처벌하는 것은 주관주의에 가까운 태도이다. 특히 현행형법이 미수범에 대하여 기수범과 구별하고 '예외적'으로 처벌하는 것(제29조)은 객관주의적 표현이고, 미수범의 처벌을 기수범의 형에 대해 필요적 감경이 아니라 '임의적' 감경사유로 한 것(제25조 제2항)은 주관주의적 표현이다.

형벌론에 있어서도 현행형법이 형의 선고유예제도(제59조)와 집행유예제도(제62조), 가석방제도(제72조), 보호관찰 및 사회봉사명령·수강명령과 같은 보안처분제도(제62조의 2 등), 누범가중(제35조), 상습범가중(제264조 등), 양형조건의 참작(제51조), 정상참작감경(제53조) 등을 규정한 것은 '특별예방주의'를 광범위하게 도입한 것이라고 볼 수 있다.

---

92) 김성돈, 44-5면; 배종대, 43면 이하; 손동권, 19면; 신동운, 8면; 안동준, 12면; 이재상, 57면; 이형국, 440면; 진/이, 64면; 차용석, 72면 이하.

93) 이형국, 32-3면에서는 두 학파의 논쟁이 형법적 안목을 심오하게 해 주었다는 점에서 매우 유익한 것으로 평가하고 있다.

제5절 형법의 적용범위(효력)

형법의 적용범위에 관한 문제는 ① 어느 시점의 행위에 대하여(시간적 적용범위) ② 어느 장소에서 행해진 행위에 대하여(장소적 적용범위) ③ 누구에게(인적 적용범위) 형법이 적용되는가라는 각도에서 제기된다. 형법의 적용범위는 바로 형법의 법률적 효력이 미치는 범위(효력범위)를 의미하므로, 시간, 장소, 사람이라는 세 가지 대상영역에 따라 각각 시간적 효력, 장소적 효력, 인적 효력의 문제로 바꾸어 볼 수도 있다.

형법의 적용범위는 형법 제1조 내지 제7조와 부칙에 규정되어 있다.

Ⅰ. 시간적 적용범위

1. 원칙: 행위시법주의(구법주의)

형법의 시간적 적용범위는 원칙적으로 형법이 효력을 발생한 날로부터 폐지(실효)되기까지이다. 즉 이 기간에 일어나는 행위에 대해서 형법이 적용된다.

문제는 '행위시의 형법'(행위시법, 구법)과 '재판시의 형법'(재판시법, 신법)이 다른 경우에 제기된다. 이는 범죄행위시와 재판시 사이에 형법의 '개폐(改廢)'가 있을 경우에 어느 형법을 적용하여 재판할 것인가 하는 시제형법(時際刑法)의 문제로서 다루어지고 있다. 이에 관하여 행위시법주의(구법주의)와 재판시법주의(신법주의)가 대립할 여지가 있으나, 형법에 있어서는 죄형법정주의의 '소급효금지원칙'에 따라 재판시법의 소급적용이 금지되고 '행위시'의[94] 형법이 적용됨이 원칙이다(**헌법 제13조 제1항 전단**). 행위시에는 범죄가 되지 않는 행위가 재판시법에서는 범죄가 되는 경우라든가, 행위시법에 비하여 재판시법의 형벌이 더 무거운 경우에는 결코 재판시법을 적용해서는 안된다. 우리 형법도 행위시법주의를 원칙으로 하여, 제1조 제1항에서 "범죄의 성립과 처벌

94) "범죄의 성립과 처벌은 행위시의 법률에 의한다(형법 제1조 제1항)고 할 때의 '행위시'라 함은 범죄행위의 종료시를 의미한다"(**대판 1994. 5. 10, 94 도 563**. 同旨, 대판 1986. 7. 22, 86 도 1012-전원합의체).

은 행위시의 법률에 따른다"라고 규정하고 있다.

2. 예외: 재판시법주의(신법주의)

죄형법정주의는 당연히 행위시법주의를 요청하지만, '재판시'의 형법을 적용했을 때 행위자(피고인)에게 '유리'하다면 재판시법을 적용하여 소급효를 인정하는 것이 하등 죄형법정주의에 위배되는 것은 아니고 오히려 바람직하다고 말할 수 있다. 즉 행위자에게 유리한 경우에는 예외적으로 재판시법주의를 받아들이는 것이 가능하다. 우리 형법도 이러한 정신에 입각하여 제1조 제2항에서는 "범죄 후 법률이 변경되어 그 행위가 범죄를 구성하지 아니하게 되거나 형이 구법보다 가벼워진 경우에는 신법에 따른다"라고 규정하고 있다.

행위자에게 유리한 경우는 ① 행위시법에 의하면 범죄로 성립하였던 행위가 재판시법에 의하면 범죄를 구성하지 아니하게 된 경우와 ② 행위시법의 형보다 재판시법의 형이 가벼워진 경우로 나누어 볼 수 있다.

(1) 법률이 변경되어 범죄를 구성하지 않게 된 경우

행위시법에 의하면 범죄로 성립하였던 행위가 재판시법에서는 더 이상 범죄가 되지 않는 경우에는 행위자에게 유리한 재판시법이 적용된다. 이 경우는 형사소송법 제326조 제4호 "범죄 후의 법령개폐로 형이 폐지되었을 때"에 해당하여, 법원은 '면소판결'을 선고하게 된다. 문제된 행위가 행위시법에 따르면 처음부터 범죄를 구성하지 않는 경우에는 무죄판결(형소법 제325조)을 선고함이 당연하지만, '행위시법에 따르면 범죄를 구성하되' 재판시법에 의할 때 비로소 범죄를 구성하지 않게 된 경우에는 그 법적 취급을 달리함이 타당하기 때문이다.

형법 제1조 제2항에서 "범죄후"라 함은 범죄구성요건에 해당하는 행위의 종료 후를 의미한다. 따라서 실행행위 후의 결과발생을 포함하는 것은 아니다. 1개의 행위가 형법의 시행 전후에 걸쳐서, 즉 신·구 양 형법에 걸쳐서 이루어진 경우에는 형법의 시행 이후에 행한 것으로 본다(95년 개정형법 부칙 제3조).

(가) 법률의 변경의 해석 "법률의 변경"이란 문구에서의 법률은 「총체적 법률상태」로 해석해야 한다.[95] 즉 형식적 의의의 법률에 국한되지 아니하고 명령, 규칙, 조례, 백지형법에서의 충전규정 등을 포함하는 의미이며,[96] 법률도

95) 김/서, 46면; 박상기, 43면; 배종대, 122면; 손해목, 74면; 안동준, 24면; 이재상, 33면; 이형국, 33면; 정/박, 47면; 진/이, 96면.

96) 이러한 해석은 피고인에게 '유리한' 방향이므로 죄형법정주의, 특히 법률주의에 반하지 아

형법만이 아니고 실체법으로서의 형법에 영향을 미칠 수 있는 다른 법률을 포함한다.[97] 그러나 절차법인 형사소송법의 변경은 법률의 변경에 포함되지 않는다.

대법원은 "형법 제1조 제2항과 형사소송법 제326조 제4호에서 말하는 법령의 변경은 해당 형벌법규에 따른 범죄의 성립 및 처벌과 직접 관련된 것이어야 하고, 이는 결국 해당 형벌법규의 가벌성에 관한 형사법적 관점의 변화를 전제로 한 법령의 변경을 의미하는 것"이라고 함으로써, 종래 견지해 왔던 이른바 '동기설'을 폐기했다.[98] '동기설'은, 범죄 후 법령의 변경에 의하여 그 행위가 범죄를 구성하지 아니하게 되거나 형이 가벼워진 경우 형법 제1조 제2항과 형사소송법 제326조 제4호를 적용하여 피고인에게 유리하게 변경된 신법에 따를 것인지에 관하여, 법령의 변경에 관한 입법자의 동기를 고려하여 형법 제1조 제2항과 형사소송법 제326조 제4호의 적용 범위를 제한적으로 해석하는 것이다. 즉, 형벌법규 제정의 이유가 된 법률이념의 변경에 따라 종래의 처벌 자체가 부당하였다거나 또는 과형이 과중하였다는 반성적 고려에서 법령을 변경하였을 경우에만 형법 제1조 제2항과 형사소송법 제326조 제4호가 적용된다고 해석하여, 이러한 경우가 아니라 그때그때의 특수한 필요에 대처하기 위하여 법령을 변경한 것에 불과한 때에는 이를 적용하지 아니하고 행위 당시의 형벌법규에 따라 위반행위를 처벌하여야 한다는 것이다.[99] 그런데 동기설에 있어서 사실관계의 변화와 법적 견해의 변경이라는 동기의 구별은 '상대적'인 것으로서 그 구별이 쉽지 않을 뿐만 아니라 당해 형사사건의 정치적 성격이 강할수록 법관의 자의에 맡겨질 위험이 큰 학설이라고 하겠다. 대법원은, 법령 변경의 동기가 반성적 고려에 따른 경우에만 형법 제1조 제2항과 형사소송법 제326조 제4호가 적용된다고 보는 것은 법문에 없는 추가적인 적용 요건을 설정하는 것이고 이러한 목적론적 축소해석은 처벌 범위의 확장

니한다.

97) 예컨대 존속살해죄(형법 제250조 제2항)에서 직계존·비속의 범위에 영향을 미치는 민법의 변경(1990. 1. 13. 민법개정으로 인한 민법 제773·774조의 삭제)이 포함된다.

98) 대판 2022. 12. 22, 2020 도 16420－전원합의체(전동킥보드 음주운전 행위에 대하여 구 도로교통법위반(음주운전)죄로 기소된 사안에서, 재판 진행 중 개정 도로교통법(2020. 6. 9. 법률 제17371호로 개정된 것)의 시행에 따라 법정형이 종전보다 가벼워진 사안).

99) 그러한 법리에 따른 것으로서, 대판 1963. 1. 31, 62 도 257; 1978. 2. 28, 77 도 1280; 1980. 7. 22, 79 도 2953; 1982. 10. 26, 82 도 1861; 1984. 12. 11, 84 도 413; 1997. 12. 9, 97 도 2682; 2003. 10. 10, 2003 도 2770; 2010. 3. 11, 2009 도 12930; 2013. 7. 11, 2013 도 4862 등.

으로 이어지게 된다고 한다. 그와 같은 관점에서 대법원은, 범죄의 성립과 처벌에 관하여 규정한 형벌법규 자체 또는 그로부터 수권 내지 위임을 받은 법령의 변경에 따라 범죄를 구성하지 아니하게 되거나 형이 가벼워진 경우에는, 종전 법령이 범죄로 정하여 처벌한 것이 부당하였다거나 과형이 과중하였다는 반성적 고려에 따라 변경된 것인지 여부를 따지지 않고 원칙적으로 형법 제1조 제2항과 형사소송법 제326조 제4호가 적용된다고 한다.[100] 이로써 대법원은 동기설을 폐기하고 형법 제1조 제2항과 형사소송법 제326조 제4호에서 말하는 '법령의 변경'의 기준으로서 '형사법적 관점의 변화'를 제시하고 있다.[101]

(나) 헌법재판소의 위헌결정을 받은 법률 '헌법재판소나 법원의 재판권의 행사'로 형벌법령의 효력이 상실된 경우는 형법 제1조 제2항에서의 '법률의 변경'에 포함되지 않는다.[102] 법령의 효력에 대한 재판권의 행사(사법작용)는 기본적으로 헌법 또는 법령에 대한 '해석'에 지나지 않으므로, (광의의) 입법권의 행사(입법작용)로 이루어진 법률의 변경 범위에서 제외해야 할 것이기 때문이다. 환언하자면, 법'해석'에 따른 법률의 변경과 법'정립'(法定立-입법)에 따른 법률의 변경은 구별해야 한다. 이 구별 실익은, 헌법재판소의 위헌결정으로 효력이 상실된-위헌 무효가-된 형벌법규를 적용하여 기소된 형사사건은 ㉠ 면소판결이 아니라 '무죄판결'을 받게 된다는 점(판례),[103] 그리고 ㉡ 유

---

100) 대판 2022. 12. 22, 2020 도 16420-전원합의체. 이에 따르면, "형벌법규가 대통령령, 총리령, 부령과 같은 법규명령이 아닌 고시 등 행정규칙·행정명령, 조례 등(이하 '고시 등 규정'이라고 한다)에 구성요건의 일부를 수권 내지 위임한 경우에도 이러한 고시 등 규정이 위임입법의 한계를 벗어나지 않는 한 형벌법규와 결합하여 법령을 보충하는 기능을 하는 것이므로, 그 변경에 따라 범죄를 구성하지 아니하게 되거나 형이 가벼워졌다면 마찬가지로 형법 제1조 제2항과 형사소송법 제326조 제4호가 적용된다. 그러나 해당 형벌법규 자체 또는 그로부터 수권 내지 위임을 받은 법령이 아닌 다른 법령이 변경된 경우 형법 제1조 제2항과 형사소송법 제326조 제4호를 적용하려면, 해당 형벌법규에 따른 범죄의 성립 및 처벌과 직접적으로 관련된 형사법적 관점의 변화를 주된 근거로 하는 법령의 변경에 해당하여야 하므로, 이와 관련이 없는 법령의 변경으로 인하여 해당 형벌법규의 가벌성에 영향을 미치게 되는 경우에는 형법 제1조 제2항과 형사소송법 제326조 제4호가 적용되지 않는다."

101) 대판 2022. 12. 22, 2020 도 16420-전원합의체 외에도, 대판 2023. 2. 23, 2022 도 4610(개인파산사건 및 개인회생사건 신청 대리가 법무사의 업무로 추가된 법무사법 개정이 형법 제1조 제2항 및 형사소송법 제326조 제4호가 적용되는 사안에 해당하는지에 관한 사건) 참조.

102) 헌재의 위헌결정의 경우 同旨, 김성돈, 형법총론, 제3판, 2011, 82면.

103) 대법원은 헌법재판소의 위헌결정으로 소급하여 효력을 상실한 형벌법규를 적용하여 기소한 피고사건에 대하여 면소판결이 아니라 '무죄판결'을 선고해야 한다는 입장이다(대판 2020. 5. 28, 2017 도 8610; 2014. 7. 10, 2011 도 1602; 2014. 7. 10, 2008 도 4260; 2013. 5. 16, 2011 도 2631-전원합의체; 2011. 9. 29, 2009 도 12515; 2011. 6. 23, 2008 도 7562-전원합의체 등). 다만

죄의 확정판결을 받은 피고인은 재심청구(**헌법재판소법 제47조 제4항, 제5항**)가 가능하며, ㉢ 재심관할법원의 무죄판결을 전제로 형사보상을 청구할 수 있다(형사보상 및 명예회복에 관한 법률 제2조, 제26조 참조)는 점에 있다.

헌재의 위헌결정에 따른 형벌법규의 효력상실은 '소급효'를 갖는다(**헌법재판소법 제47조 제3항 본문**). 그런데 헌법재판소법은 2014년 5월 20일의 개정에서 제47조 제3항을 신설하면서, 그 '단서'로 "다만, 해당 법률 또는 법률의 조항에 대하여 종전에 합헌으로 결정한 사건이 있는 경우에는 그 결정이 있는 날의 다음 날로 소급하여 효력을 상실한다"라는 규정을 두었다. 이 단서규정을 신설한 '취지'는 '헌법재판소가 형벌법규에 대하여 위헌결정을 한 경우에 그 소급효를 인정하되, 헌법재판소가 종전에 당해 형벌법규에 대하여 합헌으로 결정하였던 적이 있다면 합헌결정 이후에 한하여 소급효가 미치도록 함으로써, 종래의 합헌결정 이전의 확정판결에 대한 무분별한 재심청구를 방지하고 합헌결정에 실린 당대의 법감정과 시대상황에 대한 고려를 존중하려는 것'에 있다.[104] 합헌결정이 있기까지의 시대상황과 국민의 법감정은 문제된 행위를 '범죄시'(犯罪視)하였으나, 이제 위헌결정이 내려진 시점에서의 시대상황과 범감정은 더 이상 범죄시하지 아니하는 까닭에, 즉 '비범죄시'되는 까닭에[105] 소급효의 '제한'을 가르는 시점을 합헌결정일 전후로 규정한 것이다. 이 단서규정이 신설됨으로써 헌법재판소가 형벌규정에 대하여 위헌결정을 내리는 데 가질 수 있는 부담, 무엇보다도 과거 유죄판결이 확정된 피고인들이 광범위하게 재심과 형사보상을 청구할 우려가 있다는 부담이 대폭 덜어지고, 형벌규정에 대한 위헌결정에 보다 적극적 자세를 보일 수 있을 것으로 판단된다. 이에 따라 간통죄처벌규정(형법 제241조)에 대한 헌법재판소의 위헌결정(헌재 2009 헌바 17 등 - 전원재판부)이 2015년 2월 26일에 선고된 바 있다.

헌재의 위헌결정에 따른 형벌법규의 효력상실의 '소급효'가 종래 합헌결정

혼인빙자간음죄에 대한 헌법재판소의 위헌결정(헌재 2009. 11. 26, 2008 헌바 58)이 있은 후, 위계간음행위를 '면소판결'의 대상이 된다고 한 대법원판결(대판 2014. 4. 24, 2012 도 14253)은 헌재의 위헌결정에 따라 구 형법 제304조(혼인빙자간음죄)를 삭제한 국회의 '형법개정'(2012. 12. 18.)이 행해진 '다음에' 선고된 것이므로, 형법 제1조 제2항에 해당하는 면소사유로 이해해야 할 것이다.

104) 법제처, 2014. 5. 20. 헌법재판소법 개정이유 참조. 헌재 2016. 4. 28, 2015 헌바 216.

105) 사회적 행위론은 이러한 범죄관을 잘 설명해준다. "시대가 변하면, 형법상의 행위개념도 변한다"(본서, 127면).

이 있었기에 '제한'되는 경우에 ① 종래 있었던 합헌결정일 다음 날 '이후에' 범해진 행위에 대하여는 ㉠ '무죄판결'이 선고되고, ㉡ 당해 행위가 이미 유죄의 확정판결을 받았다면 피고인은 '재심'을 청구할 수 있으며 재심관할법원의 무죄판결을 전제로 '형사보상청구'가 가능하다. ② 그러나 합헌결정일 '이전에' 범해진 행위에 대하여는 '유죄판결'이 선고되며, 이미 선고된 유죄의 확정판결에 대하여 재심청구가 불가능함은 당연하다.

종래 합헌결정이 내려진 적이 전혀 없는 경우에는 위헌결정의 소급효가 전면적으로 인정되어 당해 행위에 대해 무죄판결이 선고되든가 재심청구가 허용된다.

(2) 법률이 변경되어 형이 구법보다 가벼워진 경우

법률의 변경에 의하여 재판시법의 형이 행위시법의 형보다 가벼워진 경우에는 행위자에게 유리한 재판시법이 적용된다. 재판시법에서 형이 무거워진 경우라든가 형의 경중에 차이가 없는 경우에는 제1항에 의하여 행위시법이 적용된다.

범죄 후 법률의 변경이 여러번 있은 까닭에 행위시법과 재판시법 사이에 '중간시법'이 있는 경우에는 모든 법을 비교하여 행위자에게 가장 유리한 법, 즉 가장 가벼운 법을 적용해야 한다.[106] 이때 재판시법주의는 '행위자에게 가장 유리한 법의 우선 적용의 원칙'으로 넘어간다.[107]

"형이 구법보다 가벼워진 경우"에 있어서의 '형'은 법정형을 의미하고, 형의 '경 중'은 형법 제50조에 의거한다. 그리고 형의 경중은 주형(主刑)뿐만 아니라 주형이 동일한 경우에는 몰수와 같은 '부가형'까지도 비교하여 판단하여야 한다.

(3) 한시법의 문제

형법 제1조 제2항의 재판시법주의에 대한 예외로서 한시법을 인정할 것인가 하는 문제가 있다.

(가) 한시법의 개념 「한시법」이란 개념은 협의로는 "미리 일정한 유효기간을 명시하여 제정한 법률"을 말하고, 광의로는 "목적이나 내용상 일시적 사정에 대응하기 위하여 제정된 법률", 즉 임시법을 포함하는 의미로 사용된다.

---

106) 대판 1968. 12. 17, 68 도 1324; 1962. 5. 17, 61 형상 76 등.

107) 독일 형법 제2조 제3항의 '가장 경한 법 적용의 원칙'(Anwendungsprinzip des mildesten Gesetzes).

전자의 예로는 1988년의 올림픽기간시위금지법이 있고, 후자의 예로는 국가적 위기에 발해지는 대통령의 긴급명령(헌법 제76조)이 있다.

(나) 한시법의 효력 행위시에 발효중인 한시법에 의하면 범죄였던 행위가 재판시에는 한시법이 실효되어 범죄를 구성하지 않게 되었음에도 불구하고 형법 제1조 제2항에 따르지 않고 재판시에까지 행위시법인 한시법의 「추급적 효력」(追及效)을 인정할 것인가 하는 점이 한시법이론의 논의대상이 되어 있다. 그런데 한시법의 효력에 관하여 형법 또는 한시법 자체에 유효기간 중의 위법행위에 대하여 유효기간이 경과한 후에도 추급효를 인정한다는 명시적인 규정을 두고 있는 경우에는 아무런 문제가 발생하지 않는다.[108] 우리 형법과 같이 한시법의 추급효를 인정하는 규정이 없는 경우에 이론상 문제가 발생하는 것인데, 그러한 명문규정이 없음에도 불구하고 행위시법의 추급효를 인정하는 이론을 '한시법이론'이라고 한다. 그러나 한시법의 추급효를 인정할 것이냐에 관하여는 견해가 대립하고 있다.

(a) 추급효 인정설 한시법의 추급효를 인정하고자 하는 견해의[109] 논거로는 ① 한시법이 실효된 후에 추급효를 인정하지 않는다면 실효시기가 가까워질수록 위반행위가 속출할 우려가 있어서 법의 목적과 위신을 유지할 수 없으며, ② 행위시에는 처벌규정이 있고 행위의 범죄성과 반윤리성도 엄연히 존재하므로 재판시까지 추급효를 인정한다고 하더라도 죄형법정주의에 반하는 것은 아니라는 점이 제시된다.

대법원은 "법령이 개정 내지 폐지된 경우가 아니라, 스스로 유효기간을 구체적인 일자나 기간으로 특정하여 효력의 상실을 예정하고 있던 법령이 그 유효기간을 경과함으로써 더 이상 효력을 갖지 않게 된 경우도 형법 제1조 제2항과 형사소송법 제326조 제4호에서 말하는 법령의 변경에 해당한다고 볼 수 없다"라고 함으로써[110] (협의의) 한시법의 효력에 관하여 결과적으로는 추급효 인정설을 취하고 있다.

(b) 추급효 부정설 한시법의 추급효를 부정하는 견해(다수설)의[111] 논거로

---

108) 예컨대 독일형법 제2조 제4항은 "일정한 기간 동안 효력이 있는 법률은 그 법률이 실효된 경우에도 그 효력이 있는 기간 중에 행해진 행위에 대하여 적용한다. 다만 법률이 달리 규정하고 있는 때에는 그러하지 아니하다"라고 규정하고 있다.

109) 유기천, 37면.

110) 대판 2022. 12. 22, 2020 도 16420-전원합의체.

는 ① 한시법의 효력상실도 법률의 변경에 해당하므로 형법 제1조 제2항을 적용해야 하고, ② 우리 형법에 한시법의 추급효를 인정하는 특별규정이 없기 때문에 당연히 제1조 제2항을 따라야 하는데 만일 이를 따르지 않고 행위자에게 불이익을 준다면 죄형법정주의에 위배되는 것이며, ③ 추급효를 인정하지 않는다면 실효시기가 가까워질수록 위반행위가 증가하여 법의 실효성을 유지할 수 없다는 지적은 정책적 이유일 뿐이지 형법적 이유는 될 수 없으므로 왜곡된 법해석으로 해결해서는 안된다는 점 등을 들고 있다.

(c) 결 론 한시법이론에 있어서도 법해석상 뛰어넘어서는 안될 한계는 죄형법정주의이다. 따라서 우리 형법에 한시법의 추급효를 인정하는 명문규정이 없는 이상, '해석론'으로써 형법 제1조 제2항의 적용을 배제하여 행위자에게 불이익한 방향으로 결론을 내릴 수는 없다고 본다. 행위시에 처벌규정이 있기 때문에 죄형법정주의와 무관한 법규범 본질론의 문제라는 반론이 있지만, "형법 제1조 제2항에 대한 위반"으로서의 죄형법정주의위배라는 점은 명백하다. 한시법에 대하여는 형법 또는 단행법률에서 '형법 제1조 제2항의 적용을 배제한다'는 명문규정을 둔다면, 위와 같은 논의가 근본적으로 해소되고 법적 안정성을 기할 수 있는 장점이 있으므로, 입법적 해결이 가장 바람직하다고 하겠다.

(4) 재판이 확정된 후 법률이 변경되어 범죄를 구성하지 않게 된 경우

형법 제1조 제3항은 "재판이 확정된 후 법률이 변경되어 그 행위가 범죄를 구성하지 아니하게 된 경우에는 형의 집행을 면제한다"라고 규정하고 있다. 재판이 확정되었으므로 범죄의 성립을 인정한 유죄판결 자체는 그대로 유효하지만, 형이 확정된 자와 형이 확정되지 아니한 자 사이에 공평을 기하기 위한 취지에서 형확정자에 대하여 형의 집행만을 면제하는 것이다.

(5) 관련문제

(가) 백지형법(白地刑法) 백지형법이란 하나의 조문에 구성요건과 형벌을 모두 규정하고 있는 완전형법에 대칭되는 개념으로서, 예컨대 형법 제112조(중립명령위반죄)와 같이 "일정한 형벌만을 규정하고 형벌의 전제가 되는 구

111) 권오걸, 51면; 김성돈, 84면; 김성천, 38면; 김/김, 67면; 김신규, 82면; 김/서, 49면; 박상기, 46면; 배종대, 129면; 성낙현, 44면; 손동권, 52면; 손해목, 81면; 신동운, 54면; 안동준, 26면; 오영근, 78-9면; 이영란, 52면; 이형국, 39면; 정/박, 52면; 정영일, 59면; 조준현, 112면; 진/이, 101면; 황산덕, 36면.

성요건의 전부 또는 일부를 다른 법률이나 명령 또는 고시와 같은 행정처분에 위임하고 있는 형벌법규"를 말한다. 공백형법이라고도 하며, 백지형법의 공백을 보충하는 규정을 보충규범 또는 충전규범이라고 한다. 백지형법은 행정형법, 특히 경제형법의 영역에 많이 존재한다.

그런데 백지형법에 있어서 보충규범만이 개폐되는 경우를 형법 제1조 제2항의 '법률의 변경'에 해당하는 것으로 볼 수 있는가 그리고 이를 긍정하는 경우에도 추급효를 인정할 수 있느냐에 관하여 견해의 대립이 있다.

① 첫째 견해에 의하면, 보충규범의 개폐는 형벌의 전제인 구성요건의 내용의 변경으로서 형법 제1조 제2항의 "법률의 변경"에 해당하지 않으므로 동조항이 적용되지 않고 행위시법에 의하여 처벌된다고 한다(전면적 처벌설).[112]

② 둘째 견해에 의하면, "법률의 변경"은 구성요건과 분리해서 논할 수 없는 것이므로 보충규범의 개폐로 인한 구성요건의 변경이 있으면 법률의 변경도 있는 것이고, 만일 보충규범이 폐지된다면 제2항이 적용되어 면소판결이 내려져야 하고 보충규범의 추급효도 부정하고자 한다(전면적 면소설: 다수설).[113]

③ 셋째 견해에 의하면, 보충규범의 개폐는 당연히 "법률의 변경"에 해당하지만 한시법이론에 의하여 보충규범의 추급효를 인정하고자 한다(한시법의 추급효 처벌설).[114]

④ 넷째 견해에 의하면, 보충규범의 개폐가 구성요건을 정하는 법규 자체를 변경시키는 경우에는 "법률의 변경"이 되지만 단순히 구성요건에 해당하는 사실면이 변경되어 법규내용의 변경을 초래한 경우에는 법률의 변경이 아니며, 전자의 경우에는 추급효를 부정하고 후자의 경우에는 추급효를 인정하고자 한다(구분설).[115]

⑤ 형법 제1조 제2항에서 법률의 변경이란 '총체적 법률상태'의 변경을 의미하므로 보충규범의 개폐도 당연히 법률의 변경에 해당하며, 전술한 바와 같이 한시법의 추급효를 부정하는 결론에서 보자면 ②의 견해가 타당하다고 하겠다.

112) 진/이, 103면; 황산덕, 34면.

113) 김성돈, 89면; 김/서, 50면; 김종원, "한시법에 관하여(完)", 월간고시, 1978. 2, 98면; 박상기, 47면; 배종대, 131면; 손동권, 54면; 손해목, 83면; 신동운, 56면; 안동준, 27면; 오영근, 74면; 이영란, 54면; 이형국, 40면; 정/박, 53면; 정영일, 67-8면; 정/신, 46면; 차용석, 137면.

114) 이정원, 46면; 이재상, 41면 이하.

115) 강구진, "형법의 시간적 적용범위에 관한 고찰", 권문택교수화갑기념논문집, 1983, 16면; 남흥우, 59면.

(나) 고시의 변경 경제통제법령에 있어서 처벌법규가 백지형법으로 규정되고 그 공백을 충전하는 보충규범은 행정처분의 일종인 고시인 경우가 많다. 이 때 고시의 변경이 형법 제1조 제2항의 "법률의 변경"에 해당하느냐 하는 논의가 있다. 동조항의 "법률"은 '총체적 법률상태'를 의미하는 것으로서 형식적 의의의 법률에 국한되지 아니하고 법률보다 하위에 있는 행정처분도 포함되므로, 고시의 변경은 당연히 동조항의 법률의 변경에 해당한다고 보아야 한다.[116] 즉 고시의 변경은 백지형법에 있어서 보충규범의 변경의 한 장면에 불과하다. 따라서 재판시에 고시가 폐지되었으면 고시의 유효기간 중의 위반행위는 범죄를 구성하지 아니하는 것으로 되어 면소판결을 받게 된다.

Ⅱ. 장소적 적용범위

형법은 어떠한 장소에서 발생한 범죄에 대하여 적용될 것인가라는 문제에 있어서 다음과 같은 네 가지 입법주의가 있다. 형법의 장소적 적용범위에 관한 규정을 「국제형법」(國際刑法)이라고 하는데, 국제형법의 성격은 국제법이 아니라 국내법이다.

1. 속지주의(屬地主義)

속지주의는 自國의 영역 내에서 발생한 모든 범죄에 대하여 범죄인의 국적에 관계없이 자국의 형법을 적용한다는 원칙이다. 자국의 영역에는 영토, 영해, 영공이 포함된다. 그리고 속지주의의 연장으로 기국주의(旗國主義)가 있다. 기국주의는 국외를 운항중인 자국의 선박이나 항공기 내에서 발생한 범죄에 대하여 자국의 형법을 적용한다는 원칙인데, 속지주의의 특별한 경우로 이해된다.

속지주의는 국가주권에 근거를 두고 있으며 소송경제상의 장점이 있어서 대부분의 국가가 우선적으로 채택하고 있는 입법주의이다. 그러나 국외에서 발생한 범죄에 대하여 형벌권을 행사할 수 없다는 문제점 때문에 다른 입법주의에 의한 보완을 필요로 한다.

---

116) 김/서, 51면; 배종대, 131면; 손해목, 84면; 이영란, 54면; 이형국, 41면; 정/박, 55면; 진/이, 103면.

2. 속인주의(屬人主義)

속인주의란 자국민(自國民)이 범한 범죄에 대하여는 범죄지의 여하를 불문하고 자국의 형법을 적용한다는 원칙이다.[117] 국적주의(國籍主義)라고 할 수도 있다. 속인주의에는 자국민의 외국에서의 범죄 일반에 대하여 자국형법을 적용하는 적극적 속인주의와 외국에서 자국 또는 자국민의 법익을 해하는 자국민의 범죄에 대해서만 자국형법을 적용하는 소극적 속인주의가 있다.

그런데 속인주의만을 채택하는 경우에는 자국 내에서 자국민에게 피해를 주는 외국인의 범죄를 처벌하지 못하게 되는 단점이 있고, 외국에서 범죄를 범한 자국민은 속인주의에 따른 자국형법을 적용받는 이외에 외국의 속지주의에 따른 외국형법의 적용도 받게 되는 형법적용의 충돌, 그리고 이중국적자도 두 국가의 형법적용을 받게 되는 형법적용의 충돌이라는 문제점이 발생한다.

3. 보호주의(保護主義)

보호주의는 자국 또는 자국민의 법익을 해하는 범죄행위에 대하여는 범죄지와 범죄인의 국적에 관계없이 자국형법을 적용한다는 원칙이다. 실질주의라고도 한다. 보호주의는 속지주의와 속인주의를 보완하는 장점이 있으나, 자국 또는 자국민의 법익을 보호하기 위해서 일방적으로 자국형법을 적용하기 때문에 외국과의 마찰이 생길 우려가 있다. 따라서 보호주의의 대상이 되는 범죄의 범위를 법률로써 제한하는 입법례도 있으며, 국제협약에 의하여 조절하기도 한다.

4. 세계주의

세계주의란 범죄지와 범죄인의 국적 여하를 불문하고 인류공동의 법익을 해하는 범죄행위에 대하여는 세계가 연대하여 대처하고자 자국형법을 적용한다는 원칙이다. 인류공동의 법익을 해하는 반인도적인 범죄로는 마약거래, 해적, 인신매매, 인질, 통화위조, 테러행위, 항공기납치[118] 등이 있다.

---

117) "형법 제3조는 '본법은 대한민국 영역 외에서 죄를 범한 내국인에게 적용한다'고 하여 형법의 적용범위에 관한 속인주의를 규정하고 있는 바, 필리핀국에서 카지노의 외국인출입이 허용되어 있다 하여도, 형법 제3조에 따라, 피고인에게 우리나라 형법이 당연히 적용된다"(**대판** 2004. 4. 23, 2002 도 2518; 2001. 9. 25, 99 도 3337).

118) "중국민간항공기 납치사건: [판시사항] 가. 외국인에 의한 국외에서의 민간항공기 납치

5. 현행형법의 입장

현행형법은 장소적 적용범위에 있어서 속지주의를 원칙으로 하면서 속인주의와 보호주의를 보충적으로 채택하고 있다. 세계주의를 명시한 규정도 점차 도입되고 있다. 관련규정을 살펴보자면 다음과 같다.

(1) 속지주의의 원칙

형법 제2조는 "본법은 대한민국영역 내에서 죄를 범한 내국인과 외국인에게 적용한다"라고 하여 '속지주의'의 원칙을 규정하고 있다. "죄를 범한"이라고 하는 것은 범죄의 행위나 결과 중 그 어느 것이 대한민국영역 내에서 발생하여도 우리나라 형법을 적용한다는 뜻이다.

그리고 형법 제4조는 "본법은 대한민국영역 외에 있는 대한민국의 선박 또는 항공기 내에서 죄를 범한 외국인에게 적용한다"라고 규정하여, 속지주의의 연장으로서 '기국주의'를 채택하고 있다.

(2) 속인주의와 보호주의에 의한 보충

형법 제3조는 "본법은 대한민국영역 외에서 죄를 범한 내국인에게 적용한다"라고 규정하여 '속인주의'를 보충적으로 채택하고 있다.[119] 여기에서 "내국인"이라 함은 범죄행위시에 대한민국의 국적을 가진 자를 가리킨다.

그리고 형법 제5조는 "본법은 대한민국영역 외에서 다음에 기재한 죄를 범한 외국인에게 적용한다. 내란의 죄, 외환의 죄, 국기에 관한 죄, 통화에 관

사건에 대한 아국(我國)의 항공기운항안전법 적용 여부. [판결요지] 가. 항공기운항안전법 제3조, '항공기내에서 범한 범죄 및 기타 행위에 관한 협약'(토오쿄협약) 제1조, 제3조, 제4조, '항공기의 불법납치 억제를 위한 협약'(헤이그협약) 제1조, 제3조, 제4조, 제7조의 각 규정들을 종합하여 보면, 민간항공기 납치사건에 대하여는 항공기등록지국에 원칙적인 재판관할권이 있는 외에 항공기 착륙국인 우리나라에도 경합적으로 재판관할권이 생기어, 우리나라 항공기운항안전법은 외국인의 국외범까지도 적용대상이 된다"(**대판** 1984. 5. 22, 84 **도** 39).

119) 속인주의에 따라 내국인의 국외범에 대하여 우리 형법이 적용되지만, 행정형법의 경우에 그 '입법취지'를 고려하여 내국인의 국외범을 처벌할 수 없는 경우도 있다는 대법원판결이 있다. "판결요지: … 의료법의 목적, 우리나라 보건복지부장관으로부터 면허를 받은 의료인에게만 의료행위 독점을 허용하는 입법취지 및 관련 조항들의 내용 등을 종합하면, 의료법상 의료제도는 대한민국 영역 내에서 이루어지는 의료행위를 규율하기 위하여 체계화된 것으로 이해된다. 그렇다면 구 의료법 제87조 제1항 제2호, 제27조 제1항이 대한민국 영역 외에서 의료행위를 하려는 사람에게까지 보건복지부장관의 면허를 받을 의무를 부과하고, 나아가 이를 위반한 자를 처벌하는 규정이라고 보기는 어렵다. 따라서 내국인이 대한민국 영역 외에서 의료행위를 하는 경우에는 구 의료법 제87조 제1항 제2호, 제27조 제1항의 구성요건 해당성이 없다"(대판 2020. 4. 29, 2019 도 19130).

한 죄, 유가증권·우표와 인지에 관한 죄, 문서에 관한 죄 중 제225조 내지 제230조, 인장에 관한 죄 중 제238조"라고 규정하고, 제6조에서는 "본법은 대한민국영역 외에서 대한민국 또는 대한민국국민에 대하여 전조에 기재한 이외의 죄를 범한 외국인에게 적용한다. 단, 행위지의 법률에 의하여 범죄를 구성하지 아니하거나 소추 또는 형의 집행을 면제할 경우에는 예외로 한다"라고 규정함으로써,[120] 외국인의 국외범이라도 '보호주의'에 입각하여 우리 형법을 적용할 수 있음을 밝히고 있다.[121]

(3) 세계주의의 도입 추세

형법 제5조 제4호와 제207조 제3항을 체계해석하면, 행사할 목적으로 외국에서 외국통화를 위조한 외국인에게 우리나라 형법을 적용할 수 있으므로 '세계주의'에 입각한 형법규정으로 볼 수 있다. 그 밖에 2013. 4. 5.자로 신설된 형법 제296조의 2는 "제287조부터 제292조까지 및 제294조는 대한민국영역 밖

---

120) "형법 제5조, 제6조의 각 규정에 의하면, 외국인이 외국에서 죄를 범한 경우에는 형법 제5조 제1호 내지 제7호에 열거된 죄를 범한 때와 형법 제5조 제1호 내지 제7호에 열거된 죄 이외에 대한민국 또는 대한민국 국민에 대하여 죄를 범한 때에만 대한민국 형법이 적용되어 우리나라에 재판권이 있게 되고, 여기서 '대한민국 또는 대한민국 국민에 대하여 죄를 범한 때'라 함은 대한민국 또는 대한민국 국민의 법익이 직접적으로 침해되는 결과를 야기하는 죄를 범한 경우를 의미한다. 그런데 형법 제234조의 위조사문서행사죄는 형법 제5조 제1호 내지 제7호에 열거된 죄에 해당하지 않고, 위조사문서행사 행위를 형법 제6조의 대한민국 또는 대한민국 국민의 법익을 직접적으로 침해하는 행위라고 볼 수도 없으므로, 이 사건 공소사실 중 캐나다 시민권자인 피고인이 캐나다에서 위조사문서를 행사한 행위에 대하여는 우리나라에 재판권이 없다고 할 것이다. … (또한) 형법 제6조 본문에 의하여 외국인이 대한민국 영역 외에서 대한민국 국민에 대하여 범죄를 저지른 경우 우리 형법이 적용되지만, 같은 조 단서에 의하여 행위지의 법률에 의하여 범죄를 구성하지 아니하거나 소추 또는 형의 집행을 면제할 경우에는 우리 형법을 적용하여 처벌할 수 없고, 이 경우 행위지의 법률에 의하여 범죄를 구성하는지 여부에 대해서는 엄격한 증명에 의하여 검사가 이를 입증하여야 한다"(**대판** 2011. 8. 25, 2011 도 6507).

121) "법인 소유의 자금에 대한 사실상 또는 법률상 지배·처분 권한을 가지고 있는 대표자 등은 법인에 대한 관계에서 자금의 보관자 지위에 있으므로, 법인이 특정 사업의 명목상의 주체로 특수목적법인을 설립하여 그 명의로 자금 집행 등 사업진행을 하면서도 자금의 관리·처분에 관하여는 실질적 사업주체인 법인이 의사결정권한을 행사하면서 특수목적법인 명의로 보유한 자금에 대하여 현실적 지배를 하고 있는 경우에는, 사업주체인 법인의 대표자 등이 특수목적법인의 보유 자금을 정해진 목적과 용도 외에 임의로 사용하면 위탁자인 법인에 대하여 횡령죄가 성립할 수 있다. 이는 법인의 대표자 등이 외국인인 경우에도 마찬가지이므로, 내국 법인의 대표자인 외국인이 내국 법인이 외국에 설립한 특수목적법인에 위탁해 둔 자금을 정해진 목적과 용도 외에 임의로 사용한 데 따른 횡령죄의 피해자는 당해 금전을 위탁한 내국 법인이다. 따라서 그 행위가 외국에서 이루어진 경우에도 행위지의 법률에 의하여 범죄를 구성하지 아니하거나 소추 또는 형의 집행을 면제할 경우가 아니라면 그 외국인에 대해서도 우리 형법이 적용되어(형법 제6조), 우리 법원에 재판권이 있다"(대판 2017. 3. 22, 2016 도 17465).

에서 죄를 범한 외국인에게도 적용한다"고 규정함으로써 형법 제31장 '약취, 유인 및 인신매매의 죄'에 대하여 '세계주의'가 적용됨을 명문화하였다(조문-제296조의 2-의 표제도 세계주의로 붙임).

2007년 12월 21일 제정 · 시행된 '국제형사재판소 관할범죄의 처벌 등에 관한 법률'(약칭: 국제형사범죄법, 법률 제8719호)은 전쟁범죄 · 집단살해죄 · 인도에 반한 죄 등에 대하여 공소시효의 적용을 배제하고 처벌할 수 있는 국내법적 근거를 마련함과 동시에, 그 적용범위에 관하여 다른 입법주의와 더불어 '세계주의'를 함께 규정하고 있다(제3조 제1항 내지 제5항 참조).[122]

2016. 3. 3.에 제정된 '국민보호와 공공안전을 위한 테러방지법'(약칭: 테러방지법) 제19조는 "제17조의 죄는 대한민국 영역 밖에서 저지른 외국인에게도 국내법을 적용한다"라고 규정함으로써 테러범죄에 대하여 세계주의를 도입하고 있다(조문 표제도 세계주의로 붙임). 동법 제17조의 테러범죄는 테러단체 구성죄, 테러단체 가입죄, 테러단체 지원죄, 테러단체 가입에의 권유 · 선동죄이다.

6. 이중처벌의 완화

세계각국은 형법의 적용에 있어서 여러 입법주의를 병행하고 있기 때문에 외국형법에 의한 처벌과 우리 형법에 의한 처벌이 이중으로 가능하다는 문제점이 발생한다. 그런데 헌법 제13조 제1항 후단에서 "동일한 범죄에 대하여 거듭 처벌받지 아니한다"라고 한 이중처벌금지의 원칙(일사부재리의 원칙)은 '국내법'상의 원칙이므로, 외국형법에 따라 처벌받은 자를 국내형법에 의거하여 재차 처벌하는 것이 허용되지만, 범죄자의 입장에서 보자면 이중의 과잉처벌을 받게 되는 부당함이 있다.

과잉금지의 원칙에 위배된다는 이유로 헌법재판소의 헌법불합치 결정(헌재 2015. 5. 28, 2013 헌바 129-전원재판부)을 받은 형법 제7조(외국에서 집행된 형의 산입)는 다음과 같이 개정(2016. 12. 20.)되었다. "죄를 지어 외국에서 형의 전부 또는 일부가 집행된 사람에 대해서는 그 집행된 형의 전부 또는 일부를 선고하는 형에 산입한다." 따라서 외국에서 집행된 형의 산입은 임의적이 아니고, '필요적'이다. 외국에서의 형의 집행에 미결구금은 포함되지 않는다.[123]

---

122) 동법 제3조 제5항 "이 법은 대한민국영역 밖에서 집단살해죄 등을 범하고 대한민국영역 안에 있는 외국인에게 적용한다."

2003년 12월 31일에 제정 · 시행된 '국제수형자이송법'(법률 제7033호)은 외국과의 조약체결을 전제로 하여(제3조), 외국에서 자유형을 선고받은 대한민국 국민을 일정한 요건하에 국내로 이송하여(제11조 제1항), 국내에서 그 자유형을 집행할 수 있도록 규정하고 있다(제15-17조).

7. 형법의 실효성의 확보

속인주의 또는 보호주의를 적용하여 '외국에 있는 자국민이나 외국인'에게 우리 형법이 적용된다고는 하지만, 실제로 우리나라의 형사재판권을 행사하여 형벌을 부과함으로써 형법의 '실효성'을 관철하는 것은 다른 차원의 문제이다.

그러므로 형법의 실효성을 확보하기 위하여 외국과 범죄인인도조약(국내법으로는 범죄인인도법이 있음)과 국제형사사법공조조약(국내법으로는 국제형사사법공조법이 있음)이 체결되고 있으며,[124] 범죄수사상의 국제적 협력을 위해서는 국제형사경찰기구(interpol)가 있다.

Ⅲ. 인적 적용범위

형법은 시간적 적용범위와 장소적 적용범위에 들어 오는 모든 사람에게 적용되는 것이 원칙이다. 즉 형법의 인적 적용범위는 원칙적으로 형법의 시간

123) "다수의견: 형법 제7조는 "죄를 지어 외국에서 형의 전부 또는 일부가 집행된 사람에 대해서는 그 집행된 형의 전부 또는 일부를 선고하는 형에 산입한다."라고 규정하고 있다. 이 규정의 취지는, 형사판결은 국가주권의 일부분인 형벌권 행사에 기초한 것이어서 피고인이 외국에서 형사처벌을 과하는 확정판결을 받았더라도 그 외국 판결은 우리나라 법원을 기속할 수 없고 우리나라에서는 기판력도 없어 일사부재리의 원칙이 적용되지 않으므로, 피고인이 동일한 행위에 관하여 우리나라 형벌법규에 따라 다시 처벌받는 경우에 생길 수 있는 실질적인 불이익을 완화하려는 것이다. 그런데 여기서 '외국에서 형의 전부 또는 일부가 집행된 사람'이란 문언과 취지에 비추어 '외국 법원의 유죄판결에 의하여 자유형이나 벌금형 등 형의 전부 또는 일부가 실제로 집행된 사람'을 말한다고 해석하여야 한다. 따라서 형사사건으로 외국 법원에 기소되었다가 무죄판결을 받은 사람은, 설령 그가 무죄판결을 받기까지 상당 기간 미결구금되었더라도 이를 유죄판결에 의하여 형이 실제로 집행된 것으로 볼 수는 없으므로, '외국에서 형의 전부 또는 일부가 집행된 사람'에 해당한다고 볼 수 없고, 그 미결구금 기간은 형법 제7조에 의한 산입의 대상이 될 수 없다"(대판 2017. 8. 24, 2017 도 5977－전원합의체).

124) 우리나라와 범죄인인도조약이 체결되어 있는 국가로는 미국, 호주, 캐나다, 스페인, 필리핀, 칠레, 아르헨티나 등이 있고, 국제형사사법공조조약이 체결되어 있는 국가로는 미국, 호주, 캐나다, 프랑스 등이 있다. 국제형사재판소와의 관계에 있어서도 범죄인인도법과 국제형사사법공조법이 준용된다(국제형사재판소 관할범죄의 처벌 등에 관한 법률 제19조 및 제20조).

적 적용범위와 장소적 적용범위 내에 있는 모든 사람이다.

그러나 형법의 인적 적용범위의 '예외'에 속하는 사람이 있다. 다음과 같은 사람들에게는 형법이 적용되지 않는다고 일반적으로 설명하고 있지만, 정확히 표현하자면 형법이 적용되지 않는 것이 아니라—따라서 형법의 효력이 미치지만—, ① 형사소송법상 소추요건이 결여되거나(헌법 제84조: 대통령의 형사상 특권의 경우) ② 국내 형사재판권을 행사할 수 없거나(국제법상의 치외법권자의 경우)(형사소송법 제327조 제1호 참조) ③ 인적 형벌조각사유(헌법 제45조: 국회의원의 면책특권의 경우)가 될 따름이다. 그러므로 엄밀히 말하자면 형법이 적용되지 않는 예외자는 없다.

1. 국내법상의 특례

'대통령'은 내란 또는 외환의 죄를 범한 경우를 제외하고는 재직중 형사상의 소추를 받지 아니한다(헌법 제84조). 대통령의 재직중의 형사상 특권은 소추요건이므로 퇴직 '후'에는 형사소추가 가능하다.

'국회의원'은 국회에서 행한 발언과 표결에 관하여 국회 외에서 책임을 지지 아니한다(헌법 제45조). 국회의원의 면책특권은 국회의원의 신분을 상실한 이후에도 인정되므로 그 형법적 성격은 인적 형벌조각사유로 파악함이 타당하다.

2. 국제법상의 특례

국제법상 치외법권을 누리는 외국의 원수·외교관 및 그 가족, 내국인이 아닌 종자에 대해서는 주재국의 형사재판권이 미치지 않는다.[125)]

우리나라와 협정이 체결되어 있는 외국의 군대에 대하여도 그 협정내용에 따라 우리나라는 형사재판권을 행사할 수 없다. 예컨대 대한민국에서의 美軍의 지위에 관한 협정(1967. 2. 9. 조약 제232호)의[126)] 경우가 그러하다.

---

125) 1961년 Wien협약 제31조 제1항 "외교관은 접수국의 형사관할권으로부터의 면제를 누린다."
126) SOFA(Status of Forces Agreement).

제 2 편

범 죄 론

제1장 범죄론의 기초
제2장 구성요건해당성론
제3장 위법성론
제4장 책임론
제5장 범죄의 실현단계와 미수론
제6장 정범과 공범의 이론
제7장 범죄의 특수형태

제 1 장 범죄론의 기초

범죄의 일반적인 형태는 '고의의 작위범'인데, '과실범'과 '부작위범'은 범죄의 특수형태를 보이는 것으로서 고의범 및 작위범과는 다른 특이점을 다분히 내포하고 있다. 따라서 범죄론 분야에서는 고의의 작위범을 '기본형'으로 삼아 이에 관한 일반론을 먼저 고찰한 후에, 범죄의 특수형태로서 과실범, 결과적 가중범, 부작위범을 별개의 장(제7장)에서 취급하기로 한다.

제 1 절 범죄의 개념 · 주체 · 객체 · 종류

Ⅰ. 범죄의 개념

형법에는 범죄개념을 내용적으로 정의한 규정은 없다. 범죄의 개념은 실질적 관점과 형식적 관점에서 파악할 수 있는데, 각각의 관점에 따라 '실질적 범죄개념'과 '형식적 범죄개념'으로 구별된다. 형식적 범죄개념은 현행 실정형법상의 법률질서에서 도출되는 범죄개념(범죄의 법률적 의의)임에 반하여, 실질적 범죄개념은 실정법을 떠나 전법률적(前法律的)으로 범죄의 본질을 규명해 주는 범죄개념이다(범죄의 전법률적 의의).

1. 범죄의 실질적 개념

오늘날 형사법학(형법학 · 범죄학 · 형사정책 등)에서는 범죄의 실질적 개념을 정의함에 있어서 「법익」(Rechtsgut)의 개념을 빌리고 있다. 전술한 바와 같이 법익이란 "사회의 공존 · 공영조건을 확보하기 위하여 형벌로써 보호해야 할 생활재(財)"를 말한다. 따라서 범죄의 실질적 개념은 "사회의 공존 · 공영조건을 확보하기 위하여 (필요한 사회윤리규범에 위배되고) 형벌로써 보호해야 할 생활재를 침해하거나 위태롭게 하는 행위"라고 정의할 수 있다.

실질적 범죄개념의 연구대상은 범죄의 '실질'(본질)을 규명하는 것이다. 여기에는 ① 법익침해를 범죄의 실질로 파악하는 '법익침해설'[1] ② 사회윤리규범 내지 법질서준수의 의무에 대한 위배를 범죄의 실질로 파악하는 '의무위배설'[2] ③ 법익침해와 의무위배의 양자가 범죄의 실질을 이룬다는 결합설이 있다.[3] 이 학설의 대립은 바로 형법의 보호적 기능에 있어서의 법익보호기능과 사회윤리규범보호기능의 대립, 위법성의 실질－불법의 내용－에 있어서의 결과반가치론과 행위반가치론의 대립과 직결되는 문제인데, 본서의 해당분야에서 논급하는 바와 같이 양학설의 택일이 아니라 결합이 타당하다고 보아, ③의 견해가 범죄의 실질을 제대로 해명한 것이라고 생각한다. 다만 범죄의 실질적 개념을 정의함에 있어서는 법익침해설에 가까운 표현이 사용되고 있을 따름이다.

실질적 범죄개념은 형사입법에 있어서 가이드 라인(지침)을 제시하며, 실정형법질서에 있어서도 해석론의 지주가 된다. 형사입법자가 어떠한 행위를 범죄로 규정하여 형벌을 부과할 것인지－(신)범죄화의 문제－, 현행형법상의 범죄 중 어떠한 것이 실질적 의미에서 더 이상 범죄로 간주될 수 없는 까닭에 실정형법에서 삭제해야 할 것인지－비범죄화의 문제－를 결정함에 있어서 실질적 범죄개념은 그 정책적 판단기준을 제공해 준다. 즉 실질적 범죄개념은 형법 및 형벌권력의 정당성의 근거와 한계에 대한 검토를 가능하게 해 주는 형사정책적 기준점이 된다. 이러한 관점을 실질적 범죄개념의 「형사정책적 의의」라고 하며, 기존 형법질서의 정당함을 검증하는 잣대로서 "체계비판적 기능"을 수행한다.

2. 범죄의 형식적 개념

범죄개념을 형식적으로 정의하자면, "(실정)법률에 의하여 형벌이 부과되는 행위"라고 할 수 있다. 즉 '법률만이 범죄를 만들 수 있다'고 하는 죄형법정주의상의 법률적 범죄개념이다. 형식적 범죄개념은 형법의 자유보장적 기능을 달성케 해 주는 장점이 있지만, 기존형법의 "체계내재적" 범죄개념이므로

---

1) 유기천, 9면.
2) 의무위배설은 Gallas, Schaffstein으로 대표되는 독일 나치시대 Kiel학파의 주장이다.
3) 손해목, 95면; 이재상, 68면; 이형국, 51면; 정/박, 70면; 진/이, 116면.

그 정당성을 비판하는 기능을 수행하지 못하는 한계를 지닌다. 즉 형식적 범죄개념은, '범죄란 무엇이냐'라고 하는 질문에 대하여 '법률이 범죄라고 하면 범죄인 것이다'라고 대답하는 '법실증주의'의 견지에 서 있으며, 전혀 범죄의 본질이라고 할 만한 것을 제시하지 못하는 결함을 지니고 있다.[4]

형식적 범죄개념은 형법상 범죄가 성립되기 위하여 어떠한 '요건'을 갖추어야 할 것인가 하는 논제를 연구의 대상으로 삼는다. 여기에서 구성요건해당성, 위법성, 책임성이라는 범죄의 세 가지 성립요건을 내용으로 하여, 형식적 범죄개념은 "구성요건에 해당하고 위법하며 유책한 행위"라고 정의된다.

그리고 실질적 범죄개념의 핵심요소였던 '법익'개념은 형법각칙상의 범죄의 본질을 밝혀 줌으로써 형법'해석'의 한 원리를 제공해 주고 각종의 범죄를 '체계화'할 수 있는 분류도구가 된다. 이 점에 있어서 법익개념은 체계내재적 기능을 수행하면서 형식적 범죄개념과도 관련을 갖는다.

Ⅱ. 범죄의 성립요건 · 처벌요건 · 소추요건

1. 범죄의 성립요건

형식적 범죄개념은 구성요건해당성, 위법성, 책임성이라는 범죄의 세 가지 성립요건을 개념요소로 하고 있다. 형법총론의 범죄론분야는 이 세 가지 범죄성립요건의 분석을 중심연구대상으로 하고 있다. 따라서 이곳에서는 그 간략한 소개에 그치기로 한다.

(1) 구성요건해당성

범죄는 형법전 제2편의 각칙 기타 개개의 형벌법규에 규정되어 있는 '구성요건에 해당하는 행위'이다. 「구성요건」이란 통상적 의미로는 "형벌을 부과할 행위를 유형적 · 추상적으로 파악하여 법률에 기술해 놓은 것"을 말한다. 예컨대 형법 제250조 제1항 살인죄에서 "사람을 살해한 자"라고 기술해 놓은 부분이 구성요건이다.

구체적 범죄사실(삼단논법에서의 소전제)이 추상적 · 법률적 구성요건(대전제)에 합치(포섭)되면 '구성요건해당성'(결론)이 '있다'고 하고,[5] 합치되지 아니

4) 이와 관련하여 형식적 범죄개념에 대한 '실질적 범죄개념의 우위성'이라는 표현이 사용되고 있다.

하면 구성요건해당성이 '없다'고 하거나 구성요건해당성이 '부정' 또는 '배제'된다는 표현을 쓴다. 그리고 구성요건에 해당하는 구체적 범죄사실을 '구성요건해당사실'이라고 한다.

죄형법정주의에서는 구체적인 인간의 행위가 범죄로 되기 위해서는 맨 먼저 형벌법규가 규정하는 일정한 구성요건에 해당해야만 한다. 법률상의 구성요건만이 범죄를 만들 수 있다. 따라서 아무리 반도덕적·반사회적인 행위라고 하더라도 법률이 정하는 구성요건에 해당하지 아니하면 범죄로 되지 아니한다.

(2) 위법성

범죄는 '위법'한 행위이다. 「위법성」이란 "구성요건에 해당하는 행위가 전체 법질서에 비추어 보아 허용되지 아니한다는 부정적 가치판단"을 말한다. 즉 특정의 구성요건에 해당하는 행위가 전체 법질서에 '모순', '배치'된다고 하는 성질을 의미한다.

구성요건은 원래 위법행위를 유형적으로 규정해 놓은 것이므로 구성요건에 해당하는 행위는 일단 위법할 것이라고 '추정'할 수 있다. 그러나 법질서는 일정한 행위를 '금지·명령'하는 규범만으로 구성된 것은 아니고, 일정한 사정하에서 행위를 '허용'하는 규범도 가지고 있다. 행위의 허용규범을 「위법성조각사유」 또는 「정당화사유」라고 하고, 형법 제20-24조에 규정된 정당행위, 정당방위, 긴급피난, 자구행위, 피해자의 승낙에 의한 행위가 이에 속한다. 예컨대 형법 제250조 제1항 살인죄에서 '사람을 살해한 자'라는 구성요건에 해당하는 구체적 살인행위가 정당방위로서 행해진 경우에는 위법성이 조각(阻却)되어 범죄로 성립되지 않는다.

(3) 책 임

범죄는 책임있는, 즉 '유책'한 행위이다. 범죄가 성립하기 위해서는 일정한 행위가 구성요건에 해당하는 위법한 행위일 뿐만 아니라, 행위자 개인을 비난할 수 있는 유책한 행위여야 한다. 책임이란 위법행위를 한 "행위자 개인에 대한 비난가능성"을 말한다.

행위자에 대한 비난을 '불가능'하게 하는 사유를 「책임조각사유」 또는 「면책

---

5) 구체적 범죄사실이 추상적 구성요건에 완전히 합치되면 구성요건을 '충족'한다고 표현하기도 한다. 부분합치의 경우에는 미수범이 성립할 수 있고, 완전합치의 경우에는 기수범이 성립한다.

사유」라고 하고, 비난의 정도를 '저하'시키는 사유를 「책임감경사유」라고 한다. 책임무능력(형법 제9조, 제10조 제1항), 정당한 이유있는 위법성인식의 결여 또는 착오(제16조), 강요된 행위(제12조) 등이 책임조각사유가 되고, 한정책임능력(제10조 제2항)은 (임의적) 책임감경사유가 된다. 예컨대 위법한 살인행위라도 정신병자의 살인행위는 책임이 조각되므로 범죄로 성립되지 않는다.

2. 범죄의 처벌요건

범죄의 성립요건과 구별하여야 할 것은 처벌요건 또는 가벌성의 요건이다. 「처벌요건」이란 "일단 성립한 범죄의 가벌성, 즉 형벌부과의 가능성만을 좌우하는 요건"이다.

처벌요건에는 '객관적 처벌요건'과 '인적 처벌조각사유'로서의 '소극적 처벌요건'이 있다.

(1) 객관적 처벌요건

객관적 처벌요건이라 함은 일단 성립한 범죄의 가벌성만을 좌우하는 '객관적·외부적 사실'을 말한다. 형벌권의 발동을 저지하는 객관적 사유를 '객관적 처벌(형벌)조각사유'라고 한다.

객관적 처벌요건의 예로는 파산죄에 있어서 '파산선고가 확정된 사실'(채무자회생 및 파산에 관한 법률 제650-652조, 654조),[6] 사기회생죄에 있어서 '회생절차개시결정이 확정된 사실'(동법 제643-644조), 사전수뢰죄에 있어서 '공무원 또는 중재인이 된 사실'(형법 제129조 제2항) 등이 있다.

(2) 인적 처벌조각사유

인적 처벌조각사유란 일단 범죄는 성립하였으나 '행위자의 특수한 신분관계'로 말미암아 형벌권이 발생하지 '않게' 되는 사유를 말한다. 이 사유가 없어야만 가벌적이므로 '소극적' 처벌요건이라고 할 수 있다.

인적 처벌조각사유의 예로는 국회의원의 면책특권(헌법 제45조)에 있어서 국회의원이라는 신분을 들 수 있다.

3. 범죄의 소추요건

범죄의 성립요건 및 처벌요건과 구별해야 할 것은 소추요건(소송요건)이

---

6) 종래의 파산법·회사정리법·화의법·개인채무자회생법 등은 폐지되고, 이들 법률을 통합·흡수한 단일법률인 「채무자회생 및 파산에 관한 법률」(약칭: 채무자회생법, 2005. 3. 31. 공포, 법률 제7428호)이 2006. 4. 1.부터 시행되고 있다.

다. 소추요건은 범죄의 성립 및 가벌성과는 아무런 관계가 없고, 단지 공소제기 및 소송추행의 유효요건에 불과하다. 따라서 소추요건은 원래 형사소송법의 연구대상이지만, 실체법인 형법전이 규정하고 있는 '친고죄에 있어서 고소'와 '반의사불벌죄에 있어서 피해자의 의사'라는 소추요건을 한도로 해서 형법학에서도 언급된다.

그 밖에 '특별법'상으로 당해 행정관청의 '고발'을 소추요건으로 규정한 경우도 있다(예컨대 조세범처벌법 제21조, 관세법 제284조 제1항).[7] 행정범에 있어서 사건의 기술성·전문성이 반영된 것이다.

(1) 친고죄에 있어서의 고소

친고죄란 "피해자 기타 고소권자의 고소가 있어야만 검사가 공소를 제기할 수 있는 범죄"이다. 고소가 있을 때까지 공소를 제기할 수 없다는 의미에서 '정지조건부 범죄'라고도 한다. 친고죄를 둔 입법취지는 ① 범죄에 대하여 공소제기를 허용하는 것이 오히려 피해자에게 명예 등의 불이익을 초래할 우려가 있는 경우(비밀침해죄)에 피해자의 의사를 존중해 주거나 ② 범죄(피해)가 경미한 경우(모욕죄)에 피해자의 의사를 존중할 여지를 주려는 데 있다.

형법은 모욕죄(제312조 제1항), 비밀침해죄(제318조) 등을 친고죄로 규정하고 있다.

(2) 반의사불벌죄에 있어서 피해자의 의사

반의사불벌죄란 "피해자의 명시한 의사에 반하여 검사가 공소를 제기할 수 없는 범죄"를 말한다. 피해자의 의사와 관계없이 일단 공소를 제기할 수는 있으나, 피해자가 처벌을 원하지 않는다는 의사를 명시적으로 밝힌 때에는 공소제기가 부적법하게 되어 처벌할 수 없게 된다는 점에서 '해제조건부 범죄'라고도 한다.

형법은 폭행죄(제260조 제3항), 협박죄(제283조 제3항), 명예훼손죄(제312조 제2항), 과실치상죄(제266조 제2항) 등을 반의사불벌죄로 규정하고 있다. 한편 군형법 제60조의6은 소정의 폭행 또는 협박이 행해진 경우에 형법 제260조 제3항 및 제283조 제3항의 적용을 배제하는 특례를 규정하고 있다.

---

7) 다만 특정범죄가중처벌 등에 관한 법률 제16조는 동법 제6조(관세법위반행위의 가중처벌) 및 제8조(조세포탈의 가중처벌)의 죄에 대한 공소에는 고소 또는 고발을 요하지 아니한다고 규정하고 있다.

4. 범죄의 성립요건 · 처벌요건 · 소추요건의 구별실익

범죄의 성립요건 · 처벌요건 · 소추요건을 구별하는 실익은 다음과 같은 점에서 찾아볼 수 있다.

(가) 재판의 종류　범죄의 '성립요건'이 구비되면 원칙적으로 '유죄판결'(형사소송법 제323조)을 하게 되고, 범죄의 성립요건이 결여되면 '무죄판결'(형사소송법 제325조)을 하게 된다. 따라서 행위의 구성요건해당성이 없다든가 위법성이 조각된다든가 책임이 조각되는 등, 범죄의 세 가지 성립요건 중 하나라도 결여되면 무죄판결을 받게 된다.

그러나 범죄의 '처벌요건'이 결여되면 유죄판결이지만 형벌만을 면제해 주는 '형의 면제판결'(형소법 제322조) — 실체재판의 하나 — 을 하게 되고, '소추요건'이 결여되면 공소기각 등의 형식재판을 하게 된다(형소법 제327조).[8]

(나) 고의의 대상　범죄의 성립요건 중 구성요건에 해당하는 사실은 고의의 대상에 속하지만, 처벌요건과 소추요건인 사실은 고의의 대상이 되지 않는다.

(다) 정당방위의 가능성　정당방위는 '위법'한 침해행위에 대하여 허용되는 것이므로, 범죄의 성립요건 중 위법성이 조각된 행위에 대하여는 정당방위를 할 수 없지만, 처벌요건 또는 소추요건을 결여한 범죄에 대하여는 정당방위가 가능하다.

(라) 간접정범 또는 공범의 성립가능성　범죄의 성립요건 중 구성요건해당성이 없거나 위법성이 조각되는 타인의 행위를 이용한 경우에는 간접정범이 성립될 수 있으나, 처벌요건 또는 소추요건을 결여한 타인의 범죄행위를 이용한 경우에는 간접정범은 결코 성립될 수 없고 협의의 공범(교사범, 방조범)이 성립될 수 있을 뿐이다.

(마) 형사보상청구권의 유무　헌법 제28조와 형사보상법 제1조에 의하면, 형사피고인은 원칙적으로 '무죄판결'을 받은 때에 형사보상을 청구할 수 있다. 따라서 범죄의 성립요건 중 하나를 결여하면 무죄판결을 받아 형사보상을 청구할 수 있게 되지만, 처벌요건 또는 소추요건을 결여한 경우에는 원칙적으로 형사보상을 청구할 수 없다.

---

8) 소추요건은 곧 소송요건인데, '실체적' 소송요건을 결여하게 되면 '면소판결'(형사소송법 제326조)을 하게 된다.

Ⅲ. 범죄의 주체

형법상 「범죄의 주체」는 사람(人)이다. 범죄의 주체는 바로 「행위의 주체」로서 "행위자" 또는 "범(죄)인"이라고도 부른다. 형법상의 구성요건은 범죄의 주체를 "…한 자"라는 형식으로 규정하고 있으며, 사람인 이상 원칙적으로 범죄의 주체를 한정하지 않는다.

다만 ① 법률상 예외적으로 범죄의 주체가 일정한 '신분'을 갖출 것을 요구하는 「신분범」의 경우가 있고, ② 이론상 범죄의 주체인 사람(人)은 자연인에 국한되는가 아니면 법인도 포함되는가 하는 「법인의 범죄능력」에 관한 논쟁이 있으며, ③ 법인의 범죄능력을 부정하는 경우에도 법인의 형벌능력만큼은 인정할 수 있겠는가, 즉 「책임주의의 예외」를 인정할 수 있겠는가라는 문제가 있다.

1. 범죄의 주체와 신분범

신분범이란 "법률상 범죄의 주체가 일정한 신분을 갖출 것을 필요로 하는 범죄"이다. 여기에서 신분이란 "남녀의 성별, 내·외국인의 구별, 친족관계, 공무원인 자격과 같은 관계뿐만 아니라, 널리 일정한 범죄행위에 관련된 범인의 인적 관계인 특수한 지위 또는 상태"라고 정의된다.

신분범에는 ① 범죄의 주체가 일정한 신분을 갖춘 경우에만 범죄가 성립하는 「진정신분범」과 ② 범죄의 주체가 일정한 신분을 갖춘 경우에 범죄의 성립이 좌우되지는 않고 단지 형벌이 가중 또는 감경되는 「부진정신분범」이 있다.

(1) 진정신분범

진정신분범에서는 범죄의 주체가 일정한 신분을 갖추어야만 범죄가 성립하기 때문에 그 신분을 '범죄구성적 신분'이라고 한다. 범죄구성적 신분으로는 수뢰죄에 있어서 '공무원'(제129조 제1항), 위증죄에 있어서 '법률에 의하여 선서한 증인'(제152조 제1항), 허위진단서작성죄에 있어서 '의사' 등(제233조), 업무상비밀누설죄에 있어서 '의사·변호사' 등(제317조), 단순횡령죄에 있어서 '타인의 재물을 보관하는 자'(제355조 제1항), 단순배임죄에 있어서 '타인의 사무를 처리하는 자'(제355조 제2항) 등이 있다.

(2) 부진정신분범

부진정신분범에서는 범죄의 주체가 일정한 신분을 갖추지 않아도 범죄는 성립하지만, 일정한 신분이 있음으로 해서 형벌이 가중되거나 감경되기 때문에 그 신분을 '형벌가감적 신분'이라고 한다. 존속살해죄(제250조 제2항)에서 직계비속이라는 신분은 가중적 신분의 예가 된다. 그 외 가중적 신분으로는 업무상과실치사상죄(제268조)・업무상횡령배임죄(제356조)・업무상낙태죄(제270조 제1항)에서의 '업무자', 상습범 가중처벌규정에서의 '상습자', 대(對)존속범죄 가중처벌규정에서의 '직계비속' 등이 있다.

2. 법인의 범죄능력

자연인 이외에 법인도 범죄의 주체(행위의 주체)가 될 수 있는가, 법인도 범죄능력을 갖는가라는 문제에 있어서 먼저 입법론과 해석론을 구별하여야 한다. 형법학상 논의의 초점은 '해석상' 범죄의 주체에 법인을 포함시킬 수 있는가 하는 문제이다.

'법인'의 범죄능력에 대하여는 학설이 대립하고 있지만, '법인격없는 단체'는 민법과 달리 형법상으로 범죄의 주체가 될 수 없고 단체행동에 참가한 구성원 개개인을 범죄의 주체로 파악하여야 한다는 점에 이론이 없다.[9] 법인격없는 단체의 범죄는 개인책임의 원칙과 공범론에 의하여 구성원 각자의 형사책임을 정하게 된다.

(1) 입법례와 입법론

먼저 민법상의 법인의 본질론과 관련하여 보자면, 법인은 관념상의 무형의 존재이며 법률이 인정하는 목적범위 내에서만 존재할 수 있다는 '법인의제설'의 입장에서는 법인의 범죄능력을 당연히 부정하게 됨에 반하여, 법인은 사회적으로 실재한다는 '법인실재설'의 입장에서는 법인도 범죄행위를 할 수 있다는 것이 그 논리적 결론이다.

---

9) "법인격없는 사단과 같은 단체는 법인과 마찬가지로 사법상의 권리의무의 주체가 될 수 있음은 별론으로 하더라도 법률에 명문의 규정이 없는 한 그 범죄능력은 없고, 그 단체의 업무는 단체를 대표하는 자연인인 대표기관의 의사결정에 따른 대표행위에 의하여 실현될 수밖에 없다. 구 건축법(1995. 1. 5. 법률 제4919호로 개정되기 전의 것) 제26조 제1항의 규정에 의하여 건축물의 유지・관리의무를 지는 '소유자 또는 관리자'가 법인격없는 사단인 경우에는 자연인인 대표기관이 그 업무를 수행하는 것이므로 같은 법 제79조 제4호에서 같은 법 제26조 제1항의 규정에 위반한 자라 함은 법인격없는 사단의 대표기관인 자연인을 의미한다"(**대판** 1997. 1. 24, 96 **도** 524).

그러나 영미법계에서는 법인의제설에 입각하면서도 법인의 범죄능력을 인정하는 태도를 취하고, 반대로 독일법계에서는 법인실재설에 입각하면서도 법인의 범죄능력을 부정하는 입장이 지배적이라는 비교법적 사례로 볼 때, 법인의 본질론과 법인의 범죄능력 상호간에 논리필연적 관계는 없다고 하겠다.

독일법계에서는 책임의 본질을 윤리적으로 파악하여(도의적 책임론) 윤리적 인격자로 볼 수 없는 법인의 범죄능력을 전통적으로 부정하여 온 데 반하여, 영미법계에서는 실용주의적 성격에 치중하여 법인처벌의 사회적 필요성을 중시한 데서 연유한 것이라고 진단할 수 있다.

특히 독일은 법인의 범죄에 대한 대처방식에 있어서 '제재수단'에 주안점을 두는 특징을 보이고 있다. 즉 법인의 위법행위를 형법에서가 아니라 '질서위반법'에서 규율하면서 '질서위반금'(범칙금, Bußgeld)이라는 금전적 제재를 과하는 제도를 채택하고 있으며, 형법에서는 법인이 아니라 법인의 '임·직원'을 처벌하도록 하는 규정(제14조)을 마련해 놓고 있다.

현대사회에서 경제적 역할의 대부분은 개인보다도 법인체인 기업이 담당하고 있으며 그 비중도 계속 증대하고 있다. 법인기업은 막대한 인적·물적 자원과 법적 지원을 이용한 재화생산으로써 매우 유용한 사회적 존재가 되어 있으나, 만일 반사회적·반윤리적인 기업활동으로 나아가는 경우에는 그 엄청난 조직의 힘으로 말미암아 사회에 미치는 피해와 파장도 막대해진다. 최근 기업범죄, 조직범죄에 대한 형사정책적 연구가 중시되는 까닭도 여기에 있다.

따라서 탁상공론보다도 법인기업체가 저지르는 심각한 범죄현실을 직시하여 법인의 범죄능력과 법인에 대한 효과적인 제재수단을 논의해야 할 것이다. 법인이 유기적 조직체를 이용하는 차원에서 행한 범죄는 법인 자신의 범죄로 간주된다는 사회적 인식과 필요한 경우에는 법인 자체를 처벌해야 한다는 사회적 요청을 외면해서는 안될 것이다. 우리나라에서도 행정형법의 영역에 있어서 위법행위를 한 행위자 이외에 법인 또는 업무주를 처벌하는 '양벌규정'이 대폭적으로 증가하는 추세이며, 양벌규정에서 부과되는 벌금형도 그 효과를 거둘 수 있도록 액수가 현실화되고 있다.

(2) 해석론

형법의 해석상, 특히 행정형법에서 법인을 처벌한다는 명문규정을 두고 있을 때 이 규정이 법인의 범죄능력을 인정한 것으로 해석해야 할 것인가에 관하여 부정설, 긍정설, 부분적 긍정설이 대립하고 있다.

(가) **부정설** 우리나라의 다수학자와 판례가 지지하고 있는 부정설의 주요논거는 다음과 같다.[10)]

① 법인은 의사와 육체를 가지지 않는 무형적 존재이므로 형법상 행위능력이 없다. ② 의사없는 법인에 대하여 자유의사를 전제로 한 도의적 책임을 물을 수 없으며, 윤리적 책임비난도 무의미하다. ③ 법인의 처벌은 범죄와 무관한 다른 구성원까지 처벌하는 결과가 되므로 개인책임의 원칙에 반하고, 행위자 이외에 법인까지 처벌하는 것은 이중처벌이 된다. ④ 현행 형벌체계의 중심은 자유형에 있는데, 법인에게는 자유형과 생명형인 사형을 과할 수 없다. ⑤ 법인은 적법한 목적의 범위 안에서만 존재할 수 있다고 하는 목적에 의한 제한을 받는데, 법인의 범죄능력을 인정하는 것은 범행을 법인의 목적범위 안에 넣는 결과가 된다.

대법원은 "법인에 있어서의 법률행위는 그 대표자인 자연인의 행위에 의해 행해지는 것이요, 그 자연인의 행위가 법인 자신의 행위로 간주되는 것이다. 그리고 형사법상의 형사책임은 그 행위자인 자연인에 대하여 자기행위에 대한 자기책임으로서 형벌을 가하게 되고 다만 법은 그 목적을 실현하기 위하여 법률효과의 귀속자인 법인에 대하여 형벌로서 벌금형의 처벌을 과하게 되는 경우가 있을 따름이다"라고 판시하면서,[11)] 법인의 범죄능력을 부정하는 입장을 견지해 오고 있다.[12)]

---

10) 권오걸, 109면; 박상기 71면; 배종대, 212면; 손동권, 94면; 손해목, 217면 이하; 안동준, 57면; 이재상, 94면; 이형국, 84면; 정영석, 78면; 정영일, 87면; 진/이, 128면.

11) 대판 1961. 10. 19, 4294 형상 417.

12) 법인의 범죄능력을 부정하는 대표적 판례로는 대법원의 전원합의체판결로서 "[다수의견] 형법 제355조 제2항의 배임죄에 있어서 타인의 사무를 처리할 의무의 주체가 법인이 되는 경우라도 법인은 다만 사법상의 의무주체가 될 뿐 범죄능력이 없는 것이며, 그 타인의 사무는 법인을 대표하는 자연인인 대표기관의 의사결정에 따른 대표행위에 의하여 실현될 수밖에 없어 그 대표기관은 마땅히 법인이 타인에 대하여 부담하고 있는 의무내용대로 사무를 처리할 의무가 있다 할 것이므로, 법인이 처리할 의무를 지는 타인의 사무에 관하여는 법인이 배임죄의 주체가 될 수 없고, 그 법인을 대표하여 사무를 처리하는 자연인인 대표기관이 바로 타인의 사무를 처리하는 자, 즉 배임죄의 주체가 되는 것"(**대판** 1984. 10. 10, 82 **도** 2595－전원합의체. 同旨, 대판 1985. 10. 8, 83 도 1375)이 있고, 그 외에 "법인은 그 기관인 자연인을 통하여 행위를 하게 되는 것이기 때문에, 자연인이 법인의 기관으로서 범죄행위를 한 경우에도 행위자인 자연인이 그 범죄행위에 대한 형사책임을 지는 것이고, 다만 법률이 그 목적을 달성하기 위하여 특별히 규정하고 있는 경우에만 그 행위자를 벌하는 외에 법률효과가 귀속되는 법인에 대하여도 벌금형을 과할 수 있을 뿐"(**대판** 1994. 2. 8, 93 **도** 1483. 同旨, 대판 1976. 4. 27, 75 도 2551)이라고 한 것이 있다.

(나) **긍정설**　　긍정설의 주요논거는 다음과 같다.

① 법인은 기관을 통하여 의사결정을 하고 행위할 수 있으므로 의사능력과 행위능력이 인정된다. ② 사회적 위험성이 있는 법인에 대하여 사회적 책임을 물을 수 있다. ③ 법인의 기관의 행위는 행위자 개인의 행위이면서 동시에 법인의 행위라는 양면성을 가지는 까닭에 행위자와 법인을 모두 처벌하는 것이 이중처벌은 아니며, 특히 종업원의 위법행위와 그에 대한 법인의 감독상의 과실행위는 별개의 범죄행위로 파악된다. ④ 법인에 대한 형벌로 재산형을 과할 수 있고, 법인의 해산·영업취소 등은 자연인에 대한 사형에 해당하며, 영업정지는 자연인에 대한 자유형에 해당한다. ⑤ 법인의 설립목적과 설립 후의 범죄목적수행과는 구별하여야 하므로, 적법한 목적을 가지고 설립한 법인에게 설립 후의 범죄능력을 인정하는 것은 모순이 아니다.

(다) **부분적 긍정설**　　부분적 긍정설은 형사범(자연범)에 있어서는 법인의 범죄능력을 부정하고, 행정범(법정범)에 있어서는 긍정하는 견해이다. 행정범은 윤리적 색채가 약한 반면 합목적적·기술적 색채가 강하다는 특수성이 있으므로 행정범에 한하여 법인의 범죄능력을 인정할 수 있다는 논거가 제시된다.

우리나라 학자들 중 법인의 범죄능력을 긍정한다고 하더라도 이를 전면적으로 긍정하는 것은 아니고, "형법상의 범죄는 대부분 반윤리적인 성격이 강한 범죄이므로 법인에게 행위능력이 있다고 해서 이러한 범죄까지 법인이 범할 수 있는 것은 아니다. 법인의 범죄는 윤리적 색채가 희박한 행정단속법규에서 인정되기 때문이다"라고 한다든가,[13] "다만 법인의 행위능력은 특히 자연인의 인격적 표현으로서만 의미를 가질 뿐 조직체의 활동으로 보기 곤란한 구성요건에서는 인정될 수 없다. 예컨대 살인·강도·강간 등의 범죄가 그것이다"라고[14] 하는 등, 엄격히 보자면 '부분적' 긍정설을 취하고 있다고 판단된다.

(라) **결론-책임주의의 관철과 부분적 긍정설의 타당성**　　행정형법의 영역에는 "법인의 대표자, 법인 또는 개인의 대리인, 사용인 기타의 종업원이 그 법인 또는 개인의 업무 또는 재산에 관하여 본법에 규정하는 위반행위를 한 때에는, 행위자를 벌하는 외에 그 법인 또는 개인에 대하여도 각 본조의 벌금형에 처한다"라는 입법형식의 「양벌규정」(兩罰規定)이 산재해 있다(예: 조세범처

13) 정성근, 141면.
14) 김/서, 137면.

벌법 제18조, 관세법 제279조, 담배사업법 제32조, 환경범죄 등의 단속 및 가중처벌에 관한 법률 제10조, 보건범죄단속에 관한 특별조치법 제6조, 도로교통법 제159조, 교통사고처리특례법 제6조, 청소년보호법 제62조, 건축법 제112조, 저작권법 제141조, 폐기물관리법 제67조, 물환경보전법 제81조, 식품위생법 제100조, 소비자기본법 제85조, 여신전문금융업법 제71조, 부정경쟁방지 및 영업비밀보호에 관한 법률 제19조, 대외무역법 제57조, 자본시장과 금융투자업에 관한 법률 제448조, 의료법 제91조, 약사법 제97조 등).

부정설의 '치명적인 결함'은 법인의 범죄능력을 부정하면서도 이 실정법상의 양벌규정의 존재 때문에 법인의 '형벌'능력만큼은 인정할 수밖에 없다는 불가피함에서 나온다. 즉 부정설은 일면 법인의 '범죄'능력을 부정하면서 타면 '형벌'능력을 긍정하는데, 이러한 모순을 설명하기 위한 해석론으로 '책임주의의 예외'라고 하는 고육지책을 동원한다.[15]

그러나 민법과는 달리 형법에서 책임주의는 결코 예외를 허용할 수 없는 철칙에 속한다. 책임주의의 포기－예컨대 무과실책임의 인정－는 항상 피고인에게 불리한 방향으로 작용하므로 죄형법정주의의 포기를 의미한다. "범죄(능력)없이 형벌(능력)없다"를 분석해 보자면, "행위(능력)없이 책임(능력)없다"(행위책임의 원칙)와 "책임(능력)없이 형벌(능력)없다"(책임주의)로 나눌 수 있는데, 범죄없이 형벌을 인정하려는 부정설은 '형법의 기초를 무너뜨리는 이론'으로서 도저히 받아들일 수 없는 주장이다.

① 이상과 같이 책임주의의 예외를 인정할 수 없다는 논거 이외에 ② 법인도 기관을 통하여 자유로이 '단체의 고유한 의사'를 형성할 수 있으며, ③ 단체의사에 의하여 지배되는 외부적 행태에 대하여 사회가 자연인의 행위로서가 아니라 법인의 행위로서 의미를 부여하는 것이 사실이고(사회적 행위론), ④ 사회에 유익한 것이 아니라 범죄로써 사회에 해를 끼치는 법인에 대하여는 사회적 책임비난뿐만 아니라 윤리적으로도 책임비난을 가하는 것이 충분히 가능하며(사회적 책임론과 도의적 책임론), ⑤ 형사제재 중에는 이익단체인 법인에게 가장 효과적인 금전적 제재수단과 법인격의 취소·해산명령·영업정지 등과 같은 행정적 제재수단 내지 보안처분으로써 목적형주의의 이념을 달성할 수 있으므로, 법인의 범죄능력을 '긍정'함이 옳다.

15) 이재상, 95면 이하.

다만 자연인과 법인을 전적으로 동일하게 취급할 수 있는 것은 아니고 그 차이점을 고려해야 하므로, 범죄의 성격과 형벌체계에 따라 법인의 범죄능력과 형벌능력이 일정한 제한을 받는다고 하겠다. 결론적으로 「부분적 긍정설」이 가장 타당하다고 본다.

부분적 긍정설에 대한 비판으로는, 행정범의 개념 자체가 모호하여 형사범과 행정범의 구별이 어렵다는 점이 지적된다.[16] 그러나 비록 형사범과 행정범의 구별이 상대적이어서 질적 차이를 인정하기는 어렵지만, 당해 형벌법규의 윤리적·합목적적·기술적 성격에 있어서의 '양적' 차이를 분간하기가 불가능할 정도는 아니고 또한 실정법상의 양벌규정은 그 처벌대상이 행정범으로서의 성격을 갖고 있다는 것을 전제로 한다고 해석할 것이므로, 크게 문제될 비판은 아니라고 생각한다.[17]

3. 양벌규정(법인처벌규정)의 성격

전술한 바와 같이 위법행위를 한 행위자 이외에 법인에 대하여도 형벌-주로 벌금형-을 부과하는 「양벌규정」(예: 조세범처벌법 제18조)에 있어서 '법인'을 처벌하는 측면의 법적 성격을 어떻게 설명할 것인가에 관하여 학설이 나뉜다. '실정법'이 법인의 처벌규정을 두고 있는 이상 해석론으로는 이론(異論)의 여지없이 법인의 '형벌능력'만큼은 인정할 수밖에 없는데, 특히 법인의 범죄능력을 부정하는 학설이 어떠한 이론구성을 통하여 법인의 형벌능력을 인정하는가 하는 점이 주된 관심사이다.

이 설명에 있어서 법인의 범죄능력을 부정하는 학설은 무과실책임설을 주장함으로써 결정적 파국을 보인다.

(1) 법인의 범죄능력 부정설에 입각한 무과실책임설

법인의 범죄능력을 부정하는 학설은 법인의 처벌규정을 범죄주체(범죄능력)와 형벌주체(형벌능력)의 일치를 요구하는 '책임주의에 대한 예외'라고 하면서, 행정단속과 행정목적을 달성하기 위한 정책적 고려에서 법인의 '무과실책임'을 인정한 것이라고 한다.[18]

---

16) 배종대, 211-2면; 이재상, 95면; 이형국, 86면; 진/이, 128면.

17) 본서, 116면 자연범과 법정범의 구별 참조.

18) 배종대, 215면; 정영일, 91면; 정/신, 68면. 다만 배종대 교수는 양벌규정에 있어서 법인처벌규정은 잘못된 입법으로서 과태료제재로 전환해야 한다는 입법론을 주장하고 있다(同, 213면).

그런데 민법상으로는 무과실책임 또는 위험책임의 이론이 가능하지만, 형법상으로는 어떠한 경우에도 '무과실'행위를 처벌할 수는 없으며, 법인의 무과실책임설은 결코 있을 수 없는 해석론이다. "고의·과실없으면 책임없다"라는 책임주의는 포기해서는 안될 형법상의 철칙에 속한다.

그 밖에 무과실책임이라 하더라도 최소한 '행위'가 존재할 것을 전제로 해서 책임이 논의되는데, 법인의 '행위주체성'을 부정하는 학설이 무과실책임을 인정하는 것은 '행위없는 책임'을 논하는 것으로서 출발 자체가 잘못되어 있다고 하겠다.

또 범죄의 주체와 형벌의 주체는 일치하여야 하는데, 예외적으로 양자의 불일치를 허용한다면 결국 범죄를 행하지 아니한 자가 처벌받는 것이 되어 형법의 보장적 기능이 무너지고야 만다. 행정법 및 민법과는 달리 형법에서는 '개인책임'과 '자기책임'이 지배하고, '대위책임'(代位責任)과 '전가책임'(轉嫁責任)은 인정되지 아니한다.

(2) 법인의 범죄능력 부정설에 입각한 과실책임설

한편으로는 법인의 범죄능력(행위능력)을 부정하는 학설을 취하면서, 다른 한편으로는 임·직원에 대한 법인의 감독과실책임을 인정하는 견해, 즉 법인의 책임능력을 인정하는 견해도[19] '행위없는 책임'을 인정하는 잘못을 범한 주장으로서[20] 타당치 못하다.

판례는 법인의 범죄능력을 부정하면서, 양벌규정의 법적 성격에 있어서는 기본적으로 '과실책임설'을 취하고 있는 것으로 판단된다.[21][22]

---

19) 정영석, 80면; 조준현, 160면.

20) 진/이, 128면 및 131면도 실상은 이러한 잘못에 빠져 있다.

21) "행정형벌법규에서 양벌규정으로 위반행위를 한 자를 처벌하는 외에 사업주인 법인 또는 개인을 처벌하는 것은 위반행위를 한 피용자에 대한 선임·감독의 책임을 물음으로써 행정규제의 목적을 달성하려는 것"(**헌재 2000. 6. 1, 99 헌바 73**). "(구) 공중위생법 제45조에 의하면, '법인의 대표자나 법인 또는 개인의 대리인, 사용인 기타의 종업원이 그 법인 또는 개인의 업무에 관하여 제42조의 규정에 의한 위반행위를 한 때에는 행위자를 벌하는 외에 그 법인 또는 개인에 대하여도 동조의 벌금형에 처한다'라고 양벌규정을 하면서, 그 단서에 '법인 또는 개인의 대리인, 사용인 기타 종업원의 부당행위를 방지하기 위하여 당해 업무에 대하여 상당한 주의와 감독을 한 것이 증명된 때에는 그 법인 또는 개인에 관하여는 예외로 한다'라는 면책규정을 두고 있다. 이는 법인의 경우, 종업원의 위반행위에 대하여 행위자인 종업원을 벌하는 외에 업무주체인 법인도 처벌하고, 이 경우 법인은 엄격한 무과실책임은 아니라 하더라도 그 과실의 추정을 강하게 하고, 그 입증책임도 법인에게 부과함으로써 양벌규정의 실효를 살리자는 데 그 목적이 있다" (**대판 1992. 8. 18, 92 도 1395.** 同旨, 대판 1980. 3. 11, 80 도 138－법인에게 입증책임을 부과한 구 관세법 제197조에 대한 판결). "종업원 등의 행정법규위반행위에 대하여 양벌규정으로 영업

주의 책임을 묻는 것은 종업원 등에 대한 영업주의 선임·감독상의 과실책임을 근거로 하는 것"(**대판** 1987. 11. 10, 87 **도** 1213). "식품위생법 제47조의 양벌규정은 식품영업주의 그 종업원에 대한 감독태만을 처벌하려는 규정"(**대판** 1977. 5. 24, 77 **도** 412). 다만 예외적으로 무과실책임설을 취한 다음 판결도 있다. "도로교통법 제81조의 법인의 대표자 또는 법인이나 개인의 대리인·사용인 기타의 종업원이 그 법인 또는 그 개인의 업무에 관하여 이 법에 위반하였을 때에는 행위자를 처벌하는 외에 그 법인 또는 개인에 대하여도 각 본조의 벌금형 또는 과료를 과한다는 양벌규정은 도로에서 발생하는 모든 교통상의 위해를 방지·제거하여 교통의 안전과 원활을 도모하기 위하여 도로교통법에 위반하는 행위자 외에 그 행위자와 위 법 소정의 관계에 있는 고용자 등을 아울러 처벌하는 이른바 질서벌의 성질을 갖는 규정이므로, 비록 행위자에 대한 감독책임을 다하였다거나 또는 행위자의 위반사실을 몰랐다고 하더라도 이의 적용이 배제된다고 할 수 없으므로"(**대판** 1982. 9. 14, 82 **도** 1439).

22) 헌법재판소 전원재판부는 2007년 11월 29일 재판관 8 : 1의 의견으로 '영업주'에 대한 양벌규정인 보건범죄단속에 관한 특별조치법 제6조는 영업주의 과실 유무에 상관없이 양벌규정을 적용하여 처벌하는 것이고, 이는 책임주의원칙에 어긋난다는 취지로 '위헌'이라는 결정을 선고하였다. 이에 따라 법무부는 총 428개의 양벌규정에 대하여 "다만, 법인 또는 개인이 그 위반행위를 방지하기 위해 해당 업무에 관하여 상당한 주의와 감독을 게을리하지 아니한 경우에는 그러하지 아니하다"라는 단서를 추가하여, 양벌규정의 위헌소지를 해소하고자 하는 개정작업을 추진 중이며, 그 가운데 상표법·특허법 등 상당수의 법률은 2008. 12. 26.자로 이미 개정되어 있다. 헌법재판소의 위헌결정을 받은 대상법률과 위헌결정의 요지는 다음과 같다.

보건범죄단속에 관한 특별조치법(1990. 12. 31. 법률 제4293호로 개정된 것) 제6조 [양벌규정] "법인의 대표자 또는 법인이나 개인의 대리인·사용인 기타 종업원이 그 법인 또는 개인의 업무에 관하여 제2조 내지 제5조의 위반행위를 한 때에는, 행위자를 처벌하는 외에 법인 또는 개인에 대하여도 각 본조의 예에 따라 처벌한다." 제5조 [부정의료업자의 처벌] "의료법 제25조의 규정을 위반하여 영리를 목적으로 의사가 아닌 자가 의료행위를, 치과의사가 아닌 자가 치과의료행위를, 한의사가 아닌 자가 한방의료행위를 업으로 한 자는 무기 또는 2년 이상의 징역에 처한다. 이 경우에는 100만원 이상 1천만원 이하의 벌금을 병과한다."

"결정요지: 가. 재판관 이강국, 재판관 김종대, 재판관 민형기, 재판관 목영준의 위헌의견(4인)－이 사건 법률조항이 종업원의 업무관련 무면허의료행위가 있으면 이에 대해 영업주가 비난받을 만한 행위가 있었는지 여부와는 관계없이 자동적으로 영업주도 처벌하도록 규정하고 있고, 그 문언상 명백한 의미와 달리 '종업원의 범죄행위에 대해 영업주의 선임감독상의 과실(기타 영업주의 귀책사유)이 인정되는 경우'라는 요건을 추가하여 해석하는 것은 문리해석의 범위를 넘어서는 것으로서 허용될 수 없으므로, 결국 위 법률조항은 다른 사람의 범죄에 대해 그 책임 유무를 묻지 않고 형벌을 부과함으로써, 법정형에 나아가 판단할 것 없이, 형사법의 기본원리인 '책임없는 자에게 형벌을 부과할 수 없다'는 책임주의에 반한다.

나. 재판관 이공현, 재판관 조대현, 재판관 김희옥, 재판관 송두환의 위헌의견(4인)－일정한 범죄에 대해 형벌을 부과하는 법률조항이 정당화되기 위해서는 범죄에 대한 귀책사유를 의미하는 책임이 인정되어야 하고, 그 법정형 또한 책임의 정도에 비례하도록 규정되어야 하는데, 이 사건 법률조항은 문언상 종업원의 범죄에 아무런 귀책사유가 없는 영업주에 대해서도 그 처벌가능성을 열어두고 있을 뿐만 아니라, 가사 위 법률조항을 종업원에 대한 선임감독상의 과실있는 영업주만을 처벌하는 규정으로 보더라도, 과실밖에 없는 영업주를 고의의 본범(종업원)과 동일하게 '무기 또는 2년 이상의 징역형'이라는 법정형으로 처벌하는 것은 그 책임의 정도에 비해 지나치게 무거운 법정형을 규정하는 것이므로, 두 가지 점을 모두 고려하면 형벌에 관한 책임원칙에 반한다.

다. 결론－이 사건 법률조항이 '위헌'이라는 의견이 8인으로서 위헌심판의 정족수를 넘으므로,

(3) 법인의 범죄능력 긍정설에 입각한 과실책임설

법인의 범죄능력을 (부분적으로) 긍정하는 학설에서는 당연히 법인 자신의 행위에 대한 책임을 인정한다(자기책임). 이 때 법인의 책임은 법인의 임·직원 자신의 위법행위와는 별개로 임·직원에 대하여 법인이 감독의무를 소홀히 한 '감독과실'이 있음을 근거로 한다.[23]

과실책임설에 있어서도 ① 임·직원의 위법행위가 있으면 법인의 과실은 법률상 당연히 존재하는 것으로 의제되며 무과실증명으로도 면책될 수 없다는 「과실의제설」과 ② 법인처벌의 규정은 임·직원에게 위법행위가 있으면 법인의 감독상의 과실을 일단 추정하지만 그 추정을 깨뜨리는 법인의 무과실이 입증되면 책임을 면할 수 있다는 「과실추정설」이 있는데,[24] 이 두 학설을 '부진정' 과실책임설이라고 명명할 수 있다.

그러나 과실의제설은 무과실책임설과 결론이 같아지는 결함이 있고, 과실추정설은 형사소송법상 거증책임의 분배원칙에 반하므로 타당치 못하다. 따라서 ③ 법인에게 과실책임이 있다는 것을 일반원칙에 따라 검사가 입증하여야 한다(「진정 과실책임설」). 법인의 감독상의 과실을 사실상 입증하기 어렵다는 문제는 거증분배의 일반원칙을 뒤집는 해석론에 의하여 해결할 것이 아니라 치밀한 입법에 의하여 해결하는 것이 바람직하다.

(4) 법인의 범죄능력 긍정설에 입각한 고의·과실책임설

법인의 범죄능력을 (부분적으로) 긍정하는 경우에도 법인의 행위와 책임의 근거를 보다 더 정확히 밝혀 보자면, 법인의 '행위'는 임·직원에 대한 법인의

이 사건 법률조항에 대하여 '위헌'을 선언하기로 결정한다.

※ 반대의견(재판관 이동흡의 합헌의견, 1인)－이 사건 법률조항은 문언상 자신의 '업무'에 관하여 종업원의 '위반행위'가 있는 영업주만을 처벌하도록 규정하고 있으므로, 일관된 대법원 판례와 같이 '영업주의 종업원에 대한 선임감독상의 과실'이 있는 경우에만 처벌하는 것으로 보는 것은 문언해석의 범위 내에서 허용되는 합헌적 법률해석이라 할 것이고, 이를 전제로 할 때에 위 법률조항은 책임주의원칙에 위반되지 아니하며, 국민건강이라는 보호법익의 중대성과 영업주라는 지위에 대한 비난가능성 등에 비추어 보면, 영업주의 선임감독상 과실의 죄책은 직접 행위자와 동등하게 평가될 수도 있는 것이므로, 영업주에게도 종업원과 동일한 법정형을 규정하였다고 하여 입법재량의 한계를 벗어나 책임과 형벌의 비례성원칙에 위반된다고도 볼 수 없다"(**헌재 2007. 11. 29, 2005 헌가 10**).

23) 권오걸, 112면; 김성돈, 153면; 김/서, 141면; 조준현, 161면; 정/박, 89면. 이재상교수는 형법총론, 제7판(박영사, 2011년)부터는 종래의 무과실책임설에서 과실책임설로 견해를 변경하였다(101면).

24) 진/이, 131면.

감독의무'불이행'이라고 하는 '부작위'이고, 이 부작위(감독의무불이행)는 '과실' 뿐만이 아니라 '고의'로도 행해질 수 있다(고의 또는 과실의 부작위범).[25] 즉 법인—법인의 기관—은 임·직원의 위법행위를 고의로 방치할 수도 있는데 이 때에는 고의의 감독의무위반이 있게 되고, 감독의무를 태만히 한 것에 지나지 않는 경우에는 과실의 감독의무위반이 있게 된다.[26]

따라서 법인처벌규정(양벌규정)의 이론적 근거를 정확히 설명하자면, 임·직원에 대한 법인의 '고의·과실에 의한 감독의무불이행책임'이라고 함이 타당하다.[27] 다만 감독의무불이행에 대하여 법인의 고의가 있었다는 입증은 과실의 경우보다도 훨씬 더 어려울 것이기 때문에, 보통 법인의 감독'과실'책임만으로 이론구성하는 입장이 있을 수 있고, 위 (3)의 학설이 이에 속한다고 여겨진다.

이제 (4)의 결론에 따라 [양벌규정의 구조]를 표시하면 아래와 같다.

---

25) "결정요지: 법인은 기관을 통하여 행위하므로 법인이 대표자를 선임한 이상 그의 행위로 인한 법률효과는 법인에게 귀속되어야 하고, 법인 대표자의 범죄행위에 대하여는 법인이 자신의 행위에 대한 책임을 부담하는 것이다. 법인 대표자의 법규위반행위에 대한 법인의 책임은 법인 자신의 법규위반행위로 평가될 수 있는 행위에 대한 법인의 직접책임이므로, 대표자의 고의에 의한 위반행위에 대하여는 법인이 고의 책임을, 대표자의 과실에 의한 위반행위에 대하여는 법인이 과실 책임을 부담한다(밑줄—저자)"(헌재 2020. 4. 23, 2019 헌가 25).

26) 정보통신망 이용촉진 및 정보보호 등에 관한 법률 제75조 및 영화 및 비디오물의 진흥에 관한 법률 제97조는 법인의 대표자 등이 그 법인의 업무에 관하여 각 법규위반행위를 하면 그 행위자를 벌하는 외에 그 법인에도 해당 조문의 벌금을 과하는 양벌규정을 두고 있다. 판례에 따르면, 그와 같이 양벌규정을 따로 둔 취지는, "법인은 기관을 통하여 행위하므로 법인의 대표자의 행위로 인한 법률효과와 이익은 법인에 귀속되어야 하고, 법인 대표자의 범죄행위에 대하여는 법인 자신이 책임을 져야 하는바, 법인 대표자의 법규위반행위에 대한 법인의 책임은 법인 자신의 법규위반행위로 평가될 수 있는 행위에 대한 법인의 직접책임이기 때문이다. 따라서 대표자의 고의에 의한 위반행위에 대하여는 법인 자신의 고의에 의한 책임을, 대표자의 과실에 의한 위반행위에 대하여는 법인 자신의 과실에 의한 책임을 져야 한다. 이처럼 양벌규정 중 법인의 대표자 관련 부분은 대표자의 책임을 요건으로 하여 법인을 처벌하는 것이지 그 대표자의 처벌까지 전제조건이 되는 것은 아니다"(대판 2022. 11. 17, 2021 도 701).

27) 양벌규정의 성격에 관하여 자세히는 임웅, "경제범죄에 대한 형법적 대책", 성균관법학, 창간호, 1987, 153면, 157면 이하 참조. 판례에 따르면, "양벌규정은 법인의 대표자나 법인 또는 개인의 대리인, 사용인, 그 밖의 종업원 등 행위자가 법규위반행위를 저지른 경우, 일정한 요건 아래 이를 행위자가 아닌 법인 또는 개인이 직접 법규위반행위를 저지른 것으로 평가하여 행위자와 같이 처벌하는 조항이다. 이때의 '행위자가 아닌 법인 또는 개인'은 국가형벌권 행사의 대상으로서 구성요건에서 정한 위반행위의 방지를 위한 주의와 감독의 해태 등을 근거로 별도의 형벌규정에 따라 법인 또는 개인의 직접책임 내지 자기책임에 기초하여 처벌되는 것"이다(대판 2025. 5. 1, 2024 도 15290).

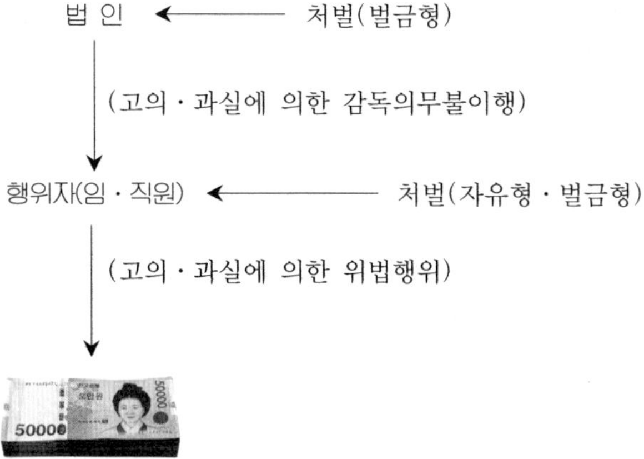

(5) 과실책임설에 입각한 양벌규정의 면책조항 신설 입법

2007년 말 헌법재판소는 보건범죄단속에 관한 특별조치법 제6조의 양벌규정이 영업주의 과실 유무에 상관없이 처벌하는 까닭에 책임주의에 어긋난다는 취지로 '위헌'이라는 결정(**헌재 2007. 11. 29, 2005 헌가 10…108면 각주 22) 참조**)을 선고하였다.[28] 이에 따라 법무부는 총 428개의 양벌규정에 대하여 "다만, 법인 또는 개인이 그 위반행위를 방지하기 위해 해당 업무에 관하여 상당한 주의와 감독을 게을리하지 아니한 경우에는 그러하지 아니하다"라는 단서를 면책조항으로 추가하여, 양벌규정의 위헌소지를 해소하고자 하는 개정작업을 추진하고 있으며, 그 중 상표법[29] · 특허법 · 주민등록법 등 상당수의 법률은 2008. 12. 26.자로 이미 개정되어 있다. 이러한 면책조항은 법인 및 영업

---

28) 이후에도 헌법재판소는 '양벌규정'에 대해 동일한 취지의 위헌결정을 다수 선고하였다. 이 중 '개인 영업주' 처벌규정과 관련된 것은 청소년보호법 제54조에 대한 위헌결정이 있고(헌재 2009. 7. 30, 2008 헌가 10), '법인(法人)' 처벌규정과 관련된 것으로는 의료법 제91조 제1항에 대한 위헌결정이 대표적이다(헌재 2009. 7. 30, 2008 헌가 16. 同旨, 헌재 2020. 4. 23, 2019 헌가 25; 2009. 7. 30, 2008 헌가 14; 2009. 7. 30, 2008 헌가 17; 2009. 7. 30, 2008 헌가 18; 2009. 7. 30, 2008 헌가 24).

29) 개정된 상표법 제235조(양벌규정) "법인의 대표자나 법인 또는 개인의 대리인, 사용인, 그 밖의 종업원이 그 법인 또는 개인의 업무에 관하여 제230조, 제233조 또는 제234조의 위반행위를 하면 그 행위자를 벌하는 외에 그 법인에는 다음 각 호의 구분에 따른 벌금형을 과(科)하고, 그 개인에게는 해당 조문의 벌금형을 과한다. 다만, 법인 또는 개인이 그 위반행위를 방지하기 위하여 해당 업무에 관하여 상당한 주의와 감독을 게을리하지 아니한 경우에는 그러하지 아니하다. 1. 제230조를 위반한 경우: 3억원 이하의 벌금. 2. 제233조 또는 제234조를 위반한 경우: 6천만원 이하의 벌금."

주의 감독상의 '과실책임'이 있는 경우에 양벌규정을 적용한다는 입법조치이다. 따라서 현행법의 해석론에 관한 한, 양벌규정에 대한 무과실책임론은 더 이상 주장될 여지가 없다.

법인의 감독과실 유무에 관한 판단은 양벌규정의 취지, 법인의 행위자에 대한 감독가능성과 구체적인 지휘 · 감독관계, 법인이 위반행위 방지를 위하여 행한 조치, 실제로 야기된 피해 또는 결과의 정도, 법인의 영업규모 등을 전체적으로 종합하여 내려진다.[30)]

Ⅳ. 범죄의 객체와 보호의 객체

「범죄의 객체」는 '행위의 객체' 또는 '행위의 대상'으로서 형법상의 구성요건에 명시되어 있다. 구성요건에 명시된 행위의 객체는 객관적 구성요건요소에 속한다. 예컨대 제250조 살인죄의 객체는 '사람'이고, 제164조 방화죄의 객체는 '건조물'이다.

「보호의 객체」란 형벌법규가 형벌을 부과함으로써 보호하고자 하는 객체, 즉 「보호법익」을 의미한다. 형벌법규에 의하여 보호되어야 할 법익을 침해당한 사람을 '피해자'라고 하며, 형사소송법상 고소권이 부여되고, 「범죄피해자보호법」(2005. 12. 23. 제정, 법률 제7731호: 2010. 5. 14. 전부개정)에 의하여 국가 및 지방자치단체의 보호 · 지원과 구조를 받을 수 있다. 살인죄에서 보호의 객체는 '사람의 생명'이고, 방화죄에서의 보호의 객체는 '공공의 안전'이다.

범죄의 객체는 보호의 객체와 구별하여야 한다. 범죄의 객체는 지각할 수 있는 감각적 대상으로서 자연적 관점에서 파악된 것이며 구성요건에 명시되어 있음에 반하여, 보호의 객체(보호법익)는 관념적 대상으로서 가치적 관점에서 파악된 것으로 구성요건에 명시되어 있지 아니하고 해석에 의하여 도출된다.

그리고 보호법익이 존재하지 아니하는 범죄는 있을 수 없으나, 범죄의 객체가 없는 범죄는 있을 수 있다. 범죄의 객체가 없는 예로서는 명예훼손죄, 위증죄, 퇴거불응죄 등이 있다.

「법익」개념은 형법전에서도 사용되는 용어로서(제21조, 22조, 24조 등), 범죄의 본질은 1

---

30) 대판 2018. 7. 12, 2015 도 464 참조.

차적으로 보호법익의 관점에서 규명되므로 법익이야말로 형법각칙(개별범죄)의 해석원리이면서 체계화의 도구가 된다. 또한 법익개념은 결과반가치론에 의하여 불법의 실질적 내용－실질적 범죄개념－을 제공함으로써 입법원리로서의 기능도 수행한다.

법익은 ① 개인적 법익, 사회적 법익, 국가적 법익－뒤의 두 법익은 공공적 법익－으로 분류될 수도 있고, ② 사람의 생명·건강·자유·명예·비밀과 같이 법익의 주체와 불가분의 관계에 있는 '전속적 법익'과 재산과 같이 법익의 주체와 분리할 수 있는 '비전속적 법익'으로 분류될 수도 있다.

Ⅴ. 범죄의 종류

1. 결과범과 단순거동범

결과범이란 "구성요건의 내용상 일정한 결과의 발생을 필요로 하는 범죄"이며,[31] '실질범'이라고도 한다. 예컨대 살인죄에 있어서는 사람의 '사망'이라는 결과의 발생을 필요로 하며, 상해죄, 강도죄, 과실치사죄, 상해치사죄 등이 결과범에 속한다.

결과범에 있어서 확실히 해 두어야 할 문제는 "결과"가 무엇을 의미하는가 라는 점이다. 결과범에 있어서의 결과는 ① **'외계에서의 물리적·화학적 상태의 변화'**라고 하는 '사실상의' 관점에서 파악할 수도 있고, ② **'법익침해 및 법익침해의 구체적 위험'**이라는 '가치적' 관점에서 파악할 수도 있다(이 경우 결과범은 침해범과 구체적 위험범을 의미한다). 그런데 후술하는 침해범과 위험범이 법익이라는 가치적 관점에서 구별되는 것과는 달리 결과범과 단순거동범은 사실상의 관점에서 구별하는 것이 타당하다고 본다.

예컨대 '추상적' 위험범으로 해석되는 제164조의 방화죄는, 위 ②의 구별기준에 의하면 단순거동범이 되지만, 방화행위가 불태움(燒燬)이라는 '사실상의' 상태에 도달해야만 기수로 평가되는 점에서 위 ①의 구별기준에 의하면 결과범이 된다.

단순거동범이란 "구성요건의 내용상 일정한 행위가 있음으로써 충분하고

31) 결과범을 "구성요건상 행위 자체와는 구별될 수 있는 외계에서의 결과발생을 필요로 하는 범죄"라고 정의하는 학자도 있다(Wessels/Beulke, AT, 29. Aufl., 1999, S. 7).

결과의 발생을 필요로 하지 않는 범죄"이며, '형식범'이라고도 한다. 예컨대 폭행죄에서는 유형력을 행사하는 행위가 있음으로써 범죄가 성립하며, 그 외에도 주거침입죄, 위증죄, 무고죄 등이 단순거동범에 속한다.

결과범과 단순거동범의 구별실익은 기수·미수의 성립과 인과관계의 필요 여부에 있다. 결과범에 있어서는 행위와 결과 사이에 인과관계가 문제되며, 결과의 발생이 있으면 기수가 되고, 결과발생이 없거나 인과관계가 부정되면 미수가 된다. 단순거동범의 경우에는 일정한 행위만 있으면 그대로 기수가 된다.

2. 침해범과 위험범

'법익보호의 정도'에 따른 구별로서, 구성요건의 '해석'에 의하여 판단된다.

침해범은 "구성요건의 해석상 보호법익이 현실적으로 침해될 것을 요하는 범죄"이고, 살인죄, 상해죄, 과실치사죄 등이 이에 속한다.

위험범은 "구성요건의 해석상 보호법익이 침해될 위험이 있음으로써 성립되는 범죄"이고, '위태범'이라고도 한다. 유기죄, 명예훼손죄, 업무방해죄, 방화죄, 통화위조죄, 위증죄 등이 이에 속한다.

침해범과 위험범의 구별실익도 기수·미수의 성립과 인과관계의 필요 여부에 있다. 침해범에 있어서는 행위와 법익침해 사이에 인과관계가 문제되며, 법익이 침해되면 기수이고, 법익이 침해되지 않거나 인과관계가 부정되면 미수가 된다. 위험범의 경우에는 법익침해의 위험이 있는 것만으로 기수가 된다. 따라서 기수와 미수는, 결과범에 있어서는 결과발생 여부, 침해범에 있어서는 법익침해 여부라는 두 가지 기준에 의하여 구별된다.

위험범은 또다시 「추상적 위험범」과 「구체적 위험범」으로 나누어진다.

추상적 위험범은 법익침해의 추상적 위험, 즉 법익침해의 위험이 '일반적으로' 존재함으로써 범죄의 성립을 인정하는 경우이고, 구체적 위험범은 법익침해의 구체적 위험, 즉 법익침해의 '현실적' 위험이 발생할 것을 요건으로 하여 범죄의 성립을 인정하는 경우이다.

예컨대 제164조의 현주건조물방화죄는 방화행위로 인하여 공공의 위험이 구체적으로 발생하였는가 하는 여부를 검토할 필요도 없이, 구성요건의 내용인 방화행위를 하면 일반적으로 당연히 공공의 위험이 있는 것으로 해석되어 추상적 위험범에 속한다. 그러나 제166조 제2항의 자기소유물건방화죄는 구성요건의 내용상 방화행위로 인하여 '공공의 위험'이 구체적·현실적으로 발생할 것을 필요로 하고 있으므로 구체적 위험범에 속한다.

추상적 위험범에 있어서 해석상 도출되는 추상적 위험은 구성요건요소로 되어 있지 않고 구성요건에 '입법이유'로서만 고려되어 있어서, 일정한 행위가 있으면 당연히 법익에 대한 추상적 위험이 발생한 것으로 간주된다고 말할 수 있다. 이에 반하여 구체적 위험범에서 구체적 위험발생의 필요 여부는 항상 구성요건에 명시되어 있으며, 법관이 확인해야 할 사항에 속한다.

추상적 위험범과 구체적 위험범의 구별실익은, 추상적 위험범에 있어서는 추상적 위험에 대한 고의를 필요로 하지 않음에 반하여, 구체적 위험범에 있어서는 구체적 위험의 발생에 대한 고의를 필요로 한다는 점과, 또 구체적 위험범에서는 구체적 위험의 발생 여부에 따라 기수·미수의 문제가 성립한다는 점에서 찾아볼 수 있다.

〈결과범과 침해범의 구별〉

결과범과 침해범은 다음과 같이 구별할 수 있다. ① 결과범은 구성요건'내용'상의 개념이고, 침해범은 구성요건'해석'상의 개념이다. ② 결과범의 기수·미수는 '사실상의 관점 내지 자연적 관점'에서 판단되고(예: 살인죄에 있어서 사망사실), 침해범의 기수·미수는 '가치적 관점'에서 판단된다(예: 살인죄에 있어서 사람의 생명). ③ 결과범이면서 침해범인 범죄, 즉 양자가 일치하는 범죄도 있고, 양자가 불일치하는 범죄도 있다. 전자의 예로는 살인죄(제250조)와 강간죄(제297조)가 있고, 후자의 예로는 결과범이면서 추상적 위험범인 방화죄(제164조)와 컴퓨터업무방해죄(제314조 제2항)가 있다.

3. 즉시범과 계속범

'법익침해 내지 위태화'의 시기와 '기수(범죄의 완성)'의 시기 및 '범죄행위의 종료'시기가 서로 일치하느냐에 따른 구별이다.

즉시범(卽時犯) 또는 즉성범(卽成犯)이란 "일정한 법익의 침해 내지 위태화가 발생함으로써 범죄가 완성(기수)되고 범죄행위도 종료하는 것으로 평가되는 범죄"로서, 살인죄, 상해죄, 절도죄 등이 이에 속한다.

계속범(繼續犯)이란 "범죄가 기수가 된 후에도 그 법익의 침해 내지 위태화가 계속되고 있는 동안에는 범죄행위가 종료되지 아니하고 계속되는 것으로 평가되는 범죄"로서, 감금죄, 약취·유인죄, 주거침입죄 등이 이에 속한다.

즉시범과 계속범의 구별실익은 공소시효의 기산점, 방조범의 성립가능성, 정당방위의 성립가능성 등에 있다. 형사소송법 제252조 제1항에서 시효의 기산점은 "범죄행위가 종료한 때"로 규정되어 있는데, 감금죄와 같은 경우(공소시효기간은 7년; 형소법 제249조 제1항 제4호 참조) 법익의 침해로써 범죄행위는 기수가 되고 동시에 종료된다고 한다면 피해자를 7년 넘게 장기간 감금하는 행위는 '공소시효'의 완성으로 처벌하지 못하게 되는 부당함이 생긴다. 따라서 계속범의 경우는 법익의 침해가 있으면 기수가 되지만 법익의 침해가 계속되고 있는 동안에는 범죄행위도 종료되지 아니하고 계속되며, 법익의 침해가 종료할 때 범죄행위도 종료하고 이 시점부터 공소시효가 진행되기 시작하는 것으로 보아야 한다.

또 즉시범에서는 기수와 범죄행위의 종료시점이 일치하므로 기수 이후의 방조범이란 성립될 수 없지만, 계속범에서는 기수 이후부터 범죄행위의 종료까지 시간적 계속이 있을 수 있으므로 기수 이후의 '방조범'이 성립될 수 있다. 정당방위도 위법한 침해행위가 종료하기까지 가능하므로 계속범에 대하여는 범죄의 기수 이후 종료시까지 '정당방위'를 할 수 있다.

학자에 따라서는 '구성요건적 행위가 시간적 계속을 요하는 범죄'를 계속범이라고 설명하기도 하는데,[32] 이러한 설명은 범죄행위가 어느 정도 계속되어야만 기수에 도달하는 범죄라고 오해될 소지가 있는 견해이기 때문에 타당치 못하다. 계속범에서의 계속은 '기수 이후부터 범죄행위의 종료시까지'의 행위의 계속에 중점을 두는 것이지, 기수시점에 도달하기까지의 행위의 계속에 중점을 두는 것이 아니라는 점에 유의해야 한다.

4. 자연범과 법정범

자연범 또는 형사범이란 "법률의 규정을 기다릴 필요없이 행위 그 자체가 반윤리적이고 반사회적 성격을 띠므로 당연히 범죄로 평가되는 경우"로서, 살인죄, 강도죄가 이에 속한다.

법정범 또는 행정범이란 "행위 그 자체가 반윤리성·반사회성을 띠는 것은 아니지만 국가가 행정목적을 달성하기 위하여 법률에 처벌규정을 둠으로써 비로소 범죄가 되어 반사회성을 띠게 되는 경우"로서, 예컨대 행정상의 각종 인·허가규정 및 신고·보고규정에 위반한 범죄(건축법 제108조 등)가 이에 속한다고 볼

32) 이재상, 73면; 정영석, 84면.

수 있다.

자연범과 법정범의 구별이 모호하므로 이러한 범죄의 분류에 반대하는 견해도 있지만[33] '상대적'인 의미에서나마 당해 형벌법규의 처벌대상인 행위가 반윤리적·반사회적 성격이 강하다면 자연범에 해당하고, 형벌법규가 행정목적과 기술적 성격에 치중하여 처벌하고자 하는 행위라면 법정범에 해당한다고 하는 '양적' 구별은 가능하다고 본다. 다만 행위의 반윤리성·반사회성은 사회통념, 사회의 도덕관념이 변동함에 따라 유동적·상대적으로 바뀔 수 있는 것이므로 양자의 구별을 본질적·절대적인 것으로 고집해서는 안된다.

자연범과 법정범의 구별실익은 특히 입법정책에서 드러날 것으로 생각된다. 즉 형법 제8조 단서에 의거하여 형법총칙 중 적용을 배제할 규정(제9조, 제10조, 제16조 등)의 선별, 양벌규정의 설정, 인과관계의 추정규정 설정, 거증책임의 전환규정 설정, 벌금형의 과태료처분(행정제재)에로의 전환, 영업허가취소 또는 영업정지와 같은 보안처분의 부과 여부, 당해 행정관청의 고소·고발의무의 부과 여부 등에 있어서 행정범의 특수성이 중요한 판단원리로 작용할 것이다.

제2절 행 위 론

I. 행위론의 의의

범죄란 구성요건에 해당하고 위법하며 유책한 「행위」(Handlung)이다(범죄의 형식적 개념). 여기에서 범죄성립의 세 가지 요건으로 논하여지는 구성요건해당성, 위법성, 책임성이란 성질판단은 행위라는 「실체개념」을 대상으로 해서 내려진다. 요컨대 "범죄는 행위이다"라는 기본명제로부터 범죄론이 시작된다.

현행형법도 총칙 중 제1조, 제9-17조, 제19조, 제20-26조, 제33-34조, 제40조 등에서 행위라는 용어를 사용하여 처벌의 대상을 행위개념으로 규정하고 있다.

이 행위개념을 어떻게 정의할 것인가 하는 「행위론」은 형법학상 전통적으로 격심한 논쟁거리로서 범죄론의 체계구성에 결정적 영향을 미쳐왔다. 행위

---

33) 정/박, 78-9면 이하.

개념의 정의를 둘러싼 주장 중에서 주요한 학설들이 후술할 인과적 행위론, 목적적 행위론, 사회적 행위론, 인격적 행위론이다.

Ⅱ. 행위개념의 정의 필요성과 기능

우리가 현실세계에서 접하게 되는 범죄행위는, 예컨대 甲에 대한 고의의 살해행위, 乙家에 대한 고의의 방화행위, 丙에 대한 과실의 상해행위, 국가에 대한 부작위의 세금면탈행위 등과 같이 항상 육하원칙에 의하여 특정될 수 있는 구체적 행위이다. 이 때 천태만상의 구체적·현실적 범죄행위들의 기본단위(unit) 또는 최소단위가 되는 행위개념을 추출하고 정의함으로써, 이를 형법학의 초석으로 삼고자 하는 것은 학문하는 사람이라면 누구나 당연히 가지게 될 관심사－학문적 탐구심의 발로－라고 하겠다. 이는 마치 화학자가 순수개념인 물(水)을 추출하여 H_2O라는 분자식으로 정의하고자 하는 태도와 흡사하다.

그런데 형법상 행위개념의 개념요소(內包)를 무엇으로 보고 어떻게 정의할 것인가 하는 것은 자연과학의 방법과는 달리 형법학이 행위개념에 대하여 기대하는 「기능」이 무엇인가에 의하여 좌우된다(기능적 행위관). 형법학에서 행위개념에 대하여 요청되는 기능은 다음 세 가지이다. 그 세 가지 기능을 제대로 수행할 수 있는 행위개념의 정의가 바로 우리가 채택하게 될 행위론일 것이다.

1. 근본요소로서의 기능

형법의 대상이 되는 모든 구체적·현실적 행위들은 공통의 기본개념인 행위개념에 포섭될 수 있어야 한다. 유형적으로 말하자면 고의행위와 과실행위, 작위행위와 부작위행위, 기수행위와 미수행위가 모두 단일한 행위개념에 포섭될 수 있어야 한다. 통일적인 행위개념으로부터 비로소 과실행위나 부작위 등이 분류되어 나올 수 있어야 한다(분류기능).

종(種)개념인 고의행위, 과실행위, 작위, 부작위 등에 대한 유(類)개념 또는 상위개념으로서의 행위개념의 기능을 근본요소 혹은 기본요소로서의 기능이라고 한다(행위개념의 논리적 의의).

2. 연결요소로서의 기능

범죄구성의 체계를 〈행위→구성요건해당성→위법성→책임성〉으로 보든지, 〈행위→불법→책임〉으로 보든지 간에 행위개념은 범죄체계론의 초석이며 출발점이 되어야 한다. 이 때 범죄체계의 각 구성부분은 행위개념을 통하여 서로 맺어지게 되는데, 이를 행위개념의 연결요소 또는 결합요소로서의 기능이라고 한다(행위개념의 체계적 의의).

이와 같이 범죄성립의 세 요건에 선행하는 "전(前)"구성요건적 행위개념을 인정하는 견해를 행위론의 긍정론이라고 하고, 이와는 반대로 형법상의 행위개념은 항상 구성요건해당행위로서만 의미가 있다는 견해를 행위론의 부정론 내지 거부론이라고 한다.

3. 한계요소로서의 기능

행위개념은, 형법이 일단 개입할 의미가 있는 행태(行態, Verhalten)와 형법상 아무런 의미가 없기 때문에 처음부터 형법적 고찰의 대상에서 제외시킬 필요가 있는 '비행위'(Nicht-Handlung)를 구별해 줄 수 있어야 한다(행위개념의 실천적 의의).

이러한 행위개념의 기능을 한계요소로서의 기능이라고 하는데, 행위개념의 실용성은 이 기능에 국한된다고 주장하는 학자도 있다.[34)]

Ⅲ. 행위개념의 거부론

행위개념의 거부론자들은,[35)] 행위개념으로부터 체계적 결론을 도출할 필요성이나 가능성이 없고, '전(前)'구성요건적 행위개념은 "나(裸, 벌거벗은)의 행위개념"으로서 이를 인정할 실익도 없다는 입장에서 구성요건해당행위를 범죄체계론의 출발점으로 삼는다. 그러므로 특정한 구성요건에 해당하는 개개의 행위－예컨대 살인행위, 절도행위, 방화행위 등－만이 형법상 의미있는 행위라고 한다.

---

34) Haft, AT, S. 29.

35) 오영근, 113-20면; Gustav Radbruch, "Zur Systematik der Verbrechenslehre", Festgabe für Frank, 1. Bd., 1930, S. 158 ff.

행위개념을 인정하느냐 거부하느냐의 여부는 결국 전술한 바와 같이 우리가 행위개념에 요청하는 기능을 수행할 수 있는 개념정의를 제시하는 데 성공하느냐의 여부에 달려 있다.[36] 만약 우리가 세 가지 기능을 모두 만족시켜 줄 수 있는 행위개념의 정의에 실패한다면, 행위개념의 무용론이 보다 더 설득력이 있다고 할 수밖에 없다. 이제 여러 행위론들이 행위개념을 어떻게 파악하고 있으며 또 요청된 기능을 수행할 수 있는 것인가를 검토해 보기로 한다.

Ⅳ. 행위론의 대립상

1. 인과적 행위론

(1) 내 용

인과적 행위론(kausale Handlungslehre)에 의하면, 행위란 "유의(有意)한 신체적 행태"(Beling), "인간의 의욕에 소급될 수 있는 외계에서의 변화의 야기"(Liszt), "인간의 의사에 기한 신체적 동작 내지 태도"라고 정의된다.[37]

이 때 행위는 단순한 신체적 동작만으로 그칠 수도 있고(단순거동범), 외계에 일정한 결과를 야기할 수도 있다(결과범).

이 행위론이 "인과적"이라고 불리어지는 이유는 인간의 의사를 순전히 "야기적 기능"으로 관찰할 뿐이고, 사상(事象)의 경과를 지배하는 힘으로 보지는 않기 때문이다. 이러한 의미에서 인과적 행위개념은 19세기의 자연과학적 사고에 압도적 영향을 받은 "자연주의적" 행위개념이라고 할 수 있다.

인과적 행위론의 특징은 행태를 야기하는 원인으로서의 의사의 존재, 즉 유의성만을 행위요소로 파악하고, 의사의 「내용」은 행위개념에서 고려하지 않는 점에 있다. 따라서 '객관적·인과적인 것'은 '불법'에, 의사의 내용과 같은 '주관적·정신적인 것'은 '책임'에 속한다고 한다(고전적 범죄체계론).

(2) 비 판

행위란 그 주관적 측면인 의사와 객관적 측면인 행태로써 구성되는 것인데, 의사의 내용을 도외시하고 순전히 인과적 경과로서의 객관적 측면에 치중

36) 그 밖에 우리 형법이 제13조, 제17조에서와 같이 '행위'라는 용어를 전구성요건적 의미의 행위도 포함된 의미로 사용하는 경우가 있기 때문에 행위론의 긍정론이 타당하다는 견해도 있다(이형국, 82면).

37) 이영란, 100면; 정영석, 94면; 조준현, 146면.

하는 태도는 행위의 본질을 제대로 파악하는 데에 실패하고야 말 것이다. 특히 고의·과실과 같은 의사의 내용적 측면을 책임단계에서 비로소 문제삼는다면, 일정한 행위에 대하여 구성요건해당성을 확정지을 수 없는 체계론상의 난점이 발생한다. 예컨대 사람을 칼로 찔러 사망에 이르게 한 행위가 살인죄의 구성요건에 해당하는지, 아니면 상해치사죄 혹은 과실치사죄의 구성요건에 해당하는지의 여부는 의사의 내용을 행위요소로 파악할 경우에 가능하다.

그 밖에 인과적 행위론은 부작위를 행위개념에 포섭하는 근본요소로서의 기능을 수행하지 못한다. 왜냐하면 부작위에 있어서는 일정한 결과를 야기하는 신체적 동작이 결여되어 있기 때문에 엄밀히 '인과적 관점'에서의 행위는 존재하지 않는다고 함이 옳다. 기대된 일정한 동작을 하지 아니한다는 부작위는 규범적 관점에서 파악할 때 비로소 존재하는 것이지, 자연과학적 인과의 세계에서는 결코 실재하지 않는 개념이라고 하겠다. 라드브루흐도 작위와 부작위는 구조상 A와 非A의 관계에 있다고 보아 양자에 공통된 상위개념은 있을 수 없다고 하였다.[38]

그리고 인과적 행위론은 행위의 무한한 소급에 이름으로써 한계요소로서의 기능을 못하는 단점이 있다. 예컨대 살인행위의 필수전제인 살인범의 출산행위와 같이 문제된 행위와 의미관련성이 없는 행태까지도 이론상 행위개념에 끌어들일 수밖에 없는 문제점을 내포하고 있다.

2. 목적적 행위론

(1) 내 용

목적적 행위론(finale Handlungslehre)에 의하면, 인간의 행위란 유의(有意)한 인과적 경과에 불과한 것은 아니고, 그 본질상 「목적활동의 수행」(Ausübung der Zwecktätigkeit)이라고 한다.[39] 목적적 행위론은 1930년대에 독일의 형법학자 벨첼(Welzel)이 주장한 이래 2차대전 후에는 독일의 지배적 학설로 부상하였고, 우리나라에서는 1950년대에 소개되기 시작한 이후 1970년대 전반까지 다수학자의 지지를 받았던 학설이다.[40]

---

38) G. Radbruch, Der Handlungsbegriff in seiner Bedeutung für das Strafrechtssystem, 1904, S. 140.

39) Welzel, Busch, Niese, Maurach, Armin Kaufmann, Hirsch, Rudolphi, Stratenwerth 등.

40) Hans Welzel, Das neue Bild des Strafrechtssystems, 4. Aufl., 1961, S. I ff.; derselbe,

목적적 행위론에서 주장하는 행위의 「목적성」이란 자기동작의 가능한 결과를 일정한 범위 내에서 예견할 수 있고, 여러 목적을 설정하여 추구하는 목적에로 자기동작을 계획적으로 조종할 수 있는 인간의 능력에 기초를 두고 있다. 그러므로 인과적 경과를 조종하는 의사는 "목적적 행위의 척추"이며, 행위개념의 불가결한 인자(因子)가 된다.

행위의 목적적 조종은 세 단계에서 수행된다. 즉 머릿속(思念世界)에서 먼저 '목적을 설정'하고, 이어서 목적달성에 필요한 '행위수단을 선택'하며, 마지막으로 사실세계에서 '의사를 실현'하게 된다(목적설정 → 수단선택 → 의사실현).

목적적 행위론은 동물의 동작이나 자연현상과는 다른 인간행위의 고유한 존재론적 구조를 밝히고자 하는 행위론으로서, 인과법칙의 지배를 받기보다는 인과법칙을 이용하여 목적을 달성하는 인간존재에 착안하고 있다.

그런데 목적적 행위론에서의 목적성(Finalität)은 인과적 행위론에서의 유의성(Willkürlichkeit)과는 전혀 다른 것이라는 점에 유의해야 한다. 인과적 행위론에서는 행태가 어떤 임의적인 의사에 소급될 수만 있다면 유의성을 인정한다. 따라서 인과적 행위론자들은 행위자가 의사를 가지고(willentlich) 활동하였다는 것만으로 행위개념은 충분히 성립한다고 보고, 행위자가 '무엇을' 의욕하고 목표로 했는가 하는 것은 책임단계에 가서 고려해야 할 것이라고 주장한다.

이에 반하여 목적적 행위론은 인간의 행위를 "구체적이고 내용상 특정된 성질"의 것으로 이해하고자 한다. 그러므로 인과적 행위론에 의하여 행위개념에서 책임영역으로 축출된 의사의 내용-특히 고의-은 목적적 행위론에 의하여 "행위요소"로 파악되고 있다(목적적 범죄체계론).

(2) 비 판

목적적 행위론은 근본요소로서의 기능, 즉 모든 행태를 포괄하는 상위개념으로서의 기능을 수행할 수 없다는 비판이 가해지고 있다.

첫째로 과실행위는 목적적 행위개념에 포섭되기 어렵다. 목적적 행위론자들의 주장에 따라 과실의 본질이 목적적 행위의 부주의한 수행에 있다고 하더

Das Deutsche Strafrecht, S. 33 ff.; H-J. Hirsch, "Der Streit um Handlungs- und Unrechtslehre", ZStW, 93. Bd., 1981, S. 831 ff. 현재 국내 형법교과서 중 목적적 행위론의 입장에서 있는 것은 황산덕, 51면 이하.

라도 부주의는 결코 목적성의 계기가 되지 못한다. 주의의무위반은 어디까지나 목적관련성의 '밖에' 있는 결과의 회피 여부에 대한 판단이므로 목적적 행위와 동치될 수는 없다.

둘째로 부작위도 목적적 행위개념에 포섭될 수 없다. 부작위에 있어서는 인과과정에 대한 목적적 조종이 결여되어 있기 때문이다. 벨첼도 존재론적으로 볼 때 부작위는 행위를 그만두는 것이므로 행위가 아니라고 한다.[41]

그 밖에 목적적 조종의사가 의식적인 것이라면, 자동화된 기계적 동작(운전 등)이나 충동적·격정적 행위에는 목적적 의사가 결여되어 있으므로 목적적 행위개념에 포섭시키기 어렵다는 비판이 가능하다.

3. 사회적 행위론

(1) 내 용

사회적 행위론(soziale Handlungslehre)은 모든 행위의 공통요소를 인간의 작위 또는 부작위에 대한「사회적 중요성」(soziale Relevanz)에 두고 있다. 이 학설은 1970년대에 우리나라에 소개되기 시작해서 현재 다수학자의 지지를 받고 있으며,[42] 독일에서도 다수설의 위치를 차지하고 있다.

사회적 행위개념을 구체적으로 보자면, 행위란 "객관적으로 예견가능한 사회적 결과를 지향하면서, 객관적으로 인간에 의해 지배가능한 행태"(Maihofer), "객관적으로 목표할 수 있고 사회적 중요성있는 결과의 유의적 야기"(Engisch), "사회적으로 중요한 인간의 행태"(Jescheck), "인간의 의사에 의하여 지배되거나 지배가능한, 사회적으로 중요한 행태"(Wessels), "사회적으로 중요하고, 조종적 의사에 의하여 지배되거나 지배가능하며 결과를 지향하는 인간의 행태"(Zipf) 등으로 정의된다.

사회적 행위론자들도 시각의 차이에 따라서 '객관적 행위경향'에 보다 더

---

41) Welzel, Das Deutsche Strafrecht, S. 200.

42) 김성돈, 139-40면; 김성천, 66면; 손동권, 87면; 심재우, "사회적 행위개념", 고시계, 1976. 7, 31면; 심헌섭, "행위론", 형사법강좌 Ⅰ, 109면; 안동준, 45면; 이재상, 88면; 이정원, 79면; 이형국, 68-9면; 정/박, 111면; 정영일, 107면. 김종원 교수는 최근 목적적·사회적 행위개념을 주장함으로써 크게 보아 사회적 행위론자에 속한다고 말할 수 있다(同, "형법에 있어서의 행위개념에 관한 試論", 박정근박사화갑기념논문집, 1990, 35면 이하. 同旨, 진/이, 157면. 김종원 교수의 목적적·사회적 행위론을 받아들여 기존의 견해를 수정하였다). 허일태 교수는 전구성요건적 행위개념을 인정하되, '규범적' 행위개념을 주장하고 있다(同, "형법상의 행위개념의 재구성", 차용석교수화갑기념논문집, 1994, 3면 이하).

의미를 두는 입장(Maihofer, Engisch, Eb. Schmidt)과 '주관적 목적설정'을 중시하는 입장(Jescheck, Wessels, Zipf)으로 나누어진다.

(2) 비 판

사회적 행위론은 무엇보다도 사회적 중요성이라는 가치개념 내지 규범판단을 행위개념의 핵심요소로 삼음으로써, 이를 통하여 무엇보다도 '불법'판단이 '선취'될 수 있다는 비판이 가해지고 있다. 이러한 비판은 사회적 행위개념이 '연결요소'로서의 기능을 수행하지 못하고, 또 '전(前)'구성요건적 행위개념으로 남아 있을 수 없다는 결함을 지적하는 것이다.

이 비판은 사회적 행위개념에서의 '사회적 의미'와 불법판단에서의 '사회적 의미'(사회윤리적 반가치)를 구별함으로써 해소될 수 있다. 전자는 일단 형법이 개입할 여지가 있을 정도－범죄성립 여부의 검토에 일단 착수해 볼 여지가 있을 정도－인가를 가리는 '단순한 사회적 차원'에서의 의미를 말하고, 후자는 행위반가치와 결과반가치의 관점에서 내려지는 '형법이론적 차원'에서의 의미라는 점에서 구별된다. 전자는 형법에 문외한인 사회 일반인의 판단에 의하여 지배됨에 반하여, 후자는 형법전문가의 법률판단에 속한다.

오늘날 사회적 행위론이 다수학자의 지지를 받고 있는 근본이유는, 형법상의 행위란 고립적 존재로서의 인간의 행위가 아니라 사회적 존재로서의 인간의 행위를 문제삼는 것인 만큼, 행위의 "사회적 의미", "사회적 중요성"이 행위개념의 결정적 요소로 간주되어야 할 것이라는 인식에서 비롯된다. 예컨대 달걀을 던지는 행위가 먹으라고 던진 행위로서 형법이 처음부터 개입할 필요가 없는 것인지 또는 모욕행위 내지 폭행행위의 가능성이 있어서 일단 범죄성립의 주사위를 던져 볼 필요가 있는 행위인지는 무엇보다도 사회가 그 행위에 부여하는 의미, 즉 사회적 중요성에 의존하게 될 것이다.

이러한 관점에서 볼 때, 사회적 행위개념은 행위의 인과적 요소와 목적적 요소를 배제하는 것이 아니라, 포괄하면서 마지막 "여과적 척도"로서 사회적 중요성이란 개념요소를 제시하는 것으로 이해함이 타당하다고 생각한다. 이러한 견해는 사회적 행위론이 인과적 행위론과 목적적 행위론을 배척하는 것이 아니라 포괄하는 보완관계에 있다는 주장과 상통한다.

그리고 사회적 행위론은 사회적 중요성이라는 '평가'를 통하여 과실행위와 부작위를 행위개념에 무리없이 포섭할 수 있는 장점을 아울러 가지고 있다.

이제 결론적으로 형법상 「행위」개념은 "의사에 의하여 지배되거나 지배가능하며, 사회적 의미있는 인간의 행태"라고 정의함이 적합하다고 생각된다.

4. 인격적 행위론

(1) 내 용

인격적 행위론(personale Handlungslehre)은 행위를 「행위자 인격의 객관적 표현」으로서 이해한다.[43]

인간이 동물과 다른 점은 인격에 있고, 인격은 육(肉)·생(生)·심(心)·정(精)의 통일체이므로 「인격의 객관화」인 행위도 신체적인 것, 생동적인 것, 심리적인 것, 정신적인 것의 통일체로 파악하여 인과성·목적성·심리성·의미성을 적정하게 고려해야 할 것을 주장한다.

(2) 비 판

인격적 행위론이 행위개념에 있어서 인격의 "객관화"를 중시한다면, 그 객관화의 판단이 결국 행위의 사회적 의미내용에 의존할 수밖에 없게 될 것이므로 사회적 행위론에 귀착된다고 봄이 타당하고, 별반 새로운 주장을 담고 있는 것은 아니라고 평가할 수 있다.

그러나 만일 인격적 행위론이 "인격"의 객관화를 중시한다면, 비판의 여지가 적지 않다. 인격은 복합적 다층구조를 가진 것으로서 현대과학으로서도 아직 규명할 수 없는 미궁의 세계에 놓여 있어서[44] 인격적 행위론은 알맹이없이 단순한 언명(言明) 그 자체로 끝나는 주장이 될 소지가 있으며, 또한 인격이란 원래 행위가 아니라 행위자에 속하는 문제이므로 책임판단이 행위개념에 선취(先取)될 우려도 크다고 하겠다.

그 밖에 '법인'은 인격적 행위론에서 말하는 인격을 구비하고 있지 못하다는 측면에서 '법인'의 행위주체성(행위능력)을 긍정할 수 없는 점도 인격적 행위론의 결함이다.

---

43) 강구진, "형법상의 행위론", 고시계, 1984. 5, 118면 이하; 김일수, 120면; 손해목, 166면; Arthur Kaufmann, "Die ontologische Struktur der Handlung", Festschrift für H. Mayer, 1966, S. 116; Roxin, AT, 1. Bd., §8 Rn. 42 ff.

44) "열길 물 속은 알아도 한길 사람 마음 속은 알 수 없다"라는 속담이 이를 잘 표현해 주고 있다.

V. 행위개념의 세 요소와 비행위(非行爲)

사회적 행위론의 입장에서 형법상 행위의 개념요소를 분석하자면, ① 행위의 주관적 요소로서 「인간의 의사」, ② 행위의 객관적 요소로서 「외부적 행태」(동작 또는 태도), ③ 행위의 의미적 요소로서 「사회적 중요성」이라는 세 가지가 있다.

만일 이 세 요소 중 하나라도 결여되어 있다면, 특히 행위의 주관적 요소인 의사(有意性) 또는 객관적 요소인 행태(有體性)가 결여된 현상이 있다면, 그것은 「비행위」(Nicht-Handlung)로서 처음부터 형법적 고찰대상에서 배제되어 사고의 경제성을 가져오는 장점이 있다.

1. 행위개념의 주관적 요소

인간의 의사에 기하지 않은 것은 형법상 행위가 아니다. 행위개념에는 '의사적 요소'가 필요하다(有意性). 자연현상이나 동물의 동작은 물론이고 인간의 행태가 있다고 하더라도 의사가 개재되지 않은 생리적 반사작용(경련 · 구토 · 재채기 등), 의식상실이나 수면중의 동작, 최면상태에서의 동작, 절대적 폭력(vis absoluta)하의 강제된 동작(의사없는 도구로서의 동작) 등은 행위가 아니다.

이에 비하여 기계적 · 습관적 동작, 자동화된 동작, 충동적 · 격정적 동작에는 의사가 결여되어 있다기보다는 언제든지 의사가 작동할 수 있다는 점에서 형법상의 행위개념에 포함시키는 것이 타당하다.

그리고 여기에서 의사라 함은 민법상의 의사능력과는 무관하게 순전히 자연적 의미에서 인간의 의사라고 할 만한 것이 존재하면 충분하다. 따라서 4-5세된 어린이의 의사에 대하여도 형법상의 유의성이 인정된다.

2. 행위개념의 객관적 요소

형법상 행위라고 할 수 있기 위해서는 의사의 외부적 실현으로서 '적극적인 신체적 동작'(작위) 또는 규범상 기대된 일정한 동작을 하지 아니한다는 '소극적 태도'(부작위)가 있어야 한다(有體性).[45] 그러므로 외부적 '행태'가 없이 내심

45) 의사적 측면을 제외하고, 행위의 외부적 측면인 (적극적인) 신체적 동작과 (소극적) 태도

의 의사만을 처벌근거로 삼는 '의사형법' 내지 '심정형법'은 용납되지 아니한다.

"어느 누구도 생각하는 것만으로는 처벌되지 아니한다"(cogitationis poenam nemo patitur)라든가 "사상만으로는 처벌되지 아니한다"라는 법언은 「행위형법의 원칙」을 잘 표현해 주고 있다.

3. 행위개념의 사회의미적 요소

형법상의 행위라고 할 수 있기 위해서는 인간의 행태가 일정한 '사회적 의미'를 담고 있어야 한다(사회성). 사회적으로 무의미한 행태, 아무런 사회적 중요성이 없는 행태는 형법상의 비행위로서 처음부터 고찰대상에서 제외된다.

예컨대 국가보안법상 반국가단체의 찬양죄(제7조 제1항)와 관련하여 "북한에는 달동네가 없는데, 남한에는 달동네가 있다"라고 한 발언은 1960년대의 군사정권하에서는 사회적 의미있는 발언으로서 형법상 행위개념에 일단 들어 와서 문제삼을 여지가 있었겠지만, 오늘날의 민주·개방사회에서는 아무런 사회적 의미가 없고 무시해도 좋을 만한 발언으로서 처음부터 형법이 개입할 필요가 없는 비행위에 속하게 된다.

시대사상, 도덕관, 정치체제, 경제체제 등이 바뀜에 따라 인간의 행태에 대한 사회적 의미도 바뀌게 되고, 형법상의 행위개념도 여기에 종속한다고 보아야 한다. "사회가 변하면, 형법상의 행위개념도 변한다." 이 진리는 다른 어떠한 행위론으로도 설명하기 어렵고, 오로지 '사회적 행위개념'에 의해서만 제대로 설명할 수 있다고 하겠다.

만을 가리켜 '행태'(Verhalten)라는 용어를 쓴다.

제 2 장 구성요건해당성론

제 1 절 구성요건이론과 범죄체계론

범죄란 구성요건에 해당하고 위법하며 유책한 행위로서, 범죄성립의 첫번째 요건은 구성요건해당성이다. 여기에서 구성요건이란 개념을 둘러싸고 그 개념정의, 분류, 기능, 요소 등을 연구하는 분야를 '구성요건이론'이라고 한다. 그리고 구성요건의 '요소'를 어떻게 파악하느냐가 바로 범죄의 체계구성과 직결되기 때문에 구성요건이론에 이어서 '범죄체계론'을 고찰하고자 한다.

Ⅰ. 구성요건이론의 학설사

구성요건이란, 예컨대 살인죄(제250조 제1항)에서 "사람을 살해한 자"라고 기술해 놓은 부분인데, 일반적으로 "형벌법규에 과형(科刑)의 근거로서 추상적으로 규정되어 있는 위법행위의 유형"을 의미한다.

구성요건개념은 형법상의 용어는 아니고 학문상의 용어로서 극도로 논의가 분분한 기본개념 중의 하나이다. 구성요건개념은 관점에 따라 또 학자의 용어법에 따라 매우 다양하게 사용되고 있다. 이러한 까닭에 구성요건개념은 가장 불확실한 개념으로 평가되기도 하며, 아직까지도 끊임없는 논란의 대상이 되고 있다. 이곳에서는 먼저 구성요건이론의 학설사를 살펴보기로 한다.

1. 구성요건개념의 기원과 등장

「구성요건」개념의 기원은 중세 이탈리아의 corpus delicti(罪體)라는 라틴어 용어에 있다. 이 용어는 중세의 일반규문(一般糾問)에서 증명될 범죄사실의 총체를 의미하는 '소송법적' 용어로 사용되었다.

그 후 1796년에 독일학자 클라인(Klein)이 corpus delicti란 용어를 Tatbestand라는 독일어로 번역하였고, 현재 우리나라와 일본의 형법학에서 사용하고 있는 구성요건이란 용어는 독일형법학의 Tatbestand를 한자어로 번역한 것이다.

19세기에는 포이에르바하(Feuerbach) 및 슈튀벨(Stübel)에 의해 구성요건 개념이 범죄성립요소 전체를 가리키는 '실체법상'의 용어로 사용되었으며, 그 밖에 일반구성요건과 특별구성요건으로 구별되는 정도의 발전을 하였다.

2. 벨링에 의한 구성요건이론의 시작

범죄의 성립요건을 셋으로 나누고 그 첫 요건을 구성요건개념과 결부시켜 논의한 학자, 즉 구성요건개념을 범죄구조의 체계화에 있어서 최초로 사용하고 정의한 학자로 평가할 수 있는 사람은 독일의 벨링(Beling)이다. 그는 1906년의 저서 「범죄론」에서 처음으로 '범죄구성삼원론'을 전개하였다.

벨링은 구성요건을 "실정법상 확정적으로 표식화(表式化)된 범죄행위의 유형"이라고 정의하고, 구성요건이 범죄행위의 '윤곽'을 기술한다는 점을 강조하였다. 그리고 구성요건해당성은 가치판단과 무관한 사실판단의 영역에 속한다고 하며, 주관적 요소를 배제한 행위의 외부적 측면만을 그 판단대상으로 삼았다. 따라서 그는 구성요건의 성격을 순수히 기술적 · 객관적 · 외부적 · 몰가치적(가치중립적)인 것으로 파악한다.

벨링은 "범죄란 구성요건에 해당하는 위법하고 유책한 행위"라는 유명한 정의를 함으로써 3단계 범죄체계론의 기초를 확립하였다. 여기에서 구성요건을 위법성 및 책임과 엄격히 분리 · 대응시키고, 범죄구조에 있어서 구성요건에 독자적 지위를 부여하였다. 이와 더불어 위법성은 객관적 가치판단이며 책임은 주관적 가치판단이라고 하여, 범죄성립상의 세 요건을 성격상 '절연'시키고 있다. 그에게 있어서 "객관적인 것은 위법에로, 주관적인 것은 책임에로"라는 명제가 타당하였다.

벨링이 이상과 같은 주장을 한 근본의도는 무엇보다도 구성요건을 통하여 범죄를 유형별로 개별화하고 범죄성립 여부의 윤곽과 한계를 설정하는 동시에 구성요건의 객관적 · 가치중립적 성격을 확보하여 범죄성립의 첫 단계인 구성요건해당성의 판단에 있어서 법관의 자의적 해석의 여지를 봉쇄함으로써, 형법의 자유보장적 기능 및 죄형법정주의의 정신을 최대한 구현하고자 함에 있었다.

범죄성립의 세 요건에 관한 벨링의 주장을 대비적으로 요약하자면 다음과 같다.

* 구성요건해당성 … 객관적 사실판단
* 위법성 ·············· 객관적 가치판단
* 책임성 ·············· 주관적 가치판단

3. 구성요건에 있어서 규범적·주관적 요소의 발견

벨링이 강조한 구성요건의 기술적·가치중립적 성격은 일면 형법의 자유보장적 기능에 봉사하는 장점이 있지만, 구성요건에 있어서 「규범적」 요소가 있을 수 있다는 견해가 일반적으로 승인되면서부터 크게 흔들리게 되었다. 예컨대 절도죄(제329조)에 있어서의 재물의 타인성, 음란물판매죄(제243조)에 있어서의 음란성, 문서위조죄(제225·231조)에 있어서의 문서성 등과 같은 구성요건요소는 단순한 기술적 요소가 아니고 규범적 가치판단의 영역에 속하는 것이다.

독일의 형법학자 마이어(M. E. Mayer)는 1915년의 저서 「형법총론」에서 이와 같은 규범적 구성요건요소를 지적하면서, 구성요건과 위법성은 서로 절연된 것이 아니라 구성요건은 위법성의 「인식근거」(징표)가 된다고 하였다. 이러한 주장은 구성요건해당성의 판단도 더 이상 사실판단에만 머무를 수는 없고 일반적으로 규범적 가치판단의 영역에 속한다는 인식을 가져왔다.

또한 구성요건은 오로지 객관적·외부적 요소로 이루어진다는 벨링의 견해는 ① 통화위조죄와 같은 '목적범'에 있어서 '행사할 목적', ② 강제추행죄·학대죄와 같은 '경향범'에 있어서 '성욕자극·충족의 주관적 경향의 표출 또는 학대성향의 표출', ③ 모욕죄·위증죄와 같은 '표현범'에 있어서 '내심적 상태의 표현'이라는 「주관적」 위법요소가 발견되면서부터 수정되지 않을 수 없었다.

그리고 구성요건과 위법성의 관계를 더욱 밀접하게 파악하려는 시도도 등장하였다. 즉 1920년대에 이르러 자우어(Sauer), 메츠거(Mezger)와 같은 학자들은 구성요건을 '위법유형'으로 파악하고 구성요건이 위법성의 「존재근거」가 된다고 하였으며, 구성요건해당성은 규범적 가치판단임을 명백히 하였다.

그 후 이 존재근거설을 철저하게 관철하려는 「소극적 구성요건표지론」까지 대두하게 되었는데, 독일의 엥기쉬(Engisch), 카우프만(Arthur Kaufmann), 록신(Roxin)과 같은 소극적 구성요건표지론자들은 이른바 「총체적 불법구성요건」이라는 독자적인 개념을 내세우고, 이 총체적 불법구성요건을 '적극적' 표지(標識)와 '소극적' 표지로 나누어, 전자는 불법을 근거지우는 표지이고, 후자는 불법을 배제하는 표지라고 하였다.

4. 구성요건의 주관적 요소의 일반화

목적범에서의 목적과 같은 주관적 위법요소는 독일에서 주장된 1910년대만 해도 어디까지나 예외적인 것이었고 아직 고의범과 과실범에까지 일반화되지는 않았다. 행위론에서 설명한 바와 같이 '고의와 과실'을 '주관적' 구성요건요소(불법요소)로 '일반화'한 것은 1930년대 이후 벨첼(Welzel)과 같은 목적적 행위론자들의 공적이었다.

즉 목적적 행위론자들은 주관적 불법요소는 목적범이나 미수범에 있어서만 예외적으로 존재하는 것이 아니라 그 어떠한 구성요건에도 존재하는 것이며, 고의범에 있어서의 고의와 과실범에 있어서의 과실도 주관적 불법요소로서 구성요건요소를 이룬다고 함으로써 이른바 「인적 불법론」(personale Unrechtslehre)을 주장하기에 이르렀고, 이러한 견해는 사회적 행위론자와 인격적 행위론자들에게도 수용되어 현재 일반화된 이론으로 자리잡고 있다.

Ⅱ. 구성요건의 개념과 분류

1. 개념의 광협에 따른 분류

(1) 최광의의 구성요건

최광의의 구성요건은 '가벌성의 모든 전제조건'을 총괄하는 개념으로서, 후술할 총체적 구성요건과 그 의미가 동일하다. 즉 범죄성립요건뿐만 아니라 처벌요건까지에 관계되는 모든 요소를 지칭한다.

(2) 광의의 구성요건

광의의 구성요건은 '범죄구성(성립)요건'을 의미한다. 즉 범죄의 불법내용과 책임내용을 근거지우는 모든 요소를 지칭한다. 후술하는 불법구성요건과 책임구성요건을 합한 것을 광의의 구성요건이라고 할 수 있다.

(3) 협의의 구성요건

협의의 구성요건은 형벌규정 중 금지 또는 요구된 행위의 '불법'내용을 근거지우는 모든 요소를 지칭하는 것으로서, 후술할 불법구성요건과 그 의미가 동일하다.

2. 목적관점에 따른 분류

어떠한 목적하에서 구성요건을 관찰하느냐에 따른 분류이다.

(1) 총체적 구성요건

총체적 구성요건(Gesamttatbestand)이란 소추요건을 제외한 가벌성의 모든 전제조건을 의미한다. 여기에서의 전제조건은 객관적·주관적·성문적·불문적·적극적·소극적 요건인가를 불문한다.

총체적 구성요건에는 불법을 근거지우는 요소, 즉 불법구성요건과 책임요건 그리고 범죄성립을 배제하는 사유, 즉 위법성조각사유와 책임조각사유 및 처벌요건이 모두 포함된다.

(2) 범죄구성요건

범죄구성요건(Deliktstatbestand)은 총체적 구성요건 중의 한 단면으로서 범죄의 불법내용과 책임내용을 근거지우는 모든 요건을 의미한다. 따라서 범죄의 성립을 배제하는 사유, 즉 위법성조각사유와 책임조각사유는 범죄구성요건에 포함되지 않는다.

후술하는 불법구성요건과 책임구성요건을 합한 것을 범죄구성요건이라고 할 수 있다.

(3) 불법구성요건

불법구성요건(Unrechtstatbestand)은 "당해 범죄의 불법내용을 근거지우는 요소의 총체"를 의미하는데, 강학상 일반적으로 구성요건이란 용어를 사용하는 경우 이 불법구성요건, 즉 협의의 구성요건을 지칭한다.

(4) 허용구성요건

허용구성요건(Erlaubnistatbestand)은 위법성조각사유(정당화사유)를 의미한다. 정당방위와 같은 위법성조각사유는 법적으로 행위를 '허용'해 주는 규정(허용규정, 허용사유)이므로, 위법성조각사유의 성립요건을 허용구성요건이라고 부르기도 한다.

(5) 보장구성요건(법적 구성요건)

보장구성요건(Garantietatbestand)은 죄형법정주의 내지 형법의 보장적 기능의 관점에서 제시되는 개념으로서 '법적 구성요건'이라고도 한다. 이는 총체적 구성요건보다는 좁은 개념으로서 "법률에 의하여 규율되는 가벌성의 전제조건"만을 의미하며, 유추나 관습법(불문법)을 통하여 행위자에게 불이익을 주어서는 안된다는 점이 강조되고 있다.

'법적으로' 규율되어 있어야 한다는 점이 중시되기 때문에 법적으로 규율되어 있지 아니한 초법규적 책임조각사유는 보장구성요건에서 제외된다.[1)]

(6) 총체적 불법구성요건

총체적 불법구성요건(Gesamt-Unrechtstatbestand)이란 '소극적 구성요건표지론자'들이 사용하는 용어이다. 총체적 불법구성요건은 불법을 근거지우는 적극적 표지와 불법을 배제하는 소극적 표지로 이루어진다. 위법성조각사유가 바로 총체적 불법구성요건의 소극적 표지에 해당한다.

(7) 책임구성요건

책임구성요건(Schuldtatbestand)은 범죄의 불법내용을 제외하고 책임내용만을 근거지우는 요소를 의미한다.

3. 기타의 분류

(1) 기본적 구성요건과 수정적(파생적) 구성요건

'기본적' 구성요건이란 유사한 유형의 범죄군에 있어서 가장 본질적이고 공통되는 요소로 이루어진 구성요건으로서 당해 범죄군의 기초가 되는 구성요건을 말한다.

'수정적' 구성요건 또는 '파생적' 구성요건이란 기본적 구성요건에 대하여 불법내용 또는 책임내용의 차이로 말미암아 형벌의 가중이나 감경을 가져오는 '가감적' 구성요건을 의미하는데, 형벌이 가중되는 경우를 「가중적 구성요건」이라 하고, 형벌이 감경되는 경우를 「감경적 구성요건」이라고 한다.

살인죄라는 범죄유형에 있어서는 보통살인죄를 규정한 제250조 제1항이 기본적 구성요건이 되고, 존속살해죄를 규정한 제250조 제2항은 책임가중적

1) 우리 형법 제20조와 같은 규정이 없는 독일과 일본에서는 이른바 '초법규적' 위법성조각사유도 보장구성요건에서 제외된다.

구성요건, 촉탁·승낙살인죄를 규정한 제252조 제1항은 불법감경적 구성요건으로서 그 수정적 구성요건을 이루고 있다. 그리고 특수폭행죄(제261조)는 일반폭행죄(제260조 제1항)에 대한 불법가중적 구성요건이다.

(2) 봉쇄적 구성요건과 개방적 구성요건의 구별문제

벨첼은 구성요건을 봉쇄적(폐쇄적) 구성요건과 개방적 구성요건으로 구별하여, 봉쇄적 구성요건은 구성요건이 금지의 실질을 남김없이 기술하고 있어서 그 자체에서 불법내용이 도출되지만, 개방적 구성요건(예: 과실범, 부진정부작위범의 구성요건)은 금지의 실질, 즉 구성요건요소의 일부분만을 기술하고 있어서 나머지 부분은 법관의 해석에 의해 보충될 필요가 있는 구성요건이라고 한다.

그러나 오늘날 개방적 구성요건의 개념은 전적으로 거부되고 있다.[2] 모든 구성요건은 범죄의 불법유형으로서 죄형법정주의가 요청하는 '정형성'의 원칙을 지키고 있기 때문에, 법관의 해석에 의한 보충이 필요한 구성요건이 있다고 하더라도, 그것은 구성요건의 '외부'에서 보충되어야 한다는 의미에서 구성요건의 '개방'으로 이해할 것이 아니라, 어디까지나 구성요건 '내부'에서 자체적으로 보충되어야 하는 '불문의 구성요건요소'로 이해함이 타당하다. 구성요건을 불법유형으로 파악하는 이상 모든 구성요건은 '봉쇄적'이며, 구성요건이 개방적일 경우에는 불법유형으로서의 성격을 상실하게 된다.

Ⅲ. 불법구성요건의 요소

(불법)구성요건의 '요소' 내지 '표지'는[3] 객관적 요소와 주관적 요소, 기술적 요소와 규범적 요소, 기술된 요소와 불문의 요소 등으로 나누어 볼 수 있다.

---

2) 김/서, 131면; 박상기, 77면; 배종대, 188면; 안동준, 52면; 오영근, 122면; 이재상, 108면; 이형국, 101면; 정/박, 127-8면; 정/신, 86면; 진/이, 165면.

3) 구성요건의 '요소'라는 용어 이외에 독일어 Merkmal의 번역에 해당하는 '표지'(標識)라는 용어가 사용되기도 하는데, 구성요건표지라는 표현은 우리의 언어감각에 그다지 적합하지 않다고 생각한다.

1. 객관적 요소와 주관적 요소

구성요건요소는 행위자의 '심리 내지 정신계'의 '외부'에 존재하는 '객관적' 요소와 그 '내부'에 존재하는 '주관적' 요소로 구별할 수 있다.

(1) 객관적 요소

행위자의 심리 '밖에' 존재하면서 행위의 외부적 현상을 결정하는 여러 요소를 의미한다. 객관적 구성요건요소는 범죄유형이 매우 다양하기 때문에 개개의 구성요건에 특유한 요소가 많이 있지만, 대개 다음과 같은 요소로 분석해 볼 수 있다.

(가) 행위의 주체　형법은 행위의 주체(행위자), 즉 범죄의 주체를 "…하는 자"라고 규정하고 있으므로, 모든 사람이 행위의 주체가 될 수 있다. 이와 관련하여 행위의 주체에 자연인 이외에 법인이 포함되는가라는 문제와 형법이 일정한 신분을 가진 자를 행위의 주체로 한정하고 있는 '신분범'의 문제가 있는데, 이미 '범죄의 주체'에 관한 부분에서 언급하였다.

(나) 행위의 객체　행위의 객체는 자연적 관점에서 파악한 행위의 '대상'으로서 구성요건에 명시되는데, 명예훼손죄, 위증죄 등과 같이 행위의 객체가 없는 범죄도 있다. 제250조 살인죄에 있어서 행위의 객체는 '사람'이다.

행위의 객체는 가치적 관점에서 해석상 도출되는 보호의 객체, 즉 보호법익과 구별해야 한다. 행위의 객체와 보호의 객체에 관하여는 '범죄의 객체'부분에서 이미 언급하였다.

(다) 행위의 태양(態樣) 및 수단　형법상의 행위는 범죄유형에 따라 개개의 구성요건에 그 '태양'이 명시되어 있다. 예컨대 살해·상해·절취·위조 등의 행위태양이 그것이다.

그리고 동일한 행위태양에 속할지라도 구성요건이 행위의 특별한 '수단·방법'을 규정한 경우도 있다. 예컨대 특수폭행죄(제261조)에서는 '위험한 물건을 휴대하여' 폭행한 경우를 가중처벌하고 있다.

(라) 행위의 결과　결과범에서는 구성요건의 내용상 일정한 결과가 발생하여야 한다. 결과란 살인죄에 있어서 사람의 '사망'과 같이 사실상의 관점에서 파악한 '외계에서의 물리적·화학적 상태의 변화'이다.

결과는 행위의 요소는 아니지만 객관적 구성요건요소에 속한다.

(마) 인과관계 결과범에 있어서 행위와 결과 사이의 인과관계도 외부적 세계에서 진행된 현상으로서 불문(不文)의 객관적 구성요건요소에 속한다.

(바) 행위의 상황(狀況) 구성요건 중에는 행위가 일정한 '외부적 상황'하에서 행해질 것을 명시하고 있는 경우가 있는데, 그 외부적 상황을 '행위의 상황'이라고 한다. 예컨대 야간주거침입절도죄(제330조)에 있어서 '야간에'라는 행위의 시간적 상황과 해상강도죄(제340조)에 있어서 '해상에서'라는 행위의 장소적 상황 등이 있다.

(2) 주관적 요소

행위자의 '내심'(內心)의 세계에 존재하는 요소가 주관적 구성요건요소이다. 고의범에 있어서 '고의', 과실범에 있어서 '과실', 목적범·경향범·표현범에 있어서 '목적 등과 같은 초과주관적 (불법)요소', 재산범죄에 있어서 '불법영득의 의사' 내지 '불법이득의 의사' 등이 이에 속한다.

행위의 '동기'는 범행을 하게 된 내심의 '이유'를 지칭하는 것으로서 고의와 구별되고, 원칙적으로 구성요건요소에 속하지 않는다. 행위의 동기는 형의 양정(量定)에 있어서 하나의 참작사항이 된다(제51조 제3호).

(3) 초과주관적 요소와 목적범

고의범에 있어서 고의라는 구성요건의 주관적 요소는 항상 구성요건의 객관적 요소에 대응한다. 그러나 '구성요건의 객관적 요소'에 대한 인식(고의)을 초과하는 일정한 주관적 요소가 구성요건요소로 되어 있는 경우가 있는데, 이를 '초과주관적 요소'라고 하며, ① 통화위조죄(제207조 제1항)와 같은 '목적범'에 있어서 '행사할 목적',[4] ② 절도죄(제329조)와 같은 '영득죄'에 있어서 '불법영득의 의사'가 이에 속한다.

강제추행죄(제298조)와 같은 '경향범'에 있어서 '성욕의 자극·충족이라는 주관적 경향의 표출' 및 모욕죄(제311조)와 같은 '표현범'에 있어서 '내심적 상태의 표현'을 초과주관적 요소로 파악하는 견해도 있으나,[5] 각각의 행위개념(추행행위, 모욕행위)에 내포된 주관적 요소로 이해함이 타당하다고 본다.[6]

「목적범」이란 "구성요건상 고의 이외에 일정한 행위를 할 주관적 목적을

4) "…목적은 범죄성립을 위하여 고의 외에 요구되는 초과주관적 위법요소로서…"(대판 2015. 1. 22, 2014 도 10978-전원합의체)

5) 김/서, 132면; 박상기, 120-1면; 배종대, 189면; 신동운, 98면; 오영근, 132면; 정/박, 132면.

6) 강제추행죄에 있어서는 각론, 223-4면, 모욕죄에 있어서는 각론, 268면 참조.

필요로 하는 범죄"를 말하고, 진정목적범과 부진정목적범으로 나누어진다. '진정목적범'이란 일정한 목적이 범죄성립의 요건으로 되어 있는 경우인데, 각종의 위조·변조죄가 진정목적범으로 규정되어 있다. '부진정목적범'이란 일정한 목적이 형을 가중하는 사유로 되어 있는 경우이며, 예컨대 단순아편소지죄(제205조)에 대하여 판매목적아편소지죄(제198조)의 형이 가중되어 있다.

최근에는 목적범을 '단절된 결과범'과 '단축된 이행위범(二行爲犯)'으로 나누어 보기도 한다. 단절된 결과범이란 국기·국장모독죄(제105조)와 같이 그 목적이 행위자의 구성요건적 행위 자체로 직접 실현될 수 있으며 별개의 다른 행위를 필요로 하지 않는 목적범이고, 단축된 이행위범은 각종 예비죄 및 통화위조죄(제207조), 무고죄(제156조)와 같이 그 목적이 행위자의 구성요건적 행위(무고죄에서 허위사실신고행위)만으로는 실현될 수 없고 행위자나 제3자의 별개의 행위(무고죄에서 공무원의 형사처분행위 또는 징계처분행위)를 통해서만 실현될 수 있는 목적범을 말한다.[7]

목적범에 있어서의 '목적'이란 일상적인 어법상 '고의보다 강고한 의지적 태도'를 의미하는 것으로 이해해야 할 것이지만, 대법원은 '미필적 인식'이란[8] 정도로 받아들이고 있다.

2. 기술적 요소와 규범적 요소

구성요건의 '기술적' 요소란 구성요건상의 문언이 단순히 기술적·사물적이어서 '사실판단'만으로도 그 의미와 내용이 확정될 수 있는 요소를 말하는데 반하여, '규범적' 요소란 구성요건상의 문언 자체만으로는 그 의미와 내용이 쉽게 이해될 수 없고 법관의 규범적 '가치판단'을 통해서만이 확정될 수 있는 요소를 말한다.

예컨대 살인죄(제250조)에 있어서 행위의 객체인 '사람'과 행위태양인 '살해'는 기술적 구성요건요소에 속하고, 위조죄(제214조, 225조 등)의 객체인 '유가증권' 또는 '문서'나 음란물반포죄(제243조)에서의 '음란성'은 규범적 구성요건요소에 속한다.

---

7) 양자의 구별실익은 행위에 대한 주관적 인식과 의욕의 차이에 있다. 단절된 결과범에서의 목적은 '확정적' 인식과 의욕을 필요로 하지만, 단축된 이행위범에서는 행위자나 제3자의 '별개의 행위'에 대한 부분만큼은 '미필적'(조건부) 인식과 의욕으로 충분하다.

8) "…목적은…확정적 인식임을 요하지 아니하며, 다만 미필적 인식이 있으면 족하다"(대판 2015. 1. 22, 2014 도 10978－전원합의체).

그런데 양자의 구별이 항상 분명한 것은 아니므로 '상대적' 구별에 불과한 것이라고 보아야 한다. 예컨대 살인죄의 객체인 '사람'은 살아있는 사람인데, 사람의 종기(終期)인 사망의 판정이 사실판단만으로 충분한 경우도 있지만, 심장사설(心臟死說)과 뇌사설(腦死說)의 대립하에 규범적 가치판단을 내려야 할 경우도 있다.

기술적 구성요건요소와 규범적 구성요건요소의 구별은 고의론과 착오론에서 의의가 있다.

3. 기술된 요소와 불문의 요소

죄형법정주의의 '명확성의 원칙'에 따라 구성요건은 명확하게 규정되어야 하므로 대부분의 구성요건요소는 법문에 기술되어 있다. 이와 같이 법문에 명시된 구성요건요소를 '기술된' 구성요건요소라고 부른다.

그러나 입법기술상 기술하기 어렵거나 입법적 미비가 있다든가 형법총칙상의 일반규정에 의존해야 하는 등의 경우에는 구성요건요소가 기술되지 아니하고, 해석을 통하여 보충되어야만 하는 경우가 있다. 이를 '불문의' 구성요건요소 또는 '기술되지 아니한' 구성요건요소라고 하는데, 불문이지만 객관적 구성요건요소에 속하는 이상 고의의 대상이 된다. 인과관계, 부진정부작위범에 있어서 보증인의 지위 등이 불문의 객관적 구성요건요소에 속한다. 불문의 주관적 구성요건요소에 속하는 것으로서는 재산범죄에 있어서 불법영득의 의사가 있다.

Ⅳ. 구성요건과 위법성의 관계

1. 인식근거설

마이어(M. E. Mayer)는 구성요건과 위법성의 관계를 '연기와 불의 관계'로 비유하면서 구성요건은 위법성의 인식근거이며 그 징표가 된다고 하였다. 따라서 일정한 행위가 구성요건에 해당하면 위법하다는 추정을 받게 되는데(구성요건의 위법성 추정기능), 만일 위법성조각사유가 존재하면 그 추정이 깨어진다고 보았다. 이와 같은 인식근거설은 오늘날에 이르기까지 다수학자의 지지를 받고 있다.[9]

2. 존재근거설

자우어(Sauer)와 메츠거(Mezger)는 구성요건을 위법성의 '존재근거'로 보면서 구성요건에 해당하는 행위는 위법하지만 위법성조각사유로 되는 경우만 예외라고 주장하였다.[10] 이 학설은 구성요건과 위법성의 밀접한 관계를 표현하기 위하여 존재근거라는 표현을 사용하고 있지만, 결과에 있어서는 인식근거설과 동일하다고 본다. 다만 이 학설은 '존재'했던 위법성이 조각될 수도 있다는 점을 인정하기 때문에, 존재근거란 그다지 논리적인 표현이 아니라고 하겠다.

3. 소극적 구성요건표지론

메르켈(A. Merkel), 프랑크(Frank) 등에 의하여 주장되기 시작한 소극적 구성요건표지론은 구성요건이 예외없이 위법성의 존재근거가 되도록 구성한 이론이다.

전술한 바와 같이 소극적 구성요건표지론자들은 '총체적 불법구성요건'이란 개념을 내세우고, 불법을 근거지우는 적극적 표지와 불법을 배제하는 소극적 표지의 양자가 총체적 불법구성요건을 구성한다고 한다. 위법성조각사유의 요건이 바로 총체적 불법구성요건의 소극적 표지에 해당한다.

소극적 구성요건표지론은 범죄구성의 단계를 ① 총체적 불법구성요건해당성(적극적 표지+소극적 표지)→② 책임이라는 2단계로 단축하는 입장이다(범죄구성 2단계설).

위법성조각사유가 존재하는 경우에 소극적 구성요건표지론에 의하면 행위의 총체적 불법구성요건해당성이 부정됨에 반하여, 통설인 범죄구성 3단계설에 의하면 행위의 구성요건해당성은 인정되고 단지 위법성만이 조각되는 것으로 본다.

소극적 구성요건표지론은 위법성조각사유의 전제사실에 관한 착오를 구성요건적 착오로 취급할 수 있는 이론적 장점이 있지만, 다음과 같은 결함을 이유로 해서 오늘날 거의 고사(枯死)의 경지에 처해 있는 학설이다.

---

9) 신동운, 252면; 오영근, 126면; 이재상, 106면; 이형국, 80면; 진/이, 164면.
10) 이 입장에 선 학자로는 김성돈, 165면; 정/박, 118면.

① 소극적 구성요건표지론에 의하면, 위법성조각사유의 요건을 총체적 불법구성요건의 소극적 표지로 파악하므로 위법성조각사유의 부존재를 고의의 대상에 포함시키게 된다. 그러나 고의의 성질상 존재하지 아니하는 사실의 인식을 요구하는 것은 곤란하다. 즉 살인행위나 상해행위를 하는 행위자의 고의에 정당방위나 긴급피난 등의 위법성조각사유가 존재하지 아니한다는 것의 인식까지 포함시키는 것은 불가능하기도 하고 불필요하기도 하다. ② 다음으로 이 학설은 구성요건과 위법성의 본질적 차이를 간과하고 있어서 범죄체계론상 유지되기 어렵다. 구성요건과 위법성을 구별하는 범죄구성 3원론은 행위를 법적으로 평가함에 있어서 각 단계마다 서로 다른 의미의 차이가 있다는 것인데, 소극적 구성요건표지론은 이 차이를 무시하고 있다. 이 학설의 핵심은 위법성조각사유가 존재하면 그 행위의 구성요건－총체적 불법구성요건이라고 하더라도－해당성을 부정하는 데 있다. 그렇다면 정당방위로서의 살인행위는 사람이 아닌 대상을 사살한 경우와 마찬가지로 살인죄의 구성요건해당성이 부정된다. 결국 정당방위로서의 살인은 모기를 죽인 행위와 법적으로 하등 다름이 없다는 평가를 받게 된다. ③ 그 밖에 1975년부터 시행된 독일의 개정형법은 범죄구성 3원론에 입각하고 있기 때문에[11] 독일에서 해석론으로는 더 이상 소극적 구성요건표지론이 주장될 수 없게 되었다.

Ⅴ. 위법성과 불법

범죄성립의 두번째 단계로 논해지는 「위법성」(Rechtswidrigkeit)은, 구성요건에 해당하는 행위가 “전체 법질서에 비추어 보아 허용되지 아니한다는 부정적 가치판단”을 의미한다. 위법성이란 행위와 전체 법질서 사이의 ‘관계개념’이며 ‘성질판단’이고, 또 그 판단은 전체 법질서에 비추어 항상 단일하게 내려진다.

한편 “구성요건화·실정화된 위법행위유형”을 의미하는 「불법」(Unrecht)이란 용어를 위법성과는 다른 별개의 개념으로 사용하는 것이 오늘날 형법학계의 일반적 경향이다.[12] 불법은 “전체 법질서에 배치된다고 평가된 실체, 즉

11) 독일형법 중에서 범죄구성 3원론에 입각하고 있는 것으로 지적되는 조문은 제32조, 제34조, 제113조 제3항 및 제4항, 제228조 등이 있다.

위법이라는 반가치판단의 내용 내지 실질"을 지칭한다. 이 실체의 핵심은 행위이기 때문에, 학자에 따라서는 불법을 "위법하다고 평가된 행위(자체)"라고 정의하기도 한다.[13] 그러므로 불법이란 '실체개념'인 점에서 관계개념인 위법성과 구별된다. 특히 형법상 구성요건화되는 것은 위법성 자체가 아니라 위법성판단을 받는 실체로서의 불법이기 때문에, 불법은 구성요건에 의하여 '실정화', '유형화', '구체화'된다고 말할 수 있다. 이러한 관점에서 구성요건은 불법유형(Unrechtstypus)이고, '불법구성요건'(Unrechtstatbestand)이라는 용어가 일반화되어 있다.

Ⅵ. 사회상당성이론과 구성요건

「사회(적)상당성이론」(die Lehre von der Sozialadäquanz)은 독일의 벨첼에 의하여 창안·발전되어 온 이론이다. 이 이론에 의하면 "정상적·역사적으로 되어버린 사회적 생활질서의 테두리 안에서 행해지는 행위는 구성요건해당성이 없다"고 한다. 사회적 상당성이 있는 행위란 반드시 사회적으로 모범적인 행위만을 의미하는 것은 아니라 '사회적 행위자유'의 테두리 내의 행위를 의미한다고 하고, 그 예로서는 매우 경미한 상해나 자유의 제한행위, 사소한 액수의 돈을 건 도박, 도로·항공·궤도에서 법규에 따른 교통운행이 초래한 상해, 원자력·가스사용의 위험시설물운영, 건축·광산에서의 폭발물사용, 의료상의 극약사용, 자동차운전자에 대한 주류판매행위, 우편집배원에의 통상적 새해선물 등과 같은 것들이 지적되고 있다.

사회상당성을 일부학자는 위법성조각사유로 이해하지만, 다수학자들은 문언상 지나치게 넓게 파악될 수 있는 구성요건을 '제한'하는 「일반적 해석원리」로 보고 있다.

---

12) 김성돈, 238면; 김/서, 128면; 김종원, "범죄론의 체계구성에 관한 소고", 손해목박사화갑기념논문집, 1993, 37면; 박상기, 145면; 배종대, 287-8면; 손해목, 380면; 안동준, 92면; 이재상, 208면; 이형국, 155면; 장영민, "형법상의 불법개념", 인하대 사회과학논문집 제1집, 1981, 215면; 정/박, 194면; 진/이, 296면. 그러나 위법성과 불법을 구별할 필요가 없다는 견해는 오영근, 133면 및 307면; 차용석, 398면.

13) 박상기, 145면; 배종대, 288면; 이재상, 208면.

Ⅶ. 구성요건의 기능

(불법)구성요건의 주요기능은 다음과 같다.

1. 한계기능

죄형법정주의에 의하면 법률만이 범죄를 정할 수 있는데, 법률은 범죄가 될 행위의 유형을 '구성요건'으로 명확히 규정한다. 일정한 행위가 범죄로 성립하려면 맨 먼저 이 구성요건이 정한 행위유형에 해당하여야 한다. 아무리 반도덕적 · 반사회적인 행위라고 하더라도 법률상 규정된 구성요건에 해당하지 아니하면 범죄로 되지 아니한다. "법률없이 범죄없다"라는 법률주의는 구성요건에 이르러서 "구성요건없이 범죄없다"라는 명제로 표현된다.

따라서 구성요건은 일정한 행위가 범죄가 되느냐 안되느냐 하는 한계를 그어주는 기능, 즉 '한계기능' 내지 선별기능을 담당함으로써, 죄형법정주의의 목표인 '자유보장적 기능'을 아울러 수행하게 된다.

'행위개념'의 한계기능은 '이론상'으로 달성되지만, '구성요건'의 한계기능은 '법률상'으로 달성된다.

2. 개별화기능

구성요건은 범죄가 되고 안되고의 한계를 설정해 주는 한편, 범죄성립의 한계(범주) 내에서는 재차 불법 또는 책임의 질과 양의 차이에 상응하여 범죄유형을 '개별화 · 세분화'한다. 예컨대 살인죄라는 상위의 범죄유형 아래에서 구성요건은 재차 존속살해죄, 촉탁 · 승낙살인죄, 자살관여죄 등 하위의 범죄유형을 개별적으로 규정하고 각각에 상응한 형벌과 결합되어 있다. 이와 같이 구성요건은 범죄의 '개별화기능' 내지 '분류기능'을 수행한다.

3. 경고(환기)기능

구성요건은 위법행위의 유형으로서 '위법성추정기능'을 한다. 즉 구성요건에 해당하는 행위는 위법－전체 법질서에 반한다는 부정적 가치판단－할 것이라는 추정을 낳게 한다.

이 추정기능으로부터 당연히 도출되는 기능이 바로 구성요건의 경고기능이다. '경고기능'이란 구성요건에 해당하는 행위가 있으면 그 행위가 위법할 수 있으므로 위법행위를 하지 말도록 행위자에게 경고를 보내는 기능을 말한다.

구성요건은 구성요건에 해당하는 행위를 하는 자로 하여금 일반적으로 금지된 행위와 허용된 행위 사이의 한계를 자신이 위반하고 있는지의 여부를 인식하게끔 주의를 환기시키는 기능을 수행한다(환기기능).

Ⅷ. 범죄체계론

1. 범죄체계론의 의의

'범죄란 구성요건에 해당하고 위법하며 유책한 행위이다'라는 공식화된 정의로부터 오늘날 범죄성립3요건설은 지배적인 견해로 자리잡았다. 그러나 이 세가지 요건을 기초로 하되, 보다 더 구체적으로 범죄를 구성하는 많은 요소들을 어디에 어떻게 배치하여 범죄의 성립 여부를 확정지을 것인가, 즉 범죄구성의 체계를 어떻게 설계할 것인가 하는 문제에 관하여는 학자들의 견해가 복잡·다기하게 제시되고 있다.

원래 현실세계에서 행해진 구체적인 범죄는 '전체로서 완결된 통일체'로 경험되는 것이지, 이론상 여러 요소들로 분해될 성질의 것이 아니다. 따라서 범죄를 여러 요소로 분석·분해하면서 전체적 통일성을 가져오려는 체계화의 시도는 범죄의 참 모습을 관찰한다기보다는 과학적 이유와 국민의 자유보장이라는 형법목적에 그 근본취지를 두고 있다.

2. 범죄체계론의 실익

'범죄에 대한 관점의 다양한 구성방법'이라고 이해될 수 있는 「범죄체계론」은 관념적인 공론(空論)에 그치는 것이 아니고 다음과 같은 「실익」을 가져온다.

① 범죄체계론은 '평등(공평)한 법적용'에 기여한다. 범죄구성요소에 대한 체계적·과학적 분석의 틀을 제공함으로써 법해석에 있어서 법관의 자의를 배제하고 '같은 사건에는 같은 판결'을 끌어내어 법적용상의 평등을 기할 수 있도록 한다. ② 범죄체계론에서 항상 요구되고 있는 과학적·합리적·분석적 사고는 범죄성립 여부에 대해 오판의 위험이 크고 피의자·피고인의 인권을

유린하기 쉬운 전근대적인 '육감적 판단 및 육감수사를 봉쇄'하며 형사소송법상의 '증거재판주의'에도 부응한다. ③ 구체적 범죄의 내막은 복잡하게 얽힌 실타래와 같은 것으로서 그것을 풀어가는 작업에 있어서 범죄체계론은 주먹구구식이 아니라 '사고의 질서와 명료성 및 포괄성'을 가져다주며 동시에 '사고의 경제와 능률'을 달성케 해 주는 장점이 있다.

3. 고전적 범죄체계론

고전적 범죄체계론은 리스트, 벨링 등에 의하여 19세기 말에 형성되고 20세기 초반까지 지배적이었던 체계론이며, '인과적 행위개념'을 그 출발점으로 삼고 있다. 여기에서 행위는 오직 외부적·자연적 사상(事象)으로 이해되고, 구성요건은 범죄의 객관적인 윤곽을 기술한 것으로서 가치중립적인 성격으로 파악되었다. 이에 따라 구성요건해당성과 위법성의 판단대상을 범죄의 객관적 요소로 국한하고, '고의·과실'과 같은 주관적 요소는 책임의 판단대상으로서 '책임형식 내지 책임조건'을 이루는 것이었다. 고전적 범죄체계론에서는 "객관적인 것은 위법에로, 주관적인 것은 책임에로"라는 명제가 그대로 적용된다.

그 밖에 위법성은 법규범위반이라는 형식적 관점에서 이해되고(형식적 위법성론), 책임의 본질에 관하여는 '심리적 책임론'이 지배하였다.

4. 신고전적 범죄체계론

20세기 초에 즈음하여 고전적 범죄체계론은 그 골격을 유지하면서 내용에 있어서 수정·보완이 가해졌는데, 이 수정된 체계를 후일 신고전적 범죄체계론이라고 부르게 되었다.[14]

신고전적 범죄체계론은 인과적 행위개념에서 출발하지만 행위개념에 있어서 의미와 가치판단의 측면을 도입하여 부작위의 행위성을 설명하고, 구성요건에도 규범적 요소와 주관적 요소가 존재한다는 인식을 보편화하였다. 이러한 인식에는 메츠거, 자우어와 같은 학자가 기여하였다. 그러나 고의·과실은 여전히 책임형식으로 파악되었다.

그리고 신고전적 범죄체계론은 위법성을 사회적 유해성과 같은 실질적 관점에서 이해하게 되었고(실질적 위법성론), 책임의 본질은 심리적 사실관계에

---

14) 이 입장을 지지하는 학자로는 배종대, 159면.

있는 것이 아니라 비난가능성이라는 규범판단에 있다고 하는 '규범적 책임론'을 채택하였다.

5. 목적적 범죄체계론

'목적적 행위개념'에 입각한 목적적 범죄체계론[15]은 '고의'가 행위의 불가결한 요소로서 책임형식이 아니라 '주관적 구성요건요소'가 된다고 파악한 점에서 과거의 범죄체계론과는 판이한 특징을 보이고 있다. 또한 객관적 주의의무위반으로서의 과실도 구성요건요소가 된다고 본다.

목적적 범죄체계론에서는 고의·과실이라고 하는 주관적 요소가 전면적으로 불법영역에 편입됨으로써(주관적 불법요소로서의 고의·과실), 이른바 인적 불법론 및 불법의 내용에 있어서의 행위반가치론이 강조되었으며, 주관적 정당화요소가 모든 위법성조각사유의 주관적 요건으로 일반화되었다.

다만 범죄의 주관적 요소 중에서 '위법성의 인식(가능성)'이라는 규범인식의 측면은 고의와 분리되어 독자적인 '책임요소'로 남게 됨으로써 비난가능성을 책임의 본질로 이해하는 규범적 책임론이 더욱 순수화되었다(이른바 '순수한 규범적 책임론').

6. 합일태적 범죄체계론(합일체계론)

합일태적 범죄체계론은 신고전적 범죄체계와 목적적 범죄체계의 합일체계이다. 이 체계론은 행위의 목적성과 인과성을 포용하는 사회적 행위개념을 출발점으로 할 때 가장 자연스럽게 이해되는 것이지만, 행위론과 관계없이 오늘날 점차 지지자를 넓혀 가고 있는 유력한 견해이다.[16]

합일태적 범죄체계론의 가장 두드러진 특징은 「고의와 과실의 이중적 지위」를 인정한다는 점에 있다. 고의의 이중적 지위라 함은 고의범에 있어서 행위의 개념요소인 고의가 일면으로는 구성요건요소로서 행위반가치의 판단대상이 되고(구성요건적 고의), 타면으로는 책임요소로서 심정반가치의 판단대상도

---

15) 진계호, 119면, 157면, 232면 등을 종합해서 보자면, 목적적 범죄체계를 취하고 있는 것으로 판단된다.

16) 김/서, 105면; 손동권, 79면; 신동운, 90면; 이형국, 57면. 이재상 교수는 90면, 154면 등으로 미루어 보아 합일태적 범죄체계를 취하는 것으로 판단된다. 정성근·박광민 교수는 99면에서 합일태적 범죄체계를 따른다는 것을 밝히고 있으나, 합일태적 범죄체계의 중요한 특징인 고의의 이중적 지위를 부정하는 점에서 엄격히 말하자면 합일태적 범죄체계론의 지지자라고 볼 수 없다.

된다는 것이다(책임고의). 그리고 과실의 이중적 지위라 함은 과실에 있어서 객관적 주의의무위반의 측면은 주관적 구성요건요소로서 행위반가치의 판단대상이 되고(구성요건적 과실), 주관적 주의의무위반의 측면은 책임요소로서 심정반가치의 판단대상도 된다는 것이다(책임과실).

'행위반가치'라 함은 "행위에 대하여 사회윤리적 견지에서 내려지는 부정적 가치판단"을 뜻하고, 결과반가치와 함께 불법의 내용을 이룬다. '심정반가치'라 함은 "행위자가 위법행위를 통하여 법질서에 대해 법적대적 태도를 드러내거나(고의행위의 경우) 법무관심의 태도를 드러내는 경우(과실행위의 경우)에 내려지는 부정적 가치판단"을 말하고, 책임비난의 내용을 이룬다.

고의와 과실은 행위반가치의 판단대상으로서 불법의 정도에 있어서 차이를 나타내지만, 또한 심정반가치의 판단대상으로서 책임비난의 정도에 있어서도 차이를 보여준다(고의 · 과실의 이중적 기능). 즉 불법에서뿐만 아니라 책임에 있어서도 과실에 비하여 고의에 대한 책임비난이 훨씬 강하고, 고의 중에서도 확정적 고의는 미필적 고의에 비하여 더욱 강한 책임비난을 받게 되며, 과실 중에서는 중대한 과실 · 업무상과실이 보통의 과실에 비하여 책임비난의 정도가 더한 것은 당연지사(當然之事)이므로, 고의 · 과실의 이중적 지위를 인정하는 합일태적 범죄체계론이 범죄라고 하는 '사물의 논리적 구조'에 가장 적합한 체계론이라고 생각한다(소위 「사물논리적 구조」(sachlogische Struktur)의 사상). 그리고 이 합일체계는 위법성조각사유의 전제사실에 관한 착오에 있어서 '제한적 책임설'의 입장에 서서 그 착오의 효과를 구성요건적 착오가 있은 경우와 동일시할 수 있는 장점이 있다.

합일태적 범죄체계론에 입각하여 본서가 취하고 있는 [범죄의 구조]와 특기사항을 [도표]로 간략히 작성해 보자면 다음과 같다.[17]

17) 이 도표는 Haft, AT, Abbildung, 5와 6을 이용하여 작성하였다. 이 도표상의 범죄구조를 〈3단계적 2원론〉이라고 부르는 학자도 있다(김종원, "범죄론의 체계구성", 고시연구, 1995. 11, 98면).

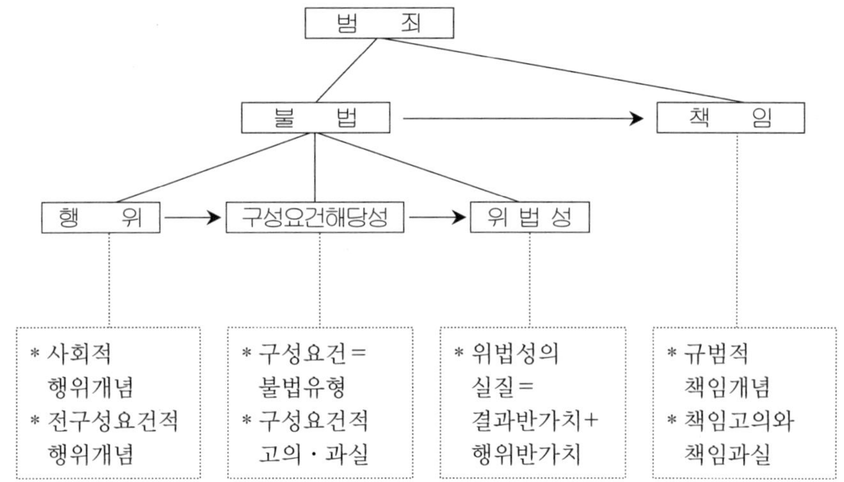

제 2 절 인과관계와 객관적 귀속론

Ⅰ. 서 론

1. 인과관계의 의의

형법상 「인과관계」라 함은 "일정한 행위로 인하여 일정한 결과가 발생하였다는 것을 인정할 수 있는 연관관계"를 의미한다.

인과관계를 논의한다는 것은 행위와 결과가 존재한다는 사실만으로는 행위자에게 그 결과에 대한 책임을 물을 수 없음을 의미한다. 즉 '결과범'에 있어서 발생한 결과-'침해범'과 '구체적 위험범'에 있어서는 법익침해 내지 발생한 구체적 위험-에 대해서 책임을 묻자면, 행위와 결과 사이에 인과관계가 반드시 인정되어야 한다.[18]

발생한 결과에 대해서 책임을 묻는다는 것은 '기수범'으로서의 책임을 묻

18) 인과관계는 구성요건적 행위와 결과 사이의 '연관관계'를 의미하므로 인과관계를 논의하기 위해서는 우선 구성요건적 정형성을 갖춘 '행위'와 구성요건적 '결과'가 존재할 것을 전제로 한다. 따라서 '행위적격' 또는 '결과발생' 여부에 대한 판단이 인과관계를 논의하기에 '앞서서' 확정되어야 한다는 점에 유의할 필요가 있다(이 점을 잘 지적하고 있는 글로는 윤용규, "형법의 인과관계 논의에 대한 몇가지 의문", 법정고시, 1996. 12, 125면 이하).

는다는 것이며, 만일 결과가 발생하였더라도 행위와 결과 사이에 인과관계가 인정되지 않으면 '미수범'의 책임을 지울 수 있을 뿐이다. 즉 인과관계론은 결과범이나 침해범에서 기수범과 미수범의 성립을 가린다는 점에서 의의가 있다. 따라서 결과발생을 필요로 하지 않는 단순거동범이나 추상적 위험범 등에서는 인과관계가 문제되지 않는다.

2. 인과관계론과 객관적 귀속론의 결부

결과범에 있어서 발생한 결과에 대하여 기수책임을 묻기 위해서는 인과관계의 존재가 필수적이지만, 그것이 유일한 전제조건은 아니다. 사실상의 인과관계 이외에 규범적 관점에서 발생한 결과를 행위자에게 객관적으로 귀속시킬 수 있어야만 기수책임을 지울 수 있다. 후자의 요건을 논의하는 것이 바로 「객관적 귀속론」이다. 이와 같이 발생한 결과에 대해 책임을 지우기 위해서는 ① 먼저 자연주의적 사실관계로서 인과관계의 확정－인과관계의 확정에는 합법칙적 조건설이 유력하다－을 전제로 하고, ② 그 다음에 규범적 평가관계로서 결과의 객관적 귀속이 가능해야 한다는 요건을 결부시킴으로써 이원적인 고찰을 하는 것이 오늘날 학계의 지배적 입장이다.[19]

3. 사실판단으로서의 인과관계와 규범판단으로서의 객관적 귀속

19세기에 자연과학의 압도적 영향은 형법학에도 미쳐서 인과관계의 확정에 관한 '조건설'이 19세기 후반 독일의 형법학계에 풍미하였고, 이 학설은 형법상의 인과관계를 논리적 조건관계와 동일시하며 자연과학적 인과관계의 연장선 위에서 '사실판단'의 문제로 취급하였다.

그러나 20세기 초엽에 이르러 법학에 신칸트학파의 사조가 밀려들자 형법학은 자신의 독자성을 '가치적·규범적' 고찰방법에서 찾게 된다. 이에 따라 형법상의 인과관계는 사실판단의 문제에 속하는 자연과학적 인과관계 내지 논리적 인과관계와는 그 본질이 전혀 달라서 '가치판단'의 문제에 속한다고 보고, 독자적인 '형법상의 인과관계'를 주장하거나 인과관계의 '유무'와 인과관계의 '중요성'을 구별하면서 후자에 초점을 두는 사고가 지배하게 되었다. 이와 함

---

19) 권오걸, 123면; 김성천, 79면; 김/김, 139면; 김/서, 154면; 박상기, 89면; 손동권, 112면; 손해목, 264면; 신동운, 149-50면; 안동준, 71면; 이재상, 136면; 이정원, 100면; 이형국, 92면; 정/박, 155-6면; 조준현, 175면; 진/이, 200면.

께 등장한 학설이 후술하는 상당인과관계설, 중요설 등이다.

그런데 가치학문인 형법학을 비록 평가적·규범적 고찰방법 위에서 축조한다고 하더라도 '인과관계'만큼은 학문연구의 대상을 사실세계에서의 인과법칙의 규명에 두고 있는 자연과학을 떠나서 논의할 수 없다는 깨달음이 재차 고개를 들게 된다.[20] 형법상 인과관계의 확정은 자연과학의 발달－자연과학상의 새로운 원인규명－에 전적으로 좌우된다. 중세 유럽의 종교재판을 지배하였고 현대에도 완전히 불식되지는 못한 '주술적(呪術的)' 인과관계를 인간의 머릿속에서 몰아낸 것은 자연과학적 지식의 보급이라는 점을 상기할 필요가 있다. 형법상의 인과관계가 가치판단의 영역에 속하는 것이라고 아무리 강조하더라도, 자연과학이 발견한 사실법칙으로서의 인과관계를 완전히 도외시한 채로 형법 나름대로의 규범적 인과관계를 확정짓는다는 것은 환상이라고 하겠다.[21]

① 인과관계의 '본질'은 역시 '사실문제'라는 깨달음에서－물론 형법상의 인과관계에는 필연법칙이라는 의미에서의 자연과학적 인과관계가 '그대로' 적용되지는 않지만[22]－인과관계의 확정을 사실판단의 문제로서 (합법칙적) 조건설에 따르도록 하는 한편, ② 인과관계의 존재만으로는 결과에 대한 책임을 물을 수 없고 나아가 평가적·규범적 관점에서 발생한 결과를 행위자에게 객관적으로 귀속시킬 수 있을 경우에 비로소 기수책임을 지울 수 있다는 '이원적 사고'가 등장하게 된 것이다.

요컨대 '합법칙적 조건설에 의하여 확정된 사실상의 인과관계'는 '객관적 결과귀속의 규범적 척도'에 의하여 '제한'된다고 하겠다.

---

20) 이러한 생각과는 정반대로 '자연주의적' 인과관계를 형법학의 독자적인 고찰대상에서 제외하면서 인과관계론을 객관적 귀속관련의 문제 안에 일원적으로 포섭하려는 견해로는 윤용규, 앞의 글, 130면 참조.

21) 다만 부작위범에 있어서는 작위범과 다른 특수성이 있기 때문에 '규범적' 관점에서 인과관계가 논의된다.

22) 예컨대 일본의 '미나마타병' 사건에서는 한 비료회사가 방출한 폐수의 수은에 중독되어 1953년부터 1987년까지 1,030명이 사망하였는데, 사망원인은 1956년에 이르러서야 규명되었으며, 또 이와 같은 '공해범죄'에 있어서는 행위와 결과 사이에 자연과학적 '필연관계'로서의 인과성을 입증하기가 어려웠다. 따라서 공해범죄의 영역에서는 인과관계의 증명을 용이하게 하기 위하여 역학(疫學)상의 '개연적' 증명으로 충분하다는 이른바 '역학적 인과관계론'이 주장되었다. 이러한 주장은 우리나라에서도 '입법화'되었는데, '환경범죄 등의 단속 및 가중처벌에 관한 법률' 제11조는 오염물질배출행위와 생명·신체의 위해발생 사이에 '상당한 개연성'이 있으면, 인과관계가 있는 것으로 '추정'한다고 규정함으로써, 인과관계의 입증정도를 완화하고 있다.

4. 인과관계는 구성요건해당성의 문제

인과관계는 '불문의 객관적 구성요건요소'로서 구체적인 인과관계는 결국 개개의 구성요건해당성의 문제로 돌아가게 된다. 즉 당해 구성요건이 어떠한 행위와 어떠한 결과의 발생을 그 내용으로 하고 있는가에 따라 인과관계의 확정대상이 달라진다. 예컨대 사기죄(제347조 제1항)는 구성요건의 해석상 기망행위→상대방의 착오→재물의 교부→재산상의 손해라고 하는 3단계의 인과관계가 확정될 것을 요구하고 있다.

Ⅱ. 인과관계에 관한 학설

행위와 결과 사이에 '어떠한 연관관계'가 있을 경우에 인과관계를 인정할 것인가에 관하여는 다음과 같은 학설이 대립하고 있다.

1. 조건설(등가설)

(1) 내 용

조건설은 행위와 결과 사이에 "전자(일정한 행위)가 없었더라면 후자(일정한 결과발생)도 없었을 것"이라는 '논리적 조건관계'만 있으면 인과관계를 인정하는 학설이다. 조건설은 오스트리아의 글라저(Glaser), 독일의 부리(v. Buri) 등에 의하여 주장되었고, 독일 판례상의 일관된 입장이면서 일본의 다수 판례와 우리 대법원의 과거의 일부 판례도 조건설을 채택하고 있다.

조건설에서 전자가 없었더라면 후자도 없었을 것이라는 논리적 조건관계에 의하여 인과관계를 확정하는 방법을 '절대적 제약(conditio sine qua non)공식'이라고 하며, 이 때 인과관계의 확정은 '가설적 제거절차'를 거치게 된다.

그리고 조건설에 의하면 조건이 되는 모든 행위가 발생된 결과에 대하여 동등한 가치를 가지고 형법상의 원인이 된다고 보기 때문에 조건설을 '등가설'이라고도 부른다.

(2) 인과관계의 종류

이곳에서는 형법상의 인과관계론에서 유용하게 거론되고 조건설의 비판에 동원되는 인과관계의 여러 가지 '사례군'을 소개하고자 한다.

(가) 기본적 인과관계 다른 행위의 개입없이 하나의 행위가 직접 구성요건적 결과를 발생시킨 경우, 예컨대 丙을 살해하고자 치사량이 1g인 독약을 甲이 단독으로 丙의 음료수 잔에 1g 투입하여 丙이 마시고 사망한 경우에 甲의 독약투입행위와 丙의 사망이라는 결과는 '기본적' 인과관계에 있다.

(나) 이중적(택일적) 인과관계 丙을 살해하고자 치사량이 1g인 독약을 甲과 乙이 서로 모르는 채로 각각 1g씩 丙의 음료수 잔에 투입하여 丙이 마시고 사망하였을 때, 甲과 乙의 독약투입행위와 丙의 사망이라는 결과는 '이중적(택일적)' 인과관계에 있다.

(다) 중첩적(누적적) 인과관계 丙을 살해하고자 치사량이 1g인 독약을 甲과 乙이 서로 모르는 채로 각각 0.5g씩 丙의 음료수 잔에 투입하여 丙이 마시고 사망하였을 때, 甲과 乙의 독약투입행위와 丙의 사망이라는 결과는 '중첩적(누적적)' 인과관계에 있다.

(라) 추월적 인과관계 丙을 살해하고자 치사량이 1g인 독약을 甲이 丙의 음료수 잔에 투입하여 丙이 마셨으나 약효가 발생하기 전에 乙이 丙에게 총격을 가하여 丙이 사망하였을 때, 乙의 총격행위와 丙의 사망이라는 결과는 '추월적' 인과관계에 있다.

(마) 현실적 인과관계와 가설적(가정적) 인과관계 비행기에 탑승하기 전의 丙을 살해하고자 甲이 치사량이 1g인 독약을 丙의 음료수 잔에 투입하여 丙이 마시고 탑승한 후 비행중에 약효가 발생하여 丙은 사망하였는데, 얼마 지나지 않아 그 비행기는 乙이 장치한 시한폭탄의 폭발로 추락함으로써 탑승자 전원이 사망하고 말았을 때, 甲의 독약투입행위와 丙의 사망이라는 결과는 '현실적' 인과관계에 있고, 乙의 시한폭탄장치행위와 丙의 사망이라는 결과는 '가설적' 인과관계에 있다.

(바) 비유형적(非典型的) 인과관계 甲이 丙을 상해하였는데 ① 피해자(丙)가 '특수체질'(예: 혈우병)이라든가, ② '피해자의 고의 또는 과실행위'(예: 치료소홀)가 개입하거나, ③ '제3자의 고의 또는 과실행위'(예: 의사의 의료과오)가 개입하거나, ④ '자연현상 내지 천재지변'(예: 지진해일-쓰나미-발생시에 피해자의 다리부상으로 대피하지 못한 경우)으로 丙이 사망하였을 때, 甲의 상해행위와 ① 내지 ④의 사유가 결합하여 사망의 결과를 발생시킨 것을 '비유형적(비전형적)' 인과관계 또는 비유형적 인과과정이라고 한다.

(3) 비 판

조건설은 다음과 같은 문제점을 지니고 있으므로 인과관계의 확정에 적합한 이론이라고 할 수 없다.

① 조건설에서 말하는 논리적 조건관계의 판단은 "전자가 없으면 후자가 있을 것인지 또는 없을 것인지에 관한 지식"을 우리가 이미 갖추고 있을 경우에만 가능하기 때문에 일종의 '순환논증'에 불과하다. 즉 인과관계를 논리적 조건관계로 대치하고 있을 뿐이고, 그 논리적 조건관계의 판단은 재차 우리의 인과관계에 관한 지식에 의존하므로, 실상 조건설은 우리에게 아무 것도 가르쳐 주는 바가 없다는 것이 조건설의 가장 큰 맹점이다.

② 조건설은 조건관계에 있는 모든 행위가 결과에 대하여 원인이 된다고 함으로써 인과관계의 인정범위가 지나치게 확장된다는 단점이 있다. 조건설에 입각한 과거의 판례를 살펴보면,[23] 특히 '비유형적 인과관계'에 있어서도 행위와 중한 결과 사이에 인과관계를 인정함으로써 소위 '결과적 가중범'의 성립범위를 부당하게 확장하고 있다는 실제상의 문제점이 노출된다.

③ 조건설이 논리적 조건관계만으로 결과에 대한 책임을 인정한다면 논리적 인과관계의 '유무'와 형법상 '중요성있는'(의미있는) 인과관계를 혼동하는 것이며, 인과관계의 '무한한 확대'를 가져올 우려도 내포하고 있다. 심지어 조건설에 의하면 살인범의 출산행위도 살인죄의 원인이 된다는 과도한 결론에 도달한다.

④ 조건설에 의하면 이중적 인과관계, 추월적 인과관계, 현실적 인과관계에서 인과관계의 성립을 부정하고 미수의 책임을 지우게 되는데, 이러한 결론은 사리(事理)에 어긋난다. 예컨대 중첩적 인과관계에서 0.5g씩 독약을 투입한 경우에는 인과관계가 인정되어 기수책임을 지우고, 이중적 인과관계에서 1g씩 독약을 투입한 경우에는 인과관계가 부정되어 미수책임을 지운다는 조건설의 결론은 어느 누구도 받아들일 수 없을 것이다.

---

23) 우리나라 판례로서는 대판 1955. 6. 7, 4288 형상 88; 대판 1955. 5. 24, 4288 형상 26; 일본판례로서는 日最判 1971. 6. 17, 刑集 25-4, 567頁; 독일 판례로서는 BGHSt. 1/332, 7/112, 4/360 등.

2. 원인설(개별화설)

(1) 내 용

원인설은 조건설에 의하여 인과관계의 인정범위가 지나치게 넓어지는 것을 시정하기 위해서 "조건관계에 있는 여러 행위 중 일정한 기준에 의하여 특히 형법상 의미가 있는 것만이 형법상의 원인이 된다"고 하는 학설이다. 즉 결과의 발생에 대하여 중요한 영향을 준 조건과 단순한 조건을 구별하여, 전자만을 형법상의 원인으로 인정하는 이론이다. 여러 조건을 개별적으로 관찰하여 원인과 조건을 구별한다는 점에서 '개별화설'이라고도 부른다.

원인설 내에서도 어떠한 기준에 의하여 원인과 조건을 구별할 것인가에 관하여 여러 가지 '자연과학적 기준'이 제시되고 있다. 여기에는 여러 조건 가운데 결과에 대하여 ① 가장 유력한 작용을 한 것만이 원인이 된다는 '최유력조건설'(비르크마이어: Birkmeyer), ② 최후에 영향을 준 것만이 원인이 된다는 '최종조건설'(오르트만: Ortmann), ③ 필연적인 것만이 원인이 된다는 '필연조건설'(슈튀벨: Stübel), ④ 결정적 원동력이 된 것만이 원인이 된다는 '결정적 조건설'(나글러: Nagler), ⑤ 결과를 발생시키는 적극적 조건과 결과의 발생을 방지하는 소극적 조건이 대립할 때 적극적 조건을 우월하게 하는 행위가 원인이 된다는 '우월적 조건설'(빈딩: Binding) 등이 있다.

(2) 비 판

원인설은, 여러 행위 중 어느 것이 기준으로 제시되고 있는 조건에 해당하는가 하는 판단이 실제로 곤란할 뿐만 아니라, 설사 일정한 기준에 의하여 원인되는 행위를 찾아냈다고 하더라도 그 결론이 만족스럽지 못하다는 결함 때문에 현재 지지자가 없는 이론이다.

예컨대 A를 살해하고자 치사량이 10g인 독약을 甲이 3g, 乙이 4g, 丙이 3g씩 각자 순차적으로－서로 모르는 채로－A의 음료수 병에 투입하여 A가 사망한 경우에, 최유력조건설에 의하면 乙만이, 최종조건설에 의하면 丙만이 살인죄의 기수책임을 지게 된다는 기이한 결론에 도달하게 되고, 다른 학설에 의하면 그 무엇이 필연적 조건 혹은 결정적 조건, 우월적 조건인지 판단하기 어렵다는 난점이 있다.

3. 인과관계중단론

(1) 내 용

인과관계중단론도 조건설이 인과관계의 인정범위를 지나치게 넓히는 부당함을 시정하기 위해서 나온 이론이다. 이 이론에 의하면, "인과관계가 진행되는 중에 다른 책임능력있는 자의 고의·과실행위가 개입하거나 예기치 못한 우연한 자연현상이 개입한 경우에는 이에 선행했던 행위와 결과 사이의 인과관계가 중단되어, 개입 이전의 조건은 형법상의 원인이 될 수 없다"고 한다.

예컨대 비유형적 인과관계에서, 甲이 乙을 상해하였는데 ① '피해자' 乙의 고의 또는 과실행위(예: 비관자살이나 치료소홀)로 乙이 사망하거나 ② '제3자'인 丙의 고의 또는 과실행위(예: 丙의 乙살해나 의사의 의료과오)로 乙이 사망하거나 ③ 지진해일과 같은 예기치 못한 자연현상으로 乙이 사망한 경우에는 甲의 행위와 乙의 사망 사이에 인과관계가 중단된다.

특히 예기치 못한 우연한 자연현상이 개입해서 결과가 발생한 경우에는 인과관계의 '단절'이 일어난다고도 한다.

그리고 인과관계중단론에 유사한 것으로 프랑크(Frank)가 주장한 '소급금지이론'이 있다. 이 이론에 의하면, 행위가 결과의 발생시까지 계속되지 아니하고 그 행위와는 무관하게 후에 개입된 다른 사정에 의하여 결과가 발생하였을 경우에 그 결과를 다른 사정이 개입하기 이전의 행위에 소급하여 관련시켜서는 안된다고 한다.

(2) 비 판

원래 인과관계는 그 유무를 확정하는 문제인데, 존재하지 않는 인과관계란 중단될 수 없으며, 일단 존재하는 인과관계라면 도중에 그것이 중단된다는 주장 자체가 비논리적이라고 비판할 수 있다. 따라서 인과관계중단론은 거의 지지를 받지 못하고 오늘날 소멸된 학설에 속한다.

4. 상당인과관계설

(1) 내 용

상당인과관계설도 원인설과 마찬가지로 조건설의 결함을 극복하기 위하여 제시된 학설인데, 원인설이 여러 조건을 개별화하여 그 중에서 원인을 찾으려는 것과는 달리 일반화적 방법을 통하여 상당성이 있는 원인을 찾으려는 점에 그 특색이 있다. 상당인과관계설은 독일에서 제창되었으나 독일보다는 우리나라와 일본에서 적지 않은 지지자를 낳았고, 우리 대법원이 기본적으로 채택하고 있는 입장이다.

상당인과관계설에 의하면, "사회생활상의 일반적인 지식경험에 비추어－전인류의 경험법칙상－일정한 행위로부터 일정한 결과가 발생하는 것이 「상당」하다고 평가할 수 있을 경우에 형법상의 인과관계를 인정"하고자 한다. 이 학설에서 생활경험상 결과의 발생에 '상당'한 조건만이 원인이 된다고 하는 인과관계의 판단척도는 무엇보다도 '비유형적 인과관계'에 적용됨으로써 종래 결과적 가중범의 성립범위를 부당히 확장하였던 조건설의 문제점을 어느 정도 해소할 수 있다.

상당인과관계설에 입각한 우리나라 판례[24]를 보자면, 얼굴에 대한 폭행과 뇌출혈로 인한 사망 사이에 상당인과관계를 인정한 바 있고,[25] 폭행을 가하여 땅에 넘어지게 한 행위와 쇼크성 심장마비로 인한 사망 사이에서도 상당인과관계를 인정하였으며,[26] 음독한 친구에게 응급치료를 받게 하지 아니하고 유기한 행위와 사망한 결과 사이에 상당인과관계를 부정한 경우도 있다.[27]

상당인과관계설은 어떠한 사정을 '기초'로 해서 '상당성'을 판단할 것인가에 따라 다음과 같은 세 가지 학설로 나누어진다.

(가) 주관적 상당인과관계설(주관설) '행위자'가 행위 당시에 인식하고 있었던 사정과 인식할 수 있었던 사정을 기초로 하여 상당성을 판단하자는 학설로서, 크리스(Kries)가 주장한 바 있다.

(나) 객관적 상당인과관계설(객관설) 행위 당시에 '객관적으로' 존재하였던 모든 사정과 행위 '후의' 사정이라도 행위 당시에 객관적(일반적)으로 예견할 수 있었던 모든 사정을 기초로 하여 상당성을 판단하자는 학설로서,[28] 뤼멜린

---

24) 상당인과관계를 인정한 판례로는 대판 2007. 11. 16, 2005 도 1796; 2000. 2. 11, 99 도 5286; 1997. 1. 24, 96 도 776 등 참조.

25) 대판 1956. 7. 13, 4289 형상 129.

26) "피해자를 2회에 걸쳐 두 손으로 힘껏 밀어 땅바닥에 넘어뜨리는 폭행을 가함으로써 그 충격으로 인한 쇼크성 심장마비로 사망케 하였다면 비록 위 피해자에게 그 당시 심관성 동맥경화 및 심근 섬유화증세 등의 심장질환의 지병이 있었고 음주로 만취된 상태였으며 그것이 피해자가 사망함에 있어 영향을 주었다고 해서 피고인의 폭행과 피해자의 사망간에 상당인과관계가 없다고 할 수 없다"(**대판 1986. 9. 9, 85 도 2433**).

27) 대판 1968. 10. 31, 67 도 1151.

(Rümelin), 히펠(Hippel), 자우어(Sauer) 등이 주장하였다.

행위 '후의' 사정이라도 행위 당시에 객관적으로 예측(豫後, Prognose)할 수 있었던 모든 사정을 고려한다는 점에서 이 학설을 '객관적 사후예측설' 또는 '객관적 사후예후설'이라고도 한다. 행위 '후의' 사정이라 함은 일반적으로 행위가 있은 후에 초래될 사태의 진전을 의미하지만, 예컨대 강간 또는 강도를 위한 폭행·협박행위가 있은 후, 피해자가 이를 피하려다가 실족사하게 되었다든가, 강간당한 후 비관자살한 경우 등과 같이, 행위 후에 초래된 '별개의' 사정도 있다. 우리 대법원은 범죄를 피하려다가 피해자가 사망하거나 상해를 입게 된 경우에는 상당인과관계를 인정하여 사망 또는 상해의 결과에까지 책임을 지우고 있으나,[29] 강간당한 후 피해자가 수치심 등으로 비관자살한 경우에는 강간행위와 자살 사이의 인과관계를 부정하고 있다.[30]

(다) 절충적 상당인과관계설(절충설) 행위 당시에 '일반인'이 인식할 수 있었던 사정과 '행위자'가 특히 인식하고 있었던 사정을 기초로 하여 상당성을 판단하고자 하는 학설로서, 트래거(Träger), 복켈만(Bockelmann) 등의 지지자가 있으며, 상당인과관계설 중에서는 우리나라의 유력한 견해이다.[31]

(2) 비 판

상당인과관계설에 대하여는 다음과 같은 비판이 가능하다.

① 서론에서 언급한 바와 같이 원래 인과관계는 '사실판단'의 성격을 지닌

---

28) 우리나라의 지지자는 배종대, 227면; 심재우, "형법상의 인과관계", 월간고시, 1977. 8, 45면.

29) 폭행을 피하려다 실족사한 경우에 폭행과 사망간의 인과관계를 긍정한 판례를 보자면, "피고인들이 공동으로 피해자를 폭행하여 당구장 3층에 있는 화장실에 숨어 있던 피해자를 다시 폭행하려고 피고인 갑은 화장실을 지키고, 피고인 을은 당구치는 기구로 문을 내려쳐 부수자 위협을 느낀 피해자가 화장실 창문 밖으로 숨으려다가 실족하여 떨어짐으로써 사망한 경우에는 피고인들의 위 폭행행위와 피해자의 사망 사이에는 원인관계가 있다고 할 것이므로 폭행치사죄의 공동정범이 성립된다"(**대판 1990. 10. 16, 90 도 1786**). 그 밖에 강도의 폭행·협박을 피하려다 상해를 입게 된 경우 강도치상죄의 성립을 긍정한 판례로서는 "폭행 또는 협박으로 타인의 재물을 강취하려는 행위와 이에 극도의 흥분을 느끼고 공포심에 사로잡혀 이를 피하려다 상해에 이르게 된 사실과는 상당인과관계가 있다 할 것이고 이 경우 강취행위자가 상해의 결과의 발생을 예견할 수 있었다면 이를 강도치상죄로 다스릴 수 있다"(**대판 1996. 7. 12, 96 도 1142**). 그리고 강간을 피하려다 사망한 경우에 인과관계를 긍정한 판례로서는 대판 1968. 8. 21, 68 도 419가 있다.

30) "강간을 당한 피해자가 집에 돌아가 음독자살하기에 이르는 원인이 강간을 당함으로 인하여 생긴 수치심과 장래에 대한 절망감 등에 있었다 하더라도, 그 자살행위가 바로 강간행위로 인하여 생긴 당연한 결과라고 볼 수는 없으므로 강간행위와 피해자의 자살행위 사이에 인과관계를 인정할 수는 없다"(**대판 1982. 11. 23, 82 도 1446**).

31) 우리나라의 지지자로는 김종원, "형법에 있어서의 인과관계", 고시계, 1965. 4, 87면; 성시탁, "인과관계", 형사법강좌 Ⅰ, 194면; 오영근, 170-1면.

것으로서 그 '유무'의 확정을 논의대상으로 한다. 그런데 상당인과관계설에서 생활경험상 '상당'하다고 하는 판단은 인과관계의 확정을 '규범판단'의 문제, 평가의 문제로 파악하는 것이며, 여기에는 인과관계의 '유무'의 판단과 인과관계의 형법상의 '중요성'의 판단이 혼란을 일으키고 있다고 비판할 수 있다.[32] 결과발생에 형법상 중요한 의미가 없는 행위를 규범적 귀책의 문제로서 제한하지 않고 인과관계의 부정을 통하여 달성하려는 상당인과관계설은 적절한 이론구성방법이 아니다. 인과관계의 존재가 확정된 후에, 결과에 원인된 행위의 형법상의 중요성의 문제는 인과관계론과는 '별개의' 규범적 척도로 검토하는 입장－결과의 객관적 귀속론－이 보다 더 우수한 이론구성방법이라고 생각한다.

② 상당인과관계설 중에서 주관설은 상당성의 판단기초를 '행위자'가 인식(가능)한 사정에 국한하기 때문에 인과관계의 인정범위가 부당히 협소하게 된다는 문제점이 있고, 객관설은 '객관적으로 존재하는 모든 사정'을 상당성판단의 기초로 하기 때문에 조건설이나 다름없을 만큼 인과관계의 인정범위가 확대된다는 문제점이 있다.

③ 인과관계는 '객관적' 구성요건요소로서 그 판단의 기초사정이 객관적 사정이어야 함에도 불구하고 절충설과 주관설에서는 행위자의 인식사정이라는 주관적 측면이 인과관계에 영향을 주게 되는 문제점을 안고 있다.[33] 상당성판단의 기초사정에 대한 행위자의 인식(가능) 여부는 원래 '과실'의 성립요건에서 논의되어야 할 것인데, 이를 인과관계의 틀 안에 끌어들이고 있는 주관설과 절충설은 잘못된 것이라고 하겠다.

④ 그 밖에 상당인과관계설에서 제시된 생활경험상의 상당성이라는 판단이 실제로 명백한 판단기준이 되지 못한다는 점도 하나의 결함으로 지적되고 있다.[34]

5. 중 요 설

(1) 내 용

이 학설은 인과관계의 '유무'와 인과관계의 '중요성'을 구별하여, 인과관계의 유무는 조건설에 의하여 확정되지만, 개개의 구성요건의 해석상 중요성이 있

---

32) 이재상, 143면; 이형국, 100면.

33) 이형국, 100면.

34) 이재상, 142면.

는 조건만이 구성요건해당성이 있다고 한다. 메츠거(Mezger)에 의하여 주장된 중요설은 인과관계 자체는 '논리적' 판단의 문제로 보지만 그 형법상의 중요성은 '규범적' 판단의 문제로 보아 인과관계론에 의해서가 아니라 개개의 구성요건의 의미에 따라 결정하려는 점에서, 인과관계와 객관적 귀속론을 결부시키는 이원적 사고의 단서를 열어준 의의가 있다.

(2) 비 판

중요설은 인과관계의 확정에 있어서 따르고 있는 조건설의 문제점을 그대로 안고 있으며, 인과관계의 중요성의 판단을 구성요건해당성에 넘기고 있을 뿐 실질적 판단기준을 제시하지 못하고 있다는 비판을 받는다.

6. 합법칙적 조건설

(1) 내 용

합법칙적 조건설은 조건설을 기초로 하되 조건설의 문제점을 시인하고, 인과관계를 조건설의 논리적 조건관계에 의해서가 아니라 일상적 경험법칙으로서의 '합법칙적' 조건관계에 의하여 확정하려는 학설이다. 엥기쉬(Engisch)에 의하여 주장되었으며, 요즈음 우리나라의 다수설이라고 할 수 있다.[35]

이 학설은 조건설의 절대적 제약공식을 포기하고, "행위가 시간적으로 뒤따르는 외계의 변동에 연결되고, 이 변동이 행위와 합법칙(일상적 경험법칙으로서의 합법칙성)적 연관하에 구성요건적 결과로 실현되었을 때"[36] 인과관계가 인정된다고 한다.

합법칙적 조건설에서의 '조건'은 과거의 조건설에서 말하는 논리적 조건관계를 의미하는 것이 아니라 일상적 경험법칙상의 조건관계를 의미하고, 경험법칙도 규범의 세계에서 경험하는 당위법칙이라기보다는 '사실상'의 경험법칙을 의미한다는 점에 유의해야 한다.

합법칙적 조건설에 의하면, 타인의 고의·과실행위라든가 피해자의 특이

---

35) 김성돈, 178면; 김/김, 139면; 김/서, 170면; 박상기, 105면; 손동권, 120면; 손해목, 266면; 신동운, 154면; 이재상, 150면; 이정원, 107면; 이형국, 106면; 정/박, 153면; 조준현, 160면; 진/이, 212면.

36) '합법칙적 연관'이라는 표현이 나오는 대법원판결이 눈에 뜨인다. "피고인들의 이 사건 범행과 피해자의 사망 사이에 **합법칙적 연관** 내지 상당인과관계를 인정할 수 없다고는 보기 어렵다"(대판 2004. 6. 24, 2002 도 995－보라매병원사건). 그러나 합법칙적 연관에 관한 부연 설명은 없다.

체질과 같은 다른 원인이 개재된 비유형적 인과관계의 경우에도 그 인과성이 인정되고 인과관계의 중단이 일어나지는 않으며, 부작위범에 있어서 부작위와 결과발생 사이에도 합법칙적 연관이 인정된다고 한다. 그리고 조건설에 의하면 그 인과성이 부정되었던 이중적 인과관계, 추월적 인과관계, 현실적 인과관계에 있어서도 합법칙적 조건설은 그 인과성을 인정한다. 여기에서 인과관계를 인정한다고 하더라도 발생한 결과에 대하여 행위자에게 책임을 지우는 것이 타당한가 하는 문제는 별도의 객관적 귀속론에 의하여 결정하게 된다.

(2) 평 가

발생한 결과에 대하여 기수책임을 지울 것인가 하는 문제는 서론에서 밝힌 바와 같이 사실판단으로서의 인과관계와 규범판단으로서의 객관적 귀속으로 이원화하여 논의하는 것이 타당하다. 다만 인과관계를 사실확정의 문제로 다루는 학설 중에서 종래의 조건설은 큰 결함을 내포하고 있으므로, 오늘날 다수학자의 지지를 받고 있는 합법칙적 조건설이 타당하다고 하겠다.

Ⅲ. 부작위와 인과관계

결과범에 있어서 부진정부작위범의 인과관계는 부작위와 결과발생 사이의 문제가 아니라 "요구(기대)된 일정한 작위가 행해졌더라면 결과의 발생을 방지할 수 있었을 것"이라는 판단이다. 부작위는 자연과학적 관점에서는 무(無)이기 때문에 "부작위와 결과발생"간의 인과관계란 존재할 수 없고, 규범적 관점에서 "작위와 결과의 불발생"간의 "가설적" 인과관계로서 고찰하는 점에 특이성이 있다.

요구(기대)된 일정한 작위가 행해졌더라면 결과가 발생하지 않았으리라는 연관관계가 "확실에 가까운 개연성"으로 긍정되면, 부진정부작위범에 있어서의 인과관계가 인정된다(이른바 기대행위설 또는 요구행위설).

과거에는 부진정부작위범의 인과관계를 설명함에 있어서 ① 인과관계부정설(부작위의 인과성을 전적으로 부정하는 학설: Liszt, Welzel, Beling, Hippel), ② 타행행위설(부작위시에 행해진 작위의무자의 다른 행위가 결과에 대한 원인이라는 학설: Luden), ③ 선행행위설(부작위에 앞서서 행해진 작위가 결과에 대한 원인이라는 학설: Glaser, Merkel), ④ 간섭설(결과발생을 방지하려는 작위에의 충동을 억제하는 심리작용, 즉 간섭현상에 원인이 있다는 학설: Buri, Binding, H. Mayer), ⑤ 법적 인과관계설(부작위 자체에 원인력은 없으나 작위의무자의 작위의무위반이 결과에 대하여 법적 원인이 된다는 학설: Bar, Kohler) 등이 주장되었으나 현재에는 학설사적 의의를 갖는 데 불과하다.

Ⅳ. 객관적 귀속론

1. 의 의

「객관적 귀속론」(objektive Zurechnungslehre)은 원래 독일 민법학에서 주장되었던 이론인데, 호니히(Honig)가 1930년대에 형법학에 도입한 이래 오늘날에는 독일과 우리나라의 거의 모든 학자들이 받아들이고 있다.[37] 이 이론은 "행위자에 의하여 법적으로 허용되지 않은 위험이 창출되고, 그 위험이 구성요건적 결과로 실현되었을 경우에 한하여, 그 결과는 행위자에게 객관적으로 귀속되어 객관적 구성요건을 충족한다"라고 주장하면서, 객관적 귀속의 척도를 「불문의 객관적 구성요건요소」로 파악한다. 객관적 귀속론은 책임의 범위를 객관적 귀속의 척도를 가지고 구성요건단계에서 '제한'하고자 한다. 즉 인과관계가 인정되더라도 결과의 객관적 귀속이 부정되면 기수가 아니라 '미수'의 책임을 지게 되거나 구성요건해당성이 배제된다.

인과관계는 발생된 결과를 행위자에게 귀속시키기 위한 전제로서 먼저 행위와 결과 사이에 어떠한 연관이 있어야 하는가를 논의대상으로 한다. 그러나 발생된 결과를 행위자에게 귀속시킬 수 있느냐 하는 문제—쉽게 말하자면, 발생된 결과를 행위자의 '탓'(Werk의 意譯)으로 돌릴 수 있느냐 하는 문제—는 그 결과가 정당한 형벌의 귀속이라는 관점에서[38] 순전히 '규범적' 판단에 속한다.

객관적 귀속론은 인과관계를 배제하거나 인과관계를 대치하는 이론이 아니라고 봄이 타당하다.[39] 객관적 귀속을 인정하기 위해서는 인과관계의 존재

---

37) 김성돈, 181면; 김/서, 170-1면; 박상기, 105면; 손동권, 126면; 손해목, 264면 이하; 신동운, 154면; 이재상, 157면; 이형국, 102면; 정/박, 155-6면; 정영일, 128면; 진/이, 213면 이하.

38) "인과응보"라는 성구(成句)에서 '인과'의 부분이 형법상 '인과관계론'에 속하고, '응보'의 부분이 정당한(응당한) 형벌이라는 관점에서 '객관적 귀속론'의 영역에 속한다고 비유할 수 있다.

39) 김성돈, 177-8면; 이재상, 150면; 이형국, 102면; 정/박, 156면.

가 전제되어야 한다. 인과관계가 부정됨에도 불구하고 결과의 객관적 귀속이 인정될 수는 없다. 객관적 귀속론은 형법상 어떠한 척도에 의하여 그 결과를 행위자에게 귀속시키는 것이 합당한가 하는 규범적 검토를 통하여, 인과관계가 긍정되는 범위 내에서 일정한 '제한'을 가하는 이론이다. 여기에서 객관적 귀속의 '척도'(기준)를 어떻게 설정할 것인가가 문제된다.

2. 객관적 귀속의 척도(기준)

객관적 귀속을 '인정'하기 위한 척도를 설정함에 있어서 학자에 따라 차이가 있지만, 거의 공통적으로 들고 있는 것은 다음과 같다.

(1) 위험창출: 허용되지 않은 위험을 창출하거나 증대할 것

결과발생의 원인된 행위가 허용되지 않은 위험을 창출하거나 증대시킨 경우에만 결과의 객관적 귀속이 가능하고, 허용된 위험을 창출하거나 허용되지 않은 위험이라고 하더라도 위험을 감소시킨 경우에는 결과의 객관적 귀속이 부정된다.

매우 경미한 상해행위, 교통규칙을 준수한 자동차 운전중에 부득이 발생한 대인사고, 관련법규의 허용기준에 합치하는 오염물질배출행위 등 사회적 상당성이 있는 행위는 '허용된 위험'의 범위 내에 있는 행위로서 결과의 객관적 귀속이 부정된다.

'위험증대이론' 및 '위험감소이론'은 록신(Roxin)이 주장한 것으로서 행위가 허용되지 않은 위험의 창출이나 증대를 가져온 경우에는 결과의 객관적 귀속이 긍정되고, 위험의 감소를 가져온 경우에는 객관적 귀속이 부정된다는 내용이다. 위험증대의 예로는 여객기에 시한폭탄을 장치하였는데 마침 비행기에 엔진고장이 생겨 추락하는 순간에 폭발하는 경우가 있고, 위험감소의 예로는 통행인이 빌딩 옥상에서 떨어지는 돌덩어리에 맞을 찰나에 그 통행인을 구하기 위하여 우산대로 통행인의 어깨를 밀쳐 치명상을 모면케 했으나 어깨에 부상을 입힌 경우가 제시되고 있다.

(2) 위험실현: 창출 또는 증대된 위험은 구체적인 결과로 실현될 것

창출 또는 증대된 위험은 사실상 구체적인 결과로 실현되어야 객관적 귀속이 인정된다. 그러나 이 척도가 갖추어지지 않은 경우, 즉 위험창출행위가 있었으나 그 위험이 구체적인 '결과'로 실현되지 않은 경우에는 애당초 인과관계의 문제조차 일어나지 않는다고 보아야 한다. 따라서 이 척도는 다음 (3)과 (4)의 척도를 설명하기 위한 전제로서의 의미가 있다.

(3) 실현된 결과는 객관적으로 예견가능하고 지배가능한 것일 것

구체적으로 실현된 결과는 객관적으로 예견가능하고 지배가능한 것이어야 객관적 귀속이 인정된다. 객관적 지배가능성은 일반인과 행위자가 행위 당시에 인식한 사정을 기초로 해서 일반인의 입장에서 판단하여야 한다.

농장주가 뇌우가 있는 날에 벼락을 맞도록 일꾼을 들판에 일하러 내보낸 행위[낙뢰사례] 또는 유일한 상속인인 조카가 빨리 상속받을 의도로 피상속인인 삼촌을 살해하고자 안전도가 낮은 전세기를 타도록 한 행위[삼촌상속사례]와 같은 [교과서적 사례]에서[40] 우연히 사망의 결과가 발생한 경우에도 그 결과는 객관적으로 예견가능하고 지배가능한 것이 아니기 때문에 결과의 객관적 귀속이 부정된다.[41]

비유형적 인과관계에 있어서도 합법칙적 조건설에 의하여 인과관계는 긍정되지만, 피해자의 특이체질이나 타인의 고의·과실행위가 개입하여 발생한 결과는 객관적으로 예견가능하고 지배가능한 것이 아니기 때문에 객관적 귀속이 부정된다.

(4) 규범의 보호목적: 위험이 실현된 결과는 위험창출·증대행위가 위반한 규범의 보호목적 범위 내에 속할 것

결과의 객관적 귀속은 "발생한 결과가 위험의 창출 또는 증대행위가 위반한 규범의 보호목적의 범위 내에 속할 때"에 인정된다. 즉 당해 위험창출행위가 위반한 규범의 보호목적을 '해석'을 통하여 구체적으로 규명한 후, 실현된 결과가 그 구체적인 목적범위 내에 속하는 것이 아니라면 결과의 객관적 귀속이 부정된다는 것이다.

예컨대 자동차 운전자가 차도의 중앙선을 침범하였는데 침범한 차도 쪽의

---

40) 교과서적 사례에는 ① 관념법학을 지양하고 추상적 이론에 사실감을 부여하면서 공동의 논의대상에 적합하도록 학자들이 창작구성한 사례 또는 ② 실제로 있었던 대표적 판례나 역사적·문학적으로 유명한 사건에서 추출해 낸 사례 등이 있는데, 특히 ①의 사례는 인공적인 fiction의 성격이 강하므로 허점과 거부감의 여지가 있으나 사례가 의도하는 요체·요점만에 관심을 두도록 한다.

41) 이들 교과서적 사례를 허용된 위험의 사례로서 소개하는 학자(신양균, "인과관계와 객관적 귀속 II", 고시계, 1986. 9, 110면; 이재상, 153면)도 있으나 '객관적 예견 및 지배가 불가능한 결과'의 사례로서 보다 더 적합하다.

보도에 있던 보행자가 갑자기 차도로 넘어져서 자동차에 치어 사망한 경우 [중앙선침범사례]에 중앙선침범행위가 위반한 규범(도로교통법 제13조 제3항)의 보호목적은 '차량 대 차량의 통행방법의 규율'에 있는 것이고[42] 보행자의 생명·신체의 보호에 있는 것은 아니며, 보행자의 사망이라고 하는 결과는 이 규범의 보호목적의 범위 내에 속하는 것이 아니므로 운전자에 대한 결과의 객관적 귀속이 부정된다. 이 사례에서 인과관계와 객관적 귀속의 다른 척도는 충족된다고 본다.

3. 평 가

객관적 귀속론에 대하여는 먼저 다음과 같은 '비판'을 제기할 수 있다.

① 객관적 귀속론은 책임의 범위를 객관적 귀속의 척도를 가지고 구성요건단계에서 제한하고자 하지만, 여기에서 주장하는 귀속의 척도는 기존의 범죄론에 이미 해소되어 있다. 즉 허용되지 않은 위험의 창출이라는 척도는 기존의 범죄론에서 '허용된 위험'의 법리에 의하여 구성요건해당성배제사유로 취급되고 있고, 실현된 결과의 객관적 예견가능성 및 지배가능성이라는 척도는 과실범과 결과적 가중범에 있어서 예견가능성 내지 회피가능성이라는 성립요건에서 다루어지고 있다.[43]

기존의 범죄론이야말로 결과의 객관적 귀속뿐만 아니라 주관적 귀속(고의·과실)과 개별적 귀속(책임)의 척도까지도 체계적·과학적으로 분석해서 우리에게 제공해 주고 있는 것이다.[44] 그러므로 기존의 범죄론을 '그대로 두고' 이에 덧붙여 객관적 귀속의 척도를 논의하는 것은 불필요하게 이중의 척도가 오버랩(overlap)되어 범죄체계론상 혼란과 비효율을 초래하는 측면이 있다. 학자들이 제시하고 있는 교과서적 사례들도 과연 객관적 귀속의 '어느 척도'에 속하는 것인지가 학자들 사이에서 극히 혼란을 일으키고 있으며, 또 객관적 귀속의 척도로 제시되는 적지 않은 사례들이 실상은 기존의 범죄론 내에서 추정적 승낙, 긴급피난, 의무의 충돌 등에서 소개되는 사례들과 일치한다는 사

---

42) 도로교통법 제13조 제3항이 위치한 제3장의 제목은 차마 및 노면전차의 '통행방법'이라고 되어 있으므로, 동조항의 보호목적은 차량의 통행방법의 규율에 있다고 해석된다.

43) 예컨대 객관적 귀속의 척도에 관한 호니히(Honig)의 '회피가능성'의 이론 내지 '지배가능성'의 이론은 과실에서의 결과발생회피가능성이라는 요건과 대동소이하다.

44) 배종대 교수는 "객관적 귀속이론은 범죄체계의 지혜를 새겨야 한다"는 말을 하고 있다(同, 239면).

실은 바로 이러한 약점을 부지불식간에 드러내는 것이라고 생각한다.

② 그 밖에 객관적 귀속론이 그 척도를 불문의 '객관적' 구성요건요소로 파악하면서 척도 중의 하나로서 실현된 결과의 객관적 '예견가능성'이라는 '주관적' 척도를 설정하는 것은 모순이라고 하겠다.

③ 객관적 귀속론의 적용에 있어서는 위반한 규범의 보호목적이 무엇인가를 규명해야 하는데, 적지 않은 사례에서 그 규명이 결코 쉽지 않고,[45] 규범의 보호목적에 관한 설명이 있다고 하더라도 그 내용이 어색한 경우가 많다.[46]

이와 같이 비판의 여지가 큰 이론이지만,[47] 인과관계를 사실판단의 문제로 파악하고서 인과관계가 사실상 인정된다고 하더라도 재차 발생한 결과를 일정한 척도하에 행위자에게 객관적으로 귀속시킬 수 있는가라는 규범적 검토를 해야 한다는 사고의 '착안점'만큼은 타당한 까닭에, 그 '의의'를 인정받고 있다. 따라서 객관적 귀속론은 완성된 이론이 아니고,[48] 아직 '발전과정에 있는 이론'으로서 이해하는 것이 타당하다고 본다.[49]

V. 형법 제17조와 제19조의 해석

형법 제17조는 '인과관계'라는 표제 아래 "어떤 행위라도 죄의 요소되는 위험발생에 연결되지 아니한 때에는 그 결과로 인하여 벌하지 아니한다"고 규정하고 있다. 이 조문은 ① 행위와 위험발생 사이에 "연결"이 있어야 함을 선언했을 뿐이고, 그 구체적 내용과 척도는 학설과 판례에 맡겨져 있으며, ② 행위와 위험발생 사이에 연결이 없으면 결과로 벌하지 아니한다고 하여 기수범으로는 처벌할 수 없음을 밝히고 있다.

형법 제17조는 행위와 위험발생 사이에 '연결'이라는 극히 단순하고도 추상

---

45) 객관적 귀속론의 지지자도 이러한 점을 인정한다(Schönke/Schröder/Cramer, StGB, §15 Rn. 166 참조).

46) 예컨대 밤에 등을 켜지 않고 앞뒤로 달리던 두 대의 자전거 중 앞서가던 제1의 자전거가 마주오던 제3의 자전거와 충돌한 사고에서 뒤에 가던 제2의 자전거가 아무런 형사책임을 지지 않는 이유는 제2의 자전거가 등을 켜고 달릴 의무규범의 목적이 '다른 자전거를 비추는 데 있지 않기 때문'이라고 하는 설명(RG 63/392)은 부자연스럽기 짝이 없다.

47) 우리나라에서 객관적 귀속론에 반대하는 학자로서는 배종대, 238면; 차용석, "형법상 학설의 중요한 쟁점과 판례(하)", 고시연구, 1994. 10, 165면; 오영근, 175면.

48) Jescheck, AT, S. 257.

49) 이형국, 106면.

적인 표현을 쓰고 있는 까닭에 그 해석은 학자와 학설에 따라 매우 다기하게 전개되고 있으며, 심지어 이 한 개의 조문에 인과관계와 객관적 귀속이라는 두 가지 관점을 모두 포섭해서 해석하는 것도 가능하다고 본다. 이 '연결'을 조건설은 논리적 조건관계로, 상당인과관계설은 생활경험법칙상 상당한 조건으로 해석할 것이다. 그리고 '연결' 이외에 제17조에서 또 해석상 문제되는 부분은 "위험발생"이라는 표현이다.

그런데 결과범에서 범죄실현의 '경과'를 분석해보자면, 단번에 [행위→결과]의 과정을 밟는 것이 아니라, [행위→위험발생→결과]라는 단계로 진척된다. 예컨대 살인죄에서는 [독약투입행위→독약중독의 위험발생→사망이라는 결과]가 되고, 환경범죄에서는 [대기오염물질배출행위→대기오염의 위험발생→기관지질환이라는 상해의 결과]로 진행된다. 위험발생의 단계는 결과범에 있어서 미수의 단계 정도에 해당한다. 따라서 위험발생은 결과범에 있어서 기술되지는 않았지만 항상 '범죄의 (단계적) 요소'가 된다고 말할 수 있다.

범죄실현의 이러한 단계, 특히 위험발생의 단계에 상응하여 이론을 구성한 것으로 해석될 수 있는 견해가 객관적 귀속론이다. 객관적 귀속론은 [행위→위험발생]의 단계를 '행위가 위험을 창출 또는 증대할 것'이라는 척도로 제시하고 있으며, [위험발생→결과]의 단계를 '창출된 위험이 결과로 실현될 것'이라는 척도로 제시하고 있다.

이에 따라 결론적으로 제17조를 해석해 보자면, 동조의 "행위"와 "결과"는 인과관계론에서의 행위와 결과로 이해되고, 이 인과관계는 합법칙적 조건설에 의하여 확정함이 타당하다. 다음으로 "어떤 행위라도 죄의 요소되는 '위험발생'에 연결되지 아니한 때"라는 표현은 객관적 귀속론에서의 척도 중 하나인 "어떤 행위라도 죄의 요소되는 '위험창출'에 연결되지 아니한 때"로 좁게 해석할 수도 있지만, '위험발생'이란 문언을 보다 더 '포괄적으로' 이해하여 객관적 귀속의 모든 척도, 즉 위험창출과 위험실현 및 규범의 보호목적 등이 함축된 의미로 확장해석하는 것도 가능하다고 본다.[50)]

다른 학자들의 해석론을 소개해 보자면, ① "어떤 행위라도"의 행위와 "그 결과로 인하여"의 결과 사이에는 인과관계가 문제되고, "죄의 요소되는 위험발생에 연결"이라는 표현은 사건경과의 형법적 중요성, 특히 객관적 귀속의

---

50) 同旨, 김일수, 175면.

척도에 따라 판단해야 한다는 견해,[51] ② "어떤 행위라도"라는 표현의 어떤 행위와 "그 결과로 인하여"에서의 그 결과를 관련시켜 이를 인과관계의 '유무'의 문제로 해석하는 한편, "죄의 요소되는 위험발생"을 인과관계의 '중요성'의 판단문제로 이해하는 견해,[52] ③ "죄의 요소되는 위험발생"을 "구성요건의 내용으로 되어 있는 결과에 대한 위험발생"을 뜻한다고 하고 특히 '위험'이라는 표현에 역점을 두어 이를 사회심리적인 개념으로 이해하면서 제17조의 인과관계를 '위험관계조건설'로 해석함이 타당하다는 견해,[53] ④ 제17조가 인과관계를 규정한 조문이 아니라 결과의 객관적 귀속에 관한 조문으로 보아 "위험발생에 연결"이라는 표현은 규범적 평가문제인 "객관적 귀속"을 의미하고 "결과로 인하여 벌하지 아니한다"는 표현은 결과귀속을 부정한다는 뜻이라는 견해,[54] ⑤ 제17조가 인과관계의 확정은 합법칙적 조건설에 의하여 결정하고 그 중요성은 객관적 귀속론에 의거할 것으로 규정하였다는 견해[55] 등이 있다.

그 밖에 인과관계와 관련된 형법조문으로는 "동시 또는 이시(異時)의 독립행위가 경합한 경우에 그 결과발생의 원인된 행위가 판명되지 아니한 때에는 각 행위를 미수범으로 처벌한다"라고 한 제19조 '독립행위의 경합'에 관한 규정이 있다. 이 규정은, 독립행위가 경합하여 결과를 발생시켰으나 그 결과발생의 원인된 행위를 가려내는 인과관계가 확정되지 아니하면, 경합된 각각의 행위를 기수범이 아니라 미수범으로 처벌한다는 것을 밝히고 있다.

독립행위가 경합한 경우를 「동시범」이라고도 하며, 특히 '상해의 동시범'에 있어서는 제19조에 대한 예외규정인 제263조가 적용된다.

51) 이형국, 106면.
52) 김종원, 앞의 글, 39면.
53) 정영석, 118면.
54) 안동준, 71면.
55) 김성돈, 177-8면; 이재상, 157면; 정/박, 160면; 진/이, 218면.

제 3 절 구성요건적 고의

Ⅰ. 고의의 의의와 구성요소

범죄성립의 '주관적' 요소에 따라 범죄를 대별(大別)하자면 고의범과 과실범이라는 두 범주로 나누어진다. 고의범에 있어서 「고의」란 행위자의 정신적·심리적 세계에 속하는 것으로서 일반적으로 "구성요건의 객관적 요소에 해당하는 사실을 인식하고 구성요건의 실현을 의욕 내지 인용하는 것"이라고 정의된다.[56] 이 정의에 있어서 구성요건의 객관적 요소에 해당하는 사실은 고의의 '대상'이 되고, 그 대상에 대한 인식과 의욕의 측면은 고의의 '본질'을 해명하는 부분이 된다.

고의의 본질과 관련하여 구성요건에 속하는 객관적 사정의 '인식 내지 인지'는 고의의 '지적' 측면(Wissensseite)을 이루고, 행위와 결과발생을 지향하는 '의욕 내지 의사'는 고의의 '의(지)적' 측면(Willensseite)을 이룬다. 즉 고의의 「구성요소」는 지적 요소와 의지적 요소라고 하는 두 측면에서 찾아볼 수 있다.

그런데 고의의 지적 측면은 획일적인 것은 아니고 '정도'의 차이가 있을 수 있는 영역으로서 일응 단계화해 보자면, 구성요건의 객관적 요소, 특히 구성요건적 '결과'의 발생을 ① 불가능한 것(불가능성)으로 인식하는 단계에서부터, 그 인식의 정도가 ② 희박한 가능성 ③ 가능성 ④ 개연성 ⑤ 고도의 개연성 ⑥ 확실성의 순서로 높아질 수 있다.

마찬가지로 고의의 의(지)적 측면인 결과발생에 대한 의욕도 그 '정도'가 다를 수 있는 것으로서, ① 결과발생을 의욕하지 않는 단계(不願)에서부터 ② 결과발생에 대하여 무관심한 단계 ③ 결과발생을 바라지는 않지만 결과가 발생해도 할 수 없는 것으로 인용하는 단계 ④ 결과발생을 적극적으로 희망하는 단계 등으로 높아질 수 있다.

이와 같이 고의의 구성요소에 내재하는 정도의 차이를 고려한다면, 후술하

56) 위법성의 인식에 있어서 오늘날의 지배적인 견해인 책임설에 의하면, 고의의 성립에 위법성의 인식(가능성)은 필요하지 아니하다.

는 '확정적 고의'에 있어서는 결과발생을 적극적으로 희망하는 의욕이 고의의 전면에 등장하게 되고, '미필적 고의'에 있어서는 상대적으로 고의의 의지적 측면이 약화된다. 따라서 고의의 개념을 일률적으로 정의하는 것은 정확하지 않고, 고의의 종류에 따라 그에 상응하는 다양한 정의를 내리는 것이 바람직한 자세라고 하겠다.[57]

Ⅱ. 고의의 체계적 지위

범죄체계와 관련하여 오늘날 고의를 주관적 '구성요건'요소로 파악하는 것은 이론(異論)없이 받아들여지고 있으나, 과거에는 책임요소로 이해되었으며, 최근에는 고의가 구성요건요소이면서 책임요소이기도 하다는 이중적 지위설이 유력하다. 고의의 '체계적 지위'에 관한 이들 논의를 살펴보기로 한다.

1. 책임요소설

과거 인과적 행위론 및 벨링(Beling)류의 '고전적 범죄체계론'에 의하면, 구성요건의 '객관적' 성격이 중시되고 범죄성립의 '주관적' 요소는 '책임'에 배치되었다. 따라서 고의범의 '구성요건'단계에 있어서 그 초점은 인간의 의사에 기한 '결과의 야기'에 있었고, 고의와 같은 의사의 '내용'은 책임단계에 와서 고려되었다. 즉 고의는 범죄성립의 모든 주관적 요소와 더불어 '책임요소' 또는 '책임형식, 책임조건'으로 파악되었다.[58]

책임요소설은 ① 고의를 책임단계에서 고려하게 되면 범죄성립의 첫 단계인 구성요건해당성을 확정할 수 없게 된다는 문제점이 있고, ② 의사의 존재(有意性)뿐만 아니라 의사의 내용인 고의·과실도 행위개념의 요소로 파악해야 한다는 목적적 행위론이 학계를 지배하면서 지지자를 상실하게 되었다.

2. 구성요건요소설

목적적 행위론의 '목적적 범죄체계론'에 의하면, 고의범에 있어서의 고의는 구성요건을 실현하기 위한 '목적적 의사'로서 형법상 '행위'개념의 불가결한 인

57) Jescheck, AT, S. 263.
58) 정영석, 175면.

자가 된다. 이에 따라 고의를 책임요소가 아니라 '주관적 구성요건요소'로 파악할 수 있게 된다.[59] 이 때 구성요건요소로서의 고의를 보통 「구성요건적 고의」라고 부른다.

고의를 구성요건의 주관적 요소로 파악하는 입장은 사회적 행위론자들에게도 그대로 수용되어[60] 오늘날 보편적인 견해로 통용되고 있다.

3. 이중적 지위설

'합일태적 범죄체계론'에 의하면, 고의는 구성요건요소이면서 책임요소로도 파악된다.[61] 이 때 동일한 고의가 구성요건해당성의 단계에서 한번 검토되고 나서 다시 책임단계에서 검토된다는 이중적 성격을 갖는다. 즉 고의의 「이중적 지위」, 「이중적 기능」을 인정하는 견해이다.

행위의 개념요소인 고의가 '행위의 방향'을 결정짓는 측면에서는 '행위반가치'의 판단대상이 되고, 고의가 행위자의 '의사형성'을 반영하는 측면에서는 '심정반가치'의 판단대상이 된다. 고의범의 '행위반가치'는 "고의행위에 대하여 사회윤리적 견지에서 내려지는 부정적 가치판단"을 뜻하고, 결과반가치와 함께 '불법'의 내용을 이룬다. 고의범의 '심정반가치'는 "고의의 불법행위를 통하여 드러나는 행위자의 법적대적 태도에 대한 부정적 가치판단"을 말하며, '책임'비난의 내용을 이룬다. 이중적 지위설에서는 행위반가치로서의 고의를 「구성요건적 고의」라고 하고, 심정반가치로서의 고의를 「책임고의」라고 부른다.

최근에 지지자가 늘어가고 있는 이중적 지위설의 '타당성'은 고의가 불법판단에 영향을 주는 것으로 그치지 않고 책임판단에도 영향을 미친다는 사실로부터 확인된다. 즉 책임에 있어서 고의는 과실에 비하여 훨씬 강한 비난을 받게 되고, 고의 중에서도 확정적 고의는 미필적 고의에 비하여 더욱 강한 책임비난을 받게 되며, 살인의 고의는 폭행의 고의보다 책임의 면에서 더 무거운 비난을 받는다는 '당연한 사실'로부터 '책임형식으로서의 고의'를 인정하지 않을 수 없다(전술한 바 있는 '사물논리적 구조의 사상').

---

59) 황산덕, 105면.

60) 정/박, 165면 이하.

61) 김/서, 217면; 박상기, 107면; 배종대, 242면; 손해목, 300면; 안동준, 75면; 오영근, 192면; 이재상, 158면; 이형국, 109면; 진/이, 222면.

Ⅲ. 고의의 본질

1. 고의의 본질론의 의의

고의의 본질론은 '고의와 과실의 구별'에 있어서 의의를 갖는다. 형법은 원칙적으로 고의범만을 처벌하고 과실범은 예외적으로 법률에 특별한 규정이 있는 경우에 한하여 처벌한다(제13조, 제14조). 또 과실범의 처벌은 예외적일 뿐만 아니라 처벌하는 경우에도 고의범에 비하여 법정형이 매우 낮기 때문에 고의와 과실의 구별은 그 실제적 영향이 지대하다. 예컨대 일정한 행위로 타인이 사망한 경우에 사망에 대한 고의가 인정되면 보통살인죄로서 사형·무기 또는 5년 이상의 징역형으로 처벌받는 데 비하여(제250조 제1항), 사망에 대하여 과실이 인정되면 과실치사죄로서 2년 이하의 금고형 또는 700만원 이하의 벌금형으로 처벌받으므로(제267조), 피고인의 입장에서 볼 때에는 그야말로 생사의 갈림길에 서게 되는 중차대한 문제가 된다.

고의의 본질론은 고의와 과실을 어떻게 구별할 것인가, 특히 그 한계형태로서 「미필적 고의」와 「인식있는 과실」을 어떻게 구별할 것인가라는 문제를 핵심적인 논의대상으로 해서 전개된다. 여기에서는 먼저 미필적 고의와 인식있는 과실을 간략히 설명한 후, 고의의 본질에 관한 여러 학설들을 살펴보면서 각각의 학설을 미필적 고의와 인식있는 과실의 구별에 적용해 보기로 한다.

〈미필적 고의와 인식있는 과실〉

'미필적 고의'란 "구성요건의 실현이 불확실하지만 행위자는 이를 가능한 것으로 인식하고, 구성요건실현을 인용한 경우"를 말한다. 이에 반하여 구성요건실현가능성을 확실한 것으로 인식하고 그 실현을 적극적으로 의욕한 경우를 '확정적 고의'라고 한다. 미필적 고의의 특성은 구성요건의 객관적 요소에 해당하는 사실을 인식했다는 점과 구성요건실현가능성을 소극적이나마 받아들이는 의지적 태도를 가졌다는 점에 있다.

'인식있는 과실'이란 "행위자가 구성요건해당사실을 인식함으로써 자신의 행위가 구성요건적 결과를 발생시킬 위험성을 감지했으나 결과의 발생가능성을 부정하면서 결과발생을 회피하기 위하여 필요한 주의의무를 다하지 않은 경우"를 말한다. 인식있는 과실은 결과발생가능성을 인식했음에도 불구하고 결과가 발생하지 않을 것이라고 신뢰한 경우에 성립한다. 인식있는 과실에 있어서는 행위자에게 최소한 결과발생가능성에 대한 인식은 존재한다는 점에서 '인식없는 과실'과 다르고, 결과발생을 의욕하거나 인용하지 않고 부정했다는 점에서 고의와 다르다.

2. 고의의 본질에 관한 학설

고의에 관한 형법규정인 제13조는 고의를 "죄의 성립요소인 사실을 인식"하는 것으로 표현하고 있는데, 이러한 표현은 막연하기도 하지만 인식있는 과실을 고의의 범주에 포함시킬 우려가 있으므로 고의의 본질을 해명하는 데에 별 도움이 되지 못하고, 결국 고의의 본질론은 학설과 판례에 맡겨져 있다고 말할 수 있다.

(1) 인식설

'인식설' 또는 '가능성설', '표상설'(表象說)은 행위자가 결과발생의 가능성을 '인식'하기만 하면 고의가 성립한다는 학설이다. 이 설은 결과발생에 대한 행위자의 지적 측면과 의지적 측면 중에서 고의의 본질은 '지적' 측면에 있다고 보고 의지적 측면은 불필요하다는 입장이다.

이 학설에 의하면, 미필적 고의뿐만 아니라 인식있는 과실에 있어서도 행위자가 결과발생의 가능성을 인식하였으므로 모두 고의가 성립한다고 보게 되어 '인식있는 과실'도 '고의'로 취급하며, 인식없는 과실만을 과실로 이해한다.[62] 결국 인식설은 미필적 고의와 인식있는 과실을 구별하지 못하는 결함을 지닌다.

(2) 의사설

'의사설' 또는 '희망설'은 고의가 성립하기 위해서는 행위자가 결과발생의 가능성을 인식한 것만으로는 부족하고 더 나아가 결과발생을 적극적으로 '의욕' 또는 '희망'하여야 한다고 주장한다. 이 학설은 고의의 본질을 지적 요소가 아니라 '의지적' 요소에 두고 있다. '도의적 책임론'의 기초인 자유의사론을 충실히 반영하는 견해이다.

의사설에 의하면, 인식있는 과실뿐만 아니라 미필적 고의에 있어서도 행위

---

62) 1995년 6월 29일 서울에서 발생한 삼풍백화점붕괴사고의 경우에, 기업주측이 백화점붕괴의 가능성과 고객 및 직원의 사망가능성을 인식 또는 예견했다면 기업주를 미필적 고의에 의한 살인죄로 처벌해야 한다는 사회적 요청이 강하게 대두하였는데, 이러한 주장은 인식설에서 가능하다.

자가 결과발생을 적극적으로 의욕하지는 않는 것이므로 고의의 성립을 부정하게 되어 '미필적 고의'를 '과실'로 취급하며, 확정적 고의만을 고의로 이해한다. 결국 의사설도 미필적 고의와 인식있는 과실을 구별하지 못하는 결함을 지니고 있다.

(3) 인용설(감수설)

'인용설'[63] 내지 '감수설',[64] '묵인설', '용인설'에 의하면, 행위자가 가능하다고 인식한 결과의 발생에 내심적으로 동의한 경우, 결과가 발생해도 부득이한 것으로 '인용'(용인)한 경우, 결과발생의 위험을 감수한 경우에 고의가 있다고 하고, 이것이 부정되면 과실을 인정한다. 결과발생의 '인용'(Einwilligen)이라 함은 결과발생을 적극적으로 원하지는 않지만 결과가 발생해도 할 수 없는 것으로 받아들이는 긍정적 태도-결과가 발생해도 좋다 또는 결과가 발생해도 괜찮다라고 '감수'(甘受, Hinnehmen, In-Kauf-Nehmen)하는 '소극적' '의지적' 태도-를 의미한다.

구체적 범죄사실에 있어서 행위자가 결과발생가능성에 대하여 어떠한 의지적 태도를 가지고 있었겠는가 하는 것은 행위자의 내면적인 '심리'에 들어가서 그 미묘한 차이를 읽어내야 하는 문제로서 형사소송상 매우 착잡한 사실증명이 필요할 것인데, 행위의 수단·방법, 구체적 행위정황, 피해상황, 행위자의 전력 및 성격, 피해자와의 관계, 보호법익에 대한 행위자의 태도, 행위시나 행위 후의 행위자의 진술 등을 고려하여 판단을 내리게 될 것이며, 그 최종판단은 간접증거(정황증거)에 의거한 법관의 추단(推斷)에 귀착하게 될 것이다.[65]

인용설에 의하면, 미필적 고의에서는 행위자의 결과발생가능성에 대한 소

63) 김성돈, 195면; 배종대, 256면; 손해목, 321면; 신동운, 188면; 안동준, 81면; 오영근, 180면; 이형국, 112면; 정/박, 174면; 정영석, 169면; 정영일, 139면.

64) 김/김, 183면; 김/서, 197면; 박상기, 118면; 손동권, 151면; 이재상, 169면; 이정원, 129면; 정/신, 114면; 조준현, 226면; 진/이, 224면.

65) "업무상배임죄의 주관적 요소인 고의, 동기 등은 피고인이 오직 본인의 이익을 위하여 문제된 행위를 하였노라고 주장하면서 자백을 하지 않고 있는 경우에는 그것을 입증함에 있어서 사물의 성질상 고의와 상당한 관련성이 있는 간접사실을 증명하는 방법에 의할 수밖에 없는 것이나, 그 때에 무엇이 상당한 관련성이 있는 간접사실에 해당할 것인가는 정상적인 경험칙에 바탕을 두고 치밀한 관찰력이나 분석력에 의하여 사실의 연결상태를 합리적으로 판단하는 것 외에 다른 방법이 없다"(**대판 1999. 7. 23, 99 도 1911.** 同旨, 대판 1997. 6. 27, 97 도 163; 1988. 11. 22, 88 도 1523 등).

극적 긍정의 태도가 보이므로 고의가 성립한다고 보고, 인식있는 과실에서는 결과발생가능성에 대한 부정적 태도가 보이므로 과실이 성립한다고 함으로써, 미필적 고의와 인식있는 과실이 확연히 구별된다.

대법원은 미필적 고의에 대하여 고의의 성립을 긍정하면서,[66] 그 설명에 있어서 "미필적 고의라 함은 결과의 발생이 불확실한 경우, 즉 행위자에 있어서 그 결과발생에 대한 확실한 예견은 없으나 그 가능성은 인정하는 것으로, 이러한 미필적 고의가 있었다고 하려면 결과발생의 가능성에 대한 인식이 있음은 물론 나아가 결과발생을 용인하는 내심의 의사가 있음을 요한다"라고 하여,[67] 인용설[68] 내지 용인설의[69] 입장에서 고의의 본질을 파악하고 있다.

(4) 진지설(眞摯說)

'진지설'에 의하면,[70] 행위자가 법익침해의 가능성을 '진지하게 받아들일'(Ernstnehmen) 경우, 즉 법익침해의 가능성을 '계산에 넣은' 채로 법익을 침해하는 쪽으로 의사를 결정한 경우에 고의가 있다고 하고, 가능하다고 인식한 구성요건의 충족이 발생하지는 않을 것이라고 신뢰－비록 근거없는 낙관주의에서 나온 것이라 하더라도－하여 법익침해가능성을 계산에 넣지 않고 행위한 경우에는 고의를 부정한다.

이 학설에 따르면, 미필적 고의에 있어서는 행위자가 법익침해의 가능성을

66) "살인죄에 있어서의 범의는 반드시 살해의 목적이나 계획적인 살해의 의도가 있어야만 인정되는 것은 아니고, 자기의 행위로 인하여 타인의 사망의 결과를 발생시킬 만한 가능 또는 위험이 있음을 인식하거나 예견하면 족한 것이고, 그 인식 또는 예견은 확정적인 것은 물론 불확정적인 것이라도 이른바 미필적 고의로도 인정되는 것인데(대판 1998. 6. 9, 98 도 980 등 참조), 피고인이 살인의 범의를 자백하지 아니하고 상해 또는 폭행의 범의만이 있었을 뿐이라고 다투고 있는 경우에 피고인에게 범행 당시 살인의 범의가 있었는지 여부는 피고인이 범행에 이르게 된 경위, 범행의 동기, 준비된 흉기의 유무·종류·용법, 공격의 부위와 반복성, 사망의 결과발생가능성 정도, 범행 후에 있어서의 결과회피행동의 유무 등 범행 전후의 객관적인 사정을 종합하여 판단할 수밖에 없다"(**대판 2000. 8. 18, 2000 도 2231**).

67) 대판 1987. 2. 10, 86 도 2338; 1985. 6. 25, 85 도 660.

68) "협박죄에 있어서의 협박이라 함은 일반적으로 보아 사람으로 하여금 공포심을 일으킬 수 있는 정도의 해악을 고지하는 것을 의미하므로, 그 주관적 구성요건으로서의 고의는 행위자가 그러한 정도의 해악을 고지한다는 것을 인식, 인용하는 것을 그 내용으로 하고"(**대판 1991. 5. 10, 90 도 2102**).

69) "피고인이 위와 같은 결과발생의 가능성을 인정하고 있었으면서도 피해자를 병원에 옮기고 자수할 용기가 생기지 않았다는 이유로 사경에 이른 피해자를 그대로 방치한 소위에는 그로 인하여 피해자가 사망하는 결과가 발생하더라도 용인할 수밖에 없다는 내심의 의사 즉 살인의 미필적 고의가 있었다"(**대판 1982. 11. 23, 82 도 2024**. 同旨, 대판 2009. 9. 10, 2009 도 5075).

70) Roxin, AT, 1. Bd., §12 Rn. 61 ff.

진지하게 받아들이는 쪽, 즉 법익침해의 가능성을 계산에 넣는 쪽으로 의사를 결정하였다고 보아 고의의 성립을 긍정하고, 인식있는 과실에 있어서는 행위자가 법익침해의 가능성을 진지하게 받아들이지 않는다고 보아 고의의 성립을 부정한다.

(5) 개연성설(蓋然性說)

'개연성설'(Wahrscheinlichkeitstheorie)에 의하면,[71] 고의가 성립하기 위하여는 행위자가 결과발생의 단순한 가능성만을 인식한 것으로는 부족하고, 결과발생의 고도의 가능성, 즉 결과발생의 '개연성'을 인식하여야 한다. 이 학설은 고의의 본질을 '지적' 요소에 두고 의지적 요소를 도외시하는데, 다만 가능성설(인식설)에 비하여 인식의 정도를 높게 요구하고 있는 점에서 차이가 난다.

이 학설에 의하면, 미필적 고의인가 또는 인식있는 과실인가를 불문하고 행위자의 결과발생가능성에 대한 인식도가 높으면－즉 개연성의 정도에 이르면－고의가 성립한다고 보게 되고, 그 인식도가 낮으면 과실이 성립하게 된다고 하므로, 미필적 고의와 인식있는 과실 모두에게 고의의 성립이 긍정될 수도 있고, 과실의 성립이 긍정될 수도 있게 된다.

그런데 개연성설의 실제 적용상의 난점은 결과발생의 가능성과 개연성의 구별이 쉽지 않다는 데 있다. 가능성과 개연성은 결과발생 확률의 점진적인 증가치 중 어느 일정한 영역에 위치하는데, 과연 어느 지점에서 양자를 경계지을 것인가 하는 수치설정은 결코 쉬운 일이 아니다.

그 밖에 개연성설에 의하면, 매우 위험한 수술을 하는 의사의 경우처럼 환자의 사망이라는 결과발생의 개연성을 인식하였으나 결과가 발생하지 아니할 것을 희망한 경우에도 고의의 성립을 인정하는 부당함이 있다.

(6) 무관심설

'무관심설'은 보호법익에 대한 무관심으로 말미암아 행위자가 가능하다고 생각한 구성요건실현을 감수하는 경우에 고의가 존재한다고 본다.[72] 이 학설은 고의의 본질이 결과발생에 대한 행위자의 '무관심'(Gleichgültigkeit)에 있다고 하는데, 무관심이란 결과가 발생하거나 발생하지 않거나 간에 개의치 않는다는 의지적 태도로서 결과발생에 대한 긍정적 태도와 부정적 태도의 양자를

71) Hellmuth Mayer, Strafrecht, AT, 1967, S. 121.

72) Karl Engisch, Untersuchungen über Vorsatz und Fahrlässigkeit im Strafrecht, 1930, S. 233 f.

함께 내포하는 것이라고 말할 수 있다. 그리고 이를 형법적으로 보자면 구성요건의 경고기능을 도외시함을 의미한다.

이 학설에 의하면, 미필적 고의에 있어서는 행위자가 결과가 발생하더라도 부득이한 것으로 긍정하는 태도를 취하는 것이므로 '최소한' 결과발생에 대한 행위자의 무관심이 존재하고 따라서 고의의 성립을 인정할 수 있게 된다. 이에 반하여 인식있는 과실에 있어서는 행위자가 결과발생가능성을 부정하는 것이므로 결과발생에 대하여 무관심한 태도를 갖는 것이라고 하기는 어렵고 따라서 과실이 성립하게 된다.

행위자가 "이렇든 저렇든, 이렇게 되든 저렇게 되든, 어쨌든 나는 행위할 것이다"라고 생각한 경우가 미필적 고의라고 하는 '프랑크의 공식'도[73] 무관심설의 입장에 서 있는 것이라고 생각한다.

(7) 학설의 검토

고의의 본질에 관한 학설을 검토·비판함에 있어서 중요한 관건은 고의의 본질적 요소를 결과발생에 대한 지적 인식에 둘 것인가 아니면 결과발생에 대한 의지적 태도를 포함시킬 것인가 하는 점에 있다.[74] 그런데 과실범에 비하여 고의범에게 무거운 형벌을 부과하는 이유는 결과발생에 대한 지적 인식의 정도에 양적 차이가 있기 때문이라기보다는 결과발생을 원하는가 또는 거부하는가 하는 의지적 태도의 질적 차이에 있다고 판단된다. 즉 결과발생가능성에 대한 단순한 인식여부가 형벌적 비난의 중점에 놓이는 것이 아니고, 결과를 실현하고자 하는 의지적 태도 또는 결과발생을 부득이한 것으로 받아들이는 긍정적 의지에 대하여 무거운 사회윤리적 반가치판단 - 행위반가치 - 이 가해지고, 또 법질서에 대하여 적대적 태도를 보이는 행위자의 심정반가치 - 고의의 책임비난 - 를 읽어 낼 수 있기 때문이다.

이러한 관점에서 보자면 고의의 본질을 지적 요소로서만 파악하는 가능성설, 개연성설은 출발점부터가 잘못되었다고 하겠다.

그리고 고의의 본질을 지적 요소와 의지적 요소의 양면으로 파악하는 경우에 고의의 성립에 각각 요구되는 정도는 어떠하며, 이 때 두 측면을 별개로

---

73) Reinhard Frank, Das Strafgesetzbuch für das Deutsche Reich, 18. Aufl., 1931, S. 190.

74) 결과발생에 대한 인식없이 결과발생에 대한 의욕·인용만이 존재할 수는 없다. 고의의 의지적 요소는 최소한 인식적 요소가 있을 것을 전제로 한다.

고찰해야 할 것인가 아니면 상관적으로 고찰해야 할 것인가 하는 점도 고찰해 볼 필요가 있다.

고의의 성립에 결과발생을 긍정하는 의지적 태도가 필요하다고 하되 그 강도가 문제인데, 결과발생을 적극적으로 의욕하여야만 고의가 성립한다고 하는 의사설은, 이른바 확정적 고의만을 고의로 파악하고, 미필적 고의는 과실의 범주에 위치시킨다. 그러나 비록 소극적이기는 하지만 결과발생을 긍정하는 의지적 태도를 보이는 점에서 고의범으로서의 행위반가치와 심정반가치가 드러나는 미필적 고의를 과실범으로 취급하는 의사설은 실제 적용에 있어서 구체적 타당성을 잃게 되는 경우가 많다.

미필적 고의를 고의의 범주에 위치시키는 여러 학설들은 행위자의 결과발생에 대한 '소극적 긍정'의 태도를 어떻게 표현하느냐에 따라 인용설, 감수설, 묵인설, 용인설, 진지설 등으로 다양하게 주장되고 있으나, 이 모두는 뉘앙스의 차이를 보일 뿐이고 기본적으로 같은 부류의 학설이라고 생각하며, 이들 학설을 총칭하여 「인용설」로 명명하더라도 별 지장이 없다고 본다. 실제로 이들 학설은 자신의 학설을 설명하면서 다른 학설의 설명도 끌어다 쓰고 있는데, 이 점을 직시하고 여러 학설에서 적절하다고 생각되는 표현을 취합하여 고의의 본질을 설명하는 '합일설'[75] 내지 '결합설'도 호응을 받고 있다.

그리고 무관심설에서의 무관심은 결과발생을 개의치 않는 것이므로 결과발생에 대하여 긍정적 태도와 부정적 태도의 양자가 혼재하고 있지만, 형법적 평가에 있어서는 결과발생에 대한 긍정적 태도가 보이는 이상 그것만으로도 벌써 고의범으로서의 형벌적 비난이 가해져야 할 것이고, 따라서 무관심설의 적용도 결국 인용설에 귀착하게 될 것이다.

인용설과 관련하여 제기되는 하나의 질문은, 결과발생에 대한 인용적 태도만 있으면 결과발생가능성에 대한 인식의 정도와는 상관없이 고의가 성립한다고 할 것인가 하는 점이다. 즉 인용설이 고의의 의지적 요소의 정도 차이를 고려하는 것처럼, 고의의 지적 인식의 정도 차이도 고려하여 양자의 상호 결합관계에서 고의의 성립을 논하여야 한다는 주장이 나올 수 있다(보완적 상관설).[76] 예컨대 결과발생을 인용하더라도, 결과발생가능성을 확실하게 인식하

75) Schröder, LK, §16 Rn. 93.

76) Ingeborg Puppe, "Der Vorstellungsinhalt des dolus eventualis", ZStW 103 Bd., 1991,

며 인용하는 경우도 있고, 결과발생가능성이 희박하다고 인식하면서 인용하는 경우도 있다.

이러한 관점에서 고의의 지적 측면과 의지적 측면의 정도 차이를 전술한 바와 같이 단계화하고, 그 상호 관련양상을 조합해서 도표로 작성해 보자면, 다음과 같다.[77]

(＊숫자가 높을수록 정도가 높음)

고의와 과실의 구별		→ 결과발생에 대한 의지적 태도			
		1. 불원(不願)	2. 무관심	3. 인용	4. 희망
↓ 결과발생에 대한 인식의 정도	1. 불가능성	00	03	06	09
	2. 희박한 가능성	10	13	16	19
	3. 가능성	30	33	36	39
	4. 개연성	50	53	56	59
	5. 고도의 개연성	70	73	76	79
	6. 확실성	90	93	96	99

이 도표에서 수치 99는 행위자가 결과발생가능성을 확실하게 인식하고 그 결과발생도 적극적으로 희망한 경우로서 고의의 가장 강한 형태이다. 논란의 여지가 큰 영역은 에이즈(AIDS)에 감염된 자가 성행위를 통하여 상대방을 에이즈에 감염시키는 행위(에이즈감염행위)와 같이, 행위자가 결과발생의 가능성을 희박하다고 인식하면서 그 결과발생을 인용한 경우, 즉 도표 중 13, 16에 해당하는 경우로서, 이 때에도 미필적 고의가 성립한다고 볼 것인가 하는 문제이다.[78]

그런데 결과발생가능성이 희박한 것으로 인식하였더라도 행위자는 결과발생이 가능한 행위를 할 것인가 말 것인가의 여부를 결정할 수 있고 결과발생 여부는 행위자의 지배범위에 있기 때문에, 행위자는 그 결과발생을 회피할 법적 의무－대개의 경우에는 결과발생이 가능한 행위를 하지 아니할 부작위의무－가 있고, 만약 결과발생이 가능한 작위로 나아가는 의지적 태도를 보인다

S. 1 ff.

77) 이 도표는 Fritjof Haft, Juristische Rhetorik, 3. Aufl., 1985, S. 29에 있는 도표를 다소 수정하여 작성한 것이다.

78) 이에 관하여 상세히는 임웅, "에이즈감염행위의 형사책임", 형사법연구 제8호, 한국형사법학회, 1995, 98-124면 참조.

면 고의범으로서의 강한 형벌적 비난을 가해야 할 것이다.[79] 따라서 결과발생의 희박한 가능성만을 인식했다고 하더라도 현실화될 위험행위를 회피하지 아니하고 작위로 나아가는 긍정적 태도를 보인 이상, 고의의 성립을 긍정하는 '인용설'이 타당하다고 하겠다.

최종적으로 인용설에 따라 고의를 정의하자면, "구성요건의 객관적 요소에 해당하는 사실을 인식하고, 구성요건의 실현을 인용하는 것"이라고 할 수 있다.

Ⅳ. 고의의 대상

고의란 구성요건의 객관적 요소에 해당하는 사실에 대한 인식과 인용이다. 그러므로 고의의 대상은 "구성요건의 객관적 요소에 해당하는 모든 사실"이다. 구성요건의 객관적 요소에는 행위의 주체, 행위의 객체, 행위(태양), 행위의 상황, 결과범에 있어서의 결과, 인과관계 등이 있으며, 또 구성요건의 객관적 요소는 그 문언의 의미전달도에 따라 기술적 요소와 규범적 요소로 구분된다.

고의는 구성요건의 객관적 요소에 해당하는 '모든' 사실을 인식·인용하는 경우에 성립하므로, 객관적 요소 중 어느 '하나의' 요소에 해당하는 사실의 인식이 없으면 '원칙적으로' 고의는 성립되지 아니하며, 결국 고의범으로서의 구성요건해당성이 부정된다.

1. 구성요건의 객관적 요소에 해당하는 사실

(1) 행위의 주체

구성요건이 일정한 신분을 가진 자만을 행위의 주체로 한정하고 있는 '신분범'에 있어서는 행위자는 그 신분을 인식해야 한다. 예컨대 수뢰죄(제129조)에서 공무원이라고 하는 신분은 고의의 대상에 속한다.

(2) 행위의 객체

구성요건상 행위의 객체가 명시되어 있는 경우에는 행위자는 그 객체를 인식해야 한다. 살인죄(제250조)에 있어서의 사람, 문서위조죄(제231조)에 있어서의

79) 결과발생회피의무위반은 과실범에서도 존재하지만, 고의범의 경우에는 결과발생가능성을 '긍정'하면서 결과발생회피의무를 이행하지 않는 것임에 반하여, 과실범의 경우는 주의의무에 위반하여 결과발생가능성을 '부정'함으로써 결과발생회피의무위반이 발생하는 점에서 차이가 난다.

문서가 그 예이다.

(3) 행위(태양)

형법상의 행위는 범죄유형에 따라 개개의 구성요건에 그 '태양'이 명시되어 있는데, 행위자는 이 행위태양을 인식해야 한다. 예컨대 살해·상해·절취·위조 등의 행위태양이 그것이다. 그리고 동일한 행위태양에 속할지라도 구성요건이 행위의 특별한 '수단·방법'을 규정한 경우, 예컨대 특수폭행죄(제261조)에서 '위험한 물건을 휴대하여'라는 행위 '방법'을 규정한 경우에는 그 행위방법도 고의의 대상이 된다.

(4) 행위의 상황

구성요건상 행위가 일정한 '외부적 상황'하에서 행해질 것을 명시하고 있는 경우에는 그 상황을 인식해야 한다. 예컨대 야간주거침입절도죄(제330조)에 있어서 '야간에', 진화방해죄(제169조)에 있어서 '화재에 있어서'라는 행위상황은 고의의 대상에 속한다.

(5) 결과범에 있어서의 결과와 구체적 위험범에 있어서의 위험

결과범에서는 구성요건의 내용상 일정한 결과가 발생하여야 하므로 행위자는 발생할 결과를 인식·인용해야 한다. 예컨대 살인죄에 있어서는 사람의 '사망', 재물손괴죄(제366조)에 있어서는 재물의 '훼손'이 고의의 대상이 된다. 그리고 구체적 위험범에서는 '위험의 발생'이 구성요건요소로 규정되어 있으므로 위험발생에 대한 인식이 있어야 한다. 예컨대 자기소유물건방화죄(제166조 제2항)에서 '공공의 위험발생'은 고의의 대상에 속한다.

(6) 인과관계

인과관계도 외부적 세계에서 진행된 현상으로서 '객관적' 구성요건요소에 속하는 이상, 결과범에 있어서 행위와 결과 사이의 인과관계도 고의의 대상에 속한다. 다만 어느 누구도 정밀한 인과관계를 과학적으로 인식하는 것은 불가능할 것이므로 인과관계에 대한 인식의 '정도'는 '합법칙적 조건설'의 입장에서 "일상적인 생활경험법칙에 비추어 예견가능한 범위 내에서의 인식" 또는 "본질적인 윤곽 내에서의 인식"이 있으면 충분하다고 본다.[80]

(7) 가중적·감경적 구성요건에 있어서 가중적·감경적 요소에 해당하는 사실

가중적 구성요건에 있어서 형의 가중적 요소에 해당하는 사실, 예컨대 존

---

80) 배종대, 246면; 신동운, 174면; 오영근, 189면; 이재상, 161면; 이형국, 109면; 정/박, 168면.

속살해죄(제250조 제2항)에서 행위의 객체가 '직계존속'이라는 사실을 인식해야 하고, 감경적 구성요건에 있어서도 형의 감경적 요소에 해당하는 사실, 예컨대 승낙살인죄(제252조 제1항)에서 상대방의 승낙이 있은 사실을 인식해야 한다.

2. 고의의 대상에 속하지 '아니하는' 사실

고의의 대상은 '구성요건'의 요소인 사실이므로 구성요건이 아니라 책임요건(예: 만 14세 이상의 책임능력자라는 사실), 처벌요건, 소추요건(예: 친고죄에서의 고소)과 관련되는 사실은 고의의 대상에 속하지 않는다. 그리고 고의의 대상은 구성요건의 '객관적' 요소인 사실이므로 구성요건요소이더라도 고의 이외의 '주관적' 요소(예: 목적, 불법영득의사)는 당연히 고의의 대상이 아니다.

그리고 '위법성의 인식'이 고의의 내용에 포함되느냐라는 문제가 있는데, 오늘날의 통설인 책임설에 의하면 부정된다. 위법성의 인식은 구성요건요소가 아니라 독자적인 '책임'요소이며 또 범죄성립의 객관적 요소가 아니라 '주관적' 요소이므로 고의의 내용이 될 수 없다.

3. 구성요건의 '규범적' 요소에 해당하는 사실

구성요건의 '기술적' 요소는 구성요건상의 문언이 단순히 기술적·사물적이어서 사실판단만으로도 그 의미와 내용이 확정될 수 있는 요소이므로 행위자의 '사실'인식에 의하여 고의가 성립한다.

이에 반하여 구성요건의 '규범적' 요소는 구성요건상의 문언 자체만으로는 그 의미가 쉽게 이해될 수 없고 법관의 규범적 가치판단을 통해서만이 확정될 수 있는 요소이므로, 행위자는 규범적 요소에 해당하는 사실의 '의미'를 인식해야 한다(의미의 인식). 예컨대 음란물반포죄(제243조)의 객체인 문서의 '음란성', 유가증권위조죄(제214조)의 객체인 '유가증권'은 규범적 구성요건요소로서 행위자는 각각 그 '의미'를 인식해야 한다.

다만 구성요건의 규범적 요소에 대한 의미의 인식은 정확한 법적 의미의 인식을 요구하는 것이 아니라 "문외한으로서의 소박한 의미의 인식" 또는 "법관의 평가와 평행하는 의미의 인식"으로 충분하다.

Ⅴ. 고의의 존재시기

고의는 행위의 개념요소이므로 '행위시'에, 즉 실행의 착수부터 실행행위가 종료하기까지 존재해야 한다(고의와 행위의 동시존재의 원칙). 구성요건적 고의가 존재하는가를 정하는 '표준적인' 시점은 '실행에 착수'하는 시점이다.

행위자가 행위 이전에는 범죄실현의사를 가지고 있었으나 행위 당시에는 그 의사가 결여되어 있었던 경우인 '사전고의'(事前故意)는 형법상 고의로 인정되지 않는다. 또 고의없이 구성요건적 결과가 실현되었는데, 그 실현 후에 비로소 그 결과의 발생사실을 인식하고 이를 인용한 경우인 '사후고의'(事後故意)도 고의로 인정되지 않는다. 즉 형법상 추인이란 있을 수 없다.

Ⅵ. 고의의 종류

고의는 결과발생의 대상 또는 결과발생 자체에 대한 고의의 확실성 여부에 따라 확정적 고의와 불확정적 고의로 나누어지고, 불확정적 고의로는 개괄적 고의, 택일적 고의, 미필적 고의가 거론된다.

1. 확정적 고의

「확정적 고의」란 (구성요건적) 결과의 발생 자체와 결과발생의 대상을 확실하게 인식하고 의욕한 경우를 말한다.

학자 중에는 확정적 고의라는 개념을 거부하고 독일형법의 해석론을 그대로 받아들여, 결과의 발생을 '적극적으로 의욕'한 경우인 '의도적 고의'(意圖的 故意, Absicht)와 결과의 발생을 '확실하게 인식'한 경우인 '지정고의'(知情故意, Wissentlichkeit) 및 미필적 고의의 셋으로 구분하면서, 목적범에서의 목적을 의도적 고의에 포함시키는 견해가 있다.[81] 이 견해는 실정형법이 고의를 그와 같이 구별하고 있는 독일(제88조 제1항, 제242조 제1항, 제257조 제1항, 제344조 등)과 오스트리아(제108조 제1항 등)에서는 타당하지만, 우리 형법의 해석론과는 일치할 수 없는 것으로서 받아들일 수 없는 견해라고 하겠다. 우리 형법은 의도고의와 지정고의를 명시하고 있지 않을 뿐

---

81) 김/서, 190면; 배종대, 248면 이하; 손해목, 313면 이하.

만 아니라 목적범에서의 목적을 고의의 한 종류로서가 아니고 고의 '이외의' 주관적 요소로 규정하고 있는 이상, 의도적 고의를 별도로 인정하면서 목적을 이에 포함시키고자 하는 견해는 독일형법해석론의 '월권'으로 볼 수밖에 없다.

2. 불확정적 고의

(1) 개괄적 고의(槪括的 故意)

결과발생 자체는 확정적으로 인식했지만 다수의 결과발생 대상 중 어느 대상에서 결과가 발생할 것인가를 불확실하게 인식한 경우를 '개괄적 고의'라고 한다. 예컨대 대상이 확정되지 않은 채로 군중을 향해 살인의 의사로 폭탄을 던지는 경우이다. 이 때에도 형법상 고의가 인정된다.

그 밖에 개괄적 고의라는 용어가 "결과실현을 위한 고의의 제1행위로 인하여 결과가 발생한 것으로 행위자는 오신하였으나 사실은 다른 목적을 달성하기 위한 행위자의 제2의 행위로 인하여 원래 의도한 결과가 발생한 경우"를 의미하기도 한다. 예컨대 살해의 고의로 상대방의 머리를 돌로 때려 실신하자 상대방이 죽은 줄로 오인하고 증거를 인멸할 목적으로 상대방을 땅속에 매장하였는데 상대방은 매장으로 인해 질식사한 경우이다.[82]

이 때 행위자를 발생한 결과에 대한 고의의 기수범으로 처벌할 것인가 또는 제1행위의 고의의 미수범(경우에 따라 제2행위로 인하여 발생한 결과에 대한 과실범과의 실체적 경합)으로 처벌할 것인가가 논의의 초점인데, 제1행위와 제2행위를 '개괄하는 단일한 고의'를 인정함으로써 고의의 기수범 성립을 인정하는 이론을 '개괄적 고의'(dolus generalis)이론이라고 부르고, 특히 이 이론의 기초를 닦은 베버(v. Weber)의 이름을 따서 '베버의 개괄적 고의'라고도 한다. 베버의 개괄적 고의에서는 '인과관계의 착오'가 존재하기 때문에 이에 관해서는 구성요건적 착오 중 인과관계의 착오 부분에서 상론하기로 한다.

(2) 택일적 고의(擇一的 故意)

결과발생 자체는 확정적으로 인식했지만 결과발생의 대상을 둘 가운데에서 택일적으로 인식한 경우를 '택일적 고의'라고 한다. 예컨대 자동차 앞자리에 앉은 두 사람 가운데 아무나 맞아도 좋다고 생각하고 살해의 의사로 총을 발사한 경우인데, 이 때에도 형법상 고의가 인정된다. 개괄적 고의에서는 결과발

---

82) 대판 1988. 6. 28, 88 도 650 참조.

생의 대상이 다자택일이라면, 택일적 고의에서는 양자택일이라고 할 수 있다.

(3) 미필적 고의(未必的 故意)

'미필적 고의'(Eventualvorsatz, dolus eventualis)란 결과발생의 대상은 확정적으로 인식하였으나 결과발생 자체를 확실히 의욕하지는 않고 부득이한 것으로 '인용'한 경우로서 '조건부고의'(條件附故意, bedingter Vorsatz)라고도 한다.

미필적 고의는 '인식있는 과실'과 어떻게 구별하겠는가 하는 점에 논의의 초점이 모아지고 있다. 이에 관하여는 전술한 바와 같이 '인용설'의 입장에서 결과발생을 인용하는 소극적 긍정의 태도가 보이면 고의가 성립하고, 결과발생 가능성을 인식하였으나 결과발생을 인용하지 않고 부정하는 태도가 보이면 과실이 성립한다고 보아, 미필적 고의는 고의의 범주에, 인식있는 과실은 과실의 범주에 속한다고 봄이 타당하다.

Ⅶ. 형법 제13조의 해석과 입법론

형법 제13조는 '고의'라는 표제하에 "죄의 성립요소인 사실을 인식하지 못한 행위는 벌하지 아니한다. 다만, 법률에 특별한 규정이 있는 경우에는 예외로 한다"라 하여, "죄의 성립요소인 사실을 인식"한 것을 '고의'로 규정하는 동시에, 고의가 없는 경우에는 원칙적으로 벌하지 아니한다는 것을 명시하고 있다. 다시 말하자면 형법은 원칙적으로 고의가 있는 경우에만 처벌하고, 과실은 특별한 규정이 있는 경우에 예외적으로 처벌한다(**동조 단서**)는 취지를 밝히고 있다.

그런데 제13조가 죄의 성립요소인 사실을 '인식'한 것을 고의로 규정하는 표현을 쓴 것은 고의의 본질에 관하여 '인식설'의 입장을 택한 것으로 오해될 여지가 있기 때문에 입법론상 타당하지 않다. 전술한 바와 같이 고의의 정의는 고의의 종류에 따라 다양하게 내려지는 것이 바람직하고, 또한 일률적인 정의는 항상 결함을 드러내게 될 것이므로, 형법에 적극적으로 고의의 정의규정을 두고자 하거나 고의의 내용을 명시하고자 하는 것은 바람직하지 않다고 본다. 따라서 1995년의 형법개정에 반영되지는 않았지만, 1992년의 형법개정법률안 제11조에서 "고의가 없는 행위는 벌하지 아니한다. 다만, 법률에 특별한 규정이 있는 때에는 그러하지 아니하다"라고 규정함으로써, 고의의 본질과

내용의 해명을 학설과 판례에 맡기고자 한 태도는 타당하다고 하겠다.[83]

제4절 구성요건적 착오

Ⅰ. 서 설

1. 구성요건적 착오의 의의

행위자가 주관적으로 인식한 것과 객관적·현실적으로 발생한 것이 일치하지 않는 경우(주관과 객관의 불일치)를 어떻게 해결하겠는가 하는 문제를 논의하는 영역이 '착오론'이다. 형법상의 착오는 '구성요건적 착오'와 '위법성의 착오'라고 하는 2대범주(二大範疇)로 규율되고 있어서, 모든 착오는 종국적으로 이 둘 중 그 어느 것에 속할 것인가의 문제에 귀착하게 된다.

여기에서 「구성요건적 착오」라 함은 "행위자가 주관적으로 인식·인용한 범죄사실과 객관적으로 발생한 범죄사실이 일치하지 않는 경우", 즉 〈인식한 사실〉과 〈발생한 사실〉의 불일치를 의미한다. 예컨대 옆집 개를 해칠 의사(손괴의 고의)로 돌을 던졌는데, 돌이 빗나가서 옆집 어린이가 맞아 다친 경우(상해의 결과발생)이다.

그런데 구성요건적 착오가 발생한 경우에 행위자의 '고의'의 관점에서 보자면, '실현된 구성요건의 객관적 요소에 해당하는 사실의 인식이 결여'되어 있음을 의미하므로, 구성요건적 착오와 구성요건적 고의는 동전의 양면과 같이 밀접한 관계에 있다고 하겠다.

구성요건적 착오에 있어서 논의의 초점은 착오가 있을 때 '어느 범위에서' 그 착오를 의미가 있다고 보아, 즉 그 착오를 '존중'하여 발생한 사실에 대한 '구성요건적 고의'를 부정할 것인가 하는 문제이다. 이 문제의 반면을 보자면, 구성요건적 착오가 있을 때 어느 범위에서 그 착오를 '무시'하고 발생한 사실에 대하여 '고의·기수책임'을 인정할 것인가 하는 문제로 된다. 요컨대 '구성요건적 착오의 법률효과로서 구성요건적 고의의 인정 여부'가 주요논점이 된다.

이 문제를 본격적으로 다루기에 앞서 용어의 문제 그리고 구성요건적 착

83) 법무부 간, 형법개정법률안 제안이유서, 형사법개정자료(ⅩⅣ), 1992. 10, 30-1면 참조.

오와는 구별해야 할 논제 및 구성요건적 착오의 태양을 살펴보기로 한다.

2. 용어의 정리

착오론과 관련된 형법상의 제목이 '사실의 착오'(제15조)와 '법률의 착오'(제16조)로 되어 있기 때문에 종래의 용어법은 이 제목을 그대로 따랐다. 그러나 이 제목은 정확한 용어가 아니기 때문에 사실의 착오는 '구성요건적 착오'로, 또 법률의 착오는 '위법성의 착오' 내지 '금지의 착오'로 대치됨이 타당하다.[84]

사실의 착오에서는 '구성요건요소인 사실'의 착오만이 문제가 되고, 위법성조각사유의 전제사실(예: 정당방위의 전제사실)이라든가 책임요건인 사실(예: 형사책임연령인 만 14세가 된 사실 여부)에 대한 착오를 취급하는 것은 아니므로, 불필요한 오해의 소지를 제거한다는 의미에서 구성요건적 착오라는 용어가 정확하다. 또 절도죄의 객체인 '타인의 재물'에 있어서 재물의 타인성에 대한 착오는 민법상 소유권 내지 점유권의 귀속에 관한 '법률'의 착오에서 비롯되지만, 이 경우는 '구성요건'의 규범적 요소에 대한 착오로서 위법성의 착오가 아니라 구성요건적 착오의 문제가 되는 것을 보면, 법률의 착오라는 용어도 정확하지 않다고 하겠다.

3. 구별해야 할 논제

① 행위자가 주관적으로 범죄사실을 인식하고 행위하였으나 객관적으로 결과가 발생하지 않은 경우는 '미수범' 또는 '불능범'의 문제가 된다. 예컨대 사람을 살해할 의사로 발포했으나 총알이 빗나가서 아무런 결과도 발생하지 않은 경우에는 미수범의 문제가 될 뿐이다.

② 행위자가 주관적으로 범죄사실을 인식하지 못하고 행위하였으나 객관적으로는 결과가 발생한 경우는 '과실범'의 문제가 된다. 예컨대 사냥꾼이 사람을 짐승으로 오인하고 사살한 경우에는 발생한 결과에 대한 과실범의 성립 여부가 문제될 뿐이다.

③ 행위자가 주관적으로 범죄사실을 인식하여 행위하였고 또 객관적으로 결과도 발생하였으나 양자가 불일치하는 경우가 바로 '구성요건적 착오'의 문제이다.

---

84) 同旨, 정/박, 177-8면.

Ⅱ. 구성요건적 착오의 태양(態樣)

구성요건적 착오의 태양은 두 가지 관점에서 구분될 수 있다. 먼저 착오가 구성요건의 요소 중 어떠한 성격의 요소에서 일어났는가에 따라 '객체의 착오', '방법의 착오', '인과관계의 착오' 등으로 나누어진다. 다음으로 착오의 발생범위가 일정한 구성요건 이내인가 아닌가에 따라 '구체적 사실의 착오'와 '추상적 사실의 착오'로 나누어진다.

그리고 두 가지 관점의 착오는 서로 교차해서 발생할 수 있다. 예컨대 방법의 착오가 구체적 사실의 착오로 일어날 수도 있고 추상적 사실의 착오로 일어날 수도 있다.

1. 착오의 성격에 따른 구분

(1) 객체의 착오

객체의 착오란 객체의 '성질'에 관한 착오, 특히 객체의 '동일성'에 관한 착오를 말한다. '목적의 착오'라고도 한다. 예컨대 甲인 줄 알고 총을 발사했는데 실은 그와 꼭 닮은 쌍둥이 형제 乙이 사망한 경우, 백금반지인 줄 알고 절취하였는데 실은 백동반지인 경우이다.

(2) 방법의 착오

방법의 착오란 행위의 '수단·방법이 잘못되어' 행위자가 의도한 객체가 아닌 다른 객체에서 결과가 발생한 경우를 말한다. '타격의 착오'라고도 한다. 예컨대 甲을 향해 총을 발사했는데 총알이 빗나가 그 옆에 있던 乙이 맞아 사망한 경우, 옆집 개를 해칠 의사로 돌을 던졌는데 돌이 빗나가서 옆집 어린이가 맞아 다친 경우이다.

(3) 인과관계의 착오

인과관계의 착오란 행위자가 예견한 인과관계의 진행과정과 실제로 진행된 인과과정이 다른 경우를 말한다. 예컨대 살해의 고의로 목을 졸라 실신한 상대방을 죽은 줄로 오인하고 시체를 없앨 목적으로 피해자를 바다 속에 던졌는데 실제로 피해자는 바다 속에서 익사한 경우이다.

2. 착오의 발생범위의 광협에 따른 구분

(1) 구체적 사실의 착오

구체적 사실의 착오란 행위자가 주관적으로 인식한 범죄사실과 객관적으로 발생한 범죄사실의 불일치가 '동일한 구성요건 내'에서 발생한 경우를 말한다. 예컨대 甲인 줄 알고 총을 발사했는데 실은 그와 꼭 닮은 乙이 사망한 객체의 착오의 경우라든가 甲을 향해 총을 발사했는데 총알이 빗나가 그 옆에 있던 乙이 맞아 사망한 방법의 착오의 경우에는 구체적으로 착오가 있기는 해도 보통살인죄(제250조 제1항)에서 "사람을 살해한 자"라고 하는 추상적 구성요건의 범위 '내'에서의 착오에 그치고, 이를 구체적 사실의 착오라고 한다.

여성으로 성전환수술을 하였으나 아직 법적으로는 남자로 취급되는 사람을 여성으로 알고 강간한 경우에도 구성요건적 착오의 문제가 발생한다. 형법 제297조의 개정(2012. 12. 18.)에 의하여 강간죄의 객체가 종래 부녀에서 '사람'으로 바뀌었으므로, 이 경우는 구체적 사실의 착오 중 객체의 (성질에 관한) 착오에 속하는 문제가 된다.[85)]

(2) 추상적 사실의 착오

추상적 사실의 착오란 행위자가 주관적으로 인식한 범죄사실과 객관적으로 발생한 범죄사실의 불일치가 '상이한 구성요건에 걸쳐서' 발생한 경우를 말한다. 예컨대 옆집 개를 해칠 의사로 돌을 던졌는데 돌이 빗나가서 옆집 어린이가 맞아 다친 경우에는 주관적으로는 손괴죄의 구성요건에 대한 고의가 있고 객관적으로는 상해죄의 구성요건이 실현되었으므로 '서로 다른' 구성요건에 걸쳐서 착오가 일어난 것으로서 추상적 사실의 착오에 해당한다.

그리고 추상적 사실의 착오 중에서 착오가 일어난 상이한 구성요건이 서로 기본적 구성요건과 가중적 또는 감경적 구성요건의 관계에 있는 경우를 특히 '형의 가중 · 감경사유에 관한 착오'라고 한다. 예컨대 甲이 乙을 향해 총을 발사했는데 총알이 빗나가 우연히 그 옆에 있던 甲의 부친 丙이 맞아 사망한 경우에는 착오가 일어난 보통살인죄(제250조 제1항)와 존속살해죄(동조 제2항)의 구성요건이 형의 가중적 관계에 있다.

---

85) 이 착오는 법정적 부합설에 의하든 구체적 부합설에 의하든 형법상 아무런 의미가 없고, 행위자는 강간죄의 '고의 · 기수'책임을 진다. 상세히는 각론, 206-8면 참조.

Ⅲ. 구성요건적 착오의 효과

전술한 바와 같이 구성요건적 착오에 있어서 논의의 초점은 구성요건적 착오가 있다고 하더라도 '어느 범위에서' 그 착오를 무시하고 발생한 사실에 대하여 '고의·기수책임'을 인정할 것인가에 있다.

형법 제15조 제1항은 구성요건적 착오에 관하여 "특별히 무거운 죄가 되는 사실을 인식하지 못한 행위는 무거운 죄로 벌하지 아니한다"라고 하는 소극적인 규정을 두고 있는데, 이 규정은 구성요건적 착오의 모든 문제를 규율할 수 있는 조문이 아니다. 따라서 구성요건적 착오의 '일반적 효과'를 어떻게 인정할 것인가는 학설·판례에 일임되어 있다. 이에 관하여 학설은 크게 구체적 부합설, 법정적 부합설, 추상적 부합설의 셋으로 대립하고 있다.

1. 구체적 부합설

(1) 내 용

구체적 부합설은 행위자가 주관적으로 인식·인용한 사실과 객관적·현실적으로 발생한 사실이 구체적으로 부합하면 '발생한 사실'에 대한 '고의(기수)'의 성립을 인정하고, 양자가 (동일한 구성요건 내에서라도) '구체적으로' 부합하지 아니할 경우에는 '인식·인용한 사실에 대한 미수'와 '발생한 사실에 대한 과실'의 상상적 경합(제40조)이 성립된다고 한다.[86] 다만 '객체'의 착오가 구체적 사실의 착오로서, 즉 동일한 구성요건의 범위 내에서 일어난 경우에 객체의 혼동은 단순한 '동기'의 착오에 불과한 것으로서 그 착오는 형법상 의미를 가질 수 없으며 고의의 성립에 아무런 영향을 미치지 않는다고 한다.[87]

예컨대 甲을 살해하고자 총을 발사했는데 총알이 빗나가 그 옆에 있던 乙이 맞아 사망한 방법의 착오에 있어서 甲과 乙이 구체적으로 부합하지 아니하므로 甲에 대한 살인미수와 乙에 대한 과실치사의 상상적 경합이 된다는 것이

---

86) 이를 지지하는 학자로서는 권오걸, 167면; 김성돈, 214면; 김/김, 193면; 김/서, 229면 이하; 배종대, 270면; 성낙현, 200면; 손동권, 142면; 안동준, 85면; 오영근, 236면; 이영란, 189면; 이정원, 147면 이하; 이형국, 123면; 정영일, 172면; 하태훈, 121면; 허일태, "구성요건적 착오", 고시계, 1993. 3, 58면.

87) 김/서, 194면; 안동준, 85면; 이형국, 117면.

다. 다만 甲인 줄 알고 총을 발사했는데 실은 그와 꼭 닮은 乙이 사망한 객체의 착오에 있어서는 동기의 착오에 불과하므로 그 착오를 무시하여 乙에 대한 살인의 고의·기수책임을 지우게 된다.

구체적 부합설은 '객관주의'에 충실한 이론으로서 독일의 다수설·판례가 따르고 있다.

(2) 검 토

구체적 부합설은 ① 방법의 착오가 있은 위의 예에서 보자면 '사람'을 살해할 의사로 '사람'을 살해한 결과가 발생하였음에도 불구하고 기수가 아니라 살인 '미수'의 책임을 지우는 것은 사회 일반인의 '법감정'에 반한다고 하겠고, ② 실제로 고의의 기수책임을 인정하는 범위가 지나치게 좁아져서 처벌상의 부당한 축소를 초래하며, ③ 구체적 사실의 착오에 있어서 비록 동기의 착오에 불과하기 때문이라고는 하지만 객체의 착오를 방법의 착오와 구별하여 특별히 고의의 성립을 긍정하는 이유를 납득하기 어렵다는 비판을 받고 있다.

2. 법정적 부합설

(1) 내 용

법정적 부합설은 판례가[88] 취하고 있는 입장으로서 종래 학계의 지배적 견해였다.[89]

---

88) 대법원이 "甲이 乙 등 3명과 싸우다가 힘이 달리자 식칼을 가지고 이들 3명을 상대로 휘두르다가 이를 말리면서 식칼을 빼으려던 피해자 丙에게 상해를 입혔다면 甲에게 상해의 범의가 인정되며 피해를 입은 사람이 목적한 사람이 아닌 다른 사람이라 하여 과실상해죄에 해당한다고 할 수 없다"라고 판시한 것(**대판 1987. 10. 26, 87 도 1745**)과 "피고인이 공소외인과 동인의 처를 살해할 의사로서 농약 1포를 숭늉그릇에 투입하여 공소외인의 식당에 놓아둠으로써 그 정을 알지 못한 공소외인의 장녀가 이를 마시게 되어 동인을 사망케 하였다면, 피고인이 공소외인의 장녀를 살해할 의사는 없었다 하더라도 피고인은 사람을 살해할 의사로서 이와 같은 행위를 하였고, 그 행위에 의하여 살해라는 결과가 발생한 이상 피고인의 행위와 살해라는 결과와의 사이에는 인과관계가 있다 할 것이므로, 공소외인의 장녀에 대하여 살인죄가 성립한다"라고 한 것(대판 1968. 8. 23, 68 도 884)은 법정적 부합설에 입각한 것으로 이해된다. 그 밖에 "사람을 살해할 목적으로 총을 발사한 이상 그것이 목적하지 아니한 다른 사람에게 명중되어 사망의 결과가 발생하였다 하더라도 살의를 조각하지 않는 것이라 할 것이니, 원심 인정과 같이 피고인이 하사 주○○을 살해할 목적으로 발사한 총탄이 이를 제지하려고 피고인 앞으로 뛰어들던 병장 강○○에게 명중되어 동 강○○이가 사망한 본건의 경우에 있어서의 동 강○○에 대한 살인죄가 성립한다"(**대판 1975. 4. 22, 75 도 727**).

89) 김종원, "구성요건적 착오", 법정, 1977. 4, 55면; 신동운, 211면; 이재상, 177면; 정/박, 188면 이하; 조준현, 313면; 진/이, 244면.

이 학설은 객체의 착오와 방법의 착오를 불문하고, 행위자가 주관적으로 인식한 사실과 객관적으로 발생한 사실이 구체적으로 부합할 필요는 없고, '법정적 사실의 범위 내에서' 부합하면 '발생한 사실'에 대한 고의(기수)책임을 인정한다. 그리고 이 학설은 법정적 사실의 범위를 어떻게 이해하느냐에 따라 '구성요건적 부합설'과 '죄질부합설'로 나누어진다.

(가) 구성요건적 부합설 구성요건적 부합설은 법정적 부합설에서의 법정(法定)의 범위를 '구성요건이 정하는 범위'로 보는 견해이다.[90] 따라서 인식한 사실과 발생한 사실이 동일한 구성요건에 속하는 '구체적 사실의 착오'의 경우에만 발생한 사실에 대한 고의·기수책임을 인정하고, 상이한 구성요건에 걸쳐서 착오가 일어난 '추상적 사실의 착오'의 경우에는 구성요건적 부합이 없으므로 인식한 사실의 미수와 발생한 사실의 과실 사이에 상상적 경합(제40조)이 성립한다.

예컨대 甲을 살해하고자 총을 발사했는데 총알이 빗나가 그 옆에 있던 乙이 맞아 사망한 경우에는 동일한 구성요건 내에서의 부합이 있으므로 '乙'에 대한 살인의 고의·기수책임을 지우고, 옆집 개를 해칠 의사(손괴의 고의)로 돌을 던졌는데 돌이 빗나가서 옆집 어린이가 맞아 다친 경우(상해의 결과발생)에는 구성요건적 부합이 없으므로 손괴미수와 과실치상의 상상적 경합이 성립한다.

다만 구성요건적 부합설은 추상적 사실의 착오일 경우라도 '형의 가중·감경사유에 관한 착오'로서 두 구성요건이 '중합'(重合)될 때에는 두 구성요건이 합치되는 범위 내에서 고의의 기수책임을 인정하고자 한다. 예컨대 보통살인의 고의로 존속살해의 결과를 발생시켰을 경우에 보통살인의 고의·기수책임을 지고, 존속살해의 고의로 보통살인의 결과를 발생시켰을 경우에는 존속살해의 미수와 보통살인의 고의·기수의 상상적 경합이 된다.[91]

(나) 죄질부합설 죄질부합설은 법정적 부합설에서의 법정의 범위를 '죄질이 동일한 범위'로 보는 견해이다.[92] 죄질의 동일성은 반드시 구성요건이 동일

---

90) 김종원, 앞의 글, 55면; 신동운, 211면.

91) 이와 유사한 결론으로 김종원, 형법각론(上), 법문사, 1971, 41면. 존속살해의 고의로 보통살인의 결과를 발생시켰을 경우에 법정적 부합설에 의하면 보통살인죄의 고의·기수책임을 진다는 견해(이재상, 형법각론, 박영사, 2002, 27면; 정성근, 형법각론, 법지사, 1996, 62면)는 잘못이라고 생각한다.

할 필요는 없고 상이한 구성요건 사이에서도 보호법익이 공통되면 성립한다. 따라서 죄질부합설의 내용은 구성요건적 부합설과 같지만, 다만 인식한 사실과 발생한 사실이 상이한 구성요건에 걸쳐서 착오가 일어난 경우에도 두 구성요건 사이에 죄질의 동일성이 있으면 '죄질이 부합하는 범위 내'에서－죄질의 정도가 낮은 범죄의 범위 내에서 부합이 일어남－고의 · 기수책임을 인정하는 점에서 차이가 난다. 그 결과 죄질부합설은 구성요건적 부합설에 비하여 고의 · 기수책임을 인정하는 범위가 다소 넓어지게 된다.

예컨대 행위자는 공원 벤치에 놓여 있는 보따리를 점유이탈물(제360조)인 줄 알고(점유이탈물횡령의 고의) 가져갔으나 실은 그 소유자가 벤치 옆에 있는 공중변소에서 잠시 일을 보는 동안이어서 객관적으로는 절도(제329조)의 결과를 발생시킨 경우에 죄질부합설은 양자 사이에 죄질의 동일성을 인정하고 점유이탈물횡령의 범위 내에서 고의 · 기수책임을 지운다(과실절도는 처벌규정이 없으므로 논외). 이 예에서 구성요건적 부합설에 의하면 점유이탈물횡령의 미수와 과실절도의 상상적 경합이 성립하지만, 형법상 양자에 대한 처벌규정이 없으므로 결국 무죄가 된다.

(2) 검 토

법정적 부합설에 대하여는 특히 구체적 부합설측의 비판이 날카롭다. 즉 고의란 어디까지나 '특정한' 범죄에 대한 고의이어야 하는데, 甲을 향해 쏜 총알이 빗나가 乙이 사망했을 때 乙의 사망에 대한 고의를 인정하는 법정적 부합설은 고의의 특정성을 무시하는 잘못이 있다고 비판한다.[93] 고의는 특정의 그 누구를 살해하겠다는 식으로 대상이 한정되어야 하며, 막연히 사람을 죽이겠다든가 막연히 재물을 손괴하겠다든가 하는 것만으로는 부족하다는 것이다.

그런데 이러한 비판에 대하여는 고의의 특정성이란 범죄의 '정형 · 유형'에 대한 인식 · 인용이라는 의미에서의 특정성으로 이해하면 된다는 반론이 가능하다. 고의는 막연해서는 안되지만, 범죄의 유형성 · 정형성의 테두리 내에서의 행위객체에 대한 인식이 있으면 충분하고, 소소하고도 지엽적인 곳까지 고의의 구체성 · 특정성을 따질 수도 있는 구체적 부합설에 일정한 한계를 그어줄 필요가 있다고 본다. 행위의 객체를 구체적으로 특정해서 인식해야만 고의

92) 김신규, 199면; 이재상, 178면; 정/박, 188면.
93) 박상기, 129면; 이형국, 122면 이하.

가 성립한다는 구체적 부합설에 의하면 '개괄적 고의'와 '택일적 고의'에 있어서 고의의 성립을 인정할 수 없게 될 것이다.

따라서 법정적 부합설은 고의의 특정을 법정의 범위 내에서의 특정－구성요건적 부합설에 의하면 구성요건이 유형적·추상적으로 정한 범위 내에서의 특정－으로 이해하고, 그 범위 내에서 발생하는 착오를 무시하는 점에서 타당한 이론이라고 하겠다. 그리고 구성요건적 부합설보다는 ① 실제 적용상의 타당성이 있으며, ② 상이한 구성요건 사이의 착오에 있어서도 그 '죄질이 동일하면' 고의는 양적 차이에 불과한 것으로 보고－작은 고의는 큰 고의에 포함되어 있다고 보아－발생한 경한 범죄의 고의를 인정하는 것이 고의의 전용(轉用)은 아니라고 하는 관점에서[94] 「죄질부합설」이 더 우수한 이론이라고 생각한다.

〈구성요건적 착오에 있어서 병발사례〉

구성요건적 착오에서는 착오가 있다고 하더라도 한 개의 행위가 '한 개의 결과'를 발생시킨 경우가 전형적인 사례로 제시되고 있다. 그러나 구성요건적 착오에 있어서 한 개의 행위가 예상 외로 '두 개 이상의 결과'를 발생시킬 수 있는데, 이 경우를 '병발사례'(併發事例)라고 한다. 병발사례 중에서 논의의 대상이 되는 것은 ① 甲을 살해하고자 총을 발사하였는데, 甲의 치명적 부위를 관통하여 사망케 한 총알이 그 옆에 있던 乙까지 사망케 한 경우, ② 甲을 살해하고자 총을 발사하였는데, 甲의 치명적 부위를 관통하여 사망케 한 총알이 그 옆에 있던 乙에게 부상을 입힌 경우, ③ 甲을 살해하고자 총을 발사하였는데, 甲에게 부상만을 입히고 스쳐 지나간 총알이 그 옆에 있던 乙을 사망케 한 경우이다.

구체적 부합설에 의하면, ①의 경우는 甲에 대한 살인기수와 乙에 대한 과실치사의 상상적 경합이 되고, ②의 경우는 甲에 대한 살인기수와 乙에 대한 과실치상의 상상적 경합이 되며, ③의 경우는 甲에 대한 살인미수와 乙에 대한 과실치사의 상상적 경합이 된다.

법정적 부합설에 의하면, ①의 경우는 甲에 대한 살인기수와 乙에 대한 과실치사의 상상적 경합이 되고, ②의 경우는 甲에 대한 살인기수와 乙에 대한 과실치상의 상상적 경합이 된다는 주장이 있다.[95] 그리고 ③의 경우는 ㉠ 甲에 대한 살인미수와 乙에 대한 살인기수의 상상적 경합이 된다는 주장이 있을 수 있지만, ㉡ 乙에 대한 살인기수만이 성립하고 甲에 대한 살인미수는 전자에 흡수된다는 견해가[96] 유력

94) 예컨대 중지미수의 경우 독일에서 인정되고 있는 '가중적 미수'의 이론은 살인죄의 중지미수를 상해죄로 처벌하고자 하는데, 여기에서는 상해의 (경한) 고의는 살인의 (중한) 고의에 포함되어 있다는 관념을 전제로 하며 고의의 전용을 문제삼지 않는다.

95) 이재상, 178면; 정/박, 189면.

하다.

그런데 위 ①과 ②의 경우를 엄밀히 고찰하자면, 甲에 대하여는 하등 구성요건적 착오가 발생하지 않았고, 乙에 대해서만 방법의 착오로서의 구성요건적 착오가 발생하여 乙에 관한 한 '과실범'의 죄책이 추가로 제기될 따름이다. 따라서 위 ①의 경우는 甲에 대한 살인기수죄와 乙에 대한 과실치사죄의 상상적 경합이 되고, ②의 경우는 甲에 대한 살인기수죄와 乙에 대한 과실치상죄의 상상적 경합이 된다.[97] ③의 경우에는 甲, 乙 양자에 걸쳐 구성요건적 착오가 발생하였고 여기에 죄질부합설을 적용한 결과, 乙에 대한 살인기수죄만이 성립하고 甲에 대한 살인미수죄의 성립은 배제된다.

다만 ①, ②, ③의 경우에 개괄적 고의가 인정되어 고의범으로서의 동종류의 상상적 경합이 발생하는 것은 별개의 문제이다.

3. 추상적 부합설

(1) 내 용

추상적 부합설은 행위자가 주관적으로 인식한 사실과 객관적으로 발생한 사실이 구성요건상으로나 죄질상으로나 부합할 필요가 없고, 범죄적 의사를 가지고 범죄적 결과가 발생한 이상 두 사실이 '추상적'으로 부합하는 범위 내에서 고의의 기수책임을 인정하되, 다만 형법 제15조 제1항에 의하여 인식한 사실이 발생한 사실보다 경한 때에는 중한 죄의 고의·기수책임을 지울 수는 없다고 한다.

추상적 부합설에 의하면, 중한 범죄와 경한 범죄 사이에 걸쳐 착오가 있을 경우에 항상 경한 범죄의 범위 내에서는 '추상적' 부합이 일어난다고 보고, '경한 범죄의 고의·기수책임'이 성립한다고 하며, 결과적으로 구성요건적 착오를 무시하고 고의·기수책임을 인정하는 범위가 가장 넓은 학설이다. 추상적 부합설은 '주관주의'의 입장에 서서 행위자의 범죄적 의사, 즉 반사회적 성격이 어떤 범죄로든지 표현되기만 하면 충분하다고 보아 처벌할 필요성을 인정하는 까닭에 처벌범위가 과도하게 확대되며 죄형법정주의에도 위배된다는 문제점이 있어서 오늘날 지지자를 얻고 있지 못하다.

추상적 부합설은 구체적 사실의 착오에 있어서는 법정적 부합설과 결론이 동일하지만, 추상적 사실의 착오에서는 다음과 같은 법률효과를 주장한다. 즉

96) 이재상, 178면; 정/박, 189면.

97) ①과 ②의 경우에 대한 죄책에 있어서 종전의 견해를 변경하기로 한다.

① 경한 범죄의 고의를 가지고 중한 범죄가 발생한 경우에는 '경한 범죄의 고의·기수'와 '중한 범죄의 과실'의 상상적 경합(제40조)이 성립한다. 예컨대 옆집 개를 해하려는 손괴의 고의를 가지고 던진 돌이 빗나가 옆집 아이에게 상해의 결과를 발생시킨 경우에 '경한 범죄인 손괴의 고의·기수'와 중한 범죄인 상해의 과실(과실치상)의 상상적 경합이 성립한다. ② 중한 범죄의 고의를 가지고 경한 범죄가 발생한 경우에는 원래 '중한 범죄의 미수'와 '경한 범죄의 고의·기수'의 상상적 경합이 성립할 것이지만, 중한 고의는 경한 고의를 흡수하므로 두 죄를 '합일'하여 중한 범죄로 처벌한다. 예컨대 옆집 어린이를 해할 고의를 가지고 던진 돌이 빗나가 옆집 개에 맞아 손괴의 결과를 발생시킨 경우에 중한 범죄인 상해의 미수와 경한 범죄인 손괴의 고의·기수의 상상적 경합이 성립할 것이지만, 두 죄를 합일하여 중한 죄인 상해미수로 처벌하게 된다.

일반적으로 '범죄의 경중'은 형의 경중에 따르고, 형의 경중은 형법 제50조에 따라 결정된다.

(2) 검 토

추상적 부합설은 ① 경한 범죄의 고의를 가지고 중한 범죄가 발생한 경우에 발생하지도 않은 경한 범죄의 '기수'를 인정하는 것은 법감정에 반하며, ② 고의란 특정한 범죄유형에 대한 인식·인용임에도 불구하고 중한 범죄의 고의를 가지고 이와 죄질이 다른 경한 범죄가 발생한 경우에 경한 범죄의 '고의'를 인정하는 것은 범죄의 정형성을 무시하는 고의의 전용(유용)이 일어나는 까닭에 '죄형법정주의'에 반한다는 문제점이 있다. 그리고 ③ 추상적 부합설은 구형법(일본형법)이 과실범을 지나치게 가볍게 처벌하고 상해죄를 폭행죄의 결과적 가중범의 형식으로 규정하며 손괴죄의 미수를 처벌하지 않는 등, 입법상 가지고 있었던 결함을 보완하기 위하여 주장된 이론이므로 이러한 결함이 제거된 현행형법에서는 별 실익이 없는 주장이라고 하겠다.

4. 결 론

행위자가 주관적으로 인식한 사실과 객관적으로 발생한 사실이 불일치하는 경우에 어떻게 처리할 것인가 하는 문제를 다루는 구성요건적 착오론에는 '어느 정도'의 착오를 형법상 의미있는 것으로 걸러낼 것인가 하는 '그물코의 광협'(廣狹)이 저초(底礎)되어 있다고 비유할 수 있다. 추상적 부합설에서는 그물코의 폭이 아주 넓어서 어지간한 착오는 무시되어 행위자에게 고의의 기수책임이 인정되는 반면에, 구체적 부합설에서는 그물코가 촘촘하여 비교적 세세한 착오까지 의미있는 것으로 걸러져서 고의가 부정되고 과실과 미수의 책임을 지우게 된다.

여기에서 착오를 걸러내는 그물코의 '폭'을 어느 정도로 잡는 것이 타당할 것인가 하는 규범적 잣대의 결정은 정교한 이론구성 자체보다는 그 이론을 적용한 결과가 해당 국가에 있어서 일반인의 법감정이나 형법학자들의 법감정에 얼마나 와 닿는가 하는 점에 달려 있다고 생각한다. 독일에서는 예컨대 A를 살해하고자 총을 발사했으나 빗나가서 B가 사망한 '방법의 착오'에서 고의의 인식대상은 '특정'되어야 한다는 이유로 B에 대한 살해의 고의가 없는 이상 B의 사망에 대한 고의·기수책임을 인정할 수 없다는 구체적 부합설이 지배적 견해이지만, 우리나라에서는 특정인 A, B가 중요한 것이 아니라 '사람'을 살해할 의사로 '사람'이 사망하였으므로 형법 제250조 제1항이 법정한 범위 내에서는 착오는 없는 셈이고 따라서 고의·기수책임을 인정해야 한다는 법정적 부합설이 유력한 견해인 학계사정은 바로 규범세계에서의 그물코의 광협이 국가마다 다를 수 있다는 것을 보여주고 있다.

구성요건적 착오론에 저초하고 있는 이러한 사정을 염두에 두고, 앞의 각 학설의 검토 부분에서 비판과 평가를 통하여 그 타당성을 밝힌 바 있는 「죄질부합설」을 결론으로 삼고자 한다.

Ⅳ. 인과관계의 착오

1. 고의와 인과관계의 착오

인과관계는 구성요건의 '객관적' 요소에 속하는 이상 고의에 있어서의 인식대상이 된다. 그런데 고의의 성립에 인과관계의 인식이 있어야 한다고 하더라도 행위자가 세세한 부분에 이르기까지 과학적 의미에서의 정밀한 인과관계를 인식한다는 것은 불가능할 것이므로－만일 이러한 인식을 요구한다면 정밀한 인과법칙을 모르고 있을 일반인은 고의책임을 지지 않게 되는 경우가 대부분일 것이고 나아가 형법의 기능상실까지로 이어질 것이다－인과관계에 대한 인식의 정도는 '합법칙적 조건설'의 입장에서 "일상적인 생활경험법칙에 비추어 예견가능한 범위 내에서의 인식" 또는 "본질적인 윤곽 내에서의 인식"이 있으면 충분하다.

행위자가 주관적으로 예견한 인과과정과 사실상 일어난 인과과정에 '상위'(相違, 불일치)가 있는 경우에는 「인과관계의 착오」의 문제가 발생한다. 인과관계의 착오가 있을 때 어떠한 착오를 형법상 무시할 만하다고 평가하여 행위자에게 '발생한 결과'에 대한 고의의 '기수'책임을 지우고, 또 어떠한 착오는 형법상 의미가 있다고 평가하여 '인식한 사실'에 대한 고의의 '미수'책임을 인정할 것인가가 논의의 초점이 된다.

2. 인과관계착오의 유형

인과관계의 착오는 매우 다양하게 발생할 수 있으나 유형화해서 보자면 다음과 같다.

① 1개의 행위 내에서 결과발생의 인과과정이 다른 유형: 예컨대 익사시킬 고의로 수영을 못하는 피해자를 다리 위에서 떠밀었는데 피해자는 교각에 머리를 부딪쳐 뇌진탕으로 사망한 경우이다.

② 제1행위가 아니라 제2행위로 인하여 결과가 발생한 유형(소위 '개괄적 고의이론'의 취급유형): 예컨대 살해의 고의로 피해자의 머리와 가슴을 돌로 수차례 때려 실신하자 피해자가 죽은 줄로 오인하고 증거를 인멸할 목적으로 웅덩이를 파고 피해자를 매장하였는데 피해자는 매장으로 인해 질식사한 경우이다.[98] 이 유형은 "결과실현을 위한 고의의 제1행위(돌로 구타한 행위)로 인하여 결과가 발생한 것으로 행위자는 오신하였으나 사실은 다른 목적(증거인멸의 목적)을 달성하기 위한 행위자의 제2의 행위(매장행위)로 인하여 원래 의도한 결과(피해자의 사망)가 발생한 경우"라고 정의할 수 있다.

③ 제2행위가 아니라 제1행위로 인하여 결과가 발생한 유형: 예컨대 기차에 탄 피해자의 머리를 몽둥이로 내리쳐 실신시킨 후 기차 밖으로 내던져 뇌진탕으로 살해하고자 하는 계획을 실행하였는데 사실은 머리의 가격행위로 인하여 피해자가 이미 사망한 경우이다.

---

98) 이 사례는 **대판** 1988. 6. 28, 88 **도** 650의 사건개요를 추출한 것이다.

3. 인과관계착오의 효과

(1) 유형 ①의 효과

유형 ①의 착오에서는 결과발생에 관련된 행위가 1개뿐이므로 인과관계에 관한 학설을 직접 적용하여 해결할 수 있는 경우이다. 즉 인과관계의 착오가 있다고 하더라도 합법칙적 조건설이나 상당인과관계설에 따라 일정한 행위로부터의 결과발생이 사회생활상의 일반적인 경험법칙에 비추어 예견가능한 범위 내에 속한다고 판단되면 그 착오는 무시되고 결과에 대한 고의·기수책임을 지우게 된다. 유형 ①의 사례에서 피해자의 사망은 사회생활상의 일반적인 경험법칙에 비추어 예견할 수 있는 범위 내에 속한다고 할 수 있으므로 행위자는 살인기수죄의 책임을 진다.

(2) 유형 ②의 효과

유형 ②에 해당하는 인과관계의 착오에서는 행위자를 발생한 결과에 대한 고의의 기수범으로 처벌할 것인가 또는 제1행위의 고의의 미수범(경우에 따라 제2행위로 인하여 발생한 결과에 대한 과실범과의 실체적 경합)으로 처벌할 것인가가 논의의 초점이다. 그리고 인과관계의 착오문제라고 한다면 그 동안 바로 ②의 유형에 속하는 사례군을 어떻게 해결하는 것이 타당한가에 집중되어 있었다고 해도 과언이 아니다. 이 문제에 대한 대답은 기수범설과 미수범설로 대별해 볼 수 있다.[99]

(가) 기수범설

(a) 개괄적 고의이론 이 이론은, 제1행위와 제2행위로 나누어진 행위복합체가 '단일한 범죄적 의사경향'에 의하여 포괄될 수 있을 때 발생결과에 대한 고의의 기수범이 성립한다고 본다. 즉 두 개의 행위에 '단일한 고의의 맥(脈)'이 통하고 있고, 이러한 전체적 관점에서 행위자의 예견과는 다른 사실상의 인과과정을 비본질적인 일탈(Abweichung), 따라서 형법상 무시해도 좋을 일탈로 취급함으로써 기수범의 책임을 지우자는 학설이다. 이 때 제1행위와 제2행위를 개괄하는 단일한 고의를 인정하기 때문에 소위 '개괄적 고의'(dolus generalis)이론이라고 불리운다.[100]

---

99) 학설과 그 비판에 관하여 상세히는 임웅, "인과관계의 착오", 고시계, 1997. 3, 52면 이하 참조.

100) Welzel, Das Deutsche Strafrecht, S. 74.

대법원은 유형 ②의 사례에 있어서 "피해자가 피고인들이 살해의 의도로 행한 구타행위에 의하여 직접 사망한 것이 아니라 죄적을 인멸할 목적으로 행한 매장행위에 의하여 사망하게 되었다 하더라도 전과정을 개괄적으로 보면 피해자의 살해라는 처음에 예견된 사실이 결국은 실현된 것으로서 피고인들은 살인죄의 죄책을 면할 수 없다"라고 판시함으로써, 개괄적 고의이론에 입각하여 사건을 해결한 것으로 이해된다.[101]

개괄적 고의이론에 대한 비판은 고의의 관점에서 제기된다. 행위자는 제1행위에서는 결과발생에 대한 고의를 갖고 실행에 착수했지만 결과가 발생한 것으로 오신하고 제1행위를 종료했기 때문에 실행행위의 종료와 더불어 고의는 소멸한 것이며, 제2행위에서는 원래의 결과발생에 대한 고의는 더 이상 존재하지 않기 때문에－사례의 경우 제2행위에서 죽은 자에 대한 고의만 존재하기 때문에－결과발생의 고의·기수책임을 지울 수 없다는 것이다.[102] 즉 제1행위에서 이미 소멸한 고의를 제2행위에서 유용(流用)할 수는 없으며, 고의의 행위시존재원칙에 입각하여 고의의 존재시점을 찾아보자면 그것은 제1행위에 국한된다는 것이다.

그 밖에 용어의 문제와 관련하여, 원칙적으로 고의란 '특정'고의이지 '개괄'고의란 용납될 수 없으므로 개괄적 고의라는 표현에 반대하는 입장이 강하고,[103] 독일에서는 이미 폐기된 용어로서 학설사적 의미만이 부여되고 있다.

(b) 인과관계론의 적용설 우리나라의 다수설과 독일의 다수설·판례는 유형 ②의 착오에 있어서도 유형 ①의 경우와 마찬가지로 '인과관계론'의 범주에서 문제를 해결하고자 한다.[104] 즉 행위자가 예견한 인과과정과 사실상 일어난 인과과정의 상위(相違)의 정도가 일반적인 생활경험에 비추어 예견가능한 범위 내에 있고 그 행위에 대해 어떠한 다른 평가를 하는 것이 타당하지 않을 때, 그 착오는 비본질적인 것으로서 중요하지 않으므로 미수범이 아니라 기수범으로서의 책임을 진다고 한다.

---

101) 同旨, 신동운, 217면.

102) Maurach/Zipf, AT, 1. Bd., S. 330.

103) 이재상, 181면; 하태훈, "인과과정의 착오유형과 고의귀속", 고시계, 1995. 7, 45면.

104) 권오걸, 173면; 김/김, 196면; 박상기, 140면; 배종대, 282면; 손동권, 154면; 신동운, 219면; 이영란, 194면; 이재상, 182면; 이형국, 124면; 정/박 192면; 정영일, 191면; 정/신, 127면; 하태훈, 앞의 글, 51면.

여기에서 그 판단표준을 '공식화'하자면, (ㄱ) 인과과정의 상위가 일반적인 생활경험법칙에 비추어 예견가능한 범위 내에 속한다는 '경험적' 확인 및 (ㄴ) 사실상의 인과과정과 행위자가 예견했던 인과과정이 '규범적으로' 동등하다는 평가인데,[105] 이 두 요건이 갖추어지면 그 착오는 형법상 중요하지 않으며 비본질적인 것으로서 인과관계가 인정된다.

이 학설은 유형 ②의 착오에 있어서 결과발생에 결정적 원인이 되는 행위는 제2행위가 아니라 고의가 존재하는 제1행위로 보고, 행위자에게 결과를 야기한 제2행위를 행할 의사가 있은 이상, 인과과정의 상위는 비본질적인 것으로 평가되어 기수범의 책임을 지는 것이 타당하다고 하는 것이다.

(나) 미수범설　미수범설은 유형 ②의 착오와 유형 ①의 착오를 별개로 취급하여, 인과관계론을 유형 ①의 착오에 대해서만 적용한다. 그리고 유형 ②의 착오에 있어서는 전체적인 행위과정을 상이(相異)한 고의를 갖는 두 개의 독립된 부분행위로 분석·구분하여 형법적 평가를 하고자 한다. 제1행위에 있어서의 고의는 결과가 발생한 것으로 행위자가 오신한 시점에서 소멸하고, 직접 결과를 야기한 제2행위의 착수시점에서는 더 이상 고의가 존재하지 않으므로 고의의 기수책임을 물을 수는 없고, 기껏해야 고의가 있은 제1행위의 미수범만—경우에 따라서는 결과가 발생한 제2행위의 과실범과의 실체적 경합[106]—이 성립할 것이라고 한다.[107]

(다) 결　론　유형 ②의 착오를 해결함에 있어서 기존의 학설에 공통된 문제점은 먼저 '행위의 개수'를 분명히 하지 못한 데에서 비롯된다고 생각한다. 특히 기수범설을 주장하는 학설들이 제1행위와 제2행위의 독자성을 각각 인정하여 2개의 행위가 존재한다고 파악하는 이상, 결과가 발생한 제2의 행위에서 원래 의도한 고의를 결코 찾아볼 수 없다는 미수범설측의 비판을 피할 수는 없을 것이다. 독립된 2개의 행위를 인정한다면 각각의 행위에 즉응한 고의의 존재를 확정하여야 하고, 또한 각각의 행위와 결과 사이의 인과관계를 개

---

105) 그 공식에 관하여는 Eser, Strafrecht Ⅰ, S. 169 참조.

106) '실체적' 경합설은 Wessels, AT, S. 74. 제1행위의 미수범과 제2행위의 과실범과의 '상상적' 경합이라고 하는 학자도 있다(Eser, Strafrecht Ⅰ, S. 172).

107) 오영근, "개괄적 고의의 문제점", 고시계, 1994. 10, 214면; 이용식, "소위 개괄적 고의의 형법적 취급", 형사판례연구 제2권, 형사판례연구회 편, 1994. 5, 34면 이하; Maurach/Zipf, AT, 1. Bd., S. 330 f.

별적으로 논하여야 할 것이며 행위 상호간에 인과관계에 대한 고의의 전용이 있어서는 안될 것이다.

기수범설은 부분행위(Teilakt)에 대하여 행위(Handlung)로서의 독자성을 인정할 것인가 말 것인가의 여부에 대한 판단을 분명히 내리지 않고 엉거주춤한 채로 논의를 전개하기 때문에 이론구성에 있어서 혼란과 모순을 야기하고 있다. 유형 ②의 착오에 있어서 사실관계를 논리적으로 분석하자면 전후 두 개의 행위로 구성된다고 말할 수 있다. 그러나 행위의 개수결정은 죄수의 기초이론에 속하는 것으로서 결합범 및 계속범에서와 같이 비록 복수의 행위가 있는 것으로 보여도 사회적·형법적 의미의 맥락에서－'사회적·형법적 행위표준설'에 따라－1개의 행위로 평가되는 수가 있다.

이제 유형 ②의 사례에서 행위의 개수결정이 문제가 되는데, 두 개의 부분행위 자체는 형법상 행위로서의 독자성이 없는 '동작'에 불과한 것으로 보고, 제1동작(돌로 구타한 행위)과 제2동작(매장행위)을 묶어 형법상 '1개'의 행위로 평가함이 타당하다고 생각한다. 유형 ②의 사례를 보자면 제1의 구타동작에서 살해행위의 실행의 착수가 있었으나 살해의 결과가 발생하지 않은 이상 실행행위가 종료하지 아니하고, 결과가 발생한 제2의 매장동작이 종료함과 더불어 살해의 실행행위도 종료한다고 평가함으로써 전체적으로 1개의 행위가 존재한다고 말할 수 있다. 그리고 1개의 행위로 보는 이상 실행에 착수한 제1동작의 시점에 살인의 고의가 있으므로 고의의 행위시존재원칙도 충족한다.[108]

이제 결론적으로 정리하자면, 유형 ②에 해당하는 인과관계의 착오에서는 행위가 1개이며, 그 착오는 전술한 '인과관계론의 적용설'에서 제시한 공식에 의거하여 해결함이 타당하다.

(3) 유형 ③의 효과

유형 ②의 사례와는 그 구조가 반대의 경우인 유형 ③의 사례는 별 어려움 없이 해결할 수 있다. 즉 살해의 실행행위에 착수했다고 볼 수 있는 제1동작에 이미 살인의 고의가 존재하고 또 제1동작에서 결과도 발생했으므로 인과관계의 착오문제만이 남게 된다. 이 경우의 인과관계의 착오도 일반적인 생활경험에 비추어 예견가능한 범위 내에서 일어난 것으로 평가할 수 있으므로 그

108) 유형 ②의 사례를 해결함에 있어서는 '원인에 있어서 자유로운 행위'의 구조와 해법을 유추하는 것이 큰 도움이 된다.

착오는 비본질적인 것으로서 발생한 결과에 대하여 고의·기수책임을 지움이 타당하다.[109]

V. 형법 제15조 제1항의 해석

제15조 제1항은 형법상 구성요건적 착오에 관한 유일한 규정인데, 이 조문은 "특별히 무거운 죄가 되는 사실을 인식하지 못한 행위는 무거운 죄로 벌하지 아니한다"라고 규정하고 있다. 전술한 바와 같이 이 조문은 구성요건적 착오의 모든 문제를 규율할 수 있는 것은 아니고 그 '일부분'에 적용될 뿐이므로, 구성요건적 착오의 '일반적 효과'를 어떻게 인정할 것인가는 학설·판례에 맡겨져 있다.

제15조 제1항은 ① 인식한 사실과 발생한 사실이 서로 다른 범죄인 경우를 적용대상으로 하므로 '추상적 사실의 착오'에 관한 규정이고, 또 ② 인식한 사실이 경한 범죄에 해당하고 발생한 사실이 중한 범죄에 해당하는 경우만을 적용대상으로 하며, ③ 이 때 행위자가 착오로 인하여 중한 범죄가 되는 사실을 인식하지 못하면 중한 죄의 고의의 기수범으로 처벌하지는 못한다는 소극적인 내용을 담고 있을 뿐이고 적극적으로 어떻게 처벌해야 할 것이냐에 관해서는 아무런 언급이 없다.

이러한 세 가지 내용의 해석은 제15조 제1항에 대한 최소한의 해석이며, 여기에서 더 나아가 어떠한 해석을 덧붙일 수 있는가 하는 점에 있어서는 학설이 대립하고 있다.

(가) 첫째 견해는 인식한 범죄와 발생한 범죄가 기본적 구성요건과 가중적 구성요건의 관계에 있는 경우(예컨대 보통살인과 존속살해)에만 제15조 제1항이 적용된다고 한다.[110] 즉 '형의 가중사유에 관한 착오'에 한하여 적용된다는 견해이다. 그 근거로는 법문이 쓰고 있는 "특별히"라는 문언을 적극적으로 해석해야 한다는 점을 들고 있다.

(나) 다음으로 인식한 범죄에 대하여 발생한 범죄가 가중적 구성요건의 관

---

109) 이에 반해 과실범과 불능미수범의 실체적 경합을 주장하는 견해로는 김성돈, 223면; 김성룡, "결과의 조기발생사례의 실체법적 함의", 형사법연구 겨울호, 제24호, 한국형사법학회, 2005. 12, 76면.

110) 김/서, 217면; 신동운, 197면.

계에 있을 필요는 없고 '죄질'이 중하면 족하다고 하는 견해가 있다. 즉 인식한 범죄와 발생한 범죄가 죄질을 같이하는 경우에 적용된다는 해석론이다.[111] 예컨대 점유이탈물횡령의 고의로 절도의 결과가 발생한 경우에 이 조문이 적용되어 절도의 고의·기수범이 아니라 점유이탈물횡령죄가 성립할 수 있을 뿐이라고 한다.

(다) 마지막으로 위 두 견해처럼 해석상의 제한을 가하는 것은 부당하다고 보고, 인식한 범죄에 대하여 발생한 범죄 자체가 중하기만 하면 충분하다고 하여 폭넓게 적용하려는 견해가 있다.[112] 예컨대 손괴의 고의로 상해의 결과가 발생한 경우에도 적용되어 중한 죄인 상해의 고의·기수범으로는 처벌할 수 없다는 견해이다. 이 때 "특별히"라고 하는 문언은 중한 죄를 강조하는 의미로 해석하고 있다.

그러나 제15조 제1항을 축소해석하고 있는 (가)와 (나)의 두 학설이 과연 실익이 있겠는가는 의문이다. 이 두 학설에 의하면 손괴의 고의로 상해의 결과가 발생한 경우와 같이 죄질의 동일성이 없는 경우는 제15조 제1항의 적용대상이 아닌 것으로 되는데, 그렇다고 하더라도 이 경우에 '이론상' 조문과 반대되는 결론, 즉 중한 범죄의 고의·기수범의 성립을 인정하는 결론을 내릴 수는 없을 것이다. 두 범죄 사이에 죄질의 동일성이 없는 경우에 제15조 제1항이 적용되지 않고 이론으로 해결할 문제로 보면서도 그 이론적 해답이 (다) 학설과 동일하다면 구태여 (피고인에게 불이익을 줄 수도 있을) 축소해석을 통해서 같은 해답에 도달할 필요없이, 직접 조문 안에 그러한 구속적 해답이 들어 있는 것으로 보는 (다)학설이 올바른 시각을 갖고 있는 것이 아닌가 한다.

Ⅵ. 위법성조각사유의 전제사실에 관한 착오

오상방위의 문제와 같이 위법성조각사유의 전제사실에 관한 착오를 어떻게 해결하겠느냐에 관하여는 책임론 중 '위법성의 착오' 부분에서 취급하기로 한다.

111) 이재상, 173면.
112) 배종대, 282면; 정/박, 182면.

제 3 장 위법성론

제 1 절 위법성의 기초이론

Ⅰ. 위법성의 의의

범죄구성3원론에 의하면, 범죄란 구성요건에 해당하고 위법하며 유책한 행위이다. 여기에서 범죄성립의 두 번째 단계로 논해지는 「위법성」(Rechtswidrigkeit)은, 구성요건에 해당하는 행위가 "전체 법질서에 비추어 보아 허용되지 아니한다는 부정적 가치판단" 또는 "전체 법질서에 배치(모순)된다고 하는 성질"을 의미한다. 이 때 전체 법질서란 형법뿐만 아니라 민법 · 행정법 등 성문법, 그리고 관습법 · 사회상규 · 조리 · 보편적 법사상 등 불문법을 포함하는 넓은 뜻이다.[1]

Ⅱ. 위법성과 불법

위법성이란 행위와 전체 법질서 사이의 '관계'개념이며 '성질'판단이고, 또 그 판단은 전체 법질서에 비추어 항상 단일하게 내려진다(소위 법질서의 단일성). 한편 「불법」(Unrecht)이란 용어를 위법성과는 다른 별개의 개념으로 사용하는 것이 오늘날 형법학계의 일반적 경향이다.[2] 불법은 "전체 법질서에 배치

1) 위법성판단에서 고려되는 법원(法源)이 법률에 국한되지 아니하는 것이 죄형법정주의를 위배하는 것은 아닌가 하는 문제에 대하여, 죄형법정주의의 한 내용인 법률주의는 구성요건단계에서 이미 지켜지고 있으며, 위법성의 판단, 특히 피고인에게 유리한 방향으로 작용하는 위법성조각사유의 판단에 있어서 성문법 이외에 불문법까지 고려하는 것은 죄형법정주의에 위배되는 것이 아니다.

2) 권오걸, 179면; 김성돈, 238면; 김성천, 169면; 김/서, 267면; 김종원, "범죄론의 체계구성에 관한 소고", 손해목박사화갑기념논문집, 1993, 37면; 박상기, 145면; 배종대, 287면; 성낙현, 204

된다고 평가된 실체, 즉 위법이라는 부정적 가치판단을 받은 내용 내지 실질"을 의미한다. 이 실체의 핵심은 행위이기 때문에, 학자에 따라서는 불법을 "위법하다고 평가된 행위(자체)"라고 정의하기도 한다. 그러므로 불법이란 '실체' 개념인 점에서 관계개념인 위법성과 구별된다. 특히 형법상 구성요건화되는 것은 위법성 자체가 아니라 위법성판단을 받는 실체로서의 불법이기 때문에, 불법은 구성요건에 의하여 '실정화', '유형화', '구체화'된다고 말할 수 있다. 이러한 관점에서 구성요건은 불법유형이고, 「불법구성요건」(Unrechtstatbestand)이란 용어가 일반화되어 있다.

위법성은 행위와 전체 법질서와의 관계만을 의미하므로, 모든 법영역에 걸쳐서 '위법하다 또는 위법하지 않다'라고 하는 단일하고도 동일한 유무의 판단만이 가능하고, 질과 양의 측면에서 더 위법하다든가 덜 위법하다든가 하는 상대적 판단은 있을 수 없다. 이에 반하여 불법은 실체개념이므로 질과 양의 면에서 '정도'의 차이를 띠게 된다. 예컨대 살인행위와 상해행위는 모두 위법하지만, 전자의 불법의 정도가 후자보다 심하고, 그 결과 전자에게 보다 무거운 형벌이 법정되어 있다.

그리고 불법은 개개의 법영역에 따라 그 실정화가 상이할 수 있으므로 손괴미수(제371조)처럼 형법상 불법이지만 민법상 적법이라든지, 과실손괴처럼 형법상 적법이지만 민법상 불법인 행위가 있을 수 있다. 그런데 이 모든 행위가 위법하다는 판단을 받는 점에서는 동일하다.

Ⅲ. 위법성의 실질(본질)

위법성이 전체 법질서에 배치된다고 하는 반가치판단(부정적 가치판단)을 의미한다고 할 때, 그 판단은 과연 무엇을 대상으로 하여 어떻게 내려지는 것인가 하는 실질에 대한 의문이 떠오른다. 이 의문에 대한 대답을 제공하는 것이 위법성의 실질(본질)에 관한 논의이다. 이와 관련하여 본서에서는 [위법성의 실질=불법]이라는 용어법을 사용하고 있으므로 위법성의 실질에 대한 고

면; 손동권, 159면; 손해목, 380면; 안동준, 92면; 이재상, 208면; 이형국, 127면; 장영민, "형법상의 불법개념", 인하대 사회과학논문집 제1집, 1981, 215면; 정/박, 194면; 진/이, 296면. 그러나 위법성과 불법을 구별할 필요가 없다는 견해는 오영근, 133면 및 277면; 차용석, 398면.

찰은 바로 불법개념에 대한 대답모색을 의미한다.

과거 법실증주의에 투철한 입장에서는 위법성의 개념을 '형식적으로' 이해하여, 일정한 행위가 '실정화된' 구성요건을 실현하고 '실정화된' 정당화사유에 해당하지 않으면 위법성이 존재한다고 보았다(「형식적 위법성론」). 위법성의 실질이 규범위반에 있다고 하는 빈딩(Karl Binding)의 '규범위반설'이 형식적 위법성론의 대표적인 것이다.

그러나 오늘날에는 위법성의 개념을 '실질적으로' 이해하여, 행위가 비록 구성요건을 실현했다고 하더라도 '불문(不文)의' 정당화사유에 해당하는 경우처럼[3] '실질적으로' 위법하지 않을 수 있음을 인정하고 있다(「실질적 위법성론」). 여기에서 위법성의 실질은 과연 무엇인가, 즉 위법하다는 부정적 가치판단의 궁극적 내용은 무엇인가라는 의문이 형법학상의 근본문제로서 대두하게 된다.

위법성의 실질을 둘러싸고 오늘날 전개되고 있는 논의가 바로 행위반가치론과 결과반가치론이다. 이하에서는 먼저 위법성의 실질 내지 불법개념에 관한 학설의 전개과정을 역사적으로 개관해 보고자 한다.

1. 실질적 위법성론의 학설사 개관

(1) 계몽기의 결과반가치론

근대형법학의 시조로 볼 수 있는 포이에르바하는, 범죄란 타인의 권리를 침해하는 행위라고 이해함으로써, 위법성의 실질을 '권리침해'로 파악하였다(권리침해설). 타인의 권리에 대한 침해를 위법의 핵심으로 파악하는 그의 주장은 결과반가치론의 가장 철저한 형태로서, 권리의 침해가 존재하지 않는 곳에는 위법도 없고, 범죄도 없다라고 하는 논리적 귀결과 더불어 형법의 자유보장적 기능을 최대한 관철하고자 하는 계몽주의정신에 충실하였다.

계몽사상가들은 무엇보다도 불법과 부도덕을 구별하고자 하였다. 전자는 법정에 속할 문제이지만, 후자는 교회의 설교대에로나 보내져야 할 문제였다.

(2) 19세기의 법익침해설

유럽대륙에서 계몽정신이 퇴조하고 사변적 이성주의에 대한 열기가 식으면서 실증주의시대가 도래하였다. 이에 따라 위법성의 실질을 보다 더 실정

---

3) 우리 형법(제20조: 사회상규에 위배되지 아니하는 행위)과 같이 '포괄적' 정당화사유를 인정하는 규정을 두지 아니한 국가(독일, 일본 등)에서는 '불문(不文)의' 정당화사유, 즉 '초법규적' 정당화사유가 논의된다.

적·대상적 관점에서 파악할 것이 요구되었다.

독일의 형법학자 비른바움(Birnbaum)은 1834년의 한 논문에서 범죄에 의하여 침해되는 것은 권리가 아니라 권리의 객체인 '재'(財, Gut, goods)라고 보아, 모든 사람에게 동등하게 보장되어야 할 재(財)의 침해 또는 위태화를 위법성의 실질로 파악하였다. 이러한 견해가 위법성의 실질이 법익침해에 있다고 하는 '법익'침해설의 단서를 열었다.

그 후 독일 형법학은 1840년대에서부터 1870년대에 이르기까지 불법을 정(正)으로서의 법에 대한 침해로 이해하는 헤겔철학의 영향하에 관념적 색채를 보이다가, 재차 강한 실증주의의 지배를 받게 된다.

그 대표자의 하나인 리스트는 '법익'(Rechtsgut)을 실질적인 범죄의 객체로서 이해하여 형법의 유일한 목적은 법익의 보호라고 함으로써, 위법성의 실질에 관한 「법익침해설」이 형법학상 굳건한 뿌리를 내리게 되었다. 아울러 리스트는 "국가공동체의 생활조건"을 "법적으로 보호된 이익(Interessen): 법익"이라고 불렀다.

이제 법실증주의하의 형식적 위법성론은 리스트에 의하여 실질적 위법성론으로 획기적인 방향전환을 하게 된 셈이다. 또 실증주의시대의 독일 형법학자들은 자연과학적 관점에서 인과적 행위론을 주장하면서, 법을 주관적 의사결정규범이라기보다는 객관적 평가규범으로 이해하고, 객관적·외부적 세계는 불법에 속하는 반면에 주관적·내부적 세계는 책임에 속하는 것으로 파악하는 특징을 보이고 있다(고전적 불법론). 따라서 오늘날의 표현을 빌리자면, 고전적 불법론은 위법성의 실질을 결과반가치로만 파악하고 행위반가치가 들어설 자리를 주지 않는다고 말할 수 있다.

(3) 목적적 행위론자들의 인적 불법론

위법성의 실질을 법익침해로 이해했던 19세기의 인과적 행위론이 서서히 퇴조하고, 1930-40년대에 이르러서는 목적적 행위론이 독일의 형법학계에 부상하게 되었다.[4] 목적적 행위론자들은 위법성의 실질 내지 불법개념을 행위의

4) 위법성의 실질을 설명함에 있어서 포이에르바하의 권리침해설과 비른바움의 법익침해설이 형법의 법익보호기능을 중시하는 계열에 서 있다면, 마이어(M. E. Mayer)의 문화규범위반설, 團藤重光의 사회윤리규범위반설, 瀧川幸辰의 조리위반설, 牧野英一의 공서양속위반설은 형법의 사회윤리규범보호기능을 중시하는 계열에 서 있다고 말할 수 있다. 그런데 목적적 행위론자들은 기본적으로 형법의 법익보호기능보다는 사회윤리규범보호기능에 비중을 두고 있다.

목적적 구조와 연결지운다.

즉 인간의 행위란 유의(有意)한 인과적 경과에 불과한 것은 아니고, '목적활동의 수행'으로 파악되어 목적적 실현의사가 행위요소를 이루게 된다. 그러므로 의사의 내용으로서의 고의 내지 목적성(Finalität)은 행위의 불가결한 인자로서 '주관적 불법요소'라고 일컬어진다. 특히 법의 의사결정규범적 성격을 강조하여, 법은 인간의 의사를 향한 금지 또는 명령을 지시하므로 의사의 내용이 위법성판단의 중요한 대상이 된다.

법은 모든 법익침해를 금지하는 것은 아니고, '행위수행의 일정한 방법'에 의한 법익침해와 행위자의 '일정한 인적 사정'으로부터의 법익침해를 금지하는 것이다. 불법에 있어서 전자는 행위관련적 행위반가치를, 후자는 행위자관련적 행위반가치를 이룬다. 여기에서 불법은 행위자로부터 유리된 단순한 법익침해로 그치는 것은 아니고, 일정한 '행위자의 소행'으로 관찰되는 행위가 불법판단을 받는 것이다(인적 불법론).

목적적 행위론자들의 이러한 주장은 오늘날 사회적 행위론자들에 의하여도 일반적으로 수용되어, 형법학계의 지배적 견해로 통용되고 있다. 다만 어떠한 인적 사정을 행위반가치의 내용에 포함시킬 것인가 하는 점과 행위반가치와 결과반가치의 관계를 어떻게 파악할 것인가 하는 점이 아직도 논란의 대상이 되어 있다.

2. 행위반가치의 내용

「행위반가치」(Handlungsunwert)라 함은 "행위에 대하여 사회윤리적 견지에서 내려지는 부정적 가치판단"을 의미한다. 행위에 대한 사회윤리적 반가치판단은 첫째로 외부적 '행위태양'에 대하여 내려진다. 여기에서 행위태양이라 함은 행위 자체와 행위수행의 수단·방법 및 행위상황 등을 포함하는 넓은 의미이다.

이를 육하원칙에 견주어 말한다면, ① 무엇을(예: 제329조 절도죄에서 '절취' 행위를), ② 어떻게(예: 제331조 제2항 특수절도죄에 있어서 '흉기를 휴대'하여), ③ 언제(예: 제330조 야간주거침입절도죄에서의 '야간에'), ④ 어디서(예: 제340조 해상강도죄에서의 '해상에서')라고 하는 행위태양 내지 행위상황이 행위반가치의 내용이 된다.

둘째로 행위반가치의 내용이 되는 것은 '주관적 불법요소'(고의·과실·목적·불법영득의 의사 등)이다. 법은 모든 법익침해를 금지하는 것은 아니고, 행위자가 인식·인용하면서 또는 주의의무를 태만히 하면서 야기하는 법익침해행위만을 불법으로 삼는다. 그러므로 고의 또는 과실에 있어서의 객관적 주의의무위반이 행위반가치의 내용을 이룬다.

전술한 바와 같이 고의를 행위요소로 파악하는 목적적 행위론에 의하면, 고의는 당연히 행위반가치의 내용에 들어오게 된다. 사회적 행위론에 있어서도 고의의 작위범의 경우, 행위를 '인간의 의사에 의하여 지배되고 사회적 의미 있는 행태'라고 정의함으로써 의사에 의한 지배, 즉 목적성을 행위개념의 요소로 이해하고 있으므로, 고의를 행위반가치의 내용에 넣지 않을 수 없게 된다.

행위반가치(행위불법)의 내용은 근본적으로 고찰하자면, 법의 기능과 불가분의 관계에 있다. 법은 사회공동체의 존속에 불가결한 가치의 보호라는 관점에서 공동체구성원으로 하여금 합당한 '의사'를 갖도록 지도·규율한다. 따라서 결과의 실현과 결부된 '의사활동'도 행위반가치의 내용이 되어야 할 것이다. 그 결과 위법성판단의 대상에는 행위의 외부적 측면뿐만 아니라 내부적 측면(주관적 요소)도 포함된다.

이 때 위법성판단의 객관적 성격-즉 '객관적' 위법성-이 상실되지 않느냐는 의문이 들 수 있다. 행위반가치의 내용인 의사는 "일반인"(jedermann)에게 제시되는 요청이 평가기준이 되기 때문에, 인적 불법이란 표현을 보다 더 정확히 하자면 "행위자주체의 객관적 불법"(objektives Unrecht eines Subjekts)이라 할 수 있으며, 위법성판단의 객관성을 상실하는 것은 아니다(평가대상과 평가기준의 구별).

그 밖에 법은 결과발생을 회피하기 위하여 필요한 객관적 주의의무에 위배한 행위를 금지하기 때문에 과실도 행위반가치의 내용이 된다.

그런데 고의·과실이 행위반가치의 내용으로서 불법요소가 된다고 하여 그 '이중적 지위'가 부정되는 것은 아니고, 책임 고유의 관점에서 재차 평가를 받게 되는 것은 별개의 문제이다. '불법'에 있어서의 고의는 행위에 대한 부정적 가치판단의 문제에 속하는 것이고, '책임'에 있어서의 고의는 행위에서 드러난 행위자의 법적대적·법맹목적 태도-즉 심정반가치(Gesinnungsunwert)-를 묻는 문제에 속하는 것이다. 특히 고의와 과실은 행위의 '불법' 정도에서 차이를 나타낼 뿐만 아니라 행위자에 대한 '책임'비난의 종류와 정도에 있어서도 큰 차이를 나타내기 때문에, 그 이중적 기능에 눈을 감을 수는 없다.

셋째로 행위반가치의 내용이 되는 것으로서는 '객관적 행위자요소'가 있다. 일반적으로 구성요건은 행위주체의 제한없이 누구나 범죄를 실현할 수 있는 것으로 규정하고 있다. 그러나 예외적으로 일정한 의무를 이행해야 할 지위를 기술하는 객관적 요소에 의하여 행위자의 범위를 제한하는 경우(예: 공무원범죄에 있어서 공무원의 신분 또는 제317조 업무상비밀누설죄에 있어서 의사 등의 신분)가 있다. 이 때에는 행위주체가 '누구'이냐에 따라 행위반가치의 판단이 달라진다.

행위반가치의 내용 중에서 둘째인 주관적 불법요소와 셋째인 객관적 행위자요소가 이른바 행위자관련적인 「인적 불법」을 구성한다. 학자에 따라서는 고의범에 있어서 상술한 두번째 내용인 주관적 불법요소만을 행위반가치의 내용으로 파악하여 특히 「의도반가치」(意圖反價値, Intentionsunwert)라고 표현하기도 한다.[5)]

3. 결과반가치의 내용

「결과반가치」(Erfolgsunwert)란 법의 평가규범성에 비추어 "행위가 초래한 외부적 사태에 대하여 내려지는 부정적 가치판단 또는 행위가 초래한 법익침해(위험성)"를 말한다.

여기에서 결과반가치의 판단을 받을 외부적 사태란, 예컨대 방화행위에 의하여 집 3채가 전소된 사태와 같이 사실적・물리적 관점에서 본 행위객체의 훼손을 의미한다. 그런데 단순거동범이나 행위의 객체가 없는 범죄에 있어서는 행위객체에 대한 물리적 훼손은 발생하지 않을 것이므로, 결과반가치의 중점은 가치적・정신적 관점에서 본 '법익침해'에 놓여진다.

그리고 결과반가치는 법익에 대한 '침해'와 '위태화'로 나누어진다. 여기에서 침해란 형법이 보호하고자 하는 법익의 직접적 가치상실, 현실화된 법익훼손을 의미한다.

또 위태화는 추상적 위태화와 구체적 위태화로 구분된다. 추상적 위태화란

5) H-J. Rudolphi, "Inhalt und Funktion des Handlungsunwerts im Rahmen der personalen Unrechtslehre", Maurach-Festschrift, 1972, S. 57.

생활경험상 위험한 행위를 일반적으로 금지할 필요가 있을 때 입법자가 입법동기로서 반가치판단을 내린 경우(추상적 위험범)이고, 구체적 위태화란 당해 구성요건의 충족 여부에 있어서 일정한 보호법익이 사실상 위태롭게 되었는지를 법관이 확인함으로써 반가치판단이 내려지는 경우(구체적 위험범)를 말한다.

「미수」에 있어서는 불법의 중점이 행위반가치에 놓여진다. 기수범에 대한 미수범의 특징은, 행위불법은 전적으로 긍정되지만 결과불법은 완전히 실현되지 못한 점에 있다. 따라서 미수범에 있어서의 결과반가치는 보호법익에 대한 현실적인 침해가 아니라 법익침해의 '위험성'에 그친다. 오늘날 예비에서 미수로 넘어가는 실행의 착수시기를 판단함에 있어서, 행위자의 범행계획과 당해 구성요건의 보호법익에 대한 직접적 '위험성'을 야기하는 행위를 결합하는 절충설이 우세한데, 이러한 통설의 내용은 미수의 결과반가치를 제대로 표현해 주고 있다.

특히 가벌적인 불능미수와 불가벌인 불능범의 구별표지로서 형법 제27조는 '위험성'을 명시하고 있으며, 이 위험성을 법익침해의 위험성으로 해석할 때 불능범의 본질을 적절히 설명할 수 있다고 생각한다. 즉 불능범에 있어서 행위반가치는 전적으로 긍정되지만, 법익침해의 위험성이 전혀 존재하지 않으므로 결과반가치가 부정되어 불가벌사유로 규정되어 있다고 해석함이 타당하다.

4. 행위반가치와 결과반가치의 관계

행위반가치와 결과반가치의 관계를 논하기에 앞서서 위법성의 실질 내지 불법개념을 행위반가치만으로 파악한다든가 결과반가치만으로 파악하는 일원론을 검토해 볼 필요가 있다.

위법성의 실질을 법익침해(위험성)라는 결과반가치만으로 파악하는 견해[6]는 다음과 같은 이유로 받아들일 수 없다. 형법상의 위법성판단은 인간의 '행위'에 의한 법익침해를 대상으로 하는 것이지, 자연재해와 같이 인간의 행위와 무관한 법익침해까지도 그 대상이 되는 것은 아니다. 따라서 위법이라는 반가치판단은 법익침해를 초래한 행위를 사상(捨象)하고서 내려질 수는 없다. 이

6) 차용석, 427면.

점은 '전(前)'구성요건적 행위개념을 인정하는 입장에서 더욱 자명하게 드러난다.

둘째로 결과반가치 일원론은 형법의 기능에 있어서 사회윤리규범보호기능에 반대하고 법익보호기능에 한정하는 견해를 사상적 기반으로 하고 있는데,[7] 이 점에 있어서 비판의 여지가 있다. 형법은 평가규범으로서 '사회윤리적' 반가치판단을 필연적으로 동반하는 것이며, 도덕적 색채가 완전히 소거된 형법 자체만의 반가치판단은 있을 수 없다. 사회윤리적으로 정당한 데에도 불구하고 단지 법익침해가 있다고 해서 형법상 불법이라는 판단을 내릴 수는 없는 것이다.

다음으로 검토할 것은 위법성의 실질을 행위반가치만으로 파악하는 입장이다. 특히 그 극단적인 견해로서 **'일원적 · 주관적 불법론'**이 있는데, 이는 행위의사만을 불법의 본질로 보고, 결과반가치는 불법판단에 아무런 의미가 없다고 하여 **'객관적 처벌조건'**에 불과하다는 주장을 하고 있다.[8] 그러나 이러한 주장을 형사정책적으로 관철하자면, 고의범에 있어서 기수와 미수를 동렬(同列)에 놓아야 하고, 침해범을 가급적 위험범으로 대치해야 할 것이며, 결과발생이 없는 과실행위(주의의무위반행위)도 처벌하는 규정을 두어야 할 것이라는 입법론상의 난점에 빠지게 된다.

더욱이 계몽사상의 위대한 업적이라고 할 수 있는 **「법과 도덕의 준별론」**은, 바로 불법은 부도덕하다는 반가치판단만으로는 부족하고 타인이나 사회에 대하여 무엇인가 해(害, Schaden, harm) — 이른바 사회적 유해성 — 를 끼쳤다는 결과반가치가 더해져야 한다는 주장에 원래의 의도가 놓여 있다.[9] 즉 사회윤리규범위반만으로 불법이 성립하는 것은 아니고, 그 위에 또다시 법익침해 내지 그 위태화라고 하는 또 하나의 요건이 갖추어져야 한다는 것이다.

이러한 입장에서 오늘날의 통설은 위법성의 실질에 있어서 행위반가치와 결과반가치의 양자를 **「동등한 구성요소」**로 파악하고 있다.[10] 그러므로 불법개

---

7) 차용석, 25-7면.

8) Zielinski, Handlungs- und Erfolgsunwert im Unrechtsbegriff, 1973.

9) 이러한 사상은 영미에서는 'Harm Principle'(유해성의 원칙)으로 주장되고 있다.

10) 김성돈, 244면; 김/서, 244면 이하; 박상기, 76면; 배종대, 202면; 손해목, "결과반가치론과 행위반가치론", 김종원교수화갑기념논문집, 1991, 89면; 안동준, 97면; 이재상, 114면; 이형국, 133면; 오영근, 154-5면; 장영민, 앞의 글, 230면; 정/박, 140-1면; 진/이, 169면.

념은 행위반가치와 결과반가치라는 두가지 축으로 구성되어 있다. 만일 이 둘 중의 하나가 결여되면 위법성은 존재하지 않고, 결과적으로 하등의 책임이나 형벌도 뒤따르지 않게 된다. 예컨대 결과반가치가 존재하더라도 사회적으로 상당한 이유가 있어서 행위반가치가 부정된다면 위법성이 조각되고, 또 행위반가치가 존재하더라도 피해자의 승낙에 의한 법익포기로 말미암아 결과반가치가 부정된다면 역시 위법성이 조각된다.[11]

법은 도덕의 최소한으로서 그리고 형법은 도덕의 척추로서 불법의 성립에 '행위불법'이 필요하지만, 이 요소만으로는 부족하고 법과 도덕의 구별이라는 관점에서-특히 형법의 최후수단성을 고려한다면-다시 법익침해(위험성)라는 '결과불법'이 더해져야만, 완전한 의미에서의 불법이 성립되고, 형법의 입장에서 말하자면 이 때 비로소 국가형벌권의 행사가 정당화될 수 있다고 본다(「행위불법 · 결과불법 이원론」).[12]

5. 실질적 위법성론의 기능

(1) 형사입법

위법성의 실질은 형사입법의 근거(원리)이면서 동시에 형사입법에 대한 제약(원리)이 된다. 국가는 실질적으로 위법한 행위만을 구성요건화하여 처벌할 수 있으며, 실질적으로 위법하지 아니한 행위, 즉 행위반가치나 결과반가치가 없는 행위를 구성요건화하는 것은 형벌권의 남용이 된다.

따라서 기존 형벌규정의 비판과 형법의 개정 및 새로운 형벌법규의 제정에 있어서 근본적인 입법지침으로서 기능하는 것이 다름 아닌 실질적 위법성이다. 위법성의 실질이 형사입법에 대한 제약원리로서 국가형벌권의 한계를

---

11) 좀 더 정확히 설명하자면, 행위반가치(행위불법)의 부정은 고의범으로서의 행위반가치와 과실범으로서의 행위반가치라고 하는 두 측면을 모두 검토해야 하고, 결과반가치(결과불법)의 부정은 법익에 대한 현실적 침해와 법익에 대한 침해의 위험성이라고 하는 두 측면을 모두 검토해야 한다. 고의범으로서의 행위반가치가 탈락한다고 하더라도 과실범으로서의 행위반가치가 인정된다면, 과실범이 성립할 가능성이 있고 행위의 위법성이 전적으로 조각되는 것은 아니다. 또 결과반가치의 부정에 있어서도 법익에 대한 현실적 침해라고 하는 결과반가치가 탈락한다고 하더라도 법익에 대한 침해위험성이라고 하는 결과반가치가 잔존한다면, 미수범(내지 불능미수범)이 성립할 가능성이 있고 행위의 위법성이 전적으로 조각되는 것은 아니다.

12) 본서의 '초판'에서는 행위반가치를 위법성의 실질, 즉 불법의 필요조건으로, 그리고 결과반가치를 불법의 충분조건으로 표현하였으나, '충분조건'이라는 용어사용이 잘못된 것이었기 때문에 '개정판'에서는 삭제하였다. 행위반가치와 결과반가치를 불법의 두 가지 필요조건으로 이해함이 타당하다.

제시해 주는 기능을 함으로써 형법의 자유보장적 기능에 기여한다.

또한 위법성의 실질은 실질적 범죄개념을 결정하게 되고, 범죄와 형벌을 가교하여 적정한 죄형균형을 유지하도록 해 준다.

(2) 형법해석

위법성의 실질은 형법해석에 있어서도 근본지침이 된다. 위법성의 실질, 즉 불법의 구체화·실정화가 구성요건이므로, 구성요건의 해석은 결국 위법성의 실질에 의하여 지도되지 않을 수 없다.

예컨대 결과반가치와 행위반가치라는 위법성의 실질은 상해, 감금, 모욕, 손괴, 재물, 손해 등의 개념해석에 있어서 가벌 여부를 가르는 침해의 일정한 수준치 또는 행위태양의 강도의 일정한 수준치를 설정할 것을 요청하고 있다. 구성요건은 법익침해 또는 행위자체의 일정한 강도(强度)를 처음부터 예상해서 마련된 것이므로, 법익침해의 경미성과 침해행위의 상당성으로부터 판단하여 당해행위에 대한 법적용을 배제하는 법원의 해석방법이 요구된다. 이러한 사고는 "법관은 사소한 사건을 취급하지 않는다"(minima non curat praetor)라는 고대로마의 법언에 기원을 두고, 독일에서는 「경미성의 원칙」,[13] 그리고 일본판례에는 「가벌적 위법성론」으로 정착되어 있다.

우리 형법에 있어서도 '경미성의 원칙'과 '현저성의 원칙'을 해석원리로 삼아야 한다. 「경미성의 원칙」에 의하면, 문제된 행위의 법익침해가 경미한 경우에 구성요건해당성이 배제되거나, 사회상규에 위배되지 아니하는 행위(제20조)로서 위법성이 조각될 수 있다. 「현저성의 원칙」은 경미성원칙의 반면(反面)으로서, 어느 정도 현저한 법익침해행위만이 구성요건해당행위가 될 수 있거나, 사회상규에 위배되는 행위로 평가될 수 있다는 것이다. 예컨대 상해행위는 어느 정도 현저한 건강침해행위이어야 하고, 피부의 미세한 부위가 가볍게 긁힌 정도 또는 모세혈관에 가벼운 울혈이 생긴 정도의 유형력행사는 상해행위라고 볼 수 없다.[14] 그리고 강제추행죄(제298조)에 있어서의 추행행위도 여자의 손등을 쓰다듬는 정도로 경미한 것이라면 추행행위에 해당한다고 볼 수 없고,[15] 사회통념상 어느 정도 현저함을 지녀야 할 것이다.[16]

---

13) 이에 관하여는 임웅, "경미범죄의 비범죄화", 형사정책연구 제2호, 한국형사정책연구원, 1990. 11, 187면 이하 참조.

14) 각론, 59면 참조.

15) 각론, 223면 참조.

다수의 판례가 '불법한 공격에 대한 소극적인 방어행위'를 정당방위가 아니라 사회상규에 위배되지 아니하는 행위로 보고 위법성이 조각된다고 한 것은[17] 경미한 법익침해행위는 사회생활상 불가피한 것으로서 허용하는 취지라고 풀이된다.

그 밖에 위법성의 실질, 즉 불법이 구성요건해석에 있어서 기능하는 이론으로서 사회적 상당설이 있다. 전술한 바와 같이 「사회적 상당성」(soziale Adäquanz)의 이론에 의하면, "정상적이고 역사적으로 형성된 사회적 생활질서의 테두리 내에서 행해진 행위는 구성요건해당성이 없다"고 한다. 그 예로서 도로공사시 아스팔트절개행위의 통행차량 타이어손상, 우편집배원에 대한 통상적 새해선물, 사소한 금액을 건 도박, 원자력발전소와 같은 위험시설물의 운영, 의학적 실험, 의료상의 극약사용, 위험한 운동경기, 자동차운전자에 대한 주류판매행위 등이 제시된다.

그러나 우리 형법은 사회상당성이론에서의 '사회(적) 상당성이 있는 행위'에 동치(同置)될 수 있는 개념으로서 제20조에서 "사회상규에 위배되지 아니하는 행위"라는 개념을 제시하고 있고, 또 제21조 내지 제23조에서 "상당한 이유"라고 하는 위법성조각요건을 두고 있음에 비추어, 구성요건해당성배제사유로서의 사회상당성이론은 위법성조각사유, 특히 사회상규불위배행위의 일환으로 해소함이 타당하다고 생각한다.[18] 우리나라 대법원판결 중에는 사회상규에 위배되지 아니하는 행위를 사회상당성이론의 표현을 사용하여 설명하고 있는 것이 있는데,[19] 이러한 판례의 입장에서 보자면 사회적 상당성있는 행

---

16) 현저성의 원칙이 입법에 반영된 적절한 예는 독일형법 제184조f 제1호인데, "이 법률에서 성적(性的) 행위란 각각의 보호법익에 관련하여 어느 정도의 현저성(Erheblichkeit)이 있는 행위만을 뜻한다"라고 규정하고 있다. 우리 형법에 있어서도 부당이득죄(제349조 제1항)는 "현저하게 부당한 이익을 취득"한 경우에 성립하는 것으로 구성요건상 명시되어 있다.

17) "피고인의 위 행위는 그 동기나 당시의 정황으로 보아 불법한 공격적인 행위가 아니라 오히려 위 나○○ 등 일행의 불법적인 공격으로부터 벗어나기 위한 소극적인 방어행위로서 사회상규에 위배되지 않는 행위"(**대판 1990. 3. 27, 90 도 292.** 同旨, 대판 1995. 8. 22, 95 도 936; 1992. 3. 27, 91 도 2831; 1992. 3. 10, 92 도 37; 1986. 7. 22, 86 도 751 등).

18) 사회상당성이론을 구성요건의 목적론적 해석에 포섭시킨 초판의 견해를 변경하기로 한다.

19) "형법상 처벌하지 아니하는 소위 사회상규에 반하지 아니하는 행위라 함은 그 행위가 범죄구성요건에 해당된다고 보이는 경우에도 그것이 정상적인 생활형태의 하나로서 역사적으로 생성된 사회생활질서의 범위 안에 있는 것이라고 생각되는 경우에 한하여 그 위법성이 조각되어 처벌할 수 없게 되는 것으로서 어떤 법률이 처벌대상으로 하는 행위가 사회발전에 따라 전혀 위법하지 않다고 인식되고 그 처벌이 무가치할 뿐 아니라 사회정의에 위반된다고 생각할 정도에 이를 경우나 국가법질서가 추구하는 사회의 목적가치에 비추어 그 행위가 사회적 상당성이 있는

위는 위법성조각사유가 된다.

그 다음으로 위법성의 실질은 「위법성조각사유」, 즉 '허용규정'의 해석에 있어서 원천을 이루고 있다. 특히 형사입법시에는 위법한 행위로서 구성요건화되었으나 그 후 사회변화에 따라 실질적인 관점에서 위법하지 아니한 행위로 평가되는 경우에 적시(適時)의 형법개정에 의하여 당해 구성요건이 폐지되지 않는 한 위법성조각사유로 해결하는 길밖에 없다.

이와 관련해서 우리 형법 제20조의 "사회상규에 위배되지 아니하는 행위"라는 문언을 실질적 위법성이 없는 경우를 포괄적으로 표현하는 일반조항으로 해석함이 타당하고, 따라서 '사회상규'의 실질은 당연히 '행위(반)가치'와 '결과(반)가치'라는 두 측면에 두어진다고 하겠다.

그 밖에 형법은 제21조 제1항 정당방위, 제22조 제1항 긴급피난, 제23조 제1항 자구행위에서 각각의 행위가 "상당한 이유가 있는 경우(때)"에는 위법성이 조각되는 것으로 규정하고 있는데, 「상당한 이유」라는 문언도 역시 위법성(조각)의 실질을 가리키는 또 다른 표현이라고 해석된다.

이제 해석단계에 있어서 위법성실질의 '반면(反面)'을 정리해 보자면, 비록 구성요건에 해당하는 행위가 있을지라도, 정당한 목적을 위한 적합한 수단으로서(목적설) 행위반가치가 탈락한다든지, 피해자의 승낙에 따른 법익포기와 같이 보호해야 할 법익이 흠결되어 있거나(이익흠결의 원칙), 보다 상위의 법익을 보호하기 위하여 하위의 법익을 희생시킴으로써(이익형량의 원칙 또는 우월적 이익의 원칙) 결과반가치가 탈락하는 경우에는 그 행위의 위법성이 부정 −위법성이 조각−된다고 요약할 수 있다.

그리고 행위반가치의 탈락을 근거로 해서 행위의 위법성이 부정되는 이론으로서 「허용된 위험」(erlaubtes Risiko)의 법리가 있다. 이 법리에 의하면, 도로교통·건축·토목공사·지하자원의 채굴·폭발물 또는 위험물의 취급·신기술의 사용행위 등과 같이 고도의 위험발생과 결부되어 있으면서 사회생활상 유용하고도 불가결한 행위에 대하여는 행위자로 하여금 수반되는 위험을 불가피한 최소한도로 줄이도록 성실히 배려할 것을 요구하고, 이 때에 불가피하게 발생하게 될지도 모르는 위험을 '허용된 위험'이라 하여, 위험에 결부된 행

수단으로 행해졌다는 평가가 가능한 경우에 한한다"(**대판** 1989. 10. 24, 87 **도** 1044. 同旨, 대판 1999. 10. 22, 99 도 2971; 1997. 12. 26, 97 도 2249; 1983. 2. 8, 82 도 357 등).

위를 위법하지 않은 것으로 보고 있다. 그러므로 허용된 위험에 있어서 행위자가 수반되는 위험을 가능한 한 최소한도로 줄이기 위하여 사태에 대한 「검토의무」(Prüfungspflicht)를 충실히 이행하였다면 행위반가치가 탈락한다고 보아 법익침해가 현실화된다고 하더라도 그 행위의 위법성이 부정됨에 반하여, 검토의무를 위반하면 행위반가치가 긍정되어 위법한 행위로 평가된다.

그런데 허용된 위험의 법리는 일반적으로 과실범의 경우에 그 의의가 크다고 하겠는데, 사태에 대한 검토의무라는 요건은 과실범에 있어서 객관적 주의의무의 범위로서 고려되기 때문에 구성요건해당성의 장면에서 다루어지고 만다. 그러므로 예외적인 경우이기는 하지만 '고의범'에 허용된 위험의 법리가 적용되는 사례군에서 행위의 위법성이 부정될 가능성이 있다. 예컨대 위험한 구출행위의 경우처럼, 불타는 건물의 옥상에서 구출해야 할 어린이를 건물 아래로 내던져야 할 것인지 또는 화염에 방치해야 할 것인지의 양자택일에 처한 구출자가 사태를 성실히 검토한 후 결과발생을 회피하기 위한 가능한 조처를 취하고 이익형량의 원칙으로부터 결과발생의 위험을 감수할 수밖에 없는 것으로 판단된다면, 그 구출행위의 위법성이 조각된다고 보아야 할 것이다.[20]

학자에 따라서는 허용된 위험의 법리를 사회상당성설로 해소하거나,[21] 사회상규불위배행위의 예로서 거론하거나,[22] 객관적 귀속론의 한 척도로서 설명하기도 한다.[23]

6. 가벌적 위법성론

일본의 판례와 일부 학자들이 채택하고 있는 「가벌적 위법성론」이란 "구성요건에 해당하는 형식·외관을 보이는 행위에 대하여 그 행위가 당해 구성요건이 예상하는 정도의 실질적 위법성을 결여하는 것을 근거로 하여 그 구성요건해당성 내지 위법성을 부정하는 이론"이다. 이 이론은, 범죄가 성립하자면 어떠한 의미에서든지 위법이란 것만으로는 부족하고, 그 범죄로서 '형벌을 과하기에 족할 정도로 위법'이 아니면 안된다는 관념에 입각하고 있다.[24]

---

20) 물론 이 구출행위는 추정적 승낙의 법리로 해결될 수도 있다.

21) 이재상, 211면.

22) 이형국, 형법총론연구 Ⅰ, 법문사, 1984, 277면 이하.

23) 객관적 귀속론을 수용하는 학자들은 대체로 이러한 입장을 취한다.

24) 이러한 관점에서 가벌적 위법성론은 위법성의 판단에 있어서 전체 법질서의 견지에서 내려지는 단일한 유무의 판단만이 아니라 상대적 판단도 가능하다는 위법의 '상대성'을 전제로 하

가벌적 위법성론은 실질적 위법성을 그 이론적 기초로 하고 있으므로, 가벌적 위법성을 판단하는 기준도 역시 실질적 위법성을 이루고 있는 여러 요소에서 찾게 된다. 위법성의 실질과 관련하여 가벌적 위법성이 결여된다는 '판단기준'으로서는 피해가 경미하다는 것(피해의 경미성)과[25] 피해야기의 행위태양이 사회적 상당성으로부터의 일탈의 정도가 경미하다는 것(일탈의 경미성)이 제시되고 있다. 피해의 경미성은 결과반가치에 속하는 문제이고, 일탈의 경미성은 행위반가치의 문제에 속하는 것이다.

일본형법에는 우리 형법 제20조의 '사회상규에 위배되지 아니하는 행위는 벌하지 아니한다'라는 문언과 같이 실질적 위법성의 결여시에 위법성을 조각시키는 포괄적 규정이 없고, 선고유예제도가 채택되어 있지 않기 때문에 '형벌의 겸억주의'(謙抑主義)를 달성하는 하나의 수단으로서 가벌적 위법성론이 전개되고 있지만, 우리 형법의 해석론으로 특별히 이러한 이론을 도입할 필요성은 없다고 본다.[26]

Ⅳ. 위법성의 평가

위법성의 평가를 어떻게 할 것인가, 즉 위법성의 「판단표준」을 '행위자 개인'에게 둘 것인가 '사회 일반인'에게 둘 것인가를 둘러싸고 한 때 주관적 위법성론과 객관적 위법성론이 대립하였으나, 현재에는 객관적 위법성론이 정설로 확립되어 있다.

과거에 주관적 위법성론과 객관적 위법성론의 논쟁의 발단은 '책임무능력자(정신병자)의 공격에 대하여 정당방위를 할 수 있는가'라는 문제에 있었다.

고 있다.

25) 이와 관련해서 다음과 같은 대법원판결이 있다. "피고인이 판매할당량을 충실히 이행함으로써 국고수입을 늘린다는 일념에서 법령에 위반하여 지정판매인 이외의 자에게 판매하고 이를 법령상 허용된 절차와 부합시키기 위하여 매도신청서와 허위의 영수증을 작성케 하였다면, 설사 그것이 원심이 지적하는 바와 같이 광주전매지청관하에 일반화된 관례였고, 상급관청이 이를 묵인하였다는 사정이 있다 하더라도 이를 전혀 정상적인 행위라고 하거나 그 목적과 수단의 관계에서 보아 사회적 상당성이 있다고 단정할 수는 없고, 그 법익침해 정도가 경미하여 가벌적 위법성이 없다고 할 수도 없다"(**대판** 1983. 2. 8, 82 **도** 357).

26) 가벌적 위법성론에 관하여 상세히는 임웅, "가벌적 위법성론", 형사법강좌 Ⅰ, 210면 이하 참조.

1. 주관적 위법성론

주관적 위법성론은 위법성의 판단에 있어서 법의 평가규범성보다 의사결정규범성을 중시하는 이론으로서, 독일의 메르켈(Merkel)에 의하여 주장된 이래 20세기 초까지 유력한 견해였다.

주관적 위법성론에 의하면, 법규범은 행위에 대하여 객관적 평가를 내리는데 그치는 것이 아니고 개인의 '의사'에 직접 영향을 주기 위한 명령으로서 1차적으로 '의사결정규범'이라고 한다. 그러므로 위법성의 판단표준을 '행위자 개인'에게 두고, 법규범에 따라 의사를 결정할 능력이 있는 책임능력자의 행위만이 위법할 수 있다고 본다. 책임무능력자의 행위는 의사결정규범으로서의 법규범에 위반했다고 볼 수 없고, 그 결과 위법하지 않은 것으로 된다. 주관적 위법성론에 의하면, 책임무능력자(정신병자)의 공격은 위법하지 않은 행위로 평가되는 까닭에 이에 대한 정당방위는 있을 수 없다. 여기에는 "책임능력없는 위법은 없다"라는 명제가 적용된다.

2. 객관적 위법성론

독일의 리스트(Liszt), 메츠거(Mezger) 등이 주장한 객관적 위법성론은 법규범을 1차적으로 '평가규범'이라고 보고, 의사결정규범으로서의 성격은 책임에서 고려된다고 한다.

객관적 위법성론에 의하면, 법규범은 행위가 위법한가 아닌가 하는 평가를 행위자 개인의 입장을 고려하지 않고 사회 일반인의 입장에서 객관적으로 내린다고 본다. 법규범은 '누구나'(jedermann) 해야 할 행위에 대한 객관적 당위규범이다. 객관적 위법성론에 있어서 위법성의 판단표준은 '일반인'에게 두어지므로, 의사를 결정할 능력이 없는 책임무능력자의 행위도 법규범의 객관적 평가에 따라 위법할 수 있다. 책임무능력자(정신병자)의 공격도 객관적으로는 일단 위법한 행위로 평가되는 까닭에 이에 대한 정당방위가 가능하다는 것이 객관적 위법성론의 결론이다. 여기에는 "책임능력없는 위법은 있다"라는 명제가 적용된다.

3. 결 론

법규범은 먼저 일정한 행위에 대하여 가치 또는 반가치의 객관적 평가를 내리고 이 평가에 기초하여 수범자는 법규범에 의하여 반가치판단이 내려진 행위를 하지 않는 방향으로 의사를 결정하게 된다. 즉 법규범은 1차적으로 평가규범이고 이로부터 파생되는 의사결정규범으로서의 성격은 2차적이라고 하겠다. 행위의 위법 여부에 대한 법규범의 객관적 평가가 행위자의 개인적 사정에 의하여 좌우되어서는 안될 것이라는 관점에서 객관적 위법성론이 타당하다.

그런데 객관적 위법성론에 따라 위법성의 평가를 '객관적으로' 한다는 결론과 관련하여, 위법성의 「평가대상」(판단대상)의 객관성과 「평가방법」(판단표준)의 객관성을 명확히 구별해야 한다는 점을 지적하고자 한다. 위법성의 평가'대상'에는 결과반가치론에 의거한 객관적 요소 이외에 행위반가치론(인적 불법론)에 의거하여 고의·과실과 같은 '주관적' (불법)요소가 포함된다. 그러나 위법성의 '평가'는 객관적 위법성론에 의하여 항상 객관적 방법으로, 즉 사회 일반인을 표준으로 해서 내려진다.

"위법은 객관적으로, 책임은 주관적으로"라는 전통적 명제는 그 평가대상에 있어서는 이미 무너진 지 오래고, 다만 평가방법에 있어서 그대로 적용된다고 하겠다.

Ⅴ. 위법성조각사유

1. 위법성조각사유의 의의

구성요건은 원래 위법행위를 유형적으로 규정해 놓은 것이므로 구성요건에 해당하는 행위는 일단 위법할 것이라고 '추정'할 수 있다(구성요건의 위법성 추정기능). 그러나 법질서는 일정한 행위를 '금지·명령'하는 규범만으로 구성된 것은 아니고, 일정한 사정하에서 행위를 '허용'하는 규범도 가지고 있다. 행위의 허용규범을 보통 「위법성조각사유」 또는 「정당화사유」라고 부르고,[27] 허용

27) '정당화사유'라는 용어는 행위의 위법성이 부정된다는 의미이지 그 행위가 도덕적으로 정당화된다는 의미는 아니다. 일정한 행위가 도덕적으로는 정당치 못하다고 하더라도 '법률상 부득

규범의 성립요건을 「허용구성요건」이라고 한다. 형법총칙상의 위법성조각사유로는 정당행위(제20조), 정당방위(제21조), 긴급피난(제22조), 자구행위(제23조), 피해자의 승낙에 의한 행위(제24조) 등 다섯 가지가 있다.

위법성조각사유가 존재하면 구성요건해당행위의 위법성이 배제됨으로써 범죄가 성립하지 않고 무죄판결이 내려지게 된다. 그런데 '위법성조각'이라는 용어와 관련하여 유의할 점은, 이 경우 ① 일단 위법했던 행위가 위법하지 않게 되는 것이 아니라 그 행위는 처음부터 위법하지 않은 것이고, ② 행위의 구성요건해당성은 그대로 남는다는 것이다.

2. 위법성조각사유의 일반원리

형법총칙상의 다섯 가지 위법성조각사유와 기타 개별적인 위법성조각사유(예: 제310조)를 통일적으로 설명할 수 있는 일반원리가 있겠는가, 또 있다면 그 원리는 무엇인가라는 논의에 있어서 크게 일원설과 다원설이 대립하고 있다.

(1) 일원설

일원설은 모든 개별적인 위법성조각사유에 통일적인 일반원리가 존재한다고 보는 입장인데, 목적설과 이익형량설이 있다.

(가) 목적설[28] 목적설은 "행위가 '정당한 목적을 위한 적합(상당)한 수단'일 경우에는 위법하지 않다는 이론"이다. 독일의 도나(Dohna), 리스트(Liszt), 슈미트(Eb. Schmidt) 등에 의하여 주장되었고, 특히 리스트는 실질적 위법성을 배제하는 일반원리로서 목적설을 강조하였다.

목적설에 대하여는 그 내용이 추상적이고 막연하여 위법성조각사유의 해석에 별 도움이 되지 못한다는 비판이 있다. 또한 목적설은 위법성의 실질에 관한 '행위반가치론'에 일방적으로 치우치고 결과반가치를 고려하지 않는 점에서 모든 위법성조각사유의 통일적인 원리가 되기는 어렵다고 보아야 한다.

(나) 이익형량설 이익형량설(利益衡量說) 또는 이익교량설(利益較量說)은

이 허용'—위법성의 배제—되는 수가 있다. 정당화적 긴급피난이 그 적절한 예이다. 여기에는 "법이 허용한다고 해서 모두 옳은 것은 아니다"(non omne quod licet honestum est)라는 법언이 타당하다.

28) 형법에서는 목적의 정당성에 못지 않게 '수단의 적합성(상당성)'이 강조되는 만큼, '목적설'이라는 명칭보다도 '목적·수단설'이라는 명칭이 바람직하다고 생각한다.

"정당한 이익 사이의 충돌이 있는 경우에 어느 한 쪽의 희생이 불가피하다면 경미한 이익을 희생시키고 우월한 이익을 보전하는 것이 사회 전체의 이익에 합치되며 위법하지 않다는 이론"이다. 이익과 반대이익의 사회적 조정이라는 이념에 근거를 두고, 핼쉬너(Hälschner)와 같은 헤겔학파가 주장하였다. 그리고 이익형량설이 내세운 「우월적 이익의 원칙」은 위법조각적 긴급피난에 있어서 하나의 중요한 척도가 되고 있다.

이익형량설은 「법익형량설」에서 발전된 이론인데, 형량의 대상을 '법익'보다 폭이 넓은 개념인 '이익'으로 대치한 견해이다. 여기에서 더욱 나아가 놀(Peter Noll)은 이익 또는 법익의 관점에서 포용하기 어려운 '사회적 가치'까지도 폭넓게 형량의 대상에 포함시킬 수 있도록 「가치형량설」을 주장하고 있다. 그러나 오늘날 법익형량 또는 가치형량이라는 용어보다는 이익형량이라는 용어가 더 선호되고 있다.

이익형량설은 위법성의 실질에 관한 '결과반가치론'에 일방적으로 뿌리를 두고 행위반가치를 고려하지 않는 점에서 역시 모든 위법성조각사유의 통일적인 원리가 되기는 어려울 수밖에 없다. 특히 정당방위와 정당행위의 위법성조각은 이익형량설만으로는 설명할 수 없다.

(2) 다원설

다원설은 모든 개별적인 위법성조각사유를 하나의 통일적인 원리에 의하여 설명하는 것은 불가능하므로, 복수의 원리를 각각의 위법성조각사유에 상응하여 적용하거나, 위법성조각사유를 유형별로 분류하여 그 유형에 따라 복수의 원리를 결합해서 설명하려는 이론이다.

다원설의 대표적인 것으로 메츠거(Mezger)의 이원설이 있다. 메츠거는 위법성조각사유의 일반원리를 '이익흠결의 원칙'과 '우월적 이익의 원칙'으로 양분하고, 피해자의 승낙 및 추정적 승낙은 이익흠결의 원칙에 따라 위법성이 조각되며, 공무원의 직무집행행위 · 징계행위 · 정당방위 · 긴급피난 · 의무의 충돌 등은 우월적 이익의 원칙에 따라 위법성이 조각된다고 보았다. 여기에서 「이익흠결의 원칙」이란 "구성요건에 해당하는 행위가 있더라도 보호해야 할 이익이 존재하지 않는 경우에는 위법하지 않다는 원칙"이고, 「우월적 이익의 원칙」은 "구성요건에 해당하는 행위로부터 보호해야 할 이익은 있지만, 보다 우월한 이익을 보호하기 위하여 그 이익을 희생할 수밖에 없는 경우에는 위법하지 않다는 원칙"이다.

그러나 이익흠결의 원칙과 우월적 이익의 원칙은 양자 모두가 위법성의 실질에 관한 '결과반가치론'에 일방적으로 치중한 이론인 만큼, 위법성조각의 원리로서 행위반가치를 전혀 고려하지 않는 점에서 역시 여러 위법성조각사유의 통일적인 원리가 되기는 어렵다고 하겠다.

(3) 결론: 개별설

개별적인 위법성조각사유들을 검토해 보면 서로 '이질적인 성격'이 강하여, 일원적이든 다원적이든 여러 위법성조각사유에 공통된 '일반원리'를 제시하려는 견해는 실패하고야 만다. 따라서 행위반가치론에서 도출되는 ① "목적의 정당성과 수단의 적합성의 원칙", ② "긴급성의 원칙"("긴급은 법률을 가지지 아니한다"라는 사상에서 나오는 원칙), ③ "보충성의 원칙"(긴급한 사태하에서 그 행위가 유일한 수단이라는 원칙) 및 결과반가치론에서 도출되는 ④ "이익형량의 원칙", ⑤ "이익흠결의 원칙", ⑥ "우월적 이익의 원칙" 등 그 모두를 그 나름대로의 의미가 있는 것으로 수용하되, 개개의 위법성조각사유의 특성에 상응하여 그 중 하나를 중시하거나 또는 여럿을 결합하여 일정한 위법성조각사유의 개별적 판단원리로 삼는 「개별설」이 타당하다고 본다.[29]

Ⅵ. 주관적 정당화요소

1. 의 의

구성요건에 해당하는 행위의 위법성이 조각(정당화)되기 위해서는 위법성조각사유의 객관적 요건이 갖추어진 것만으로는 부족하고, 주관적 정당화요소도 구비하여야 한다.[30] 「주관적 정당화요소」(subjektive Rechtfertigungselemente) 또는 '주관적 위법성조각요소'는 위법성조각사유의 '주관적' 요건으로서, 행위자가 위법성이 조각되는 행위(정당화행위)를 함에 있어서 위법성조각사유(정당

29) 이와 비슷한 결론으로는 김성돈, 250면; 김/서, 275면; 안동준, 100면; 손동권, 165면; 이재상, 217면; 이상돈, 269면; 오영근, 289면; 이형국, 136면; 정/박, 204면.

30) 권오걸, 185면; 김성돈, 253면; 김성천, 176면; 김/김, 283면; 김/서, 277면; 김재봉, "정당방위와 방위의사의 내용", 형사법연구, 제9호, 1996. 12, 115면 이하; 박상기, 150면; 배종대, 294면; 성낙현, 216면; 손해목, 405면; 손동권, 167면; 신동운, 264면; 안동준, 101면; 오영근, 293면; 이상돈, 270면; 이재상, 218면; 정/박, 207면; 정영일, 205면; 진/이, 307면.

화사유)의 객관적 요건에 해당하는 사실(정당화사정)을 '인식'하고 정당화사유에 해당하는 행위를 할 '의사'를 내용으로 한다. 예컨대 정당방위라는 정당화행위가 성립하기 위해서는 정당방위의 객관적 요건에 해당하는 사실이 존재한다는 것만으로는 부족하고, 행위자가 정당방위상황을 인식하고 또 방위의사를 가지고 행위해야 한다는 것이다.

이러한 통설적 견해에 대하여, 정당화요건으로서 반드시 주관적 정당화요소가 필요한가라는 반문(反問)이 가능한데, 그 대답은 「위법성의 실질」(불법의 내용)에 관한 결과반가치론 및 행위반가치론과 밀접불가분하게 맞물려 있다.

2. 주관적 정당화요소의 필요 여부

위법성의 실질을 법익침해(위험성)에 있다고 보는 '결과반가치 일원론'에 의하면, 주관적 정당화요소가 없더라도 정당화사유의 객관적 요건이 갖추어지는 것만으로 결과반가치가 탈락하므로 위법성을 부정하게 된다. 이는 정당화요건으로서 주관적 정당화요소가 불필요하다는 결론에 이르게 된다(불필요설).[31]

이와 반대로 위법성의 실질을 행위반가치에 있다고 보는 '인적 불법론'에 의하면, 행위반가치는 의사의 방향에 의하여 좌우되므로 '행위자의 의사가 정당화사유를 지향하고 있는 경우'에 구성요건해당행위가 야기한 행위반가치를 탈락시킴으로써 위법성을 부정하게 된다. 따라서 정당화행위를 하기 위한 의사인 주관적 정당화요소를 정당화에 필요한 요건으로 보게 된다(필요설).

오늘날의 통설은 위법성의 실질에 있어서 결과반가치와 행위반가치의 양자를 '동등한 구성요소'로 파악하고 있기 때문에(二元說), 위법성의 실질이 완전히 부정되기 위하여는 결과반가치의 탈락만으로는 부족하고 행위반가치까지도 탈락하여야 한다. 행위반가치의 탈락은 주관적 구성요건요소(예: 정당방위행위에서의 구성요건적 고의)를 주관적 정당화요소(방위의사)가 상쇄함을 의미한다. 이러한 관점에서 주관적 정당화요소는 주관적 구성요건요소의 대응물(Gegenstück)로서 정당화의 필요요건이 된다.[32] 대법원도 필요설의 입장에 서 있다.[33]

---

31) 차용석, 596면.

32) 그 밖에 형법 제21-23조에서 정당방위를 "방위하기 위한 행위", 긴급피난과 자구행위를 "피하기 위한 행위"라고 규정하고 있는데, 이 "위한 행위"는 "위하여 한다는 의사"를 가지고 하는 행위라고 풀이하는 것이 문언상 당연한 해석(文言解釋)이라고 본다(同旨, 배종대, 295면).

이상 설명한 바는 다음과 같은 구조로 요약된다.

	결과반가치	행위반가치
구성요건해당행위	법익침해(위험성) →결과반가치의 야기	주관적 구성요건요소 →행위반가치의 야기
정당화행위	정당화사유의 객관적 요건 →결과반가치의 탈락	주관적 정당화요소 →행위반가치의 탈락

3. 주관적 정당화요소의 본질과 내용

(1) 인식적 요소와 의사적 요소

주관적 정당화요소가 정당화사정에 대한 '인식'(예: 정당방위상황의 인식)을 본질적 내용으로 한다는 점에서는 이론이 없다. 문제는 인식적 요소 이외에 '의사적' 요소(예: 방위의사)도 포함시킬 것인가 하는 점이다.

주관적 정당화요소를 주관적 구성요건요소의 대응물로 파악한다면, 고의범의 경우에 구성요건적 고의의 본질에 있어서 인식적 요소 이외에 의사적 요소가 필요하다고 보는 통설·판례에 대응하여, 주관적 정당화요소의 본질에 있어서도 인식적 요소 이외에 의사적 요소(正當化意思: 정당화행위를 할 의사)가 필요하다고 보는 것이 타당하다(의사설).[34] 우리 대법원도 정당화에 의사적 요소를 요구하는 입장에 서 있는 것으로 이해된다.[35]

만일 주관적 정당화요소의 본질을 인식적 요소만으로 파악하는 입장(인식설)에 서게 되면, 법감정상으로도 납득하기 어려운 결론에 이르게 된다. 예컨

33) "정당방위·과잉방위나 긴급피난·과잉피난이 성립하기 위하여는 방위의사 또는 피난의사가 있어야 한다"(**대판 1997. 4. 17, 96 도 3376**-전원합의체. 同旨, 대판 1993. 8. 24, 92 도 1329; 1986. 9. 23, 86 도 1547; 1981. 8. 25, 80 도 800; 1980. 5. 20, 80 도 306-전원합의체 등).

34) ① 이러한 견해로는 김성돈, 254면; 김/서, 280면; 배종대, 296면; 손동권, 167면; 신동운, 264면; 오영근, 294면; 정/박, 208면; 진/이, 307면. ② 의사적 요소의 필요 여부를 정당화사유에 따라 개별적으로 결정짓는 것이 타당하다는 견해(개별설)로는 손해목, 406면; 이재상, 219면. 개별설은 정당화사유를 유형별로 보아, ㉠ 정당방위·긴급피난·자구행위에서는 인식적 요소 이외에 의사적 요소(정당화목적)까지 필요하다고 하고, ㉡ 피해자의 승낙에 의한 행위에서는 인식적 요소만으로 충분하며, ㉢ 추정적 승낙에 의한 행위에서는 성실한 검토의무가 필요하다고 한다. ③ 인식적 요소로 충분하다는 견해로는 김성천, 177면; 박상기, 150면; 성낙현, 217-9면; 이형국, 131면; 정영일, 205면. ④ 김재봉, 앞의 글, 126면은 의사적 요소의 대안으로 '인용적' 요소를 내세우고 있는데, 고의의 본질에 관한 인용설에 상응하는 정도를 주장하려는 것으로 판단된다.

35) 특히 피난의사가 없음을 이유로 해서 긴급피난의 성립을 부정한 **대판 1980. 5. 20, 80 도 306(전원합의체)**에서 이 입장이 명백히 드러나고 있다. 同旨, 대판 1997. 4. 17, 96 도 3376-전원합의체.

대 타인을 위한 정당방위(긴급구조)에 있어서 甲과 원수지간인 乙이 때마침 丙을 살해하고자 하는 장면을 목격한 甲은 丙을 구할 의사(긴급구조의사)는 없이 순전히 복수의 일념으로 乙을 살해한 경우에도, 인식설에 의하면 甲에게 방위상황의 인식은 있으므로 정당방위가 성립한다는 부당한 결론을 내리게 될 것이다.

그리고 정당화행위를 함에 있어서 정당화의사 이외에 다른 동기가 병존하는 "복합적 동기"의 경우에 그 동기가 '부차적 · 종속적' 의미를 갖는 데 불과하다면, 주관적 정당화요소가 존재하는 것으로 봄이 타당하다. 예컨대 정당방위에서 방위의사 이외에 분노, 증오, 복수심, 응징욕구와 같은 동기가 개재되어도 전체적으로 방위의사가 존재하는 것으로 평가된다.

(2) 성실한 검토의무

주관적 정당화요소에 관한 이제까지 언급은 정당화사유에 있어서의 일반론인데, 「성실한 검토」(gewissenhafte Prüfung) 또는 「의무합치적 심사」(pflicht-gemäße Prüfung)라고 하는 '특별한' 주관적 정당화요소를 추가적으로 필요로 하는 정당화사유들이 있다.[36] 여기에서 '성실한 검토'라 함은 정당화사유의 객관적 요건에 해당하는 사실의 존재 여부를 성실히 검토 내지 심사함을 의미한다.

원래 정당화사유란 행위자가 정당화사정의 존재 여부를 성실히 검토하지 않았다고 하더라도 객관적으로 정당화사정이 존재하고 행위자가 정당화의사를 가지고 행위한 이상 전적으로 정당화효과를 발생시킨다. 그러므로 「성실한 검토의무」가 논의되는 계기는, 정당화사정이 객관적으로 존재하지 않는 데에도 불구하고 행위자가 주관적으로 존재한다고 오신하고 정당화행위를 한 경우에 이 착오를 어떻게 평가하는 것이 타당한가라는 문제에 있다. 예컨대 경찰관이 피의자 甲에 대한 구속영장을 집행하고자 甲의 거소로 찾아갔는데 마침 그 거소에 있던 乙을 甲으로 오신하고 반항하는 乙에게 강제력을 행사하여 구속한 경우에 경찰관에게 적법한 직무집행의 의사는 있지만 정당화사정의 인식에 있어서 착오가 발생한 점을 어떻게 평가할 것인가 하는 문제이다.

이 문제를 해결하기 위하여 '허용된 위험'의 법리로부터 도출해 낸 주관적 정당화요소가 바로 성실한 검토이다. 허용된 위험에 있어서 행위자가 수반되는 위험을 가능한 한 최소한도로 줄이기 위하여 사태에 대한 '검토의무'를 성

36) 우리나라에서 이를 인정하는 학자로는 이재상, 219면. 반대설로는 김/서, 279면.

실히 이행하였다면 행위반가치가 탈락한다고 보아 법익침해가 현실화된다고 하더라도 그 행위의 위법성이 부정됨에 반하여, 검토의무를 위반하면 고의범으로서의 행위반가치가 긍정되어 위법한 행위로 평가된다.

정당화행위를 함에 있어서 행위 당시의 정당화사정이 불확실한 경우에 행위자가 정당화의사를 가지고 만약에 있을지도 모를 위험을 최소한으로 줄이기 위하여 모든 배려를 다하였다면, 즉 정당화사정에 대한 성실한 검토의무를 다하였다면, 정당화사유의 객관적 요건이 존재하지 않아서 법익침해가 잔존(殘存)한다고 하더라도 정당화되어야 할 것이다. 반대로 이러한 사태에서 행위자가 성실한 검토의무를 다하지 않았다면, 착오에 기한 그 행위는 위법한 것으로 평가될 것이다. 성실한 검토가 주관적 정당화요소로서 요구되는 정당화사유는 허용된 위험의 법리가 적용되는 정당화사유에 국한된다. 이에 속하는 것으로는 정당행위 중 공무원의 직무집행행위, 정당화적 긴급피난, 추정적 승낙, 명예훼손죄에서의 사실의 증명(제310조) 등이 있다. 이에 따라 전례(前例)에서 경찰관이 직무집행 당시에 성실한 검토의무를 다하였음에도 불구하고 착오를 일으켰다면 후에 무고한 乙을 구속한 것으로 밝혀졌다고 하더라도 그의 행위는 정당화된다.

4. 주관적 정당화요소를 결여한 경우의 효과

주관적 정당화요소를 결한 경우, 즉 "정당화사유의 객관적 요건이 갖추어져 있음에도 불구하고 행위자는 이를 인식하지 못하고 구성요건해당행위를 한 경우"에 행위자를 어떻게 처벌하는 것이 타당한가가 문제된다. 예컨대 甲의 오랜 원수 乙이 때마침 丙을 살해하려는 순간임을 모르는 채로 甲은 복수의 일념으로 乙을 살해한 경우(우연방위)이다. 여기에서 정당화사유의 객관적 요건은 존재하지만, 주관적 정당화요소는 결여되어 있다.

한편 정당화사유의 객관적 요건이 존재하지 않음에도 불구하고 행위자는 이것이 존재한다고 오신하고 정당화행위를 한 경우(예: 오상방위)는 이른바 "정당화사유의 전제사실에 관한 착오"로서 본 문제와는 '반전'(反轉)된 방향에서의 착오라고 할 수 있다.

(1) 결과반가치론의 입장

주관적 정당화요소가 결여된 경우에도 정당화사유의 객관적 요건은 존재하므로 결과반가치가 탈락하게 되고, 따라서 "위법하지 않다"라고 하는 것이 결과반가치론의 결론이다.

(2) 행위반가치론의 입장

결과반가치가 탈락하더라도 주관적 정당화요소가 결여되면 행위반가치(행위불법)는 여전히 남게 되므로 그 행위는 "위법하다"라고 보는 것이 행위반가치론의 결론이다. 행위반가치론의 입장에서도 그 처벌에 있어서 기수범이 타당한가 또는 미수범이 타당한가라는 학설의 대립이 있다.

(가) 기수범설　위법성의 실질에 관한 행위반가치 일원론자, 그리고 결과반가치와 행위반가치의 이원론자라 하더라도 그 논리를 철저히 관철하고자 하는 경우에는 기수범으로서의 처벌을 주장한다.[37] 논거로서는 ① 정당화사정이 존재한다고 하더라도 구성요건적 결과가 발생한 이상 결과반가치를 부정할 수는 없다는 것과 ② 미수범으로 처벌한다면 각칙상 미수범처벌규정이 없는 경우(예: 우리 형법상 낙태미수는 불벌)에 처벌의 부당한 흠결이 생긴다는 것, 그리고 ③ 미수범설에 의하면 우연방위가 미수에 그친 경우에 미수범의 미수에 해당하게 되어 해결할 수 없는 결과를 초래한다는 것 등이다.

그러나 ① 주관적 구성요건요소에 대하여 주관적 정당화요소가 행위반가치를 상쇄한다는 점을 인정하면서 구성요건적 결과에 대해서만큼은 정당화사정의 존재가 결과반가치를 상쇄할 수 없다는 주장은 논리적 일관성이 없는 태도라고 해야 하며, ② 미수범처벌규정이 없는 경우에 처벌의 부당한 흠결이 생긴다는 점은, 불법의 정도로 보아 미수범처벌규정을 두지 않을 만한 범죄는 그 만큼 형법의 자제(自制)가 있는 것으로 이해해서 처벌의 부당한 공백은 아니라고 해야 하고, ③ 우연방위가 미수에 그쳐서 미수범의 미수가 되는 경우에 그만큼 결과반가치(법익침해위험성)가 약화되므로 불벌(不罰)로 봄이 타당하다.[38]

(나) 불능미수범설　우리나라의 다수설은, 주관적 정당화요소가 결여된 경우에 행위반가치는 여전히 인정되지만 정당화사정의 존재로 결과반가치가 탈락하는 측면을 고려하여 미수범성립을 긍정하되, 그 '구조'가 불능미수와 유사하다고 보아 제27조를 유추적용하여 처벌할 것을 주장하고 있다.[39] 주관적

37) 김성천, 178면; 배종대, 298면; 이재상, 220면.

38) ③의 논리는 예비에 대한 방조는 불벌이라는 것과 유사하다.

39) 김성돈, 256면; 김/서, 282면; 박상기, 152면; 성낙현, 223면; 손동권, 168면; 안동준, 104

정당화요소가 결여된 경우에도 '구성요건적' 결과가 실현된 것은 사실이지만 정당화사정의 존재로 말미암아 구성요건적 결과는 법질서에 의하여 부득이 용인되는 것이고, 따라서 불법내용으로서의 결과반가치(결과불법)가 탈락하는 것으로 봄이 타당하다는 점에서 미수범설이 보다 더 설득력이 있다. 미수범에 있어서는 법익침해가 현실화되지는 않고 법익침해의 위험성만이 결과반가치를 뒷받침(결과반가치의 현저한 약화)하고 행위반가치는 기수범과 동일하다는 본질을 갖고 있음에 비추어 보면, 객관적 정당화사정은 존재하지만 주관적 정당화요소를 결한 경우와 그 구조가 유사하며, 특히 정당화사정을 인식하지 못한 점은 불능미수에 있어서 수단 또는 대상의 착오가 있은 것에 준하는 것으로 평가할 수 있다. 따라서 주관적 정당화요소를 결한 경우에 불능미수의 규정을 유추적용함이 타당하다고 본다.

5. 과실범에 있어서의 주관적 정당화요소

과실범에 있어서도 고의범과 마찬가지로 주관적 정당화요소가 구비되어야만 정당화된다. 즉 과실행위에 있어서도 주의의무위반이라는 행위반가치가 있는 이상, 과실행위가 정당화되기 위해서는 과실이라는 행위반가치를 상쇄하는 주관적 정당화요소가 필요하다고 하여야 한다(필요설).[40]

예컨대 자신을 살해하려고 공격해 오는 乙을 격퇴하고자 甲이 단순히 경고사격을 하였는데 총알이 빗나가 乙을 치사케 한 경우에는 주관적 정당화요소(방위의사)를 갖추었으므로 과실범에 있어서의 정당방위가 성립하고, 乙이 甲을 살해하려는 순간임을 모르는 채로 甲은 자신의 엽총을 만지작거리다가 오발로 乙을 치사케 한 경우에는 주관적 정당화요소를 결하고 있으므로 정당화되지 않고 위법한 행위로 평가된다.[41]

면; 오영근, 296면; 이상돈, 272면; 이형국, 131면; 정/박, 209면; 진/이, 308면.

40) 필요설은 김성돈, 481면; 김/서, 461면. 다수설은 불요설의 입장에 서 있다. 불요설의 지지자는 박상기, 288면; 배종대, 685면; 성낙현, 432면; 손동권, 339면; 신양균, "주관적 정당화 요소에 대한 검토", 성시탁화갑기념논문집, 1993, 239면; 안동준, 280면; 이상돈, 171면; 이재상, 198면; 정/박, 428면. 과실범에서 정당화사정은 존재하지만 정당화의사가 결여된 경우의 죄책에 관하여, 불요설은 처음부터 정당화행위로서 무죄가 된다고 하고, 필요설은 위법한 행위로서 과실범의 불능미수로 처벌된다고 보는데 과실의 미수는 형법상 불벌이므로 결국 무죄가 되어 결론은 불요설과 같아진다.

41) 후자의 경우에 甲의 행위는 과실치사죄가 되는데, 다른 한편으로 정당화사유의 객관적 요건이 존재하기 때문에 결과반가치가 탈락하여 과실치사죄의 불능미수범으로 처벌될 것이지만,

제 2 절 정당행위

Ⅰ. 의 의

형법 제20조는 '정당행위'란 표제하에 "법령에 의한 행위 또는 업무로 인한 행위 기타 사회상규에 위배되지 아니하는 행위는 벌하지 아니한다"라고 규정하고 있다. 이 규정에서 "벌하지 아니한다"라는 표현은 '위법성이 조각'되어 벌하지 아니하는 것으로 해석된다(위법성조각사유).

정당행위에는 "기타 사회상규에 위배되지 아니하는 행위"를 벌하지 아니한다라고 하는 '일반조항'을 둠으로써 다른 위법성조각사유와는 달리 '포괄적' 성격을 갖고 있으며, 형법에 이러한 조항을 두고 있지 아니한 국가(예: 독일, 일본 등)에서는[42] '초법규적' 위법성조각사유로 논의될 내용을 '실정적 · 법규적' 위법성조각사유로 인정한 점에서 큰 의의가 있다.

'사회상규에 위배되지 아니하는 행위'는 「일반적 · 포괄적 위법성조각사유」로서 모든 위법성조각사유의 「근본원리」이자 「원천」을 이루고 있다.[43] 따라서 개별적 위법성조각사유(제21-24조 등)는 이 포괄적 위법성조각사유를 '유형화'한 것에 해당하고 그 원천으로부터 '파생'된 성격을 지니고 있으며, 또한 제20조에 있어서 '법령에 의한 행위'와 '업무로 인한 행위'도 '사회상규에 위배되지 아니하는 행위'의 "예시"(例示)에 불과하다. 그리고 개별적 위법성조각사유가 성립하지 않는다고 하더라도 최종적으로는 이 '사회상규에 위배되지 아니하는 행위'라는 일반

과실치사죄의 미수범처벌규정은 없으므로 결국 무죄가 된다. 이 때 불요설에 의하면 甲의 행위는 처음부터 정당화된다.

42) 예컨대 우리 형법 제20조에 비견되는 일본형법 제35조는 "법령 또는 정당한 업무로 인하여 행한 행위는 이를 벌하지 아니한다"라고 규정할 뿐이다.

43) 형법 제20조의 '사회상규에 위배되지 아니하는 행위'의 '체계적 지위'에 관하여는 ① 저자와 같이 개별적 위법성조각사유와 그 외의 경우를 모두 포괄하는 일반적 · 근본적 위법성조각사유라는 견해(권오걸, 265면; 손해목, 형사법강좌 Ⅰ, 312면; 안동준, 134면; 오영근, 297면; 이재상, 276면; 이형국, 138면; 정/박, 210면)와 ② 다른 개별적 위법성조각사유를 제외한 경우만을 포괄하는 위법성조각사유라는 견해(김영환, "형법 제20조 정당행위에 대한 비판적 고찰", 고시계, 1991. 5, 71면; 김성천, 180면; 김/서, 335면; 박상기, 153면; 배종대, 306면; 성낙현, 302면; 신동운, 331면; 이상돈, 375-6면; 정영일, 260면)가 대립하고 있다.

조항에 의하여 위법성이 조각될 여지가 있는지를 항상 검토해야 한다.

이러한 관점에서 현행형법상 '위법성의 실질'은 "사회상규에의 위배"로 표현되어 있다고 말할 수 있으며, 사회상규위배 여부의 판단은 결국 위법성의 실질을 구성하는 행위반가치와 결과반가치의 관점에서 내려지게 될 것이다.

Ⅱ. 법령에 의한 행위

'법령에 의한 행위'란 법령에 근거를 두고 행해지는 일체의 행위를 지칭하며, 공무원의 직무집행행위를 비롯하여 법령에 의하여 권리 또는 의무로서 행해지는 행위를 모두 포함하는 넓은 개념이다.

법령에 의한 행위는 타인의 법익을 침해하는 구성요건해당행위라 하더라도 위법성이 조각된다. 그러나 법령에 의한 행위도 위법성이 조각되는 원천을 사회상규에 두고 있으므로 권리남용의 경우처럼 실질적으로 사회상규에 위배되는 행위로 평가된다면 위법성이 조각될 수 없다. 다음에는 법령에 의한 행위에 속하는 중요한 예들을 열거해 보기로 한다.

1. 공무원의 직무집행행위

공무원의 직무집행행위에는 직접 법령에 근거를 두고 행해지는 직무집행과 권한있는 상관의 명령에 의하여 행해지는 직무집행이 있다. 공무원의 직무집행행위의 위법성이 조각되려면, 그 행위가 ① 공무원의 직무범위 내에 속하고, ② 직무집행의 근거인 법령에 규정된 요건을 갖추어야 하며, ③ 정규의 절차에 따라야 한다. 이러한 제한을 벗어난 직무집행행위는 위법성이 조각되지 않으며 오히려 직권남용이 될 수 있다.

상관의 명령에 의해 행해지는 직무집행행위가 위법하지 않으려면, 그 명령이 직무상 발해지고 적법할 것을 요건으로 한다. 상관의 위법한 명령에는 복종할 의무가 없으며, 비록 상관의 명령에 절대적 구속력이 있다고 하더라도 위법한 명령에 따른 부하의 행위는 여전히 위법하며 다만 책임이 조각될 수 있을 뿐이다.

공무원의 직무집행행위의 예로서는 형사소송법·경찰관직무집행법에 의한 경찰관(수사기관)의 강제처분,[44] 민사집행법에 의한 집행관의 강제집행, 형사소송법·형의 집행 및 수용자의 처우에 관한 법률에 의한 교도관의 사형집행, 국세징수법에 의한 세무공무원의 압류처분 등이 있다.

2. 징계행위

법령에 의한 징계행위로는 학교장이 교육상 필요할 때에 행할 수 있는 학생에 대한 징계(초·중등교육 법 제18조 제1항, 초·중등교육법시행령 제31조 제8항),[45] 소년원장이 수용된 소년의 규율위반 시에 행할 수 있는 징계(보호소년 등의 처우에 관한 법률 제15조) 등이 있다.

징계수단으로는 훈계, 외출금지, 급식중단 등이 있으나 가장 문제가 되는 것은 폭력을 사용하는 '육체적 징계', 이른바 '체벌'을 친권자 또는 교사에게 허용할 수 있느냐 하는 점이다. 육체적 징계행위는 다음과 같은 엄격한 요건을 갖춘 경우에 허용될 수 있다고 본다.[46] 즉 ① 주관적 요건으로서 교육의 목적, 훈육의 목적으로 행해질 것, ② 객관적 요건으로서 (ㄱ) 다른 징계수단으로는 그 목적을 달성할 수 없을 것, (ㄴ) 필요한 한도 내에서 행해질 것, (ㄷ) 징계대상자의 비행(非行)의 정도, 연령, 성별, 건강, 체력 등에 상응하는 징계일 것이 필요하다.[47]

체벌은 근본적으로 우리나라의 '사회상규'에 귀착하는 문제라 하겠고, 특히

---

44) 직무상 범인을 체포하기 위한 '경찰관의 무기사용'은 경찰관직무집행법 제10조의 4와 제1조 제2항의 요건에 따라야 한다.

45) 초·중등교육법 제18조 [학생의 징계] 제1항 "학교의 장은 교육을 위하여 필요한 경우에는 법령과 학칙이 정하는 바에 따라 학생을 징계할 수 있다. 다만, 의무교육을 받고 있는 학생은 퇴학시킬 수 없다."

초·중등교육법시행령 제31조 [학생의 징계 등] 제8항 "학교의 장은 법 제18조 제1항 본문에 따라 지도를 할 때에는 학칙으로 정하는 바에 따라 훈육·훈계 등의 방법으로 하되, 도구, 신체 등을 이용하여 학생의 신체에 고통을 가하는 방법을 사용해서는 아니된다."

46) 교사의 체벌이 허용될 수 없다는 반대설로는 김/서, 340면; 배종대, 310면; 성낙현, 308면; 이재상, 279-80면.

47) "그 규정들(초·중등교육법 제18조 제1항 및 제20조 제3항, 동법 구 시행령 제31조 제1항 및 제31조 제7항—저자 註)에 따르건대, 교사는 학교장의 위임을 받아 교육상 필요하다고 인정할 때에는 징계를 할 수 있고, 징계를 하지 않는 경우에는 그 밖의 방법으로 지도를 할 수 있는데, 그 지도에 있어서는 교육상 불가피한 경우에만 신체적 고통을 가하는 방법인 이른바 체벌로 할 수 있고 그 외의 경우에는 훈육, 훈계의 방법만이 허용되어 있는 것이다. 그러하니, 교사가 학생을 징계 아닌 방법으로 지도하는 경우에도 징계하는 경우와 마찬가지로 교육상의 필요가 있어야 될 뿐만 아니라 특히 학생에게 신체적, 정신적 고통을 가하는 체벌, 비하(卑下)하는 말 등의 언행은 교육상 불가피한 때에만 허용되는 것이어서, 학생에 대한 폭행, 욕설에 해당되는 지도행위는 학생의 잘못된 언행을 교정하려는 목적에서 나온 것이었으며, 다른 교육적 수단으로는 교정이 불가능하였던 경우로서 그의 방법과 정도에서 사회통념상 용인될 수 있을 만한 객관적 타당성을 갖추었던 경우에만, 법령에 의한 정당행위로 볼 수 있을 것이다"(**대판** 2004. 6. 10, 2001 **도** 5380).

교사의 체벌은 한 국가의 교육풍토에 달려 있는 문제이겠지만, 체벌에는 감정이 개입하기 쉽고 아동의 폭력성을 유발하는 인자가 내포되어 있다는 점을 염두에 두어야 한다.

대법원은 '교사'의 체벌에 대하여 '폭행'에 그친 정도인 경우에는 허용하고,[48] '상해'의 정도에 이른 경우에는 위법한 것으로 판단하고 있다.[49] 헌법재판소도 대법원의 입장을 지지하고 있다.[50]

---

48) "중학교 교장직무대리자가 훈계의 목적으로 교칙위반학생에게 뺨을 몇 차례 때린 정도는 감호교육상의 견지에서 볼 때 징계의 방법으로서 사회관념상 비난의 대상이 될 만큼 사회상규를 벗어난 것으로는 볼 수 없어 처벌의 대상이 되지 아니한다"(**대판** 1976. 4. 27, 75 **도** 115).

49) "교사가 국민학교 5학년생을 징계하기 위하여 양손으로 교탁을 잡게 하고 길이 50cm, 직경 3cm 가량 되는 나무 지휘봉으로 엉덩이를 두번 때리고, 학생이 아파서 무릎을 굽히며 허리를 옆으로 틀자 다시 허리 부분을 때려 6주간의 치료를 받아야 할 상해를 입힌 경우 위 징계행위는 그 방법 및 정도가 교사의 징계권행사의 허용한도를 넘어선 것으로서 정당한 행위로 볼 수 없다" (**대판** 1990. 10. 30, 90 **도** 1456). "피고인이 교육자로서 대나무 막대기로 나이 어린 피교육자인 피해자의 전신을 수회 구타하여 상해까지 입힌 경우라면 그 제재의 범위를 넘어선 행위가 되어 정당한 징계행위로 볼 수 없다"(**대판** 1978. 3. 14, 78 **도** 203).

50) "초·중등교육법 제20조 제3항, 제18조 제1항, 동법 구 시행령 제31조 제7항 등의 규정들의 취지에 의하면 비록 체벌이 교육적으로 효과가 있는지에 관하여는 별론으로 하더라도 교사가 학교장이 정하는 학칙에 따라 불가피한 경우 체벌을 가하는 것이 금지되어 있지는 않다고 보여진다. 그러나 어떤 경우에 어떤 방법으로 체벌을 가할 수 있는지에 관한 기준은 명확하지 않지만, 대법원은 징계행위는 그 방법 및 정도가 교사의 징계권행사의 허용한도를 넘어선 것이라면 정당한 행위로 볼 수 없다라고 판시(대법원 1990. 10. 30, 90 도 1456 판결)함으로써 그 기준을 일응 제시하고 있다. 따라서 피청구인으로서는 체벌의 수단과 그 정도 및 피해자의 피해 정도를 면밀하게 수사하여 만약 청구인들의 행위가 체벌로서 허용되는 범위 내의 것이라면 형법 제20조 소정의 정당행위에 해당하므로 '죄가 안됨' 처분을 하였어야 함"(**헌재** 2000. 1. 27, 99 **헌마** 481). 헌법재판소가 체벌의 정당행위 해당여부에 관하여 구체적으로 제시하고 있는 판단기준을 소개한다. "… 학교체벌이 사회적 상당성을 충족할 수 있는 범위는 매우 좁다고 해야 할 것인데, 좀 더 구체적으로 현행 교육관련 법령 아래서 사회통념상 체벌의 객관적 타당성 여부를 판단하는 기준을 정리해 보면 다음과 같다. 첫째 체벌은 '교육상 불가피한 경우'에만 행해져야 한다. '교육상 불가피한 경우'란 훈육이나 훈계 등 다른 교육적 수단으로는 교정이 불가능하여 체벌을 할 수 밖에 없는 경우를 말한다. 교사의 성격에서 비롯되거나 감정을 내세워 행해지는 폭력행위는 교육상 필요한 목적을 위한 것이라고 하기 어렵고, 다른 대체수단으로 지도할 수 있음에도 체벌을 하는 경우에는 체벌의 불가피성을 충족하기 어렵다. 둘째 체벌의 절차를 준수해야 한다. 체벌 전에 학생에게 체벌의 목적을 알리고 훈계하여 변명과 반성의 기회를 주고, 신체의 이상 유무를 살핀 후 시행해야 한다. 만약 학칙에서 정한 체벌절차가 따로 있는 경우에는 특별한 사정이 없는 한 그에 따라야 한다. 셋째 방법이 적정해야 한다. 체벌은 부득이한 사정이 없는 한 정해진 체벌도구를 사용해야 하고 위험한 도구나 교사의 신체를 이용하여서는 아니된다. 체벌의 장소는 가능한 한 비공개 장소에서 개별적으로 행해야 한다. 체벌 부위는 상해가 발생할 위험이 적은 둔부 등이어야 한다. 넷째 그 정도가 지나치지 않아야 한다. 학생의 성별·연령·개인적인 사정에 따라 수인할 수 있는 정도이어야 하고, 특히 견디기 어려운 모욕감을 주어서는 아니된다"(**헌재** 2006. 7. 27, 2005 **헌마** 1189).

3. 사인(私人)의 현행범인체포행위

형사소송법 제212조는 "현행범인은 누구든지 영장없이 체포할 수 있다"라고 규정하고 있다. 따라서 사인(私人)이 현행범인을 체포하는 행위는 법령에 의한 행위로서 위법성이 조각된다. 이 때 허용되는 행위는 현행범을 체포하기 위하여 직접 필요한 행위에 국한된다. 즉 저항하는 범인을 체포하기 위한 폭력의 사용 또는 협박행위, 경찰관에게 인도하기까지의 체포·감금행위 등이다.

대법원은 사인의 현행범인체포행위가 위법성을 조각하기 위한 요건으로서, ① 행위의 가벌성, ② 범죄의 현행성·시간적 접착성, ③ 범인·범죄의 명백성, ④ 체포의 필요성, 즉 도망 또는 증거인멸의 염려가 있을 것을 들고 있다.[51)]

사인(私人)이 현행범을 체포하기 위하여 타인의 주거에 침입하는 행위는 그 한계를 벗어난 행위로서 위법하다고 본다.[52)] 그러나 현행범 체포를 위한 사인의 주거침입행위가 위법하지 않고, 형법 제20조에 의하여 허용될 수 있다는 견해도 있다.[53)]

4. 노동쟁의행위

헌법 제33조 제1항에 의하여 보장되고 '노동조합 및 노동관계조정법'에 의하여 행해지는 노동쟁의행위는 형법상 업무방해죄(제314조 제1항)의 구성요건에 해당하더라도 위법하지 않다. 노동쟁의행위는 그 '목적'이 근로조건의 유지·개선과 근로자의 경제적·사회적 지위의 향상에 있어야 하며(노동조합 및 노동관계조정법 제4조 본문), 파업·태업·직장폐쇄 등 '노동조합 및 노동관계조정법'에 규정된 '수단'만이 허용(제2조 제6호)되고, 폭력이나 파괴행위는 금지된다(제4조 단서).

대법원은 노동쟁의행위가 형법상 정당행위가 되기 위한 요건으로서, ① 주체가 단체교섭의 주체로 될 수 있는 자일 것, ② 목적이 근로조건의 향상을 위한 노사간의 자치적 교섭을 조성하는 데 있을 것, ③ 절차에 있어서 사용자가 근로자의 근로조건개선에 관한 구체적인 요구에 대하여 단체교섭을 거부

---

51) **대판** 2011. 5. 26, 2011 **도** 3682; 1999. 1. 26, 98 **도** 3029.

52) "판결요지: 현행범을 추적하여 그 범인의 父의 집에 들어가서 동인과 시비 끝에 상해를 입힌 경우에 주거침입죄가 성립한다"(**대판** 1965. 12. 21, 65 **도** 899).

53) 백형구, 형사소송법강의, 제8정판, 박영사, 2001, 244면; 신양균, 신판 형사소송법, 화산미디어, 2009, 170면.

하였을 때 노동쟁의를 개시하되 특별한 사정이 없는 한 조합원의 찬성결정 및 노동쟁의발생신고 등 법령이 규정한 절차(특히 노동조합 및 노동관계조정법 제41조 제1항이 규정한 절차)를 거칠 것, ④ 수단과 방법이 사용자의 재산권과 조화를 이루어야 하고 폭력의 행사에 해당되지 않을 것 등을 제시하고 있다.[54][55]

5. 인공임신중절수술

모자보건법 제14조는 본인 또는 배우자에게 우생학적 또는 유전학적 사유가 있는 경우, 강간·준강간으로 임신된 경우, 법률상 혼인할 수 없는 혈족 또는 인척간에 임신된 경우, 임신의 지속이 보건의학적 이유로 모체의 건강을 심히 해하는 경우 등에 있어서 의사는 본인과 배우자의 동의를 얻어 인공임신중

---

54) 다음의 대법원판결(전원합의체)은 노동조합 및 노동관계조정법 제41조 제1항이 규정한 투표절차에 대한 해석을 놓고, 종전의 판례(대판 2000. 5. 26, 99 도 4836)를 변경한 것이다. "판결요지: [다수의견] 근로자의 쟁의행위가 형법상 정당행위가 되기 위하여는, 첫째 그 주체가 단체교섭의 주체로 될 수 있는 자이어야 하고, 둘째 그 목적이 근로조건의 향상을 위한 노사간의 자치적 교섭을 조성하는 데에 있어야 하며, 셋째 사용자가 근로자의 근로조건개선에 관한 구체적인 요구에 대하여 단체교섭을 거부하였을 때 개시하되 특별한 사정이 없는 한 조합원의 찬성결정 등 법령이 규정한 절차를 거쳐야 하고, 넷째 그 수단과 방법이 사용자의 재산권과 조화를 이루어야 함은 물론 폭력의 행사에 해당되지 아니하여야 한다는 여러 조건을 모두 구비하여야 하는바, 특히 그 절차에 관하여 쟁의행위를 함에 있어 조합원의 직접·비밀·무기명투표에 의한 찬성결정이라는 절차를 거쳐야 한다는 노동조합및노동관계조정법 제41조 제1항의 규정은 노동조합의 자주적이고 민주적인 운영을 도모함과 아울러 쟁의행위에 참가한 근로자들이 사후에 그 쟁의행위의 정당성 유무와 관련하여 어떠한 불이익을 당하지 않도록 그 개시에 관한 조합의사의 결정에 보다 신중을 기하기 위하여 마련된 규정이므로, 위의 절차를 위반한 쟁의행위는 그 절차를 따를 수 없는 객관적인 사정이 인정되지 아니하는 한 정당성이 상실된다. 이와 달리 쟁의행위의 개시에 앞서 노동조합및노동관계조정법 제41조 제1항에 의한 투표절차를 거치지 아니한 경우에도 조합원의 민주적 의사결정이 실질적으로 확보된 때에는 단지 노동조합 내부의 의사형성과정에 결함이 있는 정도에 불과하다고 하여 쟁의행위의 정당성이 상실되지 않는 것으로 해석한다면, 위임에 의한 대리투표, 공개결의나 사후결의, 사실상의 찬성간주 등의 방법이 용인되는 결과, 그와 같은 견해는 위의 관계규정과 대법원의 판례취지에 반하는 것이 된다. 따라서 견해를 달리하여 노동조합및노동관계조정법 제41조 제1항을 위반하여 조합원의 직접·비밀·무기명 투표에 의한 과반수의 찬성결정을 거치지 아니하고 쟁의행위에 나아간 경우에도 조합원의 민주적 의사결정이 실질적으로 확보된 경우에는 위와 같은 투표절차를 거치지 아니하였다는 사정만으로 쟁의행위가 정당성을 상실한다고 볼 수 없다는 취지의 대법원 2000. 5. 26. 선고 99도4836 판결은 이와 어긋나는 부분에 한하여 변경하기로 한다"(**대판 2001. 10. 25, 99 도 4837－전원합의체**. 同旨, **대판 2003. 11. 13, 2003 도 687**). 그 외 참조 판례로서 대판 2020. 7. 29, 2017 도 2478.

55) '수급인' 소속 근로자의 정당한 쟁의행위가 사용자가 아닌 '도급인'에 대한 관계에서도 정당행위가 되는가? 그리고 사용자가 쟁의행위로 중단된 업무를 수행하기 위하여 대체인력을 투입한 경우에 '대체근로를 저지하기 위한 쟁의참가자의 실력행사'가 정당행위가 되는가?라는 논점에 관하여는 대판 2020. 9. 3, 2015 도 1927 참조.

절수술을 할 수 있도록 허용하고 있다. 따라서 이 규정에 의한 인공임신중절수술이 형법상 낙태죄(제270조 제1항)의 구성요건에 해당하더라도 위법성이 조각된다.

6. 의사의 연명의료중단시술행위 – 이른바 소극적 안락사

2016. 2. 3.에 제정된 「호스피스·완화의료 및 임종과정에 있는 환자의 연명의료결정에 관한 법률」(약칭: 연명의료결정법; 세칭: 존엄사법 또는 Well Dying법)에 의하여 종래 이론상 논의되어 오던 '소극적 안락사'는 '법제화'라는 획기적인 전기를 맞았다. 이 법률에 따라 행해진 의사의 연명의료중단시술행위는 형법상 촉탁·승낙살인죄(제252조 제1항)의 구성요건에 해당하더라도 '법령에 의한 행위'로서 위법성이 조각된다. 이 법률의 골자는 다음과 같다.

담당의사(제2조 제7호)는 '임종과정에 있는 환자'(제2조 제1호, 제2호)의 '연명의료중단결정을 원하는 환자의 의사'(제15조 제1호)에 따라 '연명의료중단결정'(제2조 제5호)을 이행하여야 한다(제19조). '임종과정에 있는 환자'란 "제16조에 따라 담당의사와 해당 분야의 전문의 1명으로부터 임종과정에 있다는 의학적 판단을 받은 자"를 말하는데(제2조 제2호), '임종과정'이란 "회생의 가능성이 없고, 치료에도 불구하고 회복되지 아니하며, 급속도로 증상이 악화되어 사망에 임박한 상태"를 말한다(동조 제1호). '연명의료중단결정을 원하는 환자의 의사(意思)'는 '제17조에 따라 연명의료계획서(제2조 제8호), 사전연명의료의향서(동조 제9호) 또는 환자가족의 진술(제15조, 제17조 제1항 제3호)을 통하여 환자의 의사(意思)로 보는 의사(意思)가 연명의료중단등결정을 원하는 것이고, 임종과정에 있는 환자의 의사에도 반하지 아니하는 경우'를 말한다(제15조 제1호). 연명의료계획서(제2조 제8호)는 말기환자(동조 제3호) 또는 임종과정에 있는 환자(동조 제2호)가 담당의사에게 요청하여 작성한다(제10조). 환자의 의사의 '확인'은 제17조에 따라 행해진다. 환자의 의사를 확인할 수 없고 환자가 의사표현을 할 수 없는 의학적 상태인 경우에는 환자의 의사에 대한 간주규정(제18조)이 마련되어 있다. 담당의사가 시행하지 아니하거나 중단할 수 있는 '연명의료'란 '임종과정에 있는 환자에게 하는 심폐소생술, 혈액투석, 항암제투여, 인공호흡기 착용 및 그 밖에 대통령령으로 정하는 의학적 시술로서 치료효과 없이 임종과정의 기간만을 연장하는 것'을 말한다(제2조 제4호). 이 때에도 "통증 완화를 위한 의료행위와 영양분 공급, 물 공급, 산소의 단순 공급은 시행하지 아니하거나 중단되어서는 아니 된다"(제19조 제2항).

7. 장기적출행위

뇌사자, 살아있는 자, 사망한 자 등으로부터의 장기적출행위는 형법상 살인죄(제250조), 동의살인죄(제252조 제1항), (중)상해죄(제257조, 제258조), 시체 등의 유기죄(제161조) 등의 구성요건해당성이 있으나, '장기 등 이식에 관한 법률'(약칭: 장기이식법) 제22조에 의하여 위법성이 조각된다.

8. 정신질환자의 강제입원행위[56]

'정신건강증진 및 정신질환자 복지서비스 지원에 관한 법률'(약칭: 정신건강복지법) 제43조와 제44조에 의하여 정신질환자를 정신의료기관에 강제로 입원(수용)시키는 행위는 형법상 감금죄(제276조)의 구성요건에 해당하더라도 법령에 의한 행위로서 위법성이 조각된다.

9. 감염병환자 또는 감염병의심자에 대한 강제입원·격리행위

'감염병의 예방 및 관리에 관한 법률'(약칭: 감염병예방법) 제42조, 제47조 제3호, 제49조 제1항 제14호에 의하여 담당공무원이 감염병환자 또는 감염병의심자를 강제로 입원시키거나 격리하는 행위는 형법 제276조 감금죄 또는 체포죄의 구성요건에 해당하더라도 법령에 의한 행위로서 위법성이 조각된다.[57]

10. 전염병가축에 대한 강제살처분(殺處分)행위

'가축전염병 예방법' 제20조 제2항에 따라 가축방역관이 가축전염병에 걸렸거나 걸렸다고 믿을 만한 가축을 살처분(殺處分)하는 행위(제1호, 제2호) 그리고 가축전염병 전파방지를 위한 긴급 살처분행위(제3호－이른바 예방적 살처분)는 형법 제366조 재물손괴죄의 구성요건에 해당하더라도 법령에 의한 행위로서 위법성이 조각된다.

11. 복표발매행위

공법인의 복표발매행위는 '복권 및 복권기금법'(약칭: 복권법) 제4조 제1항

56) 종래 경범죄처벌법 제1조 제31호에서의 처벌대상이었던 '정신병자 감호소홀'은 2012. 3. 21.의 전문개정(2013. 3. 21.시행)으로 삭제되었다.

57) 감염병예방법의 형사법적 문제점에 관한 참조 논문으로는 주현경, "코로나19와 감시의 형사정책의 한계", 형사정책, 제32권 제4호, 한국형사정책학회, 2021. 1, 157-84면.

및 제3조에 의하여 형법상 복표발매죄(제248조)의 구성요건에 해당하더라도 법령에 의한 행위로서 위법성이 조각된다.

12. 집회 및 시위행위

헌법 제21조 제1항에 의하여 보장되고 '집회 및 시위에 관한 법률'(약칭: 집시법)에 의하여 행해지는 집회 및 시위행위는 형법상 소요죄(제115조)와 교통방해죄(제185조) 등의 구성요건에 해당하더라도 위법성이 조각된다.

Ⅲ. 업무로 인한 행위

형법상 「업무」라는 개념은 "사람이 사회생활상의 지위에 기하여 계속·반복할 의사로 행하는 사무"라고 정의된다. 그리고 제20조에 의하여 위법성이 조각되는 업무란 사회상규(사회통념)에 비추어 '용인되는' 업무일 것을 요한다. 불법행위를 목적으로 하는 업무는 사회상규상 용인되지 않지만, 행정관청의 면허나 허가 등을 받지 않은 부적법한 업무(예: 무면허 의료업)라도 그 업무 자체는 사회상규상 용인될 수 있다.

종래 업무로 인한 행위로서 위법성의 조각이 거론되는 예는 다음과 같다.

1. 변호사 또는 성직자의 업무행위

변호사가 법정에서 변론 중에 타인의 명예를 훼손하는 사실을 적시하게 되어 형법상 명예훼손죄(제307조 제1항)의 구성요건에 해당하더라도 업무로 인한 행위로서 위법성이 조각된다.

성직자가 고해성사에서 알게 된 직무상의 비밀을 준수하기 위하여 수사기관에 범인을 고발하지 않는다든가 그 범행을 묵비하는 행위는 업무로 인한 행위로서 위법하지 않다. 그러므로 성직자의 경우에 국가보안법 제10조의 불고지죄는 성립하지 않는다. 그러나 성직자가 적극적으로 범인을 은닉·도피하게 한 행위는 위법하다는 것이 판례의 입장이다.[58]

---

58) "성직자라 하여 초법규적인 존재일 수는 없으며 성직자의 직무상 행위가 사회상규에 반하지 아니한다 하여 그에 적법성이 부여되는 것은 그것이 성직자의 행위이기 때문이 아니라 그 직무로 인한 행위에 정당, 적법성을 인정하기 때문인 바, 사제가 죄지은 자를 능동적으로 고발하지 않는 것에 그치지 아니하고 은신처마련, 도피자금제공 등 범인을 적극적으로 은닉·도피케 하는

2. 운동선수의 운동경기행위

프로권투 · 레슬링 · 씨름 등 위험한 운동경기에 있어서는 경기규칙을 위반하지 않는 한 경기의 상대방을 상해하는 등의 법익침해행위가 허용된다. 이를 업무로 인한 행위로서 위법성이 조각되는 것으로 볼 것인가 아니면 허용된 위험으로서 사회적 상당성을 벗어나지 아니하므로 구성요건해당성을 배제한다고 보아야 할 것인가가 문제된다.[59]

허용된 위험에 있어서는 위험을 최소화하기 위하여 필요한 주의의무를 다 해야 하는데, 위험한 운동경기에 있어서 이러한 주의의무가 있다고 하기는 어려우므로, 운동경기중의 상해행위 또는 폭행치상행위는 '업무로 인한 행위'로서 위법성이 조각된다고 봄이 타당하다.[60]

3. 의사의 치료행위의 해당 여부

의사의 치료행위란 "치료의 목적으로 의술의 법칙에 따라 행해지는 신체침해행위"를 말한다. 의사의 신체침해행위로서의 치료행위, 특히 수술행위가 상해죄를 구성하겠는가에 관하여는 ① 상해죄의 구성요건에는 해당하지만 업무로 인한 행위로서 위법성이 조각된다는 견해,[61] ② 치료행위에 있어서의 고의는 신체의 건강을 회복 · 유지 · 증진시키겠다는 의사이므로 건강을 훼손하려는 상해의 고의와는 전혀 다른 것으로서 고의범인 상해죄의 구성요건해당성조차 없다는 견해,[62] ③ 의사의 치료행위에 상해의 고의는 없으므로 상해죄의 고의범은 성립될 여지가 없고 '과실범'의 성립문제로 파악하면서, 의사의 치료행위에 과실이 없으면 (업무상과실치사상죄의) 구성요건해당성이 없고, 과실이 있으면 업무로 인한 행위로서도 위법성이 조각되지 않으며 실패한 치료결과에 대하여 업무상과실치사상죄의 책임을 진다는 견해,[63] ④ 의사의 치료행위는 환자인 피해자의 승낙 또는 추정적 승낙에 의해서 위법성이 조각된다

행위는 사제의 정당한 직무에 속하는 것이라고 할 수 없다"(**대판** 1983. 3. 8, 82 **도** 3248).

59) 구성요건해당성을 배제한다는 견해로는 손해목, 428면; 이형국, 142면.

60) 오영근, 312면.

61) 배종대, 317면.

62) 권오걸, 279면; 김/서, 346면; 김종원, 형법각론(上), 59면; 안동준, 138면; 이형국, 141면; 진/이, 325면.

63) 이재상, 282면.

는 견해가[64] 대립한다. 대법원은 위 ①의 입장에 서서 의사의 치료행위는 그 수단과 방법이 현대의술에 적합하면 정당행위로서 위법성이 조각된다는 견해를 취하고 있다.[65]

그런데 위 ②와 ③의 견해가 치료의 의사를 건강을 회복시키겠다는 의사로 보아 상해의 고의와 항상 상호배척관계에 있는 것으로 보는 것은 타당치 않다. 치료의 부작용으로 환자의 건강훼손을 수반하는 경우가 적지 않으며, 이러한 부수적 결과발생을 인용·감수하면서 치료하는 이상 치료의 의사에 상해의 미필적 고의가 내포될 수 있다고 본다. 대법원이 환자의 병을 치료할 목적으로 유형력을 행사한 목사의 안수기도행위가 신체에 대한 유형력행사의 인식이 있는 이상 폭행의 고의가 있다고 판시한 것은 이러한 사고와 궤도를 같이 하는 것이라고 생각한다.[66]

그리고 위 ① ② ③의 세 견해는 '환자의 의사'를 전혀 고려하지 않는 점에서 문제가 있다. 즉 의사의 치료행위에 있어서는 환자가 자신의 신체에 대하여 '자기결정권'을 행사할 수 있도록 하는 이론을 구성할 필요가 있다. 환자의 신체를 의사의 치료행위의 객체로 취급함에 그쳐서는 안되고, 수술에 앞서서 의사는 환자에게 수술에 관한 충분한 '설명의무'를 다함으로써 환자가 수술 여부에 대하여 주체적으로 자기결정을 내릴 수 있도록 하고, 의사의 수술은 환자의 진정한 동의에 기초해서만이 허용될 수 있다는 이론, 즉 의사의 수술행위는 상해죄의 구성요건에 해당하지만 환자인 '피해자의 승낙'(제24조)[67] 또는 '추

---

64) 김성돈, 322면; 박상기, 159면; 오영근, 310면; 이상돈, 368면; 정영일, 270면; 정/박, 218면.

65) "의사가 인공분만기인 '샤쇤'을 사용하면 통상 약간의 상해 정도가 있을 수 있으므로 그 상해가 있다 하여 '샤쇤'을 거칠고 험하게 사용한 결과라고는 보기 어려워 의사의 정당업무의 범위를 넘은 위법행위라고 할 수 없다"(**대판** 1978. 11. 14, 78 도 2388). "피고인이 태반의 일부를 떼어낸 행위는 그 의도, 수단, 절단부위 및 그 정도 등에 비추어 볼 때 의사로서의 정상적인 진찰행위의 일환이라고 볼 수 있으므로 형법 제20조 소정의 정당행위에 해당한다"(**대판 1976. 6. 8, 76 도 144**).

66) "안수기도는 환자의 환부나 머리에 손을 얹고 또는 약간 누르면서 환자를 위해 병을 낫게 하여 달라고 하나님께 간절히 기도함으로써 병의 치유함을 받는다는 일종의 종교적 행위이고, 그 목적 또한 정당함은 소론과 같다 하겠으나, 기도행위에 수반하는 신체적 행위가 단순히 손을 얹거나 약간 누르는 정도가 아니고, 그것이 지나쳐서 원심이 적법하게 판시한 것과 같은 정도의 것이라면, 이는 사람의 신체에 대한 유형력의 행사로서 폭행의 개념에 속하는 행위라고 할 것이고, 비록 그것이 안수기도의 방법으로 행하여졌다고 하더라도 그것이 신체에 대하여 유형력을 행사한다는 인식과 의사가 있으면 폭행에 대한 인식과 의사, 즉 고의가 있는 것"(**대판 1994. 8. 23, 94 도 1484**).

67) 항소심판결이지만, 이에 관하여 모범적 법리구성을 보인 것이 있다. 그 일부를 소개한다. "의사의 수술행위는 환자의 신체에 대한 상해행위를 동반하게 되고, 만일 그 수술행위가 실패하

정적 승낙'에 의하여 위법성이 조각된다는 견해가 타당하다고 생각한다.[68]

그리고 환자인 피해자의 승낙의 '범위'를 구체적으로 검토하여, 그 승낙이 의사의 과실에까지 미친다면 의사의 과실로 실패한 수술이라고 하더라도 위법성이 조각되고(과실범에 있어서의 피해자의 승낙), 승낙의 범위가 의사의 과실에 미치지 않는다면 의사는 실패한 수술결과에 대하여 업무상과실책임을 져야 할 것이다.

대법원도 "피고인인 의사가 피해자의 병증이 자궁외 임신인지, 자궁근종인지를 판별하기 위한 정밀한 진단방법을 실시하지 아니한 채 피해자의 병명을 자궁근종으로 오진하고 이에 근거하여 의학에 대한 전문지식이 없는 피해자에게 자궁적출술의 불가피성만을 강조하였을 뿐 위와 같은 진단상의 과오가 없었으면 당연히 설명받았을 자궁외 임신에 관한 내용을 설명받지 못한 피해자로부터 수술승낙을 받았다면 위 승낙은 부정확 또는 불충분한 설명을 근거로 이루어진 것으로서 수술의 위법성을 조각할 유효한 승낙이라고 볼 수 없다"라고 하여 의사의 업무상과실치상죄의 책임을 인정한 판결이 있는데,[69] 장차 의사의 치료행위의 위법 여부를 피해자의 승낙이론에 의하여 판단하려는 선도적인 판례로 이해된다.

Ⅳ. 사회상규에 위배되지 아니하는 행위

「사회상규」라는 개념을 설명함에 있어서 '사회적 질서원리'라든가[70] '일반인

여 원하지 않는 중대한 결과가 발생한다면, 의사에게 상해죄나 과실치사죄 등의 성립이 문제될 수 있을 것인데, 다만 위와 같은 수술행위가 환자의 동의에 기초하고 있고, 이러한 환자의 동의가 헌법상 인정되는 자기결정권의 발현형태임을 인정한다면, 결국 환자의 승낙이 있는 경우 의사의 수술행위(넓게 치료행위)는 형법 제24조에 따라 그 위법성이 조각된다고 할 것이다. 그렇다고 하여 모든 형태의 승낙이 의사의 치료행위를 정당화시켜주는 것이 아니고, 환자의 의사결정능력의 존재, 의사의 적절한 설명의무 이행(당해 환자나 그 법정대리인에게 질병의 증상, 치료방법의 내용 및 필요성, 발생이 예상되는 위험 등에 관하여 당시의 의료수준에 비추어 상당하다고 생각되는 사항을 설명하여 당해 환자가 그 필요성이나 위험성을 충분히 비교해 보고 그 의료행위를 받을 것인가의 여부를 선택할 수 있도록 할 의무: 대법원 1995. 1. 20. 선고 94 다 3421 판결 참조), 환자의 자발적이고 진지한 의사에 기한 결정이라는 요건을 갖추었을 때에만 형법 제24조에 정한 유효한 승낙이 된다"(광주지법판결 2009. 12. 2. 2009 노 1622).

68) 이러한 견해가 독일의 일관된 판례이다(RG 25/375; BGH St. 11/111, 12/379, 16/309; BGH Z. 29/33, 46/176).

69) **대판** 1993. 7. 27. 92 **도** 2345.

의 건전한 도의감',[71] '사회생활상의 일상적인 규칙',[72] '사회생활상 평균인이 승인한 정상적인 행위규칙'[73] 등 여전히 추상적이고 막연한 내용으로 대치하는 것은 동어반복에 불과하므로, 사회상규의 개념정의를 포기하고 사회상규 위배 여부의 '구체적 판단원리'를 규명하는 작업으로 방향을 돌리는 것이 타당하다고 본다.

'사회상규에 위배되지 아니하는 행위'란 구성요건에 해당하지만 위법성의 실질을 결하고 있는 행위를 의미하고 위법성의 실질은 행위반가치와 결과반가치로 구성되는 까닭에, 사회상규위배 여부의 판단은 행위반가치론과 결과반가치론에서 도출되는 '목적의 정당성과 수단의 적합성의 원칙', '긴급성의 원칙', '보충성의 원칙', '이익형량의 원칙', '이익흠결의 원칙', '우월적 이익의 원칙' 등을 구체적 판단원리로 삼게 된다.[74]

전술한 바와 같이 사회상규에 위배되지 아니하는 행위는 모든 위법성조각사유의 '근본원리'이기도 하지만, 개별적인 위법성조각사유 중 그 어느 것에도 해당하지 않는 경우에는 마지막으로 위법성조각여부를 검토해보아야 할 '최종

---

70) 정/박, 219면.

71) 이재상, 286면. 대판 1983. 11. 22, 83 도 2224; 1956. 4. 6, 56 형상 42.

72) 이형국, 142면.

73) 김/서, 348면.

74) 판례에 따르면, "형법 제20조 소정의 '사회상규에 위배되지 아니하는 행위'라 함은 법질서 전체의 정신이나 그 배후에 놓여 있는 사회윤리 내지 사회통념에 비추어 용인될 수 있는 행위를 말한다. 정당행위를 인정하려면 첫째 그 행위의 동기나 목적의 정당성, 둘째 행위의 수단이나 방법의 상당성, 셋째 보호이익과 침해이익과의 법익균형성, 넷째 긴급성, 다섯째 그 행위 외에 다른 수단이나 방법이 없다는 보충성 등의 요건을 갖추어야 한다. 이 때 어떠한 행위가 위 요건들을 충족하는 정당한 행위로서 위법성이 조각되는 것인지는 구체적인 사정 아래서 합목적적, 합리적으로 고찰하여 개별적으로 판단되어야 하므로, 구체적인 사안에서 정당행위로 인정되기 위한 긴급성이나 보충성의 정도는 개별 사안에 따라 다를 수 있다"(대판 2021. 3. 11, 2020 도 16527. 同旨, 대판 2003. 9. 26, 2003 도 3000; 2000. 4. 25, 98 도 2389; 1986. 9. 23, 86 도 1547). 또한, "위 '목적・동기', '수단', '법익균형', '긴급성', '보충성'은 불가분적으로 연관되어 하나의 행위를 이루는 요소들로 종합적으로 평가되어야 한다. '목적의 정당성'과 '수단의 상당성' 요건은 행위의 측면에서 사회상규의 판단 기준이 된다. 사회상규에 위배되지 아니하는 행위로 평가되려면 행위의 동기와 목적을 고려하여 그것이 법질서의 정신이나 사회윤리에 비추어 용인될 수 있어야 한다. 수단의 상당성・적합성도 고려되어야 한다. 또한 보호이익과 침해이익 사이의 법익균형은 결과의 측면에서 사회상규에 위배되는지를 판단하기 위한 기준이다. 이에 비하여 행위의 긴급성과 보충성은 수단의 상당성을 판단할 때 고려요소의 하나로 참작하여야 하고 이를 넘어 독립적인 요건으로 요구할 것은 아니다. 또한 그 내용 역시 다른 실효성 있는 적법한 수단이 없는 경우를 의미하고 '일체의 법률적인 적법한 수단이 존재하지 않을 것'을 의미하는 것은 아니라고 보아야 한다"(대판 2023. 5. 18, 2017 도 2760. 또한, 대판 2024. 8. 1, 2021 도 2084 참조).

사유'이기도 하다.

사회상규에 위배되지 아니하는 행위로서 위법성이 조각되는 대표적인 예는 다음과 같다.[75) 76) 77) 78) 79)]

---

75) 시위의 방법으로 행한 '삼보일배 행진'이 사회상규에 위배되지 않는 정당행위에 해당한다고 한 판례가 있다. 즉, "판결요지: 건설업체 노조원들이 '임·단협 성실교섭 촉구 결의대회'를 개최하면서 차도의 통행방법으로 신고하지 아니한 삼보일배 행진을 하여 차량의 통행을 방해한 경우, 그 시위방법이 장소, 태양, 내용, 방법과 결과 등에 비추어 사회통념상 용인될 수 있는 다소의 피해를 발생시킨 경우에 불과하고, 구 집회 및 시위에 관한 법률(2006. 2. 21. 법률 제7849호로 개정되기 전의 것)에 정한 신고제도의 목적 달성을 심히 곤란하게 하는 정도에 이른다고 볼 수 없어, 사회상규에 위배되지 않는 정당행위에 해당한다"(**대판** 2009. 7. 23, 2009 **도** 840). 한편 간통현장을 잡기 위해 상간자의 주거에 침입한 행위가 수단의 상당성·긴급성·불가피성을 인정할 수 없으므로 제20조의 정당행위로 볼 수 없다고 한 판결로는 **대판** 2003. 9. 26, 2003 **도** 3000 참조.

76) 신문기자가 기사 작성 자료를 수집하기 위해 취재에 응해줄 것을 요청하고 취재한 내용을 관계 법령에 저촉되지 않는 범위 내에서 보도하는 행위는 원칙적으로 '정당행위'에 해당한다는 것이 대법원의 입장이다. 즉 "신문은 헌법상 보장되는 언론자유의 하나로서 정보원에 대하여 자유로이 접근할 권리와 그 취재한 정보를 자유로이 공표할 자유를 가지므로(신문 등의 진흥에 관한 법률 제3조 제2항 참조), 그 종사자인 신문기자가 기사 작성을 위한 자료를 수집하기 위해 취재활동을 하면서 취재원에게 취재에 응해줄 것을 요청하고 취재한 내용을 관계 법령에 저촉되지 않는 범위 내에서 보도하는 것은 신문기자로서의 일상적인 업무범위 내에 속하는 것으로서, 특별한 사정이 없는 한 사회통념상 용인되는 행위라고 보아야 할 것이다"(**대판** 2011. 7. 14, 2011 **도** 639).

77) "판결요지: 자동차 정보 관련 인터넷 신문사 소속 기자 甲이 작성한 기사가 인터넷 포털사이트의 자동차 뉴스 '핫이슈' 난에 게재되자, 피고인이 "이런 걸 기레기라고 하죠?"라는 댓글을 게시함으로써 공연히 甲을 모욕하였다는 내용으로 기소된 사안에서, '기레기'는 기자인 甲의 사회적 평가를 저하시킬 만한 추상적 판단이나 경멸적 감정을 표현한, 모욕적 표현에 해당하나, 피고인은 기사를 본 독자들이 자신의 의견을 자유롭게 펼칠 수 있도록 마련된 '네티즌 댓글' 난에 위 댓글을 게시한 점, 위 기사는 특정 제조사 자동차 부품의 안전성에 대한 논란이 많은 가운데 이를 옹호하는 제목으로 게시되었는데, 위 기사가 게재되기 직전 다른 언론사에서 이와 관련한 부정적인 내용을 방송하였고, 위 기사를 읽은 상당수의 독자들은 위와 같은 방송 내용 등을 근거로 위 기사의 제목과 내용, 이를 작성한 甲의 행위나 태도를 비판하는 의견이 담긴 댓글을 게시하였으므로 이러한 의견은 어느 정도 객관적으로 타당성 있는 사정에 기초한 것으로 볼 수 있는 점, 위 댓글의 내용, 작성 시기와 위치, 위 댓글 전후로 게시된 다른 댓글의 내용과 흐름 등에 비추어 볼 때, 위 댓글은 그 전후에 게시된 다른 댓글들과 같은 견지에서 방송 내용 등을 근거로 위 기사의 제목과 내용, 이를 작성한 甲의 행위나 태도를 비판하는 의견을 강조하거나 압축하여 표현한 것이라고 평가할 수 있고, '기레기'는 기사 및 기자의 행태를 비판하는 글에서 비교적 폭넓게 사용되는 단어이며, 위 기사에 대한 다른 댓글들의 논조 및 내용과 비교할 때 댓글의 표현이 지나치게 악의적이라고 하기도 어려운 점을 종합하면, 위 댓글을 작성한 행위는 사회상규에 위배되지 않는 행위로서 형법 제20조에 의하여 모욕죄의 위법성이 조각된다"(대판 2021. 3. 25, 2017 도 17643).

78) '대화·통신비밀누설행위'가 정당행위로서 위법성이 조각되기 위한 요건에 관하여 선고된 대법원판결이 주목된다. "판결요지: [다수의견] 불법 감청·녹음 등에 관여하지 아니한 언론기관이, 그 통신 또는 대화의 내용이 불법 감청·녹음 등에 의하여 수집된 것이라는 사정을 알면서

도 이를 보도하여 공개하는 행위가 형법 제20조의 정당행위로서 위법성이 조각된다고 하기 위해서는, 첫째 보도의 목적이 불법 감청 · 녹음 등의 범죄가 저질러졌다는 사실 자체를 고발하기 위한 것으로 그 과정에서 불가피하게 통신 또는 대화의 내용을 공개할 수밖에 없는 경우이거나, 불법 감청 · 녹음 등에 의하여 수집된 통신 또는 대화의 내용이 이를 공개하지 아니하면 공중의 생명 · 신체 · 재산 기타 공익에 대한 중대한 침해가 발생할 가능성이 현저한 경우 등과 같이 비상한 공적 관심의 대상이 되는 경우에 해당하여야 하고, 둘째 언론기관이 불법 감청 · 녹음 등의 결과물을 취득할 때 위법한 방법을 사용하거나 적극적 · 주도적으로 관여하여서는 아니되며, 셋째 보도가 불법 감청 · 녹음 등의 사실을 고발하거나 비상한 공적 관심사항을 알리기 위한 목적을 달성하는 데 필요한 부분에 한정되는 등 통신비밀의 침해를 최소화하는 방법으로 이루어져야 하고, 넷째 언론이 그 내용을 보도함으로써 얻어지는 이익 및 가치가 통신비밀의 보호에 의하여 달성되는 이익 및 가치를 초과하여야 한다. 여기서 이익의 비교 · 형량은, 불법 감청 · 녹음된 타인간의 통신 또는 대화가 이루어진 경위와 목적, 통신 또는 대화의 내용, 통신 또는 대화 당사자의 지위 내지 공적 인물로서의 성격, 불법 감청 · 녹음 등의 주체와 그러한 행위의 동기 및 경위, 언론기관이 불법 감청 · 녹음 등의 결과물을 취득하게 된 경위와 보도의 목적, 보도의 내용 및 보도로 인하여 침해되는 이익 등 제반 사정을 종합적으로 고려하여 정하여야 한다"(**대판** 2011. 3. 17, 2006 **도** 8839－전원합의체. 소위 '안기부 X파일사건'). "… 이러한 법리는 불법 감청 · 녹음 등에 의하여 수집된 통신 또는 대화 내용의 공개가 관계되는 한, 그 공개행위의 주체가 언론기관이나 그 종사자 아닌 사람인 경우에도 마찬가지로 적용된다"(**대판** 2011. 5. 13, 2009 **도** 14442).

79) "판결요지: [2] 음란물이 그 자체로는 하등의 문학적 · 예술적 · 사상적 · 과학적 · 의학적 · 교육적 가치를 지니지 아니하더라도, 음란성에 관한 논의의 특수한 성격 때문에, 그에 관한 논의의 형성 · 발전을 위해 문학적 · 예술적 · 사상적 · 과학적 · 의학적 · 교육적 표현 등과 결합되는 경우가 있다. 이러한 경우 음란 표현의 해악이 이와 결합된 위와 같은 표현 등을 통해 상당한 방법으로 해소되거나 다양한 의견과 사상의 경쟁메커니즘에 의해 해소될 수 있는 정도라는 등의 특별한 사정이 있다면, 이러한 결합 표현물에 의한 표현행위는 공중도덕이나 사회윤리를 훼손하는 것이 아니어서, 법질서 전체의 정신이나 그 배후에 놓여 있는 사회윤리 내지 사회통념에 비추어 용인될 수 있는 행위로서 형법 제20조에 정하여진 '사회상규에 위배되지 아니하는 행위'에 해당된다. [3] 방송통신심의위원회(이하 '위원회'라고 한다) 심의위원인 피고인이 자신의 인터넷 블로그에 위원회에서 음란정보로 의결한 '남성의 발기된 성기 사진'을 게시함으로써 정보통신망을 통하여 음란한 화상 또는 영상인 사진을 공공연하게 전시하였다고 하여 정보통신망 이용촉진 및 정보보호 등에 관한 법률 위반(음란물유포)으로 기소된 사안에서, 피고인의 게시물은 다른 블로그의 화면 다섯 개를 갈무리하여 옮겨온 남성의 발기된 성기 사진 8장(이하 '사진들'이라 한다)과 벌거벗은 남성의 뒷모습 사진 1장을 전체 게시면의 절반을 조금 넘는 부분에 걸쳐 게시하고, 이어서 정보통신에 관한 심의규정 제8조 제1호를 소개한 후 피고인의 의견을 덧붙이고 있으므로 사진들과 음란물에 관한 논의의 형성 · 발전을 위한 학술적, 사상적 표현 등이 결합된 결합표현물로서, 사진들은 오로지 남성의 발기된 성기와 음모만을 뚜렷하게 강조하여 여러 맥락 속에서 직접적으로 보여줌으로써 성적인 각성과 흥분이 존재한다는 암시나 공개장소에서 발기된 성기의 노출이라는 성적 일탈의 의미를 나타내고, 나아가 여성의 시각을 배제한 남성중심적인 성관념의 발로에 따른 편향된 관점을 전달하고 있어 음란물에 해당하나, 사진들의 음란성으로 인한 해악은 이에 결합된 학술적, 사상적 표현들과 비판 및 논증에 의해 해소되었고, 결합 표현물인 게시물을 통한 사진들의 게시는 목적의 정당성, 수단이나 방법의 상당성, 보호법익과 침해법익 간의 법익균형성이 인정되어 법질서 전체의 정신이나 그 배후에 놓여 있는 사회윤리 내지 사회통념에 비추어 용인될 수 있는 행위에 해당하므로, 원심이 게시물의 전체적 맥락에서 사진들을 음란물로 단정할 수 없다고 본 것에는 같은 법 제74조 제1항 제2호 및 제44조의7 제1항 제1호가 규정하는 '음란'에 관한 법리오해의 잘못이 있으나, 공소사실을 무죄로 판단한 것은 결론적

1. 안락사의 문제

안락사란 일반적으로 "심한 고통에 시달리며 사기(死期)가 임박한 불치 또는 난치의 환자의 고통을 제거하거나 경감하기 위한 의료적 조처가 생명의 단축을 가져오는 경우"를 말한다. 생명의 단축을 가져오는 안락사는 살인죄의 성립 여부가 문제되고, 생명의 단축을 가져오지 않는 안락사(진정안락사)는 살해행위의 개념에 해당하지 않으므로 형법상 처음부터 아무런 문제가 되지 않는다.

학계의 일반적 경향은 안락사의 '유형'을 소극적 안락사와 적극적 안락사로 구별하여 위법성조각 여부를 논의한다. 첫째 유형은 "사기가 임박하고 현대의학의 견지에서 불치의 환자, 특히 식물인간의 상태에 있는 환자에 대하여 의사가 생명유지에 필요한 의료적인 조처를 취하지 않거나 이미 부착된 인공생명유지장치를 제거하는 경우"에 의사가 치료의무를 이행하지 않는다는 의미에서 '소극적 안락사' 또는 '부작위에 의한 안락사'라고 부른다. 이 소극적 안락사에 있어서는 환자의 자기결정권을 존중하고 존엄사(자연사)할 권리를 인정하자는 논거를 들어 위법성이 조각된다고 한다(통설). 소극적 안락사는 전술한 바와 같이 「호스피스 · 완화의료 및 임종과정에 있는 환자의 연명의료결정에 관한 법률」(약칭: 연명의료결정법; 세칭: 존엄사법 또는 Well Dying법)에 의하여 제20조의 '법령에 의한 행위'로서 촉탁 · 승낙살인죄(제252조 제1항)의 위법성이 조각된다.

둘째 유형은 고통완화를 목적으로 하지만 그 시술방식이 '적극적인 처치'(작위)에 의하여 행해지는 안락사이다. 이 유형을 '적극적 안락사'라고 하며, 적극적 안락사까지도 위법성이 조각되느냐 하는 문제는 오늘날 형법상 첨예한 쟁점 중의 하나에 속한다.[80]

2. 무면허 의료행위의 문제

행정관청의 면허 또는 허가를 받지 않은 부적법한 업무라고 할지라도 그 업무가 사회생활상 상당기간 평온 · 공연하게 행해지는 경우에는 '사회상규에

으로 정당하다"(대판 2017. 10. 26, 2012 도 13352).

80) 상세히는 각론, 25-8면 참조.

위배되지 아니하는 행위'로서 용인될 여지가 있다. 이와 관련해서는 무엇보다도 무면허 의료행위, 즉 보건복지부장관으로부터 의료인으로서의 면허를 받지 아니한 자가 의료행위를 한 경우가 문제된다. 무면허 의료행위는 '의료법' 제27조 제1항(구 의료법 제25조)이 금지하고 있고, 그 위반행위에 대하여는 동법 제87조의2 제2항 제2호(구법 제66조)가 처벌(5년 이하의 징역이나 5천만원 이하의 벌금)하고 있으며, 영리를 목적으로 한 무면허 의료행위는 '보건범죄단속에 관한 특별조치법' 제5조에 의하여 가중처벌(무기 또는 2년 이상의 징역 및 벌금 병과)되고 있다.

그런데 우리 사회의 실정을 보면, 무면허 의료업자에 의하여 침구(鍼灸: 침과 뜸)시술, 특효약 투여, 봉침(蜂針)시술, 지압치료술, 안수치료술 등이[81] 광범위하게 행해지고 있고, 이들이 민간요법이나 대체의학으로서 부분적으로나마 사회일반인에게 용인되고 있다. 그 밖에 우리 사회에 만연한 현상으로서 이곳에서 논의할 문제권에 들어오는 무면허 의료행위로는 의료인 아닌 자에 의한 문신(tattoo)시술,[82] piercing시술, 포도당 기타 영양제 주사행위 등이 있다.[83] 이 때 의료법 제87조의2 위반범죄로서의 무면허 의료행위가 형법 제20조 사회상규에 위배되지 아니하는 행위로서 위법성이 조각될 여지가 있지 않은가 하는 점을 검토할 필요가 있다. 다른 한편으로는 의료지식과 의술이 박약한 무면허 의료업자가 아직 검증되지 아니한 비과학적 의료시술을 대체의학이나 전래된 민간요법이라는 명분으로 행하는 경우에 환자의 생명과 건강에 심각한 위해를 끼칠 우려가 있고 국가의 의료체계도 문란해질 것이므로, 쉽사리 무면허 의료행위를 허용할 것도 아니다. 오늘날 무면허 의료행위를 둘러싸고

81) 의료'유사'업자의 시술행위에 관하여는 의료법 제81조 참조.

82) 비의료인의 문신시술을 처벌하는 의료법 제27조 제1항 본문이 헌법에 위배되지 않는다는 헌법재판소 결정이 다수 있다(헌재 2022. 9. 29, 2022 헌마 361-전원재판부; 2022. 3. 31, 2017 헌마 1343-전원재판부 등).

83) 의료법은 의사, 치과의사, 한의사라는 세 가지 직역을 구분(제2조 제2항 제1-3호)하여 면허를 부여(제5조)하고, 제27조 제1항은 "…의료인도 면허된 것 이외의 의료행위를 할 수 없다."라고 규정한다. 따라서 의료인이라고 하더라도 면허범위 '이외의' 의료행위는 무면허 의료행위에 해당한다. 이와 관련하여 보톡스 시술행위를 치과의사의 면허범위 '내의' 의료행위로 인정한 대법원판결(대판 2016. 7. 21, 2013 도 850-전원합의체)을 참조. 이 판결에 대한 평석은 도규엽, "중간적·혼합적·중첩적 의료영역과 치과의사의 무면허 의료행위: 대법원 2016. 7. 21. 선고 2013도850 전원합의체판결을 중심으로", 형사정책연구, 제28권 제2호, 한국형사정책연구원, 2017년 여름, 123-154면. '의료기사'가 '의료기사 등에 관한 법률' 및 그 시행령에 정한 업무의 범위와 한계를 벗어난 의료행위를 하였다면 '무면허 의료행위'에 해당하고, 비록 의사나 치과의사의 지시나 지도에 따라 이루어졌더라도 마찬가지이다(대판 2018. 6. 19, 2017 도 19422).

법현실과 법규범의 상충현상을 직시하고 법리적으로 그 조절방안을 강구하는 연구가 긴요하다고 생각한다.[84]

대법원은 무면허 의료행위가 사회상규에 위배되지 아니하는 행위로서 위법성이 조각된다고 긍정하기도 하고, 위법하다고 부정하기도 한다.

'긍정'한 판결로는 무면허로 행해진 '수지침 시술행위'에 대한 것이 있다. 즉 "일반적으로 면허 또는 자격 없이 침술행위를 하는 것은 의료법(구 의료법-저자 註) 제25조의 무면허 의료행위(한방의료행위)에 해당되어 같은 법(구법-저자 註) 제66조에 의하여 처벌되어야 하고, 수지침 시술행위도 위와 같은 침술행위의 일종으로서 의료법에서 금지하고 있는 의료행위에 해당하며, 이러한 수지침 시술행위가 광범위하고 보편화된 민간요법이고, 그 시술로 인한 위험성이 적다는 사정만으로 그것이 바로 사회상규에 위배되지 아니하는 행위에 해당한다고 보기는 어렵다고 할 것이나, 수지침은 시술부위나 시술방법 등에 있어서 예로부터 동양의학으로 전래되어 내려오는 체침의 경우와 현저한 차이가 있고, 일반인들의 인식도 이에 대한 관용의 입장에 기울어져 있으므로, 이러한 사정과 함께 시술자의 시술의 동기, 목적, 방법, 횟수, 시술에 대한 지식수준, 시술경력, 피시술자의 나이, 체질, 건강상태, 시술행위로 인한 부작용 내지 위험발생 가능성 등을 종합적으로 고려하여 구체적인 경우에 있어서 개별적으로 보아 법질서 전체의 정신이나 그 배후에 놓여 있는 사회윤리 내지 사회통념에 비추어 용인될 수 있는 행위에 해당한다고 인정되는 경우에는 형법 제20조 소정의 사회상규에 위배되지 아니하는 행위로서 위법성이 조각된다"(**대판** 2000. 4. 25, 98**도** 2389).

최근에는 한의사의 '초음파 기기를 사용한 진단행위'에 대하여 무면허 의료행위에 해당하지 않는다는 대법원 전원합의체 판결이 선고된 바 있다(대판

---

84) 이 점에 있어서 헌법재판소의 결정(**헌재** 2010. 7. 29, 2008 **헌가** 19, 2008 **헌바** 108, 2009 **헌마** 269 · 736, 2010 **헌바** 38, 2010 **헌마** 275(**병합**)-전원재판부)을 참조할 필요가 있다. 이 결정에서, 무면허 의료행위를 금지한 것은 비의료인의 '직업선택의 자유'를 침해하는 것이 아니라고 한다. 즉 "의료인이 아닌 자의 의료행위를 전면적으로 금지한 것은 매우 중대한 헌법적 법익인 국민의 생명권과 건강권을 보호하고 국민의 보건에 관한 국가의 보호의무를 이행하기 위하여 적합한 조치로서, 이와 같은 중대한 공익이 국민의 기본권을 보다 적게 침해하는 다른 방법으로는 효율적으로 실현될 수 없으므로, 의료법 및 '보건범죄단속에 관한 특별조치법'에서 무면허 의료행위를 금지하는 것은 비례의 원칙에 부합하는 것으로 헌법에 위반되지 아니한다"(**헌재** 2010. 7. 29, 2008 **헌가** 19. 同旨, 헌재 2013. 6. 27, 2010 헌바 488; 2013. 6. 27, 2010 헌마 658).

2022. 12. 22, 2016 도 21314-전원합의체).

사회상규에 위배되지 아니하는 행위에 해당하지 않는다고 '부정'하면서 유죄로 인정한 판결로는 다음과 같은 것이 있다. "일반적으로 면허 또는 자격 없이 환자를 진맥하고 처방을 하여 한약재로 한약을 조제하여 주는 한방의료행위를 하는 것은 구 의료법 제25조에 의하여 금지되는 무면허 의료행위(한방의료행위)에 해당되어 같은 법 제66조에 의하여 처벌되어야 하는 것이고, 단순히 그 한방의료행위로 어떤 질병을 상당수 고칠 수 있었다는 사정만으로 그것이 바로 사회상규에 위배되지 아니하는 행위에 해당한다고 보기는 어렵고, 다만 개별적인 경우에 그 시술행위의 위험성의 정도, 일반인들의 시각, 시술자의 시술의 동기, 목적, 방법, 횟수, 시술에 대한 지식수준, 시술경력, 피시술자의 나이, 체질, 건강상태, 시술행위로 인한 부작용 내지 위험발생 가능성 등을 종합적으로 고려하여 법질서 전체의 정신이나 그 배후에 놓여 있는 사회윤리 내지 사회통념에 비추어 용인될 수 있는 행위에 해당한다고 인정되는 경우에만 사회상규에 위배되지 아니하는 행위로서 위법성이 조각된다고 할 것이다.…원심은 피고인이…의료인이 아니면서도 예외적으로 사람의 생명을 구하기 위하여 선의를 가지고 불가피하게 시술행위를 하는 것이라기보다는 상업적으로 영리를 목적으로 무면허 의료행위를 하는 것이라고 인정하기에 충분하다고 보이는 사실, 이 사건 의료행위는 피고인이 환자에 대하여 증상을 묻지도 아니하고 환자의 목 뒤를 관찰함으로써 병의 원인을 발견하는 방식으로 이루어지는데, 사회통념상 환자의 증상에 대한 정보 없이 이루어지는 진단의 정확성에 의문이 있는 사실, 피고인은 전문적인 의료교육과정을 거친 바가 전혀 없고, 한글이나 한문에 대한 해독능력이 없어서 의학관련 전문서적을 읽은 바도 없으며 의료기관에 근무한 바도 없는 사실 등을 인정한 다음, 이러한 사정들을 종합적으로 고려하면, 비록 피고인의 의료행위를 통하여 현대의학으로 고치기 어려운 말기암이나 불치병이 치료되었다는 일부 경험사례가 주장되고 있는 점을 고려하더라도, 전문교육이나 전문서적을 통하지 않고 남의 도움도 없이 혼자서 터득하였다는 의료행위를 의료법을 포함한 법질서 전체의 정신이나 그 배후에 놓여 있는 사회통념에 비추어 용인될 수 있는 행위에 해당한다고 볼 수는 없어 위법성이 조각되지 않는다고 판단하였다. 앞서 본 법리와 기록에 비추어 살펴보면, 원심의 판단은 정당"하다(**대판** 2012. 7. 5, 2007

도 8924－**장병두옹 사건**).

무면허 의료행위가 사회상규불위배행위에 해당하는가를 판단하는 결정적 표지를 '영리성 내지 영리의 목적' 유무에 두고 있는 것이 법원의 입장이 아닌가 한다.[85] 보다 더 구체적이고 체계적인 법리적 판단기준은 행위반가치론과 결과반가치론이라고 하는 근본적 논의에서 찾아야 할 것으로 본다.

3. 낙태행위 중 사회적·경제적 적응

모자보건법 제14조에 규정된 낙태의 허용사유에 해당하지 않는 경우라 하더라도, 임신의 지속이 본인 또는 그 가족의 사회적·경제적 사정을 현저히 위태롭게 할 염려가 있는 경우(사회적·경제적 적응)에는 그 낙태행위가 사회상규에 위배되지 아니하는 행위로서 위법성이 조각된다고 봄이 타당하다.

4. 극히 경미한 법익침해행위

극히 경미한 법익침해행위이고 행위동기가 크게 비난받을 만한 것이 아니라면, 구성요건에 해당하는 행위라고 하더라도 사회생활상 용인해 줄 수 있는 정도인 경우가 있다. 예컨대 작은 성냥 한 갑 또는 공사장에서 자갈 몇 개 정도를 절취한다든가 공무원이 직무와 관련하여 담배 한 갑 정도를 사례로 받은 경우에는 절도죄 및 수뢰죄의 구성요건해당성을 부정하기는 어렵지만, 사회상규에 위배되지 아니하는 행위로서 위법성을 부정하는 것이 가능하다.[86] 이

---

85) 대법원은 한의사 자격이 없는 피고인 김남수옹이 불특정 다수의 수강생들에게 침구술에 관한 교육을 하고, 수강생들로 하여금 침뜸 시술행위를 하게 하였으며, 이와 관련하여 수강생들로부터 수강료 내지 강사료를 받은 사실에 대하여 유죄('보건범죄 단속에 관한 특별조치법' 제5조 제3호 위반)를 선고하였다(김남수옹 사건). 다음은 판결이유 중에서 '사회상규불위배행위'에 관한 판시 부분이다. "형법 제20조에서 정한 '사회상규에 위배되지 아니하는 행위'란 법질서 전체의 정신이나 그 배후에 놓여 있는 사회윤리 내지 사회통념에 비추어 용인될 수 있는 행위를 말하고, 어떠한 행위가 사회상규에 위배되지 아니하는 정당한 행위로서 위법성이 조각되는 것인지는 구체적인 사정 아래서 합목적적, 합리적으로 고찰하여 개별적으로 판단되어야 하므로, 이와 같은 정당행위를 인정하려면 첫째 그 행위의 동기나 목적의 정당성, 둘째 행위의 수단이나 방법의 상당성, 셋째 보호이익과 침해이익과의 법익균형성, 넷째 긴급성, 다섯째 그 행위 외에 다른 수단이나 방법이 없다는 보충성 등의 요건을 갖추어야 한다. … 원심은 피고인 A의 교육에 따라 피고인 B, C이 한의사 면허나 그에 상응하는 자격 없이 영리를 목적으로 위와 같은 시술행위를 하거나 수강생들로 하여금 시술행위를 하도록 지시·감독한 행위는 법질서 전체의 정신이나 사회통념에 비추어 용인될 수 있는 정당행위에 해당한다고 볼 수 없다고 판단하였다. … 위와 같은 원심의 판단은 정당하고, 거기에 상고이유 주장과 같이 형법 제20조의 정당행위에 관한 법리를 오해한 잘못이 없다"(대판 2017. 8. 18, 2012 도 9992).

에 관한 이론으로는 전술한 바와 같이 경미성의 원칙 내지 가벌적 위법성론이 있다.

다수의 대법원판례가 상대방의 공격을 피하기 위하여 소극적으로 뿌리치는 정도의 저항행위를 한 것을 사회상규에 위배되지 아니하는 행위로 보고 위법성이 조각된다고 한 것은[87] 극히 경미한 법익침해행위는 사회생활상 불가피한 것으로서 허용하는 취지라고 풀이된다.

5. 법령상 징계권없는 자의 징계행위

법령상 징계권이 없는 사람도 이웃 아동의 비행(非行)에 적절히 대처하기 위하여 징계행위를 한 경우에 사회상규에 위배되지 아니하는 행위로서 위법성이 조각될 수 있다. 다만 그 징계는 주관적으로 훈육의 목적으로 행해지고 객관적으로 상당한 수단이어야 한다.[88]

---

86) 이 때 위법성이 조각될 뿐이지 그 행위가 도덕적으로 정당하다는 것은 아니다.

87) "피해자가 피고인의 팔을 당기고 하여 아무말 없이 뒤돌아가는데 다시 오른팔을 확 잡아 당기고 가슴 부분을 1회 때리고 또다시 때리려는 것을 보고, 피고인으로서는 더 이상 맞지 않으려고 피해자의 가슴을 밀어낸 정도의 행위로서는 비록 외형상 그것이 폭행에 해당한다 하더라도 그 동기나 당시의 상황으로 봐서 불법한 공격적인 행위로 나아간 것이라고 할 수 없고 이는 오히려 먼저 당한 폭행과 같은 새로운 폭행을 당하지 않으려고 본능적으로 한 소극적 방어행위(저항)에 지나지 않아 사회상규에 어긋나는 행위라고 볼 수 없다"(**대판 1986. 7. 22, 86 도 751**). "피고인으로서는 예기치 않게 피해자와 맞닥드리게 되어 위와 같은 행패와 요구를 당하는가 하면 상스러운 욕설을 듣고 매우 당황하였으리라고 보여지고, 이에 화도 나고 그 행패에서 벗어나려고 전후 사려없이 피해자를 왼손으로 밀게 된 것으로 인정되며, 그 민 정도가 역시 그다지 센 정도에 이르지 아니한 것으로 인정되므로, 피고인의 위와 같은 행위는 피해자의 부당한 행패를 저지하기 위한 본능적인 소극적 방어행위에 지나지 아니하여 사회통념상 용인될 수 있는 정도의 상당성이 있어 위법성이 없다고 봄이 상당하고, 피해자가 비록 술에 취하여 비틀거리고 있었지만 피고인의 위 행위가 정당행위인 이상"(**대판 1992. 3. 10, 92 도 37.** 同旨, 대판 1989. 11. 14, 89 도 1426; 1985. 11. 12, 85 도 1978 등). "형법 제20조에서 정한 사회상규에 위배되지 않는 행위란 법질서 전체의 정신이나 그 배후의 사회윤리 또는 사회통념에 비추어 용인될 수 있는 행위를 말하므로, 어떤 행위가 그 동기나 목적이 정당하고 수단이나 방법이 상당하며 보호법익과 침해법익이 균형을 이루는 등으로 당시의 상황에서 사회윤리나 사회통념상 취할 수 있는 본능적이고 소극적인 방어행위라고 평가할 수 있다면, 이는 사회상규에 위배되지 않는 행위라고 보아야 할 것"(대판 2014. 3. 27, 2012 도 11204).

88) 관련판례로는 다음과 같은 것이 있다. "원심판결은 (1) 피고인 천○○은…술에 취한 연소자인 전○○로부터 반말로 '담배 한개 다오'라고 요구받았기에 '뉘 집 아이냐'고 반문하자, 동인이 '이 자식 담배달라면 주지 왠 잔소리냐 이래 뵈도 내가 유도 4단인데 맛좀 봐라'하며 덤벼들어 집어던지려고 하다가 피고인의 한복바지를 찢는 등 행패를 부리므로, 피고인은 동인의 신원을 파악하고 또 연장자로서 훈계를 하기 위하여 동 전○○의 멱살을 잡아 부근에 있는 상피고인 신○홍가 마당에 끌고 간 사실과, (2) 피고인 신○홍은 위와 같이하여 끌려온 전○○가 때마침 동네 어른들이 모여 있는 추석주연의 좌석에 뛰어들어 함부로 음식물을 취하고 자리를 어지럽게 할

제 3 절 정당방위

Ⅰ. 서 설

1. 정당방위의 의의

정당방위(Notwehr)란 "현재의 부당한 침해로부터 자기 또는 타인의 법익을 방위하기 위한 상당한 이유있는 행위"이다(제21조 제1항). 우리 형법은 침해에 대한 방위행위가 "상당한 이유", 즉 "상당성"이 있는 때에 위법성이 조각되는 것으로 규정하고 있다.

정당방위는 '현재의 위법한 침해'라고 하는 긴급한 사태에 처하여 인간이 자연적 본능에 따라 행동하는 '긴급행위'의 일종으로서 동서고금을 막론하고 허용되어 오고 있다. "긴급은 법률을 가지지 아니한다"라는 법언에서 연유하는 위법성조각사유로는 정당방위 이외에 긴급피난과 자구행위가 있다.

그리고 정당방위는 '위법'한 침해에 대하여 '정당화'되는 행위이므로 그 본질이 「不正 對 正」의 관계로 표현된다. 여기에는 "정(正)은 부정(不正)에 양보할 필요가 없다"라고 하는 기본사상이 지배하고 있으며, 이 점에서 종래 다른 위법성조각사유에 비하여 정당방위는 매우 폭넓게 허용되어 왔다.

2. 정당방위의 정당화근거(근본이념)

오늘날 정당방위의 정당화의 근거(근본이념)는 「자기보호(自己保護)의 원리」와 「법질서수호(法秩序守護)의 원리」(法確證의 원리)에서 구해지고 있다. 자기보

뿐 아니라 또 60세가 넘은 어른에게 담배를 청하는 등 불손한 행동을 하므로, 피고인은 수차 말려도 듣지 않고 동인은 급기야 피고인의 동생 신○억에게 유도를 하자고 마당으로 끌고 가서 동 신○억을 넘어뜨리고 그 배 위에 올라타고 목을 조르고 있기에, 피고인은 이를 제지하기 위하여 방 빗자루로 동 전○○의 엉덩이를 2회 때렸다는 사실을 각 인정한 다음, 위 피고인들의 소위는 연소한 전○○의 불손한 행위에 대하여 그 신원을 파악하고 훈계하는 한편 전○○의 행패행위를 제지하기 위한 것으로 전○○의 행위에 의하여 침해당한 피고인 천○○, 신○홍의 법익에 비하여 전○○가 피고인 등의 폭행행위로 입은 신체상 침해된 법익을 교량할 때 피고인 등의 행위는 그 목적이나 수단이 상당하며, 이는 사회상규에 위배되지 아니하여 위법성이 없다고 단정하여 피고인들에게 무죄를 선고하였다. 기록에 대조하여 위 원심판결을 검토하니…정당행위에 관한 법리오해가 있다 할 수 없다"(**대판** 1978. 12. 13, 78 **도** 2617).

호의 원리는 자기보존과 종족보존의 본능, 즉 자위본능(自衛本能)에 기초를 둔 '개인적' 차원의 자연권으로서 정당방위'權'(Notwehrrecht)으로 관념되고 있다. 또 법질서수호의 원리는 불법에 대하여 법을 수호하고 불의를 징벌함으로써 정의를 세운다는 '사회적' 차원의 이념에 기여한다.

그런데 정당방위의 정당화근거를 개인의 자연권이라는 측면에만 두게 되면, 위법한 침해에 대해 '개인적' 법익을 보호하기 위한 경우에만 허용될 뿐이며, '국가적 · 사회적' 법익을 보호하기 위한 정당방위는 허용되지 않는다는 결론이 나온다. 따라서 개인적인 정당방위권의 행사가 동시에 사회평화와 법질서를 수호하게 되는 사회적 측면도 정당방위의 정당화의 근거로서 고려된다. 특히 '정(正)은 부정(不正)에 양보할 필요가 없다'라고 하는 사상은 법질서수호의 원리에 강하게 작용한다.

Ⅱ. 정당방위의 성립요건

제21조 제1항의 법문으로부터 정당방위의 성립요건을 끌어내 보자면, ① 현재의 부당한 침해가 있을 것, ② 자기 또는 타인의 법익을 방위하기 위하여 한 행위일 것, ③ 상당한 이유가 있을 것이라는 세 가지 요건이 나온다. 이하에 그 요건을 분설(分說)하기로 한다.

1. 현재의 부당한 침해가 있을 것: '침해행위'에 관한 요건

방위행위는 정당방위'상황'을 전제로 한다. '현재의 부당한 침해'가 바로 정당방위상황이다.

(1) 침 해

침해란 법익에 대한 공격을 뜻한다. 여기에서 침해는 반드시 '인간의 행위'로서 행해질 것을 요한다. 인간의 행위가 아니라 '자연재해'에 의한 침해는 위법판단의 대상이 되지 않으므로, 이에 대하여 정당방위는 있을 수 없고 긴급피난이 가능할 뿐이다.

침해는 작위뿐만 아니라 '부작위'에 의해서도 가능하다. 예컨대 경찰관이 피의자의 구속기간이 만료되었음에도 불구하고 고의로 석방하지 않는 경우에 피의자가 경찰서유치장 문을 손괴하고 나왔다면 정당방위가 성립할 수 있다.

문제는 '동물'의 침해에 대하여 정당방위가 가능한가 하는 점인데, 「대물방위」(對物防衛)의 문제로서 논의되고 있다. 이에 대해서는 ① 그 동물이 야수인 경우처럼 무주물(無主物)이라면 동물의 침해에 대한 반격행위는 형법의 영역 밖에 있는 문제가 되고, ② 주인이 있는 동물로서 사육주의 고의·과실로 침해가 야기되었다면 사육주의 고의·과실있는 침해행위에 대한 정당방위의 문제가 되는데, 이 때 동물의 침해는 사육주의 침해행위의 도구나 수단에 불과하다고 보며, ③ 사육주의 고의·과실없이 동물의 침해가 야기되었다면 인간의 행위로서의 침해가 없으므로 정당방위가 아니라 긴급피난의 문제가 된다고 봄이 타당하다.[89]

그 밖에 '도발에 의한 침해'(自招侵害)의 경우는 정당방위의 '제한' 부분에서 논하기로 한다.

(2) '현재'의 침해

침해는 현재에 있어야 한다. 따라서 과거의 침해나 장래에 있을 것으로 예상되는 침해에 대하여는 정당방위가 성립하지 않는다. '현재'의 침해라 함은 법익에 대한 침해가 "현시(現時)에 행해지고 있거나 곧 행해지려 하고 있는 급박한 상태이거나 아직 계속 중인 경우"를 말한다.[90]

여기에서 현재성의 기준시점은 '침해행위시'에 있는 것이지 방위행위시에 있는 것이 아니다.[91] 따라서 절도에 대비하여 담 위에 고압전선을 설치해 두는 것처럼 미리 방위행위를 해 두고 침해가 행해지는 시점에서 방위행위의 효과가 발생한 경우에도 정당방위가 성립한다.

침해의 현재성과 관련하여, '절도의 현행범을 추적하여 장물을 탈환하는 행위'가 정당방위인지 아니면 자구행위인지 하는 문제가 있다. 이 때 절도라는 침해행위는 기수에 달하였지만 법익침해가 현장에서 계속되고 있는 상태이므로 아직 절취행위는 종료되지 아니한 것으로 보아 '현재의' 침해에 대한 '정당방위'

---

89) 배종대, 339면; 오영근, 324면; 이상돈, 283면; 이형국, 147면; 정/박, 224면.

90) 판례에 따르면, "'침해의 현재성'이란 침해행위가 형식적으로 기수에 이르렀는지에 따라 결정되는 것이 아니라 자기 또는 타인의 법익에 대한 침해상황이 종료되기 전까지를 의미하는 것이므로, 일련의 연속되는 행위로 인해 침해상황이 중단되지 아니하거나 일시 중단되더라도 추가 침해가 곧바로 발생할 객관적인 사유가 있는 경우에는 그중 일부 행위가 범죄의 기수에 이르렀더라도 전체적으로 침해상황이 종료되지 않은 것으로 볼 수 있다"(대판 2023. 4. 27, 2020 도 6874).

91) 권오걸, 195면; 김성돈, 261면; 성낙현, 238면; 이재상, 224면; 정영일, 211면.

가 성립한다고 봄이 타당하다(통설).[92]

(3) '부당'한 침해

침해는 부당해야 한다. 여기에서 부당이라 함은 '위법'함을 의미한다. '위법'한 침해행위에 대하여 방위행위가 '정당화'되기 때문에 정당방위의 '본질'은 「부정 대 정」의 관계로 표현된다.

위법은 형법상 불법을 의미하는 것이 아니라, 전체 법질서에 비추어 실질적·객관적으로 위법함을 말한다(실질적 위법성론과 객관적 위법성론).[93] 따라서 고의 이외에 과실에 의한 침해, 예컨대 과실손괴행위에 대하여도 정당방위가 가능하다. 또 침해행위는 위법하면 족하고, 유책할 필요는 없다. 즉 정신병자 또는 어린이와 같은 책임무능력자의 침해에 대하여도 정당방위를 할 수 있다. 그리고 정당방위, 정당화되는 긴급피난, 자구행위는 위법하지 않으므로 이들에 대한 정당방위는 있을 수 없다. 그 밖에 법령에 의한 공무원의 직무집행행위, 징계권자의 징계행위 등도 위법하지 않은 이상 이에 대하여는 수인의무가 있을지언정 정당방위는 허용될 수 없다.[94]

문제는 「싸움」(爭鬪)에서 정당방위가 인정될 수 있는가 하는 점이다. 통상적인 싸움은 엄밀히 보자면, ① 방위행위와 침해행위가 교차하고 있으므로 그 중 어느 한쪽만을 위법한 침해행위라고 볼 수 없고, ② 서로 방위의사가 아니라 공격의사(침해의사)를 가지고 있으며, ③ 싸우는 자들은 서로 침해를 유발하고 있기 때문에(자초침해) 정당방위가 인정될 수 없다고 봄이 타당하다. 대법원판례도 이러한 입장을 취하고 있다.[95]

---

92) 김성돈, 261면, 김성천, 204면; 김/서, 294면; 박상기, 158면; 배종대, 340면; 손동권, 173면; 손해목, 448면; 신동운, 273면; 안동준, 106면; 이재상, 223면; 이형국, 148면; 정/박, 223면; 진/이, 343면.

93) 손동권, 175면; 이재상, 224면 이하; 이형국, 148면 이하; 정/박, 225면; 정영일, 213면. 이에 반해 김성돈, 263면; 오영근, 325면은 부당을 위법보다 넓은 개념으로 사용하고 있다.

94) 위법한 공무원의 직무집행행위에 대해서 정당방위 성립을 인정한 판례로는 대판 2006. 9. 8, 2006 도 148; 2000. 7. 4, 99 도 4341. "판결요지: 경찰관들이 체포영장을 소지하고 메트암페타민(일명 필로폰) 투약 등 혐의로 피고인을 체포하려고 하자, 피고인이 이에 거세게 저항하는 과정에서 경찰관들에게 상해를 가하였다고 하여 공무집행방해 및 상해의 공소사실로 기소된 사안에서, 피고인이 경찰관들과 마주하자마자 도망가려는 태도를 보이거나 먼저 폭력을 행사하며 대항한 바 없는 등 경찰관들이 체포를 위한 실력행사에 나아가기 전에 체포영장을 제시하고 미란다 원칙을 고지할 여유가 있었음에도, 애초부터 미란다 원칙을 체포 후에 고지할 생각으로 먼저 체포행위에 나선 행위는 적법한 공무집행이라고 보기 어렵다는 등의 이유로 피고인에게 정당방위의 성립을 인정하여 무죄를 선고한 원심판단이 정당하다"(대판 2017. 9. 21, 2017 도 10866).

95) "이 사건은 위 윤○○이 피해자 일행 중 1명의 뺨을 때린 데에서 비롯된 것으로 피고인 등

그러나 싸움에 있어서도 항상 정당방위가 허용되지 않는 것은 아니고, ① 싸움 도중 상대방이 갑자기 예상 이외의 과도한 공격수단으로 나온 경우,[96] ② 전혀 싸울 의사없이 소극적 방어에 그친 경우,[97] ③ 싸움의 중지의사를 상대방에게 확실히 인식시키고 공격을 멈추었으나 상대방은 일방적인 공격행위로 나온 경우,[98] ④ 자신은 매우 약하고 상대방이 극히 강해서 생명의 위험을 느낄 정도로 급박한 경우 등에는 정당방위가 인정될 여지가 있다고 본다.

2. 자기 또는 타인의 법익을 방위하기 위하여 한 행위일 것: '방위행위'에 관한 요건

(1) 법 익

법익은 권리에 한하지 않고 '법률상 보호되는 모든 이익'을 의미한다. 따라서 생명·신체·명예·재산·자유 이외에 가장의 권위와 같은 가족관계,[99] 애정

의 행위는 피해자 일행의 부당한 공격을 방위하기 위한 것이라기보다는 서로 공격할 의사로 싸우다가 먼저 공격을 받고 이에 대항하여 가해하게 된 것이라고 봄이 상당하고 이와 같은 싸움의 경우 가해행위는 방어행위인 동시에 공격행위의 성격을 가지므로 정당방위 또는 과잉방위행위라고 볼 수 없다"(**대판** 1993. 8. 24, 92 **도** 1329). "피고인과 피해자 사이에 상호 시비가 벌어져 싸움을 하는 경우에는 그 투쟁행위는 상대방에 대하여 방어행위인 동시에 공격행위를 구성하며, 상대방의 행위를 부당한 침해라고 하고 피고인의 행위만을 방위행위라고 하여 정당방위의 성립을 인정할 수 없다"(**대판** 1984. 5. 22, 83 **도** 3020). "일련의 상호 쟁투중에 이루어진 구타행위는 서로 상대방의 폭력행위를 유발한 것이므로 정당방위 또는 과잉방위는 성립하지 아니한다"(**대판** 1986. 12. 23, 86 **도** 1491).

96) "싸움을 함에 있어서 격투를 하는 자 중의 한 사람의 공격이 그 격투에서 당연히 예상할 수 있는 정도를 초과하여 살인의 흉기 등을 사용하여 온 경우에는 이를 「부당한 침해」라고 아니할 수 없으므로 이에 대하여는 정당방위를 허용하여야 한다"(**대판** 1968. 5. 7, 68 **도** 370).

97) "피고인은 방 안에서 피해자로부터 깨진 병으로 찔리고 이유없이 폭행을 당하여 이를 피하여 방 밖 홀로 도망쳐 나온 것이고 피해자는 피고인을 쫓아 나와서까지 폭행을 가한 것으로서 이 때 피고인이 방 안에서 피해자를 껴안거나 두손으로 멱살부분을 잡아 흔든 일이 있고 홀 밖에서 서로 붙잡고 밀고 당긴 일이 있다고 하여도 위와 같은 사실관계하에서는 이는 특별한 사정이 없는 한 피해자에 대항하여 폭행을 가한 것이라기보다는 피해자의 부당한 공격에서 벗어나거나 이를 방어하려고 한 행위였다고 보는 것이 상당하고 그 행위에 이르게 된 경위, 목적, 수단, 의사 등 제반사정에 비추어 사회통념상 허용될 만한 정도의 상당성이 있는 경우에는 위법성이 결여된 행위라고 볼 것"(**대판** 1989. 10. 10, 89 **도** 623). "맞붙어 싸움을 하는 사람 사이에서는 공격행위와 방어행위가 연달아 행하여지고 방어행위가 동시에 공격행위인 양면적 성격을 띠어서 어느 한 쪽 당사자의 행위만을 가려내어 방어를 위한 '정당행위'라거나 '정당방위'에 해당한다고 보기 어려운 것이 보통이다. 그러나 겉으로는 서로 싸움을 하는 것처럼 보이더라도 실제로는 한 쪽 당사자가 일방적으로 위법한 공격을 가하고 상대방은 이러한 공격으로부터 자신을 보호하고 이를 벗어나기 위한 저항수단으로서 유형력을 행사한 경우에는, 그 행위가 새로운 적극적 공격이라고 평가되지 아니하는 한, 이는 사회관념상 허용될 수 있는 상당성이 있는 것으로서 위법성이 조각된다"(**대판** 2010. 2. 11, 2009 **도** 12958).

98) 대판 1957. 3. 8, 4290 형상 18.

99) 대판 1974. 5. 14, 73 도 2401.

관계도 방위의 대상법익이 된다.

(2) 자기 또는 타인의 법익

형법은 자기 이외에 "타인"의 법익을 방위하기 위한 정당방위도 허용하고 있다. 타인을 위한 정당방위를 「긴급구조」(Nothilfe)라고 한다. 타인을 위한 정당방위는 '법질서수호의 원리'에 의하여 뒷받침된다.

타인에는 자연인 이외에 법인도 있으며, 자신과 무관한 제3자도 당연히 포함된다. 그리고 긴급구조에 있어서 타인의 의사는 묻지 않는다.

타인을 위한 정당방위에서 타인은 개인에 국한되지 않고 국가와 공법인도 포함되므로, '문언'해석에 충실하자면 국가적 · 사회적 법익을 위한 정당방위도 허용된다고 볼 수 있다. 이러한 문언해석에도 불구하고 「국가적 · 사회적 법익」을 위한 정당방위가 허용될 수 있느냐에 관하여는 논의가 분분하다. 이 문제에 관하여는 정당방위의 '상당성'요건 내지 '제한'에서 언급하기로 한다.

(3) 방위하기 위하여 한 행위

방위행위란 위법한 침해를 배제하기 위하여 한 행위를 말한다. 방위행위에는 침해행위에 대하여 순전히 수비적 방어에 그치는 '보호방위'(수비방위: Schutzwehr)와 침해행위에 대하여 적극적 공세를 취하여 반격을 가하는 '반격방위'(공격방위: Trutzwehr, Gegenangriff)가 있다.[100]

그리고 방위행위는 성질상 '침해행위자' 및 그 도구에 대하여 행해져야 한다. 침해를 모면하기 위한 방위행위가 침해와 무관한 제3자에게 향해진 경우에는 정당방위가 성립하지 아니하고 긴급피난의 문제가 된다.

방위행위에는 「방위의 의사」가 있어야 한다.[101] '방위의사'는 정당방위에 있어서 "주관적 정당화요소"이다. 방위의사는 방위행위의 유일한 동기일 필요는 없고, 분노, 증오, 복수심, 응징욕구와 같은 동기가 개재되어도 방위의사가 주된 동기인 이상 정당방위가 성립한다.[102] '싸움'에 있어서 대법원은 대부분 '방위의사'가 없다는 이유로 정당방위의 성립을 부정하고 있다.

정당방위의 '상황'(객관적 요건)이 존재함에도 불구하고 행위자는 이를 인식하지 못하거나 방위의사가 결여된 채로 침해행위자의 법익을 훼손한 경우에

---

100) "정당방위의 성립요건으로서의 방어행위에는 순수한 수비적 방어뿐 아니라 적극적 반격을 포함하는 반격방어의 형태도 포함됨"(대판 1992. 12. 22, 92 도 2540).

101) 대판 1997. 4. 17, 96 도 3376-전원합의체; 1981. 8. 25, 80 도 800.

102) 권오걸, 200면; 김성돈, 266면; 신동운, 274면; 정/박, 228면.

는 이른바 「우연방위」(偶然防衛)의 문제가 발생한다. 이에 관하여는 위법성의 기초이론 부분에서 '주관적 정당화요소를 결여한 경우의 효과'로서 '불능미수범설'이 타당함을 기술하였다.

3. 상당한 이유가 있을 것: 침해행위와 방위행위 '사이'에 관한 요건

현재의 위법한 침해에 대한 방위행위는 "상당한 이유", 즉 "상당성"이 있을 때 위법성이 조각된다. 상당성의 내용과 구체적 판단원리는 근본적으로 '위법성의 실질'에 관한 행위반가치론과 결과반가치론에서 구해진다. 특히 정당방위에 있어서 상당성의 판단원리로서는 방위행위가 침해행위에 대한 유일한 수단이었느냐 하는 '보충성의 원칙'과 방위수단이 여러 가지인 경우에는 침해행위자에게 상대적으로 최소의 피해를 주는 방위행위를 해야 하는가 하는 '상대적 최소방위의 원칙' 그리고 보전법익과 상실법익 사이에 균형이 유지되어야 하는가 하는 '이익균형의 원칙'을 검토하게 된다.

상당성의 판단은 '행위 당시'의 구체적 사정을 고려한 '객관적' 판단이다. 즉 신중한 제3자가 침해에 직면한 자의 입장에 서서 제반사정을 고려하여 내렸을 판단이다.[103)]

정당방위의 성립요건으로서 우리 형법은 상당성이라는 개념을 사용하고 있으나 요즈음 우리나라 형법학자들은 거의 예외없이 이 상당성을 해석함에 있어서 독일형법상의 정당방위의 성립요건인 "필요성"(독일형법 제32조 제2항)으로[104)] 또는 "요구성"(동조 제1항)과의 결합으로[105)] 용어대치를 하거나, 상당성판단의 한 원리로 필요성을 끌어들이고 있다.[106)] 그런데 독일형법상의 필요성(Erforderlichkeit) 또는 요구성(Gebotenheit)의 요건을 빌려서 우리 형법상의 상당성요건을 혼탁하게 만드는 것은 독일 형법학에 대한 무분별한 맹종의 소치라고 생각한다. 미리 결론을 밝히자면, 입법례를[107)] 소개하는 것이 아닌 이상, 우리 형법의 해석

103) 대판 1984. 4. 24, 84 도 242. 피해자가 강제추행범의 혀를 깨물어 절단케 한 경우 정당방위의 성립을 인정한 판결로는 1989. 8. 8, 89 도 358.

104) 손해목, 454면; 이재상, 228면.

105) 상당성의 요건을 필요성과 요구성의 두 요건으로 설명하는 견해로서는 김/서, 296면 이하; 박상기, 173면.

106) 김태명, "정당방위의 상당성요건의 구체적 의미와 판단기준", 고시계, 2001. 5, 53면. 배종대, 343면 이하; 손동권, 179면; 신동운, 276-7면; 이형국, 150면; 정/박, 229면.

107) 독일형법 제32조 제1항 "긴급방위(Notwehr)에 의하여 요구된(geboten) 행위를 한 자는 위법하게 행위한 것이 아니다." 동 제2항 "긴급방위는 자기 또는 타인에 대한 현재의 위법한 공

에 있어서 필요성이라는 정당방위의 성립요건을 내세울 필요는 전혀 없다고 본다.

독일에서조차 막연한 추상개념으로서의 필요성과 요구성의 요건은 하등 구체적인 판단기준을 제시해 주는 바가 없고 공공식(空公式, Leerformel)에 불과하며[108] 정당방위의 한계를 불확실하게 만들 뿐이라는 비판적 견해가[109] 유력하게 전개되고 있음에도 불구하고, 우리나라 학자들 중에 정당방위의 상당성요건에다가 여전히 모호하기 짝이 없는 필요성과 요구성의 요건을 끌어대는 것은 두 번씩이나 사족(蛇足)을 다는 작업에 지나지 않는다고 생각한다. 우리 형법상의 '상당성'은 정당방위의 성립요건과 정당방위에 대한 사회윤리적 제한을 하나에 담고 있는 함축개념이고, 이 개념에 정당방위의 구성원리이면서 동시에 정당방위의 제한원리로서의 양면기능을 부여할 수 있으며, 최소한 중언부언을 피하고 있다는 점에서 독일형법보다 우월한 표현이라고 결론지을 수 있다.[110]

(1) 보충성의 원칙

정당방위는 '현재의 위법'한 침해에 대하여 '정당화'되는 행위이기 때문에, 그 본질이 침해행위의 "부정" 대(對) 방위행위의 "정"으로 표현되고, 또 침해행위의 "현재성"이 필요한 것이 특징이다. 이 점에 있어서 '정 대 정'을 본질로 하는 '정당화적 긴급피난'이나 '과거의' 침해에 대하여 허용되는 '자구행위'에 비하여 정당방위는 '매우 관대한 요건'하에서 허용된다.

따라서 정당방위의 상당성요건에 있어서 방위행위가 침해행위를 격퇴하기 위한 유일한 수단 내지 최후의 수단이어야 한다는 "보충성의 원칙"은 적용되지 않는다.[111] 즉 침해행위에 대하여 회피할 수 있는 방법이 있었음에도 불구하고 회피하지 아니하고 방위행위를 한 경우에도 원칙적으로 정당방위가 성립한다. 특히 "정은 부정에 양보할 필요가 없다"는 법질서수호의 원리에 비추

격을 막기 위하여 필요한(erforderlich) 방어이다." 한편 일본형법 제36조는 정당방위에 관하여 "급박·부정한 침해에 대하여 자기 또는 타인의 권리를 방위하기 위하여 부득이한 데서 나온 행위는 벌하지 아니한다"라고 규정하고 있다.

108) Schönke/Schröder/Lenckner, StGB, §32 Rn. 44.

109) Jescheck, AT, S. 309.

110) 이러한 저간의 사정에 관하여 상세히는 임웅, "정당방위에 있어서 상당한 이유", 고시계, 1998. 6, 184면 이하 참조.

111) 김/서, 296면; 박상기, 175면; 배종대, 343면; 손해목, 454면; 안동준, 108면; 오영근, 334면; 이재상, 227면; 이형국, 150면; 정/박, 229면; 정영일, 220면; 진/이, 352면.

어, 자신의 명예를 떨어뜨리면서까지 또는 가벼운 손해라 하더라도 이를 감수하면서까지 회피수단을 택해야 할 회피의무는 없다. 회피할 수 있는 경우에는 회피수단을 선택해야 한다는 것을 "회피의 원칙"이라고 명명한다면, 정당방위의 상당성요건에 회피의 원칙은 적용되지 않는다.

(2) 상대적 최소방위의 원칙

침해행위에 대하여 회피하지 아니하고 방위행위를 함에 있어서도 그 방위수단이 여러 가지인 경우에는 침해행위자에게 상대적으로 최소의 피해를 주는 방위행위를 하여야만 상당성이 있는 것으로 평가된다.[112] 즉 정당방위의 성립에 "상대적 최소방위의 원칙"이 적용된다.[113]

정당방위는 자기나 타인의 이익을 보호하려는 행위인 만큼, 침해를 효과적으로 격퇴할 수 있는 정도의 방위수단을 사용하면 족한 것이고, 그 이상의 피해를 주는 방위수단은 상당성을 잃는다고 보아야 하기 때문이다.

그런데 여기에서 주의해야 할 점은, 방위수단이 여럿 있으나 그 성공가능성－침해의 격퇴가능성－이 각각 다르다면, 비록 침해자에게 최소한의 피해를 주는 수단이기는 해도 침해를 격퇴하기 위하여 즉각적이고도 종국적인 수단이 되지 못하는 경우에는 그 최소방위수단을 택할 필요는 없다.[114] 긴급사태하에서는 인간은 자신의 이익을 지키기 위하여 본능적으로 보다 '확실한' 방위수단을 선택하게 되어 있고, 침해자에 대한 피해가 적다고 해서 불확실하고도 위험한 방위수단을 사용하도록 강제할 수는 없을 것이기 때문이다. 따라서 정당방위의 수단으로는 대체로 불확실한 방위수단에 속하는 보호방위(수비방위)에 국한되지 아니하고, 보다 강력하고도 확실한 반격방위(공격방위)가 일반적

---

112) "위 망인이 칼을 들고 정○수 순경 등에게 항거하였다고 하여도 정○수 순경 등이 약 11미터나 뒤로 밀리는 동안 공포를 발사하거나 정○호 의경이 소지한 가스총과 경찰봉을 사용하여 위 망인의 항거를 억제할 시간적 여유와 보충적 수단이 있었다고 보여지고, 또 복도 끝에 밀려 부득이 총을 발사하여 위해를 가할 수밖에 없었다고 하더라도 가슴부위가 아닌 하체부위를 향하여 발사함으로써 그 위해를 최소한도로 줄일 여지가 있었다고 보여지므로, 위와 같은 정○수 순경의 총기사용행위는 경찰관직무집행법 제11조 소정의 총기사용 한계를 벗어난 것이라고 하지 않을 수 없다. 정당방위에 있어서는 반드시 방위행위에 보충의 원칙은 적용되지는 않으나 방위에 필요한 한도내의 행위로서 사회윤리에 위배되지 않는 상당성있는 행위임을 요하는 것인 바, 위 설시와 같은 총기사용의 경위에 비추어 정○수 순경의 행위는 상당성있는 행위라고 볼 수 없어 정당방위에도 해당하지 않는다"(**대판 1991. 9. 10, 91 다 19913**).

113) 김/서, 297면; 박상기, 178면; 배종대, 344면; 손해목, 454면; 신동운, 276면; 오영근, 335면; 이재상, 228면; 이형국, 150면; 정/박, 229면; 정영일, 220면; 진/이, 352면.

114) Schönke/Schröder/Lenckner, StGB, §32 Rn. 36c.

으로 허용된다.

(3) 이익균형의 원칙

상대적으로 최소의 피해를 주는-이는 여러 방위수단 사이에서의 비교이다-방위수단을 사용한 경우에도, 방위행위에 의하여 보호되는 법익(보전법익)과 방위행위로 인하여 훼손되는 법익(상실법익) 사이에 균형이 유지될 필요는 없다. 즉 상실법익이 보전법익보다 큰 경우에도 상당성이 있는 것으로 평가된다. 예컨대 강도를 당하여 달리 방도가 없는-특히 보다 적은 피해를 주는 방위수단을 택할 수 없는-긴급시에 강도를 사살하는 것도 정당방위로 허용된다.

이러한 관점에서 정당화적 긴급피난과는 달리 정당방위의 상당성요건에 기본적으로 "이익균형의 원칙"은 적용되지 않는다.[115)]

(4) 정당방위의 상당성요건과 정당방위의 제한

(가) 정당방위의 제한은 상당성개념의 내포 원래 개인주의와 자유주의의 정신이 뿌리깊은 서구에서는 19세기만 해도 위법한 침해에 대한 정당방위는 매우 폭넓게-오늘날에 비추어 보면 거의 무제한에 가깝게-허용되었다. 서구의 전통은 정당방위란 "필요하면 할 수 있다"라고 할만큼 극단적인 사상을 낳았고, 정당방위자는 자위권의 행사자이며 정의의 수호자로 인식되었다. 그러나 부정 대 정이라는 정당방위의 본질을 강조하여 정당방위를 무제한에 가깝도록 허용하는 것이 오히려 부정일 수도 있다는 인식과[116)] 개인주의·자유주의에 대한 반성이 작용하여, 20세기에 들어 와 정당방위에 대한 "사회윤리적 제한"이 논의되기 시작하였고, 요즈음은 정당방위의 제한이 정당방위의 핵심문제로 다루어지고 있다. 이러한 변화를 가리켜 "정당방위의 역사는 정당방위 제한의 역사이다"라고 한다.[117)]

그런데 우리 형법이 정당방위의 성립요건으로 규정하고 있는 '상당성'은 행위반가치론의 입장에서 방위행위에 대한 사회윤리적 가치판단을 강하게 받게 되는 개념이다. 이러한 관점에서 보자면, 최근 책임없는 자의 침해, 긴밀한 인

---

115) 김/서, 296면; 박상기, 175면; 배종대, 345면; 손해목, 454면; 신동운, 276면; 오영근, 336면; 안동준, 108면; 이재상, 228면; 이형국, 150면; 정/박, 229면; 정영일, 220면; 진/이, 351면.

116) "법의 극치는 부정의 극치"(summum jus, summa injuria)라는 법언(法諺)이 여기에도 타당하다.

117) Jescheck, AT, S. 309.

적 관계에 있는 자의 침해, 경미한 침해, 도발된 침해에 대한 방위행위와 같이 정당방위의 제한으로서 논의되고 있는 사례유형은 상당성의 요건에서 사회윤리적 심사를 받도록 하는 것이 논의마당을 제대로 찾아주는 것이라고 생각하며, 구태여 상당성요건과 분리된 별개의 장에서 다룰 필요가 없다고 하겠다. 즉 우리 형법은 사회윤리적 색채가 강한 상당성개념을 사용하고 있기 때문에, 위의 사례유형은 상당성요건이라는 필터에서 걸러져야 할 문제로 보는 것이 타당하다.[118)]

정당방위의 제한은 별도의 논리를 구축하기보다는 상당성개념의 축소해석 내지 제한해석을 통하여 훌륭히 달성될 수 있다고 본다. 위법한 침해에 대한 방위행위가 사회윤리적 견지에서 '상당성이 있으면' 정당방위가 성립되고, 사회윤리적 견지에서 '상당성이 없으면' 정당방위가 성립되지 않는데 – 경우에 따라 과잉방위로 평가되는 것은 별개의 문제이다 –, 정당방위의 제한유형은 상당성없는 방위행위의 일부분으로 해소시켜 논의하는 것이 마땅하다.

상당성이란 해석상 신축이 가능한 추상적 개념, 불명확개념으로서 방위행위시의 구체적 사정을 종합적으로 고려하여 축소해석함으로써 정당방위의 성립을 부정하는 경우가 있을 수 있고, 확장해석함으로써 정당방위의 성립을 긍정하는 경우가 있을 수도 있다. 정당방위의 제한이 제21조 제1항에 법정(法定)된 상당성의 개념에 내재되어 있는 해석상의 광협에 속하는 문제인 이상, 형벌권의 확장을 가져오기 때문에 법률주의원칙에 위배된다는 주장은[119)] 타당치 않다.

여기에서 상당성요건을 축소해석한다는 것은 정당방위에 있어서 도외시되던 위법성의 구체적 판단원리들 – 보충성의 원칙 내지 회피의 원칙, 이익균형의 원칙 – 을 엄격히 적용하거나, 요구되던 원칙 – 예컨대 상대적 최소방위의 원칙 – 도 더욱 강하게 적용한다는 뜻이다. 따라서 회피의 원칙은 침해행위에 대하여 방위행위로 대항하지 말고 감수해야 할 "수인의무" 내지 "회피의무"를 발생시키기도 하고, 상대적 최소방위의 원칙은 강력한 반격방위보다는 피해

---

118) ① 정당방위의 제한을 상당성요건에서 취급하고 있는 학자는 김성돈, 268면; 신동운, 276면 이하; 오영근, 339면; 이형국, 150면 이하; 정/박, 230면; 진/이, 353면 이하. ② 정당방위의 제한을 상당성요건에서 취급하되 독일형법의 요구성개념으로 설명하고 있는 학자는 김/서, 298면 이하; 박상기, 175면, 181면 이하; 정영일, 221-2면. ③ 정당방위의 제한을 상당성요건과는 별개의 항목에서 취급하고 있는 학자는 손해목, 458면 이하; 이재상, 230면 이하.

119) 배종대, 348면.

를 적게 주면서 수비적 자세에 그치는 보호방위를 해야 한다는 "보호방위의 원칙"으로 응결되는 수도 있다.

방위행위가 이러한 원칙들을 위반하게 되면 정당방위가 성립하지 않게 되는데, 이 때에도 ① 과잉방위로 인정되는 경우(예: 경미한 침해에 대한 방위)가 있는가 하면, ② 과잉방위조차 성립될 여지가 없는 경우(예: 의도적 도발에 의한 침해에 대한 방위)도 있다.

(나) 상당성요건의 실질원리　　독일에서는 정당방위의 제한을 결정짓는 실질적 원리를 '별도로' 찾아보고자 하는 견해가 지배적인데, 이에는 기대가능성설, 상당성설, 비례성설, 권리남용설 등이 있다. 그런데 이들 학설에 공통된 비판은, 모두가 개괄조항(Generalklausel)으로서 구체적 판단원리를 제시하고 있지 않으므로 법적 안정성을 해치고 있으며, 또 다른 공공식(空公式)으로 대치하고 있을 뿐이라는 지적이다.[120]

전술한 바와 같이 정당방위의 제한유형은 상당성요건의 한 장면으로 해소시키는 것이 마땅하므로, 그 제한을 결정짓는 실질적 원리를 별도로 모색할 필요가 없고, 정당방위의 상당성요건이나 정당방위의 제한이나 모두가 정당방위 전반을 지배하는 '정당화근거'(근본이념)로부터 그 실질원리를 도출함이 타당하다.[121] 정당방위의 정당화근거는 '자기보호의 원리'와 '법질서수호의 원리'에 두어지므로 상당성개념의 축소해석을 지도하는 실질원리 — 정당방위의 제한을 결정짓는 실질원리 — 도 자기보호의 원리와 법질서수호의 원리에 있으며, 자기보호의 이익 또는 법질서수호의 이익이 '결여'되거나 '현저히 약화'되는 경우에 정당방위는 '제한'을 받는다고 하겠다.

(다) 상당성요건의 엄격적용이 논의되는 유형

(a) 책임없는 자 또는 책임이 저하(低下)된 자의 침해　　방위상황에 있어서의 침해는 위법한 침해이면 충분하고 유책할 필요는 없다. 따라서 책임없는 자의 위법한 침해에 대하여 일반적으로 정당방위가 허용되지만, 어린이, 정신

120) Schönke/Schröder/Lenckner, StGB, §32 Rn. 46; Jescheck, AT, S. 309 f.

121) ① 이와 같은 견해로서는 박상기, 181면. ② 김/서, 298면 이하에서는 정당방위의 제한을 정당방위의 근본이념에서 구하면서도 간혹 권리남용설을 차용하고 있다. ③ 이재상, 230면에서는 정당방위의 근본이념 중에서도 법질서수호의 원리 하나에서만 구하고 있다. ④ 권리남용설에서는 학자는 진/이, 341-2면. 독일에서도 정당방위제한의 실질원리를 정당방위의 근본이념(정당화근거)에서 구하는 학자로서는 Jescheck, AT, S. 310; Schönke/Schröder/Lenckner, StGB, §32 Rn. 47; Bockelmann/Volk, AT, S. 94.

병자, 만취자, 착오하의 행위자, 긴급피난자, 과실행위자는 법질서에 대한 심정반가치가 매우 저하되어 있으므로, 이러한 자들의 침해에 대한 방위행위에서 법질서를 수호한다는 이익을 찾아 보기는 어렵다.

이 사례유형에서는 자기보호의 이익만이 방위행위의 정당화근거가 될 것이기 때문에 회피수단을 통하여 자신의 이익을 보호할 수 있다면 방위수단을 택하지 말고 회피하여야 한다(회피의 원칙). 회피할 수 없는 부득이한 상황이라고 하더라도 이들의 침해에 대해서는 반격방위가 아니라 보호방위에 의해서 자신의 이익을 보호할 수 있는 경우가 많을 것이므로 가급적 보호방위로 그쳐야 한다(보호방위의 원칙). 예컨대 일곱살된 어린이가 어른에게 몽둥이로 공격을 가해 온다면 가급적 회피하든지 방위하는 경우에도 보호방위로 그쳐야 한다. 이와 같이 회피의 원칙과 보호방위의 원칙이 적용된다는 점에서 정당방위는 제한을 받는다고 하겠다. 물론 이러한 제한은, 방위상황에 처한 사람이 침해행위자의 위와 같은 성질을 인식하고 있을 것을 전제로 한다.

(b) 긴밀한 인적 관계에 있는 자의 침해 부부나 친자처럼 긴밀한 인적 관계에 있는 사람들 사이에서는[122] 법질서수호의 이익은 현저히 후퇴하고, 상대방에 대한 이익을 배려할 의무도 있으므로 자기보호의 이익이 상대화된다. 따라서 긴밀한 인적 관계에 있는 자의 침해에 대하여는 이익형량을 고려하여 자기보호를 위한 필요범위 내에서의 방위행위만이 허용될 것이다. 가족간에는 사소한 침해에 대해서 서로 수인할 의무도 있고, 회피수단을 통하여 자신의 이익을 보호할 수 있다면 먼저 회피수단을 택하여야 할 것이며, 부득이 방위하는 경우에도 가급적 보호방위로 그쳐야 한다. 특히 생명을 잃게 하는 방위행위는 엄격한 보충성의 원칙과 이익균형의 원칙하에 허용되고, 자신의 신체적 이익을 보호하기 위하여 가족에게 치명상을 입히는 방위행위는 상당성을 벗어난 것으로 평가된다. 예컨대 술에 취한 남편의 구타를 막기 위하여 우산으로 남편을 찔러 죽인 처의 행위는 정당방위로 허용되지 않는다.[123]

(c) 경미한 침해 위법성의 실질에 관한 결과반가치의 입장에서 보자면, 극히 경미한 법익침해행위는 위법하지 않다고 평가할 수 있다.[124] 따라서

122) 긴밀한 인적 관계라고 하여도 보다 좁게 부진정부작위범에 있어서의 보증인적 지위, 즉 보증관계에 있는 가족 사이에서만 정당방위의 제한이론을 적용하려는 견해도 있다(이재상, 231면).

123) BGH NJW 1969, S. 802 참조.

124) 경미성의 원칙 또는 가벌적 위법성론이 그러한 결론을 뒷받침한다.

혼잡한 통로에서 밀치기, 초만원의 지하철에 억지로 올라타기, 야간에 손전등 비추기, 사소한 욕설 등과 같이 극히 경미한 침해에 대하여는 위법한 침해라고 하는 방위상황이 존재하지 않으므로 정당방위 자체가 성립할 여지가 없으며, 수인의무가 발생하거나 침해와 마찬가지 정도의 극히 경미한 방위수단으로 대응해야 한다. 이러한 견해와는 달리, 극히 경미한 침해도 일단 위법한 침해행위로 보고 이에 대하여 정당방위를 할 수 있으나 일정한 제한을 받는다는 주장도 있다.[125]

그런데 경미한 법익침해행위에 대한 방위행위가 '심한 불균형'을 이룰 정도의 법익상실을 가져온 경우에, 정당방위에 있어서는 이익균형의 원칙이 적용되지 않으므로 허용된다고 볼 것인가 아니면 상당성을 잃는다고 평가하여 과잉방위로 보아야 할 것인가가 문제된다. 보전법익과 상실법익 사이에 심한 불균형이 있는 경우에는 자기보호의 이익이 현저히 약화되고 법질서수호의 이익도 후퇴하기 때문에, 정당방위로 허용되지 않고 과잉방위가 된다고 봄이 타당하다. 예컨대 빨래줄에 널려 있는 옷가지 정도를 훔쳐가는 좀도둑을 사살하는 행위는 법익의 심한 불균형이 있으므로 상당성을 잃는다. 이러한 관점에서 엄밀히 표현하자면, 정당방위에 있어서는 이익균형의 원칙이 전적으로 적용배제되는 것이 아니라 "심한 불균형을 이루지 않는 한도 내"에서 적용배제되는 것이라고 말할 수 있다.

(d) 도발된 침해(자초침해) 도발된 침해는 의도적 도발에 의한 침해와 비의도적 유발에 의한 침해로 나누어 볼 수 있다.

(aa) 의도적 도발(挑發)의 경우: 방위자가 정당방위를 구실로 해서 침해자를 해치고자 의도적으로 침해행위를 도발한 경우에 그 방위행위에서는 아무런 법질서수호의 이익을 찾아 볼 수 없기 때문에 원칙적으로 정당방위가 성립하지 않는다.[126] [127] 그러나 항상 그런 것은 아니고, 도발된 침해가 자신에게 다소간의 손해를 끼친다고 하더라도 이를 수인하거나 회피할 의무를 발생

125) 이재상, 232면.

126) 이 경우를 논리적으로 분석하자면, 도발행위 자체가 상대방에 대한 위법한 침해가 되므로 상대방의 도발된 침해는 성질상 위법한 도발에 대한 정당방위에 해당하는 것이며, 도발자는 정당방위에 대하여 정당방위할 수 없다는 결론에 이른다. 다만 도발된 침해자가 과잉방위를 하는 때에는 도발자의 정당방위문제가 거론될 수 있다.

127) "피고인이 피해자를 살해하려고 먼저 가격한 이상 피해자의 반격이 있었다 하여 피해자를 살해한 피고인의 소위가 정당방위에 해당한다고 볼 수 없다"(**대판** 1983. 9. 13, 83 **도** 1467).

시킨다는 것이지, 상대방이 예상 외의 과도한 침해행위로 나온다면 정당방위를 허용할 여지도 있다.[128)]

의도적으로 도발된 침해에 대해 정당방위가 허용되지 않는다는 논거로서는 법질서수호의 이익이 없다는 점 이외에, 방위자의 방위행위는 정당방위의 탈을 쓰고 있지만 그 실상은 위법한 침해행위이며 여기에서는 침해의사 내지 공격의사가 존재할 뿐 정당방위의 성립요건인 방위의사, 즉 주관적 정당화요소는 결여되어 있다는 점도 제시할 수 있다. 독일에서는 '원인에 있어서 위법한 행위'(actio illicita in causa)의 이론도 제시된다.[129)] 이에 의하면, 도발된 침해에 대한 방위행위는 적법이지만 원인행위인 도발행위가 위법이기 때문에 정당화될 수 없다고 한다.

(bb) 비의도적 유발(誘發)의 경우: 정당방위를 구실삼아 공격할 의도는 가지지 않았으나 유책하게 상대방의 침해를 유발하게 된 경우에는 법질서수호의 이익이 배제되지는 않는다고 하더라도 현저히 약화된다. 이 때에는 침해 자체를 의도적으로 도발한 것이 아니므로 정당방위가 원칙적으로 인정되기는 하지만, 회피의 원칙이 적용되고 상대적 최소방위의 원칙이 엄격하게 적용되는 제한을 받는다고 하겠다.

정당방위의 성립에 있어서 '제한을 받는' 비의도적 유발행위는 위법·유책해야 하며,[130)] 단지 사회윤리적으로 지탄받는 정도의 유발행위로 초래된 침해에 대하여는 정당방위가 전면적으로 허용될 수 있다.[131)] 예컨대 간통의 현장을 들킨 정부(情夫)가 남편의 공격에 대하여 위험한 타격도구를 가지고 방위하는 것은 허용되지 않고 일정한 제한을 받지만,[132)] 어두운 밤에 외딴 장소로 남자를 따라간 여자의 행위가 강간을 유발했다거나 정치집회에서 야비한 발언을 반대편에 퍼부움으로써 상대방의 폭행을 유발했을 때에는 그 유발행위가 위법하지는 않으나 사회윤리적으로 지탄받는 정도에 그친다고 보고 정당방위를 함에 있어서 별다른 제한을 받지 않는다고 하겠다.[133)]

---

128) Jescheck, AT, S. 311.

129) Dreher/Tröndle, StGB, §32 Rn. 24; Eser, Strafrecht Ⅰ, S. 113; Schönke/Schröder/Lenckner, StGB, §32 Rn. 61.

130) Jescheck, AT, S. 311; Maurach/Zipf, AT 1. Bd., S. 369; Schönke/Schröder/Lenckner, StGB, §32 Rn. 58 f.

131) BGH 27/336.

132) OLG Hamm NJW 1965, S. 1928.

그 밖에 통상적인 싸움(爭鬪)도 싸우는 자들이 비의도적으로 서로 침해를 유발하는 경우에 해당한다고 볼 수 있다.

(e) **공공적 법익에 대한 침해** '타인의' 법익을 위한 정당방위(긴급구조)에 있어서 개인에게 "국가적·사회적 법익"을 위한 정당방위가 허용될 것인가 하는 문제가 있다(이른바 국가적·사회적 정당방위).

그런데 독일의 경우에 사인(私人)에게 국가적 법익을 위한 정당방위를 결코 허용하지 않으려는 견해가 강한 것은 독일 나름대로의 특별한 정치사에 기인한다. 독일 바이마르(Weimar)공화국시대(1919-1933년) 말기에 정국이 극도로 불안한 가운데 정치테러가 횡행하고 이 테러범들은 나라를 구한다는 명분 아래 법정(法廷)에서 국가적 정당방위를 주장하였는데, 독일법률가들이 이러한 주장을 받아들여 국가를 무정부상태로 방치할 수는 없는 형편이었으므로, 개인의 국가적 정당방위를 배척하려는 전통이 세워졌다. 우리나라는 단체주의정신을 존중하므로 개인의 국가와 사회를 위한 정당방위가 오히려 칭송받을 여지가 크다고 보아 독일과는 다른 이론구성이 필요하다고 하겠다. 각국의 문화적·역사적 배경과 차이점을 충분히 이해한 후에 법학을 비롯한 사회과학의 연구가 진척되어야 한다는 점에서, 독일 형법학을 '통해서' 나아가되 독일 형법학을 '넘어서서' 우리의 '독자적인' 형법학을 구축해야 한다는 사명감이 절실히 요청된다고 하겠다.

원래의 논점인 '공공적 법익'을 위한 정당방위와 관련하여, 국가, 공공기관 기타 법인이 재산권의 주체가 되는 경우처럼 국가와 사회의 개인적 법익이 문제되는 경우에는 사인의 공공적 정당방위가 당연히 허용될 것이다. 그러나 법질서 일반 또는 공공질서와 같은 협의의 국가적·사회적 법익을 위하여 사인이 원칙적으로 정당방위를 할 수 있게 된다면, 사인에게 경찰관의 역할을 맡기는 것과 다름없는 사태가 발생할 것이다. 이 때에는 법질서수호의 목적으로 인정된 정당방위가 오히려 법질서문란을 초래할 우려가 있으므로, 사인에게는 원칙적으로 국가적·사회적 법익을 위한 정당방위가 허용되지 않는다고

---

133) 이와 관련하여, 강제추행을 당한 여자가 추행범의 혀를 깨물어 절단케 한 행위를 정당방위로 본 대판(1989. 8. 8, 89 도 358)은 타당하지만, 비슷한 사건에서 혀절단행위를 한 여자가 처음 본 남자와 20여분간 이야기를 나누고 산책까지 따라간 여자의 행실을 문제삼아 정당방위를 부정한 부산지법판결(1965. 1. 12, 제6813호)은 사회윤리적 지탄을 받을 정도의 유발행위를 정당방위제한에 고려한 점에서 비판의 여지가 있다고 본다.

해야 한다.[134] 그렇지만 예컨대 중요한 국가기밀문서를 외국으로 밀반출하려는 자를 수사기관에 알려 제지하도록 할 만한 시간적 여유가 없어서 사력(私力)으로 기밀문서를 탈취한 경우처럼, 국가가 스스로 방위수단을 취할 수 없는 예외적인 경우에는 사인에게 국가적 정당방위(국가긴급구조)가 허용될 수 있다.[135] 따라서 공공적 법익을 위한 사인의 방위행위는 '보충성의 원칙'이 갖추어지는 한도에서 정당방위로서 허용되고, 이 점에서 국가적·사회적 정당방위는 제한을 받는다고 하겠다.

정당방위의 제한유형에 국가적·사회적 법익, 즉 공공적 법익을 위한 방위행위의 경우를 포함시키지 않는 것이 우리나라와 독일 학자들의 공통된 경향인데, 저자의 의견으로는 개인이 함부로 국가적·사회적 법익을 위한 정당방위를 할 수 없고 예외적으로만 할 수 있다는 사회윤리적 제한을 받는 이상, 정당방위제한의 논의마당에 들어 와야 할 문제라고 생각한다.

Ⅲ. 효　과

전술한 바 있는 성립요건을 갖춘 방위행위는 일정한 구성요건에 해당하더라도 위법성이 조각되어 벌하지 아니한다. 정당방위는 위법하지 않으므로 정당방위에 대한 정당방위는 허용되지 않는다.

Ⅳ. 과잉방위

"상당성의 정도를 초과한 방위행위"를 「과잉방위」 또는 초과방위라고 한다. 과잉방위는 상술한 정당방위의 성립요건 중 세번째인 '상당성'의 요건을

---

134) ① 사인에게는 원칙적으로 국가적 정당방위가 허용되지 않고, 국가가 스스로 방위수단을 취할 수 없는 예외적인 경우에만 허용될 수 있다는 견해로는 김성천, 203면; 김/김, 321면; 김신규, 295면; 신동운, 271면; 이재상, 226면; 정/신, 159면; 조준현, 257면; 진/이, 347면.

② 국가적 정당방위를 절대로 허용하지 않으려는 견해로는 권오걸, 193면; 김성돈, 260면; 김/서, 303면; 박상기, 174면; 배종대, 339면; 성낙현, 237면; 손동권, 177면; 이상돈, 277면; 이영란, 232면; 이정원, 167면; 오영근, 332면; 정/박, 227면.

135) 국가기밀문서를 외국으로 밀반출하려는 자를 체포하는 행위는 형사소송법 제212조(현행범인의 체포)에 의한 정당행위가 되지만, 사력으로 기밀문서만을 탈취한 행위는 정당방위로 해결해야 할 것이다.

결여한 경우에 해당한다. 과잉방위에 대하여 형법은 "방위행위가 그 정도를 초과한 경우에는 정황에 따라 그 형을 감경하거나 면제할 수 있다"라고 하여(제21조 제2항), 형의 '임의적 감면사유'로 규정하고 있다. 과잉방위에 대한 형의 임의적 감면의 근거는 불법의 감소 · 소멸이 아니라 '책임의 감소 · 소멸'에 있다고 보아야 한다.[136] 따라서 과잉방위는 '위법한' 행위이다.

그리고 과잉방위도 "그 행위가 야간이나 그 밖의 불안한 상태에서, 공포를 느끼거나 경악하거나 흥분하거나 당황하였기 때문에 그 행위를 하였을 때에는 벌하지 아니한다"(제21조 제3항). 이러한 상황에서는 방위행위자에게 적법행위의 기대가능성이 없어서 책임이 조각되기 때문이다.

V. 오상방위(誤想防衛)

"정당방위의 객관적 요건이 존재하지 않음에도 불구하고 행위자는 주관적으로 이것이 존재하는 것으로 오신하고 행한 방위행위"를 「오상방위」라고 한다. 예컨대 빌려갔던 식칼을 돌려주려고 한밤중에 집안으로 들어 오는 이웃집 청년을 강도로 오신하고 때려눕힌 경우와 같이, 정당방위의 성립요건 중 첫째 요건인 정당방위'상황'에 관하여 착오가 있는 경우이다. 오상방위는 정당방위 상황이 존재하지 않는 경우임에 반하여, 과잉방위는 정당방위의 상황은 존재한다는 점에서 구별된다. 오상방위는 정당방위의 성립요건이 갖추어지지 않았으므로 정당방위로 성립하지 아니하고 따라서 위법성이 조각되지 않는다. 오상방위는 '위법성조각사유의 전제사실에 관한 착오'에 해당하는 문제로서 책임론 부분에서 상세히 취급하기로 한다. 다만 그 결론을 미리 밝히자면, 제한책임설에 따라 그 법률효과의 면에서 구성요건적 착오와 동일시된다.

---

136) 김성천, 212면; 김신규, 305면; 김/서, 416면; 박상기, 188면; 배종대, 353면; 성낙현, 370면; 안동준, 111면; 오영근, 341면; 이재상, 235면; 이형국, 151면; 정영일, 223면. 책임과 함께 위법성도 감소 · 소멸한다는 견해로는 권오걸, 206-7면; 손해목, 463면; 정/박, 236면; 차용석, 605면이 있고, 불법이 감소한다는 견해로는 김성돈, 275면이 있다.

Ⅵ. 오상과잉방위

오상과잉방위란 "현재의 위법한 침해가 없음에도 불구하고 이를 존재한다고 오신하고 상당성을 초과하는 방위행위를 한 경우"를 말한다. 이는 오상방위와 과잉방위가 결합된 형태이다. 오상과잉방위의 법적 효과에 관하여는 정당방위상황이 존재하지 않는 경우이므로 '오상방위'와 동일하게 취급하자는 견해가 다수설이다.[137]

제4절 긴급피난

Ⅰ. 의 의

긴급피난(Notstand)이란 "자기 또는 타인의 법익에 대한 현재의 위난에 직면한 경우에 다른 정당한 법익을 희생시킴으로써 이 위난을 피하는 행위"를 말하고, 피난행위가 상당한 이유가 있고 또 보다 낮은 법익을 희생시킨 때에는 위법성이 조각된다(제22조 제1항). 예컨대 산악등반중 갑자기 폭설을 만나 동사를 면하려고 빈 화전민 집에 들어가 불을 지펴 몸을 녹인 경우이다. 긴급피난은 위난의 발생과 관계없는 다른 정당한 법익을 희생시키는 것이므로 엄격한 요건하에서 허용된다.

정당방위와 긴급피난은 모두 '긴급행위'로서 처벌되지 않는다는 점에서는 공통성을 갖지만, 그 본질이나 요건에 있어서는 서로 다르다. 정당방위는 위법한 침해를 전제로 하며 그 방위행위가 직접 침해자를 대상으로 하기 때문에 그 본질이 '부정 대 정'의 관계로 표현되고, 위법한 침해에 의하여 교란된 법질서를 수호한다는 이념에도 기여한다. 그러나 긴급피난에 있어서의 위난은 반드시 위법한 침해에 의하여 발생될 필요가 없고 또 위난을 피하기 위한 행위도 위난을 야기한 자에게 향해지는 것이 아니라 이와 무관한 제3자의 이익을

137) 박상기, 190면; 배종대, 360면; 성낙현, 255면; 손해목, 464면; 안동준, 111면; 오영근, 467면; 이상돈, 277면; 이재상, 236면; 이형국, 152면; 정/박, 237면; 정영일, 224면.

훼손하는 것으로 나타날 수 있기 때문에, 그 본질이 '정 대 정'의 관계로 표현된다. 긴급피난의 존재의의는 정당한 제3자의 희생에도 불구하고 피난행위를 통한 가치 내지 이익의 재분배가 일정한 요건하에 전체 법질서에 비추어 허용될 수 있다는 점에 있다. 따라서 방위행위와 피난행위가 모두 상당성의 원리에 입각하고 있지만 그 내용이 같을 수 없으며, 피난행위의 상당성이 방위행위의 상당성보다 훨씬 더 엄격하게 제약되어야 함은 당연하다고 하겠다.

Ⅱ. 본 질

정당방위가 위법성조각사유라는 점에 대해서는 아무런 이의가 없으나, 긴급피난의 본질에 관하여는 위법성조각사유 또는 책임조각사유로 파악하는 일원설과 두 사유를 모두 포함하고 있는 것으로 파악하는 이원설이 대립하고 있다.

1. 일 원 설

(1) 위법성조각설

위법성의 실질을 결과반가치에 두고 이익형량설에 입각해서, 피난행위에 의하여 보전되는 이익과 피난행위로 침해된 이익을 비교형량(교량)하여 우월한 이익이 보전된다면(우월적 이익의 원칙) 결과반가치가 부정됨으로써 위법성이 조각된다는 전통적 견해이다.[138]

위법성조각설에 대하여는 ① 위난의 발생과 무관한 제3자의 정당한 법익을 침해하는 행위를 위법하지 않다고 보는 것은 약육강식의 무법상태를 법이 허용하는 결과가 되어 타당치 않고, ② 이 학설은, 생명 대 생명, 신체 대 신체라고 하는 법익이 충돌하는 경우와 같이 이익형량이 불가능한 경우에는 긴급피난의 본질을 설명할 수 없다는 비판이 제기되고 있다.

(2) 책임조각설

이 학설은, 긴급피난이 위난의 발생과 무관한 제3자의 정당한 법익을 침해하기 때문에 위법하지만, 긴급사태하에서 자기보존의 본능에 따른 행위로서

138) 권오걸, 213면; 김성천, 221면; 김신규, 312면; 김/김, 344면; 박상기, 192면; 손동권, 198면; 안동준, 114면; 오영근, 348면 이하; 이상돈, 302면; 이재상, 241면; 이형국, 155면; 정/박, 245면; 정영일, 228면; 정/신, 171면.

달리 적법행위를 기대할 수 없기 때문에 – 기대불가능성을 이유로 해서 – 책임이 조각된다고 하는 견해이다.

책임조각설에 대하여는 ① 제22조 제1항이 '타인의' 법익에 대한 위난을 피하기 위한 긴급피난도 인정하고 있는데, 타인을 위한 긴급피난은 적법행위의 기대불가능성으로 설명되지 않으며, ② 또 동 조항이 긴급피난의 성립요건으로서 '상당성'을 규정하고 있는데, 긴급피난의 본질을 기대불가능성으로 파악하는 경우에는 이 상당성의 요건이 불필요하므로 현행법의 해석론으로는 부적당하다는 비판이 가해진다.

2. 이 원 설

이원설은 긴급피난의 본질을 '위법조각적'(정당화적) 긴급피난과 '책임조각적'(면책적) 긴급피난으로 나누어 보는 견해로서, 독일형법은 제34조에서는 정당화적 긴급피난을, 제35조에서는 면책적 긴급피난을 규정함으로써 이원설을 입법화하고 있다.

그리고 이원설에는 ① '사물'에 대한 긴급피난은 위법성조각사유로, '생명과 신체'에 대한 긴급피난은 책임조각사유로 파악하는 견해와[139] ② 우월한 이익을 보전한 경우에는 위법성조각사유로, 동등한 이익을 보전하거나 생명·신체와 같이 이익형량이 곤란한 경우에는 책임조각사유로 파악하는 견해가 있다.[140] 독일형법은 후자의 입장에 서 있다.

①의 견해에 대하여는 ㈀ 사물에 대한 긴급피난에 있어서도 충돌하는 사물이 동가치인 경우에는 위법성조각으로 파악함이 타당치 못하고, ㈁ 충돌하는 이익이 신체인 경우에 비교형량이 가능할 수도 있으므로 위법성조각으로 파악할 여지가 있다는 비판이 가능하다.

3. 결 론

먼저 긴급피난의 '본질론'은 현행형법의 '해석론'과 구별할 필요가 있다고 본다. 그리고 긴급피난의 주된 존재의의가 사회의 가치재분배 내지 이익조절에 있다고 한다면, 그 본질을 이해함에 있어서 우월한 이익을 보전한 경우에는

139) 황산덕, 168면.

140) 김성돈, 278면; 김/서, 308면; 배종대, 368면; 성낙현, 260면; 손해목, 473면; 신동운, 294면; 진/이, 364면; 차용석, 564면.

정당화적 긴급피난으로, 동등한 이익을 보전하거나 이익형량이 곤란한 경우에는 면책적 긴급피난으로 나누어 보는 '이원설'이 타당하다고 하겠다. 다만 형법 제22조 제1항의 긴급피난은 ① '상당성'을 성립요건으로 하고 있고, ② '타인'을 위한 긴급피난도 인정하고 있는 점에서 적법행위의 기대불가능성을 이유로 한 책임조각사유로 파악할 수는 없으므로, 정당화적 긴급피난을 규정한 것으로 해석된다. 면책적 긴급피난에 관하여는 우리 형법이 규정하는 바가 없으므로 이론상 기대불가능성을 이유로 한 '초법규적 책임조각사유'로 다루어야 할 것이며, 입법론으로는 면책적 긴급피난을 규정함이 바람직하다고 하겠다.[141] 면책적 긴급피난의 예로는 유명한 '카르네아데스(Karneades)의 판자'와[142] '미뇨네트(Mignonette)호 사건'이 있다.[143]

요컨대 형법 제22조 제1항은 '정당화적' 긴급피난을 규정한 것으로 해석함이 타당하고, 긴급피난의 본질에 비추어 '면책적' 긴급피난도 인정되지만 이는 실정법적 근거가 없으므로 이론상 초법규적 책임조각사유로 취급하게 된다.

그리고 긴급피난이 정당화되는 근거는 '이익형량설'(우월적 이익설)에 그 중심이 있으며, 그 외에 정당한 목적을 위한 적합한 수단이라는 '목적설'도 함께 고려된다.

Ⅲ. 정당화적 긴급피난의 성립요건

제22조 제1항의 법문으로부터 '정당화적' 긴급피난의 성립요건을 끌어내 보자면, ① 자기 또는 타인의 법익에 대한 현재의 위난이 있을 것(긴급위난상태), ② 위난을 피하기 위한 행위일 것(피난행위), ③ 상당한 이유가 있을 것(상당성)이라는 세 가지 요건이 나온다. 이하에 그 요건을 분설(分說)하기로 한다.

---

141) 同旨, 이형국, 187면.

142) 기원 전 2세기경에 그리스철학자인 카르네아데스가 정의(正義)에 관하여 제기한 질문인데, 난파당한 두 사람이 해상에서 한 사람만이 떠 있을 수 있는 판자를 놓고 서로 차지하려고 싸우는 경우에 어떻게 하는 것이 정의로운가라는 내용이다.

143) 1884년 영국선박 미뇨네트호가 난파된 후 약 20일간 표류하던 선원들이 아사를 면하기 위하여 소년선원을 잡아 먹고 살아난 사건이다.

1. 자기 또는 타인의 법익에 대한 현재의 위난이 있을 것(긴급위난상태)

(1) 현재의 위난

'위난'(危難)이라 함은 법익에 대한 위험있는 상태를 의미하고, '현재'의 위난이란 이미 발생한 위난상태에 처해 있거나 곧 위난이 발생할 것으로 거의 확실히 예상되는 경우를 말한다. 위난은 반드시 위법할 필요는 없고, 사람의 행위뿐만 아니라 동물 또는 자연현상에 의하여 야기된 위난이라도 무방하다. 사람의 행위에 의하여 초래된 위법한 위난에 대하여는 정당방위를 할 수도 있고 긴급피난을 할 수도 있다.

위난이 위법할 필요가 없다는 점에서 정당화적 긴급피난의 본질은 「정(正) 대 정(正)」의 관계로 표현된다.

위난을 스스로 초래한 '자초위난'(自招危難)의 경우에는 원칙적으로 긴급피난이 허용되지 않는다. 이때 자초위난자는 그 위난을 수인해야 한다. 그러므로 정당행위, 정당방위[144] 및 자구행위에 대한 정당화적 긴급피난은 허용되지 않는다. 예컨대 확정판결에 따라 교도소에 수감되는 수형자가 위난상태를 이유로 하여 긴급피난을 할 수는 없다.

(2) 자기 또는 타인의 법익

피난행위에 의하여 보전될 수 있는 법익은 자기 또는 타인의 법익이다. '타인'은 자기 이외의 모든 자연인, 법인을 의미한다. 국가적·사회적 법익을 위한 긴급피난도 허용된다. 또 보전될 법익에는 아무런 제한이 없으며, 생명·신체·자유·명예·비밀·재산 등 법률상 보호되는 모든 이익이 포함된다.

2. 위난을 피하기 위한 행위일 것(피난행위)

피난행위란 현재의 위난을 모면하기 위한 일체의 행위를 말하고, 피난행위에는 위난을 야기한 자의 법익을 침해하게 되는 '방어적 피난'과 위난의 발생과 무관한 제3자의 법익을 침해하게 되는 '공격적 피난'이 있다.

그리고 피난행위는 '주관적 정당화요소'로서 위난을 피하기 위한 의사, 즉

---

144) 자초위난에 관한 판례로는 "판결요지: 피고인이 스스로 야기한 강간범행의 와중에서 피해자가 피고인의 손가락을 깨물며 반항하자, 물린 손가락을 비틀며 잡아 뽑다가 피해자에게 치아결손의 상해를 입힌 소위를 가리켜 법에 의하여 용인되는 피난행위라 할 수 없다"(**대판** 1995. 1. 12, 94 **도** 2781).

'피난의사'를 필요로 한다. 피난의사는 피난행위의 유일한 동기일 필요는 없다. 객관적으로 현재의 위난이 존재하지만 피난의사없이 행해진 법익침해행위(우연피난)는 긴급피난으로 성립되지 않고, 발생한 결과의 불능미수범에 준하여 처벌함이 타당하다.

3. 상당한 이유가 있을 것

상당한 이유라 함은 피난행위가 사회상규에 비추어 당연시될 수 있는 경우를 뜻하며, 상당성의 판단에는 다음과 같은 세 가지 원칙이 고려된다.[145]

(1) 보충성의 원칙과 상대적 최소피난의 원칙

정당방위와 달리 정당화적 긴급피난은 위난의 발생과 관계없는 다른 정당한 법익을 희생시킬 수 있으므로, 피난행위가 위난에 처한 법익을 보전하기 위한 유일한 수단이어야 한다는 '보충성'이 요구된다. 즉 긴급피난의 경우에는 타인의 정당한 법익을 침해하지 않고 위난을 회피할 수 있는 다른 수단이 있을 때에는 먼저 이 회피수단을 택해야 한다(회피의 원칙).[146] 그리고 최후의 수단으로 피난행위를 하는 경우에도 피난의 방법이 여럿이라면 피해자에게 가장 경미한 손해를 주는 방법을 택해야 한다는 '상대적 최소피난의 원칙'도 요구된다.

(2) 우월적 이익의 원칙

정당방위와 달리 긴급피난이 정당화되자면 피난행위에 의하여 보전되는 이익(보전이익)이 피난행위로 인하여 희생되는 이익(상실이익)보다 우월하여야 한다. 이를 '우월적 이익의 원칙'이라고 하며, '이익형량의 원칙'의 한 적용형태에 속한다. 보전이익과 상실이익이 동등하거나 비교형량이 어려운 경우에는 '면책적' 긴급피난이 성립할 수 있을 뿐이다.

---

145) 관련판례로서 "선박의 이동에도 새로운 공유수면점용허가가 있어야 하고 휴지선(休止船)을 이동하는 데는 예인선이 따로 필요한 관계로 비용이 많이 들어 다른 해상으로 이동을 하지 못하고 있는 사이에 태풍을 만나게 되고 그와 같은 위급한 상황에서 선박과 선원들의 안전을 위하여 사회통념상 가장 적절하고 필요불가결하다고 인정되는 조치를 취하였다면 형법상 긴급피난으로서 위법성이 없어서 범죄가 성립되지 아니한다"(**대판** 1987. 1. 20, 85 **도** 221).

146) 한의사인 피고인이 같은 아파트에 거주하는 뇌졸중(중풍) 의심 응급환자(68세)를 자신의 한의원으로 옮기기 위하여 무면허운전(도로교통법위반)을 한 사안에서, 현재의 위난을 피하여야 할 긴급상태에 있었지만 대체이동수단(예컨대 택시, 119구급차량 등)을 이용할 수 있었기 때문에 긴급피난의 성립요건인 '보충성의 원칙'을 충족시키지 못하여 긴급피난에 해당하지 않는다고 한 하급심판례가 있다(청주지법 2006. 5. 3, 2005 노 1200 확정판결).

또 이익형량에 있어서 피난행위가 위난을 야기한 자의 법익을 침해하는 '방어적 긴급피난'인 경우와 피난행위가 위난의 발생과 무관한 제3자의 법익을 침해하게 되는 '공격적 긴급피난'을 구별하여, 전자의 경우에는 후자보다 더 큰 침해를 가하는 것이 허용된다고 본다.[147]

이익형량은 이익 자체의 비교는 물론 위난의 종류와 원인, 위난의 절박성·확실성과 강도, 위난에 처한 이익(보전이익)의 종류와 범위, 상실이익의 대체성, 피난행위자의 최종목적, 위난시 구조의 가능성 등 모든 정황을 고려하여 행해지겠지만, 구체적인 이익형량은 이익간의 질적 차이, 가치관의 차이 등으로 인하여 어려움이 수반되거나 불가능한 경우가 적지 않다. 특히 생명·신체·자유와 같은 고도의 인격적 법익 상호간의 비교형량은 지극히 어려운 문제이다. 무엇보다도 인간의 '생명'은 결코 질과 수로써 비교형량할 수 있는 이익이 아니다.

(3) 수단의 적합성의 원칙

피난행위는 사회상규에 비추어 적합한 수단일 것을 요한다. 피난행위가 위난을 면하기 위한 유일한 수단이고 피난행위로 보전된 이익이 상실이익보다 월등히 우월하다고 하더라도, 피난행위 자체가 사회상규에 비추어 적합한 수단이 아니라면 정당화되지 못한다고 해야 한다. 위난을 피하기 위한 적합한 수단이어야 한다는 '수단의 적합성의 원칙'은, 일정한 행위의 위법성이 조각되려면 '정당한 목적을 위한 적합한 수단'이어야 한다는 '목적설'이 긴급피난의 경우에 적용된 것으로서, 독일형법에서는 명문화되어 있다.

수단의 적합성과 관련해서는 [갈라스(Gallas)의 강제채혈사례(强制採血事例)]가 소개된다. 독일의 형법학자 갈라스가 제시한 이 교과서적 사례는, 치명상을 입은 희귀혈액형의 소유자가 응급수술을 받아야 하는데 수술에 필요한 희귀혈액을 구할 수 없는 급박한 위난에 처하여 의사가 때마침 같은 혈액형을 가진 건강한 사람을 발견하고 채혈하려 했으나 거절하는 까닭에 환자의 생명을 구하기 위한 최후의 수단으로서 '강제로' 적당량을 채혈한 후 수술을 성공리에 마칠 수 있었다는 내용으로 구성되어 있다.

이 사례에서 의사의 강제채혈행위는 보충성의 원칙, 상대적 최소피난의 원칙과 우월적 이익의 원칙을 모두 충족하지만, 수단의 적합성을 잃기 때문에

147) 김성돈, 284면; 김/서, 317면; 배종대, 377면. Wessels, AT, S. 85.

긴급피난으로서 정당화될 수 없다는 결론이 내려진다(면책적 긴급피난이 성립하는 것은 별개의 문제이다). 여기에서 신체의 건강을 훼손한 피난행위(채혈행위)가 비록 생명이라고 하는 더 큰 법익을 보전하는 것이라 할지라도, 한 인간을 오로지 어떤 목적을 위한 수단으로서만 취급하고 자유로운 자기결정권(자율성)을 침해하는 것은 인간의 존엄(헌법 제10조)에 반하며 사회윤리적 견지에서 '적합한 수단'이라고 할 수 없으므로 정당화적 긴급피난이 성립될 수 없다고 보아야 할 것이다. 한 인간이 타인을 위하여 희생하는 것은 도덕적인 자기결정에 따를 것이요, 자유사회에서는 결코 강제할 수 있는 성질의 것이 아니라고 하겠다.

그러므로 우리 형법 제22조 제1항에 명시되지는 않았지만, '상당한 이유'의 해석에 있어서 수단의 적합성의 원칙을 판단원리의 하나로 삼아야 한다.[148]

4. 효　과

상술한 성립요건을 갖춘 피난행위는 일정한 구성요건에 해당하더라도 정당화(위법성이 조각)되어 벌하지 아니한다. 제22조 제1항의 긴급피난은 위법하지 않으므로, 이에 대한 정당방위는 허용되지 않는다.

5. 특　칙

제22조 제2항에서는 "위난을 피하지 못할 책임이 있는 자에 대하여는 전항의 규정을 적용하지 아니한다"라고 하여, 긴급피난을 할 수 없는 특칙을 규정하고 있다.

여기에서 '위난을 피하지 못할 책임이 있는 자', 즉 특별의무자라 함은 경찰관, 소방관, 119구조대원, 군인, 선원, 의사 등과 같이 그 직무를 수행함에 있어서 일정한 위난을 감수해야 할 의무가 있는 자를 말한다. 이들도 직무수행에 있어서 급박한 위난에 처할 수 있는데, 형법은 이들이 맡고 있는 직무의 성격과 이에 따른 의무를 중시하여 특칙으로 긴급피난을 불허하고 있는 것이다. 다만 제2항의 특칙에 의한 제한은 절대적인 것은 아니며 직무수행상 의무적으로 감수해야 할 범위에 그친다고 보아야 한다.

---

148) 권오걸, 221면; 김성돈, 285면; 박상기, 197면; 배종대, 374면; 성낙현, 269면; 손동권, 203면; 손해목, 484면; 신동운, 300면; 안동준, 117면; 오영근, 354면; 이재상, 246-7면; 이형국, 158-9면; 정/박, 252면; 정영일, 234면; 진/이, 374면.

Ⅳ. 과잉피난

제22조 제3항은 과잉피난에 대하여 과잉방위에 관한 제21조 제2항과 제3항을 준용하고 있다. 따라서 피난행위가 상당성을 초과한 과잉피난인 경우에 위법성이 조각되지는 않지만, 그 정황에 따라 형을 감경 또는 면제할 수 있고(책임의 감소 또는 소멸), 더욱이 야간 기타 불안스러운 상태하에서 공포 등으로 인한 때에는 벌하지 아니한다(책임조각사유).

Ⅴ. 오상피난

오상피난이란 긴급피난의 객관적 요건이 존재하지 아니함에도 불구하고 이것이 존재하는 것으로 오신하여 피난행위를 한 경우이다. 오상피난은 긴급피난의 성립요건이 갖추어지지 않았으므로 긴급피난으로 성립하지 아니하고 따라서 정당화되지 않는다. 오상피난은 오상방위와 마찬가지로 '위법성조각사유의 전제사실에 관한 착오'의 문제에 속한다.

Ⅵ. 의무의 충돌(衝突)

1. 의 의

넓은 의미의 긴급피난에는 '이익충돌'의 경우의 피난과 '의무충돌'의 경우의 피난이 있는데, 위에서 다룬 긴급피난은 이익충돌의 경우이다.

「의무의 충돌」이란 "둘 이상의 의무를 동시에 이행할 수 없는 긴급상태에서 그 중 하나의 의무를 이행하기 위하여 다른 의무의 이행을 방치한 결과, 방치한 의무불이행, 즉 부작위가 구성요건에 해당하는 경우"를 말한다. 예컨대 익사하기 직전의 두 아들 중에서 아버지가 한 아들은 구하고 다른 아들은 구하지 못함으로써 익사케 한 경우에 두 아들을 구조할 두 개의 작위의무가 충돌하고 있다.

2. 법적 성질

의무충돌은 그 구조와 요건이 긴급피난에 있어서의 이익충돌과 흡사하므로 그 법적 성질이 '긴급피난의 특별한 경우'로 이해되고 있으며(다수설),[149] 이를 규율하는 별개의 형법규정도 없으므로, 의무충돌의 해결에는 기본적으로 긴급피난의 법리가 적용되어야 한다. 그러나 의무의 충돌에는 긴급피난에서의 이익충돌과 다른 특수성이 있다. 즉 의무충돌에 있어서는 의무자가 의무를 이행하지 아니하고 의무충돌의 위난상태를 그대로 감수할 수는 없으며, 어느 하나의 의무를 선택해서 반드시 이행해야 한다는 '행위강제하'에 놓이게 된다. 이 특성 때문에 의무충돌의 경우에 정당화의 요건으로서 긴급피난과는 달리 수단의 적합성의 원칙은 요구되지 않는다. 그리고 충돌하는 의무의 불이행은 항상 부작위에 의하여 이루어지므로 작위의무자만이 행위의 주체가 될 수 있는 등 부작위범의 이론도 적용된다.[150] 그 밖에 후술하는 바와 같이 법적 효과에 있어서도 차이가 난다.

의무의 충돌에 관한 형법규정이 없다고 하더라도 이를 초법규적 위법성조각사유로 파악할 것은 아니고, 모든 위법성조각사유의 원천이 되는 형법 제20조의 '사회상규에 위배되지 아니하는 행위' 안에 포괄시켜서 이해해야 할 것이다.[151]

3. 의무충돌의 요건

(1) 둘 이상의 법적 의무의 충돌

충돌하는 의무는 단순한 도덕적·종교적 의무로서는 부족하고 '법적' 의무이어야 한다. 법적 의무는 실정법과 관습상으로 인정되는 것뿐만 아니라 법질서가 명시적으로 또는 묵시적으로 법적 효력을 부여하는 한 폭넓게 인정된다.

그리고 의무의 충돌이 행위자의 고의·과실에 기한 책임있는 사유로 발생

---

149) 김성천, 222면; 김신규, 328면; 배종대, 385면; 신동운, 301면; 이상돈, 320면; 이재상, 252면; 이형국, 349면; 정/박, 255면; 정영일, 238면; 진/이, 378면.

150) 따라서 의무의 충돌은 작위의무와 작위의무의 충돌이다. 부작위의무와 부작위의무의 충돌은 하나의 부작위로 해결되므로 실질적으로 충돌이 일어나지 않는다. 의사가 희귀혈액형을 가진 출혈환자를 긴급히 치료해야 한다는 '작위의무'와 동일한 혈액형을 가진 타인으로부터 동의없이 강제로 채혈해서는 안된다는 '부작위의무'가 충돌하는 경우처럼 작위의무와 부작위의무의 충돌은 긴급피난의 법리로 해결된다.

151) 同旨, 권오걸, 225면; 김성돈, 533면; 김/서, 352면; 손동권, 210면; 안동준, 121면; 오영근, 361면.

한 때에는 하나의 의무를 이행하더라도 남은 의무를 방치한 부작위의 위법성이 조각될 수 없다고 본다.

(2) 실질적 충돌

의무의 충돌은 실질적으로 일어나야 한다. 외견상 의무의 충돌이 있는 것처럼 보일지라도 어느 하나의 의무를 이행한 후에 다른 의무를 이행할 수 있거나 충돌하는 모든 의무를 동시에 이행할 수 있다면 의무의 충돌은 존재하지 아니한다. 그러므로 둘 이상의 의무를 동시에 이행할 수 없는 실질적 충돌이 있어서 하나의 의무를 이행하고 다른 의무를 방치하는 것이 최후의 수단이 될 수밖에 없는 경우, 즉 '보충성의 원칙'이 충족될 경우에 위법성이 조각된다.

실질적 충돌은 논리적 충돌과 구별하여야 한다. '논리적' 충돌은 법규 사이의 모순·저촉으로 인하여 이행해야 할 의무가 법규정상 상호 논리적으로 충돌하는 경우(법규 상호간의 의무충돌)를 말하고, '실질적' 충돌은 의무자가 처하게 된 '사실상의' 사정으로 인하여 둘 이상의 의무가 충돌하는 경우를 말한다. 전자의 예로서는 감염병의 예방 및 관리에 관한 법률 제11조에 의한 의사의 신고의무와 형법 제317조에 의한 의사의 비밀준수의무 사이의 충돌을 들 수 있고, 후자의 예로서는 동일한 소방관이 같은 시각에 서로 다른 두 곳에서 발생한 화재를 진화할 의무가 있는 경우 및 '의사의 선택적 응급구호'의 경우를 들 수 있다. 논리적 충돌의 경우에는 법규상 하나의 의무가 다른 의무를 제한하고 있을 따름이어서 법해석의 문제에 귀착하는 것이고, 의무의 실질적 충돌이 일어나는 것은 아니라고 보아야 한다.[152]

(3) 상위 또는 동등한 가치의 의무를 이행할 것

작위의무자는 실제로 상위의 가치 또는 동등한 가치의 의무 중 어느 하나를 이행해야 한다. 충돌하는 의무의 가치적 서열을 판단하기 위하여는 '의무형량'이 필요하다. 의무형량은 의무의 성질, 의무충돌상황에서 위험에 처한 이익의 가치, 위험에의 근접도, 결과발생의 확실성, 보호대상에 대한 행위자의 관계 등을 종합적으로 고려하여 판단하게 된다.

(4) 주관적 요건

행위자는 의무의 충돌상황을 인식하고, 방치되는 의무보다 상위의 가치 또는 동등한 가치의 의무를 이행하고자 하는 의사를 가져야 한다. '의무이행의 의

---

152) 이재상, 249면.

사'는 의무충돌에 있어서 '주관적 정당화요소'가 된다.

4. 의무충돌의 효과

(1) 상위 또는 동등한 가치의 의무를 이행한 경우

충돌하는 의무를 가치적 관점에서 비교형량하여, 보다 상위가치의 의무를 이행하였다든가 동등한 가치의 두 의무 중 하나를 이행하고 다른 의무를 방치(부작위)하였을 경우에, 상술한 요건을 갖추었다면 부작위행위의 '위법성'이 조각된다.[153] 생명 대 생명의 구조의무와 같이 충돌하는 의무의 비교형량이 불가능한 경우, 이른바 '해결할 수 없는 의무충돌'의 경우는 동등한 가치의 의무충돌로 취급함이 타당하다.

'긴급피난'에 있어서 충돌하는 이익이 '동등'한 경우에는 피난행위자의 '책임'이 조각됨에 반하여, '동등'한 가치의 '의무충돌'의 경우에는 '위법성'이 조각된다는 점에서 차이가 난다. 그 이유는, 긴급한 위난에 처한 자는 피난행위를 하지 아니하고 그 위난을 감수할 수도 있으며 위난의 발생과 무관한 다른 정당한 동가치의 이익을 피난행위로 희생시키는 것을 법질서가 허용할 수는 없으므로 책임조각으로 이해되지만, 의무충돌에 있어서는 충돌하는 의무 모두를 이행치 아니하는 부작위로 나아갈 수는 없고 최소한 어느 하나의 의무이행이 강제되는 결과 부득이 다른 동가치의 의무의 불이행이 초래되는 것을 법질서는 허용(위법성조각)할 수밖에 없는 것으로 이해되기 때문이다.

(2) 하위가치의 의무를 이행한 경우 및 착오

의무충돌에 있어서 하위가치의 의무를 이행한 경우,[154] 즉 상위가치의 의무를 방치한 경우에는 위법성이 조각되지 아니하고, 다만 행위자가 행위 당시에 처한 구체적 사정을 고려하여 기대가능성이론에 의하여 초법규적으로 책임이 조각될 수 있다.[155] 만일 이러한 객관적 사태가 충돌하는 의무의 가치서열에 관하여 행위자가 주관적으로 착오를 일으킨 결과로 발생하였다면, 그 착오는

---

153) '동등한' 가치의 의무의 충돌에 있어서 위법성조각설은 김성돈, 534면; 김신규, 330면; 김/서, 356면; 성낙현, 276면; 손동권, 210면; 신동운, 302면; 안동준, 121면; 오영근, 362면; 이상돈, 322면; 이재상, 247면; 이형국, 401면; 정/박, 259면; 정영일, 238면. 한편 책임조각설은 배종대, 387-8면; 진/이, 382면.

154) 예컨대 의사의 선택적 응급구호에 있어서 자신의 가족인 경상자를 구호하고 중상자를 방치한 경우.

155) 이형국, 351면.

작위의무에 관한 착오로서 '위법성의 착오'(제16조)에 해당하여 착오에 정당한 이유가 있는 경우 책임이 조각될 것이다.[156]

제5절 자구행위(自救行爲)

I. 의 의

자구행위(Selbsthilfe)란 "권리의 침해를 받은 자가 그 침해로부터 발생한 청구권을 보전하기 위하여 공권력에 의한 구제를 받을 여유가 없는 긴급한 사정하에 스스로 실력을 행사하여 구제수단을 쓰는 행위"를 말한다. 형법은 자구행위에 관하여 "법률에서 정한 절차에 따라서는 청구권을 보전할 수 없는 경우에 그 청구권의 실행이 불가능해지거나 현저히 곤란해지는 상황을 피하기 위하여 한 행위"로서 "상당한 이유가 있는 때에 벌하지 아니한다"라고 규정하고(제23조 제1항)있으며, 이는 위법성조각사유의 하나로 해석되고 있다. 예컨대 무전숙박 후 손님이 도주하는 경우에 숙박요금지급을 확보하기 위하여 손님을 체포·감금하는 것은 자구행위로서 허용될 수 있다.

원래 사력구제(私力救濟)의 일종인 자구행위는 국가권력이 확립되어 있지 않았던 원시사회에서 널리 허용되었던 것이지만, 국가권력이 확립되고 법적 구제절차가 정비됨에 따라 권리침해에 대한 구제는 공권력에 의존하게 되었다(공력구제의 원칙). 근대 법치국가에 있어서는 민사상의 청구권을 사력(私力)으로 실행하는 것이 원칙적으로 금지되어 있으며, 특히 소송제도가 발달한 오늘날에 있어서는 모든 권리구제는 적법한 소송절차에 의하지 않으면 안된다.

그러나 자력구제의 금지는 어디까지나 국가가 적시에 권리침해를 구제할 수 있음을 전제로 한다. 권리침해에 대하여 국가권력이 신속하고도 확실하게 그리고 효과적으로 구제하는 것이 불가능하거나 현저히 곤란한 긴급사태에 있어서는 예외적으로 사인(私人)의 자력구제를 인정하여 '국가권력의 대행' 내지 '국가기관의 수족(手足)'으로 기능하도록 하는 것이 법질서에 합치하는 것이라고 하겠다.

---

156) 이형국, 351면.

Ⅱ. 본 질

우리 형법과는 달리 독일법계에 속하는 대부분의 국가들은 형법에 자구행위에 관한 규정을 두고 있지 않다. 즉 독일, 오스트리아, 스위스, 일본 등에서는 형법상 자구행위에 관한 규정이 없기 때문에 '민법상의' 자력구제에 관한 규정을 근거로 하거나 정당방위 내지 긴급피난의 관념을 확장하여 자구행위의 위법성조각을 인정하는 이론을 전개하고 있다. 이에 비하여 우리나라는 민법에 점유자의 자력구제에 관한 규정(제209조)을 두는 한편 형법상으로도 자구행위에 관한 명문규정을 별도로 두고 있으므로, 민법의 규정이나 이론에 구애됨이 없이 형법의 독자적인 입장에서 자구행위의 문제를 다루고 있는 특징을 보이고 있다.

우리 형법의 이러한 특성에 입각하여, 자구행위를 '긴급행위'의 일종으로서 정당방위 및 긴급피난과 나란히 '독자적인 위법성조각사유'로 파악함에 학자들의 견해가 일치한다.[157)]

자구행위는 '위법'한 권리침해에 대한 청구권의 보전행위로서 '정당화'되기 때문에 그 본질이 「부정 대 정」의 관계로 표현되고, '과거의' 권리침해로부터 발생한 청구권보전의 긴급성을 요건으로 하고 있기 때문에 「사후적 긴급행위」(事後的 緊急行爲)로서의 성격을 지니고 있다. 자구행위는 부정 대 정의 관계에 있다는 점에서 정당방위와 동일하지만, 정 대 정의 관계에 있는 정당화적 긴급피난과는 차이가 난다. 그리고 자구행위는 과거에 침해된 권리에 대한 '사후적' 구제수단이라는 점에서, '현재의' 침해나 위난에 대하여 '사전적' 긴급행위로서 인정되는 정당방위 및 긴급피난과 구별된다.[158)]

자구행위의 이러한 본질은 성립요건의 해석에 영향을 미치게 되는데, 부정 대 정의 관계에 있다는 점에서 이익형량의 원칙은 엄격히 요구되지 아니하고, 사후적 긴급행위라는 점에서 보충성의 원칙과 수단의 적합성의 원칙은 엄격히 요구된다.

---

157) 권오걸, 231면; 김성돈, 288면; 김/서, 321면; 김신규, 331면; 박상기, 203면; 성낙현, 279면; 신동운, 303면; 오영근, 363면; 이상돈, 324면; 이재상, 257면; 이형국, 162면; 정영일, 239면.

158) 이에 반해 위법부당한 침해가 없더라도 자구행위가 허용된다고 보아 이러한 구분에 의문을 제기하는 입장으로는 오영근, 366면 이하.

Ⅲ. 성립요건

제23조 제1항의 법문으로부터 자구행위의 성립요건을 끌어내 보자면, ① 법률에서 정한 절차에 따라서는 청구권을 보전할 수 없는 경우일 것, ② 청구권의 실행불능 또는 현저한 실행곤란을 피하기 위한 행위일 것, ③ 상당한 이유가 있을 것이라는 세 가지 요건이 나온다. 이하에 그 요건을 분설(分說)하기로 한다.

1. 법률에서 정한 절차에 따라서는 청구권을 보전할 수 없는 경우일 것

(1) 청구권이 존재할 것

자구행위의 보전대상은 청구권이다. 여기에서 '청구권'이란 민법상의 개념으로서 특정인에게 일정한 행위(작위 또는 부작위)를 요구하는 권리를 말한다. 청구권은 재산권(물권, 채권, 무체재산권), 인격권, 가족권, 사원권 등에서 발생할 수 있는데, 자구행위의 보전대상인 청구권은 어떠한 권리에서 발생되든지 간에 '재산상의' 청구권(채권적 청구권, 물권적 청구권 등)에 국한된다고 본다. 재산상의 청구권에 한하지 않는다는 반대설이 있으나,[159] 제23조 제1항의 '청구권'은 과거에 일정한 '권리'－이 권리는 상대권이든 인격권·가족권과 같은 절대권이든 모든 권리를 의미한다－가 침해된 후 이로부터 발생하는 청구권이므로, '소구하여 직접강제할 수 없는 청구권'까지도 사력구제(私力救濟)할 수 있도록 하는 것은 부당하고 재산상의 청구권에 한하여 자구행위가 허용된다고 해석해야 한다. 예컨대 가출한 아내를 우연히 발견하고 민법상의 '동거청구권'을 보전하기 위하여 체포·감금하는 행위를 자구행위로 허용할 수는 없다. 반대설은 과거에 침해된 '권리'와 이로부터 발생하는 '청구권'을 혼동하고 있는 듯하다.

그리고 자구행위는 청구권을 보전하기 위한 것이기 때문에, 원상회복이 불가능한 권리, 즉 생명·신체·자유·정조·명예 등의 인격권에 대한 침해 자체에 대하여는 정당방위 또는 긴급피난을 할 수 있을 뿐이고 자구행위란 있을

---

159) 권오걸, 232면; 김성돈, 289면; 김신규, 332면; 김/서, 322면; 박상기, 204면; 배종대, 391면; 이상돈, 326면; 이재상, 258면; 정/박, 263면; 정영일, 240면.

수 없다. 다만 이러한 인격권이 침해된 후 이로부터 발생하는 손해배상청구권과 같은 재산상의 청구권을 보전해야 할 긴급사태하에서 자구행위의 문제가 발생한다.

第23조 제1항의 법문에는 '타인의' 청구권이란 표현이 없는데, 이를 정당방위(第21조 第1항) 및 긴급피난(第22조 第1항)의 경우와 대비하여 체계해석을 하자면, 자구행위의 경우에 보전될 청구권은 '자기의' 청구권에 한한다. 즉 타인을 위한 자구행위는 허용되지 않는다. 다만 자구행위의 실행을 위임받은 경우에는 타인을 위하여 자구행위를 할 수 있다.

(2) 일정한 권리에 대한 위법한 침해가 있었을 것

청구권의 '보전'은 당연히 일정한 '권리'에 대한 '위법한' 침해가 있었을 것을 전제로 한다. 이 때 침해된 권리는 청구권에 한하지 않으며 일체의 권리가 침해의 대상이 된다. 이와 관련하여 권리 일반이 아니라 '청구권'에 대한 침해가 있었을 것이라는 요건을 제시하는 견해는[160] 정확한 것이 아니다.

이 요건은, 위법한 권리침해가 없었더라면 청구권'보전'을 위한 조치가 필요하지 않으며 법정의 권리보전절차도 위법한 권리침해가 있을 경우에만 허용되는 것이기 때문에, 해석상 도출되는 '불문의'(기술되지 아니한) 위법성조각요소에 속한다. 예컨대 여관에 무전숙박한 후 손님이 도주하는 경우에 먼저 여관주인에 대한 '위법한 채권침해'가 있게 되고 이로부터 여관주인은 숙박요금의 지급'청구권을 보전'하기 위하여 자구행위로서 손님을 체포 · 감금하게 되는 것이다.

"과거의 위법한" 권리침해가 있었을 것을 요건으로 하기 때문에, 자구행위의 본질은 권리침해의 '위법성'으로부터 "부정 대 정"의 관계로, 권리침해의 '과거성'으로부터 "사후적 긴급행위"로 파악된다. 이러한 본질로 인하여 자구행위는 '정 대 정'의 관계에 있는 정당화적 긴급피난과 구별되고, '사전적' 긴급행위인 정당방위 및 긴급피난과 구별된다.

이와 관련하여 절도의 현행범을 추적하여 장물을 탈환하는 행위가 정당방위인지 아니면 자구행위인지의 문제가 있다. 이 때 절취행위는 아직 종료되지 아니한 것으로 보아 '현재의' 침해에 대한 '정당방위'가 성립한다고 봄이 타당하다.

---

160) 김/서, 322면; 배종대, 391면; 이재상, 258면; 이형국, 163면; 진/이, 385면.

그 밖에 '부작위'에 의한 위법한 침해, 예컨대 '퇴거불응행위'에 대한 강제퇴거조치가 정당방위인가 또는 자구행위인가 하는 논의가 있다. 이 때 ① '현재의' 퇴거불응행위에 대하여는 정당방위가 허용되고, ② '과거의' 퇴거불응행위로부터 발생한 재산상의 청구권의 보전불능이라는 긴급상황하에서는 자구행위가 허용된다고 보아야 할 것이다.

(3) 법률에서 정한 절차에 따라서는 청구권을 보전할 수 없는 경우일 것

법률에서 정한 절차에 따라서는 청구권을 보전할 수 없는 경우라 함은 '공력구제가 불가능한 긴급상황'을 의미한다. 일정한 거소가 없는 채무자가 변제기일이 지나 갑자기 도주하는 경우와 같이 장소 또는 시간관계로 보아 공적 구제수단을 강구할 여유가 없거나 지체없이 자력으로 구제수단을 쓰지 않으면 후일에 공적 구제수단에 의하더라도 그 실효성이 없어지는 것과 같은 급박한 사정이 있는 경우가 이에 해당한다.

청구권을 '보전'하기 위한 법정절차로는 민사집행법상의 가압류·가처분 등의 권리보전절차 또는 경찰관 기타 국가기관에 의한 보전절차 등이 있다. 여기에서의 법정절차는 청구권의 '보전'을 위한 절차이므로, 청구권의 '실행'을 위한 본안소송절차를 의미하는 것은 아니다.

법률에서 정한 절차에 따른 청구권의 보전이 불가능한 긴급상황하에서 최후의 수단으로 자구행위가 허용되기 때문에 청구권보전단계에서 "보충성의 원칙"이 요구된다. 이 요건은 자구행위가 과거의 침해에 대한 '사후적' 구제수단이라는 본질에 비추어 엄격히 요구된다.

2. 청구권의 실행이 불가능해지거나 현저히 곤란해지는 상황을 피하기 위하여 한 행위일 것

(1) 청구권의 실행이 불가능해지거나 현저히 곤란해지는 상황

자구행위는 청구권의 실행이 불가능하거나 현저히 곤란한 긴급한 사정이 있어야 허용된다. 이 요건은 청구권의 보전이 아니라 청구권의 '실행'에 관한 긴급상황이다. 이처럼 자구행위는 법정절차에 의한 청구권의 '보전'이 불가능한 긴급상황뿐만 아니라 더 나아가 즉시 자력에 의하여 구제하지 않으면 청구권의 내용을 '실행'할 수 없다는 긴급상황까지 요구된다. 이러한 의미에서 자구행위는 '이중의' 긴급성과 보충성을 요한다. 따라서 법률에서 정한 절차에 따른 청구권보전이 불가능하더라도 그 청구권에 대하여 충분한 인적·물적 담보가 확보되어 있는 때에는 청구권의 '실행'이 가능하므로 자구행위가 허용되지 않는다. 자구행위가 청구권의 '실행'단계에서도 "보충성의 원칙"을 요건으로 하는 이유는 '사후적' 긴급행위라는 자구행위의 본질에서 찾아볼 수 있다.

(2) 피하기 위하여 한 행위

'피하기 위하여 한 행위'란 바로 '자구행위'를 의미하는 것으로서, 공력구제가 불가능한 긴급상황하에서 청구권을 보전하기 위하여 필요한 조치를 취하는 행위를 말한다. 자구행위로서는 폭행, 협박, 체포, 감금, 손괴, 재물의 강제적 탈취·보관(强取), 강요, 주거침입 등의 행위가 있을 수 있다.

그런데 자구행위는 청구권의 '보전수단'으로 그쳐야 한다. 자구행위는 청구권의 실행불능을 '피하기 위한 행위'이지 청구권의 만족을 얻기 위한 행위는 아니므로, 권리의 '실현'수단 내지 채무의 '이행'수단으로까지 나아간 행위는 위법하다. 예컨대 무전숙박 후 도주하는 손님을 체포하여 손님이 차고 있던 고급시계를 매각하고 그 매각대금을 숙박요금의 변제에 충당한 경우에, 손님의 동의없이 시계를 매각한 행위까지 자구행위로서 허용되는 것은 아니다.

자구행위에는 청구권의 실행불능 또는 현저한 실행곤란을 피하기 위한 의사, 즉 '자구의사'(自救意思)가 있어야 한다. 자구의사는 자구행위의 '주관적 정당화요소'가 된다.

3. 상당한 이유가 있을 것

자구행위는 청구권의 보전을 위하여 상당한 이유가 있을 때 허용된다.[161)] 상당한 이유라 함은 자구행위가 사회상규에 비추어 당연시될 수 있는 경우를 뜻하며, 비록 자구행위가 외견상 권리행사의 모습을 지니고 있더라도 실질적으로 사회상규에 위배된다는 판단이 내려지면 위법하다.

자구행위에 있어서 상당성의 판단에는 다음과 같은 원칙이 검토된다.

---

161) 관련판례로는 "피고인이 피해자에게 석고를 납품한 대금을 받지 못하고 있던 중 피해자가 화랑을 폐쇄하고 도주하자, 피고인이 야간에 폐쇄된 화랑의 베니아판 문을 미리 준비한 드라이버로 뜯어내고 피해자의 물건을 몰래 가지고 나왔다면, 위와 같은 피고인의 강제적 채권추심 내지 이를 목적으로 하는 물품의 취거행위를 형법 제23조 소정의 자구행위라고 볼 수 없다"(**대판 1984. 12. 26, 84 도 2582**). 기타 자구행위의 성립을 부정한 판례로는 대판 2007. 12. 28, 2007 도 7717; 2006. 3. 24, 2005 도 8081.

(1) 보충성의 원칙

보충성의 원칙은 '사후적' 긴급행위라는 자구행위의 본질로부터 청구권의 '보전'과 청구권의 '실행'의 두 측면에 걸쳐 '이중'으로 엄격히 요구된다. 즉 자구행위는 법정절차에 의한 청구권의 보전이 불가능할 뿐만 아니라 청구권의 실행이 불가능하거나 현저히 곤란하다는 긴급상황하에 최후의 수단으로서 허용된다.

(2) 이익형량의 원칙

① '부정 대 정'의 관계라는 자구행위의 본질과 ② 자구행위는 어디까지나 '보전'수단에 그친다는 점으로부터 이익형량의 원칙은 엄격히 요구되지는 않는다. 무전숙박 후 손님이 도주하는 경우에 몇만원의 숙박요금지급을 확보하기 위하여 손님을 하루종일 감금한다든가, 가격이 백만원 정도인 고급시계를 강제로 보관하는 행위도 자구행위로서 허용된다.

(3) 수단의 적합성의 원칙

자구행위는 사회상규에 비추어 적합한 수단이어야 한다. 수단의 적합성의 원칙은 자구행위가 '사후적' 긴급행위라는 본질로부터 엄격히 요구된다. 예컨대 다액을 사취한 사기꾼이 외국으로 이민간다는 사실을 알고 그가 탄 비행기를 회항시키고자 탑승항공기에 시한폭탄이 장치되었다고 관계당국에 거짓 신고한 사기피해자의 행위는 수단의 적합성이 없으므로 자구행위가 될 수 없고, 위계에 의한 업무방해죄 내지 강요죄가 성립한다.

Ⅳ. 효 과

상술한 성립요건을 갖춘 자구행위는 일정한 구성요건에 해당하더라도 위법성이 조각되어 벌하지 아니한다. 제23조 제1항의 자구행위는 위법하지 않으므로, 이에 대한 정당방위는 허용되지 않는다.

Ⅴ. 과잉자구행위

상당성을 초과한 '과잉자구행위'는 위법하지만, 그 정황에 따라 형을 감경하거나 면제할 수 있다(제23조 제2항). 과잉방위처럼 책임이 감소 또는 소멸된다는 것을 근거로 한다. 다만 자구행위는 '사후적' 긴급행위이기 때문에 과잉방위나 과잉피난의 경우와는 달리 제21조 제3항과 같은 사유는 인정되지 아니한다.

Ⅵ. 오상자구행위

'오상자구행위'란 자구행위의 객관적 요건이 존재하지 아니함에도 불구하고 이것이 존재하는 것으로 오신하여 자구행위를 한 경우이다. 오상자구행위는 자구행위의 성립요건이 갖추어지지 않았으므로 자구행위로 성립하지 아니하고 따라서 위법성이 조각되지 않는다. 오상자구행위는 오상방위 및 오상피난과 마찬가지로 '위법성조각사유의 전제사실에 관한 착오'의 문제에 속한다.

제 6 절 피해자의 승낙에 의한 행위

Ⅰ. 서 설

1. 피해자의 승낙의 의의

피해자의 승낙이란 "법익의 주체가 상대방에게 자기의 법익에 대한 침해를 허용하는 것"을 말하고, 승낙을 받은 법익침해행위는 원칙적으로 위법성이 조각된다. 피해자의 승낙에 관하여 형법 제24조는 "처분할 수 있는 자의 승낙에 의하여 그 법익을 훼손한 행위는 법률에 특별한 규정이 없는 한 벌하지 아니한다"라고 규정하고 있으며, 여기에서 "벌하지 아니한다"는 위법성이 조각되는 것으로 해석되고 있다. 장기이식에 있어서 장기제공이라든가 헌혈이 피해자의 승낙의 예가 된다.

2. 피해자의 승낙과 양해의 구별

1950년대에 독일의 형법학자 게에르츠(Geerds)가 피해자의 동의(Zustimmung)를 '구성요건해당성'을 배제하는 「양해」(Einverständnis)와 '위법성'을 조각하는 「승낙」(Einwilligung)으로 구별한 이래,[162] 다수의 학자들이 양해와 피해자

162) Geerds, Einwilligung und Einverständnis des Verletzten, Dissertation, Kiel, 1953 및

의 승낙을 구별하고 있다.[163] 이러한 다수 견해와는 달리 피해자의 승낙을 항상 구성요건해당성을 배제하는 사유로 이론구성하는 학자도 있으나,[164] 피해자의 승낙에 대한 법적 평가에 있어서 단계적 차이, 질적 차이를 무시하는 견해로서 타당치 못하다고 본다.

(1) 양해의 의의

'양해'란 당해 구성요건의 행위개념 자체가 이미 피해자의 의사에 반하는 것을 내용으로 하고 있기 때문에 피해자의 동의가 있으면 행위의 위법성을 거론하기에 앞서서 구성요건해당성이 배제되는 것으로 해석되는 경우를 말한다. 예컨대 절취, 주거침입, 강간 등의 행위개념은 피해자의 의사에 반하는 것을 당연한 내용으로 하고 있기 때문에, 피해자의 동의가 있으면 절취, 주거침입, 강간 등의 행위 자체가 성립하지 않게 되며, 처음부터 절도죄, 주거침입죄, 강간죄 등의 구성요건에 해당하지 않는다. 이러한 경우에 위법성이 조각되는 '피해자의 승낙'과 구별하기 위하여 '양해'라고 하는 별개의 용어를 사용하는 것이 타당하다고 본다.

(2) 양해의 형법적 취급

양해의 형법상의 취급 내지 법적 성격에 관하여 다음과 같은 두 가지 학설이 대립한다.

(가) 일률적 취급설 이 학설은, 양해가 모든 경우에 있어서 순수하게 '사실적' 성격을 갖는다는 견해로서, 모든 양해의 성격과 형법적 취급에 관하여 '일률적으로' 적용되는 일반원리를 제시하고자 한다. 이 학설에 의하면, 양해는 순전히 사실적 성격을 지닌 것이므로 ① 양해자의 내심에 존재하는 내부적 동의로도 족하며 반드시 외부적으로 표시될 필요가 없고, ② 따라서 상대방이 양해가 있다는 사실을 인식할 필요도 없으며, ③ 양해가 착오로 표시된 경우에도 유효하고, ④ 사실상의 양해로 충분하기 때문에 양해자는 자연적 의사능력을 가지고 있으면 되고 훼손당하는 법익의 의미를 이해한다든가 판단능력이 필요한 것은 아니라고 주장한다.

(나) 개별적 취급설 이 학설은 당해 구성요건의 해석에 의하여 개별적으

"Einwilligung und Einverständnis des Verletztenim Strafrecht", GA, 1954, S. 262 ff.

163) 권오걸, 244면; 손동권, 219면; 신동운, 309면; 안동준, 125면; 오영근, 375면; 이재상, 265면; 이형국, 166면; 정/박, 272면; 정영일, 249면; 진/이, 395면.

164) 김/서, 257면; 손해목, 540면; 이용식, "하자있는 피해자의 동의", 고시계, 1998. 3, 166면.

로 양해의 의미와 목적을 밝히고 이에 따라 양해의 법적 성격을 파악하고자 하는 견해이다. 이 학설은 양해가 모든 경우에 순수히 사실적 성격을 갖는다는 주장에 반대하면서, 양해의 성격과 형법적 취급에 관하여 일률적으로 적용되는 원리를 제시할 수 있는 것은 아니며, 개개의 구성요건의 범위 안에서 양해의 의미와 목적을 어떻게 해석하느냐에 따라 해결될 수 있는 문제라고 한다. 그러므로 구성요건이 자연적 행동, 의사결정의 자유 또는 점유와 같은 사실상의 지배관계의 침해에 관련된 경우에는 양해자에게 특별한 동의능력은 필요없고 자연적 의사능력만 있으면 족하지만, 성적(性的) 침해·의료적 침해나 모욕 등의 경우에는 양해자의 판단능력 또는 법률행위능력까지도 양해의 유효요건이 된다고 한다.

양해의 법적 성격은 일률적으로 확정될 것은 아니고, 당해 구성요건의 입법취지와 보호법익의 성질에 따라 구체적·개별적으로 파악해야 할 것이므로 (나)의 견해가 타당하다고 생각한다(다수설).[165]

(3) 양해의 유효요건

양해자의 정신적 능력과 양해의 외부적 표시의 정도에는 차이가 있겠으나 ① 최소한 양해자에게 '자연적 의사능력'은 있어야 하고, ② 양해는 외부에 표시되어[166] ③ 행위자가 행위시에 양해가 있다는 사실을 인식하고 행위하여야 한다.[167]

양해자에게 자연적 의사능력조차도 없을 때에는 양해가 성립될 수 없으며, 또 단순한 방치 혹은 수동적 인내는 양해로 간주될 수 없다.

Ⅱ. 피해자의 승낙에 대한 법률정책

개인적 법익에 있어서 법익의 주체(피해자)가 법익을 처분할 수 있는 경우라 할지라도 그 법익이 피해자 개인에 대해서뿐만 아니라 공동체를 위해서도 중요한 의미를 가지는 때에는 법률은 개인적 처분을 허용하지 아니하고 범죄

165) 김성돈, 297면; 손동권, 221면; 신동운, 309면; 안동준, 127면; 이재상, 266면; 이형국, 168면; 정/박, 273면; 진/이, 394면.

166) '묵시적인 동의'만으로 충분하다는 판례로는 대판 1990. 8. 10, 90 도 1211; 1985. 11. 26, 85 도 1487.

167) 이형국, 168면.

의 성립을 인정한다. 그러므로 법질서가 개인에게 법익처분의 자기결정권을 부여한 경우에 한하여 위법성조각사유로서의 피해자의 승낙이 논의될 수 있다. 개인이 법익을 처분할 수 있는 자유의 범위는 한 국가의 '법률정책'에 속하는 문제인데, 우리 현행법이 피해자의 승낙에 대하여 취하고 있는 정책적 태도는 다음과 같이 나누어 볼 수 있다.

① 전술한 바와 같이 피해자의 승낙이 양해로 이해되는 경우에는 구성요건해당성이 배제된다. 절도죄, 주거침입죄, 강도죄, 강간죄, 비밀침해죄 등이 이에 속한다. ② 피해자의 승낙이 있더라도 범죄의 성립에 전혀 영향을 미치지 못하는 경우가 있다. 예컨대 13세 미만자에 대한 간음·추행죄(제305조 제1항), 피구금자간음죄(제303조 제2항), 아동혹사죄(제274조) 등이다. 이러한 범죄에 있어서는 법공동체가 개인에 대하여 '후견적 지위' 내지 '가부장적 지위'에 서서 개인의 법익처분의 자유를 인정하지 않는다(이른바 법률후견주의: legal paternalism). ③ 피해자의 승낙이 있어도 위법하지만 형의 감경사유가 되는 경우가 있다. 승낙살인죄(제252조 제1항)가 그 예이다. 인간의 생명, 태아의 생명·신체에 대하여는 개인의 처분의 자유를 배제하되, 피해자의 승낙이 불법을 '감소'시킨다는 점만은 인정하여 형벌이 감경되는 범죄구성요건을 별도로 설정한 경우이다. ④ 피해자의 승낙이 위법성을 조각하는 경우가 있다. 이 경우에 형법 제24조가 적용된다. 위법성이 조각되는 피해자의 승낙은 주로 신체상해에서 문제되기 때문에, 독일형법은 피해자의 승낙을 총칙에서 규정하지 아니하고 각칙의 상해죄 부분에서 규정(제226조a)하고 있는 특색을 보이고 있다.

Ⅲ. 피해자의 승낙의 정당화근거

피해자의 승낙에 의한 행위에 제24조가 적용되어 위법성이 조각되는 근거가 무엇인가에 관하여는 다음과 같은 학설이 대립한다.

1. 상당성설(사회적 상당설)

이 설은 피해자의 승낙이 사회상규에 비추어 상당하다고 인정되기 때문에 위법성을 조각한다는 견해이다.[168] 지극히 당연한 주장이지만 그 내용이 공허

168) 정영일, 251면.

하여 별다른 설명을 해 주는 바가 없고, 막연한 상당성의 개념을 파고 들어가서 위법성조각의 근거를 밝혀보고자 하는 논의의 원래 의도를 의식하지 못한 견해라고 하겠다.

2. 이익흠결설(이익포기설)

이익흠결설은 위법성의 실질에 있어서의 결과반가치에 주목하여, 피해자의 승낙은 이익의 주체가 이익을 포기함을 의미하며 이 때 법질서가 보호해 주고자 하는 이익이 흠결되어 있으므로 위법성이 조각된다고 본다. "원하는 자에게 불법은 행해지지 않는다"(volenti non fit injuria)라고 하는 법언이 이 학설을 대변하고 있으며, 독일의 판례와 다수설은 이익포기설의 입장에서 피해자의 승낙을 설명하고 있다.[169)]

이익흠결설은 개인의 자기결정권을 존중하는 '자율의 원리'에 충실한 장점은 있지만, 극단적인 개인주의·자유주의에 대하여 법률이 제동을 걸고 피해자의 승낙이 위법성을 조각하지 아니하는 것으로 규정한 경우를 설명할 수 없다는 약점을 지니고 있다.

3. 법률정책설

이 학설은 '개인의 처분대상인 이익'(예: 생명·신체)과 '개인의 자유로운 처분권(자기결정권)이라는 이익'이 충돌하는 경우에 그 위법성조각 여부의 근거는 법률정책에 있다고 보는 견해이다. 즉 법익의 자유로운 처분이라는 개인적 이익과 법익보호에 대한 공동체이익을 비교하여 개인적 이익을 보다 더 중시하는 법률정책이 내려지는 한도에서 피해자의 승낙은 위법성조각사유가 된다고 한다.[170)]

이 학설은 피해자개인의 자기결정권에 대한 존중과 개인주의·자유주의의 한계를 설정하려는 법공동체의 정책을 조화롭게 설명하는 견해로서 타당하다고 본다.

---

169) 권오걸, 250면; 오영근, 377면.
170) 신동운, 312면; 안동준, 128면; 이재상, 268면; 이형국, 170면; 정/박, 276면; 진/이, 396면.

Ⅳ. 성립요건

제24조로부터 피해자의 승낙의 성립요건을 끌어내 보자면, ① 피해자의 승낙이 있을 것, ② 처분할 수 있는 법익에 대한 승낙일 것, ③ 법률에 특별한 규정이 없을 것이라는 세 가지 요건이 나오고, 그 이외에 제24조에 명시되지는 않았지만 해석상 ④ 승낙에 의한 행위는 사회상규에 위배되지 않을 것이라는 요건이 필요하다. 이하에 그 요건을 분설(分說)하기로 한다.

1. 피해자의 승낙이 있을 것(승낙에 관한 요건)

승낙이란 자신의 법익에 대한 훼손을 허용하는 것을 말한다. 승낙에 있어서는 우선 승낙을 하는 자의 '승낙능력'이 문제된다.

(1) 승낙능력

승낙능력은 민법상의 법률행위능력을 의미하는 것은 아니고, 형법의 독자적인 해석에 의거한다. 형법상 승낙자는 승낙의 의미와 내용을 이해하고 구체적 사정에 비추어 승낙의 효과를 판단할 수 있어야 한다. 따라서 승낙능력에는 '자연적 의사능력'과 '인식능력' 이외에 법익을 처분한다는 점에서 '판단능력'도 요구된다. 형법은 일정한 경우에 유효하게 승낙할 수 있는 연령의 한계를 규정하고 있는데, 이 규정들은 일응 승낙능력의 판단기준의 하나가 되는 것으로 볼 수 있다. 예컨대 제305조에 있어서 만 13세, 제274조(아동혹사죄)에 있어서 만 16세 등이다.

또한 피해자의 승낙이 진정한 의미에서의 승낙이 되기 위하여 승낙자에게 '전문적인 지식'이 필요한 경우에는 승낙을 얻고자 하는 측이 사전에 충분히 설명해야 할 의무가 있다(informed consent). 특히 의사의 수술행위(치료행위)는 환자의 자기결정권을 존중하여 피해자의 승낙에 의한 행위로서 위법성이 조각되는 것이므로, 수술에 앞서서 의사는 환자에게 수술에 관한 충분한 「설명의무」를 다함으로써 환자가 수술 여부에 대하여 주체적으로 자기결정을 내릴 수 있도록 하고, 의사의 수술은 환자의 진정한 동의에 기초해서만이 허용될 수 있다고 해야 한다.[171]

---

171) 의사의 설명의무에 관한 판례로는 전술한 **대판** 1993. 7. 27, 92 **도** 2345 참조.

의사의 설명의무는 2016. 12. 20.의 의료법 개정에서 신설된 제24조의2[의료행위에 관한 설명]에 규정됨으로써 '법정화'되었다. 이제 의사의 설명의무는 의료법에 명시된 법적 의무이다. 설명의무 위반에 대하여는 300만원 이하의 과태료가 부과된다(제92조 제1항). 의료법에 규정된 설명의무는 다음과 같다. "의사·치과의사 또는 한의사는 사람의 생명 또는 신체에 중대한 위해를 발생하게 할 우려가 있는 수술, 수혈, 전신마취(이하 이 조에서 "수술 등"이라 한다)를 하는 경우 제2항에 따른 사항을 환자(환자가 의사결정능력이 없는 경우 환자의 법정대리인을 말한다)에게 설명하고 서면으로 그 동의를 받아야 한다(제24조의2 제1항). 제1항에 따라 환자에게 설명하고 동의를 받아야 하는 사항은 다음 각 호와 같다(동조 제2항).

1. 환자에게 발생하거나 발생 가능한 증상의 진단명
2. 수술 등의 필요성, 방법 및 내용
3. 환자에게 설명을 하는 의사, 치과의사 또는 한의사 및 수술 등에 참여하는 주된 의사, 치과의사 또는 한의사의 성명
4. 수술 등에 따라 전형적으로 발생이 예상되는 후유증 또는 부작용
5. 수술 등 전후 환자가 준수하여야 할 사항"

(2) 자유로운 의사에 기한 진지한 승낙일 것

유효한 승낙은 비록 승낙능력을 갖춘 자의 승낙이라 하더라도 자유로운 의사에 기한 진지한 승낙이어야 한다. 따라서 기망이나 착오·폭행·협박에 의한 승낙, 농담으로 한 승낙 등은 유효한 승낙이라고 볼 수 없다. 그러나 단순한 동기의 착오는 승낙의 유효성을 저해하지 아니한다.

(3) 승낙은 행위시까지 존재할 것

승낙은 행위 전이나 행위시에 있어야 하며, 형법상 사후승낙이나 추인은 허용되지 아니한다. 또 승낙자는 원칙적으로 언제든지 승낙을 자유롭게 철회할 수 있다.

(4) 승낙은 외부에 표시될 것

승낙은 명시적 또는 묵시적으로 외부에 표시되어야 한다. 이러한 견해를 '의사표시설'이라고 하고, 승낙이 피해자의 내심에 존재하는 것으로 충분하다고 하는 '의사방향설'도 있다. 후자는 피해자의 승낙에 있어서 주관적 정당화요소가 불필요하다는 결론에 이르게 되므로 타당치 않다.

(5) 행위자는 승낙사실을 인식할 것

행위자는 피해자의 승낙이 있다는 사실을 '인식'하여야 한다. 피해자의 승낙에 대한 행위자의 인식은 '주관적 정당화요소'가 된다. 피해자의 승낙이 있었으나 행위자가 이를 인식하지 못하고 행위한 경우에는 위법성이 조각되지 아니하고, 발생한 결과에 대한 불능미수범으로 처벌된다. 반면에 피해자의 승낙이 없음에도 불구하고 행위자가 승낙이 있는 것으로 오인한 경우는 '위법성조각사유의 전제사실에 관한 착오'의 문제가 된다.

2. 처분할 수 있는 법익에 대한 승낙일 것

피해자의 승낙에 의한 행위가 위법하지 않으려면 처분할 수 있는 법익에 대한 승낙이어야 한다. 처분할 수 있는 법익, 즉 승낙의 대상이 될 수 있는 법익은 '개인적' 법익에 국한된다. 개인적 법익 중에서도 신체의 건강(상해죄), 신체적 활동의 자유(감금죄), 명예(명예훼손죄)가 주된 대상이 된다.

그리고 공공적 법익과 개인적 법익이 함께 보호되는 범죄에 있어서, 예컨대 공공의 안전과 개인의 재산을 보호법익으로 하는 방화죄에 있어서 피해자의 승낙이 있으면, 해석상 '자기'소유물방화죄(제166조 제2항, 제167조 제2항)로 처벌함이 타당하다.

3. 법률에 특별한 규정이 없을 것

피해자의 승낙에 의한 행위라도 이를 처벌하는 특별한 규정이 없을 경우에만 위법성이 조각된다. 피해자의 승낙이 있더라도 위법하다고 보아 처벌하는 법률상의 특별한 규정으로는, 형법에서는 제252조 제1항(승낙살인죄), 제305조(미성년자에 대한 간음·추행죄), 제303조 제2항(피구금자간음죄), 제274조(아동혹사죄) 등이 있고, 기타 병역기피목적의 신체손상을 처벌하는 병역법 제86조와 군형법 제41조 제1항 등을 찾아볼 수 있다.

이상과 같은 법률상의 특별한 규정은 법공동체가 개인에 대하여 후견적 지위에 서거나 공공적 법익을 보호하기 위하여 개인의 법익처분의 자유를 인정하지 않으려는 정책적 견지에서 마련된 것이다.

4. 승낙에 의한 행위는 사회상규에 위배되지 않을 것

제24조에 명시되어 있지는 않지만, 피해자의 승낙에 의한 행위가 사회상규

에 위배되지 않아야 한다는 것은 해석상 당연한 요건이다. 승낙에 의한 행위는 실질적으로 위법하지 않아야 하는데, 피해자의 승낙이 있으면 보호할 이익이 흠결되어 결과반가치는 탈락하지만, 사회윤리적 견지, 특히 목적설의 견지에서 정당한 목적을 위한 적합한 수단인가 하는 행위반가치의 심사가 필요하게 된다. 그런데 사회상규에 위배되지 않아야 하는 것은 승낙 자체 또는 승낙의 목적이 아니고, 승낙에 의한 '행위'라는 점에 유의해야 한다.

승낙을 받은 행위에 반윤리적인 목적이 있다든가 법익을 훼손하는 방법이 사회상규에 위배된다면 위법성이 조각되지 않는다.[172] 헌혈시에 과도한 양을 채혈한다든가 문학작품 '베니스의 상인'에서 채무불이행의 경우에 채무자의 승낙에 의하여 채무자의 살 1파운드를 베어내는 채권자의 행위는 사회상규에 위배되는 행위로서 위법하다고 하겠다.

V. 효 과

피해자의 승낙에 의한 행위가 상술한 성립요건을 갖춘 경우에는 일정한 구성요건에 해당하더라도 위법성이 조각되어 벌하지 아니한다.

피해자의 승낙은 고의범뿐만 아니라 '과실범'에서도 인정된다. 과실범에 있어서의 피해자의 승낙은, 행위자가 주의의무에 위반되는 행위를 하려는 사실을 피해자가 인식하고서도 자신에 대한 위험행위를 승낙한 경우에 성립한다. 예컨대 운전자가 음주운전을 하는데 이를 알면서도 동승하였다가 교통사고로 부상을 당한 피해자가 있는 경우에, 음주운전자의 업무상과실치상행위는 피해자의 승낙에 의하여 위법성이 조각된다.[173]

---

172) "형법 제24조의 규정에 의하여 위법성이 조각되는 소위 피해자의 승낙은 해석상 개인적 법익을 훼손하는 경우에 법률상 이를 처분할 수 있는 사람의 승낙을 말할 뿐만 아니라 그 승낙이 윤리적, 도덕적으로 사회상규에 반하는 것이 아니어야 한다고 풀이하여야 할 것이다. 이 사건에 있어서와 같이 폭행에 의하여 사람을 사망에 이르게 하는 따위의 일에 있어서 피해자의 승낙은 범죄성립에 아무런 장애가 될 수 없는 윤리적, 도덕적으로 허용될 수 없는, 즉 사회상규에 반하는 것이라고 할 것이므로 피고인들의 행위가 피해자의 승낙에 의하여 위법성이 조각된다는 상고논지는 받아들일 수가 없다"(**대판** 1985. 12. 10, 85 **도** 1892).

173) 이 때 피해자의 승낙은 치상의 결과에까지 미치지 않으므로 위법성이 조각되지 않는다는 견해도 있다(오영근, 385면).

Ⅵ. 관련문제

1. 추정적 승낙

(1) 의 의

추정적 승낙이란 "피해자가 현실적으로 승낙하지는 않았으나 행위 당시의 객관적 사정을 종합하여 판단하면, 피해자가 당연히 승낙하였을 것이라고 예견되는 경우"를 말하고, 추정적 승낙에 의한 행위도 일정한 요건하에서 위법성이 조각된다.

(2) 추정적 승낙의 유형

추정적 승낙의 유형에는 다음 두 가지가 있다.

(가) 피해자의 보다 큰 이익을 보호하기 위한 유형　　충돌하는 이익이 동일한 피해자에게 귀속되는 경우에 피해자의 현실적인 승낙을 받을 수 없는 객관적 상황에서 피해자의 보다 큰 이익을 보호하기 위하여 낮은 이익을 훼손하는 행위를 하는 경우이다. 예컨대 사고를 당하여 의식을 잃고 있는 피해자의 생명을 구하기 위하여 의사가 응급수술로 피해자의 다리를 절단하는 경우, 중요한 연락사항을 소홀히 하지 않으려고 부인이 외국에 출장중인 남편에게 온 편지를 뜯어보는 경우, 빈 이웃집에 동파된 수돗물을 잠그기 위한 주거침입행위 등이다.

(나) 피해자가 자신의 이익을 포기할 것으로 추정되는 유형　　훼손되는 이익이 경미하거나 행위자와의 신뢰관계 때문에 피해자가 자기의 이익을 포기할 것으로 추정되는 경우이다. 예컨대 가정부가 주인의 부재중에 주인의 헌 옷을 걸인에게 주는 경우, 추수하지 못한 채로 뜰에 떨어진 많은 과일 중 일부를 이웃집 어린이들이 주워 가는 경우, 친구가 세워 둔 자동차를 급한 일이 있어서 무단사용하는 경우 등이다.

(3) 법적 성질

추정적 승낙의 법적 성질에 관하여는 다음과 같은 학설이 대립한다.

(가) 긴급피난설　　이 학설은 추정적 승낙을 긴급피난의 일종으로 보고 긴급피난의 법리에 따라 해결하려는 견해이다. 그러나 이 학설에는, 추정적 승낙(위 (가)의 유형)과 긴급피난의 양자에 있어서 '이익의 충돌'이 있다는 유사점

은 있지만, 추정적 승낙의 경우에는 충돌하는 이익이 모두 동일한 법익주체에게 귀속되고 긴급피난의 경우에는 충돌하는 이익이 서로 다른 법익주체에게 귀속되는 구조적 차이를 간과하고 있다는 문제점이 있다.

(나) 사무관리설 이 학설은 민법상의 사무관리에 있어서의 이익관계가 형법상의 이익관계에도 적용될 수 있는 경우가 추정적 승낙이라고 본다. 그러나 추정적 승낙의 모든 경우가 민법상의 사무관리에 해당한다고 보기 어렵고, 형법상의 위법성조각의 근거를 민법이론에 의하여 설명하는 것은 타당치 못하다는 비판이 가하여진다.

(다) 승낙의 대용물로 보는 설 이 설은 추정적 승낙의 위법성조각의 근거를 피해자의 객관적 이익이라는 관점에서 찾는 것이 아니라 가상된 피해자의 의사에 합치된다는 사실에서 찾으려고 한다. 여기에서 추정적 승낙을 현실적 승낙의 대용물로 이해하고자 한다.[174] 그러나 현실적으로 존재하지 않는 승낙을 존재하는 것으로 동일시하는 것은 논리적으로 받아들이기 어렵다는 비판이 가해지고 있다.

(라) 사회적 상당설 이 설은 추정적 승낙에 의한 행위가 사회적 상당성이 있다거나 사회상규에 위배되지 않으므로 위법하지 않다고 한다.[175] 그러나 상당성설의 추상적이고 막연한 내용으로서는 추정적 승낙이 위법성을 조각하는 근거를 설명하기에 충분치 못하다는 비판이 가해진다.

(마) 독자적 위법성조각사유설 이 설은 추정적 승낙을 피해자의 승낙'가능성'에 근거를 둔 독자적인 위법성조각사유로 본다.[176] 추정적 승낙은 피해자의 승낙 및 긴급피난의 구조와 유사한 측면이 있지만, 현실적 승낙이 없다는 점에서 피해자의 승낙과 결정적으로 차이가 나고, 이익형량에 근거를 두는 것이 아니라는 점에서 긴급피난과 본질적으로 다르며, 피해자의 '가상적' 승낙에 근거를 두면서도 '객관적' 추정에 의거한다는 점에서 '독자적인 구조를 가진 위법성조각사유'로 파악함이 타당하다.

(4) 성립요건

추정적 승낙의 성립요건은 다음과 같다.

---

174) 박상기, 213면; 배종대, 407면; 신동운, 328면.

175) 권오걸, 259면; 김성돈, 306면; 김/서, 328면; 손동권, 231면; 이영란, 285면; 정영일, 258면.

176) 김일수, 314면; 안동준, 132면; 이재상, 273면; 이정원, 214면; 이형국, 173면; 정/박, 281면; 진/이, 402면; 차용석, 667면.

(가) 처분할 수 있는 법익일 것　추정적 승낙에 있어서도 피해자가 당해 법익을 처분할 능력(자연적 의사능력과 인식능력, 판단능력)이 있을 것을 전제로 하고, 그 대상법익도 개인이 처분할 수 있는 것이어야 한다. 따라서 추정적 승낙도 개인적 법익에 한하여 허용된다.

(나) 현실적 승낙이 불가능할 것　행위자가 피해자로부터 현실적인 승낙을 얻는 것이 불가능한 경우라야 한다. 이 불가능은 피해자의 거부로 인한 것이 아니라 행위시에 극복할 수 없는 장해로 인하여 승낙을 얻는 것이 불가능함을 의미한다. 행위시에 피해자가 현장에 없다고 하더라도 전화 등의 통신수단을 이용하여 피해자의 의사를 확인할 수 있다면, 현실적인 승낙에 의해서만이 위법성이 조각된다.

(다) 피해자의 명시적 반대의사가 없을 것　피해자가 행위 이전에 명백히 행위자의 처분을 금지하는 등, 어떠한 경우에도 승낙이 있을 수 없다는 반대의사를 명시한 경우에는 추정적 승낙이 성립할 수 없다.[177] 예컨대 소극적 안락사에 있어서 식물인간상태의 환자가 의식불명이 되기 전에 결코 자신을 안락사시켜서는 안된다는 의사(이른바 living will)를 명시한 적이 있다면, 의사는 추정적 승낙에 의하여 환자를 안락사시킬 수 없다.

(라) 승낙의 추정은 객관적으로 행해질 것　행위 당시의 모든 사정을 종합하여 '객관적으로' 평가해 볼 때에 피해자가 그 사정을 알았더라면 당연히 승낙할 것이라고 판단되는 경우이어야 한다. 즉 승낙의 추정은 주관적 추정이 아니고 '객관적' 추정이다.

그러므로 행위자가 피해자의 승낙을 추정함에 있어서 자기의 행위가 피해자의 진의(眞意)에 합치하는지의 여부가 불확실할 때에는 사태에 대한 「성실한 검토의무」(gewissenhafte Prüfungspflicht: 양심적 심사의무)를 다하여 판단을 내려야 한다. 성실한 검토의무는 추정적 승낙에 있어서 '주관적 정당화요소'가 된다(다수설).[178]

만일 행위자가 성실한 검토의무를 다하여 피해자의 승낙이 있을 것으로 추정하였다면, 비록 사후에 피해자의 진의가 승낙하지 아니하는 것으로 밝혀

177) 이재상, 274면; 이형국, 174면.

178) 박상기, 214면; 배종대, 409면; 안동준, 134면; 이재상, 275면; 이형국, 174면; 정/박, 283면; 진/이, 404면.

진다고 하더라도 행위의 위법성이 조각된다. 반대로 성실한 검토없이 피해자의 승낙이 있을 것으로 행위자가 주관적으로 추정한 것에 불과한 경우에는 비록 사후에 피해자의 진의에 합치하는 것으로 밝혀진다고 하더라도 위법성이 조각되지 않는다.[179]

그리고 승낙의 추정은 '행위시'에 있어야 하며, 추후의 승낙을 기대하면서 행위하는 것은 추정적 승낙에 속하지 아니한다.

(마) 추정적 승낙에 의한 행위는 사회상규에 위배되지 아니하고, 법률에 저촉되지 아니할 것 　피해자의 승낙이 있더라도 법률상 처벌하는 특별한 규정이 있는 경우에는 추정적 승낙도 당연히 허용되지 아니한다.

(5) 효 과

추정적 승낙에 의한 행위가 이상의 성립요건을 갖춘 경우에는 일정한 구성요건에 해당하더라도 위법성이 조각된다. 그런데 추정적 승낙에 의한 행위는 이를 직접 규정하고 있는 조문이 없으므로, 제20조 사회상규에 위배되지 아니하는 행위의 하나로 해석하여 그 위법성조각을 인정해야 할 것이다. 추정적 승낙에 있어서 피해자의 '현실적인' 승낙은 존재하지 않는 까닭에 제24조를 준용할 수는 없다고 본다.

추정적 승낙에 있어서도 구성요건해당성을 배제하는 경우를 인정할 것인가 하는 문제가 있다. 그런데 구성요건해당성을 배제하는 양해는 반드시 현실적으로 존재하여야 하며 추정될 수 있는 것만으로는 부족하기 때문에, 이를 부정함이 타당하다. 예컨대 절도죄, 주거침입죄, 강도죄 등에서 추정적 승낙만으로 양해의 효과를 인정할 수는 없다고 본다.

2. 자손행위(自損行爲)

자손행위란 "자기에게 속하는 법익을 스스로 훼손하는 행위"를 말한다. 자손행위는 원칙적으로 구성요건해당성이 없다. 개인적 법익을 대상으로 하는 범죄에 있어서 행위의 객체는 당연히 '타인'을 전제로 한다고 해석될 것이기 때문이다.

그러나 자손행위라 하더라도 공공적 법익 또는 다른 개인적 법익과 관련

179) 다만 성실한 검토가 없은 때에도 그 주관적 추정이 피해자의 진의에 합치되면 당해 법익주체의 의사와 이익이 제대로 보전된 것이므로 위법성이 조각되지만, 피해자의 진의에 반한다면 위법하다는 견해도 있다(이형국, 175면).

된 경우에는 범죄가 성립할 수 있다. 병역기피목적의 자해・자상을 처벌하는 병역법 제86조 및 군형법 제41조 제1항, 자화(自火)를 처벌하는 자기소유물방화죄(형법 제166조 제2항・제167조 제2항) 등이 그 예이다.

제 7 절 위법성조각사유의 경합

Ⅰ. 의 의

하나의 구체적 사실관계 또는 하나의 구성요건해당행위가 둘 이상의 "위법성조각사유의 성립요건"(허용구성요건)을 충족하는 경우에 「위법성조각사유의 경합」(Konkurrenz von Rechtfertigungsgründen)이 발생한다. 예컨대 재물을 절취하여 도주하는 절도범인을 범행현장에서 완력을 행사하여 체포한 행위(이하 절도범사례라 함)는 제20조 정당행위(형소법 제212조에 의거한 현행범인의 체포), 제21조 정당방위, 제22조 정당화적 긴급피난, 제23조 자구행위의 성립요건을 동시에 충족시키므로, 이 네 가지 위법성조각사유의 경합이 발생한다.

이 때 경합하는 위법성조각사유들이 모두 적용되는 것인가 아니면 그 중 하나의 위법성조각사유만이 적용되고 나머지 사유들은 적용이 배제되는 것인가 또 경합하는 위법성조각사유들 상호간에 배제현상이 일어난다면 그 배제의 원리는 무엇인가 하는 문제가 제기된다.

Ⅱ. 해결원리

1. 진정경합(眞正競合)의 원칙

위법성조각사유 각각의 성립요건이 충족되는 이상 그 사유가 몇 개이든지 간에 모두 독립적으로 적용되는 것이 원칙이다(진정경합의 원칙).[180] 위의 절도범사례에서 절도범인의 체포행위가 자신의 재산적 법익을 보호하기 위한 방위의사로 행해졌다면 정당방위가 성립하고, 동시에 이 체포행위가 범인을 수

180) 김/서, 275면.

사기관에 인도할 목적으로 행해졌다면 정당행위가 성립함으로써 두 가지 위법성조각사유가 함께 적용된다(다른 위법성조각사유에 관하여는 후술함).

그 밖에 민법상 규정된 위법성조각사유(민법 제209조 자력구제, 제761조 정당방위와 긴급피난)와 형법상 규정된 위법성조각사유가 경합하는 경우에 양자가 모두 적용될 것인가 하는 문제가 있다. 이에 대하여 민법상의 위법성조각사유를 형법상의 위법성조각사유에 대한 특별규정으로 보고, 민법상의 위법성조각사유가 우선적용되는 것으로 해석하는 견해가 있다.[181] 그러나 민법상의 위법성조각사유는 민사책임, 즉 손해배상책임 등의 법률효과를 논의의 주안점으로 삼는 데 반하여, 형법상의 위법성조각사유는 형사책임, 즉 형벌부과 등의 법률효과를 논의의 주안점으로 삼는 것이기 때문에 "민사책임과 형사책임 분리의 원칙"에 따라서, 그리고 관할법원도 다르기 때문에, 민법상의 위법성조각사유와 형법상의 위법성조각사유는 각각 독립적으로 적용된다고 봄이 타당하다(진정경합).

2. 부진정경합(不眞正競合)의 경우

(1) 특별관계

그러나 예외적으로 위법성조각사유들이 서로 특별법과 일반법의 관계(특별관계)에 놓여 있어서 특별한 위법성조각사유가 일반적 위법성조각사유를 배제하고 우선적으로 적용되는 수가 있다.[182] 이 경우는 외견상 경합이 있는 것처럼 보일 뿐이지 위법성조각사유 상호간에 배제현상이 벌어져서 최종적으로는 한 개의 사유만이 적용되므로 부진정경합이라고 할 수 있다.

이러한 특별관계는 상대적으로 보다 포괄적·추상적인 정당화사유의 성립요건을 개별화·구체화·엄격화한다든가 정당화행위의 성질에 제약을 가하는 등의 방식으로 적용범위가 국한된 위법성조각사유에 존재한다. 예컨대 경찰관이 정당방위 또는 현행범체포를 위하여 무기를 사용하는 행위는 경찰관직무집행법 제10조의 4가 정한 매우 엄격한 요건하에서 허용되고 있기 때문에, 형법 제21조 또는 형소법 제212조에 대하여 경직법 제10조의 4는 특별관계에 있다고 하겠다. 그리고 형법 제22조의 긴급피난에 대하여 경직법 제5조

181) 김/서, 276면.

182) 위법성조각사유의 경합시에 특별관계를 해결원리의 하나로 제시하는 견해로는 김/서, 275-6면; Schönke/Schröder/Lenckner, StGB, Vor 28 §32; Roxin, AT, 1. Bd., §14 Rn. 44.

와 제7조도 특별관계에 있다.

(2) 사회상규불위배행위와 개별적 위법성조각사유

우리 형법상으로는 제20조의 "사회상규에 위배되지 아니하는 행위"가 모든 위법성조각사유의 원천을 이루는 포괄적 위법성조각사유로 파악되고 있는 만큼, 이에 대한 개별적·특수적 정당화사유인 제20조 중의 법령에 의한 행위 및 업무로 인한 행위, 제21조의 정당방위, 제22조의 정당화적 긴급피난, 제23조의 자구행위, 제24조의 피해자의 승낙에 의한 행위, 제310조 명예훼손에 있어서 사실의 증명 등이 특별관계에 놓여 있다.[183]

특별관계라고 하는 배제원리는 또한 다음과 같은 사고를 내포하고 있다. 즉 문제된 사실관계에 개별적 위법성조각사유를 적용할 수 없는 것으로 확정되더라도 항상 사회상규불위배행위로서 위법성이 조각될 수는 없는가 하는 최종적 검토가 필요하다는 점이다. 예컨대 임신한 14세 소녀에 대한 인공임신중절수술이 모자보건법상의 적응사유에 해당하지 않아서 법령에 의한 정당행위로 해결할 수 없는 경우에도 사회상규불위배행위로서의 위법성조각이 가능한지를 검토해 보아야 한다는 것이다.

(3) 제22조의 긴급피난과 기타의 위법성조각사유

다른 위법성조각사유에 대한 관계에서 적지 않은 쟁점을 내포하고 있는 것은 제22조의 정당화적 긴급피난이다. 긴급피난은 긴급행위로서의 성격을 지닌 위법성조각사유(정당방위, 자구행위, 현행범체포 등)에 있어서 기본법의 지위에 있다.[184] 정당방위에 있어서 현재의 위법한 침해라든가 자구행위에 있어서 청구권 보전 및 실행의 불능, 현행범체포의 긴급상황 등이 모두 긴급피난의 전제인 "현재의 위난"에 포섭될 수 있는 요건이기 때문이다. 따라서 절도범사례에서 절취당한 사정이 현재의 위법한 침해이기도 하면서 현재의 위난이기도 하기 때문에 정당방위와 긴급피난이 경합하게 되고, 특별관계에 있는 정당방위규정이 우선적으로 적용된다고 하겠다.

---

183) 위법성조각사유는 법정(法定)의 개별적 위법성조각사유로 한정되지 않기 때문에, 즉 죄형법정주의가 적용되지 않으므로 항상 학설과 판례에 의하여 새로운 위법성조각사유(예: 추정적 승낙, 의무의 충돌)가 개발될 여지가 있고 이것이 기존의 위법성조각사유의 목록에 추가되는 것인데, 새로운 사유 역시 궁극적으로는 '사회상규에 위배되지 아니하는 행위'에 포괄된다.

184) 비슷한 논지로는 Roxin, aaO., Rn. 47.

(4) 의심스러운 때에는 행위자에게 유리한 위법성조각사유의 적용

그 밖에 경합하는 위법성조각사유 중 하나의 선택이 "의심스러운 경우에는" 정당화행위를 한 자(정당화행위자)에게 가장 '유리한' 사유, 즉 그 성립요건을 종합적으로 검토하여 행위자에게 가장 '관대한' 요건이 되는 사유를 적용하여야 할 것이다. 이러한 원리는 "의심스러운 때에는 피고인의 이익으로"라는 법리의 구현이라고 하겠다. 따라서 법문에 '상당한 이유'를 성립요건으로 규정하고 있는 위법성조각사유들이 경합하고 있는데 특별관계에 의하여 처리될 수도 없으면, 그 중 구체적 판단원리로서 보충성의 원칙과 이익형량의 원칙이 가장 관대하게 고려되는 정당방위를 우선적으로 적용해야 할 것이다.

장물을 탈취하기 위한 절도범 체포행위를 정당방위로 볼 것인가 또는 자구행위로 볼 것인가가 논의되는 절도범사례에서, 학자들은 현재의 침해냐 과거의 침해냐에 따라 해결하려고 하지만, 현재와 과거의 엄밀한 시간적 절단이 어려운 경우에는 정당방위와 자구행위의 경합을 일단 인정하되 행위자에게 보다 더 유리한 정당방위를 적용하는 해결방법이 훨씬 설득력이 있다고 하겠다.

제 4 장 책 임 론

제 1 절 책임의 기초이론

Ⅰ. 서 설

1. 책임의 의의

형법상 책임(Schuld)이란 범죄성립의 세번째 요건으로서 "위법행위를 한 행위자 개인에 대한 비난가능성"(Vorwerfbarkeit)을 말한다.

책임론은 형법학 중에서 가장 논쟁이 심한 분야에 속한다. 책임론의 연구는 인간존재의 궁극적 해명까지에로 소급하는 만큼 책임론의 근본문제는 아직 완전히 해결되지 않은 단계에 있으므로, 우리의 노력은 먼저 이제까지의 연구성과를 최대한 이해하는 데 기울여져야 할 것이다.

2. 위법성과 책임

범죄성립의 두번째 요건인 위법성은, 행위가 법질서의 당위규범(금지규범 또는 명령규범)에 배치되었을 때 내려지는 판단이다. 한편 책임 내지 유책성은, 법질서가 요구하는 심적 태도(法心情: Rechtsgesinnung)에 배치되는 행위자의 심정이 행위에서 드러났을 때 내려지는 판단이다. 행위자가 적법에로 의사를 결정하고 행동할 수 있었음에도 불구하고, 즉 법에 합치하는 태도를 가질 수 있었음에도 불구하고 법에 적대적인 태도 또는 법에 무관심한 태도를 보일 때, 행위자 개인에 대한 비난이 가능하고 이것이 곧 책임판단을 이루고 있다.

위법성이 "일반적인 당위"(Sollen)를 문제삼는 것이라면, 책임은 행위자가 "달리 행위할 수 있었다"(Anders-Handeln-Können)라고 하는 "개인적인 가능"(Können)을 문제삼는 것이라고 할 수 있다.

3. 책임주의

형벌은 가치중립적인 제재가 아니고, 행위자에 대한 사회윤리적인 비난을 담고 있다. 이 비난은 법규범에 배치되는 위법행위가 있다고 해서 곧바로 가해지는 것은 아니고, 위법행위를 한 데 대하여 행위자에게 책임이 있을 때 비로소 가해진다.

따라서 "책임없으면 형벌없다"는 「책임주의」는 근대형법의 철칙으로 되어 있으며, 형법상 최고원리의 하나이자 지도사상으로서 헌법적 지위를 누린다. 물론 헌법에 책임주의를 명시한 조문은 없으나, 책임없는 형벌은 인간으로서의 존엄과 가치를 규정한 제10조와 처벌상의 법률주의를 규정한 제12조 제1항에 반한다는 위헌판단을 받게 될 것이다.

책임주의는 두 가지 의미를 지닌다. 즉 책임이 형벌을 정당화하는 측면과 책임을 초과한 형벌이 금지된다는 측면이다. 전자를 "형벌근거적 책임"이라 하고, 후자를 "형벌제한적 책임"이라고 한다.

4. 개인책임의 원칙

책임은 "행위자 개인"에 대한 비난가능성이므로 개개인에 따라 서로 다른 독자적인 판단이 내려지게 되고, 타인과의 연대책임이라든가 단체책임, 대위책임, 전가책임은 형법상 인정될 수 없다. 즉 형법에서는 항상 "개인책임의 원칙", "책임개별화의 원칙", "자기책임의 원칙"이 지배한다.

이 원칙은 특히 공범론에서 의의가 큰데, 정범의 위법행위는 (협의의) 공범의 성립에 영향을 미치지만 정범의 책임은 공범에게 아무런 영향을 주지 못한다(공범의 종속성과 제한종속형식).

5. 형사책임과 윤리적 책임 및 민사책임

형사책임은 법적 책임이지 윤리적 책임이 아니다. 양자의 구별은 법과 도덕의 구별의 한 장면으로서 법철학상의 난제(難題)이기도 하다.

이와 관련하여 확신범(Überzeugungstäter)의 문제가 있다. 확신범이란 이념적 테러리스트처럼 실정법규범에 위반한다는 것을 인식하면서도 행위자가 자신의 도덕적·종교적·정치적 신념에 의거하여 위법행위를 한 경우를 말한다. 도덕의 등뼈라고 하는 형법은 기본적 사회윤리규범의 보호를 통하여 사회의 공존조건을 확보하고자 한다. 사회의 공존조건으로서의 형법은 개인이 그 규범을 승인하느냐의 여부를 묻지 않고 누구에게나 일반적 구속력을 가지고 강행된다. 따라서 행위자의 개인적 확신이 기본적 사회윤리규범에 배치되고, 더구나 그 행위가 사회의 공존조건으로서의 형법에 반하는 경우에는 형사책임을 지게 되는 것이 마땅하다.[1] 다만 여호와의 증인 신도가 병역을 거부한 경우에 관하여는 후술하는 '위법성의 인식' 부분을 참조할 필요가 있다.

형사책임은 민사책임과 분리된다. 불법행위에 대한 민사책임은 개인에게 발생한 손해의 배상에 목적이 있으므로 손해라고 하는 결과에 중점을 두고 손해발생의 원인이 고의냐 과실이냐는 중요시하지 않는다. 심지어 민사책임에서는 무과실책임, 위험책임도 인정된다. 이에 반하여 형사책임은 손해(피해)에 중점이 있는 것이 아니라 행위자에 대한 비난이 그 본질이므로 어떠한 의사를 가졌느냐가 중시되어 고의를 무겁게 처벌하고 과실은 예외적으로 또 가볍게 벌하는 점에서 차이가 난다.

6. 책임판단과 심정반가치

책임의 판단'대상'은 위법'행위'인데, 책임에서는 이 위법행위를 행위자의 「심정반가치」(Gesinnungsunwert)가 발현되었다는 관점에서 문제삼는다. 심정가치 내지 법심정은 법치사회의 구성원이 가져야 할 법질서에 대한 마음가짐(심적 태도)으로서 법복종의사의 토대가 된다. 책임비난은 위법행위에서 드러난 행위자의 결함있는 태도, 즉 심정반가치에 관심을 갖는다. 고의행위에 있어서는 행위자의 법적대적 태도가, 과실행위에 있어서는 법무관심의 태도가 발현된다.

고의와 과실은 행위반가치의 내용으로서 불법판단에서 차이를 나타내지만, 또한 심정반가치의 내용으로서 책임에서도 판단의 차이를 드러낸다(고의·과실의 이중적 지위). 과실에 비하여 고의에 대한 책임비난이 훨씬 강하고, 고의 중에서도 확정적 고의는 미필적 고의에 비하여 더욱 강한 책임비난을 받게 된다.

---

1) 김성돈, 332면; 김/서, 359면; 오영근, 396면; 이재상, 289면; 이형국, 176면; 진/이, 408면. 확신범의 개인적 신념은 법질서뿐만 아니라 사회의 도덕률에도 위배된다(Haft, AT, S. 120).

그런데 심정반가치는 행위자의 법에 대한 지속적 태도 자체를 분리해서 문제삼는 것이 아니고,[2] 어디까지나 위법행위에서 직접 발현된 태도만을 문제삼는다. 따라서 책임판단의 '접점'(接點, Anknüpfungspunkt)이 되는 것은 위법행위이다. 이러한 관점에서 형사책임은 "개별행위책임"이지 행위자책임 내지 성격책임이 아니다.

심정반가치는 그 존부(存否)뿐만 아니라 강약의 정도차이를 평가할 수도 있으므로, 책임은 불법개념과 마찬가지로 유무의 판단 이외에 비난의 정도에 강약이 있을 수 있는 개념이다.

Ⅱ. 책임과 자유의사(책임의 근거)

인간의 의사의 자유, 결정의 자유는 책임주의의 전제조건이 된다. 왜냐하면, 한 인간이 법과 불법 사이에서 자유롭게 의사를 결정할 수 있었음에도 불구하고 불법에로 의사결정을 했을 때에 비로소 그에 대한 개인적 비난이 의미를 가질 수 있기 때문이다. 그러나 과연 인간은 자유의사를 가진 존재인가? 책임의 「근거」(기초)를 자유의사에 둘 수 있는가?라는 근본적 의문을 품어 볼 만하다.

인간의 자유의사의 문제는 형법학뿐만 아니라 철학, 신학, 윤리학, 심리학 등에서도 오랜 세월 동안 고구(考究)해 온 주제로서 아직도 다툼이 있다. 이 문제에 관하여 형법학에서는 크게 도의적 책임론(자유의사론)과 사회적 책임론(의사결정론)이라고 하는 두 입장이 서로 정반대의 대답을 하고 있다. 이하에서는 그 대립상을 간략히 정리하고 결론을 밝히고자 한다.

1. 도의적 책임론

도의적 책임론은 인간에게 자유의사가 있다는 것을 전제로 하여(자유의사론, 비결정론), 책임의 근거(기초)를 이 "자유의사"에 둔다. 책임이란 자유의사를 가진 자가 위법한 행위에로 악(惡)하게 의사결정을 한 데 대하여 도의적으로 비난을 가하는 것이라 하고, 이 악한 의사를 개개의 행위에서 드러난 것을 한도로 하여 책임비난의 대상으로 삼는다. 이러한 관점에서 도의적 책임론은

2) 만일 지속적 태도를 문제삼는다면 심정형법에로 나아갈 위험이 있다.

'의사책임'이며 '행위책임'(객관주의)이다.

그리고 자유의사가 없는 자는 책임무능력자로서 형벌을 부과할 수 없다. 자유의사를 가진 책임능력자에게 과해지는 형벌과 자유의사가 없는 책임무능력자에게 과해지는 보안처분은 그 본질이 다른 것으로서 상호간에 대체가 허용되지 않는다(이원론).

도의적 책임론은 인간을 이성적 존재로 파악하는 추상적 인간관에 기초를 두고 고전학파 이래 전통적으로 내려오는 견해로서 형벌의 본질을 응보로 이해하는 '응보형주의'의 책임론이다.

2. 사회적 책임론

사회적 책임론은 인간의 자유의사를 부정하면서 인간의 의사와 행위는 개인의 유전적 소질과 사회적 환경에 의하여 결정되는 것이라 한다(결정론: determinism). 따라서 사회적 책임론은 책임의 근거를 소질과 환경에 의하여 결정된 행위자의 "반사회적 성격"(사회적 위험성)에 두고, 책임이란 반사회적 성격을 가진 자가 사회방위수단으로서의 형벌을 받을 법률적 지위, 즉 사회적 비난가능성이라 한다. 이러한 관점에서 사회적 책임론은 '성격책임'이며 '행위자책임'(주관주의)이다.

그리고 사회적 위험성이 있어서 사회방위처분을 받아야 한다는 본질적 측면에서는 책임능력자이건 책임무능력자이건 동일하지만, 책임능력자에게는 형벌이 합목적적인 데 비하여 책임무능력자에게는 보안처분이 보다 더 합목적적이라고 함으로써 형벌과 보안처분의 차이는 합목적성이라는 양적 차이에 불과하고 양자 사이의 대체도 허용된다고 주장한다(일원론).

사회적 책임론은 자유의사를 실증불가능한 환상에 불과한 것으로 파악하는 실증주의에서 출발하여 소질과 환경에 의하여 결정되는 구체적 인간관을 기초로 하고, 형벌의 본질을 응보가 아니라 범죄예방목적으로 파악하는 '목적형주의'의 책임론이다.

3. 인격적 책임론

인격적 행위론과 맥을 같이하고 있는 인격적 책임론은 행위를 행위자의 '인격이 현실화'된 것으로 보고 행위자의 "인격형성"에 책임의 근거를 두고자 하는 학설이다.[3] 구체적 행위는 현재의 인격(So-Sein)의 객관적 표현으로서 부자유로웠을지 모르지만, 행위자가 그러한 인격으로 형성되는 과정(So-Geworden-Sein)에서는 자유로웠으므로 "인격형성책임"(人格形成責任)을 물을 수 있다는 것이다.

인격적 책임론에 대하여는 인간이 자신의 인격형성과정에서 과연 자유로운 존재인가라는 근본적 질문을 또다시 제기해 볼 수 있다.

그리고 인격적 책임론에 있어서의 책임판단은 행위자의 전인격(全人格)과 인격형성과정에까지 미치게 된다는 점에서 그 실천적 약점이 드러난다. 즉 형사소송에 있어서 피고인의 인격사(人格史)와 인격의 잠재된 심층구조를 밝힌다는 것은 불가능에 가깝다. 또 인격을 조사·심리한다는 것은 피고인의 내밀한 사적 세계를 법정에서 공개한다는 것이고 법원의 형사판결이 도덕훈시문이 될 위험도 있다.[4]

행위는 행위자 인격의 현실화·객관화라는 인격적 책임론의 언명 그 자체는 옳으나, 인격은 복합적 다층구조를 가진 미궁의 영역으로서 과학적으로 규명될 수 없는 세계에 속하며[5] 또한 최후수단적 성격인 형법이 해명하고자 개입해서는 아니될 자제(自制)의 영역이라는 관점에서 보자면, 공허한 선언에 끝나는 주장이라고 하겠다.

형법은 행위형법이고 응보로서의 형벌은 행위에 대한 응보이지 행위자에 대한 응보가 아니라는 점에서 형사책임은 근본적으로 개별행위책임으로 파악하여야 하고 행위자의 인격에 대한 책임으로 이해해서는 안될 것이다.[6] 행위

3) 표현의 차이는 있으나 행위자책임, 생활영위책임 또는 행상책임(行狀責任, Lebensführungsschuld)을 인정하는 견해들은 넓게 인격적 책임론에 포괄될 수 있다. 이 계열에 서는 학자로는 박정근, 인격책임의 신이론, 법문사, 1986. 독일의 Paul Bockelmann, Studien zum Täterstrafrecht, 2. Teil, 1940, S. 153 ff.; Edmund Mezger, "Die Straftat als Ganzes", ZStW 57. Bd., 1938, S. 689 ff. 일본의 團藤重光, "人格責任の理論", 法哲學四季報 第2號, 1949(昭和 24年), 123面 以下.

4) Jescheck, AT, S. 380.

5) 인격의 불가해(不可解)함은 "열길 물 속은 알아도 한길 사람 마음 속은 알 수 없다"라는 우리 속담이 잘 표현하고 있으며, 인격오판의 위험성은 1993년 10월 서해 위도 앞에서 290여명의 죽음을 가져온 Ferry호 침몰사고시 선장의 사망확인 전후를 둘러싸고 선장에 대하여 정반대의 인격판단이 교차했던 사실에서 여실히 드러난다.

6) 권오걸, 296면; 김성돈, 332면; 김/서, 368면; 박상기, 219면; 성낙현, 330면; 손동권, 260면; 손해목, 592면; 신동운, 347면; 안동준, 148면; 이재상, 289면; 이형국, 181면; 정/박, 292면; 정영일, 282면; 진/이, 409면.

의 배후에 있는 인격의 저변까지 무제약하게 뻗어나갈 책임론의 위험과 방황을 피하는 것이 바람직하고, 형법상의 책임은 어디까지나 인격의 전면(全面)이 아니라 한 단면(斷面)으로서의 행위에 국한하는, 즉 '행위관련적' 인격에 국한하는 책임론이 타당하다고 본다. 결국 형사책임은 인격책임, 행위자책임이 아니라 행위책임이라는 전통적 원리에 책임론의 뿌리를 내려야 한다는 것이다.

물론 일정한 형법규정이 행위와는 별도로 행위자의 인격적 측면을 고려하고 있다면, 그것은 행위자형법에 의한 예외적인 보완에 그치는 것으로 보아야 한다. 예컨대 양형조건(제51조)으로서의 범인의 성행(性行)과 지능, 상습범가중처벌규정에서의 상습성, 치료감호법상 재범의 위험성이라는 요건(제2조) 등이 이에 속한다.

4. 결 론

절대적 자유의사를 인정하는 도의적 책임론은 구체적인 범죄에 있어서 인간이 소질과 환경의 영향을 받는다는 사실을 전적으로 무시하는 점에서 비판을 받고 있다. 또한 사회적 책임론은 인간이 숙명적으로 결정되는 측면만을 보고, 오로지 본능의 지배를 받는 동물과는 달리 인간은 충동을 억제하고 자신의 가치관에 따라 행위를 조종할 수 있으며 목적과 의미를 추구하는 주체적 존재라는 점을 간과하고 있다는 비판을 받고 있다.

두 견해 대립의 초점이 되는 자유의사의 존재 여부는 현재 과학적 증명이 불가능한 것으로 간주되고 있는 상태이지만, 자유의사를 긍정하려는 형법적 해답은 세 가지 각도에서 모색되고 있다.

첫째는 일상용어법(日常用語法)에 의한 설명이다.[7] 즉 우리는 일상적인 말로 "인간은 자유롭게 의사를 결정하고 행동할 수 있는 존재다"라는 것을 인정하고 있으며, 인간의 자유의사를 당연한 것으로 전제하고 있다. 그러므로 우리가 일상언어생활에서 말하는 수준의 자유의사의 존재로 만족하자는 것이다.

둘째는 본능의 지배를 받는 동물의 행동메커니즘과 비교해서 인간의 자유의사를 설명하는 방법이다.[8] 동물에게는 인과법칙적인 결정론이 문자 그대로

---

7) Haft, AT, S. 117.

8) 이재상, 289면; Jescheck, AT, S. 369; Wessels, AT, S. 105.

적용될 수 있으나 정신적으로 성숙한 인간에게는 본능적 측면 이외에 가치와 반가치를 판단하여 가치합치적으로 의사를 결정하고 행동하는 능력이 엄연히 실재한다. 즉 인간은 당위법칙에 따라 규범생활을 할 수 있는 유일한 존재이다.

셋째는 자유의사를 반드시 존재론적 · 자연과학적 의미에서 증명의 문제로 다룰 것이 아니라 규범과학에서 필요로 하는 '전제'의 문제로 다룰 수 있다는 주장이다.[9]

자유의사를 둘러싼 이제까지의 방대한 연구성과를 돌이켜 보면, 증명될 수 없는 문제를 가지고 과도한 연구의욕을 보이는 것은 비생산적인 관념론에 도취할 염려가 있다는 결론에 다다른다. 따라서 엄밀한 증명에 매달리는 것보다는 "상대적인 범위 내에서" 인간의 자유의사를 책임론의 출발선상에 놓고 논의를 진행하는 것이 가능하기도 하고 필요하기도 하다.

인간은 소질과 환경의 "제약"을 받기는 하지만 "결정"되지는 않는다. 인간은 한편으로는 소질과 환경의 제약을 받으면서 다른 한편으로는 자유롭게 의사를 결정하여 행동하고 그 결과에 대하여 책임질 줄 아는 주체적 존재이다. 이러한 의미에서 절대적 자유의사가 아니라 「상대적 자유의사」(相對的 自由意思)가 인정된다고 하겠다.[10]

헌법의 자유권적 기본권도 자유의사를 누리는 인간에게 보장되는 것이지 소질과 환경에 지배되는 인간에게는 아무런 의미가 없을 것이다. 또한 자유와 책임은 불가분의 관계에 있는 것으로서 "자유없는 책임은 없다"라는 명제는 형법에서 결코 포기될 수 없는 것이며, 도의적 책임론의 완전한 부정도 역시 있을 수 없다.

---

9) 김/서, 358면; 박상기, 218면; 배종대, 418면; 성낙현, 333면; 이재상, 289면; 이형국, 181면 이하; 정/박, 297면; 진/이, 412면.

10) 완화된 자유의사론을 도의적 책임론에서는 '상대적 자유의사론'이라고 표현하는 것이 적합하지만, 사회적 책임론에서는 '연성결정론'(軟性決定論, soft determinism)이라는 표현을 선호한다. 자유의사의 긍정은 김신규, 363면; 김/서, 358면 이하; 배종대, 410면; 손해목, 586면; 신동운, 346면; 이재상, 292면; 이형국, 182면; 오영근, 398면; 정/박, 297면; 진/이, 412면.

Ⅲ. 책임의 본질

1. 심리적 책임론

심리적 책임론은 실증주의의 영향하에 책임의 본질을 행위자의 행위에 대한 주관적·심리적 관계로 파악한다. 책임개념을 범죄사실에 대한 인식과 의욕(고의) 또는 인식과 의욕없음(과실)이라는 심리적 사실관계와 동일시하며, 고의와 과실을 책임의 종류 내지 책임형식으로 이해한다.

심리적 책임론은 범죄의 객관적·외부적 요소는 위법에로, 범죄의 주관적·내부적 요소는 책임에로 귀속시킨다.

이 학설은 ① 책임의 본질적 요소를 간과하고 있으며, ② 고의가 있다고 하더라도 강요된 행위의 경우(제12조)에 왜 책임이 조각되는지 설명할 수 없고, ③ 또 인식없는 과실의 경우에는 발생한 결과에 대하여 아무런 심리적 관계가 없기 때문에 왜 책임을 지게 되는지를 설명할 수 없다는 결함을 지니고 있어서 학설사상 이미 극복된 옛 학설에 속한다.

2. 규범적 책임론

형법학자들이 책임개념을 비난가능성으로 정의하는 것은 책임의 본질을 의사형성과 의사활동에 대한 「비난가능성」(非難可能性)으로 파악하는 규범적 책임론의 결론에 따른 것이다. 규범적 책임론은 책임의 본질을 심리적 사실관계에 두는 것이 아니라 그러한 사실관계에 대한 규범적 평가로서의 비난가능성에 두고 있다.

심리적 요소의 상위에서 이를 평가하는 규범적 요소를 책임의 본질로 파악하는 규범적 책임개념은 독일의 형법학자 프랑크(Frank)에 의하여 초석이 놓여진 후,[11] 오늘날 일반적으로 통용되고 있다. 다만 책임이 어떠한 요소들로 구성되는가에 관하여는 견해가 나누어진다.

규범적 책임론의 초기에는 책임요소를 책임능력 이외에 고의·과실이라는 심리적 요소와 기대가능성이라는 규범적 요소의 복합으로 파악한 「복합적 책

---

11) 1907년 독일의 형법학자 Frank의 논문 "책임개념의 구조에 관하여"(Über den Aufbau des Schuldbegriffes)에서 규범적 책임론이 처음으로 전개되었다.

임개념」이 주장되었고, 그 후 목적적 행위론자들은 심리적 요소(고의·과실)를 책임에서 배제하여 불법요소로 이해하면서 위법성인식(가능성)과 기대가능성이라는 순수히 규범적 요소만으로 책임요소를 구성하고자 하였기 때문에 「순수한 규범적 책임개념」이 대두하였다.

그러나 오늘날의 다수설에 의하면,[12] 책임개념은 ① 책임능력 ② 위법성인식(가능성) ③ 기대가능성 ④ 책임형식으로서의 고의·과실을 책임요소로 하여 구성된다(합일태적 책임개념).

책임요소 중 하나가 결여되면 책임이 조각되고(책임조각사유), 책임비난은 강약의 정도차이가 있을 수 있으므로 책임요소가 책임을 감경하는 방향으로 작용할 수도 있다(책임감경사유).

3. 예방적 책임론

최근에는 책임의 본질을 일반예방·특별예방이라는 형벌의 목적에 두고 있는 예방적 책임론이 대두하고 있다.[13] 특히 형벌은 일반인의 법질서에 대한 신뢰를 확증해 주어야 한다는 '적극적' 일반예방목적이 책임의 내용을 결정한다는 주장도 제기되고 있다.[14] 책임은 형벌부과의 전제인 이상, 형벌의 목적과 관련하여 기능적으로 이해할 경우에만 의미가 있다는 점에서 '기능적 책임개념'(機能的 責任概念)이라고도 한다.

이 입장에서는 '책임'과 '예방적 처벌필요성'이라는 두 가지 요소를 결합하여 '답책성'(答責性, Verantwortlichkeit)이라는 용어로 표현하기도 한다.

이 학설의 특징은, 책임은 예방의 필요성을 한계로 하기 때문에 책임비난이 가능한 경우에도 예방의 필요성이 없으면 책임을 부정할 수 있다는 데 있다. 한편 형벌목적에 따른 책임이 과도해질 위험성을 피하기 위하여 형벌도 책임의 제한을 받는다고 함으로써 책임과 예방의 상호제한적 기능을 인정하고 있다.

예방적 책임론은 일면의 타당성은 있으나 많은 허점을 내포하고 있다. ①

---

12) 고의와 과실의 이중적 지위를 인정하는 견해이다. 김신규, 366면; 김/서, 373면; 박상기, 220면; 배종대, 422-4면; 안동준, 147면; 오영근, 403면; 이재상, 294면; 이형국, 183면; 진/이, 414면.

13) 김성돈, 340면 이하; 이상돈, 386-7면; Claus Roxin, "Zur Problematik des Schuldstrafrechts", ZStW 96. Bd., 1984, S. 641 ff.

14) Günther Jakobs, Schuld und Prävention, 1976.

형벌목적을 고려한다면 책임요소로서 구체적인 형벌관련적 요소를 제시하여 그 내용을 의미있게 만들어야 함에도 불구하고 그렇지 못하여 구호에 그친 주장이며, ② 예방목적에 따른 책임이 과도해질 위험을 피하기 위하여 기존의 책임주의를 아울러 고려하는 것은 "형벌목적없는 책임없다"와 "책임없는 형벌없다"는 명제가 서로 맞물려 일종의 순환논법에 빠져서 논지의 일관성과 뚜렷함이 결여되어 있고, ③ 적극적 일반예방목적의 책임론은 책임을 떠난 형벌의 위험성이 있으며, ④ 형벌목적의 고려라는 관점은 그 법적 장치가 형벌론에서 충분히 강구되어 있으므로 책임판단에 전면적으로 전치(前置)시킬 특별한 이유가 있는 것은 아니라고 보아, 예방필요성이 없으면 책임을 부정하여 무죄판결을 내리게 되는 예방적 책임론의 해결방식보다는 책임을 일단 긍정하여 유죄를 인정하되 형의 집행유예·선고유예제도를 활용하여 형벌만을 면하게 한다든가 양형 또는 형소법상의 기소편의주의의 단계에서 고려하는 것이 훨씬 합당한 해법이라고 생각한다. ⑤ 그리고 책임과 형벌을 목적적 관점, 기능적 관점에서 파악하여 미래지향적·전망적 입장만을 강조한다면, 형벌법을 안락사시키고 보안처분법으로 대체하는 것이 오히려 제자리를 찾아가는 것이라 하겠고, 더욱 나아가서 행정제재법으로 변질되는 것도 자연스러운 일일 것이다. 형법은 "과거의" 행위를 문제삼아 책임을 묻고 형벌을 과한다는 점에서 회고적(回顧的)인 법이지, "미래의" 행위를 보장받으려는 전망적(展望的)인 법이 아니다. 형벌의 본질은 어디까지나 1차적으로는 응보이고 2차적으로 예방목적이다. 적정하고도 인도적인 응보야말로 장기적 관점에서 가장 확실한 예방효과를 가져온다고 믿는다.

제2절 책임능력

Ⅰ. 서 설

1. 책임능력의 의의

책임능력이란 "행위자가 법규범의 금지와 명령을 분별하여 규범에 따라 행동할 수 있는 능력"이다. 책임능력은 법과 불법을 분별·통찰할 수 있는 '지적' 능력과 그 분별한 바에 따라 의사를 결정하고 행동을 제어할 수 있는 '의지적' 능력으로 구성된다.

책임능력은 인간이 자유의사를 가지고 있느냐라는 인간관의 문제와 직접 관련된다. 전술한 바와 같이 인간은 한편으로는 소질과 환경의 제약을 받으면서 다른 한편으로는 충동을 억제하여 자유롭게 의사를 결정하고 행동함으로써 그 결과에 대하여 책임질 줄 아는 주체적 존재라는 의미에서 '상대적 자유의사'를 가지고 있다. 정신적으로 성숙한 인간은 본능적 측면 이외에 가치와 반가치를 판단하여 가치합치적으로 의사를 결정하고 행동하며 당위법칙에 따라 규범생활을 할 수 있는 존재라는 점에서 책임능력자임을 전제로 한다고 말할 수 있다.

이와 같이 자유의사를 인정하는 인간관에 비추어 볼 때, 만일 구체적인 행위자에게 자유롭게 의사를 결정할 수 있는 능력과 법규범에 따라 행동할 수 있는 능력, 즉 책임능력이 '없다'고 한다면, 행위자가 아무리 위법행위를 했다고 하더라도 그 행위자 개인을 비난할 수 없을 것이다. 요컨대 책임비난은 행위자에게 책임능력이 있을 것을 전제로 한다는 점에서 책임능력은 책임의 '전제조건'이면서 '책임요소'가 된다고 하겠다.

2. 책임능력의 본질

책임능력의 본질에 관하여 도의적 책임론과 사회적 책임론은 서로 다른 견해를 보이고 있다. 도의적 책임론은 책임능력을 행위의 시비·선악을 분별하고 이에 따라 의사를 결정할 수 있는 능력으로 이해함으로써 그 본질을 '범죄능력'으로 파악함에 반하여, 사회적 책임론은 책임능력을 사회방위처분인 형벌이 효과를 거둘 수 있는 능력이라고 이해함으로써 그 본질을 '형벌능력'(受刑能力) 내지 '형벌적응성'으로 파악한다. 책임능력의 본질을 범죄능력으로 파악하는 도의적 책임론에 의하면 책임능력이 요구되는 시점은 범죄'행위시'가 될 것이고, 책임능력의 본질을 형벌능력으로 파악하는 사회적 책임론에 의하면 책임능력이 요구되는 시점은 '재판시' 또는 형벌부과시점이 될 것이다.

그런데 우리 형법(제9-11조)은 행위시를 기준으로 하여 책임능력을 문제삼고 있으며, 소년법 제59조에서는 "죄를 범할 당시" 18세 미만인 소년에 대하여 사형과 무기형을 완화하도록 규정하는 등, 현행법의 입장은 책임능력을 범죄능

력으로 이해하고 있는 것으로 판단된다.[15)]

3. 책임능력의 판정방법에 대한 입법주의

책임능력의 판정방법에 대한 입법주의에는 대체로 생물학적 방법, 심리학적 방법, 결합적 방법이라는 세 가지가 있다.

(1) 생물학적 방법

법률에 정신병과 같은 행위자의 생물학적 비정상상태를 기술하고 그러한 상태가 있으면 바로 책임능력이 없다고 하는 입법주의이다. 프랑스형법 제64조는 생물학적 방법에 의하여 책임무능력을 판정하는 규정에 해당한다.[16)] 그러나 생물학적 방법은 정신병학적인 진단으로부터 직접 책임능력 또는 책임무능력을 판정하고, 생물학적 비정상상태가 구체적인 위법행위에 어떠한 영향을 주었는가를 전혀 고려하지 않는 점에서 비판을 받고 있다.

(2) 심리학적 방법

행위자가 어떠한 생물학적 상태에 있는가를 묻지 않고 불법을 분별하거나 의사를 결정할 능력이 없는 심리상태에 있으면 책임능력이 없는 것으로 판정하는 입법주의로서, '심리학적 · 규범적 방법'이라고도 한다. 스위스형법 제19조가 심리학적 방법을 채택하고 있다.[17)] 그러나 심리학적 방법은 심리에 영향을 미치는 생물학적 요인을 무시하고 정신의학의 과학적 지식을 책임능력의 판정에 전혀 고려하지 않는 점에서 타당치 못하다고 하겠다.

(3) 결합적 방법

행위자의 비정상상태를 책임무능력의 생물학적 기초로 규정하고 이러한 생물학적 요인이 행위자의 분별력과 의사결정능력에 영향을 주었는가 하는 심리학적 관점을 결합하여 책임능력여부를 판정하는 입법주의로서, '생물학

15) 그러므로 소년법상의 소년인지의 여부를 '사실심 판결선고시'를 기준으로 판단한다는 대법원판례는 타당치 않다고 본다. "소년법 제2조에서의 소년이라 함은 20세 미만자로서, 이는 심판의 조건이므로 범행시뿐만 아니라 심판시까지 계속되어야 한다고 보아야 하며, 따라서 소년법 제60조 제2항의 소년인지의 여부의 판단은 원칙적으로 심판시 즉 사실심 판결선고시를 기준으로 하여야 한다는 것이 대법원의 견해로서(**대법원 1997. 2. 14. 선고 96도1241 판결**, 1991. 12. 10. **선고 91도2393 판결** 등 참조) 아직 그의 변경 필요성을 느끼지 않는다"(**대판** 2000. 8. 18, 2000 **도** 2704). 기타 대판 2008. 10. 23, 2008 도 8090; 1984. 3. 13, 84 도 71 참조.

16) 프랑스형법 제64조는 "중죄 또는 경죄를 범한 자가 행위시에 심신상실의 상태에 있거나 저항할 수 없는 힘에 의하여 강제된 때에는 벌하지 아니한다"라고 규정하고 있다.

17) 스위스형법 제19조 제1항 "행위자가 행위시에 자신의 행위의 불법을 인식할 능력이 없거나 또는 이 인식에 따라 행위할 능력이 없는 때에는 벌하지 아니한다."

적·심리적 방법' 또는 '혼합적 방법'이라고도 한다. 우리 형법 제10조, 독일형법 제20조, 오스트리아형법 제11조, 미국 모범형법전(Model Penal Code) 제4장 제1조 제1항 등 대부분의 국가가 결합적 방법이라는 입법주의를 취하고 있으며,[18] 생물학적 방법과 심리학적 방법의 결합을 보완한 타당한 방법으로 평가되고 있다.

Ⅱ. 책임무능력자와 한정책임능력자

구성요건에 해당하고 위법한 행위를 한 자는 보통 책임능력을 가지고 행동했을 것으로 받아들여진다. 따라서 책임능력은 적극적으로 그것이 존재한다는 확인을 요하는 조건이 아니라 책임능력이 결여되어 있거나 저하되어 있는 경우에 예외적으로 책임비난이 불가능하거나 감경될 것인가 하는 방향에서 검토될 성질의 것이다. 형법도 책임능력을 적극적으로 규정하지 않고, 소극적 방향에서 책임이 조각되는 책임무능력자와 책임이 감경되는 한정책임능력자를 규정하는 방식을 취하고 있다.

형법상 책임무능력자로는 만 14세 미만의 형사미성년자(제9조)와 심신상실자(제10조 제1항)가 있고, 한정책임능력자로는 심신미약자(제10조 제2항)와 청각 및 언어 장애인(제11조)이 있다. 책임무능력은 책임조각사유가 되고, 한정책임능력은 책임감경사유로서 청각 및 언어 장애인은 형의 필요적 감경사유이고, 심신미약자는 형의 임의적 감경사유이다.

1. 형사미성년자

(만)14세 되지 아니한 자의 행위는 벌하지 아니한다(제9조). 형법은 행위자 개인의 정신적·도덕적 발육상태를 고려하지 않고, 14세가 되지 아니한 자라

---

18) 결합적 방법을 취한 입법례는 ① 독일형법 제20조(정신장애로 인한 책임무능력): "행위시에 병적 정신장애, 심한 의식장애, 정신박약 또는 중대한 기타의 정신변성으로 인하여 행위의 불법을 분별하거나 이 분별에 따라 행위할 능력이 없는 자는 책임없이 행위한 것이다." ② 오스트리아형법 제11조: "행위시에 정신병, 정신박약, 심한 의식장애 또는 이러한 상태와 동등한 기타의 심한 정신적 장애로 인하여 자신의 행위의 불법을 분별하거나 이 분별에 따라 행위할 능력이 없는 자는 유책하게 행위한 것이 아니다." ③ 미국 모범형법전 제4장 제1조 제1항: "범행 당시에 정신적 질환이나 결함으로 인하여 자신의 행위의 범죄성(불법성)을 인식하거나 자신의 행위를 법률의 요구에 따르게 할 실질적 능력이 없는 자는 당해 범죄적 행위에 대하여 책임이 없다."

면 모두 획일적으로 책임무능력자로 규정하고 있다. 이 점은 민법 제753조의 불법행위능력과 대비된다.

우리 형법은 형사미성년자에 대하여는 순전히 생물학적 방법에 의하여 책임무능력으로 판정한다. 14세 미만자는 책임비난이 가능할 만큼 성숙하지 못하였다고 획일적으로 전제하는 동시에 설사 충분한 분별력과 의사결정능력이 있다고 하더라도 이들의 연령에 비추어 전과의 낙인을 찍는 것은 바람직하지 않다는 형사정책적 이유(이른바 낙인이론: labeling theory)도 고려하여 책임무능력자로 규정하고 있다.[19]

형사미성년자에게 책임능력을 전제로 한 형벌을 과할 수는 없지만, '소년법'은 형벌법령에 저촉되는 행위를 한 10세 이상 14세 미만자(제4조 제1항)에 대하여는 '보호처분'을 할 수 있도록 규정하고 있다(제32조 제1항). 소년법 제4조 제1항은 보호처분의 대상인 소년을 다음과 같이 구분하고 있다. ① 죄를 범한 소년, 이른바 범법소년(동 제1호), ② 형벌 법령에 저촉되는 행위를 한 10세 이상 14세 미만인 소년, 이른바 촉법소년(동 제2호), ③ 성격이나 환경에 비추어 형벌 법령에 저촉되는 행위를 할 우려가 있는 10세 이상인 소년, 이른바 우범소년(동 제3호).

위법한 행위를 한 자가 14세 이상인 책임능력자라고 하더라도 19세 미만인 경우에는 「소년법」상의 '소년'으로서 특별한 취급을 받는다(제2조).[20] 즉 14세 이상 19세 미만자에 대하여는 형벌대신에 보안처분의 일종인 '보호처분'을 부과할 수 있으며(제32조 제1항), 14세 이상의 소년에게는 사회봉사명령을 내릴 수 있고(동조 제3항), 12세 이상의 소년에게는 수강명령을 내릴 수 있다(동조 제4항). 그리고 소년

---

19) "결정요지: 형법 제9조는, 육체적·정신적으로 미성숙한 소년의 경우 사물의 변별능력과 그 변별에 따른 행동통제능력이 없기 때문에 그 행위에 대한 비난가능성이 없고, 나아가 형사정책적으로 어린아이들은 교육적 조치에 의한 개선가능성이 있다는 점에서 형벌 이외의 수단에 의존하는 것이 적당하다는 고려에 입각한 것이다. 그리고 일정한 정신적 성숙의 정도와 사물의 변별능력이나 행동통제능력의 존부·정도를 각 개인마다 판단·추정하는 것은 곤란하고 부적절하므로 일정한 연령을 기준으로 하여 일률적으로 형사책임연령을 정한 것은 합리적인 방법으로 보인다. 형사책임이 면제되는 소년의 연령을 몇 세로 할 것인가의 문제는 현저하게 불합리하고 불공정한 것이 아닌 한 입법자의 재량에 속하는 것인바, 형사미성년자의 연령을 너무 낮게 규정하거나 연령한계를 없앤다면 책임의 개념은 무의미하게 되고, 14세 미만이라는 연령기준은 다른 국가들의 입법례에 비추어 보더라도 지나치게 높다고 할 수 없다는 점을 고려할 때, 이 사건 법률조항은 입법자의 합리적인 재량의 범위를 벗어난 것으로 보기 어려우며, 따라서 청구인의 재판절차진술권이나 평등권을 침해한다고 볼 수 없다"(**헌재** 2003. 9. 25, 2002 **헌마** 533).

20) 소년법에서 '소년'이라 함은 19세 미만인 사람을 말한다(제2조).

이 법정형 장기 2년 이상의 유기형에 해당하는 죄를 범한 때에는 법정형의 범위 안에서 장기와 단기를 정한 '부정기형'을 선고하며, 이 경우에 장기는 10년, 단기는 5년을 초과하지 못한다(제60조 제1항: 상대적 부정기형 선고제도의 채택). 죄를 범할 당시 18세 미만인 소년에 대하여는 사형 또는 무기형으로 처할 경우 15년의 유기징역으로 한다(제59조). 그러나 '특정강력범죄의 처벌에 관한 특례법' 제4조는 특정강력범죄에 한하여 소년법에 대한 특례를 다음과 같이 규정하고 있다. 특정강력범죄를 범한 당시 18세 미만인 소년을 사형 또는 무기형에 처하여야 할 때에는 「소년법」 제59조에도 불구하고 그 형을 20년의 유기징역으로 한다(제1항). 특정강력범죄를 범한 소년에 대하여 부정기형(不定期刑)을 선고할 때에는 「소년법」 제60조 제1항 단서에도 불구하고 장기는 15년, 단기는 7년을 초과하지 못한다(제2항).

2. 심신장애인

심신장애인에는 심신상실자와 심신미약자가 있다.

(1) 심신상실자

심신장애로 인하여 사물을 변별할 능력이 없거나 의사를 결정할 능력이 없는 자의 행위는 벌하지 아니한다(제10조 제1항). 심신상실자는 정신기능의 장애로 인하여 보통인의 건전한 정신상태를 완전히 상실하였기 때문에 책임무능력자로서 책임이 조각된다. 심신상실자는 책임이 조각되어 형벌을 부과할 수는 없지만, 보안처분의 가능성까지 배제되는 것은 아니다. 「치료감호 등에 관한 법률」(약칭: 치료감호법)은 심신장애인으로서 형법 제10조 제1항에 따라 벌할 수 없거나 제2항에 따라 형이 감경될 수 있는 자가 금고 이상의 형에 해당하는 죄를 범하고 치료감호시설에서 치료를 받을 필요가 있으며 재범의 위험성이 있는 경우를 '치료감호대상자'라고 규정하고(제2조 제1항 제1호), 이 대상자에 대하여 법원은 검사의 청구에 의하여 보안처분의 일종인 치료감호를 판결로써 선고한다(제4조, 제12조). 치료감호를 선고받은 자(피치료감호자)에 대하여는 국립법무병원[21] 또는 국립정신의료기관과 같은 치료감호시설(제16조의2)에 수용('강제수용'을 의미한다-저자註)하여 치료를 위한 조치를 한다(제16조 제1항). 치료감호 및 보호관찰의 관리와 집행

---

21) 치료감호법 제16조의2와 제21조의2는 2022. 1. 4. 개정에 의하여 치료감호소란 명칭을 국립법무병원으로 변경하였다.

에 관한 사항을 심사·결정하기 위하여 법무부에 치료감호심의위원회를 둔다(제37조 제1항).

「정신건강증진 및 정신질환자 복지서비스 지원에 관한 법률」(법률 제14224호, 시행일 2017. 5. 30. 약칭: 정신건강복지법. 구 '정신보건법'은 2016. 5. 29.의 전부개정에 의하여 법률 명칭과 내용이 대폭 변경되었음.) 제43조에 의하면, 정신의료기관 등의 장은 정신질환자에 대하여 보호의무자 2명 이상의 신청이 있고(제1항), 서로 다른 정신의료기관 등에 소속된 2명 이상의 정신건강의학과전문의의 일치된 소견이 있는 경우(제4항)[22] 정신의료기관(제3조 제5호)에 치료를 위한 '입원'('강제수용'을 의미한다 - 저자 註) 등을 하게 할 수 있다. 그런데 법원의 심사 없이 정

22) 구 정신보건법상 보호의무자 2인의 동의서가 있고 정신건강의학과 전문의 '1인'이 필요하다고 판단한 경우에 정신질환자를 (강제)입원시킬 수 있도록 규정한 제24조는 신체의 자유를 침해한다는 이유로 헌법재판소의 헌법불합치 결정(2016. 9. 29.)을 받았다. "결정요지: 1. 심판대상조항(정신보건법 제24조 제1항 및 제2항)은 정신질환자를 신속·적정하게 치료하고, 정신질환자 본인과 사회의 안전을 지키기 위한 것으로서 그 목적이 정당하다. 보호의무자 2인의 동의 및 정신건강의학과전문의(이하 '정신과전문의'라 한다) 1인의 진단을 요건으로 정신질환자를 정신의료기관에 보호입원시켜 치료를 받도록 하는 것은 입법목적을 달성하는 데 어느 정도 기여할 수 있으므로 수단의 적절성도 인정된다. 보호입원은 정신질환자의 신체의 자유를 인신구속에 버금가는 수준으로 제한하므로 그 과정에서 신체의 자유 침해를 최소화하고 악용·남용가능성을 방지하며, 정신질환자를 사회로부터 일방적으로 격리하거나 배제하는 수단으로 이용되지 않도록 해야 한다. 그러나 현행 보호입원 제도가 입원치료·요양을 받을 정도의 정신질환이 어떤 것인지에 대해서는 구체적인 기준을 제시하지 않고 있는 점, 보호의무자 2인의 동의를 보호입원의 요건으로 하면서 보호의무자와 정신질환자 사이의 이해충돌을 적절히 예방하지 못하고 있는 점, 입원의 필요성이 인정되는지 여부에 대한 판단권한을 정신과전문의 1인에게 전적으로 부여함으로써 그의 자의적 판단 또는 권한의 남용 가능성을 배제하지 못하고 있는 점, 보호의무자 2인이 정신과전문의와 공모하거나, 그로부터 방조·용인을 받는 경우 보호입원 제도가 남용될 위험성은 더욱 커지는 점, 보호입원 제도로 말미암아 사설 응급이송단에 의한 정신질환자의 불법적 이송, 감금 또는 폭행과 같은 문제도 빈번하게 발생하고 있는 점, 보호입원 기간도 최초부터 6개월이라는 장기로 정해져 있고, 이 또한 계속적인 연장이 가능하여 보호입원이 치료의 목적보다는 격리의 목적으로 이용될 우려도 큰 점, 보호입원 절차에서 정신질환자의 권리를 보호할 수 있는 절차들을 마련하고 있지 않은 점, 기초정신보건심의회의 심사나 인신보호법상 구제청구만으로는 위법·부당한 보호입원에 대한 충분한 보호가 이루어지고 있다고 보기 어려운 점 등을 종합하면, 심판대상조항은 침해의 최소성 원칙에 위배된다. 심판대상조항이 정신질환자를 신속·적정하게 치료하고, 정신질환자 본인과 사회의 안전을 도모한다는 공익을 위한 것임은 인정되나, 정신질환자의 신체의 자유 침해를 최소화할 수 있는 적절한 방안을 마련하지 아니함으로써 지나치게 기본권을 제한하고 있다. 따라서 심판대상조항은 법익의 균형성 요건도 충족하지 못한다. 그렇다면 심판대상조항은 과잉금지원칙을 위반하여 신체의 자유를 침해한다.

2. 심판대상조항에 대하여 단순위헌결정을 하면 보호입원의 법률적 근거가 사라져 정신질환자에 대한 보호입원의 필요성이 인정되는 경우에도 보호입원을 시킬 수 없는 법적 공백 상태가 발생하므로, 심판대상조항에 대하여 헌법불합치결정을 선고하고, 입법자의 개선입법이 있을 때까지 계속 적용되도록 할 필요가 있다"(헌재 2016. 9. 29, 2014 헌가 9).

신질환자를 강제입원시키는 신체자유 박탈처분은 인권침해의 위험성이 큰 만큼, 정신건강복지법 제43조와 제44조의 강제입원은 법원의 심사 내지 판단을 거쳐야만 가능하도록 개정하는 것이 타당하다. 정신건강복지법상의 강제수용에 대하여는 2007년 12월 21일에 제정된 「인신보호법」(法律 第8724號)에 의하여 피수용자 및 일정한 관계인이 '법원'에 그 구제를 청구할 수 있다.[23] 그러나 이 구제는 '사후'구제수단이므로 정신건강복지법상 강제수용단계에서 법원의 심사를 거치도록 할 필요가 있다. 더구나 피수용자 '본인'은 정신의료기관에 강제수용되어 외부와의 통신과 접촉이 통제되는 상황에 있는 만큼 인신보호법상의 구제수단을 스스로 행사하기 어렵다고 본다.

형법은 '심신장애'라고 하는 생물학적 요인과 '사물의 변별능력' 또는 '의사결정능력'이라고 하는 심리학적 요인을 합하여 책임무능력을 판정하도록 규정함으로써 '결합적 방법'을 취하고 있다.[24] 이에 따라 심신상실로 인한 책임무능력자가 되기 위한 두 가지 요건, 즉 심신장애라는 생물학적 요인과 사물의 변별능력 또는 의사결정능력이 결여되었다는 심리학적 요인을 살펴보기로 한다.

(가) 심신장애 책임무능력의 생물학적 요인으로서 독일법계의 형법은 병적 정신장애, 정신병, 정신박약, 심한 의식장애 등을 규정하고 있으나, 우리 형법은 단순히 심신장애라고만 규정하고 있다. 그러나 형법에 있어서의 심신장애도 정신기능의 장애를 의미하는 것으로서 정신병·정신박약·중대한 의식장애 및 정신병질을 내용으로 한다고 본다. 병적 정신장애란 정신병학상의 정신병과 동일한 개념으로서 일정한 신체적·병적 과정을 거쳐 정신적 기능이 파괴된 경우를 말한다. 여기에는 내인성 정신병인 정신분열증,[25] 노인성치매,

23) 인신보호법 제1조 (목적) "이 법은 위법한 행정처분 또는 사인(私人)에 의한 시설에의 수용으로 인하여 부당하게 인신의 자유를 제한당하고 있는 개인의 구제절차를 마련함으로써 「헌법」이 보장하고 있는 국민의 기본권을 보호하는 것을 목적으로 한다."

24) "형법 제10조에 규정된 심신장애는 생물학적 요소로서 정신병, 정신박약 또는 비정상적 정신상태와 같은 정신적 장애가 있는 외에 심리학적 요소로서 이와 같은 정신적 장애로 말미암아 사물에 대한 판별능력과 그에 따른 행위통제능력이 결여되거나 감소되었음을 요하므로, 정신적 장애가 있는 자라고 하여도 범행 당시 정상적인 사물변별능력이나 행위통제능력이 있었다면 심신장애로 볼 수 없음은 물론이나, 정신적 장애가 정신분열증과 같은 고정적 정신질환의 경우에는 범행의 충동을 느끼고 범행에 이르게 된 과정에 있어서의 범인의 의식상태가 정상인과 같아 보이는 경우에도 범행의 충동을 억제하지 못한 것이 흔히 정신질환과 연관이 있을 수 있고, 이러한 경우에는 정신질환으로 말미암아 행위통제능력이 저하된 것이어서 심신미약이라고 볼 여지가 있다"(**대판** 1992. 8. 18, 92 도 1425).

25) 대판 1999. 1. 26, 98 도 3812; 1990. 8. 14, 90 도 1328; 1980. 5. 27, 80 도 656.

조울증, 간질 등과 외인성 정신병인 창상성(創傷性) 뇌손상, 알코올 및 마약류에 의한 중독 등이 있다. 정신박약이란 백치 · 치매와 같은 선천적 지능박약을 의미하는데, 정도의 차가 있다. 의식장애란 위와 같은 병적 이유에 기하지 아니하고 자아의식 또는 외계에 대한 의식에 심한 손상 내지 단절이 있는 경우로서, 심한 심리적 충격상태, 심한 과로상태, 음주로 인한 명정(酩酊)[26] 등이 있다. 정신병질은 타고난 정신이상 또는 성격이상으로서 심한 신경쇠약, 충동장애 등이 있다. 의식장애와 정신병질은 그 정도가 심하여 병적 정신장애와 동등하다고 평가될 때에만 심신장애가 될 수 있다.

음주로 인한 명정은 알코올부담능력의 개인차가 크기 때문에 음주량이나 혈액 속의 알코올수치로 판단할 성질의 것이 아니고, 구체적 행위에 있어서 사물의 변별능력 또는 의사결정능력과 관련해서 판단해야 한다.[27] 그리고 주취(酒醉)로 인하여 의식을 잃어버린 상태의 행위는 행위자의 의사가 부정되기 때문에 처음부터 형법상의 행위라고 볼 수 없다.

또 심신장애는 명정, 심한 충격상태와 같은 '일시적' 장애와 정신병, 백치와 같은 '계속적' 장애로 나누어 볼 수도 있다.

심신장애에 대한 판단은 정신의학, 특히 정신병학과 심리학적 지식을 필요로 하는 분야이다. 그러므로 생물학적 요인의 유무를 확정하기 위하여 법관은 전문가의 감정을 거치는 것이 보통이다. 그러나 심신장애의 판단에 있어서 의사의 정신감정은 사실판단이지만 법관의 심신장애 여부의 판단은 법률판단이므로,[28] 법관은 전문가의 감정을 거치지 않고 행위의 전후사정이나 목격자의 증언 등을 참작하여 심신장애를 판단하더라도 위법한 것이라고 할 수는 없다.[29]

(나) 사물의 변별능력 또는 의사결정능력 심신상실이라고 하기 위해서는

---

26) 대판 1990. 2. 13, 89 도 2364.

27) 대판 1977. 9. 28, 77 도 2450; 1967. 6. 13, 67 도 645 등 참조.

28) 심신장애의 판단에 대하여 대법원은 "형법 제10조에서 말하는 사물을 변별할 능력은 자유의사를 전제로 한 의사결정의 능력에 관한 것으로서 그 능력의 유무와 정도는 감정사항에 속하는 사실문제라 할지라도 그 능력에 관한 특정된 사실이 심신미약에 해당되는 여부는 법률문제에 속하는 것이다"라 하고 있다(**대판** 1968. 4. 30, 68 **도** 400).

29) "심신상실 인정 여부에 대하여 형법 제10조에 규정된 심신장애의 유무 및 정도의 판단은 법률적 판단으로서 반드시 전문감정인의 의견에 기속되어야 하는 것은 아니고, 정신질환의 종류와 정도, 범행의 동기, 경위, 수단과 태양, 범행 전후의 피고인의 행동, 반성의 정도 등 여러 사정을 종합하여 법원이 독자적으로 판단할 수 있음"(**대판** 1999. 8. 24, 99 **도** 1194; 1999. 1. 26, 98 **도** 3812).

심신장애라는 생물학적 요인만으로는 부족하고 사물의 변별능력 또는 의사결정능력이 결여되었다는 심리학적 요인도 갖추어져야 한다.

"사물을 변별할 능력"이란 행위의 불법 여부를 인식할 수 있는 능력 또는 행위의 시비선악을 분별할 수 있는 능력으로서 '지적' 능력을 의미한다. "의사를 결정할 능력"이란 불법을 분별할 수 있다고 하더라도 이에 따라 의사를 결정하고 자신의 행동을 제어할 수 있는 '의지적' 능력을 말한다.[30] 따라서 심신상실로 인한 책임무능력에는 지적 무능력과 의지적 무능력이 있다.

사물의 변별능력 또는 의사결정능력은 어디까지나 법관이 결정해야 할 법률문제에 속한다. 그러므로 법관이 감정인의 감정을 기초로 하여 그대로 판단하느냐 또는 다른 판단을 하느냐는 법관의 재량에 속한다.[31]

정신적 장애가 있는 자라고 하여도 범행 당시에 정상적인 사물변별능력이나 행위통제능력이 있었다면 심신장애로 볼 수 없다.[32]

(2) 심신미약자

심신장애로 인하여 사물을 변별할 능력이나 의사를 결정할 능력이 미약한 자의 행위는 형을 감경할 수 있다(제10조 제2항). 심신미약자는 한정책임능력자의 하나로서 책임감경사유가 된다. 한정책임능력자는 책임능력자이지만, 책임능력이 현저히 저하되어 있기 때문에 책임의 감경을 인정할 따름이다. 2018. 12. 18. 형법개정에서 제10조 제2항의 심신미약자에 대하여 종래 형의 필요적 감경을 '임의적' 감경으로 변경하였다. 심신미약자에 대하여도 형벌 이외에 보안처분이 과하여질 수 있다. 「치료감호 등에 관한 법률」(약칭: 치료감호법)은 심신장애인으로서 형법 제10조 제2항에 따라 형이 감경될 수 있는 자가 금고 이상의 형에 해당하는 죄를 범하고 '통원치료'를 받을 필요가 있으며 재범의 위험성이 있는 경우를 '치료명령대상자'라고 규정하고(제2조의3 제1호), 이 대상자에 대하여 법원은 형의 선고 또는 집행을 유예하는 경우에 치료기간을 정하여 치료를 받

30) "이 사건 법률조항(아동·청소년의 성보호에 관한 법률 제8조 제1항: 저자 註)에서 말하는 '사물을 변별할 능력'이란 사물의 선악과 시비를 합리적으로 판단하여 정할 수 있는 능력을 의미하고, '의사를 결정할 능력'이란 사물을 변별한 바에 따라 의지를 정하여 자기의 행위를 통제할 수 있는 능력을 의미한다고 할 것인데, 이러한 사물변별능력이나 의사결정능력은 판단능력 또는 의지능력과 관련된 것으로서 사실의 인식능력이나 기억능력과는 반드시 일치하는 것은 아니다"(대판 2015. 3. 20, 2014 도 17346. 同旨, 대판 2014. 1. 29, 2013 도 11323; 1990. 8. 14, 90 도 1328).

31) 대판 1994. 5. 13, 94 도 581; 1976. 8. 24, 76 도 944.

32) 대판 2018. 9. 13, 2018 도 7658 참조.

을 것을 명할 수 있다(제44조의 2 제1항). 제1항의 치료를 명하는 경우 보호관찰을 병과하여야 한다(동조 제2항). 보안처분의 일종인 '치료명령'은 검사의 지휘를 받아 보호관찰관이 집행한다(제44조의 6 제1항). 형법 제10조 제2항의 적용을 받는 심신미약자라고 하더라도 치료감호시설에서 치료를 받을 필요가 있으며 재범의 위험성이 있는 경우에는 치료명령이 아니라, '치료감호'처분을 선고할 수도 있다(제2조 제1항 제1호, 제4조, 제12조 참조).

심신미약의 판정에 있어서도 형법은 결합적 방법을 택하고 있다. 심신미약의 생물학적 요인은 심신상실의 경우와 마찬가지로 심신장애인데, 다만 그 정도에 차이가 있다. 그러므로 '계속적' 심신장애로서 정도가 낮은 정신분열증과 저능아, '일시적' 심신장애로서 명정에 이르지 아니한 주취 등이 심신미약의 판정을 받을 수 있다.

심신미약의 심리학적 요인은 사물의 변별능력 또는 의사결정능력이 미약하다는 것이다. 이러한 능력이 미약한가의 여부도 법관의 법률판단이라는 점과 감정인의 감정결과에 구속되지 않는다는 것은 심신상실에서 언급한 바와 동일하다.

3. 청각 및 언어 장애인

청각 및 언어 장애인의 행위는 형을 감경한다(제11조). 청각 및 언어 장애인이라 함은 청각기능과 발성기능 모두에 장애가 있는 자, 즉 청각기능 장애인인 동시에 언어기능 장애인인 자를 말한다. 청각기능과 언어기능에 장애가 발생한 이유는 선천적이든 후천적이든 불문한다. 청각 및 언어 장애인은 대체로 정신적 발육이 뒤처져 있을 것이므로 책임이 감경되는 한정책임능력자로서 규정되어 있다.

그러나 요즈음에는 청각 및 언어 장애인 교육이 발달되어 청각 및 언어 장애인이라고 해서 일반적으로 책임능력이 저하되어 있는 것은 아니므로, 입법론으로는 제11조를 삭제하자는 주장이 지배적이다.[33] 책임능력이 저하된 청각 및 언어 장애인에 대하여는 제10조 제2항을 적용하여 제11조와 동일한 효과를 거둘 수 있기 때문에 제11조를 삭제하여도 별 문제가 없다고 하겠다.

---

33) 김성돈, 348면; 김신규, 374면; 김/서, 378면; 성낙현, 348면; 이상돈, 407면; 이재상, 311면.

4. 특 칙

음주 또는 약물로 인한 심신장애상태에서 '성폭력범죄'를 범한 때에는 형법 제10조 제1항, 제2항 및 제11조를 적용하지 아니할 수 있다(성폭력범죄의 처벌 등에 관한 특례법 제20조).

Ⅲ. 책임능력의 존재시기

책임능력의 본질은 수형능력이 아니라 범죄능력으로서 책임능력은 '범죄행위시'에 존재해야 한다. 즉 사물의 변별능력이나 의사결정능력은 행위시를 기준으로 판단해야 한다. 이를 「책임능력과 행위의 동시존재의 원칙」이라고 한다. 이 원칙의 예외로서 「원인에 있어서 자유로운 행위」의 문제가 있다(제10조 제3항).

그리고 책임능력은 구체적인 범죄행위와 관련해서 요구되는 것이지, 구체적인 범죄행위를 떠난 일반적 책임능력을 검토하는 것은 아니다. 따라서 한 행위자가 범한 여러 행위가 실체적 경합의 관계에 있을 경우에, 그 중 일부와 나머지에 대한 책임능력의 판단이 서로 다를 수 있다.

Ⅳ. 원인에 있어서 자유로운 행위

1. 의 의

'원인에 있어서 자유로운 행위'(actio libera in causa)라[34] 함은 "책임능력있는 자가 고의 또는 과실로 자기자신을 심신장애상태(심신상실 또는 심신미약의 상태)에 빠지게 하고, 이 상태에서 범죄를 실현하는 것"을 말한다. 이 행위의 요체는, ① 자신의 심신장애상태하에서 자신이 구성요건적 행위를 실현하리라는 것을 인식·인용하였거나(고의) 예견할 수 있었음(과실)에도 불구하고, ② 자신의 심신장애상태를 스스로 자유롭게(유책하게) 야기했다는 점에 있다.

그 예를 들자면, (ㄱ) 사람을 상해할 의도로 미리 다량의 술을 마셔 명정상

34) 원인에 있어서 자유로운 행위에 대해서는 다양한 표현이 존재한다. 원인책임법(오영근, 415면 각주 1)), 원인이 자유로운 행위(박상기, 226면; 이기헌, 고시계, 1993. 10, 11면), 원인에서 자유로운 행위(배종대, 434면), 과실이 원인인 자유로운 행위(윤용규, 형사법연구, 제11호, 1999. 5, 43면), 과실의 원인에 있어서 자유로운 행위(조상제, 형사판례연구, 제4권, 1996. 7, 60면; 이상돈, 408면) 등이다.

태에 빠진 후, 이 상태에서 사람을 상해하는 경우(고의에 의한 작위범), (ㄴ) 전철수가 열차를 탈선시킬 의도로 술을 마셔 열차통행시에 술에 취하여 전철하지 아니함으로써 열차를 탈선시킨 경우(고의에 의한 부작위범), (ㄷ) 심한 과로에도 불구하고 자동차를 운전하다가 졸음운전상태에서 갑자기 차가 인도로 벗어나게 되어 사람을 친 경우(과실범) 등이 있다.

행위자가 정상적인 심리상태하에서 예정했던 대로 자기의 심신장애상태를 지배하여 범죄를 실현하는 것이 과연 가능한가 하는 점은 심리학상 의문이 있을 수 있으나, 오늘날 범죄의 여러 가지 형태(고의범·과실범·작위범·부작위범)를 원인에 있어서 자유로운 행위로서 실현할 수 있다는 점에 관하여 형법학자들 간에 별다른 이론(異論)이 없다. 그러나 원인에 있어서 자유로운 행위의 법리를 적용한 외국의 판례를 보면 과실범에 관한 것이 많고 또 실제에 있어서도 과실에 의한 경우가 주로 문제될 것으로 생각한다.[35]

2. 문 제 점

원인에 있어서 자유로운 행위의 '구조'는 자기자신을 심신장애상태에 빠뜨리는 '원인설정행위'(전례 (ㄱ)에서 음주행위)와 직접 구성요건적 행위가 실현되는 '심신장애상태하의 행위'(전례 (ㄱ)에서 상해행위)의 두 과정으로 분석해 볼 수 있다.

그런데 원인설정행위에 있어서는 행위자에게 책임능력은 존재하지만 범죄의 실행행위성을 인정하기 곤란한 경우가 많고, 심신장애상태하의 행위에 대하여는 실행행위성을 인정하는 것은 용이하지만 행위자에게 책임능력상의 결함이 있다는 점에서 원인에 있어서 자유로운 행위의 특유한 문제가 제기되고 있다. 특히 책임주의의 구체적 적용으로서 책임능력과 행위는 동시에 존재해야 하는데, 원인에 있어서 자유로운 행위는 그 예외가 되는 것이 아닌가 하는 점이 주요논점으로 등장하고 있다.

---

35) 과실의 경우에 관한 우리나라 판례로서는 "피고인이 소론과 같이 심신미약상태에 있었다고 하더라도 형법 제10조 제3항에 의하면 '위험의 발생을 예견하고 자의로 심신장애를 야기한 자의 행위에는 전 2항의 규정을 적용하지 아니한다'고 규정하고 있는 바, 기록에 의하면, 피고인은 자신의 차를 운전하여 술집에 가서 술을 마신 후 운전을 하다가 이 사건 교통사고를 일으킨 사실을 인정할 수 있고, 이는 피고인이 음주할 때 교통사고를 일으킬 수 있다는 위험성을 예견하고도 자의로 심신장애를 야기한 경우에 해당하여 심신미약으로 인한 형의 감경을 할 수 없다 할 것"이라고 판시한 것(**대판 1995. 6. 13, 95 도 826**)을 위시하여, 대판 1994. 2. 8, 93 도 2300; 1992. 7. 28, 92 도 999 등이 있다. 일본의 판례로서는 最裁判 昭和 26年 1月 17日(刑集 5卷 1號 20頁), 最裁決 昭和 43年 2月 27日(刑集 22卷 2號 67頁) 등 참조.

이 문제의 근저에는 근대형법의 책임주의하에서 「책임능력과 행위의 동시존재의 원칙」과 구성요건상 「실행행위의 정형성 · 명확성」을 요청하고 있는 죄형법정주의가 중요한 의미를 갖고 있다. 책임능력과 행위의 동시존재의 원칙에 따르면 책임능력이 있는 상태에서 행해진 행위에 대해서만 책임을 물을 수 있고, 원인에 있어서 자유로운 행위의 경우에 책임을 물을 수 있는 대상이 되는 행위는 원인설정행위(전례 (ㄱ)에서 음주행위)가 된다. 그리고 구성요건상의 실행행위가 실질적으로 정형성 · 명확성을 가져야 한다는 것은 일정한 행위가 구성요건에 해당하는가를 판단할 경우에 있어서도 마찬가지이다. 즉 현실로 행해진 범죄행위는 당해 구성요건이 예상하고 있는 정도의 행위의 정형성에 합치해야만 구성요건해당성이 있다고 인정된다. 원인에 있어서 자유로운 행위의 경우에 원인설정행위인 음주행위가 상해행위 또는 살인행위의 정형성에 합치하는가 하는 문제는 신중한 판단을 필요로 한다.

3. 가벌성의 이론구성

(1) 불가벌설

원인에 있어서 자유로운 행위의 이론적 발전과정에 있어서는 이 행위가 불가벌이라는 주장이 일시 제기된 적도 있다. 즉 근대형사책임의 원칙은 책임능력과 행위의 동시존재를 필요로 한다고 하고, 원인에 있어서 자유로운 행위의 경우 구성요건실현시에 행위자는 책임능력이 없으므로 그 이전의 책임능력이 있을 때에 행한 원인설정행위를 실행행위라고 해야 하지만, 원인설정행위는 구성요건적 정형성을 갖추지 못하는 까닭에 실행행위라 할 수 없고 따라서 처벌할 수 없거나 기껏해야 예비행위에 불과하다는 것이다.[36]

그렇지만 단순한 책임무능력상태에서의 행위와 스스로 책임무능력상태를 야기한 자가 그 상태를 이용하여 범죄를 실현하는 행위는 규범적 관점에서 평가할 때 행위반가치의 면에서 본질적인 차이가 있고, 일반인의 법감정과 실제적인 처벌 필요성에서 보더라도 원인에 있어서 자유로운 행위의 가벌성을 긍정할 수 있다. 더구나 현행형법 제10조 제3항은 이 행위의 가벌성을 명시하고 있기 때문에, 이제 불가벌이라는 주장은 있을 수 없게 되었다.

---

36) Katzenstein, "Die Straflosigkeit der actio libera in causa", Abhandlungen des kriminalistischen Seminars, Neue Folge, 1. Bd., 1901, S. 108 f.

독일과 일본의 형법에는 원인에 있어서 자유로운 행위에 관한 규정이 없으나 학설과 판례에 의하여 그 가벌성이 긍정되고 있다.

(2) 가벌설

(가) 원인설정행위에 실행행위성을 인정하는 학설 소수설에 의하면, 고의의 원인에 있어서 자유로운 행위의 경우에 자신을 심신장애상태에 빠뜨리는 원인설정행위에서 이미 구성요건적 행위가 개시된다고 보고 그 실행행위성을 인정하고 있다.[37] 이 학설이 형법상 중시하는 행위는 심신장애상태하의 행위가 아니라 행위자가 자유로웠던 시점의 행위인 심신장애야기행위이다. 원인설정행위의 실행행위성이 인정되고 또 이 시점에 행위자는 책임능력도 갖추고 있었으므로, 이 학설에 따르면 책임능력과 행위의 동시존재원칙이 충실히 지켜지게 된다(「구성요건모델」).

이러한 견해는 원인에 있어서 자유로운 행위를 특히 '간접정범'과 동일한 논리구조로 파악하여 그 가벌성을 이론구성하는 학자들에게서 뚜렷이 드러난다.[38] 즉 간접정범은 타인을 도구로 이용하는 것인 데 대하여 원인에 있어서 자유로운 행위는 심신장애상태하의 자기자신을 생명있는 도구로 이용하는 것이라고 한다. 그리고 간접정범의 실행의 착수시기를 피이용자의 행위가 아니라 이용자의 이용행위에서 인정하는 것과 마찬가지로 원인에 있어서 자유로운 행위의 실행의 착수시기도 원인설정행위에서 구할 수 있고, 이 때 행위자는 책임능력을 갖추고 있으므로 책임능력과 행위의 동시존재원칙에도 합치된다는 것이다.

소수설(간접정범유추설이라고 할 수 있다)은 책임능력과 행위의 동시존재원칙을 관철하는 면에서는 장점을 갖고 있지만, 원인설정행위(전례 ㈀에서 음주행위)를 실행행위로 보는 점에서 가장 큰 문제점을 내포하고 있다. 고의의 원인에 있어서 자유로운 행위의 경우에 예비 정도에 불과한 원인설정행위를 실행행위로 보는 것은 구성요건적 행위의 정형성을 중시하는 죄형법정주의의 보장적 기능이 무너질 위험성이 크기 때문이다. 특히 소수설을 논리대로 적용

---

37) 김/서, 385면; 정영석, 173면; 황산덕, 199면.

38) 소수설에 선 우리나라 학자들은 모두 간접정범과 같은 구조로 이론구성을 하고 있다. 김일수/서보학 교수는 기본적으로 이 입장에 서되, 다만 실행의 착수시기를 원인설정행위와 심신상실상태 하의 행위 양자의 중간에서 구하고 있다(同, 385면). 독일에서는 Roxin(소위 구성요건모델)과 Jakobs 등이 간접정범구조를 원용하고 있다.

한다면, 행위자가 살인의 의사를 가지고 고의로 음주하였는데 너무 취하여 그대로 잠들어버린 경우까지도 음주행위에 실행의 착수가 있다고 보고 살인미수죄의 성립을 긍정하게 될 터인데, 이러한 결론의 부당함은 자명하다고 하겠다. 그리고 자신을 '심신미약상태'(한정책임능력상태)에 빠뜨려 고의로 범행한 경우에는 (임의적) 책임감경이기는 하지만 고의범이 성립하는 이상, 간접정범의 논리구조로 원인에 있어서 자유로운 행위를 설명할 수 없다.

(나) 심신장애상태하의 행위에 실행행위성을 인정하는 학설 이에 반하여 다수설은, 고의의 원인에 있어서 자유로운 행위의 경우에 실행행위는 어디까지나 심신장애상태하의 행위라고 하고, 원인설정행위만으로서는 미수범이 될 수 없다고 주장하면서, 가벌성의 근거를 '원인설정행위와 실행행위의 불가분적 연관'에서 찾고 있다.[39] 그리고 책임능력은 실행행위시가 아니라 원인설정행위시에 갖추어져 있으므로 원인에 있어서 자유로운 행위는 책임능력과 행위의 동시존재원칙의 「예외」가 된다고 한다(「예외모델」).

그럼에도 불구하고 행위자에게 책임비난이 가능한 것은 '원인설정행위시에 자유로웠다'는 점에 있다고 한다. 즉 구성요건적 행위는 비록 심신장애상태하에서 행해졌으나 행위자는 원인설정행위시에 책임능력을 갖추고 완전히 유책하게 자기자신을 심신장애상태에 빠뜨렸고, 또 원인행위와 심신장애상태하에서의 구성요건실현행위는 서로 「불가분적 연관」을 맺고 있으므로 행위자에게 책임비난이 가능하고 결코 책임주의에 반하는 것은 아니라고 한다.

결론적으로 보아 다수설이 원인에 있어서 자유로운 행위의 특성을 바르게 파악해서 책임능력과 실행행위의 존재시기를 둘러싸고 발생하는 딜레마를 제대로 해결한 것으로 판단된다. 원인에 있어서 자유로운 행위의 가벌성을 이론구성함에 있어서 책임능력과 행위의 동시존재원칙에 집착하기보다는 그 구조적 특성을 직시하고 동시존재원칙의 상위원칙인 「책임주의」라는 관점에서 종합적・실질적 판단을 해 볼 필요가 있다. 다시 말하면 실행행위가 아닌 원인설정행위에서 책임능력의 존재를 구하는 것이 과연 책임주의에 반하는 것인가 하는 각도에서 궁극적인 질문을 던져 볼 필요가 있다고 생각한다.

---

39) 권오걸, 325면; 김성돈, 355면; 김성천, 271면; 김신규, 377면; 김/김, 406면; 배종대, 437면; 손동권, 277면; 손해목, 612면; 신동운, 370면; 안동준, 155면; 오영근, 418면; 이상돈, 411면; 이재상, 315면; 이형국, 192면; 정/박, 319면; 조준현, 309면; 진/이, 428면.

이 때 원인설정행위시에 행위자가 책임능력을 갖추었고 자신의 심신장애상태하의 구성요건실현행위를 미리 예견하였거나(고의) 예견할 수 있었음(과실)에도 불구하고 자신을 심신장애상태에 스스로 유책하게 빠뜨렸다면, 비록 실행행위에 있어서는 '부자유'스러웠지만 원인에 있어서는 '자유로운' 행위가 존재한 것이고 또 두 행위는 불가분의 인과적 연관을 맺고 있는 것이므로 '전체적으로' 보아 행위자를 비난하는 것이 형법상 가능하고 전혀 책임주의에 어긋나는 것은 아니라고 하겠다(「불가분적 연관설」).

4. 유 형

(1) 고의범

(가) 성립요건 다수설에 의하면,[40] 원인에 있어서 자유로운 행위의 고의범은 행위자가 자신의 심신장애상태를 고의로 야기하고 또 심신장애상태하에서 구성요건적 행위를 행한다는 고의를 원인설정행위시에 이미 갖추고 있는 경우에 성립한다고 본다. 즉 고의의 존재여부는 원인설정행위시를 기준으로 판단할 것이지만, 고의의 '대상'은 ① 심신장애상태의 야기와 ② 심신장애상태하에서 실현될 구성요건적 행위의 양자에 미친다고 한다. 원인에 있어서 자유로운 행위의 고의범이 성립하려면 고의의 '이중적' 연관이 필요하다는 것이다.[41] 이에 대하여 소수설은,[42] 심신장애상태하에서 실현될 구성요건적 행위에 대한 고의가 이미 원인설정행위시에 갖추어지면 충분하고, 심신장애상태 그 자체를 '과실로' 야기한 경우에도 원인에 있어서 자유로운 행위의 고의범이 성립한다고 주장한다. 이 견해는 고의의 대상으로서 전술한 ①의 부분은 필요하지 않고 ②에 관한 것으로서 충분하다는 것이다.

---

40) 김성돈, 356면; 김성천, 273면; 김신규, 378면; 김/김, 406면; 김/서, 385면; 배종대, 439면; 안동준, 156면; 이재상, 316-7면; 이형국, 192면.

41) 이러한 입장에 선 판례로는 '대마초흡연 후 살인사례'가 있다. "원심은 거시증거에 의하여 같은 피고인들은 상습적으로 대마초를 흡연하는 자들로서 이 사건 각 살인범행 당시에도 대마초를 흡연하여 그로 인하여 심신이 다소 미약한 상태에 있었음은 인정되나, 이는 위 피고인들이 피해자들을 살해할 의사를 가지고 범행을 공모한 후에 대마초를 흡연하고, 위 각 범행에 이른 것으로, 대마초흡연시에 이미 범행을 예견하고도 자의로 위와 같은 심신장애를 야기한 경우에 해당하므로, 형법 제10조 제3항에 의하여 심신장애로 인한 감경 등을 할 수 없다고 판시하였는 바, 기록에 의하여 관계증거를 살펴보면 위와 같은 원심의 사실인정 및 판단은 정당한 것"(**대판** 1996. 6. 11, 96 도 857).

42) 박상기, 230면.

그러나 고의범으로서의 원인에 있어서 자유로운 행위의 '주관적' 측면을 상세히 분석하면, 행위자가 심신장애상태에서 일정한 범행을 하겠다는 의사(범행결의)를 가지고 또 자신을 심신장애상태에 빠뜨릴 의사(심신장애상태야기의사)로써 심신장애상태의 행위시에 구성요건해당사실을 인식·인용(구성요건적 고의)하는 세 부분으로 나누어 볼 수 있다. 즉 행위자의 고의범으로서의 의사적 측면은 ① 심신장애상태에서 범행을 하겠다는 의사, ② 심신장애상태의 야기의사, ③ 심신장애상태행위시의 구성요건적 고의라고 하는 세 가지 논점에서 검토해야 한다.[43] 예컨대 甲이 ㉠ 유흥비를 마련하기 위하여 강도를 해야겠는데 죄의식을 덜고 용기를 돋우고자 자신을 심신장애상태에 빠뜨려 범행할 결의를 굳히고, ㉡ 환각제를 복용하여 심신장애상태를 야기할 의사를 가지고, ㉢ 실제로 환각제를 구입하여 이를 복용한 후에, ㉣ 심신장애상태에 빠져 乙을 대상으로 강도행위를 하였다면, ㉠부분은 위 ①의 의사에, ㉡부분은 ②의 의사에, ㉣부분은 ③의 구성요건적 고의에 해당한다.

원인에 있어서 자유로운 행위에 대한 책임비난의 근거는 행위자가 원인설정행위시에 자유로웠다는 점과 원인설정행위와 심신장애상태하의 구성요건적 행위가 불가분의 연관을 맺고 있다는 점에 있으므로, 행위자는 심신장애상태에서 범행을 하겠다는 결의뿐만 아니라 심신장애상태를 야기하겠다는 의사까지도 갖추는 경우에 두 행위가 내부적·의사적으로도 불가분의 연관을 맺게 되고, 이 때 비로소 행위자에게 고의범으로서의 책임비난을 가할 수 있다고 하겠다. 결론적으로 원인에 있어서 자유로운 행위의 고의범이 성립하려면 의사의 '삼중적' 연관이 필요하다고 본다.[44]

(나) 실행의 착수 고의의 원인에 있어서 자유로운 행위의 경우에 실행의 착수시기는 전술한 바와 같이 심신장애상태하의 행위에 있다고 보는 것이 타당하다. 그러나 원인에 있어서 자유로운 행위를 간접정범과 동일한 구조로 파악하는 견해에 의하면, 심신장애상태를 야기하는 행위(원인설정행위) 또는 늦

43) ①과 ②의 의사의 '존재시기'는 원인설정행위시까지이고, ③의 구성요건적 고의의 존재시기는 심신장애상태시의 행위(범죄실현행위)이다. 심신장애상태시의 행위가 실행행위이므로 '고의와 행위의 동시존재의 원칙'도 충족하게 된다. ①의 범행의사(범행결의)는 막연할 경우(예컨대 유흥비를 마련하고자 아무나 돈있어 보이는 사람을 털겠다는 의사)도 있고, 구체적일 경우(예컨대 부자인 乙의 돈을 강취하겠다는 의사)도 있다.

44) 이 점을 분명히 한 견해로서는 한상훈, "원인에 있어서 자유로운 행위", 고시연구, 2001. 10, 78-9면.

어도 심신장애상태에 빠진 시점에 실행의 착수가 있다고 보게 된다.

(2) 과실범

(가) 성립요건 고의범이 성립하기 위해서는 ① 심신장애상태에서 범행을 하겠다는 의사(범행결의), ② 심신장애상태의 야기의사, ③ 심신장애상태행위시의 구성요건적 고의라고 하는 세 부분이 구비되어야 하므로, 세 부분 중 어느 하나의 의사적 측면이라도 결여된다면 '과실범'으로서의 원인에 있어서 자유로운 행위가 성립될 수 있다. 즉 원인에 있어서 자유로운 행위의 과실범은 다음 일곱 가지 조합(組合)의 경우에 성립가능하다.

ⓐ ① 범행결의+② 심신장애상태 야기의사+③ 심신장애상태행위시의 구성요건적 과실(예: 甲이 乙을 총으로 살해하기로 결의하고 용기를 돋우고자 의도적으로 취할 만큼 술을 마시면서 총을 손질하고 있었는데, 대취상태에서 오발사고로 인하여 우연히 乙이 총에 맞아 사망한 경우)

ⓑ ① 범행결의+② 심신장애상태 야기가능성의 인식+③ 심신장애상태행위시의 구성요건적 고의(예: 甲이 乙을 총으로 살해하기로 결의하고 초조한 심정을 진정시키기 위하여 술을 마시면서 총을 손질하고 있었는데, 자기도 모르는 사이에 과음을 하여, 즉 과실로 대취상태에 이르렀고, 이 상태에서 乙을 발견하고는 당초에 계획한 대로 총을 쏘아 乙이 사망한 경우)

ⓒ ① 범행결의+② 심신장애상태 야기가능성의 인식+③ 심신장애상태행위시의 구성요건적 과실(예: 甲이 乙을 총으로 살해하기로 결의하고 술을 몇잔 마시면서 총을 손질하고 있었는데, 자기도 모르는 사이에 과음을 하게 되어 대취상태에 이르렀고, 이 상태에서 오발사고로 인하여 우연히 乙이 총에 맞아 사망한 경우)

ⓓ ① 심신장애상태에서의 범행가능성의 인식+② 심신장애상태 야기의사+③ 심신장애상태행위시의 구성요건적 고의(예: 대취하면 사람을 구타하는 주벽이 있는 甲이 어느 날 乙과 언쟁한 후에 불쾌한 마음을 달래려고 대취할 생각으로 술을 마셔 대취한 상태에서 우연히 乙을 발견하고 乙을 구타한 경우)

ⓔ ① 심신장애상태에서의 범행가능성의 인식+② 심신장애상태 야기가능성의 인식+③ 심신장애상태행위시의 구성요건적 고의(예: 대취하면 부인을 구타하는 주벽이 있는 甲이 대취할 의도없이 술을 몇잔 마시다가 과음하게 되어 대취상태에서 부인을 구타하게 된 경우)

ⓕ ① 심신장애상태에서의 범행가능성의 인식+② 심신장애상태 야기의사+③ 심신장애상태행위시의 구성요건적 과실(예: 취한 상태로 기계작업을 하면

실수할 가능성이 있음을 인식한 甲이 작업장에서의 불쾌한 일로 인하여 대취하고자 술을 마신 후 대취상태에서 작업을 하다가 과실로 사고를 내어 작업동료 乙을 치상케 한 경우)

ⓖ ① 심신장애상태에서의 범행가능성의 인식+② 심신장애상태 야기가능성의 인식+③ 심신장애상태행위시의 구성요건적 과실(예: 취한 상태로 기계작업을 하면 실수할 가능성이 있음을 인식한 甲이 점심시간에 취할 의도없이 술을 서너 잔 마시다가 과음하게 되어 취한 상태에서 오후작업을 하다가 과실로 사고를 내어 작업동료 乙을 치상케 한 경우)

(나) 실행의 착수　현행형법은 과실범의 미수를 처벌하는 규정을 두고 있지 않으므로 과실범의 실행의 착수시기를 논할 실익은 크지 않다. 다만 이론적으로 말하자면, 과실로 인한 원인에 있어서 자유로운 행위의 실행의 착수는 원인설정행위시에 이미 존재한다고 보아야 할 경우가 많다.[45]

이것은 과실범의 실행행위의 정형성은 특히 법정되어 있지 않고 법관의 판단에 의하여 널리 충전될 것을 요하는 구성요건에 속하기 때문에 원인설정행위시(음주시)에 실행의 착수를 인정하는 것이 죄형법정주의에 비추어 아무런 우려가 없다고 하는 사정도 있고, 또 책임능력있는 상태에 있어서 주의의무위반을 문제삼지 않으면 과실책임을 묻기 어렵다고 하는 통찰이 밑바탕에 깔려 있기 때문일 것이다.

〈원인에 있어서 자유로운 행위: 고의범 · 과실범 성립의 8유형〉[46]

유형	범행결의 여부	심신장애상태 야기의사 여부	심신장애상태 행위시의 구성 요건적 고의 여부	고의범 또는 과실범
1	범행결의	야기의사	구성요건적 고의	고의범인 원인에 있어서 자유로운 행위

45) 반대설로서 과실의 경우도 고의의 경우와 마찬가지로 심신장애상태하의 행위에 실행의 착수가 있다고 하는 견해는 김종원, "소위 원인에 있어서 자유로운 행위에 관한 소고", 오선주교수 정년기념논문집, 2001, 89면; 손해목, 614면; 이재상, 318면; 정/박, 322면.

46) 원인에 있어서 자유로운 행위의 고의범 및 과실범의 성립에 관하여 '8유형설'이 타당하다고 판단되어, 초판에서의 4유형설을 개정판에서는 8유형설로 정정한다. 8유형설을 취하는 학자로서는 한상훈, 앞의 글, 84면(동, "원인에 있어서 자유로운 행위와 책임귀속에 관한 연구", 법학박사학위논문, 서울대학교 대학원, 2000년 8월 참조). 한편 '12유형설'을 주장하는 학자로서는 김성돈, 360면(각주 436)); 오영근, 423면.

2	범행결의	야기의사	구성요건적 과실	과실범인 원인에 있어서 자유로운 행위
3	범행결의	야기가능성의 인식	구성요건적 고의	상동
4	범행결의	야기가능성의 인식	구성요건적 과실	상동
5	범행가능성의 인식	야기의사	구성요건적 고의	상동
6	범행가능성의 인식	야기가능성의 인식	구성요건적 고의	상동
7	범행가능성의 인식	야기의사	구성요건적 과실	상동
8	범행가능성의 인식	야기가능성의 인식	구성요건적 과실	상동

5. 형법 제10조 제3항

형법 제10조 제3항은 "위험의 발생을 예견하고 자의(自意)로 심신장애를 야기한 자의 행위에는 전 2항의 규정을 적용하지 아니한다"라고 하여, 원인에 있어서 자유로운 행위의 경우에는 심신상실자에 대한 책임조각(제10조 제1항) 및 심신미약자에 대한 책임감경(동조 제2항)을 인정하지 않고, 따라서 가벌적이라는 것을 밝히고 있다.[47]

그런데 이 조항은 "위험의 발생을 「예견」하고……"라 규정하고 있으므로 일견 과실에 의한 경우는 포함하지 않는 것처럼 보인다.[48] 그러나 ① '예견'은 고의뿐만 아니라 인식있는 과실도 포함하는 개념으로 해석할 수 있고, ② 원인에 있어서 자유로운 행위는 주로 과실로 인하여 발생하는 실례가 많으므로 '예견'뿐만 아니라 '예견가능성'까지도 포함시키는 확장해석을 할 필요가 있으며,[49] ③ "자의로"라는 표현도 '고의로'라는 뜻이 아니라 "자유로이" 또는 "스스

47) '특정범죄 가중처벌 등에 관한 법률'(약칭: 특정범죄가중법) 제5조의 11[위험운전 등 치사상]은 음주 등의 상태에서 자동차를 운전하여 치사상의 결과를 발생케 한 경우에 음주운전죄(도로교통법 제148조의 2)나 업무상과실치사상죄(형법 제268조)보다도 훨씬 더 가중처벌하고 있다(2018. 12. 18. 개정-세칭: 윤창호법). 치상의 경우에는 1년 이상 15년 이하의 징역 또는 1천만원 이상 3천만원 이하의 벌금에 처하고, 치사의 경우에는 무기 또는 3년 이상의 징역에 처한다.

48) 제10조 제3항은 고의에 의한 원인에 있어서 자유로운 행위를 규정한 것이고, 과실에 의한 경우를 해석상 포함시킬 수 없다는 견해로는 배종대, 439면; 오영근, 424면; 이재상, 319면; 이정원, 218면.

49) 법문에서의 "예견"이 고의를 의미한다고 볼 때, 불법과 책임에 있어서 고의보다 훨씬 약한

로"라는 정도의 의미로 해석하여, 제10조 제3항이 '과실'에 의한 원인에 있어서 자유로운 행위를 포함하는 것으로 봄이 타당하다(다수설[50] 및 판례[51]).

제 3 절 위법성의 인식과 위법성의 착오

Ⅰ. 위법성의 인식의 의의와 태양

1. 위법성의 인식의 의의

위법성의 인식 또는 불법인식이라 함은 "자신의 행위가 법질서에 위반하여 허용되지 않는다는 행위자의 인식"을 말한다. 위법성인식의 '대상'은 위반하게 될 구체적인 형벌규정이나 구성요건 자체가 아니다.[52] 또한 형법규범위반인지 혹은 행정법규범이나 민법규범의 위반인지를 알 필요도 없고, 단지 자신의 행위가 공동체의 법질서에 위배된다는 것, 즉 실질적으로 위법하다는 것, 법적으로 금지된다고 하는 인식을 가짐으로써 충분하다. 따라서 법률전문가로서의 불법통찰이 요구되는 것은 아니고, 문외한으로서의 소박한 인식으로써 족하다.[53]

그러나 위법성의 인식은 법의식(法意識)의 영역에 속하는 문제이므로 자신의 행위(예컨대 동성애행위)가 공동체의 윤리에 반한다고 하는 단순한 도덕적

형태인 과실을 '예견'에 포함시켜 해석하는 것은 피고인에게 부당한 확장해석이라고 생각되지는 않는다.

50) 김/서, 308면; 성낙현, 357면; 손동권, 203면; 손해목, 615면; 신양균, "원인에 있어서 자유로운 행위", 월간고시, 1982. 12, 163면; 윤용규, "원인에 있어서 자유로운 행위", 법정고시, 1998. 5, 118면; 이형국, 194면; 정/박, 322면; 조준현, 236면; 진/이, 432면.

51) "형법 제10조 제3항은 '위험의 발생을 예견하고 자의로 심신장애를 야기한 자의 행위에는 전 2항의 규정을 적용하지 아니한다'고 규정하고 있는 바, 이 규정은 고의에 의한 원인에 있어서의 자유로운 행위만이 아니라 과실에 의한 원인에 있어서의 자유로운 행위까지도 포함하는 것" (**대판** 1992. 7. 28, 92 도 999).

52) "범죄의 성립에 있어서 위법의 인식은 그 범죄사실이 사회정의와 조리에 어긋난다는 것을 인식하는 것으로서 족하고, 구체적인 해당 법조문까지 인식할 것을 요하는 것은 아니므로, 설사 피고인이 소론과 같이 위의 판시 소위가 형법상의 허위공문서작성죄에 해당되는 줄 몰랐다고 가정하더라도, 그와 같은 사유만으로서는 피고인에게 위법성의 인식이 없었다고 할 수 없으므로" (**대판** 1987. 3. 24, 86 도 2673).

53) 권오걸, 338면; 김성돈, 366면; 김성천, 277면; 김신규, 382면; 김/서, 393면; 박상기, 236면; 배종대, 447면; 손동권, 287면; 오영근, 445면; 정/박, 328면.

죄의식만으로는 부족하다. 이러한 관점에서 보자면 '확신범'은 자신의 행위가 도덕적으로 혹은 정치적·종교적으로 정당하다고 확신하고 있더라도 공동체의 실정법질서에 반한다고 하는 것을 알고 있는 이상 위법성의 인식을 갖추고 있다고 하겠다.[54] 또 자신의 양심에 비추어 정당하다고 판단하여 행위한 '양심범'에 있어서도 마찬가지이다. 우리나라에서 양심범의 문제는 여호와의 증인 신도가 '양심적 병역거부'를 감행한 경우에 병역법 위반으로 처벌할 것인가라는 쟁점을 둘러싸고 다양한 법리 주장을 불러일으키고 있다.[55]

---

54) 권오걸, 338면; 김성돈, 366면; 김/서, 393-4면; 박상기, 236면; 배종대, 447면; 성낙현, 360면; 손동권, 286면; 손해목, 620면; 오영근, 443면; 이재상, 321면; 이형국, 196면; 정영일, 302면.

55) 여호와의 증인 병역법위반 사건: ㉠ "[합헌의견] 가. 이 사건 법률조항(병역법 제88조 제1항 제1호)은, '국민의 의무인 국방의 의무의 이행을 관철하고 강제함으로써 징병제를 근간으로 하는 병역제도 하에서 병역자원의 확보와 병역부담의 형평을 기하고 궁극적으로 국가의 안전보장이라는 헌법적 법익을 실현하고자 하는 것'으로 그 입법목적이 정당하고, 입영을 기피하는 현역 입영대상자에 대하여 형벌을 부과함으로써 현역복무의무의 이행을 강제하고 있으므로, 이 같은 입법목적을 달성하기 위한 적절한 수단이다. 또한 병역의무와 관련하여 대체복무제를 도입할 것인지의 문제는 결국 '대체복무제를 허용하더라도 국가안보라는 중대한 공익의 달성에 아무런 지장이 없는지 여부'에 대한 판단의 문제로 귀결되는바, 남북이 대치하고 있는 우리나라의 특유한 안보상황, 대체복무제 도입 시 발생할 병력자원의 손실 문제, 병역거부가 진정한 양심에 의한 것인지 여부에 대한 심사의 곤란성, 사회적 여론이 비판적인 상태에서 대체복무제를 도입하는 경우 사회 통합을 저해하여 국가 전체의 역량에 심각한 손상을 가할 우려가 있는 점 및 종전 헌법재판소의 결정에서 제시한 선행조건들이 아직도 충족되지 않고 있는 점 등을 고려할 때 대체복무제를 허용하더라도 국가안보와 병역의무의 형평성이라는 중대한 공익의 달성에 아무런 지장이 없다는 판단을 쉽사리 내릴 수 없으므로, 양심적 병역거부자에 대하여 대체복무제를 도입하지 않은 채 형사처벌 규정만을 두고 있다고 하더라도 이 사건 법률조항이 최소침해의 원칙에 반한다고 할 수 없다. 양심적 병역거부자는 이 사건 법률조항에 따라 3년 이하의 징역이라는 형사처벌을 받는 불이익을 입게 되나 이 사건 법률조항이 추구하는 공익은 국가의 존립과 모든 자유의 전제조건인 '국가안보' 및 '병역의무의 공평한 부담'이라는 대단히 중요한 공익이고, 병역의무의 이행을 거부함으로써 양심을 실현하고자 하는 경우는 누구에게나 부과되는 병역의무에 대한 예외를 요구하는 것이므로 병역의무의 공평한 부담의 관점에서 볼 때 타인과 사회공동체 전반에 미치는 파급효과가 대단히 큰 점 등을 고려해 볼 때 이 사건 법률조항이 법익균형성을 상실하였다고 볼 수는 없다. 따라서 이 사건 법률조항은 양심의 자유를 침해하지 아니한다.

나. 이 사건 법률 조항은 병역거부가 양심에 근거한 것이든 아니든, 그 양심이 종교적 양심이든, 비종교적 양심이든 가리지 않고 일률적으로 규제하는 것일 뿐, 양심이나 종교를 사유로 차별을 가하는 것도 아니므로 평등원칙에 위반되지 아니한다.

다. 우리나라가 1990. 4. 10. 가입한 시민적·정치적권리에관한국제규약(International Covenant on Civil and Political Rights)에 따라 바로 양심적 병역거부권이 인정되거나 양심적 병역거부에 관한 법적인 구속력이 발생한다고 보기 곤란하고, 양심적 병역거부권을 명문으로 인정한 국제인권조약은 아직까지 존재하지 않으며, 유럽 등의 일부국가에서 양심적 병역거부권이 보장된다고 하더라도 전 세계적으로 양심적 병역거부권의 보장에 관한 국제관습법이 형성되었다고 할 수 없어 양심적 병역거부가 일반적으로 승인된 국제법규로서 우리나라에 수용될 수는 없으므로, 이 사건 법률조항에 의하여 양심적 병역거부자를 형사처벌한다고 하더라도 국제법 존중의 원칙을 선언하고 있는 헌법 제6조 제1항에 위반된다고 할 수 없다.

[2인의 한정위헌의견] 헌법상의 기본권과 헌법상의 국민의 의무 등 헌법적 가치가 상호 충돌하고 대립하는 경우에는 어느 하나의 가치만을 선택하여 나머지 가치를 희생시켜서는 안 되고, 충돌하는 가치를 모두 최대한 실현시킬 수 있는 규범조화적 해석원칙을 사용해야 한다. 양심의 자유와 국방의 의무라는 헌법적 가치가 상호 충돌하고 있는 이 사건 법률조항의 문제도 이와 같은 규범조화적 해석의 원칙에 의하여 해결해야 한다. 따라서 이 사건 법률조항의 '정당한 사유'는 진지하고 절박한 양심을 결정한 사람들의 양심의 자유와 국방의 의무라는 헌법적 가치가 비례적으로 가장 잘 조화되고 실현될 수 있는 조화점을 찾도록 해석하여야 한다. 하지만 헌법재판소와 대법원 판례는 이 사건 법률조항의 '정당한 사유'에는 종교적 양심상의 결정에 의하여 병역을 거부한 행위는 포함되지 아니한다고 해석하고 있는데, 그 결과 절대적이고 진지한 양심의 결정에 따라 병역의무를 거부한 청구인들에게 국가의 가장 강력한 제재수단인 형벌이, 그것도 최소한 1년 6개월 이상의 징역형이라고 하는 무거운 형벌이 부과되고 있다. 이는 인간으로서의 존엄과 가치를 심각하게 침해하는 것이고, 나아가 형벌부과의 주요근거인 행위와 책임과의 균형적인 비례관계를 과도하게 일탈한 과잉조치이다. 양심적 병역거부자들에 대한 대체복무제를 운영하고 있는 많은 나라들의 경험을 살펴보면, 대체복무제가 도입될 경우 사이비 양심적 병역거부자가 급증할 것이라고 하는 우려가 정확한 것이 아니라는 점을 알 수 있다. 엄격한 사전심사와 사후관리를 통하여 진정한 양심적 병역거부자와 그렇지 못한 자를 가려낼 수 있도록 대체복무제도를 설계하고 운영한다면 이들의 양심의 자유 뿐 아니라 국가안보, 자유민주주의의 확립과 발전에도 도움이 될 것이다. 결국, 이 사건 법률조항 본문 중 '정당한 사유'에, 양심에 따른 병역거부를 포함하지 않는 것으로 해석하는 한 헌법에 위반된다"(**헌재 2011. 8. 30, 2008 헌가 22**).

ⓛ "1. 병역법 제88조 제1항의 '정당한 사유'가 존재한다는 점에 대하여. 피고인은 부모의 영향으로 어려서부터 여호와의 증인의 신자로서 신앙생활을 해왔고, 자신이 믿는 종교적 교리에 좇아 형성된 인격적 정체성을 지키기 위한 양심의 명령에 따라 현역병 입영을 거부한 것으로 보이므로, 피고인의 이러한 행위에 대하여 이 사건 법률조항(병역법 제88조 제1항-저자 註)을 적용하여 형벌을 부과하는 것은 간접적으로 피고인의 양심상의 결정에 반하여 현역병 입영을 강제하는 것으로서 헌법 제19조가 보호하는 '자신의 양심상 결정에 반하는 행위를 강제받지 아니할 자유'를 제한하고, 동시에 피고인의 양심상 결정의 동기가 그가 믿는 종교에 기초한 이상 헌법 제20조 제1항의 종교의 자유도 제한하는 것이 될 것이다(이러한 의미에서 이하에서는 양심의 자유의 침해 여부에 대하여 판단하는 것으로서 종교의 자유의 침해 여부에 대한 판단까지도 갈음한다). 그러나 양심형성의 자유와 양심상 결정의 자유는 내심에 머무르는 한 이를 제한할 수도 그리고 제한할 필요성도 없다는 점에서 절대적 자유라고 할 것이지만, 이와 달리 피고인이 주장하는 소극적 부작위에 의한 양심실현의 자유는 그 양심의 실현과정에서 다른 법익과 충돌할 수 있게 되고 이 때에는 필연적으로 제한이 수반될 수도 있으므로, 이러한 경우라면 소극적 부작위에 의한 양심실현의 자유가 제한받는다고 하여 곧바로 양심의 자유의 본질적인 내용에 대한 침해가 있다고 말할 것은 아니다. 헌법상 기본권의 행사가 국가공동체 내에서 타인과의 공동생활을 가능하게 하고 다른 헌법적 가치 및 국가의 법질서를 위태롭게 하지 않는 범위 내에서 이루어져야 한다는 것은 양심의 자유를 포함한 모든 기본권행사의 원칙적인 한계이므로, 양심실현의 자유도 결국 그 제한을 정당화할 헌법적 법익이 존재하는 경우에는 헌법 제37조 제2항에 따라 법률에 의하여 제한될 수 있는 상대적 자유라고 하여야 할 것이기 때문이다(대법원 1982. 7. 13, 선고 82도 1219 판결 등 참조). …이 사건 법률조항은 바로 이와 같이 가장 기본적인 국민의 국방의 의무를 구체화하기 위하여 마련된 것이다. 그리고 이와 같은 병역의무가 제대로 이행되지 않아 국가의 안전보장이 이루어지지 않는다면 국민의 인간으로서의 존엄과 가치도 보장될 수 없음은 불을 보듯 명확한 일이다. 따라서 병역의무는, 궁극적으로는 국민 전체의 인간으로서의 존엄과 가치를 보장하기 위한 것이라 할 것이고, 피고인의 양심의 자유가 위와 같은 헌법적 법익보다 우월

헌법재판소는 양심적 병역거부행위에 대하여 2018년 6월 28일에 역사적 획을 긋는 중요한 결정(2011 헌바 379)을 선고하였다. 이 결정에서 ① (양심적) 병역거부를 처벌하는 병역법 제88조 제1항 제1호와 제2호('처벌조항'이라 함)에 대하여는 합헌으로 선고(합헌 결정)하고(재판관 9인 중 4인이 합헌의견), ② 병역의 종류에 양심적 병역거부자에 대한 대체복무제를 규정하지 아니한 병역법 제5조 제1항('병역종류조항'이라 함)에 대하여는 헌법불합치로 선고(헌법불합치 결정)하였다(재판관 9인 중 6인이 헌법불합치의견).[56)]

한 가치라고는 할 수 없다. 그 결과, 위와 같은 헌법적 법익을 위하여 헌법 제37조 제2항에 따라 피고인의 양심의 자유를 제한한다 하더라도 이는 헌법상 허용된 정당한 제한이라 할 것이다. 따라서 이 사건 법률조항의 적용으로 피고인의 양심 및 종교의 자유가 부당하게 침해되었다거나 피고인이 양심 및 종교의 자유에 반하는 현역입영을 거부하는 것은 정당한 사유가 있는 것으로 보아야 한다는 취지의 상고이유는 이를 받아들이지 아니한다. …2. 적법행위의 기대가능성이 없다는 점에 대하여. 피고인에게 그의 양심상의 결정에 반한 행위를 기대할 가능성이 있는지 여부를 판단하기 위해서는, 행위 당시의 구체적 상황하에 행위자 대신에 사회적 평균인을 두고 이 평균인의 관점에서 그 기대가능성 유무를 판단하여야 할 것인바, 피고인의 양심상의 결정이 적법행위로 나아갈 동기의 형성을 강하게 압박할 것이라고 보이기는 하지만, 그렇다고 하여 피고인이 적법행위로 나아가는 것이 실제로 전혀 불가능하다고 할 수는 없다고 할 것이다. 법규범은 개인으로 하여금 자기의 양심의 실현이 헌법에 합치하는 법률에 반하는 매우 드문 경우에는 뒤로 물러나야 한다는 것을 원칙적으로 요구하기 때문이다. 따라서 이 부분 상고이유 또한 받아들이지 아니한다"(**대판 2004. 7. 15, 2004 도 2965**－전원합의체).

ⓒ 위 ⓛ에서 소개한 2004년 대법원 전원합의체 판결을 정면으로 비판하고, 여호와의 증인 신도의 양심적 병역거부행위에 대하여 '무죄'를 선고한 항소심판결(광주지법 2016. 10. 18, 2015 노 1181)에 주목할 필요가 있다. "판결요지: 여호와의 증인 신도인 피고인이 현역병 입영통지서를 수령하였음에도 종교적 신념에 반한다는 이유로 입영일부터 3일이 경과한 날까지 입영하지 아니하였다고 하여 병역법 위반으로 기소된 사안에서, 우리나라가 가입한 '시민적 및 정치적 권리에 관한 국제규약(International Covenant on Civil and Political Rights)' 제18조에서 양심적 병역거부권을 도출할 수 없다는 대법원과 헌법재판소의 판단은 국제사회의 흐름에 비추어 시대에 뒤떨어지고 국제인권규약에 대한 정당한 방법론적 해석으로 보기 어려운 점, 국제사회가 규범적인 차원에서도 급격하게 양심적 병역거부를 인정하는 방향으로 나아가고 있고, 대법원도 병역법 제88조 제1항의 정당한 사유의 범위에 양심의 자유가 포함될 여지가 있음을 부정하지 아니한 점, 양심적 병역거부를 정당한 사유에 해당하는 것으로 보아 현역입영 대상에서 제외하고 대신 대체복무의 가능성을 열어두는 것이 국민들 간의 실질적 형평을 기하고, 헌법이 추구하는 다양한 가치를 규범조화적으로 해석하는 것으로서 부당하다고 보기 어려운 점 및 갈등을 완화할 국가의 의무(헌법 제10조), 양심적 병역거부자들에 대한 재판과 형 집행의 현실 등 제반 사정을 종합하면, 병역법 제88조 제1항의 '정당한 사유'에 양심적 병역거부가 포함된다는 이유로 피고인에게 무죄를 선고한 판결임"(광주지법판결 2016. 10. 18, 2015 노 1181).

56) "결정요지: [병역종류조항에 대한 판단] 양심적 병역거부는 '양심에 따른' 병역거부를 가리키는 것일 뿐 병역거부가 '도덕적이고 정당하다'는 의미는 아니다. 따라서 '양심적' 병역거부라는 용어를 사용한다고 하여 병역의무이행은 '비양심적'이 된다거나, 병역을 이행하는 병역의무자들과 병역의무이행이 국민의 숭고한 의무라고 생각하는 대다수 국민들이 '비양심적'인 사람들이 되는 것은 결코 아니다. …병역종류조항이 대체복무제를 규정하지 아니함으로 인하여 양심적 병

2019. 12. 31.에 '개정된 병역법'은 제5조 '병역의 종류'에서 제1항 제6호를 신설하여 "6. 대체역: 병역의무자 중 「대한민국헌법」이 보장하는 양심의 자유를 이유로(밑줄－저자) 현역, 보충역 또는 예비역의 복무를 대신하여 병역을 이행하고 있거나 이행할 의무가 있는 사람으로서 「대체역의 편입 및 복무 등에 관한 법률」에 따라 대체역에 편입된 사람"이라고 규정함으로써, 헌법재판소의 헌법불합치결정에 따른 개선입법을 이행하였다.

2019. 12. 31.에 제정된 「대체역의 편입 및 복무 등에 관한 법률」(약칭: 대체역법, 법률 제16851호)은 "「대한민국헌법」이 보장하는 양심의 자유를 이유로(밑줄－저자) 현역, 보충역 또는 예비역의 복무를 대신하여 병역을 이행하기

역거부자들은 최소 1년 6월 이상의 징역형과 그에 따른 공무원 임용 제한 및 해직, 각종 관허업의 특허·허가·인가·면허 등 상실, 인적사항 공개, 전과자에 대한 유·무형의 냉대와 취업곤란 등 막대한 불이익을 감수하여야 한다. 병역종류조항에 대체복무제가 마련되지 아니한 상황에서, 양심적 병역거부자들이 현재의 대법원 판례에 따라 처벌조항에 의하여 형벌을 부과받음으로써 양심에 반하는 행동을 강요받고 있으므로, 이 사건 법률조항은 과잉금지원칙에 위배하여 양심적 병역거부자의 양심의 자유를 침해한다. …헌법재판소는 2004년 입법자에 대하여 국가안보라는 공익의 실현을 확보하면서도 병역거부자의 양심을 보호할 수 있는 대안이 있는지 검토할 것을 권고하였는데, 그로부터 14년이 경과하도록 이에 관한 입법적 진전이 이루어지지 못하였다. 그 사이 국가인권위원회, 국방부, 법무부, 국회 등 국가기관에서 대체복무제 도입을 검토하거나 그 도입을 권고하였으며, 법원에서도 최근 하급심에서 양심적 병역거부에 대해 무죄판결을 선고하는 사례가 증가하고 있다. 이러한 모든 사정을 감안해 볼 때 국가는 이 문제의 해결을 더 이상 미룰 수 없으며, 대체복무제를 도입함으로써 병역종류조항으로 인한 기본권 침해 상황을 제거할 의무가 있다. 다수결을 기본으로 하는 민주주의 의사결정구조에서 다수와 달리 생각하는 이른바 '소수자'들의 소리에 귀를 기울이고 이를 반영하는 것은 관용과 다원성을 핵심으로 하는 민주주의의 참된 정신을 실현하는 길이 될 것이다. …병역종류조항에 대해 단순위헌 결정을 할 경우 병역의 종류와 각 병역의 구체적인 범위에 관한 근거규정이 사라지게 되어 일체의 병역의무를 부과할 수 없게 되므로, 용인하기 어려운 법적 공백이 생기게 된다. 더욱이 입법자는 대체복무제를 형성함에 있어 그 신청절차, 심사주체 및 심사방법, 복무분야, 복무기간 등을 어떻게 설정할지 등에 관하여 광범위한 입법재량을 가진다. 따라서 병역종류조항에 대하여 헌법불합치 결정을 선고하되, 다만 입법자의 개선입법이 이루어질 때까지 계속적용을 명하기로 한다. 입법자는 늦어도 2019. 12. 31.까지는 대체복무제를 도입하는 내용의 개선입법을 이행하여야 하고, 그때까지 개선입법이 이루어지지 않으면 병역종류조항은 2020. 1. 1.부터 효력을 상실한다.

[처벌조항에 대한 판단] 처벌조항은 병역자원의 확보와 병역부담의 형평을 기하고자 하는 것으로 그 입법목적이 정당하고, 형벌로써 병역의무 이행을 강제하는 것은 위 입법목적 달성을 위한 적합한 수단이다. …양심적 병역거부자에 대한 처벌은 대체복무제를 규정하지 아니한 병역종류조항의 입법상 불비와 양심적 병역거부는 처벌조항의 '정당한 사유'에 해당하지 않는다는 법원의 해석이 결합되어 발생한 문제일 뿐, 처벌조항 자체에서 비롯된 문제가 아니다. 이는 병역종류조항에 대한 헌법불합치 결정과 그에 따른 입법부의 개선입법 및 법원의 후속 조치를 통하여 해결될 수 있는 문제이다. …처벌조항은 정당한 사유 없이 병역의무를 거부하는 병역기피자를 처벌하는 조항으로서, 과잉금지원칙을 위반하여 양심적 병역거부자의 양심의 자유를 침해한다고 볼 수는 없다"(헌재 2018. 6. 28, 2011 헌바 379－전원재판부).

위한 대체역의 편입 및 복무 등에 관한 사항을 규정함을 목적"(제1조)으로 하고, 제16조 제1항에서 "「병역법」 제2조 제17호의2에 따른 대체복무요원(이하 "대체복무요원"이라 한다)은 교정시설(밑줄-저자) 등 대통령령으로 정하는 대체복무기관(이하 "대체복무기관"이라 한다)에서 공익에 필요한 업무(이하 "대체업무"라 한다)에 복무하여야 한다"라고 규정함으로써, 양심적 병역거부자의 '대체복무기관 및 대체복무요원의 업무'에 관한 근거 규정을 마련하였다.

대법원도 양심적 병역거부자에 대하여 헌법재판소의 결정을 존중하는 판결로 입장을 변경하였다. 대법원은 2018. 11. 1.에 여호와의 증인 신도인 피고인이 병역을 거부하여 병역법 위반으로 기소된 사안에서 "판결요지: [다수의견] 제반 사정에 비추어 피고인의 입영거부행위는 구 병역법 제88조 제1항에서 정한 '정당한 사유'에 해당할 여지가 있는데도, 이를 심리하지 아니한 채 양심적 병역거부가 정당한 사유에 해당하지 않는다고 보아 유죄를 인정한 원심판결에 법리 오해의 잘못이 있다"고 판시함으로써, 무죄의 취지로 원심을 파기하고 환송하는 판결을 선고하였다(대판 2018. 11. 1, 2016 도 10912-전원합의체).

대법원은 더 나아가 양심적 예비군훈련 거부의 경우에도 2018. 1. 28. 선고 2016 도 10912-전원합의체 판결의 법리에 따라 예비군법 제15조 제9항 제1호에[57] 정한 '정당한 사유'에 해당한다고 판시한 바 있다(대판 2021. 1. 28, 2018 도 4708).

양심적 병역거부행위는 주로 여호와의 증인 신도의 병역법 위반이 문제가 되는데, 대법원은 여호와의 증인 신도가 아닌 사람에게도 상술한 2016 도 10912-전원합의체 판결의 법리를 적용하고 있다. 최근 대법원은 '퀴어 페미니스트'이고 '기독교인'인 피고인의 양심적 병역거부 사건에 있어서 무죄를 선고한 원심(항소심, 의정부지방법원 2020. 11. 26, 2018 노 818) 판결에 대한 검사의 상고를 기각함으로써 피고인의 무죄를 확정했다(대판 2021. 6. 24, 2020 도 17564).

'양심적 병역거부'에 있어서 그 핵심적 관건은 병역거부가 '양심'에 따른 것인가, 아닌가? 그 발현양상으로서 '종교적 신념'에 따른 것인가, 아닌가? 하는 판단이다. 이 논점과 관련하여, 대법원은 "판결요지: 양심에 따른 병역거부,

57) 예비군법 제15조(벌칙) 제9항 "다음 각 호의 어느 하나에 해당하는 사람은 1년 이하의 징역, 1천만원 이하의 벌금, 구류 또는 과료에 처한다. 1. 제6조 제1항에 따른 훈련을 정당한 사유 없이 받지 아니한 사람이나 훈련받을 사람을 대신하여 훈련받은 사람.

이른바 양심적 병역거부는 종교적 · 윤리적 · 도덕적 · 철학적 또는 이와 유사한 동기에서 형성된 양심상 결정을 이유로 집총이나 군사훈련을 수반하는 병역의무의 이행을 거부하는 행위를 말한다. 양심적 병역거부자에게 병역의무의 이행을 일률적으로 강제하고 그 불이행에 대하여 형사처벌 등 제재를 하는 것은 양심의 자유를 비롯한 헌법상 기본권 보장체계와 전체 법질서에 비추어 타당하지 않을 뿐만 아니라 소수자에 대한 관용과 포용이라는 자유민주주의 정신에도 위배된다. 따라서 진정한 양심에 따른 병역거부라면, 이는 병역법 제88조 제1항에서 정한 '정당한 사유'에 해당한다고(밑줄 – 저자) 보아야 한다. 구체적인 병역법 위반 사건에서 피고인이 양심적 병역거부를 주장할 경우, 그 양심이 과연 깊고 확고하며 진실한 것인지를 가려내는 일이 무엇보다 중요하다. 인간의 내면에 있는 양심을 직접 객관적으로 증명할 수는 없으므로 사물의 성질상 양심과 관련성이 있는 간접사실 또는 정황사실을 증명하는 방법으로 판단하여야 한다. 예컨대 종교적 신념에 따른 양심적 병역거부 주장에 대해서는 종교의 구체적 교리가 어떠한지, 그 교리가 양심적 병역거부를 명하고 있는지, 실제로 신도들이 양심을 이유로 병역을 거부하고 있는지, 그 종교가 피고인을 정식 신도로 인정하고 있는지, 피고인이 교리 일반을 숙지하고 철저히 따르고 있는지, 피고인이 주장하는 양심적 병역거부가 오로지 또는 주로 그 교리에 따른 것인지, 피고인이 종교를 신봉하게 된 동기와 경위, 만일 피고인이 개종을 한 것이라면 그 이유와 경위, 피고인의 신앙기간과 실제 종교적 활동 등이 주요한 판단요소가 될 것이다. 피고인이 주장하는 양심과 동일한 양심을 가진 사람들이 이미 양심적 병역거부를 이유로 실형을 선고받아 복역하는 사례가 반복되었다는 등의 사정은 적극적인 고려요소가 될 수 있다. 그리고 위와 같은 판단 과정에서 피고인의 가정환경, 성장과정, 학교생활, 사회경험 등 전반적인 삶의 모습도 아울러 살펴볼 필요가 있다. 깊고 확고하며 진실한 양심은 그 사람의 삶 전체를 통하여 형성되고, 또한 어떤 형태로든 그 사람의 실제 삶으로 표출되었을 것이기 때문이다.

정당한 사유가 없다는 사실은 범죄구성요건이므로 검사가 증명하여야 한다. 다만 진정한 양심의 부존재를 증명한다는 것은 마치 특정되지 않은 기간과 공간에서 구체화되지 않은 사실의 부존재를 증명하는 것과 유사하다. 위와 같은 불명확한 사실의 부존재를 증명하는 것은 사회통념상 불가능한 반면 그 존재를 주장·증명하는 것이 좀 더 쉬우므로, 이러한 사정은 검사가 증명책임을 다하였는지를 판단할 때 고려해야 한다. 따라서 양심적 병역거부를 주장하는 피고인은 자신의 병역거부가 그에 따라 행동하지 않고서는 인격적 존재가치가 파멸되고 말 것이라는 절박하고 구체적인 양심에 따른 것이며 그 양심이 깊고 확고하며 진실한 것이라는 사실의 존재를 수긍할 만한 소명자료를 제시하고, 검사는 제시된 자료의 신빙성을 탄핵하는 방법으로 진정한 양심의 부존재를 증명할 수 있다. 이때 병역거부자가 제시하여야 할 소명자료는 적어도 검사가 그에 기초하여 정당한 사유가 없다는 것을 증명하는 것이 가능할 정도로 구체성을 갖추어야 한다"라고 판시하고 있다(대판 2020. 9. 3, 2020 도 8055; 그 외 대판 2020. 7. 9, 2019 도 17322 참조).

위법성의 인식은 행위자가 아무런 행위도 하지 않으면서 머릿속에서만 공동체의 법질서를 위반하고자 하는 의사가 아니고, 구성요건에 해당하는 구체적인 행위가 전체 법질서에 반한다고 하는 인식이므로 위반한 형벌규정의 '특수한' 불법내용이 항상 위법성인식의 발단소지가 된다는 점에 유의해야 한다. 이러한 견지에서 볼 때 수개의 행위로써 수개의 구성요건을 실현한 실체적 경합에서는 물론이고 하나의 행위가 수개의 구성요건을 실현한 상상적 경합에 있어서도 위법성인식의 존부는 실현된 개개의 구성요건에 따라 분리해서 판단될 수 있다(위법성인식의 분리가능의 원칙). 예컨대 13세 미만의 여자를 강제추행한 행위에 있어서 강제추행(형법 제298조)에 대한 위법성의 인식은 있으나 13세 미만자추행(제305조)에 대한 위법성의 인식은 없는 경우에 그러하다.

위법성의 인식은 구성요건에 해당하는 객관적 사실에 대한 인식, 즉 구성요건적 고의와는 구별하여야 한다(예컨대 자신이 값싸게 구입하는 물건이 장물(贓物)이라는 인식은 구성요건적 고의에 속하고, 장물의 구입을 법질서가 금지하고 있다는 인식은 위법성의 인식에 속한다). 구성요건적 고의는 '지각(知覺)'의 차원에 속하는 인간의 인식작용임에 반하여, 위법성의 인식은 행위정황을 인식한 후에 '평가' 또는 '양심'의 차원에서 환기되는 인간의 규범의식이다. 위법성을 인식하고서도 행위에 나아감으로써 공동체의 법질서에 대한 행위자의 '심정반가치'(Gesinnungsunwert)가 드러나게 되고, 행위자에 대한 책임비난이 가해지게 된다.

2. 위법성의 인식의 태양

(1) 위법성의 확정적 인식과 미필적 인식

행위자가 살인·방화·강도와 같이 핵심형법에 속하는 범죄를 저지르는 경우에는 위법성을 '분명히' 인식하는 것이 대부분이다(위법성의 확정적 인식). 그러나 조세범·교통사범과 같이 행정형법에 속하는 범죄에 있어서는 위법성에 대한 확실한 인식보다는 법질서에 반할 '가능성'을 행위자가 인용함으로써 족할 것이기 때문에 이른바 위법성의 '미필적'(bedingt) 인식도 인정된다.

(2) 위법성의 현실적 인식과 잠재적 인식

위법성의 인식은 '현실적으로' 존재하는 경우가 많다(위법성의 '현실적' 인식). 이는 특히 범죄가 장기간 치밀하게 준비·수행된 경우에 그러하다. 그러나 '격정범'에서와 같이 위법성이 행위자의 머릿속에 표상되지 아니하고 심층에 잠재되어 있는 경우에도 위법성의 인식은 존재한다고 보아야 할 것이다(위법성의 '잠재적' 인식).[58]

Ⅱ. 위법성의 착오의 의의와 태양

1. 위법성의 착오의 의의

'위법성의 착오' 또는 '금지의 착오'라 함은 위법성인식의 반면(反面)을 이루는 것으로서, "행위자에게 위법성의 인식이 결여된 경우"를 의미한다. 이 때 행위자는 자신이 무엇을 하고 있는지는 알고 있으나 그 행하는 바가 금지되어 있지 아니하고 법적으로 허용되는 것으로 잘못 생각하고 있는 사태가 발생한다.

한편 자신이 무엇을 행하고 있는가 하는 것에 대한 인식은 구성요건의 객관적 요소로 기술되어 있는 것을 대상으로 하기 때문에 이에 관한 착오는 '구성요건적 착오'가 된다. 따라서 종래의 용어법인 '사실의 착오'와 '법률의 착오'는 '구성요건적 착오'와 '위법성의 착오'(금지의 착오)로 대치됨이 타당하다.

그 밖에 법률상 죄가 되지 않는 행위, 예컨대 동성애행위를 죄가 된다고 믿고서 행한 '환각범' 또는 '오상범'은 이른바 '반전된'(umgekehrt) 위법성의 착

---

58) 김성돈, 367면; 박상기, 236면; 배종대, 447면; 성낙현, 361면; 손동권, 289면; 손해목, 615면; 오영근, 445면; 이재상, 322면; 이형국, 196면; 진/이, 435면.

오로서, 이 경우에는 구성요건 자체가 존재하지 아니하므로 환각범은 범죄가 아니다.

2. 위법성의 착오의 태양

위법성의 착오는 여러 가지 사유에서 발생할 수 있다. 그 사유에 따라 위법성의 착오는 다음과 같이 나누어진다.

(1) 직접적 착오

위법성의 '직접적' 착오는 행위자가 ① 금지규범 그 자체를 모르거나(법의 부지), ② 금지규범의 존재 자체는 알고 있지만 그 규범이 무효라고 잘못 생각하는 '효력의 착오' 또는 그 규범을 잘못 해석함으로써 적용범위를 잘못 판단하는 '포섭의 착오'를[59][60] 일으킨 결과(법의 오인), 자신의 행위가 법적으로 허용

59) '포섭의 착오'의 예로서는 구 미성년자보호법 제6조 위반에 있어서 고등학교를 졸업한 18세 이상 20세 미만자는 동조의 적용대상이 되지 않는다고 판단한 경우를 들 수 있다. 관련판례로서 "유흥접객업소의 업주가 경찰당국의 단속대상에서 제외되어 있는 만 18세 이상의 고등학생이 아닌 미성년자는 출입이 허용되는 것으로 알고 있었더라도 이는 미성년자보호법규정을 알지 못한 법률의 부지(不知)에 해당하고 특히 법령에 의하여 허용된 행위로서 죄가 되지 않는다고 적극적으로 그릇 인정한 경우는 아니므로 비록 경찰당국이 단속대상에서 제외하였다 하여 이를 법률의 착오에 기인한 행위라고 할 수는 없다"고 한 것(**대판** 1985. 4. 9, 85 **도** 25)이 있다. 미성년자보호법은 청소년보호법 부칙 제3조에 의하여 폐지되었다. 청소년보호법은 제2조 제1호에서 청소년을 19세 미만자로 정의하고 있다. 한편 청소년의 연령과 관련된 포섭의 착오에 있어서 형법 제16조의 정당한 이유가 있는 경우에 해당한다고 긍정한 판결로는 "원심은, 가사 18세 이상 19세 미만의 사람을 비디오감상실에 출입시킨 업주는 법(청소년보호법)에 의한 형사처벌의 대상이 된다고 하더라도, 구 음반・비디오물및게임물에관한법률과 그 시행령 규정의 반대해석을 통하여 18세 이상 청소년에 대하여는 출입금지 의무가 없는 것으로 오인될 가능성이 충분하고, 법 시행령 제19조가 이러한 가능성을 더욱 부추겨 마치 법에 의하여 부과된 "18세 이상 19세 미만의 청소년에 대한 출입금지 의무"가 다시 법 시행령 제19조와 위 음반등법 및 그 시행령의 연관해석을 통해 면제될 수 있을 것 같은 외관을 제시함에 따라, 실제로 개정된 법이 시행된 후에도 이 사건 비디오물감상실의 관할부서(대구 중구청 문화관광과)는 업주들을 상대로 실시한 교육과정을 통하여 종전과 마찬가지로 음반등법 및 그 시행령에서 규정한 '만 18세 미만의 연소자' 출입금지표시를 업소출입구에 부착하라고 행정지도를 하였을 뿐 법에서 금지하고 있는 '만 18세 이상 19세 미만'의 청소년 출입문제에 관하여는 특별한 언급을 하지 않았고, 이로 인하여 피고인을 비롯한 비디오물감상실 업주들은 여전히 출입금지대상이 음반등법 및 그 시행령에서 규정하고 있는 '18세 미만의 연소자'에 한정되는 것으로 인식하였던 것으로 보여지는바, 사정이 위와 같다면 피고인이 자신의 비디오물감상실에 18세 이상 19세 미만의 청소년을 출입시킨 행위가 관련 법률에 의하여 허용된다고 믿었고, 그렇게 믿었던 것에 대하여 정당한 이유가 있는 경우에 해당한다"(**대판** 2002. 5. 17, 2001 **도** 4077).

60) 부동산중개업자가 아파트 분양권의 매매를 중개하면서 중개수수료 산정에 관한 지방자치단체의 조례를 잘못 해석하여 법에서 허용하는 금액을 초과한 중개수수료를 수수한 경우가 정당한 이유가 있는 포섭의 착오에 해당하지 않는 것으로 본 판례로는 "피고인이 이 사건 아파트 분양권의 매매를 중개할 당시 '일반주택'이 아닌 '일반주택을 제외한 중개대상물'을 중개하는 것이

된다고 생각한 경우에 발생한다.

(2) 간접적 착오

위법성의 '간접적' 착오란 행위가 일반적으로 금지된다는 것을 행위자가 알고 있었으나 구체적인 경우에 '위법성조각사유'가 개입한다고 잘못 생각한 경우이다. 여기에는 법에 인정되지 아니한 위법성조각사유를 존재하는 것으로 행위자가 오신하는 위법성조각사유의 '존재'에 관한 착오(허용규범의 착오)와[61] 위법성조각사유의 법적 한계를 오인하는 위법성조각사유의 '한계'에 관한 착오(허용한계의 착오)가[62] 있다. 위법성의 간접적 착오와 구별해야 할 것은 오상방위의 경우처럼 위법성조각사유의 전제사실에 관한 착오(허용구성요건의 착오)이다.

Ⅲ. 위법성인식과 그 착오의 체계적 지위 및 효과

1. 개 설

구성요건요소는 법률에 기술된 가벌조건으로서 형벌효과와 결부되어 있다. 그리고 고의는 이 구성요건요소를 인식대상으로 하고 있다. 한편 위법성은 가벌조건이기는 하지만 구성요건요소는 아니다. 여기에 구성요건요소 이외에 위법성까지도 고의의 대상으로 볼 것인가 하는 문제, 위법성의 인식을 고의의 내용으로 파악할 것인가 하는 문제가 제기되는데, 이를 긍정하는 것이 '고의설'이고, 이를 부정하면서 위법성의 인식을 고의와는 별개의 독자적인 책임요소로 파악하는 것이 '책임설'이다. 위법성의 착오가 있을 때 고의설에 의하면 고의가 부정되지만, 책임설에 의하면 고의는 그대로 인정되고 단지 비난가능성으로서의 책임이 조각될 수 있을 뿐이다. 우리 대법원은 1970년대까지는 고의의 성립에 위법성의 인식이 필요하다는 고의설의 입장을 따르고 있었

어서 교부받은 수수료가 법에서 허용되는 범위 내의 것으로 믿고 이 사건 위반행위에 이르게 되었다고 하더라도 그러한 사정만으로는 자신의 행위가 법령에 저촉되지 않는 것으로 오인함에 정당한 사유가 있는 경우에 해당한다거나 피고인에게 범의가 없었다고 볼 수는 없다"(**대판** 2005. 2. 27, 2004 도 62).

61) 예컨대 남편이 부인에게 온 편지를 무단히 뜯어 보면서 사회상규상 그러한 권한이 있다고 믿는다든가, 환자의 동의가 없어도 의사는 수술할 직업상의 권한이 있다고 믿는 경우.

62) 예컨대 사인이 현행범인을 체포하면서 이를 위해서는 타인의 주거에 침입하는 행위까지도 허용된다고 생각하든가, 절도범에 대한 살해행위까지 정당방위로서 허용된다고 믿는 경우.

으나,[63] 그 후의 판결은 표현이 명확하지 않아서 어느 입장에 선 것인지를 판단하기 곤란하다.

그리고 고의설과 책임설의 철저한 적용을 지양하고 특히 실무상 중요한 위법성조각사유의 착오를 타당하게 해결하기 위하여 '제한고의설'과 '제한책임설'이 주장되고 있어서 위법성인식의 체계적 지위에 관한 학자들의 견해는 다양하게 대립하고 있는 양상이다. 학설사상으로는 위법성의 인식이 범죄성립에 불필요하다고 하여 무시하고자 하는 주장을 먼저 살펴볼 가치가 있다.

2. 위법성인식불요설

현재 지지자는 없지만 과거 독일의 제국법원(Reichsgericht)이 채택하였던 견해가 위법성인식불(필)요설이다.[64] 이 학설은 범죄의 성립에 위법성의 인식이 전혀 필요하지 않다고 한다. 따라서 위법성의 인식은 고의의 내용이 되지도 못할 뿐더러－이 때 고의는 구성요건의 객관적 요소에 해당하는 사실에 대한 인식·인용만으로 성립하게 된다－고의와는 독립한 별개의 책임요소가 되지도 못한다. 이러한 주장의 논거는 "법의 부지(不知)는 해(害)가 된다"(ignorantia juris nocet) 또는 "법률의 부지는 면책되지 아니한다"(ignorantia legisneminem excusat)라는 법언에서 표현되는 로마법상의 전통에 서서, 국가는 수범자측이 위법성을 인식했느냐의 여부를 묻지 않고 형벌법규를 강행해야 한다는 사상이다.

그러나 이 학설은, 위법성의 인식이 전적으로 결여되어 위법에로의 행위동기를 저지하는 반대동기의 형성가능성이 전혀 없었던 행위자를 비난할 수 없음에도 불구하고 이를 처벌함으로써 국가의 이익만을 관철하고자 하는 것이며, 법의 의사결정규범으로서의 기능을 완전히 도외시한다는 점에서 비판을 받고 있다.

---

63) "임산물단속에 관한 법률(폐지) 제7조 위반의 범죄로 성립되려면 그 범의에 있어서 허가권자의 허가없이 벌채한다는 인식만으로는 부족하고 그 벌채행위가 산림보호를 해한다는 위법성에 관한 인식까지를 필요로 한다 할 것이고, 동법과 같은 행정형벌법규의 부지는 특별한 사정이 없는 한 동 법규에 위반된 범죄행위의 범의를 조각한다고 할 것이다"(**대판 1978. 1. 31, 77 도 3332**. 同旨, 대판 1974. 11. 22, 74 도 2676; 1970. 9. 22, 70 도 1206).

64) RG 2/269; 8/183; 20/394; 53/85; 62/297 등. 좀더 자세히 언급하자면, 독일제국법원은 착오를 사실의 착오(error facti)와 법의 착오(error juris)로 나누고, 또 법의 착오를 형법의 착오와 비(非)형법의 착오로 구분한 후에, 비(非)형법의 착오는 사실의 착오와 동일시하여 고의의 성립을 배제할 수 있다고 보았으나 형법의 착오에는 아무런 의미를 부여하지 않았다.

3. 엄격고의설

엄격고의설은 앞의 위법성인식불요설에 대하여 정반대의 입장에 서서, 범죄의 성립에 위법성의 인식이 불가결하다는 「위법성인식필요설」을 주장하면서, 동시에 범죄체계론과 관련하여 위법성의 인식을 '고의의 성립요소'로 파악하는 점에 특징이 있다.[65]

위법성의 인식을 도외시하는 것은 형법의 도덕적 성격을 상실케 하며 책임없는 형벌을 가져올 우려가 있으므로 위법성인식의 단순한 가능성만으로는 부족하고 위법성의 '현실적인' 인식, 즉 실제로 존재하고 구체적으로 증명가능한 인식이 구비될 것을 요구하는 점에 있어서 '엄격한' 고의설이다. 따라서 고의가 성립하기 위해서는 구성요건의 객관적 요소에 해당하는 사실에 대한 인식과 인용 이외에 위법성의 현실적 인식이 필요하다. 위법성의 착오가 있어서 위법성의 현실적인 인식이 결여된다면 고의범의 성립은 부정되고, 다만 그 착오에 과실이 있고(이른바 법의 과실) 과실범의 처벌규정이 있는 경우에 한하여 과실범이 성립할 뿐이다. 만일 행위자에게 위법성의 착오가 있지만 그 착오에 과실이 없거나 과실이 있다고 하더라도 과실범의 처벌규정이 없다면 행위자를 전혀 처벌할 수 없게 된다. 결국 이 학설에 의하면 위법성의 착오와 구성요건적 착오는 동일시되는 셈이다.

'도의적 책임론'을 철저히 관철하고자 하는 엄격고의설은 ① 객관적 구성요건에 해당하는 사실의 인식이라고 하는 심리적·지각적 차원과 행위의 불법여부를 통찰하는 평가적·규범적 차원을 동일선상에 놓고 모두 고의의 내용으로 파악하는 점에서 체계구성의 혼란을 내포하고 있으며, ② 위법성의 현실적인 인식이 결여되는 수가 많은 상습범 또는 격정범을 고의범으로 처벌할 수 없을 뿐만 아니라 더욱이 과실범 처벌규정조차 없는 경우에는 이들을 전혀 처벌할 수 없게 되므로 형사정책상으로도 큰 결함을 보이고 있다.

4. 제한고의설

제한고의설은 위법성의 인식을 고의의 성립요소로 파악하는 점에 있어서

---

65) 이 학설의 지지자로서는 Binding, Nagler, Schröder, Sauer, Baumann, Schmidhäuser 등을 꼽을 수 있다.

는 엄격고의설과 같으나, 위법성의 착오가 있을 때 처벌의 부당한 흠결을 가져오는 엄격고의설의 단점을 시정하고자, 엄격하게 위법성의 현실적인 인식을 요구하지는 않고 위법성인식의 '가능성'만으로도 고의가 성립한다는 견해이다(이러한 점에서 '위법성인식가능성설'이라고도 할 수 있다). 따라서 위법성의 착오가 있다고 하더라도 위법성의 인식가능성이 있었다면－달리 표현하자면 그 착오의 회피가능성이 있었다면－고의범으로 처벌이 가능하고, 그 가능성조차 없었다면 과실범으로도 처벌되지 않게 된다.

결국 제한고의설은 위법성착오의 회피가능성이라는 과실적 요소를 고의와 동치(同置)시키는 잘못을 범하기 때문에, 이를 구제하고자 메츠거(Mezger) 같은 학자는 아주 높은 강도의 회피가능성만을 고의의 선상에 놓고 있다.

메츠거에 의하면, 회피가능한 위법성의 착오가 있을 때 행위자의 '법적대성'(法敵對性, Rechtsfeindschaft) 또는 '법맹목성'(法盲目性, Rechtsblindheit)－법과 불법에 대한 잘못된 파악에 근거하여 건전한 견해와 불일치하는 태도－이 보인다면 고의로 행위한 것"처럼"(als ob) 처벌해야 한다고 주장한다(메츠거의 법적대성이론).[66] 그리고 회피가 가능하지만 법적대성이 없는 위법성의 착오시에는 과실범이 성립될 수 있다고 한다. 여기에는 법적대성이라는 개념이 너무 모호하기 때문에 실제로 적용하기 어렵다는 비판이 강하게 제기되고 있다.

5. 엄격책임설

엄격책임설[67]이나 후술할 제한책임설이나 모두 '책임설'이라는 범주에서 보이고 있는 공통점은 위법성의 인식을 고의의 성립요소가 아니라 고의와는 별개의 '독자적인 책임요소'로 파악하는 점에 있다. 고의는 구성요건의 주관적 측면으로서 행위의 조종적 인자에 속한다. 그러므로 고의에 대하여는 규범각성이라고 하는 인간의 평가기능에 속하는 위법성의 인식과는 별개의 체계적 지위가 부여됨이 마땅하다. 즉 고의는 구성요건의 객관적 요소에 해당하는 사실을 인식·인용하는 것만으로 성립한다('구성요건적' 고의). 한편 위법성의 인식은 책임의 구성요소로서 자신의 행위가 허용되는가를 인식할 '가능성'에 대한 판단이다. 여기에서 위법성인식가능성의 판단은 규범적 책임론의 핵심인 '비

66) E. Mezger, "Rechtsirrtum und Rechtsblindheit", Kohlrausch-Festschrift, 1944, S. 180 ff.
67) 권오걸, 342면; 김성돈, 382면; 김종원, "정당화사정의 착오에 관한 一考察", 고시연구, 1993. 8, 20면; 오영근, 451면; 정/박, 349면.

난가능성'의 판단문제로 귀착된다. 이러한 관점에서 보자면 위법성의 인식을 고의와는 별개의 책임요소로 파악하는 책임설의 입장이 보다 더 '체계적'이다.

책임설에 의하면, 위법성의 착오는 고의를 배제하지는 못하고 경우에 따라 책임을 조각할 수 있게 된다. 즉 행위자가 위법성의 착오를 회피할 수 없었다면 행위자를 비난할 수 없기 때문에 책임이 탈락하게 된다. 이에 반하여 위법성의 착오를 회피할 수 있었다면 행위자에 대하여 '고의범'으로서의 책임비난이 긍정되고, 비난의 정도에 따라 형법 제53조에 의한 형의 임의적 감경이 가능하다(책임감경). 독일형법 제17조는 책임설에 입각하여 금지착오를 규정하고 있으며, 특히 회피가능한 금지착오에 대하여 형의 임의적 감경을 명시하고 있다.

엄격책임설이 제한책임설과 다른 점은 위법성조각사유의 전제사실에 관한 착오를 위법성의 착오에 속한다고 주장하는 데에 있다. 이 주장에 따르면 위법성조각사유의 전제사실에 관한 착오를 회피할 수 없었으면 책임이 조각되지만, 그 착오를 회피할 수 있었으면 고의범이 성립하되 단지 형을 감경할 수 있게 된다.

엄격책임설은 범죄구성3단계론에 충실하고자 하는 견해로서, 위법성조각사유는 구성요건해당성이 아니라 위법성만을 배제하는 것이며, 따라서 위법성조각사유의 전제사실에 관한 착오에 의하여 부정되는 것은 구성요건적 고의가 아니라 위법성의 인식일 뿐이라는 것이다.

그러나 위법성조각사유의 전제사실에 관한 착오는 행위정황에 대하여 착오를 일으키고 있는 것이므로 행위자는 '지각'의 결함을 보이는 것임에 반하여 위법성의 착오는 행위자가 '규범평가'의 결함을 보이고 있는 것이기 때문에 양자를 동일시하는 엄격책임설의 부당함이 드러난다. 그리고 엄격책임설은 체계논리에 집착한 결과, 위법성조각사유의 전제사실에 관한 회피가능한 착오가 있은 경우에 비록 형의 감경이 가능하기는 하지만 '고의범'을 인정하는 점에 있어서 일반인의 법감정 내지 정의감에 반한다는 비판이 제기되고 있다.

6. 제한책임설

제한책임설[68]은 위법성의 인식과 그 착오에 대한 취급에 있어서는 엄격책

---

68) 강동범, "위법성조각사유의 전제사실의 착오", 고시계, 1997. 3, 84면; 김/김, 424면; 김신

임설과 동일하지만, 위법성조각사유의 전제사실에 관한 착오의 취급에 있어서 차이가 난다. 제한책임설의 특징은, 위법성조각사유의 전제사실에 관한 착오는 비록 구성요건적 착오로 간주되지는 않지만 형법 제13조가 유추적용되어 과실범으로서 처벌된다고 주장함으로써, 그 결과(법률효과)에 있어서는 구성요건적 착오와 동일하게 취급하는 점에 있다.

그 이론구성에 있어서는 ① 위법성조각사유의 전제사실에 관한 주관적 인식에 착오가 있을 때에는 고의범으로서의 행위반가치가 탈락한다고 하거나, ② 고의의 이중적 지위를 인정하여 위법성조각사유의 전제사실에 관한 착오가 있을 때 구성요건적 고의는 그대로 인정되지만 책임형식으로서의 고의가 부정된다고 한다(법률효과제한책임설).

그러나 이 학설은 위법성조각사유의 전제사실에 관한 회피가능한 착오를 과실범으로 처벌하는 까닭에 실정법상 과실범의 처벌규정이 없는 경우 처벌의 부당한 흠결이 발생한다는 점이 가장 큰 결함으로 지적되고 있다. 위법성조각사유의 전제사실에 관한 착오의 문제는 다음 절에서 상술하기로 한다.

7. 위법성인식의 추정

구성요건에 해당하는 사실을 인식·인용하고 행위하는 책임능력자는 보통 자신의 행위가 위법하다는 것을 알고 있다. 구성요건은 행위의 위법함을 경고 내지 환기하는 기능이 있기 때문에, 특별한 사정이 없는 한 고의를 갖춘 행위자에게 위법성의 인식까지도 존재하는 것으로 추정된다. 그러므로 판결에 있어서 법원은 일반적으로 위법성인식의 존부에 관하여 명시할 필요는 없고, 단지 ① 피고인이 위법성의 착오를 주장한 경우, ② 피고인이 외국인이거나 위반규범이 핵심형법에 속하지 않든지 그 해석이 모호한 까닭에 위법성의 인식이 자명하지 않은 경우, ③ 피고인이 위법성조각사유가 개입했다고 믿은 경우 등과 같이 위법성의 인식에 대한 합리적인 의심이 발생할 때에만 법원의 판단이 필요하다고 하겠다.[69]

규, 391면; 김/서, 290면; 박상기, 252면; 배종대, 455면; 손해목, 560면; 신동운, 422면; 이재상, 334면; 이형국, 198면; 정영일, 305면; 정/신, 240면; 진/이, 439면.

69) Jescheck, AT, S. 410.

Ⅳ. 위법성착오의 회피가능성

행위자에게 위법성의 착오가 있었다고 하더라도 곧바로 책임이 조각되는 것은 아니고, 그 착오를 회피할 수 있었느냐 없었느냐 하는 「회피가능성」(回避可能性, Vermeidbarkeit)에 의하여 책임조각이 좌우되기 때문에 그 내용에 대한 상세한 고찰이 있어야 한다.

위법성의 인식을 독자적인 책임요소로 파악하는 책임설의 입장에서 보자면, 위법성착오의 회피가능성은 궁극적으로 행위자에 대한 '비난가능성'(非難可能性)의 문제로 치환할 수 있다. 비난가능성의 관점에서 고찰해 보자면, 회피가능성의 판단은 행위자의 심리적 정황에 대한 단순한 사실확인작업이 아니라 위법성의 착오를 회피해야 한다는 당위의 관점에서 내려질 '규범판단'의 문제라는 점이 강조된다(규범적 책임론).

독일연방법원은 위법성의 착오를 회피하기 위하여 행위자가 적어도 '양심을 긴장시킬 것'을 요구하고 있다.[70] 양심을 긴장시켜야 할 정도는 행위정황과 각 개인의 생활권 및 직업권 그리고 행위자의 개인적 능력을 고려해서 정해진다.[71] 이 때 행위자는 모든 정신적 인식능력을 사용하고, 의문이 생기면 숙고하며 필요에 따라 전문지식을 갖춘 신뢰할 만한 곳에 자문을 구하여 그 의문을 해소해야 한다. 위법성의 인식에 있어서 행위자에게 요구되는 수준은 과실범에 있어서의 주의의무보다 더 엄격하다고 말할 수 있다.[72] 그러나 양심의 긴

---

70) BGH 2/201; 3/366 등.

71) "형법 제16조에서 자기가 행한 행위가 법령에 의하여 죄가 되지 아니한 것으로 오인한 행위는 그 오인에 정당한 이유가 있는 때에 한하여 벌하지 아니한다고 규정하고 있는 것은 일반적으로 범죄가 되는 경우이지만 자기의 특수한 경우에는 법령에 의하여 허용된 행위로서 죄가 되지 아니한다고 그릇 인식하고 그와 같이 그릇 인식함에 정당한 이유가 있는 경우에는 벌하지 아니한다는 취지이다. 그리고 이러한 정당한 이유가 있는지 여부는 행위자에게 자기 행위의 위법의 가능성에 대해 심사숙고하거나 조회할 수 있는 계기가 있어 자신의 지적 능력을 다하여 이를 회피하기 위한 진지한 노력을 다하였더라면 스스로의 행위에 대하여 위법성을 인식할 수 있는 가능성이 있었음에도 이를 다하지 못한 결과 자기 행위의 위법성을 인식하지 못한 것인지 여부에 따라 판단하여야 할 것이고, 이러한 위법성의 인식에 필요한 노력의 정도는 구체적인 행위정황과 행위자 개인의 인식능력 그리고 행위자가 속한 사회집단에 따라 달리 평가되어야 한다"(**대판 2006. 3. 24, 2005 도 3717**).

72) 권오걸, 333면; 김/서, 402-3면. BGH 4/237; 21/20. Schönke/Schröder/Cramer, StGB, §17 Rn. 14; Maurach/Zipf, AT 1. Bd., S. 515 ; Eser, Strafrecht Ⅰ, S. 149. 과실범에서의 주의

장만으로는 충분치 못하기 때문에—달리 표현하자면 양심적이라는 것만으로 준법의식이 생기는 것은 아니기 때문에[73]—행위자는 모든 '지적' 인식능력을 사용하여 필요한 경우에는 자신의 신념을 누르고 공동체의 가치관 내지 법률관에 맞추어 행동해야 한다. 이러한 관점에서 확신범의 유책성을 설명할 수 있다.

위법성의 착오는 대체로 '지적'(intellektuell) 활동의 결함에서 비롯되는 것이라고 말할 수 있다. 그러므로 각 개인은 사회생활상의 일반적 영역에 속하거나 또는 직업상의 특별한 생활영역에 속하거나 간에 자신의 행위의 적법 여부를 의심할 만한 계기가 생긴다면, 관계될 금지규범을 알아보아야 할 「문의의무」(Erkundigungspflicht) 내지 「조사의무」가 있다.[74] 이 때 그 의무는 각 개인의 '생활권'과 '직업권'을 고려해야 한다. 예컨대 약사, 건축사 등은 직업수행과 관련된 규정들, 즉 약사법, 약사법시행령, 건축법, 건축법시행령 등을 부단히 파악하고 있을 의무가 있다. 법률전문가가 아닌 사람은 의문이 들 때 자신의 판단에 의지할 것이 아니라 필요한 정보를 얻도록 해야 한다. 이 때 '문의처의 선정'도 문의의무의 내용에 속한다. 예컨대 세법관련사항을 경찰서에 문의해서는 안될 것이다. 그러나 자격있는 법률전문가나 전문기구, 관할관청에 상세히 문의했다면 비록 잘못된 회답에 따랐다고 하더라도 필요한 문의의무를 이행한 것이 된다. 변호사의 자문에 따른 경우도 그 한 예가 될 것이다.

새로운 법률의 해석에 있어서도 위법성의 착오가 발생할 수 있다. 법률문언으로부터 형벌규정의 의미가 명백히 드러나고 행위자가 해석의 가능한 테두리를 벗어나지 않은 경우에는 위법성의 착오가 문제되지 않을 것이다. 논의의 중심은 행위자가 법률해석에 관한 '법원의 판결'을 어느 정도 신뢰할 수 있는가에 있다. 원칙론을 말하자면, 행위시의 판례가 불가벌로 해석하고 있었고 행위자가 이를 신뢰하였던 경우, 법원이 판례를 변경하고자 하더라도 행위자에게 책임을 물을 수는 없다고 보아야 한다. 법원의 판례변경에 있어서 비록

의무와 그 정도가 같다는 견해로는 배종대, 456면; 이재상, 336면; 정/박, 340면; Jescheck, AT, S. 412.

73) 양심적이고 선량한 사람, 즉 법 없이도 살 사람이라고 하더라도 법에 '무지(無知)'한 경우에는 법의 무지를 보완해서 법의 '부지'—위법성의 착오—를 회피할 의무가 있는 것이 현대생활이다.

74) 박상기, 242면; 신동운, 408면; 이재상, 337면; 이형국, 202면.

소급효금지의 원칙은 적용되지 않지만, 기존의 판례와 부합하는 법률해석을 한 행위자를 비난할 수 없음은 당연하고 법적 안정성의 관점에서도 행위자는 보호되어야 할 것이기 때문이다. 이러한 원칙은 행위자가 기존의 판례를 모르고 있었던 경우에도 타당하다. 왜냐하면 행위자의 문의가 있었다고 하더라도 위법성의 착오는 제거되지 않았을 것이고 문의와 착오 사이의 인과관계의 결여를 이유로 하여 행위자에 대한 책임비난은 불가능할 것이기 때문이다. 어떤 법률을 위헌무효로 판단한 헌법재판소의 심판을 신뢰한 경우에도 마찬가지라고 하겠다.

서로 모순되는 판결이 있는 경우에는 행위자가 상급법원의 판결 또는 동급법원 사이에 있어서는 최근의 판결을 신뢰하였다면 위법성의 착오는 회피불가능했다고 보아야 한다. 법률전문가가 아닌 사람의 관점에서 보자면 상급법원의 견해나 최근의 판결이 유권적일 것이기 때문이다. 만일 여러 상급법원의 견해가 분분하고 마지막에 어느 쪽으로 확정력이 발생할 것인지 또는 어느 쪽으로 최고심의 판결이 내려질 것인가가 예측불가능한 경우에는 '기대가능성'의 문제－즉 행위자는 법원의 견해가 확실해질 때까지 금지될지도 모를 행위를 유보하고 있어야 하는가 하는 문제－가 된다고 하겠다. 이 때 행위자는 자신에게 유리한 법원의 견해를 일방적으로 신뢰해서는 안될 것이다.

행위자가 문의의무를 이행하지 않은 것과 위법성의 착오 사이에는 '인과관계'가 존재해야 한다. 만일 관할관청에 문의했다고 하더라도 틀린 회답이 주어졌을 것이라면, 문의의무의 불이행과 착오 사이에 인과관계는 부정되어 위법성의 착오는 회피불가능한 것으로 보아야 한다. 또 문의에 대한 회답이 위법성의 인식을 가져왔느냐 하는 점이 확실치 않다면 "의심스러운 때에는 피고인의 이익으로"라는 원칙에 따라야 한다.

V. 형법 제16조의 해석

위법성의 착오에 관하여 제16조는 "자기의 행위가 법령에 의하여 죄가 되지 아니하는 것으로 오인한 행위는 그 오인에 정당한 이유가 있는 때에 한하여 벌하지 아니한다"라고 규정하고 있다. 이 규정은 전술한 학설 중 제한고의설, 엄격책임설, 제한책임설에 의하여 해석이 가능하다. 제16조의 "오인에 정당한 이유가 있는 때에 한하여"라는 문언을, 제한고의설은 "위법성의 인식가능성이 없는 때에 한하여"로 해석하고, 책임설은 "오인을 회피할 수 없는 때에 한하여"로 해석하게 될 것이다.

제16조의 해석을 분설(分說)하자면 다음과 같다.

① "자기의 행위가 법령에 의하여 죄가 되지 아니하는 것으로 오인한 행위"란 "자기의 행위가 위법하지 아니한 것으로 오인한 행위", 즉 "위법성의 착오가 있는 행위"를 의미한다. 달리 표현하자면, "금지되지 않는 것으로 오인한 행위", "허용되는 것으로 오인한 행위", "불법하지 않은 것으로 오인한 행위"를 의미한다. 제16조는 "오인"이라는 표현을 사용하여 '위법성의 오인 내지 법의 오인'으로 인하여 위법성의 인식이 결여된 경우만을 지칭하는 것처럼 보이지만, '위법성의 부지 내지 법의 부지'로 인하여 위법성의 인식이 결여된 경우도 당연히 포함된다(당연해석).[75)]

② 그 오인에 "정당한 이유가 있는 때"란 책임설의 입장에서 그 오인을 "회피할 수 없었을 때"(독일형법 제17조, 스위스형법 제21조)를 의미한다. 따라서 착오의 회피가능성에 관한 전술한 내용이 여기에 그대로 해당한다. 그 오인에 "정당한 이유가 있는 때"라는 표현은 입법례에 따라 그 오인을 "비난할 수 없는 때"(오스트리아 형법 제9조),[76)] "상당한 이유가 있는 때"(1974년 일본 개정형법 초안 제21조 제2항)로 바꾸어 볼 수도 있다.

③ "그 오인에 정당한 이유가 있는 때에 한하여 벌하지 아니한다"라는 것은 "위법성의 착오를 회피할 수 없었을 때에는 책임이 조각되어 벌하지 아니한다"를 의미하고, 이 법문을 반대해석하면 그 오인에 정당한 이유가 "없는 때에는 처벌한다"는 뜻이 된다. 그러나 처벌하는 경우에도 고의범으로 처벌할

---

75) 따라서 법률의 부지를 형법 제16조의 법률의 착오에서 제외시키는 해석을 하고 있는 판례는 부당하다고 하겠다. 예컨대 "형법 제16조가 자기의 행위가 법령에 의하여 죄가 되지 아니한 것으로 오인한 행위는 그 오인에 정당한 이유가 있는 때에 한하여 벌하지 아니한다고 규정한 것은 단순한 법률의 부지의 경우를 말하는 것이 아니고, 일반적으로 범죄가 되는 행위이지만 자기의 특수한 경우에는 법령에 의하여 허용된 행위로서 죄가 되지 아니한다고 그릇 오인하고 그와 같이 그릇 오인함에 있어 정당한 이유가 있는 때에는 벌하지 아니한다는 취지이다"(**대판 1992. 10. 13, 92 도 1267**). 기타 대판 1985. 4. 9, 85 도 25; 1980. 2. 12, 79 도 285 등도 같은 취지이다.

76) 오스트리아형법 제9조 제1항 "법률의 착오로 인하여 행위의 불법을 인식하지 못한 자는 그 착오를 비난할 수 없는 때에는 유책하게 행위한 것이 아니다." 제2항 "행위의 불법을 행위자 및 일반인이 용이하게 인식할 수 있었을 때 또는 행위자가 자기의 직업·업무 기타 사정에 비추어 당해규정을 알아야 할 의무가 있음에도 불구하고 알지 못한 때에는 그 법률의 착오는 비난가능하다."

것인지 또는 과실범으로 처벌할 것인지는 자명하지 않다.

이 문언의 반대해석을 '책임설'에 따라 해 보자면, 그 오인을 회피할 수 "있었을 때"에는 행위자에 대한 비난이 가능하므로 '고의범'으로 처벌한다는 것이 된다. 단지 회피가능한 위법성의 착오는 위법성의 현실적인 인식이 있는 경우보다는 행위자에 대한 비난이 감경－책임감경－될 수 있기 때문에 제53조(작량감경)에 의거하여 형의 임의적 감경이 가능하다.

〈제16조의 '정당한 이유'에 관한 판례〉

ⓐ 오인에 정당한 이유가 있다고 본 판결

㉠ "판결요지: 약사법위반사건－'나'항의 가감삼십전대보초와 한약 가지 수에만 차이가 있는 십전대보초를 제조하고 그 효능에 관하여 광고를 한 사실에 대하여 이전에 검찰의 혐의없음 결정을 받은 적이 있다면, 피고인이 비록 한의사·약사·한약업사의 면허나 의약품판매업 허가가 없이 의약품인 가감삼십전대보초를 '나'항과 같이 판매하였다고 하더라도 자기의 행위가 법령에 의하여 죄가 되지 않는 것으로 믿을 수밖에 없었고, 또 그렇게 오인함에 있어서 정당한 이유가 있는 경우에 해당한다"(**대판** 1995. 8. 25, 95 도 717).

㉡ "판결요지: 건축법·국유재산법위반사건－국유재산을 대부받아 주유소를 경영하는 자가 기사식당과 휴게소가 필요하게 되어 건축허가사무 담당공무원에게 위 국유지상에 건축물을 건축할 수 있는지의 여부를 문의하여, 비록 국유재산이지만 위 국유재산을 불하받을 것이 확실하고 또 만일 건축을 한 뒤에 위 국유재산을 불하받지 못하게 되면 건물을 즉시 철거하겠다는 각서를 제출하면 건축허가가 될 수 있다는 답변을 듣고, 건축사에게 건축물의 설계를 의뢰하여 위와 같은 내용의 각서와 함께 건축허가신청서를 제출하여 건축허가를 받고, 건물을 신축하여 준공검사를 받은 지 1년여 후에 위 국유재산을 매수하였다면, 국유재산법 제24조 제3항에 따라 기부를 전제로 한 시설물의 축조 이외에는 국유지상에 건물을 신축할 수 없는 사실을 알고 있었다 하더라도, 국유지상에 건물을 신축하여 그 국유재산을 사용·수익하는 것이 법령에 의하여 허용되는 것으로 믿었고 또 그렇게 믿을 만한 정당한 이유가 있었다고 볼 수 있다"(**대판** 1993. 10. 12, 93 도 1888).

㉢ "산림법위반사건－행정청의 허가가 있어야 함에도 불구하고 허가를 받지 아니하여 처벌대상의 행위를 한 경우라도, 허가를 담당하는 공무원이 허가를 요하지 않는 것으로 잘못 알려 주어 이를 믿었기 때문에 허가를 받지 아니한 것이라면 허가를 받지 않더라도 죄가 되지 않는 것으로 착오를 일으킨 데 대하여 정당한 이유가 있는 경우에 해당하여 처벌할 수 없다"(**대판** 1992. 5. 22, 91 **도** 2525. 同旨, 대판 1993. 9. 14, 92 도 1560; 1989. 2. 28, 88 도 1141).

㉣ "판결요지: 양곡관리법 · 식품위생법위반사건 — 피고인이 1975. 4. 1.자 서울특별시 공문, 1975. 12. 3.자 동 시의 식품제조허가지침, 동 시의 1976. 3. 29.자 제분업소허가권 일원화에 대한 지침 및 피고인이 가입되어 있는 서울시 식용유협동조합 도봉구 지부의 질의에 대한 도봉구청의 1977. 9. 1.자 질의회신 등의 공문이 곡물을 단순히 볶아서 판매하거나 가공위탁자로부터 제공받은 고추, 참깨, 들깨, 콩 등을 가공할 경우 양곡관리법 및 식품위생법상의 허가대상이 아니라는 취지이어서, 사람들이 물에 씻어 오거나 볶아온 쌀 등을 빻아서 미싯가루를 제조하는 행위에는 별도의 허가를 얻을 필요가 없다고 믿고서 미싯가루 제조행위를 하게 되었다면, 피고인은 자기의 행위가 법령에 의하여 죄가 되지 않는 것으로 오인하였고 또 그렇게 오인함에 어떠한 과실이 있음을 가려낼 수 없어 정당한 이유가 있는 경우에 해당한다"(**대판** 1983. 2. 22, 81 도 2763).

㉤ "판결요지: 변호사법위반사건 — 교통부장관의 허가를 얻어 설립된 사단법인 한국교통사고상담센타의 하부직원이 목적사업인 교통사고 피해자의 위임을 받아 사고 회사와의 사이에 화해의 중재나 알선을 하고 피해자로부터 교통부장관이 승인한 조정수수료를 받은 것은 직무수행상의 행위로서 위법의 인식을 기대하기 어렵다 할 것이고, 적어도 형법 제16조에 이른바 자기의 행위가 법령에 의하여 범죄가 되지 아니하는 것으로 오인한 행위로서 그 오인에 정당한 이유가 있는 경우라고 봄이 상당하다"(**대판** 1975. 3. 25, 74 도 2882).

ⓑ 오인에 정당한 이유가 없다고 본 판결

㉠ "부동산중개업법위반사건 — 피고인이 부동산중개업협회의 자문을 통하여 인원수의 제한없이 중개보조원을 채용하는 것이 허용되는 것으로 믿고서 이 사건 위반행위에 이르게 되었다고 하더라도 그러한 사정만으로 자신의 행위가 법령에 저촉되지 않는 것으로 오인함에 정당한 이유가 있는 경우에 해당한다거나 피고인에게 범의가 없었다고 볼 수는 없다"(**대판** 2000. 8. 18, 2000 도 2943).

㉡ "공무상비밀표시무효죄사건 — 공무원이 그 직무에 관하여 실시한 봉인 등의 표시를 손상 또는 은닉 기타 의 방법으로 그 효용을 해함에 있어서 그 봉인 등의 표시가 법률상 효력이 없다고 믿은 것은 법규의 해석을 잘못하여 행위의 위법성을 인식하지 못한 것이라고 할 것이므로, 그와 같이 믿은 데에 정당한 이유가 없는 이상, 그와 같이 믿었다는 사정만으로는 공무상표시무효죄의 죄책을 면할 수 없다고 할 것"(**대판** 2000. 4. 21, 99 도 5563).

㉢ "상표법위반사건 — 피고인들이 변리사로부터 그들의 행위가 고소인의 상표권을 침해하지 않는다는 취지의 회답과 감정결과를 통보받았고, 피고인들의 행위에 대하여 3회에 걸쳐서 검사의 무혐의처분이 내려졌다가 최종적으로 고소인의 재항고를 받아들인 대검찰청의 재기수사명령에 따라 이 사건 공소가 제기되었으며, 피고인들로서는 이 사건과 유사한 대법원의 판례들을 잘못 이해함으로써 자신들의

행위는 죄가 되지 않는다고 확신을 하였고, 특허청도 피고인들의 상표출원을 받아들여서 이를 등록하여 주기까지 하였다는 등, 피고인들이 주장하는 사유들만으로는 위와 같은 기준에서 볼 때 피고인 박○○이 자신의 행위가 고소인의 상표권을 침해하는 것이 아니라고 믿은 데에 정당한 이유가 있다고 볼 수 없다"(**대판** 1998. 10. 13, 97 **도** 3337)－이 판결에 대한 비판: 상표법에 관한 전문가인 변리사의 회답을 신뢰한 것은 위법성착오에 정당한 이유가 있는 것으로 판단해야 할 것임에도 불구하고, 이를 부정한 대법원판결은 부당하다고 본다.

㉣ "공직선거법위반사건－피고인은 공직선거법에 관하여 비전문가인 스스로의 사고에 의하여 피고인의 행위들이 의례적인 행위로서 합법적이라고 잘못 판단하였다는 것에 불과한바, 이러한 사정만으로는 피고인의 행위가 죄가 되지 아니하는 것으로 오인한 데 정당한 이유가 있다고 볼 수 없으므로"(**대판** 1996. 5. 10, 96 **도** 620).[77]

㉤ "공무상비밀표시무효죄사건－압류물을 집달관의 승인없이 임의로 그 관할구역 밖으로 옮긴 경우에는 압류집행의 효용을 해하게 된다고 할 것…또 기록에 의하면 피고인은 변호사 등에게 자문을 구하였다고만 주장하고 있을 뿐 기록상 그 자문내용이 구체적이고 상세한 것으로서 신뢰할 만하다고 볼 수 있는 자료가 없을 뿐 아니라 압류집달관에 대하여 상세한 내용의 문의를 하였다는 자료도 없는 이 사건에서는 소론과 같은 정도로 변호사 등에게 문의하여 자문을 받았다는 사정만으로는 피고인의 판시 행위가 죄가 되지 않는다고 믿는 데에 정당한 이유가 있다고 할 수 없고"(**대판** 1992. 5. 26, 91 **도** 894).

㉥ "전기통신기본법·공중전기통신사업법위반사건－체신부장관이 공소외 김○○의 질의에 대하여 1985. 7. 12. '유선방송설비는 전기통신기본법상의 자가전기통신설비로는 볼 수 없으므로, 위 법 제15조 제1항의 규율대상이 아니라'는 내용의 회신을 보낸 일이 있다 하더라도, 체신부장관의 위 회신이 법령의 해석에 관한 법원의 판단을 기속하는 것은 아닐 뿐만 아니라, 가사 피고인이 유선방송업은 당국의 허가대상이 아니라고 알았다거나 체신부장관의 위 회신내용에 의하여 자기의 행위가 법령에 의하여 죄가 되지 아니하는 것으로 오인하였다 하더라도 피고인에게 원심의 위 판시사실에 대한 범의가 없었다고는 할 수 없으며"(**대판** 1987. 4. 14, 87 **도** 160)－이 판결에 대한 비판: 전기통신사업의 허가 요부에 대하여 유권적 판단을 내릴 수 있는 최상급 행정청인 체신부장관의 회신을 신뢰한 피고인에게 '범의가 없었다고는 할 수 없다'는 논리로 결국 위법성착오에 정당한 이유를 부정한 것과 다름없는 결론에 도달한 본 판결은 부당하다고 본다. 행정청의 허가를 받지 않아서 처벌대상인 행위를 한 경우라도 허가를 담당하는 공무원이 허가를 요하지 않는 것으

---

77) 공직선거법위반사건으로 형법 제16조에 있어서 '오인에 정당한 이유가 없다'고 본 대판 2020. 1. 9, 2019 도 12765 참조.

로 잘못 알려 주어 이를 신뢰한 까닭에 허가받지 아니한 것은 위법성착오에 정당한 이유가 있는 것으로 본 다수의 판결(대판 1992. 5. 22, 91 도 2525; 1989. 2. 28, 88 도 1141; 1983. 2. 22, 81 도 2763 등)과는 상치되는 판결로서, 판례에 대한 일반국민의 예측가능성에 지장을 주고 있다. 대법원은 최고법원으로서 법령해석의 '통일성'을 기할 책무가 있다.

ⓢ "사립학교법위반사건—형법 제16조는 자기가 행한 행위가 법령에 의하여 죄가 되지 않는 것으로 오인한 행위는 그 오인에 정당한 이유가 있는 때에 한하여 벌하지 않는다고 규정하고 있다. 이는 일반적으로 범죄가 성립하지만 자신의 특수한 사정에 비추어 법령에 따라 허용된 행위로서 죄가 되지 않는다고 그릇 인식하고 그러한 인식에 정당한 이유가 있는 경우에는 벌하지 않는다는 취지이다. 이때 정당한 이유는 행위자에게 자기 행위의 위법 가능성에 대해 심사숙고하거나 조회할 수 있는 계기가 있어 자신의 지적 능력을 다하여 이를 회피하기 위한 진지한 노력을 다하였더라면 스스로의 행위에 대하여 위법성을 인식할 수 있는 가능성이 있었는데도 이를 다하지 못한 결과 자기 행위의 위법성을 인식하지 못한 것인지 여부에 따라 판단하여야 한다. 이러한 위법성의 인식에 필요한 노력의 정도는 구체적인 행위정황과 행위자 개인의 인식능력 그리고 행위자가 속한 사회집단에 따라 달리 평가되어야 한다(대법원 2006. 3. 24. 선고 2005도3717 판결 등 참조). … 피고인이 그 자금 대여가 적법한지에 관하여 경기도교육청에 질의하여 회신을 받거나 법률전문가에게 자문을 받은 적은 없다. 이러한 사실관계와 관계 법령의 내용을 앞에서 본 법리에 비추어 보면, ○○학교와 △△학교는 각각 설립인가를 받은 별개의 학교이므로, ○○학교의 교비회계에 속하는 수입을 △△학교에 대여하는 것은 구 사립학교법 제29조 제6항에 따라 금지된다. 피고인은 위와 같은 대여행위가 적법한지에 관하여 관할청인 경기도교육청의 담당공무원에게 정확한 정보를 제공하고 회신을 받거나 법률전문가에게 자문을 구하는 등의 조치를 취하지 않았다. 피고인이 외국인으로서 국어에 능숙하지 못하였다거나 ○○학교 설립·운영협약의 당사자에 불과한 경기도, 수원시 소속 공무원들이 참석한 ○○학교 학교운영위원회에서 △△학교에 대한 자금 대여 안건을 보고하였다는 것만으로는 피고인이 자신의 지적 능력을 다하여 행위의 위법 가능성을 회피하기 위한 진지한 노력을 다하였다고 볼 수 없다. 또한 위와 같이 △△학교에 대한 자금 대여가 끝난 후에 회계법인이 그 위법함을 지적하지 않았다거나 서울특별시교육청의 담당공무원이 제3자에게 '구 사립학교법 제29조는 외국인학교에 적용되지 않는다'는 취지로 민원 회신을 하였다는 등의 사정만으로 이를 달리 볼 수도 없다. 그러므로 피고인이 ○○학교의 교비회계에 속하는 수입을 △△학교에 대여한 행위가 법률상 허용되는 것으로서 죄가 되지 않는다고 그릇 인식하고 있었다고 하더라도 그와 같이 그릇된 인식에 정당한 이유가 있다고 볼 수 없다"(대판 2017. 3. 15, 2014 도 12773).

◎ "저작권법위반방조사건—법률 위반 행위 중간에 일시적으로 판례에 따라 그 행위가 처벌대상이 되지 않는 것으로 해석되었던 적이 있었다고 하더라도 그것만으로 자신의 행위가 처벌되지 않는 것으로 믿은 데에 정당한 이유가 있다고 할 수 없다"(대판 2021. 11. 25, 2021 도 10903).

제 4 절 위법성조각사유의 전제사실에 관한 착오

Ⅰ. 서 설

1. 위법성조각사유에 관한 착오의 태양(態樣)과 그 취급

위법성조각사유에 관한 착오의 태양은 다음 세 가지로 분류할 수 있다.

① 첫째는 위법성조각사유의 '객관적 요건'에 해당하는 사실, 즉 위법성조각사유의 '전제사실'에 관한 착오로서 '허용구성요건의 착오'라고도 한다. 위법성조각사유의 전제사실이 존재하지 않음에도 불구하고, 행위자는 그 사실이 존재한다고 오신하고 구성요건해당행위를 한 착오이다. 이 태양의 착오에서는 행위자가 오신한 행위사정이 사실상 존재하였더라면, 그 행위의 위법성이 조각되는 경우이다. 예컨대 타인의 위법한 공격이 없음에도 불구하고 공격이 있는 것으로 오신한 방위행위(오상방위), 학생의 비행이 있은 것으로 착각한 선생의 징계행위, 전시에 아군이나 민간인을 적군으로 오인하고 사살한 군인의 행위, 환자의 승낙이 있은 것으로 오신하고 행한 의사의 수술행위 등이 여기에 속한다.

② 둘째는 위법성조각사유의 '존재'에 관한 착오로서 '허용규범의 착오'라고도 한다. 이 착오는 법에 인정되지 아니한 위법성조각사유를 존재하는 것으로 행위자가 오신한 경우이다. 예컨대 남편이 부인에게 온 편지를 무단히 뜯어보면서 사회상규상 그러한 권한이 있다고 믿는다든가, 환자의 동의가 없어도 의사는 수술할 직업상의 권한이 있다고 믿는 경우가 여기에 속한다.

③ 셋째는 위법성조각사유의 '한계'에 관한 착오로서 '허용한계의 착오'라고도 한다. 이는 위법성조각사유의 법적 한계를 오인하는 경우이다. 예컨대 사인(私人)이 현행범인을 체포하면서 이를 위해서는 타인의 주거에 침입하는 행

위까지도 허용된다고 오신하든가, 절도범에 대한 살해행위까지 정당방위로서 허용된다고 오신하는 경우가 이에 속한다.

그런데 위법성조각사유의 '존재'와 '한계'에 관한 착오는 함께 '허용의 착오'라고 불리어지면서 위법성의 착오로 취급된다는 점에 이론(異論)이 없다. 왜냐하면 허용구성요건의 착오는 '사태'(Sachverhalt)에 관한 착오이지만, 허용의 착오는 '규범평가'의 착오로서 행위시에 사태는 제대로 인식하였으나 법에 대한 행위자의 태도가 법질서의 요청에 반한다는 점에서 위법성의 착오의 경우와 책임내용이 동일하기 때문이다. 따라서 허용의 착오는 위법성의 '간접적' 착오로서 본래의 위법성착오인 위법성의 '직접적' 착오와 함께 위법성의 착오규정(제16조)이 적용된다. 그러나 위법성조각사유의 전제사실에 관한 착오를 어떻게 취급할 것인가 하는 문제는 착잡한 논란의 대상이 되어 있다.

2. 위법성조각사유의 전제사실에 관한 착오의 특성

현행형법상 착오는 구성요건적 착오(제15조 제1항)와 위법성의 착오(제16조)라고 하는 2대범주(二大範疇)로 규율되고 있으므로 모든 착오는 종국적으로 이 둘 중 그 어느 것에 속할 것인가 하는 문제에 귀착하게 된다. 그런데 '위법성조각사유의 전제사실에 관한 착오'(정당화사정의 착오)는 어떠한 범주의 착오에 속하는가 그리고 그 이론적 구성을 어떻게 할 것인가 하는 문제는 최근까지 심한 논쟁의 대상으로 되어 있다.

문제의 해결에 도움을 주기 위하여 위법성조각사유의 전제사실에 관한 착오의 '특성'을 간략하게나마 살펴볼 필요가 있다. 그 특성은 구성요건적 착오 및 위법성의 착오와 대비함으로써 뚜렷해진다.

먼저 구성요건적 착오와 위법성조각사유의 전제사실에 관한 착오는 모두 행위의 '사실적 측면', 즉 행위시의 '사태'에 관하여 착오를 일으킨 점에서 동일하다. 그러나 구성요건적 착오는 범죄체계론상 구성요건해당성의 판단에 있어서 의미있는 사태와 관련되는 것이므로, 그 착오는 행위의 구성요건해당성에 지장을 초래한다. 이에 반하여 위법성조각사유의 전제사실에 관한 착오는 행위의 위법성판단에 있어서 의미있는 사태와 관련되는 것이므로 그 착오는 최소한 행위의 구성요건해당성에 지장을 주는 것은 아니며 행위자에게 구성요건요소에 대한 인식만큼은 존재하고 있다.

또한 위법성의 착오와 위법성조각사유의 전제사실에 관한 착오는 모두 행위자에게 위법성의 인식이 없다는 점에서 동일하다. 후자의 착오에 있어서 행위자는 위법성조각사유의 사실적 측면, 즉 정당화사정에 대하여 착오를 일으킨 결과 자신의 행위의 위법성을 인식하지 못하게 된다. 그러나 자신의 행위의 위법성을 인식하지 못하는 계기에 있어서 위법성착오의 경우는 규범평가의 차원에서 발생하는 것임에 비하여 위법성조각사유의 전제사실에 관한 착오의 경우는 행위의 사실적 측면에서 비롯된다는 점이 다르다.

이상 살펴본 바와 같이 위법성조각사유의 전제사실에 관한 착오는 구성요건적 착오와 위법성착오의 사이에서 그 나름대로의 '독자적 성격'을 지니고 있다고 하겠다.

Ⅱ. 학 설

위법성조각사유의 전제사실에 관한 착오를 해결하기 위한 이론적 노력은 매우 다양하게 전개되고 있는데, 대분(大分)하자면 고의설, 소극적 구성요건표지론, 엄격책임설, 제한책임설로 나누어 볼 수 있다.

1. 고 의 설

전술한 바와 같이 고의설은 위법성의 인식을 고의의 성립요소로 보고 있으며, 위법성인식의 결여가 어디에서 유래하는가를 불문하고 위법성조각사유의 존재 및 한계에 관한 착오이든 그 전제사실에 관한 착오이든 간에 모두 위법성의 인식이 결여되는 결과, 고의의 성립이 배제된다고 한다. 이 때 위법성조각사유의 전제사실에 관한 착오가 있는 경우 '제13조'(독일형법은 제16조 제1항)가 적용되어 과실범의 성립가능성만이 남게 되고, 그 결과에 있어서 후술하는 제한책임설과 동일하게 된다. 또한 제한고의설을 메츠거의 법적대성이론으로 이해하는 견해에 의하더라도, 위법성조각사유의 전제사실에 관한 착오를 일으킨 행위자에게 법적대적 태도를 찾아볼 수 없기 때문에 고의범의 성립이 부정된다고 본다.

고의설의 난점으로서는 ① 범죄체계론상의 부당함 이외에 ② 독일형법 제17조가 위법성착오(금지착오)에 관하여 책임설을 명문화하였으므로 최소한 해석론상으로는 채택하기 곤란하다는 독일 형법학계의 사정이 영향을 주어, 최근 이 학설의 지지자를 찾아보기 힘든 실정에 있다.

2. 소극적 구성요건표지론

소극적 구성요건표지론자들에 의하면, 위법성조각사유의 요건을 '총체적 불법구성요건'의 '소극적' 표지로 보고 있으므로, 행위자는 법적 구성요건의 객관적 요소를 인식해야 할 뿐만 아니라 '위법성조각사유의 요건이 존재하지 아니한다는 것'도 인식하여야 고의가 성립하게 된다. 만일 위법성조각사유의 전제사실에 관한 착오가 있으면 총체적 불법구성요건의 소극적 표지에 대한 인식이 없기 때문에 '제13조가 직접적용'되어 고의 그 자체가 부정되고 과실범성립의 문제가 남게 될 뿐이다.

소극적 구성요건표지론은 위법성조각사유의 전제사실에 관한 착오를 위법성의 착오가 아니라 진정한 의미에서의 구성요건적 착오로 취급할 수 있는 이론적 장점이 있지만, ① 범죄구성 3단계설을 범죄구성 2단계설로 축소하는 범죄체계론상의 문제점이 있고, ② 형법적 평가단계에 있어서 구성요건과 위법성의 본질적 차이를 간과하고 있다는 점과 ③ 고의의 성질상 존재하지 아니하는 것에 대한 인식, 즉 위법성조각사유의 요건이 존재하지 아니한다는 것에 대한 인식을 요구하는 것은 곤란하다는 등의 결함으로 인하여, 오늘날 거의 고사(枯死)할 처지에 놓여 있는 학설이라고 해도 과언이 아니다.[78]

3. 엄격책임설

엄격책임설에 의하면,[79] 고의는 구성요건의 객관적 요소에 해당하는 사실의 인식·인용만으로 성립하고(구성요건적 고의), 위법성의 인식(가능성)은 고의의 성립요소가 아니라 독자적인 책임요소로 파악되어, 위법성에 관한 착오는 어디에서 비롯되었든지 간에 결코 고의를 배제하지 못하고 '책임'에 영향을 줄 수 있을 뿐이다. 따라서 위법성조각사유의 전제사실에 관한 착오를 위법성조각사유의 존재 또는 한계에 관한 착오와 마찬가지로 '위법성의 착오'(금지의 착오)로 취급함으로써 '제16조(독일형법은 제17조)의 직접적용'에 의하여 문제

78) 보다 상세한 비판은 139-40면 참조.

79) 김성돈, 382면; 김종원, "정당화사정의 착오에 관한 一考察", 고시연구, 1993. 8, 20면; 동, "금지착오", 형사법강좌 Ⅱ, 510면 이하; 오영근, 451면; 정/박, 349면. 독일의 경우 엄격책임설은 주로 Welzel, Hirsch 등 목적적 행위론자에 의하여 지지되고 있다.

를 해결하게 된다. 그 결과 위법성조각사유의 전제사실에 관한 착오에 정당한 이유가 있으면—즉 그 착오를 회피할 수 없었으면—책임이 조각되지만, 정당한 이유가 없으면—즉 그 착오를 회피할 수 있었으면—책임이 조각되지 않고 고의범이 성립하되 책임감경은 인정될 수 있다고 본다. 대법원판결 중에는 오상방위에 있어서 엄격책임설과 일치하는 표현을 쓴 것이 있다.[80]

엄격책임설은 범죄구성3단계론의 논리에 충실하고자 하는 견해로서, 위법성조각사유는 구성요건해당성이 아니라 위법성만을 배제하는 것이고, 따라서 위법성조각사유의 전제사실에 관한 착오에 의하여 부정되는 것은 구성요건적 고의가 아니라 위법성의 인식일 뿐이라는 것이다. 그런데 이 학설은 행위의 '정황'에 대한 착오와 행위의 허용과 금지라는 '규범의식'에 대한 착오를 동치(同置)하는 잘못을 범하고 있다. 즉 위법성조각사유의 전제사실에 관한 착오를 일으킨 자는 '그가 행하고 있는 것'에 관하여 착오를 일으킨 데에 반하여, 위법성의 착오하에 행위하는 자는 그가 행하고 있는 것이 '허용되어 있는지 아닌지'에 관하여 착오를 일으키고 있는 것이다. 전자는 행위사태의 인식에 결함이 있는 것이고, 후자는 행위의 규범적 평가에 잘못이 있는 것이다. 위법성의 착오는 행위사태의 착오에서 비롯될 수도 있으나 이로 말미암아 양자가 동일시될 것은 아니다. 위법성조각사유의 전제사실에 관하여 착오를 일으켰음에도 불구하고 별개의 계기로 행위자 자신이 위법한 행위를 한다고 오신할 수도 있다. 예컨대 사인이 엉뚱한 사람을 현행범인으로 오인하고 체포하면서 동시에 경찰관만이 그러한 체포권한을 가지고 있다고 믿는 경우이다.

그리고 엄격책임설은 체계논리에 집착한 결과 위법성조각사유의 전제사실에 관하여 회피가능한 착오가 있은 경우에—비록 형의 감경이 가능하기는 하지만—어쨌든 '고의범'의 성립을 인정하는 점에 있어서 일반인의 '법감정' 내지는 정의감에 반한다는 것이 가장 큰 결함으로 지적되고 있다.[81] 예컨대 전시에 아군을 적군으로 오인하고 사살한 군인이 고의의 살인범으로 처벌된다는 결

80) "가사 피해자인 배희칠랑에게 피고인을 상해할 의사가 없고 객관적으로 급박하고 부당한 침해가 없었다고 가정하더라도 원심이 인정한 사실 자체로 보아도 피고인으로서는 현재의 급박하고도 부당한 침해가 있는 것으로 오인하는 데 대한 정당한 사유가 있는 경우에 해당된다고 아니할 수 없음에도 불구하고, 원심이 위와 같은 이유로서 피고인의 정당방위의 주장을 배척하였음은 역시 오상방위에 관한 법리를 오해한 위법이 있다"(**대판** 1968. 5. 7, 68 **도** 370).

81) 이재상, 334면 등.

론은 어느 누구도 받아들이기 어려울 것이다.

4. 제한책임설

제한책임설의 특징은 위법성조각사유의 전제사실에 관한 회피가능한 착오는 비록 구성요건적 착오로 간주되지는 않지만 '제13조가 유추적용'되어 '과실범'으로 처벌된다고 주장함으로써, 그 '법률효과'에 있어서는 '구성요건적 착오'와 동일하게 취급하는 점에 있다. 제한책임설은 우리나라의 다수 학자가 지지하고 있고,[82] 독일의 다수설과 연방법원도 이 입장에 서 있다.[83]

이 학설은 소극적 구성요건표지론과 비슷한 결론을 도출해내고 있으나 그 논거는 전혀 다른데, 논거를 이론구성함에 있어서 다시금 견해가 나누어진다. ① 일부 학자들은 위법성조각사유의 전제사실에 관한 착오가 있으면 고의범으로서의 행위반가치가 부정된다고 한다. 위법성조각사유의 객관적 요건이 위법성의 실질 중 결과반가치를 탈락시키는 것처럼 그 객관적 요건에 대한 주관적 인식은 행위반가치에 영향을 미치는 것이므로, 주관적 인식의 착오가 있으면 '고의범으로서의 행위반가치'가 탈락한다고 본다. ② 또 다른 학자들은 위법성조각사유의 전제사실에 관한 착오시에 그 불법내용에 있어서 구성요건적 고의는 그대로 남지만, 다만 '법률효과', 즉 형벌에 있어서만은 '구성요건적 착오'가 있는 것과 동시된다고 한다. 이 견해에 의하면, 위법성조각사유의 전제사실에 관하여 회피가능한 착오를 일으킨 자는 고의로 행위한 것이기는 하지만, 그 법률효과에 있어서 '과실범'으로 처벌될 따름이다. 이러한 주장은 법률효과에 있어서만 일정한 제한을 가져오므로 「법(률)효과제한책임설」이라고도 불리운다.

법률효과제한책임설을 이론적으로 뒷받침함에 있어서 오늘날 특히 지지를 받고 있는 것은 「고의의 이중적 지위」를 인정하는 학설이다. 이 학설은 행위형식으로서의 구성요건적 고의와 책임형식으로서의 고의를 구별하고, 위법성조각사유의 전제사실에 관한 착오가 있을 때 구성요건적 고의는 그대로 인정되지만 책임형식으로서의 고의가 부정된다는 주장을 한다.[84] 다시 말하면 위법성조각사유의 전제사실에 관한 착오는 '구성요건적' 고의가 아니라 고의'책임',

---

82) 김/서, 290면; 박상기, 251면; 배종대, 455면; 손동권, 293면; 손해목, 560면; 신동운, 422면; 이재상, 334면; 이형국, 198면; 정영일, 317면; 진/이, 439면.

83) BGH 3/105; 3/194; 3/357 등.

84) 박상기, 251면; 배종대, 454면; 손해목, 560면; 신동운, 422면; 이재상, 334면; 이형국, 198면.

즉 고의범으로서의 '심정반가치'를 탈락시킨다는 것이다.

그런데 법률효과제한책임설이 위법성조각사유의 전제사실에 관한 착오를 직접 구성요건적 착오와 동일시하지 않는 이유는, 전자의 착오에 있어서는 행위자가 구성요건요소에 해당하는 사실만큼은 모두 인식하고 있으므로 구성요건의 '경고기능'이 행위자에게 작용하고 있다는 점에 있다. 구성요건의 경고기능에 비추어 볼 때, 자신의 행위가 구성요건에 해당한다는 것을 인식하고 있으나 단지 위법성조각사유의 전제사실에 관한 착오만을 일으키고 있는 사람은 처음부터 구성요건적 착오를 일으킨 사람에 비하여 더욱 강하게 자신의 행위가 일정한 허용규정에 의하여 정당화되는지 주의해서 검토하도록 요구받고 있다고 말할 수 있다. 따라서 위법성조각사유의 전제사실에 관한 착오를 회피할 수 있었다면 법이 요구하는 주의의무를 태만히 하였다는 비난, 즉 상황의 검토에 부주의하였다는 책임비난이 가능하다. 그러나 이 때의 비난은 고의책임에 있어서와 같이 법공동체의 가치관과 부합하지 아니하는 행위자의 법적대적 심성(심정반가치)에 대하여 가해지는 것은 아니다.

위법성조각사유의 전제사실에 관한 착오를 일으킨 자는 행위시에 '사태의 인지'를 소홀히 한 것에 지나지 않으므로, 행위자는 어디까지나 '법에 충실하고'(rechtstreu) 결코 법적대적 태도, 즉 '고의범으로서의 심정반가치'를 보이는 것은 아니라고 말할 수 있다.[85]

Ⅲ. 결 어

법률효과제한책임설의 가장 큰 결함으로 지적되고 있는 것은, 이 학설이 위법성조각사유의 전제사실에 관한 회피가능한 착오를 과실범으로 처벌하는 까닭에 실정법상 과실범의 처벌규정이 없는 경우 발생하는 '처벌의 부당한 흠결'이다.[86] 그럼에도 불구하고 위법성조각사유의 전제사실에 관한 회피가능한

---

85) '법에 충실'(rechtstreu)하다는 표현은 독일연방법원의 판결(BGH 3/105; 3/107 등)을 참조.

86) 근본적인 해결책은 위법성조각사유의 전제사실에 관한 착오의 독자성을 인정하여 구성요건적 착오 및 위법성의 착오와는 다른 제3의 착오유형으로 취급하는 '입법적 단안(斷案)'을 내리는 것이라고 말할 수 있다. 그 입법례로서는 1975년 1월 1일부터 시행된 오스트리아형법 제8조가 있는데, 동조는 '제한책임설'의 입장에 서서 "착오로 행위의 위법성을 조각할 사태를 오신한 사람은 고의의 범행으로 처벌될 수 없다. 그는 그 착오가 과실에 기하고 그 과실의 범행에 형벌이 부과되는 경우에 과실의 범행으로서 처벌된다"라고 규정하고 있다.

착오는 그 성질상 과실범으로서의 책임비난에 상당하고 법률효과에 있어서 구성요건적 착오와 동치된다고 하는 법률효과제한책임설은 이론적 관점에서 보든지 법감정이라는 관점에서 보든지 큰 설득력을 지니고 있다.[87]

그리고 법률효과제한책임설에 있어서 위법성조각사유의 전제사실에 관한 회피가능한 착오의 경우에 불법단계까지는 고의범으로 평가되었다가 책임단계에서는 과실범으로 평가되는 점이 체계모순이며 비논리적이라는 비판이 있다.[88] 그러나 이 비판점은 범죄체계론의 진의(眞意)를 이해함으로써 해소될 문제라고 본다. 범죄체계론은 범죄의 전모(全貌)를 한꺼번에 파악하고자 하는 것이 아니라 범죄를 구성하는 많은 요소들을 단계별로 분석하는 과학적·이성적 사고를 통하여 형법의 인권보장목적을 달성하고자 하는 것이므로, 범죄구성단계의 차이에 따라 행위반가치 혹은 심정반가치에 주목함으로써 고의와 과실의 성립이 달라질 수 있다고 생각한다.

마지막으로 이상의 검토를 결론적으로 정리해 본다면 다음과 같다.

① 위법성조각사유의 전제사실에 관한 착오는 '법률효과제한책임설'에 의하여 해결하는 것이 타당하다. ② 이 학설에 의할 때, 행위자가 그 착오를 회피할 수 없었으면 무죄가 되지만 회피할 수 있었으면 과실범으로 처벌되며, 결국 법률효과에 있어서 구성요건적 착오가 있은 경우와 동일하게 취급된다. ③ 여기에서 과실범으로서 처벌되는 이유는, 위법성조각사유의 전제사실에 관한 회피가능한 착오에 있어서 법적대적인 심정반가치를 실체로 하고 있는 책임형식으로서의 고의가 부정되고, 과실범에 상당한 책임비난이 긍정되기 때문이다. ④ 심정반가치의 부정을 이유로 하여 고의범성립을 배제하는 실정법상의 근거로서, 형법 제13조를 직접적용하는 것은 해석상 불가능하므로 동조를 유추적용하는 수밖에 없다. 이 유추적용은 형벌의 확장이 아니라 제한을 가져오는 것이므로 죄형법정주의에 반하지 아니한다.

87) 상세히는 임웅, "위법성조각사유에 관한 착오", 월간고시, 1987. 6, 39면 이하 참조.
88) 김성돈, 382면; 정/박, 347면.

제5절 기대가능성

I. 서 설

1. 기대가능성의 의의

기대가능성이란 "행위 당시의 구체적 사정에 비추어 보아 행위자에게 위법행위 대신에 적법행위로 나아갈 것을 기대할 수 있는 것"을 말한다. 적법행위의 기대가능성이 있었음에도 불구하고 행위자가 위법행위로 나아갔을 때 행위자에게 책임비난이 가능하고, 만일 적법행위를 기대할 수 없는 사정에 처하여 불가피하게 위법행위를 한 것이라면 책임비난이 불가능해질 것이다. 따라서 '기대불가능성'(期待不可能性, Unzumutbarkeit)은 책임조각사유가 된다. 예컨대 연구소의 연구개발서류를 절취해 넘겨주지 않으면 과거의 추잡한 스캔들을 폭로하겠다고 어떤 연구원을 협박하기에, 그 연구원이 자신의 명예를 보호하고자 불가피하게 서류를 절취한 행위는 적법행위의 기대가능성이 없으므로 책임이 조각된다.

그런데 행위자가 적법행위를 할 수 있었다는 것은 위법행위와는 '다른' 행위를 할 수 있었다는 것을 의미하므로, 기대가능성을 '타행위가능성'(他行爲可能性, Anders-Handeln-Können)이라고 표현할 수도 있다.

기대가능성은 '유무'의 판단뿐만 아니라 '정도'의 판단도 있을 수 있는 개념이다. 즉 행위자가 처한 구체적 사정에 비추어 보아 적법행위의 기대가능성이 클 수도 있고 낮을 수도 있다. 기대가능성의 '강약'은 행위자 개인에 대한 책임을 무겁게 하거나 감경시킴으로써 법관의 '양형'(量刑)에 직접 영향을 주게 될 것이다.

2. 규범적 책임론과 기대가능성이론

기대가능성이론은 '규범적 책임론'의 산물이다. 규범적 책임론이 등장하기 이전에 심리적 책임론은 책임의 본질을 행위자의 행위에 대한 주관적·심리적 관계로 파악하였다. 즉 책임개념을 범죄사실에 대한 인식과 의욕(고의) 또는 인식과 의욕없음(과실)이라는 심리적 사실관계와 동일시하며, 고의와 과실을 책임의 종류 내지 책임형식으로 이해하였다.

그러나 심리적 책임론은 ① 고의가 있다고 하더라도 강요된 행위의 경우(제12조)에 왜 책임이 조각되는지 설명할 수 없고, ② 또 인식없는 과실의 경우에는 발생한 결과에 대하여 아무런 심리적 관계가 없기 때문에 왜 책임을 지게 되는지를 설명할 수 없는 결함을 지니고 있었다.

규범적 책임론은 책임의 본질을 심리적 사실관계가 아니라 그러한 사실관계에 대한 '규범적 평가관계'로서 파악하고, 책임개념을 행위자에 대한 '비난가능성'으로 이해한다. 심리적 요소의 상위에서 이를 평가하는 규범적 요소를 책임의 본질로 파악하는 규범적 책임개념은 독일의 형법학자 프랑크(Frank)에 의하여 초석이 놓여진 후, 오늘날 이론(異論)없이 통용되고 있다.

책임의 중심적 요소로서 기대가능성이 등장하게 된 계기는 1897년 독일제국(Reich)법원의 한 판결이었다. 주인의 명령에 따라 마부가 악습(惡習)이 있는 말을 몰다가 통행인에게 상해를 입힌 사건(Leinenfänger사건)에서 법원은 피고인인 마부가 그 말을 사용하지 아니하면 해고되어 생계의 위협을 받게 된다는 사정 등을 고려하여 그 말을 사용치 아니할 것을 '기대'할 수 없다는 이유로 무죄를 선고하였다.[89] 이 판결을 계기로 하여 1907년 프랑크는 "책임개념의 구조에 관하여"(Über den Aufbau des Schuldbegriffes)라는 논문에서 책임에는 고의·과실 이외에 「행위 당시의 정상적인 부수사정(附隨事情)」도 필요하다고 주장하였다. 그 후 골드슈미트(Goldschmidt), 마이어(M. E. Mayer), 프로이덴탈(Freudenthal), 슈미트(Eberhard Schmidt) 등과 같은 학자들의 노력에 힘입어, 행위 당시의 정상적인 부수사정은 적법행위를 기대할 수 있는 구체적 사정으로 이론화되었으며, 더욱 나아가 기대가능성이 초법규적 책임조각사유로서 일반화되고, 책임의 본질은 비난가능성이라는 규범적 개념으로 파악되기에 이르렀다.

3. 기대가능성의 체계상의 지위

기대가능성의 체계적 지위에 관하여는 책임을 조각하거나 감경하는 소극적 측면에서 파악할 것인가, 아니면 책임을 구성하는 적극적 요소로 파악할 것인가 하는 점에서 견해가 대립하고 있다.

---

89) RG 30/35.

(1) 책임의 소극적 요소라는 학설

기대가능성을 책임의 적극적 요소로 파악하는 것이 아니라 기대'불'가능성의 경우 또는 기대가능성이 '감소'된 경우를 책임조각사유 또는 책임감경사유로 이해하는 견해이다.[90] 즉 책임은 책임능력과 책임조건이 구비되면 원칙적으로 인정되고, 기대가능성을 적극적으로 확정할 필요는 없으며 소극적 측면에서 그 부존재나 감소의 경우에 책임조각사유 또는 책임감경사유로서 고려하면 충분하다는 것이다.

(2) 책임의 적극적 요소라는 학설

기대가능성을 책임능력, 위법성인식(가능성), 책임요소로서의 고의·과실과 병렬적 위치에서 책임을 적극적으로 구성하는 '독립된 책임요소'로 파악하는 견해이다.[91] 기대가능성은 비난가능성의 가장 본질적 요소이므로 기대가능성의 독자성을 인정하고자 하는 취지이다.

생각건대 기대가능성은 책임을 조각하거나 감경하는 방향으로만 작용하는 것은 아니고 책임비난을 '강화'하는 방향으로 작용하는 경우도 있으므로 책임의 '적극적' 요소로 이해하는 견해가 타당하다고 본다. 예컨대 부유한 공무원이 도박자금으로 공금횡령을 한 경우와 빈한한 공무원이 노모의 수술비를 마련하고자 공금횡령을 한 경우에 있어서 행위시의 구체적 사정에 비추어 전자의 경우에는 적법행위의 기대가능성이 크다고 보아 책임비난이 무거워짐에 반하여, 후자의 경우에는 적법행위의 기대가능성이 낮다고 보아 책임비난이 가벼워질 것이므로, 기대가능성을 항상 소극적 방향에서만 고려하고자 하는 견해는 부당하다고 하겠다.

Ⅱ. 기대가능성의 판단표준

적법행위의 기대가능성은 누구를 표준으로 해서 판단할 것인가에 관하여 다음 세 가지 견해가 대립한다.

---

90) 권오걸, 362면; 김/서, 411면; 박상기, 257면; 배종대, 467면; 성낙현, 379면; 손해목, 664면; 안동준, 166면; 이재상, 346면; 정/박, 354면; 진/이, 455면.

91) 손동권, 305면; 오영근, 430면; 이형국, 204면; 정영석, 319면.

1. 행위자표준설

행위자표준설은 행위 당시에 행위자가 처했던 구체적 사정하에서 '행위자'의 능력을 표준으로 적법행위의 기대가능성을 판단해야 한다는 견해이다.[92] 책임은 행위자 개인에 대한 비난가능성이므로 행위자의 능력을 떠나서 기대가능성을 논하는 것은 책임을 무의미하게 만드는 것이고, 법은 인간에게 초인적인 것을 요구할 수는 없으므로 기대가능성도 행위자의 개인적 사정과 개인적 능력을 표준으로 해서 판단해야 한다는 것을 논거로 하고 있다.

그러나 행위자의 개인적 사정과 개인적 능력을 표준으로 하여 판단한다면, 행위자에게는 거의 적법행위의 기대가능성이 없다는 결론이 내려져서 책임의 연화(軟化) 내지 공동화(空洞化)를 초래하게 될 것이며, 특히 확신범은 기대가능성이 없다는 이유로 항상 면책되는 결과를 가져올 것이다. 적법행위를 기대'하는' 측이나 적법행위가 기대'되는' 측 모두를 행위자에게 둔다면, 즉 기대가능성의 주체(표준)와 객체를 모두 행위자에게 둔다면, 행위자는 항상 그렇게 행위할 수밖에 없었을 것이므로 형법상 책임이 무책임으로 전락할 우려가 있다고 하겠다. 예컨대 3일을 굶주린 후 배고픔을 면하려고 음식물을 절취한 사람은 행위자표준설에 의한다면 기대불가능성으로 면책됨이 마땅하다. 기대가능성이론은 매우 자유주의적·개인주의적 법원리인 만큼 그 판단표준까지도 행위자 개인에게 둔다면 형법의 기능이 거의 상실될 위험에 이른다고 하겠다.

2. 평균인표준설

평균인표준설은 행위 당시의 구체적 사정하에 행위자 대신에 사회의 '평균인'(Durchschnittsmensch)을 두고, 이 평균인에게 적법행위를 기대할 가능성이 있느냐의 여부로 판단하자는 견해이다.[93][94] 즉 평균인을 행위자의 위치에 둔 경우에 적법행위를 기대할 수 있는가에 따라 판단해야 한다는 것이다. 기대가

92) 김성천, 295면; 김/김, 439면; 박상기, 257면; 배종대, 477면; 이영란, 477면; 이정원, "기대가능성과 책임조각사유", 형사법연구, 제26호, 2006. 12, 30면 이하; 이형국, 206면. 다만 손동권, 306면은 행위자표준설과 평균인표준설을 함께 고려해야 한다고 본다.

93) 권오걸, 367면; 김성돈, 391면; 김신규, 461면; 김/서, 411면; 성낙현, 384면; 신동운, 431면; 오영근, 432면; 이재상, 350면; 정/박, 357면; 정영일, 321면; 정/신, 247면; 진/이, 458면.

94) 대판 2004. 7. 15, 2004 도 2965-전원합의체.

능성의 판단의 객체는 행위자이지만 판단의 주체는 평균인에 의한 객관적 판단이어야 한다는 데 근거가 있다.

그런데 평균인표준설에 있어서의 평균인은 '사회적 유형개념'으로서 「양심적인 평균인」을 의미한다는 점에 유의해야 한다. 예컨대 아무도 안보는 곳에 떨어져 있는 만원권 지폐를 보통사람이라면 주워갈 수 있겠지만, 양심적인 평균인을 표준으로 하는 경우에는 점유이탈물횡령행위를 하지 않고 적법행위를 할 것이라는 기대가 가능해진다. 이러한 관점에서 대법원이, 우연한 기회에 미리 출제될 문제를 알게 된 입학시험응시자가 그 답을 암기하여 답안지에 기재한 경우에 "암기한 답을 그 입학시험 답안지에 기재하여서는 아니된다는 것을 그 '일반수험자'에게 기대한다는 것은 보통의 경우 도저히 불가능하다"는 이유로 업무방해죄에 대해 무죄를 선고[95]한 것은 부당하다고 하겠다. 이 경우에 적법행위 기대가능성의 판단표준을 보통사람이라는 의미의 평균인이 아니라 양심적인 평균인에 둔다면, 기대가능성을 긍정하고 수험생에 대하여 형사책임을 묻는 것이 가능하다고 본다.

3. 국가표준설

국가표준설은 적법행위를 기대하는 측인 국가가 법질서 내지 현실을 지배하는 국가이념에 따라 기대가능성을 판단해야 한다는 견해이다. 이에 의하면 기대가능성의 판단표준을 결국 국가의 법질서에 두게 된다. 이 학설은 법질서와 국가의 요구에 따라 기대가능성의 표준도 달라질 수 있다는 특징을 갖는다.

그런데 국가는 항상 국민에게 적법행위를 기대하게 마련이므로 국가를 표준으로 기대가능성을 판단한다면 기대가능성이 없다고 하여 책임이 조각되는 경우란 거의 있을 수 없다는 문제점과 법률상 어떠한 표준으로 기대가능성을 판단할 것인가라는 질문에 대하여 법질서가 그 표준이 된다는 대답은 동어반복에 불과하다는 점에서 국가표준설의 결함이 드러나는 까닭에, 결국 '평균인표준설'에 입각해서 기대가능성을 판단함이 타당하다고 본다.

---

95) 대판 1966. 3. 22, 65 도 1164.

Ⅲ. 기대불가능성과 초법규적 책임조각사유

우리나라의 다수설과[96] 판례는[97] 기대'불'가능성을 '초법규적 책임조각사유'로 이해하고 있다. 이에 대하여 기대불가능성을 초법규적 책임조각사유로 인정하는 것은 형법의 기능을 약화시킬 위험이 있으므로 부당하다는 반대견해도 있다.[98] 특히 독일에서는 고의의 작위범에 있어서 기대불가능성을 일반화된 초법규적 책임조각사유로 인정하지 아니하고 '개별적인' 형법규정의 범위와 한계를 명백히 해 주는 '규제원리'(規制原理, regulatives Prinzip) 내지 보정원리(補正原理)에 불과한 것으로 파악하는 견해가 지배적이다. 기대가능성론은 확실성과 공평을 기하기 어려운 이론이고 극히 개인주의적 · 자유주의적 법원리이므로 기대가능성을 초법규적 책임조각사유로까지 일반화하는 것은 국민의 법에 대한 복종을 와해시키고 형법의 연화(軟化) 내지 해체를 초래하며 형법의 일반예방적 기능이 손상된다는 우려에서 제기되는 견해이다. 이러한 이유로 독일에서 전체주의가 횡행하던 나치시대에는 아예 기대가능성을 형법이론상 인정하지 않으려고 하였다.

그러나 우리나라의 형벌규정은 상대적으로 구성요건상의 문언이 치밀하지도 못하고 내용이 엄격하여 이를 그대로 강행할 경우에 피고인에게는 과도한 처벌로 받아들여지기 쉬운 까닭에,[99] 구체적 사정에 따라 기대불가능성을 초법규적 책임조각사유로서 인정하여 형벌권력의 행사를 완화할 수 있는 통로

---

96) 권오걸, 365면; 김성돈, 389-90면; 김성천, 296면; 김/김, 440면; 손동권, 308면; 오영근, 438면; 이재상, 347면; 이형국, 208면; 정/박, 357면; 정영일, 294면; 진/이, 459면.

97) "증인으로 선서한 이상 진실대로 진술한다면 자신의 범죄를 시인하는 진술을 하는 것이 되고 증언을 거부하는 것은 자기의 범죄를 암시하는 것이 되어 증인에게 사실대로의 진술을 기대할 수 없다고 하더라도 형사소송법상 이러한 처지의 증인에게는 증언을 거부할 수 있는 권리를 인정하여 위증죄로부터의 탈출구를 마련하고 있는 만큼 적법행위의 기대가능성이 없다고 할 수 없으므로 선서한 증인이 증언거부권을 포기하고 허위의 진술을 하였다면 위증죄의 처벌을 면할 수 없다"(**대판 1987. 7. 7, 86 도 1724**－전원합의체). 기타 대판 1990. 10. 30, 90 도 1798; 1966. 3. 22, 65 도 1164; 1963. 8. 31, 63 도 165 등 참조.

98) 박상기, 255면; 배종대, 469면 이하; 조준현, 328면. 이에 대해 김/서, 409-10면에서는 원칙적으로 기대불가능성은 초법규적 책임조각사유가 아니지만, 부작위범이나 과실범 등 일부에서는 예외적으로 초법규적 책임조각사유가 된다고 본다.

99) 형벌권의 남용 또는 과도한 형벌은 그 자체가 또 하나의 악이요, 국가에 의하여 저질러지는 범죄라는 인식이 있어야 한다.

를 열어 놓을 필요가 있다고 본다. 그리고 우리 형법상 책임조각사유에 관한 규정이 충분치 못하다는 사정을 고려하여, 예컨대 면책적 긴급피난, 생명·신체 이외의 법익에 대한 협박으로 강요된 행위, 상사의 구속력있는 위법한 명령에 따른 행위, 의무의 충돌시 부득이 낮은 가치의 의무를 이행한 행위 등에 있어서는 초법규적 책임조각사유로서의 기대불가능성에 의하여 '구체적 타당성' 내지 구체적 정의를 도모해야 할 필요가 있다고 보아, 다수설의 입장이 타당하다고 하겠다.

Ⅳ. 적법행위기대불가능성의 책임조각요건

우리나라의 다수견해는-독일학계와는 달리-적법행위기대불가능성을 일반적인 초법규적 책임조각사유로 인정하는 입장이지만, 그 적용상의 확실성을 기하고 형법의 연화(軟化)라고 하는 위험성을 피하기 위하여 기대불가능성이 책임을 조각할 '요건' 내지 '적용한계'를 설정할 필요가 있다. 아래에서는 기대불가능성의 책임조각요건을 객관적 요건과 주관적 요건으로 분석해서 제시해 보고자 한다.

1. 객관적 요건

기대불가능성이 책임을 조각하기 위해서는 ① 적법행위를 기대하기 불가능한 '객관적 사정이 존재'해야 하고, ② 이러한 사정하에서 '위법행위'가 있었으며, ③ 위법행위가 그 사정을 피하기 위한 '유일한 수단'으로 행해져야 한다.

(1) 일정한 객관적 사정의 존재

일정한 객관적 사정의 존재란 자기 또는 타인의 이익에 대한 객관적 침해상태 내지 위험상태가 존재함을 의미한다. 예컨대 강요된 행위에 있어서 강제적 폭력하의 강제상태, 면책적 긴급피난에 있어서 현재의 위난상태, 의무의 충돌에 있어서 의무의 충돌상태 등을 말한다. 만일 일정한 객관적 사정이 존재하지 않음에도 불구하고 행위자가 그러한 사정이 존재하는 것으로 오신한 경우에는 기대가능성의 착오문제가 발생한다.

(2) 위법행위의 존재

일정한 객관적 사정하에서 행위자는 구성요건에 해당하고 위법한 행위로 나아갔어야 한다.

(3) 위법행위의 보충성

행위자가 처한 구체적·객관적 사정에 비추어 적법행위의 기대가 불가능하다는 것은 그 사정을 피하기 위하여 위법행위가 유일한 수단 내지 최후의 수단으로 행해져야 한다는 것을 의미한다(위법행위의 '보충성'). 보충성의 요건은 기대불가능성이 책임감경사유가 아니라 책임'조각'사유로 평가될 경우에 더욱 엄격하게 요구된다고 본다. 그리고 행위자에게 자신이 처한 객관적 사정을 법적으로 수인할 의무가 있는 경우에는 위법행위의 보충성이 인정되지 않는다고 해야 한다.

적법행위의 기대가 불가능하고 위법행위가 불가피했다는 보충성의 표현은 형법 제12조에서 '저항할 수 없는' 폭력 및 '방어할 방법이 없는' 협박이어야 한다는 요건, 의무의 충돌에서 '실질적' 충돌일 것이라는 요건, 상관의 위법한 명령을 수행한 부하의 행위에서 '절대적 구속력이 있는' 명령이라는 요건, 면책적 긴급피난에 있어서 '달리 피할 수 없는' 위난일 것이라는 요건 등에서 찾아볼 수 있다.

2. 주관적 요건

기대불가능성이 책임을 조각하기 위한 주관적 요건은 ① 적법행위를 기대하기 불가능한 객관적 사정을 행위자가 '인식'해야 하고, ② 위법행위의 보충성에 대하여 행위자가 '성실한 검토의무'를 다해야 한다는 것이다.

(1) 객관적 사정에 대한 행위자의 인식

행위자는 적법행위를 기대하기 불가능한 객관적 사정을 인식해야 한다. 만일 적법행위를 기대하기 불가능한 객관적 사정이 존재함에도 불구하고 행위자가 그 사정을 인식하지 못하고 위법행위를 했다면, 행위자에 대한 책임비난이 가능하다.

(2) 위법행위의 보충성에 대한 행위자의 성실한 검토의무

행위자는 자신이 처한 사태－구체적·객관적 사정－를 성실히 검토하여 달리 피할 방법이 없이 위법행위로 나아갈 수밖에 없는가 하는 의사결정, 즉 위법행위가 유일한 수단이라는 의사결정을 내렸어야 한다. 만일 적법행위로 사태를 피할 수 있었음에도 불구하고 사태를 성실히 검토하지 않았기 때문에

경솔히 위법행위로 나아갔다면, 행위자에 대한 책임비난이 가능하게 된다.

3. 이익형량의 문제

일정한 객관적 사정을 감수할 경우－즉 적법행위로 나아갈 경우—에 침해될 이익과 위법행위로 인하여 훼손된 이익 사이에 균형이 유지될 필요는 없다. 이 점은 의무의 충돌에서 뚜렷이 드러난다. 후술하는 바와 같이 의사의 선택적 응급구호에 있어서 중상자와 경상자를 동시에 구호해야 할 의무가 충돌하는 상황하에서 부득이 자신의 가족인 경상자를 구호하고 중상자를 방치한 의사의 부작위는 기대불가능성으로 책임이 조각될 수 있다. 또 비교형량이 불가능한 이익간에도 기대불가능성으로 책임이 조각될 수 있다. 위난에 처한 이익과 피난행위로 희생되는 이익이 모두 생명인, 이른바 '생명 대 생명의 면책적 긴급피난'이 그 예이다.

Ⅴ. 기대가능성의 착오

기대가능성의 착오란 "적법행위의 기대가 불가능한 사정이 존재하지 아니함에도 불구하고 행위자는 이를 존재한다고 오신한 경우"를 말한다. 예컨대 제12조에서 자신의 생명에 대한 협박이 없음에도 불구하고 이것이 존재한다고 오신하여 위법행위를 한 경우이다.

기대가능성의 착오에 관하여 형법은 아무런 규정도 두지 않고 있다. 기대가능성의 착오는 책임을 조각하는 행위상황에 대한 착오에 속하는 것으로서 '독자적인 성격의 착오'라고 하겠으나, 형법상의 모든 착오는 구성요건적 착오와 위법성의 착오라는 2대범주로 규율되고 있는 만큼 이 중 어느 착오로 취급해야 할 것인가 하는 문제로 귀착된다. 그렇다면 기대가능성의 착오는 결국 행위자에 대한 '비난가능성' 여부로 돌아간다는 점에 비추어, 위법성의 착오(제16조)를 유추하여 해결함이 타당하다고 생각한다. 따라서 기대가능성의 착오에 정당한 이유가 있으면－즉 회피불가능한 착오이면－책임이 조각되고, 정당한 이유가 없으면－즉 회피가능한 착오이면－책임을 인정하되 그 감경은 가능하다고 하겠다.[100)]

---

100) 독일형법 제35조 제2항은 면책적 긴급피난의 착오에 있어서 '회피가능한' 착오인 경우에

Ⅵ. 기대가능성이론의 적용

1. 형법상의 적용

형법 제12조는 기대불가능성의 하나로 '강요된 행위'를 규정하고 있고, 그 이외에 과잉방위(제21조 제2·3항), 과잉피난(제22조 제3항), 과잉자구행위(제23조 제2항)도 기대가능성이 없거나 감소된 경우에 해당하는 규정이며, 각칙에도 기대가능성이 표현된 규정들이 있다.

(1) 강요된 행위

강요된 행위(제12조)는 별도의 항목에서 상론하기로 한다.

(2) 과잉방위(제21조 제2·3항), 과잉피난(제22조 제3항), 과잉자구행위(제23조 제2항)

이러한 행위들은 형이 감경 또는 면제될 수 있는데, 그 근거는 기대가능성의 감소 또는 기대불가능성에 있다.

(3) 형법각칙상의 적용

① 친족간의 범인은닉(제151조 제2항)과 친족간의 증거인멸(제155조 제4항)을 처벌하지 않는 것은 기대불가능성을 이유로 한 책임조각으로 해석된다.

② 도주죄(제145조)의 법정형이 도주원조죄(제147조)보다 현저히 낮은 것은 기대가능성의 감소를 이유로 한 책임감경이다.

③ 위조통화취득 후의 지정행사죄(제210조)의 법정형이 위조통화행사죄(제207조)보다 현저히 낮은 것도 기대가능성의 감소를 이유로 한 책임감경으로 해석된다.

2. 초법규적 적용

형법에 규정이 없으나 기대불가능성을 이유로 해서 '초법규적으로' 책임이 조각되는 경우로는 다음과 같은 것이 거론된다.

(1) 면책적 긴급피난

동등한 이익간에 또는 비교형량이 곤란한 이익간에 충돌이 발생한 위난시에 불가피하게 그 중 하나의 이익을 희생시킨 경우에는 위법성이 조각되지 아니하고 기대불가능성을 이유로 한 책임조각이 가능하다. 이러한 면책적 긴급

한하여 처벌하되 형의 필요적 감경사유로 규정하고 있다.

피난은 우리 형법상으로는 초법규적으로 범죄성립이 조각된다.

(2) 절대적 구속력있는 상관의 위법한 직무명령을 수행한 부하의 행위

원래 상관의 위법한 명령에는 부하가 '법률상' 복종할 의무가 없다.[101] 예컨대 군형법 제44조도 상관의 '정당한' 명령에 대한 복종의무를 규정하고 있다.[102] 그러나 군대·경찰·정보기관과 같이 엄격한 '명령복종관계'에 있는 기구나 단체에서는 상관의 위법한 명령이 '사실상' 구속력을 갖기 때문에 상관의 명령이 절대적이어서 부하가 그 위법한 명령을 불가피하게 수행한 경우에는 기대불가능성을 이유로 하여 초법규적으로 책임이 조각될 수 있다.[103] 그러나 구체적 사정에 비추어 상관의 위법한 명령에 절대적 구속력이 있다고 인정되지 않으면, 그 명령을 수행한 부하는 면책되지 아니한다.

절대적 구속력이 있어서 부하가 면책되는 경우에 위법한 명령을 내린 상관은 부하의 위법행위에 대한 간접정범과[104] 강요죄로 처벌된다(상상적 경합).

(3) 의무의 충돌시 낮은 가치의 의무이행

의무의 충돌이 있는 경우에 부득이 낮은 가치의 의무를 이행하고 높은 가치의 의무를 방치한 부작위는 위법성이 조각되지 아니하고 기대불가능성을 이유로 한 책임조각이 가능하다. 예컨대 의사의 선택적 응급구호에 있어서 중상자와 경상자를 동시에 구호해야 할 의무가 충돌하는 경우에 부득이 자신의 가족인 경상자를 구호하고 중상자를 방치한 의사의 부작위는 기대불가능성으로 책임이 조각될 수 있다.

(4) 생명·신체 이외의 법익에 대한 강요된 행위

자기 또는 친족의 생명·신체 이외에 자유·비밀·명예·정조·재산 등의 법익에 대한 방어할 방법이 없는 협박에 의하여 강요된 행위는 제12조에 해당하지 않는다. 제12조에 규정되지 아니한 법익에 대한 협박이 있는 경우에는 기대불가능성을 이유로 하여 초법규적으로 책임이 조각될 수 있다고 본다.

---

101) 대공수사단 직원인 경찰관의 '박종철군 고문치사사건'에서 대법원은, 상관의 위법한 명령은 직무상의 지시명령이라 할 수 없으므로 하관(下官)이 이에 복종할 의무는 없다는 이유로 적법행위의 기대가능성을 인정하고 있다(**대판 1988. 2. 23, 87 도 2358**). 회사에 있어서 부하의 적법행위 기대가능성을 인정한 판례로는 대판 1999. 7. 23, 99 도 1911; 1986. 5. 27, 86 도 614 참조.

102) 대법원은 군대 내에서도 상관의 위법한 명령에는 복종할 의무가 없다고 판시하고 있다(**대판 1967. 1. 31, 66 도 1581; 1966. 1. 25, 65 도 997; 1963. 9. 26, 63 도 225 등**).

103) 이재상, 356면; 이형국, 208면; 진/이, 459면. 다만 상관의 위법한 명령이 형법 제12조 강요된 행위의 요건을 갖추는 경우에는 부하는 제12조에 의하여 책임이 조각된다.

104) 이 경우 상관은 대체로 형법 제34조 제2항의 특수교사로 가중처벌될 것이다.

Ⅶ. 강요된 행위

1. 의 의

제12조는 "저항할 수 없는 폭력이나 자기 또는 친족의 생명·신체에 대한 위해를 방어할 방법이 없는 협박에 의하여 강요된 행위는 벌하지 아니한다"라고 규정하고 있다. 제12조는 강제상태하에서는 행위자에게 적법행위의 기대가능성이 없다는 것을 이유로 하여 책임조각을 인정하는 대표적인 예시규정이다.

우리나라에서는 어로작업중 납북된 어부들이 연금상태에서 북한을 찬양·고무한 국가보안법위반행위와 과거 북한 공산치하에서 부득이 반공법 또는 국가보안법을 위반한 행위를 강요된 행위로 인정하여 무죄를 선고한 대법원 판결이 다수 있다.[105]

강요된 행위는 긴급상태하에서 위난을 피하기 위한 행위라는 점에서 '긴급피난', 특히 면책적 긴급피난과 유사한 점이 있다.[106] 그러나 ① 면책적 긴급피난은 자기 또는 타인의 법익에 대한 현재의 위난이 있으면 충분함에 비하여, 강요된 행위는 폭력 또는 협박으로 인하여 강요된 상태에 있었을 것을 요건으로 하므로 강요상태라고 하는 위난이 '위법'하다는 점에서 다르고, ② 면책적 긴급피난에 있어서는 충돌하는 이익 사이에 이익형량이 고려되지만, 강요된 행위에 있어서는 이익형량은 고려되지 않고 강요된 상태에서 적법행위의 기대가능성이 있었느냐 하는 보충성을 중시한다는 점에서 차이가 있으므로, 양자를 구별함이 타당하다고 하겠다.

2. 성립요건

저항할 수 없는 폭력이나 자기 또는 친족의 생명·신체에 대한 해악을 방어할 방법이 없는 협박에 의하여 강요된 행위임을 요한다. 이를 분설(分說)하면 다음과 같다.

---

105) 대판 1976. 9. 14, 75 도 414; 1972. 3. 28, 71 도 1558; 1971. 12. 14, 71 도 1657; 1969. 2. 18, 68 도 1809; 1968. 12. 6, 68 도 1329; 1961. 7. 13, 4293 형상 194; 1960. 10. 7, 4292 형상 829; 1956. 3. 6, 4288 형상 392 등.

106) 강요된 행위와 긴급피난의 유사성에 입각하여 독일형법은 독일의 구형법 제52조에 규정되었던 강요된 행위를 면책적 긴급피난의 규정(제35조)에 통합하여 규율하고 있다.

(1) 강제상태

강제상태는 저항할 수 없는 폭력에 의한 경우와 방어할 방법이 없는 협박에 의한 경우의 두 가지가 있다.

(가) 저항할 수 없는 폭력에 의한 강제상태

(a) 폭력의 의의 　폭력이란 "상대방의 저항을 억압하기 위하여 행사되는 유형력"을 말한다. 그리고 폭력은 그 강도에 따라 '절대적 폭력'(vis absoluta)과 '강제적 폭력'(vis compulsiva)으로 나누어진다. 전자는 육체적으로 일정한 행위를 하거나 하지 못하도록 절대적인 힘을 행사하는 물리적 폭력을 의미하며, 후자는 유형력이 의사형성에 영향을 미침으로써 일정한 행위를 하거나 하지 못하도록 하는 심리적 폭력을 의미한다. 절대적 폭력으로 강제상태하에 있는 자(被强要者)에게는 인간의 의사조차 없다고 보아 강제된 행위를 형법상의 행위라고 할 수 없다. 이 때 피강요자는 강요자의 생명없는 도구, 의사없는 도구에 지나지 않는다. 따라서 제12조는 절대적 폭력의 경우에는 적용되지 않고 '강제적 폭력'에 한하여 적용된다.[107]

폭력의 수단에는 제한이 없다. 또 폭력은 직접 사람에 대하여 행하여질 것을 요하지 않으며, 물건에 대한 유형력의 행사라 할지라도 간접적으로 사람의 의사형성에 영향을 미칠 수 있으면 된다.

(b) 폭력의 정도 　폭력은 상대방이 '저항할 수 없는 정도'이어야 한다(강요된 행위의 보충성). 저항할 수 없는 정도인가는 폭력 그 자체의 강도와 성질뿐만 아니라 구체적인 사정 및 피강요자의 특수성을 종합적으로 고려하여 판단해야 한다(구체적 사정을 고려한 객관적 판단).

(나) 방어할 방법이 없는 협박에 의한 강제상태

(a) 협박의 의의 　협박이란 "사람으로 하여금 공포심(외포심)을 일으키게 할 의사로 해악을 가할 것을 고지하는 것"을 말하며, 단순한 '경고'와는 구별된다. 협박은 반드시 명시적·외형적으로 행해질 것을 요하지 아니한다.

(b) 협박의 범위 　강요된 행위에 있어서의 협박은 자기 또는 친족의 '생명·신체'에 대한 것이어야 한다. 협박의 내용은 생명·신체에 대한 해악으로 한정된다. 생명·신체 이외에 자유·비밀·명예·정조·재산 등과 같은 법익에 대한 해악은 제12조에 포함되지 않고, 기대불가능성을 이유로 한 초법규적

107) 대판 1983. 12. 13, 83 도 2276.

책임조각사유로 해결된다.

협박의 내용인 해악은 '자기 또는 친족'에 대한 것이어야 한다. 친족의 범위는 민법에 의하여 결정된다. 내연관계에 있는 배우자와 사생아는 친족에 준한다고 보아 제12조에 포함된다고 해석되지만,[108] 약혼자, 애인, 절친한 친구 등에 대하여 해악을 가한다는 협박은 제12조에 포함되기 어려운 까닭에 기대불가능성을 이유로 한 초법규적 책임조각사유로 해결함이 타당하다.

(c) 협박의 성질과 정도 　　협박은 해악을 '방어할 방법이 없는 것'이어야 한다. 방어할 방법이 없다는 것은 해악을 저지하거나 회피할 수 없음을 의미한다. 즉 강요된 행위를 하는 것이 해악을 피하기 위한 유일한 방법이어야 한다는 '보충성'이 요구된다. 이러한 의미에서 제12조의 협박은 피강요자가 현실적으로 공포심을 일으켜서 의사의 자유를 침해받을 정도에 이르러야 한다.

방어할 방법이 없는 협박인가는 협박 그 자체의 강도와 성질뿐만 아니라 구체적인 사정 및 피강요자의 특수성을 종합적으로 고려하여 판단해야 한다(구체적 사정을 고려한 객관적 판단).

(2) 강요된 행위

피강요자의 강요된 행위가 있어야 한다. 강요된 행위란 폭력이나 협박에 의하여 피강요자의 의사의 자유가 침해되어 강요자가 요구하는 일정한 행위를 하는 것을 말한다. 여기에서 피강요자의 강요된 행위는 책임조각사유로서 논의되는 것이기 때문에 먼저 구성요건에 해당하고 위법할 것을 전제로 한다.

강요의 수단인 폭력 또는 협박과 강요된 행위 사이에는 인과관계가 있어야 한다. 인과관계가 없는 때에는 피강요자의 책임이 조각되지 않고 강요자와 공범이 될 수 있다. 또 피강요자는 강제상태에서 불가피하게 강요된 행위를 한다는 인식을 가져야 한다.

3. 효 과

피강요자의 강요된 행위는 적법행위의 기대가능성이 없으므로 책임이 조각되어 벌하지 아니한다. 이 때 강요자는 피강요자를 생명있는 도구로 이용한 '간접정범'이 되고, 그 밖에 강요죄(제324조)도 성립한다(양자의 상상적 경합).

---

108) 권오걸, 375면; 김/서, 422면; 박상기, 267면; 배종대, 483면; 손해목, 671면; 오영근, 436면; 이재상, 354면; 이형국, 211면; 정/박, 364면; 진/이, 466면.

제 5 장 범죄의 실현단계와 미수론

제 1 절 범죄의 실현단계와 미수론

Ⅰ. 범죄의 실현단계

형법상 범죄는 '기수(범)'를 기본형으로 한다. 그런데 고의범의 경우에 범죄를 그 실현단계의 측면에서 보자면, 일반적으로 범행의 결의→예비·음모→미수→기수→종료의 순서로 진척된다. 기수단계에 도달한 행위는 특히 구성요건을 '충족'하였다고 표현한다.

1. 범행의 결의

범행의 결의 내지 범죄의사는 외부로 드러나지 않고 내심의 의사로 머물러 있는 한 형법의 개입대상이 될 수 없다. 형법상 내심의 범죄의사를 처벌대상으로 삼는 '의사형법' 또는 '심정형법(心情刑法)'은 배척되고, 「행위형법의 원칙」이 철칙으로 되어 있다. "어느 누구든지 생각(사상)만으로는 처벌되지 아니한다"(cogitationis poenam nemo patitur)라는 법언이 단적으로 이 원칙을 대변하고 있다.

2. 예비(豫備)·음모(陰謀)

예비와 음모는 모두 범죄실현을 위한 준비단계로서 아직 실행의 착수에 이르지 아니한 일체의 행위를 말한다. 예비는 "범죄실현을 위한 외부적 준비행위"이며, 음모는 "2인 이상이 범죄실현을 위하여 합의하는 것"이다. 예비·음모는 범죄의 실행에 나아가기 '전'단계로서 법익침해의 위험성이 현저히 낮고 범죄의사도 확정적으로 드러나지 않기 때문에 원칙적으로 처벌되지 않는다. 그러나 살인죄·내란죄와 같이 매우 중대한 법익에 대한 범죄의 예비·음모는 형법이 미리 대처할 필요가 있는 까닭에 예외적으로 처벌하고 있다. 이러한 관점에서 형법 제28조는 "예비·음모는 법률에 특별한 규정이 없는 한 벌하지 아니한다"라고 규정하고 있다.

3. 미 수

예비·음모에서 미수단계로 넘어가는 경계가 '실행의 착수'이다. 미수란 "범죄의 실행에 착수하여 실행행위를 종료하지 못하였거나 종료하였더라도 결과가 발생하지 아니한 경우"를 말한다. 미수는 범죄의 미완성단계이지만 실행행위에 착수했다는 점에서 법익침해의 위험성과 범죄의사의 확실성이 예비·음모라는 준비단계와는 질적으로 다르므로 처벌할 필요성이 증대한다. 그러나 미수범을 처벌할 범죄도 형법각칙에서 규정한 경우에 한하고(제29조), 처벌하는 경우에도 형을 기수범보다 감경할 수 있다(임의적 감경: 제25조 제2항).

4. 기 수

기수(Vollendung)는 "범죄의 실행에 착수하여 구성요건을 완전히 실현한 경우"를 말하며, 범죄의 완성단계라는 점에서 범죄의 미완성단계에 있는 미수와 다르다. 형법각칙상의 범죄는 이 기수단계를 '기본형'으로 해서 '구성요건화'되어 있고 또 '형벌'이 법정되어 있다.

5. 범행의 종료

범행의 종료(Beendigung)란 "법익에 대한 침해행위가 실질적으로 끝난 경우"를 말한다. 기수는 구성요건이라는 '법률적 형식'을 기준으로 판단하지만, 실행행위의 종료는 행위자의 구체적 의사나 외부적 사정이라는 '사실상'의 기준으로 판단하는 점에서 양자를 구별할 수 있다. 예컨대 빈집에 들어가 금반지를 절취함으로써 절도의 기수에 도달하지만 행위자가 계속 훔칠 의사로 재물을 물색하고 있는 한 실행행위는 종료하지 아니하고, 또 살해행위에 착수하였으나 경찰관의 제지가 있은 경우에 아직 살인죄의 기수는 아니지만 경찰관의 제지라는 외부적 사정에 의하여 실행행위는 종료한다.

즉시범에서는 범행의 기수시기와 종료시기가 일치하는 것으로 평가됨에 비하여, 감금죄와 같은 계속범에서는 기수가 된 후에도 그 법익의 침해 내지

위태화가 계속되고 있는 동안에는 범죄행위가 종료되지 아니하고 계속되는 것으로 평가된다.

범행의 기수와 종료를 구별하는 실익은 ① 공소시효의 기산점은 기수시가 아닌 범행의 종료시이고(형소법 제252조 제1항), ② 기수 이후에도 범행이 종료되기 전까지는 방조범이 성립될 수 있으며, ③ 기수 이후라도 범행이 종료되기까지는 정당방위가 가능하다는 점 등에서 찾아볼 수 있다.

Ⅱ. 미수범의 공통적 구성요건

미수범의 성립에 공통된 구성요건은 형법 제25조 제1항에서 도출될 수 있는데, 주관적 요건으로서 고의와 객관적 요건으로서 실행의 착수 및 범죄의 미완성이 필요하다. 미수범의 구성요건은 기수범의 구성요건에 대한 '수정적' 구성요건이다. 따라서 미수범의 구성요건으로서 특별히 논의되지 않는 사항은 원칙적으로 기수범의 구성요건이론이 그대로 적용된다.

1. 주관적 요건

미수범의 주관적 구성요건은 기수범의 주관적 구성요건과 동일하다. 따라서 미수범에 있어서도 구성요건의 객관적 요소에 해당하는 사실의 인식·인용이라는 '고의'가 필요하고, 고의 이외에 목적·불법영득의사와 같은 초과주관적 요소가 필요한 범죄에 있어서는 그 미수범의 성립에 있어서도 '초과주관적 요소'가 구비되어야 한다. 그리고 미수범의 고의는 기수범의 고의와 동일해야 한다. 즉 미수범의 고의는 기수의 의사이어야 하고, 처음부터 미수에 그치겠다는 '미수의 고의'는 형법상 고의로 인정되지 않는다. 이 문제는 함정수사와 관련해서 '미수의 교사'를 미수범으로 처벌할 수 있는가라는 관점에서 논의된다. 이에 관하여는 후술하기로 한다.

주의의무위반행위, 즉 과실행위는 있었으나 구성요건적 결과가 발생하지 않은 경우(예: 덜꺼진 담배꽁초를 부주의하게 가스취급현장에 버렸으나 다행히 불이 나지 않은 경우)에 '과실범의 미수'가 성립하고, 결과발생이 있으면 과실범의 기수가 성립한다. 그런데 현행형법은 과실범의 미수를 처벌하는 규정을 두고 있지 않으므로, 그 실익이 없다는 점에서 과실범의 미수는 논외로 되어 있다.

2. 실행의 착수가 있을 것

미수가 되기 위하여는 「실행의 착수」(Anfang der Ausführung)가 있어야 한다. 실행의 착수란 범죄의 실행행위를 개시하는 것을 의미한다. 실행의 착수가 있음으로 해서 범죄는 예비단계로부터 미수단계로 넘어가므로, 실행의 착수는 '예비와 미수의 구별선'이 된다. 실행의 착수에 있어서 핵심논제는 어느 시점에 실행의 착수가 있다고 볼 것인가 하는 "실행의 착수시기"의 문제이다. 이에 관하여는 다음과 같은 학설이 대립하고 있다.

(1) 객관설

객관설은 '행위'라고 하는 객관적 표준으로 실행의 착수시기를 정하려는 견해인데, 다시 형식적 객관설과 실질적 객관설로 나누어진다.

(가) 형식적 객관설 형식적 객관설은 "구성요건의 정형적 행위를 개시하거나 또는 정형적 행위의 일부를 실현한 때" 실행의 착수가 있다는 견해이다. 이에 의하면 절도죄는 절도의사로 서랍이나 장롱의 문을 여는 정도로는 아직 실행의 착수가 없고 재물을 손으로 잡을 때, 살인죄는 총의 방아쇠를 당길 때 비로소 실행의 착수가 있다고 한다.

이 학설은 구성요건적 행위의 정형성을 중시하는 객관주의의 입장에서 형법의 보장적 기능에 충실한 장점이 있지만, ① 범죄의 실행행위는 천태만상임에도 불구하고 실행행위의 정형성에 집착하므로 구체적 타당성을 기하기 어렵고, ② 구성요건적 행위의 전단계에 있는 행위에 대해서는 전혀 실행의 착수를 인정할 수 없다는 문제점이 있으며, ③ 간접정범과 격리범에 있어서 실행의 착수를 설명하기 어렵다는 비판도 가해지고 있다.

(나) 실질적 객관설 실질적 객관설은 보호법익의 관점에서 "보호법익에 대한 직접적 위태화를 야기하는 행위가 있었을 때" 또는 "법익침해의 제1의 행위가 있었을 때" 실행의 착수가 있다고 한다. 그 밖에 "자연적 파악에 의하면 구성요건적 행위와 필연적으로 관련되어 있으므로 구성요건적 행위의 구성부분으로 볼 수 있는 행위가 있을 때" 실행의 착수가 있다고 하는 '프랑크(Frank)의 공식'도 실질적 객관설의 하나이다. "법익침해에 밀접한 행위를 한 때" 실행의 착수가 있다고 하는 '밀접행위설'은 대법원이 절도죄에 있어서 취하고 있는 견해인데,[1] 이도 실질적 객관설에 속한다.

실질적 객관설은 보호법익의 관점에서 실행의 착수시기를 정하기 때문에 구성요건적 행위의 전단계에 있는 행위에 대해서도 실행의 착수를 인정할 수 있는 장점이 있지만, ① 법익침해의 위험성은 점증(漸增)하는 것인데 어느 시점에서 보호법익에 대한 직접적 위태화 또는 법익침해의 밀접성을 인정할 것인지가 명백치 않다는 문제점이 있고, ② 근본적으로 보아 형법상의 행위는 주관적 요소인 의사와 객관적 요소인 행태의 양자로 구성되는 것임에도 불구하고 행위자의 범행계획 내지 범죄의사를 전적으로 도외시하고 객관적 측면

1) 대법원은 "절도죄의 실행의 착수시기는 재물에 대한 타인의 사실상의 지배를 침해하는 데 밀접한 행위가 개시된 때라 할 것인 바 피해자소유 자동차 안에 들어 있는 밍크코트를 발견하고 이를 절취할 생각으로 공범이 위 차 옆에서 망을 보는 사이 위 차 오른쪽 앞문을 열려고 앞문 손잡이를 잡아당기다가 피해자에게 발각되었다면 절도의 실행에 착수하였다고 봄이 상당하다"고 판시하고(**대판** 1986. 12. 23, 86 **도** 2256), 다른 한편으로 "노상에 세워 놓은 자동차 안에 있는 물건을 훔칠 생각으로 자동차의 유리창을 통하여 그 내부를 손전등으로 비추어 본 것에 불과하다면 비록 유리창을 따기 위해 면장갑을 끼고 있었고 칼을 소지하고 있었다 하더라도 절도의 예비행위로 볼 수는 있겠으나 타인의 재물에 대한 지배를 침해하는 데 밀접한 행위를 한 것이라고는 볼 수 없어 절취행위의 착수에 이른 것이었다고 볼 수 없다"라고 한다(**대판** 1985. 4. 23, 85 **도** 464). "야간이 아닌 주간에 절도의 목적으로 다른 사람의 주거에 침입하여 절취할 재물의 물색행위를 시작하는 등 그에 대한 사실상의 지배를 침해하는 데에 밀접한 행위를 개시하면 절도죄의 실행에 착수한 것으로 보아야 한다. 이 사건에서 보면, 피고인은 범행 당일 피해자가 빨래를 걷으러 옥상으로 올라 간 사이에 피해자의 다세대주택에 절취할 재물을 찾으려고 신발을 신은 채 거실을 통하여 안방으로 들어가 여기저기를 둘러보고는 절취할 재물을 찾지 못하고 다시 거실로 나와서 두리번거리고 있다가 피해자가 현관문을 통하여 거실로 들어가다가 마주치게 된 사실을 인정할 수 있다. 이와 같이 피고인이 방 안으로 들어가다가 곧바로 피해자에게 발각되어 물색행위 등을 할 만한 시간적 여유가 없었던 경우가 아니고 피고인이 방 안까지 들어갔다가 절취할 재물을 찾지 못하고 거실로 돌아 나온 경우라면 피고인이 절도의 목적으로 침입한 이상 물색행위를 하는 등 재물에 대한 피해자의 사실상의 지배를 침해하는 데 밀접한 행위를 하였던 것으로 보아야 한다"(**대판** 2003. 6. 24, 2003 **도** 1985). 절도죄가 아니지만 참조할 만한 판례로는 "피고인은 일화 500만¥은 기탁화물로 부치고 일화 400만¥은 휴대용 가방에 넣어 국외로 반출하려고 하였던 것으로 넉넉히 인정할 수 있고, 외국환거래법 제28조 제1항 제3호에서 규정하는, 신고를 하지 아니하거나 허위로 신고하고 지급수단·귀금속 또는 증권을 수출하는 행위는 지급수단 등을 국외로 반출하기 위한 행위에 근접·밀착하는 행위가 행하여진 때에 그 실행의 착수가 있다고 할 것인데, 기록에 의하면 피고인이 일본으로 출국하기 위해 김해국제공항 1층에 도착하여 비행기표에 좌석을 지정받는 등 출국을 위한 탑승수속을 하면서 일화 500만¥을 감춰 놓은 김 상자를 기탁화물로 부친 이상 그 일화 500만¥에 대하여는 이미 이를 국외로 반출하기 위한 행위에 근접·밀착한 행위가 이루어졌다고 보아야 하므로 그 실행의 착수가 있었다고 할 것이지만, 나머지 일화 400만¥은 피고인이 휴대용 가방에 넣어 가지고 비행기에 탑승하려고 하였으므로 이 부분에 대하여는 일화 400만¥이 들어 있는 휴대용 가방을 보안검색대에 올려 놓거나 이를 휴대하고 통과하는 때에 비로소 실행의 착수가 있다고 볼 것이고, 피고인이 위 휴대용 가방을 가지고 보안검색대로 나아가지 않은 채 공항 내에서 탑승을 기다리고 있던 중에 체포되었다면 위 일화 400만¥에 대하여는 실행의 착수가 있었다고 볼 수는 없다"(**대판** 2001. 7. 27, 2000 **도** 4298).

만으로 실행의 착수시기를 정하려는 것은 잘못이라는 비판이 객관설 모두에게 가해지고 있다.

(2) 주관설

주관설은 객관적 행위가 아니라 행위자의 주관적 의사를 표준으로 해서 실행의 착수시기를 정하려는 학설이다. 따라서 주관설에 의하면, "범의의 성립이 그 수행적 행위에 의하여 확정적으로 인정될 때" 또는 "범죄적 의사의 비약적 표동(表動)이 있는 때" 실행의 착수가 있다고 한다. 대법원이 간첩죄에 있어서 간첩이 '국내에 잠입한 때'에 간첩행위의 실행의 착수가 있다고 판시하는 것은 주관설의 입장이다.[2)]

주관설에 대하여는 ① 예비도 범죄적 의사의 표현이므로 예비와 미수의 구별이 명확하지 않으며, ② 내부적 의사에 치중하여 구성요건의 정형성을 무시함으로써 죄형법정주의에 반할 위험성이 있고, ③ 고의라는 주관적 측면에 중점을 두면서도 그 수행적 행위라는 객관적 측면을 도외시할 수 없다는 비판이 가해진다.

(3) 절충설(주관적 객관설)

객관설과 주관설에 대한 비판에서 알 수 있듯이, 실행의 착수시기도 행위개념의 주관적 측면과 객관적 측면의 양자를 고려하는 절충적 입장에서 판단해야 한다. 절충설은 "행위자의 범행계획에 의하면 범죄적 의사가 당해 구성요건의 보호법익을 직접적으로 위태롭게 할 만한 행위 속에 명백히 나타난 때" 실행의 착수가 있다고 한다. 이 절충설은 '주관적 객관설'이라고도 하며, 현재 통설의 입장이다.[3)] 우리 형법은 실행의 착수시기에 관한 규정을 두고 있지 않지만, 독일형법 제22조는 "범행에 대한 자신의 표상에 비추어 구성요건의 실현을 직접적으로 개시한 자는 범행에 착수한 것이다"라고 하는 개념정의규정을 두어 절충설을 입법화하였다.

절충설에 따라 실행의 착수시기를 보다 더 구체적으로 살펴보자면, ① 구

2) 대법원은 "국가기밀을 탐지·수집하기 위하여 대한민국 지배지역 내에 잠입한 때에 그 기밀의 탐지나 수집행위의 착수가 있다고 보아야 한다"고 판시한다(**대판 1969. 10. 28, 69 도 1606**). 또 대판 1961. 9. 28, 4294 형상 232; 1958. 12. 26, 4291 형상 462 참조.

3) 권오걸, 447면; 김성돈, 410면; 김성천, 317면; 김/김, 466면; 김신규, 412면; 김/서, 515면; 박상기, 338면; 배종대, 491면; 성낙현, 492면; 손동권, 401-2면; 신동운, 461면; 안동준, 181면; 오영근, 484면; 이상돈, 480면; 이재상, 360면; 이형국, 236면; 정/박, 339면; 정영일, 332면; 조준현, 336면; 진/이, 487면.

성요건적 행위의 일부를 실현한 때 또는 결합범의 일부를 이루는 행위를 개시한 때에는 실행의 착수를 인정할 수 있다. 사기죄에 있어서 기망행위를 한 때는 전자의 예이고, 강도죄에 있어서 폭행·협박을 한 때는 후자의 예이다. 야간주거침입절도죄(제330조)의 실행의 착수시기는 주거에 침입한 때이다.[4] ② 구성요건적 행위가 개시되지 아니한 때에도 '구성요건실현을 위한 직접적 행위'가 있으면 실행의 착수를 인정할 수 있다. 예컨대 절도죄에 있어서 절취할 재물을 물색한다거나[5] 이에 접근한 때이다. 여기에서 구성요건실현에 대한 행위의 '직접성'이란 구성요건적 행위에 시간적·장소적으로 밀착된 때,[6] 구성요건을 실현하기 위하여 또 다른 본질적인 중간단계의 행위가 더 이상 필요하지 않게 된 때를 의미한다. ③ 구성요건실현을 위한 직접적 행위인가의 여부는 객관적 관점에서만 판단할 것이 아니라 행위자의 '전체적 범행계획'을 고려하여 판단해야 한다. 예컨대 폭행·협박행위가 있었을 때, 이것이 강도죄의 실행의 착수인가 아니면 강간죄 또는 강요죄의 실행의 착수인가는 행위자의 범행계획 및 범죄의사를 고려해서 판단될 문제이다. 그리고 객관적으로 구성요건실현에 직접 연결되는 행위라 하더라도 행위자의 범행계획과 무관한 것이면 실행의 착수가 부정된다.

(4) 개별적 범죄유형에 있어서 실행의 착수시기

(가) 간접정범 간접정범의 실행의 착수시기에 관하여는 ① 이용자가 피이용자를 이용하는 행위를 한 때라는 견해,[7] ② 피이용자가 현실적으로 범죄

---

4) 대판 1984. 12. 26, 84 도 2433; 1983. 3. 8, 83 도 145 등. 야간에 아파트의 베란다 철제난간에 올라가 유리창문을 열려고 시도한 경우 야간주거침입절도죄의 실행에 착수한 것으로 본 대판 2003. 10. 24, 2003 도 4417. 그러나 다세대주택의 가스배관을 타고 올라간 것만으로는 야간주거침입절도죄의 실행의 착수에 이르지 못했다는 대판 2008. 3. 27, 2008 도 917.

5) "피고인이 금품을 훔칠 목적으로 판시 피해자의 집에 담을 넘어 침입하여 그 집 부엌에서 금품을 물색하던 중에 발각되어 도주한 것이라면, 이는 절취행위에 착수한 것"(**대판 1987. 1. 20, 86 도 2199.** 同旨, 대판 1984. 3. 13, 84 도 71).

6) "필로폰을 매수하려는 자로부터 필로폰을 구해 달라는 부탁과 함께 금전을 지급받았다고 하더라도, 당시 피고인이 필로폰을 소지 또는 입수한 상태에 있었거나 그것이 가능하였다는 등 매매행위에 근접·밀착한 상태에서 그 대금을 지급받은 것이 아니라 단순히 필로폰을 구해 달라는 부탁과 함께 대금 명목으로 금전을 지급받은 것에 불과한 경우에는 필로폰 매매행위의 실행의 착수에 이른 것이라고 볼 수 없다"(대판 2015. 3. 20, 2014 도 16920. 同旨, 대판 2008. 5. 29, 2008 도 2392).

7) 권오걸, 617면; 김성돈, 628면; 김신규, 420면; 박상기, 340면; 안동준, 182면; 이재상, 368면. 김/서, 521면은 이용자의 행위를 기준으로 하되 이용행위 후 피이용자가 이용자의 행위권을 벗어난 단계가 되어야 한다고 한다.

행위를 개시한 때라는 견해,[8] ③ 피이용자가 선의의 도구인 경우에는 이용자의 이용행위시에, 피이용자가 악의의 도구인 경우에는 피이용자의 실행행위시에 실행의 착수가 있다는 견해가[9] 대립하고 있다. 간접정범에 있어서 피이용자는 이용자의 도구에 불과하고 피이용자의 행위는 이용자의 행위의 연장에 지나지 않아서 당해 구성요건의 보호법익을 직접적으로 위태롭게 할 만한 행위는 '이용자의 행위'라고 할 것이므로, 이를 표준으로 실행의 착수시기를 정함이 타당하다.

(나) 공 범 공동정범에 있어서의 실행의 착수시기는 공동정범자 개개인의 행위를 기준으로 해서 판단할 것이 아니고 공동정범자의 전체 행위를 기준으로 정해야 한다. 따라서 공동정범자 중 1인이 공동의 범행계획에 따라 실행에 착수하였다면 다른 공동정범자가 아직 구체적 실행에 나아가지 아니하였더라도 전체적으로 실행의 착수가 인정된다. 다만 다른 공동정범자가 형사책임을 지게 되는 것은 실행행위의 분담이 있을 경우에 한한다.

협의의 공범인 교사범과 방조범의 실행의 착수는 공범종속성설에 입각하여 정범의 실행의 착수에 종속한다.

(다) 결합범 폭행·협박행위와 절취행위가 결합한 강도죄와 같이, 두 개 이상의 구성요건적 행위가 결합하여 1개의 구성요건을 이루고 있는 결합범에 있어서는, 절충설에 의하면 행위자의 범행계획을 고려하게 되므로 제1의 행위에 착수하게 됨으로써 결합범 전체로서의 실행의 착수가 있다고 보게 된다.

(라) 원인에 있어서 자유로운 행위 원인에 있어서 자유로운 행위의 가벌성을 '간접정범'과 동일한 논리구조로 뒷받침하는 학설, 즉 심신장애상태하의 자기자신을 생명있는 도구로 이용하는 구조로 파악하는 견해는 실행의 착수시기를 원인설정행위에 둘 것이다. 그러나 원인에 있어서 자유로운 행위의 가벌성의 근거를 '원인설정행위와 결과야기행위(심신장애상태하의 행위)의 불가분적 연관'에서 찾는 학설(다수설)은 실행의 착수시기를 결과야기행위에 두게 된다.[10]

---

8) 신동운, 663면; 이형국, 237면.

9) 김/김, 434면; 김종원, 8인 공저, 284면; 배종대, 618면; 손동권, 404면; 오영근, 638면; 정/박, 388면; 진/이, 698면.

10) 권오걸, 336면; 김성돈, 363면; 김성천, 328면; 김/김, 408면; 박상기, 232면; 배종대, 438면; 손해목, 855면; 안동준, 182면; 오영근, 418면; 이재상, 369면; 이형국, 192면; 정/박, 388면; 조준현, 306면; 진/이, 498면.

(마) 격리범(隔離犯) 격리범이란 "행위와 결과의 발생이 시간적 · 장소적으로 상이한 범죄"를 말하며, 여기에는 격시범(隔時犯)과 격지범(隔地犯)이 있을 수 있다. 예컨대 살해의 의사로 부산에서 독약이 든 음식물을 우송하여 서울에 사는 피해자가 받아먹고 사망한 경우이다. 격리범에 있어서도 우송기관은 범행의 도구에 지나지 않으므로 간접정범의 구조와 유사하다고 보아, 독약이 든 음식물의 탁송을 의뢰한 때에 실행의 착수가 있다고 본다.

(바) 부진정부작위범 부진정부작위범에 있어서는 외계(外界)에서의 동작이 없기 때문에 부작위를 순전히 규범적 관점에서 포착하여 실행의 착수시기를 판단해야 하는 어려움이 있다. 부작위범의 실행의 착수시기에 관하여는 '최초의' 구조가능성의 방임시점(放任時點)이라는 견해와 '최후의' 구조가능성의 방임시점이라는 견해가 대립한다. 그런데 작위의무자는 법익침해의 직접적 위험이 현존하면 '즉시' 그 위험을 제거할 작위에 나아가야 하므로, 부작위가 "보호법익에 대하여 직접적 위험을 야기하거나 증대시킨 시점"을 실행의 착수시기로 보는 견해(다수설)가 타당하다고 본다.[11]

(사) 과실범 현행형법은 과실범의 미수를 처벌하는 규정을 두고 있지 않으므로, 그 실익이 없다는 점에서 과실범의 미수는 논외로 되어 있다. 또한 미수범이 처벌되는 이유는 비록 결과는 발생하지 않았지만 행위자의 범죄적 의사가 행위에 의하여 명백히 드러났기 때문이므로, 고의를 결하고 있는 과실범의 경우에는 미수를 거론할 여지가 없다고 하겠다.

3. 범죄의 미완성

미수범이 성립하려면 범죄가 완성에 이르지 않아야 한다. '범죄의 미완성'은 '미수와 기수의 구별선'이 된다. 범죄의 미완성은 '구성요건'을 표준으로 해서 판단하는 것이지 행위자의 주관적 목적이 달성되었느냐 하는 것과는 무관하다. 그리고 구성요건적 결과가 발생했다고 하더라도 행위와 결과 사이의 인과관계가 부정된다든가 결과의 객관적 귀속이 부정된다면 미수범이 성립한다.

범죄의 미완성에는 ① 착수한 실행행위 자체를 종료하지 못한 경우인 '착수미수'와 ② 실행행위는 종료하였으나 구성요건적 결과가 발생하지 아니한

---

11) 권오걸, 436면; 김성돈, 537면; 김성천, 325면; 김/서, 523면; 박상기, 341면; 손해목, 807면; 신동운, 533면; 이재상, 372면; 이형국, 238면; 정/박, 474면; 정영일, 339면; 진/이, 197면.

경우인 '실행미수'가 있다(제25조 제1항 참조). 우리 형법은 착수미수와 실행미수에 대하여 처벌상의 차이를 두고 있지 않으므로 그 구별의 실익은 크지 않다고 하겠으며, 다만 중지미수를 결정함에 있어서 의의가 있다.

Ⅲ. 미수의 처벌근거

범죄가 완성되지 않았음에도 불구하고 미수를 처벌하는 근거는 어디에 있는가 또 미수의 본질은 어디에 있는가라는 문제에 관하여 다음과 같은 학설이 대립하고 있다.

1. 객관설

객관설은 미수의 처벌근거를 행위자의 의사라는 행위반가치에서가 아니라 '법익침해의 직접적 위험성' 내지 '구성요건적 결과발생의 높은 개연성'이라는 결과반가치에서 찾는다. 예비와 미수 및 기수의 모든 행위단계에 있어서 고의는 동일하기 때문에 처벌의 차이는 객관적인 근거에 두지 않을 수 없다는 객관주의 범죄론의 입장이다. 이에 따르면 예비는 법익침해의 '간접적' 위험성, 미수는 법익침해의 '직접적' 위험성, 기수는 법익침해의 '현실화'라는 결과불법상의 차이를 인정할 수 있다.

객관설에 의하면 미수는 법익침해가 없으므로 법익이 침해된 기수에 비하여 형을 '필요적으로 감경'해야 하고, '불능범'은 법익침해의 위험성조차 없으므로 처벌을 부정하게 된다. 그러나 객관설은 ① 미수범의 처벌이 기수범에 대한 필요적 감경이어야 한다고 주장하는 점에서 '임의적' 감경으로 규정하고 있는 형법(제25조 제2항)의 입장과 일치하지 않고, ② 행위반가치를 전혀 고려하지 않는 점에서 비판이 가해진다.

2. 주관설

주관설은 미수의 처벌근거를 행위에 의하여 외부에 드러난 '범죄적 의사' 내지 '법적대적 의사'(法敵對的 意思)에 두는 견해로서, 불법내용에 있어서 행위반가치를 중시하는 주관주의 범죄론에서 주장된다. 실행의 착수에 의하여 행위자의 범죄적 의사 내지 법적대적 의사가 외부에 표현되고 법적 평온이 깨어진 이상, 보호법익에 대하여 직접 위험을 주지 않은 행위라고 하더라도 원칙적으로 처벌되어야 한다는 것이다.

따라서 주관설에 의하면 법적대적 의사가 동일하다는 점에서 미수도 기수와 '동일하게 처벌'해야 하고, 심지어 '불능범'도 법적대적 의사만큼은 표명되었다는 점에서 처벌해야 한다고 주장하게 된다. 그러나 주관설은 ① 미수범의 처벌이 기수범과 동일해야 한다고 주장하는 점에서 임의적 '감경'으로 규정하고 있는 형법의 입장과 일치하지 않고, ② 불능범을 처벌하지 않는 제27조에도 반하며, ③ 예비도 법적대적 의사가 드러난 이상 기수와 동일하게 처벌해야 할 것이므로 법적대적 의사라고 하는 주관적 요소만을 지나치게 강조한 나머지 심정형법 내지 의사형법으로 이행할 위험성이 있다는 비판이 가해진다.

3. 절충설(인상설)

절충설은 미수의 처벌'근거'는 '범죄적 의사'에 있지만, 미수의 '가벌성'은 '객관적 표준'에 의하여 '제한'된다는 견해이다(다수설).[12] 이 학설은 기본적으로 주관주의 미수론에서 출발하지만, 미수의 처벌'범위'를 객관적 표준으로 제한하고자 한다.

절충설 가운데 오늘날 독일의 다수설인 '인상설'(印象說, Eindruckstheorie)에 의하면,[13] "일반인이 미수행위로 인하여 법적 평온(법적 평화 내지 법적 안정성)이 교란된다는 사회심리적 인상을 받은 것"에서 미수의 처벌근거를 구하고 있다. 인상설은 예비에 있어서는 범죄적 의사는 있으나 일반인이 법적 평온의 교란이라는 인상을 받지 않았다는 점에서 미수와 구별하고 있고, 미수범의 처벌은 기수범에 대하여 '임의적 감경'으로 함이 마땅하다고 하며, 법적 평온의 교란이라는 인상을 주지 않는 불능범은 처벌하지 않아야 한다고 주장한다.

절충설은 ① 미수범의 처벌을 기수범에 대한 임의적 감경으로 하고 있는 형법의 입장과 일치하므로 해석론으로서 적합할 뿐만 아니라 ② 미수범의 처벌범위를 부당하게 제한하는 객관설과 미수범의 처벌범위를 지나치게 확장하는 주관설의 문제점을 보완할 수 있다는 점에서 타당한 견해로 평가된다.

---

12) 권오걸, 447면; 김성돈, 405면; 김/김, 466면; 배종대, 491면; 손동권, 399면; 오영근, 479면; 이재상, 360면; 이형국, 233면; 정/박, 382면; 정영일, 332면; 진/이, 487면.

13) 우리나라에서 인상설의 지지자로는 김/서, 515면; 박상기, 338면.

Ⅳ. 형법상 미수의 처벌과 미수범의 체계

형법 제29조는 "미수범을 처벌할 죄는 각칙의 해당 죄에서 정한다"고 하고 있으며, 처벌하는 경우에도 "미수범의 형은 기수범보다 감경할 수 있다"고 규정하고 있다(제25조 제2항).

형법상 미수범의 종류와 그 처벌을 살펴보자면, ① 범죄가 외부적 장애로 인하여 완성되지 않은 경우에 기수범에 대한 형의 '임의적 감경'사유로 규정되어 있는 제25조의 (협의의) '장애미수'와 ② 범죄의 미완성이 행위자의 자의(自意)에 의한 중지에 기한 경우에 형의 '필요적 감면'사유로 규정되어 있는 제26조의 '중지미수' 및 ③ 행위의 수단 또는 대상의 착오로 인하여 결과의 발생이 불가능하지만 위험성이 있으므로 처벌하되 형의 '임의적 감면'사유로 규정되어 있는 제27조의 '불능미수' 등 세 가지가 있다.

따라서 형법상 '미수범의 체계'는 제25조의 협의의 장애미수, 제26조의 중지미수, 제27조의 불능미수로 구성되며, 협의의 장애미수와 불능미수가 합하여 광의의 장애미수를 이룬다.

Ⅴ. 미수범의 경합

1개의 행위가 두 가지 이상의 미수에 해당하는 경우에는 미수범의 경합문제가 발생한다. 예컨대 소화제를 독약으로 오인하고 상대방에게 먹인 후 이내 후회하여 해독제를 투여하였다면 불능미수범과 중지미수범의 성립이 경합한다. 이처럼 미수범의 성립이 경합하는 경우에 그 해결원리는 다음과 같은 죄수론에서 찾아볼 수 있다.

① 협의의 장애미수범은 모든 미수범의 성립에 공통된 기본적 구성요건을 갖추고 있다. 따라서 일반법인 협의의 장애미수범(제25조)에 대하여 중지미수범(제26조)과 불능미수범(제27조)은 특별법의 지위에 있다(법조경합 중 특별관계).

② 불능미수범과 중지미수범이 경합하는 경우에는 행위자에게 유리한 규정이 우선 적용되어야 할 것이므로, 주법(主法)인 중지미수범(제26조)에 대하여 불능미수범(제27조)은 보충법의 지위에 있다(법조경합 중 보충관계).

제2절 예 비 죄

Ⅰ. 예비의 의의

예비란 "범죄실현을 위한 외부적 형태의 준비행위로서 아직 실행의 착수에 이르지 아니한 경우"를 말하며, 예비행위를 처벌하는 범죄가 예비죄이다. 살인하기 위하여 독약을 구입하거나 방화하기 위하여 인화물질을 준비하는 등의 행위가 예비이다.

예비는 범죄의 준비 '행위'로서 의사가 '객관화'되었다는 점에서 단순한 범죄의 결의와 구별되고, '실행의 착수'에 이르기 전의 단계란 점에서 미수와 구별된다. 음모도 범죄의 '준비'행위이지만,[14] 음모는 범죄실현을 위한 2인 이상의 '심리적' 형태의 준비행위임에 비하여, 예비는 심리적 형태 이외의 외부적 준비행위라는 점에서 구별되며, 양자가 시간적 선후관계에 있는 것은 아니다.[15] 형법은 예비와 음모를 항상 병렬적으로 규정하여 처벌하고 있기 때문에 양자의 구별실익은 없다고 하겠다.[16]

Ⅱ. 예비의 처벌

예비는 범죄의 실행에 착수하기 이전단계이므로 아직 법익침해의 '직접적' 위험성이 없으며 범죄의사도 '확정적으로' 포착되지 않기 때문에 원칙적으로 당벌성과 필벌성이 없다고 할 수 있다. 그러나 매우 중대한 범죄의 예비행위에 대하여는 형법이 미리 대처할 필요가 있다. 예비를 처벌하는 규정을 두는

14) "음모란 2인 이상의 자 사이에 성립한 범죄실행의 합의를 말하는 것으로, 범죄실행의 합의가 있다고 하기 위하여는 단순히 범죄결심을 외부에 표시·전달하는 것만으로는 부족하고, 객관적으로 보아 특정한 범죄의 실행을 위한 준비행위라는 것이 명백히 인식되고, 그 합의에 실질적인 위험성이 인정될 때에 비로소 음모죄가 성립한다"(**대판 1999. 11. 12, 99 도 3801**).

15) 이러한 견해에 반대하여, 음모는 예비에 선행하는 범죄발전의 일단계라고 주장하는 학자(정/박, 369면)도 있다.

16) 同旨, 김/서, 546면. 다만 부수형법에서는 예비와 음모를 구별하여 처벌하는 수가 있다. 예컨대 관세법 제271조 제3항에서는 관세포탈(제270조)과 밀수출입(제269조) 등의 예비만을 처벌하고 음모는 제외하고 있다. 관련판례로는 대판 1986. 6. 24, 86 도 437 참조.

경우에도 예비죄의 법정형은 실행의 착수 이후 단계의 범죄(기수범 및 미수범)보다 낮아야 함이 죄형법정주의(죄형균형의 원칙)에 부합한다.[17] 제28조는 "범죄의 음모 또는 예비행위가 실행의 착수에 이르지 아니한 때에는 특별한 규정이 없는 한 벌하지 아니한다"라고 규정하고, 형법각칙에서는 살인죄·강도죄·강간죄[18]·국외이송목적약취유인죄·내란죄·외환유치죄·간첩죄·폭발물사용죄·도주원조죄·방화죄·통화위조죄·유가증권위조죄 등 중대한 범죄에 한하여 예비를 특별히 처벌하는 규정을 두고 있다.

Ⅲ. 예비죄의 법적 성격

예비죄의 법적 성격은 기본범죄에 대한 관계에서 예비죄를 어떻게 이해할 것인가 하는 점과 예비행위 그 자체를 형법상 독자적인 실행행위로 인정할 수 있을 것인가 하는 점에서 논의되며, 예비죄의 중지미수와 공범에 관한 문제를 해결하는 원리가 된다.

1. 기본범죄에 대한 관계

기본범죄에 대한 관계에서 예비죄를 어떻게 이해할 것인가에 관하여는 기본적으로 발현형태설과 독립범죄설이 대립하고 있다.

(1) 발현형태설

예비죄는 그 자체가 독립적인 범죄유형 내지 독립적 구성요건으로 규정되어 있는 것이 아니라, 중대한 범죄의 처벌범위를 그 준비단계로까지 확장한 것으로서 기본범죄의 '수정적' 구성요건 내지 기본범죄의 '발현형태'에 불과하다는 견해이다(다수설).[19]

---

17) '특정범죄 가중처벌 등에 관한 법률' 제6조 제7항이 밀수출입(관세법 제269조)의 '예비'를 '본죄'(기수범을 의미 - 저자 註)에 준하여 처벌하도록 규정한 것은 책임과 형벌 간의 비례원칙과 형벌체계상의 균형성에 위배되어 위헌이라는 헌법재판소의 결정(헌재 2019. 2. 28, 2016 헌가 13-전원재판부)이 있다.

18) 2020. 5. 19. 형법개정에서 신설된 제305조의3(예비, 음모)은 제297조(강간), 제297조의2(유사강간), 제299조(준강간죄에 한정함), 제301조(강간 등 상해죄에 한정함), 제305조(미성년자에 대한 간음, 추행)의 죄를 범할 목적으로 예비 또는 음모한 사람을 3년 이하의 징역에 처한다.

19) 권오걸, 491면; 김성돈, 444면; 김성천, 365면; 김/김, 530면; 김신규, 455면; 박상기, 334면; 손동권, 446면; 신동운, 537면; 안동준, 206면; 오영근, 493면; 이재상, 409면; 이형국, 224면; 정/박, 372면; 정영일, 369면; 진/이, 476면.

(2) 독립범죄설

예비죄를 기본범죄와는 별개의 독립된 범죄유형으로 이해하는 견해이다.[20] 예비죄의 처벌은 형법상 "…죄를 범할 목적으로 예비한 자"라는 목적범의 형식으로 규정되어 있고 그 처벌도 독립적으로 규정되어 있다는 이유로, 예비죄가 독자적인 불법의 실질을 갖추고 있다고 한다.

(3) 결 론

예비는 ① 법익침해의 직접적 위험성이 없고, ② 범죄의사의 외부적 확정이 쉽지 않으며, ③ 예비행위의 구성요건적 정형화원칙을 기하기 어려운 까닭에, 형법의 '보장적 기능'과 예민한 갈등관계에 있다. 그러므로 범죄의 기본형인 기수범의 구성요건에 적용될 원리가 예비죄에도 동일하게 요구되는 독립범죄설은 예비죄의 본질을 제대로 파악하지 못한 견해라고 판단되고, 예비죄는 어디까지나 기본범죄에 대하여 예외적 처벌의 성격을 지니고 있으며 범죄발현의 한 단계에 불과한 것으로 이해함이 타당하다. 또 목적범으로서의 규정형식도 예비죄의 불충분한 행위정형성을 범죄의사의 확고함으로 보완할 필요가 있다는 법률의 주문으로 해석해야 할 것이다. 대법원도 예비죄를 독립된 구성요건으로 볼 수 없다고 한다.[21]

2. 예비죄의 실행행위성

예비죄를 독자적인 구성요건을 가진 독립범죄로 이해하는 학설에 의하면, 예비행위도 기본범죄의 실행행위와는 별개의 독립된 실행행위라고 이해하게 된다. 그러나 예비죄를 기본범죄의 발현형태로 보는 학설에서는 견해가 나누어지고 있다.

(1) 실행행위성의 긍정설

기본범죄에 대해서만 실행행위를 인정하는 것은 실행행위의 상대적 · 기능

---

20) 김/서, 548면; 배종대, 533면; 성낙현, 543면.

21) "형법 제28조에 의하면 범죄의 음모 또는 예비행위가 실행의 착수에 이르지 아니한 때에는 법률에 특별한 규정이 없는 한 벌하지 아니한다고 규정하여 예비죄의 처벌이 가져올 범죄의 구성요건을 부당하게 유추 내지 확장해석하는 것을 금지하고 있기 때문에 형법각칙의 예비죄를 처단하는 규정을 바로 독립된 구성요건개념에 포함시킬 수는 없다고 하는 것이 죄형법정주의의 원칙에도 합당하는 해석이라 할 것이기 때문이다. 따라서 형법 전체의 정신에 비추어 예비의 단계에 있어서는 그 종범의 성립을 부정하고 있다고 보는 것이 타당한 해석이라고 할 것이다. 본건 강도예비죄가 형법상 독립된 구성요건에 해당하는 범죄라는 상고논지는 전술한 바와 같이 수긍할 수 없는 독자적인 견해라 할 것"(**대판** 1976. 5. 25, 75 도 1549).

적 성격을 무시한 것이고, 예비죄도 수정적 구성요건인 이상 이에 대한 실행행위성을 인정할 수 있다는 견해이다(다수설).[22]

(2) 실행행위성의 부정설

실행행위는 기본범죄에 대한 정범의 실행에 한정되고, 예비행위는 무정형·무한정인 것이므로 예비의 실행행위성을 인정할 수 없다는 견해이다.[23]

(3) 결 론

예비죄도 구성요건이 있는 이상 예비죄의 구성요건적 '행위'가 있는 것은 당연하다. 문제는 예비죄의 구성요건적 행위를 독자적인 실행행위로 이해할 것인가 아니면 기본범죄의 실행행위의 수정에 불과한 것으로 이해할 것인가 하는 점에 있다. 예비죄를 기본범죄의 발현형태이며 수정적 구성요건으로 본다면, 예비행위는 기본행위와는 별개인 독자적인 실행행위가 아니라 어디까지나 실행행위 '이전의' 단계에 있으며 실행행위에 대하여 태아에 비유되는 성격의 행위로 이해함이 논리에 합당하다. 즉 예비행위는 기본범죄와 독립된 그 자체의 실행행위로서가 아니라, 항상 '기본범죄의 실행행위와 관련해서만' 의미를 가질 수 있는 '준비행위'로서 파악되어야 한다. '실행행위'란 실행에 착수한 '이후'단계에서의 개념이고, '예비'란 실행에 착수하기 '전'단계에서의 개념이므로, '예비의 실행행위'라는 표현, 즉 예비죄에 독자적인 실행행위가 있을 것인가라는 문제제기는 표현 자체에 논리적 모순이 내재되어 있어, 문제로서 성립될 수 없다.

Ⅳ. 성립요건

예비죄는 그 주관적 성립요건으로 예비의 고의와 기본범죄를 범할 목적이 필요하고, 그 객관적 성립요건으로 일정한 준비행위가 있어야 하되 실행의 착수에 이르지 않아야 한다.

1. 주관적 요건

예비죄의 고의를 분석해 보자면, ① 기본범죄(기본적 구성요건)에 대한 고

22) 권오걸, 492면; 김성돈, 445면; 김신규, 456면; 김/서, 548면; 성낙현, 543면; 손동권, 446면; 배종대, 533면; 안동춘, 206면; 이재상, 410면; 정/박, 370면; 진/이, 476면.

23) 김성천, 367면; 김/김, 531면; 신동운, 538면; 오영근, 494면; 이형국, 226면; 정영일, 370면.

의와 ② 기본범죄를 '준비한다는'(예비한다는) 고의로 나누어진다. 그런데 형법은 기본범죄에 대한 고의를 "…죄를 범할 목적으로 예비한 자"라고 규정함으로써 '고의보다 강고한 의지적 태도'인 '목적'으로 표현하고 있으므로, ①부분의 고의는 법률상 '목적'이란 개념에 '해소'되어 있다고 해석된다. 따라서 예비죄의 주관적 요건은 ① 기본범죄를 범할 목적과 ② 기본범죄를 준비한다는 예비의 고의(준비행위에 대한 고의) 두 부분으로 구성된다고 하겠다.[24]

예비죄는 형법상 목적범으로 규정되어 있으므로 기본범죄에 대한 미필적 고의로는 부족하다.[25]

2. 객관적 요건

예비죄가 성립하기 위하여는 범죄실현을 위한 외부적 준비행위로서 '예비행위'가 있어야 하지만, 실행의 착수에 이르러서는 안된다. 단순한 범행계획, 내심적 준비행위, 범죄의사의 표시는 예비가 아니다. 예비행위의 수단·방법에는 제한이 없으므로, 예비행위는 무정형·무한정이라고 할 수 있다.

그런데 예비행위의 무정형성은 형법의 '보장적 기능'을 침해할 우려가 있으므로, ① 예비행위는 특정한 범죄를 실현하기 위한 준비행위라는 것이 객관적으로 명확하게 인정되어야 하고, ② 기본범죄의 실현에 객관적으로 적합한 조건이 되는 행위여야 하며, ③ 범행의 착수에 시간적으로 근접한 관련성이 있어야 한다. 따라서 살인도구로 장난감 권총을 구입하는 행위처럼 목적한 범죄의 실현에 객관적으로 적합한 조건이 되지 못하는 소위 '불능예비'는 예비가 될 수 없다.

예비행위는 '물질적' 준비행위에 국한되지 않는다.[26] '인적' 준비행위라고 하더라도 2인 이상의 합의라고 하는 '심리적' 준비행위로서의 음모가 아닌 이상 예비가 될 수 있다. 예컨대 사전에 알리바이를 조작하기 위하여 대인접촉을

---

24) 권오걸, 492면; 김성돈, 449면; 김/서, 550면; 배종대, 534면; 오영근, 498면; 진/이, 477면. 반면에 기본범죄를 범할 목적을 목적범의 목적이 아니라 고의의 내용으로 파악하는 견해로는 김성천, 368면; 박상기, 335면; 정/박, 374면; 신동운, 540면이 있다. 판례는 "형법 제255조, 제250조의 살인예비죄가 성립하기 위하여는 형법 제255조에서 명문으로 요구하는 살인죄를 범할 목적 외에도 살인의 준비에 관한 고의가 있어야 하며…"라고 하여 예비죄가 목적범임을 밝히고 있다(**대판** 2009. 10. 29, 2009 도 7150).

25) 예비죄는 형법상 목적범으로 규정되어 있으므로, 과실범의 예비는 형법상 의미가 없다.

26) 김/서, 550면; 배종대, 535면; 오영근, 496면; 이재상, 412면; 정/박, 374면; 진/이, 480면.

한다든가, 절도에 앞서 장물을 처분할 사람을 확보하는 행위는 인적 준비행위로서 예비에 해당한다.

그 밖에 예비에는 자기예비 이외에 타인예비를 포함시킬 것인가 하는 문제가 있다. 여기에서 '자기예비'란 자기 스스로 범죄의 실행행위를 할 목적으로 준비행위를 하는 것을 말하고, '타인예비'란 타인의 범죄실행행위를 위한 준비행위를 말한다. 이 구별은 예비죄에 있어서의 '정범과 공범의 구별'에 해당한다고 보아 타인예비를 자기예비와 동일하게 평가할 수는 없으며, 타인예비를 예비행위에서 제외하는 견해가 타당하다고 하겠다(다수설).[27]

① 타인예비의 경우에는 예비죄의 주관적 성립요건인 '기본범죄를 범할 목적'이 결여되어 있으므로 예비죄의 정범이 된다고 할 수 없고, ② 타인예비에 대하여 예비죄의 정범 성립을 인정한다면 타인의 실행행위 여부에 따라 타인의 범행에 대한 공범(방조범)이 되기도 하고 예비죄의 정범이 되기도 하는 이론적 혼란이 초래되는 문제점이 있다. 따라서 타인예비행위는 타인의 범죄에 대한 '방조'에 해당하는 것으로 보아야 한다. 타인의 범죄가 예비단계에 머물러 있을 때, 예비의 방조를 처벌할 것인가는 후술하는 바와 같이 견해의 대립이 있다.

Ⅴ. 예비죄의 공범

기본범죄에 대한 실행의 착수에 이르지 아니한 예비죄에 대하여 공동정범, 교사범, 방조범이 성립될 수 있는가가 문제된다.

1. 예비죄의 공동정범

2인 이상이 공동하여 범죄를 실현하고자 하였으나 가벌적 예비단계에 그친 경우에 예비죄의 공동정범이 성립한다는 것이 다수설인데,[28] 예비죄의 공동정범자 사이에 범행을 공동실행한다는 합의가 당연히 존재할 것이므로 직

27) 권오걸, 493면; 김성돈, 448면; 김/김, 530면; 김신규, 459면; 김/서, 549면; 박상기, 335면; 배종대, 535면; 성낙현, 546면; 손동권, 449면; 신동운, 543면; 안동준, 208면; 오영근, 497면; 이재상, 413면; 이형국, 225면; 정/박, 375면; 정영일, 372면; 진/이, 480면.

28) 김/서, 552면; 박상기, 342면; 배종대, 536면; 신동운, 545면; 안동준, 209면; 오영근, 500면; 이재상, 414면; 이형국, 225면; 정/박, 380면; 진/이, 483면.

접 기본범죄에 대한 '음모죄'가 성립한다는 결론이 사리에 합당하다고 본다.

2. 예비죄의 교사범

예비의 교사는 두 가지 경우로 나누어 보아야 한다. 즉 ① 피교사자의 행위가 예비에 그칠 것을 처음부터 인식하고 교사한 경우에는 교사자의 고의가 부정되므로 교사자는 불가벌이지만, ② 피교사자가 실행행위에 나아가 결과까지도 발생시킬 것을 인식·인용하고 교사하였으나 피교사자가 예비에 그친 경우는 형법 제31조 제2항에 규정된 '효과없는 교사'에 해당하는 것이므로 교사자를 "음모 또는 예비에 준하여" 처벌하게 된다.

3. 예비죄의 방조범

예비죄의 공범의 문제는 바로 예비죄의 방조범을 긍정할 것인가에 초점이 모아지고 있다.

예컨대 살인예비로 권총을 구입하는 사람에게 구입자금을 제공한 행위를 살인예비죄(제255조)의 방조범(제32조)으로 처벌할 수 있는가 하는 문제이다.

이에 대하여 ① 정범이 예비죄로 처벌되는 이상 예비죄의 방조범이 처벌되는 것은 공범종속성설의 당연한 결론이고, ② 예비행위의 '실행행위성'을 인정한다면 이에 대한 방조범의 성립이 가능하다고 하는 긍정설(可罰說)이 있다.[29]

그러나 ① 공범종속성설에 의하더라도 방조범이 성립하려면 정범의 실행행위가 있어야 하는데 정범의 예비행위는 아직 실행행위성이 없으므로 이에 대한 방조범이 성립될 수 없고, ② 예비죄의 처벌은 '예외적'이라는 점(제28조)과 방조범의 처벌도 정범의 형에 대한 필요적 감경(제32조 제2항)으로서 죄질(불법)이 경하다는 점을 형법의 보충성 내지 최후수단성에 비추어 보자면 예비죄의 방조범처벌을 '자제'하는 것이 바람직하며, ③ 예비행위는 구성요건적 정형성을 갖추지 못하므로 예비죄에 대한 방조범을 처벌하면 처벌의 범위가 부당하게 확대될 위험이 있고, ④ 기도된 교사와는 달리 '기도된 방조'를 처벌하지 않는 형법의 취지를 고려하여, 예비죄의 방조범을 처벌하지 아니하는 부정설(不可罰說)이 타당하다고 본다.[30] 판례는 부정설의 입장에 서 있다.[31]

---

29) 김/서, 654면; 성낙현, 549면; 안동준, 210면.

30) 권오걸, 495면; 김성돈, 661면; 김성천, 373면; 박상기, 337면; 배종대, 537면; 신동운, 547면; 오영근, 501면; 이재상, 415면; 이형국, 230면; 정/박, 380면; 정영일, 374면.

Ⅵ. 예비의 중지

예비행위는 실행행위 이전의 단계인데 미수는 실행행위에 착수한 이후의 단계이므로, 예비의 미수란 있을 수 없다. 다만 예비행위를 한 자가 실행행위에 착수하기 전에 자의로 범행을 포기하거나 예비행위 자체를 자의로 중지한 경우에 중지미수를 규정한 제26조를 준용하여 형의 필요적 감경 또는 면제를 인정할 수 있는가 하는 문제가 있다. 예컨대 살인의 예비로 권총을 구입했다가 자의로 범행을 포기하고 그 권총을 강물에 내버린 경우에 살인예비죄(제255조)의 중지범으로 처벌할 것인가 아니면 이를 부정하고 살인예비죄로 처벌할 것인가가 '예비의 중지'문제이다.

판례는 제26조의 중지미수가 "실행에 착수한 행위"의 중지를 요건으로 하고 있기 때문에, 실행의 착수가 있기 전인 예비행위에는 중지범의 관념을 인정할 수 없다는 부정설의 입장을 취하고 있다.[32]

그러나 부정설의 입장에 선다면 예비의 중지에 형의 감경·면제가 따르지 않게 되는 '처벌의 불균형'이 발생하므로,[33] 학설로는 이 처벌의 불균형을 시정하기 위하여 예비의 중지에 제26조를 준용해야 한다는 것이 다수 견해이다. 다만

31) "형법 제32조 제1항 소정 타인의 범죄란 정범이 범죄의 실현에 착수한 경우를 말하는 것이므로 종범이 처벌되기 위하여는 정범의 실행의 착수가 있는 경우에만 가능하고 형법 전체의 정신에 비추어 정범이 실행의 착수에 이르지 아니한 예비의 단계에 그친 경우에는 이에 가공하는 행위가 예비의 공동정범이 되는 경우를 제외하고는 종범의 성립을 부정하고 있다고 보는 것이 타당하다. 왜냐하면 범죄의 구성요건개념상 예비죄의 실행행위는 무정형, 무한정한 행위이고 종범의 행위도 부정형, 무한정한 것이고 형법 제28조에 의하면 범죄의 음모 또는 예비행위가 실행의 착수에 이르지 아니한 때에는 법률에 특별한 규정이 없는 한 벌하지 아니한다고 규정하여 예비죄의 처벌이 가져올 범죄의 구성요건을 부당하게 유추 내지 확장해석하는 것을 금지하고 있기 때문에 형법각칙의 예비죄를 처단하는 규정을 바로 독립된 구성요건개념에 포함시킬 수는 없다고 하는 것이 죄형법정주의의 원칙에도 합당하는 해석이라 할 것이기 때문이다. 따라서 형법 전체의 정신에 비추어 예비의 단계에 있어서는 그 종범의 성립을 부정하고 있다고 보는 것이 타당한 해석이라고 할 것이다. 본건 강도예비죄가 형법상 독립된 구성요건에 해당하는 범죄라는 상고논지는 전술한 바와 같이 수긍할 수 없는 독자적인 견해라 할 것"(**대판 1976. 5. 25, 75 도 1549**. 同旨, 대판 1979. 11. 27, 79 도 2201; 1978. 2. 28, 77 도 3406).

32) 김/서, 550면; 신동운, 500면; 하태훈, "미수범체계의 재정립", 형사법연구 제22호(특집호), 한국형사법학회, 2004. 12, 244-5면. 대판 1999. 4. 9, 99 도 424; 1991. 6. 25, 91 도 436; 1966. 7. 12, 66 도 617.

33) 만일 부정설의 입장에 선다면, 예비의 중지자가 제26조의 혜택을 받기 위해서는 일부러라도 '실행행위에 착수한 후에' 자의로 중지하여야 한다는 우스꽝스러운 결론이 된다.

준용을 긍정하는 경우에도 ① 형의 필요적 감면의 대상형(對象刑)을 '예비죄'의 법정형으로 하자는 견해[34]와 ② 예비의 형이 중지미수의 형보다 중한 한도에서 준용하자는 견해가(다수설)[35] 대립한다. 전자의 견해에 의하면 살인예비의 중지는 살인예비죄의 법정형인 10년 이하의 징역을 필요적으로 감면하여 5년 이하의 징역 또는 형의 면제가 된다. 후자의 견해에 의하면 10년 이하의 징역인 살인예비죄의 법정형이 살인의 중지미수의 처벌에 있어서 무기 또는 2년 6월 이상의 징역으로 감경되는 경우보다는 가벼우므로 준용할 필요가 없고, 형이 면제되는 경우보다는 중하므로 결국 제26조의 규정 중에서 '형의 면제' 부분만을 준용하면 된다고 한다.

후자는 형의 불균형을 시정하려는 데 주안점을 두는 견해이다. 그러나 ① 범행의 중지는 일면 행위자에 대한 책임비난을 감소·소멸시킨다는 측면과 ② 타면 중지미수의 혜택이 범행의 중지를 장려하려는 형사정책적 고려에 있다는 점에 주목한다면, 예비의 중지에도 이러한 정신을 동일하게 반영하여 예비죄의 법정형을 대상으로 형의 필요적 감면을 인정하려는 전자의 견해가 타당하다고 생각한다.

제 3 절 중지미수

Ⅰ. 의 의

중지미수(Rücktritt vom Versuch)란 "범죄의 실행에 착수한 자가 범죄의 완성에 이르기 전에 자의(自意)로 착수한 행위를 중지하거나 결과의 발생을 방지한 경우"를 말하며, '중지범'이라고도 한다. 예컨대 상대방을 살해하고자 독약을 먹였으나 곧 번의하여 상대방에게 해독제를 투여함으로써 사망을 방지한 경우에 살인죄의 중지미수가 성립한다.

형법 제26조는 중지미수를 형의 '필요적 감경 또는 면제'사유로 규정하고 있어서 미수범 중 가장 관대한 처벌을 하고 있다. 그러나 독일형법 제24조, 오스

34) 권오걸, 471면; 김성천, 351면; 오영근, 526면.

35) 김종원, 8인 공저, 298면; 박상기, 356면; 배종대, 516면; 안동준, 195면; 이재상, 391면; 이형국, 228면; 정/박, 377면; 정영일, 353면; 조준현, 349면; 진/이, 482면.

트리아형법 제16조, 그리스형법 제44조와 같이 중지미수를 아예 처벌하지 않는 입법례도 있다.

중지미수는 미수범의 일종으로서 범죄가 완성되지 못하였다는 점은 장애미수와 같으나 범죄의 미완성이 행위자의 자의에서 비롯되었다는 점에서 구별되고, 결과발생이 가능하였다는 점에서 행위의 수단 또는 대상의 착오로 인하여 결과의 발생이 불가능한 불능미수와 구별된다.

Ⅱ. 법적 성격

형법은 장애미수를 형의 임의적 감경사유(제25조)로 하고 불능미수를 형의 임의적 감면사유(제27조)로 함에 비하여, 중지미수는 형의 필요적 감면사유로 규정함으로써 미수범 중 가장 관대한 취급을 하는 이유에 대하여 견해가 대립되고 있는데, 이것이 바로 중지미수의 '법적 성격'에 관한 논의이다.

1. 형사정책설

형사정책설은 중지미수를 특별히 관대하게 취급하는 이유는 범죄가 기수에 이르는 것, 즉 범죄가 완성되는 것을 방지하려는 형사정책적인 고려에 있다는 견해이다. 형사정책설에 의하면, 중지미수에 대한 형의 필요적 감면을 이해함에 있어서 범죄는 성립하되 '인적 형벌조각사유 또는 형벌감경사유'가 되는 것으로 본다. 형사정책설에 속하는 것으로는 다음과 같은 설명들이 있다.[36]

(1) 황금의 다리이론

이 견해에 의하면, 중지미수의 관대한 규정은 "이미 범죄실행에 나아간 자에게 그 범행을 중지하거나 결과의 발생을 방지하여 적법의 세계로 '되돌아가기 위한 황금의 다리'가 된다"고 한다. 리스트(Liszt)의 주장이며, 과거 독일제국법원이 따르고 있었다.[37]

36) 우리나라의 다수 학자들은 보상설과 형벌목적설을 형사정책설과 다른 별개의 학설로 설명하고 있으나(박상기, 342-3면; 배종대, 504-5면; 손동권, 411-13면; 신동운, 478-9면; 오영근, 506-7면 이하; 이재상, 378-9면 이하; 정/박, 395면 이하), 후자에 포함시키는 것이 타당하다고 생각한다(同旨, 김성돈, 424면; 김/서, 534면).

37) RG St. 6/341; 63/158; 73/53 등.

(2) 보상설

보상설은 자의로 범행을 중지했다는 행위자의 공적에 대하여 법이 보상 내지 은사(恩赦)로서 관대한 취급을 하는 것이라고 설명한다.[38] '은사설' 또는 '공적설'이라고도 한다.

(3) 형벌목적설

형벌목적설에 의하면, 중지미수는 범죄의 실행의사가 범죄의 완성에 충분할 만큼 강하지 못하다는 것을 보여주는 것이므로 형벌의 목적, 즉 일반예방이나 특별예방의 목적에 비추어 형벌의 필요성이 없다고 할 수 있고, 따라서 중지미수를 관대히 취급한다고 한다. 독일연방법원이 취하는 입장이다.[39]

2. 법 률 설

법률설은 중지미수를 관대히 취급하는 이유를 형사정책적 근거에서가 아니라 '범죄성립요건' 안에서 찾고자 하는 견해이다.

(1) 불법소멸·감소설

불법내용 중 ① 행위반가치의 관점에서 보자면 중지의 '의사'는 고의의 행위불법을 소멸시키거나 감소시키고, ② 결과반가치의 관점에서 보자면 중지행위는 법익침해의 위험성이라는 결과불법을 소멸 또는 감소시킨다고 할 수 있으므로, 중지미수를 관대히 취급한다는 설명이다.

(2) 책임소멸·감소설

자의에 의한 중지는 행위자에 대한 비난가능성을 소멸 또는 감소시키는 것이므로 관대한 취급을 받는다고 하는 설명이다.[40] 책임감소·소멸설은 '책임개별화의 원칙'에 따라 공범의 중지미수에 있어서 중지한 1인의 중지의 효과가 중지하지 아니한 다른 공범의 책임을 소멸 또는 감소시키지 아니하므로, '중지효과의 개별화'를 기할 수 있는 장점이 있다.

3. 결 합 설

중지미수가 관대하게 취급되는 이유를 형사정책설과 법률설의 양자에 의하여 설명하려는 견해이다. 결합설은 형의 '면제'사유인 중지미수에 대하여는

---

38) 정/박, 395면.

39) BGH St. 9/52; 14/78 등. 우리나라에서 지지자는 김성천, 333면; 손동권, 413면.

40) 김성돈, 426면; 김종원, 8인 공저, 293면.

형사정책설로, 형의 '감경'사유인 중지미수에 대하여는 법률설로 설명하는데, 그 결합방법에 따라 ① 형사정책설과 불법감소설의 결합설 ② 형사정책설과 책임감소설의 결합설 등이 있을 수 있고, 이 중에서 ②의 견해가 우리나라의 다수설이라고 할 수 있다.[41]

4. 결 론

'형사정책설 일반'에 대한 비판으로는, 형사정책적 효과란 행위자가 중지미수를 관대하게 취급한다는 것을 미리 알고 있는 경우에 한해서 발휘되는 것인데, 형법은 이와 무관하게 항상 중지미수를 관대하게 취급하고 있으므로 형사정책설의 설명만으로는 충분치 못하다는 점이 지적된다.

법률설 중 '불법소멸·감소설'에 대한 비판으로는, 일단 발생한 행위의 불법성은 사후에 소멸 또는 감소될 성질의 것이 아니라는 점 그리고 중지미수가 불법을 소멸·감소하는 사유라고 이해하게 되면 '위법의 연대적 효과'에 따라 공범의 중지미수에 있어서 중지한 1인의 중지의 효과가 중지하지 아니한 다른 공범에게도 미치게 되는 부당함이 있다는 비판이 가해진다.

'결합설'의 문제점은 중지미수에 대한 '형의 면제'의 경우를 형사소송법 제321조 제1항에서 말하는 '유죄'판결의 일종인 형의 면제로 이해하려는 고정관념에서 배태되고 있다. 형법은 표현기술상 부득이하게 '범죄가 성립하지 않는 무죄의 경우'에도 '형을 면제'한다는 표현을 사용하는 경우－예컨대 제21조 제2항은 과잉방위행위에 대하여 그 형을 감경하거나 '면제'할 수 있다고 규정하는데 여기에서의 형의 면제를 다수설은 책임소멸사유로서 무죄가 되는 것으로 이해하고 있다－가 있으므로, 중지미수에 대한 형의 면제를 반드시 유죄의 일종으로 파악할 필요는 없고 범죄성립조각, 즉 무죄가 되는 경우로 이해하는 것도 무방하다고 본다. 제27조 불능미수에 대한 '형의 면제'도 불법조각으로서 무죄가 되는 경우라고 이해함이 타당하다.

결론적으로 중지미수에 대한 관대한 취급은 ① '형법적·법률적' 관점에서 보자면 '책임의 소멸·감소'에 그 이유가 있으며, ② '형사정책적' 관점에서 보자면 범행의 중지를 '장려'하고 그 중지에 대한 '보상'을 하고자 하는 취지를 갖는

41) 김/서, 535면; 성시탁, "중지범", 고시연구, 1975. 3, 110면; 이재상, 379면; 이형국, 246면; 정영일, 343면; 진/이, 502면. 그 밖에 권오걸, 460면; 오영근, 509면은 형사정책설과 불법감소설, 책임감소설을 결합해야 한다는 입장이다

것으로 이해함이 타당하다. 중지미수에 대한 관대한 취급을 형사정책적 이유로 설명했다고 해서 법률적 이유설명을 전적으로 배제하는 것은 아니며, 반대로 책임소멸·감소라는 법률적 이유로 설명했다고 해서 제26조의 형사정책적 의의를 도외시할 것도 아니다. 중지미수에 대한 형벌의 감경이든 면제이든 모두 '형사정책적 관점과 법률적 관점의 두 측면에서' 관대히 취급하는 이유를 조명해 보는 것이 올바른 태도라고 생각한다.[42)]

Ⅲ. 성립요건

중지미수는 범인이 실행에 착수한 행위를 자의로 중지하거나 그 행위로 인한 결과의 발생을 자의로 방지한 경우에 성립한다(제26조). 따라서 중지미수가 성립하기 위하여는 ① 주관적 요건으로서 미수범 일반의 공통적 구성요건 이외에 특수한 요건으로 '자의성'이 있어야 하고, ② 객관적 요건으로는 실행의 착수라는 일반적 요건 이외에 '실행의 중지' 또는 '결과의 방지'라고 하는 요건이 필요하다.

중지미수가 특별히 관대한 취급을 받는 이유는 무엇보다도 '자의'에 의한 중지라는 점에 있는 만큼, 자의성을 어떻게 판단하느냐에 논의의 초점이 모아지고 있다.

1. 자의성(주관적 요건)

중지미수는 범인이 '자의로'(freiwillig) 범행을 중지해야 한다. 이 '자의성'은 중지미수와 장애미수를 구별하는 기준이 된다. 자의성의 판단에 관하여는 다음과 같은 학설이 대립하고 있다.

(1) 내부적 동기설

내부적 동기설(종래의 객관설)은 외부적 사정과 내부적 동기를 구별하여, '외부적 사정'에 의하여 범죄가 완성되지 않은 경우는 '장애미수'이고, '내부적 동기'로 인하여 범죄가 완성되지 않은 경우는 '중지미수'라고 한다. 즉 내부적 동기에 기한 경우에 자의성을 인정한다(자의성=내부적 동기). 이에 의하면, 경찰

42) 이러한 관점에서 우리나라 대부분의 학자들이 형사정책설과 법률설을 상호배타적인 관계에 있는 것으로 보고, 중지미수에 대한 형의 '면제'는 보상설로 설명하는 한편, 형의 '감경'은 책임감소로 설명하는 일면적 태도는 잘못이라고 하겠다.

관이 순찰을 돌기에 범행을 중지한 경우는 외부적 사정으로 인한 장애미수가 되고, 범행 순간에 기분이 언짢거나 겁이 나서 그만둔 경우에는 내부적 동기로 인한 중지미수가 된다.

내부적 동기설은, 외부적 사정과 내부적 동기가 서로 절연되어 있는 것이 아니고 서로 얽혀 있어서 상호작용하는 관계에 있으므로, 구체적인 경우에 양자의 구별이 어렵다는 문제점을 가지고 있다. 예컨대 절취할 재물의 가치가 근소해서 그만둔 경우에, 재물가치가 근소하다는 외부적 사정을 주인(主因)이라고 할 것인지 또는 근소한 재물은 훔치지 않겠다는 행위자의 내부적 의사(동기)가 주인(主因)이라고 할 것인지 그 판단이 쉽지 않다. 두려움이라는 내부적 동기로 그만둔 경우에도 상대방의 체격이 우람하다는 외부적 사정으로 인하여 두려움이 생길 수도 있다. 또 학설의 적용 여하에 따라서는 예컨대 경찰관이 실제로 오지 않는 데에도 불구하고 온다고 착각하여 중지한 때에 중지미수가 성립된다고 보아 중지미수를 인정하는 범위가 부당하게 확대될 우려도 있다.[43]

(2) 윤리적 동기설

윤리적 동기설(종래의 주관설)은 후회·양심의 가책·연민·동정심·존경심·설득당한 경우 등 '윤리적 동기'로 인한 경우에만 자의성을 긍정하여(자의성=윤리적 동기) 중지미수가 성립한다고 하고, 그 이외의 동기, 즉 두려움·공포심·불안·경악·충격·혐오·실망·불쾌·수치심·발각될 우려·미신적 동기 등으로 중지한 때에는 윤리적 동기에 속하지 않으므로 자의성을 부정하여 장애미수가 된다고 한다. 이에 의하면, 방화 직후에 후회하고 소화했거나 살인에 착수했다가 양심의 가책을 받고 도주한 때에는 중지미수가 되고, 강도에 착수했으나 기분이 언짢다거나 겁이 나서 그만둔 경우에는 윤리적 동기가 아니므로 장애미수가 된다.

윤리적 동기설에 대하여는 ① 자의성과 윤리성을 혼동한 학설이며, ② 독일형법에서는 중지미수가 불가벌이므로 자의성을 좁게 윤리성으로 해석하는 학설도 일리가 있는 견해라 하겠지만, 우리 형법상으로는 중지미수의 인정범위가 지나치게 협소해질 우려가 있는 윤리적 동기설을 택할 이유가 없다고

43) 같은 비판으로는 김신규, 431면; 김/서, 537면; 박상기, 345면; 배종대, 507면; 성낙현, 515면; 손동권, 357면; 이재상, 380면; 이형국, 247면; 정/박, 396면; 정영일, 344면.

본다.

(3) 사회통념설 — 판례의 입장

판례는 '사회통념설'이라고 지칭할 수 있는 입장에서 자의성을 판단하고 있다.[44] 사회통념설(종래 절충설이라고도 함)은 '일반 사회통념에 비추어 범죄수행에 장애가 될 만한 사정'이 있으면 장애미수가 성립하고, 장애가 될 만한 사정이 없으면 자의성을 긍정하여 중지미수가 된다고 한다.[45] 즉 자의성의 판단을 '일반 사회통념' 내지 '사회일반의 경험'에 돌리는 견해이다. 대법원은 두려움으로 살인 또는 방화를 그만둔 경우에 두려움이 일반 사회통념상 범죄를 완수함에 장애가 되는 사정에 해당한다고 보아 자의성을 부정하였고,[46] 피해자가 수술로 배가 아프다고 애원하기에 강간을 그만둔 경우에도 자의성을 부정하였으며,[47] 피해자의 간곡한 부탁으로 강간을 그만둔 경우에는 자의성을 긍정하였다.[48]

사회통념설의 난점은 ① 범행수행에 장애가 될 만한 사정 여부를 판단할 '일반 사회통념' 내지 '사회일반의 경험'에 대한 확정이 어렵기 때문에 구체적인 문제해결에 그다지 유용하지 않은 견해라는 점이다.[49] 예컨대 절도범이 어떤 부잣집 금고 안에 수천만원의 현금이 보관되어 있다는 이야기를 듣고 금고를 열어 보았으나 기십만원밖에 들어 있지 않은 사실에 실망하여 절취하지 않은 경우에 일반인의 사회통념상 어떠한 판단이 내려질 것인가가 막연하다고 하

---

44) "범죄의 실행행위에 착수하고 그 범죄가 완수되기 전에 자기의 자유로운 의사에 따라 범죄의 실행행위를 중지한 경우에 그 중지가 일반 사회통념상 범죄를 완수함에 장애가 되는 사정에 의한 것이 아니라면, 이는 중지미수에 해당한다"(**대판 1999. 4. 13, 99 도 640**. 同旨, 대판 1997. 6. 13, 97 도 957; 1993. 10. 12, 93 도 1851; 1985. 11. 12, 85 도 2002 등).

45) 김종원, 8인 공저, 297면; 배종대, 509면; 손동권, 414면; 이정원, 269면; 이형국, 248면; 진/이, 507면.

46) 대판 1999. 4. 13, 99 도 640; 1997. 6. 13, 97 도 957. 이 판례내용은 후술함.

47) "피해자가 수술한지 얼마 안되어 배가 아프다면서 애원하는 바람에 그 뜻을 이루지 못하였다는 것인바,…피고인들이 간음행위를 중단한 것은 피해자를 불쌍히 여겨서가 아니라 피해자의 신체조건상 강간을 하기에 지장이 있다고 본 데에 기인한 것이므로, 이는 일반의 경험상 강간행위를 수행함에 장애가 되는 외부적 사정에 의하여 범행을 중지한 것에 지나지 않는 것으로서 중지범의 요건인 자의성을 결여한 것"(**대판 1992. 7. 28, 92 도 917**).

48) "피고인은 피해자를 강간하려고 하다가 피해자가 다음 번에 만나 친해지면 응해주겠다는 취지의 간곡한 부탁으로 인하여 그 목적을 이루지 못했다는 것이며,…위 사실에 의하면 피고인은 자의로 피해자에 대한 강간행위를 중지한 것이고 피해자가 다음에 만나 친해지면 응해주겠다는 취지의 간곡한 부탁은 사회통념상 범죄실행에 대한 장애라고 여겨지지는 아니하므로, 이 사건 피고인의 행위는 중지미수에 해당한다"(**대판 1993. 10. 12, 93 도 1851**).

49) 같은 비판으로는 김/서, 537면; 이형국, 247면; 정/박, 397면.

겠다. ② 그리고 '자의성'이라고 하는 개념 자체가 '행위자의 내부적 의사'를 떠나서는 거론될 수 없는 성질의 것인데, 사회통념설이 이 점을 도외시하고 사회일반의 경험적 판단에 의존하는 것은 핵심을 비껴나간 견해라고 생각된다.

(4) 자율적 동기설

자율적 동기설은 자의성을 자율적 동기로 이해하여, 범행을 자율적으로 그만둔 경우에는 자의성을 긍정하여(자의성=자율성) 중지미수가 되고, 타율적으로 그만둔 경우에는 자의성을 부정하여 장애미수가 된다고 한다.[50] 자율적 동기설에 의하면, 후회·동정심·공포심·범행의욕의 상실과 같은 동기는 자율적 동기로 보아 자의성이 긍정되고, 재물가치가 근소하여 절취를 그만둔 경우나 심리적 쇼크 또는 피해자가 생리 중이어서 강간을 그만둔 경우에는 자의성이 부정된다.[51]

자율적 동기설에 대해서는 다음과 같은 비판이 가능하다. ① 자의성=자율성이라고 하는 설명은 자의성의 판단에 아무런 도움을 주지 못하는 공허한 용어대치에 불과하다. ② 중지의 동기가 자율이냐 타율이냐라는 판단은 자의냐 타의냐라는 심리적 판단보다도 더 난해한 철학적·윤리학적 판단에로 이행하는 결과를 초래한다. 자율이란 '이성(理性)의 자기입법'이요, 칸트(I. Kant)의 표현을 빌린다면 '인간의 자유의지가 실천이성의 정언명령을 따르는 것'이라고 할진대, 그 판단이 자의성판단보다도 쉽지 않다고 본다. 자의를 자기의 의지로 풀이하여, 인간의 정신적 요소에 있어서 이성보다는 '의지'의 측면에 중점을 두고 판단함이 타당하다고 본다.[52] 즉 '자율적' 중지란 '이성적' 중지란 의미가 강하고, '자의적 중지'란 '의지적' 중지란 의미가 강하다고 하겠다. 자율적 동기설에서 자율성의 판단이 어렵다는 것은 '공포심'으로 그만둔 경우에 자율적으로 중지한 것으로 보아 중지미수가 성립한다고 하는 주장에서도[53] 드러난다. 사회통념설을 취하는 판례는 공포심의 경우 자의성을 부정하여 장애미수가 된다는 입장이다. 종래 절충설에 속하는 것으로 분류된 두 학설이 서로 상반된 결론을 내리고 있는 것을 보면, 양자 모두가 실제 적용상의 난점을 내

50) 권오걸, 462면; 김성돈, 432면; 이재상, 380면; 진/이, 507면. 정성근/박광민 교수는 자율적 동기설과 규범설의 결합설을 취하고 있다(同, 399면).

51) 이재상, 382-3면.

52) 형사책임의 '근거'를 인간의 자유'의지'에 둔다면(상대적 자유의사론), 중지미수에서의 자'의'적 중지를 '의지적' 중지로 이해함이 당연하다.

53) 이재상, 382면.

포하고 있는 학설이 아닌가 한다.

(5) 프랑크의 공식

프랑크(Frank)의 공식(公式)은, 범인이 "하려고 해도 할 수가 없어서" 그만둔 경우에는 자의성이 없어서 장애미수가 되고, "할 수는 있지만 원하지 않아서" 그만둔 경우에는 자의성이 있어서 중지미수가 된다고 하는 것이다. 이 공식에 의하면, 극도의 공포심으로 그만둔 경우는 '하려고 해도 할 수가 없어서' 그만둔 것이므로 장애미수가 되고, 금고 안의 현금이 예상보다 훨씬 적다거나 재물의 가치가 근소해서 절취를 그만둔 경우에는 '할 수는 있지만 원하지 않아서' 그만둔 것이므로 중지미수가 된다고 본다. 또 외부적 장애가 있는 경우에도 이를 인식하지 못하고 중지한 것이면 중지미수로 되지만, 외부적 장애가 없는 경우에도 행위자가 있는 것으로 오인하고 중지한 것이면 장애미수로 된다. 그 밖에 프랑크의 공식에 의하면, 엄중한 경비·범행대상의 부재(不在)·심리적 쇼크 등으로 인한 범행포기의 경우에는 자의성이 부정되고, 일시적 범행연기·후회·동정심·혐오감·실망·불쾌·피해자의 부탁·피해자의 생리로 인한 강간포기 등의 경우에는 자의성이 긍정된다.

프랑크의 공식에 대하여는 범행을 '할 수 있느냐 없느냐'라는 가능성이 심리적·물리적 가능성을 뜻하는 것인지 아니면 윤리적 가능성을 뜻하는 것인지 명확치 않다는 비판과[54] 주관적 가능성인지 아니면 객관적 가능성인지 명백한 기준을 제시해 주지 못한다는 비판이[55] 있으나, 이 공식의 취지에 비추어 심리적·물리적 가능성으로 이해하고 또 행위자의 능력에서 본 주관적 가능성으로 이해함이 당연하다.[56]

프랑크의 공식은 실제문제에 적용해보면 합당한 결론을 의외로 손쉽게 제공해 주는 유용한 견해로 평가된다. 결론적으로 중지미수의 자의성은 '프랑크의 공식'에 따라 판단함이 타당하다고 하겠으며, 중지의 자의성은 ① 윤리적 동기에 국한되는 것은 아니고, ② 범죄의사의 절대적·종국적 포기를 요하는

54) 김종원, "중지미수", 고시연구, 1996. 5, 74-5면; 진/이, 506면.

55) 이재상, 380면.

56) 프랑크의 공식이 자의성과 행위실행의 '가능성'을 혼동한 것이라는 비판(이재상, 380면)은 타당치 않다. 자의성에 관한 모든 학설은 행위실행(구성요건실현)의 '가능' 또는 '불가능'을 전제로 설정해 놓은 후, 행위자가 범행을 중지한 것이 '행위자의 지배영역 안'에서 발생한 것으로 판단할 수 있느냐라는 문제를 다루는 것이기 때문이다. 프랑크의 공식은 우리말로 쉽게 풀이하자면, ① 가능하지만 '안한' 것인지, ② 불가능하기 때문에 '못한' 것인지를 가리자는 학설이다.

것은 아니므로 범행을 '잠정적 내지 일시적'으로 포기하고 후일 다시 착수하겠다는 의사도 자의성이 긍정된다는 점에 유의할 필요가 있다.

(6) 규범설

최근에는 위의 학설 모두를 '심리학적 이론'으로 총칭하고, 자의성을 순수한 형법상의 평가문제로 보아 범인이 범행을 중지하게 된 내심의 태도를 평가하여 중지미수의 자의성 여부를 결정하려는 견해를 '규범적 이론'(규범설)이라고 하면서, 규범설에 의하여 자의성을 판단함이 타당하다고 주장하거나,[57] 심리설과 규범설을 절충하여 자의성을 판단함이 타당하다는 주장이 대두하고 있다.[58] 규범설은 범행의 중지가 불법으로부터 '합법에로의 회귀(回歸)'로 평가될 수 있을 때 자의성을 긍정하고, 형의 감면이라는 형사정책적 보상이 가능하다고 한다. 규범설은 그 취지에 비추어 고의(故意)의 '종국적' 포기를 요한다고 이해된다.

규범설에 의하면, 유리한 기회포착을 위한 범행연기 또는 공포심으로 인한 범행포기 및 근소한 재물에 실망한 절도중지의 경우에는 중지의 동기가 규범목적에 상응하는 보상을 받을 만한 평가를 내릴 수 없다고 보아—즉 합법에로의 회귀로 평가될 수 없다고 보아—자의성을 부정하고, 체포될지도 모른다는 막연한 두려움 또는 피해자의 설득 및 피해자에 대한 연민으로 인한 범행중지의 경우에는 자의성이 긍정된다고 한다.[59]

규범설은 윤리적 동기설을 규범적 관점에서 재조명하려는 학설에 불과한 것으로 이해된다. 따라서 그만큼 자의성을 인정하는 범위가 좁아질 것이다. 그리고 규범설은 자의성을 판단하는 하나의 막연한 '관점'을 제시하는 것에 불과하고, 자의성을 판단하는 '방법'에 있어서 보다 구체적인 기준을 제공해 주고 있지 못하다는 점에서 한계를 갖는다고 하겠다. 그 밖에 규범설의 내용을 보면 자율적 동기설의 설명을 병용하는 경우가 있는데,[60] 이 점에 있어서는 자율적 동기설에 대한 비판이 그대로 적용된다고 하겠다.

---

57) 박상기, 347면.
58) 김/서, 539면; 정/박, 399면.
59) 박상기, 347면.
60) 예컨대 김/서, 539면.

〈두려움 · 공포심 · 놀람으로 인한 범행포기와 자의성〉

(i) **두려움 · 공포심 · 놀람의 질적 구별**

두려움(겁) · 공포심 · 놀람이 동기가 되어 범행을 그만둔 경우에 '자의'에 의한 중지로 인정될 것인가가 문제된다. 두려움 · 공포심 · 놀람은 그 정도에 차이가 있어서 다음과 같이 질적 구별을 함이 타당하다고 본다. ① 범행에 통상 수반되는 정도의 '단순한 두려움 · 공포심 · 놀람'과 ② 범행시의 두려움 · 공포심 · 놀람이 매우 심한 정도에 달해서 범행을 하고자 해도 불가능에 가까운 '극도의 두려움 · 공포심 · 놀람'이 있다. 후자는 행위자가 자신의 의사나 동작에 대한 통제가 불가능할 정도로 심한 경우이다.

(ii) **판례 - 사회통념설**

판례는 사회통념설의 입장에서 두려움(겁) 내지 공포심을 느끼는 것은 일반 사회통념상 범죄수행에 장애가 될 만한 사정에 해당한다고 보아, '단순한 두려움 · 공포심 · 놀람'과 '극도의 두려움 · 공포심 · 놀람'을 구별하지 않고 일률적으로 자의성을 부정하면서 장애미수가 된다고 한다. ㉠ "피고인이 피해자 장○○을 살해하려고 그의 목 부위와 왼쪽 가슴 부위를 칼로 수회 찔렀으나 피해자의 가슴 부위에서 많은 피가 흘러나오는 것을 발견하고 겁을 먹고 그만두는 바람에 미수에 그친 것이라면, 위와 같은 경우 많은 피가 흘러나오는 것에 놀라거나 두려움을 느끼는 것은 일반 사회통념상 범죄를 완수함에 장애가 되는 사정에 해당한다고 보아야 할 것이므로, 이를 자의에 의한 중지미수라고 볼 수 없다"(**대판** 1999. 4. 13, 99 **도** 640). ㉡ "피고인이 장롱 안에 있는 옷가지에 불을 놓아 건물을 소훼하려 하였으나 불길이 치솟는 것을 보고 겁이 나서 물을 부어 불을 끈 것이라면, 위와 같은 경우 치솟는 불길에 놀라거나 자신의 신체안전에 대한 위해 또는 범행 발각시의 처벌 등에 두려움을 느끼는 것은 일반 사회통념상 범죄를 완수함에 장애가 되는 사정에 해당한다고 보아야 할 것이므로, 이를 자의에 의한 중지미수라고는 볼 수 없다"(**대판** 1997. 6. 13, 97 **도** 957). ㉢ "범죄의 실행행위에 착수하고 그 범죄가 완수되기 전에 자기의 자유로운 의사에 따라 범죄의 실행행위를 중지한 경우에 그 중지가 일반 사회통념상 범죄를 완수함에 장애가 되는 사정에 의한 것이 아니라면 이를 중지미수에 해당한다고 할 것이지만, 피고인이 甲에게 위조한 주식인수계약서와 통장사본을 보여주면서 50억 원의 투자를 받았다고 말하며 자금의 대여를 요청하였고, 이에 甲과 함께 50억 원의 입금 여부를 확인하기 위해 은행에 가던 중 은행 입구에서 차용을 포기하고 돌아간 것이라면, 이는 피고인이 범행이 발각될 것이 두려워 범행을 중지한 것으로서, 일반 사회통념상 범죄를 완수함에 장애가 되는 사정에 해당한다고 보아야 할 것이므로, 이를 자의에 의한 중지미수라고는 볼 수 없다"(**대판** 2011. 11. 10, 2011 **도** 10539).

(iii) **학 설**

① **'내부적 동기설'**은 '단순한 두려움 · 공포심 · 놀람'이든 '극도의 두려움 · 공포심 · 놀람'이든 모두 내부적 동기에 속하는 이상, 양자를 구별하지 않고 일률적으로 자의성이 있다고 보아, 아주 폭넓게 중지미수의 성립을 긍정하게 된다. ② **'윤리적 동기설'**은 '단순한 두려움 · 공포심 · 놀람'이든 '극도의 두려움 · 공포심 · 놀람'이든 모두 윤리적 동기에 속하지 않으므로, 양자를 구별하지 않고 일률적으로 자의성을 부정하게 된다. ③ **'자율적 동기설'**에 의하면 공포심으로 범행을 그만둔 경우(위 ㉡의 사례)에 자율성이 긍정되어 중지미수가 성립한다고 한다.[61] 이러한 입장에서는 '단순한 두려움 · 공포심 · 놀람'과 '극도의 두려움 · 공포심 · 놀람'을 구별하지 않고, 자율성, 즉 자의성을 긍정할 것으로 보인다. ④ **'규범설'**에 의하면, 일반적으로 공포심에 기한 범행중지의 경우에는 중지의 동기가 규범목적에 상응하는 보상을 받을 만한 평가를 내릴 수 없다고 보아—즉 합법에로의 회귀로 평가될 수 없다고 보아—자의성을 부정하게 될 것이다.[62] 다만 규범설에서도 공포심을 '구체적 공포심'과 '막연한 심리적 공포심'으로 구별하여 전자의 경우에는 자의성을 부정하고 후자의 경우에는 자의성을 긍정하는 견해도 있고,[63] 공포심의 경우에 행위자의 자발적 의사의 지배력 인정 여부로 구별하여 판단하려는 견해도 있다.[64] ⑤ **'프랑크의 공식'**의 실제 적용상의 유용함은 두려움 · 공포심 · 놀람으로 범행을 그만둔 경우에 잘 드러난다. 즉 프랑크의 공식은 공포심이라고 하더라도 ⓐ 범행에 통상 수반될 수 있는 정도의 '단순한 두려움 · 공포심 · 놀람'으로 인하여 범행을 포기한 것은 "할 수는 있지만 원하지 않아서(내키지 않아서)" 그만둔 경우에 해당하므로 자의성이 긍정되어 중지미수가 성립하고, ⓑ 행위자가 자신의 의사나 동작에 대한 통제가 불가능할 정도로 심한 '극도의 두려움 · 공포심 · 놀람'으로 인하여 범행을 포기한 것은 "하려고 해도 할 수가 없어서" 그만둔 경우에 해당하므로 자의성이 부정되어 장애미수가 성립한다는 해답을 명쾌하게 내려준다.

2. 중지행위(객관적 요건)

실행에 착수한 행위를 중지하거나, 그 행위로 인한 결과의 발생을 방지하여야 한다. 전자는 착수미수에 대응하는 '착수중지'의 문제이고, 후자는 실행미수에 대응하는 '실행중지'의 문제이다. 착수중지와 실행중지의 요건은 각각 착

61) 이재상, 382면.

62) 박상기, 347면.

63) 박상기, "〈판례평석〉 중지미수의 성격과 자의성 판단", 형사법연구, 제14호, 한국형사법학회, 2000. 12, 316-7면.

64) 김/서, 539면; 정/박, 399면. 이 견해에서 '자발적 의사에 의한 지배력을 인정할 수 있는 경우'라는 표현은 '자의성을 인정할 수 있는 경우'라는 표현에 불과하므로, 자의성판단에 아무런 도움을 주지 못하는 동어반복에 지나지 않는다.

수미수와 실행미수에 대응하기 때문에 착수미수와 실행미수의 구별이 문제된다. 착수미수는 범죄실행에 착수하였으나 실행행위 자체를 종료하지 못한 경우이고, 실행미수는 실행행위는 종료하였으나 결과가 발생하지 아니한 경우를 말하므로, 착수미수와 실행미수는 실행행위를 종료하였는가에 따라 구별된다. 여기에서 어느 시점에 실행행위의 종료가 있었는가에 관하여 견해가 나누어진다.

① '주관설'은 행위자의 의사(범행계획)에 따라 실행행위의 종료시점을 정하고자 하는 견해이고,[65] ② '객관설'은 행위자의 의사와 무관하게 객관적으로 결과발생의 가능성이 있는 행위가 있으면 실행행위는 종료한다고 보는 견해이며,[66] ③ '절충설'은 행위자의 의사와 행위 당시의 객관적 사정을 종합하여 결과발생에 필요한 행위가 끝났다고 인정되는 때에 실행행위가 종료한 것으로 보는 견해이다.[67]

이들 학설의 차이는 연발총으로 사람을 살해함에 있어서 행위자가 발사한 제1탄이 빗나갔으나 행위자가 자의로 제2탄의 발사를 중지한 사례에서 나타난다. 객관설에 의하면, 제1탄의 발사로 인하여 객관적으로 결과발생가능성이 있는 행위가 있은 것으로 되어, 실행행위는 종료하고 장애미수가 성립하게 될 것이다. 주관설에 의하면, 행위자의 범행계획으로는 제2탄을 발사할 의사가 있었을 것이므로 아직 실행행위는 종료하지 아니하고 착수중지의 성립이 가능하다. 절충설에서는 행위자의 범행계획에 연발사격할 의사가 있었던 한, 주관설과 같은 결론이 내려질 것이다.

전술한 바와 같이 '기수'는 구성요건이라는 법률적 형식을 기준으로 판단하지만, '실행행위의 종료'는 행위자의 구체적 의사 또는 외부적 사정이라는 '사실적 측면'을 고려하여 '법익에 대한 침해행위가 실질적으로 끝났을 때'를 의미한다고 보아야 한다. 예컨대 빈집에 들어가 금반지를 절취함으로써 절도의 기수에 도달했으나 행위자가 계속 훔칠 의사로 재물을 물색하고 있는 한 실행행위는 종료하지 아니하며, 또 살해행위에 착수하였는데 경찰관의 제지가 있은 경우에

---

65) 김성돈, 428면; 김성천, 345면; 김신규, 436면; 성낙현, 522면; 손동권, 418면; 신동운, 488면; 이재상, 385면; 이형국, 249면.

66) 이상돈, 514면.

67) 권오걸, 466면; 김/서, 543면; 배종대, 513면; 안동준, 192면; 오영근, 516면; 이영란, 408면; 정/박, 401면; 정영일, 348면; 조준현, 346면; 진/이, 510면.

는 행위자가 살인을 속행할 의사가 아무리 강고하더라도 경찰관의 제지라는 외부적 사정으로 실행행위는 종료한다. 이러한 관점에서 보자면, 실행행위의 종료 여부는 '절충설'에 의하여 판단함이 타당하다고 하겠다. 다만 절충설에 의하더라도 ① '행위자의 의사' 내지 ② '행위 당시의 객관적 사정'이 종합적으로 고려되는 것이 아니라, ① ②가 '각각 개별적으로' 실행행위 종료시점의 판단기준이 된다는 점에 유의해야 한다.

(1) 착수중지

'착수미수'의 경우에는 실행행위가 종료하기 전까지 실행에 착수한 행위를 중지하는 '부작위'만으로 중지행위가 성립한다. 그리고 중지미수가 성립하기 위해서는 착수중지와 함께 결과가 발생하지 않을 것을 요한다. 착수한 행위를 중지하였음에도 불구하고 결과가 발생한 때에는 기수가 성립하고 중지미수가 성립될 여지는 없다.

(2) 실행중지(결과방지)

(가) 결과발생의 방지행위　'실행미수'의 경우에는 실행행위가 종료하였기 때문에 행위자는 적극적으로 결과발생을 방지하기 위한 행위(作爲)를 하여야만 실행중지로 평가된다. 행위자가 결과발생을 방지하였다고 하기 위해서는 결과발생의 방지를 위한 적극성·상당성 및 직접성이 있어야 한다. 실행중지행위는 단순히 행위의 계속을 중지하는 부작위만으로는 부족하고 행위자가 결과발생을 방지하려는 '적극적' 행위를 하여야 하며, 또 이 행위는 결과발생을 방지하는 데 객관적으로 '상당한' 행위여야 한다.

방지행위는 원칙적으로 행위자 자신이 '직접'해야 한다. 그러나 행위자가 요청하여 제3자의 도움을 받는 것은 무방하다. 타인에 의하여 결과발생이 방지된 때에는 타인의 방지행위가 행위자의 요청에 기한 것이고, 행위자 자신이 결과발생을 방지한 것과 동일시할 수 있을 만큼 행위자가 진지한 노력을 한 경우에 중지미수로 인정된다. 따라서 방화한 후 불길에 놀라서 이웃에게 불을 꺼달라고 부탁하고 도주하였는데 그 이웃에 의하여 진화된 경우에는 행위자의 진지한 노력이 없었으므로 중지미수가 되지 않는다.

(나) 결과의 불발생　방지행위로 인하여 현실적으로 결과발생이 전부 방지되어야 중지미수가 성립한다. 아무리 결과발생을 방지하기 위한 진지한 노력이 있었다고 하더라도 일단 결과가 발생한 이상 기수가 성립하며, 중지미수

의 혜택을 받을 수는 없다.

그리고 방지행위와 결과불발생 사이에는 원칙적으로 '인과관계'가 있어야 한다. 그러므로 행위자가 모르는 사이에 타인에 의하여 결과발생이 이미 방지된 경우에는 중지미수가 될 수 없다. 문제는 처음부터 결과발생이 불가능함에도 불구하고 행위자가 이를 모르고 진지하게 결과발생을 방지하기 위한 노력을 한 경우에 중지미수가 성립한다고 볼 것인가 아니면 불능미수가 성립한다고 볼 것인가 하는 점이다. 예컨대 소화제를 독약으로 오인하고 상대방에게 먹인 후 이내 후회하여 해독제를 투여한 경우에 어떠한 형사책임을 질 것인가 하는 문제이다.

이 때 결과의 불발생이 행위자의 행위로 인한 것이 아니므로 불능미수로 처벌하여야 한다는 견해가 있다.[68] 본 문제에서는 인과관계의 점에서 중지미수의 요건이 갖추어지지 않았으나, 제26조를 준용함으로써 피고인에게 유리한 '중지미수'로서의 처벌을 인정하는 것이 타당하다고 하겠다(다수설).[69] 중지미수로서의 처벌에 대한 주요논거로서는, 처음부터 착오로 결과발생이 불가능한 경우의 중지가 결과발생이 가능한 경우의 중지보다 결과불법이 더 낮다고 하겠는데, 전자의 경우에 형의 필요적 감면을 인정하지 않는다면 이를 인정하는 후자의 경우와 비교하여 '처벌의 불균형'이 초래된다는 점이다.

Ⅳ. 처 벌

중지미수는 기수범의 형을 감경하거나 면제한다(형의 필요적 감면: 제26조). 형을 감경할 것인가 아니면 면제할 것인가는 구체적인 경우에 중지하게 된 동기, 중지한 범죄의 경중, 중지시까지 실행행위를 통하여 피해자에게 입힌 손상 등 제반사정을 참작하여 법관의 재량으로 결정하게 된다.

---

68) 김성돈, 438면; 김종원, 8인 공저, 295면.

69) 권오걸, 469면; 김성천, 348면; 김신규, 438면; 김/서, 543면; 박상기, 353면; 배종대, 514면; 성낙현, 525면; 손동권, 423면; 신동운, 495면; 안동준, 194면; 오영근, 520면; 이상돈, 519면; 이재상, 388면; 이형국, 250면; 정/박, 402면; 정영일, 351면; 진/이, 513면.

Ⅴ. 관련문제

1. 예비의 중지

예비의 중지에 제26조를 준용할 것인가 하는 문제는 예비죄 부분에서 전술하였다.

2. 공범과 중지미수

(1) 공동정범의 중지미수

공동정범의 특징은 공동정범자 중 1인이 실행행위의 '일부'를 분담했다고 하더라도 공동정범자 '전원'이 야기한 결과의 '전부'에 대하여 책임을 지는 점(일부실행 · 전부책임)에 있다. 따라서 공동정범자 중 한 사람이 자의로 자기가 분담한 부분의 결과발생을 방지했다고 하더라도 다른 공동정범자 전원의 실행을 중지시키거나 모든 결과의 발생을 방지하지 아니하는 한 중지미수로 되지 아니한다.[70]

또 공동정범자 중 1인이 공동정범자 전원의 실행을 중지시키거나 모든 결과의 발생을 방지한 경우에도 중지미수의 혜택은 자의로 중지한 자에게만 주어지며, 나머지 공동정범자는 장애미수의 책임을 지게 된다. 중지미수에 대한 형의 필요적 감면은 '책임'의 감소 또는 소멸을 이유로 하는 것이고 또 책임은 개별적으로 작용하는 것(책임개별화의 원칙)이므로, 중지미수의 효과는 공동정범자 중 중지한 사람에게만 미치는 것이 당연하다.

(2) 협의의 공범과 중지미수

협의의 공범(교사범 및 방조범)과 중지미수에 있어서는 정범이 자의로 실행을 중지하거나 결과의 발생을 방지한 경우에 정범만이 중지미수범으로 되고 공범은 장애미수의 공범으로 된다. 한편 공범이 정범의 실행을 중지시키거나

---

70) 권오걸, 472면; 김성돈, 602면; 박상기, 355면; 배종대, 517면; 손동권, 427면; 신동운, 503면; 정영일, 353면; 최준혁, "다수인의 범행가담과 중지미수", 형사법연구, 제19권 2호, 한국형사법학회, 2007. 6, 126면. 이에 반해 오영근, 523면은 이 경우 중지미수의 성립을 인정한다. 우리 판례는 "다른 공범의 범행을 중지하게 하지 아니한 이상 자기만의 범의를 철회 · 포기하여도 중지미수로는 인정될 수 없는 것인 바…"라고 하여 중지미수의 성립을 부정한다(**대판** 2005. 2. 25, 2004 도 8259).

결과의 발생을 방지한 경우에는 그 효과는 정범에게 미치지 아니하므로 중지한 공범만이 중지미수의 공범으로 혜택을 받게 되고 정범은 장애미수범으로 처벌된다. 그 이유는 공동정범의 중지미수에서 설명한 바와 동일하다.

3. 소위 가중적 미수의 문제

가중적 미수란 "중지미수(예: 살인의 중지미수)의 행위가 다른 경한 범죄(예: 상해죄)의 기수를 포함하고 있을 경우"를 말하는데, 일반적으로 중지미수를 불벌사유로 규정하고 있는 독일 및 오스트리아의 형법에서 문제된다. 이들 국가에서는 중한 범죄의 중지미수를 처벌하지 않기 때문에, 별도로 경한 범죄의 기수범 성립을 인정하여 이 한도에서 처벌할 필요가 생긴다. 그러나 우리 형법상으로는 중한 범죄의 중지미수를 형의 면제사유가 아니라 '감경'사유로 해서 처벌할 수 있으므로, 중지미수에 포함된 경한 범죄는 죄수론으로 처리하면 되고 별다른 문제를 발생시키지는 않는다.

따라서 ① 살인의 중지미수가 경한 상해죄의 기수를 포함하고 있는 경우와 같이 두 범죄가 '법조경합'의 관계에 있을 때에는 경한 범죄의 기수는 중한 범죄의 중지미수에 흡수되므로, 결국 중한 범죄의 중지미수로 처벌하게 된다.[71] ② 공무집행방해의 의사로 공무원의 상해에 착수하였다가 중지한 경우와 같이 두 범죄가 '상상적 경합'의 관계에 있을 때에는 중한 범죄의 중지미수(상해죄의 중지미수)와 경한 범죄의 기수(공무집행방해죄의 기수)를 상상적 경합(제40조)으로 처리하게 되므로, 결국 중한 범죄에 정한 형으로 처벌하게 된다. 상해죄(7년 이하의 징역: 제257조 제1항)의 중지미수범에 대하여 형의 필요적 감경을 적용하면 3년 6월 이하의 징역에 처할 범죄가 되는데, 이보다 공무집행방해죄의 기수범(5년 이하의 징역: 제136조 제1항)이 중한 범죄이므로, 결국 제40조에 의하여 후자의 범죄에 정한 형으로 처벌하게 된다.[72]

71) 김성돈, 439면; 김/서, 544면; 손동권, 422면; 오영근, 521면; 이재상, 389면; 정/박, 404면.
72) 김성돈, 439면; 김/서, 545면; 손동권, 422면; 이재상, 389면; 정/박, 404면.

제4절 불능미수

Ⅰ. 서 론

1. 의 의

불능미수(untauglicher Versuch)란 "범죄의 실행에 착수하였으나 행위의 수단 또는 대상의 착오로 인하여 결과의 발생이 불가능하지만 위험성이 있는 경우"를 말하는데, 형의 임의적 감경 또는 면제사유로 되어 있다(제27조).[73] 예컨대 치사량미달의 독약을 가지고 사람을 죽일 수 있다고 오신하고 먹인 경우는 수단의 착오가 있는 불능미수이고, 빈 호주머니에 현금이 들어 있는 줄 알고 소매치기한 경우는 대상의 착오가 있는 불능미수이다.[74]

2. 용어 및 형법 제27조의 성격

(1) 용어의 문제

형법 제27조는 제목을 "불능범(不能犯)"이라 붙이고 있으므로 용어를 둘러싸고 학자들 사이에 견해의 대립이 심하였으나, 오늘날에는 제목에도 불구하고 미수의 일종으로서 가벌적인 경우에는 「불능미수」라는 용어를 쓰고, 처음부터 범죄가 성립되지 아니하므로 불가벌인 경우에는 「불능범」이란 용어를 사용함으로써 양자를 용어상 구별하는 입장이 지배적이다.[75]

이설(異說)로는 불능미수와 불능범이란 용어를 구별하지 않고 같은 뜻으로 사용하는 견해가 있으며,[76] 그 밖에 불능미수라는 용어를 쓰지 않고 별개의

---

73) 독일형법 제23조 제3항은 "행위자가 심한 무지(無知, aus grobem Unverstand)로 인하여 그 기도(企圖, Versuch)가 행위의 대상 또는 수단의 성질상 결코 기수에 이를 수 없다는 것을 오인한 경우에는, 법원은 형을 면제하거나 재량에 의하여 형을 감경할 수 있다"고 규정하여, 불능미수를 형의 임의적 감면사유로 하고 있다. 일본형법에는 불능미수에 관한 규정이 없다.

74) 빈 호주머니에 대한 소매치기처럼 행위의 대상이 존재하지 않는 경우에는 '수단'의 착오가 된다는 주장도 있다(Jescheck, AT, S. 477).

75) 권오걸, 476면; 김/서, 524-5면; 김종원, "불능미수", 형사법강좌 Ⅱ, 618면 이하; 박상기, 364면; 손동권, 432면; 손해목, 898면; 안동준, 197면; 오영근, 529면; 이재상, 394면 이하; 이형국, 255면; 정/박, 405면; 정영일, 355면.

76) 배종대, 521면; 성시탁, "불능미수", 김종원교수화갑기념논문집, 1991, 404면; 신동운, 506면.

용어를 주장하면서 불능범과 구별하는 견해도 있다. 예컨대 흠결미수,[77] 특별한 미수,[78] 준불능범[79] 등과 같은 용어이다.

생각건대 제27조의 법문은 수단 또는 대상의 착오로 인하여 결과의 발생이 불가능하더라도 "위험성이 있어서" 원칙적으로 "처벌하는" 경우를 규정하고 있으므로 그 내용상 미수의 한 형태를 예정하고 있다. 즉 제27조는 제25조의 장애미수(처벌은 기수범에 대한 형의 임의적 감경) 및 제26조의 중지미수(형의 필요적 감면)와 더불어 미수의 일종으로 규정되어 있다.

제27조의 법문을 반대해석하자면, 수단 또는 대상의 착오로 인하여 결과의 발생이 불가능하고 "위험성조차도 없어서" "처벌하지 아니하는" 경우는 처음부터 범죄성립이 불가능하다는 의미에서 '불능범'이란 명칭을 붙이는 것이 적절하다고 본다. 불능범은 수단 또는 대상의 착오로 인하여 결과의 발생이 불가능하고 위험성조차도 없는 행위를 말한다. 가스총으로도 사람을 살해할 수 있다고 믿고 발사한 경우라든지, 매우 조잡한 마네킹을 사람으로 오인하고 총격을 가한 경우가 불능범에 속한다.

불능미수	위험성－유(有)	형의 임의적 감면	미수범의 일종
불 능 범	위험성－무(無)	불벌	범죄불성립

(2) 불능미수의 가벌성의 근거와 형의 임의적 감면의 근거

불능미수의 가벌성은 불능미수의 고의도 기수의 고의와 동일하다는 점에서 '행위불법'에 의하여 근거지어진다(주관주의 범죄론). 그리고 불가벌인 불능범에 대하여 가벌적인 불능미수는 '법익침해의 위험성'이 있으므로, 행위불법 이외에 '결과불법'도 긍정된다. 다만 불능미수의 결과불법은 장애미수(제25조)의 결과불법과 비교하자면, 행위의 수단 또는 대상의 착오로 인하여 결과발생이 불가능하다는 점에서 그만큼 결과불법의 '제한', 즉 '가벌성의 제한'을 가져온다(객관주의 범죄론). 이 가벌성의 제한은 형의 임의적 감면이라는 처벌로 법정되어 있다.

불능미수의 가벌성과 형의 임의적 감면이라는 처벌이 행위불법과 결과불

---

77) 박정근, "흠결미수", 고시계, 1969. 1, 22면.
78) 정영석, 225면.
79) 유병진, 한국형법(총론), 1957, 163면.

법이라는 '불법'의 영역에서 근거지어지고 제한된다는 점은 중지미수에 대한 형의 필요적 감면이 '책임'의 영역에서 근거지어진다는 점과 대조된다. 따라서 정범의 불능미수의 가벌성과 가벌성의 제한(형의 임의적 감면)은 정범의 중지미수의 경우와는 달리 '공범'의 죄책에 영향을 미친다(불법의 연대적 효과).

Ⅱ. 불능미수의 성립요건

불능미수의 성립요건은, 첫째 실행행위가 있을 것, 둘째 실행의 수단 또는 대상의 착오로 인하여 결과의 발생이 불가능할 것, 셋째 위험성이 있을 것이다.

1. 실행행위가 있을 것

최소한 실행에 착수한 행위가 있어야 한다. 특히 불능미수의 처벌근거는 결과반가치보다 행위자의 범죄의사라고 하는 행위반가치에 중점이 있는 만큼, 예비와의 한계가 모호해질 우려가 크다. 미수의 일종인 불능미수는 '실행의 착수'가 있은 이후의 단계라는 점에서 먼저 구성요건적 실행행위라고 할 만한 행위가 있어야 한다.

2. 수단 또는 대상의 착오로 인하여 결과의 발생이 불가능할 것

불능미수의 '불능'이란 수단 또는 대상의 착오로 말미암아 결과의 발생이 불가능함을 의미한다. 결과발생가능성의 유무를 요건으로 한다는 점에서 불능미수는 결과범에서만 논의된다.

제25조의 (협의의) 장애미수는 결과가 현실적으로 발생하지 않았으나 수단 또는 대상의 착오가 없었기 때문에 결과발생의 가능성이 '있은' 경우이다. 따라서 착오로 인한 결과발생 불가능성은 불능미수와 장애미수의 구별표지가 된다.

(1) 착오의 태양

(가) 수단의 착오 불능미수에 있어서의 수단의 착오란, 행위자는 주관적으로 결과발생이 가능하다고 믿고 선택한 수단이 객관적으로는 결과를 발생시킬 수 없는 경우를 말한다. 치사량미달의 독약으로 살해하려는 경우, 두통약으로 낙태시키려 하는 경우, 가스총으로 살해하려는 경우 등에서 수단의 착

오가 발생한다.

불능미수에 있어서의 수단의 착오는 구성요건적 착오에 있어서의 방법(타격)의 착오(예: 甲을 향해 발사한 총탄이 빗나가 乙에게 명중한 경우)와 구별하여야 한다. 전자는 '동일한' 객체를 향한 수단의 착오인데, 후자는 착오로 인한 결과발생의 불일치가 '서로 다른' 객체에 걸쳐 있고, 전자는 불가능한 수단을 행위자가 가능한 것으로 오신했다는 의미에서 '적극적' 착오인데, 후자는 가능한 방법이었으나 행위자가 예견한 대로 결과가 발생하지 않았다는 의미에서 '소극적' 착오이다. 따라서 불능미수에서의 착오는 "반전(反轉)된"(umgekehrt) 구성요건적 착오라고 말할 수 있다.[80]

(나) 대상의 착오　　불능미수에 있어서의 대상의 착오란, 행위자는 주관적으로 행위의 객체라고 인식하였으나 객관적으로는 행위의 객체로 될 수 없는 경우를 말한다. 빈호주머니에 현금이 들어 있는 줄 알고 소매치기한 경우, 시체를 살아있는 사람으로 오인하고 총을 발사한 경우, 임신하지 않은 여자를 임신부로 오인하고 낙태약을 먹인 경우 등에서 대상의 착오가 발생한다.

대상의 착오는 위의 경우와 같은 '사실상의' 사유 이외에 '법률상의' 사유로도 발생할 수 있다. 예컨대 자기의 물건을 타인의 재물로 오신하고 취거(取去)한 경우, 미혼자를 기혼자로 오신하고 통정(通情)한 경우 등이다.

불능미수에 있어서의 대상의 착오도 구성요건적 착오에 있어서의 객체의 착오(예: 甲인 줄 알고 총을 발사했는데 사망한 사람은 乙인 경우)와 구별하여야 한다. 전자는 객체의 불가능성(Untauglichkeit: 不適格性)인데 후자는 객체의 '성질'에 관한 착오이고, 전자는 불능의 객체를 행위자가 가능한 것으로 오신했다는 의미에서 '적극적' 착오인데 후자는 행위자가 인식한 성질의 객체에서 결과가 발생하지 않았다는 의미에서 '소극적' 착오이다. 이 점에 있어서도 불능미수는 구성요건적 착오와 반전된 방향에서의 착오이다.

(다) 주체의 착오　　제27조는 수단 또는 대상의 착오로 인하여 결과의 발생이 불가능한 경우라고 규정하고 있으므로 '주체'의 착오로 인하여 결과의 발생이 불가능한 경우에도 제27조를 준용할 것인가에 관하여 학설의 대립이 있다.

불능미수에 있어서의 주체의 착오란 신분없는 행위자가 신분있는 것으로

80) "불능미수는 행위자가 실제로 존재하지 않는 사실을 존재한다고 오인하였다는 측면에서 존재하는 사실을 인식하지 못한 사실의 착오와 다르다"(대판 2019. 3. 28, 2018 도 16002-전원합의체).

오신하고 진정신분범을 기도한 경우이다. 즉 진정신분범에서 신분의 적극적 착오를 일으킨 경우가 문제된다. 예컨대 자신의 공무원임용이 무효임을 알지 못하고 공무원범죄를 저지른 행위가 이에 속한다.

주체의 착오로 인하여 결과의 발생이 불가능한 경우에도 위험성이 있는 한 불능미수의 법리를 유추하여 제27조의 준용을 긍정하는 견해도 있다.[81] 그러나 ① 진정신분범에서의 불법은 일정한 신분에 따른 특수한 법적 의무의 침해에 본질이 있으므로 그러한 신분을 결한 경우에는 미수범으로서의 행위반가치조차 부정된다고 볼 것이고, ② 주체의 착오에 제27조를 준용하는 것은 행위자에게 불리한 방향으로의 유추에 해당한다고 보아 부정설이 타당하다고 하겠다.[82]

(2) 착오와 결과발생불가능에 대한 판단의 기초사정과 판단기준

그 동안 불능미수에 있어서 형법학자들의 논의의 주안점은 '위험성'이라고 하는 요건(편의상 제2요건이라 함)에 두어지고 있었다. 그러나 불능미수는 제1단계에서 제25조 제2항의 가능미수(장애미수)와 구별되고, 제2단계에서 불능범과 구별되는 것인 만큼, 가능미수와의 구별표지인 '수단 또는 대상의 착오로 인한 결과발생불가능'이라는 요건(편의상 제1요건이라 함)이야말로 위험성이라고 하는 불능범과의 구별표지와 대등한 중요성이 부여되어야 하고, 그 동안 소홀히 되었던 제1요건에 관한 연구를 전면에 내세울 필요가 있다고 생각한다. 이하에서는 제1요건을 심도있게 고찰해 보고자 한다.[83]

불능미수의 문제는 인간의 '무지'(無知)로 말미암아 착오가 발생하여 계획했던 범행이 '실패'로 끝난 경우에 논의된다. 우리 형법은 명시하고 있지 않지만, 독일형법 제23조 제3항은 불능미수에 있어서의 착오가 「심한 무지」에서 비롯된 것임을 명시하고 있다. 이 무지라는 점에 착안하여 불능미수로서의 처벌의 골자를 추리자면, 〈인간의 무지 → 착오 → 결과발생 불가능(범행의 실패) →

81) 이형국, "불능미수", 고시연구, 1983. 7, 85면; 박상기 교수는 형법 제27조를 예시규정으로 보아 긍정설에 선다(同, 361-2면). 독일에서는 긍정설이 다수설이다.

82) 권오걸, 481면; 김성돈, 417면; 김성천, 357면; 김/김, 460면; 김신규, 447면; 김/서, 528면; 김종원, 앞의 글, 629면; 손동권, 435면; 손해목, 905면; 신동운, 509면; 안동준, 201면; 오영근, 534면; 이상돈, 526면; 이재상, 400면; 조준현, 351면; 정/박, 409면; 정영일, 357면; 하태훈, "불능미수", 형사법연구, 제4호, 한국형사법학회, 1991. 12, 79면.

83) 이하에 기술된 불능미수의 성립요건은 종래(제3정판 제1쇄 이전)의 견해에서 대폭 수정된 것인데, 그 계기는 임웅, "불능미수에 있어서 '착오로 인한 결과발생불가능'과 '위험성'에 관한 연구", 형사법연구, 제22권 제4호, 한국형사법학회, 2010. 12. 30, 151-82면에 수록된 저자의 논문에 있다.

위험성 → 불능미수로서의 처벌〉이 된다.

이곳에서는 수단 · 대상의 착오가 있다는 것과 그 착오로 인하여 결과발생이 불가능하다는 것은 어떠한 사정을 기초(자료)로 하여 판단할 것인가 그리고 누가 그러한 판단을 내리는 것인가를 규명하고자 한다. 그런데 착오와 결과발생불가능은 행위자의 '무지'에서 야기된 것인 만큼, 착오 유무의 판단 그리고 결과발생불가능 여부의 판단은 '무지하지 않은 자' 측에서만 내려질 수 있을 것이라는 추론이 가능하다. 문제해결의 실마리는 이 추론에 있다고 본다. '무지하지 않은 자'란 '알고 있는 자'란 것이고, 이는 사태의 진전에 따라 범행이 성공할 것인지 실패할 것인지를 '통찰하고 있는 자'(통찰력 있는 자), 사태의 진전과 범행의 성공 여부가 과학적 지식(과학법칙)에 따라 행해지는 것이라면 '과학적 지식을 갖춘 자', 더욱 나아가 그 과학적 지식이 전문적 과학지식이라면 '전문가로서의 과학적 지식을 갖춘 자'라고 해야 할 것이다. 행위자의 무지로 말미암아 착오가 있었느냐 하는 것 그리고 그 착오로 인하여 행위자가 가능하다고 생각했던 결과발생이 객관적으로 불가능한 것인가라는 판단은 궁극적으로 '전문가로서의 과학적 지식을 갖춘 자'의 입장에서만 내려질 수 있다고 해야 한다.

불능미수의 적절한 예는 치사량 미달의 농약을 타 먹인 경우인데, 실행의 수단이 된 농약의 '치사량이 몇 g인지를 누가 알 수 있을 것인가?' 농약의 치사량은 상식인으로서의 일반인은 알 수 없을뿐더러, 심지어 평소 농약을 다루는 농민조차도 정확한 치사량을 알 수 없을 것이다. 치사량이 어느 정도인가는 전문가로서의 과학적 일반인－이를 테면 해당 농약을 제조한 회사의 독성물질취급자인 전문가－만이 치사량을 알 수 있을 뿐이라고 해야 한다. 또 미숙한 히로뽕제조사례에서 어떠한 화학약품을 어떠한 분량으로 어떠한 방법으로 배합해야만 히로뽕이 제조될 것인지? 등등의 지식은 상식적 일반인이 갖출 수는 없고, 전문가로서의 과학적 일반인만이 갖추고 있는 것으로 보아야 한다. 그동안 우리는 행위자의 주관과 객관의 불일치라는 착오의 유무 판단과 그로 인한 결과발생불가능 여부의 판단을 일반인의 입장에서 상식에 따라 손쉽게 내릴 수 있는 것으로 너무나 안이하게 생각해 온 것은 아닌가 자문해 보아야 한다.

결론적으로 불능미수에 있어서 수단 · 대상의 착오 유무 그리고 결과발생

불가능 여부에 대한 판단은 '전문가로서의 과학적 일반인'의 입장에서 내려진다고 해야 한다. 전문가로서의 과학적 일반인은 자신이 인식할 수 있었던 사정을 기초로 하여 행위 당시의 행위자의 인식으로는 행위자에게 수단·대상의 착오가 있을 수밖에 없다는 것과 이로 인하여 객관적으로 범행의 결과가 발생할 수 없었다는 것을 판단한다. 즉 '행위자가 인식한 사정과 전문가로서의 과학적 일반인이 인식할 수 있었던 사정'의 차이를 비교하여 수단·대상의 '착오'가 있었다는 것을 판단하고, 행위자는 결과발생이 가능하다고 믿었으나 '전문가로서의 과학적 일반인의 입장에서는 결과발생이 불가능'하다는 것을 판단한다. 예컨대 치사량이 50g인 농약을 가지고 행위자는 치사량을 30g으로 오인한 농약살해사건에서 '행위자가 치사량으로 인식한 사정 30g과 전문가로서의 과학적 일반인이 인식할 수 있었던 사정인 치사량 50g'의 차이를 비교하여 수단의 '착오'가 있었다는 것과 행위자는 30g으로 사망이라는 결과발생이 가능하다고 믿었으나 '전문가로서의 과학적 일반인은 30g으로는 결과발생이 불가능'하다는 판단을 내리게 된다는 것이다.

제1요건 판단의 ① '기초사정'(자료)으로는 '행위자가 인식한 사정과 전문가로서의 과학적 일반인이 인식할 수 있었던 사정'이 고려되고, ② '판단기준'(판단의 주체)은 '전문가로서의 과학적 일반인'이 된다.

(3) 관련 판례의 검토

대법원판결 중에는 불능미수에 있어서 착오와 결과발생불가능 여부에 대한 판단이 '전문가로서의 과학적 일반인'의 입장에서 내려질 것이라는 사례가 다수 발견된다. 다만 이러한 판결에서의 ㉮ 과학적 일반인은 불능미수 성립의 제2요건인 '위험성'의 판단기준으로서 제시되는 잘못을 보이기도 하고, 때로는 ㉯ 결과발생불가능 여부의 판단기준과 위험성 유무의 판단기준을 혼동 내지 동일시하여 양자 모두에서 과학적 일반인을 판단기준으로 제시하는 결함을 보이기도 한다. 아래에서는 전문가로서의 과학적 일반인의 입장에서 불능미수 내지 불능범의 성립여부를 판단한 몇몇 판결을 검토해 보고자 한다.

(가) 소송비용편취 불능사례[84] 피고인은 소송비용을 받고서도 받지 않은

84) "불능범의 판단기준으로서 위험성 판단은 피고인이 행위 당시에 인식한 사정을 놓고 이것이 객관적으로 일반인의 판단으로 보아 결과 발생의 가능성이 있느냐를 따져야 하고, 한편 민사소송법상 소송비용의 청구는 소송비용액 확정절차에 의하도록 규정하고 있으므로, 위 절차에 의하지 아니하고 손해배상금 청구의 소 등으로 소송비용의 지급을 구하는 것은 소의 이익이 없는

것으로 법원을 기망하여 소송비용의 지급을 구하는 손해배상청구의 소를 제기하였는데, 소송비용 지급청구는 소송비용액 확정절차로서만 가능하기 때문에, 수단의 착오로 인하여 소송비용편취라는 사기죄의 결과발생가능성이 없고 더 나아가 위험성까지도 부정되어 불능범으로서 무죄가 된다는 요지의 판결이다. 그런데 '소송비용의 지급청구가 손해배상청구소송으로는 불가능하고 소송비용액 확정절차라는 수단으로서만 가능하다는 것은 법률전문가가 아닌 일반인은 알 수 없으므로', 본 판례는 소송비용편취라는 사기죄의 결과발생가능 여부를 "법률적 지식을 가진 일반인의 판단"에 의할 것으로 명시하고 있다. 이러한 법률지식에 무지한 피고인이 착오를 일으켜 결과발생이 가능하다고 믿었어도, '(법률)전문가로서의 과학적 일반인'의 입장에서 착오가 있다는 것 그리고 사기죄의 결과발생이 불가능하다는 것을 판단한 판결로서 주목할 가치가 있다.

(나) 경매배당금편취 불능사례[85] 임대차계약서상의 임차인이 건물에 입주

부적법한 소로서 허용될 수 없다고 할 것이다. 따라서 소송비용을 편취할 의사로 소송비용의 지급을 구하는 손해배상청구의 소를 제기하였다고 하더라도 이는 객관적으로 소송비용의 청구방법에 관한 법률적 지식을 가진 일반인의 판단으로 보아 결과발생의 가능성이 없어 위험성이 인정되지 않는다고 할 것이다. 원심이…피고인이 공소외 1로부터 소송비용 명목으로 공소외 2를 통하여 100만원을 이미 송금받았음에도 불구하고, 공소외 1을 피고로 하여 종전에 피고인이 공소외 1을 상대로 제기하였던 여러 소와 관련한 소송비용 상당액의 지급을 구하는 손해배상금 청구의 소를 제기하였다가 담당 판사로부터 소송비용의 확정은 소송비용액 확정절차를 통하여 하라는 권유를 받고 위 소를 취하한 사실을 인정한 다음, 피고인이 제기한 이 사건 손해배상금 청구의 소는 소의 이익이 흠결된 부적법한 소로서 각하를 면할 수 없어 피고인이 승소할 수 없다는 것이고, 그렇다면 피고인의 이 부분 소송사기 범행은 실행 수단의 착오로 인하여 결과발생이 불가능할 뿐만 아니라 위험성도 없다 할 것이어서, 소송사기죄의 불능미수에 해당한다고 볼 수 없으므로 결국 범죄로 되지 아니하는 때에 해당한다고 판단하여 피고인에 대하여 이 부분 무죄를 선고한 조치는 옳고, 거기에 상고이유에서 주장하는 바와 같은 불능미수에 있어서의 위험성에 관한 법리오해의 위법이 있다고 할 수 없다"(**대판 2005. 12. 8, 2005 도 8105**).

85) "피고인이 1997. 4. 8. 이 사건 건물 부분(이하 '위 건물'이라 한다)의 실질적 소유자인 김근수와 사이에 위 건물에 관하여 임대차보증금 3,000만 원, 존속기간 같은 달 11일부터 1999. 4. 11.까지로 하는 임대차계약을 체결한 다음 가족들과 입주하였으나, 1997. 6. 5. 그 처인 공소외 1의 주민등록만 위 건물소재지로 전입신고하고, 피고인 및 그 자녀들의 주민등록은 피고인이 처와 함께 운영하고 있는 음식점의 소재지인 광주 남구 서동 191-6에 그대로 둔 사실, 그런데 김근수가 1997. 7. 16.경 위 건물에 대하여 근저당권을 설정하고 광주광역시 축산업협동조합으로부터 대출받은 합계 2억 3,000만 원을 상환하지 못함으로써 1998. 2. 13.경 광주지방법원 98타경7375호로 위 건물에 관하여 임의경매절차가 개시되자, 이에 불안감을 느낀 피고인이 1998년 3월 초순경 김근수에게 공소외 1명의로 전세계약서를 다시 작성해 달라고 부탁하였고, 이에 김근수는 피고인에게 전세계약서를 다시 작성할 필요까지는 없다면서 직접 전세계약서 중 임차인란의 피고인 명의 부분을 지우고 공소외 1명의로 변경한 사실, 이후 피고인이 1998. 3. 28. 위 변경된 전세계

하였으나 처(妻)만이 주민등록 전입신고를 한 상태에서 임차건물이 경매에 넘어가게 되자 주택임대차보호법상 우선변제권에 의한 배당을 받기 위하여 '임대차계약서상의 임차인 명의를 처로 변경'하여 경매법원에 배당요구를 한 경우 (소송)사기죄의 죄책을 질 것인가가 문제된 사례이다. 이 사례에 대하여 임대차계약서상의 임차인은 주민등록 전입신고를 하지 아니하더라도 소액임대차보증금에 대한 우선변제권 행사로서 배당금을 수령할 권리가 있다는 것이 '대법원의 민사판례'(**대판** 87 **다카** 14; 95 **다** 30338)이므로, 구태여 임차인 명의를 처의 명의로 변경하지 아니하였다고 하더라도 소액임대차보증금에 대한 우선변제권 행사로서 임차인이 배당금을 수령할 권리가 있을 것이어서, 경매법원이 실제의 임차인을 처로 오인하여 배당결정을 하였더라도 기망행위에 의한 재물의 편취라는 사기죄의 결과발생은 불가능하다는 요지의 판결이 선고되었다. 대법원은 임대차계약서상의 임차인 명의를 처로 변경해야만 경매배당을 받을 수 있을 것이라는 임차인의 착오가 있었으나 그 착오가 있다고 하더라도 배당금'편취'라는 사기죄의 결과발생은 불가능하다고 보고, 판결이유에 명시하지는 않았지만 여기서 더 나아가 '위험성'까지 부정함으로써 결국 범죄로 되지 아니하는 '불능범'으로서 무죄를 선고해야 한다고 결론을 내리고 있다.

이 판결에서 임차인이 임대차계약서상의 명의를 처로 변경해야만 경매배당을 받을 수 있을 것이라는 임차인의 착오가 있고 그 착오가 재물의 편취라는 사기죄의 결과발생을 초래할 수 없다는 판단은 '임대차계약서상의 임차인은 주민등록 전입신고를 하지 아니하더라도 배우자의 주민등록전입신고가 있는 경우에는 소액임대차보증금에 대한 우선변제권 행사로서 배당금을 수령할 권리가 있다는 대법원의 민사판례'를 알고 있는 경우에만 내릴 수 있다. 이러한 대법원의 민사판례는 전문적인 법률지식에 속하는 것이므로, 법률지식에

약서에 확정일자를 받고, 같은 달 30일 위 경매법원에 위 변경된 전세계약서 등을 첨부하여 임대차보증금 3,000만 원의 배당을 요구한 사실, 그러자 위 경매법원은 1999. 7. 5. 공소외 1을 주택임대차보호법상의 소액임차인으로 인정하여 공소외 1에게 광주광역시 축산업협동조합보다 우선하여 1,200만 원을 배당한 사실 등을 인정한 다음, 대법원의 확립된 판례에 의하면, 피고인이 전세계약서상의 임차인 명의를 처인 공소외 1으로 변경하지 아니하였다 하더라도 피고인은 소액임대차보증금에 대한 우선변제권 행사로서 배당금을 수령할 권리가 있다 할 것이어서, 경매법원이 실제의 임차인을 공소외 1으로 오인하여 배당결정을 하였더라도 이로써 재물의 편취라는 결과의 발생은 불가능하다 할 것이고, 이러한 피고인의 행위를 객관적으로 결과발생의 가능성이 있는 행위라고 볼 수도 없으므로, 이 사건 공소사실은 범죄로 되지 않거나 범죄사실의 증명이 없는 때에 해당하여 형사소송법 제325조에 의하여 무죄를 선고하여야 한다"(**대판** 2002. 2. 8, 2001 **도** 6669).

무지한 사람일 것이 분명한 이 사건의 임차인으로서는 결코 알 수 없는 사항에 속한다고 보아야 한다. 따라서 이 판결은 행위자에게 착오가 있고 이 착오가 결과를 발생시킬 수 없다는 판단을 '(법률)전문가로서의 과학적 일반인'의 입장에서 내린 것으로서 음미할 가치가 있다고 하겠다.

(다) 히로뽕제조 불능사례[86] 히로뽕의 제조방법은 염산에페트린을 원료로 하여 메스암페타민(히로뽕)을 생성하여야 하는데, 피고인은 제조방법에 무지하여 에페트린과 빙초산을 원료로 하여 염산메칠암페타민을 생성하는 데 그쳤고 결국 히로뽕 제조에 실패한 사례이다. 대법원은 피고인이 사용한 제조방법을 놓고 제약방법을 아는 과학적 일반인의 입장에서 판단하면 히로뽕 제조라고 하는 결과발생가능성이 없고 더 나아가서 위험성까지 부정되므로 불능범이 성립될 것이라는 취지의 판결을 선고하였다. 결과발생가능성은 "제약방법을 아는 일반인(과학적 일반인)의 판단"에 의할 것이라고 명시하고 있는데, "제약방법을 아는"이라 함은 '전문가로서 아는'이라는 의미이므로, 결국 '전문가로서의 과학적 일반인'을 결과발생가능성 여부의 판단기준(판단주체)으로 제시한 판결로서 그 의의가 있다고 하겠다.

(라) 쥐약사용살해 불능사례[87] 하급심에서 선고된 판결이지만, 이 사례는

86) "원판결은 1심 판결을 끌어 피고인이 에페트린과 빙초산 등 화공약품을 혼합하고 섭씨 80도-90도로 가열하여 메스암페타민(속칭 히로뽕) 1킬로그람을 제조했으나 그의 제조기술과 경험부족으로 히로뽕 완제품 아닌 염산메칠에페트린을 생성시켰을 뿐으로 미수에 그친 사실을 인정하고, 그가 예비한 염산메칠에페트린으로 메스암페타민을 생성하기 위하여서는 염산에페트린이 원료로 사용되어야 하고 염산에페트린은 염산메칠에페트린에 의하여 생성시킬 가능성을 인정할 수 있으나 피고인의 소위는 결코 불능범일 수 없다는 취지로 판단하였다.…원판결은 피고인이 생성시켰다고 인정한 염산메칠에페트린이 화학작용을 일으키면 메칠기를 뺄 수 있고 그렇게 되면 염산에페트린이 될 수 있어 히로뽕의 제조원료가 되니 위험성이 있어 불능범이 아니라는 판단을 하였는데, 위험성이 인정되면 불능범이 될 수 없다는 판단은 옳으나 아래와 같은 위법이 있다. 즉 원심이 끌어 쓴 증거에 의하여서는 염산메칠에페트린에서 메칠기를 빼낼 수 있음이 인정될 수 없다고 인정될 수 있어 원심인정에는 심리미진 아니면 증거를 잘못 해석한 위법이 있음을 숨길 수 없고, 본건 피고인의 행위의 위험성을 판단하려면 피고인이 행위 당시에 인식한 사정 즉 원심이 인정한 대로라면 에페트린에 빙초산을 혼합하여 80-90도의 가열하는 그 사정을 놓고 이것이 객관적으로 제약방법을 아는 일반인(과학적 일반인)의 판단으로 보아 결과발생의 가능성이 있느냐를 따졌어야 할 것이어늘, 이 점 심리절차 없이 다시 말해서 어째서 위험성이 있다고 하는지 그 이유를 밝힌바 없어 위험성이 있다고 판단한 조치에는 이유 불비의 위법 아니면 불능범 내지는 위험성의 법리를 오해한 잘못이 있다"(**대판** 1978. 3. 28, 77 **도** 4049).

87) "이 사건 공소사실 중 살인미수의 점의 요지는, 피고인은 1975년경 남편이 사망한 이후 피해자 이○○과 20여년간 내연의 관계를 맺어 오던 중, 위 이○○이 1995. 10. 4. 경부터 피해자 임○○와 동거하는 것을 알게 되어 이를 항의하였음에도, 위 이○○으로부터 '더 이상 전화하지도, 찾아오지도 말라'는 말을 듣고, 위 임○○로부터는 '나는 중매로 들어온 사람이고 당신은 첩년으

착오로 인한 결과발생불가능을 전문가로서의 과학적 일반인의 입장에서 어떻게 판단할 것인가를 잘 보여주고 있다. 하급심판결의 요지를 간추리자면, 쥐약에 살인력이 있는 것으로 믿은 피고인이 쥐약을 사용하여 피해자들을 살해하고자 시도하였으나 범행에 실패하였는데, 국립과학수사연구소의 감정서와 충남대학교 약학대학장의 사실조회결과에 의하면 쥐약에는 살인력이 없는 까닭에 살인의 결과발생이 불가능할 뿐만 아니라 위험성도 없다고 보아 불능범으로서 무죄를 선고한 내용이다. 쥐약은 사람을 살해할 효능, 즉 살인력이 있다고 생각하는 것이 '일반인의 상식'에 합당하다고 하겠으나, 이 판결은 국립과학수사연구소와 국립대학교 약학대학장이라는 '전문가로서의 과학적 일반인'의 입장에서 쥐약의 효능에 살인력이 없어서 살인의 결과발생이 불가능하다는 판단을 내린 점에서 상술한 대법원판결과 궤도를 같이 하고 있다.

로 산 년이니 빨리 가라'는 욕을 듣게 되자, 피해자들을 모두 살해하기로 결심하고, 1995. 10. 초순경 충남 청양읍 읍내리에 있는 청양시장에서 성명불상의 상인으로부터 쥐약 1봉지 시가 금 1,000원 상당을 구입하고,…같은 달 30. 19:40경 위 이○○의 잠겨있지 않은 출입문을 열고 그 집 부엌으로 들어가 그곳에 있는 김치통, 냉장고 안에 있는 고춧가루통 및 젓갈통 등에 위와 같이 혼합한 쥐약가루를 뿌려놓아, 피해자들로 하여금 위 음식을 먹도록 하는 방법으로 피해자들을 살해하려 하였으나, 위 임○○에게 발각되는 바람에 그 목적을 이루지 못하고 미수에 그친 것이다라고 함에 있다. 살피건대…피고인이 위 공소사실과 같이 청양시장에서 쥐약을 구입하고 그 후 삶은 밤가루와 이를 섞어 피해자들이 먹을 위와 같은 음식물에 뿌린 사실을 인정할 수 있으나, 과연 피고인이 위 음식물 위에 뿌린 쥐약에 피해자들을 살해할 수 있는 위험성이 있는가에 관하여 보기로 한다. 국립과학수사연구소 박○○, 정○○ 작성의 감정서, 같은 연구소 문○○, 김○○ 작성의 추가감정서, 당원의 충남대학교 약학대학장에 대한 사실조회 결과에 의하면, 압수물인 위 음식물들에는 일반 독물은 검출되지 아니하였으나 쿠마테트라일이라는 항 혈액응고성 살서(殺鼠)제 성분이 검출된 점, 위 쿠마테트라일은 쥐에 대한 경구투여시 반수치사량이 204㎎/㎏임에 비하여 인체에 대한 치사량은 보고되어 있지 않으나 음독시 신체조건 및 음독 후 응급조치 등에 따라 상이하다 할 것인데, 쿠마테트라일과 같은 작용을 하는 같은 유도체의 와파린은 용혈현상이 있거나 혈액질환, 위궤양, 궤양성대장염 등 일정한 질환자 외의 통상인의 경우 1회 복용시에는 안전하고, 매일 50㎎ 내지 100㎎씩 수일간 복용하더라도 잇몸, 코피, 무릎, 발꿈치, 엉덩이에 멍이나 혈종, 위출혈, 기타 점막, 피부, 소화관, 비뇨기관, 자궁 등에 출혈이 보인다는 정도인 점을 알 수 있는바, 무릇 행위자에게 범죄의사가 있고 외관상 실행의 착수라고 볼 수 있는 행위가 있을지라도 행위의 성질상 결과의 발생이 불가능하고 위험성이 없는 경우는 범죄로 성립하지 않는다는 의미에서 불능범이라고 하는바, 위와 같이 인체에 대하여 일반 독성은 검출되지 아니하고 살서제 성분만이 검출된 쥐약을 가지고 피고인이 피해자들을 살해하려 한 것이었다면, 위 행위의 성질상 살인의 결과발생이 불가능할 뿐 아니라 객관적으로 보아 그와 같은 위험성도 없다 할 것이고, 달리 피고인이 음식물 위에 뿌린 위 쥐약이 인체에 사망의 결과를 가져올 수 있는 독성을 가지고 있거나 그와 같은 위험성이 있다고 볼 만한 증거도 없으므로, 결국 피고인에 대한 위 부분 공소사실은 범죄의 증명이 없는 경우에 귀착하여 형사소송법 제325조 후단에 의하여 무죄를 선고한다"(대전지법판결 1996. 4. 26, 95 고합 428).

3. 위험성이 있을 것

(1) 불능미수에 있어서 위험성의 의미

불능미수에 있어서 위험성의 의미에 관해서는 '결과발생가능성'으로 해석하는 견해,[88] '법익침해가능성 내지 법익침해위험성'으로 해석하는 견해,[89] '구성요건의 실현가능성'[90] 내지 구성요건 실현의 잠재적 위험성[91]으로 해석하는 견해 등이 있다.

그런데 형법상의 판단은 항상 '행위'를 대상으로 하므로－행위형법의 원칙, '범죄는 행위이다'라는 명제－, 불능미수에 있어서의 위험성 판단의 대상은 결국 착오가 있은 불능미수'행위'이고, 미수범 일반론의 관점에서 표현하자면 위험성 판단이란 다름 아닌 '미수행위에 대한 위험성' 판단이다. 가벌인 불능미수행위가 미수범의 일종인 한, 제27조의 위험성은 '미수범으로서의 위험성'을 의미한다고 하겠다.[92]

이제 불능미수의 위험성은 미수범의 '처벌근거'로서의 위험성을 밝히는 작업으로 넘어간다. 오늘날 지배적인 견해는 미수범의 처벌근거를 행위자의 범죄적 의사 내지 법적대적 의사라는 행위불법(행위반가치)과 법익침해의 가능성이라는 결과불법(결과반가치) 양자에 두고 있다(절충설). 이 입장을 독일의 다수설인 인상설(Eindruckstheorie)로 풀이하는 학자도 있다.[93] 인상설은 "사회일반인이 미수행위로 인하여 법적 평온(법적 평화 내지 법적 안정성)이 교란된다는 사회심리적 인상을 받은 것"에서 미수범의 처벌근거를 구하고 있다.

(2) 위험성의 판단

상술한 바와 같이 불능미수에 있어서 위험성의 유무 판단은 다름 아닌 미수범의 처벌근거로서의 행위불법과 결과불법의 존재 유무에 대한 판단이다.[94]

---

88) 김성돈, 422면; 김종원, "불능미수", 형사법강좌 Ⅱ, 한국형사법학회, 박영사, 1984, 618면; 정영일, 357면. 대법원판례가 대체로 이 입장이다. 예컨대 "행위의 위험성을 판단하려면 … 결과발생의 가능성이 있느냐를 따졌어야 할 것"이라고 함으로써, 위험성 판단과 결과발생가능성 판단을 동일시하고 있다(대판 1978. 3. 28, 77 도 4049. 同旨, 대판 1990. 7. 24, 90 도 1149; 1985. 3. 26, 85 도 206; 1973. 4. 30, 73 도 354).

89) 권오걸, 482면 각주 28); 허일태, "불능미수범에 있어서 위험성의 의미(히로뽕제조실패사건)", 형사판례연구[8], 박영사, 2000, 53면.

90) 이재상, 401면 각주 1); 정/박, 411면.

91) 박상기, 364면.

92) 결론적으로 이러한 견지에 서는 학자로서는 허일태, 앞의 면.

93) 권오걸, 447면; 김/서, 529면; 박상기, 332면.

행위불법과 결과불법의 내용을 종합하여 위험성을 판단한다는 것은 '행위자의 범죄적 의사에 비추어 보아 행위가 초래할 법익침해의 가능성'을 판단하는 것이라고 말할 수 있다. 그런데 '불법'판단(위법성 실질의 평가)은 오늘날 지배적 견해라고 할 수 있는 객관적 위법성론에 따라 '사회일반인을 기준으로 한 객관적 판단'이라는 점이 승인되어 있으므로, 위험성의 판단기준도 '사회일반인'에 두어진다.

이상 언급한 바를 결론으로 정리하자면, 불능미수에 있어서의 '위험성' 판단은 '행위자의 범죄적 의사를 기초로 하여 사회일반인의 입장에서 그 행위가 법익을 침해할 가능성이 있는가' 하는 판단이 된다. 위험성 판단을 '구조'화하자면, 위험성 판단의 '기초'는 '행위자가 인식한 사정'에 두어지고, 판단'기준'(판단주체)은 '사회일반인'이다.

(3) 위험성 판단에 관한 학설

(가) 절대적 불능 · 상대적 불능 구별설(구객관설) 이 학설은 결과발생의 불가능성을 절대적 불능과 상대적 불능으로 구별하여, 전자의 경우에는 위험성을 부정하여 불능범이 되고 후자의 경우에는 위험성을 인정하여 불능미수가 된다고 한다. 절대적 불능이라 함은 수단 또는 대상의 착오로 말미암아 결과발생이 "개념적으로 언제나 불가능한" 경우를 말하고, 상대적 불능이란 결과발생이 "일반적으로는 가능하지만 구체적인 경우에 특수한 사정으로 불가능한" 경우를 말한다. 예컨대 수단의 착오에 있어서 절대적 불능은 밀가루를 독약가루로 오인하고 먹인 경우이고, 상대적 불능은 치사량미달의 독약을 먹인 경우이다. 대상의 착오에 있어서 절대적 불능은 시체를 산 사람으로 오인하고 발포한 경우이고, 상대적 불능은 부재중인데 재실(在室) 중인 줄 알고 폭약을 터뜨린 경우이다. 대법원판결 중에는 절대적 불능 · 상대적 불능 구별설의 입장에 선 것도 있다.[95]

---

94) 다만 불능미수는 착오가 있음으로 해서 미수범 일반에 대한 임의적 '감경'으로서의 처벌이 임의적 '감면'이라는 처벌로 고려되어 있다.

95) "판결요지: 불능범은 범죄행위의 성질상 결과발생의 위험이 절대로 불능한 경우를 말하는 것인바, 향정신성의약품인 메스암페타민 속칭 "히로뽕" 제조를 위해 그 원료인 염산에페트린 및 수종의 약품을 교반하여 "히로뽕" 제조를 시도하였으나 그 약품배합 미숙으로 그 완제품을 제조하지 못하였다면, 위 소위는 그 성질상 결과발생의 위험성이 있다고 할 것이므로, 이를 습관성의 약품제조 미수범으로 처단한 것은 정당하다"(**대판** 1985. 3. 26, 85 **도** 206). "판결요지: 피고인이 우물과 펌프에 혼입한 농약(스미치온)의 악취가 심하여 보통의 경우에는 마시기가 어렵고 또 그 혼입한 농약의 분량으로 보아 사람을 치사에 이르게 할 정도는 아니라고 하더라도 위 농약의 혼

이 학설의 결함은 절대적 불능과 상대적 불능의 구별 자체가 '상대적'이어서 실제 문제의 해결에 혼동을 준다는 점이다. 즉 〈가스총〉으로도 사람을 죽일 수 있다고 믿고 발사한 경우에 '가스'총은 결과발생이 개념적으로 언제나 불가능한 경우이므로 절대적 불능이라고 할 수 있고, 다른 한편 가스'총'은 결과발생이 일반적으로는 가능하지만 구체적인 경우에 특수한 사정으로 불가능한 경우이므로 상대적 불능이라고 할 수도 있다.

(나) 법률적 불능 · 사실적 불능 구별설 이 학설은 프랑스학자들에 의하여 주장된 것으로서 결과발생의 불가능을 법률적 불능과 사실적 불능으로 구별하여, 전자의 경우에는 불능범이 되고 후자의 경우에는 불능미수가 된다고 한다. 또한 이 학설에는 ① 법률적 불능을 절대적 불능으로, 사실적 불능을 상대적 불능으로 이해하는 견해와 ② 법률적 불능을 구성요건의 흠결로, 사실적 불능을 단순한 사실의 결여로 이해하는 견해가 있다.

①의 견해에 대해서는 위 절대적 불능 · 상대적 불능 구별설에 대한 비판이 그대로 타당하고, ②의 견해와 관련된 구성요건의 흠결이론은 후술하기로 한다.

(다) 구체적 위험설(신객관설) 구체적 위험설[96]은 행위 당시에 행위자가 인식하고 있었던 사정과 일반인이 인식할 수 있었던 사정을 기초로 하여 일반적 경험법칙에 비추어 사후적 예후판단으로 결과발생의 가능성이 있다고 보면 (구체적) 위험성을 인정하여 불능미수로 처벌하고, 결과발생의 가능성이 없다고 보면 (구체적) 위험성을 부정하여 불능범이 된다는 학설이다. 위험성판단의 '기초'는 행위 당시에 행위자가 인식하고 있었던 사정과 일반인이 인식할 수 있었던 사정에 두고, 위험성판단의 '기준'(주체)은 일반인 — 통찰력있는 제3자 — 에 두고 있다.

이 학설의 문제점은 ① 행위자가 인식하고 있었던 사정과 일반인이 인식할 수 있었던 사정이 일치하지 않는 경우에 어느 사정을 기초로 판단할 것인

입으로 살인의 결과가 발생할 위험성이 없다고 단정할 수 없는 이상 피고인에게 살인미수 등의 죄책을 인정하였음은 정당하다"(**대판** 1973. 4. 30, 73 **도** 354).

96) 김/서, 532면; 김종원, 앞의 글, 628면; 박상기, 364면; 배종대, 528면; 안동준, 204면; 오영근, 540면; 이재상, 405면; 신동운 교수는 515면 이하에서 "실행행위의 시점을 기준으로 행위자의 범행결의를 과학적으로 일반인의 관점에서 평가할 때 구성요건적 결과발생의 가능성이 있다고 인정되면 위험성을 인정"한다고 하여 "강화된 구체적 위험설"이라 한다. 강화된 구체적 위험설은 "평범한 일반인의 관점이 아니라 과학적 전문지식을 갖춘 일반인"을 위험성 평가의 기준점으로 설정한다(같은 면).

가가 명확하지 않다는 점[97]과 ② 제1요건에서의 결과발생가능 여부의 판단이 제2요건에서의 위험성 유무의 판단과 동일시 내지 직결된다고 보여지는 점[98] 그리고 ③ 근본적으로는 상술한 결론에 따라 위험성 판단의 기초로는 '행위자'가 인식한 사정만을 고려하여야 할 것인데, '일반인'이 인식할 수 있었던 사정도 고려하는 점에 있다.

①의 문제점에 대하여 구체적 위험설 측에서는, 행위자가 인식하고 있었던 사정과 일반인이 인식할 수 있었던 사정이 일치하지 않는 때에는 일반인의 인식 사정을 기초로 삼고 행위자가 특히 알고 있었던 사정을 고려하면 된다고 하는 반론을 내세운다.[99]

그런데 이 반론도 구체적 위험설의 난점을 해결하는 데 전혀 도움이 되지 못한다. 일반인과 행위자 양자의 인식이 불일치할 경우에 어떻게 할 것인가라는 질문에 대한 대답은 논리상 양자택일이어야 하므로, 그 반론에서 "일반인이 인식하고 있었던 사정을 기초로 삼고 행위자가 특히 알고 있었던 사정을 고려한다"는 것이 행위자의 특별한 인식을 기초로 하게 되는 결과라면 후술하는 주관적 위험설과 같아지고, 일반인의 인식을 기초로 하는 결과라면 '절대적 불능·상대적불능 구별설'(구객관설)과 비슷한 견해가 되고 말 것이다. 예컨대 치사량 미달의 농약으로 살해하려는 사례에서 일반인은 그 농약의 치사량을 알고 있었으나 행위자는 모르고 있어서 양자의 인식이 불일치하는 경우에, 판단의 기초사정으로 고려할 인식은 양자택일의 문제일 수밖에 없음이 분명한 데에도, "일반인이 인식할 수 있었던 사정을 기초로 삼고 행위자가 특히 알고 있었던 사정을 고려하면" 된다는 반론은 도대체 어떤 사정을 기초로 한다는 것인지 여전히 모호하기 짝이 없는 대답이다. 여기에서 행위자가 모르고 있은 경우에는 결국 일반인이 인식할 수 있었던 사정만을 기초로 해서 결과발생가능성을 판단하면 된다고 한다면, 구체적 위험설은 판단의 기초사정을 일반인의 인식에만 두게 되는 학설-'구객관설'에 가까운 견해-로 변질되고 말 것이다.

불능미수에 있어서의 착오란, 행위자는 행위의 수단과 대상이 잘못됐다는 것을 모르고 있지만 일반인은 이를 알고 있기 때문에, 즉 '모르는 것과 아는 것

---

97) 권오걸, 483면; 김성천, 359면; 이형국, 259면; 정/박, 412면. 한편 구체적 위험설의 입장을 취하면서도 이러한 문제점을 지적하는 학자로서는 신동운, 516면; 오영근, 538면.

98) 김종원, 앞의 글, 628면.

99) 김종원, 앞의 면; 이재상, 403면.

의 불일치'에서 발생하는 것이기 때문에, 위의 반론에서 행위자가 특히 알고 있었던 사정을 고려한다는 것은 아무런 알맹이가 없는 주장이라고 하겠다.[100]

불능미수에 있어서는 항상 행위자의 인식수준이 일반인의 인식수준보다 떨어지는 경우만을 문제삼는 것이라는 점에 유의할 필요가 있다. 행위자의 인식수준이 일반인의 인식수준보다 높은 경우, 예컨대 일반인이 알기로는 돌로 가볍게 때려서는 사람을 살해할 수 없으나 행위자는 상대방이 혈우병환자임을 특별히 인식하고 살해의 의사로 돌로 때린 경우에는 불능미수의 착오의 문제가 발생하지 않는다. 행위자의 인식수준이 낮은 경우만이 문제가 되기 때문에 독일형법이 불능미수에서의 착오를 행위자의 "심한 무지로 인한"(aus grobem Unverstand) 착오라고 명시한 이유를 이해할 수 있다.

(라) 주관적 위험설(추상적 위험설)[101] 주관적 위험설[102]은 행위 당시에 행위자가 인식하고 있었던 사정을 기초로 하여, 즉 행위자가 인식한 대로의 사정이 존재하였다면, 일반인의 입장에서 결과발생의 가능성이 있다고 판단되는 경우는 위험성을 인정하여 불능미수가 된다는 학설이다. 주관적 위험설은 위험성판단의 「기초」를 행위 당시에 행위자가 인식하고 있었던 사정에 두고, 위험성판단의 「기준」(주체)은 사회일반인에 두고 있다.

우리나라 판례는 대체로 주관적 위험설에 입각해서 위험성을 판단하고 있는 것으로 분석된다. 대법원이 즐겨 쓰는 표현은 "불능범의 판단기준으로서 위험성 판단은 피고인이 행위 당시에 인식한 사정을 놓고 이것이 객관적으로 일반인의 판단으로 보아 결과발생의 가능성이 있느냐를 따져야 하고"[103]인데, 이는 위험성판단의 기초를 행위자가 행위 당시에 인식하고 있었던 사정에 두고 위험성판단의 주체는 일반인에 둔 것으로서 주관적 위험설의 입장에 선 것이다.

---

100) 행위자뿐만 아니라 일반인도 같은 착오를 일으켰을 경우－행위자와 일반인의 인식이 일치하는 경우－에는 구체적 위험설이나 행위자의 인식사정만을 기초로 하는 주관적 위험설이나 서로 차이가 없게 된다.

101) 학자에 따라서는 '주관적 위험설'을 '추상적 위험설'과 구별(정성근, 527면)하든가, '행위자위험설'이란 명칭(황산덕, 240면)을 쓰기도 하지만, 이 모두는 같은 범주에 포괄될 수 있는 학설들로서 주관적 위험설에 의하여 대표될 수 있다.

102) 권오걸, 485면; 김성돈, 422면; 김성천, 361면; 성낙현, 538-9면; 정/박, 415면; 정영석, 225면; 정영일, 363면; 진/이, 527면; 황산덕, 240면. 이에 대하여 손동권, 439면과 이상돈, 529면은 형이 감경되는 불능미수의 위험성은 구체적 위험설에 따라 결정하고, 형이 면제되는 불능미수의 위험성은 추상적 위험설에 따라 결정해야 한다고 주장한다.

103) 대판 2005. 12. 8, 2005 도 8105. 同旨, 대판 1978. 3. 28, 77 도 4049.

주관적 위험설은 상술한바 미수범 처벌근거로서의 위험성 판단의 '구조', 즉 위험성 판단의 기초는 '행위자가 인식한 사정'에 두고, 판단기준(판단주체)은 '사회일반인'에 두는 결론과 일치하므로, 불능미수의 위험성 판단에 있어서 그 중 타당한 학설이라고 하겠다. 다만 위험성을 결과발생가능성의 문제로 파악하는 점에서 제1요건에서의 결과발생가능 여부와 제2요건에서의 위험성 유무가 동어반복식으로 재검토[104]되지는 않는가 하는 문제점이 있다.[105]

---

104) 김성돈, 422면.

105) 이 문제점과 관련하여, '판례 평석'의 단계에서 좀 더 정밀하게 법리를 전개해 볼 필요가 있는 대법원 전원합의체 판결을 소개한다. "판결요지: [1] 형법 제297조는 "폭행 또는 협박으로 사람을 강간한 자는 3년 이상의 유기징역에 처한다."라고 규정하고, 제299는 "사람의 심신상실 또는 항거불능의 상태를 이용하여 간음 또는 추행을 한 자는 제297조, 제297조의2 및 제298조의 예에 의한다."라고 규정하고 있다. 형법은 폭행 또는 협박의 방법이 아닌 심신상실 또는 항거불능의 상태를 이용하여 간음한 행위를 강간죄에 준하여 처벌하고 있으므로, 준강간의 고의는 피해자가 심신상실 또는 항거불능의 상태에 있다는 것과 그러한 상태를 이용하여 간음한다는 구성요건적 결과 발생의 가능성을 인식하고 그러한 위험을 용인하는 내심의 의사를 말한다. [2] [다수의견] 형법 제300조는 준강간죄의 미수범을 처벌한다. 또한 형법 제27조는 "실행의 수단 또는 대상의 착오로 인하여 결과의 발생이 불가능하더라도 위험성이 있는 때에는 처벌한다. 단, 형을 감경 또는 면제할 수 있다."라고 규정하여 불능미수범을 처벌하고 있다. 따라서 피고인이 피해자가 심신상실 또는 항거불능의 상태에 있다고 인식하고 그러한 상태를 이용하여 간음할 의사로 피해자를 간음하였으나 피해자가 실제로는 심신상실 또는 항거불능의 상태에 있지 않은 경우에는, 실행의 수단 또는 대상의 착오로 인하여 준강간죄에서 규정하고 있는 구성요건적 결과의 발생이 처음부터 불가능하였고 실제로 그러한 결과가 발생하였다고 할 수 없다. 피고인이 준강간의 실행에 착수하였으나 범죄가 기수에 이르지 못하였으므로 준강간죄의 미수범이 성립한다. 피고인이 행위 당시에 인식한 사정을 놓고 일반인이 객관적으로 판단하여 보았을 때 준강간의 결과가 발생할 위험성이 있었으므로 준강간죄의 불능미수가 성립한다.

구체적인 이유는 다음과 같다(밑줄－저자).

① 형법 제27조에서 규정하고 있는 불능미수는 행위자에게 범죄의사가 있고 실행의 착수라고 볼 수 있는 행위가 있지만 실행의 수단이나 대상의 착오로 처음부터 구성요건이 충족될 가능성이 없는 경우이다. 다만 결과적으로 구성요건의 충족은 불가능하지만, 그 행위의 위험성이 있으면 불능미수로 처벌한다. 불능미수는 행위자가 실제로 존재하지 않는 사실을 존재한다고 오인하였다는 측면에서 존재하는 사실을 인식하지 못한 사실의 착오와 다르다.

② 형법은 제25조 제1항에서 "범죄의 실행에 착수하여 행위를 종료하지 못하였거나 결과가 발생하지 아니한 때에는 미수범으로 처벌한다."라고 하여 장애미수를 규정하고, 제26조에서 "범인이 자의로 실행에 착수한 행위를 중지하거나 그 행위로 인한 결과의 발생을 방지한 때에는 형을 감경 또는 면제한다."라고 하여 중지미수를 규정하고 있다. 장애미수 또는 중지미수는 범죄의 실행에 착수할 당시 실행행위를 놓고 판단하였을 때 행위자가 의도한 범죄의 기수가 성립할 가능성이 있었으므로 처음부터 기수가 될 가능성이 객관적으로 배제되는 불능미수와 구별된다(밑줄－저자).

③ 형법 제27조에서 정한 '실행의 수단 또는 대상의 착오'는 행위자가 시도한 행위방법 또는 행위객체로는 결과의 발생이 처음부터 불가능하다는 것을 의미한다. 그리고 '결과 발생의 불가능'은 실행의 수단 또는 대상의 원시적 불가능성으로(밑줄－저자) 인하여 범죄가 기수에 이를 수 없는 것을 의미한다고 보아야 한다. 한편 불능범과 구별되는 불능미수의 성립요건인 '위험성'은 피고인이 행위 당시에 인식한 사정을 놓고 일반인이 객관적으로 판단하여 결과 발생의 가능

(마) (순)주관설 주관설은 범죄를 실현하려는 의사가 있고 이를 표현하는 행위가 있으면 범인의 범죄적 위험성이 징표되었으므로 (불능)미수범으로 처벌하자는 주관주의 형법이론이다.[106] 다만 '미신범'(迷信犯)의 경우는[107] 구성요건적 행위가 없다든가 고의가 없다는 이유로 미수범에서 제외한다. 이 학설은 위험성판단의 기초와 기준을 모두 행위자에게 두고 있다.

불능미수를 규정한 독일형법 제23조 제3항은 주관설에 서 있는 것으로 해석되고, 독일판례 역시 주관설의 입장에서 시체에 대한 살인행위,[108] 낙태수단으로 두통약을 사용한 행위,[109] 임신하지 아니한 여자의 낙태행위,[110] 치사량미달의 독약으로 살인을 기도한 행위[111] 등을 불능미수로 처벌하고 있다.

주관설은 미신범과 불능미수의 한계를 명확히 할 수 없고, 행위자의 의사 이외에 객관적 요소를 고려하지 않으므로 미수범의 성립범위를 과도하게 넓힐 우려가 있다는 비판이 제기된다.[112]

(바) 인상설 인상설[113]은 행위자의 법적대적 의사의 실행이 법질서의 효

성이 있는지 여부를 따져야 한다(밑줄－저자).

④ 형법 제299조에서 정한 준강간죄는 사람의 심신상실 또는 항거불능의 상태를 이용하여 간음함으로써 성립하는 범죄로서, 정신적·신체적 사정으로 인하여 성적인 자기방어를 할 수 없는 사람의 성적 자기결정권을 보호법익으로 한다. 심신상실 또는 항거불능의 상태는 피해자인 사람에게 존재하여야 하므로 준강간죄에서 행위의 대상은 '심신상실 또는 항거불능의 상태에 있는 사람'이다. 그리고 구성요건에 해당하는 행위는 그러한 '심신상실 또는 항거불능의 상태를 이용하여 간음'하는 것이다. 심신상실 또는 항거불능의 상태에 있는 사람에 대하여 그 사람의 그러한 상태를 이용하여 간음행위를 하면 구성요건이 충족되어 준강간죄가 기수에 이른다. 피고인이 피해자가 심신상실 또는 항거불능의 상태에 있다고 인식하고 그러한 상태를 이용하여 간음할 의사를 가지고 간음하였으나, 실행의 착수 당시부터 피해자가 실제로는 심신상실 또는 항거불능의 상태에 있지 않았다면, 실행의 수단 또는 대상의 착오로 준강간죄의 기수에 이를 가능성이 처음부터 없다고 볼 수 있다. 이 경우 피고인이 행위 당시에 인식한 사정을 놓고 일반인이 객관적으로 판단하여 보았을 때 정신적·신체적 사정으로 인하여 성적인 자기방어를 할 수 없는 사람의 성적 자기결정권을 침해하여 준강간의 결과가 발생할 위험성이 있었다면 불능미수가 성립한다"(**대판 2019. 3. 28, 2018 도 16002－전원합의체**).

106) 이영란, 420면.

107) 미신범이란 주문을 외워 사람을 살해하고자 하는 행위처럼 비과학적 방법 또는 초자연력에 의하여 범죄를 실현하려는 행위를 말한다.

108) RG 1/451.

109) RG 17/158.

110) RG 8/198.

111) BGH St.11/324.

112) 이재상, 404면; 이형국, 260면; 정/박, 414면.

113) 손해목, 914면; 신양균, "불능미수의 법적 성격", 김종원교수화갑기념논문집, 법문사, 1991, 427면; 이형국, 260면; 허일태, "불능미수범에 있어 위험성의 의미", 형사법연구, 제13호,

력에 대한 법공동체의 신뢰를 동요시키고 법적 평온(평화)을 교란하는 인상을 줄 때 불능미수의 위험성이 인정된다는 학설이다. 적극적 일반예방이론의 한 적용으로 이해된다.

인상설은 불능미수의 처벌근거를 설명하는 것으로는 타당하지만, 위험성의 '판단방법' 내지 법적 평화교란의 확정방법은 여전히 미해결인 채로 남겨두고 있다.[114] 즉 이 학설은 불능미수에 있어서 위험성의 '설명방법'이지, 위험성의 '판단방법'이라고 하기는 어렵다.

(4) 관련 판례의 검토

먼저 전술한 '소송비용편취 불능사례'(**대판 2005 도 8105**)를 위험성 판단의 구조에 비추어 검토하기로 한다. 이 사례에서 대법원은 사기죄의 결과발생가능 여부와 위험성까지도 '법률적 지식을 가진 일반인'이 판단할 것으로 보아, 사기죄의 결과발생이 불가능하며 동시에 위험성도 없다는 결론－불능범이라는 결론－을 내리고 있다. 그러나 착오로 인한 결과발생불가능의 판단과는 달리, 행위자의 인식, 즉 손해배상금 청구의 소제기라는 수단으로 소송비용 지급청구가 가능하다고 믿은 '행위자의 인식'만을 기초로 해서 전문가로서의 법률지식이 없는 '사회일반인'의 입장에서 법익침해의 가능성, 즉 재산침해의 가능성이 있느냐 하는 규범판단을 내려 보자면, 긍정적인 쪽으로 판단이 내려진다고 해야 할 것이다. 그렇다면 소송비용편취 불능사례에서 대법원의 결론과는 달리 위험성을 인정하여 사기죄의 '불능미수범'이 성립한다고 함이 타당하다.

다음으로 전술한 '경매배당금편취 불능사례'(**대판 2001 도 6669**)를 검토하기로 한다. 이 사례에서 대법원은 피고인이 임대차계약서상의 임차인 명의를 처로 변경하여야만 주택임대차보호법상 우선변제권에 의한 배당을 받을 수 있다고 믿은 경우에 '대법원의 확립된 판례'의 관점에서 소송사기의 결과발생이 불가능하고 '범죄로 되지 않는다'고 보았다. 대법원이 범죄로 되지 않는다고 한 것은 위험성을 부정하여 불능범이 성립한다는 취지이다. 그러나 위험성 판단은 '행위자의 인식'을 기초사정으로 하되, 대법원의 확립된 판례, 즉 이러한 판례를 알고 있을 법률전문가의 입장에서 내릴 것이 아니라 법률지식이 없는

한국형사법학회, 2000. 6, 117-8면; 독일에서 인상설에 의한 설명으로는 Jescheck, AT, S. 478; Schönke/Schröder/Eser, StGB, §22 Rn. 65.

114) 비슷한 비판으로는 하태훈, "불능미수", 형사법연구, 제4호, 한국형사법학회, 1991. 12, 75면.

'사회일반인'의 입장에서 내려져야 한다. 이 때 일반인의 입장에서는 재산침해의 가능성, 즉 법익침해가 가능하다는 긍정적인 쪽으로 규범판단을 내릴 것으로 생각된다. 결국 경매배당금편취 불능사례에서도 대법원의 결론과는 달리 위험성을 긍정하여 사기죄의 '불능미수범'이 성립한다고 봄이 타당하다.

전술한 '히로뽕제조 불능사례'(**대판 77 도** 4049)에서는 행위자가 인식한 사정을 놓고 제약방법을 아는 과학적 일반인의 입장에서 보자면 히로뽕제조의 결과발생가능성이 없어서 위험성도 부정된다는 것이 대법원의 견해이다. 그러나 행위자의 인식사정만을 놓고서 제약방법을 모르는 '사회일반인'의 입장에서 위험성을 판단한다면, 마약류제조로 인한 법익침해의 가능성, 즉 공중의 건강을 침해할 가능성이 존재한다고 보아야 한다. 그렇다면 대법원의 결론과는 달리 습관성의약품관리법(현행 마약류관리법) 위반범죄의 '불능미수범'이 성립한다고 긍정함이 타당하다.

전술한 '쥐약사용살해 불능사례'(**대전지법판결 95 고합** 428)에서도 쥐약에 살인력이 있다고 믿은 행위자의 인식사정을 놓고 쥐약에 살인력이 없다는 것을 알고 있는 국립과학수사연구소 및 국립대학교 약학대학장의 입장에서 생명이라는 법익침해의 가능성을 판단할 것이 아니라, 행위자의 인식사정을 기초로 하되 쥐약에 살인력이 없다는 과학적 지식을 모르는 '사회일반인'의 입장에서 생명에 대한 법익침해가능성을 판단해야 한다. 사회일반인은 쥐약에 살인력이 있다는 통념을 갖고 있으므로 대전지방법원의 결론과는 달리 위험성을 긍정하여 피고인에게 살인죄의 '불능미수범'의 죄책을 지우는 것이 타당하다.

(5) 형이 면제되는 불능미수와 불가벌인 불능범의 접근

상술한 4개의 관련판례에서 위험성 판단을 검토한 결과, 모두 위험성이 없어서 불가벌의 불능범으로 본 법원의 결론과는 달리 저자는 모두 위험성이 있는 불능미수범이 성립한다고 하였다. 혹자(或者)는 불능범으로 보아야 할 사례까지도 불능미수범의 성립을 긍정하는 것이 아닌가, 그리고 주관적 위험설의 입장에서는 불능범이라고 보아야 할 사례가 거의 전무(全無)할 것이 아닌가 하고 우려할지도 모른다. 그러나 제27조에 의한 불능미수의 처벌에는 다음과 같은 3종류가 있다는 것을 염두에 두어야 한다.

제27조는 불능미수의 처벌이 기수범의 형에 대한 '임의적 감면'으로 되어 있으므로, 법관이 처단형을 정하는 단계에서부터 판결을 선고하는 단계까지의

과정에서는 '기수범의 형으로 처벌하는 불능미수'와 '기수범의 형의 감경으로 처벌하는 불능미수' 및 '형을 면제하여 처벌하지 않는 불능미수'라는 3종류의 불능미수를 염두에 두게 된다. 여기서 '위험성이 긍정되지만 형을 면제하여 처벌하지 않는 불능미수'는 '위험성이 부정되어 처벌하지 않는 불능범'에 근접하게 된다. 사실 이 둘의 구별은 무의미하고, 전자는 행위불법과 결과불법이 거의 결여된 한계치에 도달한 것이 아닌가 한다. 법익침해의 가능성이 희박하기 때문에 위험성 유무의 판단이 매우 곤란한 경우에는 1단계로 위험성을 긍정하여 불능미수범의 성립을 인정하되, 2단계로 형을 면제하여 처벌하지 않는 불능미수로 결론내리는 것이 구체적 타당성 있는 판결을 도모할 수 있는 하나의 통로라고 생각한다. 그리고 이 통로는 제27조가 열어주고 있는 바이다.

4. 착오로 인한 결과발생불가능과 위험성에 대한 판단의 요약

제27조가 규정하는 불능미수가 성립하자면, 착오로 인한 결과발생불가능이라는 제1요건과 위험성이라는 제2요건이 갖추어져야 한다. 그런데 제1요건과 제2요건의 판단이 쉽지 않아서, 그 판단의 기초사정과 판단기준을 어떻게 설정할 것인가 하는 점에 있어서 논란도 심하고 또 해결하기 힘든 혼동도 야기되고 있다.

본서는 제1요건에서는 판단의 기초를 행위자가 인식한 사정과 전문가로서의 과학적 일반인이 인식할 수 있었던 사정에 두고 판단기준은 전문가로서의 과학적 일반인으로 설정하였으며, 제2요건에서는 행위자가 인식한 사정만을 판단의 기초로 하면서 판단기준은 전문가로서의 과학적 지식이 없는 사회일반인으로 설정하였다.

착오로 인한 결과발생불가능이라는 제1요건과 위험성이라는 제2요건에 있어서 두 가지 판단의 구조와 성격을 도식화하면 다음과 같다.

형법 제27조의 성립요건 판단	착오 유무 및 결과발생불가능 여부의 판단	위험성 유무의 판단
판단의 기초사정	행위자의 인식과 전문가로서의 과학적 일반인의 인식－그러나 양자의 불일치	행위자의 인식
판단기준	전문가로서의 과학적 일반인	사회일반인
판단의 성격	사실판단 사실과학의 판단영역	규범판단 규범과학의 판단영역

Ⅲ. 불능미수의 처벌

제27조는 "실행의 수단 또는 대상의 착오로 인하여 결과의 발생이 불가능하더라도 위험성이 있는 때에는 처벌한다. 단, 형을 감경 또는 면제할 수 있다"라고 규정하여, 불능미수의 처벌은 기수범에 대한 형의 '임의적 감면사유'로 되어 있다.

실행의 수단 또는 대상의 착오로 인하여 결과의 발생이 불가능하고 위험성도 없는 때에는 '불능범'으로서 처벌되지 아니한다(범죄불성립).

Ⅳ. 구성요건의 흠결(欠缺)이론

구성요건의 '객관적' 요소 중에서 결과가 흠결되면 미수가 되지만, 그 이외의 요소인 행위의 주체, 객체, 수단, 상황이 흠결되면 이미 개념적으로 미수가 배제되어 불가벌이라는 견해를 '구성요건의 흠결이론'(사실의 흠결이론)이라고 한다. 이 이론에 의하면, 행위의 주체 · 객체 · 수단 · 상황과 같은 구성요건의 '객관적' 요소가 결여되어 있을 경우에는 행위자가 이를 존재하는 것으로 오신하여 행위하더라도, 즉 구성요건의 '주관적' 요소가 갖추어지더라도 당연히 불가벌이라는 결론이 내려진다.

우리 형법은 구성요건의 객관적 요소 중 착오로 인하여 행위의 "수단" 또는 "객체"가 흠결된 경우에는 불가벌이 아니라 "위험성이 있는 한" 불능미수로 처벌하고 있으므로, 구성요건의 흠결이론이 적용될 여지가 없다. 다만 착오로 인하여 행위의 "주체" 및 "상황"이 흠결된 경우에는 구성요건해당성을 부정함으로써 구성요건의 흠결이론을 적용한 것과 동일한 결론에 도달하는 것이 타당한가 아니면 제27조를 준용하여 불능미수의 이론을 원용하는 것이 타당한가 하는 문제가 남는다. 이 경우 제27조의 준용은 행위자에게 불리-범죄불성립으로 처리될 것을 위험성이 인정되는 경우에 미수범성립을 긍정하는 불리-한 방향으로의 유추적용이라고 판단되므로 부당하다고 생각한다.

Ⅴ. 환각범(幻覺犯)과의 구별

"위법하지 아니한 행위를 행위자는 위법한 것으로 오인한 경우"를 '환각범'(錯覺犯, 誤想犯, Wahndelikt)이라고 한다. 환각범에 있어서의 행위는 불법이 아니기 때문에 범죄불성립의 경우에 해당한다.

불능미수는 '반전된' 구성요건적 착오임에 비하여, 환각범은 '반전'된 위법성의 착오(금지의 착오)라는 점에서 차이가 난다.

그리고 환각범에는 다음과 같은 유형이 있다. ① 금지규범이 존재하지 않는데 행위자는 존재하는 것으로 오신한 경우(예: 동성애 또는 근친상간의 금지규정－불법구성요건－이 존재하는 것으로 오신하면서 이를 감행한 경우). ② 정당화행위를 하면서 행위자는 정당화사유의 존재를 모르거나 그 한계를 오인함으로써 위법하다고 생각한 경우(예: 폭력을 행사하여 현행범인을 체포하면서 정당행위임을 모르는 경우). ③ 행위정황과 금지(또는 명령)규범의 존재는 바로 인식했으나 금지(또는 명령)규범의 적용범위를 자기에게 불리한 방향으로 확장해서 오인한 경우(예: 부작위범에서 자신이 작위의무자인 것으로 잘못 안 경우). 이 경우는 반전된 포섭(包攝)의 착오라 할 수 있다. ④ 행위자가 인적 처벌조각사유를 몰라서 자신의 행위를 가벌적인 것으로 오인한 경우. 이 경우는 반전된 가벌성의 착오라 할 수 있다.

Ⅵ. 관련문제－공범과 불능미수

예컨대 甲이 乙을 교사하여 丙을 살해하도록 한 경우에 정범 乙이 치사량 미달의 독약을 치사량으로 오인하고 丙의 음식에 넣어 먹게 했다면, 정범 乙은 살인죄의 불능미수범, 甲은 살인죄의 불능미수의 교사범의 죄책을 진다. 불능미수의 가벌성과 형의 임의적 감면은 '불법'에서 근거지어지기 때문에 정범의 불능미수는 '공범'의 죄책에 영향을 미친다(불법의 연대적 효과와 제한종속형식). 공동정범에 있어서도 그 중 1인의 불능미수는 다른 공동정범자의 죄책에 영향을 미친다.

제 6 장 정범과 공범의 이론

제 1 절 정범과 공범의 기초이론

Ⅰ. 범죄에의 관여형식과 입법체계

범죄는 한 사람이 단독으로 실행할 수도 있고, 두 사람 이상이 관여하여 실현할 수도 있다. 전자의 경우를 '단독범' 또는 '단독정범'이라고 하고, 후자의 경우를 '최광의의 공범'이라고 한다. 형법상의 범죄구성요건은 원칙적으로 한사람이 단독으로 실현할 것을 예정하여 규정되어 있다. 그러나 1인이 실현할 것으로 예정된 범죄구성요건을 2인 이상이 관여하여 실현한 경우, 즉 '임의적 공범'의 경우를 어떻게 처벌하겠는가 하는 문제를 다루는 영역이 바로 '정범과 공범의 이론'이다.

범죄에의 '관여형식'(Beteiligungsformen)에는 범죄가 한 사람에 의하여 실현되는 '단독관여형식'과 두 사람 이상이 관여하여 실현되는 '다수관여형식'으로 구분할 수 있다. 범죄에의 다수관여형식을 어떻게 처벌할 것인가 하는 것은 '입법체계'에 따라 다른데, 크게 일원적 체계(단일정범체계)와 이원적 체계(분리체계)로 나누어진다.

① '일원적 체계'는 이른바 '단일한 정범개념'(Einheitstäterbegriff)을 인정하는 체계로서 범죄에의 기여도에 따른 각종의 공범형태를 구별하지 않고 범죄의 모든 관여자를 포괄적·통일적으로 '정범'으로서 이해하고, 개개의 관여자의 처벌은 그 관여의 성질과 정도를 '형의 양정(量定)'시에 고려하거나 이를 무시하고 모두 동일하게 처벌하는 체계이다(통일적 정범개념설). 이 체계는 정범·교사범·방조범의 구별이 어렵다는 점에 비추어 그 구별을 포기하고 모두 통일적으로 정범개념 안에 포섭시키려는 태도인데, 오스트리아형법 제12조와

독일의 질서위반법(Gesetz über Ordnungswidrigkeiten) 제14조에 도입되어 있다. 또 우리나라 경범죄처벌법 제4조도 정범과 공범의 구별을 무의미하게 하고 있으므로 경범죄에 한하여 일원적 체계를 취한다고 할 수 있다. 그러나 일원적 체계는 범죄관여의 질적·양적 차이를 기본적으로 무시하는 점에서 사리와 법감정에 맞지 않고 처벌이 과도해질 우려가 있을 뿐만 아니라 공동정범·간접정범·교사범·방조범 등을 구별하여 규정하고 있는 우리 형법의 입장과도 일치하지 않는다.

② '이원적 체계'는 정범과 공범을 성질상 구별하고 양자의 형벌적 평가도 법률상 구별하는 '분리체계'인데, 우리 형법을 비롯해서 대부분의 외국형법이 채택하고 있는 원칙적 입법체계이다. 특히 공동정범의 처벌에 대하여 방조범의 처벌은 필요적 감경주의를 취하는 경우가 많다(우리 형법 제32조, 일본형법 제63조, 독일형법 제27조 등).

Ⅱ. 공범의 개념

1. 공범개념의 광협(廣狹)

형법학에 있어서 공범이란 개념은 매우 다양하게 사용되고 있다. '최광의의 공범'은 전술한 바와 같이 "2인 이상이 구성요건의 실현에 관여한 모든 경우"를 지칭하는 말로서, 극히 포괄적으로 사용되는 개념이다. 최광의의 공범은 다시 임의적 공범과 필요적 공범으로 나누어진다. '임의적 공범'은 '총칙상의 공범'이라고도 하며, "구성요건의 규정형식상 1인이 실현할 것으로 예정되어 있으나 현실적으로 2인 이상이 관여하여 범죄를 실현한 경우"이다. 공동정범, 교사범, 방조범(종범)이 이에 속한다. '필요적 공범'이란 "구성요건의 내용상 2인 이상이 범죄의 실현에 관여할 것으로 규정되어 있는 경우"를 말하는데, 내란죄와 같은 '집단범', 뇌물죄와 같은 '대향범', 특수절도죄(제331조 제2항)와 같은 '합동범' 등이 이에 속한다. 형법학에서 보통 공범이라 하면 '협의의 공범'으로서 교사범과 방조범만을 가리키고, 본질상 정범에 속하는 공동정범 및 간접정범을 제외한다.

2. 필요적 공범

구성요건의 내용상 2인 이상이 범죄의 실현에 관여할 것으로 규정되어 있는 필요적 공범에는 집단범, 대향범, 합동범이 있다.

① '집단범(集團犯)'이란 "다수인의 집단적 행동 그 자체를 구성요건의 내용으로 유형화하고 있는 범죄"를 말하며, '다중범(多衆犯)'이라고도 한다. 집단범에는 소요죄(제115조)와 같이 집단행동을 한 자 모두에게 동일한 법정형이 규정된 경우와 내란죄(제87조)와 같이 집단에 관여한 행위의 태양과 정도에 따라 상이한 법정형이 규정된 경우가 있다. 여기에서 한 가지 지적할 점은, 필요적 공범에 속하는 '집단범'과 죄수론상 포괄적 일죄에 속하는 '집합범'(예: 상습범·영업범)을 혼동하지 않아야 한다는 것인데, 우리나라의 대다수 학자들이 집합범이라는 하나의 용어를 가지고 두 가지 의미의 범죄에 혼용하는 태도는[1] 결코 바람직하지 않다고 하겠다.

② '대향범(對向犯)'은 "반드시 상대방을 필요로 하는 범죄로서 관여자의 의사가 서로 반대되는 방향에서 합치되는 경우"이다. 대향범의 처벌은, (ㄱ) 아동혹사죄(제274조), 인신매매죄(제289조) 등과 같이 대향자 쌍방에게 동일한 법정형이 규정된 경우, (ㄴ) 뇌물죄에서의 수뢰자(제129조)와 증뢰자(제133조), 배임수증죄에서의 배임수재자(제357조 제1항)와 배임증재자(동조 제2항) 등과 같이 대향자 쌍방에게 상이한 법정형이 규정된 경우, (ㄷ) 음화판매죄(제243조)와 같이 대향자의 일방만을 처벌하는 경우가 있다.

③ 제331조 제2항의 특수절도죄와 같이 "2인 이상이 합동하여" 범죄를 실행한 경우에 단독으로 실행하거나 공동으로 실행한 경우보다 가중처벌하는 '합동범'에 있어서 그 본질을 공동정범의 특수한 경우로 보고 필요적 공범에

1) 김/서, 635 및 694면; 박상기, 376 및 482면; 배종대, 551 및 755면; 안동준, 225 및 317면; 오영근, 546 및 701면; 이재상, 418 및 419면; 이형국, 264 및 372면; 진/이, 536 및 667면.

속하지 않는다고 하는 견해(다수설)[2]가 있으나, 합동범을 공동정범과는 달리 '현장에서의 협동'을 필요로 하는 범죄로 보고(소위 현장설) 2인 이상의 범죄실현이 '구성요건화'되어 있는 이상 필요적 공범에 속한다고 함이 타당하다.[3]

필요적 공범에 있어서는 다음 두 가지가 문제되고 있다.

① 첫째는 필요적 공범에 형법총칙상의 공범규정(제30조 내지 제32조)이 적용되는가 하는 문제이다. 필요적 공범은 구성요건에 2인 이상의 관여행위의 태양과 이에 대한 형벌이 각각 규정되어 있기 때문에 범죄에 직접 관여한 자에게는 총칙상의 임의적 공범규정이 적용될 여지가 없다. 그러나 관여행위에 대하여 '외부에서' 임의적 공범의 형태로 재차 관여한 행위가 있을 경우에는 필요적 공범인 범죄에 대하여 총칙상의 공범규정을 적용할 수 있다고 보아야 한다. 예컨대 '외부에서' 내란죄·특수절도죄를 교사·방조한다면 각각의 범죄에 대한 교사범·방조범이 성립한다고 보아야 한다. 그리고 대향범에 있어서는 공동정범의 성립이 가능하지만, 집단범에 있어서는 외부에서의 공동실행이란 별도로 있을 수 없고 그 범죄 자체의 유형화·정형화된 행위태양에 해당하느냐의 문제로 되어버리는 까닭에 '공동정범'규정만큼은 적용될 여지가 없다고 하겠다. 그 밖에 합동범에 있어서도 합동범 자체(예: 제331조 제2항의 특수절도죄)에 대한 공동정범은 성립될 수 없고, 기본범죄(예: 제329조의 단순절도죄)에 대한 공동정범이 성립한다고 봄이 타당하다. 이에 관하여는 공동정범 부분에서 언급하기로 한다.

② 둘째로는 음화판매죄(제243조)와 같은 '대향범'에 있어서 그 일방(음화판매자)만을 처벌하는 규정을 두고 있을 때, 처벌되지 않는 대향자(음화매수자)가 적극적으로 상대방(음화판매자)을 교사·방조하여 음화를 구입하였다면 '상대방'의 행위(음화판매행위)에 대한 교사범 또는 방조범으로는 처벌할 수 있지 않는가 하는 문제가 있다. 그런데 음화판매죄에 있어서 매수자의 처벌규정을 두지 아니한 법의 취지는 인간의 성적·자연적 본능에 기하여 음화를 '구입'하는 행위에까지 형법이 개입하는 것은 바람직하지 못하다는 '겸억주의' 및 '인간의 본성론'에 있다고 보아, 매수자를 음화판매행위의 '공범'으로 처벌하는 것도 허용해서는 안된다는 부정설이 타당하다고 하겠다.[4] 대법원도 외국환거래

---

2) 김/서, 618면; 안동준, 225면; 이재상, 419면; 이형국, 264면; 정/박, 493면.
3) 同旨, 김성돈, 547면; 박상기, 376면; 신동운, 707면; 오영근, 546면.

법위반사건에서 "대향범에는 공범에 관한 형법총칙규정의 적용이 있을 수 없는 것"이라고 하여, 부정설의 입장에 선다.[5]

4) 정/박, 494면. 반대설로는, 처벌규정이 없는 대향자가 '구성요건실현에 필요한 최저한의 정도'를 넘지 않을 때에는 불가벌이지만, 그 정도를 넘어선 가공행위는 공범으로서 처벌될 수 있다는 견해가 있다(김/서, 637면). 반대설에서는 음란물의 매수자가 수동적으로 매수한 때에는 불가벌이지만, 적극적으로 가담함으로써 판매자를 교사·방조한 때에는 공범으로 처벌이 가능하다고 한다. 그러나 음란물에 있어서 '수요가 공급을 창조한다'라는 경제법칙이 강하게 작용하는 점을 고려한다면, 적극적 가담행위인가 또는 수동적 매수행위인가를 구별하는 것은 음란물죄의 실상을 제대로 파악하지 못한 견해라고 비판할 수 있다.

5) 대판 1985. 3. 12, 84 도 2747. 기타 관련판례: ㉠ "뇌물공여죄와 뇌물수수죄 사이와 같은 이른바 대향범 관계에 있는 자는 강학상으로는 필요적 공범이라고 불리고 있으나, 서로 대향된 행위의 존재를 필요로 할 뿐 각자 자신의 구성요건을 실현하고 별도의 형벌규정에 따라 처벌되는 것이어서, 2인 이상이 가공하여 공동의 구성요건을 실현하는 공범관계에 있는 자와는 본질적으로 다르며, 대향범 관계에 있는 자 사이에서는 각자 상대방의 범행에 대하여 형법 총칙의 공범규정이 적용되지 아니한다"(대판 2015. 2. 12, 2012 도 4842). ㉡ "자기자본의 100분의 25를 초과하는 신용 공여로 인한 종합금융회사에 관한 법률 위반의 점과 동일인에 대한 대출 등의 한도 위반으로 인한 구 상호신용금고법 위반의 점은 대출을 하는 자와 대출을 받는 자의 대향적 행위의 존재를 필요로 하는 대립적 범죄로서, 일정한 경우 대출을 한 자를 처벌함으로써 그와 같은 대출의 발생을 방지하려는 데 목적이 있고, 위 각 조문의 규정형식상 대출을 한 자만을 처벌하고, 따로 대출받은 자에 대하여 처벌규정이 없는 점에 비추어, 대출받은 자의 행위에 대하여는 상대방의 대출행위에 대한 형법총칙의 공범규정은 적용되지 않는다"(대판 2002. 7. 22, 2002 도 1696). ㉢ "판결요지: 2인 이상 서로 대향된 행위의 존재를 필요로 하는 대향범에 대하여는 공범에 관한 형법총칙 규정이 적용될 수 없는데, 형법 제127조는 공무원 또는 공무원이었던 자가 법령에 의한 직무상 비밀을 누설하는 행위만을 처벌하고 있을 뿐 직무상 비밀을 누설받은 상대방을 처벌하는 규정이 없는 점에 비추어, 직무상 비밀을 누설받은 자에 대하여는 공범에 관한 형법총칙 규정이 적용될 수 없다고 보는 것이 타당하다"(대판 2011. 4. 28, 2009 도 3642. 同旨, 대판 2009. 6. 23, 2009 도 544; 2007. 10. 25, 2007 도 6712). ㉣ "판결요지: 2인 이상의 서로 대향된 행위의 존재를 필요로 하는 대향범에 대하여는 공범에 관한 형법총칙 규정이 적용될 수 없는데, 구 의료법(2007. 7. 27. 법률 제8559호로 개정되기 전의 것) 제17조 제1항 본문은 의료업에 종사하고 직접 진찰한 의사가 아니면 처방전을 작성하여 환자 등에게 교부하지 못한다고 규정하면서 제89조에서는 위 조항 본문을 위반한 자를 처벌하고 있을 뿐, 위와 같이 작성된 처방전을 교부받은 상대방을 처벌하는 규정이 따로 없는 점에 비추어, 위와 같이 작성된 처방전을 교부받은 자에 대하여는 공범에 관한 형법총칙 규정이 적용될 수 없다고 보아야 한다"(대판 2011. 10. 13, 2011 도 6287). ㉤ "금품 등의 수수와 같이 2인 이상의 서로 대향된 행위의 존재를 필요로 하는 관계에 있어서는 공범이나 방조범에 관한 형법총칙 규정의 적용이 있을 수 없다. 따라서 금품 등을 공여한 자에게 따로 처벌규정이 없는 이상, 그 공여행위는 그와 대향적 행위의 존재를 필요로 하는 상대방의 범행에 대하여 공범관계가 성립되지 아니하고(대법원 1988. 4. 25. 선고 87도2451 판결, 대법원 2002. 7. 22. 선고 2002도1696 판결 등 참조), 오로지 금품 등을 공여한 자의 행위에 대하여만 관여하여 그 공여행위를 교사하거나 방조한 행위도 상대방의 범행에 대하여 공범관계가 성립되지 아니한다"(대판 2014. 1. 16, 2013 도 6969). ㉥ "판결요지: 사용자는 쟁의행위 기간 중 그 쟁의행위로 중단된 업무의 수행을 위하여 당해 사업과 관계없는 자를 채용 또는 대체할 수 없고, 이를 위반한 자는 1년 이하의 징역 또는 1천만 원 이하의 벌금으로 처벌된다[노동조합 및 노동관계조정법(이하 '노동조합법'이라 한다) 제91조, 제43조 제1항]. … 노동조합법 제91조, 제43조 제1항은 사용자의 위와 같은 행위를 처벌하도록 규정하고 있으므로, 사용자에게 채용 또는 대체

Ⅲ. 정범과 공범의 구별

1. 의의와 공범에 대한 정범개념의 우위성

정범과 공범을 '개념상' 어떻게 구별할 것인가 하는 논의는 원래 '공동정범과 방조범의 구별' 및 '간접정범과 교사범의 구별'을 위한 기초이론으로서 중시되었다. 그 밖에 정범과 공범의 구별론은 공동정범과 간접정범의 정범성을 규명하고, 정범에 대한 공범의 종속성 내지 독립성의 문제를 해결하기 위한 논리적 전제가 된다는 점에서도 그 의의를 찾을 수 있다.

정범(Täterschaft)과 공범(Teilnahme)의 구별론은 오늘날 「정범개념의 우위성」이라는 견지에서 정범개념의 정의가 '우선'하는 문제로 되어 있다. 정범도 아니고 공범도 아닌 제3의 영역은 존재하지 않기 때문에 정범의 개념이 정해짐에 따라 상대적으로 공범개념이 결정된다. 이하에서는 정범과 공범의 구별에 관한 학설을 검토하려고 하는데, 한 가지 주의할 것은 정범개념의 '일차적인' 결정표준은 무엇보다도 각칙상의 범죄구성요건의 특성에 있다는 점이다.[6] 즉 신분범, 부작위범 등 소위 '의무위배범'(Pflichtdelikt)에 있어서 정범의 성립 여부는 행위자가 당해 구성요건이 규정하고 있는 특별한 의무를 위반하느냐의 여부에 의하여 좌우되므로, 정범과 공범의 구별표준에 관한 총론적 학설은 특별의무위배라고 하는 각칙상의 표준에 자리를 양보하게 된다(총칙에 대한 각칙우선의 원칙).

2. 정범과 공범의 구별에 관한 학설사적 개관

정범과 공범의 구별은 그 출발점을 이루는 사상에 따라 학설이 나누어진다. 먼저 비르크마이어는 당대의 학설, 특히 인과관계론을 기초로 한 정범과

되는 자에 대하여 위 법조항을 바로 적용하여 처벌할 수 없음은 문언상 분명하다. 나아가 채용 또는 대체하는 행위와 채용 또는 대체되는 행위는 2인 이상의 서로 대향된 행위의 존재를 필요로 하는 관계에 있음에도 채용 또는 대체되는 자를 따로 처벌하지 않는 노동조합법 문언의 내용과 체계, 법 제정과 개정 경위 등을 통해 알 수 있는 입법 취지에 비추어 보면, 쟁의행위 기간 중 그 쟁의행위로 중단된 업무의 수행을 위하여 당해 사업과 관계없는 자를 채용 또는 대체하는 사용자에게 채용 또는 대체되는 자의 행위에 대하여는 일반적인 형법 총칙상의 공범 규정을 적용하여 공동정범, 교사범 또는 방조범으로 처벌할 수 없다고 판단된다"(대판 2020. 6. 11, 2016 도 3048).

6) Claus Roxin, Täterschaft und Tatherrschaft, 3. Aufl., 1975, S. 22, 547 ff.

공범의 구별을 체계적으로 논하면서, 원인과 조건을 구별하여 범죄의 결과에 대하여 원인을 부여한 자를 정범이라고 하고 조건을 부여한 자를 공범으로 이해하는 '실질적 객관설'을 채용하였다.[7] 여기에 인과관계론에 의한 구별의 전형을 볼 수가 있는데, 이러한 인과론적 사고방법은 20세기에 들어서면서 쇠퇴하고 그 대신 구성요건론에 의한 구별이 등장하게 되었다. 즉 벨링은 「범죄론」(1906년)이라는 저서에서 정범과 공범의 구별을 구성요건적 행위인가 아닌가에 의하여 구별하는 '형식설'의 기본사상을 전개하였고, 엠・에・마이어는 벨링의 견해를 발전시켜 공범을 형벌확장사유로 이해하는 '제한적 정범개념'을 주장하기에 이르렀다. 이러한 견해는 1920년대로부터 1930년대 초에 이르기까지 독일의 지배적 학설이었다고 할 수 있다.

이에 대하여 협의의 공범을, 실정법이 형벌적 평가의 견지에서 형벌을 제한하는 것으로 이해하고, 협의의 공범, 즉 교사범과 방조범을 넓게 정범으로 이해하는 '확장적 정범개념설'이 메츠거, 에버하르트・슈미트에 의해 1930년대 전후에 주장되었다. 그러나 이 학설은 곧 비판을 받고, 그 후 대표자의 한 사람이었던 메츠거도 자신의 견해를 포기하기에 이른다.[8]

이상의 학설의 공통된 특색은 모두 인과적 행위론에 입각하고 있다는 점인데, 2차대전 후에 목적적 행위론이 유력하게 전개되기에 이르자 '행위지배', 특히 '목적적 행위지배'의 유무에 의하여 정범과 공범을 구별하려는 견해가 대두하기 시작하였다. 그리하여 오늘날 우리나라와 독일에 있어서는 행위지배설이 통설의 위치를 차지하고 있다. 다음에는 상술(上述)한 학설사적 이해를 배경으로 하여 개개의 학설을 검토하기로 한다.

3. 학 설

(1) 객관설

객관주의 형법이론의 입장에 서서 행위자의 의사가 아니라 행위의 객관적 의의를 표준으로 하여 구별하고자 하는 학설인데, 다음과 같이 나누어진다.

(가) 형식적 객관설 구성요건의 정형적 행위를 지주로 삼아서, '구성요건상의 실행행위의 전부 또는 일부를 스스로 하는 자'를 정범이라고 하고, '구성요건

7) Karl von Birkmeyer, "Teilnahme am Verbrechen", VDA, 2. Bd., 1908, S. 19 ff.

8) Edmund Mezger, Leipziger Kommentar, 7. Aufl., Bd. 1, 1953, S. 214; 8. Aufl., 1957, S. 242.

적 행위 이외의 행위로써 구성요건실현에 기여하는 자'를 공범이라고 한다.

이 학설은 ① 범죄의 객관적 면모만으로써는 정범개념의 본질을 해명할 수 없다는 점을 간과하고 있으며, ② 간접정범의 정범성을 설명하기 곤란한 점에서 결정적 결함이 노출된다. 간접정범인 배후의 이용자는 구성요건적 행위를 직접 자기 손으로 수행하지 않기 때문에, 이 학설에 의하면 정범이 될 수 없다. ③ 그 밖에 공동정범의 성립에 있어서 부당한 결과를 가져오게 되는 단점도 지적된다. 공동정범자가 구성요건적 행위의 일부를 수행하는 경우에는 별문제가 없으나, 구성요건적 행위에 속하지 아니하는 행위(예컨대 망보는 행위)를 수행하지만 기능적·분업적 관점에서 구성요건실현에 중요한 역할을 담당한 경우에 이 학설은 (공동)정범의 성립을 인정하기 어렵게 된다.

(나) 실질적 객관설 인과관계의 종류와 강도에 따라 구별하고자 하는 학설로서, 인과관계론 중 '원인설'에 입각해서 '결과 내지 구성요건실현에 대하여 원인을 부여한 자'를 정범이라고 하고, '조건을 부여함에 지나지 않은 자'를 공범이라고 하는 것이 그 대표적 학설이다. 따라서 '원인·조건구별설'이라고 할 수 있다. 여기에서 무엇이 원인이 되느냐에 대한 판단기준으로서 필연적 조건을 원인으로 보는 필연설, 결정적 조건을 원인으로 보는 결정적 조건설 등이 있다.

그 밖에 행위수행과의 시간적 관련성을 중시하여 구성요건적 '행위시'에 관여한 자가 정범이고 구성요건적 행위 이전이나 이후에 관여한 자는 공범이라고 하는 '동시설'(Gleichzeitigkeitstheorie)도 실질적 객관설에 속한다. 이들 학설은 구성요건적 행위를 비록 자기 손으로 수행하지는 않는다고 하더라도 구성요건실현에의 객관적 기여도에 따라 정범과 공범을 구별하고자 하는 점에 있어서 공통성을 보이고 있다.

그런데 원인과 조건의 구별은 상식적으로는 불가능하지 않다고 하더라도 이론적으로 엄밀한 구별은 곤란하고, 인과관계에 관한 원인설은 오늘날 상당인과관계론으로 발전·해소되어 있기 때문에, 실질적 객관설이 더 이상 유지되기 어려운 실정에 있다. 또한 동시설은 구성요건적 행위시의 방조를 정범으로, 구성요건적 행위가 있기 이전인 예비단계에서의 결정적 기여행위를 항상 공범으로 보게 되는 단점이 지적된다.

(다) 제한적 정범개념 '형식적 객관설'은 정범개념을 구성요건과 결부시키기 때문에 '제한적 정범개념'과 상통한다. 제한적 정범개념에 의하면, '스스로 구

성요건상의 정형적 행위를 한 자'만을 정범으로 이해하므로, 공범은 정범처벌규정 이외의 특별한 처벌규정이 없으면 불가벌로 되는 것이 그 논리적 귀결이다. 그렇다면 형법 제31조와 제32조는 '형벌확장사유' 또는 구성요건의 '수정형식'으로서 정범 이외에 '특별히' 공범의 처벌을 인정하는 규정(특별규정)이 되는 셈이다.

(2) 주관설

주관설의 이론적 출발점은 인과관계론 중 '조건설'에 있다. 이 학설에 의하면, 결과에 대한 모든 조건은 원인으로서 동가치이기 때문에, 정범과 공범은 객관적으로는 구별될 수 없고, 행위자의 의사방향 또는 내심적 태도에서 구별의 표준을 찾아야 할 것이라고 한다. 독일판례는 기본적으로 주관설을 취하고 있다.[9] 또 주관설은 의사설과 이익설로 나누어진다.

(가) 의사설 의사설에 의하면, 정범자의 의사(animus auctoris), 즉 '자기의' 범죄를 행할 의사를 가지고 행위한 자는 정범이 되고, 공범자의 의사(animus socii), 즉 '타인의' 범죄를 행할 의사를 가지고 행위한 자는 공범이 된다고 한다.[10] 그 결과 타인을 위한 의사로써 행위한 자는 비록 구성요건에 해당하는 행위를 전부 자기 손으로 행한 경우에도 공범에 지나지 않게 된다.

① 의사설은 정범과 공범의 구별에 관한 대답이 순환논법에 불과할 뿐더러, ② 청부살인의 경우처럼 구성요건적 행위를 스스로 모두 수행하지만 타인의 범죄를 대신 수행한다는 의사를 가지고 있으면 공범이 될 수밖에 없는 부당한 결론에 이르게 된다.

(나) 이익설 이익설 또는 목적설은 '자기자신의 이익'을 위한 목적으로 행위한 자를 정범, '타인의 이익'을 위한 목적으로 행위한 자를 공범이라고 한다. 이익설은 ① 현행형법상 정범으로 규정되어 있는 촉탁살인죄(제252조 제1항)와 촉탁낙태죄(제269조 제2항, 제270조 제1항)를 범함에 있어서 타인의 이익을 위한 목적으로 하면 이론상 공범이 될 수밖에 없는 부당함이 있고, ② 재산범죄를 제3자를 위하여 범한

9) 독일연방법원은 처음에는 제국법원의 판례(RG 26/345; 74/84 Badewannenfall 등)에 따라 주관설(소위 animus Formel)에 서서 정범과 공범을 구별하였다(BGH 2/170; 11/271 등). 그 후에는 한때 행위지배설에 입각한 판례도 보인다(1953. 9. 25, 1StR 196/53; 1954. 4. 29, 3StR 757/53 등). 그러나 최후에는 다시 주관설에 복귀하여(1957. 6. 4, 5StR 179/57; BGH 18/87의 Staschynskijfall 등), 최근 독일연방법원의 판례(BGH 28/349; 1980. 5. 6, 1StR 103/80 등)는 기본적으로 주관설이 지배하고 있다(Schönke/Schröder/Cramer, StGB, Rn. 58 Vor §25 ff.).

10) Jürgen Baumann, Strafrecht, AT, 8. Aufl., 1977, S. 551 f.

경우(예컨대 제333조에서 제3자를 위한 강도죄)에는 항상 공범이 된다는 이상한 결론에 도달한다.

주관설의 공통된 단점은 행위의 객관적 측면 내지 범죄에의 객관적 기여도를 도외시하고 행위자의 의사에만 치중하기 때문에 구성요건적 행위의 정형성이라는 발판을 벗어나서 죄형법정주의에 반할 우려가 있다는 점이다.

(다) 확장적 정범개념　　확장적 정범개념은 구성요건적 결과를 야기한 자, 즉 '구성요건의 실현에 대하여 조건을 부여한 자'를 모두 객관적 동가치를 지닌 것으로 보고, 이들을 전부 정범으로 이해한다.[11] 그 결과 객관적 표준에 의해서는 정범과 공범을 구별하지 못하게 되고, 자연히 주관적 구별표준을 찾게 되므로 상술한 '주관설'에로 가교된다. 정범과 공범의 구별에 관한 주관설은 바로 확장적 정범개념에 기초를 두고 있다.[12] 그리고 확장적 정범개념에 의하면, 공범은 원래 정범이고 이론상 정범처벌규정에 의하여 처벌할 것이지만, 형법이 '공범규정'을 두어서 정범 그 자체와 달리 처벌하는 것은 '형벌축소사유'를 인정하는 것이라고 이해한다.

(3) 행위지배설

상술한 바와 같이 객관설과 주관설 모두가 정범개념의 본질을 해명하고 정범과 공범을 구별하기에 불충분하므로, 오늘날에는 두 학설의 종합(Synthese)이 해결책으로 제시되고 있다. 종합적 해결을 시도하는 절충설 가운데 가장 지지를 받고 있는 학설은 독일의 통설인 「행위지배설」(Tatherrschaftslehre)인데, 우리나라에 있어서도 지배적 견해로 받아들여지고 있다.[13] 이 학설은 로베(Lobe)에 의하여 기초가 놓인 후, 벨첼의 목적적 행위지배설에 의하여 발전하였고, 록신에 이르러 완결된 형태로 자리잡기에 이르렀다. 그리고 개개의 주장자가 치중하는 곳이 객관적 측면인가 또는 주관적 측면인가에 따라 다소 뉘앙스의 차이가 있고, 또 명칭에 있어서도 벨첼을 비롯한 목적적 행위론자들은 '목적적 행위지배설',[14] 특히 마우라하는 '실질적 객관설'이라고 하며,[15] 그 발현형

11) 이건호, 형법학개론, 고대출판부, 1964, 170면.

12) Vgl. Schönke/Schröder/Cramer, StGB, Rn. 56 Vor §25 ff.

13) 권오걸, 514면; 김성돈, 553면; 김성천, 383면; 김/김, 549면; 김신규, 474면; 김/서, 563면; 배종대, 545면; 성낙현, 563면; 안동준, 218면; 오영근, 560면; 이상돈, 536면; 이영란, 429면; 이재상, 428면, 이형국, 277면; 정/박, 482면; 정영일, 387면; 조준현, 401면; 진/이, 543면.

14) Welzel, Das Deutsche Strafrecht, S. 100; 황산덕, 251면 이하.

15) Maurach/Zipf, Strafrecht, AT, 2. Bd., S. 246 f.

태로서는 작위의 직접정범에서의 「실행지배」(Handlungsherrschaft)를 기본형태로 해서, 공동정범론에서의 「기능적 행위지배」(funktionelle Tatherrschaft) 그리고 간접정범론에서의 「의사지배」(Willensherrschaft)가 있다.[16] 그러나 정범과 공범의 구별표준을 「행위지배」(Tatherrschaft)라고 하는 지도형상(Leitbild)에 두고 있는 점은 공통된다.

행위지배설에 의하면, '정범'은 행위를 지배하는 자, 즉 "사태의 중심인물로서 적합한 수단을 계획적 · 의식적으로 조종할 의사를 가지고 구성요건실현에 이르기까지의 경과를 자신의 수중에 두고 있는 자"이고, '공범'이란 행위지배없이 "사태의 부수적 인물로서 구성요건실현을 조성(助成)하는 데 그치는 자"라고 한다.

행위지배는 주관적 표지와 객관적 표지로 구성되는데, 수단의 계획적 · 의식적 '조종의사'(Steuerungswille)는 주관적 표지를 이루고, 범죄실현에 대한 자신의 '행위기여'(Tatbeitrag)라는 객관적 비중은 객관적 표지를 이루게 된다. 또 행위를 '지배'한다는 것은 구성요건실현 여부를 자신의 "수중(手中)에 두고 있다"(장악하고 있다: In-den-Händen-Halten)는 것이며, "구성요건실현을 자신의 의사에 따라 저지하거나 중단시키거나 진행시킬 수 있다는 것 그리고 행위수행의 방법을 결정할 수 있다는 것"을 의미한다.

행위지배설에 의하면 ① 범죄계획상 역할의 분배 및 행위자의 지위, ② 주관적 표지로서 행위자의 의사, 즉 수단의 계획적 조종의사, ③ 객관적 표지로서 객관적 행위기여의 종류 및 정도 등, 크게 보아 세 가지 관점을 고려하여 구성요건의 실현 여부와 방법을 타인과 함께 지배하였는가에 따라 정범인가 혹은 공범인가가 결정될 것이다. 요컨대 구성요건실현에 관한 밀접성을 표현하는 말로서 정범성을 좌우하는 행위지배의 존부판단은 구체적 사건의 모든 행위상황을 고려해서 법관이 '평가적으로' 확정할 문제이다.

정범은 단독의 직접정범, 공동정범, 간접정범의 형태로 나누어 볼 수 있는데, 먼저 '단독의 직접정범'은 구성요건의 모든 요소를 자기 손으로 유책하게 실현하는 경우이다. '공동정범'은 범죄계획상의 역할분담을 기초로 해서 관여자 개개인의 조종의사와 수행한 역할의 객관적 비중을 고려하여 사태의 경과를 '함께 지배'(mitbeherrschen)하고 있다고 평가되는 경우에 인정된다. 즉 형식적 관점에서 보자면 구성요건적 행위의 일부의 분담이 없지만, '기능적 · 분업적 ·

16) 이러한 분화(分化)는 록신의 업적이다(Roxin, aaO., S. 275 ff., 591 ff.).

실질적 관점'에서 구성요건실현에 필수적인 부분을 수행한 것으로 평가된다면 공동정범의 책임을 지게 된다(기능적 행위지배설).[17] '간접정범'은 배후에 있는 이용자가 자신의 우월한 지위에 의하여 타인(피이용자)을 자신의 수중에 두고 도구처럼 사용함으로써, 구성요건실현에 이르기까지의 전체적 경과가 이용자의 조종적 의사의 산물로 평가되는 경우에 인정된다(의사지배설).

Ⅳ. 공범의 종속성

정범과 공범의 구별론에서 이미 언급한 바와 같이 공범은 '개념상으로는' 항상 정범에 종속한다(정범개념의 우위성). 그러므로 여기에서 논하는 공범의 종속성이란 "성립상의" 종속성을 의미한다. 즉 정범의 성립을 전제로 하여 언제나 이에 종속해서만 공범이 성립한다고 볼 것인가 아니면 그 종속성을 부정하고 정범의 성립과는 무관하게 공범성립의 독립성을 인정할 것인가가 문제된다. 그리고 공범의 종속성의 '유무'에 있어서 공범의 종속성을 인정하는 결론을 내릴 경우에는 정범이 '어느 정도의' 범죄성립요건을 갖추어야 이에 종속하여 공범이 성립된다고 볼 것인가 하는 종속성의 '정도'의 문제도 함께 해결되어야 한다.

공범의 종속성의 유무와 정도의 문제에 있어서 사용되는 공범의 개념은 '협의의' 공범, 즉 교사범과 방조범을 지칭한다. '교사범'이란 타인으로 하여금 범죄실행의 의사를 일으켜 범죄를 실행하도록 하는 '교사행위'에 의하여 범죄실현의 목표를 달성하는 자인데(제31조 제1항), 이 때 피교사자로서 범죄를 직접 실행한 자가 정범이며 교사자는 공범이다. '방조범'(종범)이란 실행행위 이외의 행위로써 정범을 원조하여 정범의 범죄실행을 용이하게 하는 '방조행위'를 하는 자인데(제32조 제1항), 이 때 피방조자로서 범죄의 실행행위를 한 자가 정범이며 방조자는 공범이다.

---

17) "공동정범이 성립하기 위하여는 주관적 요건으로서의 공동가공의 의사와 객관적 요건으로서의 공동의사에 의한 기능적 행위지배를 통한 범죄의 실행사실이 필요한바"(**대판** 2000. 4. 7, 2000 **도** 576. 同旨, 대판 1998. 9. 22, 98 도 1832; 1997. 9. 30, 97 도 1940; 1989. 4. 11, 88 도 1247 등).

1. 종속성의 유무

(1) 공범종속성설

공범의 종속성을 긍정하는 '공범종속성설'(**통설 및 판례**)은 객관주의 범죄론의 입장에서 구성요건상의 '정형적 행위'를 실행행위로 이해하는 까닭에 공범의 교사행위와 방조행위 그 자체는 범죄의 실행행위가 될 수 없다고 한다. 예컨대 살인을 교사·방조하는 행위는 실행행위인 살해행위와 동일하게 평가될 수는 없다는 것이다. 따라서 공범은 항상 정범의 실행행위가 있을 경우에 이에 "종속"해서만이 성립이 가능하다.

만일 공범의 교사행위·방조행위가 있었으나 피교사자·피방조자가 실행행위에 나아가지 않는다면 결코 공범은 성립될 수 없으며, 이와 같은 '공범의 미수'는 기껏해야 예비행위 또는 음모행위에 불과하다는 결론이 된다. 또 공범의 교사행위·방조행위가 있었고 피교사자·피방조자가 실행행위에 나아갔으나 미수에 그친 경우에는 최소한 정범의 실행행위는 있었으므로 이에 종속하여 미수범의 공범이 성립될 수는 있다.

(2) 공범독립성설

공범독립성설은 주관주의 범죄론의 입장에서 범죄의 실행행위를 행위자의 범죄적 의사 내지 반사회적 성격의 표현으로 이해하는 까닭에, 공범의 교사행위·방조행위 그 자체가 범죄적 의사의 표현으로서 범죄의 실행행위가 될 수 있다고 한다. 즉 정범의 실행행위와 "독립"하여 교사행위·방조행위만으로 공범이 성립할 수 있다는 것이 공범독립성설이다.

따라서 공범의 교사행위·방조행위가 있었는데 피교사자·피방조자가 실행행위에 나아가지 않는다고 하더라도 공범이 성립될 수 있다고 보아 '공범의 미수'로 처벌할 것을 주장한다. 또 교사행위·방조행위가 있었고 피교사자·피방조자가 실행행위에 나아갔으나 미수에 그친 경우에도 교사행위·방조행위 그 자체가 당연히 미수범(의 공범)으로서 처벌된다.

또 공범독립성설에 의하면, 간접정범과 교사범의 구별에 있어서 이용자(간접정범자)의 이용행위나 교사자의 교사행위나 모두 범죄적 의사의 표현으로서 동일하게 실행행위로 평가될 것이기 때문에 양자의 구별을 부정하게 된다.

(3) 두 학설의 차이점과 현행형법의 입장

공범종속성설과 공범독립성설이 실제로 큰 차이를 보이는 가장 첨예한 대립영역은 「공범의 미수」(교사의 미수 및 방조의 미수)이다. 이 중에서 '교사의 미수'(기도된 교사)의 경우를 보면, ① 교사행위에 대하여 피교사자가 범죄의 실행을 승낙하였지만 실행행위에 나아가지 않은 '효과없는 교사'와 ② 교사행위가 있었으나 피교사자가 범죄의 실행을 승낙하지 아니한 '실패한 교사'에 있어서, 교사행위를 미수범으로 처벌할 수 있는가가 문제된다.

교사의 미수에 있어서 교사자의 미수범성립을 긍정하는 것이 공범독립성설의 결론이고, 교사자의 미수범성립을 부정하는 것이 공범종속성설의 결론이다.

현행형법이 ① 제31조 제1항에서 "타인을 교사하여 죄를 범하게 한 자" 그리고 제32조 제1항에서는 "타인의 범죄를 방조한 자"라고 표현하는 것은 정범의 "죄"를 전제로 하여 공범의 성립을 인정하는 취지이며, ② 효과없는 교사에 있어서 교사자와 피교사자를 모두 "예비 또는 음모에 준하여 처벌한다"고 규정(제31조 제2항)한 것과 실패한 교사에 있어서 교사자를 예비·음모에 준하여 처벌한다고 규정(동조 제3항)한 것은 교사의 미수를 미수범으로 처벌하지 않는 점에서 공범독립성설의 입장을 취한 것은 아닌 것으로 해석되고, ③ 효과없는 교사에 있어서는 공범종속성설에 의하더라도 교사자와 피교사자 사이에 '음모'의 성립을 인정할 수는 있는데 형법이 음모 또는 예비에 준하여 처벌한다고 규정한 것을 보면, 현행형법은 공범종속성설에 가까운 입장을 취한 것으로 판단된다. 이러한 견해에 대하여 형법은 공범독립성설과 공범종속성설을 '절충한' 입장이라는 해석론도 있다.[18]

구성요건적 행위의 정형성을 무시하고 범죄적 의사에 치중하여 범죄의 실행행위성을 인정하고자 하는 공범독립성설은 죄형법정주의에 반할 우려가 크다는 이론적인 이유와 현행형법의 해석에 적합한 견해라는 점에 비추어 「공범종속성설」이 타당하다고 하겠다. 통설과[19] 판례도[20] 공범종속성설을 취하고

18) 권오걸, 522면; 이재상, 492면; 오영근, 587-8면; 진/이, 611면.

19) 권오걸, 522면; 김성돈, 562면; 김성천, 384면; 김신규, 477면; 김/서, 632면; 배종대, 554면; 박상기, 374면; 성낙현, 626면; 신동운, 606면; 이상돈, 546면; 이재상, 430면; 이형국, 268면; 정/박, 500면; 정영일, 389면.

20) **대판**(1970. 3. 10, 69 도 2492)은 "종범의 범죄는 정범의 범죄에 종속하여 성립하는 것이므로

있다.

2. 종속성의 정도

공범종속성설에 따라 공범의 종속성을 인정하는 경우에도, 정범이 '어느 정도의' 범죄성립요건을 구비하여야 이에 종속하여 공범이 성립된다고 볼 것인가 하는 문제를 해결하여야 한다. 이 논의는 기본적으로 정범과 공범의 성립상의 한계를 설정해 주는 효과가 있다.

종속성의 정도에 관하여는 엠・에・마이어(M. E. Mayer)의 다음과 같은 「네 가지 종속형식」이 거론된다.

(1) 최소종속형식

정범의 실행행위가 '구성요건해당성'을 구비하기만 하면 공범이 성립될 수 있고, 위법・유책할 것을 요하지 않는다는 종속형식이다.[21] 그러나 최소종속형식은 타인에게 적법행위(예컨대 정당방위 또는 자식에 대한 父의 징계행위)를 교사・방조한 경우에도 공범의 성립가능성을 인정하는 점에서 부당함이 있고, '사고의 경제'에도 반하는 단점이 있다.

(2) 제한종속형식

정범의 실행행위가 '구성요건에 해당하고 위법'하기만 하면 공범이 성립될 수 있고, 유책할 것을 요하지 않는다는 종속형식이다. 따라서 책임무능력자의 위법행위를 교사・방조한 경우에도 공범이 성립될 수 있다. 제한종속형식은 우리나라의 다수설이며,[22] 독일형법이 규정하고 있는 종속형식이다.[23]

(3) 극단종속형식

정범의 실행행위가 '구성요건에 해당하고 위법・유책한' 경우, 즉 세 가지 범죄성립요건을 모두 갖춘 경우에 공범이 성립될 수 있다는 종속형식이다.[24] 따

사기방조죄는 정범인 본범의 사기 또는 사기미수의 증명이 없으면 사기방조죄가 성립할 수 없다"고 한다. 同旨, 대판 1998. 2. 24, 97 도 183; 1978. 2. 28, 77 도 3406; 1974. 6. 25, 74 도 1231 등.

21) 김성돈, 568면; 김종원, "공범의 구조", 형사법강좌 Ⅱ, 680면.

22) 김/김, 553면; 김성천, 386면; 김신규, 479면; 김/서, 633면; 박상기, 375면; 배종대, 555면; 성낙현, 628면; 손동권, 525면; 손해목, 1053면; 안동준, 222면; 이영란, 436면; 이재상, 432면; 이형국, 270면; 정/박, 502면; 정영일, 391면; 진/이, 548면.

23) 독일형법 제26조(교사)와 제27조(방조)는 교사범과 방조범의 처벌에 있어서 "타인의 고의의 위법행위(rechtswidrige Tat)"를 전제로 하고 있다.

24) 우리 형법의 해석상 극단종속형식이 타당하다는 학자로서는 권오걸, 526면; 신동운, 616면; 오영근, 593면; 정영석, 250면.

라서 책임무능력자의 위법행위를 교사·방조한 경우에는 공범이 성립될 가능성이 없고, 간접정범의 문제로 된다.

(4) 초극단종속형식

공범이 성립하기 위하여는 정범의 실행행위가 구성요건에 해당하고 위법·유책해야 하며, 더욱 나아가서 정범에 대한 '처벌조건 및 형의 가중·감경사유'까지도 공범에게 영향을 준다는 종속형식이다. '과장종속형식' 또는 '확장종속형식'이라고도 한다.

(5) 결 론

형법이 극단종속형식을 채택하고 있다고 보는 입장에서는 제31조가 "타인을 교사하여 '죄'를 범하게 한 자", 또 제32조는 "타인의 '범죄'를 방조한 자"라고 규정한 것은 정범의 행위가 완전한 범죄로 성립될 것을 전제로 하고 있다는 것을 근거로 한다.[25] 그러나 ① 범죄라는 개념 자체가 상대적인 것이므로[26] 제31조와 제32조의 '범죄'를 구성요건에 해당하고 위법한 행위를 의미하는 것으로 해석하는 것도 가능하고,[27] ② '책임개별화의 원칙' 내지 '개인책임의 원칙'에 비추어 정범의 개인적 책임사유가 공범에게까지 영향을 미치게 되는 극단종속형식은 부당하며, 정범의 위법행위가 있는 한 정범의 책임과는 관계없이 공범의 성립을 논하는 「제한종속형식」이 '위법의 연대화' 및 '책임의 개별화'라는 형법의 태도에 합치되는 타당한 입장이라고 하겠다.

V. 공범의 처벌근거

공범은 정범의 성립에 종속하지만, 공범의 교사행위와 방조행위는 범죄의 실행행위가 아님에도 불구하고 처벌되는 근거는 어디에 있다고 볼 것인가 하는 논의에 있어서 다음과 같은 학설이 대립하고 있다.

1. 책임가담설

책임가담설에 의하면, 공범의 처벌근거는 정범의 '유책한' 범행에 '가담'(관

---

25) 정영석, 250면.

26) 예컨대 치료감호법 제2조 제1항 제1호(구 사회보호법 제8조 제1항 제1호)는 심신장애인(책임무능력자)의 위법행위를 "죄"를 범한 때라고 표현하고 있다.

27) 이재상, 432면; 이형국, 270면; 정/박, 502면; 진/이, 547면.

여)했다는 점에 있다고 한다. 이론상 극단종속형식과 상통하는 설명인데, 제한종속형식을 택한 결론과 합치되지 않는 난점이 있다.

2. 불법가담설

불법가담설에 의하면, 공범의 처벌근거는 정범의 '불법한' 범행에 '가담'(관여)했다는 점에 있다고 한다. 이론상 제한종속형식과 상통하는 견해인데, 공범 그 자체의 처벌근거를 밝히지 못하고 공범의 종속성을 그대로 되풀이해서 설명한 것, 즉 공범의 처벌근거를 정범의 불법에서 그대로 도출한 설명에 불과하다고 하겠다.

또 한편 이 학설은 교사범의 처벌근거가 정범의 사회와의 일체성을 해체함으로써 법적 평화를 교란했다는 점에 있다고 설명하기도 한다. 그러나 이 설명은 교사범의 처벌근거에 관한 것이고, 방조범의 처벌근거까지는 설명하지 못한다는 비판이 가해지고 있다.

3. 순수야기설

순수야기설에 의하면, 공범은 정범의 불법과는 관계없이 '공범 그 자체의' 불법, 즉 독자적인 '공범구성요건'을 실현했다는 점에 그 처벌근거가 있다고 한다. 여기에서 공범구성요건을 공범 자신의 법익침해행위라는 행위반가치로써 뒷받침하고 있다. 이론상 공범독립성설과 상통하는 설명인데, 공범종속성설을 택한 결론과 합치되지 않는 난점이 있다.

4. 종속적 야기설

종속적 야기설에 의하면, 공범의 처벌근거는 정범의 범행을 '야기 또는 촉진'했다는 점에 있지만, 공범의 불법의 근거와 정도는 정범의 불법에 '종속'한다고 한다. 이 학설은 공범의 독자적인 처벌근거를 정범의 '야기 · 촉진행위'에서 찾는 한편, 정범에 대한 '종속성'을 강조함으로써, 순수야기설을 공범종속성설로 수정했다는 측면에서 '수정된 야기설'이라고도 불리운다. 우리나라와 독일의 다수설이다.[28)]

---

28) 김신규, 482면; 김성천, 388면; 박상기, 373면; 배종대, 557면; 손동권, 527면; 손해목, 1060면; 안동준, 224-5면; 이재상, 435면; 이형국, 271면; 정영일, 383면; 조준현, 408면.

종속적 야기설은 공범 그 자체의 처벌근거를 제시한 장점은 있으나, 공범의 불법을 정범의 불법에 종속시킨 측면에 있어서 그 설명이 미진하다는 단점이 있다. 즉 이 학설이 공범의 불법내용 중 행위반가치와 결과반가치 모두가 정범의 불법에 종속한다고 주장하는 것이라면, 다음 혼합적 야기설의 관점에서 비판의 여지가 있다.

5. 혼합적 야기설

혼합적 야기설에는 다음 두 가지의 설명방법이 있다.

(1) 종속적 법익침해설

공범의 불법의 일부는 정범의 행위에서(종속적 야기설의 입장), 또 다른 일부는 공범의 독자적인 법익침해에서(순수야기설) 도출된다고 보아, 공범의 처벌근거는 종속적이면서도 동시에 독립된 법익침해에 있다고 하는 견해이다.[29] 종속적 야기설과 순수야기설을 혼합한 학설이라는 의미에서 '혼합적 야기설'이라고 부른다. 공범의 처벌근거는 '종속적 · 간접적' 법익침해에 있다는 것이 이 학설의 핵심이다.

이 학설은 공범의 처벌근거를 종속적 법익침해 및 독립된 법익침해라고 하는 결과반가치 일변도로 설명하고 있을 뿐이고 공범의 행위반가치를 고려하지 않는 점에서, 불법의 일면에 편향된 설명을 하고 있는 결함을 지니고 있다.

(2) 행위반가치 · 결과반가치 구별설

이 학설은 공범의 불법 중 '행위반가치'는 공범 자신의 '교사 · 방조행위'에서 '독립적'으로 인정되고, '결과반가치'는 정범에 '종속'한다는 입장이다.[30]

이 학설이야말로 공범처벌의 독자성과 종속성을 구별한 후에, 그 각각의 근거를 불법내용의 양대요소에서 적절히 도출해낸 타당한 견해라고 판단된다. 즉 공범의 교사행위 · 방조행위는 정범의 범행을 야기 · 촉진한다는 점에서 그 자체가 사회윤리적 견지에서 반가치판단을 받을 것이므로 독자적인 행위반가치가 인정되는 한편, 교사 · 방조행위만으로는 법익이 침해되지 않고 정범의 실행행위에 의하여 비로소 법익침해가 초래되는 것이므로 공범의 결과반가치는 정범의 결과반가치에 종속한다고 하는 것이 논리적이고도 명쾌한

---

29) 권오걸, 519면; 김/서, 630면; 성낙현, 625면; 오영근, 597면; 이상돈, 545면; Roxin, LK, Rn. 17, Vor §26.

30) 김성돈, 572면; 정/박, 506면; 진/이, 549면.

설명이다. 요컨대 공범의 독자적인 처벌근거는 공범 자신의 행위반가치에 있고, 공범의 종속적인 처벌근거는 정범의 결과반가치에 있다고 하겠다.

Ⅵ. 정범의 형태

1. 단독정범과 공동정범

단독(정)범은 한 사람이 단독으로 범죄의 실행행위를 하는 경우이고, 공동정범은 2인 이상이 공동으로 실행행위를 하는 경우이다. 형법상의 구성요건적 행위는 원칙적으로 단독정범의 형태로 실행할 것으로 예정되어 있으나, 구성요건적 행위를 공동으로 실행한 경우에는 형법 제30조가 적용된다.

2. 직접정범과 간접정범

직접정범은 행위자가 스스로 직접 범죄의 실행행위를 하는 경우이고, 간접정범은 자기가 직접 실행행위를 하지 아니하고 타인을 도구로 이용하여 간접적으로 범죄를 실현하는 경우이다. 형법상의 구성요건적 행위는 원칙적으로 직접정범의 형태로 실행할 것으로 예정되어 있으나, 타인을 이용한 간접정범의 형태로 실현된 경우에는 형법 제34조가 적용된다.

3. 동 시 범

(1) 동시범의 의의

동시범이란 "2인 이상이 공동실행의 의사없이 동일한 객체에 대하여 각각 구성요건실현행위를 한 경우"를 말한다. 동시범은 '단독정범의 병렬관계'에 있는 것으로서, 두 사람 이상의 행위자 사이에 범죄실행을 위한 의사의 연락이 없다는 점에서 공동정범과 구별된다.

동시범에 있어서 ① 결과발생의 원인행위가 판명된 경우에는 인과관계와 개인책임의 원칙에 따라 각자의 형사책임을 정하면 된다. 문제는 동시범에 있어서 ② 결과발생의 원인행위가 판명되지 아니한 경우에 일어난다. 이 경우를 '독립행위의 경합'이라고 하며, 형법 제19조가 적용된다. 제19조는 "동시(同時) 또는 이시(異時)의 독립행위가 경합한 경우에 그 결과발생의 원인된 행위가 판명되지 아니한 때에는 각 행위를 미수범으로 처벌한다"라고 규정하고 있다.

(2) 형법 제19조의 적용요건

형법 제19조의 적용요건은 다음과 같다.

① 2인 이상의 실행행위가 있을 것. 동시범에 있어서 각자의 행위는 실행행위여야 한다. 아직 실행의 착수에 이르지 못한 예비행위는 제19조의 적용대상이 아니다.

② 행위자 사이에 범죄실행의 의사의 연락이 없을 것. 법문은 이것을 "독립행위가 경합한 경우"라고 표현하고 있다. 동시범 사이에 의사의 연락이 없다는 점에서 의사연락이 존재하는 공동정범과 구별된다. 그러므로 공동정범에 있어서 의사연락의 내용을 어떻게 이해하느냐에 따라 동시범의 성립범위가 달라진다. 공동정범에 있어서 의사의 연락은 상호간에 존재해야 하므로, 공동실행하려는 의사가 일방에게만 있는 소위 편면적 공동정범의 경우는 실질적으로 동시범에 속한다.

③ 행위의 객체가 동일할 것. 행위의 객체가 동일하면 족하고 각각의 행위가 구성요건적으로 동일할 필요는 없다. 예컨대 살해행위와 상해행위의 경합도 가능하다.

④ 행위의 장소적·시간적 동일성은 불필요하다. 법문은 동시(同時) 또는 '이시(異時)의' 독립행위가 경합한 경우라고 하여 이 점을 명시하고 있다. 그러므로 경합하는 각각의 행위가 시간적·장소적으로 근접할 필요도 없다고 하겠다.

⑤ 결과발생의 원인된 행위가 판명되지 아니할 것. 동일한 객체에서 결과가 발생하였으나 경합한 행위 중 어느 행위가 결과발생의 원인이 되었는가가 판명되지 않아야 한다. 이는 인과관계의 증명이 불가능한 경우를 의미한다. 여기에서 원인된 행위의 거증책임은 검사에게 있다.

(3) 형법 제19조의 효과

제19조의 적용요건이 갖추어지면, 경합한 각각의 행위를 발생한 결과에 대한 '미수범'으로 처벌한다. 예컨대 두 개의 살해행위가 경합하여 사망의 결과가 발생했는데 그 원인된 행위가 판명되지 않으면, 각각 살인미수죄의 책임을 지게 된다. 만일 甲의 살해행위와 乙의 상해행위가 경합하여 사망의 결과가 발생했는데 그 원인된 행위가 판명되지 않으면, 甲은 살인미수죄, 乙은 상해미수죄의 책임을 지게 된다.[31)]

그리고 형법 제263조는 "독립행위가 경합하여 상해의 결과를 발생하게 한 경우에 있어서 원인된 행위가 판명되지 아니한 때에는 공동정범의 예에 의한다"라고 함으로써, '상해죄의 동시범'에 대한 특례를 규정하고 있다. 이 규정은 형법 제19조에 대한 유일한 '예외규정'으로서, 상해죄에 관한 한 비록 독립행위가 경합된 경우라 하더라도 미수범으로 처벌하지 않고 각자를 공동정범의 예에 의하여, 즉 발생한 결과 전부에 대한 기수범으로 처벌한다는 것을 밝히고 있다.

Ⅶ. 정범과 공범의 경합 및 공범간의 경합

정범과 협의의 공범이 경합하는 경우에 협의의 공범규정은 정범규정에 대하여 '법조경합 중 보충관계'에 있으므로 정범만이 성립하고 공범의 성립은 배제된다. 예컨대 교사자 또는 방조자가 교사·방조행위를 한 후 더욱 나아가서 정범과 실행행위를 공동으로 분담하였다면, 공동정범으로서의 죄책만을 지게 되고 교사범 또는 방조범의 성립은 배제된다.

협의의 공범에 있어서도 방조범에 비하여 교사범의 불법의 정도가 높기 때문에 양자가 경합하는 경우에 방조범은 교사범에 대하여 '법조경합 중 보충관계'에 있다.

제 2 절 공동정범

Ⅰ. 의 의

형법 제30조는 공동정범에 관하여 "2인 이상이 공동하여 죄를 범한 때에는 각자를 그 죄의 정범으로 처벌한다"라고 규정하고 있다. 이에 따라 공동정범을 일반적으로 정의해 보자면, "2인 이상이 공동하여 죄를 범한 경우"라고

31) 이 경우에 乙이 '상해치사의 미수'의 책임을 진다는 견해(이형국, 280면)가 있으나, 형법상 결과적 가중범인 상해치사의 미수를 처벌하는 규정이 없으므로 상해기수인가 상해미수인가의 문제로 되고, 이 때 각각의 행위와 그 행위에 결부될 결과 사이의 미수책임을 지운다는 것이 제19조의 취지라고 보아 결론적으로 乙은 상해 '미수'의 책임을 진다는 것이 타당하다.

할 수 있으며, 1인이 범죄를 실행하는 '단독정범'에 대립되는 개념이다.

공동정범은 공동자 사이에 공동실행한다는 의사의 연락이 있다는 점에서 의사의 연락이 없는 '동시범'과 구별되며, 공동자 각자에게 기능적 행위지배가 인정되는 정범이라는 점에서 기능적 행위지배없이 범죄를 조성하는 데 그치는 '협의의 공범', 특히 '방조범'(종범)과 구별된다.[32)]

공동정범을 규정한 제30조의 '존재의의'는 2인 이상이 실행행위의 '일부'를 '분담'한 경우에, 즉 '기능적 역할분담'이 있은 경우에 각자가 발생한 결과 '전부'에 대하여 '정범'으로서 책임을 진다는 점에 있다. 공동정범의 이러한 특성을 「일부실행 · 전부책임」이라고 한다. 공동정범에 있어서도 공동자 모두가 각각 구성요건상의 정형적 행위의 '전부'를 한 경우, 예컨대 甲과 乙이 공동으로 丙을 살해하고자 각자가 칼로 丙을 찔러 사망케 한 경우에는 각자의 행위를 분리해서 고찰한다고 하더라도 정범으로서의 책임을 지울 수 있기 때문에 제30조의 의의는 그다지 크지 않다고 말할 수 있다. 그러나 공동자 각자가 분업적으로 구성요건상의 정형적 행위의 '일부'를 했다든가 비록 정형적 행위를 하지 않는다고 하더라도 기능적 관점에서 실행행위의 '분담'이 있다고 볼 수 있는 경우, 예컨대 甲과 乙이 공동으로 丙을 살해하기로 공모하여 甲은 丙을 으슥한 골목으로 유인하고 乙은 기다리고 있다가 丙을 칼로 찔러 사망케 한 경우에는 甲의 행위를 분리해서 고찰한다면 살해행위라고 하는 살인죄의 정형적 행위에 해당하지 않지만 기능적 관점에서는 행위의 분담이 있다고 보아 살인죄의 정범으로 처벌할 수 있다는 점에서 제30조의 존재의의를 발견할 수 있다.

이와 같이 공동정범이 정범으로서의 책임을 지게 되는 근거는 「기능적 행위지배」에 있다(기능적 행위지배설). 즉 실행행위의 일부를 분담한 공동자의 역할이 '기능적 · 실질적 관점에서' 전체의 행위를 함께 지배하고 있다는 평가가 내려질 때 정범으로서의 책임을 지게 된다.

32) "공동정범의 본질은 분업적 역할분담에 의한 기능적 행위지배에 있다고 할 것이므로, 공동정범은 공동의사에 의한 기능적 행위지배가 있음에 반하여 종범은 그 행위지배가 없는 점에서 양자가 구별된다"(**대판** 1989. 4. 11, 88 **도** 1247).

Ⅱ. 본 질

공동정범이란 2인 이상이 공동하여 범죄를 범한 경우라고 정의되지만, 과연 무엇을 공동으로 하는 것인가 하는 점은 제30조에 명시되어 있지 않다. 즉 '공동'의 '목적어'가 규정되어 있지 않기 때문에, 이론상 공동정범이 '무엇을' 공동으로 하느냐라는 문제가 제기된다. 이에 관한 논의가 바로 공동정범의 본질론인데, 다음과 같은 학설이 대립하고 있다.

1. 범죄공동설

범죄공동설은 범죄의 정형성을 중시하는 객관주의 범죄론에 철저한 입장이다. 이 학설은 공동정범이란 수인이 '특정한 범죄'를 공동으로 하여 범죄를 실현하는 것이라고 한다.[33] 따라서 수인 사이에 특정한 범죄를 공동으로 한다는 '고의'의 공동이 있어야 하고, 공동정범으로서의 책임도 특정한 1개의 범죄에 한하여 논하게 되며, 서로 다른 범죄에 걸쳐서 공동정범이 성립될 수는 없다는 결론이 된다.

그러므로 범죄공동설은 고의범 상호간의 공동정범성립만을 인정하고, 과실범 상호간 또는 고의범과 과실범 사이의 공동정범성립을 부정하게 된다. 또 '수인일죄(數人一罪)'만의 공동정범성립을 인정하며, '수인수죄(數人數罪)'의 공동정범성립도 부정하게 된다. 예컨대 폭력배인 甲과 乙이 반대파 조직원인 丙을 '혼내주기로' 합의하였는데 甲은 살해의 의사로, 乙은 상해의 의사로 각각 丙을 칼로 찔러 사망한 사례에서 사망의 원인된 행위가 판명되지 않을 경우에 범죄공동설에 의하면, 살인죄와 상해죄라는 서로 다른 범죄 사이에 공동정범의 성립을 인정하지 않으므로 결국 甲은 살인미수, 乙은 상해기수의 동시범으로서 처벌하게 된다.

2. 행위공동설

행위공동설은 범죄를 행위자의 반사회적 성격의 징표라고 이해하는 주관주의 범죄론의 입장에서, 공동정범이란 수인이 '행위'를 공동으로 하여 각자의

---

33) 신동운, 584면.

범죄를 실현하는 것이라고 한다. 여기에서 공동으로 하는 행위란 구성요건적 행위가 아니라 순전히 '자연적' 의미의 행위, '전(前)법률적' 의미의 행위, '사실상의' 행위를 말한다. 따라서 수인 사이에 사실상의 행위를 공동으로 한다는 인식(고의)이 있으면 공동정범이 성립하며, 특정한 범죄를 공동으로 한다는 인식은 요구되지 않는다. 그리고 공동정범으로서의 책임도 서로 다른 범죄에 걸쳐서 인정할 수 있게 된다.

그 결과 행위공동설은 고의범 상호간에서뿐만 아니라 과실범 상호간 및 고의범과 과실범 사이에서도 공동정범의 성립을 긍정할 수 있게 되며, 또 '수인수죄'의 공동정범성립도 인정한다. 앞의 예에서 행위공동설에 의하면, 甲과 乙이 丙을 '혼내주기로 한 사실상의 행위'를 공동으로 한 이상 살인죄와 상해죄라는 서로 다른 범죄 사이에서도 공동정범의 성립을 인정하므로 결국 甲은 살인기수, 乙은 상해기수의 공동정범으로서 처벌하게 된다.

판례는 행위공동설의 입장에 서 있다.[34)]

3. 수 정 설

(1) 부분적 범죄공동설

부분적 범죄공동설은 기본적으로 범죄공동설에 입각하면서도 범죄공동설이 공동정범의 성립을 인정하는 범위가 부당하게 협소하다는 단점을 시정하고자, 공동으로 하는 수개의 범죄가 서로 '공통의 죄질'을 가진 경우에는 구성요건상 중첩하는 범위 내에서 공동정범의 성립을 긍정하고자 하는 견해이다.[35)] 예컨대 살인죄와 상해죄 사이에서 또는 강도죄와 절도죄 사이에서는 죄질의 공통성이 있기 때문에 공동정범의 성립을 긍정하지만, 강도죄와 상해죄

---

34) 대법원이 "형법 제30조에 공동하여 죄를 범한 때의 죄는 고의범이고 과실범이고를 불문한다고 해석하여야 할 것이다. 따라서 공동정범의 주관적 요건인 공동의 의사도 고의를 공동으로 가질 의사임을 필요로 하지 않고 고의행위이고 과실행위이고 간에 그 행위를 공동으로 할 의사이면 족하다고 해석하여야 할 것이므로 2인 이상이 어떠한 과실행위를 서로의 의사연락 아래 하여 범죄되는 결과를 발생케 한 것이라면 과실범의 공동정범이 성립되는 것이다. 기록에 의하면 본건 사고는 경관의 검문에 응하지 않고 질주함으로써 야기된 것인 바 피고인은 원심 공동피고인 갑과 서로 의사를 연락하여 경관의 검문에 응하지 않고 트럭을 질주케 하였던 것임을 충분히 인정할 수 있음이 명백하므로 피고인은 본건 과실치사죄의 공동정범이 성립된다 할 것이다"라고 한 것(**대판 1962. 3. 29, 4294 형상 598**)은 '행위공동설'의 입장에서 '과실범의 공동정범'성립을 긍정한 대표적 판결로 평가되고 있다. 同旨, 대판 1962. 6. 14, 62 도 57.

35) 정영석, 245-6면.

사이에는 죄질의 공통성이 없기 때문에 공동정범이 성립될 수 없다.

(2) 구성요건적 행위공동설

구성요건적 행위공동설은, 행위공동설이 공동으로 하는 행위를 전법률적·전구성요건적인 자연적 의미의 행위로 이해한 점에 결함이 있다고 보고 형법상의 행위는 구성요건적 정형을 떠나서는 의미를 가질 수 없으므로, 공동정범이란 '구성요건적 행위'를 공동으로 하여 범죄를 실현하는 것이라고 한다.[36] 이때 구성요건적 행위에는 고의행위뿐만 아니라 과실행위도 포함된다는 점에 이 학설의 특징이 있으며, 그 결과 과실범의 공동정범성립을 긍정하게 된다.

4. 결 론

공동정범의 본질론에 있어서 유의해야 할 점은 공동정범에 대한 사실과학으로서의 범죄학의 관점과 규범과학으로서의 형법학의 관점을 구별해야 한다는 것이다. 공동정범에 있어서 수인이 '무엇을' 공동으로 하느냐 하는 것은 '사실'의 세계에 속하는 문제인 반면에, 수인의 공동이 있을 경우 어떠한 '범위'에 걸쳐서 공동정범의 '책임'을 인정하겠는가라는 공동정범의 '성립범위'에 관한 논의는 형법(학)의 '규범적' 문제에 속한다는 점을 분명히 통찰해야 한다. 양자를 구별해서 볼 때, 수인의 공동자가 무엇을 공동으로 하느냐라는 질문에 대하여는 의문의 여지없이 '사실상의' 행위, '전구성요건적' 행위를 공동으로 하는 것이라는 대답이 나오게 되지만, 이러한 사실상의 공동에 대하여 어느 범위에 걸쳐 각자에게 공동정범으로서의 책임을 묻겠느냐라는 질문, 즉 공동정범의 성립범위 여하라는 질문에 대한 대답은 귀책관련의 문제로서 형법상 논의의 여지가 크다고 하겠다.

예를 들어 설명해 보자면, 공동자 수인 사이에는 법률적·구성요건적 행위의 의미에서 공모하는 것이 아니라, 오히려 저 사람을 털자든가 또는 혼을 내주자라는 식으로 사실상의 행위를 공동으로 하자는 의사가 교차된다는 것이다. 이 때 공동자 중에 1인은 털자는 것을 절도의 의사로, 타인은 강도의 의사로 받아들일 수 있으며, 혼을 내주자는 것도 1인은 폭행의 의사로, 타인은 상해의 의사로 받아들일 수도 있는데, 이 경우 각자에게 어느 범위에 걸쳐서 공

36) 김종원, "공동정범의 본질", 법정, 1977. 6, 54면; 이재상, 457-8면; 정/박, 533면; 정영일, 394.

동정범의 성립을 인정하겠는가라는 문제는 사실상의 차원과는 별개로 형법상 '귀책(歸責)'의 영역에 속한다고 하겠다.

그러므로 공동정범이 무엇을 공동으로 하느냐라는 질문에 대하여는 당연히 '행위공동설'의 입장이 정답이라고 하겠고, '공동정범의 성립범위'에 관한 논의, 예컨대 과실범의 공동정범의 인정 여부 및 승계적 공동정범의 책임범위에 관한 논의 등은 행위공동설과는 별개의 귀책의 문제로서 행위공동설 안에서도 견해가 나누어질 수 있는 성질의 것이다. 이와 관련하여 공동정범의 성립범위를 적절히 해결할 수 있는 이론으로서 통설적 위치에 있는 것이 바로 '기능적 행위지배설'이다. 이 학설은 공동정범의 성립을 ① 공동실행하기로 한 의사의 범위와 ② 각자의 기능적 행위지배가 인정되는 범위 내에서 긍정한다.

결론적으로, 공동정범이 무엇을 공동으로 하느냐 하는 사실의 문제에 대하여는 '행위공동설'이 타당하고, 공동정범의 성립범위를 어떻게 결정할 것인가 하는 귀책의 문제에 대하여는 '기능적 행위지배설'이 타당하다.

Ⅲ. 성립요건

공동정범은 2인 이상이 공동하여 죄를 범한 때에 성립한다. 따라서 공동정범의 성립요건으로서는 주관적 요건으로 공동실행의 의사와 객관적 요건으로 공동실행의 사실이 있어야 한다.

1. 주관적 요건

(1) 공동실행의 의사

공동정범이 성립하기 위해서는 2인 이상이 행위를 공동으로 한다는 '의사의 연락'이 있어야 한다. 이 의사의 연락을 '공동실행의 의사' 또는 '공동가공(共同加功)의 의사'라고도[37] 한다. 공동정범에는 의사의 연락이 필요하다는 점에서

---

37) "판결요지: 형법 제30조의 공동정범이 성립하기 위하여는 주관적 요건인 공동가공의 의사와 객관적 요건으로서 그 공동의사에 기한 기능적 행위지배를 통하여 범죄를 실행하였을 것이 필요하고, 여기서 공동가공의 의사란 타인의 범행을 인식하면서도 이를 제지함이 없이 용인하는 것만으로는 부족하고 공동의 의사로 특정한 범죄행위를 하기 위하여 일체가 되어 서로 다른 사람의 행위를 이용하여 자기의 의사를 실행에 옮기는 것을 내용으로 하는 것이어야 하는바(대법원 2003. 3. 28. 선고 2002 도 7477 판결 등 참조), 이러한 공동가공의 의사는 타인의 범행을 인식하면서도 이를 제지하지 아니하고 용인하는 것만으로는 부족하나(대법원 2000. 4. 7. 선고 2000

의사의 연락이 없는 동시범과 구별된다. 동시범의 경우에는 결과발생의 원인된 행위가 판명되지 아니하면 각자를 미수범으로 처벌한다(제19조).

(2) 의사연락의 방법

공동실행한다는 의사의 연락은 치밀한 범행계획의 모의(공모)를 필요로 하는 것은 아니고 범행을 공동으로 한다는 '양해' 정도로서 족하다. 또 의사의 연락은 반드시 명시적으로 행해질 필요는 없고 묵시적이어도 족하며, 직접적이든 간접적이든 불문한다. 의사의 연락이 여러 사람 사이에 순차로 있게 되는 소위 '순차적 공동정범'도 인정된다.[38] 공동정범자 사이에 서로 면식이 있을 필요도 없으며, 다른 공동자의 행위내용을 세부적으로 알고 있을 필요도 없다.

그런데 공동자 사이의 의사의 연락은 '상호적'이어야 한다. 어느 일방에게만 공동실행의 의사가 존재하는 소위 '편면적 공동정범'은 공동정범으로 성립하지 아니하고 동시범 또는 방조범이 된다. 예컨대 甲이 丙을 살해하고자 丙의 음료수 병에 치사량의 독약을 넣고 사라진 후 이를 알고 있는 乙은 乙대로 丙을 확실히 살해하려고 한번 더 치사량의 독약을 넣어 丙이 마시고 사망한 경우에 甲과 乙은 상호간에 의사의 연락이 없으므로 공동정범이 성립되지 않고, 단독범의 병렬관계인 동시범으로 처벌된다. 편면적 공동정범은 공동정범이 될 수 없다는 부정설이 통설과[39] 판례의[40] 태도이다.

(3) 의사연락의 시기

공동실행의 의사가 공동자 상호간에 존재하는 이상 그 의사의 연락시기는

도 576 판결 등 참조), 반드시 사전에 치밀한 범행계획의 공모에까지 이를 필요는 없으며 공범자 각자가 공범자들 사이에 구성요건을 이루거나 구성요건에 본질적으로 관련된 행위를 분담한다는 상호이해가 있으면 충분하다(대법원 2008. 9. 11. 선고 2007 도 6706 판결 등 참조). 그리고 이러한 공동가공의 의사를 인정하기 위하여는 엄격한 증명이 요구되지만, 피고인이 주관적 요소인 공동가공의 의사를 부인하는 경우에는, 사물의 성질상 범의와 상당한 관련성이 있는 간접사실 또는 정황사실을 증명하는 방법에 의하여 이를 입증할 수밖에 없고, 무엇이 상당한 관련성이 있는 간접사실에 해당할 것인가는 정상적인 경험칙에 바탕을 두고 치밀한 관찰력이나 분석력에 의하여 사실의 연결상태를 합리적으로 판단하는 방법에 의하여야 할 것이다(대법원 2003. 1. 24. 선고 2002 도 6103 판결 등 참조)"(대판 2021. 3. 25, 2020 도 18285).

38) 대판 1994. 9. 9, 94 도 1831; 1994. 3. 8, 93 도 3154 등.

39) 권오걸, 535면; 김/서, 593면; 박상기, 380면; 배종대, 562면; 신동운, 565면; 오영근, 571면; 이상돈, 562면; 이재상, 459면; 정/박, 535면.

40) "공동정범은 행위자 상호간에 범죄행위를 공동으로 한다는 공동가공의 의사를 가지고 범죄를 공동실행하는 경우에 성립하는 것으로서, 여기에서의 공동가공의 의사는 공동행위자 상호간에 있어야 하며 행위자 일방의 가공의사만으로는 공동정범관계가 성립할 수 없다 할 것"(**대판 1985. 5. 14, 84 도 2118**).

실행행위 전후를 묻지 않는다. 공동정범은 공동실행한다는 의사의 연락시기에 따라 ① 실행행위 이전에 의사의 연락이 있은 '예모적 공동정범'(豫謀的 共同正犯), ② 실행행위시에 의사의 연락이 있은 '우연적 공동정범', ③ 1인이 실행에 착수한 후 실행행위가 종료되기 전에 타인이 의사의 연락하에 나머지 실행행위를 공동으로 한 '승계적 공동정범'으로 구분된다. 승계적 공동정범에 관하여는 항목을 바꾸어 논의하기로 한다.

(4) 승계적 공동정범(承繼的 共同正犯)

승계적 공동정범이란 "실행행위의 일부가 있었으나 남은 실행행위가 종료되기 전에, 타인이 중도에서 의사의 연락하에 나머지 실행행위를 공동으로 행한 경우"를 말한다. 예컨대 甲이 강도살인(제338조)의 의사로 먼저 피해자를 살해하였는데 마침 지나가던 乙이 이를 보고 甲의 양해하에 절도의 의사로 참가하여 甲은 丙의 지갑에서 현금만을 꺼내 갖고 乙은 丙의 시계와 금반지를 가져간 경우에 승계적 공동정범의 문제가 발생한다.

승계적 공동정범에는 두 가지 문제점이 있는데, ① 첫째로 먼저 실행행위의 일부를 한 '선행자(先行者)'(甲)와 나중에 참가한 '후참자(後參者)'(후행자, 乙) 사이에 공동정범이 성립한다고 볼 것인가 하는 문제가 있고, ② 그 다음으로 공동정범의 성립을 긍정하는 경우에는 후참자에게 어느 범위에 걸쳐 공동정범의 책임을 지울 것인가라는 문제가 있다.

(가) 공동정범의 성립 여부 범죄공동설에 의하면, 공동정범이 성립하기 위하여 '특정한' 범죄(사례에서 강도살인죄)에 대한 고의의 공동과 행위의 공동이 필요한데, 승계적 공동정범에 있어서 후참자에게 특정범죄(강도살인죄)에 대한 고의와 행위의 분담을 인정할 수 없으므로 공동정범의 성립을 부정하고 후참자에게 동시범(절도죄) 또는 방조범(강도살인죄의 방조범)의 죄책을 묻게 된다.

이에 반하여 행위공동설에 의하면, 후참자가 참가한 이후에 '사실상의' 행위(절취라는 사실행위)에 대한 공동이 존재하므로 공동정범은 성립하고, 다만 후참자에게 어느 정도로 공동정범의 책임을 지울 것인가라는 문제만이 남게 된다. 실행행위의 도중에 타인이 공동실행의 의사를 가지고 남은 실행행위를 공동으로 한 경우에 공동정범의 성립을 부정할 이유가 없으므로 승계적 공동정범을 인정하는 견해가 타당하다고 하겠다.[41]

(나) 후참자의 책임범위 승계적 공동정범의 성립을 긍정하는 경우에도 후참자에게 어느 범위에서 공동정범의 책임을 인정할 것인가에 관하여는 견해가 나누어진다. 이 문제에 있어서 ① 후참자는 참가 이전의 행위에 대해서까지, 즉 선행자의 행위를 포함한 전체에 대하여 공동정범의 책임을 져야 한다는 '전부인정설'이 있다.[42] 후참자에게 참가 이전의 행위를 이용하려는 의사가 있는 이상 그 부분에 대해서도 공동정범으로서의 책임을 지우는 것이 타당하다는 논거를 들고 있다. 이 견해를 사례에 적용하면, 甲과 乙 모두 강도살인죄의 공동정범이 된다. ② 그러나 (ㄱ) 후참자에게 참가 이전의 행위에 대한 기능적 행위지배를 인정할 수 없고, (ㄴ) 공동실행의 의사는 소급될 수 없다고 보아야 하며 — 형법상 사후고의 내지 추인은 인정되지 않으며 —, (ㄷ) 후참자에게 참가 이전의 부분에까지 책임을 지우는 것은 법감정상 과잉처벌로 받아들여진다는 등의 이유로, 후참자에게 참가 이후의 행위에 대해서만 책임을 지우는 '제한인정설'이 타당하다고 본다(다수설).[43] 이 견해를 사례에 적용하면, 甲은 강도살인죄, 乙은 절도죄의 공동정범이 된다. 판례도 제한인정설의 입장에 선다.[44]

(5) 의사연락의 내용

공동정범의 본질론과 관련해서, 공동정범자 상호간에는 '특정한 범죄'를 공동으로 하겠다는 의사의 연락, 즉 '고의'의 공동이 있어야 하는가 아니면 고의의 공동이 없이 단순히 '사실상의 행위'를 공동으로 하겠다는 의사의 연락으로 충분하다고 보아 과실로 결과를 발생시킨 경우에도 공동정범의 성립을 인정할 것인가 하는 논의가 있다. 이 논의는 특히 '과실범의 공동정범'을 인정할 것인가라는 각도에서 전개되고 있다.

---

41) 김성돈, 581면; 손동권, 499면; 이보영, "승계적 공동정범", 김종원교수화갑기념논문집, 1991, 489면; 이재상, 461면; 정/박, 538면.

42) 김성돈, 581면; 김종원, "승계적 공동정범", 사법행정, 1969. 7, 25면; 이보영, 앞의 논문, 492면.

43) 권오걸, 537면; 김성천, 399면; 김/김, 569면; 김/서, 597면; 김신규, 505면; 박상기, 388면; 배종대, 567면; 성낙현, 575면; 손동권, 502면; 안동준, 230면; 오영근, 578면; 이상돈, 563면; 이영란, 463면; 이재상, 463면; 이형국, 288면; 정/박, 538면; 정영일, 398면; 진/이, 560면.

44) "연속된 히로뽕 제조행위 도중에 공동정범으로 범행에 가담한 자는 비록 그가 범행에 가담할 때에 이미 이루어진 종전의 범행을 알았다 하더라도 그 가담 이후의 범행에 대하여만 공동정범으로 책임을 지는 것이라고 할 것이니, 비록 이 사건에서 갑의 제조행위 전체가 포괄하여 하나의 죄가 된다고 할지라도 피고인에게 그 가담 이전의 제조행위에 대하여까지 유죄를 인정할 수는 없다고 할 것이다"(**대판 1982. 6. 8, 82 도 884.** 同旨, 대판 1997. 6. 27, 97 도 163).

(6) 과실범의 공동정범

과실범의 공동정범은 "2인 이상이 공동의 과실로 과실범의 구성요건적 결과를 발생시킨 경우"를 말하는데, 이 경우에 과실범의 공동정범이 성립한다고 보아 각자가 발생한 결과 전부에 대하여 책임을 질 것인가가 문제된다. 과실범의 공동정범은, 공동의 과실은 있지만 결과발생에 대한 원인행위가 판명되지 않는 경우에, 예컨대 甲과 乙이 공동으로 사냥을 하기로 하고 산골짜기 밑에서 대기하고 있던 중 갑자기 개들이 짖는 소리에 놀라서 산속에서 벌목을 하고 있던 丙이 골짜기 밑으로 달려 내려오다가 부주의하게 丙을 짐승으로 오인한 甲과 乙의 총격을 받고 사망하였을 때, 누구의 총에 맞은 것인지 원인행위가 판명되지 않는 경우[사냥사례]에 논의의 실익이 있다. 과실범의 공동정범에 관하여는 다음과 같은 학설이 대립하고 있다.

(가) **긍정설** 과실범의 공동정범성립을 긍정하고, 위의 사례에서 인과관계가 입증되지 않는 경우에 甲과 乙 모두가 (업무상) 과실치사죄의 공동정범으로서 책임을 진다는 견해이다. 그 이론적 근거를 어떻게 제시하느냐에 따라 다음과 같은 학설로 나누어진다.

(a) **행위공동설** 행위공동설은 공동정범에서의 공동을 특정한 범죄의 공동이 아니라 사실상의 행위의 공동으로 이해하므로, 공동실행의 의사에 있어서도 고의행위이든 과실행위이든 사실상의 행위를 공동으로 할 의사이면 족하다고 보아 과실범의 공동정범이 인정된다고 한다.[45] 바로 우리나라의 판례가 행위공동설의 입장에서 과실범의 공동정범을 인정하고 있다.[46]

---

45) 정영일, 395면.

46) 앞에 소개한 대판 1962. 3. 29, 4294 형상 598 참조. 그리고 서울 '성수대교붕괴사건'에서는 "공동정범에 관하여 이 사건 성수대교와 같은 교량이 그 수명을 유지하기 위하여는 건설업자의 완벽한 시공, 감독공무원들의 철저한 제작시공상의 감독 및 유지·관리를 담당하고 있는 공무원들의 철저한 유지·관리라는 조건이 합치되어야 하는 것이므로, 위 각 단계에서의 과실 그것만으로 붕괴원인이 되지 못한다고 하더라도, 그것이 합쳐지면 교량이 붕괴될 수 있다는 점은 쉽게 예상할 수 있고, 따라서 위 각 단계에 관여한 자는 전혀 과실이 없다거나 과실이 있다고 하여도 교량붕괴의 원인이 되지 않았다는 등의 특별한 사정이 있는 경우를 제외하고는 붕괴에 대한 공동책임을 면할 수 없다고 봄이 상당하다 할 것이다. 이 사건의 경우, 피고인들에게는 트러스 제작상, 시공 및 감독의 과실이 인정되고, 감독공무원들의 감독상의 과실이 합쳐져서 이 사건 사고의 한 원인이 되었으며, 한편 피고인들은 이 사건 성수대교를 안전하게 건축되도록 한다는 공동의 목표와 의사연락이 있었다고 보아야 할 것이므로, 피고인들 사이에는 이 사건 업무상과실치사상 등 죄에 대하여 형법 제30조 소정의 공동정범의 관계가 성립된다"(**대판 1997. 11. 28, 97 도 1740.** 同旨, 대판 1996. 8. 23, 96 도 1231－서울 삼풍백화점붕괴사건; 1994. 3. 22, 94 도 35; 1982. 6. 8, 82 도 781; 1979. 8. 21, 79 도 1249; 1962. 6. 14, 62 도 57 등).

그러나 행위공동설 자체는 타당하다고 하더라도 공동정범의 '성립범위'에 관한 문제로서 과실범의 공동정범을 인정하겠느냐 하는 것은 별개의 차원에서 논의될 성질이라는 점을 전술한 바 있다. 행위공동설의 입장에 선다고 하더라도 논리필연적으로 과실범의 공동정범을 인정해야 하는 것은 아니다.

(b) **공동행위주체설** 공동행위주체설은 실행행위의 분담이 없이 공모한 것만으로 공동정범의 성립을 인정하는 공동의사주체설에 반대하여 주장된 학설인데, 공동정범의 성립에는 공모만으로는 부족하고 실행행위의 분담이 있어야 하지만 공동행위를 하겠다는 의사의 연락에 의하여 '공동행위주체'가 성립한다고 보고 각자가 실행행위를 분담한 이상 과실로 결과를 발생시킨 경우에도 공동정범이 성립한다고 한다.[47]

그러나 이 학설에 대하여는 공동행위주체라는 범죄주체를 상정함으로써 개인책임이 아니라 단체책임을 인정하게 될 위험성이 있는 이론구성을 구태여 할 필요가 있는가 하는 문제점을 지적할 수 있다.

(c) **기능적 행위지배설** 기능적 행위지배설의 입장에 서면서도 과실범의 공동정범에 있어서 기능적 행위지배가 가능하다고 보아 공동정범의 성립을 긍정하는 견해가 있다.[48] 이 학설에 의하면, 주의의무위반의 공동과 기능적 행위지배가 있으면 과실범의 공동정범이 성립한다고 본다.

그러나 기능적 행위지배설은 범행수단의 계획적 조종의사를 전제로 하기 때문에 원래 고의범에 한하여 적용될 수 있는 학설이고, 과실범에는 적용되기 어려운 이론이다.

(d) **구성요건적 행위공동설 내지 과실공동 · 행위공동설** 행위공동설에서의 행위를 구성요건적 행위로 이해함으로써 과실범의 구성요건인 주의의무위반과 구성요건을 실현하는 행위의 공동이 있으면 과실범의 공동정범이 성립한다는 견해이다.[49]

그러나 이 학설은 공동정범의 본질을 잘못 파악하고 있고, 후술하는 바와 같이 과실범의 책임범위를 지나치게 확장함으로써 책임주의에 반할 우려가 있다.

---

47) 유기천, 288면.

48) 김/서, 609면 이하; 심재우, "과실범의 공동정범", 고시계, 1980. 4, 38면.

49) 이용식, "과실범의 공동정범", 형사판례연구(7), 형사판례연구회, 1999. 7, 105면; 이재상, 467면; 정/박, 555면.

(나) **부정설** 과실범의 공동정범성립을 부정하고 각자를 과실범의 동시범으로 처벌하면 된다는 견해이다(다수설).[50] 위의 사냥사례에서 인과관계가 입증되지 않는 경우에 甲과 乙은 모두가 (업무상) 과실치사죄의 미수범이 되지만 과실범의 미수를 처벌하는 규정이 없으므로 무죄가 된다는 결론이 내려진다.

(a) **범죄공동설 내지 부분적 범죄공동설** 범죄공동설은 공동정범에서의 공동을 특정한 범죄의 공동으로 이해하는 까닭에, 특정한 범죄를 공동으로 한다는 인식, 즉 고의의 공동이 없는 과실범에 있어서는 공동정범이 성립될 여지가 없고 동시범이 될 뿐이라고 한다. 부분적 범죄공동설도 죄질이 공통된 부분에 대한 고의의 공동이 필요하다고 보아 범죄공동설과 같은 결론이 된다.

그러나 이 두 학설은, 결론은 타당하다고 하더라도 공동정범의 본질을 잘못 파악하고 있다는 점에서 애당초 논의의 출발점부터 문제가 있다고 하겠다.

(b) **기능적 행위지배설** 정범의 표지가 되는 행위지배설을 공동정범에 적용한 기능적 행위지배설은 공동정범자 각자에게 범행수단의 '계획적 조종의사'가 있을 것을 요건으로 하기 때문에, 수단의 계획적·의식적 조종의사가 결여된 과실범에는 공동정범이 있을 수 없고 과실범의 동시범의 문제가 될 수 있을 뿐이라고 한다.

기능적 행위지배설에 대한 비판으로, 이 학설은 과실범에 있어서는 행위지배가 없으므로 공동정범은 물론 '단독정범'도 성립될 수 없다는 이상한 결론이 되고 만다는 지적이 있다.[51] 그러나 공동정범이든 단독정범이든 과실범의 문제를 행위지배설에 의해서는 '해결할 수 없다'는 견해를 행위지배가 없으므로 과실범의 단독정범을 '인정할 수 없다'는 것으로 오해해서는 안된다.

(다) **결 론** 과실범의 공동정범이란 문제를 해결함에 있어서 재차 강조할 점은 전술한 바와 같이 공동정범에 있어서 수인이 무엇을 공동으로 하느냐 하는 것은 사실의 세계에 속하는 문제로서 행위공동설이 타당하지만, 수인의 공동이 있을 경우 어떠한 범위에 걸쳐서 공동정범의 책임을 인정하겠는가 하

---

50) 권오걸, 553면; 김성돈, 587면; 김/김, 574면; 김성천, 391면; 박상기, 396면; 배종대, 573면; 손해목, 1028면; 신동운, 584면; 안동준, 233면; 오영근, 573면; 이정원, "과실범에서의 정범과 공범", 형사법연구, 제16호, 2001. 12, 99면; 이형국, 287면; 전지연, "과실범의 공동정범", 형사법연구, 제13호, 2000. 6, 52면 이하; 진/이, 562면; 허일태, "과실범의 공동정범이 가능한가", 고시계, 1994. 3, 47면.

51) 이재상, 466면.

는 공동정범의 '성립범위'에 관한 문제는 형법학의 규범적 문제에 속하며 기능적 행위지배설에 의하여 결정하는 것이 타당하다는 점이다. 그러므로 과실범의 공동정범을 인정할 것인가 하는 문제는 행위공동설과는 무관하고, 기능적 행위지배설의 관점에서 음미해 보아야 할 성질의 것이 된다.

그렇다면 고의의 공동정범에 있어서는 각자가 실행행위의 일부를 분담하고 있더라도 기능적 관점에서 전체의 행위를 지배하고 있기 때문에 발생한 결과 전부에 대하여 각자를 정범으로 처벌하는 것이 타당하지만, 기능적 행위지배가 없는 과실범에 대해서까지 공동정범으로서 발생한 결과 전부의 책임을 지우는 것은 부당하다고 하겠다.

그리고 과실범의 공동정범을 인정하는 견해는 고의범과 과실범 사이에서도 공동정범의 성립을 긍정하게 될 것인데, 이는 실제 적용상 납득할 수 없는 결론을 가져오는 문제점이 있다. 즉 위의 [사냥사례]에서 甲은 丙을 알아보고 살인의 의사로 발포했음에 반하여 乙은 부주의로 丙을 짐승으로 오인하여 발포함으로써 丙이 사망하게 되고 이 때 丙은 甲의 발포행위로 인하여 사망한 것으로 판명되었다고 하더라도 양자의 공동정범성립을 긍정하여 乙이 발생한 결과에 대한 업무상과실치사죄의 책임을 진다는 결론은 어느 누구도 받아들이기 어려울 것이다. 요컨대 기능적 행위지배설의 입장에서 과실범의 공동정범을 부정하고 과실범의 동시범으로 해결하는 것이 타당하다.

2. 객관적 요건

(1) 공동실행의 사실

공동정범이 성립하기 위해서는 공동실행의 의사 이외에 '공동실행의 사실'이라는 객관적 요건이 필요하다. 공동실행의 사실이란 '공동가공의 사실'이라고도 하며, '기능적 행위지배설'에 의하여 판단하게 된다. 기능적 행위지배설에 의하면, 공동자 각자가 기능적·분업적 관점에서 분담한 역할과 실행행위가 범죄의 실현에 본질적 기능을 수행하며 전체 행위를 함께 지배한다고 평가될 때 공동정범의 성립을 인정한다.[52] 따라서 각자가 구성요건적 행위의 전부를 실

52) 공동정범과 방조범의 구별은 세칭 보라매병원사건에서 주요논점의 하나이다.

보라매병원사건의 사실관계 개요: 뇌손상으로 인하여 뇌사상태는 아니지만 인공호흡기로 호흡하고 있는 중환자(피해자)의 처(이○영)가 입원·치료중이던 보라매병원의 의사인 양○진과 김○수에게 치료비부담능력이 없다는 이유로 피해자의 퇴원을 계속 요구하자, 처음에는 퇴원을

행하는 경우보다는 구성요건적 행위의 일부만을 담당하는 소위 실행행위의 '분담'의 경우에 공동정범을 인정하는 실익이 현저해진다.

기능적 행위지배설은 공동정범의 성립표지로서 '기능적 역할분담'을 중시한다.[53] 예컨대 범행의 현장에서 '망보는 행위'(把守行爲)도 그 행위 자체만으로는 보통 '방조범'이 성립하겠지만, 망보는 자가 범행의 중심인물로서 범죄실현에 이르기까지의 경과를 지배할 수 있는 기능적 역할을 분담하고 있다고 평가되면 '공동정범'이 될 수 있다. 판례 중에는 망보는 행위에 대하여 공동정범의 성립을 긍정한 것이 있다.[54]

공동정범에 있어서의 기능적 역할분담은 반드시 현장에서 이루어져야 하

만류하던 의사들이 마침내 퇴원요구를 받아들여 퇴원조치를 취하고 피해자의 주거지에 후송한 후 동행한 의사가 인공호흡보조장치를 제거한 지 5분 만에 피해자가 사망한 사건이다. 이 사건에서 처 이○영은 피해자를 집으로 퇴원시키면 사망할 것을 알고서도 피해자의 오랜 가족구타와 치료비부담곤란으로 퇴원시키는 방법을 취하여 피해자를 살해할 것을 결의하였고, 의사들도 피해자가 퇴원하여 인공호흡보조장치를 제거하면 사망할 것을 알고 있었다. 의사들(피고인)은 살인죄의 공동정범으로 기소되었다.

논점: 의사들이 살인죄의 공동정범인가 또는 방조범인가라는 논점에서 대법원은 다음과 같이 방조범임을 밝히고 있다. "형법 제30조의 공동정범이 성립하기 위하여는 주관적 요건인 공동가공의 의사와 객관적 요건으로서 그 공동의사에 기한 기능적 행위지배를 통하여 범죄를 실행하였을 것이 필요하고, 여기서 공동가공의 의사란 타인의 범행을 인식하면서도 이를 제지함이 없이 용인하는 것만으로는 부족하고, 공동의 의사로 특정한 범죄행위를 하기 위하여 일체가 되어 서로 다른 사람의 행위를 이용하여 자기의 의사를 실행에 옮기는 것을 내용으로 하는 것이어야 하는바(대법원 2003. 3. 28. 선고 2002 도 7477 판결 등 참조),…피고인들의 이 사건 범행은, 피해자의 담당의사로서 피해자의 퇴원을 허용하는 행위를 통하여 피해자의 생사를, 민법상 부양의무자요 제1차적 보증인의 지위에 있는 이○영의 추후 의무이행 여부에 맡긴 데 불과한 것이라 하겠고, 그 후 피해자의 사망이라는 결과나 그에 이르는 사태의 핵심적 경과를 피고인들이 계획적으로 조종하거나 저지·촉진하는 등으로 지배하고 있었다고 보기는 어렵다. 따라서 피고인들에게는 앞에서 본 공동정범의 객관적 요건인 이른바 기능적 행위지배가 흠결되어 있다고 보는 것이 옳다. 따라서 피고인들이 이○영의 부작위에 의한 살인행위를 용이하게 함으로써 이를 방조하였을 뿐이라고 본 원심의 판단은 결론에 있어 정당"(**대판 2004. 6. 24, 2002 도 995**).

53) "형법 제30조의 공동정범은 공동가공의 의사와 그 공동의사에 기한 기능적 행위지배를 통한 범죄 실행이라는 주관적·객관적 요건을 충족함으로써 성립하는바, 공모자 중 구성요건 행위 일부를 직접 분담하여 실행하지 않은 자라도 경우에 따라 이른바 공모공동정범으로서의 죄책을 질 수도 있는 것이기는 하나, 이를 위해서는 전체 범죄에 있어서 그가 차지하는 지위, 역할이나 범죄 경과에 대한 지배 내지 장악력 등을 종합해 볼 때, 단순한 공모자에 그치는 것이 아니라 범죄에 대한 본질적 기여를 통한 기능적 행위지배가 존재하는 것으로 인정되는 경우여야 한다"(**대판 2009. 6. 23, 2009 도 2994**. 同旨, 대판 2007. 4. 26, 2007 도 235; 2000. 4. 7, 2000 도 576; 1998. 5. 21, 98 도 321－전원합의체; 1996. 1. 26, 95 도 2461 등).

54) "수인이 공모하여 피고인은 밖에서 망을 보고 나머지가 피해자의 방에 들어가 강도하였다면 피고인도 특수강도죄의 공동정범에 해당한다"(**대판 1971. 4. 6, 71 도 311**. 同旨, 대판 1968. 4. 30, 68 도 407).

는 것은 아니다. 그러므로 범행현장에서 멀리 떨어진 장소라고 하더라도 전화 또는 휴대폰으로 범행을 지휘하거나 협력하는 행위가 기능적 관점에서 범행을 지배한다고 평가되면 공동정범이 될 수 있다.

분담하는 실행행위는 서로 시간적 선후관계에 있을 수 있고, 이종(異種)의 행위일 수도 있으며, 작위에 한하지 않고 '부작위'에 의해서도 가능하다. 예컨대 甲과 구조의무가 있는 수영교사 乙이 공모하여 수영교습생 丙을 익사시킬 의사로 甲이 먼저 丙을 깊은 곳으로 유인하고 乙이 이를 구조하지 아니한 경우에 乙은 부작위에 의한 공동정범이 된다. 그 밖에 공동실행의 사실은 공동자 상호간에 실행의 착수시점 이후로부터 실행행위가 종료하기까지에 존재해야 한다. 따라서 범행의 실행에 착수하기 이전의 예비·음모단계에서의 기여행위는 공동의 실행행위라고 보기 어렵다.

공동정범의 객관적 요건과 관련하여 가장 논란이 되는 것은 우리나라와 일본의 판례에 정착되어 있는 공모공동정범이다. 항목을 바꾸어 논하기로 한다.

(2) 공모공동정범

(가) 공모공동정범의 의의 공모공동정범이란 "일정한 범죄를 실현하고자 2인 이상이 공모하여 공모자 중의 일부가 실행행위에 나아간 때에는 실행행위를 분담하지 아니한 다른 공모자에게도 공동정범의 성립을 인정하는 경우"를 말한다. 공모자가 공모 이외에 반드시 실행행위를 분담하여야만 공동정범으로 성립한다는 견해를 취하는 경우를 '실행공동정범'이라고 칭한다면, 공모공동정범은 실행공동정범에 대응하는 개념이라고 할 수 있다.

공모공동정범은 범죄의 공모에만 관여하고[55] 실행행위를 분담하지 아니하는 조직범죄의 거물급들을 정범으로 처벌해야 할 실제적 필요성에 기하여 일찍이 일본의 대심원이 인정한 이래, 처음에는 사기·공갈·횡령·배임·위조 등과 같은 지능범에만 적용되어 오다가 후에는 살인·상해·방화·강도·절도 등과 같은 실력범에도 확대적용되어, 현재까지 우리나라와 일본의 판례가 일관해서 인정해 오고 있는 공동정범의 한 형태이다.[56]

55) 공모공동정범에서의 '공모'라는 개념을 공동정범의 주관적 성립요건인 "의사의 연락"과 같은 의미로 이해할 것인가 또는 "2인 이상의 자가 공동의사하에 일체가 되어 서로 타인의 행위를 이용하여 각자의 의사를 실행에 옮기는 것을 내용으로 하는 모의"라고 엄격히 이해할 것인가(日最判, 昭和 33. 5. 28, 刑集 12. 8, 1718頁 **참조**)가 문제되는데, 우리 대법원은 '의사의 연락' 정도로 넓게 이해하고 있다.

56) 대판 2002. 7. 26, 2001 도 4947; 1988. 9. 13, 88 도 1114; 1980. 5. 27, 80 도 907; 1971. 4.

그러나 전혀 실행행위를 분담하지 아니한 공모자를 단지 공모의 사실만을 가지고 처벌하려는 공모공동정범은 그 이론적 근거를 어디에 두고 있는가 하는 점과 또 공모공동정범이론은 형법 제30조의 명문규정을 무시하는 점에서 죄형법정주의에 위배되지 않는가 하는 점을 둘러싸고 다양한 견해가 제시되고 있다.

(나) 긍정설

(a) 공동의사주체설 공동의사주체설은 "일정한 범죄를 실현하려는 공동목적을 가지고 2인 이상이 공모하여 협력·집결된 이상 이러한 범죄집단은 각자가 일심동체가 되고 공동의사주체가 형성되므로, 그 중의 한 사람이 실행행위를 하여도 이는 공동의사주체의 행위라고 볼 것이고, 따라서 실행행위를 분담하지 아니한 공모자도 공동정범의 책임을 져야 할 것"이라는 학설로서, 민법상의 조합이론을 응용하여 일본의 草野 판사가 창시하였다. 공동의사주체설은 판례가 전통적으로 공모공동정범의 논거로 삼고 있는 이론이다.[57] 이 이론에 대한 비판은 부정설에서 언급하기로 한다.

(b) 간접정범유사설 이 학설은 공모공동정범을 간접정범과 유사한 이론구조로 설명하고자 하는 견해이다. 즉 실행행위를 하지 않은 단순한 공모자라 하더라도 타인과 공동하여 '타인의 행위를 이용'하여 자신의 범죄를 실현한 점에서 간접정범과 유사하며 정범성을 인정할 수 있다고 본다. 이 견해를 취했다고 볼 수 있는 대법원판례도 발견되고 있다.[58]

그러나 간접정범유사설에 대하여는 ① 공동정범은 간접정범처럼 일방적

30, 71 도 496; 1967. 9. 19, 67 도 1027; 1955. 6. 24, 55 형상 145 등.

57) "공모공동정범은 공동범행의 인식으로 범죄를 실행하는 것으로 공동의사주체로서의 집단 전체의 하나의 범죄행위의 실행이 있음으로써 성립하고 공모자 모두가 그 실행행위를 분담하여 이를 실행할 필요가 없고 실행행위를 분담하지 않아도 공모에 의하여 수인간에 공동의사주체가 형성되어 범죄의 실행행위가 있으면 실행행위를 분담하지 않았다고 하더라도 공동의사주체로서 정범의 죄책을 면할 수 없다"(**대판 1983. 3. 8, 82 도 3248**. 同旨, 대판 2002. 7. 26, 2001 도 4947; 2002. 4. 12, 2000 도 3485; 2000. 3. 14, 99 도 4923; 1998. 3. 27, 98 도 30; 1990. 9. 11, 90 도 1639; 1988. 3. 22, 87 도 2539; 1983. 10. 11, 83 도 1942 등).

58) "공모공동정범이 성립되려면 두 사람 이상이 공동의 의사로 특정한 범죄행위를 하기 위하여 일체가 되어 서로가 다른 사람의 행위를 이용하여 각자 자기의 의사를 실행에 옮기는 것을 내용으로 하는 모의를 하여 그에 따라 범죄를 실행한 사실이 인정되어야 하고, 이와 같이 공모에 참여한 사실이 인정되는 이상 직접 실행행위에 관여하지 안했더라도 다른 사람의 행위를 자기의사의 수단으로 하여 범죄를 하였다는 점에서 자기가 직접 실행행위를 분담한 경우와 형사책임의 성립에 차이를 둘 이유가 없다"(**대판 1988. 4. 12, 87 도 2368**. 同旨, 대판 1994. 10. 11, 94 도 1832; 1993. 3. 23, 92 도 3327; 1989. 6. 27, 88 도 2381).

이용관계가 아니고, ② 통설은 간접정범의 실행의 착수시기를 이용자의 이용행위에 두고 있으므로 공모공동정범에 있어서도 공모의 시점에 실행의 착수가 있다고 하는 부당한 결론을 내리게 될 것이며, ③ 공모공동정범에서의 이용행위를 간접정범의 특징인 의사지배에 접근한 것이라고 한다면 공동정범의 특징인 기능적 행위지배와는 멀어지기 때문에 실질적으로 보자면 공동정범을 부정하는 이론이라는 비판이 가해진다.

그 밖에 간접정범유사설의 하나로서, 공모자의 이용행위가 실행행위와 가치적으로 동일시될 수 있는 적극적 이용행위에 국한하여 공모공동정범의 성립을 인정하려는 소위 '적극이용설'(積極利用說)이 있는데,[59] 간접정범유사설에 대한 비판이 이 학설에 대하여도 그대로 적용된다고 하겠다.

(다) 부정설 우리나라의 통설은 판례의 입장에 반대하여 공모공동정범을 부정하고 있다.[60] 부정설의 논거는 다음과 같다. ① 실행행위를 분담하지 아니한 공모자를 실행행위에 나아간 공모자와 동일하게 공동정범으로 처벌한다면 '행위책임의 원칙'에 반한다. ② 공동의사주체를 인정하여 실행행위의 분담이 없는 공모자를 공동정범으로 처벌하는 것은 단체책임을 인정하는 것으로 '개인책임의 원칙' 내지 '자기책임의 원칙'에 반한다. ③ 형법 제30조에 규정된 공동정범의 성립요건으로서 공동실행의 사실이라는 '객관적' 요건이 필요한데, 공모공동정범이론은 이 요건을 무시하는 점에서 죄형법정주의에 위배된다.[61] ④ 공모공동정범이론은 범행에의 관여형태에 상응하여 교사범 또는 방조범으로 처벌해야 할 경우까지도 공동정범의 범주에 포괄함으로써 협의의 공범과의 구별을 모호하게 하고 형법의 공범규정을 파행적으로 운용하는 폐단을 초래한다. ⑤ 우리 형법은 조직범죄의 배후에 있는 거물을 제30조의 공동정범으로서가 아니라 제34조 제2항에 의하여 오히려 무겁게 처벌할 수 있는 길을 열어 놓고 있으므로, 일본에서처럼 공모공동정범을 인정할 필요성이

59) 김종수, "공모공동정범", 형사법강좌 Ⅱ, 751면.

60) 권오걸, 547면; 김성돈, 595면; 김성천, 397면; 김/김, 566면; 김/서, 603면; 박상기, 393면; 배종대, 581면; 성낙현, 579면; 손동권, 511면; 안동준, 237면; 오영근, 580면; 이상돈, 571면; 이형국, 293면; 정/박, 551면; 정영일, 402면.

61) 죄형법정주의에 위배된다는 문제점을 봉쇄하기 위한 입법론으로는, 일본 개정형법초안 제27조 제2항이 "2인 이상이 범죄의 실행을 모의하고 공모자의 어떤 자가 공동의 의사에 의하여 이를 실행한 때에는 다른 공모자도 정범이 된다"고 규정함으로써, 공모공동정범을 인정하는 실정법적 근거를 마련하는 방안이 제시될 수 있다.

크지 않다.

(라) 결 론 공동정범의 성립 여부를 '기능적 행위지배설'에 의하여 결정한다고 하더라도 공모자는 최소한 기능적 관점에서 실행행위를 분담했다고 할 만한 사실이 있어야만 공동정범이 성립하는데, 기능적 관점에서조차 전혀 실행행위의 분담이 없는 공모자까지 공동정범으로 처벌하는 공모공동정범이론은 기능적 행위지배설의 입장에서도 용납되지 않는다고 하겠다. 또한 형법 제30조에 의하여 공동정범의 성립요건으로서 공동실행의 사실이라는 객관적 요건이 필요한 이상, 이 요건을 무시하는 공모공동정범이론은 죄형법정주의에 위배된다는 비판을 피할 수 없다.

그리고 공모공동정범이론은 범행의 관여형태에 따라 교사범 또는 방조범으로 처벌해야 할 경우까지도 공동정범으로 처벌할 가능성을 내포하고 있으며, 특히 정범에 대한 필요적 감경사유로 되어 있는 방조범을 공동정범으로 처벌하게 되면 과잉처벌이라는 비난을 면하기 어렵다. 공모공동정범이론은 범죄를 공모한 이상 범죄의 실행에 관여하지 않고 단지 방조적 행위를 한 것에 지나지 않더라도 공동정범의 책임을 지울 수 있으며, 실행행위 이외의 행위도 정범으로 인정할 여지가 있다. 그 결과 '망보는 행위'의 객관적 성질 여하에 불구하고 그 공모의 점에 착안하여 범행현장 또는 근처에서 망보는 행위를 공동정범으로 인정한 대법원판결이 다수 있다.[62] 따라서 공동정범과 방조범을 구별하여 그 처벌을 달리하고 있는 현행형법이 실무상으로는 '파행적으로' 운용되는 상황을 초래하고 있다.[63] 공범유형은 형법이 예상하고 있는 바에 상응하여 교사범 또는 방조범의 성립을 논해야 할 것이고 쉽사리 공동정범의 성립을 인정해 버리는 안이한 판례의 태도는 지양되어야 할 것으로 생각한다. 이러한 판례의 태도는 형사사건의 해결에 있어서 편의롭기는 하겠지만, 행위없는 책임을 인정하며 정범과 공범의 구별을 말살하는 결과를 가져온다는 점에서 죄형법정주의에 위배된다는 논란을 피하기 어렵다.

---

62) 대판 1971. 4. 6, 71 도 311; 1968. 4. 30, 68 도 407; 1968. 3. 26, 68 도 236 등.

63) 일본에 있어서 공동정범이 광의의 공범자 중 97% 이상을 차지하고 있다는 이상한 형법의 운용은(大野平吉, "共犯と正犯の區別", 刑法の爭點, 有斐閣, 1987年, 116面), 우리나라에 있어서도 사정이 비슷하리라고 생각되며, 간과해서는 안될 문제점을 지니고 있다고 하겠다. 우리나라 판사의 글로서 공모공동정범이론의 폐기를 주장한 것으로서는 하광용, "형사사법제도 및 그 운영에 있어서의 몇 가지 개선책", 형사재판의 제문제, 제2권, 형사실무연구회, 1998. 12. 31, 536면 참조.

이상과 같은 논거에서 판례가 인정하고 있는 공모공동정범은 부정하는 것이 타당하며, 공모자의 범행에의 관여형태에 따라 단순히 음모·예비에 그칠 수도 있고 기능적 행위지배설의 관점에서 공동정범 또는 협의의 공범이 성립할 수도 있다. 공동정범의 성립 여부는 결국 '기능적 행위지배설'의 입장에서 결정되겠지만, 기능적 관점에서조차 전혀 실행행위의 분담이 없는 공모자를 공동정범으로 처벌할 수는 없다는 점에 유의해야 할 것이다.

학설 중에는 공모공동정범을 인정하되 기능적 행위지배설에 의하여 그 한계를 긋는 것이 타당하다는 견해가 있는데,[64] 논지가 철저하지 못한 단점이 있다. 최근의 판례도 이와 유사한 논리를 전개하고 있는 것이 있다.[65] 공모공동정범을 부정하고 처음부터 기능적 행위지배설로 해결하는 것이 타당하다는 견해와 공모공동정범을 인정하되 기능적 행위지배설로 한계짓는 것이 타당하다는 견해는 구별되어야 한다.

(3) 공모관계에서의 이탈

(가) 판례의 입장　공모공동정범을 인정하는 판례의 입장에서는 범죄를 공모한 이상 실행행위에 나아가지 아니하더라도 다른 공모자의 실행행위에 대하여 공동정범의 죄책을 면할 수 없다. 그러나 판례는 공모자 중의 1인이 다른 공모자가 실행에 착수하기 전에 그 '공모관계에서 이탈한 경우'에는 이탈한 이후 다른 공모자가 실행한 행위에 대하여 공동정범으로서의 책임을 지지 아니한다고 한다.[66] 다만 다른 공모자가 이미 실행에 착수한 이후에는 그

---

64) 이재상, 475면; 진/이, 570면 이하.

65) "형법 제30조의 공동정범은 공동가공의 의사와 그 공동의사에 의한 기능적 행위지배를 통한 범죄실행이라는 주관적·객관적 요건을 충족함으로써 성립하므로, 공모자 중 구성요건행위를 직접 분담하여 실행하지 아니한 사람도 위 요건의 충족 여부에 따라 이른바 공모공동정범으로서의 죄책을 질 수도 있다. 한편 구성요건행위를 직접 분담하여 실행하지 아니한 공모자가 공모공동정범으로 인정되기 위하여는 전체 범죄에 있어서 그가 차지하는 지위·역할이나 범죄경과에 대한 지배 내지 장악력 등을 종합하여 그가 단순한 공모자에 그치는 것이 아니라 범죄에 대한 본질적 기여를 통한 기능적 행위지배가 존재하는 것으로 인정되어야 한다"(**대판 2010. 7. 15, 2010 도 3544**). 그 밖에 대판 2018. 4. 19, 2017 도 14322-전원합의체(소위 국정원 댓글조작 사건) 참조. 공모공동정범의 성립 여부에 관한 '증명'은 합리적인 의심을 할 여지가 없을 정도가 되어야 하고, 그와 같은 증명이 없다면 설령 피고인에게 유죄의 의심이 간다고 하더라도 피고인의 이익으로 판단할 수밖에 없다는 대법원판결(대판 2018. 9. 13, 2018 도 7658)이 있다.

66) "피고인에게도 그 범행에 가담하려는 의사가 있어 공모관계가 인정된다 하더라도 다른 조직원들이 각 이 사건 범행에 이르기 전에 그 공모관계에서 이탈한 것이라 할 것이므로 피고인은 위 공모관계에서 이탈한 이후의 행위에 대하여는 공동정범으로의 책임을 지지 않는다"(청주 파라다이스파두목 살해사건-**대판 1996. 1. 26, 94 도 2654**. 同旨, 1995. 7. 11, 95 도 955). "공모공

공모관계에서 이탈하였다고 하더라도 공동정범으로서의 책임을 면할 수 없다고 한다.[67)]

판례에 의하면, 공모관계에서 이탈한 자가 공동정범으로서의 책임을 면하기 위해서는 ① 다른 공모자가 실행에 착수하기 전에 ② 이탈의 의사를 명시적 또는 묵시적으로 표시하여 ③ 공모관계에서의 이탈행위를[68)] 할 것을 '요건'으로 한다.

대법원은 공동정범의 성립에 있어서 공모공동정범이론이라고 하는 무리(無理)에 따르는 과도한 처벌을 공모관계에서의 이탈이론에 의하여 다소간 덜어내려는 것으로 분석된다.

(나) 학 설 판례에 반대하여 공모공동정범을 부정하는 입장(통설)에서는 실행행위를 전혀 분담하지 아니한 공모자는 다른 공모자의 실행행위에 대하여 애당초 공동정범으로서의 책임을 지지 않는다고 하므로, 공모관계에서의 이탈이라는 이론을 특별히 전개할 필요가 없다고 본다. 공모관계에서 이탈한 자는 공모한 사실로 인하여 공모한 범죄에 대한 '예비·음모죄'의 죄책을 부담할 뿐이다.[69)] 이 때 다른 공모자가 실행의 착수에 나아간 이상-단독정범에서의 예비의 중지와는 달리-이탈자에게 예비·음모의 중지범의 성립을 논할 여지는 없다고 하겠다.

학설 중에는 이탈자가 공모자 가운데 '평균적 일원'에 불과한 때에는 실행에 착수하기 전에 이탈의 의사를 표시하는 것으로 공동정범관계가 해소되지만, 공모관계의 '주모자'로서 다른 공모자의 실행에 강한 영향을 미친 때에는

동정범에 있어서 그 공모자 중의 1인이 다른 공모자가 실행행위에 이르기 전에 그 공모관계에서 이탈한 때에는 그 이후의 다른 공모자의 행위에 관하여 공동정범으로서의 책임은 지지 않는다고 할 것이고 그 이탈의 표시는 반드시 명시적임을 요하지 않는다"(**대판** 1986. 1. 21, 85 도 2371. 同旨, 대판 1972. 4. 20, 71 도 2277).

67) "범죄의 실행을 공모하였다면 다른 공모자가 이미 실행행위에 착수한 이후에는 그 공모관계에서 이탈하였다고 하더라도 공동정범의 책임을 면할 수 없는 것이므로,…금품을 강취할 것을 공모하고 피고인은 집 밖에서 망을 보기로 하였으나 상피고인들이 위 하○○의 집에 침입한 후 담배생각이 나서 담배를 사기 위하여 망을 보지 않았다고 하더라도 피고인은 판시 강도상해죄의 죄책을 면할 수가 없다"(**대판** 1984. 1. 31, 83 도 2941). 다른 공모자가 실행에 착수한 이후의 이탈은 공동정범과 중지미수의 문제가 된다.

68) 공모관계에서의 이탈행위는 공모현장에서 귀가하든지, 다른 공모자들이 실행에 착수하기 전에 그들의 범행을 만류하는 행위(**대판** 1995. 7. 11, 95 도 955 참조) 등, 객관적으로 보아 이탈이라고 인정되는 행위여야 한다.

69) 배종대, 586면; 차용석, "공모관계에서의 이탈", 법률신문, 1986년 5월 19일, 14면.

실행에 미친 영향력을 제거하기 위한 진지한 노력을 필요로 한다는 주장이 있다.[70] 판례도 같은 견해이다.[71] 그러나 공모관계에서 이탈한 공모자는 '실행행위의 분담이 없다는 사실'만으로 공동정범의 책임을 지지 않게 되는 것이고, 이탈의 의사표시라든가 다른 공모자의 실행에 미친 영향력을 제거하기 위한 진지한 노력이라든가 하는 요건을 필요로 하는 것은 아니다.

Ⅳ. 처 벌

공동정범은 각자를 "그 죄의 정범으로 처벌한다"(**제30조**). 공동정범은 공동의 실행행위로 인하여 발생한 결과의 '전부'에 대하여 각자가 '정범'으로서 책임을 진다는 뜻이다. 특히 실행행위의 '일부'만을 분담한 자라 할지라도 공동실행하기로 한 의사의 범위 안에서 발생한 결과 전체에 대해서 정범의 책임을 진다는 점에 의의가 있다(일부실행 · 전부책임). 다만 공동정범은 정범으로서의 법정형의 범위 내에서 각자의 책임에 따라 서로 양형이 달라질 수는 있다.

공동정범에 있어서 '인과관계'는 공동정범자 각자의 행위와 결과 사이에서 개별적으로 확정되는 것이 아니라 공동정범자 전원의 행위와 발생한 결과를 '종합적 · 전체적'으로 고려하여 확정된다. 예컨대 甲과 乙이 공동으로 丙을 살해하고자 발포하였는데 丙이 누구의 총에 맞아 사망했는지 판명되지 아니한 경우 또는 甲의 총에 맞아 사망한 것으로 판명된 경우 모두 甲과 乙은 살인죄의 기수범으로 처벌된다.

---

70) 이재상, 476면; 정/박, 543면.

71) "공모공동정범에 있어서 공모자 중의 1인이 다른 공모자가 실행행위에 이르기 전에 그 공모관계에서 이탈한 때에는 그 이후의 다른 공모자의 행위에 관하여는 공동정범으로서의 책임은 지지 않는다 할 것이나, 공모관계에서의 이탈은 공모자가 공모에 의하여 담당한 기능적 행위지배를 해소하는 것이 필요하므로, 공모자가 공모에 주도적으로 참여하여 다른 공모자의 실행에 영향을 미친 때에는 범행을 저지하기 위하여 적극적으로 노력하는 등 실행에 미친 영향력을 제거하지 아니하는 한 공모관계에서 이탈되었다고 할 수 없다"(**대판** 2008. 4. 10, 2008 도 1274. 同旨, 대판 2010. 9. 9, 2010 도 6924).

V. 관련문제

1. 공동정범의 착오

공동정범의 착오란 공동정범의 주관적 요건과 객관적 요건이 일치하지 않는 경우, 즉 공동실행하기로 한 의사와 공동실행한 사실 사이에 불일치가 있는 경우를 말한다. 공동정범의 착오는 공동실행하기로 한 의사의 범위 내 그리고 기능적 행위지배가 인정되는 범위 내에서 기본적으로 법정적 부합설 중 '죄질부합설'에 의하여 해결함이 타당하다. 공동정범의 착오는 다음과 같은 태양으로 나누어 책임범위를 살펴볼 필요가 있다.

(1) 구체적 사실의 착오

공동실행의 의사와 공동실행의 사실 사이의 불일치가 '동일한' 구성요건 안에서 발생한 구체적 사실의 착오에 있어서 죄질부합설은 그 착오를 무시하고 발생한 결과에 대하여 고의·기수의 공동정범의 성립을 인정한다. 예컨대 甲과 乙이 A를 살해하기로 하였으나 乙의 방법의 착오로 B가 사망한 경우에 甲과 乙 모두 B에 대한 살인기수죄의 공동정범이 된다.

(2) 추상적 사실의 착오

공동정범에 있어서 추상적 사실의 착오란 공동실행하기로 한 의사와 공동실행한 사실 사이의 불일치가 '서로 다른' 구성요건에 걸쳐서 발생한 경우이다. 추상적 사실의 착오에는 죄질이 서로 다른 구성요건에 걸쳐서 착오가 있는 질적 착오와 죄질이 같은 구성요건 사이에 착오가 있는 양적 착오 그리고 공동자 중의 1인이 결과적 가중범을 범한 경우가 있다.

(가) 질적 착오 죄질부합설에 의하면 죄질이 서로 다른 구성요건에 걸쳐서 착오가 있는 경우에는 당연히 공동정범의 성립을 부정하게 된다. 다만 공동실행하기로 한 의사의 부분에 한하여 '음모 또는 예비'의 책임을 지게 되는 것은 별개의 문제이다. 예컨대 甲과 乙이 A女의 재물을 절취하기로 하였는데 乙이 그만 A를 보자 흑심이 생겨 강간한 경우에 甲은 乙의 강간죄에 대하여 공동정범이 되지 않는다.

(나) 양적 착오 죄질부합설에 의하면, 죄질이 같은 구성요건 사이의 착오에서는 죄질이 부합하는 범위 내에서 공동정범의 성립을 인정하게 된다. 그리

고 죄질이 같은 구성요건 사이의 양적 착오는 초과실행의 경우와 과소실행의 경우로 나누어 볼 수 있다. ① 초과실행의 경우에는 공동실행하기로 한 '의사'의 범위 내에서 부합이 일어나므로 이에 대한 공동정범이 성립한다. 예컨대 甲과 乙이 절도를 하기로 하였으나 乙이 강도를 한 경우에 공모한 절도 부분에 대하여는 공동정범의 성립이 인정되므로, 결국 甲은 절도죄, 乙은 강도죄의 공동정범으로 처벌된다. ② 과소실행의 경우에는 실행한 '사실'의 범위 내에서 부합이 일어나므로 이에 대한 공동정범이 성립한다. 예컨대 甲과 乙이 강도를 하기로 하였는데 乙이 절도에 그친 경우에 절도의 사실 부분에 대하여는 공동정범의 성립이 인정되므로, 결국 甲과 乙은 절도죄의 공동정범과 강도예비·음모죄의 상상적 경합으로 처벌된다.

(다) **결과적 가중범** 공동자 중의 1인의 초과실행이 공동하기로 한 기본행위에 대한 결과적 가중범에 해당하는 경우에 기본행위의 공동정범이 성립하는 것은 당연하다. 문제는 그 초과 부분인 중한 결과에 대해서까지 공동정범이 성립한다고 볼 것인가 하는 점이다.[72]

공동정범의 성립범위는 기능적 행위지배가 인정되는 고의범에 한정되기 때문에, 고의와 과실의 결합형식인 결과적 가중범에 있어서는 '고의범'인 기본범죄에 대해서만 공동정범의 성립이 가능하고, 과실로 초과하게 된 중한 결과에 대하여 결과적 가중범의 공동정범은 인정되지 않는다고 함이 타당하다. 즉 기본범죄에 대한 공동정범의 성립을 인정하면서 초과실행된 중한 결과에 대해서는 공동자 각자의 과실 여부를 검토하여 과실있는 자에게 '개별적으로' 결과적 가중범의 책임을 지우는 것이 타당하다. 이 경우에 결과적 가중범 '자체의' 공동정범은 성립하지 않는다. 이에 반하여 공동정범자 각자에게 과실이 있는 한 결과적 가중범의 공동정범이 성립한다는 견해도 있다.[73]

판례는 행위공동설에 입각하여 결과적 가중범의 공동정범을 인정하면서, ① 기본행위의 공동이 있는 이상 다른 공동자에게 중한 결과에 대한 예견가능

72) 마찬가지의 문제는, 공동자 중의 1인이 공동하기로 한 기본행위를 초과하여 죄질이 보다 더 중한 '고의'행위를 한 경우에 이 중한 행위로 인한 결과발생에 대하여 다른 공동자가 결과적 가중범으로서의 죄책을 질 것인가라는 질문에서도 발생한다. 예컨대 甲과 乙이 강도하기로 공모하고 강도에 착수하였는데, 甲이 강도의 상대방을 고의로 상해 또는 살해한 경우에, 乙이 결과적 가중범인 강도치상죄 또는 강도치사죄의 죄책을 질 것인가라는 문제이다.

73) 김성돈, 599면; 이재상, 207면; 이형국, 345면; 정/박, 450면.

성이 있느냐를 묻지 않고 모두 결과적 가중범의 공동정범으로서의 책임을 지우는 것들이 있는가 하면,[74] ② 다른 한편으로는 결과적 가중범의 공동정범의 성립에 공동자 각자에게 예견가능성이 필요하다는 입장을 취하고 있는 것들도 있다.[75] 판례 중에서 공동자에게 중한 결과에 대한 과실이 있느냐를 묻지 않고 모두 결과적 가중범의 공동정범으로서의 책임을 지우고 있는 것은 타당치 못하다고 하겠다.

2. 공동정범의 중지미수

일부실행·전부책임이라는 공동정범의 특질상, 공동으로 초래될 결과 전체를 방지하여야 공동정범의 중지미수가 성립한다. 즉 공동정범자 중 한 사람이 자의로 자기가 분담한 부분의 결과발생을 방지했다고 하더라도 다른 공동정범자 전원의 실행을 중지시키거나 모든 결과의 발생을 방지하지 아니하는 한 중지미수로 되지 아니한다.[76] 또 공동정범자 중 1인이 공동정범자 전원의 실행을 중지시키거나 모든 결과의 발생을 방지한 경우에도 중지미수의 혜택은 자의로 중지한 자에게만 주어지며, 나머지 공동정범자는 장애미수의 책임을 지게 된다.

74) "공범자 중 수인이 강간의 기회에 상해의 결과를 야기하였다면 다른 공범자가 그 결과의 인식이 없었더라도 강간치상죄의 책임이 없다고 할 수 없다"(**대판 1984. 2. 14, 83 도 3120**). "乙은 甲과 공모한 대로 과도를 들고 강도를 하기 위하여 피해자의 거소를 들어가 피해자를 향하여 칼을 휘두른 이상 이미 강도의 실행행위에 착수한 것임이 명백하고, 乙이 피해자를 과도로 찔러 상해를 가하였다면 甲이 乙과 구체적으로 상해를 가할 것까지 공모하지 않았다 하더라도 피고인은 상해의 결과에 대하여도 공범으로서의 책임을 면할 수 없다"(**대판 1998. 4. 14, 98 도 356**. 同旨, 대판 1990. 12. 26, 90 도 2362; 1990. 10. 12, 90 도 1887; 1987. 5. 26, 87 도 832; 1978. 1. 27, 77 도 2193; 1970. 8. 31, 70 도 1305 등).

75) "강도의 공범자 중 1인이 강도의 기회에 피해자에게 폭행 또는 상해를 가하여 살해한 경우 다른 공모자가 살인의 공모를 하지 아니하였다고 하여도 그 살인행위나 치사의 결과를 예견할 수 없었던 경우가 아니면 강도치사죄의 죄책을 면할 수 없다고 할 것"(**대판 1991. 11. 12, 91 도 2156**. 同旨, 대판 2000. 5. 12, 2000 도 745; 1993. 8. 24, 93 도 1674; 1990. 6. 26, 90 도 765). "결과적 가중범인 상해치사죄의 공동정범은 폭행 기타의 신체침해행위를 공동으로 할 의사가 있으면 성립되고 결과를 공동으로 할 의사는 필요 없으며, 여러 사람이 상해의 범의로 범행 중 한 사람이 중한 상해를 가하여 피해자가 사망에 이르게 된 경우 나머지 사람들은 사망의 결과를 예견할 수 없는 때가 아닌 한 상해치사의 죄책을 면할 수 없다(대법원 2000. 5. 12, 선고 2000 도 745 판결 등 참조)"(대판 2013. 4. 26, 2013 도 1222).

76) 대판 2005. 2. 25, 2004 도 8259.

3. 공동정범과 합동범

합동범이란 "2인 이상이 합동하여 범죄를 실현한 경우"를 말하고, 형법각칙상 특수절도죄(제331조 제2항) · 특수강도죄(제334조 제2항) · 특수도주죄(제146조)의 세 가지 범죄에 있어서 2인 이상이 합동하여 범한 경우에 단독범이나 공동정범의 형태로 범한 경우보다 형벌을 가중하는 특별규정을 두고 있다.[77] 합동범은 2인 이상이 합동하여 죄를 범하는 것이므로 2인 이상이 공동하여 죄를 범하는 공동정범과 어떠한 관계에 있는가가 문제된다. 이 문제를 해명하는 것이 합동범의 '본질론'이다.

(1) 합동범의 본질

(가) 현장설 현장설은 합동범에서의 합동을 공동정범에서의 공동보다 좁은 개념으로 이해하여 "시간적 · 장소적 협동"을 의미한다고 한다(다수설).[78] 이 학설에 의하면, 합동범의 성립요건으로서 '현장에서의' 실행행위의 분담을 필요로 하게 된다. 현장설은, 형법부칙 제10조 제10호에서 '도범 등의 방지 및 처벌에 관한 법률'을 폐지하고 있는데, 동법 제2조 제2호의 "2인 이상이 현장에서 공동하여 범한 때"라는 규정이 폐지되면서 형법이 이 규정을 "2인 이상이 합동하여"라는 문언으로 변경하여 채택한 것이라는 '주관적 · 역사적 해석'을 논거로 한다. 판례는 처음에는 가중적 공동정범설을 지지하였으나,[79] 이제는 입장을 바꾸어 '현장설'을 취하고 있다.[80]

---

77) 합동범은 공동정범에 대하여 법조경합 중 특별관계에 있다.

78) 권오걸, 562면; 김성돈, 608면; 김성천, 398면; 김/김, 568면; 박상기, 400면; 배종대, 593면; 손동권, 515면; 신동운, 707면; 오영근, 553면; 이영란, 451면; 이재상, 형법각론, 박영사, 2009, 285면; 이형국, 295면; 정/박, 559면; 정영일, 407면; 진/이, 574면; 하태훈, "기능적 행위지배와 합동범", 고시계, 1998. 9, 95면. 이외에 현장설을 기본으로 하여 현장에서 기능적 역할분담을 한 사람만 합동범으로 취급한다는 견해(소위 현장적 공동정범설)로는 김/서, 620면.

79) 대판 1960. 2. 29, 4294 형상 952; 1956. 5. 1, 4289 형상 35.

80) "형법 331조 2항 후단 소정 합동절도에는 주관적 요건으로서 공모 외에 객관적 요건으로서 시간적으로나 장소적으로 협동관계가 있는 실행행위의 분담이 있어야 하므로 '갑'이 공모한 내용대로 국도상에서 '을', '병' 등이 당일 마을에서 절취하여 온 황소를 대기하였던 트럭에 싣고 운반한 행위는 시간적으로나 장소적으로 절취행위와 협동관계가 있다고 할 수 없어 합동절도죄로 문의할 수는 없으나 공동정범에 있어서 범죄행위를 공모한 후 그 실행행위에 직접 가담하지 아니하더라도 다른 공범자의 죄책을 면할 수 없으니 '갑'의 소위는 본건 공소사실의 범위에 속한다고 보아지므로 '갑'은 일반절도죄의 공동정범 또는 합동절도방조로서의 죄책을 면할 수 없다" (**대판 1976. 7. 27, 75 도 2720**). 기타 현장설에 입각한 판례로는 대판 1998. 5. 21, 98 도 321 - 전원합의체; 1969. 7. 22, 67 도 1117 등.

(나) 가중적 공동정범설 합동범은 그 본질이 총칙상의 공동정범과 동일하지만, 집단으로 행해지는 절도 · 강도 · 도주에 대하여 강력한 대책을 강구하기 위하여 형사정책적 견지에서 가중처벌하는 것이라는 학설이다.[81] 가중적 공동정범설은 합동범에서 2인 이상이 '합동'하여라는 문언을 공동정범에서 2인 이상이 '공동'하여라는 문언과 동일한 의미로 해석한다.

(다) 공모공동정범설 이 학설은 합동범의 '합동'이란 개념 안에 공동정범과 공모공동정범의 이론이 함께 포함되어 있다고 보고, 공모공동정범이론이 실제 적용되는 경우를 합동범인 3개 범죄에 국한하고자 한다.[82] 즉 공모공동정범을 원칙적으로 부정하면서도 합동범의 경우에만 예외적으로 실행공동정범 이외에 공모공동정범을 인정하려는 견해이다. 이 학설은 공모공동정범을 인정할 실정법적 근거를 합동범처벌규정에서 찾음으로써, 공모공동정범이론이 죄형법정주의에 위배된다는 비판으로부터 벗어날 수 있다는 점에 특색이 있다.

(라) 결 론 형법이 '합동'이라고 하는 문언을 쓰고 있는 이상 이를 존중하여 공동정범에서의 '공동'이란 문언과는 달리 해석함이 타당하다고 본다. 이와 같은 '문언해석'뿐만 아니라 합동범에 있어서만큼은 입법자의 입법취지를 고려한 '주관적 · 역사적 해석'이 의의가 있다고 보아 '현장설'이 합동범의 본질을 제대로 파악한 것으로 판단된다. 그 밖에 합동범에 있어서도 그 성립요건으로서 '합동행위'가 있어야 함에도 불구하고, 합동'행위'없이 공모의 사실만으로 합동범의 성립을 긍정하려는 공모공동정범설은 부당하다고 하겠다.

(2) 합동범의 공동정범 인정 여부

합동범의 본질을 현장설로 이해한다면, 합동범에 대하여는 제30조의 공동정범규정이 적용되지 않는 것으로 보아야 하며, 현장 '이외의' 장소에서 가공한 공동정범은 합동범의 공동정범이 되는 것이 아니라 '기본범죄'(예컨대 제329조 단순절도죄)에 대한 공동정범으로 처벌된다고 봄이 타당하다. 따라서 합동범에 대하여도 제30조의 공동정범규정을 적용하여, 현장 이외의 장소에서 가공한 자를 '합동범'의 공동정범으로 처벌한 대법원판결(대판 1998. 5. 21, 98 도 321 - 전원합의체에 의하여 종래의 판례를 변경함. 그 밖에 대판 2011. 5. 13, 2011 도 2021)

---

81) 김종원, 형법각론(上), 194면; 성낙현, 594면; 안동준, 225면; 황산덕, 형법각론, 방문사, 1983, 284면.

82) 김종수, "공모공동정범", 법조, 1952, 20면 이하.

은[83] 의문이라고 하겠다. 판례가 비록 2인 이상의 합동이 있어야 하고 여기에 제3의 공모자가 있을 것을 전제로 하지만, 합동범의 공동정범성립을 긍정한다면 '제3의 공모자에 관한 한' 합동범의 행위태양인 "합동", 즉 '현장에서의 협동'이라는 판례의 합동범성립요건이 무너지는 결과를 가져온다. 과거의 대법원판결 중에는 현장 이외의 장소에서 합동범에 가공한 행위는 기본범죄의 공동정범 또는 합동범의 방조범이 된다고 판시한 것이 있다.[84]

공동정범과는 달리 합동범에 대한 교사범이나 방조범은 당연히 성립할 수 있다.

4. 신분범과 공동정범

신분있는 자와 신분없는 자가 공동으로 신분범을 범한 경우에 신분없는 자에게도 신분범의 공동정범이 성립한다(제33조). 예컨대 공무원이 아닌 자가 공무원과 공동하여 수뢰죄를 범한 경우에 수뢰죄의 공동정범으로 처벌된다.

5. 공범의 경합

공범규정은 정범규정에 대하여 법조경합 중 보충관계에 있기 때문에, 교사자 또는 방조자가 더욱 나아가 실행행위를 분담함으로써 공동정범이 되는 경우에는 공범의 경합현상이 발생하고, 이 때 공범의 성립은 공동정범에 흡수되어 그 의의를 상실한다.

---

83) "형법 제331조 제2항 후단의 합동절도와 관련하여 살펴보면, 2인 이상의 범인이 합동절도의 범행을 공모한 후 1인의 범인만이 단독으로 절도의 실행행위를 한 경우에는 합동절도의 객관적 요건을 갖추지 못하여 합동절도가 성립할 여지가 없는 것이지만, 3인 이상의 범인이 합동절도의 범행을 공모한 후 적어도 2인 이상의 범인이 범행 현장에서 시간적·장소적으로 협동관계를 이루어 절도의 실행행위를 분담하여 절도 범행을 한 경우에는 공동정범의 일반이론에 비추어 그 공모에는 참여하였으나 현장에서 절도의 실행행위를 직접 분담하지 아니한 다른 범인에 대하여도 그가 현장에서 절도 범행을 실행한 위 2인 이상의 범인의 행위를 자기의사의 수단으로 하여 합동절도를 범행하였다고 평가할 수 있는 정범성의 표지를 갖추고 있다고 보여지는 한 그 다른 범인에 대하여 합동절도의 공동정범의 성립을 부정할 이유가 없다"(**대판** 1998. 5. 21, 98 **도** 321 -전원합의체).

84) 앞 각주 79)의 대판 1976. 7. 27, 75 도 2720 참조.

제3절 간접정범

Ⅰ. 의 의

간접정범이란 "타인을 생명있는 도구로 이용하여 범죄를 실현하는 것"을 말하는데, 형법 제34조 제1항에 의하면 "어느 행위로 인하여 처벌되지 아니하는 자 또는 과실범으로 처벌되는 자를 교사 또는 방조하여 범죄행위의 결과를 발생하게 한 자"를 간접정범으로 규정하고, 그 처벌은 "교사 또는 방조의 예"에 의하도록 하고 있다. 간접정범의 예로서는 사이비종교집단의 교주가 광신도를 도구처럼 이용하여 특정인을 살해하도록 하거나, 의사가 사정을 전혀 모르는 간호사를 이용하여 환자에게 약물 대신에 독물을 주사하게 하는 경우를 들 수 있다.

간접정범은 타인을 일방적으로 도구처럼 이용함으로써 자기의 범죄를 실현한다는 점에서 기구나 동물 등을 도구로 사용하는 '직접정범'과 유사하지만, 간접정범은 타인을 일방적으로 이용하되 '생명있는' 도구[85]로서 이용한다는 점에서 타인을 '생명없는' 도구[86]로 이용하는 직접정범과 다르다.

그리고 간접정범은 자기 손으로 직접 구성요건에 해당하는 실행행위를 하는 것이 아니라 타인을 통하여 범죄를 실현한다는 점에서 '교사범'과 유사하지만, 간접정범은 타인을 규범의식없는 '도구'로 이용한다는 점에서 규범의식있는 '인간'(인격체)을 사주하는 교사범과 다르다. 그런데 간접정범과 직접정범을 구별하는 것은 이론상 그다지 어렵지 않으나, 「간접정범과 교사범의 구별」에 있어서는 '정범과 공범의 기초이론'이 집약적으로 등장하고 있어서 형법학상 매우 착잡한 문제영역을 이루고 있다.

---

85) '생명있는'이란 표현은 도구로 이용된 타인이 최소한 형법상 행위개념의 주관적 요소로서의 의사 내지 의사능력을 갖추고 있다는 것을 의미한다.

86) 타인을 '생명없는' 도구로 이용하는 직접정범은 주로 타인의 반사운동이나 물리적 폭력(vis absoluta)하의 동작을 이용하는 경우이다.

Ⅱ. 본 질

간접정범은 직접정범과 교사범 사이의 한계영역에 위치하고 있는 까닭에, 그 본질과 성립범위를 확정짓기가 매우 어렵다. 간접정범의 본질을 어떻게 파악할 것인가에 관하여는 전통적으로 정범설과 공범설이 대립되어 왔다.

1. 정 범 설

(1) 확장적 정범개념설

이 학설에 의하면, 범죄의 실현 또는 결과발생의 조건을 부여한 자는 모두 동가치의 원인력을 지닌 것으로 정범이 된다고 한다. 그러므로 간접정범뿐만 아니라 교사범·방조범 등 공범까지도 모두 범죄실현에 원인력을 갖는 것으로서 본질상 '정범'으로 이해된다. 그럼에도 불구하고 형법이 정범처벌규정과는 별도로 간접정범과 공범의 처벌규정을 두고 있는 것은 실정법상 '형벌축소사유'를 인정하고 있는 것이라고 해석한다.

이 학설은 형법의 법익보호적 기능에 착안하여 직접적·간접적·적극적·소극적임을 불문하고 구성요건적 결과의 야기에 관여한 자는 모두 법익침해에 원인력을 주었으므로 동가치하게 정범이 되는 것으로 보는 입장인데, 결과적으로는 구성요건적 행위의 정형성을 무시함으로써 형법의 인권보장적 기능이 위태롭게 될 우려가 있다. 또 확장적 정범개념설은 원래 간접정범의 정범성을 논증하기 위하여 탄생한 이론이니 만큼 간접정범론의 발전에 기여한 것은 사실이나, 반면에 간접정범뿐만 아니라 다른 공범형태까지도 모두 정범으로 파악한 결과 정범과 공범의 본질적 구별을 말살하고 '단일한 정범개념'에로 이행하게 되는 결함을 지닌다.

(2) 객관주의 형법이론(공범종속성설)

객관주의이론에 의하면 간접정범이 타인을 생명있는 도구로 이용하는 것은 직접정범이 기구나 동물 및 타인을 생명없는 도구로 이용하는 것과 형법상 '규범적으로' 동일하게 평가될 수 있고, 따라서 간접정범은 당연히 '정범'으로 이해해야 한다고 주장한다. 간접정범은 정범이니 만큼 피이용자의 실행행위와는 독립해서 이용자(간접정범)의 '이용행위' 그 자체를 범죄의 실행행위로 보게 된다(간접정범의 독립성). 또 한편 객관주의는 공범을 타인(정범)의 실행행위에 종속해서 성립되는 범죄로 파악하고 있다(공범의 종속성). 이러한 객관주의의 입장에서는 오늘날 간접정범의 정범성을 보통 도구이론 또는 의사지배설에서 찾고 있다.

(가) 도구이론(道具理論) 도구이론은 간접정범이 논의된 초창기에서부터 전개된 일반적 이론으로서 오늘날에 이르기까지 그 정범성을 인정하는 거의 모든 학설의 근저에 깔려 있다. 이 이론에 의하면, 피이용자가 이용자의 수중에서 범죄실현을 위한 「부자유한 도구」 또는 이용자의 「수족의 연장」으로 사용되는 경우에는 생명없는 도구를 자기의 수족의 연장으로 사용하는 자가 정범이 되는 것과 '규범적 · 평가적'으로 동일시할 수 있으므로, 배후의 이용자인 간접정범은 스스로 실행행위를 하는 정범에 해당한다고 한다. 또 간접정범에 있어서 피이용자가 도구로 이용된다는 것은 대체로 피이용자에게 규범의식이 결여되어 있고 행위동기에 대한 반대동기의 형성을 기대할 수 없다는 것을 의미하므로, 이용자의 이용행위 자체가 법익침해의 직접적 위험성이 있는 행위로서 실행행위가 된다고 볼 수 있다. 그러므로 만일 피이용자에게 규범의식이 구비되어 있어서 도구적 성격이 부정될 경우에는 그 이용행위는 간접정범이 아니라 교사범으로 평가될 것이다.

이 도구이론에 대한 비판으로서는, 도구의 사용이라는 비유를 가지고, 스스로 구성요건적 행위를 한 자만을 정범으로 보는 제한적 정범개념의 제약을 형식적으로는 준수하면서 실질적으로는 확대하는 것이고, 결국 죄형법정주의에 반할 우려가 있다는 점이 지적되고 있다.[87] 그러나 도구이론이 죄형법정주의에 반한다는 비판은 일본에서는 가능하지만, 간접정범을 처벌한다는 명문규정을 두고 있는 우리 형법에서는 정당치 못하다.

(나) 의사지배설 정범과 공범구별의 기초이론으로서 통설의 위치에 있는 행위지배설이 간접정범의 정범성을 논증하기 위하여 적용된 한 형태가 「의사지배설」(Willensherrschaftslehre)인데,[88] 이 학설은 종래의 도구이론을 행위지배설의 차원에서 재편성하여 보다 더 세련된 이론으로 다듬은 것이라고 할 수

---

87) 차용석, "간접정범", 신동욱박사정년기념논문집, 1983, 148면.

88) 김성돈, 611-3면; 김성천, 404면; 김/김, 516면; 김/서, 576면; 박상기, 406면; 배종대, 607면; 성낙현, 606면; 손해목, 949면; 안동준, 239면; 이상돈, 547면; 이영란, 470면; 이재상, 437면; 이형국, 296면; 정/박, 508면; 정영일, 438면; 진/이, 590면.

있다. 그러므로 실질적 관점에서 보면 의사지배설은 도구이론과 상통하는 학설이고, 상충을 일으키지 않는다.[89] 이러한 까닭에 간접정범의 본질을 파악함에 있어서 도구이론이 아니라 의사지배설이 타당하다는 점을 밝혀놓고서도, 은연중에 도구이론의 내용을 병용(倂用)하여 간접정범을 설명하는 학자가 많다.[90]

간접정범에서의 행위지배는 "결과에 이르기까지의 전체적 경과가 배후인물(이용자)의 조종적 의사의 산물로 나타나고, 배후인물이 자신의 영향력에 의하여 피이용자를 자기의 수중에 두고 있는 경우"에 인정된다. '공동'정범에 있어서 행위지배가 인정되려면 범행수단의 조종의사라는 주관적 요소 이외에 각자가 범죄실현에 스스로 행위기여를 해야 한다는 객관적 요소까지도 갖추어야 하지만, '간접'정범의 행위지배에 있어서는 이용자에게 객관적 행위기여, 즉 실행행위의 기능적 분담이 결여되고 그 대신 피이용자에 대한 이용자의 '조종의사의 지배력'이 그 정범성을 뒷받침하게 된다. 이와 같이 행위지배설은 간접정범에 있어서 의사지배설의 형태로 적용된다. 그래서 이용자에게 의사지배가 있으면 간접정범이 성립하고, 의사지배가 없으면 교사범이 성립한다. 이 의사지배설에 관하여는 간접정범의 '성립요건' 부분에서 재론하기로 한다.

2. 공 범 설

(1) 제한적 정범개념설

제한적 정범개념에 의하면, 정범이란 자기의 손으로 직접 구성요건에 유형화된 행위를 한 자만을 의미한다. 그렇다면 타인을 이용하여 범죄를 실현하는 간접정범은 정범개념에 포함될 수 없고, '공범'으로 파악된다. 이 때 간접정범의 처벌규정(제34조 제1항)은 공범처벌규정과 마찬가지로 실정법상 정범처벌규정에 대해 '형벌확장사유'를 인정한 것으로 해석된다. 이 학설은 구성요건적 행위의 정형성을 존중하여 정범개념을 한축적(限縮的)으로 이해함으로써 인권보장적 기능을 중시하는 입장에 서 있으며, 정범과 공범의 구별에 관한 '형식적 객관설'과 지반을 같이한다.

---

89) 이 점을 분명히 밝히고 있는 견해로서는 차용석, 앞의 글, 156면; Rolf Dietrich Herzberg, Täterschaft und Teilnahme, 1977, S. 10.

90) 예컨대 김/서, 576면; 이재상, 437면; 이형국, 296면; 진/이, 590면.

(2) 주관주의 형법이론(공범독립성설)

공범독립성설을 주장하는 주관주의이론에 의하면 간접정범은 정범이 아니라 공범이라고 함으로써 간접정범이라는 개념을 애당초부터 인정할 필요가 없으며 공범개념하에 해소시켜야 마땅하다고 주장한다.[91] 주관주의이론에 의하면, 원래 범죄에는 각자의 범죄가 있을 뿐이지 타인의 범죄는 있을 수 없으므로 공범이란 자기의 범죄를 실현하기 위하여 타인의 행위를 이용하는 것에 불과하다고 한다. 이 경우 타인의 행위를 이용함에 있어서 타인을 도구로서 이용하는 형태를 취하느냐 또는 타인을 교사하는 형태를 취하느냐 하는 것은 공범의 본질과 하등 관계가 없고, 양자 모두(이용행위와 교사행위 자체로서) 범인의 반사회적 성격이 징표된 점은 동일하므로 타인(피이용자와 피교사자)의 실행행위와는 독립해서 공범이 성립하게 된다. 또한 주관주의 형법이론에 의하면, 원래 공범으로 처리되어야 할 간접정범이 별개로 논의되는 것을 비판하여, 종래의 통설이 제한적 정범개념과 극단종속형식을 채택하는 결과 그 처벌의 공백을 메우기 위하여 안출해낸 개념이 간접정범이라고 하면서 '간접정범무용론'(間接正犯無用論)을 주장한다. 즉 극단종속형식에 의하면 정범의 행위가 구성요건에 해당하고 위법할 뿐만 아니라 책임까지도 구비하여야만 공범이 성립하므로, 만약 이용자가 책임무능력자 혹은 고의없는 자를 이용하여 범죄를 실현하는 경우에는 공범의 성립을 인정할 수 없게 되는 한편, 제한적 정범개념에 의하면 이 경우의 이용자가 정범으로 인정될 수도 없으므로 결국 처벌할 수 없게 되어버리는 부당한 공백을 메우기 위하여 간접정범의 개념을 별도로 제3의 형태로 안출해내어 처벌할 필요가 생긴다는 것이다.

(3) 형법의 입장

현행형법은 간접정범에 관한 독립된 규정(제34조 제1항)을 두고 있으면서도 그 '처벌'에 있어서는 "교사 또는 방조의 예"에 의하도록 하고 있기 때문에, 간접정범의 '본질'을 공범으로 규정한 것이라는 해석론이 대두할 여지가 있다.[92] 그러나 제34조 제1항에서 교사 또는 방조의 "예에 의한다"라는 문언은 교사 또는 방조 "이다"라는 뜻은 아니고, 이용자의 이용형태에 따라 교사 또는 방조의 "형에

91) 이건호, "교사범과 간접정범의 한계", 법정, 1966. 12, 48면; 同, 형법학개론, 고대출판부, 1964, 197면.

92) 신동운, 645-6면; 차용석, 앞의 글, 159면 이하. 한편 정영석 교수는 간접정범의 본질은 정범이지만 현행형법은 공범의 한 태양으로서 규정하고 있다고 한다(同, 275면).

의한다"라고 하는 입법취지를 지닌 것으로 해석된다. 결국 형법이 간접정범을 정범으로 규정한 것인가 아니면 공범으로 규정한 것인가 하는 점은 불분명하고 그 해결은 이론에 맡겨져 있다고 하겠다. 이와 관련하여 제31조와 제32조의 공범규정을 해석함에 있어서 공범의 성립은 정범의 실행행위를 전제로 하고 있다는 '공범종속성설'의 견지에 서는 한, 전술한 객관주의 형법이론을 기초로 해서 간접정범의 본질을 '정범'으로 파악하는 것이 타당하다(통설).[93]

다만 마땅히 정범으로 처벌하여야 할 간접정범을 현행형법이 공범의 예에 의하여 처벌하도록 한 것은 부적절한 표현이라고 보아 입법론상 재고를 요한다. 1992년 형법개정안 제30조 제2항은 "정범으로 처벌되지 아니하는 자 또는 과실범으로 처벌되는 자를 이용하여 범죄를 실행한 자도 정범으로 처벌한다"라고 표현을 바꾸어 간접정범을 규정한 바 있다.

Ⅲ. 성립요건

1. 공범에 대한 간접정범의 우위성

간접정범의 성립요건을 논함에 있어서 무엇보다도 주의해야 할 것은 공범에 대하여 간접정범이 '우위'에 놓여 있다는 점이다. 특히 간접정범이 공범에 대하여 보충적 지위를 가진 정도로 생각해서, 공범의 성립이 인정되는 경우에는 간접정범의 성립이 부정된다는 식의 사고방식은 위험하다고 하겠다. 만일 공범에 대한 간접정범의 우위성을 명백히 인식하지 못하면, 간접정범과 공범의 성립이 서로 택일적 관계에 있는 것으로[94] 착각하기 쉽거나, 심지어는 공범의 성립이 부정되는 경우에 한하여 후차적으로 간접정범의 성립을 검토하는 잘못을 범하기 쉽다. 이러한 착각이 생기는 이유는, 종래 우리나라 형법교과서의 서술순서에 있어서 공범이 간접정범보다 앞서 있는 경우가 적지 않았고,[95] 일본형법과 1975년 이전의 독일 구형법이 간접정범에 관한 규정을 두지

---

93) 간접정범의 본질을 정범으로 보는 학자로서는 권오걸, 600면; 김성돈, 613면; 김/김, 516면; 김/서, 576면; 박상기, 405면; 배종대, 609면 이하; 성낙현, 606면; 손해목, 949면; 안동준, 239면; 이상돈, 547면; 이영란, 470면; 이재상, 437면; 이형국, 296면; 정/박, 508면; 정영일, 438면; 진/이, 590면.

94) 이건호, 앞의 글, 47면.

95) 예컨대 남흥우 교수, 정영석 교수, 정성근 교수의 형법총론이 그러하였고, 현재에도 신동운

않고 교사범과 방조범에 관한 규정만을 둔 까닭에 일본과 종전 독일의 학설·판례가 타인을 이용하여 범죄를 실현한 경우에 실정법상 규정된 교사범으로서 인정함에는 관대하고 법문에 없는 간접정범의 성립은 가급적 좁게 제한적으로 인정하려고 하는 태도, 즉 간접정범을 미봉책(Lückenbüßer) 정도로 취급하는 태도에 기인하는 것으로 보여진다.

그러므로 간접정범의 독자성과 우위성을 이해하지 못하고 공범의 종속성의 정도에 관한 학설을 간접정범의 성립과 직결시키는 사고는 타당치 못하다. 즉 공범종속성의 정도를 어떻게 파악하느냐에 따라서 간접정범의 성립범위가 결정된다고 하는 설명방식이 있는데,[96] 공범성립의 네 가지 종속형식 중에서 어떤 학설을 취하느냐에 따라 간접정범과 공범이 성립되는 영역이 일도양단식(一刀兩斷式)으로 나누어지는 것은 아니다. 공범의 종속 '형식'에 의거하여 간접정범의 성립을 논단하는 견해는 일견 간단명료해 보이며 또한 간접정범의 구체적 사례를 유형화하는 데 편리한 것처럼 생각되지만, 미묘한 실제사건에 부딪쳐서는 난점이 노출되고, 간접정범의 실질적 성립요건에 따라 판단하지 않고서는 그 해결이 어렵게 된다. 특히 제한종속형식에 의거하더라도 책임무능력자를 이용하여 범죄를 실현함에 있어서 피이용자가 고도의 정신병자 혹은 4-5세의 어린이 등과 같이 시비의 변별능력이 전혀 없는 경우와 시비변별능력이 있는 12-13세의 소년인 경우를 구별하여, 전자의 경우의 이용자는 간접정범이 되고, 후자의 경우의 이용자는 교사범이 된다고 설명하는 것도[97] 실상은 그러한 연유에서 나온 것이다. 그러므로 일정한 종속형식을 적용한 결과 공범의 성립이 가능해 보이는 경우이더라도 먼저 간접정범의 성립요건을 검토해서 그 성립 여부를 확정지은 후에 간접정범의 성립이 부정된 경우에 한하여 공범의 성립 여부를 판단함이 옳다. 다시 말하면 간접정범은 개념상으로나 성립상으로나 공범에 '우선'한다.

2. 의사지배설 내지 도구이론에 입각한 간접정범의 성립요건

의사지배설에 의하면, 피이용자에 대한 이용자의 조종의사의 지배력이 간접정범의 정범성을 뒷받침하고 있다. 이 학설에 있어서 피이용자를 '조종'(操

교수, 오영근 교수의 형법총론이 그러한 서술순서를 답습하고 있다.

96) 유기천, 129면; 황산덕, 254면.

97) 예컨대 황산덕, 256면.

縱, steuern)한다는 결정적 표지는 이용자가 지배적 역할을 하는 '우월한 지위'에 있음에 비하여 피이용자는 '열등한 지위'에 놓여 있다는 '객관적' 사실에 있다(지위의 객관적 우열). 만일 일정한 강도의 지위의 우열이 객관적으로 인정되지 않는다면 비록 타인의 행위를 이용한다고 하더라도 교사범의 성립이 문제될 뿐이다. 지위의 객관적 우열로 말미암아 피이용자는 '부자유한 도구'로서 이용자의 수중에 있게 되고, 이용자는 자신의 우월한 의사지배의 힘에 의하여 간접적으로 피이용자의 행위수행까지도 지배하게 된다. 이렇게 보면 이용자는 자신의 범죄실현을 위한 계획적 조종의사를 지배하면서 피이용자에 대한 지위의 객관적 우월성에 의하여 피이용자의 행위도 아울러 지배한다는 구조를 취하게 된다. 결국 범죄의 실현 여부는 최종적으로 이용자의 의사에 달려 있게 된다. 이러한 의사지배가 있기 때문에 간접정범은 본질적으로 정범의 대열에 끼이게 되고, 개개의 구성요건이 요구하는 특별한 행위자요소는 정범인 이용자와의 관계에서 검토하게 된다.

그러나 '피이용자'의 행위 자체가 '유책한 고의의 정범'이 되는 경우에는 이용자에 대한 간접정범의 성립은 부정된다.[98] 왜냐하면 이 경우에 피이용자는 도구적 지위를 벗어나서 이용자의 의사지배가 불가능하게 되는 까닭이다. 한편 간접정범의 고의는 교사범의 고의를 포함하고 있으므로 大는 小를 겸한다는 논리에 의하여, 이 경우에 이용자의 이용행위는 교사범(또는 방조범)으로 인정된다. 이러한 결론은, "어느 행위로 처벌되지 아니하는 자 또는 과실범으로 처벌되는 자"를 이용한 경우에 간접정범의 성립을 인정하고 있는 제34조 제1항의 반대해석으로부터도 끌어낼 수 있다.[99]

상술한 관점에서 의사지배설 내지 도구이론을 정리하여 간접정범에 특유한 '실질적' 성립요건을 추출해 보면 다음과 같다.

① 이용자의 이용의사

이용자가 피이용자의 도구성을 인식하고 이를 이용하려는 의사를 가질 것.

---

98) Jescheck, AT, S. 601; Wessels, AT, S. 150.

99) 현행형법하에서는 위 결론에 대하여 이론(異論)의 여지가 없다. 왜냐하면 제34조 제1항은 "처벌되지 아니하는 자"를 이용하는 경우에 간접정범이 성립하는 것으로 규정하고 있으므로, 피이용자의 행위 자체가 유책한 고의의 정범으로서 "처벌되는 경우"에는 간접정범성립의 여지가 없다고 해석해야 하기 때문이다. 이 점에 있어서 우리 형법 제34조 제1항과 독일형법 제25조 제1항과의 차이점에 유의해야 하고, 독일학설에 대한 선별이 요청된다. 독일형법 제25조 제1항은, "타인을 통하여"(durch einen anderen) 가벌행위를 행한 자를 간접정범으로 하고 있다.

② 이용자와 피이용자의 지위의 객관적 우열

피이용자에 대하여 이용자의 지위가 객관적으로 우위에 있을 것, 즉 피이용자가 이용자에 대하여 객관적으로 도구로서의 지위에 있을 것.

③ 이용행위

피이용자에 대한 이용자의 이용행위가 있을 것. 제34조 제1항의 법문에는 "교사 또는 방조하여"라고 표현하고 있으나 여기서의 교사 또는 방조는 공범의 경우와는 달라서 그 뜻이 "이용하여"로 넓게 해석되고 있다. 그러므로 교사·방조뿐만 아니라 사주(使嗾)·사역(使役)·위계(僞計)·충동(衝動) 등의 방법을 쓴 경우도 널리 이용행위에 포함된다.

④ 소극적 요건

피이용자의 행위가 유책한 고의의 정범으로 평가되지 않을 것.

〈정범 배후의 정범의 인정 여부〉

피이용자가 유책한 고의의 정범으로 처벌되는 경우에 피이용자를 배후에서 이용한 자를 간접정범으로 처벌할 수 있을 것인가라는 논의가 있다. 이를 긍정하는 이론을 '정범 배후의 정범이론'(Die Lehre vom Täter hinter dem Täter)이라고 한다.[100] 예컨대 첩보기관에서 상관의 암살지령에 따라 살인을 한 첩보원이 살인죄의 유책한 정범으로 처벌되는 경우에 암살지령을 내린 상관에게 살인죄의 간접정범 성립을 긍정하는 이론이다(비밀경찰 Staschynskij 사건). 이 이론에서 배후자의 간접정범 성립을 긍정할 수 있는 경우로서는 ① 피이용자의 회피가능한 금지착오(위법성의 착오)를 이용한 경우, ② 고의를 조각하지 않는 객체의 착오를 일으킨 피이용자를 이용한 경우, ③ 명령복종체계가 갖추어진 권력기구나 범죄조직에서 상급자가 하수인(하부조직원)을 이용한 경우, ④ 신분없는 고의있는 자 또는 목적없는 고의있는 자를 이용한 경우, ⑤ 과실범으로 처벌되는 자를 이용한 경우가 거론된다.

독일형법 제25조 제1항은 "타인을 통하여"(durch einen anderen) 가벌행위를 행한 자를 간접정범으로 정의하고 있으므로, 피이용자인 '타인'이 유책한 고의의 정범으로 처벌되는 경우에도 해석론상 간접정범의 성립을 긍정할 여지가 있다. 그러나 우리 형법은 제34조 제1항에서 "처벌되지 아니하는 자 또는 과실범으로 처벌되는 자"를 이용하는 경우에 간접정범이 성립하는 것으로 규정하고 있으므로, 이 규정을

---

100) 우리나라에서 정범 배후의 정범이론을 긍정하는 학자로서는 김/서, 582면; 박상기, 421면; 손동권, 481면; 손해목, 961면; 오영근, 633면; 하태훈, "정범배후의 정범이론", 고시연구, 1999. 10, 86-7면. 다만 손동권 교수는 이론적으로는 정범 배후의 정범이론이 타당하지만 우리 형법의 내용과 맞지 않아서 구체적 사례에 적용은 어렵다고 주장한다(同, 481면).

'반대해석'하면 피이용자가 '유책한 고의의 정범 또는 공범'으로 '처벌되는 경우'에는 이용자에게 간접정범의 성립을 긍정할 수 없다고 결론지을 수밖에 없다.[101] 따라서 위 ①, ②, ③, ④의 경우에 이용자에게 간접정범의 성립을 긍정하는 독일이론은 우리 형법 제34조 제1항에 정면으로 배치된다.[102] 요컨대 '유책한 고의의 정범'의 배후에 있는 간접정범을 인정할 수 있다는 주장은 우리 형법의 해석으로는 용납될 수가 없다. 물론 위 ⑤의 경우, 즉 '과실범인 정범'에 대하여는 우리 형법상으로도 간접정범의 성립이 긍정된다. 위 ①, ②, ③, ④의 경우에 이용자에게는 우리 형법상 '교사범'의 성립을 긍정함이 타당하다. 그 밖에 위 ③의 경우는 이용자에 대하여 우리 형법 제34조 제2항의 특수교사·방조로 가중처벌하는 길이 열려 있다.

Ⅳ. 성립유형

이곳에서는 간접정범의 성립요건을 전제로 하여 종래부터 간접정범이라고 인정되어 온 각종 사례를 '유형화'하여 봄으로써 간접정범의 본질에 대한 이해를 넓히고자 한다.

1. 어느 행위로 인하여 처벌되지 아니하는 자를 이용하는 경우

(1) 구성요건에 해당하지 않는 행위를 이용하는 경우

실정법상 처벌규정이 없기 때문에 구성요건해당성이 없는 타인의 행위를 이용하는 경우에, 이용자에게 착오나 강요 등을 수단으로 한 의사지배가 있다고 인정되면 간접정범이 성립한다. 예컨대 자상(自傷)을 강요하여 상해의 결과를 달성한 경우에는 상해죄의 간접정범이 성립한다. 그러나 의사지배가 인정되지 않는 정도의 자상행위의 교사나 강요는 상해죄의 간접정범으로 되지 않을 뿐만 아니라 상해죄의 교사범도 되지 않는다. 한편 자살의 경우에는 이용자에게 의사지배가 인정되면 형법 제253조에 해당하고, 의사지배가 부인되면 제252조 제2항의 자살관여죄에 해당된다.

고의없는 타인의 행위를 이용한 경우에는 피이용자가 규범의식없이 도구

101) 정범 배후의 정범이론을 부정하는 국내학자로서는 권오걸, 610면; 김성돈, 624면; 김성천, 412면; 김/김, 588면; 김신규, 491면; 배종대, 615면; 성낙현, 612면; 신동운, 657면; 이재상, 445면; 이정원, 355면; 이형국, 302면; 정/박, 516면 이하.

102) 신분없는 고의있는 자 또는 목적없는 고의있는 자를 이용한 경우에 피이용자에게 유책한 고의의 '공범'성립을 인정하면서 이용자는 간접정범이 된다고 하는 주장도 제34조 제1항에 배치된다.

로 이용될 경우가 많으므로 대체로 간접정범이 성립한다. 예컨대 甲이 乙로 하여금 丙의 물건을 甲의 물건으로 오신케 한 후 가져오도록 시킨 경우이다. 그 밖에 구성요건적 착오를 일으킨 타인의 행위를 이용하는 경우에도 간접정범이 성립하는 수가 많다(예: 병풍 뒤에 甲을 숨겨놓고 손괴의 고의만을 가진 乙로 하여금 병풍을 향해 총을 발사하게 함으로써 甲의 살해까지 달성한 경우).

(2) 처벌되지 않는 과실행위를 이용하는 경우

피이용자에게 과실이 있지만, 형법상 과실범처벌규정이 없는 까닭에 처벌되지 않는 과실행위를 이용한 경우에는 대체로 이용자의 의사지배가 인정되어 간접정범이 성립한다. 예컨대 甲이 부주의한 乙로 하여금 丙의 물건을 甲의 물건으로 오신시킨 후 가져오게 하거나 손괴시킨 경우이다. 또한 이 경우는 구성요건에 해당하지 않는 타인의 행위를 이용하는 유형[위의 (1)]에 속한다.

(3) 신분없는 고의있는 자 또는 목적없는 고의있는 자의 행위를 이용하는 경우

진정신분범에 있어서 신분자가 비신분자의 행위를 이용하는 경우(예: 제129조 수뢰죄에 있어서 공무원이 비공무원인 처로 하여금 뇌물을 받도록 하는 경우[103])와 진정목적범에 있어서 목적있는 자가 목적없는 자의 행위를 이용하는 경우(예: 제207조 통화위조죄에 있어서 행사의 목적으로 통화를 위조하려는 자가 그 목적이 없는 인쇄기술자에게 기념용이라고 하고 위폐를 인쇄하게 한 경우)에 간접정범이 성립하느냐에 관하여 논란이 있다. 우리나라의 다수설은 이 두 경우에 이용자에게 간접정범의 성립을 인정하고 있다.[104] 그 이유는 이 경우에 피이용자는 구성요건요소인 신분이나 목적을 결하고 있는 까닭에 정범이 될 수 없고, 또한 공범종속성설에 따라 이용자에게 공범의 성립을 인정할 수도 없게 되므로 이용자를 처벌하기 위해서는 부득이 간접정범의 성립을 인정해야 한다는 것이다.[105] 다수설에서는 이 경우의 피이용자를 특히 '신분없는 고의있는

---

103) 공무원이 비공무원인 처로 하여금 뇌물을 받게 한 경우의 죄책을 정확히 논하자면, 공무원은 단순수뢰죄(형법 제129조 제1항)의 '직접정범'이 되고(각론, 976면 및 대판 1998. 9. 22, 98도 1234 참조), 처는 단순수뢰죄의 공범이 된다. 그럼에도 불구하고 이 경우에 공무원에게 단순수뢰죄의 '간접정범' 성립 여부를 논하는 것은 '신분없는 고의있는 자를 이용한 교과서적 사례'로서 적합하기 때문이다. 즉 간접정범과 관련하여 형법'총론'상의 교과서적 사례로서 부득이하게 구성한 점을 이해해야 할 것이다.

104) 권오걸, 603면; 김성돈, 615면 이하; 김성천, 408-9면; 배종대, 611면; 성낙현, 609면; 신동운, 650면; 이재상, 440면; 이형국, 298면; 정/박, 511-2면; 정영일, 439면; 조준현, 332면; 진/이, 594면.

105) 이 경우에 다수설은 이용자에게 간접정범의 성립을 긍정하고 '피이용자'에게 '고의의 공범

도구' 또는 '목적없는 고의있는 도구'라고 부르고, 이 둘을 합하여 '고의있는 도구'(doloses Werkzeug) 또는 '악의의 도구'라고 한다.

그런데 위 두 경우에 있어서 의사지배설에 서는 한, 이용자의 간접정범성립을 인정할 수 없다고 생각한다.[106] 의사지배설은 고의있는 도구를 이용하는 경우에 그 간접정범성을 논증하는 데에 실패하고 있다.[107] 이에 관하여 경우를 나누어 살펴보기로 한다.

진정신분범에 있어서 신분자가 비신분자의 행위를 이용하는 경우에 비신분자는 비록 신분은 없으나 고의(전례에서 뇌물성에 대한 인식)가 있으므로, 규범의식이 인정되고 자신의 행위를 저지하려는 반대동기의 형성이 가능하다. 이 때 피이용자의 도구적 성격이 매우 희박한 까닭에 이용자의 의사지배를 인정하기 어렵게 된다. 신분없는 고의있는 자를 이용하는 경우는 고의없는 도구나 시비의 변별능력이 없는 자를 이용하는 경우와는 확실히 질적으로 다르다. 그래서 신분없는 고의있는 자의 행위를 이용하는 경우에 이용자는 간접정범이 될 수 없고 교사범이 된다고 보아야 한다. 한편 신분없는 자는 신분범의 구성요건요소를 결하는 까닭에 정범이 될 수 없고 방조범이 된다(수뢰죄의 경우는 제133조 제2항 참조). 그리고 경우에 따라서는 양자가 공동정범이 될 수도 있을 것이다.

다음으로 진정목적범에 있어서 목적있는 자가 목적없는 자의 행위를 이용하는 경우에 피이용자는 초과주관적 요소인 목적을 결하는 까닭에 위법의식은 없다고 할 수 있다. 그러나 구성요건의 객관적 요소는 모두 인식하고 있는 까닭에 피이용자가 이용자의 단순한 도구에 불과하다고 보기는 어려울 것이다. 이 때 이용자의 의사지배가 부인될 것이므로 목적없는 고의있는 자의 행위를 이용한 경우에도 이용자는 간접정범이 아니라 교사범이 된다고 봄이 타

(특히 방조범)'의 성립을 긍정하는데, 이러한 결론은 형법 제34조 제1항의 법문에 배치된다는 문제점이 있다. 제34조 제1항은 "처벌되지 아니하는 자 또는 과실범으로 처벌되는 자"를 이용하는 경우에 간접정범이 성립하는 것으로 규정하고 있으므로, 피이용자가 비록 '공범'이지만 '고의범으로서 처벌되는 경우'에는 이용자에게 간접정범의 성립을 긍정할 수 없다.

106) 의사지배설 내지 행위지배설에 입각한 학자 중 악의의 도구의 경우에 한하여 특히 '사회적 행위지배'(Welzel, Das Deutsche Strafrecht, S. 104) 혹은 '규범-심리학적 행위지배'(Jescheck, AT, S. 606 f.)라는 개념을 사용하여 그 정범성을 논증하려는 견해가 있으나, 의제적인 색채가 짙어 채택하기 곤란하다. 배종대 교수는 '규범적' 의미에서 행위지배가 있다고 보아 간접정범의 성립을 긍정한다(同, 611면 참조).

107) Jescheck, aaO.; Roxin, Täterschaft und Tatherrschaft, 3. Aufl., 1975, S. 360 ff.

당하다.[108] 한편 목적없는 피이용자는 목적범에 대해 방조의 의사를 갖고 있다고 보기 어렵기 때문에 대체로 방조범조차도 성립되지 않는 경우가 많다.

이상의 결론에 의하면, 이용자가 교사범이고 피이용자가 방조범인 경우, 즉 양자가 모두 공범인 경우를 인정하게 되므로 '정범없는 공범'이라는 현상이 발생한다.[109] 물론 정범없는 공범의 인정은 공범의 종속성이라는 원칙에 반한다. 그러나 이 경우에 처음부터 아무런 행위조차 없는 데도 불구하고 공범의 성립을 인정하는 것은 아니고, 최소한 신분없는 '고의있는 행위' 또는 목적없는 '고의있는 행위'는 존재한다. 그러므로 이 경우에는 공범의 종속성이 상당히 완화된 형식으로 적용된다고 하겠다. 이러한 현상은, 구체적 문제해결을 위하여 적합한 이론을 구성한 것이 '각론에 대한 총론의 양보'와 유사한 결과를 초래한 것으로 볼 수 있다.[110]

(4) 적법행위를 이용하는 경우

타인의 정당방위행위나 긴급피난행위 등 정당화되는 행위를 이용하는 경우에도 의사지배가 인정되는 한 간접정범이 성립한다. 예컨대 정신병자 甲을 살해하기 위하여 甲으로 하여금 乙을 공격하게 하고 이에 대한 乙의 정당방위에 의하여 甲이 살해된 경우이다. 단, 이 때 이용자의 의사지배는 甲·乙 모두를 향해서 존재해야 한다. 그리고 낙태에 착수한 임부가 생명의 위험이 발생하자 의사로 하여금 임부의 생명을 구하기 위한 낙태수술을 하도록 한 때에는 타인의 위법조각적 긴급피난행위를 이용한 낙태죄의 간접정범이 성립한다.

(5) 책임무능력자의 행위를 이용하는 경우

형사미성년자, 정신병자, 명정자 등 책임무능력자의 행위를 이용하는 유형에 있어서 간접정범이 성립하느냐에 관하여는 논란의 여지가 있다. 만일 공범종속성의 정도에 있어서 극단종속형식을 따른다면 책임무능력자를 이용한 경우에는 간접정범의 성립만이 문제되고 공범의 성립가능성은 부정된다.[111] 그

---

108) 김/서, 580면; 박상기, 415면; 손동권, 475-6면; 차용석, 앞의 글, 191면; 하태훈, 402면; Roxin, aaO., S. 341 ff.

109) 차용석 교수는 이러한 결론을 긍정하면서, 이 경우에 방조범인 피이용자는 법률상 정범이 아닐 뿐이지 '사실상'의 정범으로 이해할 수 있으므로 이용자를 교사범으로 취급하는 데 지장이 없다고 한다(차용석, 앞의 글, 191면).

110) 이러한 소위 Ad-hoc-Konstruktion에 반대하면서 이용자의 불가벌성을 주장하는 학자는 Herzberg, aaO., S. 34.

111) 권오걸, 667면; 정영석, 273면.

러나 이 경우에 제한종속형식을 따른다면, 공범의 성립가능성과 함께 간접정범의 성립가능성이 아울러 존재한다. 이 때 주효하는 해결책은 전술한 '간접정범의 공범에 대한 우위성'이다. 그러므로 종속형식을 떠나서, 소아(小兒)나 고도의 정신병자 등과 같이 시비선악의 변별능력이 없어서 규범의식을 가질 수 없을 정도의 책임무능력자는 단순한 도구에 지나지 않는 것으로서 이를 이용한 경우는 간접정범이 되는 반면에, 12-13세의 소년과 같이 어느 정도의 시비변별능력과 의사결정능력이 있는 책임무능력자의 이용행위는 교사범이 된다고 봄이 타당하다.[112)]

(6) 강요된 행위를 이용하는 경우

심리적 강제(vis compulsiva)에 의하여 강요된 행위를 이용하는 경우에 피강요자가 저항하거나 회피할 수 없을 정도의 강요를 받아서 피강요자의 책임이 조각되면(제12조), 강요자의 의사지배가 인정되고 따라서 간접정범이 된다. 그러나 강요의 정도가 낮아서 피강요자의 책임이 조각되지 않을 경우에는 강요자의 의사지배가 불가능하다는 것을 의미하므로 교사범이 성립한다. 후자의 경우처럼 피강요자의 행위가 유책한 고의의 정범으로 인정되는 한 강요자가 간접정범이 될 수 없다는 결론은 제34조 제1항의 반대해석으로부터 당연히 도출된다.

그 밖에 군대, 경찰과 같이 강력한 명령복종기구 내 또는 범죄조직 내의 구속적인 명령, 특히 상관의 위법한 명령을 집행하는 부하의 행위의 경우에도 적법행위기대가능성의 유무에 따라 위와 같이 해결된다. 다만 제34조 제2항의 적용을 받아 형이 가중되는 경우가 많을 것이다.

(7) 형벌이 조각되는 자의 행위를 이용하는 경우

인적 형벌조각사유로 말미암아 처벌되지 아니하는 자의 행위를 이용한 경우에 피이용자에게는 일정한 신분이 있다는 것뿐이지 의사지배를 받는 것은 아니므로 이용자는 교사범의 책임을 지게 된다.

2. 과실범으로 처벌되는 자를 이용하는 경우

과실범으로 처벌되는 타인의 과실행위를 이용하는 경우에 고의있는 이용

---

112) 제한종속형식을 따르면서 이러한 견해를 취하는 학자로서는 남흥우, 250면; 손해목, 958면; 이재상, 442면; 정/박, 514면; 진/이, 595면; 황산덕, 256면.

자는 피이용자에 대한 의사지배가 가능한 까닭에 간접정범이 된다. 예컨대 의사가 고의를 가지고 간호사의 과실있는 투약행위를 이용하여 독약을 환자에게 복용시킴으로써 환자가 사망한 경우에, 의사는 살인죄의 간접정범이 되고 간호사는 업무상과실치사죄의 책임을 진다.

V. 처 벌

간접정범은 "교사 또는 방조의 예"에 의하여 처벌된다(제34조 제1항). 따라서 이용행위가 교사로 인정되는 경우에 제31조(교사범), 방조로 인정되는 경우에는 제32조(종범)의 예에 따라 처벌하게 된다.

그 밖에 제34조 제2항은 "자기의 지휘·감독을 받는 자를 교사 또는 방조하여 전항의 결과를 발생하게 한 자는 교사인 때에는 정범에 정한 형의 장기 또는 다액에 그 2분의 1까지 가중하고 방조인 때에는 정범의 형으로 처벌한다"고 규정하고 있다. 이 규정은 간접정범에 대한 특별규정(이른바 특수간접정범)일 뿐만 아니라 공범에 대한 특별규정(특수교사·방조)인 것으로도 해석되고 있다.[113] 이 조항에서 지휘·감독의 근거는 법령이나 계약에 한하지 않으며, '사실상의' 지휘·감독관계에 있으면 족하다.

Ⅵ. 미 수

간접정범의 실행의 착수시기에 관하여는 ① 이용자가 피이용자를 이용하는 행위를 한 때라는 견해,[114] ② 피이용자가 현실적으로 범죄행위를 개시한 때라는 견해,[115] ③ 피이용자가 선의의 도구인 경우에는 이용자의 이용행위시에, 피이용자가 악의의 도구인 경우에는[116] 피이용자의 실행행위시에 실행의

113) 권오걸, 615면; 김성돈, 630면; 박상기, 431면; 배종대, 619면; 손동권, 488면; 이상돈, 557면; 이재상, 446면; 정/박, 528면.

114) 안동준, 182면; 이재상, 446면. 김/서, 584면은 이용자의 행위를 기준으로 하되 이용행위 후 피이용자가 이용자의 행위권을 벗어난 단계가 되어야 한다고 한다.

115) 김성돈, 628면; 신동운, 663면.

116) 이분설의 입장에서 피이용자가 '악의의 도구'인 경우에 간접정범의 실행의 착수시기는 '피이용자'의 실행행위를 기준으로 한다는 주장은 악의의 도구의 이용자는 그 본질상 벌써 간접정범이 아니라 교사범에 해당한다는 것을 은연중 시사하고 있는 것으로 이해된다. 이분설에서 이

착수가 있다는 견해(이분설)가[117] 대립하고 있다. 간접정범에 있어서 피이용자는 이용자의 도구에 불과하고 피이용자의 행위는 이용자의 행위의 연장에 지나지 않아서 당해 구성요건의 보호법익을 직접적으로 위태롭게 할 만한 행위는 '이용자의 행위'(피이용자에 대한 이용자의 사주 · 교사 등의 행위)라고 할 것이므로, 이를 표준으로 실행의 착수시기를 정함이 타당하다.

그러므로 간접정범의 미수는 ㉠ 피이용자의 실행행위가 있었으나 결과가 발생하지 않은 경우뿐만 아니라, ㉡ 이용자의 이용행위가 있었지만 피이용자가 전혀 실행행위에 나아가지 않은 경우라든가, ㉢ 피이용자가 실행행위를 거절한 경우에도 성립한다. 이 점에 있어서 교사의 미수와는 큰 차이를 보이고 있다.

Ⅶ. 관련문제

1. 피이용자의 성질에 관한 착오

간접정범의 착오로서 특별히 고찰할 것은 '피이용자의 성질'에 관한 착오이다.

이용자가 교사범의 고의를 가지고(특히 피이용자가 책임능력자이고 고의를 가지고 있는 것으로 오신하고) 사주했으나 실제로는 피이용자가 책임무능력자라든가 고의가 없는 까닭에 도구처럼 이용된 경우에, 이용자에게는 이용의사(전술한 ①의 성립요건)가 없기 때문에 간접정범의 성립은 부정되고 교사범이 성립된다.

위와는 반대의 경우로서, 이용자가 간접정범의 고의를 가지고(즉 피이용자가 책임무능력자라든가 고의가 없다고 착각하여 도구처럼 이용된다고 믿고) 사주하였으나 실제로는 피이용자가 '유책한 고의의 정범'으로 행위한 경우에는 전술한 바와 같이 이용자는 간접정범이 되지 않고 교사범이 된다(전술한 ② 및 ④의 성립요건 참조).[118] '大(큰 고의)는 小(작은 고의)를 포함한다'는 이론에 의하여 '간접정범의 고의는 교사범의 고의를 포함한다'고 보아, 이용자에게 교사범의 성립을

용자의 실행의 착수시기가 악의의 도구인 피이용자의 실행행위에 종속한다고 보는 것은 피이용자가 법익침해의 직접적 위험성을 좌우하는 자이고 이용자는 공범에 불과하다는 관념을 내포하고 있다고 생각된다.

117) 김종원, 8인 공저, 284면; 정/박, 519면; 진/이, 599면.

118) 김성돈, 625면; 김성천, 414면; 김/김, 589면; 김/서, 587면; 박상기, 423면; 배종대, 620면; 성낙현, 620면; 신동운, 657면; 오영근, 609면; 이재상, 447면; 정/박, 520면; 정영일, 455면.

긍정할 수 있다. 이 경우에 간접정범이 성립한다는 견해는[119] 형법 제34조 제1항의 명문규정에 반하므로 기껏해야 외국법제하에서나 가능한 주장이다.

2. 피이용자의 구성요건적 착오

피이용자에게 구성요건적 착오가 발생한 경우에 이용자인 간접정범은 어떠한 형사책임을 질 것인가가 문제된다. 피이용자의 구성요건적 착오가 '동일한' 구성요건 안에서 발생한 구체적 사실의 착오에 있어서 ① '법정적 부합설'은 ㉠ 피이용자의 방법의 착오는 이용자에게도 방법의 착오가 되고, ㉡ 피이용자의 객체의 착오도 이용자에게 객체의 착오가 되어, 두 경우 모두 착오를 무시하고 이용자에게 고의·기수범의 성립을 긍정한다.[120]

그러나 ② '구체적 부합설'에서는 ㉠ 피이용자의 방법의 착오는 이용자에게도 방법의 착오가 되지만, ㉡ 피이용자의 객체의 착오는 이용자에게 원칙적으로 방법의 착오가 된다고 한다.[121] ㉡의 예를 들자면, 이용자인 교주 甲이 광신도인 피이용자 乙에게 A를 살해하도록 사주했는데 피이용자 乙은 A와 닮은 B를 A로 오인하고 B를 살해한 경우에 이용자 甲은 '방법의 착오'를 일으킨 것으로서 A에 대한 살인미수죄와 B에 대한 과실치사죄의 상상적 경합관계에서 간접정범의 죄책을 지게 된다는 것이 구체적 부합설의 결론이다.

3. 과실에 의한 경우

과실범'에 대한' 간접정범의 성립은 인정되지만(제34조 제1항), 과실에 '의한' 간접정범이 성립하느냐에 관하여는 논의가 있다.

간접정범은 정범이므로 과실에 의한 간접정범이 성립될 수 있다는 견해가 있으나[122] 이용자는 어디까지나 피이용자의 도구성을 인식하고 이를 계획적으로 조종하려는 의사를 가져야 하므로 과실에 의한 간접정범의 성립을 부인하고 과실범의 동시범으로 해결함이 옳다고 본다.[123]

---

119) 유기천, 132면.

120) 신동운, 660면; 이재상, 447면; 정/박, 520면.

121) 김/서, 587면; 박상기, 426면; 배종대, 620면; 손동권, 487면; 손해목, 969면; 이정원, 360면; 이형국, 303면.

122) 유기천, 131면; 차용석, 앞의 글, 174면; 황산덕, 262면.

123) 박상기, 427면; 배종대, 625면; 이정원, "과실범에서 정범과 공범", 형사법연구, 제16호, 한국형사법학회, 2001. 12, 115-6면; 이형국, 300면; 정/박, 518면; 진/이, 598면. Eser, Straf-

4. 신분범과 간접정범

신분없는 자가 신분있는 자를 이용하여 진정신분범의 간접정범이 될 수 있는가 하는 논의가 있다. 예컨대 비공무원이 공무원을 이용하여 수뢰죄(제129조 제1항)의 간접정범이 될 수 있는가라는 문제이다.

형법의 해석에 있어서 제34조 제1항이 간접정범은 공범의 예에 의하여 처벌한다고 규정하였으므로 여기에는 제33조가 적용되어 비신분자도 간접정범으로 진정신분범을 범할 수 있다는 견해도 있다.[124] 그러나 제34조 제1항이 공범의 예에 의한다고 한 것은 공범의 '형'에 의한다는 취지이고, 또 제33조는 비신분자가 신분자와 같이 신분범의 공동정범 또는 교사범·방조범이 될 수 있다는 것이지 비신분자가 단독으로 진정신분범의 정범이 될 수 있다는 것은 아니라고 해석된다. 따라서 신분없는 자가 신분있는 자를 이용하여 진정신분범의 간접정범이 될 수는 없다고 하겠다.[125]

5. 자수범과 간접정범

(1) 자수범의 의의

자수범이란 "범죄의 주체와 실행행위가 극히 밀접하게 관련되어 있어서 그 실현에 있어서 반드시 정범자 자신의 직접의 실행행위를 필요로 하고 타인을 이용해서는 범할 수 없는 범죄"를 말하는데, 보통 "간접정범의 형태로는 범할 수 없는 범죄"라고 일컬어지고 있다.[126] 위증죄(제152조), 업무상비밀누설죄(제317조) 등이 자수범의 예로서 거론된다.

자수범에 있어서 자기 손으로 실행행위를 하지 아니한 자는 간접정범이나 공동정범이 될 수 없고, 협의의 공범으로 처벌될 수 있을 뿐이다. 이와 같이 자

---

recht Ⅱ, S. 157.

124) 신동운, 691면; 유기천, 135면.

125) 김성돈, 632면; 김/서, 588면; 배종대, 621면; 손동권, 489면; 안동준, 245면; 이재상, 448면; 이형국, 303면; 진/이, 601면.

126) "판결요지: 강제추행죄는 사람의 성적 자유 내지 성적 자기결정의 자유를 보호하기 위한 죄로서 정범 자신이 직접 범죄를 실행하여야 성립하는 자수범이라고 볼 수 없으므로, 처벌되지 아니하는 타인을 도구로 삼아 피해자를 강제로 추행하는 간접정범의 형태로도 범할 수 있다. 여기서 강제추행에 관한 간접정범의 의사를 실현하는 도구로서의 타인에는 피해자도 포함될 수 있으므로, 피해자를 도구로 삼아 피해자의 신체를 이용하여 추행행위를 한 경우에도 강제추행죄의 간접정범에 해당할 수 있다"(대판 2018. 2. 8, 2016 도 17733).

수범의 실행행위는 직접정범의 형태로서만 성립할 수 있으므로, 자수범은 간접정범의 성립에 대하여 한계를 긋는 기능을 한다. 자수범은 그 인정근거와 성립한계 등에 관하여 아직 논란이 많은 분야에 속한다.

(2) 자수범의 인정 여부

(가) 부정설 형법은 ① 제33조에서 비신분자가 신분자와 함께 진정신분범의 '공동정범'이 될 수 있음을 규정하고 있으며, ② 제34조 제1항은 간접정범을 "교사 또는 방조의 예에 의하여 처벌한다"라고 규정하는 한편, 그 예에 의할 교사 또는 방조에는 제33조 본문이 적용되므로 결국 간접정범에도 제33조 본문이 적용됨으로써 비신분자가 진정신분범의 '간접정범'이 될 수 있다고 보아, 현행형법상 자수범은 인정되지 않는다는 주장이 있다.[127]

그러나 전술한 바와 같이 제34조 제1항이 간접정범을 교사 또는 방조의 "예"에 의하여 처벌한다고 규정한 것은 교사 또는 방조"이다"라는 뜻은 아니고, 교사 또는 방조의 "형"에 의하여 처벌한다는 취지로 해석한다면, 제33조가 간접정범에 적용되지는 않는다고 본다. 그리고 위증죄와 같이 범죄의 주체가 스스로 실행행위를 하지 않으면 정범이 될 수 없는 것으로 평가될 범죄가 있는 이상, 형법상 자수범의 성립을 부정하는 학설은 부당하다고 하겠다.

(나) 긍정설 자수범을 긍정하는 학설에 있어서도 그 이론적 근거에 따라 다음과 같이 견해가 나누어진다.

(a) 문언설 개별적인 구성요건의 문언이 정범자 자신의 실행행위를 전제로 할 때 자수범이 된다는 학설이다.[128] 그러나 구성요건상 문언의 의미가 명확하지 아니한 경우에는 행위의 성질과 구성요건의 목적론적 해석에 의하여 자수범 여부를 판단하게 될 것인데, 문언설은 이 경우의 판단기준을 제시하고 있지 못하다는 단점이 있다.

(b) 거동범설 결과범과 단순거동범을 구별하여, 거동범에서는 행위자의 신체동작이 요구되므로 자수범이 된다는 학설이다. 그러나 모든 거동범이 자수범이 되는 것은 아니므로, 행위형식보다 실질적인 자수범의 인정근거를 제시해야 할 것이라는 비판이 가해진다.

(c) 진정자수범·부진정자수범설 이 학설은, ① 성매매알선죄(성매매알선 등 행위의 처벌에 관한

127) 차용석, "간접정범", 형사법강좌 Ⅱ, 717면.

128) 손동권, 491면; 손해목, 978면; 오영근, 646면.

법률 제19조 제1항) · 상습도박죄와 같이 구성요건이 일정한 '행위'를 대상으로 하는 것이 아니라 행위자의 '인격적인 태도'에 주목하는 '행위자형법적 범죄', ② 계간죄(鷄姦罪)[129] 등의 풍속범죄와 같이 행위 자체의 반윤리적 성격 때문에 처벌되는 '법익침해없는 행위관련적 범죄', ③ 위증죄 · 도주죄와 같이 고도의 일신전속적(一身專屬的) 의무위배행위를 처벌하는 '의무범'(Pflichtdelikt)이 자수범에 해당한다고 하고, 이 중에서 행위자형법적 범죄와 법익침해없는 행위관련적 범죄의 경우를 '진정자수범', 의무범의 경우를 '부진정자수범'이라고 구별한다.[130]

이 학설은 해석론으로는 타당할지 몰라도, 오늘날 법익침해없는 풍속범죄 내지 성범죄의 '비범죄화사상'과는 조화되기 어려운 단점이 있다.

(d) 3유형설 이 학설은, ① 계간죄와 같이 범죄의 실행행위가 직접 행위자의 신체를 통해서 행해질 것을 요구하는 범죄, ② 업무상비밀누설죄 · 성매매알선죄와 같이 신체가 아니라 행위자의 인격적인 태도가 표출될 것을 요구하는 범죄, ③ 위증죄와 같이 소송법 기타의 법률이 행위자 스스로의 실행행위를 요구하는 범죄 등 세 가지 범죄유형이 자수범에 해당한다고 한다.[131] 이 학설이 비교적 자수범의 인정근거를 정연하게 규명한 견해라고 생각된다.

〈진정자수범과 부진정자수범〉

우리 형법학계에서는 진정자수범과 부진정자수범이라는 용어에 있어서 ① 위증죄와 같이 신분자이든 비신분자이든 결코 간접정범의 형태로는 범할 수 없는 범죄를 '진정자수범'이라고 하고, ② 업무상비밀누설죄 · 허위진단서작성죄 · 허위공문서작성죄 · 도주죄와 같이 신분자가 비신분자를 도구로 이용하여 간접정범을 범할 수는 있으나, 비신분자가 신분자를 이용하여 간접정범을 범할 수는 없고 이용자는 단지 교사범 또는 방조범이 될 수 있을 뿐인 범죄를 '부진정자수범'이라고 하는 구별법이 통용되고 있다.

129) 군형법에 규정된 계간죄의 행위태양인 "계간"은 군형법 개정(2013. 4. 5.)에 의하여 "항문성교"라는 표현으로 변경되었다(제92조의6).

130) 김/서, 588-9면; 신동운, 674면; Roxin, LK, §25 Rn. 35.

131) 권오걸, 626면; 김성돈, 560면; 박상기, 87면; 배종대, 623면; 성낙현, 619면; 이재상, 451-2면; 정/박, 525면; 정영일, 448면; Herzberg, "Eigenhändige Delikte", ZStW, 82. Bd., 1970, S. 913 ff.

제4절 교 사 범

Ⅰ. 의 의

교사범이란 "타인으로 하여금 범죄실행의 결의를 일으키게 하고, 이 결의에 의하여 범죄를 실행하게 함으로써 성립하는 범죄"이다. 예컨대 타인에게 돈 5천만원을 주면서 청부살인을 하도록 시킨 경우이다. 형법은 "타인을 교사하여 죄를 범하게 한 자는 죄를 실행한 자와 동일한 형으로 처벌한다"(제31조 제1항)라고 규정하고 있다. 여기에서 타인을 교사하여 죄를 범하게 한 자를 '교사자'라 하고, 교사를 받아 범죄를 실행한 정범을 '피교사자'라 한다.

교사범은 행위지배없이 피교사자의 실행행위에 의하여 범죄가 실현되는 공범이라는 점에서 행위지배가 있는 '공동정범'과 구별되고, 타인을 통하여 범죄를 실현하되 그 타인이 생명있는 도구로 이용되는 것이 아니라는 점에서 타인을 도구로 이용하여 범죄를 실현하는 '간접정범'과 구별되며, 타인으로 하여금 범행의 결의를 야기한다는 점에서 이미 범행을 결의한 타인의 범죄실현을 돕는 데 불과한 '방조범'과 구별된다.

Ⅱ. 본 질

1. 공 범

정범과 공범의 구별에 관한 행위지배설에 의하면, 정범은 행위를 지배하는 자, 즉 "사태의 중심인물로서 적합한 수단을 계획적·의식적으로 조종할 의사를 가지고 구성요건실현에 이르기까지의 경과를 자신의 수중에 두고 있는 자"이고, 공범은 "사태의 부수적 인물로서 구성요건실현을 조성(助成)하는 데 그치는 자"이다. 교사범에 있어서 행위를 지배하는 자는 피교사자이고 교사자는 구성요건실현을 조성하는 자이므로, 교사범은 본질상 정범이 아니라 '공범'에 속한다.

2. 종 속 범

공범종속성설은 구성요건의 정형적 행위를 실행행위로 이해하는 까닭에, 교사행위 그 자체는 범죄의 실행행위가 될 수 없다고 한다. 따라서 교사범은 피교사자인 정범의 실행행위가 있을 경우에 이에 '종속'해서만이 성립할 수 있다.

공범독립성설은 범죄의 실행행위를 행위자의 범죄적 의사의 표현으로 이해하는 까닭에, 교사행위 그 자체가 범죄적 의사의 표현으로서 실행행위가 될 수 있다고 한다. 따라서 피교사자의 실행행위와 '독립'하여 교사행위만으로 교사범이 성립할 수 있다. 제31조 제1항은 교사범의 성립에 있어서 피교사자인 정범의 성립을 전제로 하고 있으며, 제2항과 제3항은 '교사의 미수'에 있어서 공범종속성설에 가까운 결론을 취하고 있다. 그러므로 형법의 해석상 '공범종속성설'에 따라 교사범의 본질을 이해해야 할 것이다. 그렇다면 교사범은 독립범이 아니라 정범의 성립을 전제로 하는 '종속범'에 해당한다.

교사범의 정범에 대한 종속의 '정도'에는, 정범(피교사자)의 실행행위가 구성요건에 해당하고 위법하기만 하면 교사범이 성립할 수 있고 유책할 것을 요하지 않는다는 '제한종속형식'이 적용된다.

Ⅲ. 성립요건

교사범이 성립하기 위해서는 ① 교사자에 관한 요건으로서 교사자의 교사행위와 고의가 있어야 하고, ② 피교사자에 관한 요건으로서 피교사자의 범행결의와 실행행위가 있어야 한다. 그 외 교사범의 처벌에는 교사범의 위법성, 책임성, 처벌조건 등이 구비되어야 함은 당연하다.

1. 교사자에 관한 요건

(1) 교사행위가 있을 것

교사란 "타인으로 하여금 범죄실행을 결의하게 하는 것"을 말한다. 따라서 "타인으로 하여금 범죄실행의 결의를 갖게 하는 행위"가 교사행위이다.

① 교사행위의 수단·방법에는 제한이 없다. 이익제공이나 취직알선 등을 통한 매수·설득·유혹·애원·협박·기망·명령 등의 수단을 불문하며, 명

시적이든 묵시적이든 상관없다. 다만 협박·기망·명령에 의한 때에는 의사지배가 인정되면 간접정범이 성립한다.

② 교사는 '특정한' 범죄의 교사여야 한다. 막연히 죄를 범하라는 것과 같이 범죄 일반을 교사하는 것은 교사라고 할 수 없다. 다만 범죄가 특정되면 족하고, 범행의 방법이라든가 일시·장소 등 세부적인 것까지 구체적으로 교사할 것을 요하는 것은 아니다.

③ 교사행위의 대상은 특정된 타인이다. 이 타인은 책임능력자일 필요는 없다(제한종속형식). 다만 피교사자가 12-13세의 소년과 같이 어느 정도의 시비변별능력과 의사결정능력이 있는 책임무능력자인 경우에는 교사범이 성립하지만, 소아(小兒)나 고도의 정신병자 등과 같이 시비선악의 변별능력이 없어서 규범의식을 가질 수 없을 정도의 책임무능력자를 교사하는 경우에는 피교사자가 교사자의 부자유한 도구에 지나지 않는 것이므로 간접정범이 성립된다고 본다. 피교사자가 교사자의 지휘·감독을 받는 자인 경우에는 특수교사(제34조 제2항)가 성립한다.

④ 교사행위는 '부작위'에 의해서도 가능한가가 문제될 수 있다. 부작위로서는 상대방의 범행결의를 방치할 수는 있어도 야기할 수는 없다고 보아, 부정하는 견해가 타당하다(통설).[132]

⑤ 과실범에게는 범행의 결의가 없기 때문에 과실범에 '대한' 교사는 교사범이 아니라 간접정범이 성립하지만, '과실에 의한' 교사가 가능한가 하는 문제가 있다. 예컨대 甲이 乙에게 별다른 의도없이 '요즈음 丙이 못마땅하다'고 경솔히 말한 것이 원인이 되어 甲에게 충성할 기회를 찾고 있던 乙은 이를 폭행의 교사로 알아듣고 丙을 구타한 경우이다. 그런데 교사는 타인으로 하여금 적극적으로 범행의 결의를 일으키게 하는 것이므로 과실에 의한 교사는 교사라고 하는 개념 자체와 상용되지 않는다고 보아야 한다. 따라서 과실에 의한 교사는 교사범이 될 수 없으며,[133] 직접 과실범의 정범이 성립한다고 봄이 타

132) 권오걸, 568면; 김성돈, 638면; 김성천, 420면; 김/서, 638면; 박상기, 432면; 배종대, 628면; 손해목, 1069면; 신동운, 619면; 이상돈, 593면; 이재상, 483면; 이형국, 307면; 정/박, 563면; 정영일, 417면; 진/이, 606면.

133) 권오걸, 568면; 김성돈, 640면; 김성천, 422면; 김/서, 638면; 박상기, 437면; 배종대, 628면; 손해목, 1072면; 신동운, 620면; 안동준, 250면; 오영근, 601면; 이재상, 483면; 이형국, 307면; 정/박, 564면; 진/이, 606면.

당하다.

⑥ 교사행위는 반드시 단독으로 할 필요가 없고, 2인 이상이 공동으로 하는 '공동교사'도 가능하다.[134] 예컨대 甲과 乙이 공동하여 丙을 교사한 경우이다. 이 때 교사자들 상호간에는 공동교사의 의사가 있어야 하며, 이러한 의사가 결여되면 '동시교사'가 될 뿐이다.

⑦ 교사는 교사자의 교사행위가 피교사자의 범행결의를 야기하는 것이므로 당연히 교사에 대한 피교사자의 인식이 있을 것을 전제로 한다. 따라서 피교사자가 교사받고 있다는 사실을 알지 못하는데 교사자만이 일방적으로 교사하는 '편면적' 교사는 교사라고 하는 개념 자체와 상용되지 않는다.

(2) 교사자에게 고의가 있을 것

(가) 2중의 고의 교사자에게는 타인으로 하여금 범행의 결의를 갖게 한다는 '교사의 의사'가 있어야 한다. 그리고 교사는 피교사자가 범행을 결의하여 일정한 범죄를 실행하도록 하는 것이라는 점에서 정범에 의하여 실행되는 특정한 범죄에 대한 고의도 갖추어야 한다. 즉 정범에 의하여 실현되는 일정한 구성요건에 대한 고의도 교사자의 고의에 포함된다. 이와 같이 '교사의 고의'와 '정범의 고의'가 모두 필요하다는 의미에서 교사자의 고의를 '이중적' 고의라고도 한다.

교사자의 고의는 미필적 고의로도 족하지만, '특정한' 피교사자와 '특정한' 범죄에 대한 고의이어야 한다. 피교사자는 특정된 자이어야 하며, 불특정인에 대한 교사는 선동은 될 수 있을지언정 교사가 될 수는 없다. 피교사자는 특정되기만 하면 충분하고, 1인이든 수인이든 불문하며 교사자가 피교사자의 신원을 알고 있을 필요도 없다. 따라서 어떤 수형자가 얼굴도 모르는 교도소 옆방의 수형자에게 탈출하라고 교사하는 것도 교사범으로 성립한다.

교사자에게는 특정한 범죄를 교사한다는 고의가 있어야 하지만, 피교사자의 범행의 세부사항까지 인식해야 하는 것은 아니다. 그리고 경우에 따라서 교사자는 고의 이외의 주관적 구성요건요소도 구비하여야 한다. 예컨대 진정목적범의 경우에는 교사자에게도 목적이 있어야만 목적범의 교사범이 된다. 진정신분범을 교사하는 경우에는 교사자에게 정범의 신분에 대한 인식이 있

134) 김성돈, 637면; 김성천, 420면; 김/서, 640면; 배종대, 629면; 성낙현, 637면; 손동권, 532면; 손해목, 1068-9면; 신동운, 620면; 이재상, 483면; 이형국, 308면; 정/박, 563면; 진/이, 606면.

어야 한다.

(나) 미수의 교사

(a) 미수의 교사의 의의와 문제점 교사자의 고의에 있어서 특히 문제가 되는 것은 「미수의 교사」이다. 미수의 교사란 "피교사자의 실행행위가 처음부터 미수에 그칠 것을 예견하면서 교사한 경우"를 말한다. 예컨대 피교사자가 절도의 기수에 도달하기 전에 범행현장에서 체포할 의사를 가지고 절도의 실행에 착수하도록 교사한 경우이다. 미수의 교사에 있어서 '피교사자'에게는 고의와 실행의 착수가 있으므로 원칙적으로 미수범의 성립을 긍정할 수 있지만, '교사자'도 미수죄의 교사범으로 처벌할 수 있는가가 문제된다.

미수의 교사는 실제로 매우 은밀하게 행해지기 때문에 적발하기 어려운 마약범죄·밀수범죄 등에 있어서 수사기관이 범죄조직에 정보원(이른바 아장쁘로보까뙤르: agent provocateur)을 몰래 침투시켜 이 정보원이 범죄를 유발케하고 범행현장에서 범인을 체포하는 소위 '함정수사'의 경우에, 이 정보원(교사자)을 미수죄의 교사범으로 처벌할 수 있는가라는 문제로 논의되고 있다.

(b) 교사자의 처벌에 관한 학설 미수의 교사에 있어서 교사자의 처벌에 대하여는 다음과 같은 학설이 대립한다. ① 교사자의 고의는 "피교사자가 범죄의 실행행위에 나아간다는 인식·인용"만으로 충분하다고 보아, 미수의 교사에 있어서 교사자의 고의를 인정하고 미수죄의 교사범으로 처벌할 수 있다는 학설.[135] ② 교사자의 고의는 "피교사자의 실행행위로 인하여 결과가 발생한다는 것에 대한 인식·인용"까지 필요하다고 보아 미수의 교사에 있어서는 교사자의 고의가 없으므로 불가벌이라는 학설. 다만 이 학설에서도 교사자의 예상과는 달리 피교사자가 '기수'에까지 이른 경우는 '교사자'를 ㉠ 발생한 결과의 과실범으로 처벌할 수 있다는 견해(과실범설-다수설)와[136] ㉡ 피교사자(정범)에 대한 방조범으로 처벌함이 타당하다는 견해(방조범설)로[137] 나뉜다. 이 학설에서는 '방조자'의 고의도 피방조자의 실행행위로 인하여 '결과가 발

---

135) 김종원, "교사범(상)", 고시계, 1975. 1, 39면.

136) 교사자의 고의는 정범의 고의를 포함하는 것인데 정범의 고의에는 구성요건적 결과발생에 대한 인식·인용이 있어야 하므로, 결과발생에 이르지 않고 미수에 그칠 것으로 인식한 교사자의 고의에는 결국 정범의 고의가 결여된다고 말할 수 있다. 권오걸, 573면; 김성돈, 643면; 김/서, 641면; 손동권, 537면; 신동운, 622면; 안동준, 251면; 오영근, 603면; 이재상, 485면; 이형국, 307면; 정/박, 565면.

137) 박상기, 446면; 배종대, 630면; 진/이, 608면.

생'한다는 것에 대한 인식·인용까지 필요로 한다고 해야 하므로, ㉡의 방조범설은 타당치 못하다. ③ 기수라고 하더라도 '종국적인' 법익침해가 있기 이전의 단계인 '형식적 기수'(formelle Vollendung)와 법익이 종국적으로 침해된 단계인 범행의 '실질적 종료'(Beendigung)를 구별한 후, 교사자의 고의는 "피교사자의 실행행위가 실질적 종료단계에 이를 것을 인식·인용"해야 한다고 보아, 미수의 교사에 있어서 피교사자의 행위가 실질적으로 종료하지 아니하고 형식적 기수에 그칠 것을 인식한 경우에는 교사자의 고의를 부정하여 불가벌이며, 다만 교사자의 예상과는 달리 피교사자의 행위가 실질적 종료(종국적 법익침해)에까지 이른 경우는 교사자를 발생한 결과의 과실범으로 처벌할 수 있다는 학설.[138] ③설에 의하면, 피교사자의 절취행위가 재물에 대한 점유의 취득으로 기수에 도달하더라도 범행현장에서 체포함으로써 절취의 실질적 종료(종국적 법익침해)에 이르지 못할 것으로 인식하고 교사한 경우에 교사자의 고의가 부정되어 불가벌이라고 한다.

정범(피교사자)의 실행행위가 기수에 도달한 이후라도 회복하기 어려운 종국적인 법익침해의 단계에 이르기 전에 그치게 하려는 의사를 교사자가 가진 이상 교사자의 '행위반가치'를 부정함이 타당하고, 함정수사의 경우에 앞의 두 학설의 입장에서 교사자의 처벌을 피하려면 반드시 정범이 기수에 도달하기 전에 검거해야 하는데, 이는 지나치게 경직되고 형식주의에 사로잡힌 결함이 있다. 그러므로 정범이 실행중이거나 기수 직후라도 아직 실질적·종국적 의미에서 법익침해에 이르기 이전의 단계에 그칠 것으로 인식·인용하고 교사한 경우에 교사자의 고의를 부정하는 ③설이 타당하다고 본다.

(c) 피교사자의 처벌　　미수의 교사에 있어서 피교사자에게는 결과발생에 대한 고의와 실행의 착수가 있으므로 원칙적으로 미수범의 성립을 긍정할 수 있다. 그런데 함정수사의 무분별한 허용은 국가에 의한 범인의 생산과 형사사법운용의 오염을 초래하기 때문에, 함정수사에 대하여 일정한 제한이 논의되고 있다.

판례의 태도를 보자면, 미수의 교사가 전혀 범죄의사가 없는 자로 하여금 범죄의사를 야기하여 범행을 유발한 것이 아니고, 이미 범죄의사를 가진 자에

---

138) 독일의 다수설이다. Schönke/Schröder/Cramer, StGB, §26 Rn. 16; Haft, AT, S. 211; Roxin, LK, §26 Rn. 19; Maurach/Zipf, AT, 2. Bd., S. 349 등.

대하여 범죄의 기회를 제공하거나 범행을 용이하게 한 것에 불과한 경우에는 피교사자를 처벌할 수 있다고 한다.[139] 그 밖에 형사소송법상 미수의 교사가 전혀 범죄의사가 없는 자에 대하여 적극적으로 범죄의사를 일으키게 한 경우에는 '위법수집증거의 증거배제원칙'(형소법 제308조의 2)에 의하여 피교사자를 처벌할 수 없게 될 것이다.[140]

2. 피교사자에 관한 요건

(1) 피교사자는 범죄실행의 결의를 할 것

피교사자는 교사에 의하여 범죄실행의 결의를 해야 한다. 교사자가 교사를 했으나 피교사자가 범죄실행의 결의를 하지 않은 경우는 '실패한 교사'로서 교사자만이 예비 또는 음모에 준하여 처벌된다(제31조 제3항).

피교사자가 이미 범행의 결의를 가지고 있을 때에는 교사가 성립할 수 없고, 기존의 범행결의를 강화한다는 의미에서 방조범이 되거나 교사의 미수문제가 된다. 그러나 피교사자가 이미 품고 있는 범행의 결의가 확고하지 못하거나 막연히 일반적인 범죄의사를 가지고 있는 것에 불과한 때에는 교사가 성립할 수도 있다.

이미 범행의 결의를 가진 정범에게 가중적 구성요건에 해당하는 범죄를 실행하도록 교사하면, 가중된 범죄의 교사범이 성립한다. 예컨대 강도를 결의

139) "함정수사에 의하여 피고인의 범의가 비로소 야기되거나 범행이 이루어진 것이 아닌 경우에는 피고인의 행위가 함정수사에 의한 것이어서 처벌할 수 없다는 주장은 이유없다"(**대판 1982. 6. 8, 82 도 884**). "함정수사라 함은 본래 범의를 가지지 아니한 자에 대하여 수사기관이 사술이나 계략 등을 써서 범의를 유발케 하여 범죄인을 검거하는 수사방법을 말하는 것이므로, 범의를 가진 자에 대하여 범행의 기회를 주거나 범행을 용이하게 한 것에 불과한 경우에는 함정수사라고 말할 수 없다"(대판 1992. 10. 27, 92 도 1377). "마약사범을 단속하는 공무원이 정보원을 앞세워서 피고인으로부터 마약을 매수케 하여 본건 범죄를 행하게 한 것이라 하더라도 전혀 범의가 없는 피고인으로 하여금 본건 범행을 유발케 하였다는 아무런 흔적이 엿보이지 않는 본건에 있어서는 위 사실만 가지고서 피고인의 위 소위가 범죄가 아니되거나 공소제기절차 내지 공소권에 흠이 있는 경우라고는 볼 수 없다"(**대판 1963. 9. 12, 63 도 190**. 同旨, 대판 1992. 10. 27, 92 도 1377; 1983. 4. 12, 82 도 2433; 1966. 4. 22, 66 도 152).

140) 대법원은 "범의를 가진 자에 대하여 단순히 범행의 기회를 제공하거나 범행을 용이하게 하는 것에 불과한 수사방법이 경우에 따라 허용될 수 있음은 별론으로 하고, 본래 범의를 가지지 아니한 자에 대하여 수사기관이 사술이나 계략 등을 써서 범의를 유발케 하여 범죄인을 검거하는 함정수사는 위법함을 면할 수 없고, 이러한 함정수사에 기한 공소제기는 그 절차가 법률의 규정에 위반하여 무효인 때에 해당한다"(**대판 2005. 10. 28, 2005 도 1247**)라고 하여, 공소기각의 판결(형사소송법 제327조 제2호)을 선고한 원심판단이 정당하다고 하였다.

한 자에게 흉기를 휴대하여 특수강도를 범하도록 교사한 경우에는 특수강도죄의 교사범이 된다. 반대로 가중적 구성요건에 해당하는 범죄의 실행을 결의한 정범에게 기본적 구성요건에 해당하는 범죄를 실행하도록 교사하면, 가중된 범죄뿐만 아니라 기본범죄에 대한 교사범조차 성립하지 않는다고 함이 타당하다.[141] 예컨대 특수강도를 결의한 자에게 단순강도를 범하도록 교사한 경우에는 특수강도죄는 물론이고 단순강도죄의 교사범조차 성립하지 않는다고 본다.

(2) 피교사자의 실행행위가 있을 것

교사범이 성립하려면 피교사자가 범행의 결의에 기하여 실행행위에 나아가야 한다. 정범인 피교사자의 실행행위가 있을 경우에만 이에 종속하여 교사범이 성립할 수 있다(공범종속성설). 피교사자가 교사를 받아 범죄의 실행을 승낙하였으나 실행행위에 나아가지 아니한 경우는 '효과없는 교사'로서 교사자와 피교사자를 모두 예비 또는 음모에 준하여 처벌한다(제31조 제2항).

교사행위와 피교사자의 범행결의 사이에 그리고 피교사자의 범행결의와 실행행위 사이에는 '인과관계'가 있어야 한다.[142] 교사행위와 정범의 실행행위

141) 다만 기본범죄에 대한 '방조범'으로 처벌될 수는 있다고 본다(김/서, 639면; 배종대, 628면; 이재상, 482면).

142) 피고인이 결혼을 전제로 교제하던 여성 甲의 임신 사실을 알고 수회에 걸쳐 낙태를 권유하였다가 거부당하자, 甲에게 출산 여부는 알아서 하되 더 이상 결혼을 진행하지 않겠다고 통보하고, 이후에도 아이에 대한 친권을 행사할 의사가 없다고 하면서 낙태할 병원을 물색해 주기도 하였는데, 그 후 甲이 피고인에게 알리지 아니한 채 자신이 알아본 병원에서 낙태시술을 받은 사안에서, 피고인은 甲에게 직접 낙태를 권유할 당시뿐만 아니라 출산 여부는 알아서 하라고 통보한 이후에도 계속 낙태를 교사하였고, 甲은 이로 인하여 낙태를 결의·실행하게 되었다고 보는 것이 타당하며, 甲이 당초 아이를 낳을 것처럼 말한 사실이 있다는 사정만으로 피고인의 낙태교사행위와 甲의 낙태결의 사이에 인과관계가 단절되는 것은 아니라는 이유로, 피고인에게 낙태교사죄를 인정한 대법원판례가 있다. 즉, "교사범이란 정범인 피교사자로 하여금 범죄를 결의하게 하여 그 죄를 범하게 한 때에 성립하는 것이므로, 교사자의 교사행위에도 불구하고 피교사자가 범행을 승낙하지 아니하거나 피교사자의 범행결의가 교사자의 교사행위에 의하여 생긴 것으로 보기 어려운 경우에는 이른바 실패한 교사로서 형법 제31조 제3항에 의하여 교사자를 음모 또는 예비에 준하여 처벌할 수 있을 뿐이다. 한편 피교사자가 범죄의 실행에 착수한 경우에 있어서 그 범행결의가 교사자의 교사행위에 의하여 생긴 것인지 여부는 교사자와 피교사자의 관계, 교사행위의 내용 및 정도, 피교사자가 범행에 이르게 된 과정, 교사자의 교사행위가 없더라도 피교사자가 범행을 저지를 다른 원인의 존부 등 제반 사정을 종합적으로 고려하여 사건의 전체적 경과를 객관적으로 판단하는 방법에 의하여야 하고, 이러한 판단 방법에 의할 때 피교사자가 교사자의 교사행위 당시에는 일응 범행을 승낙하지 아니한 것으로 보여진다 하더라도 이후 그 교사행위에 의하여 범행을 결의한 것으로 인정되는 이상 교사범의 성립에는 영향이 없다"(대판 2013. 9. 12, 2012 도 2744).

사이에 인과관계가 없는 때에는 교사자를 예비 또는 음모에 준하여 처벌함이 타당하다.[143)]

피교사자의 실행행위는 구성요건에 해당하고 위법하면 충분하고, 유책할 것을 요하지 않는다(제한종속형식). 정범인 피교사자의 실행행위는 모든 불법요소를 구비해야 한다. 신분범 또는 목적범에 있어서는 정범에게 일정한 신분 또는 목적이 있어야 한다. 피교사자의 실행행위가 있은 이상 기수·미수를 불문하고 교사범이 성립할 수 있으나, 피교사자의 실행행위가 미수에 그친 경우에는 '교사의 미수'문제가 발생한다. 교사의 미수에는 협의와 광의의 두 가지가 있다.

(가) 협의의 교사의 미수 교사의 미수는 협의로는 "정범이 실행행위에 나아갔으나 미수에 그친 경우"를 말한다. 이 때 정범인 피교사자가 미수범이 되는 것에 종속하여 교사자는 미수죄의 교사범이 된다.

피교사자가 자의로 실행행위를 중지 또는 결과발생을 방지한 때에는 피교사자만이 중지미수로 되고, 교사자는 장애미수의 교사범이 된다. 반대로 교사자가 자의에 의하여 피교사자의 실행행위를 중지시키거나 결과발생을 방지하였는데 이 사실이 피교사자에게는 의외의 장애가 된 때에는 피교사자는 장애미수가 되고, 교사자는 중지미수의 교사범이 된다.

(나) 광의의 교사의 미수 광의의 교사의 미수는 협의의 교사의 미수 이외에 '기도된 교사', 즉 실패한 교사와 효과없는 교사를 포함한다. '실패한 교사'란 "교사자의 교사가 있었으나 피교사자가 범죄의 실행을 승낙하지 않거나 이미 범행의 결의를 하고 있는 경우"를 말하고, '효과없는 교사'란 "교사자의 교사에

143) "교사범이란 정범인 피교사자로 하여금 범죄를 결의하게 하여 그 죄를 범하게 한 때에 성립하는 것이고, 교사범을 처벌하는 이유는 이와 같이 교사범이 피교사자로 하여금 범죄실행을 결의하게 하였다는 데에 있다. 따라서 교사범이 그 공범관계로부터 이탈하기 위해서는 피교사자가 범죄의 실행행위에 나아가기 전에 교사범에 의하여 형성된 피교사자의 범죄실행의 결의를 해소하는 것이 필요하고, 이때 교사범이 피교사자에게 교사행위를 철회한다는 의사를 표시하고 이에 피교사자도 그 의사에 따르기로 하거나 또는 교사범이 명시적으로 교사행위를 철회함과 아울러 피교사자의 범죄실행을 방지하기 위한 진지한 노력을 다하여 당초 피교사자가 범죄를 결의하게 된 사정을 제거하는 등 제반 사정에 비추어 객관적·실질적으로 보아 교사범에게 교사의 고의가 계속 존재한다고 보기 어렵고 당초의 교사행위에 의하여 형성된 피교사자의 범죄실행의 결의가 더 이상 유지되지 않는 것으로 평가할 수 있다면, 설사 그 후 피교사자가 범죄를 저지르더라도 이는 당초의 교사행위에 의한 것이 아니라 새로운 범죄실행의 결의에 따른 것이므로, 교사자는 형법 제31조 제2항에 의한 죄책을 부담함은 별론으로 하고, 형법 제31조 제1항에 의한 교사범으로서의 죄책을 부담하지는 않는다고 할 수 있다"(**대판** 2012. 11. 15, 2012 **도** 7407).

대하여 피교사자가 범행을 승낙하였으나 실행행위에 나아가지 아니한 경우"를 말한다.

기도된 교사의 처벌에 관하여는 공범독립성설과 공범종속성설이 견해를 달리한다. ① 공범독립성설에 의하면, 정범의 실행행위가 없더라도 교사행위 자체가 범죄적 의사의 표현으로서 실행행위가 되는 까닭에, 기도된 교사행위는 당연히 교사한 범죄의 미수범으로서 처벌하게 된다. 이에 반하여 ② 공범종속성설에 의하면, 교사행위는 구성요건상의 정형적 행위가 아니므로 정범의 실행행위가 있어야만 이에 종속하여 교사범으로 성립할 수 있는데, 기도된 교사에서는 정범의 실행행위가 없으므로 교사의 미수범으로 처벌할 수 없게 된다. ③ 형법은 실패한 교사에 있어서는 교사자를, 효과없는 교사에 있어서는 교사자와 피교사자를 각각 음모 또는 예비에 준하여 처벌하고 있다(제31조 제2·3항). 형법은 기도된 교사를 미수로 처벌하지 않는 점에서 공범독립성설의 입장을 취한 것은 아닌 것으로 해석된다. 그리고 효과없는 교사에 있어서는 공범종속성설에 의하더라도 교사자와 피교사자 사이에 '음모'의 성립만큼은 인정할 수 있는데, 제31조 제2항이 음모 또는 예비에 준하여 처벌한다고 규정한 것을 보면, 현행형법은 공범종속성설에 가까운 입장을 취한 것으로 판단된다. 이러한 견해에 대하여, 형법은 공범독립성설과 공범종속성설을 '절충한' 입장이라는 해석론도 있다.[144]

Ⅳ. 처 벌

교사범은 범죄를 실행한 자, 즉 정범과 동일한 형으로 처벌한다(제31조 제1항). 여기에서 동일한 형이란 정범에 규정된 '법정형'을 말한다. 그러므로 정범과 교사범의 '선고형'은 각자의 책임에 따라 다를 수 있으며, 공범인 교사범의 선고형이 정범의 선고형보다 무거울 수도 있다. 또 공범의 종속성은 '성립상의' 종속성을 의미하는 것이고 '처벌상의' 종속성을 의미하는 것은 아니기 때문에, 정범이 처벌될 것을 전제로 하여 교사범이 처벌되는 것은 아니다.

자기의 지휘·감독을 받는 자를 교사하여 범죄를 실행하게 한 때에는 정

144) 김신규, 522면; 김/서, 647면; 박상기, 439면; 배종대, 638면; 성낙현, 650면; 손해목, 1083면; 안동준, 255면; 이재상, 492면; 진/이, 611면.

범에 정한 형의 장기 또는 다액의 2분의 1까지 가중하여 처벌한다(특수교사: 제34조 제2항).

V. 관련문제

1. 교사의 착오

교사범에 있어서 주로 문제되는 착오는 교사자가 교사한 내용과 피교사자의 실행행위가 일치하지 않는 경우이다. 이 경우에 있어서도 기본적 해결원리는 법정적 부합설 중 '죄질부합설'과 '공범종속성설'이다. 교사의 착오의 유형과 그 효과, 특히 교사자의 형사책임은 다음과 같다.

(1) 구체적 사실의 착오

교사자의 교사내용과 피교사자의 실행행위의 불일치가 '동일한' 구성요건 안에서 발생한 구체적 사실의 착오에 있어서 ① '죄질부합설'은 ㉠ 교사자가 甲을 살해하라고 교사하였는데 이를 승낙한 피교사자가 구성요건적 착오 중 '방법의 착오'로 인하여 乙을 살해하게 된 경우 또는 ㉡ 교사자가 甲을 살해하라고 교사하였는데 이를 승낙한 피교사자가 구성요건적 착오 중 '객체의 착오'로 인하여 甲을 닮은 乙을 살해하게 된 경우에 그 착오를 무시하고 발생한 결과에 대하여 교사범의 성립을 인정한다. 즉 교사자는 乙에 대한 살인기수죄의 교사범으로 처벌된다.

그러나 ② '구체적 부합설'에서는 ㉠ 甲을 살해하도록 교사받은 피교사자가 '방법의 착오'로 인하여 乙을 살해하게 된 경우에 교사자에게도 방법의 착오를 인정하여 甲에 대한 살인미수죄의 교사범과 乙에 대한 과실치사죄의 교사범의 상상적 경합을 인정하지만, ㉡ 甲을 살해하도록 교사받은 피교사자가 '객체의 착오'로 인하여 乙을 살해하게 된 경우에는 ⓐ 교사자에게도 객체의 착오를 인정하여 乙에 대한 살인기수죄의 교사범이 된다는 견해와[145] ⓑ 교사자에게는 방법의 착오-교사자의 입장에서 보자면 피교사자의 범행실수로 인한 방법의 착오가 된다고 한다-가 된다고 함으로써 甲에 대한 살인미수죄의 교사범과 乙에 대한 과실치사죄의 교사범의 상상적 경합이 성립한다는 견해

145) BGH St. Urteil v. 25. 10. 1990(NStZ, 1991, S. 123 f.).

로[146] 나누어진다.

(2) 추상적 사실의 착오

교사자의 교사내용과 피교사자의 실행행위의 불일치가 '서로 다른' 구성요건에 걸쳐서 발생한 경우이다. 추상적 사실의 착오에는 피교사자가 교사받은 내용보다 적게 실행한 '과소실행'의 경우와 피교사자가 교사받은 내용을 초과하여 실행한 '초과실행'의 경우 그리고 피교사자가 교사받은 범죄보다 중한 결과적 가중범을 범한 경우가 있다.

(가) 과소실행의 경우 　과소실행의 경우도 죄질이 같은 범죄의 과소실행인 '양적' 과소실행과 죄질이 다른 범죄의 과소실행인 '질적' 과소실행으로 나누어 보아야 한다.

(a) 양적 과소실행 　피교사자가 교사받은 범죄와 동질의 범죄를 과소실행한 경우에는 죄질부합설과 공범종속성설에 따라 교사자는 피교사자가 실행한 범위 내에서 교사범으로서의 책임을 진다. 물론 교사한 범죄에 대한 예비·음모죄와 실행한 범죄의 교사범과의 상상적 경합이 발생한다. 예컨대 강도를 교사하였는데 이를 승낙한 피교사자가 절도에 그친 경우에는 절도죄에 대한 교사범이 성립하고, 이는 강도의 예비·음모죄와 상상적 경합관계에 선다.

(b) 질적 과소실행 　피교사자가 교사받은 범죄와는 죄질이 다른 범죄를 실행한 경우에는 과소실행이라고 하더라도 죄질이 부합하지 않으므로 교사자는 피교사자의 실행행위에 대하여도 교사범으로서의 책임을 지지 않고, 교사한 범죄의 예비·음모에 준하여 처벌될 따름이다. 예컨대 A를 살해하라고 교사하였는데 이를 승낙한 피교사자가 A의 재물을 절취한 것으로 그친 경우에는 절도죄에 대한 교사범은 성립하지 아니하고 살인죄의 예비·음모에 준하여 처벌된다.

(나) 초과실행의 경우 　초과실행의 경우도 죄질이 같은 범죄의 초과실행인 '양적' 초과실행과 죄질이 다른 범죄의 초과실행인 '질적' 초과실행으로 나누어 보아야 한다.

(a) 양적 초과실행 　피교사자가 교사받은 범죄와 같은 성질(同質)의 범죄를 초과실행한 경우에는 죄질이 부합하는 범위, 즉 교사받은 범죄의 범위 내에서 교사범으로서의 책임을 지고, 초과실행한 부분에 대한 교사범은 성립

146) 김/서, 644면; 박상기, 436면; 오영근, 609면; 하태훈, 502면.

하지 않는다. 예컨대 절도를 교사하였는데 이를 승낙한 피교사자가 강도를 한 경우에는 절도죄에 대한 교사범이 성립하고, 강도 부분에 대하여는 교사범으로서의 책임을 지지 아니한다.

(b) 질적 초과실행 피교사자가 교사받은 범죄와는 죄질이 다른 범죄를 초과실행한 경우에는 죄질이 부합하지 않으므로 실행한 범죄는 물론이고 교사한 범죄에 대해서조차 교사범이 성립하지 않고, 교사자는 단지 교사한 범죄의 예비·음모에 준하여 처벌될 뿐이다. 예컨대 A의 재물을 절취하라고 교사하였는데 이를 승낙한 피교사자가 A를 살해한 경우에는 절도죄에 대한 교사범조차 성립하지 아니하고 단지 절도죄의 예비·음모에 준하여 처벌될 따름인데, 형법은 절도의 예비·음모의 처벌규정을 두고 있지 않으므로 결국 교사자는 무죄가 된다.

(다) 피교사자가 결과적 가중범을 범한 경우 결과적 가중범에 대한 공범이 성립하느냐 하는 문제에 있어서 유용한 해결원리는 공범의 처벌근거에 관한 학설 중 '행위반가치·결과반가치 구별설'이다. 이 학설을 적용하자면, 결과적 가중범에 있어서 정범이 과실로 초래한 중한 결과의 '결과반가치'에 '종속'하여 결과적 가중범의 교사범이 성립할 수 있으나, 교사범의 '행위반가치'는'독립'적으로 자신에게 과실이 있는 경우에만 인정된다. 따라서 정범이 결과적 가중범을 범한 경우에 교사자에게도 과실이 있으면 결과적 가중범으로서의 형사책임을 진다고 보아야 한다. 예컨대 상해를 교사하였는데 이를 승낙한 피교사자가 치사의 결과까지 발생시켜 상해치사죄를 범한 경우에 교사자는 상해기수죄의 교사범이 되고, 중한 결과발생에 대하여 교사자에게 과실이 없는 한 결과적 가중범인 상해치사죄의 책임을 지는 것은 아니다.[147]

(3) 피교사자의 성질에 대한 착오

피교사자의 책임능력은 교사자의 고의의 대상이 아니므로, 피교사자의 책임능력에 대한 착오는 교사범의 성립에 영향을 미치지 않는다. 따라서 피교사자를 책임능력자로 오신하고 교사했으나 사실은 책임무능력자인 경우나 그

147) "교사자가 피교사자에 대하여 상해 또는 중상해를 교사하였는데 피교사자가 이를 넘어 살인을 실행한 경우 일반적으로 교사자는 상해죄 또는 중상해죄의 교사범이 되지만, 이 경우 교사자에게 피해자의 사망이라는 결과에 대하여 과실 내지 예견가능성이 있는 때에는 상해치사죄의 교사범으로서의 죄책을 지울 수 있다"(**대판** 1993. 10. 8, 93 도 1873. 同旨, **대판** 2002. 10. 25, 2002 도 4089).

반대의 경우에도 모두 교사범이 성립한다. 이 때 교사자에게는 피교사자를 도구로 이용하려는 의사가 없거나 피교사자가 도구의 지위에 있지 않기 때문에 간접정범은 성립하지 아니한다.

2. 교사의 교사

'교사의 교사'에는 ① 교사자의 교사가 있었으나 피교사자는 교사받은 범죄를 직접 실행하지 아니하고 다시 제3자를 교사하여 이 제3자로 하여금 범죄를 실행하게 하는 경우와 ② 처음부터 피교사자로 하여금 다시 제3자에게 교사하여 범죄를 실행하도록 교사한 경우가 있다. 이 때 최초의 교사자는 정범인 제3자에 대하여 간접교사자의 위치에 있다. 따라서 '간접교사'란 교사범을 교사하는 경우를 말한다.

문제는 간접교사의 처벌 여부인데, 구형법과는 달리 간접교사의 처벌규정이 없는 현행형법하에서는[148] 범죄의 정형적 의미를 중시하고 형벌법규의 엄격한 해석을 요구하는 입장에서 간접교사의 가벌성을 부정하는 견해가 있다.[149] 그러나 ① 교사의 방법에는 아무런 제한이 없으므로 교사자가 재차 교사하여 범죄를 실현하는 것도 교사에 포함된다고 보아야 하고, ② 만일 간접교사를 처벌하지 않는다면 이 사실을 알고 있는 범죄자들, 특히 조직범죄의 거물들은 모두 간접교사의 방법으로 범죄를 실현함으로써 처벌을 면하고자 할 것인데, 이는 형사정책상 결코 묵과할 수 없는 범죄사태를 야기하는 것이므로 간접교사도 교사범으로 처벌함이 지당하다고 하겠다. 통설·판례도 간접교사의 가벌성을 긍정한다.[150]

그 밖에 교사가 수인을 거쳐 순차적으로 계속되는 경우인 '연쇄교사'도 교사의 교사가 거듭되는 것에 불과하므로 간접교사와 마찬가지로 교사범으로 처벌함이 타당하다.

---

148) 구형법상 간접교사의 처벌을 명시한 제61조 제2항(현행 일본형법 제61조 제2항)과 같은 규정이 현행형법에는 존재하지 않는다.

149) 정영석, 261면; 황산덕, 283면.

150) "甲이 乙에게 범죄를 저지르도록 요청한다 함을 알면서 甲의 부탁을 받고 甲의 요청을 乙에게 전달하여 乙로 하여금 범의(犯意)를 야기케 하는 것은 교사에 해당한다"(**대판** 1974. 1. 29, 73 **도** 3104. 同旨, 대판 1967. 1. 24, 66 도 1586).

3. 교사와 신분

비신분자도 신분자를 교사하여 진정신분범의 교사범이 될 수 있다(제33조 본문). 그러나 신분자가 비신분자를 교사하여 진정신분범을 범하게 한 경우에는 간접정범이 성립한다는 견해(다수설)와 교사범이 성립한다는 견해가 대립한다. 이에 관하여는 간접정범 중 '신분없는 고의있는 도구'를 이용한 경우로서 논급한 바 있다.

부진정신분범에 있어서 신분의 형벌가감적 효과는 신분자에게만 영향을 미치며, 신분없는 교사자나 피교사자에게는 영향을 미치지 않는다(제33조 단서). 예컨대 甲이 乙을 교사하여 乙의 부친인 丙을 살해하게 한 때에는 乙은 존속살해죄의 정범, 甲은 보통살인죄의 교사범이 되고, 반대로 甲이 乙을 교사하여 甲의 부친 丙을 살해하게 하였을 때에는 乙은 보통살인죄의 정범, 甲은 존속살해죄의 교사범으로 처벌된다.

4. 공범의 경합

협의의 공범은 정범에 대하여 법조경합 중 보충관계에 있기 때문에, 교사자가 더욱 나아가 피교사자와 범죄의 실행행위를 공동으로 하게 되면 교사범의 성립은 공동정범에 흡수된다. 또 방조범은 교사범에 대하여 법조경합 중 보충관계에 있기 때문에, 교사자가 피교사자의 실행행위를 방조하면 방조범의 성립은 교사범에 흡수된다.

제5절 방조범(종범)

Ⅰ. 서 설

1. 방조범의 의의

방조범은 "타인의 범죄실행을 방조함으로써 성립하는 범죄"인데, 형법은 '종범'이라 칭하고 있으며(제32조 제1항), 정범의 형에 대한 필요적 감경사유로 규정되어 있다(동조 제2항). 여기에서 타인의 범행에 조력한 '방조자'는 공범이고, 방조를 받아 범죄를 실행한 '피방조자'는 정범이다.

방조범에서 방조라 함은 "실행행위 이외의 행위로써 정범을 원조하여, 정범의 범죄실행을 용이하게 하거나 강화하는 일체의 행위"를 말한다. 방조의 방법에는 ① 범행도구나 범행자금의 제공, 망보아주기, 범행의 장소제공, 도주의 편의제공 등과 같은 물질적·유형적 방법과 ② 기술적 조언, 격려, 충고, 정보제공 등과 같이 언어에 의한 정신적·무형적 방법이 있다. 전자를 '유형적 방조'(거동방조, 유형종범)라고 하고, 후자를 '무형적 방조'(언어방조, 무형종범)라고 한다.

2. 공동정범과의 구별

방조 중에서 '유형적 방조'는 외형상 공동정범과 유사하기 때문에 양자의 구별이 문제된다. 방조범과 공동정범의 구별은 특히 범행현장에서 '망보는 행위'(파수행위)의 형사책임을 중심으로 해서 논의되었다. 정범과 공범의 구별에 관한 학설 중 ① '형식적 객관설'에 의하면, 구성요건상의 정형적 행위를 한 자만을 정범으로 이해하는 까닭에, 구성요건상의 정형적 행위가 아닌 망보는 행위는 공동정범이 아니라 항상 방조범이 된다. ② '실질적 객관설'에 의하면, 구성요건실현에 원인이 된 자는 공동정범이고 조건을 준 데 그친 자는 방조범이라고 하는 까닭에, 망보는 행위는 일반적으로 방조범이 된다. ③ '주관설'에 의하면, 자기의 범죄를 실현하려는 의사로 또는 자기의 이익을 위하여 함께 범행한 자는 공동정범이고, 타인의 범죄로서 또는 타인의 이익을 위하여 범행한 자는 방조범이라고 하는 까닭에, 망보는 행위는 행위자의 주관에 따라 공동정범이 될 수도 있고 방조범이 될 수도 있다. ④ 통설은 '기능적 행위지배'의 유무에 의하여 공동정범과 방조범을 구별한다(기능적 행위지배설). 이 학설에 의하면, 망보는 자가 범행의 중심인물로서 조종의사를 가지고 기능적 관점에서 구성요건실현에 이르기까지의 경과를 함께 지배한다고 평가될 경우에는 공동정범이 되고, 기능적 행위지배없이 범행의 부수적 인물로서 구성요건실현에 조력하는 데 그치는 자라고 평가될 경우에는 방조범이 된다고 한다.

3. 교사범과의 구별

방조범과 교사범은 모두 직접 범죄의 실행행위를 하지 않고 정범의 실행행위에 가담한다는 점에서 유사하며, 특히 격려·충고·조언 등에 의한 무형적 방조는 외형상 교사와 비슷하기 때문에 양자의 구별이 문제된다. 양자는 정범의 내심에 있어서 '범행결의의 야기 여부'로 구별된다. 즉 교사범은 교사에 의하여 비로소 피교사자에게 범행의 결의가 야기됨에 반하여, 방조범은 이미 범행의 결의를 갖고 있는 피방조자에게 그 결의를 강화하거나 실행에 도움이 될 조언을 함에 불과하다는 점에서 구별된다.

Ⅱ. 본 질

방조범의 본질은 교사범의 경우와 같다. 즉 ① 행위지배설에 의하면, 방조자는 구성요건실현을 지배하는 것이 아니라 타인의 구성요건실현에 조력함에 그치는 자이므로 본질상 정범이 아니라 '공범'에 속한다. ② 그리고 공범종속성설에 의하면, 방조행위 그 자체는 구성요건의 정형적 행위가 아닌 까닭에 범죄의 실행행위가 될 수 없고, 피방조자인 정범의 실행행위가 있을 경우에 이에 종속해서만이 방조범이 성립할 수 있다는 점에서 그 본질이 '종속범'에 속한다. 방조범의 정범에 대한 종속의 '정도'에는, 정범의 실행행위가 구성요건에 해당하고 위법하기만 하면 방조범이 성립할 수 있고 유책할 것을 요하지 않는다는 '제한종속형식'이 적용된다.

Ⅲ. 성립요건

방조범이 성립하기 위해서는 ① 방조자에 관한 요건으로서 방조자의 방조행위와 고의가 있어야 하고, ② 피방조자에 관한 요건으로서 피방조자의 실행행위가 있어야 한다. 그 외 방조범의 처벌에는 방조범의 위법성, 책임성, 처벌조건 등이 구비되어야 함은 당연하다.

1. 방조자에 관한 요건

(1) 방조행위가 있을 것

방조행위란 전술한 바와 같이 "실행행위 이외의 행위로써 정범을 원조하여, 정범의 범죄실행을 용이하게 하거나 강화하는 일체의 행위"를 말한다.[151)]

151) 인터넷 링크(Internet Link)행위는 저작권법상 저작재산권침해죄의 방조행위가 되지 않

방조의 수단·방법에는 제한이 없지만, 범행도구나 자금의 제공과 같은 유형적 방법(거동방조)과 기술적 조언이나 격려와 같은 무형적 방법(언어방조)으로[152] 구별할 수 있다.

그런데 형법 '각칙'상 방조행위를 처벌하는 특별규정을 두고 있는 경우에는 '총칙에 대한 각칙 우선의 원칙'에 따라 제32조가 적용되지 않는다는 사실에 유의해야 한다.[153] 간첩방조죄(제98조 제1항), 도주원조죄(제147조, 제148조), 아편흡식장소제공죄(제201조 제2항), 도박개장죄(제247조), 자살방조죄(제252조 제2항) 등이 그 예이다. 방조행위에 있어서 특히 문제되는 것은 다음과 같다.

(가) 부작위에 의한 방조 부작위에 의한 교사가 인정되지 않는 것과는 달리 '부작위'에 의한 방조는 얼마든지 가능하다. 예컨대 창고의 경비원이 보관상품을 절취하는 절도범을 그대로 방치한 경우에 부작위에 의한 절도죄의 방조범이 성립한다. 다만 부작위에 의한 방조범이 성립하기 위해서는 방조자가 정범의 행위로 인한 결과발생을 방지해야 할 '보증인적 지위'에 있어야 한다.[154]

(나) 공동방조 방조행위는 2인 이상이 공동으로 할 수도 있는데, 이를 '공동방조'라고 한다. 공동방조에 있어서는 방조자 상호간에 의사의 연락과 기능적 역할분담이 있어야 한다. 판례의 공모공동정범이론을 공동방조에 적용한다면, 공동방조를 공모하기만 하고 방조행위를 분담하지 아니한 자도 방조

는다는 판례가 있다. "판결요지: 이른바 인터넷 링크(Internet Link)는 인터넷에서 링크하고자 하는 웹페이지나, 웹사이트 등의 서버에 저장된 개개의 저작물 등의 웹 위치 정보나 경로를 나타낸 것에 불과하여, 비록 인터넷 이용자가 링크 부분을 클릭함으로써 링크된 웹페이지나 개개의 저작물에 직접 연결된다 하더라도 위와 같은 링크를 하는 행위는 저작권법이 규정하는 복제 및 전송에 해당하지 아니한다. 한편 형법상 방조행위는 정범의 실행을 용이하게 하는 직접, 간접의 모든 행위를 가리키는 것인데, 링크를 하는 행위 자체는 위와 같이 인터넷에서 링크하고자 하는 웹페이지 등의 위치 정보나 경로를 나타낸 것에 불과하여, 인터넷 이용자가 링크 부분을 클릭함으로써 저작권자로부터 이용 허락을 받지 아니한 저작물을 게시하거나 인터넷 이용자에게 그러한 저작물을 송신하는 등의 방법으로 저작권자의 복제권이나 공중송신권을 침해하는 웹페이지 등에 직접 연결된다고 하더라도 그 침해행위의 실행 자체를 용이하게 한다고 할 수는 없으므로, 이러한 링크행위만으로는 위와 같은 저작재산권 침해행위의 방조행위에 해당한다고 볼 수 없다"(대판 2015. 3. 12, 2012 도 13748).

152) 대판 2018. 9. 13, 2018 도 7658.

153) "간첩방조죄는 본범인 간첩죄와 동등한 독립죄로서 간첩 본범에 대한 형과 동일한 형으로 처단할 것이요 형법총칙 제32조에서 말하는 소위 감경할 종범의 예외에 속한다고 할 것이다"(**대판** 1958. 12. 29, 4291 **형상** 441).

154) "종범의 방조행위는 작위에 의한 경우뿐만 아니라 부작위에 의한 경우도 포함하는 것으로서 법률상 정범의 범행을 방지할 의무있는 자가 그 범행을 알면서도 방지하지 아니하여 범행을 용이하게 한 때에는 부작위에 의한 종범이 성립한다"(**대판** 1985. 11. 26, 85 **도** 1906).

범으로 처벌할 수 있는 '공모공동종범'이 인정된다.[155)]

(다) 방조행위의 시기　방조행위는 정범이 실행에 착수하기 전후를 불문하고 행해질 수 있다. 즉 방조행위는 정범의 실행행위시에 수반하여 행해질 수도 있고(수반적 방조), 정범의 실행행위시에 우연히 행해질 수도 있으며(우연적 방조), 정범의 실행행위 도중에 가담하여 남은 실행행위의 부분을 방조하는 것도 가능하며(승계적 방조), 정범의 실행행위 이전에 행해질 수도 있으나(예비적 방조)[156)] 이 경우에는 정범의 실행행위가 있어야만 방조범이 성립한다(공범의 종속성).[157)]

문제는 "정범이 실행행위의 일부를 행하였으나 남은 실행행위가 종료되기 전에, 타인이 중도에서 가담하여 정범의 나머지 실행행위를 방조한 경우"인 '승계적 방조'에 있어서, 정범의 실행행위 전부에 대하여 방조범이 성립한다고 볼 것인가 아니면 중도에 가담한 이후 부분의 실행행위에 대해서만 방조범이 성립한다고 볼 것인가에 있다. 예컨대 결합범인 강도살인죄(제338조)에 있어서 甲이 강도살인의 의사로 먼저 피해자를 살해하였는데 마침 지나가던 乙이 이를 보고 甲의 절취행위에 조력한 경우에, 乙이 강도살인죄의 방조범이 된다고 볼 것인가 아니면 절도죄의 방조범이 된다고 볼 것인가가 문제된다. 이 문제의 해결은 승계적 공동정범에서와 유사한 논거에 의하여, 즉 ① 방조의 의사는 가담하기 이전의 부분에까지 소급될 수 없다고 보아야 하고, ② 방조자에게 가담하기 이전의 부분에까지 책임을 지우는 것은 법감정상 과잉처벌로 받아들여질 것이므로, 가담한 이후 부분의 실행행위에 대해서만 방조범(전례에서 절도죄의 방조범)이 성립한다고 봄이 타당하다.

정범의 실행행위가 기수에 도달한 이후라도 '종료되기 전'까지는 방조행위가 가능하다. 예컨대 계속범에 있어서 기수에 이른 정범의 실행행위가 종료되

155) 일본판례로서 "수인이 공동하여 정범을 방조할 것을 공모하고 그 중의 1인이 방조행위를 하게끔 하여 그 공동방조의 고의를 수행케 한 때에는 가령 그 방조행위를 하지 아니하였을지라도 같이 정범을 방조한 것이며 종범의 형책을 면할 수 없다"(日大判 昭和 10. 10. 24, 刑集 14, 1267頁)라고 한 것이 있다.

156) 대판 2018. 9. 13, 2018 도 7658.

157) "종범은 정범이 실행행위에 착수하여 범행을 하는 과정에서 이를 방조한 경우뿐 아니라 정범의 실행의 착수 이전에 장래의 실행행위를 미필적으로나마 예상하고 이를 용이하게 하기 위하여 방조한 경우에도, 그 후 정범이 실행행위에 나아갔다면 성립할 수 있다"(**대판 2013. 11. 14, 2013 도 7494.** 同旨, 대판 1997. 4. 17, 96 도 3377－전원합의체; 1996. 9. 6, 95 도 2551; 1983. 3. 8, 82 도 2873 등).

지 않고 계속되는 한 방조범이 성립할 수 있다. 그러나 정범의 실행행위가 이미 종료한 후에는 방조범이 성립할 수 없다. 정범의 실행행위가 종료한 이후의 '사후방조'는 방조가 아니다. 그러므로 범인은닉죄(제151조), 증거인멸죄(제155조) 등은 사후종범이라고 불리어지는 수가 있지만, 본범(本犯)의 실행행위가 종료한 후의 가담형태이므로 그 본질상 방조범에 속하지 않는다.

(라) 방조행위의 인과관계 방조범이 성립하려면 방조행위가 정범의 구성요건실현에 대한 원인이 되었어야 하는가라는 '방조행위의 인과관계'의 문제가 있다. 이 문제에 대하여는 ① 방조행위와 정범에 의한 구성요건실현 사이에 인과관계가 있을 필요가 없고 정범의 범죄실현의 '위험'을 야기하거나 증대한 것으로 충분하다는 견해(인과관계불요설), ② 공범의 처벌근거는 타인의 불법을 야기·촉진하는 데 있으므로 방조행위가 정범의 구성요건실현의 '원인'이 되었어야 한다는 견해(인과관계필요설),[158) 159)] ③ 인과관계가 필요하지만 인과관계만으로는 부족하고 방조행위가 구성요건적 결과발생의 '기회'를 증대시켰어야 한다는 견해(기회증대설)[160)] 등이 대립하고 있다.

방조행위가 정범의 구성요건실현에 아무런 영향을 주지 못한 경우에는 방조범의 성립을 부정하는 것이 타당하다는 점에서 인과관계가 있어야 한다고 결론을 내려야 하지만, 방조행위가 반드시 구성요건적 결과발생에 대한 원인이 되었을 필요는 없고, 정범의 '실행행위가 용이해지거나 강화되었다는 사실'에 대한 원인으로서 인과관계가 인정되면 충분하다고 본다. 이 때 방조행위로 인하여 정범의 실행행위가 용이해지거나 강화되었다는 사실에는 구성요건적 결과발생의 기회증대가 당연히 내포되어 있으므로 후자를 별도로 고찰할 필요는 없다고 하겠다.

예컨대 甲이 살인에 사용할 권총을 乙에게 제공했으나 乙은 이 권총을 사

158) 김신규, 526면; 배종대, 642면; 이재상, 497면; 이형국, 317면; 정영일, 429면.

159) 대법원은 인과관계필요설의 입장이다. "방조범은 정범에 종속하여 성립하는 범죄이므로 방조행위와 정범의 범죄 실현 사이에는 인과관계가 필요하다. 방조범이 성립하려면 방조행위가 정범의 범죄 실현과 밀접한 관련이 있고 정범으로 하여금 구체적 위험을 실현시키거나 범죄결과를 발생시킬 기회를 높이는 등으로 정범의 범죄 실현에 현실적인 기여를 하였다고 평가할 수 있어야 한다. 정범의 범죄 실현과 밀접한 관련이 없는 행위를 도와준 데 지나지 않는 경우에는 방조범이 성립하지 않는다"(대판 2021. 9. 16, 2015 도 12632. 同旨, 대판 2021. 9. 9, 2017 도 19025－전원합의체).

160) 권오걸, 589면; 김성돈, 658면; 김/서, 650면; 박상기, 457면; 성낙현, 656면; 손해목, 1095면; 신동운, 639면; 안동준, 259면; 정/박, 583면.

용하지 않고 독약을 투입하여 살인죄를 범한 때에는 甲의 방조행위는 정범의 구성요건실현에 아무런 영향을 주지 못했으므로 살인죄의 방조범이 될 수 없다고 보아야 한다. 마찬가지로 정범의 '실행행위'와 직접 관련이 없는 행위를 도와준 데 지나지 않는다면 방조행위의 인과관계를 부정하여야 한다.[161] 범행 '후' 범인이 구속되는 경우에, 범인 가족의 생계를 경제적으로 지원하는 행위 또는 생계를 경제적으로 지원하겠다고 약속하는 행위는 범행에 대한 방조가 아니다. 그리고 간첩인 줄 알면서 그에게 숙식을 제공하거나, 간첩의 심부름으로 안부편지나 사진을 전달하는 것만으로는 간첩방조죄(제98조 제1항)의 형사책임을 지지 않는다고 하겠다.[162]

(2) 방조자에게 고의가 있을 것

(가) 2중의 고의 방조자에게는 정범의 실행행위에 조력하겠다는 '방조의 의사'가 있어야 한다. 그리고 방조행위는 정범이 실행하는 특정한 범죄를 대상으로 하는 것이므로 정범에 의하여 실행되는 특정한 범죄에 대한 고의도 갖추어야 한다. 즉 정범에 의하여 실현되는 일정한 구성요건에 대한 고의도 방조자의 고의에 포함된다. 이와 같이 '방조의 고의'와 '정범의 고의'가 모두 필요하다는[163] 의미에서 방조자의 고의도 '이중적' 고의라고 부를 수 있다는 점은 교사범의 경우와 동일하다.

방조자의 고의는 '특정한' 피방조자와 '특정한' 범죄에 대한 고의이어야 한다. 피방조자는 특정된 자이어야 하지만, 방조자가 피방조자의 신원을 알고 있을 필요는 없다.[164] 또 방조자에게는 특정한 범죄를 방조한다는 고의가 있어야 하지만, 정범의 범행의 본질적 요소에 대한 인식으로 족하고 그 세부사항까지 인식해야 하는 것은 아니다. 그리고 경우에 따라서 방조자는 고의 이외의 주관적 구성요건요소도 구비하여야 한다. 예컨대 진정목적범의 경우에는 방조자에게도 목적이 있어야만 목적범의 방조범이 된다.

161) 판례에 따르면, "방조범이 성립하려면 방조행위가 정범의 범죄 실현과 밀접한 관련이 있고 정범으로 하여금 구체적 위험을 실현시키거나 범죄 결과를 발생시킬 기회를 높이는 등으로 정범의 범죄 실현에 현실적인 기여를 하였다고 평가할 수 있어야 한다. 정범의 범죄 실현과 밀접한 관련이 없는 행위를 도와준 데 지나지 않는 경우에는 방조범이 성립하지 않는다"(대판 2023. 10. 18, 2022 도 15537).

162) 배종대, 642면; 이재상, 497면; 진/이, 623면.

163) 대판 2018. 9. 13, 2018 도 7658.

164) 대판 2007. 12. 14, 2005 도 872-소리바다사건; 1977. 9. 28, 76 도 4133.

방조자는 정범의 범행을 인식·인용하여야 하므로 '과실에 의한' 방조는 인정되지 않고, 직접 과실범의 정범으로 처벌될 수 있을 뿐이다. 범죄에 사용되는지 모르고 경솔히 흉기를 제공한 경우가 이에 해당한다.

방조는 그 성질상 방조자가 일방적으로 정범의 범행에 조력하겠다는 의사만으로도 성립하며, 피방조자인 정범이 방조받는다는 사실을 인식할 필요는 없다. 즉 편면적 교사범이나 편면적 공동정범이 부정되는 것과는 달리 '편면적 방조범'은 인정된다.[165] 甲이 방안에서 乙을 구타하는데 乙이 도망가지 못하도록 甲과 乙이 모르는 사이에 방문을 잠근 경우가 그 예이다.

(나) 미수의 방조 미수의 방조란 "피방조자의 실행행위가 처음부터 미수에 그칠 것을 예견하면서 방조한 경우"를 말한다. 방조자의 고의도 교사자의 고의와 마찬가지로, 정범이 실행에 착수한다는 인식만으로는 부족하고 정범의 실행행위가 ① '결과를 발생'시킬 것까지 인식·인용하거나 ② '실질적 종료'(종국적 법익침해)단계에 이를 것을 인식·인용하여야 성립된다고 보아, 미수의 방조에 있어서는 방조자의 고의가 부정되므로 불가벌이라고 함이 타당하다. 예컨대 낙태하려는 여자에게 약사가 영양제를 낙태약이라고 속이고 교부한 경우에 방조자의 고의가 부정된다.

2. 피방조자에 관한 요건

(1) 피방조자의 실행행위가 있을 것

방조범이 성립하려면 피방조자가 실행행위에 나아가야 한다. 정범인 피방조자의 실행행위가 있을 경우에만 이에 종속하여 방조범이 성립할 수 있다(공범종속성설). 이 때 피방조자의 실행행위는 구성요건에 해당하고 위법하면 충분하고, 유책할 것을 요하지 않는다(제한종속형식).

피방조자의 실행행위가 있은 이상 기수·미수를 불문하고 방조범이 성립할 수 있으나, 피방조자의 실행행위가 미수에 그친 경우에는 협의의 '방조의 미수'로서 방조자는 미수죄의 방조범이 된다. 피방조자가 자의로 실행행위를 중지 또는 결과발생을 방지한 때에는 피방조자만이 중지미수로 되고, 방조자는 장애미수의 방조범이 된다. 반대로 방조자가 자의에 의하여 피방조자의 실행행위를 중지시키거나 결과발생을 방지하였는데 이 사실이 피방조자에게는 의

---

165) 대판 1974. 5. 28, 74 도 509.

외의 장애가 된 때에는 피방조자는 장애미수가 되고, 방조자는 중지미수의 방조범이 된다.

(2) 기도된 방조

'방조의 미수'는 광의로는 '실패한 방조'와 '효과없는 방조'의 양자를 의미하는 '기도된 방조'를 포함한다. 실패한 방조란 피방조자가 방조자의 방조를 거부하면서 실행행위에 나아가지 아니한 경우이고, 효과없는 방조란 피방조자가 방조자의 방조를 받아들였으나 실행행위에 나아가지 아니한 경우를 말한다.

공범독립성설에서는 방조행위 자체가 범죄적 의사의 표현으로서 실행행위가 될 수 있다고 보아 기도된 방조도 미수로 처벌할 것을 주장한다. 그러나 통설인 공범종속성설의 입장에서는 정범의 실행행위가 없는 기도된 방조를 독립해서 미수로 처벌할 수는 없다. 그 밖에 기도된 교사의 경우에는 예비·음모에 준하여 처벌한다고 하는 명문규정(제31조 제2·3항)이 있음에 반하여, 기도된 방조의 경우에는 형법상 그 처벌에 관한 아무런 규정도 없으므로 미수는 물론이고 예비 또는 음모로도 처벌되지 않는다고 해석해야 한다(통설).[166]

Ⅳ. 처 벌

방조범의 형은 정범의 형보다 감경한다(제32조 제2항). 방조범은 이미 범행을 결의한 정범의 실행행위에 조력하는 행위를 함에 불과하므로 정범에 비하여 행위불법과 결과불법이 현저히 낮다고 보아 정범에 대한 형의 '필요적 감경사유'로 규정한 것이다.

정범의 실행행위가 미수에 그친 경우에는 방조범은 이중으로 형이 감경될 수 있다. 감경의 경우에 그 대상이 되는 형은 법정형을 의미하며, 선고형이 아니다. 따라서 책임의 차이로 인하여 방조범의 선고형이 정범의 선고형보다 무거울 수도 있다. 그 밖에 자기의 지휘·감독을 받는 자의 범죄실행을 방조한 경우에는 정범의 형으로 처벌된다(특수방조: 제34조 제2항).

---

166) 권오걸, 590면; 김/서, 652면; 배종대, 647면; 손해목, 1098면; 신동운, 638면; 이상돈, 613면; 이재상, 501면; 이형국, 317면; 정/박, 583면; 정영일, 433면; 진/이, 626면.

Ⅴ. 관련문제

1. 방조의 착오

방조의 착오에 있어서 문제가 되는 것은 "방조자의 고의와 피방조자의 실행행위 사이에 불일치가 있는 경우"이다. 이 문제의 해결에는 원칙적으로 교사의 착오에 관한 이론이 적용된다. 다만 기도된 방조는 기도된 교사와는 달리 예비·음모로도 처벌되지 않는다는 점을 착오의 효과를 논함에 있어서 염두에 두어야 한다. 이하에서는 방조의 착오 중에서 '추상적 사실의 착오'의 경우를 살펴보기로 한다.

(가) 피방조자의 초과실행의 경우　피방조자가 방조자의 고의를 초과한 실행행위를 한 경우에 ① 죄질이 같은 범죄의 초과실행(양적 초과실행)인 때에는 죄질이 부합하는 범위, 즉 방조자의 고의의 범위 내에서 방조범으로서의 책임을 지고, 초과실행한 부분에 대한 방조범은 성립하지 않는다. 예컨대 정범이 절도를 하는 줄 알고 방조하였는데 정범이 강도를 한 경우에는 절도죄에 대한 방조범이 성립한다. ② 죄질이 다른 범죄의 초과실행(질적 초과실행)인 때에는 죄질의 부합이 없으므로 실행한 범죄는 물론이고 방조의 고의의 대상인 범죄에 대해서조차 방조범이 성립하지 않는다. 예컨대 정범이 절도를 하는 줄 알고 방조하였는데 정범이 살인을 한 경우에는 방조자는 아무런 형사책임을 지지 아니한다.[167)]

(나) 피방조자의 과소실행의 경우　피방조자가 방조자의 고의보다 적은 실행행위를 한 경우에 ① 죄질이 같은 범죄의 과소실행(양적 과소실행)인 때에는 죄질이 부합하는 범위, 즉 정범의 실행행위의 범위 내에서 방조범으로서의 책임을 진다. 예컨대 정범이 강도를 하는 줄 알고 방조하였는데 절도에 그친 경우에는 절도죄에 대한 방조범이 성립한다. ② 죄질이 다른 범죄의 과소실행(질적 과소실행)인 때에는 죄질의 부합이 없으므로 정범이 실행한 범죄에 대해서조차 방조범이 성립하지 않는다. 예컨대 정범이 살인을 하는 줄 알고 방조하였는데 정범이 절도를 한 경우에는 방조자는 아무런 형사책임을 지지 아니

167) 방조자에게 과실범이 성립하느냐는 별개의 문제이다.

한다.

(다) 피방조자가 결과적 가중범을 범한 경우 피방조자가 방조의 고의의 대상인 기본범죄보다 중한 결과적 가중범을 범한 경우에는 기본범죄에 한하여 방조범이 성립하고, 중한 결과에 대하여는 방조자의 과실이 없는 한 방조범으로서의 책임을 지지 않는다. 예컨대 정범의 상해죄를 방조하였는데 정범이 치사의 결과까지 발생시킨 경우에 방조자는 상해기수죄의 방조범이 되고, 결과적 가중범인 상해치사죄의 책임을 지는 것은 아니다. 그러나 중한 결과발생에 대하여 방조자에게도 과실이 있는 경우에는 결과적 가중범의 책임을 진다.

2. 방조와 공범

(1) 방조의 방조

방조에 대한 방조(간접방조)와 그 이상의 연쇄방조도 방조범에 대한 방조로 그치는 것이 아니라 결국 '정범'에 대한 방조로서 처벌된다.[168] 예컨대 정범 甲의 살인행위에 사용할 권총을 구입·제공하려는 방조범 乙에게 부족한 권총구입자금을 마련해 준 丙은 甲의 살인행위에 대한 방조범이 된다.

(2) 교사의 방조

교사의 방조는 결국 정범에 대한 방조에 해당한다고 보아, 정범의 실행행위가 있는 한 정범에 대한 방조범이 성립한다는 것이 타당하다.[169]

(3) 방조의 교사

방조를 교사한 자도 결국은 정범을 방조한 것이 된다고 보아, 정범의 실행행위가 있는 한 정범에 대한 방조범이 성립한다.[170]

3. 방조와 신분

비신분자도 신분자를 방조하여 진정신분범의 방조범이 될 수 있다(제33조 본문). 신분자가 부진정신분범을 실행함에 있어서 비신분자가 방조한 경우에는 통상적인 범죄의 방조범이 성립한다(제33조 단서). 예컨대 甲의 존속살해행위를 방조한 비신분자 乙은 보통살인죄의 방조범으로 처벌된다.

---

168) 대판 1977. 9. 28, 76 도 4133.

169) 김성돈, 654면; 김신규, 529면; 김/서, 653면; 박상기, 460면; 배종대, 647면; 손동권, 558면; 손해목, 1100면; 안동준, 261면; 이재상, 501면; 정/박, 584면; 진/이, 628면.

170) 김성돈, 654면; 김신규, 529면; 김/서, 653면; 박상기, 460면; 배종대, 647면; 손동권, 558면; 손해목, 1101면; 안동준, 261면; 이재상, 501면; 정/박, 584면; 진/이, 629면.

4. 공범의 경합

방조범은 보다 중한 공범형태인 공동정범 및 교사범에 대하여 법조경합 중 보충관계에 있다. 그러므로 방조범이 더욱 나아가 정범의 실행행위를 분담하였다든가 교사자가 방조행위를 한 경우에는 방조범의 성립은 공동정범 또는 교사범에 흡수된다.

5. 예비의 방조

살인예비로 권총을 구입하는 사람에게 구입자금을 제공한 행위와 같이, 예비단계에 그친 피방조자를 방조한 행위를 예비죄의 방조범으로 처벌할 수 있는가 하는 문제가 있다.

이 문제에 대하여 긍정설도 있으나,[171] ① 공범종속성설에 의하더라도 방조범이 성립하려면 정범의 실행행위가 있어야 하는데 정범의 예비행위는 아직 실행행위성이 없으므로 이에 대한 방조범이 성립될 수 없고, ② 예비죄의 처벌이 예외적이고 방조범도 정범에 비하여 불법이 경하다는 점을 형법의 최후수단성에 비추어 보자면 예비죄의 방조범처벌을 자제하는 것이 바람직하며, ③ 예비행위는 구성요건적 정형성을 갖추지 못하므로 예비죄에 대한 방조범을 처벌하면 처벌의 범위가 부당하게 확대될 위험이 있고, ④ 기도된 교사와는 달리 기도된 방조를 처벌하지 않는 형법의 취지를 고려하여, 예비죄의 방조범을 처벌하지 않는 것이 타당하다고 본다(다수설).[172] 판례도 예비의 방조를 처벌하지 않는다.[173]

---

171) 긍정설에 관하여는 예비죄의 해당부분을 참조. 긍정설은 김/서, 652면; 안동준, 210면.

172) 김성돈, 661면; 박상기, 458면; 배종대, 644면; 손해목, 836면; 신동운, 637면; 오영근, 619면; 이재상, 415면; 이형국, 230면; 정/박, 585면; 진/이, 484면.

173) "종범이 처벌되기 위하여는 정범의 실행의 착수가 있는 경우에만 가능하고 형법 전체의 정신에 비추어 정범이 실행의 착수에 이르지 아니한 예비의 단계에 그친 경우에는 이에 가공하는 행위가 예비의 공동정범이 되는 경우를 제외하고는 종범의 성립을 부정하고 있다고 보는 것이 타당하다"(**대판 1976. 5. 25, 75 도 1549**. 同旨, 대판 1979. 11. 27, 79 도 2201; 1978. 2. 28, 77 도 3406).

제6절 공범과 신분

Ⅰ. 서 설

법률상 행위의 주체가 일정한 신분을 갖춘 경우에만 성립될 수 있는 범죄 또는 일정한 신분이 있음으로 해서 형벌이 가중되거나 감경되는 범죄를 실현함에 있어서 신분이 있는 자(신분자)와 신분이 없는 자(비신분자)가 관여한 경우에 이들을 어떻게 처벌할 것인가를 다루는 영역이 「공범과 신분」이다.

원래 (협의의) 공범은 독자적으로 가벌성을 띠게 되는 것이 아니고 정범에 종속해서 성립하는데(공범종속성설), 그 종속의 정도에 있어서 제한종속형식의 입장에 선다면 정범의 불법내용은 공범에게 영향을 주지만(불법의 연대성) 정범의 책임내용은 공범에게 영향을 주지 않는다(책임의 개별성). 형법 제33조는 이러한 원리에 입각하여 공범과 신분의 문제를 해결하도록 규정하고 있다.

Ⅱ. 신분의 의의와 종류

1. 신분의 의의

신분이란 "남녀의 성별, 내·외국인의 구별, 친족관계, 공무원인 자격과 같은 관계뿐만 아니라, 널리 일정한 범죄행위에 관련된 범인의 인적 관계인 특수한 지위 또는 상태"라고 정의된다. 이 정의에서 신분의 개념요소를 추출해 보자면, ① 일신성: 행위자관련적 요소 ② 특수성: 한정성 ③ 계속성이 된다.

① 신분은 성별·연령·국적과 같은 인적 성질, 공무원·친족과 같은 인적 관계, 상습성과 같은 인적 상태로서 일신전속적 성질을 띠는 것이다. 여기에서의 일신성은 행위자관련적 표지에 국한되고 행위관련적 표지는 제외된다.[174] 인적 불법론에 의하여 인적 사정이지만 행위관련적 표지로 파악되는 것은 누구나 행할 수 있는 불법에 속하는 것이기 때문에 신분개념에 넣을 수 없다.

174) 행위관련적 표지와 행위자관련적 표지의 보편적 구별기준은 아직 없으며, 문제된 표지가 구성요건 안에서 어떠한 기능을 하느냐에 따라 개별적으로 판단할 수 있을 뿐이다(Wessels, AT, S. 155).

고의, 목적, 불법영득의 의사 등이 행위관련적인 인적 표지이다. ② 신분은 일정한 범위의 사람만이 가지는 것으로 특수성, 한정성을 띠어야 한다. ③ 신분은 반드시 계속적 성질을 가질 필요는 없다고 하는 부정설이 다수설이지만,[175] 계속성이라는 개념요소가 행위자관련적 표지와 행위관련적 표지를 구별하는 하나의 기준으로서 유용하다고 본다.[176] 또 우리 형법 제33조에서의 "신분"과 이에 대응하는 독일형법 제28조에서의 "특별한 인적 표지"(besondere persönliche Merkmale) 사이의 용어차이를 고려하여 해석하자면, 적어도 신분이라는 개념은 "계속적 성질"을 띠는 것으로 이해함이 사전적 의미나 일상적 어법에도 맞는다고 생각하며, 반드시 독일형법해석을 추종할 이유는 없다고 본다. 만일 계속성이 불필요하다고 하여 일시적 심리관계(예컨대 목적범에서의 목적)와 같은 것을 신분개념에 포함시킨다면[177] 공범과 신분의 문제에서 곤란한 결과를 초래할 수 있다. 즉 목적과 같은 심리관계를 신분에 포함시키는 입장에서는 목적있는 자와 목적없는 자가 공동으로 진정목적범(예: 통화위조죄)을 범한 경우에 제33조 본문을 적용함으로써 목적없는 자도 진정목적범의 공동정범이 된다는 문제점이 발생한다.

2. 신분의 종류

신분은 형법상의 취급에 따라 다음 세 가지로 나누어 볼 수 있다.

(1) (범죄)구성적 신분

행위의 주체가 일정한 신분을 갖추어야만 범죄가 성립하는 경우에 구성적 신분이라 하고, 구성적 신분을 필요로 하는 범죄를 진정신분범이라고 한다. 예컨대 수뢰죄(제129조 제1항)에서 공무원인 신분이 그것이다. 그 외 진정신분범으로는 위증죄(제152조 제1항), 허위진단서작성죄(제233조), 업무상비밀누설죄(제317조), 단순횡령죄(제355조 제1항), 단순배임죄(제355조 제2항) 등이 있다.

---

175) 권오걸, 629면; 김/서, 655면; 배종대, 649면; 손해목, 1103면; 이재상, 503면; 이형국, 320면; 정/박, 589면; 정영일, 458면; 진/이, 631면; 차용석, "공범과 신분", 고시연구, 1986. 5, 24면.

176) 계속성이 필요하다는 견해는 권문택, "공범과 신분", 형사법강좌 Ⅱ, 783면; 김성돈, 666면; 신동운, 681면; 오영근, 650면; 이상돈, 622면.

177) 정성근, 606면; 차용석, 앞의 글, 24면 이하. 목적을 신분개념에 포함시킨 대법원판결도 있다. "피고인이 갑을 모해할 목적으로 을에게 위증을 교사한 이상 가사 정범인 을에게 모해의 목적이 없었다고 하더라도, 형법 제33조 단서의 규정에 의하여 피고인을 모해위증교사죄로 처단할 수 있다"(**대판 1994. 12. 23, 93 도 1002**).

(2) (형벌)가감적 신분

행위의 주체가 일정한 신분을 갖추지 않아도 범죄는 성립하지만, 일정한 신분이 있음으로 해서 형벌이 가중되거나 감경되는 경우를 가감적 신분이라 하고, 가감적 신분으로 규정된 범죄를 부진정신분범이라고 한다. 예컨대 존속살해죄(제250조 제2항)에서 직계비속이라는 신분은 가중적 신분이다. 그 외 가중적 신분은 업무상과실치사상죄(제268조), 업무상횡령·배임죄(제356조), 상습범, 대(對)존속범죄 등에서 규정되어 있다.

(3) 소극적 신분

일정한 신분이 있으면 범죄의 성립 또는 형벌이 조각되는 경우를 소극적 신분이라 한다. 소극적 신분은 또 다시 ① 불법조각신분(예: 의료법위반범죄와 변호사법위반범죄에서 의사 또는 변호사의 신분, 무면허운전처벌에서 운전면허자의 신분) ② 책임조각신분(예: 만 14세 미만자) ③ 형벌조각신분으로 나누어 볼 수 있다.

(4) 실질적 분류설

우리나라의 다수설은 구성적 신분은 불법신분, 가감적 신분은 책임신분이라는 것을 기본적 전제로 하고 있으나, 이 양자가 일치하지는 않는다는 입장에서 실질적 관점에서 위법신분과 책임신분을 구별하고 특히 가감적 신분에 위법신분이 있을 수 있다는 견해가 있다.[178)]

그러나 신분개념의 실상을 보자면, 인적 불법론에 의하여 인적 표지를 불법내용으로 파악하면서 동시에 인적 표지라 하더라도 행위자관련적 표지－이 표현은 '책임'관련적 표지의 별칭이나 다름없다－만이 신분이 된다고 함으로써 불법신분과 책임신분이 혼재되어 있는 양상을 보이고 있는데, 실질적 분류설이 양자의 확연한 구별기준을 제시하지 못하는 한 오히려 혼란만 증폭시키는 주장이 아닌가 한다. 즉 실질적 분류설이 가감적 신분 중에서 어떤 것은 위법신분(예: 직권남용죄에서의 공무원)이고 또 어떤 것은 책임신분(예: 업무상횡령죄에서의 업무자)이라고 할 때 그 구별의 기준 내지 근거가 명확치 않은 결함이 있다.[179)]

실질적 분류방법은 독일에서의 지배적 견해이기는 하지만, 공범과 신분에

---

178) 박양빈, "공범과 신분", 고시연구, 1991. 6, 47면; 정/박, 591면 이하; 차용석, 앞의 글, 25면.

179) 실질적 분류설에 반대하는 견해는 김/서, 658면; 배종대, 651면; 성낙현, 667면; 손동권, 563면; 신동운, "공범과 신분", 고시계, 1991. 12, 45면; 이재상, 504면; 진/이, 633면.

관한 형법규정이 우리 형법과는 다르다는 사정을 염두에 두어야 할 것이다.[180] 입법현실의 차이점에서 나오는 해석론상의 차이점은 독일에서는 상습성을 위법신분으로 보는 데[181] 반하여, 우리나라의 실질적 분류설은 이를 책임신분이라 하거나[182] 또는 위법신분이라고[183] 하는 점에서도 드러나고 있으며, 그만큼 양자의 구별이 곤란하다는 증거로 여겨진다.[184] 또 부진정부작위범에 있어서 작위의무가 행위관련적 표지이므로 보증인적 지위를 신분개념에서 제외하는 견해와[185] 보증인적 지위를 행위자관련적 표지로 보아 신분개념에 포함시키는 견해가[186] 독일에서 첨예하게 대립하고 있는 실정의 밑바닥에는 역시 양자 구별의 난해함이 자리잡고 있다고 생각한다.

또한 실질적 분류설에 의하면 위법신분이면서 가중적 신분을 지닌 정범에게 가공한 비신분자에 대하여 제33조 '본문'을 적용한 결과 가중적 범죄의 공범으로 처벌하기 때문에, 형의 경중이 있을 경우 비신분자를 중한 형으로 처벌해서는 안된다는 '단서'규정에 정면으로 배치된다는 문제점이 있다.

---

180) 독일형법은 제28조에서 우리 형법 제33조와 유사한 규정을 두고, 별도로 제29조에서는 정범과 공범에 있어서 책임개별화의 원칙을 천명함으로써 정범의 책임신분이 공범에게 전혀 영향을 주지 못한다는 점(책임신분에 있어서 공범의 독립성)을 밝히고 있다. 따라서 독일형법상으로는 제28조 제2항에 명시된 '가감적' 신분에 있어서의 공범의 독립성은 제29조의 '책임'신분의 경우와 분리하여 '불법'신분으로서의 가감적 신분에 국한시키고자 하는 해석이 요구된다. 이 현상은 체계해석이 불가피하게 초래한 축소해석 내지 반대해석이라 할 수 있다. 우리 형법에는 독일형법 제29조에 해당하는 별도의 조문이 없으므로 '책임'신분에 있어서 공범의 독립성을 명시한 근거규정으로 제33조 단서를 지적하는 견해가 큰 설득력을 얻게 된다.

독일형법 제28조[특별한 인적 표지] 제1항: "정범의 가벌성을 근거지우는 특별한 인적 표지(besondere persönliche Merkmale: 제14조 제1항)가 공범(교사자 또는 방조자)에게 결여된 경우에는 제49조 제1항에 따라 그 형을 감경한다." 제2항: "법률이 특별한 인적 표지를 형의 가중·감경 또는 배제사유로 규정하고 있는 경우에는 이는 그 표지가 존재하는 관여자(정범 또는 공범)에 대해서만 적용된다."

제29조[관여자의 독립적 가벌성]: "각 관여자는 타인의 책임을 고려함이 없이 자기책임에 따라 처벌된다."

181) Schönke/Schröder/Cramer, StGB, §28 Rn. 14; Jescheck, AT, S. 596 등. RG 61/268, 71/72.

182) 정/박, 591면.

183) 차용석, 앞의 글, 26면.

184) 실질적 분류설에서도 그 문제점을 솔직히 인정하는 견해로서는 박양빈, 앞의 글, 52면; 차용석, 앞의 글, 25면 이하 참조.

185) Schönke/Schröder/Cramer, StGB, §28 Rn. 19; Rolf-D. Herzberg, "Die Problematik der besonderen persönlichen Merkmale", ZStW, 88. Bd., 1976, S. 108; Jescheck, aaO. 등.

186) Eser, Strafrecht Ⅱ, S. 180 ff.; Roxin, LK, §28 Rn. 40; Samson, SK, §28 Rn. 21; Wessels, AT, S. 161 등. 이 견해가 우리나라의 통설이다.

Ⅲ. 형법 제33조 해석의 일반론

형법 제33조는 공범과 신분이라는 표제하에 "신분이 있어야 성립되는 범죄에 신분 없는 사람이 가담한 경우에는 그 신분 없는 사람에게도 제30조부터 제32조까지의 규정을 적용한다. 다만, 신분 때문에 형의 경중이 달라지는 경우에 신분이 없는 사람은 무거운 형으로 벌하지 아니한다"라고 규정하고 있다.

예컨대 공무원이 아닌 자가 공무원의 범행에 가공하여 진정신분범인 수뢰죄(제129조 제1항)를 범한 경우에 수뢰죄의 공범이 성립하고, 직계비속이 아닌 자가 직계비속의 범행에 가공하여 부진정신분범인 존속살해죄(제250조 제2항)를 범한 경우에는 보통살인죄(동조 제1항)의 형으로 처벌된다.

1. 제33조 본문과 단서의 성격

제33조 본문에 의하면, 신분있는 정범이 신분범을 범한 경우에 신분없는 공범에게도 범죄의 성립을 긍정하는 점에서 정범에 대한 공범의 종속성을 규정한 것이라 할 수 있다. 한편 제33조 단서에 의하면, 신분있는 정범의 중한 형이 신분없는 공범에게는 영향을 주지 못한다는 점에서 정범에 대한 공범의 독립성을 규정한 것이라 할 수 있다.

따라서 공범독립성설에서는 제33조 본문의 성격을 예외규정(특별규정), 단서의 성격을 당연규정으로 보게 된다. 그러나 공범종속성설 중 특히 극단종속형식에서는 본문을 당연규정, 단서를 예외규정으로 보게 된다.

2. 제33조 본문과 단서의 적용범위

제33조 본문에서 "신분이 있어야 성립되는 범죄"란 진정신분범만을 의미하는가 아니면 부진정신분범까지를 포함하는가에 관하여 학설의 대립이 있다.

제1설(다수설)에 의하면, 부진정신분범에서의 신분은 범죄의 성립을 좌우하는 것이 아니고 형벌을 가감하는 작용을 할 뿐인데, 이에 관하여는 제33조의 단서가 규정하는 바이므로 본문의 범죄란 진정신분범만을 의미한다고 한다.[187]

---

187) 권문택, 앞의 글, 786면 이하; 권오걸, 633면; 김성천, 437면; 김종원, "공범과 신분", 법정, 1976. 1, 53면; 박상기, 467면; 배종대, 653면; 손해목, 1111면; 안동준, 265면; 이상돈, 626

또한 이 학설은, 진정신분범의 신분은 불법신분이고 부진정신분범의 신분은 책임신분이라는 기본적 전제하에 본문은 "불법신분의 연대성"을, 단서는 "책임신분의 개별성"을 규정한 것으로 봄으로써 신분의 구별과 이에 상응한 제한종속형식의 적용이 간단명료하다는 장점을 지니고 있다.

제2설에 의하면, 본문은 진정신분범이나 부진정신분범을 불문하고 공범의 "성립"에 관한 규정이고, 단서는 부진정신분범의 "과형(科刑)"에 관한 규정이라 한다.[188] 따라서 본문의 범죄란 진정신분범뿐만 아니라 부진정신분범까지도 포함한다는 견해이다. 부진정신분범(예: 존속살해죄)에 가공한 신분없는 공범에 대하여는 일단 본문을 적용하여 부진정신분범의 공범(존속살해죄의 공범)의 성립을 인정한 후 그 '과형'에 있어서 단서를 적용하여 중하지 아니한 형(보통살인죄의 형)의 범위 내에서 처벌한다.[189] 판례는 제2설의 입장에 선다.[190] 제2설은 책임신분의 경우에도 비신분자에게 일단 신분범의 성립을 인정하는 점, 즉 책임에 있어서까지 공범의 종속성을 인정하는 점에서 제한종속형식에 배치되는 문제점이 있다.

제3설에 의하면, 신분을 위법신분과 책임신분으로 실질적 관점에서 구별한 후 제한종속형식에 따라 본문은 위법신분의 연대작용을, 단서는 책임신분의 개별작용을 규정한 것이라 한다.[191] 따라서 본문의 범죄란 위법신분으로 규정된 범죄를 의미하고, 진정신분범인가 부진정신분범인가는 묻지 않는다. 이 학설은 가감적 신분에 있어서도 위법신분이 있을 수 있다고 하면서 그 공범에 대하여 본문을 적용하는 점에 특징이 있다. 예컨대 간수자의 도주원조죄(형법 제148조)에

면: 이재상, 505면: 이형국, 323면.

188) 김성돈, 672면: 신동운, 687면 이하: 진/이, 635면.

189) 부진정신분범의 공범에 대하여 제2설은 그 성립에 있어서 본문을 적용하되 처벌에 있어서 다시 단서를 적용하므로 결과적으로 제1설과 같게 된다(제1설과 제2설은 과정만 다를 뿐 결과는 같다는 점에서 두 학설 중 자신의 견해를 특별히 밝히지 않는 학자는 김/서, 660면). 다만 공소시효는 부진정신분범의 법정형을 기준으로 계산하는 점이 다르다(신동운, 688면).

190) "위와 같은 신분관계가 없는 자가 그러한 신분관계에 있는 자와 공모하여 위 상호신용금고법위반죄를 저질렀다면, 그러한 신분관계가 없는 자에 대하여는 형법 제33조 단서에 의하여 형법 제355조 제2항에 따라 처단하여야 할 것인바, 그러한 경우에는 신분관계가 없는 자에게도 일단 업무상배임으로 인한 상호신용금고법 제39조 제1항 제2호 위반죄가 성립한 다음, 형법 제33조 단서에 의하여 중한 형이 아닌 형법 제355조 제2항에 정한 형으로 처벌되는 것으로 보아야 할 것이다"(**대판 1997. 12. 26, 97 도 2609**). "비점유자가 업무상 점유자와 공모하여 횡령한 경우에 비점유자도 형법 제33조 본문에 의하여 공범관계가 성립되며, 다만 그 처단에 있어서는 동조 단서의 적용을 받는다"(**대판 1965. 8. 24, 65 도 493**).

191) 박양빈, 앞의 글, 48면: 정/박, 594면: 차용석, 앞의 글, 29면.

가공한 일반인(비신분자)의 처벌에 관하여, 제1설은 간수자도주원조죄를 부진정신분범으로 보고 단서를 적용하여 단순도주원조죄(제147조)의 공범이 된다고 함에 반하여, 제3설은 간수자를 위법신분으로 보기 때문에 본문을 적용하여 간수자도주원조죄(제148조)의 공범이 된다고 한다. 제3설에는 앞에서 지적한 바와 같이 ① 가감적 신분에서 위법신분과 책임신분의 구별기준이 명확치 않다는 문제점과 ② 위법신분이면서 가중적 신분을 지닌 정범에게 가공한 비신분자에 대하여 제33조 본문을 적용하여 가중적 범죄의 공범으로 처벌하는 것은 형의 경중이 있을 경우 비신분자를 중한 형으로 처벌해서는 안된다는 '단서'규정에 정면으로 배치된다는 결함이 있다.

3. 신분자가 비신분자에게 가공한 경우

제33조는 비신분자가 신분자에게 가공한 경우에 적용된다는 점에 대해서는 이론이 없다. 그러나 반대로 신분자가 비신분자에게 가공한 경우에도 제33조가 적용되는가에 관해서는 학설의 대립이 있다.

후술하는 바와 같이 진정신분범에 있어서 신분자가 비신분자를 교사·방조한 경우에는 제33조 본문이 적용되지 않고 "신분없는 고의있는 도구"의 이용문제로서 이론적 해결에 맡겨져 있다는 것이 다수설이다.

부진정신분범에 있어서도 제33조 단서는 신분자가 정범일 경우에 한하여 적용되므로 신분자가 비신분자를 교사·방조한 경우에는 단서적용을 배제하고 이론으로 해결해야 한다는 주장이 있다.[192]

4. 제33조의 공동정범 및 간접정범에의 적용 여부

진정신분범에 있어서의 신분은 행위의 주체에 관한 구성요건요소이다. 따라서 구성적 신분은 정범의 표지가 된다고 할 수 있다. 그렇다면 이론상으로는 신분자와 비신분자가 범행을 공동으로 한 경우에 비신분자에게 공동'정범'의 성립을 인정하기 어렵다고 할 수 있다. 그러나 우리 형법은 진정신분범에 가공한 비신분자에게도 "제30조부터 제32조까지의 규정을 적용한다"라고 함으로써 제33조가 공동정범(제30조)의 경우에도 적용됨을 명문으로 밝히고 있다. 구성적 신분이 정범표지임에 비추어 제33조 본문은 비신분자에 대한 공동정

192) 진/이, 637면.

범의 성립을 특별히 규정한 것으로 보아야 한다(특별규정).

그런데 우리 형법 제33조 본문에 대응하는 일본형법 제65조 제1항은 가공한 비신분자를 "공범으로 한다"라고 규정하여[193] 공범의 범위에 관하여 해석상 다툼이 있고, 독일형법 제28조는 공범으로서 교사범과 방조범을 명시하면서 공동정범을 제외하고 있어서 우리 형법과는 차이를 보이고 있다. 신분자와 비신분자간의 공동정범성립 여부에 관하여 우리 형법은 실정법적 해결을 내리고 있는 셈이다. 다만 구성적 신분은 정범표지이므로 입법론상 비신분자에 대한 진정신분범의 공동정범성립을 삭제하고 협의의 공범성립에 국한하는 것이 타당하다고 본다.

형법 제34조 제1항은 간접정범을 "교사 또는 방조의 예에 의하여 처벌한다"고 규정한다. 그런데 그 예에 의할 교사 또는 방조에 제33조 본문이 적용되므로 결국 간접정범에도 제33조 본문이 적용됨으로써 비신분자가 진정신분범의 간접정범(예: 비공무원이 수뢰죄의 간접정범)이 될 수 있다는 주장이 있다.[194]

제33조 본문이 공동정범을 적용범위에 포함시킨 것은 어디까지나 비신분자가 신분자와 '함께' 진정신분범을 범한 경우에 특별히 공동정범이 될 수 있다는 것이지, 신분자의 범죄성립없이 비신분자가 단독으로 정범이 될 수 있다는 취지는 아닌 것으로 보아야 한다.[195] 그리고 제34조 제1항이 간접정범을 교사 또는 방조의 "예"에 의하여 처벌한다고 규정한 것은 교사 또는 방조"이다"라는 뜻은 아니고, 교사 또는 방조의 "형"에 의하여 처벌한다는 취지로 해석해야 하고, 따라서 간접정범에는 제33조가 적용되지 않는다고 함이 타당하다.

Ⅳ. 진정신분범에 있어서의 공범

1. 비신분자가 신분자에게 가공한 경우

비신분자가 신분자의 범행에 가공하여 진정신분범을 범한 경우에는 어떠

193) 일본형법 제65조 제1항: "범인의 신분으로 인하여 구성될 범죄에 가공한 때에는 그 신분이 없는 자일지라도 또한 공범으로 한다." 제2항: "신분으로 인하여 특히 형의 경중이 있는 때에는 그 신분이 없는 자에게는 통상의 형을 과한다."

194) 박양빈, 앞의 글, 48면; 신동운, 앞의 글, 42면; 진/이, 638면; 차용석, 앞의 글, 35면.

195) 김성돈, 677면; 김/서, 660면; 박상기, 469면; 배종대, 655면; 이재상, 507면; 이형국, 323면; 정/박, 599면.

한 학설에 의하든지 제33조 본문이 적용되어 비신분자는 진정신분범의 공범(공동정범, 교사범, 방조범)이 된다.[196] 예컨대 비공무원 甲이 공무원 乙을 교사하여 수뢰행위를 하게 한 경우에 乙은 수뢰죄(제129조 제1항)의 정범, 甲은 수뢰죄의 교사범이 된다.

그런데 신분없는 공범의 "불법과 책임의 정도"는 신분있는 정범에 비하여 낮기 때문에 형벌에 있어서 이 점을 반영하는 것이 죄형균형사상에 합치한다.[197] 따라서 입법론으로는 비신분자의 공범성립을 인정하되, 진정신분범에 대한 형의 임의적 감경사유 또는 필요적 감경사유로 규정하는 것이 바람직하다.[198] 독일형법은 필요적 감경사유로 규정하고 있다.

2. 신분자가 비신분자에게 가공한 경우

신분자가 비신분자를 교사·방조하여 진정신분범을 범하게 한 경우에는 제33조 본문이 적용되지 않고, "신분없는 고의있는 도구"를 이용한 행위의 문제가 되어 이론적 해결에 맡겨져 있다는 것이 통설이다.[199] 예컨대 공무원 甲이 비공무원 乙을 교사하여 乙로 하여금 뇌물을 받아 오게 한 경우이다.

진정신분범에서의 신분은 불법요소이므로 신분없는 자의 행위가 구성요건적 행위로 될 수는 없고 기껏해야 방조범이 될 수 있을 뿐이다. 이 때 신분자는 신분없는 고의있는 도구를 이용한 것으로서 간접정범이 된다는 다수 견해도 있으나, 신분자의 의사지배 내지 비신분자의 도구성을 부정하여 신분자는 교사범이 된다는 소수 견해도 있다.[200]

앞의 예에서 다수설에 의하면 공무원 甲은 수뢰죄의 간접정범, 비공무원

---

196) "판결요지: 신분관계가 없는 사람이 신분관계로 인하여 성립될 범죄에 가공한 경우에는 신분관계가 있는 사람과 공범이 성립한다(형법 제33조 본문 참조). … 공무원이 아닌 사람(비공무원)이 공무원과 공동가공의 의사와 이를 기초로 한 기능적 행위지배를 통하여 공무원의 직무에 관하여 뇌물을 수수하는 범죄를 실행하였다면, 공무원이 직접 뇌물을 받은 것과 동일하게 평가할 수 있으므로, 공무원과 비공무원에게 형법 제129조 제1항에서 정한 뇌물수수죄의 공동정범이 성립한다"(대판 2019. 8. 29, 2018 도 2738-전원합의체).

197) Schönke/Schröder/Cramer, StGB, §28 Rn. 25; Jescheck, AT, S. 597; Roxin, LK, §28 Rn. 37 ff.

198) 권문택, 앞의 글, 789면; 권오걸, 641면; 김종원, 앞의 글, 54면; 이재상, 512면; 이형국, 325면.

199) 권문택, 앞의 글, 793면; 김/서, 661면; 박상기, 468면; 배종대, 655면; 이재상, 507면; 진/이, 638면.

200) 이에 관해서는 간접정범 중 해당 부분을 참조.

乙은 수뢰죄의 방조범이 되지만, 소수설에 의하면 甲은 수뢰죄의 교사범, 乙은 수뢰죄의 방조범이 된다.

V. 부진정신분범에 있어서의 공범

1. 비신분자가 신분자에게 가공한 경우

비신분자가 신분자의 범행에 가공하여 부진정신분범을 범한 경우에는 비신분자의 처벌에 관하여는 전술한 바와 같이 학설이 대립한다. 제1설(다수설)은 직접 제33조 단서를 적용하지만, 제2설은 먼저 본문을 적용하여 공범의 성립을 인정하고, 그 다음 과형에 있어서 단서를 적용한다. 제3설은 부진정신분범에서의 신분이 위법신분인가 책임신분인가를 실질적으로 구별하여 전자인 경우에는 본문을 적용하고, 후자인 경우에는 단서를 적용한다.

예컨대 甲이 乙을 교사하여 乙의 부친인 丙을 살해하게 한 경우에, 제1설에 의하면 乙은 존속살해죄(제250조 제2항)의 정범, 甲은 보통살인죄(동조 제1항)의 교사범이 되고, 제2설에 의하면 乙은 존속살해죄의 정범, 甲은 존속살해죄의 교사범이 성립하지만 다만 과형에 있어서는 보통살인죄의 법정형에 의거하게 된다. 직계비속은 책임신분이므로 이 경우에 제3설은 제1설과 같아진다.

또 하나의 해석상의 문제는 부진정신분범 중에서 가중적 신분이 아니라 '감경적 신분'의 경우에 신분자에게 가공한 비신분자를 어떻게 처벌할 것인가에 있다.

제33조 단서는 "무거운 형으로 벌하지 아니한다"라고 규정하고 있으므로 '문언해석'에 집착하여 비신분자는 항상 경한 형으로 처벌되어야 한다고 주장함으로써 감경적 신분범의 교사범으로 처벌된다는 견해가 있다(소수설).[201]

그러나 입법취지를 고려한 '목적론적 해석'을 하자면 비신분자에게 비신분범의 형, 즉 '통상의' 범죄의 형으로 처벌하는 것을 금지하는 것은 아니라고 보아, "〈가중〉된 형으로 벌하지 아니한다"는 뜻으로 해석하는 것이 타당하다고 생각한다(다수설).[202] 단서의 입법취지는 형을 가중하는 경우뿐만 아니라 감경하는

201) 권문택, 앞의 글, 791면; 신동운, 앞의 글, 47면; 오영근, 661면; 진/이, 639면.

202) 통상의 범죄의 형으로 처벌하자는 해석으로는 김신규, 538면; 김/서, 662면; 박상기, 470면; 배종대, 656면; 안동춘, 266면; 이상돈, 636면; 이재상, 510면; 정/박, 601면.

경우에도 언제나 신분자의 일신(一身)에만 가감의 효과를 미치고 비신분자에게는 영향이 없다는 '책임개별화의 원칙'에 있다고 보아야 할 것이다.

이와 관련된 해석상의 오해를 불식시키기 위해서는 "무거운 형으로 벌하지 아니한다"를 "통상의 형으로 처벌한다"라는 문언으로 개정하는 것이 바람직하다.

2. 신분자가 비신분자에게 가공한 경우

신분자가 비신분자의 범행에 가공하여 부진정신분범을 범한 경우에 비신분자를 어떻게 처벌할 것인가에 관하여도 학설이 대립한다. 예컨대 甲이 乙을 교사하여 乙로 하여금 甲의 부친인 丙을 살해하게 한 경우이다.

이 경우에도 책임의 개별화를 규정한 단서조항을 적용하여 乙은 보통살인죄의 정범, 甲은 존속살해죄의 교사범이 된다는 견해가 다수설이다.[203]

그런데 제33조 단서는 신분자가 정범일 경우에 한하여 적용되며 신분자가 교사범·방조범일 때에는 단서적용을 배제하고 이론으로 해결해야 한다고 주장하면서, 공범종속성설의 입장에서 乙은 보통살인죄의 정범, 甲은 보통살인죄의 교사범이라는 견해도 있다.[204] 이 견해는 공범종속성설의 입장에 서더라도 극단종속형식을 적용한 결과이고 제한종속형식과는 맞지 않는다.

Ⅵ. 소극적 신분과 공범

제33조는 구성적 신분과 가감적 신분이라는 적극적 신분의 경우에 적용되는 규정이고, 일정한 신분이 있으면 범죄의 성립 또는 형벌이 조각되는 '소극적' 신분의 경우에 가공한 비신분자를 어떻게 처벌할 것인가에 관하여는 형법상 아무런 규정이 없다. 따라서 소극적 신분과 공범의 문제는 이론에 맡겨져 있다고 하겠으며,[205] 기본적 해결원리는 공범종속성설 중 제한종속형식과 책임개별화의 원칙에 두어야 할 것이다.

① 불법조각신분에 있어서 비신분자가 신분자의 행위를 교사·방조한 경우

---

203) 권문택, 앞의 글, 793면 이하; 김신규, 539면; 김/서, 662면; 박상기, 470면; 배종대, 656면; 이재상, 510면; 정/박, 600-1면; 진/이, 640면.

204) 오영근, 663면.

205) 입법론으로는 소극적 신분과 공범의 경우에도 범죄의 성립 또는 형벌이 조각되는 효과는 신분자에게만 미친다는 것을 형법에 규정하는 것이 타당하다.

(예: 의사의 의료행위를 교사·방조한 일반인의 의료법위반 여부)에 신분자의 행위는 적법행위이므로 비신분자도 아무런 처벌을 받지 않는다. 그러나 반대로 신분자가 비신분자의 행위를 교사·방조한 경우에는 비신분자의 행위는 정범으로서 불법이므로 이를 교사·방조한 신분자에게는 제한종속형식에 따라 불법효과가 연대적으로 미친다고 보아, 공범의 성립을 긍정하는 것이 타당하다(통설[206] 및 판례[207]).

신분자와 비신분자가 공동으로 행위한 경우에는 비신분성을 정범표지로 보아 비신분자만이 정범이 되고 신분자는 무죄가 된다고 생각한다. 그러나 통설과[208] 판례는[209] 이 경우에 신분자와 비신분자 모두에게 공동정범의 성립을 긍정한다.

② 책임조각신분과 형벌조각신분에 있어서 신분자의 행위에 비신분자가 교사·방조한 경우에 신분자는 책임 또는 형벌이 조각되지만 비신분자는 제한

---

206) 권문택, 앞의 글, 794면; 김성돈, 680면; 김/서, 664면; 배종대, 656면; 손동권, 572-3면; 손해목, 1115면; 신동운, 696면; 안동준, 266면; 이재상, 511면; 이형국, 324면; 정/박, 603면; 진/이, 640면.

207) "판결요지: 치과의사가 환자의 대량유치를 위해 치과기공사들에게 내원환자들에게 진료행위를 하도록 지시하여 동인들이 각 단독으로 전항과 같은 진료행위를 하였다면 무면허 의료행위의 교사범에 해당한다"(**대판 1986. 7. 8, 86 도 749**). "판결요지: 간호보조원의 무면허 진료행위가 있은 후에 이를 의사가 진료부에다 기재하는 행위는 정범의 실행행위 종료 후의 단순한 사후행위에 불과하다고 볼 수 없고, 무면허 의료행위의 방조에 해당한다"(**대판 1982. 4. 27, 82 도 122**).

208) 권문택, 앞의 글, 794면; 김/서, 664면; 배종대, 657면; 손해목, 1115면; 신동운, 앞의 글, 48면; 이재상, 512면; 이형국, 324면; 정/박, 603면; 진/이, 640면.

209) "의료인일지라도 의료인 아닌 자의 의료행위에 공모하여 가공하면 의료법 제25조 제1항이 규정하는 무면허 의료행위의 공동정범으로서의 책임을 져야 할 것이다"(**대판 1986. 2. 11, 85 도 448**). "의사가 간호사로 하여금 의료행위에 관여하게 하는 경우에도 그 의료행위는 의사의 책임 아래 이루어지는 것이고 간호사는 그 보조자에 불과하다(대법원 1998. 2. 27, 선고 97 도 2812 판결 등 참조). 간호사가 '진료의 보조'를 하는 경우 모든 행위 하나하나마다 항상 의사가 현장에 입회하여 일일이 지도·감독하여야 한다고 할 수는 없고, 경우에 따라서는 의사가 진료의 보조행위 현장에 입회할 필요 없이 일반적인 지도·감독을 하는 것으로 충분한 경우도 있을 수 있으나(대법원 2003. 8. 19, 선고 2001 도 3667 판결, 대법원 2006. 8. 24, 선고 2005 도 8360 판결 등 참조), 이는 어디까지나 의사가 그의 주도로 의료행위를 실시하면서 그 의료행위의 성질과 위험성 등을 고려하여 그 중 일부를 간호사로 하여금 보조하도록 지시 내지 위임할 수 있다는 것을 의미하는 것에 그친다. 이와 달리 의사가 간호사에게 의료행위의 실시를 개별적으로 지시하거나 위임한 적이 없음에도 간호사가 그의 주도 아래 전반적인 의료행위의 실시여부를 결정하고 간호사에 의한 의료행위의 실시과정에도 의사가 지시·관여하지 아니한 경우라면, 이는 의료법 제27조 제1항이 금지하는 무면허 의료행위에 해당한다고 볼 것이다. 그리고 의사가 이러한 방식으로 의료행위가 실시되는 데 간호사와 함께 공모하여 그 공동의사에 의한 기능적 행위지배가 있었다면, 의사도 무면허 의료행위의 공동정범으로서의 죄책을 진다"(대판 2012. 5. 10, 2010 도 5964).

종속형식상 신분자의 불법행위에 종속하여 공범으로서 처벌된다. 단 책임이 조각되는 신분자(예: 정신병자)를 교사·방조한 비신분자에게 의사지배가 인정되는 경우에는 간접정범이 성립한다. 반대로 비신분자의 행위에 신분자가 교사·방조한 경우에 비신분자는 정범이 되고 신분자는 책임 또는 형벌이 조각된다. 책임조각 신분자와 비신분자가 공동으로 행위한 경우에는 책임개별화에 따라 비신분자만이 정범으로 처벌된다.

제 7 장 범죄의 특수형태

제 1 절 과 실 범

Ⅰ. 서 설

1. 과실범의 의의

과실은 고의 또는 불가항력과 구별되어야 한다. 과실에는 범죄사실에 대한 인식이나 범죄실현에의 인용이 결여되어 있다는 점에서 고의와 차이가 나고, 구성요건적 결과가 발생하였으나 행위자의 주의의무위반에 기인한다는 점에서 불가항력 내지 우연한 사고와 다르다.

그런데 고의가 아니라 과실에 의하여 구성요건적 결과가 발생한 경우에도 처벌할 것인가 또 처벌을 긍정한다면 그 처벌은 고의범에 비하여 어떠한가라는 의문이 우선 제기될 수 있다. 형법은 고의범과 달리 과실범은 "법률에 특별한 규정이 있는 경우에만" 처벌하는 것으로 규정하고 있다(제14조). 즉 과실치사죄(제267조)에 있어서 "과실로 인하여 사람을 사망에 이르게 한 자", 실화죄(제170조)에 있어서 "과실로…물건을 불태운 자"라고 규정하고 있는 것과 같이, 과실범은 법률이 "과실로 인하여"라는 표현을 사용하는 등 예외적으로 그 처벌을 명시하고 있는 경우에만 가벌적이고, 처벌하는 경우에도 그 형벌이 고의범에 비하여 현저히 낮게 법정되어 있다.

고의에 비하여 과실의 불법과 책임의 정도는 낮다. 그러나 과실은 고의의 약한 형식에 불과한 것이 아니라 고의와는 전혀 다른 '독자성'을 지니고 있다. 과실의 본질적 요소는 사회생활을 영위함에 있어서 법질서가 요구하는 주의의무를 다하지 못했다는 규범적 측면에 있다.

따라서 "사회생활상 요구되는 주의의무에 위반하여 구성요건의 객관적 요소에 해당하는 사실을 인식하지 못하거나 구성요건적 결과의 발생을 회피하지 못한 경우"를 「과실」(Fahrlässigkeit)이라 정의할 수 있고,[1] 나아가 "구성요건적 결과가 발생"하면 「과실범」이 성립한다. 여기에서 주의의무란 자신의 행위로 인하여 혹시나 구성요건적 결과가 발생하지나 않을까 하고 예견하여야 하고, 이를 예견한 경우에는 그 결과의 발생을 회피하여야 할 의무를 말한다.

과실범은 기술문명의 발달과 더불어 고도로 산업화된 사회의 거의 모든 부문에서 양적으로 엄청나게 팽창하였고 피해규모도 대형화하였다.[2] 특히 자동차의 대중적 보급에 따라 과실로 인한 교통사고가 폭증하였다. 이러한 범죄현실은 종래의 형법이론이 고의범을 본위(本位)로 해서 구성된 까닭에 상대적으로 등한시되었던 과실범연구의 중요성을 환기시키는 계기가 되었고, 과실의 체계론을 비롯한 이론적 관심도 새로이 고조되는 등, 최근 형법학에 있어서 과실범은 고의범과 다른 특성에 입각해서 별개의 독립적인 연구영역으로서 다루어지고 있다.

2. 과실의 체계적 지위

(1) 책임요소설

과거의 인과적 행위론 및 심리적 책임론의 입장에서는 과실범의 불법내용을 구성요건적 결과의 발생에서 찾고, 과실 자체는 고의와 함께 책임요소 내지 책임형식으로 파악하였다(고전적 범죄체계론-**구과실론**).[3] 과실을 책임에 위치시키는 까닭에 주의의무위반의 판단표준은 당연히 행위자 개인의 주의능력

---

1) 과실의 개념정의는 고의의 본질에 관한 학설, 즉 (미필적) 고의와 (인식있는) 과실의 구별론에 종속한다. 예컨대 가능성설에 따르면 결과발생을 가능하다고 인식한 경우에는 고의이고 불가능하다고 인식한 경우에는 과실이며, 희망설(의사설)에 따르면 결과발생을 희망한 경우에는 고의이고 희망하지 않은 경우에는 과실이다. 인용설에 따르면 결과발생을 인용한 경우에는 고의이고 인용하지 않은 경우에는 과실이다.

2) 1990년대에 들어서서 우리나라에서는 과실로 인한 대형사고가 빈발하였다. 예컨대 292명이 사망한 서해 위도 앞바다 훼리호 침몰사고(93. 10. 10), 32명이 사망한 서울 성수대교 붕괴사고(94. 10. 21), 101명이 사망한 대구 지하철공사장 가스폭발사고(95. 4. 28), 502명이 사망한 서울 삼풍백화점 붕괴사고(95. 6. 29), 220여명이 사망한 괌 KAL기 추락사고(97. 8. 5) 등이 있다. 그리고 2014년에는 경주 마우나오션 리조트 지붕 붕괴사고(2월 17일)로 10명이 사망하였고, 진도 앞바다 세월호 침몰사고(4월 16일)로 304명이 희생(사망과 실종)되었다. 국가개조론까지 야기한 '세월호 침몰사고'에서 선장은 부작위에 의한 살인죄로 처벌받았으나, 세월호(여객선)의 침몰 자체는 과적, 화물불고정, 선박의 부당구조변경 등 '과실'로 인한 것이었다.

3) 정영석, 175면.

에 두어진다(책임단계에서의 행위자표준설).

책임요소설은 ① 불법내용을 결과반가치에서만 찾는 불법론상의 근본적인 문제점이 있고,[4] ② 고의 · 과실이 책임단계에서 논해지는 결과 구성요건해당성을 확정할 수 없다는 점, ③ 그리고 책임'무'능력자의 과실'없는' 결과발생행위에 대하여도 일단 위법성을 인정하는 점에서 보안처분(예컨대 치료감호법 제2조의 치료감호)이 가능하다는 이론적 난점을 지니고 있다.

(2) 구성요건요소설

건설 · 토목공사, 자동차운행 등은 필요한 안전조치(주의의무)를 다하더라도 항상 일정한 위험을 내포하고 있는데, 그 불가결한 사회적 유용성으로 말미암아 행위자가 필요한 주의의무를 다하는 한－과실이 없는 한－그 행위와 전형적으로 결부된 위험을 허용된 것으로, 즉 위법하지 않은 것으로 보아야 한다는 「허용된 위험」(erlaubtes Risiko)의 이론이 등장하면서, 과실은 책임요소가 아니라 위법요소로 파악되기에 이르렀다(신과실론). 여기에서는 구성요건적 결과를 발생시키는 모든 행위가 위법한 것이 아니라 허용된 위험을 초과하는 행위, 사회생활상 일반적으로 요구되는 주의의무를 다하지 못한 행위만이 위법하다고 평가된다. 이러한 관점은 불법내용(위법성의 실질)을 행위반가치만으로 파악하려는 입장 또는 결과반가치와 행위반가치의 양자에서 파악하려고 하는 입장에서 주장된다. 고의범과 과실범은 결과반가치에서는 동일하지만 행위반가치에서 차이가 나며, 이 점에 있어서 양자는 불법내용의 단계에서 이미 구별되는 것이다.

과실의 체계적 지위를 (주관적) '구성요건요소'로 확정지은 것은 목적적 행위론이다.[5] 결과불법보다 행위불법에 주목하는 목적적 행위론은 과실범의 본질적 요소를 법익침해라고 하는 결과반가치가 아니라 '결함있는 행위수행의 방법', 즉 '과실'이라고 하는 행위반가치에 있다고 보아,[6] 과실을 행위의 특별한 형식으로 이해한다. 구성요건적 결과에 대하여 목적성이 있는 고의행위와 구성요건적 결과 이외의 결과에 대하여 목적성이 있되 그 수행방법이 적절치 못

4) 책임요소설은 과실없는 결과발생행위(예: 자동차운전중 자살하고자 갑자기 뛰어든 사람을 치사하게 된 불가항력적 사고발생행위)도 일단 위법하다고 평가하는데, 이는 법감정에 맞지 않는다.

5) Werner Niese, Finalität, Vorsatz und Fahrlässigkeit, 1951, S. 61; Welzel, Das Deutsche Strafrecht, S. 131 ff.

6) 김종원, "과실범", 형사법강좌 Ⅰ, 336면.

한 과실행위가 행위개념의 차원에서 이미 독자적 성격과 구조를 갖게 된다.

(3) 이중적 지위설

오늘날은 과실의 이중적 지위설이 널리 수용되어 우리나라에서도 다수설로 되어 있다. 이 학설에 의하면 과실은 행위형식과 책임형식으로서 '이중적' 성격을 지닌다(합일태적 범죄체계론).[7] 이 학설은 주의의무위반으로서의 과실을 객관적 주의의무위반과 주관적 주의의무위반으로 나누어, 전자를 불법요소로, 후자를 책임요소로 파악하는 견해인데,[8] 합일체계를 취하지 아니하면서도 과실의 이중적 지위만큼은 긍정하는 학자들도 있다.[9]

과실의 이중적 지위에 있어서 객관적 주의의무란 사회생활을 영위함에 있어서 누구에게나 일반적으로 요구되는 수준의 주의의무이고, 주관적 주의의무란 행위자의 개인적 능력과 특성에 비추어 행위자에게 가능한 수준의 주의의무이다. 이 학설에 의하면, 책임무능력자의 과실행위에 대하여 주관적 주의의무위반을 부정한다고 하더라도 책임이 조각될 뿐이고, 객관적 주의의무위반은 긍정할 수 있기 때문에 행위의 위법성이 인정되어 보안처분의 부과가 가능하다.

과실은 일면 행위반가치의 판단대상으로서 주관적 구성요건요소가 되며, 타면 심정반가치의 판단대상으로서 책임요소가 된다고 보아 과실의 이중적 지위설이 타당하다고 하겠다.

과실에 있어서 '불법'의 중심은 '행위반가치'에 있다. 법질서는 누구나 법익침해의 위험을 적시에 인식하고 회피하기 위하여 '일반적 · 객관적으로 필요한' 주의의무를 다할 것을 요구하고 있으며, 이러한 주의의무를 다하지 못한 행위에 대하여 사회윤리적 관점에서 부정적 가치판단을 내린다.

다음으로 과실에 있어서의 '책임'비난은 행위자의 '심정반가치'에 가해진다. 법질서는 누구나 법익침해의 위험을 적시에 인식하고 회피하기 위하여 자신에게 '개인적으로 가능한' 주의력을 기울일 것을 요구하고 있다. 과실책임의 심정반가치는 위험의 회피가 가능함에도 불구하고 회피하지 아니함에 있어서

7) 과실의 이중적 지위설은 고의를 행위형식으로서의 고의(구성요건적 고의)와 책임형식으로서의 고의(책임고의)라는 이중적 지위로 파악하는 견해와 조화를 이루고 있다.

8) 김/김, 162면; 김신규, 220면; 김/서, 441면; 박상기, 274면; 배종대, 668면; 손동권, 325면; 신동운, 227면; 오영근, 199면; 이상돈, 152면; 이재상, 187면; 이형국, 327면; 정영일, 154면; 진/이, 253면.

9) 김종원, 앞의 글, 338면 이하; 정/박, 419면.

타인의 법익에 대한 무관심, 배려의 결핍, 무모함과 같은 행위자의 심정적 결함을 보일 때 긍정된다.

일상생활에 있어서 항상 엄청난 위험을 안고 살아가는 기술문명의 시대에 많은 불행한 사고가 "인재(人災)"인 만큼, 법규범은 일면 각자가 사회생활상 객관적으로 필요한 수준의 주의의무를 다할 것을 요구하면서, 타면 개인적으로 가능한 주의능력도 고려하고 있다. 전자를 불법판단에서, 후자를 책임판단에서 검토하자는 것이 바로 과실의 이중적 지위설의 핵심내용이다.

3. 과실범의 처벌과 형법규정

형법 제14조는 "정상적으로 기울여야 할 주의를 게을리하여 죄의 성립요소인 사실을 인식하지 못한 행위는 법률에 특별한 규정이 있는 경우에만 처벌한다"라고 규정하고 있다. 이 법문에서 "정상적으로 기울여야 할 주의를 게을리하여 죄의 성립요소인 사실을 인식하지 못한 행위"가 바로 과실행위인데, 법률에 특별한 규정이 있는 경우에 한하여 처벌됨을 밝히고 있다.

전술한 바와 같이 과실범은 예외적으로 법률이 그 처벌을 명시하고 있는 경우에만 가벌적이다.[10] 현행형법은 과실치사상(제266-268조), 업무상과실·중과실장물취득(제364조), 실화(제170조, 제171조), 과실폭발성물건파열(제173조의 2), 과실일수(제181조), 과실교통방해(제189조)에 있어서 과실범을 처벌하고 있다. 그리고 과실범을 처벌하는 경우에도 그 법정형은 고의범에 비하여 현저히 낮게 규정되어 있다.

현행형법이 처벌하고 있는 과실범은 대체로 '결과범'이다. 과실치사상죄, 실화죄, 과실일수죄 등이 결과범으로서의 과실범에 속한다(과실결과범). 결과범에 있어서의 '결과'를 '외계에서의 물리적·화학적 상태의 변화'라고 하는 '사실상의' 관점에서 파악하는 본서의 입장에서는 추상적 위험범인 '실화죄'가 물건이 '불에 탄 사실'이라는 결과발생을 필요로 한다는 점에서 과실결과범에 속한다고 본다. 그러나 업무상과실·중과실장물취득죄는 결과의 발생을 필요로 하는 결과범이 아니라 단순거동범(형식범)이므로 단순거동범으로서의 과실범에 속한다고 하겠다(과실행위범 또는 과실거동범).[11]

---

10) "행정상의 단속을 주안으로 하는 법규라 하더라도 '명문규정이 있거나 해석상 과실범도 벌할 뜻이 명확한 경우'를 제외하고는 형법의 원칙에 따라 '고의'가 있어야 벌할 수 있다"(**대판** 2010. 2. 11, 2009 도 9807).

11) 결과범에 있어서의 '결과'를 '법익침해 및 법익침해의 구체적 위험'이라는 가치적 관점에서

그리고 현행형법은 과실의 미수범에 대한 처벌규정을 두고 있지 않다. 이론상으로는 과실의 미수범을 상정할 수 있으나, 고의에 비하여 과실은 그 불법과 책임의 정도가 낮은 까닭에 입법자는 당벌성과 필벌성의 관점에서 처벌할 가치가 없다고 본 것이고, 단순거동범으로서의 과실범에 대하여도 비슷한 형사정책적 관점을 제시할 수 있다.

그 밖에 과실범의 처벌에 있어서는 죄형법정주의에 위배되지 않는가 하는 문제가 있다. 제267조의 과실치사죄와 같이 형법각칙은 과실범의 구성요건을 "과실로 인하여…"라는 식으로 불명확하게 기술하고 있을 뿐이고, 과실의 내용에 관하여는 제14조가 "정상적으로 기울여야 할 주의를 게을리하여 죄의 성립요소인 사실을 인식하지 못한" 것으로 규정하고는 있지만, '정상적인 주의를 게을리함'이란 요건도 역시 막연한 것으로서 '명확성원칙'의 위배 여부가 논의될 수 있다.

그런데 과실의 본질적 요소인 주의의무위반에 있어서 사회생활상 요구되는 주의의무의 내용은 천태만상으로서 입법기술상 도저히 구성요건에 망라적으로 유형화할 수 있는 성질의 것이 아니다. 따라서 행위시의 상황에 즉응하여 그때 그때 요구되는 주의의무의 내용은 법관의 충전적 해석에 의하여 구체화된다는 의미에서, 과실을 '법관의 충전적 해석이 필요한 규범적 구성요건요소'로 이해함이 타당하고, 제14조는 과실범의 가벌근거를 밝힘으로써 죄형법정주의의 위반논의를 해소한다는 의의가 있다고 본다.

4. 과실의 종류

(1) 인식없는 과실과 인식있는 과실

인식없는 과실이란 "주의의무에 위반하여 구성요건적 결과의 발생가능성을 인식(예견)조차 하지 못한 경우"이고, 인식있는 과실이란 "구성요건적 결과의 발생가능성을 인식하였으나 발생하지 아니할 것으로 믿고 결과발생을 회피하지 아니한 점에 주의의무위반이 있는 경우"이다. 부주의로 권총에 장탄

이해하면서, 침해범과 구체적 위험범이 결과범에 해당하고, 추상적 위험범이 단순거동범에 해당한다고 주장하는 입장에서 보자면, 추상적 위험범으로 해석되는 실화죄와 업무상과실·중과실장물취득죄 등은 과실행위범에 속한다고 하겠다. 그러나 이 입장에서도 업무상과실·중과실장물취득죄를 과실침해범이라고 해석하는 견해가 있다(김/서, 437면). 독일형법상 과실행위범의 대표적 예는 과실위증죄(제161조)이다.

되어 있는 사실조차도 모르고 장난삼아 방아쇠를 당겨 상대방을 사망케 한 경우가 전자의 예이고, 장탄된 줄은 알았으나 총알이 빗나갈 것으로 믿고 부주의하게 방아쇠를 당겨 상대방을 사망케 한 경우가 후자의 예이다.

인식없는 과실과 인식있는 과실은 이론상의 구별이고 형법상의 구별은 아니다. 그러나 '양형'에 있어서는 양자의 구별이 의의가 있으며, 인식없는 과실이 인식있는 과실보다 가볍게 처벌될 여지가 있다.[12] 또 인식있는 과실은 미필적 고의와의 구별에 있어서 각별한 의의가 있다.

그런데 제14조에서 "정상적으로 기울여야 할 주의를 게을리하여 죄의 성립요소인 사실을 '인식'하지 못한 행위"라고 함으로써 인식없는 과실행위만을 규정하고 있는 것은－제13조에서 죄의 성립요소인 사실에 대한 '인식'을 고의로 규정하고 있는 것과 함께－타당치 못하므로, 입법론상 인식이란 표현에 있어서 재고를 요한다.

(2) 일반의 과실과 업무상과실

업무상과실은 업무상 필요한 주의의무를 위반하는 경우이고, 여기에서의 업무란 사람이 사회생활상의 지위에 기하여 계속해서 행하는 사무를 말한다. 일반의 과실에 비하여 업무상과실이 있는 경우에는 형이 가중되는데, 우리 형법상 업무상과실을 가중처벌하는 별개의 규정으로는 업무상과실치사상(제268조), 업무상실화(제171조), 업무상과실폭발성물건파열(제173조의2 제2항), 업무상과실교통방해(제189조 제2항)가 있고, 일반의 과실을 처벌하지 않으면서 업무상과실은 처벌하는 것으로 업무상과실장물취득(제364조)이 있다.

업무상과실에 있어서 형이 가중되는 이유에 대하여 ① 행위의 주체가 업무자이므로 일반인에 비하여 특히 무거운 주의의무가 과하여지기 때문이라는 견해,[13] ② 업무상과실도 일반의 과실에 있어서와 주의의무가 동일하지만 예견의무가 다르기 때문에 책임이 가중되어 무겁게 처벌되는 것이라는 견해,[14] ③ 주의의무는 동일하지만 일반인보다 업무자의 예견가능성이 크기 때문에 책임이 가중된다는 견해[15] 등이 있다. 그러나 업무자에게 있어서도 결과발생에 대한 예견의무와 회피의무는 표리일체의 관계에서 주의의무에 포괄되므로

12) Schönke/Schröder/Cramer, StGB, §15 Rn. 205.
13) 권오걸, 385면; 김성천, 120면; 김종원, 형법각론(上), 78면; 신동운, 226면.
14) 이재상, 184면.
15) 정/박, 420면.

예견의무만을 다르다고 하는 ②설은 타당치 못하고, 업무자라고 하여도 초보자, 미숙련자와 같은 경우처럼 일반인에 비하여 예견가능성이 반드시 크다고 할 수 없다는 점에서 ③도 부당하며, 결론적으로 ①설이 타당하다고 본다.

독일형법은 일반의 과실과 업무상과실을 구별하지 않는 점에서 우리 형법과 다른 특색을 보이고 있다.

(3) **보통의 과실과 중대한 과실**

중대한 과실, 즉 중과실은 주의의무의 위반이 심한 경우, 현저한 경우이다.[16] 조금만 주의하였더라면 결과발생가능성을 예견하거나 결과발생을 회피할 수 있었을 경우이다.[17] 예컨대 담배를 피우면서 휘발유를 주입하다가 불을 낸 경우이다.

보통의 과실에 비하여 중대한 과실은 더 무겁게 처벌되는데, 우리 형법은 업무상과실의 처벌규정을 둔 경우에 항상 업무상과실에 병행하여 중과실을 규정하고 있다(예컨대 제268조의 업무상과실·중과실치사상, 제171조의 업무상실화·중실화). 그리고 동일한 행위에서 업무상과실과 중과실이 경합하는 경우에는 양자가 '택일관계'에 있다고 본다.[18]

Ⅱ. 과실범의 불법구성요건

과실범의 불법내용은 행위반가치와 결과반가치의 두 측면에서 찾아볼 수 있다. 과실범의 행위반가치는 (객관적) 주의의무위반에 있고, 결과반가치는 구

16) 독일형법상의 Leichtfertigkeit가 중대한 과실에 해당한다.

17) 중과실을 인정한 판례로는 "피고인이 성냥불로 담배를 붙인 다음 그 성냥불이 꺼진 것을 확인하지 아니한 채 휴지가 들어 있는 플라스틱 휴지통에 던진 것은 중대한 과실이 있는 경우에 해당한다"(**大判** 1993. 7. 27, 93 **도** 135). 한편 중과실을 부정한 판례로는 "피고인들은 위 이○○와 피해자가 이 사건 '러시안 룰렛'게임을 함에 있어 위 이○○와 어떠한 의사의 연락이 있었다거나 어떠한 원인행위를 공동으로 한 바가 없고, 다만 위 게임을 제지하지 못하였을 뿐인데 보통사람의 상식으로서는 함께 수차에 걸쳐서 흥겹게 술을 마시고 놀았던 일행이 갑자기 자살행위와 다름없는 소위 '러시안 룰렛' 게임을 하리라고는 쉽게 예상할 수 없는 것이고(신뢰의 원칙), 게다가 이 사건 사고는 피고인들이 '장난치지 말라'며 말로 위 이○○를 만류하던 중에 순식간에 일어난 사고여서 음주 만취하여 주의능력이 상당히 저하된 상태에 있던 피고인들로서는 미처 물리력으로 이를 제지할 여유도 없었던 것이므로, 경찰관이라는 신분상의 조건을 고려하더라도 위와 같은 상황에서 피고인들이 이 사건 '러시안 룰렛' 게임을 즉시 물리력으로 제지하지 못하였다 한들 그것만으로는 위 이○○의 과실과 더불어 중과실치사죄의 형사책임을 지울 만한 위법한 주의의무위반이 있었다고 평가할 수 없다"(**大判** 1992. 3. 10, 91 **도** 3172).

18) 중과실은 업무상과실에 포섭된다는 견해도 있다(김/서, 444면).

성요건적 결과의 발생에 있다. 그리고 고의가 부정되는 경우에 과실의 성립을 검토하게 되므로 "고의가 없을 것"이라는 과실범의 '소극적' 성립요건이 필요한 것은 당연하다고 하겠고, 이 요건에 있어서 별다른 문제점은 없는 까닭에 언급을 생략하기로 한다.

1. 객관적 주의의무위반

주의의무위반은 "사회생활상 필요한 주의의무의 불이행"이다. 간략히 말하자면 '부주의'라 할 수 있고, 제14조의 표현을 인용하자면 '정상적으로 기울여야 할 주의를 게을리함'이라고 할 수 있다. 과실을 처벌한다는 것은 법질서가 일반국민에게 (구성요건적) 결과가 발생하지 않도록 객관적으로 필요한 「주의의무」를 다할 것을 요구함을 의미한다.

(1) 주의의무의 내용

주의의무의 내용은 결과발생의 가능성(위험)을 「예견」할 의무와 결과발생을 「회피」하기 위하여 필요한 조치를 취할 의무이다. 이처럼 주의의무는 '결과발생예견의무'와 '결과발생회피의무'를 두 기둥으로 하고 있는데, 결과발생가능성을 예견한 후에야 결과발생회피조치가 있을 수 있기 때문에 결과발생예견의무는 논리적으로 결과발생회피의무에 앞선다.

그리고 주의의무는 주의의 「가능성」을 전제로 하므로 주의의무의 내용이 되는 결과발생예견의무와 결과발생회피의무는 각각 결과발생예견가능성과 결과발생회피가능성을 전제로 한다. 또 결과발생예견의무가 논리적으로 결과발생회피의무에 앞서는 것에 상응하여, 결과발생예견가능성은 결과발생회피가능성의 전제가 된다.[19]

예견'가능'한 결과 또는 회피'가능'한 결과에 대해서만 과실을 물을 수 있고, 예견이나 회피가 불가능한 결과의 발생은 불가항력적 사고에 속하는 것으로서 과실책임을 지울 수 없다. 예컨대 상해의 결과는 예견가능했지만 사망의 결과는 예견할 수 없었을 경우에 비록 사망의 결과가 발생했다고 하더라도 과실치사죄는 성립하지 않고 과실치상죄의 문제가 된다.[20]

그리고 결과발생예견가능성은 결과발생에 대한 "구체적인" 예견가능성을

19) Schönke/Schröder/Cramer, Rn. 125.
20) 독일제국법원판결 RG 28/273.

의미하며, '인과과정의 본질적 윤곽'에 대하여도 구체적 예견가능성이 있어야 한다(「구체적 예견가능성설」).

이에 대하여 일본의 일부 학자들은 결과예견의 구체성·특정성을 요구하지 아니하고 결과발생에 대한 추상적·일반적 위구감(危懼感) 내지 막연한 불안감만 있어도 결과발생예견가능성을 인정함으로써 이로부터 결과발생회피의무가 발생한다고 하는 「위구감설」 또는 「불안감설」을 주장하고 있다.[21] 일본에서는 이러한 학설을 '신신과실론'이라고도 한다.

위구감설은 인과관계의 구체적 입증이 어려운 공해사건, 기업재해사고, 식품사고, 신제품개발에 수반된 사고 등 '현대형범죄'에 효과적으로 대처할 수 있다는 장점이 있지만,[22] 결과발생에 대하여 '의심스러워' 했다는 위구감만으로 과실의 유죄판결에 이를 수 있으므로 "의심스러운 때에는 피고인의 이익으로"라는 형사법정신에 위배되는 주장이며 과실책임의 범위가 가혹할 만큼 확대될 우려가 있다고 하겠다.

결과발생예견의무는 주로 정신적 영역에 속하는 '내적' 의무이다.[23] 결과발생예견의무는 행위상황, 행위의 경과, 부수사정 등에 비추어 자신의 행위가 어떠한 결과를 발생시킬 것인가를 인식하고 예상해야 할 의무이다. 이를 위하여 정신적 긴장, 의식의 집중, 감각기관(五官)의 작동 등이 있어야 한다. 여기에서 필요한 주의의 정도는 결과발생위험에의 근접도와 침해될 위험에 처한 법익의 가치에 의하여 큰 영향을 받는다.[24] 또 결과발생가능성의 예견은 일정한 유해물질이 암을 발생시킬 개연성이 높다는 새로운 의학적 발견에서 보여지는 것처럼 '과학의 발전'에 따른 영향을 크게 받는다.

결과발생가능성을 예견한 경우에는 구성요건적 결과의 발생을 회피해야 할 의무가 따르게 된다. 결과발생회피의무는 행위와 관련된 '외적' 의무이다. 이 회피의무에는 결과를 발생시킬 가능성이 있는 행위 자체를 소극적으로 그만 두어야 할 "부작위의무" 또는 행위에 결부된 결과발생가능성을 적극적으로

---

21) 예컨대 藤木英雄, 刑法講義總論, 1975, 240面.

22) 위구감설의 등장계기가 된 판례는 일본의 "森永ヒ素ミルク事件"에 대한 제2심판결(高松高判 昭和41年3月31日, 高刑集 19/2/136)이다.

23) 결과발생예견의무가 반드시 내적 의무인 것은 아니고, 위험을 예견하기 위한 감지기, 경보기 등을 설치해야 할 의무와 같이 외적 의무일 수도 있다.

24) Jescheck, AT, S. 522.

방지·차단하거나 허용치 이하로 낮추어야 할 "안전조치의무"(작위의무)가 있다. 그리고 결과발생을 회피하기 위하여 일정한 지식이나 정보가 필요한 경우에는 필요한 지식을 얻기 위한 "문의·조회의무"도 포함된다.

회피의무로서의 부작위의무 중에서 특별히 논의되는 것으로 「인수과실」(引受過失)(Übernahmefahrlässigkeit) 내지 「인수책임」(引受責任)의 이론이 있다. 인수과실이론이란 "일정한 행위를 함에 있어서 위험발생을 회피하기 위하여 필요한 인식능력이나 인식수단 또는 경험적 지식 등이 결여되어 있는 자는 처음부터 그 행위를 인수하지 않아야 함에도 불구하고 인수한 경우에 인수 자체에 이미 과실이 있다는 이론"이다.[25] 예컨대 진보된 치료술에 관한 지식과 경험을 충분히 쌓지 못한 외과의사가 환자의 수술을 인수한 경우처럼 자신이 감당할 수 없는 행위를 인수한다면 이미 인수 자체에서 과실을 인정할 수 있다.[26] 유사한 논리로, 과로하거나 술취한 운전자가 교통사고를 낸 경우에는 운전대를 잡은 것 자체에 과실이 있다고 할 수 있다.

결과발생을 방지하기 위한 안전조치의무로서 특히 '감독자의 안전체제확립의무'에 주목하여 「감독과실」(監督過失)의 이론이 등장한 바 있는데,[27] '기업형범죄'에서 현장의 말단 종업원의 직접책임 이외에 그 상급감독자의 형사책임을 추궁할 수 있다는 실천적 의의가 크다. 이는 "구성요건적 결과를 직접 발생시킨 자(직접행위자)를 감독하는 자가 감독의무, 즉 피감독자의 부적절한 행위를 방지하기 위하여 필요한 주의의무를 위반한 경우에 감독과실을 인정하여 발생한 결과에 대한 과실책임을 지우고자 하는 이론"이다. 이 때 감독자의 감독의무를 주의의무인 동시에 '작위의무'로 파악하고, 따라서 감독의무의 불이행이라는 감독과실을 '과실의 부작위범'으로 이론구성함이 타당하다고 본다.[28]

---

25) 권오걸, 389면; 김성돈, 480면; 김/서, 466면; 배종대, 687면; 안동준, 272면; 오영근, 201면; 이형국, 330면.

26) 외과의사가 수술 후 환자의 상태가 좋지 않아 사망에 이를 위험에 처하였고, 인적·물적 장비의 미비로 적절한 치료가 여의치 않아서 적절한 시기에 중환자실을 갖춘 상급병원으로 전원(轉院)해야 함에도 불구하고 전원하지 않은 까닭에 환자가 사망한 사건에서 의사의 업무상과실을 인정한 대판 2019. 2. 14, 2018 도 15138 참조.

27) 三井誠, "管理·監督過失をめぐる問題の所在", 刑法雜誌, 第28卷 第1號, 日本刑法學會編, 有斐閣, 1987; 板倉宏, 現代型犯罪と刑法の論點, 學陽書房, 1990; 林幹人, "監督過失の基礎", 平野龍一先生古稀祝賀論文集 上卷, 有斐閣, 1990.

28) '감독과실'에 관련된 판례로는 "서울 성수대교붕괴사건－이 사건 교량의 시공을 맡은 동아건설 주식회사 부평공장의 당시 기술담당 상무이사인 피고인 이○○와 같은 공장의 철구부장인 원심 공동피고인 박○○는, 이 사건 트러스를 설계도대로 정밀하게 제작하도록 지휘·감독할 직

(2) 주의의무의 표준

법질서가 요구하는 주의의무의 표준을 어디에 둘 것인가 하는 문제에 관하여는 기본적으로 행위자 개인이냐 평균인이냐라는 점에서 견해가 대립한다. 물론 주의의무의 표준에 있어서 '완벽한' 주의의무 내지 '최상의' 주의의무, 즉 이상인(理想人)의 주의능력을 일단 상정해 볼 수도 있겠으나, 허용된 위험의 법리에서 보듯이 일정한 결과발생가능성을 본질적으로 수반하고 있는 기술문명의 시대에 법질서가 요구할 수 있는 주의의무의 수준은 '사회적으로 상당한 정도'를 상한선으로 보아야 한다.

(가) 주관설 행위자 개인의 주관적 주의능력을 표준으로 주의의무위반을 판단하자는 학설이다. '행위자표준설'이라고도 한다. 주관설에 의하면 과실의 본질적 요소인 주의의무위반은 객관적 주의의무위반이 아니라 '주관적' 주의의무위반이 된다. 주의의무의 내용이 되는 결과발생예견의무와 결과발생회피의무는 각각 결과발생예견가능성과 결과발생회피가능성을 전제로 하는데, 법규범은 불가능한 것을 요구할 수는 없으므로 행위자 개인의 주의능력에 비추어 가능한 주의의무를 부과해야 한다는 것을 논거로 한다.

특히 최근의 주관설은, '주관적' 주의의무위반만이 '과실범의 주관적 구성요건요소'가 되고, '객관적' 주의의무위반은 과실의 구성요소가 아니라 고의범과 과실범에 공통되는 '객관적 귀속의 척도'가 된다는 형태로 주장되고 있다(주관적 과실의 구성요건요소설).[29] 즉 행위자가 자신의 주의능력에 비추어 자신에게 가능한 주의의무를 다하지 아니함으로써 성립하는 주관적 과실이 과실의 본질요소로서 불법내용이 되며, 동시에 이 주관적 과실이 심정반가치를 표현하는 책임요소로서 이중적 의미를 갖는다는 것이다. 또 '주관적' 주의의무위반을 과실범의 '주관적' 구성요건요소로 파악할 때 고의를 주관적 구성요건요소로 파악하는 고의범과 구성요건단계에서 범죄체계의 논리적 구조가 같아진다는 장

접적이고 구체적인 업무상의 주의의무가 있음에도 불구하고,…트러스의 제작에 참여하는 자들을 제대로 지휘·감독하지 못함으로써, 아이(I)자형 용접을 하면서 용접도 양쪽을 각 1회씩만 하고 이를 충분히 하지 않아 용입부족 등으로 용접불량이 되게 하였고, 더욱이 당시 부평공장에는 용접공이 부족하여 일부를 외부 용접공에 하도급주어 트러스 제작에 투입하는바 일반적으로 외부 용접공의 기량이 부평공장의 용접공에 비하여 떨어지는 경우가 있음에도 이들에 대해 무리하게 트러스 제작 공기단축을 독려하고 감독을 소홀히 하여 위와 같은 부실용접을 방치하였으며"(**대판** 1997. 11. 28, 97 **도** 1740).

29) 김성돈, 458면; 김/서, 448면; Jakobs, AT, 9/8 ff.; Samson, SK, §15 Rn. 13 f.

점을 제시하고 있다.[30]

그러나 ① 주관설은 평균인에 미달하는 행위자의 주의능력을 책임조각이 아니라 행위'불법'의 배제로 이론구성하는 점에서 결함을 보이고 있다.[31] 그 결함은 인수과실을 설명하기 곤란한 점에서 드러난다. 자신의 열등한 주의능력에 비추어 감당하기 어려운 행위는 처음부터 인수하지 말아야 하고 만일 이를 인수한 경우에는 인수 자체에 과실이 있다고 볼 수 있음에도 불구하고, 주관설에 의하면 열등한 주의능력자가 자신의 능력상 가능한 주의를 다하기만 하면 과실책임뿐만 아니라 과실불법까지지도 부정하게 되는 문제점이 있다.[32] ② 무엇보다도 주관설이 간과하고 있는 약점은 주의능력이 평균인보다 '뛰어난' 행위자의 경우에 분명해진다. 주관설에 의하면 주의능력이 뛰어난 자에게는 타인의 '부주의한' 행동에 대해서까지 대비할 능력과 주의의무가 있을 것이므로 신뢰의 원칙이 적용되지 않게 되고, 일상생활에서 상당한 주의로는 부족하고 항상 남다른 주의를 기울이면서 살아가야 한다는 점에서 '정상적인' 사회생활을 영위하기 어려운 처지를 강요하는 결과가 될 것이다. 원래 위법성은 행위에 대한 "일반적인" 금지나 명령을 의미한다는 점에서 책임과 다르다. 법질서는 위법판단에 있어서 열등한 주의능력자에게나 우수한 주의능력자에게나 평균인으로서의 일반적 주의의무를 다해야 하고 또 평균인으로서의 주의의무를 다하면 충분하다는 '당위'와 '허용'의 규범을 제시하는 것이며, 주의의무의 준수가 구체적으로 행위자 개인에게 '가능'했느냐의 여부는 책임판단의 단계에서 고려하고자 한다. 따라서 불법구성요건에 있어서 주의의무의 전제가 되는 결과발생의 예견 및 회피의 '가능성'은 평균인의 객관적 주의능력을

30) 김/서, 446면. 이러한 주장은, 형법학상 '객관적', '주관적'이라는 용어가 두 가지 기준에서 구별된다는 점을 염두에 두고 검토되어야 한다. 즉 ① '객관적'을 평균인의 의미로, '주관적'을 행위자의 의미로 사용하는 경우와 ② '객관적'을 범죄성립의 외부적 요소(예: 행위태양, 결과 등)를 지칭하는 의미로, '주관적'을 범죄성립의 내부적 요소(예: 고의, 과실 등)를 지칭하는 의미로 사용하는 경우를 잘 구별해야 한다. 주관적 주의의무위반에서의 주관적은 ①의 의미로 사용된 것이고, 주관적 구성요건요소에서의 주관적은 ②의 의미로 사용된 것이다. 따라서 주관적 주의의무위반만이 주관적 구성요건요소로 파악될 이유는 없고, ①의 의미에서의 '객관적' 주의의무위반이 ②의 의미에서의 (과실범의) '주관적' 구성요건요소로 파악되는 것에는 체계론상 아무런 문제가 없다.

31) Schönke/Schröder/Cramer, Rn. 142.

32) 예컨대 야맹증인 자동차운전자가 야간에 운전을 하다가 교통사고를 낸 경우에 주관설에 의하면 야간운전에 과실을 인정할 수 없게 되지만, 객관설에 의하면 인수과실을 인정하여 형사책임을 묻게 된다.

표준으로 한 가능성, 즉 '객관적' 결과발생예견가능성 및 결과발생회피가능성으로 이해해야 한다. ③ 그 밖에, 주의능력이 극히 부족하여 책임이 조각되지만 재범의 위험성이 큰 과실범에 대하여 치료감호와 같은 보안처분을 부과할 필요가 있을 때에,[33] 그 전제요건으로서 과실행위의 불법성까지는 인정되어야 함에도 불구하고 주관설은 과실불법을 부정하는 점에서 문제점을 내포하고 있다.

(나) 객관설 평균인, 사회 일반인의 주의능력을 표준으로 해서 주의의무위반을 판단하자는 견해인데, '평균인표준설'이라고도 하며, 우리나라의 통설[34] 및 판례이다.[35] 이 학설에 의하면, 평균인을 능가하는 주의능력을 가진 자는 평균인의 주의를 다함으로써 족하고, 평균인에 미달하는 주의능력자는 평균인 수준의 주의를 하여야 하지만 그 주의능력의 부족을 책임판단에서 고려하게 된다. 결국 법질서는 누구에게나 사회생활을 영위함에 있어서 객관적으로 필요한 주의의무를 다할 것을 요구하고 있다는 것이다.

그런데 객관설에서의 '평균인'(Durchschnittsmensch)은 실수를 할 수도 있는 보통사람이라는 의미가 아니고, "주의깊은(vorsichtig und umsichtig) 평균인"이다. 달리 표현하자면 "신중한(besonnen), 성실한(gewissenhaft), 사려깊은(einsichtig), 조심성있는" 평균인이다(사회적 유형개념으로서의 평균인).

이 평균인이 "행위 당시의"(ex ante) 구체적 상황과 "행위자가 속한 사회생활권"에 처하였을 경우에 준수해야 할 주의의무가 표준이 된다.

「업무상과실」에 있어서는 "행위자가 속한 업무상의 생활권"에서의 '주의깊은

---

33) 안전의식의 결여로 말미암아 피해규모가 엄청난 과실범이 빈발하는 우리나라를 인재공화국(人災共和國)이라고도 하는 만큼, 개인적 주의능력이 떨어지는 과실범에 대하여 입법론으로는 보안처분의 일종인 '수강명령'에 의하여 안전교육과 안전훈련을 받도록 할 필요가 있다고 본다.

34) 김/김, 169면; 김/서, 451면; 김종원, 앞의 글, 338면; 박상기, 283면; 안동준, 274면; 오영근, 209면; 이용식, "형법상의 과실", 고시계, 1995. 7, 56면; 이재상, 189면; 이형국, 331면; 정/박, 425면; 정영일, 158면.

35) "의료사고에 있어서 의사의 과실을 인정하기 위해서는 의사가 결과발생을 예견할 수 있었음에도 불구하고 그 결과발생을 예견하지 못하였고, 그 결과발생을 회피할 수 있었음에도 불구하고 그 결과발생을 회피하지 못한 과실이 검토되어야 하고, 그 과실의 유무를 판단함에는 같은 업무와 직무에 종사하는 **일반적 보통인**의 주의정도를 **표준**으로 하여야 하며, 이에는 사고 당시의 일반적인 의학의 수준과 의료환경 및 조건, 의료행위의 특수성 등이 고려되어야 한다"(**대판 1999. 12. 10, 99 도 3711.** 同旨, 대판 2008. 8. 11, 2008 도 3090; 2006. 10. 26, 2004 도 486; 2003. 1. 10, 2001 도 3292; 1987. 1. 20, 86 다카 1469). 기타 대판 1971. 5. 24, 71 도 623; 1969. 10. 23, 69 도 1650; 1960. 4. 30, 4292 형상 618 등.

업무자'에게 '객관적으로' 요구되는 주의의무를 표준으로 한다. 따라서 같은 의사라도 전문의는 일반의사가 아니라 자신이 전공하는 의역(醫域)에서의 신중한 전문의로서의 주의의무를 다하여야 한다.

만일 행위자의 주관적 주의능력이 신중한 평균인에 못미친다면 행위의 위법성에는 영향이 없고 책임단계에서 고려될 수 있을 뿐이다. 이 때 책임이 조각되더라도 위법성이 긍정된다는 측면에서 치료감호와 같은 보안처분이 부과될 여지가 있다는 점에서 이 학설의 장점이 있다. 그리고 객관설은 국민에게 '일반적인' 주의의무를 부과하기 때문에 '평등'의 원칙과 형법의 보장적 기능에 기여하며, 법질서가 요구하는 주의의무의 수준이 지나치게 높아지지 않도록 한다는 장점도 있다.[36)]

객관설에서도 행위자의 「특별한 지식과 경험」은 객관적 주의의무위반의 판단에 고려되어야 한다.[37)] 예컨대 운전자가 일정 지역의 차도에서는 공놀이를 하던 어린이들이 갑자기 뛰어들곤 한다는 사실을 경험상 알고 있는 경우에는 그 운전자 개인의 특별한 지식을 고려하여 객관적 주의의무위반 여부를 판단해야 할 것이다.

과실의 작위범에서와 달리 과실의 '부작위범'에 있어서는 객관설에 의하더라도 행위자의 '개인적' 행위능력(주의능력)이 주의의무의 표준이 된다.[38)] 이는 부작위범의 특수성에 기인하는 것이다. 예컨대 난청인 아버지가 익사 직전에 있는 아들의 구조요청소리를 듣지 못하여 부작위에 의한 익사사고가 발생한 경우에 난청이라는 개인적 능력을 불법구성요건의 단계에서 고려함으로써 과실불법이 부정되는 결과가 된다.

(다) 절충설(이중표준설) 주의의무는 기본적으로 평균인의 주의능력을 표준(객관설)으로 하지만, 행위자의 주의능력이 "평균인을 능가한다면" 행위자 개인의 주의능력을 표준(주관설)으로 하자는 견해이다.[39)] 이 학설은 평균인에 미

---

36) 이러한 장점에 관하여는 Jescheck, AT, S. 510 참조.

37) 김종원, 앞의 글, 339면; 이재상, 188면. 다만 이 때에도 행위자의 주의'능력'을 고려하는 것이 아니라 행위자가 특히 인식하고 있었던 '지식'과 지니고 있었던 '경험'을 고려하는 것이라는 점에 유의해야 한다.

38) Schönke/Schröder/Cramer, Rn. 143 참조.

39) AaO., Rn. 138 ff. 일본의 다수 학자가 지지하고 있는 절충설의 내용은, 주의의무의 정도는 사회 일반인, 주의력은 행위자 개인에 표준을 두고 주의의무위반을 판단하자는 것인데, 주관설과 유사한 문제점을 지니고 있다.

달하는 주의능력자에게도 평균인 수준의 주의를 요구하는 점에서 평균인의 주의능력을 최저표준으로 하는 한편, 평균인을 넘는 행위자 개인의 주의능력도 과실의 '불법구성요건단계'에서 고려한다는 것이다. 법익을 보호하기 위하여 법질서는 보통 이상의 주의력이 있는 자에게는 보다 큰 주의의무를 부과해야 한다는 것을 논거로 한다.[40]

이 학설의 기본관념은, 각자가 법익침해의 위험을 피하기 위하여 '자신에게 가능한 최선의 주의'를 다하여야 한다는 것이다. 예컨대 위험한 수술을 함에 있어서 뛰어난 실력을 가진 외과의사는 평균적인 외과의사의 능력을 발휘하는 것만으로는 부족하고 자신의 최선을 다해야 한다는 것이다. 결론적으로 우수한 자가 자신에게 가능한 최선의 주의를 기울이지 아니한 행위는 과실불법으로 평가될 뿐만 아니라 과실책임도 지게 된다. 이 경우에 평균인표준설을 적용하면 과실불법이 부정된다.

그러나 ① 평균인을 능가하는 행위자 개인의 주의능력도 불법판단의 표준으로 고려하자는 절충설은 행위에 대한 "일반적인" 금지나 명령을 의미하는 불법의 관점과 조화되지 않는다. 또한 ② 주의능력이 뛰어난 자에게 더 무거운 주의의무를 부과하는 점에 있어서도 주관설에서 언급한 바와 마찬가지의 비판이 적용된다. 그리고 ③ 주의능력에 있어서 평균인을 능가하는 행위자 개인이 자신에게 가능한 최선의 주의를 다하여야 한다는 것은 도덕적인 요청으로는 있을 수 있지만, 그 위반의 경우에 형사책임을 묻는다는 것은 '법과 도덕의 준별론'의 입장 및 '형법의 최후수단성'의 관점에서 볼 때 지나친 주장이라고 판단된다.

결론적으로 과실의 행위불법은 '객관설'에 따라 판단하는 것이 타당하다.

(3) 주의의무의 범위와 「허용된 위험」의 법리

주의의무위반에 있어서 주의깊은 평균인의 주의능력을 표준으로 한다고 하더라도 법질서는 결과발생을 예견하고 회피할 '모든' 주의의무, '완벽한' 주의의무를 요구하는 것이 아니고, "사회적으로 상당한(sozialadäquat) 범위"의 주의의무만을 요구한다. 가장 확실한 결과발생의 회피방법은 결과발생의 위험이 있는 행위를 처음부터 하지 아니하는 것인데, 사회생활상의 거의 모든 행위가 중단되고 마비되는 그러한 정도의 주의의무를 법질서가 요구할 수는 없다. 즉

40) Schönke/Schröder/Cramer, aaO.

필요한 주의의무의 '범위'는 무제한한 것은 아니고, 사회생활상 "상당한" 범위, "정상적인"(normal) 범위에 그친다. 이와 관련하여 제14조가 "정상적으로 기울여야 할 주의"라는 표현을 하고 있는 점에 주목할 가치가 있다. 만일 상당하고도 정상적인 범위의 주의의무를 다했음에도 불구하고 발생한 위험은 사회생활상 부득이한 것으로서 허용될 수밖에 없으며,[41] 여기에서 주의의무의 범위를 "한정"지우는 「허용된 위험」(erlaubtes Risiko)의 법리가 도출된다.

현대사회는 고도의 기술문명사회인 동시에 위험사회(Risikogesellschaft)로서, 자동차운행, 건설·토목공사, 지하자원의 채굴, 원자력·가스·전기 등 에너지시설의 운영과 같은 생활영역에서의 행위는 필요한 안전조치(주의의무)를 다하더라도 항상 일정한 위험을 내포하고 있지만, 그 사회적 유용성으로 말미암아 이들 행위와 전형적으로 결부되어 있는 위험은 사회적 상당성(soziale Adäquanz)이 있는 것으로서 법질서가 허용한 것으로 본다.[42] 이것이 바로 허용된 위험이다. 허용된 위험에 있어서도 행위자는 '위험을 최소화하기 위한 상당한 주의의무'를 이행해야 한다는 점에 유의하여야 한다. 그리고 허용된 위험의 법리는 자동차운행의 영역에서는 「신뢰의 원칙」으로 구체화되어 주의의무의 범위를 한정한다.

오늘날 허용된 위험은 범죄체계론상으로는 위법성조각사유(제20조: 사회상규불위배행위)로 파악되거나 구성요건해당성배제사유로 파악된다. 허용된 위험의 법리가 객관적 주의의무의 범위를 한정하는 기능을 수행한다고 이해한다면 '구성요건해당성배제사유'로 파악함이 타당하다.[43]

(4) 주의의무의 근거

주의의무의 근거는 법률, 명령, 규칙과 같은 법규에 규정되어 있는 수가 많은데, 그 중 행정적 단속법규가 중요하다. 예컨대 도로교통법, 자동차관리법, 의료법, 약사법, 건축법, 산업안전보건법, 중대재해처벌법, 식품위생법 및 각각

---

41) 이와 같은 위험을 "사회적으로 상당한 위험"(sozialadäquates Risiko)이라 하여 주의의무를 한정하는 기능을 한다는 견해도 있다(Schönke/Schröder/Cramer, Rn. 127, 144 이하 참조).

42) 예컨대 그 대표적인 생활영역이라고 할 수 있는 자동차운행에 있어서 자동차운행은 모든 교통규칙을 준수한다고 하더라도 타인의 법익을 침해할 위험을 완전히 제거할 수 없으며, '달리는 흉기'라고 일컬어지는 자동차의 운행 자체가 일정한 위험을 내포하고 있다. 그런데 자동차운행이 예견가능하고도 회피가능한 위험(결과발생가능성)을 내포하는 행위라고 해서 운행 자체를 완전히 금지할 수는 없다. 자동차운행의 불가결한 사회적 유용성 때문에 자동차운행과 결부된 전형적 위험은 이른바 '잔여위험'으로서 법질서가 부득이 허용할 수밖에 없다.

43) 안동준, 275면; 오영근, 202면; 이재상, 190면; 이형국, 335면.

의 법률에 대한 시행령과 시행규칙 등이다.

그러나 구체적 상황에 즉응하여 필요한 주의의무를 모두 법규에 유형화하여 망라한다는 것은 입법기술상 불가능하므로, 2차적인 근거로서 "조리상·경험칙상의" 주의의무와 "판례상" 축적된 주의의무가 고려된다. 따라서 행위자가 법규를 모두 준수했다는 것만으로 과실책임을 면할 수는 없고, 행위 당시의 사정에 비추어 조리와 경험법칙상 발생하는 구체적인 주의의무까지도 준수해야 한다. 예컨대 자동차운전자는 관련법규 이외에 날씨, 노면상태, 도로의 혼잡도 등에 따라 그때그때 필요한 조리상·경험칙상의 주의의무까지를 준수해야 한다.

(5) 신뢰의 원칙

(가) 의 의 오늘날 주의의무의 범위를 한정하는 원리로서 「신뢰의 원칙」이 판례에 정착되어 있다.

전술한 바와 같이 신뢰의 원칙은 허용된 위험의 법리가 자동차운행 등의 교통생활영역에서 구체화된 것이다.

일반적으로 신뢰의 원칙이란 "행위자가 스스로 주의의무를 다하면서 타인도 주의의무를 준수할 것이라고 신뢰하는 것이 상당한 경우에는, 비록 타인이 주의의무를 준수하지 않음으로 말미암아 법익침해의 결과가 발생했다고 하더라도 행위자는 그 결과에 대하여 과실책임을 지지 않는다는 원칙"인데, 특히 교통사고에서는 "스스로 교통규칙에 따라 적합하게 행동하는 교통관여자는 특별한 사정이 없는 한, 다른 교통관여자도 역시 교통규칙에 따라 적합하게 행동하리라는 것을 신뢰하여도 좋고, 다른 교통관여자의 부적절한 행동으로 말미암아 발생한 결과에 대하여 과실책임을 지지 않는다는 원칙"으로 널리 적용되고 있다.

신뢰의 원칙이 적용되면, 다른 교통관여자가 교통규칙에 위반하는 행동을 함으로써 발생될 결과까지를 예견하거나 회피할 주의의무가 없다. 여기에서 교통관여자란 자동차운전자, 보행자, 자전거운전자 등을 포괄하는 넓은 개념인데, 자동차운전자 상호간에 있어서의 신뢰의 원칙은 상대방 운전자가 교통규칙을 위반할 것까지 예상해서 방어운전을 할 필요는 없다는 의미를 지니고 있다. 예컨대 자동차운전자는 상대방 운전자가 중앙선을 침범하여 자신의 차선에 진입할 것까지 예견하여 대비할 주의의무는 없고,[44] 우선통행권을 가진 자동

44) 대판 1976. 1. 13, 74 도 2314.

차운전자는 상대방 운전자가 대기할 것으로 신뢰하여 상대방이 일단정지하지 아니하고 계속 진입할 것까지 예견하고 방어조치를 강구할 주의의무는 없다.[45]

대중교통시대에는 차량교통의 양적 팽창과 그 불가결한 사회적 유용성으로 말미암아 교통관여자의 주의의무를 합리적으로 조정하여 차량소통의 원활과 고속화를 도모하고 운전에 수반되는 과실책임을 완화해 줄 필요성이 있다. 이러한 시대적 요청에 상응하여 독일에서는 이미 1935년에 법원에 의하여 교통사고에 있어서 신뢰의 원칙이 채택된 이래,[46] 판례로 정착되고 학계가 수용하는 과정을 밟았다.[47] 그 후 신뢰의 원칙은 오스트리아와 스위스에서도 채택되었고,[48] 우리나라와 일본에서도 과실책임을 한정하는 원리로서 법원과 학계에 확고한 뿌리를 내리고 있다.

우리나라에서 신뢰의 원칙을 적용한 대법원판결을 보자면, 1957년에 기관조수견습생이 잘못하여 야기된 사고에 있어서 신뢰의 원칙을 적용하여 기관사의 업무상과실치상책임을 부정한 것이 있고,[49] 1969년에 최초의 고속도로(서울·인천간)가 개통된 이후 1971년에 이르러 '고속도로'상의 교통사고에서 신뢰의 원칙을 처음으로 채택하였으며,[50] 1972년에는 고속도로가 아닌 '시내'의 차도에서 신뢰의 원칙을 처음으로 적용하였는데, 이 판결에서 "진행신호에 따라 이미 교차로의 상당부분을 통과한 피고인에게 뒤늦게 교통신호를 무시하고 교차로에 진입할 차량이 있을 것을 예상하여 사고발생을 미연에 방지할 주의의무가 있다고 할 수는 없을 것"이라고 하였고,[51] 또 차량 대 '보행자'의 교통사고에서도 신뢰의 원칙을 적용하여 "직진하는 차량의 운전수인 피고인으로서는 횡단보도의 신호가 적색인 상태에서 반대 차선상에 정지하여 있는 차량의 뒤로 보행자가 횡단보도를 건너오지 않을 것이라고 신뢰하는 것이 당연하고 그렇지 아니할 사태까지 예상하여 그에 대한 주의의무를 다하여야 한다고는 할 수 없다"고[52] 하였으며, 자동차운전자는 '자전거'를 탄 사람이 도로

45) 대판 1992. 8. 18, 92 도 934; 1977. 3. 8, 77 도 409.
46) RG St. 70/71.
47) 이러한 과정으로 볼 때 신뢰의 원칙은 실무선도적 이론이라고 할 수 있다.
48) 특히 오스트리아는 1960년 도로교통법 제3조에서 신뢰의 원칙을 최초로 입법화하였다.
49) 대판 1957. 2. 22, 4289 형상 330.
50) 대판 1971. 5. 24, 71 도 623.
51) 대판 1972. 2. 22, 71 도 2354.
52) 대판 1987. 9. 8, 87 도 1332. 그 밖에 육교 밑을 무단횡단하는 보행자에 대한 사고에서 운전자의 과실을 부정한 대판 1985. 9. 10, 84 도 1572.

를 횡단하다가 넘어질 것을 예상할 의무는 없다고[53] 하는 등, 점차 그 적용범위가 넓어지고 있다.

(나) 기능과 적용범위의 확장 신뢰의 원칙은 과실에 있어서 주의의무, 즉 결과발생예견의무와 결과발생회피의무의 범위를 '한정'하는 기능을 수행한다. 이 원칙은 차량교통에서뿐만 아니라 위험한 행위의 "분업적 공동작업"에도 널리 적용될 수 있다.[54] 예컨대 외과의사와 마취의사가 공동으로 수술을 하는 경우에 한 의사는 다른 의사가 주의의무를 다할 것으로 신뢰할 수 있으며 상대방이 적절치 못한 처치를 하지나 않을까 하고 서로 조사·확인할 주의의무까지는 없다고 하겠다. 따라서 신뢰의 원칙은 분업적 공동작업에 참가한 다수자 사이에 "주의의무 내지 위험부담의 적정한 분배기능"을 수행한다고 할 수 있다.

대법원도 "약사가 의약품을 판매하거나 조제함에 있어서 약사로서는 그 의약품이 그 표시 포장상에 있어서 약사법 소정의 검인, 합격품이고 또한 부패·변질·변색되지 아니하고 유효기간이 경과되지 아니함을 확인하고 조제·판매한 경우에는 우연히 그 내용에 불순물 또는 표시된 의약품과는 다른 성분의 약품이 포함되어 있어 이를 사용하는 등 사고가 발생하였다면…관능시험 및 기기시험까지 하여야 할 주의의무가 있다 할 수 없고 따라서 그 표시를 신뢰하고 그 약을 사용한 점에 과실이 있었다고는 볼 수 없다"라고 판시함으로써,[55] 약사와 제약회사 사이에서도 신뢰의 원칙을 적용한 바 있다.

그런데 분업적 공동작업에 있어서 신뢰의 원칙이 적용되기 위해서는 각자가 담당하는 분업의 영역에 있어서 서로 주의의무를 다할 것이라고 '신뢰할 수 있는 관계'가 전제되므로, 분업적 공동작업이라 하더라도 의사와 수련의 사이의 관계처럼[56] 지휘·복종관계에 있는 경우[57] 또는 주의능력의 현저한 우열이

53) 대판 1983. 2. 8, 82 도 2617.

54) 내과의사인 피고인들이 피해자(환자)의 지주막하출혈을 발견하지 못하여 식물인간상태에 이르게 된 사건에서 내과의사가 신경과 전문의에 대한 협의진료 결과 피해자의 증세와 관련하여 신경과 영역에서 이상이 없다는 회신을 받았고, 그 회신 전후의 진료경과에 비추어 그 회신내용에 의문을 품을 만한 사정이 있다고 보이지 않자 그 회신을 신뢰하여 뇌혈관계통 질환의 가능성을 염두에 두지 않고 내과 영역의 진료행위를 계속하다가 피해자의 증세가 호전되기에 이르자 퇴원하도록 조치한 경우에, 내과의사인 피고인들이 피해자를 진료함에 있어서 지주막하출혈을 발견하지 못한 데 대하여 업무상과실을 부정한 판례로는 대판 2003. 1. 10, 2001 도 3292.

55) 대판 1976. 2. 10, 74 도 2046.

56) "의사가 다른 의사와 의료행위를 분담하는 경우에도 자신이 환자에 대하여 주된 의사의 지위에 있거나 다른 의사를 사실상 지휘 감독하는 지위에 있다면, 그 의료행위의 영역이 자신의 전공과목이 아니라 다른 의사의 전공과목에 전속으로 속하거나 다른 의사에게 전적으로 위임된

있는 경우에는 신뢰의 원칙은 그 적용에 있어서 일정한 제한을 받는다.

(다) 차량교통에 있어서 신뢰의 원칙의 적용요건　　차량교통에 있어서 신뢰의 원칙을 적용하기 위해서는 적용의 필요성 이외에 다른 교통관여자가 주의의무를 준수할 것으로 신뢰할 수 있는 일정한 상황과 문화적 배경을 전제로 한다. 이 전제로부터 도출될 수 있는 신뢰의 원칙의 적용요건은 다음과 같다. 신뢰의 원칙의 적용요건이 비교적 제대로 갖추어진 경우는 고속도로 혹은 자동차전용도로에서의 자동차운행이라고 하겠다.

① 원활한 교통소통의 필요성이 있어야 한다.

② 교통신호, 교통시설, 교통법규와 같은 교통환경이 정비되어 있어야 한다.

③ 교통교육 및 교통도덕이 충분히 보급되어 있어야 한다.

(라) 신뢰의 원칙의 적용한계와 적용의 신중성　　차량교통에 있어서 신뢰의 원칙은 무제한하게 적용되는 것이 아니고 다른 교통관여자가 주의의무를 준수할 것으로 신뢰할 수 있는 상황을 전제로 하기 때문에, 다음과 같이 「특별한 사정이 있는 경우」에는 그 적용이 '배제'된다.

(a) 다른 교통관여자의 주의의무위반을 이미 인식한 경우　　운전자는 상대

것이 아닌 이상, 의사는 자신이 주로 담당하는 환자에 대하여 다른 의사가 하는 의료행위의 내용이 적절한 것인지의 여부를 확인하고 감독하여야 할 업무상 주의의무가 있고, 만약 의사가 이와 같은 업무상 주의의무를 소홀히 하여 환자에게 위해가 발생하였다면, 의사는 그에 대한 과실책임을 면할 수 없다. …원심이, 피고인이 피해자의 주치의 겸 이 사건 병원 정형외과의 전공의로서, 같은 과의 수련의인 공소외 1이 피고인의 담당환자인 피해자에 대하여 한 처방이 적절한 것인지의 여부를 확인하고 감독하여야 할 업무상 주의의무가 있음에도 불구하고, 위 의무를 소홀히 한 나머지, 피해자가 공소외 1의 잘못된 처방으로 인하여 이 사건 상해를 입게 되었다는 이유로, 피고인에 대한 판시 업무상과실치상죄의 범죄사실을 유죄로 인정한 것은 정당"(**대판** 2007. 2. 22, 2005 도 9229).

57) 의사와 의사의 지도·감독을 받는 간호사 사이에 신뢰의 원칙을 적용하지 않은 판례가 있다. "수혈은 종종 그 과정에서 부작용을 수반하는 의료행위이므로, 수혈을 담당하는 의사는 혈액형의 일치 여부는 물론 수혈의 완성 여부를 확인하고, 수혈 도중에도 세심하게 환자의 반응을 주시하여 부작용이 있을 경우 필요한 조치를 취할 준비를 갖추는 등의 주의의무가 있다. 그리고 의사는 전문적 지식과 기능을 가지고 환자의 전적인 신뢰하에서 환자의 생명과 건강을 보호하는 것을 업으로 하는 자로서, 그 의료행위를 시술하는 기회에 환자에게 위해가 미치는 것을 방지하기 위하여 최선의 조치를 취할 의무를 지고 있고, 간호사로 하여금 의료행위에 관여하게 하는 경우에도 그 의료행위는 의사의 책임하에 이루어지는 것이고 간호사는 그 보조자에 불과하므로, 의사는 당해 의료행위가 환자에게 위해가 미칠 위험이 있는 이상 간호사가 과오를 범하지 않도록 충분히 지도·감독을 하여 사고의 발생을 미연에 방지하여야 할 주의의무가 있고, 이를 소홀히 한 채 만연히 간호사를 신뢰하여 간호사에게 당해 의료행위를 일임함으로써 간호사의 과오로 환자에게 위해가 발생하였다면, 의사는 그에 대한 과실책임을 면할 수 없다"(**대판** 1998. 2. 27, 97 도 2812).

방 운전자가 중앙선을 침범했다든가 명백히 음주운전을 하고 있다는 등 다른 교통관여자의 교통규칙위반사실을 인식한 경우에는 상대방을 더 이상 신뢰해서는 안되고 사태에 대하여 필요한 방어조치를 강구해야 할 의무가 있다.

(b) 다른 교통관여자에 대한 신뢰가 상당하지 않은 경우　다른 교통관여자가 주의의무를 준수할 것이라고 신뢰했다고 하더라도 그 신뢰가 사회적으로 상당하지 아니하다고 평가되는 경우에는 신뢰의 원칙을 적용할 수 없다. 상대방이 어린이, 노인, 신체장애자, 만취자와 같이 교통규칙을 정상적으로 준수하기 어려운 사람인 경우에는 상대방을 신뢰했다고 하더라도 신뢰의 '상당성'이 없다고 보아야 한다. 그 밖에 초등학교 또는 유치원 앞, 승객이 하차중인 버스 옆, 철도건널목과 같은 특정지역(사고위험지역)도 신뢰의 상당성판단에 고려하여야 한다.

(c) 신뢰자 자신의 주의의무위반이 있거나 교통규칙위반이 있는 경우　신뢰자 자신이 교통규칙 등의 주의의무를 준수하지 않은 경우에는 원칙적으로 신뢰의 원칙을 주장할 수 없다. 예컨대 스스로 차선변경방법을 위반한 운전자는 상대방의 과속이라는 잘못을 들어 신뢰의 원칙을 주장할 수는 없다.

(d) 신중한 적용의 필요성　신뢰의 원칙은 관여자 모두가 사회생활상 합리적이고 적절한 행동을 취할 것이라는 전제하에 적용되는 만큼, 그러한 행동을 할 수준에 미달하는 자, 예컨대 저능아, 문맹자 등과 같은 사회적 약자가 부적절한 행동으로 나오는 것을 법적으로 배려하지 않는다는 '역기능'도 내포하고 있다. 이와 같이 신뢰의 원칙의 이면을 들여다 보면 사회적 약자에게 불리한 법원리라고 할 수 있으므로, 그 적용에 신중을 기해야 한다는 점을 지적하고자 한다.

2. 구성요건적 결과의 발생

과실범의 결과반가치는 구성요건적 결과의 발생에 있다. 결과의 발생은 외계에서의 물리적·화학적 상태의 변화라고 하는 '사실상의' 관점에서 파악한다. 예컨대 과실치사죄에서는 사람의 '사망사실', 실화죄에서는 건물의 '소훼사실'이 결과의 발생에 해당한다.

결과의 발생은 과실범의 객관적 처벌조건이 아니라 구성요건요소로서 불법의 존부와 정도를 결정한다. 과실범의 결과반가치에서 검토되는 구성요건은

(과실)행위와 결과 사이에 인과관계가 있어야 한다는 것과 발생한 결과를 행위자에게 객관적으로 귀속시킬 수 있어야 한다는 것이다. 후자의 요건에 대한 의문점은 후술하기로 한다.

(1) 인과관계

과실행위와 결과의 발생 사이에는 인과관계가 존재해야 한다. 여기에서 인과관계는 합법칙적 조건설 또는 상당인과관계설에 따라 확정된다는 것이 오늘날 학계의 대체적 경향이다. 행위자는 인과관계를 그 본질적 윤곽에 있어서 예견하였거나(인식있는 과실의 경우) 예견할 수 있었어야 한다(인식없는 과실의 경우).

(2) 객관적 귀속의 문제

인과관계 이외에 발생한 결과를 행위자에게 객관적으로 귀속시킬 수 있기 위해서는 ① 주의의무를 준수했더라면 결과가 발생하지 않았을 것(주의의무위반연관)과 ② 발생한 결과는 주의의무위반행위가 침해한 규범의 보호목적의 범위 안에 속할 것(규범의 보호목적연관)이라는 두 가지 요건이 과실범의 「위법연관」(Rechtswidrigkeitszusammenhang)으로서 요구된다는 견해가 일반적으로 수용되어 있다.[58] 과실범에 있어서 객관적 귀속이론의 적용인데, 이 이론에 내포되어 있는 의문점을 지적하기에 앞서서, 먼저 그 주장내용을 다음 (가)와 (나)의 부분에서 설명하기로 한다.

(가) 주의의무위반연관 과실범의 위법연관에는 "주의의무위반연관"이 필요하다. 과실범에서는 행위가 "주의의무위반의 관점에서" 결과에 대한 원인이 되었어야 하기 때문이다. 주의의무위반연관이란 행위자가 주의의무를 준수했더라면 결과발생을 회피할 수 있었다고 인정될 때에 한하여 과실범의 위법연관이 긍정된다는 것이다. 즉 주의의무위반행위와 결과 사이에 인과관계가 인정된다고 하더라도 "행위자가 주의의무를 준수하였더라면 결과가 발생하지 않았을 것인가" 또는 "행위자가 구체적 상황에서 주의있는 행동을 하였더라면 어떤 사태가 일어났을 것인가"라는 "가정적"(hypothetisch) 질문을 제기해 보고, 주의의무를 준수했더라면 결과가 발생하지 않았을 것으로 인정될 때 과실범의 위법연관이 긍정되며, 반대로 주의의무를 준수한 경우에도 동일한 결

58) 김성돈, 472면; 김/서, 453-4면; 박상기, 279면 이하; 손해목, 718면; 이재상, 195면 이하; 이형국, 336면; 정/박, 427면; 진/이, 265면.

과가 발생하였을 것이라는 대답이 나온다면 과실범의 위법연관이 부정되어 발생한 결과를 행위자에게 귀속시킬 수 없게 된다.

주의의무를 준수한 행위 - 합의무적 대체행위(合義務的 代替行爲) - 의 경우에도 결과의 발생을 회피할 수 없었다면 불가항력적인 사고, 우연한 사고라고 할 것이고, 과실이 부정되어야 할 것이다. 예컨대 휴대폰으로 통화하면서 자동차를 운전하던 사람이 경찰관의 추격을 받고 도주할 일념으로 갑자기 차도로 뛰어든 보행자(절도범)를 치어 사망케 한 경우에 통화운전이라는 주의의무위반행위와 사망의 결과 사이에 인과관계는 인정되지만, 보행자가 갑자기 차도로 돌출한 바람에 일어난 사고이기 때문에 비록 휴대폰으로 통화하는 부주의함이 '없이' 운전했다고 하더라도 마찬가지의 사고가 일어났을 경우, 즉 결과발생을 회피할 수 없었을 경우에는 과실범의 위법연관이 부정된다는 것이다[보행자돌출사례].[59]

그리고 주의의무준수의 경우에 결과발생이 회피될 가능성은 단순한 개연성의 정도로는 부족하고 "확실에 가까운 개연성"의 정도로 인정되어야 하며, 이 정도에 미치지 못하면 '의심스러운 때에는 피고인의 이익으로'라는 형사법정신에 따라 무죄판결을 내려야 한다는 견해가 있다.[60] 이에 대하여 주의의무준수와 결과불발생 사이의 인과관계판단은 어디까지나 '가정적' 판단이지 확실에 가까운 개연성의 판단을 내릴 수는 없는 성질의 것이므로, 주의의무의 위반이 주의의무를 준수한 경우의 통상적 위험에 비하여 현저한 위험증대를 가져왔다면 결과의 객관적 귀속이 긍정되어야 한다는 견해(위험증대설)도 있다.[61]

(나) 규범의 보호목적연관 과실범의 위법연관에는 "규범의 보호목적연관"이 필요하다. 규범의 보호목적연관은 "발생한 결과가 주의의무위반행위가 침해한 규범의 보호목적의 범위 내에 속할 때"에 인정된다. 즉 당해 주의의무규정이 규범상 보호하고자 하는 목적을 규명한 후, 발생한 결과가 그 목적범위 내에 속하는 것이 아니라면 결과의 객관적 귀속이 부정된다는 것이다.

---

59) 이러한 논지에 관하여는 Schönke/Schröder/Cramer, Rn. 163 참조.

60) 이재상, 195면 이하; H-J. Hirsch, "Der Streit um Handlungs- und Unrechtslehre uns.", ZStW 94. Bd., 1982, S. 251 ff.; Welzel, Das Deutsche Strafrecht, S. 136; Wessels, AT, S. 200; BGH 11/1, 21/59, 24/31.

61) Jescheck, AT, S. 528 f.; Claus Roxin, "Pflichtwidrigkeit und Erfolg bei fahrlässigen Delikten", ZStW 74. Bd., 1962, S. 411 ff.; Rudolphi, SK, Rn. 66 Vor §1.

이와 관련해서 자주 거론되는 사례는, 과속으로 달리던 자동차운전자가 교차로에서 통행인을 치어 사망케 하였는데, 만일 과속하지 않고 제한속도를 준수했더라면 통행인이 이미 교차로를 횡단해 버린 후에 사고지점에 도착했으리라는 경우이다[과속사례].[62] 이 사례에서 운전자가 제한속도로 달렸다면 사고는 발생하지 않았을 것이기 때문에 주의의무위반연관은 긍정된다. 그런데 과속하지 말고 제한속도를 준수하라는 주의의무규정(도로교통법 제17조)의 보호목적은, 운전자가 위험에 처했을 때 적시에 브레이크를 밟아 위험을 피하거나 혹은 정지할 수 있도록 하는 데에 있는 것이지 사고지점에의 도착을 지연시키는 데 있는 것이 아니다. 따라서 과속사례에서 발생한 사망의 결과는 운전자가 침해한 규범의 보호목적의 범위 내에 속한 것이 아니므로 결과의 객관적 귀속이 부정된다는 것이다.[63]

또 이와 유사한 사례로서는 의사가 일정한 검사없이 수술한 결과 환자가 사망하였는데, 며칠 정도 소요되는 그 검사를 거쳤다 하더라도 동일한 수술에 의하여 환자가 사망했을 경우에, 검사의 목적은 수술성공에 있는 것이지 검사소요기간만큼 환자의 생명을 연장하는 데 있는 것은 아니므로 결과의 객관적 귀속이 부정된다는 사례도 제시되고 있다.[64]

(다) 과실범에 있어서 객관적 귀속이론의 의문점 과실범에 있어서 발생한 결과를 행위자에게 객관적으로 귀속시킬 수 있기 위한 요건, 즉 주의의무위반연관과 규범의 보호목적연관은 주의의무위반이라는 과실범의 성립요건 중 특히 "객관적 결과발생예견가능성"과 "객관적 결과발생회피가능성"의 요건에서 다룰 수 있는 문제가 아닌가 하고 생각하며, 별개의 귀속척도가 반드시 필요한 것인가 하는 점에 의문이 있다. 또한 귀속론의 문제해결방법 및 설명방법은 부자연스럽고 기교적·분석적인 성격이 강하여, 완성된 이론이라기보다는 아직 '발전과정에 있는 이론'으로서 이해함이 타당하다고 본다.

과실범에 있어서 객관적 귀속론의 의문점을 앞의 구체적 사례에서 검토해 보기로 한다. 먼저 [보행자돌출사례]를 보자면, 경찰관의 추격을 피하여 절도

62) 과속사례는 독일법원이 여러 차례 취급한 사안이다. BGH VRS(Verkehrssammlung) 5/284, VRS 20/129, VRS 26/209, VRS 73/94; OLG Karlsruhe NJW 1958, S. 430 등.

63) 김성돈, 478면; 김종원, 앞의 글, 342면; 신동운, 239면; 이재상, 197면; Schönke/Schröder/Cramer, Rn. 263; Wessels, AT, S. 199 f.; Jescheck, AT, S. 529.

64) BGH 21/59; Schönke/Schröder/Cramer, Rn. 168.

범인 보행자가 갑자기 차도로 뛰어들 것이라는 것은 신중한 운전자라고 하더라도 '예견'할 수 없는 일이고 설사 예견하고 있었다 하더라도 급정거하여 사고의 발생을 '회피'할 수는 없었다고 하는 것, 즉 객관적 결과발생예견가능성 또는 결과발생회피가능성이 없으므로 운전자의 과실을 부정하는 해결방법도 가능하다고 보고, 주의의무위반연관이라는 객관적 귀속의 척도를 별개의 잣대로 내세울 필요가 있는가 하는 의문이 든다.

또 [과속사례]에서도 과속금지규범의 보호목적이 사고지점에의 도착지연에 있지 않다는 식의 부자연스러운 설명을 통해 결과의 객관적 귀속을 부정함으로써 과속운전자에게 과실책임을 지우지 않는 결론에 대하여는 비법학도라고 하더라도 의아심을 품게 될 것이다. 과속사례에서 과속금지규범의 보호목적이 적시에 정거하여 사고발생을 방지하는 데 있고 또한 사고발생의 순간에 과속이라는 주의의무위반행위가 있어서 적시에 정거할 수 없었기 때문에 사고발생의 원인이 된 이상, 발생한 결과에 대하여 운전자에게 과실책임을 지우는 것이 오히려 타당한 결론이 아닌가 한다. 따라서 과속사례도 객관적 결과발생회피가능성이란 요건과 인과관계론으로 해결될 수 있는 문제이고, 규범의 보호목적연관이란 객관적 귀속의 척도를 내세워서 구태여 납득하기 어려운 결론에 도달할 필요가 있는지는 의문이다.

그 밖에 객관적 귀속론의 적용에 있어서는 위반한 규범의 보호목적이 무엇인가를 확정지어야 하는데, 적지 않은 사례에서 그 확정이 결코 쉽지 않고,[65] 규범의 보호목적에 관한 설명이 있다고 하더라도 그 내용이 어색하고 기교적이어서 별반 설득력은 없다고 본다.[66] 요컨대 과실범에 있어서 주의의무위반연관과 규범의 보호목적연관이라는 두 가지 요건은 객관적 결과발생예견가능성과 객관적 결과발생회피가능성의 요건 및 인과관계론에서 해결할 수 있는 문제라고 보며, 객관적 귀속론에 대한 여러 가지 의문점을 지적하는 것으로 그치고자 한다.

---

65) 객관적 귀속론의 지지자도 이러한 점을 인정한다(Schönke/Schröder/Cramer, Rn. 166 참조).

66) 예컨대 밤에 등을 켜지 않고 앞뒤로 달리던 두 대의 자전거 중 앞서가던 제1의 자전거가 마주오던 제3의 자전거와 충돌한 사고에서 뒤에 가던 제2의 자전거가 아무런 형사책임을 지지 않는 이유는 제2의 자전거가 등을 켜고 달릴 의무규범의 목적이 '다른 자전거를 비추는 데 있지 않기 때문'이라고 하는 설명(RG 63/392)은 부자연스럽기 짝이 없다.

Ⅲ. 과실범의 위법성

고의범에서와 마찬가지로 과실범에 있어서도 구성요건해당성이 있으면 과실행위의 위법성이 추정되고, 정당행위, 정당방위, 긴급피난, 자구행위, 피해자의 승낙과 같은 형법총칙상의 위법성조각사유에 의하여 정당화될 수 있다.

경찰관이 저항하는 강도범을 체포하기 위하여 경고사격을 하였으나 부주의로 범인에 맞아 부상을 입힌 경우는 과실범의 정당행위, 강도를 당하여 방위의사로 경고사격하였으나 실수로 부상케 한 경우는 과실범의 정당방위, 119 구조대원이 중환자의 생명을 구하기 위하여 과속으로 자동차를 운전하다가 과실로 교통사고를 내어 보행자를 부상케 한 경우는 과실범의 긴급피난, 다액을 사기당한 피해자가 우연히 사기꾼을 만나 청구권을 보전하기 위하여 사기꾼의 신병을 확보하는 과정에서 실수로 부상을 입힌 경우는 과실범의 자구행위, 위험한 운동경기 중 과실로 상대방에게 부상을 입힌 경우는 피해자의 승낙에 의한 과실범으로서 각각 과실행위가 정당화될 수 있다.

과실범의 위법성조각사유에 있어서도 정당화사정의 인식 및 정당화행위를 할 의사(예컨대 범인의 체포의사, 방위의사 등)가 객관적 주의의무위반이라는 행위반가치를 상쇄하는 한편, 객관적 정당화사정의 존재는 결과반가치를 상쇄한다. 따라서 과실범의 정당화에 있어서도 당연히 주관적 정당화요소가 필요하고,[67] 이를 요하지 않는다는 견해는[68] 부당하다고 하겠다. 과실범에 있어서 객관적 정당화사정은 존재하지만 주관적 정당화요소가 결여되어 있는 경우에 후자의 견해(불필요설)에 의하면 위법성이 조각된다고 보는 데 반하여, 필요설에 의하면 위법성이 조각되지 않으나 과실범의 미수가 성립한다고 본다. 형법은 과실범의 미수를 처벌하지 않으므로 두 학설 모두 불벌이라는 결론에서는 동일하지만, 결론에 이르는 사고과정에서 차이가 난다.

---

67) 김성돈, 481면; 김신규, 234면; 김/서, 461면; 손해목, 732면; 안동준, 280면. 한편 과실거동범에 한하여 주관적 정당화요소가 필요하다는 부분적 긍정설은 이형국, 333면.

68) 박상기, 288면; 배종대, 685면; 성낙현, 432면; 신양균, "주관적 정당화 요소에 대한 검토", 성시탁교수화갑기념논문집, 1993, 239면; 이상돈, 171면; 이재상, 198면; 정/박, 428면; 진/이, 267면.

Ⅳ. 과실범의 책임

1. 주관적 주의의무위반

과실범의 책임은 과실행위를 한 행위자 개인에게 가해지는 비난가능성이다. 과실범의 책임성립에도 고의범의 경우와 마찬가지로 책임능력, 위법성의 인식(가능성), 기대가능성이 필요한데, 과실범에 특유한 책임요소로는 "주관적" 주의의무위반이 있다. 객관적 주의의무위반을 '구성요건적 과실' 또는 '불법과실'이라고 명명한다면, 주관적 주의의무위반은 '책임과실'이라고 할 수 있다(범죄합일체계론에서의 과실의 이중적 지위). 주관적 주의의무위반이란 "행위자의 개인적" 주의능력(지식, 경험, 연령, 지능, 신체조건 등)에 비추어 객관적 주의의무의 준수가 "가능"했음에도 불구하고 주의하지 않았음을 의미한다(행위자표준설, 주관설). 행위자가 자신의 개인적 주의능력이 부족함에도 불구하고 일정한 행위를 감행했다면, 항상 「인수과실」의 성립 여부를 검토해야 한다.

그리고 행위자 개인이 지니고 있는 부주의한 '성격적' 결함 내지 '정서적' 결함은 행위자에게 책임을 '지우는' 방향으로 작용한다.

과실범의 책임에서 확인되는 「심정반가치」는 행위자의 "법무관심의 태도"이다. 이는 사회생활을 영위함에 있어서 드러나는 행위자의 "부주의한 심정", "조심성없는 태도 내지 마음가짐", "안전불감증"에 대하여 부정적 가치판단이 내려짐을 의미한다.

그런데 주관적 주의의무위반 여부를 가르는 행위자 개인의 주관적 주의능력은 책임능력과 구별되어야 한다. 주관적 주의능력은 구성요건적 결과발생에 대한 인식가능성과 회피가능성의 관점에서 행위자의 정신적 · 신체적 능력을 문제삼는 것이고, 책임능력은 과실행위에 즈음하여 법과 불법을 판별함으로써 스스로 적법하게 의사를 결정하고 행동할 수 있는 정신적 능력을 문제삼는 것이다.

주관적 주의의무위반은 주관적 결과발생예견의무위반과 주관적 결과발생회피의무위반을 내용으로 하고, 각각 주관적 결과발생예견가능성과 주관적 결과발생회피가능성을 전제로 한다.

2. 위법성의 인식(가능성)

과실범의 책임에 있어서도 "객관적으로 요구되는 주의의무를 다하지 못한 자신의 행위가 법질서에 반한다는 인식, 금지된다는 인식"으로서의 위법성인식(가능성)이 필요한데, 위법성의 '현실적' 인식 이외에 '잠재적' 인식의 형태로 존재할 수도 있다.[69]

결과발생을 예견하지 못한 '인식없는 과실범'에게는 대체로 위법성의 잠재적 인식이 존재하겠지만, 이것조차도 결여되어 있다면 위법성의 착오(금지의 착오)의 문제로서 제16조가 적용된다.

3. 기대가능성

"행위 당시의 외부적 사정에 비추어 보아 행위자에게 주의의무를 준수할 것을 기대할 수 있을 때"에 행위자에 대하여 과실책임을 물을 수 있고, 그같은 기대를 할 수 "없을 때"에는 과실책임이 조각된다(책임조각사유로서의 기대불가능성).[70] 예컨대 인근의 가스저장소에서 갑자기 대규모의 가스폭발사고가 일어난 바람에 심한 쇼크상태에 빠진 자동차운전자가 주의의무를 다하지 못하여 보행자를 부상케 한 경우에, 외부적 정황에 비추어 행위자에게 주의의무를 준수할 것을 기대할 수 없다고 보아 책임이 조각될 수 있다.

다만 체계적 지위와 관련하여 기대불가능한 사정이 ① 과실에 있어서 '객관적 주의의무의 범위를 제한'한다고 보아야 할 것인지,[71] 또는 ② '주관적 주의의무의 범위를 제한'한다고 보아야 할 것인지,[72] 아니면 ③ 고의범에서와 마찬가지로 '독자적인 초법규적 책임조각사유'로 작용한다고 보아야 할 것인지가[73] 문제

---

69) 예컨대 소화장비를 전혀 갖추지 않고 화재의 위험이 큰 시설을 운영하는 경우에 위법성의 현실적 인식이 존재할 것이다.

70) 규범적 책임론의 중심요소가 되는 기대가능성이론의 효시가 된 것으로 유명한 1897년의 독일제국법원의 Leinenfängerfall(RG 30/25)은 바로 과실범에 있어서의 기대가능성을 다룬 것이다.

71) Heinrich Henkel, "Zumutbarkeit und Unzumutbarkeit als regulatives Rechtsprinzip", Festschrift für E. Mezger, 1954, S. 286.

72) Jescheck, AT, S. 539 f.

73) Bockelmann/Volk, AT, S. 167 f.; Welzel, Das Deutsche Strafrecht, S. 183. 이에 대하여 기대불가능성이 (객관적 및 주관적) 주의의무의 범위를 제한하면서 동시에 책임조각사유도 된다고 하는 이중적 기능설도 있다(Schönke/Schröder/Cramer, Rn. 204).

된다. ①과 ②의 입장에서는 기대불가능성을 독자적인 책임조각사유로 파악하지 아니하고 과실의 성립을 제한하는 규제원리(regulatives Prinzip)로 이해한다.

생각건대, 주의의무준수의 가능 여부를 좌우하는 중점이 행위자의 '내부적' 사정에 있으면 '주관적' 주의의무의 범위가 제한되고, '외부적' 행위정황에 있으면 '객관적' 주의의무의 범위가 제한되는 동시에 '기대불가능성'에 의한 초법규적 책임조각사유로서도 고려된다고 함이 타당하다.

Ⅴ. 과실범의 미수

1. 과실범에 있어서 예비와 미수의 구별

범행의 예비단계를 지나 미수단계에 접어드는 시점인 '실행의 착수'를 판단함에 있어서 통설인 절충설에 의하면 행위자의 '범행계획' 및 '범죄적 의사'를 고려하게 되는데, 과실범에는 범죄사실에 대한 인식이나 범죄실현에의 인용이 결여되어 있기 때문에 실행의 착수시점을 확정할 수 없다. 따라서 과실범에 있어서 예비와 미수의 구별은 불가능하다.

2. 과실범에 있어서 미수와 기수의 구별

주의의무위반행위, 즉 과실행위는 있었으나 구성요건적 결과가 발생하지 않은 경우(예: 덜 꺼진 담배꽁초를 부주의하게 가스취급현장에 버렸으나 다행히 불이 나지 않은 경우)에 과실범의 미수가 성립하고, 결과발생이 있으면 과실범의 기수가 성립한다. 그런데 현행형법은 과실범의 미수를 처벌하는 규정을 두고 있지 않으므로, 과실범에 있어서 미수와 기수의 구별은 논의의 실익이 없다고 하겠다. 입법자는 당벌성(當罰性)과 필벌성(必罰性)의 관점에서 과실범의 미수를 처벌할 가치가 없다는 형사정책적 결정을 내린 것으로 풀이된다.

Ⅵ. 과실범에 있어서의 공범

판례에 의하면 과실범의 공동정범이 인정되지만, 이는 과실범의 동시범으로 처벌하는 것이 타당하고, 과실범에 대한 교사·방조는 타인의 과실행위를 고의로 이용하는 행위로서 간접정범의 문제가 된다.

과실에 의한 교사 및 방조는 교사와 방조라는 개념 자체와 상용(相容)되지 않으므로 성립될 여지가 없다. '과실에 의한 방조'는 발생한 결과에 대하여 직접 '과실범의 정범'으로서의 죄책을 질 것인가의 문제가 된다.[74]

제 2 절 결과적 가중범

Ⅰ. 서 설

1. 의 의

결과적 가중범이란 "일정한 범죄행위가 행위자의 인식·인용범위를 초과하여 보다 더 중한 결과를 발생시킨 경우에, 그 중한 결과로 인하여 형벌이 가중되는 범죄"를 말한다. 예컨대 '상해행위'(제257조 제1항: 상해죄의 법정형은 7년 이하의 징역)가 행위자의 인식을 초과하여 보다 더 중한 결과인 피해자의 '사망'을 초래한 때 중한 결과인 사망으로 인하여 형이 가중되는 상해치사죄(제259조 제1항: 법정형은 3년 이상의 징역)로 처벌되는 경우, 이 상해치사죄가 바로 결과적 가중범이다.

형법상 결과적 가중범에는 상해치사죄(제259조) 이외에 중상해죄(제258조), 폭행치사상죄(제262조), 낙태치사상죄(제269조 제3항, 제270조 제3항), 유기치사상죄(제275조), 체포감금치사상죄(제281조), 강간치사상죄(제301조, 제301조의 2), 강도치사상죄(제337조, 제338조), 인질치사상죄(제324조의 3, 4), 현주건조물방화치사상죄(제164조 제2항), 연소죄(제168조), 교통방해치사상죄(제188조), 특수공무방해치사상죄(제144조 제2항) 등이 있다.

2. 결과적 가중범의 구조

결과적 가중범(예: 상해치사죄)의 구조는 [고의의 기본행위(상해행위) → 중한 결과(사망)의 발생]으로 되어 있다. 우리 형법전은 예외없이 기본행위가 '고의범'인 결과적 가중범만을 규정하고 있으며 과실의 결과적 가중범은 인정하지 않는다.[75] 기본행위가 '과실범'인 결과적 가중범을 규정하고 있는 독일형법은

74) 대판 1992. 3. 10, 91 도 3172 참조.

75) 다만 행정형법의 영역에서는 기본행위가 '과실범'인 결과적 가중범이 등장하고 있다. 예컨

1998년 1월 26일의 개정에서 종래의 실화치사죄와 과실일수치사죄를 삭제하고, 제306조d 제2항과 제312조 제6항 제2호의 과실 결과적 가중범을 신설하였다.

Ⅱ. 결과적 가중범에 있어서 논의의 초점과 책임주의

결과적 가중범에 있어서 논의의 초점은 기본행위(기본범죄)와 중한 결과 사이에 어떠한 요건이 갖추어져야 할 것인가에 있다. 결과적 가중범에 있어서 중한 결과는 행위자가 인식·인용한 범위를 초과한 것임에도 불구하고, 즉 중한 결과에 대하여 행위자의 고의가 없음에도 불구하고 그 중한 결과로 인하여 형이 가중되기 때문에, 형이 가중되는 근거와 요건을 밝혀야 할 것이다.

만일 기본행위와 중한 결과 사이에 별다른 요건이 필요하지 않고 단지 기본행위로 인하여 결과가 발생했다는 인과관계만으로 결과적 가중범의 성립을 인정하여 가중처벌한다면, 그것은 결과책임을 인정하는 것으로서 근대형법의 철칙인 책임주의에 반하는 논리가 된다. 이와 같이 결과적 가중범은 책임주의의 예외가 된다고 보아 「결과책임사상」의 유물로 이해하면서 중한 결과에 대한 인과관계의 존재만으로 결과적 가중범의 성립을 인정하려는 견해는 근대형법에 있어서도 오래도록 잔존하고 있었다. 특히 인과관계에서 '조건설'이 지배하던 시대에는 피해자의 특수체질이나 제3자의 고의·과실행위 등이 개입하여 중한 결과를 발생시킨 경우(비유형적 인과관계)에도 논리적 조건관계만 존재하면 기본행위에 대한 결과적 가중범의 성립을 광범위하게 인정함으로써 과도한 처벌을 낳았고, 이 조건설의 결함을 축소하려는 이론적 노력이 인과관계론의 발전을 가져옴으로써 원인설, 인과관계중단론, 상당인과관계설 등이

대 '건축법' 제107조 제2항에서는 '업무상 과실'로 제106조 제2항의 죄를 범한 자(제1항의 죄를 범하여 사람을 죽거나 다치게 한 자)를 10년 이하의 징역이나 금고 또는 10억원 이하의 벌금에 처하고 있다. 그리고 '환경범죄등의 단속 및 가중처벌에 관한 법률' 제5조는 오염물질을 불법배출함으로써 공중의 생명·신체에 위험을 발생시킨 자를 처벌하는 제3조의 범죄를 '업무상 과실 또는 중대한 과실'로 범한 경우에 과실범으로 처벌하는 규정이다. 이 규정은 기본행위인 오염물질의 배출행위와 중한 결과인 공중의 생명·신체에 대한 위험발생 '양자'에 대하여 업무상 과실 또는 중대한 과실이 있는 경우에 적용될 수 있으므로, 기본범죄가 '과실범'인 결과적 가중범도 존재한다(박상기, 296-7면). 그 밖에 특가법 제5조의 3 [도주차량운전자의 가중처벌] 제2항 제1호도 기본범죄가 과실범인 결과적 가중범을 인정한 규정이라고 해석하는 견해가 있다(신동운, "결과적 가중범", 고시연구, 1993. 6, 112면).

대두하게 된 것이다.

그러나 결과적 가중범의 문제점을 정도(正道)로 해결한 것은 인과관계론에서가 아니라 "고의 · 과실없으면 책임없다"라고 하는 「책임주의」를 결과적 가중범에 있어서도 동일하게 관철하려는 사상이었다. 우리 형법은 제15조 제2항에서 "결과 때문에 형이 무거워지는 죄의 경우에 그 결과의 발생을 예견할 수 없었을 때에는 무거운 죄로 벌하지 아니한다"고 규정하여 중한 결과의 발생에 대한 '예견가능성', 즉 '과실'을 결과적 가중범의 성립요건으로 하고 있으며, 독일형법은 1953년에 제56조(현행 독일형법 제18조에 해당)를[76] 새로이 규정하여 중한 결과에 대하여 최소한 '과실'이 있는 경우에 한하여 결과적 가중범의 성립을 인정함으로써, 이제는 '법률상' 결과책임사상은 배척되고 책임주의가 관철되었다고 말할 수 있다.

책임주의에 입각한 형법규정에 비추어 보자면, 결과적 가중범은 고의있는 기본행위와 중한 결과발생에 대한 과실을 요건으로 하여 성립하게 되므로 결과적 가중범의 구조를 "고의와 과실의 결합형식"이라고 표현할 수 있게 된다.

Ⅲ. 결과적 가중범의 종류

1. 진정 결과적 가중범과 부진정 결과적 가중범

진정 결과적 가중범이란 고의의 기본행위와 중한 결과 사이에 '과실'이 있을 경우에 성립하는 결과적 가중범을 말하고, 상해치사죄 등 대부분의 결과적 가중범이 이에 속한다. 이에 반하여 부진정 결과적 가중범이란 중한 결과에 대하여 과실이 있는 경우뿐만 아니라 '고의'가 있는 경우에도 성립하는 결과적 가중범을 말하며, 중상해죄(제258조), 현주건조물방화치사상죄(제164조 제2항), 현주건조물일수치상죄(제177조 제2항 前文), 교통방해치상죄(제188조), 특수공무방해치상죄(제144조 제2항 前文) 등이 이에 속한다.

중한 결과에 대하여 고의있는 부진정 결과적 가중범을 인정하는 이유는, 기본행위에 기하여 '고의'로 중한 결과를 발생시킨 경우에 '과실'있는 결과적

76) 독일형법 제18조(특별한 행위결과에 있어서의 가중형): "법률이 행위의 특별한 결과에 가중된 형을 결부시키고 있는 때에는 그 결과에 대하여 최소한 과실을 부담하는 경우에 한하여 가중된 형이 정범자 또는 공범자에게 적용된다."

가중범보다 무겁게 처벌하는 규정이 마련되어 있지 않은 한, 중한 결과에 대하여 고의있는 경우까지도 결과적 가중범에 포함시키는 해석이 불가피하기 때문이다. 예컨대 현주건조물방화치사죄(제164조 제2항 後文)에서 방화행위에 기하여 사망이라는 중한 결과가 과실로 발생한 경우에만 이 범죄가 성립된다고 해석하면, 사망이라는 중한 결과에 대하여 고의가 있는 경우에는 살인죄(제250조 제1항)와 현주건조물방화죄(제164조 제1항)의 상상적 경합(제40조)이 발생하고 결국 살인죄에 정한 형으로 처벌하게 되는데, 살인죄의 법정형은 현주건조물방화치사죄의 법정형보다 낮은 까닭에 중한 결과에 대하여 고의있는 경우가 과실있는 경우보다 법정형이 낮다는 문제점이 대두한다. 그러므로 규정형식이 결과적 가중범으로 되어 있지만 현주건조물방화치사죄를 중한 결과인 사망에 대하여 고의있는 경우도 포함하는 것으로 해석하여 법정형의 불균형이라는 문제점을 해소할 필요가 생긴다. 이러한 해석은 확장해석이 아니라 '당연해석'(물론해석)에 속하고, 죄형법정주의에 위배된다고 보지는 않는다.

진정·부진정 결과적 가중범의 구별에 반대하여 부진정 결과적 가중범을 인정하지 않는 견해도 있으나,[77] 상술한 이유로 해석상 부진정 결과적 가중범을 인정하지 않을 수 없다(통설).[78]

판례도 부진정 결과적 가중범을 인정한다.[79] 죄수(罪數)에 있어서 판례는 고의있는 결과적 가중범(예: 현주건조물방화치사죄)이 성립하는 경우에 중한

---

77) 권오걸, 401-2면; 정/박, 443면.

78) 김성돈, 487면; 김신규, 237면; 김/서, 468면; 박상기, 291면; 배종대, 697면; 안동준, 285면; 오영근, 214면; 이상돈, 176면; 이재상, 202면; 이형국, 342면; 정영일, 172면; 진/이, 204면.

79) 현주건조물방화치사죄를 부진정 결과적 가중범으로 해석한 판례로는 "형법 제164조 후단(1995년 개정형법 제164조 제2항-저자 註)이 규정하는 현주건조물방화치사상죄는 그 전단이 규정하는 죄에 대한 일종의 가중처벌 규정으로서 과실이 있는 경우뿐만 아니라, 고의가 있는 경우에도 포함된다고 볼 것이므로, 사람을 살해할 목적으로 현주건조물에 방화하여 사망에 이르게 한 경우에는 현주건조물방화치사죄로 의율하여야 하고, 이와 더불어 살인죄와의 상상적 경합범으로 의율할 것은 아니라고 할 것이고, 다만 존속살해죄와 현주건조물방화치사죄는 상상적 경합범관계에 있으므로, 법정형이 중한 존속살해죄로 의율함이 타당하다"(**대판 1996. 4. 26, 96 도 485**. 同旨, 대판 1998. 12. 8, 98 도 3416; 1983. 1. 18, 82 도 2341). 특수공무방해치상죄(제144조 제2항 前文)를 부진정 결과적 가중범으로 해석한 판례로는 "특수공무방해치사상과 같은 이른바 부진정 결과적 가중범은 예견가능한 결과를 예견하지 못한 경우뿐만 아니라 그 결과를 예견하거나 고의가 있는 경우까지도 포함하는 것이므로, 공무집행을 방해하는 집단행위의 과정에서 일부 집단원이 고의행위로 살상을 가한 경우에도 다른 집단원에게 그 사상의 결과가 예견가능한 것이었다면 다른 집단원도 그 결과에 대하여 특수공무방해치사상의 책임을 면할 수 없다"(**대판 1990. 6. 26, 90 도 765**).

결과에 대한 본래의 고의범(예: 살인죄)이 고의있는 결과적 가중범보다 법정형이 낮으면(예: 보통살인죄) 고의있는 결과적 가중범만이 성립하는 것으로 하고,[80] 고의있는 결과적 가중범보다 법정형이 높으면(예: 강도살인죄[81] 또는 존속살해죄[82]) 두 범죄의 '상상적 경합'을 인정한다.[83] 학설은 이러한 구별을 하지 않고, 고의있는 결과적 가중범(현주건조물방화치사죄)과 중한 결과에 대한 본래의 고의범(살인죄)의 상상적 경합을 인정하는 것이 다수견해이다.[84]

2. 고의의 결과적 가중범과 과실의 결과적 가중범

'기본행위'가 고의에 의한 것인가 또는 과실에 의한 것인가에 따라 '고의의 결과적 가중범'과 '과실의 결과적 가중범'으로 분류할 수도 있는데, 전술한 바와 같이 우리 형법전은 과실의 결과적 가중범을 규정하고 있지 않으므로 이 분류는 별로 실익이 없다고 하겠다.

그 밖에 '중한 결과'의 발생이 고의에 의한 것인가 또는 과실에 의한 것인가에 따라 '고의있는 결과적 가중범'과 '과실있는 결과적 가중범'으로 분류할 수도 있다. 결과적 가중범은 원칙적으로 과실있는 결과적 가중범에 국한되고, 고의

---

80) "현주건조물방화치사죄로 의율하여야 하고, 이와 더불어 살인죄와의 상상적 경합범으로 의율할 것은 아니라고 할 것"(**대판** 1996. 4. 26, 96 **도** 485).

81) "피해자들의 재물을 강취한 후 그들을 살해할 목적으로 현주건조물에 방화하여 사망에 이르게 한 경우 피고인들의 위 행위는 강도살인죄와 현주건조물방화치사죄에 모두 해당하고 그 두 죄는 상상적 경합범관계에 있다"(**대판** 1998. 12. 8, 98 **도** 3416).

82) "다만 존속살해죄와 현주건조물방화치사죄는 상상적 경합범관계에 있으므로"(**대판** 1996. 4. 26, 96 **도** 485). 해당 판례에 적용된 구 형법[법률 제5057호로 1995. 12. 29.에 일부개정되어 1996. 7. 1.에 시행되기 전의 형법]상의 존속살해죄는 법정형으로 사형과 무기징역만 규정하고 있어 현주건조물방화치사죄보다 무겁게 처벌하였다.

83) "기본범죄를 통하여 고의로 중한 결과를 발생하게 한 경우에 가중 처벌하는 부진정 결과적 가중범에 있어서, 고의로 중한 결과를 발생하게 한 행위가 별도의 구성요건에 해당하고 그 고의범에 대하여 결과적 가중범에 정한 형보다 더 무겁게 처벌하는 규정이 있는 경우에는 그 고의범과 결과적 가중범이 상상적 경합관계에 있다고 보아야 할 것이지만(대법원 1995. 1. 20, 선고 94 도 2842 판결, 대법원 1996. 4. 26, 선고 96 도 485 판결 등 참조), 위와 같이 고의범에 대하여 더 무겁게 처벌하는 규정이 없는 경우에는 결과적 가중범이 고의범에 대하여 특별관계에 있다고 해석되므로 결과적 가중범만 성립하고 이와 법조경합의 관계에 있는 고의범에 대하여는 별도로 죄를 구성한다고 볼 수 없다. 따라서 직무를 집행하는 공무원에 대하여 위험한 물건을 휴대하여 고의로 상해를 가한 경우에는 특수공무집행방해치상죄만 성립할 뿐, 이와는 별도로 폭력행위 등 처벌에 관한 법률 위반(집단·흉기 등 상해)죄를 구성한다고 볼 수 없다"(대판 2008. 11. 27, 2008 도 7311).

84) 김성돈, 490면; 김신규, 239면; 박상기, 291면; 신동운, 247면 이하; 오영근, 217면; 이용식, "결과적 가중범", 고시계, 1992. 11, 109면; 이재상, 202면; 정영일, 173면.

있는 결과적 가중범은 부진정 결과적 가중범의 경우에 있어서 해석상 부득이 인정될 따름이다.

Ⅳ. 결과적 가중범의 성립요건

결과적 가중범의 객관적 구성요건으로는 ① 고의의 기본행위가 있을 것, ② 중한 결과가 발생할 것, ③ 기본행위와 중한 결과발생 사이에 인과관계가 존재할 것과 결과의 객관적 귀속이 긍정될 것을 필요로 하며, 주관적 구성요건으로는 중한 결과의 발생에 대하여 과실이 있어야 한다.

1. 고의의 기본범죄행위가 있을 것

현행형법전은 기본범죄행위를 고의범에 한정하고 있다. 고의의 기본행위는 일정한 범죄의 '실행행위'를 의미하는 것으로 기수의 경우뿐만 아니라 미수인 경우도 포함한다. 따라서 강도가 재물을 강취하지 못하고 미수에 그쳤어도 피해자에게 상해를 입힌 경우에는 결과적 가중범인 강도치상죄가 성립할 수 있다. 기본범죄행위의 미수는 결과적 가중범의 성립 자체에는 영향을 주지 못하고, 양형에서 고려될 여지가 있다.

종래 우리 형법은 현주건조물일수치사상죄(제177조 제2항)에 대한 미수범처벌규정(제182조)을 제외하고는 원칙적으로 결과적 가중범의 '미수'를 처벌하는 규정을 두고 있지 않았으나, 1995년의 형법개정에서 진정 결과적 가중범인 인질치사상죄와 강도치사상죄에 대하여 그 미수범을 처벌하는 것으로 규정하였다(제324조의 5, 제342조). 따라서 인질치사상죄와 강도치사상죄 및 현주건조물일수치사상죄에 있어서만큼은 기본범죄행위, 즉 인질강요행위와 강도행위 및 일수행위가 미수인가 또는 기수인가에 따라 결과적 가중범의 미수범 또는 기수범으로 처벌된다.[85]

2. 기본범죄를 초과하여 중한 결과가 발생할 것

중한 결과의 발생은 결과적 가중범의 객관적 처벌조건에 불과한 것이 아

85) 그 외 '성폭력범죄의 처벌 등에 관한 특례법'(2010. 4. 15. 제정 및 시행)에서도 성폭력범죄의 결과적 가중범의 미수범을 처벌하는 규정을 두고 있다(동법 제15조).

니라 결과적 가중범의 '불법내용'(결과불법)을 이룬다. 중한 결과는 대부분 치사 또는 치상으로 규정되어 있어서 법익이 침해될 것을 요하지만, 중상해죄(제258조 제1항)와 같이 구체적 위험의 발생에 그치는 경우도 있다.

3. 기본행위와 중한 결과발생 사이에 인과관계와 결과의 객관적 귀속이 긍정될 것

결과적 가중범도 결과범에 속하는 이상 당연히 기본행위와 중한 결과발생 사이에 인과관계가 있어야 한다. 여기에서 인과관계는 '합법칙적 조건설'에 의하여 확정된다. 대법원은 기본적으로 '상당인과관계설'의 입장에서, 피해자가 범행을 피하려다가 치사상의 결과에 이른 경우에는 기본범행과 치사상 사이에 인과관계를 인정하고 있으나,[86] 범행을 당한 후 피해자가 절망감 또는 수치심으로 자살한 경우에는 기본범행과 자살 사이의 인과관계를 부정하고 있다.[87] 기본행위와 중한 결과발생 사이에 인과관계가 인정되더라도 중한 결과를 행위자에게 객관적으로 귀속시킬 수 있는 경우에 한하여 결과적 가중범의 구성요건해당성이 인정된다. 여기에서 중한 결과를 객관적으로 귀속시킬 수 있다는 것은 중한 결과가 다른 중간원인의 개입없이 기본범죄행위로부터 직접 초래되었음을 의미하며, 객관적 귀속의 일반적 척도가 적용된다(직접성의 원칙). 예컨대 상해행위가 있었는데 피해자의 특이체질로 사망한 경우에 합법칙적 조건설에 의하더라도 상해와 사망 사이에 인과관계는 인정될 수 있고, 다만 피해자의 특이체질로 사망한 결과는 행위자가 객관적으로 예견가능하고 지배가능한 것이 아니기 때문에[88] 그 객관적 귀속이 부정됨으로써 행위자는 결과

---

86) "피고인들이 공동으로 피해자를 폭행하여 당구장 3층에 있는 화장실에 숨어 있던 피해자를 다시 폭행하려고 피고인 갑은 화장실을 지키고, 피고인 을은 당구치는 기구로 문을 내려쳐 부수자 위협을 느낀 피해자가 화장실 창문 밖으로 숨으려다가 실족하여 떨어짐으로써 사망한 경우에는 피고인들의 위 폭행행위와 피해자의 사망 사이에는 원인관계가 있다고 할 것이므로 폭행치사죄의 공동정범이 성립된다"(**대판** 1990. 10. 16, 90 **도** 1786). "폭행 또는 협박으로 타인의 재물을 강취하려는 행위와 이에 극도의 흥분을 느끼고 공포심에 사로잡혀 이를 피하려다 상해에 이르게 된 사실과는 상당인과관계가 있다 할 것이고 이 경우 강취행위자가 상해의 결과의 발생을 예견할 수 있었다면 이를 강도치상죄로 다스릴 수 있다"(**대판** 1996. 7. 12, 96 **도** 1142). 강간을 피하려다 사망한 경우의 긍정 대판은 1968. 8. 21, 68 도 419.

87) "강간을 당한 피해자가 집에 돌아가 음독자살하기에 이르는 원인이 강간을 당함으로 인하여 생긴 수치심과 장래에 대한 절망감 등에 있었다 하더라도, 그 자살행위가 바로 강간행위로 인하여 생긴 당연한 결과라고 볼 수는 없으므로 강간행위와 피해자의 자살행위 사이에 인과관계를 인정할 수는 없다"(**대판** 1982. 11. 23, 82 **도** 1446).

88) 실현된 결과는 행위자가 객관적으로 예견가능하고 지배가능한 것이어야 한다는 객관적 귀

적 가중범(상해치사죄)의 책임을 지지 아니하고, 상해죄로 처벌될 따름이다.

4. 중한 결과의 발생에 대하여 과실이 있을 것

결과적 가중범에 있어서도 '책임주의'가 관철되어야 할 것이므로 중한 결과에 대하여 '과실'이 있어야 한다는 결론에 대하여 학자들의 견해가 일치되어 있다. 제15조 제2항은 "그 결과의 발생을 예견할 수 없었을 때"라고 규정하여 결과적 가중범의 성립요건을 중한 결과발생에 대한 '예견가능성'으로 표현하고 있으나, 이는 '과실'을 의미하는 것이라고 해석된다(통설).[89]

결과적 가중범의 성립요건인 과실에 있어서 '객관적' 결과발생예견가능성은 구성요건요소로서, 그리고 '주관적' 결과발생예견가능성은 책임요소로서 검토된다.[90]

결과적 가중범에 있어서 중한 결과에 대하여 과실이 있느냐 하는 판단의 기준시기 그리고 부진정 결과적 가중범에 있어서는 중한 결과에 대하여 고의가 있느냐 하는 판단의 기준시기는 기본범죄의 실행행위시이다. 따라서 주택에 방화한 '후에' 그 거주자를 살해할 의사가 생겨 그를 살해한 경우에는 방화죄 이외에 별개의 살인죄-두 범죄의 실체적 경합-가 성립할 뿐이고, 고의있는 부진정 결과적 가중범으로서의 현주건조물방화치사죄(제164조 제2항 後文)는 성립하지 않는다.

V. 관련문제

1. 결과적 가중범의 미수

1995년의 형법개정에서는 진정 결과적 가중범인 인질치사상죄와 강도치사상죄를 미수범처벌의 대상범죄에 포함시키고 있으므로(제324조의5, 제342조), 인질치사상죄와 강도치사상죄에 있어서만큼은 결과적 가중범의 미수범을 인정할 수 있

속의 척도는 과실범 및 결과적 가중범에 있어서의 '예견가능성'이라는 요건과 오버랩되어 체계론상 혼란을 일으킬 수 있다는 점은 객관적 귀속론의 비판 부분에서 지적한 바 있다.

89) 김성돈, 497면; 박상기, 297면; 오영근, 222면; 이재상, 205면; 이형국, 343면; 정/박, 445-6면; 진/이, 290면.

90) 이에 반하여 '주관적' 예견가능성만을 결과적 가중범의 주관적 '구성요건요소'로 이해하는 견해도 있다(진/이, 290면).

을 것인가라는 문제와 이를 긍정하는 경우에 그 미수 · 기수의 성립기준을 밝힐 필요가 있다.

결과적 가중범의 미수범을 인정할 수 없다는 부정적 견해가 다수설[91] 및 판례[92]의 입장이지만, 다음과 같은 논거로 결과적 가중범의 미수범을 인정함이 타당하다고 생각한다.[93] 강도치사상죄에 있어서 중한 치사상의 결과가 발생했다고 하더라도 기본범죄인 강도죄가 미수에 그친 경우와 기수에 달한 경우는 '결과불법'의 면에서 차이가 있다. 치사상이라는 결과불법에서는 동일하지만, 재산이라는 법익이 침해되지 않은 강도죄의 '미수에 있어서의 결과불법'과 재산이 침해된 강도죄의 '기수에 있어서의 결과불법'이 차이가 나는 것은 분명하고, 이 차이점은 결과적 가중범의 '전체적 결과불법'에 반영되어야 할 것이다. 결과불법상의 차이점이 도외시되는 것은 죄형균형사상 내지 비례성의 원칙에 위배된다. 그렇다면 중한 제2의 결과불법이 동일하더라도 기본범죄의 미수 또는 기수라고 하는 결과불법은 결과적 가중범의 미수범 또는 기수범의 성립이라고 하는 등식으로 영향을 미친다고 해야 한다. 다만 형법전은 이러한 상관관계를 인질치사상죄와 강도치사상죄라고 하는 중요한 범죄에 한하여 규정한 것으로 보아야 할 것이다(객관적 · 목적론적 해석).[94]

---

91) 김성돈, 501면; 배종대, 620면; 신동운, 498면; 오영근, 225면; 이재상, 374면; 이정원, 396면; 정/박, 448면.

92) 대법원은 2008. 4. 24, 2007 도 10058 판결과 2013. 8. 22, 2013 도 7138 판결 등에서 일관하여 결과적 가중범의 미수를 부정하고 있으며, 최근 전원합의체 판결도 마찬가지이다. "…이러한 판례의 법리(이하 '현재 법리'라 한다)에 따르면, 성폭력처벌법 제4조 제1항에서 정한 특수강간의 죄를 범한 경우뿐만 아니라 특수강간의 실행에 착수하였으나 미수에 그친 경우라고 하더라도, 이로 인하여 피해자가 상해를 입었으면 특수강간치상죄가 성립한다. 후자의 경우 특수강간치상죄의 기수범이 성립할 뿐, 성폭력처벌법 제15조가 다시 적용되어 특수강간치상죄의 미수범이 성립하는 것은 아니다. 성폭력처벌법 제15조에서 정한 제8조 제1항에 대한 미수범 처벌규정은 제8조 제1항에 특수강간치상죄와 함께 규정된 특수강간상해죄의 미수범, 즉 특수강간의 죄를 범하거나 미수에 그친 사람이 상해의 고의를 가지고 피해자에게 상해를 가하려다가 미수에 그친 경우에 적용될 뿐, 제8조 제1항에서 정한 특수강간치상죄에는 적용된다고 볼 수 없기 때문이다. 특수강간치상죄의 미수범 성립을 부정하는 현재 법리는 타당하므로 유지되어야 한다"(**대판 2025. 3. 20, 2023 도 10405 - 전원합의체**).

93) 결과적 가중범의 미수범을 긍정하는 견해로는 권오걸, 409면; 김/서, 478면; 박상기, 303면; 손동권, 353면; 정영일, 178면 이하.

94) 특수강간치상죄의 미수범성립을 부정한 판결(대판 2025. 3. 20, 2023 도 10405 - 전원합의체)에는 서경환, 권영준 두 대법관의 반대의견이 있어 요약하여 소개한다. 반대의견에 의하면 기본범죄인 특수강간이 미수에 그친 경우에는 상해의 결과가 발생했더라도 특수강간치상죄의 미수범이 성립한다고 하면서, 특수강간치상죄의 미수범처벌규정에도 불구하고 이를 부정하는 것은 피고인에게 불리한 축소해석이라는 점, 책임주의 관점에서 기본범죄가 미수인 경우와 기수인 경

이상의 논거에서 이미 밝혀진 바와 같이, (진정) 결과적 가중범의 미수범을 처벌하는 규정이 '있는' 경우에 결과적 가중범의 미수·기수의 성립기준은 '기본범죄행위의 미수·기수'에 있다. 그러나 미수범의 처벌규정이 '없는' 일반적인 결과적 가중범에 있어서는 중한 결과가 발생하지 아니하면 기본범죄로 처벌되고, 기본범죄가 미수에 그친 경우에도 중한 결과가 발생한 이상 결과적 가중범의 기수범으로 처벌된다.[95]

결과적 가중범인 '현주건조물일수치사상죄'(제177조 제2항)에 대하여도 미수범처벌규정(제182조)이 있으므로, 그 미수·기수의 성립이 역시 문제된다.[96] '진정' 결과적 가중범으로 해석되는 현주건조물일수치'사'죄(제177조 제2항 後文)의 미수·기수는 상술한 바와 같이 기본범죄행위인 일수행위의 미수·기수에 따라 결정된다. '부진정' 결과적 가중범으로 해석되는 현주건조물일수치'상'죄(제177조 제2항 前文)의 미수는 ⓐ '과실'로 중한 상해의 결과가 발생한 경우에는 기본범죄행위인 일수행위가 미수에 그친 때에 성립하고, ⓑ 상해의 '고의'로 현주건조물일수행위에 착수한 경우에는 ㉠ 중한 결과에 대한 고의의 상해행위가 기수에 달하였지만 기본범죄행위인 일수행위가 미수에 그치거나 ㉡ 기본범죄행위인 일수행위가 기수에 달하였지만 중한 결과에 대한 고의의 상해행위가 미수에 그치거나 ㉢ 기본범죄행위인 일수행위와 중한 결과에 대한 고의의 상해행위가 모두 미수에 그친 때에 성립한다.

2. 결과적 가중범의 공동정범, 교사범, 방조범

(1) 결과적 가중범의 공동정범

공동정범의 성립범위는 '기능적 행위지배'가 인정되는 고의범에 한정되기 때

우의 불법의 차이를 고려해야 한다는 점, 성폭력처벌법의 입법경위에 비추어 보면 특수강간치상죄의 미수범 처벌은 입법자의 선택이라는 점, 결과적 가중범의 미수범이 개념적으로 불가능하다는 주장은 절대적으로 고수해야 할 법 명제가 아니며 입법자의 정책적 결단의 영역이라는 점, 기본범죄의 주체에 이미 미수범이 포함되어 있어 결과적 가중범의 미수범을 인정할 수 없다는 다수의견의 논리는 기본범죄의 적격의 문제와 결과적 가중범의 미수범의 문제를 구별하지 못하고 있다는 점 등을 논거로 제시하고 있다.

95) 고의있는 부진정 결과적 가중범으로서의 중상해죄(제258조)에 있어서는 그 미수가 성립할 수 있는데, 중상해죄의 미수범처벌규정이 별도로 마련되어 있지 아니하므로 상해의 결과조차 발생하지 아니한 경우에는 단순상해죄의 미수(제257조 제3항)로, 상해의 결과가 발생한 경우에는 단순상해죄의 기수(제257조 제1항)로 처벌된다.

96) 각론, 691-2면 참조.

문에, 고의와 과실의 결합형식인 결과적 가중범에 있어서는 '고의범'인 기본범죄에 대해서만 공동정범의 성립이 가능하고, 과실로 초래하게 된 중한 결과에 대하여 결과적 가중범의 공동정범은 성립되지 않는다고 함이 타당하다. 즉 기본범죄에 대한 공동정범의 성립은 인정하지만, 중한 결과에 대해서는 공동자 각자의 과실 여부를 검토하여 과실있는 자에게 '개별적으로' 결과적 가중범의 책임을 지우는 것이 타당하다. 이 경우에 결과적 가중범 '자체의' 공동정범은 성립하지 않는다.[97] 이에 반하여 공동정범자 각자에게 과실이 있는 한 결과적 가중범의 공동정범이 성립한다는 견해도 있다.[98]

판례는 행위공동설에 입각하여 결과적 가중범의 공동정범을 인정하면서, ① 기본행위의 공동이 있는 이상 다른 공동자에게 중한 결과에 대한 예견가능성이 있느냐를 묻지 않고 모두 결과적 가중범의 공동정범으로서의 책임을 지우는 것들이 있는가 하면,[99] ② 다른 한편으로는 결과적 가중범의 공동정범의 성립에 공동자 각자에게 예견가능성이 필요하다는 입장을 취하고 있는 것들도 있다.[100]

판례 중에서 공동자에게 중한 결과에 대한 과실이 있느냐를 묻지 않고 모두 결과적 가중범의 공동정범으로서의 책임을 지우고 있는 것은 타당치 못하

97) 권오걸, 556면; 김/서, 475면; 박상기, 304면; 배종대, 704면; 신동운, 589면; 안동준, 287면; 진/이, 294면.

98) 김성돈, 601면; 손동권, 358면; 이재상, 206면; 이형국, 227면; 정/박, 450면; 정영일, 180면.

99) "공범자 중 수인이 강간의 기회에 상해의 결과를 야기하였다면 다른 공범자가 그 결과의 인식이 없었더라도 강간치상죄의 책임이 없다고 할 수 없다"(**대판 1984. 2. 14, 83 도 3120**). "乙은 甲과 공모한 대로 과도를 들고 강도를 하기 위하여 피해자의 거소를 들어가 피해자를 향하여 칼을 휘두른 이상 이미 강도의 실행행위에 착수한 것이 명백하고, 乙이 피해자를 과도로 찔러 상해를 가하였다면 甲이 乙과 구체적으로 상해를 가할 것까지 공모하지 않았다 하더라도 피고인은 상해의 결과에 대하여도 공범으로서의 책임을 면할 수 없다"(**대판 1998. 4. 14, 98 도 356**. 同旨, 대판 1990. 12. 26, 90 도 2362; 1990. 10. 12, 90 도 1887; 1987. 5. 26, 87 도 832; 1978. 1. 27, 77 도 2193; 1970. 8. 31, 70 도 1305 등).

100) "강도의 공범자 중 1인이 강도의 기회에 피해자에게 폭행 또는 상해를 가하여 살해한 경우 다른 공모자가 살인의 공모를 하지 아니하였다고 하여도 그 살인행위나 치사의 결과를 예견할 수 없었던 경우가 아니면 강도치사죄의 죄책을 면할 수 없다고 할 것"(**대판 1991. 11. 12, 91 도 2156**. 同旨, 대판 1993. 8. 24, 93 도 1674; 1990. 6. 26, 90 도 765). "결과적 가중범인 상해치사죄의 공동정범은 폭행 기타의 신체침해행위를 공동으로 할 의사가 있으면 성립되고 결과를 공동으로 할 의사는 필요 없으며, 여러 사람이 상해의 범의로 범행 중 한 사람이 중한 상해를 가하여 피해자가 사망에 이르게 된 경우 나머지 사람들은 사망의 결과를 예견할 수 없는 때가 아닌 한 상해치사의 죄책을 면할 수 없다(대법원 2000. 5. 12, 선고 2000 도 745 판결 등 참조)"(대판 2013. 4. 26, 2013 도 1222).

다고 하겠다.

(2) 결과적 가중범의 교사범과 방조범

결과적 가중범에 대한 협의의 공범이 성립하느냐 하는 문제에 있어서 유용한 해결원리는 공범의 처벌근거에 관한 학설 중 '행위반가치 · 결과반가치 구별설'이다. 이 학설을 적용해 보자면, 결과적 가중범에 있어서 정범이 과실로 초래한 중한 결과의 '결과반가치'에 '종속'하여 결과적 가중범의 공범이 성립할 수 있으나, 공범의 '행위반가치'는 '독립'적으로 자신에게 과실이 있는 경우에만 인정된다. 따라서 정범이 결과적 가중범을 범한 경우에 공범에게도 과실이 있으면 결과적 가중범의 공범의 형사책임을 진다고 보아야 한다.[101]

제 3 절 부작위범

Ⅰ. 서 설

1. 작위와 부작위

형법상의 행위(Handlung, conduct)에는 일정한 동작을 한다는 적극적인 태도로서의 작위(Tun · Begehen, action)와 규범적으로 요구(기대)된 일정한 동작을 하지 아니한다는 소극적 태도로서의 부작위(Unterlassen, omission)가 있다. 갓 낳은 자신의 영아를 살해함에 있어서 기저귀를 입에 틀어넣어 질식사시키는 것은 작위이고, 젖을 주지 않아 아사케 하는 것은 부작위이다.

부작위가 범죄로 성립하려면 규범적으로 요구(기대)된 일정한 동작을 할 의무, 즉 작위의무가 있을 것을 전제로 한다. 작위의무가 있는 자의 부작위만이 구성요건해당성이 있게 된다. 예컨대 수영강습을 받고 있는 어린이가 수영미숙으로 익사할 순간에 처해 있는 상황에서 이를 지켜 보고 있는 여러 사람 가운데 수영강습 중인 수영교사는 그 어린이를 구출할 작위의무가 있고, 작위의무가 있는 수영교사가 만일 고의로 이 사태를 방치하여 어린이가 익사하도

101) 관련판례로는 "교사자가 피교사자에 대하여 상해 또는 중상해를 교사하였는데 피교사자가 이를 넘어 살인을 실행한 경우, 일반적으로 교사자는 상해죄 또는 중상해죄의 교사범이 되지만, 이 경우 교사자에게 피해자의 사망이라는 결과에 대하여 과실 내지 예견가능성이 있는 때에는 상해치사죄의 교사범으로서의 죄책을 지울 수 있다"(**대판** 1993. 10. 8, 93 **도** 1873).

록 하였다면 부작위로 살인죄를 실현한 것이 된다.

과거 인과적 행위론과 목적적 행위론은 부작위를 행위개념에 포섭하여 이해하는 데에 실패하였다. 작위는 실재하고 인식할 수 있는 것임에 반하여, 부작위는 아무런 신체적 동작이 없기 때문에 자연적 관점에서는 무(無)로서 실재하는 것이 아니고 인식될 수도 없는 것이다. 따라서 자연주의적 인과적 행위론은 작위와 부작위를 A와 비(非)A의 관계로 보아 양자의 상위개념인 행위개념에 포섭할 수 없었다. 또 부작위에는 행위의 목적적 조종이 결여되어 있기 때문에 목적적 행위론도 부작위를 행위개념에 포섭시킬 수가 없었다.

형법상의 부작위는 아무 것도 하지 아니한다는 단순한 무위(無爲, Nichts)가 아니라 규범적으로 요구(기대)된 일정한 동작을 하지 아니한다는 의미(Etwas Nichts)에서의 부작위이기 때문에 규범적 관점에서 파악할 때에 비로소 행위개념에 들어 올 수 있게 된다. 그러므로 "사회적으로 의미있는 인간의 행태"를 형법상의 행위개념으로 이해하는 사회적 행위론의 입장에서 부작위의 행위성을 가장 잘 설명할 수 있게 된다.

2. 작위와 부작위의 구별

작위와 부작위는 우선 외계의 현상에 의하여 쉽게 구별할 수 있다. 외부적 관점에서 볼 때, 에너지를 투입하여 인과적 경과를 일정한 방향으로 조종하면 작위이고, 사태의 진전을 그대로 방치하면서 개입하지 아니하면 부작위이다.

문제는 작위와 부작위가 병존하는 경우에 어느 쪽으로 판단할 것인가에 있다.[102] 작위와 부작위의 병존은 선후가 있을 수 있고 동시에 있을 수도 있다.

---

102) 작위와 부작위의 구별은 세칭 보라매병원사건에서 주요논점의 하나이다(보라매병원사건의 사실관계 및 방조범성립을 인정한 주요논점에 관하여는 본서, 473면, 각주 52) 참조).

보라매병원사건에서 제1심(서울지법 남부지원판결 1998. 5. 15, 98 고합 9)은 의사에게는 환자의 생명과 신체를 보호해야 할 지위와 의무(보호의무)가 있다고 보고, 의사의 치료중단으로 환자가 사망한 경우에 의사에 대하여 '부작위에 의한 살인죄의 정범'의 책임을 지웠다. 그러나 제2심(서울고법판결 2002. 2. 7, 98 노 1310)은 의사인 피고인들이 피해자의 퇴원을 위하여 취한 조치와 그로 인한 치료행위의 중단은 한 개의 사실관계의 양면으로 서로 결합되어 있는 것으로서, 의사(意思)의 관점에서 볼 때 피고인들에 대한 비난은 피고인들이 소극적으로 치료행위를 중단한 점에 있다기보다는 처(妻) 이○영의 퇴원요청을 받아들여 적극적으로 퇴원에 필요한 조치를 취한 점에 집중되어야 할 것이고,…피고인들의 행위는 부작위에 의한 살해행위가 아니라 이○영의 부작위에 의한 살인행위 실행을 용이하게 한, 작위의 방조행위로 봄이 상당하다는 이유로, 피고인들을 부작위에 의한 살인죄의 정범으로 처단한 제1심판결을 파기하고 피고인들을 '작위에 의한 살인방조죄'로 처단하였다.

기본적으로 작위는 사실판단의 영역에 속하지만 부작위는 규범판단의 영역에 속한다는 점, 그리고 작위범에 비하여 부진정부작위범에 있어서는 보증인의 지위와 같은 불문의 구성요건요소가 충족되어야 하는 등 범죄의 성립요건과 그 판단과정이 훨씬 착잡하므로 양자의 구별실익이 크다고 하겠다. 아래에서는 과실범과 고의범의 경우를 나누어 살펴보기로 한다.

먼저 「과실범」에 있어서 과실행위는 항상 부작위를 동반한다. 즉 과실행위는 항상 주의의무의 "불이행"이라는 부작위를 내용으로 하고 있다. 예컨대 멸균처리(滅菌處理)를 하지 아니하고 우유를 판매해서 식중독사고를 일으킨 업무상과실행위의 경우에, 멸균처리할 의무가 있음에도 불구하고 하지 아니한 측면은 부작위이고, 우유를 판매한 측면은 작위이다.

그런데 작위와 부작위가 병존하는 과실행위의 경우에는 부작위가 행위수행의 한 내용을 이룰 뿐이고, 행위의 중점은 결과를 야기하는 적극적인 작위(전례에서 우유판매행위)에 있다고 보아야 한다.[103]

기차전철수가 부주의로 제때에 전철하지 아니하여 사고를 낸 경우처럼 부

대법원은 작위와 부작위의 구별에 있어서 다음과 같이 제1심판결을 파기한 제2심판결(원심)을 지지하여, 의사인 피고인들에게 '살인죄의 작위에 의한 방조범'의 죄책을 인정하였다. "어떠한 범죄가 적극적 작위에 의하여 이루어질 수 있음은 물론 결과의 발생을 방지하지 아니하는 소극적 부작위에 의하여도 실현될 수 있는 경우에, 행위자가 자신의 신체적 활동이나 물리적·화학적 작용을 통하여 적극적으로 타인의 법익상황을 악화시킴으로써 결국 그 타인의 법익을 침해하기에 이르렀다면, 이는 작위에 의한 범죄로 봄이 원칙이고, 작위에 의하여 악화된 법익상황을 다시 되돌이키지 아니한 점에 주목하여 이를 부작위범으로 볼 것은 아니며, 나아가 악화되기 이전의 법익상황이, 그 행위자가 과거에 행한 또 다른 작위의 결과에 의하여 유지되고 있었다 하여 이와 달리 볼 이유가 없다. 이 사건의 경우 피고인들은 피고인 강○철에게 피해자를 집으로 후송하고 호흡보조장치를 제거할 것을 지시하는 등의 적극적 행위를 통하여 이○영의 부작위에 의한 살인행위를 도운 것이므로, 이를 작위에 의한 방조범으로 본 원심의 판단은 정당한 것으로 수긍할 수 있고, 거기에 피고인들이 상고이유로 주장하는 바처럼 형법상 작위와 부작위의 구별 및 방조행위의 성립에 관한 법리오해 등의 위법이 없다. 나아가 피고인들의 행위를 작위에 의한 방조범으로 보는 이상 치료위임계약의 해지에 관한 법리오해 및 수임인의 긴급처리의무·의사의 교체(이른바 전의(轉醫))의무 등 피고인들의 작위의무와 관련된 각종 법리오해 등은 어느 것이나 판결결과에 영향을 미칠 수 없다"(**대판** 2004. 6. 24, 2002 **도** 995).

103) 다만 법원은 다수의 과실이 경합하는 경우에 인과관계판단의 어려움을 해결하면서 각자를 과실범으로 처벌하기 위해 행위의 중점을 부작위에 두기도 한다. 피고인들이 분리수거장 방향으로 담배꽁초를 던져 버리고 현장을 떠난 후 화재가 발생하여 각각 실화죄로 기소된 사안에서, 담배꽁초를 버린 각각의 작위행위와 화재발생 사이의 인과관계 판단보다는 불씨가 살아있는지를 확인하고 이를 제거하는 등의 화재방지의무를 해태한 부작위의 경합으로 인해 화재가 발생했다는 점에 착안하여 피고인들에게 각 실화죄의 성립을 긍정한 판례로는 대판 2023. 3. 9, 2022 도 16120.

작위만으로 과실행위가 성립할 수도 있는데, 이와 같이 과실에 의한 부작위범을 특히 "망각범"이라고 한다.

한편 「고의범」에 있어서는 작위와 부작위의 구별이 명백치 않은 경우에 작위의 성립을 우선시키고 부작위는 작위에 대하여 보충적 관계에 있다고 하는 주장도 있으나,[104] 사회적 행위개념에 따라 행위에 대한 "사회적 의미의 중점"이 어느 쪽에 있느냐에 의하여 판단하는 것이 타당하다고 본다.[105] 이러한 해결은 형법상의 행위론이 단순한 관념론에 빠지지 않고 실천적 기능을 가져야 한다는 요청에도 부합하는 것이다.

따라서 물에 빠져 익사하기 직전의 사람을 구조할 작위의무가 있는 자가 구명조끼를 던져 주었다가 상대방이 원수인 것을 비로소 알아보고 상대방이 구명조끼를 잡기 전에 회수하여 익사케 한 경우에 회수행위라고 하는 작위보다는 구조의무를 이행하지 아니한 부작위에 중점적 의미를 두어야 할 것이다. 그러나 구조가능성이 현실화된 시점 이후에, 즉 상대방이 구명조끼를 붙잡은 이후에 이를 강제로 회수한 경우에는 작위(회수행위)의 측면에 중점이 옮겨진다고 하겠다.

그리고 안락사에 있어서 의사가 사기(死期)에 임박한 불치의 환자로부터 인공생명유지장치를 제거한 경우에는 의사의 치료의무의 불이행이라는 부작위에 의미를 두어야 할 것-이러한 의미에서 '소극적' 안락사-이고, 치료의무와는 무관한 제3자가 인공생명유지장치를 제거한 경우에는 제거행위라는 작위에 의미가 있다고 하여야 한다.

3. 작위범과 부작위범

작위범과 부작위범은 두 가지 기준으로 나눌 수 있다. 먼저 구성요건의 규정형식이 "…한 자"와 같이 작위로 되어 있으면 작위범(예: 제250조 살인죄, 제329조 절도죄)이고, "…하지 아니한 자"와 같이 부작위로 되어 있으면 부작위범(예: 제319조 제2항 퇴거불응죄, 제116조 다중불해산죄)이다.

다음으로 범죄의 현실적인 실현형태를 기준으로 하여 적극적인 작위로 범죄

---

104) 배종대, 716면; 성낙현, 459면; 양화식, "작위와 부작위의 구별", 성균관법학, 14권 1호, 2002. 7, 34면; 오영근, 256면; 이재상, 119면.

105) 이와 비슷한 견해로는 김/서, 480면; 신동운, 119면; 이형국, 347면; 정/박, 455면; 진/이, 181면; Wessels, AT, S. 210; Schönke/Schröder/Stree, StGB, Rn. 158 Vor §13.

를 실현하면 작위범(예: 영아를 적극적으로 질식사시키는 것)이고, 소극적인 부작위로 범죄를 실현하면 부작위범(예: 영아에게 젖을 주지 않아서 아사케 하는 것)이다.

4. 진정부작위범과 부진정부작위범

진정부작위범과 부진정부작위범의 구별에 관하여는 형식설과 실질설이 대립하고 있다.

(1) 형식설

형법이 부작위범의 구성요건을 두고 있는가라는 형식적 기준에 의하여 구별하는 견해로서 우리나라의 통설이다.[106] 이에 의하면 진정부작위범은 구성요건의 규정형식이 부작위로 되어 있는 경우－부작위형식의 구성요건은 현실적으로도 항상 부작위로만 실현할 수 있다－를 말하고, 부진정부작위범은 규정형식이 작위로 되어 있는 구성요건을 현실적으로는 부작위로 실현하는 경우를 말한다. 형식설에 의하면 부진정부작위범은 "부작위에 의한 작위범"이 된다.

퇴거불응죄와 다중불해산죄 등이 진정부작위범의 예가 되고, 익사 직전의 사람을 구조하지 아니하여 살인죄(제250조)를 실현한 경우는 부진정부작위범의 예가 된다.

(2) 실질설

범죄의 내용과 성질이라고 하는 실질적 기준에 의하여 구별하는 견해로서 독일과 오스트리아의 다수설이다.[107] 이에 의하면 진정부작위범은 단순한 부작위에 의하여 구성요건이 충족되는 범죄이고, 부진정부작위범은 부작위 이외에 결과의 발생을 필요로 하는 범죄이다. 따라서 진정부작위범은 부작위의 단순거동범에 해당하고, 부진정부작위범은 부작위의 결과범에 해당한다. 진정부작위범의 작위의무에서는 단순한 거동으로서의 작위만이 요구됨에 반하여 부진정부작위범의 작위의무에서는 일정한 결과발생까지도 방지할 것이 요구된다는 점에서 "작위의무의 성질"이 다르다. 원래 이 학설에서 일정한 결과발

---

106) 김성돈, 513면; 김성천, 151면; 김신규, 255면; 배종대, 718면; 신동운, 122면; 이상돈, 231면; 이재상, 121면; 이형국, 347면; 정/박, 457면; 진/이, 183면. 김/서, 483면도 원칙적으로 이 입장이다.

107) 우리나라에서의 지지자는 박상기, 308면; 성낙현, 461면. Bockelmann/Volk, AT, S. 132; Jescheck, AT, S. 547; Rudolphi, SK, Rn. 10 Vor §13; Wessels, AT, S. 208 f. 등.

생까지도 방지할 것이 요구되는 작위의무자를 특히 "보증인"(保證人)이라고 부른다.

독일에서는 형법 제13조가 "부작위에 의한 작위범"이라는 표제하에 "결과가 발생하지 아니할 것을 법적으로 보증해야 하는 자가 결과를 방지하지 아니한 경우… "라고 규정함으로써 부진정부작위범은 결과범임을 전제로 하고 있으며, 또 제323조c가 상부상조의 원리(Solidaritätsprinzip)에 입각하여 구조의무를 이행하지 아니한 단순한 "부작위" 자체를 처벌하는 극히 일반적인 규정을 두고 있으므로, 단순거동범으로서의 부작위범을 진정부작위범으로 보고 부작위를 넘어서서 일정한 결과까지 초래한 경우에는 부진정부작위범으로 파악하는 견해가 타당하다고 하겠지만, 우리 형법에는 '부작위 일반'을 처벌하는 규정(예컨대 긴급구조의무위반죄)이 없으므로 실질설을 용납하기가 곤란하다.

Ⅱ. 진정부작위범

진정부작위범은 구성요건의 규정형식이 부작위로 되어 있는 것을 현실적으로도 부작위에 의하여 실현한 경우이다. 진정부작위범에서는 부작위행위와 작위의무가 법문에서 직접 도출되므로 이론상 별다른 문제를 발생시키지 않는다.

예컨대 퇴거불응죄의 "퇴거요구를 받고 응하지 아니한 자"라는 구성요건에서 퇴거요구를 받은 자는 퇴거할 작위의무가 있고 이에 응하지 아니한 부작위가 처벌될 구성요건요소로 규정되어 있으므로 해석상 별 어려움이 없다.[108]

진정부작위범은 대체로 형식범이기는 하지만, '특정범죄가중처벌 등에 관한 법률' 제8조에서는 조세를 납부하지 "아니한" 부작위의 조세범을 포탈세액이라는 결과에 따라 가중처벌하고 있음에 비추어, 결과범인 진정부작위범이 있을 수 있다.

---

108) 그 밖에 소방기본법 제51조는 소방서장 등의 강제처분(제25조 제1항)에 따르지 아니한 부작위행위를 3년 이하의 징역 또는 3천만원 이하의 벌금에 처하고 있다. 그리고 경범죄처벌법 제3조 제1항 제29호는 재해 또는 화재시에 관계공무원의 지시에 따르지 아니하거나 공무원이 도움을 요청하여도 도움을 주지 아니하는 부작위행위, 즉 '공무원원조불응'을 처벌하고 있다.

Ⅲ. 부진정부작위범의 구성요건

1. 부진정부작위범에 있어서 규범위반의 구조와 불문의 구성요건요소

"…한 자"를 처벌하는 작위범은 "…을 해서는 안된다"라는 「금지규범」을 위반한 것이다. 이에 반하여 "…하지 아니한 자"를 처벌하는 부작위범은 "…을 하여야 한다"라는 「요구규범」(명령규범)을 위반한 것이다. 예컨대 진정부작위범인 퇴거불응죄는 퇴거요구에 응하지 아니한 자를 처벌하는데, 이는 퇴거요구를 받으면 퇴거하여야 한다는 요구규범을 위반한 것이다.

그런데 '부진정'부작위범은 법정의 구성요건이 작위의 형식, 즉 '금지규범'의 형식으로 규정되어 있는 것을 현실적으로는 부작위로써, 즉 '요구규범위반'을 통하여 실현하는 구조를 취하고 있다. 따라서 법문에는 없는 요구규범위반(작위의무위반)이라는 전제조건을 "해석으로 충전"해 주어야만 하는 난점이 있다. 이 점에 있어서 법관의 구성요건 충전작업이 필요하게 된다.

예컨대 살인죄는 살인하지 말라는 금지규범을 담고 있는 작위범인데, 익사자를 구조하지 아니한 부작위범은 구조해야 한다는 요구규범의 위반을 통하여 작위범인 살인죄를 실현하는 것이고, 어떠한 경우에 요구규범, 즉 익사자를 구조해야 한다는 작위의무가 있다고 볼 것인가 하는 전제조건은 구성요건에 규정되어 있지 않기 때문에[109] 해석에 의하여 충전이 되어야 하는 것이다.

해석에 의하여 충전해 주어야만 하는 부진정부작위범 특유의 요건은 불문의-기술되지 아니한-구성요건요소에 속한다. 형법 제18조는 부진정부작위범의 성립에 있어서 "위험의 발생을 방지할 의무가 있거나 자기의 행위로 인하여 위험발생의 원인을 야기한 자가 그 위험발생을 방지하지 아니한 때"라는 요건을 규정하고 있으나 이는 작위의무자의 부작위를 처벌한다는 막연한 규정에 불과하고 그 내용전개는 학설과 판례에 맡겨져 있다. 다만 행위의 「명확성의 원칙」에 비추어 보자면 부진정부작위범은 해당 구성요건에 "부작위"의 처벌이 명시되어 있지 않으므로 죄형법정주의에 위배되지 않는가라는 의

---

109) 작위의무의 발생상황과 내용은 매우 다양하기 때문에 구성요건에 유형화하여 기술한다는 것이 입법기술상 불가능하고 충전적 해석에 맡겨질 수밖에 없다. 이러한 사정은 과실범에서의 주의의무의 내용이 각칙의 구성요건에 유형화되지 못하고 해석론에 맡겨져 있는 것과 마찬가지이다.

문이 제기될 수 있는데, 이 의문에 대하여 제18조가 그 가벌근거를 밝혀 두고 있다는 점에서 조문의 존재의의가 있다고 하겠다.[110)]

부작위범이 성립하기 위하여는 당연히 「구성요건적 상황」이 존재해야 한다. 구성요건적 상황이란 법익이 침해될 위험에 처한 상황으로서 일정한 동작, 즉 작위가 요구되는 객관적 사태이다. 예컨대 어린이가 물에 빠져 허우적거리며 익사할 위험에 처한 상황을 말한다.

그런데 충전적 해석에 의하여 도출되어야 할 부진정부작위범에 특유한 「불문의 객관적 구성요건」을 제시해 보자면, ① 법익침해를 방지할 작위가 가능할 것(작위의 가능성) ② 작위가 법익침해의 방지를 위하여 필요한 것일 것(작위의 필요성) ③ 일정한 작위의무가 법적으로 요구되는 보증인일 것 ④ 작위의무자(보증인)의 부작위가 있을 것 ⑤ 부작위가 작위에 의한 구성요건실현과 동가치하다고 평가될 것(행위태양의 동가치성 내지 상응성) ⑥ 결과범에 있어서는 인과관계가 있을 것 등이다. ⑦ 그 외에 작위를 행위자에게 기대할 수 있어야 한다는 기대가능성의 요건을 들고 있는 학자도 있으나[111)] 독일형법의 해석론으로 의미가 있을 수 있지만[112)] 우리나라에서는 책임요소로 파악하는 것이 타당하다.

이상의 요건 중에서 부진정부작위범이 작위범－즉 작위에 의한 범죄실현－과 동등하다는 평가를 받기 위한 '핵심적인' 요건은 ㈀ 일정한 작위의무가 법적으로 요구되는 보증인의 부작위일 것 ㈁ 부작위가 작위라는 행위태양에 의하여 구성요건을 실현한 것과 동가치(상응)하다고 평가될 것의 두 가지이다.

'세월호침몰사고'(2014. 4. 16.)에 대하여 2015. 11. 12.에 선고된 대법원 전원합의체 판결(2015 도 6809)은 '부진정부작위범의 성립요건'에 관하여 상세한 법리를 전개하고 있다. 이 판결에서 대법원은 세월호 '선장'에게 '부작위'와 '미필적 고의'에 의한 '살인죄'의 성립을 긍정하여, 무기징역을 선고한 원심(광주고법판결 2015. 4. 28, 2014 노 490)을 확정하였다. 이 대법원판결을 참고할 가

---

110) 이형국, 355면.

111) 박상기, 320면.

112) 독일형법 제323조c의 일반적 구조의무위반죄에서는 작위의 가능성, 필요성, 기대가능성을 구성요건으로 규정하고 있고, 독일의 책임론에서도 기대가능성을 책임요소가 아니라 구성요건의 규제원리로 파악하는 견해가 강하기 때문에, 부진정부작위범의 구성요건단계에서 기대가능성을 거론할 여지가 있다. 이러한 입장에 선 학자는 Haft, AT, S. 177.

치가 있다.[113)]

---

113) "판결요지: [1] 범죄는 보통 적극적인 행위에 의하여 실행되지만 때로는 결과의 발생을 방지하지 아니한 부작위에 의하여도 실현될 수 있다. 형법 제18조는 "위험의 발생을 방지할 의무가 있거나 자기의 행위로 인하여 위험발생의 원인을 야기한 자가 그 위험발생을 방지하지 아니한 때에는 그 발생된 결과에 의하여 처벌한다."라고 하여 부작위범의 성립요건을 별도로 규정하고 있다. 자연적 의미에서의 부작위는 거동성이 있는 작위와 본질적으로 구별되는 무(無)에 지나지 아니하지만, 위 규정에서 말하는 부작위는 법적 기대라는 규범적 가치판단 요소에 의하여 사회적 중요성을 가지는 사람의 행태가 되어 법적 의미에서 작위와 함께 행위의 기본 형태를 이루게 되므로, 특정한 행위를 하지 아니하는 부작위가 형법적으로 부작위로서의 의미를 가지기 위해서는, 보호법익의 주체에게 해당 구성요건적 결과발생의 위험이 있는 상황에서 행위자가 구성요건의 실현을 회피하기 위하여 요구되는 행위를 현실적·물리적으로 행할 수 있었음에도 하지 아니하였다고 평가될 수 있어야 한다. 나아가 살인죄와 같이 일반적으로 작위를 내용으로 하는 범죄를 부작위에 의하여 범하는 이른바 부진정 부작위범의 경우에는 보호법익의 주체가 법익에 대한 침해위협에 대처할 보호능력이 없고, 부작위행위자에게 침해위협으로부터 법익을 보호해 주어야 할 법적 작위의무가 있을 뿐 아니라, 부작위행위자가 그러한 보호적 지위에서 법익침해를 일으키는 사태를 지배하고 있어 작위의무의 이행으로 결과발생을 쉽게 방지할 수 있어야 부작위로 인한 법익침해가 작위에 의한 법익침해와 동등한 형법적 가치가 있는 것으로서 범죄의 실행행위로 평가될 수 있다. 다만 여기서의 작위의무는 법령, 법률행위, 선행행위로 인한 경우는 물론, 신의성실의 원칙이나 사회상규 혹은 조리상 작위의무가 기대되는 경우에도 인정된다. 또한 부진정 부작위범의 고의는 반드시 구성요건적 결과발생에 대한 목적이나 계획적인 범행 의도가 있어야 하는 것은 아니고 법익침해의 결과발생을 방지할 법적 작위의무를 가지고 있는 사람이 의무를 이행함으로써 결과발생을 쉽게 방지할 수 있었음을 예견하고도 결과발생을 용인하고 이를 방관한 채 의무를 이행하지 아니한다는 인식을 하면 족하며, 이러한 작위의무자의 예견 또는 인식 등은 확정적인 경우는 물론 불확정적인 경우이더라도 미필적 고의로 인정될 수 있다. 이때 작위의무자에게 이러한 고의가 있었는지는 작위의무자의 진술에만 의존할 것이 아니라, 작위의무의 발생근거, 법익침해의 태양과 위험성, 작위의무자의 법익침해에 대한 사태지배의 정도, 요구되는 작위의무의 내용과 이행의 용이성, 부작위에 이르게 된 동기와 경위, 부작위의 형태와 결과발생 사이의 상관관계 등을 종합적으로 고려하여 작위의무자의 심리상태를 추인하여야 한다. [2] 선장의 권한이나 의무, 해원의 상명하복체계 등에 관한 해사안전법 제45조, 구 선원법(2015. 1. 6. 법률 제13000호로 개정되기 전의 것) 제6조, 제10조, 제11조, 제22조, 제23조 제2항, 제3항은 모두 선박의 안전과 선원 관리에 관한 포괄적이고 절대적인 권한을 가진 선장을 수장으로 하는 효율적인 지휘명령체계를 갖추어 항해 중인 선박의 위험을 신속하고 안전하게 극복할 수 있도록 하기 위한 것이므로, 선장은 승객 등 선박공동체의 안전에 대한 총책임자로서 선박공동체가 위험에 직면할 경우 그 사실을 당국에 신고하거나 구조세력의 도움을 요청하는 등의 기본적인 조치뿐만 아니라 위기상황의 태양, 구조세력의 지원 가능성과 규모, 시기 등을 종합적으로 고려하여 실현가능한 구체적인 구조계획을 신속히 수립하고 선장의 포괄적이고 절대적인 권한을 적절히 행사하여 선박공동체 전원의 안전이 종국적으로 확보될 때까지 적극적·지속적으로 구조조치를 취할 법률상 의무가 있다. 또한 선장이나 승무원은 수난구호법 제18조 제1항 단서에 의하여 조난된 사람에 대한 구조조치의무를 부담하고, 선박의 해상여객운송사업자와 승객 사이의 여객운송계약에 따라 승객의 안전에 대하여 계약상 보호의무를 부담하므로, 모든 승무원은 선박 위험 시 서로 협력하여 조난된 승객이나 다른 승무원을 적극적으로 구조할 의무가 있다. 따라서 선박침몰 등과 같은 조난사고로 승객이나 다른 승무원들이 스스로 생명에 대한 위협에 대처할 수 없는 급박한 상황이 발생한 경우에는 선박의 운항을 지배하고 있는 선장이나 갑판 또는 선내에서 구체적인 구조행위를 지배하고 있는 선원들은 적극적인 구호활동을 통해 보호능력이 없는 승

2. 작위의 가능성

부진정부작위범이 성립하려면 법익침해를 방지할 구체적인 작위가 현실적·물리적 의미에서 가능해야 한다. 예컨대 서울에 있는 아버지는 제주도 근해에서 익사하기 직전의 자식을 구조할 작위의 가능성이 사실상 없다고 하여야 할 것이다. 작위의 가능성은 기대가능성－예컨대 협박에 의하여 부작위가 강요된 상황(제12조)에서는 작위의 기대가능성이 없다－과는 구별해야 하는데, 기대가능성은 책임요소로서 규범적 문제임에 비하여 작위의 가능성은 '사실상의' 관점에서 검토된다.

작위의 가능성의 판단에는 공간적 거리, 구조수단의 존재 여부 등과 관련된 '일반적' 행위가능성과 작위의무자의 구조능력(예: 체력, 수영실력), 신체적·정신적 장애 여부, 구조수단의 사용법에 대한 지식의 구비 여부 등과 관련된 '개인적' 행위가능성이 고려된다.

일반적 행위가능성(행위능력) 또는 개인적 행위가능성(행위능력)이 없어서 작위의 가능성이 부정되면 애당초 부작위라는 행위 자체가 존재하지 않는 것으로 보아야 한다.

3. 작위의 필요성

구체적 상황에 비추어 법익침해를 방지할 작위행위는 필요한 것이어야 한다. 이 필요성도 규범적 문제가 아니라 '사실상의' 관점에서 검토할 요건이다.

그리고 필요한 작위행위는 '구체적으로' 무엇인지가 확정되어야 한다. 예컨대 익사자를 구출하기 위하여 물에 뛰어 들어야 하는지, 배 안에 있는 밧줄 또는 구명조끼를 던져 주어야 하는 것인지 등 구체적으로 필요한 작위가 무엇인가라는 관점에서 부작위를 문제삼아야 한다.

또한 구조상황에서 여러 사람 중 1인이 먼저 작위로 나아갔다면 남은 자에게는 작위의 필요성이 소멸한다고 보아야 할 것이다.

객이나 다른 승무원의 사망 결과를 방지하여야 할 작위의무가 있으므로, 법익침해의 태양과 정도 등에 따라 요구되는 개별적·구체적인 구호의무를 이행함으로써 사망의 결과를 쉽게 방지할 수 있음에도 그에 이르는 사태의 핵심적 경과를 그대로 방관하여 사망의 결과를 초래하였다면, 부작위는 작위에 의한 살인행위와 동등한 형법적 가치를 가지고, 작위의무를 이행하였다면 결과가 발생하지 않았을 것이라는 관계가 인정될 경우에는 작위를 하지 않은 부작위와 사망의 결과 사이에 인과관계가 있다.…"(대판 2015. 11. 12, 2015 도 6809)

4. 보증인의 지위와 작위의무

(1) 구성요건적 상황과 보증인의 지위 및 의무

부진정부작위범에 있어서 법익침해의 위험성이 있는 사태, 즉 '구성요건적 상황'이 존재하면 법익침해를 방지해야 할 '보증인'(Garant, 보장인)의 지위가 발생한다.[114] 그리고 보증인의 지위에 있는 행위자는 그때그때의 상황에 비추어 구체적으로 일정한 동작을 할 작위의무(보증인의무)를 부담하게 된다. 요컨대 구성요건적 상황으로부터 보증인의 지위가 발생하고, 다시 보증인지위를 기초로 하여 보증인의무가 도출되는 것이다.

어린이가 익사할 위험에 처한 상황에서 부근에 있는 어머니와 수영교사는 어린이를 구출해야 할 보증인의 지위에 서게 되고, 보증인지위에 있는 자는 구명도구를 던져 주거나 물에 뛰어 들어 어린이를 구출해야 할 구체적인 보증인의무(작위의무)를 부담하게 되는 것이다.

작위의무는 도덕적 의무로는 부족하고 '법적' 의무여야 한다.[115] 문제된 작위의무가 도덕적 의무에 그치는지 또는 법적 의무인지를 판단하기 곤란한 경우에는 "의심스러운 때에는 피고인의 이익으로"라는 형사법정신에 의거하여 도덕적 의무로 결론을 내려야 할 것이다.

(2) 체계상의 지위

부진정부작위범에 있어서 보증인의 지위와 의무의 체계적 지위에 관하여는 다음과 같이 학설이 나뉜다.

(가) 위법성설 보증인지위와 보증인의무를 모두 부진정부작위범의 위법성의 요소로 파악하는 입장이다.[116] 이 학설에 의하면 보증인의 지위에 있지 아니한 자의 부작위도 일단 구성요건해당성을 인정하므로 구성요건해당성의 판단이 부당하게 또 필요 이상으로 광범위하게 확대된다는 결함이 있다. 그리고 보증인의 지위에 있는 자를 먼저 확정짓는다면 범죄성립요건의 검토가 위법성→구성요건해당성→책임의 순서로 행해지는 전도현상을 보이게 되는

114) 이러한 관점에서 보증인의 지위에 대한 인식(고의)은 구성요건적 상황에 대한 인식과 표리일체의 관계에 있다.

115) 인사를 했는데 상대방이 답례를 하지 "않은" 경우에 답례를 할 의무는 도덕적 의무에 불과하기 때문에 부작위에 의한 모욕죄가 성립할 수는 없다.

116) 유기천, 120-1면.

문제점이 있다.

(나) 구성요건설(보증인설) 보증인의 지위와 의무를 모두 부진정부작위범의 구성요건요소로 파악하는 입장이다. 이 학설을 처음 전개한 나글러(Nagler)에 의하면, "결과발생을 방지할 의무에 의하여 개인은 일정한 법익이 침해되지 않을 것을 보증할 보증인(Garant)이 되는 것이며, 이러한 보증인의 지위에 있는 자의 부작위만이 작위에 의한 구성요건실현과 동가치가 될 수 있다"고 주장한다.[117] 보증인설에 의하면 보증인의 지위에 있는 자만이 부진정부작위범의 행위의 주체로서 구성요건해당성이 있게 되므로, 부진정부작위범을 '진정신분범'의 하나로 이해하게 된다.

이 학설은 보증인의 지위를 구성요건요소로 파악하는 것은 타당하지만, 보증인의무까지도 구성요건요소로 취급하는 점에서 잘못이 있다. 작위범에서는 금지규범, 즉 무엇을 해서는 안된다는 부작위의무를 위법성요소로 파악하고 금지규범(부작위의무)에 관한 착오가 있을 때 위법성의 착오(제16조)로 다루는 것에 대응하여, 부진정부작위범에서도 요구규범, 즉 무엇을 해야 한다는 작위의무(보증인의무)를 위법성요소로 파악하고 요구규범(작위의무)에 관한 착오가 있을 때 마찬가지로 위법성의 착오로 다루는 것이 타당하다. 따라서 오늘날은 다음의 이분설이 통설적인 지지를 받고 있다.

(다) 이분설 이 학설은 보증인지위와 보증인의무를 구분해서, 전자는 구성요건요소로, 후자는 위법성의 요소로 파악하는 입장이다(통설).[118] 특히 착오론에서 타당한 결론을 가져오는 학설이다. 이에 의하면 보증인의 지위에 관한 착오는 구성요건적 착오로, 작위의무에 관한 착오는 위법성의 착오로 다루게 된다. 보증인설은 둘 다 구성요건적 착오로 취급한다.

예컨대 교사가 담임을 맡고 있는 학급 안에서 폭력학생이 급우들을 빈번히 구타하는 사태를 오신하여 그러한 일이 자신의 학급 안에서는 발생하지 않는다고 생각하면 보증인지위에 관한 착오가 있게 되고, 폭력사태를 알고 있으나 교사에게 학생들의 사사로운 비행을 제지할 의무까지는 없다고 오신하면 보증인의무에 관한 착오가 된다.

---

117) 김성돈, 527면; 정영일, 116면; Nagler, "Die Problematik der Begehung durch Unterlassung", Der Gerichtssaal, 111 Bd., 1938, S. 1 ff.

118) 권오걸, 424면; 김/서, 492면; 박상기, 310면; 성낙현, 467면; 손동권, 370-1면; 손해목, 793면; 안동준, 296면; 이재상, 126면; 이형국, 358면; 정/박, 464면; 진/이, 186면.

(3) 보증인지위의 발생근거

보증인지위의 발생근거에 관하여는 종래에는 보증인의무가 도덕적 의무가 아니라 '법적' 의무라는 것을 중시하여 법원(法源)이라는 형식에서 찾는 입장이 지배적이었는데,[119] 최근에는 엄격한 법원에 구애받기보다는 실질적 관점에서 보증인지위의 발생근거뿐만 아니라 보증인의무의 내용과 한계까지도 제시해 보고자 하는 '기능적' 입장이 폭넓은 지지를 받고 있다.[120]

(가) 형식설(법원설) 형식설은 전통적으로 다음과 같은 세 가지 발생근거를 들고 있다.

(a) 법 령 친권자의 子에 대한 보호의무를 규정한 민법 제913조, 경찰관의 보호조치의무를 규정한 경찰관직무집행법 제4조, 의사의 진료의무·응급처치의무를 규정한 의료법 제15조, 선장의 인명구조조치의무를 규정한 선원법 제11조[121] 및 수상구조법(수상에서의 수색·구조 등에 관한 법률) 제18조 제1항 단서,[122] 교통사고를 일으킨 운전자의 사상자구호의무(死傷者救護義務)를 규정한 도로교통법 제54조 제1항,[123] 신의성실의 원칙에 기한 고지의무의 근거가 되는 민법 제2조 제1항 등이 있다.

(b) 계 약 유아양육, 간호, 간병, 수영강습 등을 위한 계약에서도 그 계약내용에 따라 보증인지위가 발생한다. 고용계약과 같은 계속적 계약관계에서는 신의칙이 강하게 지배하므로, 예컨대 사업장숙소에 기숙하고 있는 고용인이 발병한 경우에는 고용주의 보호의무가 '계약'으로부터 나온다고 보아야 한다.

---

119) 형식설의 지지자는 배종대, 723면.

120) 기능설의 지지자는 이형국, 361면.

121) 선장의 인명구조조치의무의 불이행(부작위)에 대하여는 무기 또는 3년 이상의 징역에 처한다(선원법 제161조 제1호).

122) 수상에서의 수색·구조 등에 관한 법률 제43조(벌칙) 제2호는 선장의 인명구조조치의무의 불이행(부작위)에 대하여 7년 이하의 징역 또는 7천만원 이하의 벌금에 처한다고 규정하고 있다. 업무상과실(중과실)치사상죄(형법 제268조)를 범한 선장이 수상구조법 제18조 제1항 단서에 따른 조치를 하지 아니하고 도주한 경우에 피해자의 사망 결과발생시에는 무기 또는 5년 이상의 징역, 피해자의 상해 결과발생시에는 1년 이상의 유기징역 또는 1천만원 이상 1억원 이하의 벌금에 처한다(특가법 제5조의 12).

123) 사상자구호의무의 불이행(부작위)에 대하여는 5년 이하의 징역이나 1,500만원 이하의 벌금형이 부과된다(도로교통법 제148조). 사고운전자가 도로교통법 제54조 제1항에 따른 피해자구호조치를 하지 아니하고 도주한 경우에 피해자의 사망 결과발생시에는 무기 또는 5년 이상의 징역, 피해자의 상해 결과발생시에는 1년 이상의 유기징역 또는 500만원 이상 3천만원 이하의 벌금에 처한다(특가법 제5조의 3 제1항).

(c) 선행행위 타인의 법익에 대한 위험을 스스로 야기한 자는 그 위험을 제거할 보증인지위에 서게 된다. 예컨대 과실로 타인의 건물에 불을 낸 실화자(失火者)는 소화(消火)할 보증인지위에 있다. 이 때 "타인의 법익에 대하여 위험을 야기한 행위", 예에서의 실화행위(失火行爲)를 '선행행위'(Ingerenz)라고 한다.

법원설의 입장에서 선행행위에 기한 보증인지위의 법적 근거는 제18조 "자기의 행위로 인하여 위험발생의 원인을 야기한 자"라는 법문에 있다.

그리고 선행행위에 기한 보증인지위가 부당하게 확장되지 않도록 다음과 같은 요건을 갖추어야 한다.

① 선행행위가 위험발생에 대하여 직접적이고 상당한 것이어야 한다(법익침해위험에의 직접성·상당성). 불법무기를 그저 빌려 준 행위는 타인이 그 무기로 행한 범죄의 결과방지의무가 없다고 하겠다. 또 운전자에게 소주 한두잔을 준 정도로 매우 경미한 위험을 발생시킨 경우에도 선행행위로서의 상당성이 없다고 보아야 한다.

② 선행행위는 위법행위여야 하지만 유책할 필요는 없다(통설).[124] 적법하게 행위하는 자는 자신의 적법행위로 말미암아 위험이 발생하더라도 그 위험을 제거할 의무가 없다. 예컨대 정당방위자는 방위행위로 인하여 생명의 위험에 처하게 된 침해자를 구조할 작위의무가 없다.[125]

선행행위에 기한 작위의무가 '입법화'된 예로는 도로교통법 제54조 제1항[126] 및 제2항을 들 수 있다. 여기에 규정된 교통사고발생시의 구호조치의무 및 신고의무의 '취지'는 운전자로 하여금 교통사고로 인한 사상자를 구호하는 등 필요한 조치를 신속히 취하게 하고, 또 속히 경찰관에게 교통사고의 발생을 알려서 피해자의 구호, 교통질서의 회복 등에 관하여 적절한 조치를 취하게 하기 위함에 있다. 따라서 도로교통법 제54조 제1항은 교통사고운전자에게

---

124) 김신규, 263면; 김/서, 500면; 박상기, 314면; 배종대, 726면; 성낙현, 469면; 신동운, 143-4면; 안동준, 299면; 이재상, 128면; 이정원, 419면; 이형국, 360면; 진/이, 188면. '적법한' 선행행위에 기해서도 작위의무가 발생할 수 있다는 반대설로는 오영근, 265면; 정영일, 118면.

125) 다만 예외적으로 위법조각적 긴급피난의 경우에는 위난의 발생과 무관한 제3자의 법익이 희생되는 것이므로 피난행위자에게 일정한 작위의무가 발생할 수 있다고 본다(Wessels, AT, S. 218).

126) 도로교통법 제54조 제1항은 교통사고운전자뿐만 아니라 그 밖의 '승무원'에게까지도 사상자구호의무를 부과하고, 제148조에서 사상자구호의무의 불이행에 대한 벌칙을 규정하고 있다.

선행행위인 교통사고야기행위에 있어서 아무런 '귀책사유가 없는 경우'에도－즉 고의·과실 또는 위법·유책의 유무를 불문하고－사상자에 대한 신속한 구호조치의무를 부과하고자 하는 「특별규정」이라고 해석함이 타당하다. 판례도 도로교통법 제54조 제1항에 규정된 교통사고발생시의 구호조치의무는 교통사고를 발생시킨 당해 차량의 운전자에게 사고발생에 있어서의 고의·과실 혹은 유책·위법의 유무에 관계없이 부과된 의무라고 해석하고 있다.[127]

(d) 형식설의 문제점과 조리상의 작위의무　　형식설은 보증인의무가 법적 의무라는 점을 중시하여 법원(法源)이라는 발생근거에 엄격히 한정한 결과 보증인의무의 인정범위가 부당하게 협소하다는 문제점이 있었다. 예컨대 위의 세 가지 발생근거로부터는 등반대원 상호간, 사생아에 대한 父, 계약이 무효인 경우, 일방적으로 병자를 인수한 경우 등에서 보증인의 지위와 의무가 인정되지 않는다는 부당함 때문에 "조리(사회상규)·관습·사무관리에 기한 작위의무"를 추가할 필요가 있었다. 그러나 추가된 작위의무의 발생근거는 '법과 윤리의 접점'에 위치하고 있어서 애당초 작위의무가 '법적' 의무라는 법원설(法源說)의 취지와 장점이 무너질 우려가 있다는 또 다른 문제점을 내포하게 된다.

법과 도덕의 한계선상에 있는 조리상의 작위의무를 정면으로 법에 승화시킴으로써 공동체의 상부상조정신(相扶相助精神)을 강제하는 「긴급구조의무위반죄」(緊急救助義務違反罪)를 입법화한 국가들도 적지 않다. 타인의 중대한 법익이 현재의 위난에 처한 때 자신에게 현저한 위험이 없이 용이하게 구조할 수 있는 경우에 '긴급구조의무'가 있음을 규정하고, 구조하지 아니한 부작위를 처벌하는 입법례로는 독일형법 제323조c,[128] 프랑스형법 제223-6조 제2항, 오스

127) "도로교통법 제50조(현 제54조－저자 註) 제1항, 제2항이 규정한 교통사고발생시의 구호조치의무 및 신고의무는 차의 교통으로 인하여 사람을 사상하거나 물건을 손괴한 때에 운전자 등으로 하여금 교통사고로 인한 사상자를 구호하는 등 필요한 조치를 신속히 취하게 하고, 또 속히 경찰관에게 교통사고의 발생을 알려서 피해자의 구호, 교통질서의 회복 등에 관하여 적절한 조치를 취하게 하기 위한 방법으로 부과된 것이므로, 교통사고의 결과가 피해자의 구호 및 교통질서의 회복을 위한 조치가 필요한 상황인 이상 그 의무는 교통사고를 발생시킨 당해 차량의 운전자에게 그 사고발생에 있어서 고의·과실 혹은 유책·위법의 유무에 관계없이 부과된 의무라고 해석함이 상당할 것이므로, 당해 사고에 있어 귀책사유가 없는 경우에도 위 의무가 없다 할 수 없고"(**대판 2002. 5. 24, 2000 도 1731.** 同旨, 대판 1990. 9. 25, 90 도 978; 1981. 6. 23, 80 도 3320).

128) 독일형법 제323조c: "사고시에 또는 일반적 위험이나 긴급시에 구조가 필요하며 상황에 비추어 구조가 기대됨에도 불구하고, 특히 자신에게 현저한 위험이 없고 다른 중요한 의무에 위배됨이 없이 구조가 가능함에도 불구하고 구조를 행하지 아니한 자는 1년 이하의 자유형 또는

트리아형법 제95조 등이 있다.[129] 이러한 규정이 없는 우리 현행형법은 상대적으로 개인주의적·자유주의적 성격이 강하다고 하겠다.

우리나라에서도 '이론상' 긴급구조의무 내지 조리에 기한 작위의무를 인정하려는 견해가 있으나[130] 죄형법정주의에 위배될 소지가 있는 주장이라고 본다.[131]

(나) 실질설(기능설) 실질설은 보증인지위의 발생근거를 일정한 법익에 대한 특별한 보호의무와 일정한 위험원(危險源)에 대한 안전의무라는 두 가지 근본적 기능으로부터 설명한다.[132]

(a) 보호의무 일정한 법익에 대한 보호의무는 다음과 같은 신뢰관계 및 의존관계로부터 발생한다.

(aa) 긴밀한 자연적 결합체: 부부간,[133] 직계존비속간, 형제자매간 등의 가족적 결합체, 사생아와 父 또는 약혼자 사이 등과 같은 긴밀한 자연적 결합체에서는 서로 생명, 신체에 대한 보호의무가 있다. 그 외에 재산과 같은 법익에 대하여도 보호의무가 있느냐 하는 것은 구체적 관계와 상황에 따라 다르다.

독일형법은 긴급구조의무위반죄에서 누구나 행위의 주체(긴급구조의무자)가 될 수 있도록 규정하고 긴급구조의무의 불이행을 넘어서 구성요건적 '결과'를 발생시킨 경우에는 그 결과에 대해서까지 책임을 질 자를 특히 보증인(결과방

벌금형에 처한다."

129) 긴급구조의무에 관하여는 최종고, 법과 윤리, 경세원, 1992, 86면 이하 참조.

130) 유기천, 124면; 정영석, 109면.

131) 사회상규상, 즉 조리상의 작위의무를 형법상의 작위의무로 인정치 아니한 판례가 있다. "현행형법은 유기죄에 있어서 구법과는 달리 보호법익의 범위를 넓힌 반면에 보호책임없는 자의 유기죄는 없애고 법률상 또는 계약상의 의무있는 자만을 유기죄의 주체로 규정하고 있으니 명문상 사회상규상의 보호책임을 관념할 수 없다고 하겠으며 유기죄의 죄책을 인정하려면 보호책임이 있게 된 경위, 사정관계 등을 설시하여 구성요건이 요구하는 법률상 또는 계약상 보호의무를 밝혀야 될 것이다. 본건에 있어서 원판결이 설시한 대로 피고인과 피해자가 특정지점에서 특정지점까지 가기 위하여 길을 같이 걸어간 관계가 있다는 사실만으로서는 피고인에게 설혹 동행자가 구조를 요하게 되었다 하여도 보호할 법률상·계약상의 의무가 있다고 할 수 없으니 밑도 끝도 없이 일정거리를 동행한 사실만으로 유기죄의 주체로 인정한 원판결은 본죄의 보호책임의 법리를 오해한 위법이 있다고 하겠다"(**대판 1977. 1. 11, 76 도 3419**). 한편 판례가 조리상의 작위의무를 인정한 예로는 대판 2006. 4. 28, 2003 도 80; 2006. 4. 28, 2003 도 4128(인터넷성인만화사이트사건).

132) 실질설의 주창자는 독일의 Armin Kaufmann(Die Dogmatik der Unterlassungsdelikte, 1959)이었다.

133) 부부가 별거중인 경우에는 부부 사이의 신뢰와 의존관계가 대체로 단절되므로 서로 보호의무를 지지 않는다고 함이 타당하다.

지의무자)으로서 처벌하기 때문에 보증인의 범위를 해석상 매우 엄격히 한정하려고 하지만, 우리 형법상으로는 그같은 축소해석이 타당치 않다고 본다.[134] 따라서 3·4촌간의 가까운 친족이나 생계를 같이하는 친족(민법 제974조 제3호) 등도 '실질적인 신뢰관계와 의존관계'에 따라 보증인에 포함되어야 할 것이다.[135]

(bb) 밀접한 공동체: 등반대, 항해단, 탐험대 등과 같이 자의(自意)로 조직된 '위험공동체'에서는 대원 상호간에 공동체의 목적과 신뢰관계에 따른 보호의무와 조력의무가 있다. 위험공동체의 보호의무는 생명·신체에 국한되고 재산에는 미치지 않는다.

가족관계에 유사한 밀접한 '생활공동체'에서도 보호의무가 발생한다. 그러나 숙식을 같이하는 공동체라는 것만으로는 부족하다.

(cc) 자의에 의한 보호기능의 인수: 의사의 자의에 의한 환자치료,[136] 자의에 의한 병자 또는 어린이의 보호, 자의에 의한 등반 또는 탐험의 안내 등은 일정한 보호의무를 발생시킨다. 보호기능의 인수는 대개 계약에 의하여 이루어지지만 일방적 인수로도 가능하다. 계약에 의한 인수의 경우에 계약의 사법상의 효력을 불문하고 보호기능의 '사실상의' 인수로서 작위의무가 발생한다.

(b) 안전의무 일정한 위험원(危險源)으로부터 위험이 발생하여 타인에 대한 법익침해가 일어나지 않도록 안전조치를 취해야 하거나 감독해야 할 안전의무(안전책임)는 다음과 같은 사유에서 발생한다.

(aa) 위험원의 관리자: 소유자, 점유자 기타 관리자로서 일정한 물건, 시설 등에 대하여 안전책임을 지는 자는 그 상태에 따른 위험을 방지할 의무가 있다. 특히 결함있는 시설물이나 차량, 위험한 동물 등 위험원(危險源)의 관리자는 그로부터 발생할 수 있는 위험을 방지해야 한다. 위험원의 관리를 자의로 인수한 자도 마찬가지이다. 정신병자, 치매환자, 백치 등 인적 위험원의 감독책임을 지고 있는 경우에도 안전의무가 있다.

안전의무는 위험원으로부터 직접 발생하는 위험에 국한된다. 안전의무의

---

134) 김/서, 497면.

135) 조카에 대하여 숙부를 작위의무자로 인정한 판례는 대판 1992. 2. 11, 91 도 2951.

136) 의사에게는 환자의 생명과 신체를 보호해야 할 지위와 의무(보호의무)가 있다고 보고, 의사의 치료중단으로 환자가 사망한 경우에 의사에 대하여 '부작위에 의한 살인죄'의 책임을 지운 하급심판결(서울지법 남부지원판결, 1998. 5. 15, 98 고합 9), 세칭 '보라매병원사건'이 있다.

범위에는 위험원으로부터 위험이 현실화되지 않도록 안전조치를 강구할 사전적 안전의무뿐만 아니라 위험이 현실화된 경우에는 구조의무 및 그 피해를 최소화할 의무와 같은 사후적 안전의무까지도 포함된다고 본다.[137] 사후적 안전의무는 선행행위에 기한 작위의무와 경합될 수 있다. 예컨대 맹견(猛犬)의 관리자는 맹견이 뛰쳐나가지 못하도록 든든한 우리에 가두어야 할 사전적 안전의무가 있고, 관리자의 과실없이 맹견이 뛰쳐나가 행인을 공격하는 경우에도 그 피해를 최소화할 사후적 안전의무가 있으며, 만일 관리자의 과실로 맹견이 탈출했다면 사후적 안전의무와 선행행위에 기한 작위의무가 경합하게 된다.

(bb) 타인의 감독자: 법률관계, 계약관계, 자의에 의한 인수 등으로 타인을 감독할 책임이 있는 자는 그 타인으로부터 발생할 수 있는 위험을 방지할 안전의무가 있다. 미성년자에 대하여 친권자, 학생에 대하여 교사, 부하에 대하여 상급자,[138] 수형자에 대하여 교정공무원 등이 안전책임을 지고 있다. 그러나 부부 또는 성년의 가족처럼 동등하고도 자유로운 인격체 사이에서는 안전의무를 지지 않는다.

안전의무의 범위는 피감독자인 타인으로부터 위험이 발생하지 않도록 방지할 사전적 안전의무 및 위험이 현실화한 경우에는 피해를 최소화할 사후적 안전의무를 포함한다. 따라서 감독자는 피감독자의 범행을 방지할 의무 및 그 범행으로 인한 피해자의 구조의무에까지 미친다고 본다.[139]

(cc) 선행행위: 타인의 법익에 대한 위험을 스스로 야기한 자는 그 위험으로부터 초래될 수 있는 법익침해를 방지할 안전의무가 있다. 예컨대 건축공사 도중에 부주의하게 철근을 운반하다가 떨어진 철근에 맞아 행인이 부상한 경우에 공사관계자는 그 행인의 생명·신체에 대한 안전의무(구조의무)를 진다.

그 외 선행행위에 관한 설명은 형식설에서 언급한 바와 동일하다.

---

137) 피해자구호의무를 인정하는 견해로는 배종대, 635면. 사전적 안전의무에 국한하는 견해로는 김/서, 500-1면; 안동준, 299면; 이재상, 131면. 긴급구조의무위반죄를 규정하고 있지 않은 우리 형법의 해석론으로는 위험원관리자(危險源管理者)의 안전의무의 범위에 '사후적' 안전의무를 포함시키는 것이 타당하다고 본다.

138) 은행지점장에게 부하직원의 범죄(배임죄)를 방지할 작위의무를 인정한 대판 1984. 11. 27, 84 도 1906 참조.

139) 피해자의 구조의무는 없다고 보는 견해는 김/서, 500면; 이재상, 131면; 정/박, 469면; 진/이, 191면.

(다) 결합설 실질설은 최근 폭넓은 지지를 받고는 있으나 보증인지위와 보증인의무의 발생근거를 충분히 설명할 수 있는 학설은 아니다. 예컨대 민법 제2조 제1항의 신의성실원칙에 기한 고지의무, 도로교통법 제54조 제1항이 규정한 교통사고발생시 운전자 '이외의' 승무원의 사상자구호의무, 경찰관직무집행법 제2조가 규정한 경찰관의 범죄의 예방 및 진압의무, 응급의료에 관한 법률 제6조가 규정한 의료인의 응급의료의무 등은 실질설로는 설명이 곤란하고 법원설에 의거할 수밖에 없다. 따라서 보증인의 지위와 의무의 발생근거는 양 학설 모두에서 찾아볼 때 타당한 결론을 가져올 수 있을 것이며(결합설),[140] 실질설을 기본으로 하되 특히 형식설이 보증인의무를 법원(法源)으로부터 명확히 근거짓고자 하는 장점에 유의해야 할 것이다.

5. 부작위가 있을 것

보증인의 작위의무위반으로서의 부작위가 있어야 한다. 따라서 보증인이 작위의무를 이행하였다면 부작위범은 성립할 수 없다. 작위의무이행이라는 '작위'가 있는 이상 과실로 결과가 발생한 경우라 하더라도 작위의 과실범이 성립할 뿐이지 부작위에 의한 과실범이 성립할 여지는 없다.[141]

6. 행위태양의 동가치성(상응성)

부진정부작위범이 성립하기 위해서는 방치된 '부작위'가 '작위'라는 행위태양에 의한 구성요건실현과 '동가치'(同價値)한 것으로 평가되어야 한다.[142] 독일형법 제13조 제1항은 이 동가치성을 작위에 의한 구성요건실현에 대한 부작위의 '상응성'(相應性, Entsprechung)조항으로 명시하고 있다.

행위태양의 측면은 행위반가치판단의 한 요소인데, 소극적인 부작위라는

140) 결합설의 지지자는 권오걸, 425면; 김성돈, 523면; 김/김, 257면; 김성천, 159면; 김/서, 494면; 박상기, 316면; 손동권, 371면; 손해목, 795면; 신동운, 138면; 오영근, 270면; 이상돈, 239면; 이재상, 127면; 정/박, 465면; 진/이, 188면.

141) 이 경우에도 부작위에 의한 과실범이 성립한다는 견해는 이재상, 124면; 진/이, 184면.

142) "형법상 부작위범이 인정되기 위하여는 형법이 금지하고 있는 법익침해의 결과발생을 방지할 법적인 작위의무를 지고 있는 자가 그 의무를 이행함으로써 결과발생을 쉽게 방지할 수 있었음에도 불구하고 그 결과의 발생을 용인하고 이를 방관한 채 그 의무를 이행하지 아니한 경우에, 그 부작위가 작위에 의한 법익침해와 동등한 형법적 가치가 있는 것이어서 그 범죄의 실행행위로 평가될 만한 것이라면, 작위에 의한 실행행위와 동일하게 부작위범으로 처벌할 수 있는 것이다"(**대판 1997. 3. 14, 96 도 1639**. 同旨, 대판 1996. 9. 6, 95 도 2551; 1992. 2. 11, 91 도 2951).

행위태양은 적극적인 작위라는 행위태양에 비하여 일반적으로 "불법의 정도"가 낮다. 예컨대 살인죄를 실현함에 있어서 스스로 물에 빠진 상대방을 그대로 방치하여 익사케 하는 부작위는 상대방을 적극적으로 물에 빠뜨려 익사케 하는 작위에 비하여 불법의 정도가 낮다. 따라서 작위의무자의 구체적인 부작위가 작위에 의한 범죄실현에 상응할 만큼 불법의 정도가 동등하여 "실행행위성"을 구비하는가라는 평가의 문제를 항상 검토하여야 한다. 이 요건은 부작위와 작위 사이에 행위반가치(行爲反價値)의 등가성(等價性)의 문제인데, 부작위에는 거동성(擧動性)이 결여되어 있기 때문에 행위개념의 요소 중 유체성을 제외한 "유의성(의사적 요소)과 사회적 의미성(사회의미적 요소)"의 질과 강도를 고려하여 부작위가 작위에 상응하는가의 여부를 평가하게 될 것이다.

이 상응성의 요건은 "임의의 결과야기범"에서는 필요하지 않고 각칙상의 구성요건이 "특별한 행위방법"에 의할 것을 요구하는 경우(기망이라는 방법에 의한 사기죄와 같이 이른바 "행태구속적 결과범": verhaltensgebundene Delikte)에서만 의미가 있다는 견해가 통설이다.[143] 이 견해는 독일형법의 해석론을 그대로 따른 것인데, 우리나라에서는 행태구속적 결과범에서뿐만 아니라 임의의 결과야기범에서도 상응성요건이 필요하다고 본다. 독일형법 제13조 제2항은 부진정부작위범의 처벌을 '임의적 감경사유'로 하고 있으므로, 임의의 결과야기범에서 상응성조항을 고려하지 않더라도 불법의 정도가 낮은 부작위는 이 임의적 감경사유로 참작될 여지를 남겨두고 있다.[144] 그러나 우리 형법상으로는 부진정부작위범이 임의적 감경사유가 아닌데 상응성의 요건까지도 필요없다고 하여 곧바로 작위범과 동일한 법정형을 적용한다면, 죄형균형사상에 배치될 우려가 있으며 법감정상 과잉처벌로 받아들여질 수 있다. 따라서 우리 형법상으로는 임의의 결과야기범에 있어서도 반드시 작위에 의한 범죄실현에 상응하는 부작위인가를 판단해야 한다고 본다.[145] 또 부작위의 상응성이 부정되는 경

143) 김/서, 503-4면; 박상기, 318면; 배종대, 729면; 손동권, 380면; 손해목, 800면; 안동준, 300면; 이재상, 133면; 정/박, 470면; 진/이, 193면.

144) 독일에서 부작위범에 대한 '임의적 감경규정'은 상응성조항이 의미가 없는 '임의의 결과야기범'에만 적용된다고 한다(Haft, AT, S. 184).

145) 관련판례로는 "피해자의 숙부(叔父)로서 익사의 위험에 대처할 보호능력이 없는 나이 어린 피해자를 익사의 위험이 있는 저수지로 데리고 갔던 피고인으로서는 피해자가 물에 빠져 익사할 위험을 방지하고 피해자가 물에 빠지는 경우 그를 구호하여 주어야 할 법적인 작위의무가 있다고 보아야 할 것이고, 피해자가 물에 빠진 후에 피고인이 살해의 범의를 가지고 그를 구호하

우, 특히 타인의 행위에 대한 안전의무를 이행치 않은 부작위에서 그 상응성이 부정되는 경우에는 실행행위가 아니라 "방조행위"로 평가될 수도 있기 때문에 더욱 그러하다.

7. 인과관계

결과범에 있어서 부진정부작위범의 인과관계는 부작위와 결과발생 사이의 문제가 아니라 "요구(기대)된 일정한 작위가 행해졌더라면 결과의 발생을 방지할 수 있었을 것"이라는 판단이다. 부작위는 자연과학적 관점에서는 무(無)이기 때문에 "부작위와 결과발생"간의 인과관계란 존재할 수 없고, 규범적 관점에서 "작위와 결과의 불발생"간의 "가설적" 인과관계로서 고찰하는 점에 특이성이 있다.

요구(기대)된 일정한 작위가 행해졌더라면 결과가 발생하지 않았으리라는 연관관계가 "확실에 가까운 개연성"으로 긍정되면, 부진정부작위범에 있어서의 인과관계가 인정된다(이른바 기대행위설 또는 요구행위설).

과거에는 부진정부작위범의 인과관계를 설명함에 있어서 ① 인과관계부정설(부작위의 인과성을 전적으로 부정하는 학설: Liszt, Welzel), ② 타행행위설(부작위시에 행해진 작위의무자의 다른 행위가 결과에 대한 원인이라는 학설), ③ 선행행위설(부작위에 앞서서 행해진 작위가 결과에 대한 원인이라는 학설), ④ 간섭설(결과발생을 방지하려는 작위에의 충동을 억제하는 심리작용, 즉 간섭현상에 원인이 있다는 학설), ⑤ 법적 인과관계설(부작위 자체에 원인력은 없으나 작위의무자의 작위의무위반이 결과에 대하여 법적 원인이 된다는 학설) 등이 주장되었으나, 현재에는 학설사적 의의를 갖는 데 불과하다.

Ⅳ. 부작위범에 있어서의 특수문제

1. 부작위범에 있어서의 고의와 착오

작위범에 있어서 고의의 대상은 구성요건의 객관적 요소에 해당하는 사실

지 아니한 채 그가 익사하는 것을 용인하고 방관한 행위(부작위)는 피고인이 그를 직접 물에 빠뜨려 익사시키는 행위와 다름없다고 형법상 평가될 만한 살인의 실행행위라고 보는 것이 상당하다"(**대판** 1992. 2. 11, 91 도 2951).

이다. 그런데 부진정부작위범에 있어서는 작위범의 구성요건요소 이외에 기술되지 아니한 객관적 구성요건요소가 존재하므로 고의의 대상이 '불문의 구성요건요소'에까지 미친다. 즉 부진정부작위범에서 행위자는 보증인의 지위, 부작위행위, 작위의 가능성과 필요성, 인과관계, 상응성 등을 인식해야 한다. 특히 보증인의 지위와 상응성은 불문의 '규범적' 구성요건요소에 속한다.

위의 요소에 관한 착오가 있으면 구성요건적 착오로 다루어진다. 따라서 보증인의 지위에 관한 착오는 구성요건적 착오가 되지만, 보증인의무는 위법성의 요소이므로 그 착오는 위법성의 착오(제16조)가 된다.

또 고의의 지적(인식적) 요소 이외에 의적 요소인 욕망이 작위범에 있어서는 사태의 적극적·목적적 조종이라는 동작으로 나타나지만, 부작위범에 있어서는 부작위에로의 결의와 결과발생에 대한 희망 등의 형태로 내심의 세계에 머물러 있는 데에 특징이 있다.

2. 위법성과 의무의 충돌

부작위범에 있어서도 구성요건해당성이 있으면 위법성이 추정된다. 따라서 작위범의 위법성조각사유는 부작위범에도 그대로 적용된다.

부작위범의 위법성과 관련해서는 의무충돌의 문제가 제기된다. 「의무의 충돌」이란 "둘 이상의 의무를 동시에 이행할 수 없는 긴급상태에서 그 중 하나의 의무를 이행하기 위하여 다른 의무의 이행을 방치한 결과, 방치한 의무불이행, 즉 부작위가 구성요건에 해당하는 경우"를 말하며, 그 법적 성질은 긴급피난의 특별한 경우로 이해되고 있다.[146] 예컨대 익사하기 직전의 두 아들 중에서 아버지가 한 아들은 구하고 다른 아들은 구하지 못함으로써 익사케 한 경우에 두 아들을 구조할 두 개의 작위의무가 충돌하고 있다.

이 때 충돌하는 작위의무를 가치적 관점에서 비교형량하여, 보다 상위의 의무를 이행한다든가 동등한 가치의 두 의무 중 하나를 이행하고 다른 하나를 방치(부작위)하였다면 부작위의 위법성이 조각된다.[147] 의무의 비교형량이 불

146) 의사가 희귀혈액형을 가진 출혈환자를 긴급히 치료해야 한다는 '작위의무'와 동일한 혈액형을 가진 타인으로부터 동의없이 강제로 채혈해서는 안된다는 '부작위의무'가 충돌하는 경우에는 "긴급피난"의 법리가 적용된다.

147) '동등한' 가치의 의무의 충돌에 있어서 위법성조각설은 김성돈, 534면; 김/서, 382면; 박상기, 319면; 오영근, 361면; 이재상, 254면; 이형국, 351면; 정/박, 259면. 한편 책임조각설은 배종대, 388면; 성낙현, 479면; 진/이, 377면.

가능한 경우는 동등한 가치의 의무충돌로 취급할 수 있다.

긴급피난에 있어서 충돌하는 이익이 동등한 경우에는 피난행위자의 '책임'이 조각됨에 반하여 동등한 가치의 의무충돌의 경우에는 '위법성'이 조각된다는 점에서 차이가 있다. 긴급한 위난에 처한 자는 피난행위를 하지 아니하고 그 위난을 감수할 수도 있으며, 위난의 발생과 무관한 다른 정당한 동가치의 이익을 피난행위로 희생시키는 것을 법질서가 허용할 수는 없으므로 책임조각으로 처리된다. 그러나 의무충돌에 있어서는 충돌하는 의무 모두를 이행치 아니하는 부작위로 나아갈 수는 없고 최소한 어느 하나의 의무이행이 강제되는 결과 부득이 다른 동가치의 의무의 불이행이 초래되는 것을 법질서는 허용할 수밖에 없으므로 위법성조각으로 인정된다.

충돌하는 의무의 서열관계는 위험에 처한 이익의 가치, 위험에의 근접도, 결과발생개연성의 정도, 보호대상에 대한 행위자의 관계 등을 종합적으로 고려하여 판단하게 된다. 만일 충돌하는 의무의 가치서열에 관하여 행위자가 주관적으로 착오를 일으킨 결과 객관적으로 낮은 가치의 의무를 이행하고 높은 가치의 의무를 방치하였다면, 작위의무에 관한 착오가 있은 것으로서 위법성의 착오에 해당하여 착오에 정당한 이유가 있는 경우 책임이 조각될 것이다.

3. 책 임

부작위범의 책임요소는 기본적으로 작위범의 경우와 같다. 즉 책임능력, 기대가능성, 위법성의 인식(가능성), 책임형식으로서의 고의·과실이 그것이다.

다만 위법성의 인식은 작위범에 있어서는 자신의 작위행위가 법적으로 "금지"된다는 인식임에 반하여, 부작위범에 있어서는 자신의 작위행위가 법적으로 "요구"(명령)된다는 인식이다. 따라서 위법성(인식)의 착오는 작위범의 경우에는 "금지의 착오"를 내용으로 하고, 부작위범의 경우에는 "요구의 착오"를 내용으로 하는데, 결과적으로는 행위자가 자신의 작위나 부작위를 법적으로 "허용"되는 것으로 인식하게 된다. 따라서 두 경우 모두가 허용규범에 관한 착오, 위법성의 착오로서 제16조의 적용을 받는다.

4. 미 수

실행에 착수함으로써 범죄는 예비에서 미수단계로 들어가게 되는데, 부작위범에 있어서는 外界에서의 동작이 없기 때문에 부작위를 순전히 규범적 관점에서 포착하여 실행의 착수시기를 판단해야 하는 어려움이 있다. 즉 일련의 부작위과정 중에 어느 시점에서 "행위자의 범죄적 의사가 당해 구성요건의 보호법익을 직접적으로 위태롭게 할 만큼 명백히 나타난 것"으로 보고, 미수범의 성립을 인정할 것인가가 문제된다.

실행의 착수시기는 특히 부진정부작위범에서 논할 실익이 크지만, 진정부작위범에 있어서도 예비로부터 미수단계로 넘어가는 시점을 확정할 필요가 있기 때문에 역시 실익이 있다고 하겠다. 그리고 형법은 진정부작위범인 퇴거불응죄의 미수범을 처벌하고 있다(제322조).

부작위범의 실행의 착수시기에 관하여는 '최초의' 구조가능성의 방임시점(放任時點)이라는 견해와[148] '최후의' 구조가능성의 방임시점이라는 견해가[149] 대립한다.

그런데 작위의무자는 법익침해의 직접적 위험이 현존하면 '즉시' 그 위험을 제거할 작위에 나아가야 하므로, 부작위가 "보호법익에 대하여 직접적 위험을 야기하거나 증대시킨 시점"을 실행의 착수시기로 보는 견해가 타당하다.[150] 따라서 구조의 가능성과 필요성이 있는 최초의 시점이냐 또는 최후의 시점이냐가 중요한 것이 아니라 법익침해의 직접적 위험성이 야기·증대된 시점이 언제이냐라는 실질적 관점에서 판단해야 한다고 본다. 예컨대 갓난아이에게 젖을 주지 않아서 부작위로 아사시키는 경우에 부작위가 아이의 생명·신체에 대한 직접적 위험을 야기한 시점에 실행의 착수가 있다고 보아야 한다.

일단 부작위에 의하여 보호법익에 대한 직접적 위험성이 야기·증대된 이상 미수범은 성립하는 것이므로, 그 이후의 시점에 작위로 나아가 법익침해를 방지하였다면 중지미수(제26조)의 문제가 된다. 젖을 주지 않은 부작위로 인하여 아사지경에 이르른 갓난아이에게 번의하여 젖을 주어 살려 내었다면 살인죄의 중지미수범이 된다.

---

148) R-D. Herzberg, "Der Versuch beim unechten Unterlassungsdelikt", MDR, 1973, S. 89.

149) Armin Kaufmann, aaO., S. 210 ff.; Welzel, Das Deutsche Strafrecht, S. 221.

150) 김성돈, 537면; 김성천, 324면; 김/김, 416면; 김신규, 270면; 김/서, 522면; 박상기, 322면; 성낙현, 483면; 손동권, 386면; 손해목, 807면; 오영근, 486면; 이재상, 372면; 이형국, 238면; 정/박, 474면; 진/이, 197면; Jescheck, AT, S. 578; Schönke/Schröder/Eser, StGB, Rn. 50 Vor §22; Wessels, AT, S. 224.

5. 정범과 공범

정범과 공범의 이론 중 부진정부작위범에 특히 의미가 있는 것은 정범과 방조범의 구별이다. 작위의무자의 부작위라고 하더라도 부작위에는 적극적 행위기여가 결여되어 있기 때문에 정범의 표지인 행위지배가 부정될 가능성이 있고 범죄의 실행행위라기보다는 범죄실현에 조력하는 방조행위로 평가될 여지가 다분하다.

그러므로 작위의무자의 부작위가 있었으나 그 부작위가 작위에 의한 구성요건실현과 동가치한 것으로 평가되지 않고 이에 못미치는 경우에는 보충적으로 방조범이 성립될 수 있다.

예컨대 범행제지의무가 있는 경찰관이 상해사건의 신고를 받고 현장에 도착한 후 마침 피해자가 원수인 것을 알고 고의로 상해행위를 제지하지 아니하는 부작위로 나아간 경우에 그 부작위를 적극적 작위에 의한 상해죄실현과 동가치한 것으로 평가하기는 곤란하고 상해죄의 방조범으로 책임을 묻는 것이 타당하다고 본다.

그리고 부작위범 사이에서도 공동정범이 성립될 수 있고,[151] 또 작위범과 부작위범 사이에서도 공동정범이 성립될 수 있다.

V. 형법 제18조의 해석과 입법론

형법 제18조는 부작위범에 관하여 "위험의 발생을 방지할 의무가 있거나 자기의 행위로 인하여 위험발생의 원인을 야기한 자가 그 위험발생을 방지하지 아니한 때에는 그 발생된 결과에 의하여 처벌한다"라고 규정하고 있다.

법문에서 "위험의 발생을 방지할 의무"라 함은 '작위의무'(보증인의무) 일반을 뜻하고, "자기의 행위로 인하여 위험발생의 원인을 야기한" 것은 작위의무를 발생시키는 '선행행위'를 의미하며, "그 위험발생을 방지하지 아니한 때"라 함은 '부작위'로 나아간 때를 의미한다.

전술한 바와 같이 부작위는 작위라는 행위태양에 비하여 일반적으로 불법

---

151) "부작위범 사이의 공동정범은 다수의 부작위범에게 공통된 의무가 부여되어 있고, 그 의무를 공통으로 이행할 수 있을 때에만 성립한다"(대판 2008. 3. 27, 2008 도 89).

의 정도가 낮으므로 부진정부작위범의 처벌은 작위범에 대한 '임의적 감경사유'로 함이 입법론상 타당하다. 또 부진정부작위범은 부작위가 작위에 의한 범죄실현과 동가치한 것으로 평가되는 경우에만 성립할 수 있도록 이른바 '상응성'조항을 법문에 명시할 필요가 있다.

그 밖에 외국의 입법례에서 볼 수 있는 긴급구조의무위반죄를 도입하는 것도 현행형법의 개인주의적 성격을 보완하는 의미에서 바람직하다고 본다.

제 3 편

죄 수 론

제1장 서 론

제1절 죄수의 기초이론

Ⅰ. 죄수론의 의의

1개의 행위가 1개의 범죄구성요건을 실현한 경우에는 1개의 범죄만이 성립될 것이므로 특별한 문제는 일어나지 않는다. 그러나 1개의 행위가 수개의 구성요건을 실현하거나 수개의 행위가 수개의 구성요건을 실현한 경우에는 수개의 범죄가 성립할 수 있으므로(범죄의 경합), 수개의 구성요건 상호간의 관계와 범죄의 개수결정 및 이에 대한 형벌부과의 방법이 중요한 실제문제로서 등장하게 되고, 이러한 문제가 '죄수론'(罪數論)이라는 이름 아래 범죄론과 형벌론의 접합영역으로서 다루어지고 있다. 또 형사소송법상 공소제기의 효력과 기판력의 범위를 정함에 있어서도 형법상의 죄수론이 중요한 구실을 한다.

죄수론의 이와 같은 중요성에도 불구하고 현행형법상 죄수에 관한 규정(제37-40조)이 미흡하고 불명확하여 이론상으로나 실무상으로나 많은 어려움을 발생시키고 있다.

Ⅱ. 죄수결정의 표준에 관한 종래의 학설 및 그 비판

종래에는 형법학상 행위의 개수가 아니라 범죄의 개수를 결정하는 표준을 둘러싸고 다음과 같은 학설이 대립하였다.

1. 자연적 행위표준설

범죄는 '행위'이다라는 명제를 근거로 해서 행위의 수를 가지고 죄수를 결정하고자 하는 견해이다. 즉 행위가 1개이면 범죄도 1개가 되고, 행위가 수개이면 범죄도 수개가 된다고 한다.

그리고 이 학설에서 행위라 함은 "자연적 의미"에서의 행위를 말하므로 〈자연적〉 행위표준설이라고 명명할 수 있다. 또한 행위는 의사표동(意思表動)과 결과를 포함한다고 보아, 결과가 수개이더라도 의사표동이 단일한 경우 또는 의사표동이 수개이더라도 결과가 단일한 경우에는 모두 행위가 1개이고 죄수도 1개가 된다고 한다. 따라서 이 설에 의하면, '상상적 경합'(제40조)은 1개의 행위에 의하여 수개의 범죄를 발생케 한 것이므로 실질상 일죄로 취급되고, 과형상으로도 당연히 일죄가 된다.

대법원은 "법적 평가를 떠나 사회관념상 행위가 사물자연의 상태로서 1개로 평가되는 것"이라는 표현을 하고 있으므로, 행위의 파악에 있어서 이른바 자연적 행위표준설의 입장에 서 있다고 말할 수 있으나,[1] 죄수의 결정에 있어서는 후술하는 법익표준설을 취한 것도 있고,[2] 구성요건표준설을 취한 것도 있으며,[3] 구성요건표준설과 법익표준설을 결합한 것[4] 또는 의사표준설과 법익표준설을 결합한 것[5]도 있는 등 태도의 일관성이 없다.

독일연방법원은 "자연적 관찰방법"(natürliche Betrachtungsweise)에 의하여 행위의 개수를 결정하고 있다.[6]

2. 법익표준설(결과표준설)

이 학설은, 범죄란 '법익'을 침해하는 행위이다라는 관점에 입각해서, 행위에 의하여 침해 또는 위태롭게 되는 법익의 수(數) 혹은 행위로부터 발생하는 결과의 수를 가지고 죄수를 결정하고자 한다. 따라서 1개의 행위가 있더라도 법익침해 또는 결과발생이 수개이면 범죄도 수개가 된다. 또 이 학설은 법익을 생명·신체·자유·명예·비밀 등과 같이 법익의 주체와 불가분의 관계에 있는 '전속적 법익'과 재산·공공의 안전 등과 같이 법익의 주체와 분리할 수 있는 '비전속적 법익'으로 나누고, 전자에 있어서는 피해자의 수만큼 범죄가 성

1) 대판 2017. 9. 21, 2017 도 11687; 1987. 2. 24, 86 도 2731.
2) 대판 1993. 6. 22, 93 도 743; 1983. 4. 12, 82 도 2938; 1979. 7. 10, 78 도 840 등.
3) 대판 1982. 6. 22, 82 도 938; 1968. 12. 24, 68 도 1501 등.
4) 대판 2020. 7. 9, 2019 도 17405.
5) 대판 1996. 4. 23, 96 도 417; 1993. 10. 12, 93 도 1512 등.
6) BGH 4/219; 10/231; 16/397; 26/284.

립하고 후자에 있어서는 재산관리의 수만큼(재산적 법익의 경우) 또는 1개의 범죄(공공적 법익의 경우)가 성립한다고 한다. 이 설에 의하면, 상상적 경합은 실질상 수죄이지만 제40조에 의하여 일죄로 취급될 뿐이라고 한다.

3. 구성요건표준설(구성요건해당설)

이 학설은 범죄란 '구성요건에 해당'하는 행위이다라는 관점에서, 죄수의 결정을 어디까지나 실정법해석의 문제로 보고 초법률적인 방법으로 해결할 것이 아니라 법률상의 구성요건해당의 횟수를 표준으로 하여 죄수를 정할 것이라고 한다. 즉 1개의 행위가 있든지 또는 수개의 행위가 있든지 간에 행위사실이 범죄구성요건에 1회 해당하면 범죄는 1개가 되고, 수회 해당하면 범죄는 수개가 된다고 한다. 우리나라의 다수설이라고 할 수 있다.[7] 이 설에 의하면, 상상적 경합은 실질상 수죄이지만 제40조에 의하여 과형상 일죄가 된다.

4. 의사표준설(범의표준설)

이상의 세 가지 학설은 객관주의 형법이론에 속하는 것인데, 주관주의의 입장에서는 범죄를 '범죄적 의사'의 표현으로 보므로, 행위자의 범죄적 의사의 수를 표준으로 해서 죄수를 결정하게 된다.[8] 또 이 경우의 범죄적 의사에는 고의뿐만 아니라 과실적 의사도 포함된다. 그러므로 행위의 수나 결과발생의 수에 불구하고, 1개의 범죄적 의사가 있은 경우에 구성요건실현을 인용한 범위 내에서 또는 결과발생이 예견가능한 범위 내에서 1개의 범죄가 있게 되고, 범죄적 의사가 수개이면 범죄도 수개가 있게 된다. 그리고 상상적 경합에 있어서는, 의사의 단일성이 인정되는 한 상상적 경합도 실질상 일죄이지만, 이론상 의사의 단일성이 인정되지 않는 경우라고 하더라도 제40조의 규정에 의하여 범죄적 의사의 단일성이 실정법상 한계지어진다고 한다.

5. 학설의 비판 및 해결방안

위 네 가지 학설은 각각 다음과 같은 결함을 지니고 있다.

자연적 행위표준설은 죄수결정의 표준이 되는 행위를 자연적 의미로 파악

---

7) 김성돈, 691면; 김신규, 549면; 남흥우, 264면; 유기천, 311면; 이재상, 519면; 이형국, 366면; 정/박, 612면. 그리고 정영석, 262면은 분명치는 않으나 이 학설을 지지하는 듯하다.

8) 이건호, 203면 이하.

하고 있는 한, 하나의 구성요건의 내용이 2개 이상의 행위로 이루어져 있는 결합범(예컨대 제330조의 야간주거침입절도죄)을 설명하기 곤란하고, 연속범에서와 같이 다수의 반복된 행위로 동일한 법익을 여러 차례 침해한 경우에 수죄로 보게 되는 결함이 있다. 법익표준설은 동일한 법익을 여러 태양의 행위로 침해하거나 위태롭게 하는 경우(예컨대 수뢰죄와 같은 협의의 포괄적 일죄)나 연속범의 경우를 수죄로 보게 되는 부당함이 있다. 또 구성요건표준설은 수차(數次)의 행위가 반복해서 동일한 구성요건에 해당할 경우(예컨대 접속범, 연속범, 집합범의 경우) 일죄인가 수죄인가를 판별하기 곤란하고, 구체적인 적용에 있어서 구성요건해당의 횟수를 판단하기 어려운 경우가 있다는 결함을 지니고 있다.

끝으로 의사표준설은 범죄의 정형성을 무시할 염려가 있고, 범의가 단일한 이상 법익침해 내지 그 위태화가 수회인 경우(예컨대 동일한 기회에 모욕도 하고 명예훼손도 한 경우)라도 항상 일죄로 보게 되는 점이 부당하다고 하겠다.

이상 비판한 바와 같이 네 학설은 각각의 결함을 지니고 있기 때문에 범죄의 주관적 면과 객관적 면을 모두 고려해서 죄수를 결정해야 한다는 견해가 있다.[9] 이러한 견해에 의하면, 죄수의 결정을 통일적인 표준에 두지 않고 위의 네 학설을 종합적으로 고려한다는 것이 된다. 그러나 이 견해는 어떠한 경우에 어느 학설을 적용할 것인가 하는 점이 명백하지 않으므로 실제문제의 해결에 혼란을 가져올 우려가 많다. 이 학설은 죄수의 결정을 결국 경험적 분별력에 맡기게 되고, 따라서 원리의 제시로서는 부적당하다고 하지 않을 수 없다.

이러한 까닭에 죄수론의 근본적 재검토가 요청되는데, 현행형법상의 규정으로부터 문제해결의 방향을 찾아볼 수 있을 것으로 생각한다. 제40조에서는 "1개의 행위"가 "여러 개의 죄"에 해당하는 경우를 상상적 경합으로 하고 있다. 그리고 제37조에서는 일정한 요건하의 "수개의 죄"를 실체적 경합(경합범)으로 보고 있는데, 문언상 명시되어 있지는 않으나 제40조와의 대비상 '수개의 행위'를 전제로 한 '수개의 죄'가 제37조의 요건을 갖추는 경우에 실체적 경합이 되는 것으로 해석함이 당연하다.

그러므로 죄수론의 관건은 죄수결정의 표준이 되는 "행위"의 단복(單複, 단위)을 다시금 명확히 함에 있다고 보고,[10] 그 결과 행위표준설에 입각하되, 종

---

9) 손해목, "죄수론(상)", 고시계, 1974. 5, 28면.

래의 행위표준설이 자연적 의미의 행위만을 고려함으로써 야기했던 결점을 제거할 수 있는 관점에서, 죄수론에 있어서의 행위의 의미를 '재정립'하는 것이 합당한 해결방안이라고 생각한다. 즉 범죄의 개수가 아니라 '행위'의 개수를 결정할 수 있는 기초이론을 세우는 것이 선결문제라고 하겠다.

Ⅲ. 사회적 · 형법적 행위표준설

형법상의 행위는 대부분 물리적인 개개의 동작의 연쇄로 이루어져 있고 이 물리적 · 개별적 동작들은 사회적 의미로 볼 때 비로소 하나의 통일체를 형성한다.[11] 그러므로 외부적으로 분리할 수 있는 개별적 동작이 죄수론상 1개의 행위가 되느냐 또는 수개의 행위가 되느냐 하는 것은 "사회적 · 형법적 의미의 맥락"에서 결정할 문제이다.[12] 사회적 · 형법적 행위표준설의 타당성을 이해하자면, 다음과 같은 행위의 단복(單複)결정(단위결정)을 참고할 필요가 있다.

1. 사회적 의미의 행위

(1) 물리적 동작이 다수이더라도 단일한 결의에 의하여 계속적으로 반복해서 동일한 범죄구성요건을 실현한 것이면 사회적 의미로 보아 1개의 행위로 평가된다. 예컨대 동일인을 여러 차례 구타하여 상해한 경우에 개개의 구타행위가 각각 상해행위가 되는 것이 아니라 전체적으로 하나의 상해행위를 이룰 뿐이다.

(2) 비전속적 · 개인적 법익에 있어서 동일한 기회에 다수의 동작으로 다수인의 법익이 침해된 경우에 사회적 의미로 보아 1개의 행위로 평가된다. 예컨대 운동장에 벗어 놓은 다수인의 옷과 시계 등을 동일한 기회에 절취한 경우 1개의 절취행위로 평가되는 것과 같다.[13]

---

10) 이러한 관점에서 문제를 해결하고자 하는 학자로서는 황산덕, 295면 이하 참조.

11) 이 점에 있어서 사회적 행위론의 '실천적' 의의를 찾을 수 있다.

12) 이와 비슷한 견해로는 Welzel, Das Deutsche Strafrecht, S. 224 f.; Wessels, AT, S. 228 f.; 황산덕, 297면.

13) 참고판례로는 "강도가 시간적으로 접착된 상황에서 가족을 이루는 수인에게 폭행 · 협박을 가하여 집안에 있는 재물을 탈취한 경우 그 재물은 가족의 공동점유 아래 있는 것으로서, 이를 탈취하는 행위는 그 소유자가 누구인지에 불구하고 단일한 강도죄의 죄책을 지는 것으로 봄이 상당하다"(**대판** 1996. 7. 30, 96 도 1285).

2. 형법적 의미의 행위

수개의 자연적 행위가 있다고 하더라도 형법상의 구성요건이 이를 법적인 의미로 평가함에 있어서 단일한 것으로 할 때에는 수개의 자연적 행위는 형법적 의미에서 1개의 행위가 된다.[14]

형법적 의미에서 1개의 행위로 평가되는 것으로는 다음과 같은 범죄가 있다.

(1) 결합범

1개의 구성요건이 2개 이상의 행위를 필요적으로 "요구"하고 있는 '결합범'에 있어서 2개 이상의 행위는 구성요건으로 보아 형법상 1개의 행위가 된다. 예컨대 제333조의 강도죄에 있어서 폭행 또는 협박과 재물강취가 합하여 1개의 강도행위가 되고, 제330조의 야간주거침입절도죄에 있어서 주거침입과 절취가 합하여 1개의 야간주거침입절도행위가 된다.

(2) 계속범

법익이 침해됨으로써 기수가 되지만, 법익침해가 계속되는 한 범죄행위는 종료되지 아니하고 계속되는 것으로 평가되는 '계속범'(예컨대 체포 · 감금죄)에 있어서 범죄행위의 종료시까지 동일한 법익침해의 위법상태를 야기하고 유지하기 위한 모든 행위는 형법상 1개의 행위로 평가된다. 예컨대 피해자를 감금하였지만 감금장소가 여의치 않아 며칠 후 다른 은밀한 장소로 옮겨 다시 감금한 경우에 감금상태를 야기하고 유지하는 일련의 행위는 감금행위가 종료하기까지 전체적으로 보아 형법상 1개의 감금행위로 평가된다.

Ⅳ. 죄수의 기초이론의 실제적용

죄수의 기초이론을 적용해서 죄수의 해결방법을 간략히 정리해 보자면 다음과 같다.

---

14) 부진정부작위범에 있어서는 수회의 부작위가 있다고 하더라도 이로부터 하나의 구성요건적 결과만이 발생한 경우에는 형법적 의미에서 1개의 부작위행위만이 존재한다. 반면에 작위의 무자가 수개의 결과발생을 방지하지 못한 때에는 그 모든 결과를 한꺼번에 — 즉 하나의 작위로써 — 방지할 수 있었는가 혹은 상호 독립적인 별개의 작위로써 방지할 수 있었는가로 구분해서 전자의 경우에는 하나의 부작위가 있게 되고 후자의 경우에는 수개의 부작위가 있게 된다. 진정부작위범의 경우에 있어서도 행위의무위반의 횟수라는 실질적 관점에서 행위의 단복을 결정해야 한다.

1. 1개의 행위가 수개의 구성요건을 실현한 경우

'1개'의 행위가 수개의 범죄구성요건을 실현하면 "법조경합" 또는 "상상적 경합"이 발생한다. 그런데 상상적 경합과는 달리 법조경합의 경우에는 1차적으로 적용될 형벌법규가 다른 형법법규를 배제하기 때문에 외견상 경합이 발생하는 것같이 보일 따름이지 진정한 의미에서의 경합이라고는 할 수 없다(부진정경합. 이에 반해 상상적 경합과 실체적 경합은 진정경합).[15] 즉 법조경합의 경우에는 처음부터 범죄구성요건 상호간에 배척현상이 일어나서 하나의 형벌법규가 적용될 뿐이다. 그리고 법조경합에 관해서는 실정법규정이 없으므로 특별관계, 보충관계, 흡수관계, 택일관계라고 하는 학설상의 이론에 의하여 처리되고, 상상적 경합의 경우는 제40조에 의하여 처벌된다.

2. 수개의 행위가 수개의 구성요건을 실현한 경우

수개의 행위는 원칙적으로 수개의 구성요건을 실현한다. 다만 "포괄적 일죄"에 있어서는 수개의 행위가 '1개의' 구성요건을 실현한 것으로 평가된다.

'수개'의 행위가 '수개'의 범죄구성요건을 실현하면 "실체적 경합" 또는 "불가벌적 사후행위" 및 "불가벌적 사전행위"의 문제가 발생한다.

실체적 경합의 경우는 제37-39조에 의하여 처벌된다.

불가벌적 사후행위와 불가벌적 사전행위는 주행위에 대하여 '부진정 실체적 경합'에 유사한 관계에 놓여 있는 경우로서, 이에 관한 실정법규정이 없으므로 이론에 의하여 해결된다.[16] 즉 상태범에 있어서 '사후행위'(예컨대 절도죄에 있어서 절취 후 장물에 대한 손괴행위)가 주행위(절취행위)를 규정한 구성요건의 포괄적인 범위 내에 있는 법익을 침해하거나 위태롭게 하는 경우에는 그 사후행위는 별개의 범죄를 구성하지 않는다('불가벌적 사후행위'). 또 기수에 대하여 예비 또는 미수단계의 행위가 별도로 존재하는 경우에도 이는 '불가벌적 사전행위'로서 별개의 범죄를 구성하지 않는다.[17]

---

15) Jescheck, AT, S. 665; Wessels, AT, S. 236 f.

16) 주행위와 불가벌적 사후행위 또는 불가벌적 사전행위 사이의 관계를 법조경합으로 파악하면서도, '부진정 실체적 경합'의 형태로 나타난다는 견해로서는 박상기, 486면.

17) 이에 대하여 불가벌적 사전행위를 법조경합 중 보충관계에 속하는 것으로 보는 견해가 다수설이다(김성돈, 697면; 김성천, 455면; 김/서, 681면; 박상기, 486면; 배종대, 745면; 손동권, 586면; 손해목, 1128면; 안동준, 308면; 이재상, 524면; 이형국, 369면; 정/박, 619면; 정영일,

3. 요 약

먼저 전술한 「사회적·형법적 행위표준설」에 의하여 행위의 개수를 결정한다. 그 다음에 그 행위가 실현한 형벌법규(해당 구성요건)가 수개인 경우에 실현된 형벌법규들의 경합이 진정한 것인가 혹은 부진정한 것인가를 검토한다.[18] 이 때 행위가 1개인 경우에는 우선 법조경합에 의해 배척되어야 할 형벌법규를 제외시키고, 그 후 남은 형벌법규들을 상상적 경합으로 처리한다. 행위가 수개인 경우에는 ① 먼저 포괄적 일죄를 가려낸 후, ② 불가벌적 사후행위 또는 불가벌적 사전행위의 유무를 검토해서 이를 골라내어 범죄의 성립에서 제외시키고, ③ 그 후 남은 범죄행위들을 실체적 경합으로 처리한다.

Ⅴ. 불가벌적 사후행위

법조경합, 상상적 경합, 실체적 경합에 관하여는 각각 별도의 항목에서 상론하기로 하고, 이곳에서는 불가벌적 사후행위를 설명하고자 한다.

1. 불가벌적 사후행위의 의의와 죄수론상의 성격

"기존의 범죄행위에 의하여 획득된 위법한 이익 또는 상태를 확보하거나 이용 내지 처분하는 사후적 행위가 구성요건에 해당하더라도 별개의 범죄를 구성하지 아니하고 기존의 주된 범죄의 포괄적 평가범위 내에 해소되는 경우"를 **불가벌적 사후행위**라고 한다. 예컨대 절취행위(주행위, 主行爲)로 취득한 장물을 절도범이 손괴하는 행위(사후행위)가 손괴죄의 구성요건에 해당하더라도 별개의 손괴죄를 구성하지 아니하고 주된 절도죄의 포괄적인 평가범위 내에 해소된다.

그런데 불가벌적 사후행위의 성격을 법조경합 중 흡수관계의 하나로 파악하는 견해가 있다(다수설).[19] 그러나 법조경합은 어디까지나 '1개'의 행위가 둘 이

474면).

18) Wessels, AT, S. 249 f. 참조.

19) 권오걸, 654면; 김성돈, 698면; 김신규, 557면; 김/서, 682면; 배종대, 746면; 성낙현, 691면; 손동권, 588면; 손해목, 1130면; 안동준, 310면; 오영근, 691면; 이재상, 525면; 이형국, 369면; 정/박, 621면; 정영일, 475면.

상의 구성요건에 해당하는 경우에 발생한다고 보아야 하므로, 주행위 이외에 별도로 사후행위의 존재를 인정하는 이상 법조경합으로 설명하는 것보다는 주행위와 사후행위 사이에 '부진정 실체적 경합'에 유사한 관계가 발생하는 것으로 이해함이 타당하다고 생각한다.[20]

2. 불가벌의 근거

사후행위가 불가벌인 것은 사후행위에 의하여 침해되는 법익이 주행위에 의하여 '침해된 법익의 포괄적 평가범위 내에' 해소되는 경우이다. '결과반가치'(결과불법)는 법익침해 내지 법익침해의 위태화에 있으므로, 사후행위의 결과반가치가 주행위의 결과반가치의 포괄적 평가범위 내에 해소되는 경우에 그 사후행위는 불가벌이다. 불가벌적 사후행위의 취지는 "주행위에 의하여 한 번 처벌될 것으로 평가된 결과반가치는 사후행위에 의하여 재차 결과반가치의 평가를 받아 처벌될 수는 없다"라는 것이다. 이는 바로 주행위와 사후행위 사이에 결과반가치에 대한 이중평가금지의 원칙을 의미한다. 따라서 불가벌적 사후행위에 있어서 '불가벌의 근거'는 '주행위의 결과반가치(결과불법)에 대한 이중평가금지원칙'에 있다.[21]

또 이 원칙의 '반면'(反面)은 다음과 같이 요약할 수 있다. 주행위에 의하여 평가된 결과반가치와는 다른 새로운 결과반가치 평가가 사후행위에 대하여 가능하다면, 사후행위는 별개의 독립적인 결과반가치의 평가를 받아 처벌될 수 있다.

3. 불가벌적 사후행위의 성립요건

불가벌적 사후행위로 평가되기 위해서는 다음과 같은 요건을 갖추어야 한다.

① 주행위 이외에 형법상 별개의 단일한 행위로 평가되는 행위, 즉 사후행위가 존재해야 한다. 그 평가는 사회적·형법적 행위표준설에 의한다.

그리고 이 사후행위는 '구성요건에 해당'해야 한다. 처음부터 아무런 구성요건에도 해당하지 아니하는 행위는 당연히 불가벌이며 죄수를 거론할 필요

---

20) 주행위와 불가벌적 사후행위간의 관계가 법조경합이지만, '부진정 실체적 경합'의 형태로 나타난다는 견해로서는 박상기, 486면.

21) 이에 관하여는 임웅, "불가벌적 사후행위, 사전행위, 수반행위에 대한 형법적 고찰", 형사정책연구, 제20권 제3호, 한국형사정책연구원, 2009. 9, 282-4면 참조.

조차 없다. 예컨대 절도범이 절취한 음식물을 먹어치우는 사후의 '소비행위'는 횡령죄 등 그 어떠한 구성요건에도 해당하지 않으므로 처음부터 불가벌적 사후행위의 문제가 발생하지 않는다. 그리고 절도범에게 장물죄가 성립하지 않는 이유도 절도범의 장물처분·운반·보관 등의 행위가 불가벌적 사후행위이기 때문이 아니라, 해석상 본범(本犯)인 절도범은 장물죄의 주체가 될 수 없으므로 애당초 장물죄의 구성요건해당성이 부정되기 때문이다.

② 사후행위에 의하여 침해(또는 위태화)되는 법익은 주행위에 의하여 침해(또는 위태화)된 법익과 동일하거나 침해의 정도·범위를 초과하지 않아야 한다. 사후행위에 의하여 침해되는 법익이 주행위에 의하여 침해된 법익과 다른 경우에는 가벌적이다. 특히 사후행위가 다른 사람의 '새로운' 법익을 침해하게 되면 불가벌적 사후행위가 성립하지 않는다.[22] 예컨대 절취 또는 사취한 재물을 손괴하는 것은 불가벌적 사후행위이지만, 절취 또는 강취하거나 사취한 예금통장으로 현금을 인출한 행위는 별개의 사기죄를 구성한다.[23]

사후행위가 동일한 피해자의 법익을 침해하더라도 주행위에 의하여 침해된 법익의 범위를 초과한 때에는 불가벌적 사후행위가 되지 않는다.[24] 예컨대 절도범이 절취한 문서를 이용하여 피해자의 재물을 사취한 경우에는 절도죄(보호법익: 재산) 이외에 사기죄(보호법익: 재산 및 거래의 신의칙)가 성립하고, 양자는 실체적 경합의 관계에 선다.

---

22) "절도범인이 그 절취한 장물을 자기 것인양 제3자를 기망하여 금원을 편취한 경우에는 새로운 법익의 침해가 있으므로 사기죄가 성립된다"(대판 1980. 11. 25, 80 도 2310).

23) 대판 1991. 9. 10, 91 도 1722; 1979. 10. 30, 79 도 486; 1974. 11. 26, 74 도 2817.

24) ① 피해자 甲 종중으로부터 토지를 명의신탁받아 보관 중이던 피고인 乙이 개인 채무 변제에 사용할 돈을 차용하기 위해 위 토지에 근저당권을 설정하였는데, 그 후 피고인 乙, 丙이 공모하여 위 토지를 丁에게 매도한 사안에서, 피고인들의 토지 매도행위가 횡령죄의 불가벌적 사후행위가 아니라, 별도의 횡령죄를 구성한다고 선고한 대법원 전원합의체 판결이 있다(판례변경). 즉, "판결요지: 타인의 부동산을 보관 중인 자가 불법영득의사를 가지고 그 부동산에 근저당권 설정등기를 경료함으로써 일단 횡령행위가 기수에 이르렀다 하더라도 그 후 해당 부동산을 매각함으로써 기존의 근저당권과 관계없이 법익침해의 결과를 발생시켰다면, 이는 당초의 근저당권 실행을 위한 임의경매에 의한 매각 등 그 근저당권으로 인해 당연히 예상될 수 있는 범위를 넘어 새로운 법익침해의 위험을 추가시키거나 법익침해의 결과를 발생시킨 것이므로 특별한 사정이 없는 한 불가벌적 사후행위로 볼 수 없고, 별도로 횡령죄를 구성한다"(대판 2013. 2. 21, 2010 도 10500-전원합의체). ② "사기죄에서 피해자에게 그 대가가 지급된 경우, 피해자를 기망하여 그가 보유하고 있는 그 대가를 다시 편취하거나, 피해자로부터 그 대가를 위탁받아 보관 중 횡령하였다면, 이는 새로운 법익의 침해가 발생한 경우이므로 기존에 성립한 사기죄와는 별도의 새로운 사기죄나 횡령죄가 성립한다"(대판 2014. 11. 13, 2014 도 9576. 同旨, 대판 2009. 10. 29, 2009 도 7052).

③ 주행위는 '가벌적'일 것을 요한다.[25] 주행위가 공소시효의 완성, 소송조건의 결여, 범죄성립요건의 결여, 인적 처벌조각사유 등을 이유로 해서 처벌되지 않거나, 범죄의 증명이 없기 때문에 처벌되지 아니하는 경우에 그 사후행위는 가벌적일 수 있다.[26] 이 경우에 주행위가 불가벌이므로 결과반가치의 평가가 행해지지 않았고 따라서 사후행위에서 결과반가치의 평가가 행해진다고 하더라도 이중평가는 아니며, 사후행위에서의 결과반가치 평가는 사후행위를 가벌적인 것으로 구성한다. 주행위를 처벌하지 않음으로써 실현되지 않았던 결과반가치의 평가가 사후행위에서 실현되어 가벌성을 획득한다.[27]

그러나 다수설은[28] ㉮ 주행위가 공소시효의 완성 또는 소송조건의 결여를 이유로 해서 처벌되지 않는 경우에는 그 사후행위도 불가벌이지만, ㉯ 주행위가 범죄의 성립요건을 결하였거나 범죄의 증명이 없기 때문에 처벌되지 아니하는 때에는 사후행위만이 별도로 처벌될 수 있다고 한다. 다수설에서 ㉮와 ㉯를 구별하여 처벌여부에 차이를 두는 근거는 제시되지 않고 있다.

④ 사후행위는 이에 관여한 제3자에 대한 관계에서는 불가벌이 아닐 수 있다. 제3자 자신의 범죄성립을 검토하자면, 이 경우에 제3자에게는 주된 범죄행위가 없기 때문이다. 따라서 사후행위에만 관여한 공범은 처벌될 수 있다.

Ⅵ. 죄수취급의 기본원리

1개 또는 수개의 행위가 수개의 구성요건을 실현하여 실질상 수죄를 범한 것으로 평가되는 경우에 그 처벌을 어떻게 할 것인가에 관하여는 병과주의, 가중주의, 흡수주의라는 세 가지 기본원리 내지 입법주의가 있다.

---

25) 개정판에서 "주행위에 의하여 행위자가 처벌받았을 것을 요하지 않는다"라고 했던 요건은 견해를 변경하기로 한다. "주행위에 의하여 행위자가 처벌받았을 것을 요하지 않는다"라는 요건을 제시하는 견해로는 권오걸, 656면; 김신규, 558면; 김/서, 684면; 박상기, 494면; 배종대, 746면; 손동권, 589면; 오영근, 692면; 이재상, 528면; 정/박, 625면; 정영일, 476면.

26) 물론 사후행위가 가벌적이기 위해서는 사후행위에 대하여 공소시효가 완성되지 않는다든가 소송조건이 구비된다든가 인적 처벌조각사유가 적용되지 않는다든가 하는 요건이 별도로 충족되어야 한다.

27) 이에 관하여 상세히는 임웅, 앞의 논문, 284-5면 참조.

28) 권오걸, 659면; 김신규, 558면; 김/서, 684면; 박상기, 494면; 배종대, 748면; 성낙현, 693-4면; 손동권, 589면; 이재상, 528면; 이형국, 형법각론연구 Ⅰ, 법문사, 1997, 398면; 정/박, 625면.

1. 병과주의(併科主義)

병과주의란 먼저 각각의 범죄에 대하여 독자적으로 형을 정하고 이 형을 합하여 처벌하는 방식인데, 영미법이 채택하고 있다. 우리 형법은 실체적 경합에 있어서 "각 죄에 정한 형이 무기징역, 무기금고 외의 다른 종류의 형인 경우에는 병과한다"고 규정하여(제38조 제1항 제3호), 부분적으로 병과주의를 취하고 있다.

그런데 자유형이 가산되는 경우에는 같은 기간의 분리된 형벌보다 수형자에게 더 큰 고통을 준다는 이유로, 병과주의가 타당치 않다는 비판이 제기되고 있다.[29]

2. 가중주의

가중주의란 먼저 각각의 범죄에 대한 개별적 형벌을 확인한 다음 이들을 병과하는 것이 아니라 그 중 가장 중한 죄에 정한 형을 가중하는 방법으로 하나의 전체형을 확정하여 처벌하는 방식이다. 이 때 전체형은 각각의 형벌의 총계를 초과하지 않는 것이 원칙이다.

우리 형법은 독일형법과 같이 실체적 경합에서 각 죄에 정한 형이 사형 또는 무기징역이나 무기금고 이외의 동종의 형인 경우에 가중주의를 채택하고 있다(제38조 제1항 제2호). 스위스형법(제49조)은 상상적 경합과 실체적 경합을 모두 가중주의에 의하여 처벌하고 있다.

3. 흡수주의

흡수주의란 수죄 가운데 가장 중한 죄에 정한 형으로 처벌하고, 다른 경한 죄에 정한 형은 여기에 흡수시키는 방식을 말한다. 형법은 상상적 경합(제40조)의 경우와 실체적 경합 가운데 중한 죄에 정한 형이 사형 또는 무기징역이나 무기금고인 경우(제38조 제1항 제1호)에 흡수주의를 채택하고 있다. 흡수주의에 있어서도 경한 죄에 정한 형의 '하한'이 중한 죄에 정한 형의 하한보다 높은 경우에는 경한 죄의 하한으로 처벌하는 방식을 특히 '결합주의'라고 부르는데, 우리 형법에는 이에 관한 규정이 없지만 해석상 타당한 것으로 인정되고 있다. 오스트리아 형법(제28조 제1항)은 상상적 경합과 실체적 경합을 흡수주의의 관점에서 처벌하면서 결합주의를 규정하고 있다.

---

29) 성낙현, 686면; 이재상, 520면; 이형국, 366면.

제 2 장 일죄와 수죄

제 1 절 일 죄

여기에서 일죄라 함은 과형상 일죄가 아니라, 실질상 일죄, 단순일죄를 의미한다. 1개의 행위가 1개의 구성요건을 실현한 때가 일죄로 되는 전형적인 경우(본래적 의미의 일죄)이지만, 그 외에 단순일죄로 처리되는 것으로는 법조경합과 포괄적 일죄가 있다.

Ⅰ. 법조경합(法條競合)

1. 법조경합의 의의

법조경합(Gesetzeskonkurrenz)이란 "1개의 행위가 수개의 범죄구성요건을 실현하였으나 구성요건 상호간에 배척현상이 일어나서 하나의 구성요건만 적용되고 다른 구성요건의 적용이 배제되는 경우"를 말한다. 그런데 상상적 경합과는 달리 법조경합의 경우에는 1차적으로 적용될 구성요건이 다른 구성요건을 배제하기 때문에 외견상 법규의 경합이 발생하는 것 같이 보일 따름이지 진정한 의미에서의 경합은 아니므로 '부진정경합'이라고도 불리운다.

대법원판례를 보면, "상상적 경합은 1개의 행위가 실질적으로 수개의 구성요건을 충족하는 경우를 말하고, 법조경합은 1개의 행위가 외관상 수개의 죄의 구성요건에 해당하는 것처럼 보이나 실질적으로 1죄만을 구성하는 경우를 말한다"라고 함으로써,[1] 법조경합과 상상적 경합은 모두 '1개의' 행위가 수개의 구성요건을 실현한 것이지만, 실현된 구성요건이 '외관상' 경합함에 불과한

1) **대판 2020. 7. 9, 2019 도 17405; 2003. 4. 8, 2002 도 6033**; 2002. 7. 18, 2002 도 669; 1998. 3. 24, 97 도 2956.

경우에는 법조경합이 되고, '실질적으로' 경합하는 경우에는 상상적 경합이 된다고 하는 논지를 펴고 있다.

법조경합은 1개의 행위뿐만 아니라 '수개의' 행위가 수개의 범죄구성요건을 실현한 경우에도 발생할 수 있다는 견해가 다수설이지만,[2)][3)] 이 견해는 죄수결정의 행위를 '구성요건적 행위'로[4)] 이해하는 잘못에 어느 정도 원인이 있다고 생각한다. 전술한 바와 같이 죄수결정의 기초가 되는 행위는 '사회적·형법적 행위표준설'에 의하여 그 개수를 판단한 후에, '1개의' 행위가 수개의 구성요건을 실현한 경우에는 법조경합 또는 상상적 경합의 문제가 되고, '수개의' 행위가 수개의 구성요건을 실현한 경우에는 실체적 경합 또는 불가벌적 사후행위 및 불가벌적 사전행위의 문제가 된다고 보아야 한다.

2. 경합하는 법조(法條) 상호간의 관계

법조경합의 경우에 일정한 구성요건이 어떠한 원리에 의하여 다른 구성요건을 배척하고 우선적으로 적용될 것인가에 관하여 형법은 아무런 규정도 두고 있지 아니하며, 그 해결은 '이론'에 맡겨져 있다. 학설은 법조경합에 있어서 경합하는 법조 상호간의 관계를 특별관계, 보충관계, 흡수관계, 택일관계 등으로 나누어, 구성요건 상호간의 배제원리를 설명하고 있다.

(1) 특별관계

일정한 구성요건이 다른 기본적 구성요건의 모든 요소를 구비하고 있으면서 그 이상의 특별한 요소까지도 포함하고 있는 경우에 기본적 구성요건에 대하여 '특별관계'에 있다고 한다. 가중적 또는 감경적 구성요건은 기본적 구성요건에 대하여 특별관계에 있다. 예컨대 보통살인죄(제250조 제1항)에 대하여 존속살해죄(제250조 제2항)가, 단순절도죄(제329조)에 대하여 야간주거침입절도죄(제330조) 또는 특

2) 김신규, 553면; 김/서, 678면; 박상기, 483면; 배종대, 744면; 손동권, 584면; 안동준, 307면; 이재상, 521면; 이형국, 368면; 정영일, 470면; 진/이, 650면.

3) 독일학자들 중에서 '수개의' 행위가 수개의 구성요건에 해당하는 경우에도 법조경합의 발생을 긍정한다는 문헌인용(이재상, 526면 주 3))은 정확하지 않다. 예컨대 베셀스는, 법조경합은 '1개'의 행위가 외견상 수개의 구성요건을 실현한 경우라는 점을 여러 차례 강조하고 있으며, 주행위(主行爲)와는 다른 별개의 행위로 평가되기 때문에 법조경합에 해당하지 '않는' 동시에 독립해서 범죄로 성립되지 않는 경우를 설명하기 위하여 불가벌적 사후'행위'와 사전'행위'라는 표현을 사용한다는 점을 밝히고 있다(Wessels, AT, S. 236, 238). 불가벌적 사후행위와 사전행위는 '부진정 실체적 경합'에 속한다고 보는 것이 이해에 도움이 될 것으로 생각한다.

4) 안동준, 304면; 이재상, 519면.

수절도죄(제331조)가, 기본범죄에 대하여 결과적 가중범이, 일반형법에 대하여 특별형법(예: 특가법, 폭처법, 군형법) 등이 특별관계에 있다.

특별관계에서는 "특별법은 일반법에 우선한다"(lex specialis derogat legi generali)라는 원칙에 의하여 특별법이 적용되고 일반법의 적용은 배제된다.

(2) 보충관계

보충관계란 일정한 구성요건이 다른 구성요건의 적용이 없을 경우에 보충적으로 적용되는 관계를 말한다. 여기에는 형법이 인정하는 '명시적' 보충관계와 해석에 의하여 인정되는 '묵시적' 보충관계가 있다. 외환유치죄(제92조) 또는 여적죄(제93조)·모병이적죄(제94조)에 대하여 일반이적죄(제99조)가, 현주건조물방화죄(제164조) 또는 공용건조물방화죄(제165조)·일반건조물방화죄(제166조)에 대하여 일반물건방화죄(제167조)가 명시적 보충관계에 있다. 그리고 해석상 ① 나중의 범죄실현단계에 대하여 앞선 범죄실현단계, 즉 기수에 대하여 미수 또는 예비, 그리고 미수에 대하여 예비가 묵시적 보충관계에 있다. ② 정범에 대하여 공범이, 그리고 중한 공범형태에 대하여 경한 공범형태가 묵시적 보충관계에 있다. 즉 공동정범 또는 간접정범에 대하여 교사범과 방조범이, 그리고 교사범에 대하여 방조범이 각각 보충관계에 있다. ③ 고의범에 대하여 행위반가치와 심정반가치가 낮으며 예외적으로 처벌되는 과실범은 보충관계에 있다.

보충관계에서는 "주법(主法)은 보충법에 우선한다"(lex primaria derogat legi subsidiariae)는 원칙에 의하여 주법이 적용되고 보충법의 적용은 배제된다.

기수에 대한 미수 내지 예비의 경우를 보충관계에 있는 것으로서 특히 '불가벌적 사전행위' 내지 '경과범죄'라고 표현하는 견해가 있다.[5] 그러나 이 경우는 다음과 같이 구별하여 검토함이 타당하다. 즉 ① 일련의 행위과정이 중단없이 예비 → 미수 → 기수의 단계로 계속해서 진행되었다면 '1개의' 행위가 있은 것으로서 예비 또는 미수의 처벌규정은 독자적인 의미를 잃고 기수의 처벌규정에 대하여 '법조경합으로서의 보충관계'에 있다고 하겠지만, ② 일단 범죄의 실행에 착수하였으나 실패(장애미수)한 까닭에 며칠 후 다시 범행에 착수하여 기수에 도달한 경우처럼 미수 또는 예비단계가 '별개의 행위'로 존재하는 경우에는 법조경합이 아니라 '불가벌적 사전행위'로서 "부진정 실체적 경합"에 유사

5) 김/서, 681면; 배종대, 741면; 손해목, 1128면; 안동준, 308면; 이재상, 524면.

한 관계가 발생하는 것으로 보아야 한다.[6)7)]

(3) 흡수관계

흡수관계란 일정한 구성요건의 불법과 책임내용이 다른 구성요건의 불법과 책임을 포함하고 있으면서 특별관계나 보충관계에 해당하지 않는 경우를 말한다. 일정한 범죄행위에 일반적·전형적으로 수반되는 경한 법익침해가 다른 구성요건에 해당하는 경우에 흡수관계가 발생한다.[8)] 예컨대 살인행위나 방화행위에 전형적으로 수반되는 경한 법익침해로서의 재물손괴는 살인죄 또는 방화죄에 흡수된다. 그 외 체포·감금의 수단으로서의 폭행·협박, 사문서위조를 위한 인장위조,[9)] 음란물 제작과 음란물 소지,[10)] 자동차불법사용(제331조의 2)에 수반되는 휘발유소비도[11)] 흡수관계에 있다.

흡수관계에서는 "전부법은 부분법을 폐지한다"(lex consumens derogat legi

---

6) 주행위와 불가벌적 사전행위간의 관계가 법조경합이지만, '부진정 실체적 경합'의 형태로 나타난다는 견해로서는 박상기, 486면.

7) ②의 경우에도 1개의 행위가 있는 것으로 본 판례로는 "살해의 목적으로 동일인에게 일시·장소를 달리하여 수차에 걸쳐 단순한 예비행위를 하거나 또는 공격을 가하였으나 미수에 그치다가 드디어 그 목적을 달성한 경우에 그 예비행위 내지 공격행위가 동일한 의사발동에서 나왔고 그 사이에 범의의 갱신이 없는 한, 각 행위가 같은 일시·장소에서 행하여졌거나 또는 다른 장소에서 행하여졌거나를 막론하고 또 그 방법이 동일하거나 여부를 가릴 것 없이 그 살해의 목적을 달성할 때까지의 행위는 모두 실행행위의 일부로서, 이를 포괄적으로 보고 단순한 한 개의 살인기수죄로 처단할 것이지, 살인예비 내지 미수죄와 동 기수죄의 경합죄로 처단할 수는 없는 것"(**대판** 1965. 9. 28, 65 도 695).

8) "이른바 '불가벌적 수반행위'란 법조경합의 한 형태인 흡수관계에 속하는 것으로서, 행위자가 특정한 죄를 범하면 비록 논리필연적인 것은 아니지만 일반적·전형적으로 다른 구성요건을 충족하고, 이때 그 구성요건의 불법이나 책임의 내용이 주된 범죄에 비하여 경미하기 때문에 처벌이 별도로 고려되지 않는 경우를 말한다. 업무방해죄와 폭행죄는 그 구성요건과 보호법익을 달리하고 있고, 업무방해죄의 성립에 일반적·전형적으로 사람에 대한 폭행행위를 수반하는 것은 아니며, 폭행행위가 업무방해죄에 비하여 별도로 고려되지 않을 만큼 경미한 것이라고 할 수도 없으므로, 설령 피해자에 대한 폭행행위가 동일한 피해자에 대한 업무방해죄의 수단이 되었다고 하더라도 그러한 폭행행위가 이른바 '불가벌적 수반행위'에 해당하여 업무방해죄에 대하여 흡수관계에 있다고 볼 수는 없다"(대판 2012. 10. 11, 2012 도 1895).

9) "인장위조죄와 사문서위조죄는 흡수관계에 있다"(**대판** 1978. 9. 26, 78 도 1787).

10) "아동·청소년이용 음란물을 제작한 자가 그 음란물을 소지하게 되는 경우 '구 아동·청소년의 성보호에 관한 법률' 제11조 제5항 위반(음란물 소지)죄는 '구 아동·청소년의 성보호에 관한 법률' 제11조 제1항 위반(음란물 제작·배포 등)죄에 흡수된다고 봄이 타당하다"(대판 2021. 7. 8, 2021 도 2993).

11) "판결요지: 불법영득의 의사없이 타인의 자동차를 일시사용한 경우, 이에 따른 유류소비행위는 위 자동차의 일시사용에 필연적으로 부수되어 생긴 결과로서, 절도죄를 구성하지 않는 위 자동차의 일시사용행위에 포함된 것이라 할 것이므로, 자동차 자체의 일시사용과 독립하여 별개의 절도죄를 구성하지 않는다"(**대판** 1985. 3. 26, 84 도 1613).

consumtae)는 원칙에 의하여 전부법(흡수법)만 적용되고 부분법(피흡수법)은 배제된다.

그런데 피흡수법에 해당하는 경미한 법익침해를 '불가벌적 수반행위'라고 표현하면서, 이와 더불어 '불가벌적 사후행위'도 피흡수법으로 보는 견해가 있다(다수설).[12] 그러나 법조경합은 어디까지나 '1개'의 행위가 둘 이상의 구성요건에 해당하는 경우에 발생한다고 보아야 하므로, 불가벌적 수반'행위'라는 표현을 사용함으로써 본행위(本行爲) 이외에 또 하나의 별개의 행위가 있다는 것을 전제로 하는 것은 사고의 혼란을 초래할 뿐이라고 생각한다. 수반되는 법익침해는 불가벌적 수반'행위'라기보다는 불가벌적 수반'현상'이라고 표현하는 것이 적절하다고 본다. 그리고 불가벌적 사후행위에 있어서는 전술한 바와 같이 주행위 이외에 별도로 사후행위의 존재만큼은 인정하는 것이므로 법조경합으로 설명하는 것보다는 주행위와 사후행위 사이에 '부진정 실체적 경합'에 유사한 관계가 발생하는 것으로 이해함이 타당하다.

(4) 택일관계

1개의 행위가 둘 이상의 구성요건에 해당할 때, 경합하는 구성요건 상호간에 선후(先後)나 우열(優劣)이 없으므로 그 중 어떠한 구성요건을 적용하더라도 무방하지만 둘 이상의 구성요건을 모두 적용할 수는 없는 경우에 택일관계가 발생한다. 예컨대 고의로 에이즈를 감염시킨 행위는 ① 생명에 대한 위험을 발생시킨 중상해행위(제258조 제1항)가 될 수 있으면서 동시에 ② 불치나 난치의 질병에 이르게 한 중상해행위(동조 제2항)가 될 수도 있는데, 이 경우에 두 구성요건은 양립하는 것이 아니고 택일적으로 적용될 수 있는 관계에 놓여 있다. 그리고 동일한 행위에 업무상과실과 중과실이 경합하는 경우에 두 종류의 과실은 서로 택일관계에 있다고 판단된다.

과거에 택일관계의 예로서 제시되었던 절도죄와 횡령죄의 관계, 강도죄와 공갈죄의 관계는 적절한 예시가 아니라고 평가되며, 절도죄와 횡령죄는 각각 독립된 별개의 구성요건으로서 처음부터 법규의 정확한 적용을 필요로 하는 관계이고, 강도죄와 공갈죄는 폭행·협박의 강도(强度)차이에 기한 특별관계에 있다고 본다.

---

12) 권오걸, 654면; 김성돈, 697면 이하; 김/서, 682면 이하; 박상기, 486면; 배종대, 746면; 손해목, 1129면; 안동준, 309면; 이재상, 524면; 이형국, 367면; 정/박, 621면; 진/이, 654면.

종래에는 학설상 택일관계가 법조경합에 포함되었으나 최근에는 제외되는 경향이 지배적인 것으로 보인다.[13] 그러나 상술한 예에 비추어 택일관계를 인정할 실익이 있다고 하겠다.[14]

3. 법조경합의 취급

법조경합에서 적용이 배제되는 구성요건은 당연히 형사처벌의 근거로 될 수 없다. 따라서 적용이 배제된 법률은 판결주문에서는 물론 판결이유에서도 기재될 필요가 없다. 이 점은 상상적 경합에서 경한 범죄에 대한 판단이 판결이유에 명시되어야 하는 것과 다르다.

법조경합에 있어서 적용되는 구성요건에 해당하는 사실을 인식하지 못하고 적용이 배제되는 구성요건에 해당하는 사실만을 인식하고 가담한 공범은 후자의 범죄에 대한 공범으로 성립할 수 있다.

Ⅱ. 포괄적 일죄

1. 포괄적 일죄의 의의

포괄적 일죄란 '사회적 · 형법적 행위표준설'에 의하여 '수개의 행위'가 존재한다고 하더라도, 이 수개의 행위가 포괄적으로 '1개의 구성요건을 실현'한 것으로 평가됨으로써 일죄가 성립하는 경우를 말한다.[15] 포괄적 일죄에 해당하는 범죄로는 다음과 같은 것들이 있다.

2. 협의의 포괄적 일죄

1개의 구성요건이 2개 이상의 행위태양을 선택적으로 "허용"하고 있는 '협

---

13) 택일관계를 법조경합에서 제외하는 학자로서는 김성돈, 700면; 김/김, 643면; 김/서, 685면; 박상기, 485면; 배종대, 748면; 손동권, 589면; 손해목, 1132면; 이재상, 522면; 이형국, 370면; 정/박, 616면; 정영일, 472면; 진/이, 651면.

14) 택일관계를 인정하는 학자로서는 권오걸, 661면; 신동운, 729면; 오영근, 697면; 이경렬, "죄수결정기준과 법조경합의 본질", 형사법연구, 제22호, 한국형사법학회, 2004. 12, 107면.

15) 대법원은 다음과 같이 포괄적 일죄를 설명한다. "포괄 1죄는 수개의 행위가 포괄적으로 한 개의 구성요건에 해당하여 단순히 하나의 죄를 구성하는 것으로, 수개의 행위가 결합하여 하나의 범죄를 구성하든가 수개의 동종의 행위가 동일한 의사에 의하여 반복되든가 또는 하나의 동일한 법익에 대하여 수개의 행위가 불가분적으로 접속 · 연속하여 행하여지는 것이므로, 그 어떠한 경우임을 막론하고 구성요건에 해당하는 수개의 행위가 근원적으로 동종의 행위로서 그 구성요건을 같이함을 전제로 하는 것이다"(**대판** 1985. 9. 24, 85 **도** 1686).

의의 포괄적 일죄'에 있어서, 2개 이상의 행위태양을 '함께' 범하였다고 하더라도 포괄적으로 1개의 범죄만이 성립한다. 체포 · 감금죄(제276조)에 있어서 체포 또는 감금, 미성년자약취 · 유인죄(제287조)에 있어서 약취 또는 유인, 강간죄(제297조)와 강도죄(제333조)에 있어서 폭행 또는 협박, 수뢰죄(제129조)에 있어서 뇌물의 수수 · 요구 또는 약속, 장물죄(제362조)에 있어서 장물의 취득 · 양도 · 운반 · 보관 또는 알선, 예비 · 음모죄(제28조, 제255조 등)에 있어서 예비 또는 음모라고 하는 다수의 행위태양이 협의의 포괄적 일죄에 속한다.

3. 연속범과 접속범

(1) 연속범의 의의

'연속범'(連續犯)이란 "계속 범행할 의사를 가지고 동일한 법익에 대하여 일정한 기간 동안 동종의 범행방법으로 반복해서 행해진 수개의 행위가 있을 때, 이 수개의 행위를 포괄해서 1개의 범죄로 취급하는 경우"를 말한다. 예컨대 담당공무원 甲이 직무와 관련하여 관할 유흥업소의 업주 乙로부터 매달 20일에 30만원씩을 정기적으로 6차례 상납받았다면, 6개의 수뢰행위가 포괄하여 1개의 수뢰죄로 취급된다.

구형법은 "연속한 수개의 행위로서 동일한 죄명(罪名)에 해당하는 때에는 일죄로서 이를 처단한다"라고 하는 연속범에 관한 규정(제55조)을 두고 있었으나,[16] 현행형법은 연속범에 관한 규정을 두고 있지 않다. 대법원은 "단일하고도 계속된 범의 아래 동종의 범행을 일정기간 반복하여 행하고 그 피해법익도 동일한 경우에는 각 범행을 통틀어 포괄일죄로 볼 것"이라고 하는데,[17] 이 내용은 바로 연속범의 성립요건을 제시하면서 포괄일죄로서의 취급을 긍정하는 판례의 입장을 밝힌 것이다.

(2) 포괄일죄로서의 연속범의 인정 여부

학계에서는 포괄일죄로서의 연속범을 인정하는 것이 다수설이다.[18] 그런데

---

16) 일본에서는 1947년의 개정으로 연속범규정(제55조)이 형법에서 삭제되었다.

17) 대판 2000. 1. 21, 99 도 4940; 1998. 2. 10, 97 도 2836; 1997. 12. 26, 97 도 2609; 1990. 9. 25, 90 도 1588 등. 포괄일죄와 실체적 경합범의 구별 기준에 관하여는 대판 2018. 11. 29, 2018 도 10779 참조.

18) 김/김, 645면; 김/서, 691면; 박상기, 481면; 배종대, 751면; 성낙현, 699면; 손동권, 593면; 손해목, 1135면; 오영근, 704면; 이재상, 532면; 이형국, 371면; 조준현, 438면; 진/이, 662면.

요즈음은 독일판례와[19] 독일형법학의 영향을 받아 포괄일죄로서의 연속범을 부정하고, 개개의 연속행위가 각각 독립적인 범죄를 구성한다고 보아 결국 다수의 연속행위는 실질상 수죄로 평가되어 실체적 경합범(제37-39조)으로 처벌해야 한다는 견해(이하 연속범부정설이라고 칭함)가 등장하고 있다.[20]

연속범부정설은 우리나라의 법현실과 독일의 논의배경간의 차이점을 인식하지 못하고 독일이론을 무분별하게 도입하는 태도로서 잘못된 주장이라고 생각한다. 먼저 연속범의 '범죄학적 특성'을 이해할 필요가 있다. 연속범은 여러 차례 반복된 범행으로 인하여 범인의 상습성이 징표됨으로써 연속범인 동시에 '상습범'으로 평가될 수 있음이 일반적이고,[21] 더 나아가서 과거에 유죄판결을 받은 전력이 있다면 '상습누범'(常習累犯)으로 분류될 수 있는 범죄군(犯罪群)에 속한다. 그런데 독일은 형법개정을 통하여 범죄예방과 책임주의의 관점에서 상습범가중처벌규정을 폐지하였다.[22] 종래 상습범가중처벌규정이 존재하는 경우에는 연속범을 포괄일죄로 취급한다고 하더라도 상습성을 인정하여 상습범가중처벌규정을 적용함으로써 무거운 처벌이 가능하였었다. 그러나 상습범가중처벌규정이 폐지된 이후에도 다수의 범행을 저지른 연속범을 여전히 포괄일죄로 취급하는 것은 단 1개의 범행으로 인하여 1죄로 처벌되는 경우(단일범)와 비교하자면 법감정상 '처벌의 불균형'으로 받아들여질 수밖에 없을 것이고, 형사정책적 우려도 자아낼 것이다.[23] 그러한 까닭에 독일에서는 연속범을 실체적 경합범으로 취급하여 단일범에 비하여 좀 더 무겁게 처벌할 수 있는 길을 열어놓자는 견해가 큰 설득력을 가지게 된다.

그러나 우리나라의 법현실은 독일의 경우와는 너무 다르다. 형법각칙상 상습범가중처벌규정이 존재할 뿐만 아니라 특별형법에서 규정하고 있는 상습범

19) 독일연방법원 형사대법정은 1994년 5월 3일의 결정(Beschluß vom 3. 5. 1994. BGH St. 40/138)에서 종래 인정되어 오던 연속범이라는 법형상(法形象)을 포기하였다(NJW 1994, S. 1663 참조). 기타 연속범을 부정한 판결로는 BGH St. 40/195, 41/113, 41/292 등.

20) 포괄일죄로서의 연속범을 부정하는 견해로는 권오걸, 667면 이하; 김성돈, "연속범의 죄수", 형사정책연구, 제8권 제1호, 1997. 봄, 187면 이하; 박광민, "연속범이론의 재검토", 형사법연구, 제13호, 한국형사법학회, 2000. 6, 144면; 신동운, 739면; 안동준, 313면; 이정원, 504면.

21) Schönke/Schröder/Stree, StGB, Rn. 98-99 Vor §52.

22) 독일은 1998년 1월 26일의 제6차 형법개정법률에 의하여 형법 제292조 제3항 밀렵행위에 있어서의 상습범가중처벌규정과 제293조 제3항 밀어획행위에 있어서의 상습범가중처벌규정을 삭제함으로써, 형법전에서 상습범가중처벌규정을 찾아볼 수 없게 되었다.

23) 연속범을 포괄일죄로 처벌하는 것은 '기판력'의 측면에서도 행위자에게 유리하다.

가중처벌은 가혹할 만큼 엄벌주의로 일관하고 있다. 그리고 형법상 누범가중처벌규정(제35조)도 존재할 뿐만 아니라, 상습범가중・누범가중・경합범가중이 순차적으로 누적될 수 있다(제56조). 우리나라의 이러한 법현실을 깨닫지 못하고 연속범을 실체적 경합범으로 처벌하자는 탁상이론은 과잉처벌금지원칙과는 너무나 거리가 멀다. 사물의 본성론에 비추어 보더라도, 예컨대 재산범죄나 수뢰범죄인 연속범에 있어서 2천만원이라는 금액을 한번에 취득하든지 또는 여러 차례 쪼개어 취득하든지 간에 죄수상의 평가로는 양자 모두 1죄로 취급하는 것이 지당하다고 본다.[24] 요컨대 다음과 같은 성립요건이 갖추어진 연속범은 포괄일죄로 취급함이 타당하다.

(3) 연속범의 성립요건

(가) 객관적 요건 연속범으로 인정되기 위해서는 연속으로 행해진 수개의 행위 사이에 객관적 사정의 동종성이 있어야 한다. 즉 ① 다수의 연속행위에 있어서 침해 내지 위태화되는 법익이 동일할 것(침해법익의 동일성). 그러나 고도의 인격적 법익(예컨대 생명, 신체, 성적 자기결정권 등)을 침해한 때에는 연속적으로 행해진 개개의 행위에 있어서 법익의 주체가 서로 다른 한(즉 피해자가 서로 다른 한), 그 법익주체의 수만큼 범죄의 수가 존재한다.[25][26] ② 다수의 연속행위가 동종의 범행방법으로 행해질 것(범행방법의 동종성). 이 때 다수의 범행은 동일한 구성요건에 해당하는 경우뿐만 아니라 기본적 구성요

24) 특가법에서 범행의 '액수'에 따라 가중처벌하는 경우－예컨대 뇌물액수에 따른 가중처벌은 제2조, 조세포탈액수에 따른 가중처벌은 제8조 등－에 법의 취지에 비추어 그 액수는 범죄를 구성하는 개개의 연속행위로 인한 액수를 '합산'한 액수로 보아야 할 것인데, 이러한 해석은 다수의 연속행위를 포괄일죄로 취급하는 경우에 가능하다. 참조판례로는 "같은 직할시세 또는 같은 구세 중에서 구체적인 세목을 달리하거나, 수개의 행위 도중에 공범자에 변동이 있고 때로는 단독범인 경우도 있다 하더라도, 그것이 단일하고 계속된 범의하에 행하여진 것이라면, 별개의 죄가 되는 것이 아니라 포괄일죄가 된다 할 것이므로, 같은 취지에서 피고인 안○휘가 횡령한 직할시세의 합계가 50억원 이상이 된다 하여, 이 점에 대하여 특정경제범죄가중처벌 등에 관한 법률 제3조 제1항 제1호를 적용한 원심의 조처는 정당"(**대판** 1995. 9. 5, 95 **도** 1269).

25) Schönke/Schröder/Stree, StGB, Rn. 43/44 Vor §52; Wessels, AT, S. 233.

26) 대법원은 재산범죄인 사기죄의 경우에도 피해자(침해된 법익의 주체)가 다르면 피해자별로 수개의 사기죄가 성립한다는 입장이다. "사기죄에 있어서 수인의 피해자에 대하여 각별로 기망행위를 하여 각각 재물을 편취한 경우, 그 범의가 단일하고 범행방법이 동일하다고 하더라도 포괄1죄가 되는 것이 아니라, 피해자별로 1개씩의 죄가 성립하는 것으로 보아야 할 것"(**대판** 1995. 8. 22, 95 **도** 594. 同旨, **대판** 2003. 4. 8, 2003 **도** 382). 다만, 피해자가 수인이라도 침해된 법익의 주체가 동일한 사정(예를 들면, 부부가 피해자인 경우 부부공동명의의 재산)이 있으면 사기죄의 포괄일죄가 성립할 수 있다는 판례로는 대판 2023. 12. 21, 2023 도 13514.

건과 가중적 구성요건의 관계 또는 미수와 기수의 관계에 있는 경우에도 가능하다. 이 경우의 처벌은 다수의 행위를 포괄하여 가중적 구성요건에 해당하는 범죄 또는 기수범의 일죄로서 처단한다. ③ 다수의 연속행위가 '시간적 계속성'을 가지고 행해질 것. 장소적 계속성은 불필요하다고 본다.[27]

(나) 주관적 요건　연속으로 행해진 수개의 행위는 연속범행의 고의에 의하여 행해져야 한다. 이 때 "연속범행의 고의"(Fortsetzungsvorsatz)란 후속의 범행결의가 선행한 범행결의의 계속으로 간주되어 그 개개의 결의 사이에 연속적인 심리적 흐름이 존재함을 의미하거나, 동일한 기회 또는 상황을 동종으로 이용하려는 의사를 의미한다.[28]

연속범행의 고의에 대하여 이른바 "전체고의"(Gesamtvorsatz)를 내세우는 견해도 있다.[29] 전체고의란 행위자가 실행의 착수시점에서부터 범행의 시간·장소·방법 등을 전체적으로 인식하고 이를 단계적으로 실현하겠다는 고의로서, 연속범행의 고의보다는 성립범위가 좁다고 하겠다.

(4) 연속범에 관한 판례

연속범의 법리에 따라, 예컨대 상대방에게 동일한 협박사유로 수차례 공갈을 해서 여러번 금품을 교부받았다고 하더라도 전체적으로 보아 1개의 공갈죄만을 구성한다고 보아야 하고, 일률적으로 실체적 경합을 인정하는 것은 부당하다고 하겠다. 상술한 연속범의 요건이 갖추어졌다고 판단되는 경우에, 대법원은 포괄적 일죄의 성립을 긍정하기도 하고,[30] 이를 부정하면서 실체적 경합범으로 처벌하기도 한다.[31][32] 대법원이 포괄일죄로서의 연속범성립을 긍정

---

27) 장소적 계속성이 필요하다는 견해로서는 손해목, 1136면; 안동준, 314면; 이재상, 534면; 이형국, 372면; 정/박, 633면. 시간적·장소적 밀접성이 결여된 경우에도 연속범의 성립을 인정하는 견해는 박상기, 480면.

28) Maurach/Zipf, AT, 2. Bd., S. 424 f.; Schönke/Schröder/Stree, StGB, Rn. 52 Vor §52; Welzel, Das Deutsche Strafrecht, S. 229.

29) Dreher/Tröndle, StGB, Rn. 28 Vor §52; Jescheck, AT, S. 649; Wessels, AT, S. 231.

30) 수뢰행위의 경우에 포괄일죄를 긍정한 판례로서는 "공무원인 이 사건 피고인들이 1987. 7. 15.부터 1988. 12. 28.까지 사이에 전후 17회에 걸쳐 정기적으로 동일한 납품업자로부터 신속한 검수, 검수과정에서의 함량미달 등 하자를 눈감아달라는 청탁명목으로 계속하여 금원을 교부받아 그 직무에 관하여 뇌물을 수수한 것이라면, 공무원이 직무에 관하여 뇌물을 수수한다는 단일한 범의 아래 계속하여 일정기간 동종행위를 반복한 것이 분명하므로, 뇌물수수의 포괄일죄로 보아 특정범죄가중처벌등에 관한 법률에 의율하여야 한다"(**대판 1990. 9. 25, 90 도 1588.** 同旨, 대판 2000. 1. 21, 99 도 4940; 1999. 1. 29, 98 도 3584; 1990. 10. 20, 90 도 1580). 사기의 경우에 대판 2002. 7. 12, 2002 도 2029; 1988. 9. 6, 87 도 1166. 세금횡령의 경우에 대판 1995. 9. 5, 95 도 1269. 업무상횡령의 경우에 대판 1993. 10. 12, 93 도 1512; 1985. 8. 13, 85 도 1275.

한 죄명은 수뢰죄, 업무상횡령죄 등 대체로 white-collar범죄에 속하고, 포괄일죄로서의 연속범성립을 부정한 죄명은 강간죄, 구법상의 혼인빙자간음죄 등 대체로 파렴치범에 속한다는 점은 법사회학적 비판을 받을 소지가 있다.

(5) 접속범

'접속범'(接續犯)이란 시간적·장소적으로 서로 '극히 근접한' 조건하에서 수개의 동종의 행위가 동일한 법익을 침해한 경우에 포괄일죄로 평가되는 범죄를 말한다. 이는 연속범에 있어서 다수의 연속적 행위 사이의 밀접도가 훨씬 강한 경우에 해당하는 것으로 보아, 연속범 속에 해소시켜 처리하는 것이 타당하다고 생각한다. 접속범의 예로는 절도범이 하룻밤 사이에 같은 창고의 물품을 수차례에 걸쳐 반출해 간 경우를 들 수 있다.[33]

4. 집 합 범

구성요건의 내용상 다수의 동종의 행위가 동일한 의사적 경향에 기하여

---

31) 연속범의 요건이 갖추어졌다고 판단되는 형사사건에서 포괄일죄의 성립을 부인하고 실체적 경합으로 본 판례로서는 "피해자를 1회 강간하여 상처를 입게 한 후 약 1시간 후에 장소를 옮겨 같은 피해자를 다시 1회 강간한 행위는 그 범행시간과 장소를 달리하고 있을 뿐만 아니라 각 별개의 범의(犯意)에서 이루어진 행위로서 형법 제37조 전단의 실체적 경합범에 해당한다"(**대판 1987. 5. 12, 87 도 694**). 혼인빙자간음행위에서 포괄일죄를 부정한 대판 1986. 12. 9, 86 도 1168. '성매매알선 등 행위의 처벌에 관한 법률'을 위반한 성매매장소제공행위에 있어서 포괄일죄가 아니라 실체적 경합범이 성립한다는 대판 2020. 5. 14, 2020 도 1355.

32) 대법원은 도로교통법상의 무면허운전죄의 경우 운전한 날을 기준으로 죄수를 판단하면서 여러 날 무면허 운전을 한 경우에는 도로교통법 위반의 수죄가 성립하지만, 같은 날 무면허운전 행위를 수회 반복하였다면 특별한 사정이 없는 한 포괄일죄가 성립한다고 한다. "무면허운전으로 인한 도로교통법 위반죄에 관해서는 어느 날에 운전을 시작하여 다음 날까지 동일한 기회에 일련의 과정에서 계속 운전을 한 경우 등 특별한 경우를 제외하고는 사회통념상 운전한 날을 기준으로 운전한 날마다 1개의 운전행위가 있다고 보는 것이 상당하므로 운전한 날마다 무면허운전으로 인한 도로교통법 위반의 1죄가 성립한다고 보아야 한다. 한편 같은 날 무면허운전 행위를 여러 차례 반복한 경우라도 그 범의의 단일성 내지 계속성이 인정되지 않거나 범행 방법 등이 동일하지 않은 경우 각 무면허운전 범행은 실체적 경합 관계에 있다고 볼 수 있으나, 그와 같은 특별한 사정이 없다면 각 무면허운전 행위는 동일 죄명에 해당하는 수 개의 동종 행위가 동일한 의사에 의하여 반복되거나 접속·연속하여 행하여진 것으로 봄이 상당하고 그로 인한 피해법익도 동일한 이상, 각 무면허운전 행위를 통틀어 포괄일죄로 처단하여야 한다"(대판 2022. 10. 27, 2022 도 8806).

33) 관세법위반사건으로서 다음과 같은 판례는 강학상 접속범에 해당한다. "적어도 한날(1日)에 이루어진 수회의 반출행위만큼은 특별한 사정이 없는 한 단일하고 계속된 범의 아래 이루어진 것으로서 포괄하여 1죄를 구성한다고 보아야 할 것이다. 그럼에도 불구하고 원심이 한날에 이루어진 수회의 범행까지도 각 반출행위별로 쪼개어 실체적 경합범이라고 판단한 것은 잘못"(**대판 1984. 6. 26, 84 도 782**).

반복되는 것이 당연히 예상되어 있는 '**집합범**'(Kollektivdelikt, Sammelstraftat)에 있어서, 그 다수의 행위는 집합하여 형법상 1개의 범죄로 성립한다.[34] 집합범에는 행위자가 반복된 행위로써 수입원을 삼는 '영업범'과 행위자의 반복적 습벽에 기하여 행해지는 '상습범' 및 범행의 반복이 직업적 활동으로서 행해지는 '직업범' 등이 있다. 영업적 음란물판매죄(제243조), 상습도박죄(제246조 제2항), 무면허 의료행위(의료법 제27조 및 제87조의2)가 각각 영업범, 상습범, 직업범의 예가 된다.

판례도 집합범을 포괄적 일죄로 본다.[35] 학설로는 상습범의 죄수를 포괄일죄로 보는 견해[36]와 수죄로 보는 견해[37]가 대립한다.

5. 결합범과 계속범의 경우

다수설은 결합범과 계속범을 포괄적 일죄에 속하는 것으로 본다.[38] 그러나 '사회적 · 형법적 행위표준설'에 의하면, 결합범에 있어서는 폭행행위와 재물강취행위가 결합하여 1개의 강도행위가 되는 것처럼 두 개 이상의 행위가 결합하여 형법상 '1개의' 행위로 되고, 계속범에 있어서는 피해자를 감금한 후 다른

---

34) Dreher/Tröndle, StGB, Rn. 42 Vor §52.

35) '상습범'을 포괄일죄로 본 판례로는 "이 사건 공소사실에 의하면 피고인이 1974. 9. 5. 03:00부터 1974. 9. 26. 22:00까지 행한 3번의 특수절도사실, 2번의 동 미수사실, 1번의 야간주거침입절도사실, 1번의 절도사실들을 상습특수절도, 상습특수절도미수, 상습야간주거침입절도, 상습절도의 4가지 행위로 보고 이 네 가지 행위의 사이에는 실질적 경합범 관계가 있다고 되어 있고, 원심 또한 검사의 이와 같은 견해에 찬동하고 공소를 제기한 대로 받아들여서 판결하고 있다. 그러나 위에서 본 7가지의 사실이 상습적으로 반복된 것으로 볼 수 있다면, 이러한 경우에는 그 중 법정형이 가장 중한 상습특수절도의 죄에 나머지의 행위를 포괄시켜 하나의 죄만이 성립된다고 보는 것이 상당하다"라고 한 것(**대판 1975. 5. 27, 75 도 1184**)과 "유죄판결을 선고받고 그 판결이 확정된 바 있는 사기죄의 범죄사실과 그 확정판결 이전에 이루어진 사기죄의 범죄사실이 다 같이 피고인의 사기습벽에서 이루어진 것이라면, 이미 확정판결을 받은 위 사기죄의 범죄사실과 위 판결 전 사기죄의 공소사실은 실체법상 포괄일죄인 상습사기죄의 관계에 있다"라고 한 것(**대판 2000. 2. 11, 99 도 4797**. 同旨, 대판 2004. 9. 16, 2001 도 3206 - 전원합의체; 1999. 11. 26, 99 도 3929; 1983. 10. 11, 82 도 402)이 있다. '영업범(의료법상 무면허의료행위는 직업범이지만, 이로써 수입원으로 삼아 종국적으로 보건범죄단속법 위반행위가 되면 영업범으로 볼 수 있음 - 저자 註)'을 포괄일죄로 본 판례로는 "무면허 의료행위는 그 범죄의 구성요건의 성질상 동범행의 반복이 예상되는 것이므로 반복된 수개의 행위는 포괄적으로 한 개의 범죄로 처단되는 것"(**대판 1984. 2. 28, 83 도 3313**. 同旨, 대판 2001. 8. 21, 2001 도 3312; 1980. 8. 26, 80 도 47).

36) 김성돈, 713면; 김신규, 568면; 김/서, 694면; 배종대, 756면; 손동권, 596면; 신동운, 723면; 오영근, 703면; 정/박, 629면; 정영일, 484면.

37) 권오걸, 671면; 박상기, 482면; 성낙현, 704면; 안동준, 317면; 이재상, 537면.

38) 김/서, 688-9면; 박상기, 478-9면; 배종대, 749면; 손해목, 1132-3면; 안동준, 312면; 오영근, 699-700면; 이재상, 530면; 이형국, 371면; 정/박, 627면; 진/이, 660면.

장소로 이동하여 재차 감금하더라도 이 모든 행위는 감금행위가 종료하기까지 형법상 1개의 감금행위로 평가되는 것처럼 법익침해를 야기하고 유지하는 일련의 행위가 '1개의' 행위로 평가되므로, '수개의' 행위가 1개의 범죄로 성립하는 포괄적 일죄와는 성격이 다른 것으로 본다.

6. 포괄적 일죄의 취급

포괄적 일죄는 실질상 일죄일 뿐만 아니라 소송법상으로도 일죄로 취급된다. 구성요건을 달리하는 행위 사이의 포괄적 일죄는 중한 죄, 즉 가중적 구성요건에 해당하는 범죄나 기수의 죄 하나만이 성립한다. 포괄적 일죄는 실질상 일죄이므로 행위의 진행중에 형의 변경이 있으면 최후의 행위시법을 적용한다.[39] 그리고 포괄적 일죄의 부분행위에 대한 공범의 성립도 가능하다.

포괄적 일죄는 소송법상으로도 일죄이므로 포괄적 일죄의 부분행위에 대한 공소제기의 효력과 기판력은 사실심리의 가능성이 있는 항소심판결선고시까지 범해진 다른 부분행위에 대해서도 인정되며, 만일 확정판결이 있은 후 포괄적 일죄의 다른 부분행위에 대하여 별개의 공소가 제기되면 면소판결을 해야 한다.[40][41] 다만 포괄일죄인 '영업범'인 경우에 추가로 발견된 확정판결

---

39) 대판 2022. 9. 16, 2019 도 19067.

40) 대판 1983. 12. 13, 83 도 2609; 1983. 4. 26, 82 도 2829.

41) "상습성을 갖춘 자가 여러 개의 죄를 반복하여 저지른 경우에는 각 죄를 별죄로 보아 경합범으로 처단할 것이 아니라 그 모두를 포괄하여 상습범이라고 하는 하나의 죄로 처단하는 것이 상습범의 본질 또는 상습범 가중처벌규정의 입법취지에 부합한다는 점은 일찍부터 대법원이 견지하여 온 견해이다. 상습범으로서 포괄적 일죄의 관계에 있는 여러 개의 범죄사실 중 일부에 대하여 유죄판결이 확정된 경우에, 그 확정판결의 사실심판결 선고 전에 저질러진 나머지 범죄에 대하여 새로이 공소가 제기되었다면 그 새로운 공소는 확정판결이 있었던 사건과 동일한 사건에 대하여 다시 제기된 데 해당하므로 이에 대하여는 판결로써 면소의 선고를 하여야 하는 것인바(형사소송법 제326조 제1호), 다만 이러한 법리가 적용되기 위해서는 전의 확정판결에서 당해 피고인이 상습범으로 기소되어 처단되었을 것을 필요로 하는 것이고, 상습범 아닌 기본 구성요건의 범죄로 처단되는 데 그친 경우에는, 가사 뒤에 기소된 사건에서 비로소 드러났거나 새로 저질러진 범죄사실과 전의 판결에서 이미 유죄로 확정된 범죄사실 등을 종합하여 비로소 그 모두가 상습범으로서의 포괄적 일죄에 해당하는 것으로 판단된다 하더라도 뒤늦게 앞서의 확정판결을 상습범의 일부에 대한 확정판결이라고 보아 그 기판력이 그 사실심판결 선고 전의 나머지 범죄에 미친다고 보아서는 아니된다. …그러므로 과거에 이와 다르게, 상습범으로서 포괄일죄 관계에 있는 죄 중 일부에 대하여 유죄의 확정판결이 있고, 그 나머지 부분 즉 확정판결의 사실심선고 전에 저질러진 범행이 나중에 기소된 경우에, 그 확정판결의 죄명이 상습범이었는지 여부를 고려하지 아니하고, 단지 확정판결이 있었던 죄와 새로 기소된 죄 사이에 상습범인 관계가 인정된다는 이유만으로 확정판결의 기판력이 새로 기소된 죄에 미친다고 판시하였던 대법원의 판결들(대법원 1978. 2. 14. 선고 77도3564 전원합의체판결, 대법원 2002. 10. 25. 선고 2002도1736 판

후의 범죄사실은 공소제기된 범죄사실과 분단되어 동일성이 없는 별개의 범죄가 된다고 한 대법원판결이 있다.[42]

제2절 수 죄

실질상 수죄에는 상상적 경합과 실체적 경합이 있다.

Ⅰ. 상상적 경합

1. 상상적 경합의 의의

「상상적 경합」(Idealkonkurrenz) 또는 「관념적 경합」은 "한 개의 행위가 둘 이상의 서로 다른 구성요건을 실현하거나 동일한 구성요건을 2회 이상 실현하는 경우"에 성립한다. 형법 제40조는 상상적 경합을 "한 개의 행위가 여러 개의 죄에 해당하는 경우"라고 표현하고 있으며, 이 때 "가장 무거운 죄에 대하여 정한 형으로 처벌한다."

한 개의 행위가 서로 다른 두 개의 구성요건을 실현하는 경우(다른 종류의 상상적 경합)로서는 공무집행을 방해할 의사로 공무집행중인 공무원을 상해함으로써 공무집행방해죄(제136조 제1항)와 상해죄(제257조 제1항)의 상상적 경합이 발생하는 예를 들 수 있고, 한 개의 행위가 동일한 구성요건을 2회 실현하는 경우(같은 종류의 상상적 경합)로서는 한 개의 폭탄투척행위로써 2인을 살해한 예를 들 수 있다.

상상적 경합은 행위가 1개라는 점에서 '법조경합'과 공통되지만, 전자는 실

결 등 다수)은 이 판결의 견해와 어긋나는 범위 내에서 이를 모두 변경하기로 한다"(**대판 2004. 9. 16, 2001 도 3206**－전원합의체).

42) "판결요지: 포괄일죄인 영업범에서 공소제기의 효력은 공소가 제기된 범죄사실과 동일성이 인정되는 범죄사실의 전체에 미치므로, 공판심리 중에 그 범죄사실과 동일성이 인정되는 범죄사실이 추가로 발견된 경우에 검사는 공소장변경절차에 의하여 그 범죄사실을 공소사실로 추가할 수 있다. 그러나 공소제기된 범죄사실과 추가로 발견된 범죄사실 사이에 그 범죄사실들과 동일성이 인정되는 또 다른 범죄사실에 대한 유죄의 확정판결이 있는 때에는, 추가로 발견된 확정판결 후의 범죄사실은 공소제기된 범죄사실과 분단되어 동일성이 없는 별개의 범죄가 된다. 따라서 이때 검사는 공소장변경절차에 의하여 확정판결 후의 범죄사실을 공소사실로 추가할 수는 없고 별개의 독립된 범죄로 공소를 제기하여야 한다"(대판 2017. 4. 28, 2016 도 21342).

현된 구성요건들이 모두 적용되는 '진정경합'임에 반하여 후자는 외견상 실현된 것 같이 보이는 구성요건들 사이에 처음부터 배척현상이 일어나서 결국 1개의 구성요건만이 적용되는 '부진정경합'인 점에서 차이가 난다.

한편 '실체적 경합'(제37조)은 2개 이상의 행위가 2개 이상의 구성요건을 실현한 경우에 성립한다는 점에서 1개의 행위를 전제로 하는 상상적 경합과 구별된다. 그러므로 죄수론에서 행위의 개수, 즉 행위의 단복(單複)을 어떻게 결정할 것인가 하는 근본문제는 상상적 경합과 실체적 경합을 구별하는 요체가 된다는 것을 알 수 있다.

2. 상상적 경합의 본질

상상적 경합의 본질과 관련해서는 상상적 경합을 일죄로 파악할 것인가 혹은 2개 이상의 죄, 즉 수죄로 파악할 것인가 하는 대립이 있다.

'일죄설'은[43] 상상적 경합이 1개의 행위를 전제로 한다는 점을 중시하여 실질상 일죄라는 견해이고, '수죄설'은[44] 수개의 구성요건을 실현한다는 점을 중시하여 실질상 수죄로 파악하는 견해이다. 따라서 상상적 경합의 본질은, 일죄설에 의하면 실질상 일죄이면서 '과형상'으로도 일죄인 데 반하여, 수죄설에 의하면 실질상 수죄이지만 과형상 일죄로 취급하는 것이 된다. 상상적 경합은 비록 1개의 행위를 전제로 하지만 그 행위에 대한 법적 평가가 복수이므로 실질상 수죄로 파악하는 것이 타당하다고 본다(통설).

상상적 경합이 일죄인가 수죄인가 하는 학설대립은 실제적인 의의가 없다는 주장도 있으나,[45] 실질상 일죄인 법조경합과의 구별 그리고 소송법상의 취급에 있어서 분석적 사고를 가져다 주는 점 등에 비추어 실익이 있는 논쟁이라고 생각한다.

3. 상상적 경합의 성립요건

상상적 경합이 성립하기 위하여는 ① 한 개의 행위를 전제로 하므로 행위

---

43) 황산덕, 300면.

44) 권오걸, 676면; 김성돈, 721면; 김/서, 697면; 배종대, 760면; 유기천, 322면; 이재상, 539면; 이형국, 374면; 정/박, 636면; 정영석, 284면; 진/이, 672면.

45) 박상기, "경합론", 고시계, 1991. 11, 160면; 배종대, 760면; 손해목, 1142면; 안동준, 319면; 이재상, 539면; 이형국, 374면; Jescheck, AT, S. 652.

의 단일성과 동일성이 있어야 하고, ② 이 행위가 둘 이상의 구성요건을 실현해야 하며, ③ 실현된 구성요건들이 서로 법조경합의 관계에 있지 않아야 한다(소극적 요건).

(1) 한 개의 행위

(가) 행위의 단일성 행위의 개수를 결정짓는 기준은 죄수의 기초이론에 속한다. 형법상의 행위는 대부분 물리적인 개개의 동작의 연쇄로 이루어져 있고, 이 물리적 개별적 동작들은 사회적·형법적 의미로 볼 때 비로소 하나의 통일체를 형성한다. 그러므로 자연적 관찰에 의하거나 외부적으로 보아 분리할 수 있는 개별적 동작이 죄수론상 1개의 행위가 되느냐 또는 복수의 행위가 되느냐 하는 것은 "사회적·형법적 의미의 맥락에서" 결정될 문제이다(전술한 사회적·형법적 행위표준설).

(나) 행위의 동일성 행위의 동일성이 유지되는 한, 그 행위는 한 개로 인정된다. 여기에서 행위의 동일성이란 따귀를 때림으로써 모욕죄와 폭행죄가 함께 실현된 사례처럼 실현된 구성요건의 행위 사이에 완전한 합치가 있는 경우—소위 행위의 '완전동일성'—뿐만 아니라, 강도의 수단으로써 피해자를 감금하는 사례처럼 실현된 구성요건의 행위 사이에 부분적 합치가 있는 경우—소위 행위의 '부분적 동일성'—까지도[46] 포함하는 넓은 의미이다(통설).[47] 행위의 동일성은 고의범과 과실범 사이에서도 가능하고(예컨대 고의의 재물손괴행위가 과실치상의 결과를 가져온 경우), 부작위범 사이에서도 가능하다(예컨대 창고수위가 동일한 부작위로써 타인의 절도와 재물손괴를 방조한 경우). 다만 작위범과 부작위범 사이에서는 행위의 동일성을 인정할 수 없으므로 상상적 경합이 성립할 수 없다.[48] 그런데 행위의 부분적 동일성에 있어서 부분행위(Teilakt)의 합치는 실행의 착수부터 행위가 실질적으로 '종료'되기까지의 시점에 존재해야

---

46) "강간하려다 미수에 그친 경우 위 협박은 감금죄의 실행의 착수임과 동시에 강간미수죄의 실행의 착수라고 할 것이고, 감금과 강간미수의 두 행위가 시간적, 장소적으로 중복될 뿐 아니라 감금행위 그 자체가 강간의 수단인 협박행위를 이루고 있는 경우로서 이 사건 감금과 강간미수죄는 일개의 행위에 의하여 실현된 경우로서 형법 제40조의 상상적 경합이라고 해석함이 상당할 것"(**대판 1983. 4. 26, 83 도 323**).

47) 김/서, 699면; 박상기, 490면; 배종대, 762면; 이재상, 541면; 이형국, 374면; 정/박, 639-40면; Dreher/Tröndle, StGB, Rn. 3 Vor §52; Jescheck, AT, S. 654; Schönke/Schröder/Stree, StGB, §52 Rn. 9; Wessels, AT, S. 234.

48) 김/서, 699면; 배종대, 666면; 성낙현, 708면; 이재상, 541면; 이형국, 375면; 정/박, 639면; Jescheck, AT, S. 657; Schönke/Schröder/Stree, StGB, §52 Rn. 19.

한다.[49] 따라서 강도의 예비단계인 주거침입과 강도 사이에는 상상적 경합이 성립될 수 없다. 또 행위가 기수에 달한 이후라고 하더라도 실질적으로 종료하기까지 합치되면 족하므로, 계속범(예: 감금죄)이 다른 범죄(예: 강간죄 또는 강도죄)의 전제수단으로서 합치되는 경우에는 상상적 경합이 성립할 수 있다.[50]

다음으로 문제되는 것은 "연결효과(連結效果)"(Klammerwirkung)에 의한 상상적 경합을 인정할 것인가라는 점이다. 즉 독립적인 두 개의 범죄를 사실상 연결(Verklammern)하고 있는 제3의 범죄가 있을 때, 제3의 범죄의 연결효과에 의하여 독립적인 두 개의 범죄 사이에도 상상적 경합의 관계를 인정할 것인가 하는 문제이다.

독일에서는 연결되어지는 두 개의 범죄 중 하나가 제3의 범죄보다도 중한 경우에는(우리나라에서의 예를 들자면, 과실치사(형법 제267조: 2년 이하의 금고)와 과실치상(형법 제266조 제1항: 500만원 이하의 벌금)이라는 두 개의 독립적인 범죄를 무면허운전(도로교통법 제152조: 1년 이하의 징역)으로 범한 경우) 연결효과에 의한 상상적 경합의 성립을 부정하고, 그렇지 않은 경우, 즉 제3의 범죄가 연결되어지는 다른 두 개의 범죄 중 하나보다도 중하거나(우리나라에서의 예를 들자면, 공무원자격사칭(제118조: 3년 이하의 징역)과 위조사문서행사(제234조: 5년 이하의 징역)를 함으로써 사기죄(제347조: 10년 이하의 징역) 또는 공갈죄(제350조: 10년 이하의 징역)를 범한 경우) 불법내용이 비슷할 경우에는 상상적 경합의 성립을 긍정하는 견해가 유력하다.[51]

만일 독립적인 두 개의 범죄 중 그 어느 것보다 제3의 연결범죄가 '중한' 경우에 연결효과에 의한 상상적 경합을 부정한다면, 독립된 각각의 범죄와 제3의 범죄 사이에서만 상상적 경합관계가 발생하고 또 두 개의 독립범죄는 실체적 경합관계에 있으므로, 결국 중한 제3의 범죄가 두 번 성립하게 되며 이들을 실체적 경합으로 처벌하게 되는 부당한 결론에 이른다.[52] 따라서 제3의 범죄가 독립적인 다른 두 개의 범죄 중 그 어느 것보다 중하거나 동등한 경우에는 제3의 범죄의 연결효과에 의하여 다른 두 개의 범죄도 상상적 경합의 관

---

49) 이재상, 541면; 정/박, 639면; Dreher/Tröndle, aaO.; Jescheck, AT, S. 654; Schönke/Schröder/Stree, StGB, §52 Rn. 10-11; Wessels, aaO.

50) 앞의 대판 1983. 4. 26, 83 도 323 참조.

51) Dreher/Tröndle, StGB, Rn. 34 Vor §52; Jescheck, AT, S. 655; Wessels, AT, S. 235.

52) 위에 든 예에서 연결효과에 의한 상상적 경합을 부정한다면, 공무원자격사칭과 위조사문서행사는 실체적 경합관계에 있게 되는 한편, 사기행위는 공무원자격사칭 및 위조사문서행사 각각에 대하여 상상적 경합관계에 있으므로, 중한 죄인 사기죄가 두 번 성립하게 되고 결국 두 개의 사기죄를 실체적 경합으로 처벌하게 되는 부당한 결론에 이른다.

계에 서게 된다는 것을 긍정함이 타당하다.[53] 대법원판결 중에는 연결효과에 의하여 상상적 경합의 성립을 긍정한 것과 동일한 결론에 도달한 것이 있다.[54]

(2) 두 개 이상의 구성요건실현

한 개의 행위는 둘 이상의 구성요건을 실현하여야 한다. 이 때 실현된 구성요건들은 서로 법조경합의 관계에 있어서는 안된다.

한 개의 행위가 서로 다른 둘 이상의 구성요건을 실현하는 경우를 "이종(異種)의" 상상적 경합이라고 하고, 동일한 구성요건을 2회 이상 실현하는 경우를 "동종(同種)의" 상상적 경합이라고 한다.

독일형법 제52조 제1항은 이 두 가지 종류의 상상적 경합을 명문으로 규정하고 있지만, 우리 형법은 이 점을 밝히고 있지 않으므로 '동종의' 상상적 경합을 인정할 것인가에 관하여 학설이 대립하고 있다. 다수설[55] 및 판례는[56] 이를 긍정하는 입장에 있다.

동종의 상상적 경합은 친고죄에 있어서 고소의 존부 등 소송법상의 효과와 관련하여 인정할 실익이 있으나, 획일적으로 단정지을 문제는 아니고 피해법익의 성질에 따라 나누어 보아야 한다. 즉 생명·신체·자유·비밀·명예 등과 같은 개인의 '전속적 법익'에 있어서는 법익주체의 수만큼 동종의 상상적 경합을 인정하고,[57] '비전속적 법익'인 재산이나 공공적 법익에 있어서는 행위가 1개인 이상 피해대상이 복수이더라도 원칙적으로 상상적 경합이 성립되지

---

53) 김성돈, 726면; 김/서, 700면; 배종대, 762-3면; 이형국, 375면; 정/박, 641면. 우리나라에서 연결효과를 부정하는 견해로서는 권오걸, 684면; 김신규, 574면; 박상기, 앞의 글, 153면; 손해목, 1145면; 오영근, 726면; 이재상, 544면; 정영일, 491면. 독일에서의 부정설로는 Jakobs, AT, 33/12; Samson, SK, §52 Rn. 17.

54) "형법 제131조 제1항의 수뢰후부정처사죄에 있어서 공무원이 수뢰 후 행한 부정행위가 허위공문서작성 및 동행사죄와 같이 보호법익을 달리하는 별개 범죄의 구성요건을 충족하는 경우에는 수뢰후부정처사죄 외에 별도로 허위공문서작성 및 동행사죄가 성립하고 이들 죄와 수뢰후부정처사죄는 각각 상상적 경합관계에 있다고 할 것인 바, 이와 같이 허위공문서작성죄와 동행사죄가 수뢰후부정처사죄와 각각 상상적 경합범관계에 있을 때에는 허위공문서작성죄와 동행사죄 상호간은 실체적 경합범관계에 있다고 할지라도 상상적 경합범관계에 있는 수뢰후부정처사죄와 대비하여 가장 중한 죄에 정한 형으로 처단하면 족한 것이고 따로이 경합가중을 할 필요가 없다고 할 것이다"(**대판 1983. 7. 26, 83 도 1378.** 同旨, 대판 2001. 2. 9, 2000 도 1216).

55) 김/서, 701면; 박상기, 앞의 글, 160면; 배종대, 764면; 이재상, 544면; 이형국, 375면. 부정설은 황산덕, 300면.

56) "두 사람을 한꺼번에 치어 사상케 한 경우에 이 업무상과실치사상의 소위는 상상적 경합죄에 해당하고…"(**대판 1972. 10. 31, 72 도 201**).

57) 앞의 대판 1972. 10. 31, 72 도 201 참조.

않는다고 봄이 타당하다.[58]

4. 상상적 경합의 취급

(1) 실체법상의 취급

상상적 경합이 성립하면 경합한 범죄 중 "가장 무거운 죄에 대하여 정한 형", 즉 실현된 구성요건 중에서 가장 중한 구성요건에 정한 형으로 처벌한다(**제40조**). 예컨대 공무집행방해죄와 상해죄의 상상적 경합이 성립하면 중한 죄인 상해죄의 형으로 처벌한다. 따라서 상상적 경합은 실질상 수죄이지만 '과형상으로는' 일죄로 취급된다.

여기에서 형이란 법정형을 말하고, 죄의 경중은 형의 경중을 규정한 제50조에 의거하여 정하게 된다.

형의 경중을 비교함에 있어서는 '중점적 대조주의'와 '전체적 대조주의'라는 두 가지 방식이 있다. 중점적 대조주의는 형의 상한만을 비교·대조하는 방식이고, 전체적 대조주의는 두 개 이상의 주형(主刑)을 상한 및 하한까지 모두 비교·대조하는 방식이다. 예컨대 폭행죄(제260조 제1항: 2년 이하의 징역, 500만원 이하의 벌금, 구류 또는 과료)와 모욕죄(제311조: 1년 이하의 징역이나 금고 또는 200만원 이하의 벌금)가 상상적 경합의 관계에 있을 때, 전체적 대조주의에 의하면 형의 상한만을 비교하여서는 폭행죄가 중한 죄이지만 그 '하한'까지도 모두 비교·대조하여 중한 형으로 처벌하여야 하므로 구류나 과료로는 처벌할 수 없다는 결론이 나온다. 이 때 형의 '상한'만을 비교하는 중점적 대조주의를 따른다면, 보다 더 중한 폭행죄에 의하되 구류 또는 과료로 처벌할 수도 있게 되어 최소한 벌금형으로 처벌되는 모욕죄의 경우보다 오히려 가볍게 구류·과료로 처벌되는 부당한 결과가 생길 수 있다. 또한 상상적 경합은 실질상 수죄로 파악되어야 하는 이상 '전체적 대조주의'에 의한 처벌이 타당하다. 통설과[59] 판례도[60] 전체적 대조주의의 입장에 서 있다.

---

58) 同旨, 박상기, 앞의 글, 160면; 안동준, 320-1면; 이재상, 545면.

59) 김성돈, 727면; 김신규, 577면; 김/서, 703면; 박상기, 492면; 배종대, 766면; 성낙현, 711면; 안동준, 321면; 유기천, 322면; 이재상, 546면; 이형국, 376면; 정/박, 642면; 정영일, 494면; 정영석, 285면; 진/이, 678면.

60) "형법 제40조가 규정하는 1개의 행위가 수개의 죄에 해당하는 경우에는 [가장 중한 죄에 정한 형으로 처벌한다] 함은 그 수개의 죄명상 가장 중한 형을 규정한 법조에 의하여 처단한다는 취지와 함께 다른 법조의 최하한의 형보다 가볍게 처단할 수는 없다는 취지, 즉 각 법조의 상

(2) 소송법상의 취급

상상적 경합은 '한 개의 행위'를 전제로 하므로 상상적 경합의 관계에 있는 수죄 중 어느 하나의 범죄에 대하여 확정판결이 있으면 그 전부에 대하여 기판력이 발생하여 일사부재리의 원칙이 적용되고,[61] 또 그 일부에 대하여 공소제기가 있는 때에도 그 '전체'에 대하여 효력이 발생한다.

상상적 경합의 관계에 있는 수개의 죄 가운데 일부분이 무죄인 때에는 판결주문에서 별도로 무죄를 선고할 필요가 없다. 다만 상상적 경합은 '실질상 수죄'이므로 판결이유에서는 상상적 경합의 관계에 있는 모든 범죄사실과 적용법조를 기재하여야 하며, 일부가 무죄인 때에는 그 이유를 밝혀야 한다. 또한 실질상 수죄라는 점에서 공소시효와 친고죄에 있어서의 고소는 각각의 범죄별로 판단해야 한다.

Ⅱ. 실체적 경합(경합범)

1. 실체적 경합의 의의

'실체적 경합'(Realkonkurrenz) 또는 '경합범'(競合犯)이란 "판결이 확정되지 아니한 수개의 죄 또는 금고 이상의 형에 처한 판결이 확정된 죄와 그 판결확정 전에 범한 죄"를 말한다(**제37조**).[62] 구형법상으로는 '병합죄(併合罪)'라고 불리었다(구형법 및 현행 일본 형법 제45-53조 참조). 예컨대 甲이 어느 날 밤에 유흥가에서 A의 자동차를 부수고 B를 상해한 후 C를 살해하였다면, 손괴죄와 상해죄 및 살인죄 등 세 개의 범죄의 실체적 경합이 발생한다.

실체적 경합은 실질상 수죄라는 점에서 상상적 경합과 같지만, '수개의 행위'를 전제로 하는 점에서 1개의 행위를 전제로 하는 상상적 경합과 구별된다. 또 실체적 경합은 수개의 행위를 전제로 하여 '실질상 수죄'를 실현하였다는 점(진정경합)에서, 1개의 행위가 외견상 수개의 죄를 실현한 것처럼 보이지만 실

한과 하한을 모두 중한 형의 범위 내에서 처단한다는 것을 포함하는 것으로 새겨야 할 것이다" (**대판 1984. 2. 28, 83 도 3160**).

61) 대판 2017. 9. 21, 2017 도 11687.

62) 제37조 후단의 사후적(실체적) 경합범에 있어서 "판결이 확정된 죄"라는 문구는 2004년 1월 20일의 형법개정에 의하여 "금고 이상의 형에 처한 판결이 확정된 죄"로 변경되어, 그 성립범위가 축소되었다.

질적으로는 1개의 죄를 실현한 것에 불과한 법조경합과도 구별된다.

형법은 실체적 경합의 처벌에 있어서 원칙적으로 '가중주의'를 취하고 있다. 병과주의는 형벌목적을 달성하는 데 반드시 효과적인 방식이 되지 못한다는 형사정책적 고려를 한 것으로 해석된다.

2. 종 류

(1) 동종(同種)의 실체적 경합과 이종(異種)의 실체적 경합

실체적 경합은 수개의 행위에 의하여 실현된 수개의 구성요건이 동종인가 이종인가에 따라 '동종의 실체적 경합'과 '이종의 실체적 경합'으로 구별할 수 있다. 예컨대 수차의 행위에 의하여 수인을 살해한 경우 또는 여러 여자를 강간한 경우는 전자에 해당하고, 살인 후 범죄사실을 은폐하기 위하여 시체를 은닉한 경우[63] 또는 강간이 미수에 그치자 살의가 발동해서 피해자를 살해한 경우는[64] 후자에 해당한다. 이와 관련하여 동일인이 범한 문서위조와 위조문서행사를 실체적 경합관계에 있는 것으로 보는 판례의 태도는 의문이다.[65]

(2) 동시적 실체적 경합과 사후적 실체적 경합

동일인이 수개의 행위에 의하여 실현한 수개의 범죄 전부에 대하여 판결이 확정되지 않은 까닭에 동시에 판결될 것을 요하는 경우를 '동시적 실체적 경합'이라고 하고(제37조 전단), 동일인이 실현한 수개의 범죄 중 일부에 대해서만 확정판결이 있은 경우에 금고 이상의 형에 처한 판결이 확정된 죄와 그 판결확정 전에 범한 죄를 '사후적 실체적 경합'이라고 한다(제37조 후단).

3. 성립요건

(1) 실체법적 요건

실체적 경합이 성립하기 위하여는 동일인이 수개의 행위로써 수개의 죄를 범해야 한다. 따라서 1개의 행위로 수개의 죄를 범하거나 수개의 행위로 1개

63) 살인죄와 시체유기죄의 실체적 경합이 된다. 대판 1984. 11. 27, 84 도 2263.

64) 강간미수죄와 살인죄의 실체적 경합이 된다. 대판 1970. 4. 28, 70 도 431.

65) "피고인이 예금통장을 강취하고 예금자 명의의 예금청구서를 위조한 다음 이를 은행원에게 제출행사하여 예금인출금 명목의 금원을 교부받았다면 강도, 사문서위조, 동행사, 사기의 각 범죄가 성립하고 이들은 실체적 경합관계에 있다 할 것이다"(**대판 1991. 9. 10, 91 도 1722.** 同旨, 대판 1983. 7. 26, 83 도 1378). 그러나 동일인의 문서위조행위는 위조문서'행사'에 대하여 예비단계 또는 불가벌적 사전행위에 불과한 것으로 보아 위조문서행사죄 하나만이 성립된다고 함이 타당하다. 이에 관하여 상세히는 각론, 757-8면 이하 참조.

의 죄를 범한 때에는 실체적 경합이 성립하지 않는다.

① 실체적 경합은 행위자 1인에 대하여 논하여진다. 그러므로 행위자가 동일인이어야 한다. 수인이 각각 범한 수개의 범죄 사이에는 실체적 경합이 성립하지 않는다.

② 수개의 행위가 행해져야 한다. 한 개의 행위로 실질상 수개의 구성요건을 실현한 경우는 상상적 경합의 문제가 된다. 수개의 행위란 행위의 단일성과 동일성이 인정되지 않는 경우를 말한다.

③ 수개의 구성요건이 실현되어야 한다. 포괄적 일죄에서와 같이 수개의 행위가 행해졌어도 1개의 구성요건을 실현한 것으로 평가되는 경우에는 단순일죄이며, 실체적 경합관계는 발생하지 않는다.

(2) 소송법적 요건

형법은 동시적 실체적 경합과 사후적 실체적 경합의 경우를 각각 달리 규정하기 때문에 그 요건을 나누어 고찰하기로 한다.

(가) 동시적 실체적 경합

(a) 동일인의 수개의 행위에 의한 수개의 죄 전부에 대하여 판결이 확정되지 않아야 한다(제37조 전단). 판결의 확정이란 상소 등 통상의 불복절차에 의하여 다툴 수 없는 상태를 말한다.

(b) 판결이 확정되지 않은 수개의 죄는 동시에 판결될 수 있어야 한다. 따라서 수개의 죄가 별도로 기소되어 심리중에 있다거나 수개의 죄 중 일부가 기소되지 아니한 때에는 실체적 경합으로 처벌할 수 없다. 수개의 죄 중 일부만 기소된 때는 항소심에서 추가기소에 의한 병합심리가 이루어져 실체적 경합으로 처벌될 가능성은 있다.

(나) 사후적 실체적 경합 　동일인이 범한 수개의 범죄 중 일부의 죄에 대하여 금고 이상의 형에 처한 판결이 확정되고 그 판결확정 '전에' 범한 죄가 있어야 한다(제37조 후단). 예컨대 甲이 순차적으로 A, B, C 세 개의 범죄를 범하였고 C죄를 범하기 전에 B죄에 대하여 금고 이상의 형에 처한 판결이 확정되었다면, 판결이 확정된 B죄와 판결확정 전에 범한 A죄는 사후적 실체적 경합의 관계에 있게 된다. 그러나 판결확정 '후의' 범죄는 그 전의 범죄와 실체적 경합관계에 있지 않으므로 A, B죄와 C죄 사이에서는 실체적 경합관계가 발생하지 않는다.[66) 67)]

2004년 1월 20일의 형법개정에 의하여 확정된 판결은 반드시 금고 이상의 형에 처하는 판결이어야 한다. 따라서 벌금형에 처하는 판결이나 약식명령이 확정된 경우에는 사후적 실체적 경합범이 성립하지 아니한다.[68] 판결의 확정이란 확정판결이 있었다는 사실 자체를 의미할 뿐이기 때문에, 형집행의 종료 여부를 불문하며, 형의 집행유예나 선고유예의 판결이 확정된 경우도 포함된다.

판결확정의 시점은 상소 등 통상의 불복절차에 의하여 다툴 수 없게 된 시점을 의미한다.[69] 그러나 이론상 최종의 사실심인 항소심에서의 판결선고시를 의미한다고 해석하는 견해도 있다.[70]

죄를 범한 시기는 범죄의 기수시가 아니라 범죄의 종료시를 기준으로 한다. 따라서 계속범의 행위종료 전에 또는 포괄적 일죄의 중간에 확정판결이 있은 경우에는 아직 종료하지 아니한 이러한 범죄들은 전체적으로 판결확정 '후'에 범한 죄에 해당한다.

---

66) "확정판결 전후에 걸친 범행에 대하여는 경합가중을 할 수 없고, 확정판결 이전의 범죄와 그 이후의 범죄를 구별하여 2개의 주문으로 처단하여야 한다"(**대판** 1960. 11. 19, 4293 **형상** 680). "확정판결 전에 저지른 범죄와 확정판결 후에 저지른 범죄는 형법 제37조에서 말하는 경합범관계에 있는 것이 아니다"(**대판** 1970. 12. 22, 70 **도** 2271).

67) "형법 제37조 후단 및 제39조 제1항의 문언, 입법 취지 등에 비추어 보면, 아직 판결을 받지 아니한 죄가 이미 판결이 확정된 죄와 동시에 판결할 수 없었던 경우에는 형법 제37조 후단의 경합범 관계가 성립할 수 없고 형법 제39조 제1항에 따라 동시에 판결할 경우와 형평을 고려하여 형을 선고하거나 그 형을 감경 또는 면제할 수도 없다고 해석함이 상당하다(대법원 2011. 10. 27. 선고 2009도9948 판결, 대법원 2012. 9. 27. 선고 2012도9295 판결 등 참조). 한편 아직 판결을 받지 아니한 수개의 죄가 판결 확정을 전후하여 저질러진 경우 판결 확정 전에 범한 죄를 이미 판결이 확정된 죄와 동시에 판결할 수 없었던 경우라고 하여 마치 확정된 판결이 존재하지 않는 것처럼 그 수개의 죄 사이에 형법 제37조 전단의 경합범 관계가 인정되어 형법 제38조가 적용된다고 볼 수도 없으므로, 판결 확정을 전후한 각각의 범죄에 대하여 별도로 형을 정하여 선고할 수밖에 없다(대법원 2011. 6. 10. 선고 2011도2351 판결 참조)"(**대판** 2014. 3. 27, 2014 **도** 469). 재심절차의 특수성에 기한 관련 판결로는 "판결요지: 유죄의 확정판결을 받은 사람이 그 후 별개의 후행범죄를 저질렀는데 유죄의 확정판결에 대하여 재심이 개시된 경우, 후행범죄가 재심대상판결에 대한 재심판결 확정 전에 범하여졌다 하더라도 아직 판결을 받지 아니한 후행범죄와 재심판결이 확정된 선행범죄 사이에는 형법 제37조 후단에서 정한 경합범 관계가 성립하지 않는다"(대판 2019. 6. 20, 2018 도 20698-전원합의체).

68) "형법 제37조 후단에 의하면 판결이 확정된 죄와 그 판결확정 전에 범한 죄를 경합범으로 한다고 규정하고 있고, 여기서 말하는 판결에는 약식명령도 포함된다"라고 한 종래의 판례(**대판** **2000. 3. 24, 2000 도 102.** 同旨, 대판 1999. 4. 13, 99 도 640; 1994. 1. 11, 93 도 1923)는 제37조의 개정으로 인하여 더 이상 유지될 수 없게 되었다.

69) 성낙현, 716면; 손해목, 1154면; 신동운, 752면; 오영근, 736면; 이형국, 378면; 정/박, 647면; 정영일, 497면.

70) 권오걸, 696면; 김성돈, 734면; 김신규, 581면; 김/서, 709면; 배종대, 771면; 이재상, 549면; 진/이, 684면.

4. 실체적 경합의 취급

실체적 경합의 처벌에 있어서 형법은 가중주의를 원칙으로 하고 흡수주의와 병과주의를 예외적으로 채택하고 있다.

(1) 동시적 실체적 경합의 경우

실체적 경합관계에 있는 범죄를 동시에 판결할 경우에는 다음과 같이 처벌한다.

(가) 가중주의　　각 죄에 대하여 정한 형이 사형, 무기징역, 무기금고 외의 같은 종류의 형인 경우에는 가장 무거운 죄에 대하여 정한 형의 장기 또는 다액에 그 2분의 1까지 가중하되, 각 죄에 대하여 정한 형의 장기 또는 다액을 합산한 형기 또는 액수를 초과할 수 없다(제38조 제1항 제2호). 다만, 과료와 과료, 몰수와 몰수는 병과할 수 있다(동호 단서). 이 때 징역과 금고는 같은 종류의 형으로 보아 징역형으로 처벌하며(동조 제2항), 유기의 자유형을 가중하는 때에는 50년을 넘지 못한다(제42조 단서).

경합범의 각 죄에 선택형이 있는 경우에는 먼저 처단할 형의 종류를 선택한 후 가장 중한 죄에 정한 선택된 형의 장기 또는 다액의 2분의 1까지를 가중한다는 의미이다.[71]

형의 장기를 가중하는 경우에 그 단기에 대하여는 명문규정이 없으나, 판례는 "가장 중한 죄 아닌 죄에 정한 형의 단기가 가장 중한 죄에 정한 형의 단기보다 중한 때에는 위 본문(제38조 제1항 제2호 본문)의 규정취지에 비추어 그 중한 단기를 하한으로 한다"라는 입장이다.[72]

(나) 흡수주의　　가장 무거운 죄에 대하여 정한 형이 사형, 무기징역, 무기금고인 경우에는 가장 무거운 죄에 대하여 정한 형으로 처벌한다(제38조 제1항 제1호). 사형 또는 무기형에 다른 형을 병과하거나 가중하는 것은 무의미하고 가혹하기 때문에 예외적으로 흡수주의가 적용된다.

(다) 병과주의　　각 죄에 대하여 정한 형이 무기징역, 무기금고 외의 다른 종류의 형인 경우에는 병과한다(제38조 제1항 제3호). 다른 종류의 형이란 자유형과 벌금, 벌금과 과료, 자격정지와 구류처럼 종류가 다른 형벌을 의미한다. 이 때 징역

---

71) 대판 1971. 2. 23, 71 도 1834; 1959. 10. 16, 4292 형상 279.

72) 대판 1985. 4. 23, 84 도 2890.

과 금고는 같은 종류의 형으로 보아 징역형으로 처벌한다(동조 제2항).

형법은 다른 종류의 형에 대해서만 예외적으로 병과주의를 채택하고 있다. 병과해야 할 경우는 각 죄에 대하여 정한 형이 다른 종류인 경우뿐만 아니라 각 죄 중 일죄에 대하여 다른 종류의 형을 병과할 것으로 규정한 때에도 적용된다.[73]

(2) 사후적 실체적 경합의 경우

금고 이상의 형에 처한 판결이 확정된 죄와 그 판결확정 전에 범한 죄에 대한 처분은 다음과 같이 한다.

(가) 형의 선고 경합범 중 판결을 받지 아니한 죄가 있는 때에는 그 죄와 판결이 확정된 죄를 동시에 판결할 경우와 형평을 고려하여 그 죄에 대하여 형을 선고한다(제39조 제1항). 경합범 중 이미 확정판결을 받은 죄에 대해서는 일사부재리의 원칙상 다시 판결을 할 수 없으므로 확정판결을 받지 아니한 죄에 대해서만 형을 선고할 수 있도록 한 것이다. 다만 이 경우에는 동시적 경합범과의 형평을 고려하여 그 형을 감경 또는 면제할 수 있다(제39조 제1항).[74] 2005년 7월 29일의 형법개정을 통하여 변경된 내용이다. 이 경우에도 형법 제38조의 규정

73) 대판 1955. 6. 10, 4287 형상 210.

74) 이 경우 형법 제39조 제1항 후문을 적용하여 형을 감경 또는 면제하기 위한 요건 및 형법 제39조 제1항 전문에서 정한 '형평을 고려하여'의 판단기준에 관하여 대법원은 다음과 같이 판시하고 있다. "형법 제37조의 후단 경합범(이하 '후단 경합범'이라 한다)에 대하여 형을 감경 또는 면제할 것인지는 원칙적으로 그 죄에 대하여 심판하는 법원이 재량에 따라 판단할 수 있고, 판결이 확정된 죄와 후단 경합범의 죄에 대한 선고형의 총합이 두 죄에 대하여 형법 제38조를 적용하여 산출한 처단형의 범위 내에 속하도록 후단 경합범에 대한 형을 정하여야 하는 제한을 받는 것은 아니다(대법원 2008. 9. 11. 선고 2006 도 8376 판결 참조). 그렇지만 판결이 확정된 죄와 후단 경합범을 동시에 판결할 경우와 형평을 고려하라는 위 조항의 취지에 비추어 볼 때 후단 경합범에 대하여 심판하는 법원의 재량이 무제한적이라 할 수는 없으므로, 후단 경합범에 해당한다는 이유만으로 특별히 형평을 고려하여야 할 사정이 존재하지 아니함에도 위 조항 후문을 적용하여 형을 감경 또는 면제하는 것은 오히려 판결이 확정된 죄와 후단 경합범을 동시에 판결할 경우와 형평에 맞지 아니할 뿐만 아니라 책임에 상응하는 합리적이고 적절한 선고형이 될 수 없어 허용될 수 없다. 따라서 위 조항 후문의 '감경' 또는 '면제'는 판결이 확정된 죄의 선고형에 비추어 후단 경합범에 대하여 처단형을 낮추거나 형을 추가로 선고하지 않는 것이 형평을 실현하는 것으로 인정되는 경우에만 적용할 수 있다고 봄이 상당하다. 이때 위 조항 후문을 적용하여 후단 경합범 자체에 대한 처단형을 낮추어 선고형을 정하는 경우, 그러한 조치가 판결이 확정된 죄와 후단 경합범을 동시에 판결할 경우와 형평에 맞는 정당한 것인지 여부는 판결이 확정된 죄의 선고형과 후단 경합범에 대하여 선고할 형의 각 본형을 기준으로 판단하되, 후단 경합범에 대한 형의 집행을 유예하는 등 다른 처분을 부과할 경우에는 그 처분을 비롯한 관련 제반 사정을 종합하여 전체적, 실질적으로 판단하여야 할 것이다"(대판 2011. 9. 29, 2008 도 9109).

에 따라서 새로운 전체형을 정하도록 해야 한다는 입법론이 있다.[75]

형법 제37조 후단 경합범에 대하여 형법 제39조 제1항에 의하여 형을 감경할 때에도 법률상 감경에 관한 형법 제55조 제1항이 적용되어, 유기징역을 감경할 때에는 그 형기의 2분의 1 미만으로는 감경할 수 없다는 것이 대법원의 입장이다(대판 2019. 4. 18, 2017 도 14609－전원합의체).

(나) 형의 집행 제39조 제1항에 의하면 1개의 경합범에 대하여 두 개 이상의 판결이 존재하게 된다. 그러나 형법개정(2005. 7. 29.)으로 이러한 경우에 형의 '집행'을 제38조의 예에 따르도록 할 필요는 없으므로, 종전의 제39조 제2항은 삭제되었다. 경합범에 의하여 판결의 선고를 받은 자가 경합범 중의 어떤 죄에 대하여 사면 또는 형의 집행을 면제받은 때에는 다른 죄에 대하여 다시 형을 정한다(동조 제3항). 여기에서 다시 형을 정한다고 하는 것은 그 죄에 대하여 심판을 다시 한다는 뜻이 아니라 형의 집행 부분만을 다시 정한다는 의미이다.

사후적 실체적 경합의 경우에 형의 집행에 있어서는 이미 집행한 형기를 통산한다(동조 제4항).

75) 이재상, 553면.

제 4 편

형벌과 보안처분의 이론

제1장 형 벌 론

제1절 형벌의 종류

Ⅰ. 서 론

1. 형벌의 의의

범죄에 대한 법률효과로서의 형사제재수단에는 형벌과 보안처분이 있다. 형벌은 책임을 전제로 하고 과거의 범죄행위에 대한 반동으로 과해진다는 점에서 미래의 범죄적 위험성을 전제로 하는 보안처분과 다르다. 형벌은 범죄자에 대한 국가의 법익박탈행위이다. 형벌권의 주체가 국가란 점에서 형벌은 어디까지나 '공(公)'형벌이고 국가적 형벌이다. 따라서 개인간의 사적 제재, 즉 사형벌은 인정되지 않는다.

형벌은 범죄를 전제로 한 법률효과이다. 그러므로 "범죄없으면 형벌없다"라는 명제가 적용된다. 형벌은 법익의 박탈을 그 내용으로 한다는 점에서 형벌의 본질은 해악이라고 이해되어 왔다. 그러나 오늘날 형벌에 의한 법익박탈은 응보적인 측면에서의 법익박탈에 그치는 것이 아니고, 범죄인을 개선한다는 측면에서의 법익박탈이 중시되고 있다.

2. 형벌의 본질과 목적

형법학파에서 이미 언급한 바와 같이 형벌의 본질과 목적을 어떻게 파악하겠는가에 관하여는 구파와 신파가 대립하고 있다. 구파는 형벌의 본질을 해악으로서의 응보로 이해하고(응보형주의), 신파는 응보 이외의 이성적 목적으로 이해한다(목적형주의).

응보형주의는 자유의사론을 기초로 하는 도의적 책임론과 속죄사상에서 유래하고 있다. 즉 자유의사를 가진 범죄인이 범죄의사를 형성한 데 대한 도의적 비난으로서의 책임이 인정되고, 형벌은 이와 같은 도의적 책임비난으로부터 해제된다는 의미에서의 속죄이다(속죄형). 형벌의 목적에 대한 응보형주의의 관점은 오늘날 해악으로서의 응보 그 자체가 아니라 응보 이외에 다른 형벌목적을 인정하려는 상대주의로 이행하였다. 구파의 입장에 선다고 하더라도 형벌의 목적은 형벌의 위하력에 의하여 '사회 일반인'의 범죄를 방지하려는 '일반예방'에 있다고 하는 '상대적' 응보형주의가 보편화되어 있다(일반예방주의). 즉 오늘날의 응보형론은 형벌의 본질과 목적을 구별하여, 형벌의 본질은 응보이지만 그 목적은 응보 이외의 것에 두는 점에서 목적론적으로 상대화한 응보형주의이다.

목적형주의는 형벌의 본질을 응보가 아니라 응보 이외의 이성적 목적을 달성하는 데에 있다고 하는 신파의 형벌관이다. 형벌의 본질과 목적을 상대적 의미로 이해하는 점에서 상대주의라고도 한다. 목적형주의는 형벌의 목적을 범죄로부터 사회를 방위하고 보호하는 데 둠으로써 '사회방위주의'와 보호형주의를 주장하게 되고, 사회방위는 범죄인을 개선·교육하여 건전한 시민으로 재사회화시켜 장래의 범죄를 예방함으로써 달성될 수 있다고 보아 '특별예방주의' 및 '개선형주의'로 이어진다.

특별예방주의는 일반예방주의와는 달리 범죄예방효과의 대상을 '범죄인 개인'에게 두고 있다는 점에서 범죄인의 반사회성에 따른 '분류'를 중요시하고 또 그 분류에 대응하여 처우의 방법도 달리하게 된다. 여기에서 형벌의 개별화가 요청된다. 이와 같이 범죄인에 따라 개별적으로 사회복귀수단을 강구해야 한다면, 범죄인에게 형을 선고 또는 집행하기보다는 이를 유예하거나 자유형의 집행중이라도 조기에 석방하는 것이 더욱 효과적일 수도 있으므로, 형의 선고유예제도, 형의 집행유예제도, 가석방제도 등이 필요하게 된다.

응보형주의와 목적형주의, 그리고 일반예방주의와 특별예방주의는 각각 형벌의 본질과 목적을 밝힘에 있어서 어느 일면만을 강조한 단점이 있으므로, 오늘날에는 두 학파의 대립을 지양하고 그 장점을 결합하는 입장이 지배적이다.

형벌은 그 본질상 범죄에 대한 응보로서 책임주의는 범죄행위에 상응한 책임(행위책임)을 요청하고 있고, 또한 정당한 형벌이란 범죄와 행위책임에 상응한 형벌을 의미한다. 형법의 자유보장적 기능은 행위책임을 한도로 할 때 지켜진다는 점에서 구파의 장점이 있다. 행위자의 범죄적 위험성을 근거로 한 성격책임(행위자책임)과 사회방위만을 목적으로 한 형벌은 은연중에 과잉처벌로 나아갈 위험성을 안고 있다.

그렇지만 형벌은 형벌 그 자체로 끝나서는 안되고 범죄로부터 사회를 방위하기 위한 목적에 기여할 때에 비로소 그 실천적 의의가 있는 것이므로, 행위책임을 한도로 해서 이번에는 일반예방과 특별예방이라는 신파의 형벌목적과 접목되어야 한다. 입법자나 법관·검사·교도관과 같은 법집행자는 일반인의 범죄예방과 범죄인의 교정을 위하여 무엇이 가장 효과적인 형벌수단인가라는 합목적성의 검토에 항상 고심해야 할 것이다.

이상을 종합해 보자면, '정당한' 형벌이라는 관점에서 행위책임(응보형주의)을 형벌의 '상한'으로 하고, '효과적인' 형벌이라는 관점에서 일반예방목적과 특별예방목적(목적형주의)을 형벌의 '하한'으로 활용한다는 것이 된다.

3. 형벌의 종류

현행형법이 인정하는 형벌의 종류에는 사형·징역·금고·자격상실·자격정지·벌금·구류·과료·몰수 등 9가지가 있다(제41조). 이러한 형벌은 박탈되는 법익의 종류에 따라 생명형, 자유형, 재산형 및 명예형이라는 4가지로 분류할 수 있다. 사형은 생명형이고, 징역·금고·구류는 자유형이며, 벌금·과료·몰수는 재산형에 속하고, 자격상실과 자격정지는 명예형에 해당한다. 근대 이전에는 형벌로서 절도범의 손목을 절단하는 등 범죄자의 신체손상을 목적으로 하거나 장형(杖刑)·태형(笞刑)과 같이 육체적 고통을 목적으로 하는 신체(身體)형도 존재하였으나, 오늘날의 문명국가에서는 대부분 폐지하였다.

구형법에서는 몰수 이외의 형은 독립해서 선고할 수 있는 주형으로 하는 한편, 몰수는 주형에 부가해서만 선고할 수 있는 부가형으로 규정하였다(구형법 제9조). 현행형법은 주형과 부가형의 구별을 폐지하였으나 몰수형의 부가성은 인정하고 있다(제49조).

Ⅱ. 사 형

1. 사형의 의의

사형은 수형자의 생명을 박탈하는 것을 내용으로 하는 형벌이다. 생명형 또는 극형이라고도 한다. 형벌 중 가장 오랜 역사를 지닌 사형은 근대 이전의 위하시대에는 광범위하게 인정되었다. 그러나 18세기 이래 서양에서 계몽사상과 개인주의·자유주의가 급속도로 신장함과 더불어 생명존중사상도 확산되었고, 각국의 형법에서 사형의 적용범위를 제한하고 그 집행방법의 잔혹성을 피하는 등, 점차 사형을 폐지하는 방향으로 나아가게 되었다. 오늘날에는 사형의 효과에 관한 과학적·실증적 연구가 행해지고 있으며, 사형은 인도주의사상에 배치되므로 이를 폐지함이 마땅하지만, 존치시키는 경우에도 그 범위를 최소한도로 제한하고 집행방법도 가급적 고통을 주지 않는 과학적 방법으로 대체되어야 한다는 사상이 지배적이다.

세계적으로 볼 때 사형의 집행방법으로는 교수(교살)·총살·참수·가스살·전기살·약물살(주사살) 등이 시행되고 있다. 우리 형법은 교정시설 안에서 교수하는 방법으로 사형을 집행한다고 규정(제66조)하여 교수형을 채택하고 있으나, 군형법은 총살형을 인정하고 있다(군형법 제3조).

형법이 법정형으로 사형을 규정하고 있는 범죄로는 내란죄(제87조 제1·2항), 내란목적살인죄(제88조), 외환죄(제92조 내지 96조), 간첩죄(제98조), 폭발물사용죄(제119조), 현주건조물방화치사죄(제164조 제2항), 살인죄(제250조), 강간살인죄(제301조의 2), 강도살인죄(제338조), 해상강도살인·치사·강간죄(제340조 제3항), 인질살해죄(제324조의 4)가 있다. 형법상 절대적 법정형으로 사형만이 규정된 범죄는 외환죄 중 여적죄(제93조)뿐이며, 나머지는 모두 사형이 상대적 법정형으로 규정되어 있어서 법관의 재량에 의하여 사형과 자유형 중 선택이 가능하도록 되어 있다.

우리나라는 형법 이외에도 특별법에 의하여[1] 사형범죄를 비교적 광범위하

---

1) 법정형으로서 '사형'이 규정되어 있는 특별법을 일별하자면 다음과 같다. 군형법 제5조, 제11조, 제13조, 제44조 등; 국가보안법 제3조 제1항, 제4조 제1항, 제5조 제1항, 제6조 제2항 등; 국민보호와 공공안전을 위한 테러방지법 제17조 제1항; 폭력행위 등 처벌에 관한 법률 제4조 제1항; 성폭력범죄의 처벌 등에 관한 특례법 제3조 제2항, 제9조 제1항과 제3항; 아동·청소년의

게 인정하고 있는 국가에 속한다.[2)]

2. 사형폐지논쟁

인간의 생명은 모든 법익의 기초이고 출발점이다. 생명을 잃으면 재산도, 명예도, 국가와 사회도, 그 무엇도 아무런 의미가 없다. 인간의 생명은 인간이 자유로이 처분할 수 있는 법익이 아니라 신의 섭리에 맡겨져야 할 '신성'하고도 오묘한 영역으로 이해되고 있다. 그리고 형법에서는 '최대한 생명보호의 원칙'이 지배한다.

이러한 관점에서 인간이 다른 인간의 생명을 빼앗는 사형제도가 과연 정당한 것인가, 더욱 나아가 헌법정신에 위반되는 제도는 아닌가, 사형제도를 그대로 존치시킬 것인가 아니면 폐지할 것인가라는 주제를 놓고 오랜 세월 동안 뜨거운 논쟁이 전개되어 왔다.

(1) 사형폐지론

사형폐지론의 논거는 다음과 같다.

① 사형은 야만적이고 잔혹하여 인도주의적 견지에서 허용될 수 없다. ② 한번 상실된 생명은 영원히 회복될 수 없다는 점에서 사형은 '오판'이 있는 경우에 그 잘못을 시정할 수 없는 무자비한 형벌에 속한다. ③ 사형은 일반인이 기대하는 것처럼 흉악범에 대한 범죄억제의 효과, 즉 위하적 효과가 없다. ④ 형벌의 목적을 범죄자의 개선·교육에 둘 때 사형은 아무런 의미가 없는 공허한 형벌에 지나지 않는다. ⑤ 사형은 인간으로서의 존엄과 가치(헌법 제10조)의 전제가 되는 생명권을 침해하는 것이므로 헌법이념에 반하는 위헌적인 형벌이다. ⑥ 사형은 피해자에 대한 손해배상 내지 구제에 도움이 되지 못하고, 복수심을 충족하는 데 그치는 원시적인 형벌이다. ⑦ 범죄의 원인에는 범죄자의 악성뿐만 아니라 사회환경적 요인도 무시할 수 없는데, 사형은 범죄의 원인을

성보호에 관한 법률 제10조; 마약류관리에 관한 법률 제58조 제2항; 보건범죄단속에 관한 특별조치법 제2조 제1항 제3호, 제3조 제1항 제3호, 제3조의2. 그리고 '특정범죄가중처벌 등에 관한 법률'은 제5조의2, 3, 5, 9조에서 사형을 규정하고 있다. 과거에는 제5조의4, 제10조, 제11조에서도 사형을 규정하고 있었으나, 헌법재판소의 위헌결정을 받고, 특가법이 개정(2016. 1. 6.)됨으로써 법정형 중 사형이 삭제되었다.

2) 건국 이후 1996년 10월 말까지 우리나라에서 사형의 확정판결을 받은 자는 980여명이고 이 중 사형이 집행된 자는 879명이다. 1998년 이래 현재까지 우리나라에서는 사형이 '집행'되지 않고 있다. 사형수의 범죄유형을 보면, 강도살인 등 살인범이 대부분을 차지하고, 그 다음은 국가보안법·반공법위반의 공안사범이다.

모두 범인에게 돌리는 불합리한 형벌이다.

사형을 폐지한 국가를 보자면, 콜롬비아(1910년), 스위스(1937년), 독일(1949년),[3] 오스트리아(1950년), 영국(1969년), 스웨덴(1972년), 스페인(1975년), 포르투갈(1976년), 프랑스(1981년) 등 서구와 남미의 대부분의 국가가 사형을 폐지하고 있다.

사형폐지론자로서는 베까리아, 나탈레, 하워드, 페스탈로찌, 몽테스키외, 유고, 도스토예프스키, 톨스토이, 리프만, 까뮤, 칼버트, 서더랜드, 木村龜二 등이 있다.[4]

(2) 사형존치론

사형존치론의 논거는 다음과 같다.

① 생명은 인간이 가장 애착을 갖고 있는 것이라는 점과 생존본능에 비추어 사형은 흉악범에 대하여 위하효과를 가진다는 것을 부정할 수 없다. ② 형벌의 본질이 응보에 있는 이상 극악한 살인범에게 사형이 불가피하며, 이것이 일반인의 정의관념에도 부합한다. ③ 사회방위의 목적을 달성하기 위하여 극악한 흉악범을 사회로부터 제거하여야 한다. ④ 사형의 폐지가 이상론으로서는 바람직하다고 하더라도 한 국가의 정치적·사회적·문화적 기반을 고려하여 상대적으로 논의되어야 한다. 따라서 한 국민의 법감정 내지 국민정서가 사형존치를 불가피한 것으로 받아들인다면 그 현실을 인정해야 한다.

아직도 사형을 존치하고 있는 국가로는 미국, 일본, 중국, 브라질, 이스라엘, 인도네시아, 말레이시아, 이집트, 쿠웨이트, 레바논 등이 있고, 사형존치론자로서는 아퀴나스, 로크, 루소, 칸트, 헤겔, 포이에르바하, 롬브로조, 페리, 비르크마이어, 블랙스톤 등이 있다.[5]

우리나라 대법원과[6] 헌법재판소는 사형을 위헌이 아닌 것으로 보는 입장을 취하고 있는데, 아래에서는 그 대표적인 대법원판결과 헌법재판소의 결정

3) 독일은 기본법 제102조가 사형폐지를 명시하고 있다.

4) 우리나라에서의 사형폐지론자는 김성돈, 747면; 김성천, 476면; 김/서, 735면; 박상기, 506면; 배종대, 787면; 안동준, 331면; 오영근, 751면; 이형국, 390면; 정영일, "사형제도에 대한 형사정책적 음미", 형사정책 창간호, 1986, 332면; 진/이, 694면; 허일태, "사형의 대체형벌로서 절대적 종신형의 검토", 형사정책, 제12권 제2호, 2000. 12, 234-5면.

5) 우리나라에서의 사형존치론자는 김신규, 589면; 성낙현, 725면; 손동권, 624면; 유기천, 349면; 이재상, 562면; 정/박, 655면; 정영석, 302면; 황산덕, 307면.

6) 대판 2009. 2. 26, 2008 도 9867; 1995. 1. 13, 94 도 2662; 1983. 3. 8, 82 도 3248; 1967. 9. 19, 67 도 988; 1963. 2. 28, 62 도 241 등.

을 소개하기로 한다.

현재 우리나라 실정과 국민의 도덕적 감정 등을 고려하여 국가의 형사상 정책으로써 질서유지와 공공복리를 위하여 형법·군형법 등에 사형이라는 처벌의 종류를 규정하였다 하여도 이것을 헌법에 위반된 조문이라 할 수 없다(**대판** 1963. 2. 28, 62 도 241).

상고이유: [다수의견] 1. 사형은 인간의 생명을 박탈하는 냉엄한 궁극의 형벌로서 사법제도가 상정할 수 있는 극히 예외적인 형벌이라는 점을 감안할 때, 사형의 선고는 범행에 대한 책임의 정도와 형벌의 목적에 비추어 누구라도 그것이 정당하다고 인정할 수 있는 특별한 사정이 있는 경우에만 허용되어야 한다. 따라서 사형의 선고 여부를 결정함에 있어서는 형법 제51조가 규정한 사항을 중심으로 범인의 연령, 직업과 경력, 성행, 지능, 교육정도, 성장과정, 가족관계, 전과의 유무, 피해자와의 관계, 범행의 동기, 사전계획의 유무, 준비의 정도, 수단과 방법, 잔인하고 포악한 정도, 결과의 중대성, 피해자의 수와 피해감정, 범행 후의 심정과 태도, 반성과 가책의 유무, 피해회복의 정도, 재범의 우려 등 양형의 조건이 되는 모든 사항을 철저히 심리하여야 하고, 그러한 심리를 거쳐 사형의 선고가 정당화될 수 있는 사정이 있음이 밝혀진 경우에 한하여 비로소 사형을 선고할 수 있다(대법원 2006. 3. 24, 선고 2006도354 판결, 대법원 2013. 1. 24, 선고 2012도8980 판결 등 참조). 우리 헌법은 제110조 제4항에서 법률에 의하여 사형이 형벌로서 선고될 수 있음을 전제로 하여 사형제도를 인정하고 있고 현행 법제상 다수의 범죄에 관하여 사형이 법정형으로 규정되어 있기는 하지만, 법관이 사형을 선고함에 있어서는 앞서 든 사항 등 고려할 수 있는 모든 양형의 조건들을 엄격하고도 철저히 심리하여 의문의 여지가 없을 정도로 사형의 선고가 정당화될 수 있을 때에만 비로소 그 사형의 선고가 허용된다는 것이 대법원의 확고한 입장임은 누차 확인된 바 있다.… 5. 사형제도에 관하여는, 국가가 생명의 절대적 가치를 전제로 하는 이상 국가에 의하여 인간의 생명이 박탈되는 것을 제도적으로 허용하여서는 안 된다거나 사형의 범죄예방효과가 크지 않고 오판의 가능성을 배제할 수 없다는 등의 이유로 이를 폐지하여야 한다는 논의가 계속되어 왔고, 우리나라에서는 1998년 이래 지금까지 사형집행이 이루어지지 않고 있어(군인에게 사형이 선고된 경우도 마찬가지이다) 사형 선고의 실효성 자체에 대해서도 의문이 제기되고 있으며, 최근에 사형제도를 폐지하는 내용의 법안이 국회에 발의된 바 있기도 하다. 그러나 사형제도 폐지에 관한 국민과 입법자의 결단이 아직 이루어지지 아니하고 있고, 헌법재판소 또한 2010. 2. 25, 선고 2008헌가23 결정 등에서 사형제도가 헌법에 위반되지 아니한다고 선고한 바 있다. 비록 법관이 인명의 존중과 인권의 보호를 그 중요한 사명으로 하고 있다고 하더라도, 현행 법제상 사형제도가 존치되어 있고 그것이 합헌으로 받아들여지고 있는 이상

법정 최고형으로 사형이 규정되어 있는 범죄에 대하여 최고형으로 처벌함이 마땅하다고 판단되는 사건에서는 사형을 선고하는 것이 법관으로서의 책무에 부합한다(**대판** 2016. 2. 19, 2015 **도** 12980－전원합의체). 이 대법원판결의 [반대의견]도 참조할 가치가 있음.

한 생명의 가치만을 놓고 본다면 인간존엄성의 활력적인 기초를 의미하는 생명권은 절대적 기본권으로 보아야 함이 당연하고, 따라서 인간존엄성의 존중과 생명권의 보장이란 헌법정신에 비추어 볼 때 생명권에 대한 법률유보를 인정한다는 것은 이념적으로는 법리상 모순이라고 할 수도 있다. 그러나 헌법 제12조 제1항이 "모든 국민은…법률과 적법절차에 의하지 아니하고는 처벌·보안처분 또는 강제노역을 받지 아니한다."고 규정하는 한편, 헌법 제110조 제4항이 "비상계엄하의 군사재판은…법률이 정하는 경우에 한하여 단심으로 할 수 있다. 다만, 사형을 선고한 경우에는 그러하지 아니하다."고 규정함으로써 적어도 문언의 해석상으로는 간접적이나마 법률에 의하여 사형이 형벌로서 정해지고 또 적용될 수 있음을 인정하고 있는 것으로 보인다. 또한 현실적인 측면에서 볼 때 정당한 이유없이 타인의 생명을 부정하거나 그에 못지 아니한 중대한 공공이익을 침해한 경우에 국법은 그 중에서 타인의 생명이나 공공의 이익을 우선하여 보호할 것인가의 규준을 제시하지 않을 수 없게 되고, 이러한 경우에는 비록 생명이 이념적으로 절대적 가치를 지닌 것이라 하더라도 생명에 대한 법적 평가가 예외적으로 허용될 수 있다고 할 것이므로, 생명권 역시 헌법 제37조 제2항에 의한 일반적 법률유보의 대상이 될 수밖에 없다. 생명권에 대한 제한은 곧 생명권의 완전한 박탈을 의미한다 할 것이므로, 사형이 비례의 원칙에 따라서 최소한 동등한 가치가 있는 다른 생명 또는 그에 못지 아니한 공공의 이익을 보호하기 위한 불가피성이 충족되는 예외적인 경우에만 적용되는 한, 그것이 비록 생명을 빼앗는 형벌이라 하더라도 헌법 제37조 제2항 단서에 위반되는 것으로 볼 수는 없다. 사형은 인간의 죽음에 대한 공포본능을 이용한 가장 냉엄한 궁극의 형벌로서 그 위하력이 강한 만큼 이를 통한 일반적 범죄예방효과도 더 클 것이라고 추정되고 또 그렇게 기대하는 것이 논리적으로나 소박한 국민일반의 법감정에 비추어 볼 때 결코 부당하다고 할 수 없다. 또한 사형은 죽음에 대한 인간의 본능적인 공포심과 범죄에 대한 응보욕구가 서로 맞물려 고안된 "필요악"으로서 불가피하게 선택된 것이며 지금도 여전히 제 기능을 하고 있다는 점에서 정당화될 수 있다. 결국 형벌로서의 사형이 우리의 문화수준이나 사회현실에 미루어 보아 지금 곧 이를 완전히 무효화시키는 것이 타당하지 아니하므로 아직은 우리의 현행 헌법질서에 위반되지 아니한다고 판단한다(**헌재** 1996. 11. 28, 95 **헌바** 1).[7]

---

7) 헌법재판소는 2010년 2월 25일에도 재판관 5(합헌):4(위헌)의 의견으로 사형제도가 헌법에 위반되지 아니한다는 또 다른 결정을 내놓았다. 이 결정의 주요 골자는 다음과 같다.

(3) 사 견

흉악범이 기승을 부리고 있고 조만간 줄어들 것 같지도 않은 우리나라의 범죄현실을 고려하여 사형제도의 전면폐지는 시기상조라는 견해가 일면 설득력을 갖고 있는지도 모른다. 그러나 ① 인류의 형벌제도의 발전과 문화국가의 실현은 궁극적으로 사형폐지를 지향하고 있으며, ② 또한 사형제도의 지난 역사를 돌이켜 보면, 사형이 정치적 반대자 또는 종교적 반대자를 제거하기 위한 수단으로 악용된 사례가 허다하다. ③ 그리고 재판도 인간이 하는 것인 이상 오판이 없을 수 없고 오판이 있은 경우에 다른 형벌과는 달리 사형의 집행은 사후에 회복이 불가능한 법익박탈을 의미할 뿐만 아니라 그 어떠한 보상도 사형수에게는 무의미한 것이며, ④ 개선이 불가능한 흉악범에 대한 사회방위수단으로서 사회배제처분이 유일한 것이라고 하더라도, 그 배제의 방법에 있어서 사형 이외에 다른 수단, 예컨대 가석방을 허용치 않는 무기형도 있을 수 있다는 점을 염두에 두어야 할 것이다.[8)]

"사형이 극악한 범죄에 한정적으로 선고되는 한, 인간존엄성의 활력적인 기초를 의미하는 생명권 제한에 있어서 헌법 제37조 제2항에 의한 헌법적 한계를 일탈하였다고 볼 수 없는 이상, 사형제도가 범죄자의 생명권 박탈을 내용으로 한다는 이유만으로 곧바로 인간의 존엄과 가치를 규정한 헌법 제10조에 위배되어 위헌이라고 할 수는 없다. 또한 사형제도는 공익의 달성을 위하여 무고한 국민의 생명을 그 수단으로 삼는 것이 아니라, 형벌의 경고기능을 무시하고 극악한 범죄를 저지른 자에 대하여 그 중한 불법 정도와 책임에 상응하는 형벌을 부과하는 것으로서 이는 당해 범죄자가 스스로 선택한 잔악무도한 범죄행위의 결과라 할 것인바, 이러한 형벌제도를 두고 범죄자를 오로지 사회방위라는 공익 추구를 위한 객체로만 취급함으로써 범죄자의 인간으로서의 존엄과 가치를 침해한 것으로 보아 위헌이라고 할 수는 없다. 사형제도는 무고한 일반국민의 생명 보호 등 극히 중대한 공익을 보호하기 위한 것으로서 생명권 제한에 있어서의 헌법적 한계를 일탈하였다고 할 수 없는 이상, 법관 및 교도관 등이 인간적 자책감을 가질 수 있다는 이유만으로 사형제도가 법관 및 교도관 등을 공익 달성을 위한 도구로서만 취급하여 그들의 인간으로서의 존엄과 가치를 침해하는 위헌적인 형벌제도라고 할 수는 없다. 따라서 형법 제41조 제1호 규정의 '사형제도' 자체는 우리의 현행 헌법이 스스로 예상하고 있는 형벌의 한 종류이기도 할 뿐만 아니라, 생명권 제한에 있어서의 헌법 제37조 제2항에 의한 한계를 일탈하였다고 할 수 없고, 인간의 존엄과 가치를 규정한 헌법 제10조에 위배된다고 볼 수 없으므로 헌법에 위반되지 아니한다"(**헌재** 2010. 2. 25, 2008 **헌가** 23－전원재판부).

한편 이 결정에서 헌법재판소는, 현행 '무기징역형제도'가 가석방이 불가능한 절대적 종신형을 따로 두고 있지 아니한 것이 형벌체계상의 정당성과 균형을 상실하여 헌법 제11조의 평등원칙에 반하거나 책임원칙에 반한다고 단정하기는 어렵다는 이유로 무기징역형제도(형법 제41조 제2호, 제42조 중 각 '무기징역' 부분)도 헌법에 위반되지 아니한다는 결정을 선고하였다. 아울러 법정형에 사형, 무기징역형을 포함하고 있는 형법 제250조 제1항(살인) 및 구 성폭력범죄의 처벌 및 피해자보호 등에 관한 법률 제10조 제1항(강간등살인・치사) 역시 헌법에 위반되지 아니한다는 결정을 선고하였다.

8) 스웨덴, 노르웨이, 핀란드, 덴마크 등 스칸디나비아 국가들이 채택하고 있는 종신구금제는

이상과 같은 관점에서 사형제도는 폐지함이 타당하다고 생각한다. 그리고 사형제도의 폐지 여부는 몇년간의 시험기간을 거쳐 최종결정을 내릴 수도 있으며, 사형제도의 개선방안으로 우선 사형집행유예제도를 도입한다든가[9] 사형의 대상범죄를 축소하는 등, 점진적으로나마 사형폐지로 나아가는 노력이 있어야 할 것으로 본다. 종국적으로 그리고 전면적으로 사형이 폐지된다면, 형법은 용서의 정신을 실천하는 장(場)으로서 '종교의 경지'로까지 승화된 자리 한 곳을 마련하는 것이 된다.

Ⅲ. 자 유 형

1. 자유형의 의의

자유형은 광의로는 국외추방·유형(流刑)·거주지제한 등 범죄인의 사회생활상의 자유를 박탈하거나 제한하는 것까지도 포함하지만, 일반적으로는 수형자의 신체적 자유를 박탈하는 것을 내용으로 하는 형벌을 말한다. 형법상 자유형에는 징역·금고·구류의 3종이 있다.

자유형의 주된 목적은 교화·개선을 통한 범죄인의 사회복귀에 있다. 형집행법 제1조도 자유형의 집행목적이 수형자의 교정교화와 건전한 사회복귀에 있음을 선언하고 있다. 그러므로 자유형의 집행에 있어서 자유박탈 이외의 고통을 제거하고 수형자의 인간다운 생활을 보장할 수 있도록 해야 한다.[10]

2. 형법상의 자유형

(1) 징역(懲役)

징역은 수형자를 교정시설에 수용하여 정해진 노역(勞役)에 복무하게 하는 것을 내용으로 하는 형벌이다(제67조). 징역에는 유기와 무기의 2종이 있다. 유기는 1개월 이상 30년 이하이지만 가중하는 경우에는 50년까지 가능하다(제42조).

무기는 종신형에 해당하는 형벌이라고 할 수 있는데, 20년이 경과한 후에

사형과 같은 기능을 하고 있는 것으로 평가받고 있다.

9) 이수성, "사형 폐지론소고", 서울대 법학, 제13권 2호, 1975, 76면.

10) Jescheck, AT, S. 694.

는 가석방이 가능하다(제72조 제1항). 무기형은 수형자에게서 재사회화의 의지를 빼앗아 버리고 사회복귀의 희망을 차단하는 비인도적 제도이므로 유기자유형으로의 개선이 요청되며, 심지어는 위헌이라는 주장도 있다.[11] 그러나 무기형도 20년이 경과한 후에는 가석방이 가능하다는 점에서 자유형의 사회복귀적 기능이 유지되고 있고, 사형의 대체수단으로서 반드시 필요한 형벌이라고 보아야 한다는 점에서 무기형의 폐지는 지나친 주장이라고 하겠다.

(2) 금고(禁錮)

금고는 수형자를 교정시설에 수용하여 자유를 박탈하는 것을 내용으로 하는 형벌인데(제68조), 정해진 노역에 복무하지 않는 점에서 징역과 구별된다. 다만 형집행법은 금고의 수형자에 대하여도 신청이 있으면 작업을 과할 수 있도록 하고 있다(제67조). 금고도 유기와 무기로 구별되고, 형기는 징역의 경우와 같다(제42조).

금고형은 과실범이나 정치범과 같이 다소 명예를 존중할 필요가 있는 자에게 부과한다는 점에서 '명예적 구금'이라고 할 수 있다.

(3) 구류(拘留)

구류도 수형자를 교정시설에 수용하여 자유를 박탈하는 것을 내용으로 하는 형벌이다(제68조). 다만 그 기간이 1일 이상 30일 미만이라는 점에서 징역 및 금고와 다르다.

구류는 형법전에는 아주 예외적인 경우에만 규정되어 있고, 주로 경범죄처벌법이나 단행법률에서 인정되고 있다. 구류는 자유형의 하나인 점에서 형사소송법상 피의자가 도주하거나 증거를 인멸할 가능성을 방지하고 신병을 확보하기 위하여 일정기간 피의자를 구치하는 '(미결)구금'과 구별하여야 한다. 또 구류는 수형자가 벌금 또는 과료를 납부하지 않을 때 그 환형처분으로서 행해지는 수형자의 '노역장 유치'(제69-71조)와도 구별해야 한다.

3. 자유형의 문제점

(1) 자유형의 단일화문제

형법은 자유형을 구치기간 동안 정역에 복무시키는 징역과 정역의 복무가 없는 금고 그리고 구치기간이 짧은 구류의 3종으로 구분하고 있다. 그런데 정

---

11) 김/서, 737면 이하.

역의 복무 여부로 징역과 금고를 구분하는 것은 응보형사고의 잔재에 불과할 뿐 합리적·인도적 형사정책의 관점에서 볼 때 납득할 만한 근거가 없다고 하여 자유형을 단일화하여야 한다는 주장이 제기되고 있다.[12] 그 논거로는 다음과 같은 것들이 있다. ① 형벌의 목적을 개선 내지 교육에 둔다면 교정행정정책의 일관성을 유지하기 위해서도 단일화가 필요하다. ② 파렴치범에게는 징역형을 부과하고 명예를 존중해 줄 필요가 있는 정치범·과실범에게는 금고를 부과하고자 함에 법의 취지가 있다고 하지만, 양자의 구별기준인 파렴치성의 판단이 그리 쉽지 않다. ③ 처우를 달리한다는 명목으로 정역의 복무 여부를 내세우는 것은 전근대적인 노동천시사상에 지나지 않으며, 노동을 신성한 것으로 본다면 정역을 과하는 것이 명예손상이 될 수 없다. 또한 실제로도 금고수형자의 대부분이 신청에 의하여 노역에 종사하고 있다.

이상의 이유로 징역과 금고의 구별을 철폐하고 구류를 포함하여 자유형으로 단일화해야 하며, 더욱이 후술하는 단기자유형의 폐해를 고려한다면 자유형에서 구류를 폐지해야 한다는 요청을[13] 경청할 필요가 있다고 할 것이다.

실제로 1878년 스톡홀름에서의 제2회 국제형법형무회의, 1950년 헤이그회의, 1951년 베를린회의 등에서 자유형의 단일화가 논의되었고, 독일형법 제38조 제2항은 자유형을 1월 이상 15년 이하로 규정하고 구류를 폐지함으로써 자유형의 단일화를 실현하였다. 오스트리아형법 제18조 제2항도 유기자유형을 1일 이상 20년 이하로 규정하여 구류를 자유형에 포함시키고 금고를 규정하지 않는 등 자유형을 단일화하였다. 단일한 자유형제도는 오늘날 자유형의 개혁추세인 것으로 판단된다.[14]

(2) 단기자유형의 폐지문제

단기자유형이란 형기가 짧은 자유형인데, 단기 여부의 기준을 놓고 1949년 국제형법형무회의에서는 3월 이하, 1959년 UN범죄방지회의에서는 6개월 이하, 미국에서는 대체로 1년 이하가 제시되고 있으나, 지배적 견해는 6개월 이

12) 권오걸, 716면; 김성돈, 750면; 김신규, 592면; 김/서, 736면; 박상기, 507면; 배종대, 789면; 손해목, 1181면; 안동준, 333면; 이재상, 567면; 이형국, 391면; 정/박, 658면; 정영일, 523-4면; 진/이, 699면.

13) 허일태, "자유형제도의 문제와 개선방향에 관한 연구", 형사정책, 제5호, 1990, 65면.

14) 2025년 6월 시행된 일본형법 제12조도 징역과 구금으로 구분하던 자유형을 구금형(拘禁刑)으로 단일화하였다. 다만 제16조에 구류(拘留)를 삭제하지 않고 유지함으로써 자유형의 완전한 단일화로 평가하기는 어렵다.

하로 보고 있다.[15]

단기자유형을 집행할 경우 수형자는 범죄에 정통하고 사회에 대하여 부정적 시각을 지닌 재소자사회집단의 하위문화에 물들게 되고, 특히 다른 수형자로부터 범죄수법을 전수받게 되는 등 악성감염으로 인하여 건전한 사회복귀가 더욱 어렵게 된다는 역효과를 가져올 가능성이 높다. 단기자유형은 수형자를 개선·교육시키기에는 너무 짧은 기간이지만, 악성감염으로 수형자를 오염시키기에는 충분한 기간이라고 지적되고 있다. 이와 같은 폐해를 고려할 때 단기자유형은 폐지하는 것이 타당하다고 하겠다.[16]

단기자유형을 폐지하는 경우에 그 대체방안으로는 벌금형, 보호관찰부 집행유예 및 선고유예, 주말 내지 휴일구금, 가택구금, 피해원상회복제 등이 고려된다.

Ⅳ. 재 산 형

1. 재산형의 의의

재산형은 범인으로부터 일정한 재산을 박탈하는 것을 내용으로 하는 형벌이다. 형법은 재산형으로 벌금, 과료, 몰수의 3종을 인정하고 있다.

2. 형법상의 재산형

(1) 벌 금

(가) 벌금형의 의의 벌금형은 범인에게 일정한 금액의 지급의무를 강제적으로 부과하는 형벌이다. 벌금형은 범인에게 금전지급의 의무라는 효과를 발생시킴에 그치지만, 몰수는 재산권을 일방적으로 국가에 귀속시키는 물권적 이전효과를 발생한다는 점에서 구별된다.

벌금은 일신전속적 형벌이므로 제3자에 의한 대납, 국가에 대한 채권과의 상계, 벌금의 상속, 벌금에 대한 공동연대책임이 있을 수 없다. 그러나 피고인의 재판확정 후 사망으로 인한 상속재산(형소법 제478조), 재판확정 후 합병으로 인한

15) 배종대, 789면; 안동준, 333면; 오영근, 757면; 이재상, 567면; 이형국, 391면; 진/이, 700면.
16) 권오걸, 717면; 김/서, 736면; 배종대, 789면; 안동준, 333면; 이재상, 567면; 이형국, 391면; 정/박, 658면; 진/이, 699면.

존속법인 또는 설립법인의 재산(형소법 제479조)에 대해서는 예외적으로 벌금형을 집행할 수 있다.

(나) **벌금형의 내용** 벌금은 5만원 이상으로 한다(**제45조**). 그 상한에는 제한이 없다. 다만 감경하는 경우에는 5만원 미만으로 할 수 있다(제45조 단서).

벌금형의 양정에는 형법에 특별한 규정이 없으므로 양형에 관한 일반규정(제51조)이 적용된다. 벌금은 판결확정일로부터 30일 이내에 납입해야 하고, 벌금을 납입치 않은 자는 환형처분으로서 1일 이상 3년 이하의 기간 동안 노역장에 유치하여 작업에 복무하게 할 수 있다(**제69조**). 노역장 유치는 벌금 선고와 동시에 납입하지 아니하는 경우의 노역장 유치기간을 정하여 선고된다(제70조 제1항). 이 경우 선고하는 벌금 액수가 1억 원 이상 5억 원 미만인 때에는 300일 이상, 5억 원 이상 50억 원 미만인 때에는 500일 이상, 50억 원 이상인 때에는 1천일 이상이 되도록 벌금형에 대한 환형유치기간의 하한을 명문화하였다(제70조 제2항 신설).[17] 종래 법관이 재량으로 '고액'의 벌금형에 대한 환형처분으로서의 노역장 유치기간을 '단기'로 선고함으로써 환형처분이 무력화되고 현저히 형평을 상실하게 되는 문제점, 이른바 '황제노역'의 문제점이 여론의 질타를 받게 되면서, 고액벌금형에 대한 노역장 유치의 최소기간을 직접 법률에 규정해야 한다는 입법 여망(輿望)이 거셌다. 이에 제70조 제2항을 신설하는 형법개정이 2014. 5. 14.에 행해졌다. 벌금의 일부만 납입한 경우에는 벌금액과 노역장 유치기간의 일수에 비례하여 납입금액에 해당하는 일수를 공제한다(제71조). 벌금미납시 노역장 유치를 규정한 제69조 제2항에 대한 예외로서 「벌금미납자의 사회봉사 집행에 관한 특례법」(약칭: 벌금미납자법)이 제정(2009년 9월부터 시행)되었다. 이 법률은 벌금미납자에 대한 노역장 유치를 '사회봉사'로 대신하여 집행할 수 있는 특례와 절차를 규정함으로써 경제적인 이유로 벌금을 낼 수 없는 사람의 노역장 유치로 인한 구금을 최소화하여 그 편익을 도모함을 목적으로 하고 있다.[18]

---

17) 가) 1억 원 이상의 벌금형을 선고하는 경우 노역장 유치기간의 '하한'을 정한 형법 제70조 제2항이 과잉금지원칙에 위배되지 아니하고, 나) 노역장 유치조항을 시행일 이후 최초로 공소제기되는 경우부터 적용하도록 한 형법 부칙(2014. 5. 14. 법률 제12575호) 제2조 제1항이 형법불소급 원칙에 위반된다는 헌법재판소의 결정이 있다(헌재 2017. 10. 26, 2015 헌바 239, 2016 헌바 177(병합). 나)의 판시사항과 관련하여 헌재의 위헌결정을 따른 대법원판결(대판 2018. 2. 13, 2017 도 17809) 참조.

18) "결정요지: '벌금미납자의 사회봉사 집행에 관한 특례법'(이하 '특례법'이라 한다)은 벌금미납자에 대한 노역장 유치를 사회봉사로 대신하여 집행할 수 있는 제도를 새로 도입하면서, 벌

(다) 벌금형의 장·단점 재산의 박탈을 의미하는 벌금형은 현대의 소비사회에 적합하고도 효과적인 형벌이며, 집행비용이 적게 들고, 교도소·구치소의 과밀현상을 해소하는 하나의 방법이 된다는 등의 장점이 있으므로, 오늘날 적용의 빈도가 높은 중요한 형벌수단으로 떠오르고 있다. 그 외 벌금형은 자유형의 집행이 수형자에 미치는 부정적 영향을 덜 수 있다. 즉 벌금형은 범죄인을 사회로부터 격리시키지 않기 때문에 단기자유형의 문제점인 범죄에의 악감염과 사회생활의 중단 등을 피할 수 있고, 오판의 경우에도 그 회복이 용이하다는 장점이 있다.

그러나 수형자의 재력에 따라 형벌의 효과가 달라져서, 특히 재산가에 대하여는 일반예방 또는 특별예방의 효과를 기대할 수 없으며, 그 밖에 벌금형의 집행은 직접 피고인의 가계(家計)에 영향을 미치게 되어 피고인의 가족이 압박을 받게 되므로 형벌의 일신전속적 성질을 잃게 된다는 단점도 있다.

(라) 벌금형의 개선 벌금형의 중요성에 비추어 그 장점을 유지하면서 부과와 집행에 있어서 효과적인 개선책이 강구되고 있다.

(a) 일수벌금제도(日數罰金制度)의 도입 우리나라의 벌금제도는 일정액을 총액으로 선고하는 '총액벌금제도'이다. 그러나 이 제도는 범인의 빈부차를 고려할 수 없고, 범인의 불법과 책임을 정확하게 액수로 산정할 수 없다는 난점이 있다. 이러한 문제점을 해결하기 위하여 입법론으로 범행의 경중에 따라 일수(日數)를 정하고, 피고인의 경제사정을 고려하여 별도로 1일의 벌금액수에 차등을 두는 '일수벌금제도'의 도입이 요청된다.

일수벌금제도는 1921년 핀란드형법(제4조)에서 시작하여 독일과 오스트리아에 도입되어 있다. 일수벌금제도에는 범죄인의 경제사정 조사상의 곤란, 벌금총액의 증대에 따른 법관의 자의적인 1일액수산정의 위험이 내포되어 있지만, 그 위험이 일수벌금제도의 기능을 해할 정도는 아닌 것으로 평가되고 있다.

(b) 벌금의 분납제도의 도입 벌금, 과료 등 재산형은 분할납부와 신용

금형이 확정된 벌금미납자는 검사의 '납부명령일부터 30일 이내에' 사회봉사를 신청할 수 있다고 규정하고 있다(제4조 제1항). 여러 사정, 특히 특례법의 입법취지 등을 종합해 보면, 벌금미납자가 사회봉사의 대체집행 신청을 할 수 있는 처음 시점, 즉 시기(始期)를 특별히 제한하여 해석할 이유는 없으므로, 신청은 벌금형이 확정된 때부터 가능하다고 볼 것이다. 따라서 위 규정은 신청을 할 수 있는 종기(終期)만을 규정한 것으로 새기는 것이 타당하고, 그 종기(終期)는 검사의 납부'명령일'이 아니라 납부명령이 벌금미납자에게 '고지된 날'로부터 30일이 되는 날이라고 해석하는 것이 옳다"(대결 2013. 1. 16, 2011 모 16).

카드에 의한 납입이 가능하다. 2016. 1. 6.에 개정된 형사소송법은 제477조 제6항을 신설하여, 재산형의 분납 등 납부방법을 법무부령으로 정한다는 근거규정을 마련하였다(2018. 1. 7.부터 시행). 이에 따라 「재산형 등에 관한 검찰 집행사무규칙」 제12조는 재산형의 분납을, 제15조의2는 신용카드 등에 의한 납부를 규정하고 있다.

(c) 벌금형의 집행유예제도의 채택 형법은 벌금형의 선고유예는 인정하고(제59조), 집행유예는 인정하지 않고 있었다. 그러나 2016. 1. 6.에 형법 제62조를 개정하여 500만원 이하의 벌금형을 선고할 경우에 집행유예제도를 도입하였다(2018. 1. 7.부터 시행). 자유형에 대한 집행유예제도와의 형평상, 보다 더 가벼운 벌금형에 대해서 집행유예제도를 채택한 것은 만시지탄이라 할 만한 개정이라고 하겠다.

(d) 벌금형의 적용범위의 확대 단기자유형의 폐해를 줄이기 위한 대체방안의 하나로서 벌금형의 적용범위를 확대할 필요가 있다. 따라서 벌금형을 규정하고 있지 않은 사인 등 위조·부정사용죄(형법 제239조), 공인 등 위조·부정사용죄(제238조) 등 일정한 형기 이하의 비교적 경미한 범죄에 대하여 벌금형을 선택형으로 추가함이 타당하다.

(2) 과 료

과료는 벌금과 같이 재산형의 일종으로서 범죄인에게 일정한 금액의 지급을 강제적으로 부담지우는 형벌이다. 과료는 형벌의 일종이므로 행정질서벌과 민사질서벌의 하나인 과태료와는 구별해야 한다.

과료는 재산형의 일종이란 점에서 벌금형과 같다. 그러나 과료는 벌금에 비해 그 금액이 적고, 따라서 경미한 범죄에 부과된다. 과료는 2천원 이상 5만원 미만으로 한다(제47조). 과료를 납입치 않은 자는 1일 이상 30일 미만의 기간 노역장에 유치하여 작업에 복무케 한다(제69조). 노역장 유치는 과료선고와 동시에 납입하지 아니하는 경우의 노역장 유치기간을 정하여 선고된다(제70조). 과료의 일부만 납입한 경우에는 과료액과 유치기간의 일수에 비례하여 납입금액에 해당하는 일수를 뺀다(제71조).

과료는 주로 경범죄처벌법 기타 단행법규에 많이 규정되어 있고, 형법에는 예외적으로 공연음란죄(제245조)·단순폭행죄(제260조 제1항)·과실치상죄(제266조 제1항)·단순협박죄(제283조 제1항)·점유이탈물횡령죄(제360조)·자동차등불법사용죄(제331조의 2)·편의

시설부정이용죄(제348조의 2) 등에 규정되어 있다.

(3) 몰수(沒收)

(가) 몰수의 의의　몰수란 범죄의 반복을 방지하거나 범죄로 인한 이득을 보유하지 못하게 할 목적으로 범행과 관련된 재산을 박탈하여 국고에 귀속시키는 재산형을 말한다. 몰수는 원칙적으로 다른 형에 부가하여 과해지는 부가형이다(제49조). 그러므로 주형을 선고유예하는 경우에는 몰수나 추징의 선고유예도 가능하지만, 주형의 선고를 유예하지 않으면서 몰수나 추징에 대해서만 선고를 유예할 수는 없다.[19] 그러나 행위자에게 유죄의 재판을 아니할 때에도 몰수의 요건이 있는 때에는 몰수만을 예외적으로 선고할 수 있다(제49조 단서).

몰수는 '임의적' 몰수를 원칙으로 하므로(제48조 제1항), 몰수 여부는 원칙적으로 법관의 재량에 의한다.[20] '필요적' 몰수로는 형법각칙상 뇌물에 관한 죄에 있어서 범인 또는 사정을 아는 제3자가 받은 뇌물 또는 뇌물로 제공하려고 한 금품을 들 수 있으며(제134조), 특정범죄가중처벌법(제13조)과 국가보안법(제15조) 등에서도 개별적으로 규정되어 있다.

(나) 몰수의 법적 성격　몰수의 법적 성격에 관하여는 ① 형식적으로는 형벌이지만 실질적으로는 '대물적 보안처분'이라는 견해와[21] ② 형벌과 보안처분의 중간영역에 위치한 독립된 형사제재로서 두 가지 성격을 함께 가지고 있다는 견해가 있으나,[22] ③ 행위자 또는 공범이 소유자인 물건의 몰수는 재산형으로서의 성격을 갖지만 제3자 소유의 물건의 몰수는 대물적 보안처분의 성

---

19) 대판 1979. 4. 10, 78 도 3098.

20) 대판 1971. 11. 9, 71 도 1537. "형법 제48조 제1항 제1호에 의한 몰수는 임의적인 것이므로 그 몰수의 요건에 해당되는 물건이라도 이를 몰수할 것인지의 여부는 일응 법원의 재량에 맡겨져 있다 할 것이나, 형벌 일반에 적용되는 비례의 원칙에 의한 제한을 받으며(대법원 2008. 4. 24. 선고 2005도8174 판결 참조), 이러한 법리는 범죄수익은닉의 규제 및 처벌 등에 관한 법률 제8조 제1항의 경우에도 마찬가지로 적용된다. 그리고 몰수가 비례의 원칙에 위반되는 여부를 판단하기 위하여는, 몰수 대상 물건(이하 '물건'이라 한다)이 범죄 실행에 사용된 정도와 범위 및 범행에서의 중요성, 물건의 소유자가 범죄 실행에서 차지하는 역할과 책임의 정도, 범죄 실행으로 인한 법익 침해의 정도, 범죄 실행의 동기, 범죄로 얻은 수익, 물건 중 범죄 실행과 관련된 부분의 별도 분리 가능성, 물건의 실질적 가치와 범죄와의 상관성 및 균형성, 물건이 행위자에게 필요불가결한 것인지 여부, 물건이 몰수되지 아니할 경우 행위자가 그 물건을 이용하여 다시 동종 범죄를 실행할 위험성 유무 및 그 정도 등 제반 사정이 고려되어야 할 것이다"(**대판** 2013. 5. 23, 2012 **도** 11586).

21) 손해목, 1187면; 이형국, 394면; 정/박, 663면.

22) 권오걸, 724면; 김/서, 741면; 손동권 639면.

격을 갖는다고 하는 견해가 타당하다고 본다.[23]

(다) 몰수의 대상(몰수의 대물적 요건) 몰수의 대상은 범죄행위와 관련된 것임을 요한다. 그러므로 범죄사실과 관련이 없는 물건은 몰수할 수 없다. 그러나 몰수의 대상은 반드시 압수되어 있는 물건에 제한되는 것은 아니고, 피고인에게 환부한 물건도 몰수할 수 있다.[24] 물건이 몰수의 대상이 되는지 여부가 엄격한 증명의 대상인가라는 문제에 대하여 몰수의 대상이 되는지 여부는 범죄된 사실에 관한 것이 아니라는 이유로 자유로운 증명으로도 족하다는 것이 판례의 태도이다.[25] 그러나 몰수가 형벌의 일종인 이상 엄격한 증명의 대상이 된다고 해야 한다.

몰수의 대상은 다음에 열거한 물건의 전부 또는 일부이다(제48조 제1항). 여기에서의 물건은 민법상의 물건개념과는 달리 유체물에 한하지 아니하고 권리 또는 이익도 포함한다는 것이 통설·판례이다.[26]

(a) 범죄행위에 제공하였거나 제공하려고 한 물건(제48조 제1항 제1호) 여기에서의 범죄행위는 구성요건에 해당하는 위법한 행위를 말한다. 범죄행위에 제공하였거나 제공하려고 한 물건은 범죄행위에 사용한 물건, 또는 사용하려고 준비하였지만 현실적으로 사용하지 않은 물건을 의미한다.[27] 예컨대 살인에 사용한 권총, 강도에 사용하려고 준비한 흉기, 도박자금으로 대여한 금전,[28] 피해

23) 박상기, 513면; 성낙현, 728면; 신동운, 772면; 이재상, 571면; 정영일, 531면; 진/이, 703면.

24) 대판 1977. 5. 24, 76 도 4001.

25) 대판 1982. 2. 9, 81 도 3040.

26) "수뢰의 목적이 금전소비대차계약에 의한 금융이익일 때에는 그 금융이익이 뇌물이라 할 것이고, 이 경우 소비대차의 목적인 금원 그 자체는 뇌물이 아니므로 대여로 받은 금원 자체는 형법 134조에 의하여 몰수 또는 추징할 수 없고, 이는 범죄행위로 인하여 취득한 물건으로서 피고인 이외의 자의 소유에 속하지 아니하므로 형법 제48조 1항 2호에 의하여 몰수할 것이다"(**대판 1976. 9. 28, 76 도 2607**).

27) "형법 제48조 제1항 제1호의 '범죄행위에 제공한 물건'은, 가령 살인행위에 사용한 칼 등 범죄의 실행행위 자체에 사용한 물건에만 한정되는 것이 아니며, 실행행위의 착수 전의 행위 또는 실행행위의 종료 후의 행위에 사용한 물건이더라도 그것이 범죄행위의 수행에 실질적으로 기여하였다고 인정되는 한, 위 법조 소정의 제공한 물건에 포함된다"(대판 2006. 9. 14, 2006 도 4075). "판결요지: 형법상의 몰수가 공소사실에 대하여 형사재판을 받는 피고인에 대한 유죄판결에서 다른 형에 부가하여 선고되는 형인 점에 비추어, 어떠한 물건을 '범죄행위에 제공하려고 한 물건'으로서 몰수하기 위하여는 그 물건이 유죄로 인정되는 당해 범죄행위에 제공하려고 한 물건임이 인정되어야 한다. (따라서) 체포될 당시에 미처 송금하지 못하고 소지하고 있던 자기앞수표나 현금은 장차 실행하려고 한 외국환거래법 위반의 범행에 제공하려는 물건일 뿐, 그 이전에 범해진 외국환거래법 위반의 '범죄행위에 제공하려고 한 물건'으로는 볼 수 없으므로 몰수할 수 없다"(대판 2008. 2. 14, 2007 도 10034).

자로 하여금 사기도박에 참여하도록 유인하기 위하여 제시한 수표,[29] 대형할인매장에서 수회 상품을 절취하여 싣고 간 승용차,[30] 성매매에 제공되는 사실을 알면서 제공한 토지와 건물,[31] 이른바 몰카범죄에 사용된 휴대전화,[32] 주거침입에 사용한 사다리 등이 이에 해당한다. 그러나 범행에 제공할 의사없이 우연히 범행에 도움을 준 물건이나 관세법 제276조(구 관세법 제188조)에 규정된 허위신고의 대상이 된 물건은[33] 여기에 해당되지 않으므로 몰수할 수 없다.

(b) 범죄행위로 인하여 생겼거나 취득한 물건(동 제2호) '범죄행위로 인하여 생긴 물건'이란 범죄행위로 인하여 비로소 생성된 물건을 말하고, '범죄행위로 인하여 취득한 물건'이란 범행 당시에 이미 있던 물건이지만 범행으로 인하여 범인이 취득하게[34] 된 물건을 말한다. 예컨대 통화위조시에 위조통화와 몰카범죄시에 촬영된 동영상[35]은 전자에 해당하고, 도박이나 공갈로 인하여 취득한 수표는 후자에 해당한다. 그러나 외국환거래법 제16조(구 외국환관리법 제18조)에 의하여 신고하지 않은 미화(美貨)는 그 행위 자체에 의하여 취득한 물건이 아니므로 몰수할 수 없다.[36]

---

28) 대판 1982. 9. 28, 81 도 1669.

29) 대판 2002. 9. 24, 2002 도 3589.

30) 대판 2006. 9. 14, 2006 도 4075.

31) 피고인이 甲에게서 명의신탁을 받아 피고인 명의로 소유권이전등기를 마친 토지 및 그 지상 건물에서 甲과 공동하여 영업으로 성매매알선 등 행위를 함으로써 성매매에 제공되는 사실을 알면서 토지와 건물을 제공하였다는 내용의 '성매매알선 등 행위의 처벌에 관한 법률' 위반 공소사실이 유죄로 인정된 사안에서, '범죄수익은닉의 규제 및 처벌 등에 관한 법률'에 따라 위 토지와 건물을 몰수한 원심의 조치가 정당하다고 판시한 **대판 2013. 5. 23, 2012 도 11586** 참조.

32) 대판 2017. 10. 23, 2017 도 5905.

33) 대판 1974. 6. 11, 74 도 352.

34) "형법 제48조가 규정하는 몰수·추징의 대상은 범인이 범죄행위로 인하여 취득한 물건을 뜻하고, 여기서 '취득'이란 해당 범죄행위로 인하여 결과적으로 이를 취득한 때를 말한다고 제한적으로 해석함이 타당하다. … 원심이 피고인들에게 '사업장폐기물배출업체로부터 인수받은 폐기물을 폐기물관리법에 따라 허가 또는 승인을 받거나 신고한 폐기물처리시설이 아닌 곳에 매립하였다'는 범죄행위를 인정하면서 피고인들이 사업장폐기물배출업체로부터 받은 돈을 형법 제48조에 따라 몰수·추징한 사안에서, 위 돈을 형법 제48조의 몰수·추징의 대상으로 보기 위해서는 피고인들의 위와 같은 범죄행위로 인하여 취득하였다는 점, 즉 위 돈이 피고인들과 사업장폐기물배출업체 사이에 피고인들의 범죄행위를 전제로 수수되었다는 점이 인정되어야 한다는 이유로, 사업장폐기물배출업체로부터 정상적인 절차에 따라 폐기물이 처리되는 것을 전제로 돈을 받았다는 피고인들 주장에 관하여 심리하지 아니한 채 막연히 피고인들이 폐기물을 불법적으로 매립할 목적으로 돈을 받고 폐기물을 인수하였다는 사정만을 근거로 위 돈이 범죄행위로 인하여 생하였거나 이로 인하여 취득된 것이라고 본 원심판결에 몰수·추징에 관한 법리오해 및 심리미진의 잘못이 있다"고 한 대법원판결(대판 2021. 7. 21, 2020 도 10970) 참조.

35) 대판 2017. 10. 23, 2017 도 5905.

36) 대판 1982. 3. 9, 81 도 2930.

(c) 제1호 또는 제2호의 대가로 취득한 물건(동 제3호) 장물의 매각대금, 인신매매의 대금 등과 같이 범죄에 의하여 간접적으로 취득한 부정한 이득이 여기에 해당한다. 범죄로 인하여 취득된 물건 그 자체에 대하여는 형법 제48조 제1항 제1·2호에 의하여 몰수할 수 없는 때에도 그 물건의 대가를 박탈하려는 데 그 취지가 있다.

이와 관련하여 1995년 1월 5일에 제정된 '공무원범죄에 관한 몰수특례법'(약칭: 공무원범죄몰수법)은 공무원이 뇌물범죄행위를 통하여 취득한 불법수익 등을 철저히 추적·환수하기 위하여 몰수 등에 관한 특례를 규정하고 있는데, 이 법률의 특색은 몰수의 대상이 되는 불법재산을 수뢰행위로 얻은 '불법수익'에 국한하지 아니하고 '불법수익에서 유래한 재산'에까지 확대한 점에 있다. 이 때 '불법수익에서 유래한 재산'이라 함은 '불법수익의 과실(果實)로서 얻은 재산, 불법수익의 대가로서 얻은 재산, 이들 재산의 대가로서 얻은 재산 등 불법수익의 변형 또는 증식으로 형성된 재산'으로 정의하고 있다(동법 제2조 제3호). 이 때 몰수할 수 없는 불법재산은 그 가액을 추징하며(동법 제6조), 뇌물범죄와 불법재산취득과의 인과관계는 '상당한 개연성'의 입증으로 인정할 수 있도록 규정하고 있다(동법 제7조).

그 외에 범죄행위로 얻은 불법수익과 불법수익에서 유래한 재산까지도 몰수할 수 있도록 규정한 법률로는 '마약류불법거래방지에 관한 특례법'(약칭: 마약거래방지법)[37][38] 제13조 그리고 '범죄수익은닉의 규제 및 처벌 등에 관한 법률'(약칭: 범죄수익은닉규제법; 세칭: 돈세탁처벌법)[39][40] 제8조, '불법정치자금 등의 몰수

---

37) 1995. 12. 6. 법률 제5011호.

38) 마약거래방지법상 방조범에 대한 몰수·추징 관련 다음 대법원판결 참조. "마약류 불법거래 방지에 관한 특례법(이하 '마약거래방지법'이라고 한다) 제6조를 위반하여 마약류를 수출입·제조·매매하는 행위 등을 업으로 하는 범죄행위의 정범이 그 범죄행위로 얻은 수익은 마약거래방지법 제13조부터 제16조까지의 규정에 따라 몰수·추징의 대상이 된다. 그러나 위 정범으로부터 대가를 받고 판매할 마약을 공급하는 방법으로 위 범행을 용이하게 한 방조범은 정범의 위 범죄행위로 인한 수익을 정범과 공동으로 취득하였다고 평가할 수 없다면 위 몰수·추징 규정에 의하여 정범과 같이 추징할 수는 없고, 그 방조범으로부터는 방조행위로 얻은 재산 등에 한하여 몰수, 추징할 수 있다고 보아야 한다"(대판 2021. 4. 29, 2020 도 16369).

39) 2001. 9. 27. 법률 제6517호.

40) 재산적 가치가 인정되는 무형재산으로서 가상화폐('비트코인')가 몰수대상이 될 수 있다는 대법원판결이 있다. "범죄수익은닉규제법은 '중대범죄에 해당하는 범죄행위에 의하여 생긴 재산 또는 그 범죄행위의 보수로 얻은 재산'을 범죄수익으로 규정하면서 그 범죄수익을 몰수할 수 있다고 규정하고 있다. 또 같은 법 시행령은 '은닉재산이란 몰수·추징의 판결이 확정된 자가 은닉

에 관한 특례법'(약칭: 불법정치자금법)[41] 제2·3조, '부패재산의 몰수 및 회복에 관한 특례법'(약칭: 부패재산몰수법) 제2·3조 등이 있다.

(라) 몰수의 요건(몰수의 대인적 요건) 몰수가 가능하기 위해서는 몰수의 대상이 범인 외의 자의 소유에 속하지 아니하거나, 범죄 후 범인 외의 자가 사정을 알면서 취득한 물건임을 요한다(제48조 제1항).

(a) 범인 외의 자의 소유에 속하지 않는 물건 범인소유의 물건뿐만 아니라 무주물, 소유자 불명의 물건, 금제품(禁制品) 등도 여기에 속한다. 범인 외의 자의 소유에 속하는 물건은 몰수할 수 없다. 예컨대 부실기재된 등기부,[42] 허위기재 부분이 있는 공문서,[43] 장물,[44] 매각위탁을 받은 엽총,[45] 국고에 환부해야 할 국고수표[46] 등이 이에 해당한다.

범인에는 정범 외에 공범도 포함된다. 따라서 공범 소유의 물건도 몰수할 수 있다.[47] 누구의 소유에 속하는 물건인가는 판결선고 당시의 권리관계를 기준으로 하여 결정한다.[48] 따라서 범행 후 판결선고 전에 범인의 사망에 의하여 그 물건의 소유권이 상속인에게 이전되었을 때에는 몰수할 수 없다.[49] 범인 외의 자의 소유에 속하는 물건에 대하여 몰수선고가 있는 경우에는 피고인에 대한 관계에서 그 소지를 몰수할 뿐이고, 제3자의 소유권에는 영향이 없다.[50]

한 현금, 예금, 주식, 그 밖에 재산적 가치가 있는 유형·무형의 재산을 말한다'라고 규정하고 있으므로, 재산적 가치가 인정되는 무형재산도 몰수할 수 있다. … 비트코인은 재산적 가치가 있는 무형의 재산으로서 특정할 수 있으므로 몰수가 가능하다. … 범죄수익은닉규제법은 몰수할 수 있는 재산이 몰수대상재산 외의 재산과 합쳐진 경우 그 몰수대상재산을 몰수해야 할 때에는 합쳐진 재산 중 몰수대상재산의 금액 또는 수량에 상당하는 부분을 몰수할 수 있다고 규정하고 있으므로, 안씨가 보유하고 있던 비트코인 중 중대범죄에 의하여 취득한 금액에 상당하는 부분은 몰수하는 것이 가능하다"(대판 2018. 5. 30, 2018 도 3619).

41) 2005. 8. 4. 법률 제7652호.

42) 대판 1957. 8. 2, 4290 형상 190.

43) 대판 1983. 6. 13, 83 도 808.

44) 대판 1966. 9. 6, 66 도 853.

45) 대판 1966. 1. 31, 65 도 4.

46) 대판 1961. 2. 24, 4293 형상 759.

47) 대판 2006. 11. 23, 2006 도 5586; 1971. 7. 27, 70 도 1290.

48) 김성돈, 757면; 김/서, 743면; 이형국, 395면; 정/박, 664면; 정영일, 532면; 진/이, 707면.

49) 김성돈, 757면; 정영일, 532면.

50) "부가형인 몰수의 선고의 효력은 유죄판결을 받은 피고인에 대해서만 발생하는 것이므로 피고인 이외의 제3자는 몰수의 대상이 된 선박의 소유자로서 민사소송으로 국가에 대하여 그 반환을 청구한다고 하여 위 피고인에 대한 형사판결의 기판력과 저촉된다고 할 수 없다"(**대판 1970. 3. 24, 70 다 245.** 同旨, 대판 1970. 2. 10, 69 다 205).

(b) **범죄 후 범인 외의 자가 사정을 알면서 취득한 물건** 범인 외의 자의 소유에 속하는 물건이라 할지라도 제3자가 취득할 당시에 그 물건이 형법 제48조 제1항 각호에 해당한다는 사실을 알고 있었으면 몰수대상이 된다.

(4) **추징(追徵)·폐기(廢棄)**

몰수의 대상인 물건을 몰수할 수 없을 때에는 그 가액을 추징하고(제48조 제2항), 문서·도화·전자기록 등 특수매체기록 또는 유가증권의 '일부'가 몰수의 대상이 된 경우에는 그 부분을 폐기한다(제48조 제3항). 컴퓨터에 의한 정보처리의 발달로 종래의 문서를 대신한 전자기록 등 특수매체기록이 등장함에 따라 개정형법은 폐기해야 할 객체로 문서·도화·유가증권의 일부 이외에 전자기록 등 특수매체기록을 추가함으로써 그 범위를 확장하였다.

추징은 몰수대상물의 전부 또는 일부를 몰수하기 불가능한 때에 몰수에 갈음하여 그 가액의 납부를 명령하는 사법처분인데, 몰수의 취지를 관철하기 위하여 인정된 제도라는 측면에서 부가형으로서의 성질을 가진다.[51] 따라서 1심에서 선고하지 않은 추징을 항소심에서 선고하면 불이익변경금지의 원칙에 위배된다.[52]

추징의 요건으로서 "몰수할 수 없을 때"라 함은 소비·분실·혼동·심한 부패나 훼손·양도 등으로 판결시에 사실상 또는 법률상 몰수할 수 없는 경우를 말한다. 따라서 뇌물로 받은 금전이나 자기앞수표를 소비한 후에 동일한 액수로 반환한 경우나,[53] 뇌물인 수표를 예금한 후 액면상당의 금전을 반환한 경우에는[54] 몰수할 수 없는 경우이므로 그 가액을 추징하여야 한다.

추징가액의 산정기준은 범행시의 가액을 기준으로 해야 한다는 견해도 있으나,[55] '판결선고시'를 기준으로 함이 타당하다.[56] 판례도 몰수하기 불능한 때에 추징할 가액산정은 재판선고시의 가격을 기준으로 할 것으로 판시하고 있다.[57] 추징도 몰수와 같이 형벌의 일종이므로 엄격한 증명의 대상이 된다.

---

51) "주형에 대하여 선고유예를 하지 아니하면서 이에 부가할 추징에 대하여서만 선고를 유예할 수는 없다"(**대판 1979. 4. 10, 78 도 3098**).

52) 대판 1961. 11. 9, 4294 형상 572.

53) 대판 1984. 2. 14, 83 도 2871.

54) 대판 1970. 4. 14, 69 도 2461.

55) 정영석, 307면.

56) 권오걸, 729면; 김성돈, 759면; 김신규, 600면; 김/서, 743면; 박상기, 514면; 배종대, 793면; 성낙현, 729면; 손동권, 643면; 손해목, 1189면; 안동준, 338면; 오영근, 769면; 이재상, 574면; 이형국, 396면; 정/박, 666면; 정영일, 537면; 진/이, 710면.

수인의 공동피고인으로부터 추징하는 경우, 예컨대 수인이 공모하여 뇌물을 수수한 경우에는 그 뇌물은 공범자의 공유에 속하므로 몰수가 불가능하다. 따라서 개별적으로 가액을 추징해야 하며 개별적인 수뢰액수를 알 수 없을 때에는 평등하게 분할한 액수를 추징해야 한다.[58]

추징에 있어서 주목할 만한 특칙은 '범죄수익은닉의 규제 및 처벌 등에 관한 법률'(세칭: 돈세탁처벌법)을 개정(2014. 11. 19.)하면서 신설한 제10조의2(추징 집행의 특례)이다. 이 조문은 "다중인명피해사고 발생에 형사적 책임이 있는 개인, 법인 및 경영지배·경제적 연관 또는 의사결정에의 참여 등을 통해 그 법인을 실질적으로 지배하는 자에 대한 이 법에 따른 몰수대상재산에 관한 추징은 범인 외의 자가 그 정황을 알면서 취득한 몰수대상재산 및 그로부터 유래한 재산에 대하여 그 범인 외의 자를 상대로 집행할 수 있다"라고 규정함으로써, 불법적으로 제3자 명의를 통해 은닉한 재산을 환수할 수 있도록 추징 집행의 대상을 '일반인'에게까지 대폭 확대하고 있다(세칭: '김우중 추징법').

V. 명 예 형

1. 명예형의 의의

명예형이란 범인의 명예에 손상을 주거나 자격을 박탈 또는 제한하는 것을 내용으로 하는 형벌을 말한다. 명예형에는 범인의 명예감정에 손상을 주는 치욕형과 명예를 내포하는 권리를 박탈 내지 제한하는 자격형 또는 권리박탈형이 있다. 형법이 인정하고 있는 명예형 또는 자격형으로는 자격상실과 자격정지가 있다.

2. 형법상의 명예형

(1) 자격상실

사형, 무기징역 또는 무기금고의 판결을 받은 경우에 그 형의 효력으로서 일정한 자격이 당연히 상실된다. 이 때 상실되는 자격은 ① 공무원이 되는 자격, ② 공법상의 선거권과 피선거권, ③ 법률로 요건을 정한 공법상의 업무에

---

57) 대판 2008. 10. 9, 2008 도 6944; 1991. 5. 28, 91 도 352.

58) 대판 1977. 3. 8, 76 도 1982; 1975. 4. 22, 73 도 1963; 1970. 1. 27, 69 도 2225.

관한 자격, ④ 법인의 이사·감사 또는 지배인 기타 법인의 업무에 관한 검사역이나 재산관리인이 되는 자격이다(제43조 제1항).

(2) 자격정지

자격정지란 일정한 기간 동안 일정한 자격의 전부 또는 일부를 정지시키는 것을 말하며, 당연정지와 선고정지가 있다.

(가) 당연정지 유기징역 또는 유기금고의 판결을 받으면 형의 집행이 종료 또는 면제될 때까지 위 ① 내지 ③에 기재한 자격이 당연히 정지된다(제43조 제2항). 다만, 다른 법률에 특별한 규정이 있는 경우에는 그 법률에 따른다. 이 단서규정은 2016. 1. 6.의 형법개정으로 신설되었다. 특례 규정으로서 소년법 제67조가 있다(2018. 9. 18. 개정 참조).

(나) 선고정지 판결의 선고에 의하여 위 ① 내지 ④에 기재한 자격의 전부 또는 일부를 일정기간 정지시키는 경우로서, 그 정지기간은 1년 이상 15년 이하이다(제44조 제1항). 자격정지기간은 자격정지가 선택형인 때에는 판결이 확정된 날로부터 기산하며, 유기징역 또는 유기금고에 병과한 때에는 징역 또는 금고의 집행을 종료하거나 면제된 날로부터 기산한다(동조 제2항).

자격의 선고정지는 자격정지의 형이 다른 형과 선택적으로 되어 있는 경우(예컨대 제129조의 수뢰죄)에는 단독으로 과할 수 있고, 다른 형에 병과할 수 있는 경우(예컨대 제256조 살인죄에 대한 자격정지의 병과)에는 병과형으로 과할 수 있다.

3. 입 법 론

자격형에 관한 입법론으로는 ① 법관의 판결에 의하여 자격의 상실 또는 정지를 선고한다는 것은 피고인의 사회복귀에 부정적인 작용을 할 뿐이라는 이유로 자격형을 폐지하고 독일형법처럼 법률에 의하여 유죄판결에 부여된 부수효과로 규정함이 타당하다는 견해와,[59] ② 병과형으로서의 자격정지는 수형자의 재사회화라는 관점에서 입법론적으로 재검토를 요한다는 견해가 있다.[60]

59) 이재상, 575면; 진/이, 712면.
60) 이형국, 397면.

제2절 형의 경중

Ⅰ. 형의 경중의 논의실익

형의 경중을 논할 실익은 형법상으로는 신법과 구법의 경중비교(제1조 제2항), 상상적 경합의 처벌(제40조)과 실체적 경합의 처벌(제38조 제1항)에서 나타나고, 형사소송법상으로는 불이익변경금지의 원칙에서 찾아볼 수 있다. 따라서 형의 경중을 판단하기 위한 기준을 세울 필요가 있는데, 형법 제50조가 이에 관하여 규정하고 있다.

Ⅱ. 형의 경중의 판단기준

1. 第50조 第1항

형의 경중은 제41조 각 호의 순서에 따른다(동 본문). 제41조는 사형·징역·금고·자격상실·자격정지·벌금·구류·과료·몰수의 순서로 규정하고 있다. 다만, 무기금고와 유기징역은 무기금고를 무거운 것으로 하고, 유기금고의 장기가 유기징역의 장기를 초과하는 때에는 유기금고를 무거운 것으로 한다(동 단서).

2. 第50조 第2항

같은 종류의 형은 장기가 긴 것과 다액이 많은 것을 무거운 것으로 하고, 장기 또는 다액이 같은 경우에는 단기가 긴 것과 소액이 많은 것을 무거운 것으로 한다. 이에 따라 같은 종류의 형 사이에는 장기 또는 다액이 크면 단기 또는 소액이 적더라도 무거운 형으로 된다.

3. 第50조 第3항

위의 두 가지 기준을 제외하고는 죄질과 범정(犯情)을 고려하여 경중을 정한다. 예컨대 사기죄(제347조)와 공갈죄(제350조)의 경우처럼 법정형이 같을 때 적용되는 기준이다. 법정형이 같다는 것은 자유형에 있어서는 장기와 단기, 재산형에 있어서는 다액과 소액이 모두 동일함을 의미한다.

4. 처단형과 선고형의 경중

처단형과 선고형 사이에 있어서도 위와 같은 기준에 따라 그 경중을 판단할 수 있다. 판례에 의하면, 형의 집행유예와 집행면제 사이에서는 집행유예가 더 가볍고,[61] 징역형의 선고유예와 벌금형 사이에서는 벌금형이 더 무거운 것으로 판단하고 있다.[62] 징역과 집행유예된 징역 사이의 경중에 관하여서는 처음에는 징역기간이 짧아도 전자가 더 무겁다고 하였으나,[63] 그 후 태도를 바꾸어 집행유예된 징역형의 형기가 길면 집행유예없는 더 짧은 징역형보다 무겁다고 하였다.[64]

제 3 절 형의 양정(量定)

Ⅰ. 의 의

'형의 양정', 즉 '양형'이란 협의로는 법관이 범죄의 성립을 인정할 경우에 그 범죄에 규정된 법정형에 법률상의 가중·감경 및 정상참작감경을 하여 얻어진 처단형의 범위 내에서 구체적으로 선고할 형의 종류와 분량을 정하는 것을 말한다. 광의로는 형의 선고와 집행 여부를 결정하는 것도 포함하지만, 보통 양형이라 함은 협의를 의미한다.

양형은 입법자와 법관의 2단계 작업으로 이루어진다. 입법자는 구체적 범죄에 대하여 선고할 수 있는 형의 종류와 범위만을 형법에 규정할 뿐이고, 개별적인 양형은 법관에게 폭넓게 맡기고 있기 때문이다. 법관은 우선 적용가능한 형벌의 범위를 조사하고, 구체적 행위에 대한 책임평가를 통하여 책임의 정도를 정하며, 이 책임평가 내에서 일반예방과 특별예방을 고려하여 형의 종류와 형량을 정하게 된다.

---

61) 대판 1963. 2. 14, 62 도 248.
62) 대판 1966. 4. 6, 65 도 1261.
63) 대판 1965. 12. 10, 65 도 826.
64) 대판 1976. 1. 17, 75 도 1543; 1966. 12. 8, 66 도 1319.

양형은 법관의 재량에 속한다. 그러나 양형에 있어서 법관의 재량에는 합리적 판단이 요구되며, 법관의 '양형이 부당할 경우'에는 '항소사유'가 되고(형소법 제361조의 5), 사형·무기 또는 10년 이상의 징역이나 금고가 선고된 사건에 있어서는 '상고이유'가 된다(형소법 제383조). 형의 양정에 법관의 자의 또는 감정이 개재될 때에는 판결에 대한 피고인의 승복은 물론 사회 일반인의 신뢰도 상실될 것이고, 피고인의 개선이라는 형벌목적도 달성할 수 없게 될 것이다. 그러므로 형의 양정에 있어서 정당성과 합리성을 보장하기 위한 기준을 제시하고자 하는 노력은 매우 중요하고도 실천적인 의미를 지니고 있다.

Ⅱ. 형의 양정의 단계

구체적 범죄사실을 대상으로 하여 법관에 의하여 추상적 형벌이 구체화되는 과정은 다음 세 단계를 거치게 된다.

1. 법정형(法定刑)

법정형이란 형법각칙상 개개의 구성요건에 그 종류와 범위를 한정해서 규정되어 있는 형벌을 말한다. 법정형을 정하는 방법에는 형벌을 법률로 정하지 않고 전적으로 법관의 재량에 맡기는 절대적 전단형주의가 있는가 하면, 범죄에 대한 형벌의 종류와 분량을 법률에 엄격히 규정하여 법관의 재량을 전적으로 부인하는 절대적 법정형주의도 있다. 그러나 절대적 전단형주의는 형법의 보장적 기능을 해하고 죄형법정주의의 내용 중 '형벌명확화의 원칙'에 반하며, 절대적 법정형주의는 구체적 타당성을 지닌 형을 정할 수 없다는 문제점이 있다. 따라서 일반적으로 법률에는 형벌의 종류와 범위만을 규정하고 그 범위 안에서 법관이 구체적으로 형을 정하도록 하는 '상대적 법정형주의'를 취한다.

2. 처 단 형

처단형이란 법정형이 처단의 범위로 구체화된 형을 말한다. 법정형이 형종(刑種)의 선택을 인정할 경우에는 먼저 적용할 형종을 선택하고, 이 선택한 형에 다시 필요한 가중·감경을 함으로써, 선고형의 최종적 기준이 되는 형이 처단형이다. 예컨대 강도죄(제333조)의 법정형은 3년 이상의 징역이고 그 장기는

30년인데, 법률상 감경사유가 있는 때에는 제55조 제1항 제3호에 의하여 그 형이 법정형의 2분의 1, 즉 장기는 15년으로, 단기는 1년 6개월로 처단형의 범위가 결정된다.

3. 선 고 형

선고형이란 처단형의 범위 내에서 구체적으로 형을 양정하여 피고인에게 선고하는 형을 말한다. 위의 강도죄에서 처단형의 범위인 장기 15년, 단기 1년 6개월의 범위 내에서 징역 5년을 선고하는 경우에 최종적인 선고형이 정해지는 것이다.

자유형의 선고형에는 정기형과 부정기형의 두 가지 방식이 있다. 부정기형에는 다시 절대적 부정기형과 상대적 부정기형이 있다. 전혀 형기를 정하지 않고 선고하는 절대적 부정기선고형은 죄형법정주의에 반하므로 정기형을 선고함이 원칙이다. 다만 소년법에서는 소년범에 대하여 상대적 부정기선고형을 인정하고 있다(소년법 제60조 제1항).

Ⅲ. 형의 가중 · 감경 · 면제

1. 형의 가중

형법상 형의 가중은 법률상의 가중만 인정되고 재판상의 가중은 인정되지 않는다. 법률상 가중이란 미리 법률에 의하여 형의 가중이 규정되어 있는 경우를 말하는데, 형법은 필요적 가중만 인정하고 임의적 가중은 규정하지 않고 있다.

필요적 가중이란 가중사유가 있으면 반드시 가중하는 것을 의미하지만 반드시 당해 법정형을 초과하는 선고형을 정하여야 함을 의미하는 것은 아니며, 가중된 처단형의 범위 내에서 선고형을 정하면 된다.

또 법률상의 가중은 일반적 가중사유와 특수적 가중사유로 구분된다. 일반적 가중사유는 범죄 일반에 공통되는 가중사유, 즉 형법총칙에 규정된 가중사유이고, 특수적 가중사유는 일정한 범죄에만 특별히 인정되는 가중사유, 예컨대 각칙상의 상습범가중(제264조 등) · 공무원의 범죄에 대한 가중(제135조)을 의미한다. 형법상 일반적 가중사유로는 ① 경합범가중(제38조) ② 누범가중(제35 · 36조) ③ 특수교사·방조의 가중(제34조 제2항)이 있다.

2. 형의 감경

형의 감경에는 법률상의 감경과 재판상의 감경이 있는데, 후자는 '정상참작감경'이라고도 한다.

(1) 법률상의 감경

법률상의 감경에는 필요적 감경과 임의적 감경이 있다. 필요적 감경이란 법률상 일정한 사유가 있으면 반드시 감경해야 하는 경우이고, 임의적 감경이란 법률상 일정한 사유가 있으면 법원의 재량에 의해 감경할 수 있는 경우를 말한다. 법률상의 감경 중에서 임의적 감경은 후술할 정상참작감경과는 구별되는 개념이다. 그리고 법률상의 감경에는 범죄 일반에 공통되는 일반적 감경사유, 즉 형법총칙상의 감경사유와 일정한 범죄에 대해서만 특별히 인정되는 특수적 감경사유의 두 가지가 있다. 형법총칙상의 일반적 감경사유로는 ① 먼저 필요적 감경사유에 속하는 것으로서 ㈀ 청각 및 언어 장애인(제11조) ㈁ 중지미수범(제26조) ㈂ 방조범(제32조 제2항)이 있고, ② 임의적 감경사유에 속하는 것으로서 ㈀ 심신미약자(제10조 제2항) ㈁ 과잉방위(제21조 제2항) ㈂ 과잉피난(제22조 제3항) ㈃ 과잉자구행위(제23조 제2항) ㈄ 장애미수범(제25조 제2항) ㈅ 불능미수범(제27조) ㈆ 자수(自首) 또는 자복(自服)(제52조 제1·2항)이 있다.

자수와 자복은 행위자의 후회와 개전의 정을 객관적으로 드러내는 것이며 수사를 용이하게 해 주는 것이므로 형법은 '임의적 감면사유'로 규정하고 있다(그러나 제90조 제1항 단서, 제101조 제1항 단서와 같이 각칙상 필요적 감면사유로 규정된 경우도 있다). 자수(自首)란 범인이 스스로 자기의 범죄사실을 수사기관에 신고하여 그 처분을 구하는 의사표시를 말한다. 자수는 자기의 범죄사실을 신고한다는 점에서 타인의 범죄사실을 신고하는 고소 또는 고발과 구별되며, 자발적으로 자기의 범죄사실을 신고한다는 점에서 수사기관의 신문을 받고 범죄사실을 자인하는 경우인 자백과도 구별된다. 자복(自服)이란 피해자의 의사에 반하여 처벌할 수 없는 범죄의 경우에 '피해자에게' 자기의 범죄사실을 고지함을 말한다. 자복은 성립가능한 범죄의 종류가 제한되고 수사기관이 아닌 피해자에게 고지한다는 점에서 자수와 구별되지만, 그 본질은 동일하다.

자수와 자복의 주체는 범인 자신이지만 신고나 고지를 함에 있어서는 반드시 범인 자신이 할 필요는 없고 제3자를 통해서도 할 수 있다.[65] 자수와 자복은 범죄사실을 '자발적으로' 신고 또는 고지하는 경우에 성립하며, 수사기관의 신문에 응하여 수동적으로 범죄사실을 승인하는 경우는 자수가 아니다. 신고나 고지의 방법에는 아무런 제한이 없다. 자수와 자복의 시기는 범죄사실이 발각되기 전후를 불문하나 그 성질상 소송단계 이전일 것을 요한다. 자수는 수사기관(예컨대 검사, 사법경찰관)에 신고함으로써 이루어진다. 수사기관이 아닌 자에게 신고하는 것은 자수로 되지 않는다. 그러나 예외적으로 법원에 신고하게 되어 있는 경우도 있다(예컨대 구 파산법 제374조 제2항).

판례에 의하면, 일단 자수가 성립한 이상 자수의 효력은 확정적으로 발생하고, 그 후에 범인이 번복하여 수사기관 또는 법정에서 범행을 부인하거나[66] 범죄사실을 일부 부인한다고[67] 하더라도 일단 발생한 자수의 효력이 소멸하는 것은 아니라고 한다.

자복은 피해자에게 범죄사실을 고지함으로써 성립한다. 다만 제52조 제2항은 그 대상범죄를 "피해자의 의사에 반하여 처벌할 수 없는 범죄"라고 규정하고 있는데, 여기에는 그 입법취지나 자복의 본질에 비추어 반의사불벌죄뿐만 아니라 친고죄도 포함된다고 해석함이 타당하다.[68]

(2) 재판상의 감경(정상참작감경)

법률상 특별한 감경사유가 없더라도 "범죄의 정상에 참작할 만한 사유가 있는 경우"에는 법원은 그 형을 감경할 수 있는데, 이를 재판상의 감경 또는 정상참작감경이라고 한다(**제53조**). 여기에서 정상에 참작할 만한 사유가 있는가의 여부는 구체적인 사건에 있어서 제반정황을 종합적으로 고려하여 법원이 판단할 사항에 속한다.

법률상 형을 가중 또는 감경한 경우에도 다시 정상참작감경을 할 수 있다. 또한 법률상의 임의적 감경사유는 적용하지 아니하면서도 정상참작감경을 할 수도 있다.[69] 판례에 의하면, 정상참작감경은 법원의 자유재량에 속하는 것이며 정상참작감경을 함에 있어서 법원은 반드시 감경사유가 되는 사실을 구체

65) 대판 1964. 8. 31, 64 도 252.
66) 대판 1999. 7. 9, 99 도 1695.
67) 대판 2002. 8. 23, 2002 도 46.
68) 이형국, 403면.
69) 대판 1985. 3. 12, 84 도 3042; 1984. 11. 13, 84 도 1897; 1959. 4. 24, 4292 형상 72.

적으로 판시할 필요가 없다고 한다.[70)]

3. 형의 가중·감경의 순서와 방법

(1) 형의 가중·감경의 순서

한 개의 죄에 정한 형이 여러 종류인 때에는 먼저 적용할 형을 정하고 그 형을 감경한다(제54조). 예컨대 제329조의 절도죄에 있어서 6년 이하의 징역 또는 1천만원 이하의 벌금과 같이 2개 이상의 형이 선택적으로 규정되어 있는 경우에는 먼저 6년 이하의 징역을 선택할 것인가 아니면 1천만원 이하의 벌금을 선택할 것인가를 결정해야 한다. 그리고 형의 감경에 있어서 2개의 형종을 병과할 수 있는 경우에는 양자 모두를 감경하게 된다. 형을 가중·감경할 사유가 경합된 때에는 ① 각칙 조문에 따른 가중 ② 제34조 제2항(특수교사·방조)에 따른 가중 ③ 누범가중 ④ 법률상 감경 ⑤ 경합범 가중 ⑥ 정상참작감경의 순서에 따른다(제56조).

(2) 형의 가중·감경의 방법

유기징역 또는 유기금고에 대하여 형을 가중하는 때에는 50년까지로 한다(제42조 단서). 누범의 가중에 관하여서는 누범의 항목에서 언급하기로 한다. 경합범 가중과 특수교사·방조의 가중에 관하여는 각각 해당 부분에서 언급하였다.

법률상의 감경은 다음과 같이 한다(제55조 제1항). ① 사형을 감경할 때에는 무기 또는 20년 이상 50년 이하의 징역 또는 금고로 한다. ② 무기징역 또는 무기금고를 감경할 때에는 10년 이상 50년 이하의 징역 또는 금고로 한다. ③ 유기징역 또는 유기금고를 감경할 때에는 그 형기의 2분의 1로 한다.[71)] ④ 자격상실을 감경할 때에는 7년 이상의 자격정지로 한다. ⑤ 자격정지를 감경할 때에는 그 형기의 2분의 1로 한다. ⑥ 벌금을 감경할 때에는 그 다액의 2분의 1로 한다. ⑦ 구류를 감경할 때에는 그 장기의 2분의 1로 한다. ⑧ 과료를 감경할 때에는 그 다액의 2분의 1로 한다.

그리고 법률상 감경할 사유가 수개 있는 때에는 거듭 감경할 수 있다(제55조 제2항). 재판상의 감경(정상참작감경)에 관하여서는 형법에 규정이 없으나 법률상

---

70) 대판 1958. 9. 12, 4291 형상 389.

71) "법정형의 장기와 단기를 모두 2분의 1로 감경한다는 의미이다"(대판 2021. 1. 21, 2018 도 5475 - 전원합의체).

감경의 예에 준한다고 해석된다.[72] 법률상의 감경을 한 후 다시 정상참작감경을 할 수 있지만, 정상참작감경만을 행하는 경우에 있어서는 정상참작감경을 할 사유가 수개 있더라도 거듭 감경할 수는 없다.[73]

4. 형의 면제

형의 면제란 범죄가 성립하여 형벌권은 발생했으나 일정한 사유로 인하여 형만을 과하지 않는 경우를 말한다. 형의 면제는 확정재판 전의 사유로 인하여 형이 면제된다는 점에서 확정재판 후의 사유로 인하여 집행이 면제되는 형 '집행'의 면제(예컨대 제1조 제3항의 경우)와 다르다.

형사소송법상 형의 면제판결은 유죄판결의 일종으로 취급된다(형소법 제322조, 제323조 제2항 참조). 그러나 '범죄가 성립하지 않는 무죄의 경우'에도 형법이 '표현기술상' 부득이하게 '형을 면제'한다는 문언을 사용하는 경우가 있다. 예컨대 제21조 제2항의 과잉방위에 있어서 "그 형을 감경하거나 면제할 수 있다"고 규정하는데, 여기에서의 형의 면제를 다수설은 책임소멸사유로서 무죄가 되는 것으로 이해하고 있다. 그 외 제26조의 중지미수에서도 같은 해석이 가능하다. 그러므로 형사소송법상 유죄판결의 일종으로 취급되는 형의 면제와 형법상 범죄성립이 조각되는 한 경우로서의 형의 면제를 구별해야 한다.

형의 면제는 법률상의 면제에 한하고 재판상의 면제는 인정되지 아니하며, 또 다음과 같이 구분될 수 있다.

(1) 일반적 면제사유와 특수적 면제사유

법률상의 면제에는 범죄 일반에 공통되는 총칙상의 일반적 면제사유와 각칙상 일정한 범죄에 대해서만 인정되는 특수적 면제사유(제90조 제1항 단서, 제101조 제1항 단서 등)가 있다. 일반적 면제사유로는 ① 외국에서 받은 형의 집행으로 인한 면제(제7조) ② 과잉방위(제21조 제2항) ③ 과잉피난(제22조 제3항) ④ 과잉자구행위(제23조 제2항) ⑤ 중지미수범(제26조) ⑥ 불능미수범(제27조) ⑦ 자수 또는 자복(제52조 제1·2항)이 있다. 이들 면제는 모두 감경과 택일적으로 규정되어 있다.

(2) 필요적 면제와 임의적 면제

필요적 면제는 법률에 규정된 일정한 면제사유의 존재를 인정하는 이상

72) 대판 1964. 10. 28, 64 도 454; 1959. 8. 21, 4292 형상 358.
73) 대판 1964. 4. 7, 63 도 10.

반드시 형을 면제해야 하는 경우이고, 임의적 면제는 일정한 면제사유가 존재하더라도 면제 여부가 법원의 재량에 맡겨진 경우이다. 중지미수와 각칙상의 자수(제90조 제1항 단서 등)는 전자에 해당하고, 위의 일반적 면제사유 중 ①, ②, ③, ④, ⑥, ⑦은 후자에 해당한다.

Ⅳ. 양 형

1. 양형의 의의

양형이란 법관이 범죄의 성립을 인정할 경우에 그 범죄에 규정된 법정형에 법률상의 가중·감경 및 정상참작감경을 하여 얻어진 처단형의 범위 내에서 구체적으로 선고할 형의 종류와 분량을 정하는 것을 말한다. 양형은 형사소송과정에서 범죄사실이 입증되고 여기에 적용될 개별적 형벌법규가 구체화되면서 시작되는 과정이라는 점에서 사실인정의 과정과 구별된다.

양형은 법관의 재량에 속한다. 그러나 법관의 양형상의 재량은 행정관청의 행정행위에 있어서의 자유재량과는 달리 법적으로 '기속된 재량'이다.[74)][75)] 따라서 법관에 의한 "형의 양정이 부당하다고 인정할 사유가 있는 때"에는 항소이유가 되고(형소법 제361조의 5 제15호), "사형·무기 또는 10년 이상의 징역이나 금고가 선고된 사건에 있어서 형의 양정이 심히 부당하다고 인정할 현저한 사유가 있는 때"에는 상고이유가 된다(형소법 제383조 제4호).

2. 양형의 기준

양형은 형벌의 목적에 따라 행해져야 한다. 그러므로 양형에는 특별예방과[76)] 일반예방이라고 하는 형벌의 목적이 고려된다.

그리고 "책임없으면 형벌없다"라고 하는 책임주의는 형벌의 기초와 한계를 제공하기 때문에(형벌근거적 책임과 형벌한계적 책임), 책임은 양형의 기초와[77)]

---

74) Hirsch, LK, §46 Rn. 2; Jescheck, AT, S. 780.

75) "사실심법원의 양형에 관한 재량도, 범죄와 형벌 사이에 적정한 균형이 이루어져야 한다는 죄형균형원칙이나 형벌은 책임에 기초하고 그 책임에 비례하여야 한다는 책임주의 원칙에 비추어 피고인의 공소사실에 나타난 범행의 죄책에 관한 양형판단의 범위에서 인정되는 내재적 한계를(밑줄-저자) 가진다"(대판 2020. 9. 3, 2020 도 8358).

76) 독일형법 제46조 제1항 後文은 형벌로부터 기대되는 행위자의 재사회화를 위한 효과를 양형에 고려해야 함을 명시하고 있다.

한계가 되며 양형의 정당성과 합리성을 보장한다. 양형에 있어서 특별예방과 일반예방이라고 하는 형벌의 목적도 책임의 범위를 벗어날 수는 없다.

문제는 양형의 과정에서 책임과 일반예방 및 특별예방을 어떻게 조화시킬 것인가에 있다.

(1) 양형책임

양형의 기초가 되는 양형책임을 범죄성립요건인 책임과 동일한 의미로 파악하는 견해가 있다.[78] 그러나 양형에 있어서의 책임은 (행위의) 불법을 전제로 한 책임이며, 책임의 질과 정도뿐만 아니라 '불법'의 질과 정도도 양형에 고려된다는 의미에서 훨씬 폭넓은 개념으로 이해해야 한다.[79] 즉 범죄성립요건으로서의 책임은 비난가능성만을 의미하나(협의의 책임), 양형책임은 책임과 책임의 전제인 불법까지 포함하는 개념(광의의 책임)으로 이해함이 타당하다. 이렇게 이해한다면 양형에는 행위자의 심정반가치 이외에 행위반가치와 결과반가치도 고려된다.

(2) 양형에 있어서 책임과 예방

양형에 있어서 책임과 예방을 어떻게 조화시킬 것인가에 관하여 다음과 같은 이론이 대립하고 있다.

(가) 단계이론 단계이론(Stufentheorie) 또는 위가이론(Stellenwertheorie)이란 양형의 단계에 따라, 즉 양형과정에 있어서의 위치에 따라 고려할 것이 책임이냐 또는 예방이냐를 결정하려는 견해이다.[80] 이 이론에 의하면, 형량은 오직 불법과 책임의 정도에 따라서 결정하고, 형벌의 종류와 집행 여부는 예방적 관점만을 고려하여 결정해야 한다고 주장한다.

그러나 형량의 결정에 있어서 예방적 관점을 전적으로 배제하는 것은 부당하다고 하겠다.[81] 예컨대 소년법 제60조 제1항에서 자유형의 장기와 단기를 정하여 선고할 수 있게 한 취지는 무엇보다도 예방적 관점에 있는 것이고, 그 형기, 즉 형량의 결정에 있어서 특별예방목적을 도외시한다는 것은 결코 있을

77) 외국의 입법례를 보면, 행위자의 책임이 양형의 기초가 됨을 명시하는 경우가 적지 않다. 예컨대 독일형법 제46조 제1항 前文, 오스트리아형법 제32조, 스위스형법 제47조가 있다.

78) Horn, SK, §46 Rn. 44.

79) 양형책임과 범죄성립요건인 책임을 구별하는 견해로서는 권오걸, 737면; 김성돈, 768면; 김/서, 751면; 오영근, 774면; 이재상, 583면; 진/이, 726면.

80) Horn, SK, §46 Rn. 24.

81) 김/서, 754면; 이재상, 584면; 정/박, 677면; 진/이, 727면.

수 없는 일이라고 하겠다.

(나) 유일점형벌이론 유일점형벌이론(Theorie der Punktstrafe)에 의하면, 책임은 언제나 하나의 고정된 크기를 가진 것이므로 정당한 형벌은 언제나 하나일 수밖에 없다고 한다.[82] 그러나 책임과 일치하는 정확한 크기의 형벌을 정한다는 것이 불가능하므로 하나의 가설에 지나지 않는 주장이라는 비판을 받고 있다.[83] 그 밖에 유일점형벌이론은 상대적 부정기선고형을 용납할 수 없는 이론이라는 점에서도 한계를 가진다.

(다) 책임범위이론 책임범위이론(Schuldrahmentheorie)에 의하면, 책임과 일치하는 정확한 형벌을 정할 수는 없으며, 형벌은 그 상한과 하한에 있어서 책임에 적합한 범위가 있으므로, 이 범위 내에서 특별예방과 일반예방을 고려하여 형을 양정해야 한다고 주장한다.[84] 그리하여 책임의 상한과 하한의 판단여지 내에서 법관은 1차적으로는 특별예방을, 2차적으로는 일반예방을 고려하여 형벌을 정할 것이라고 한다. 판단여지이론(Spielraumtheorie)이라고도 한다.

양형의 복잡성과 양형요소들의 상호갈등관계를 고려한다면, 양형과정을 분리해서 고찰하는 단계이론이나 하나의 고정된 형벌지점을 찾아야만 한다는 유일점형벌이론은 크게 설득력이 없으며, '책임범위이론'이 그 중 타당하다고 하겠다.[85] 그리고 현행 형소법 제383조 제4호가 "형의 양정이 심히 부당하다고 인정할 현저한 사유가 있는 때"에 상고이유가 된다고 규정한 법문에서, 양형이 "심히 부당하다"라고 표현한 것 자체가—양형이 심히 부당하지 않으면 상고이유가 되지 않으므로—법관의 양형은 과녁의 정중앙에 명중시키는 작업이 아니라 과녁의 일정 '범위'에 들어가면 족한 작업임을 전제로 하는 것으로 해석된다.

3. 양형의 조건(양형판단의 자료)

형법은 양형에 있어서 참작해야 할 조건으로서 다음 사항을 규정하고 있다(**제51조**). ① 범인의 연령·성행·지능과 환경 ② 피해자에 대한 관계 ③ 범

82) Arthur Kaufmann, Das Schuldprinzip, 2. Aufl., 1976, S. 261.
83) Dreher/Tröndle, StGB, §46 Rn. 11.
84) Hirsch, LK, Vor §46 Rn. 21. BGH St 7/28 ff.
85) 김성돈, 770면; 배종대, 807면; 안동준, 347면; 이재상, 584면; 이형국, 406면; 정/박, 677면; 진/이, 727면.

행의 동기 · 수단과 결과 ④ 범행 후의 정황이다. 이러한 사항을 양형조건 또는 양형요소라고 한다. 양형조건에는 협의의 책임과 불법 및 예방목적에 관한 사항이 포함되어 있다. 양형은 기본적으로 '불법과 책임에 상응'해야 한다. 위의 ①과 ②, 즉 범인의 연령 · 성행 · 지능 · 환경과 피해자에 대한 관계는 '협의의 책임'에 상응하는 양형요소를 규정한 것이고, ③ 범행의 동기 · 수단 · 결과는 주로 '불법'에 상응하는 양형요소를 규정한 것이다.[86] ④ 범행 후의 정황은 '예방목적'에 상응하는 양형요소를 규정한 것이라고 할 수 있다. 그리고 ② 피해자에 대한 관계 및 ④ 범행 후의 정황이라고 하는 두 양형요소에는 '피해자학'의 연구성과를 활용할 수 있을 것으로 보인다.

제51조에 규정된 양형조건은 '예시적' 성격에 불과하므로 적정한 양형에 필요한 사항이라면 그 외의 사항도 폭넓게 참작할 수 있다고 본다.

(가) 범인의 연령 · 성행(性行) · 지능과 환경 여기에서 성행이란 범죄인의 성격과 행실을 뜻한다. 위의 요소들은 사회복귀의 필요성을 판단함에 있어서 중요한 의미를 갖는 특별예방적 사항이라고 할 수 있다. 소년은 개선과 교화의 가능성이 높고, 노인은 형벌적응력이 약할 뿐만 아니라 형벌의 필요성도 낮다고 할 수 있다. 그러므로 소년은 소년법(제59 · 60 · 62 · 65조 등)에서, 노인은 형사소송법(제471조 제1항 제2호)에서 형의 선고나 집행과 관련하여 특별취급을 받고 있다.

(나) 피해자에 대한 관계 범인과 피해자 사이의 친족관계 · 가족관계 · 고용관계 등의 인적 관계를 말한다. 피해자와의 인적 관계에 따른 신뢰관계를 이용하여 죄를 범하였다든가 피해자에 대한 보호관계를 침해하여 죄를 범하였다면 책임이 가중될 것이다. 그러나 일반적으로 범인과 피해자 사이의 신뢰관계는 책임을 감경하는 작용을 한다. 범행의 결과에 대한 피해자의 태도는 제51조 제4호 '범행 후의 정황'에서 고려될 것으로 본다.

(다) 범행의 동기 · 수단과 결과 범행동기는 행위자의 범죄적 위험성뿐만 아니라 행위책임의 판단에서도 중요한 요소가 된다. 즉 같은 범죄라도 계획적인가 또는 우발적인가, 순간적 충동에 의한 것인가 또는 집요한 유혹에 의한 것인가 등에 따라 책임의 정도를 달리 판단할 수 있다.[87]

86) 예컨대 우리 형법상 중살인과 단순살인이 구별되지 않고, 보통살인죄(제250조 제1항)의 법정형(사형 · 무기 · 5년 이상의 징역)에 대하여 법관의 재량에 의한 양형범위가 과도하게 인정되고 있다는 비판이 가해지는 만큼, 살인수법의 잔인성 등 범행수단이라는 '불법'요소와 살인목적의 비열함 등 범행동기라고 하는 '불법'요소에 상응하는 양형에도 주목해야 할 것이다.

범행의 수단과 결과는 행위불법과 결과불법에 속하는 객관적 불법요소이다. 수단의 잔혹성·과격성·교활함 그리고 결과의 심도와 범위는 양형에 영향을 미친다. 여기에서 결과라 함은 행위자에게 책임을 물을 수 있는 결과를 의미하며, 책임있는 결과만이 양형요소가 된다고 보아야 한다.[88]

(라) 범행 후의 정황 범행 후의 후회와 피해보상 또는 피해회복을 위한 노력 등 범행 후의 범인의 태도는 책임과 예방의 관점에서 중요한 의미를 가진다.[89] 진정한 후회에 기한 자백은 특별예방의 견지에서 형벌완화사유가 될 수 있지만, 피고인의 공판정에서의 불손한 언동은 형벌강화사유가 될 수 있다. 그러나 피고인의 범죄부인이나 진술거부권의 행사가 양형에 있어서 불리하게 작용해서는 안된다.

4. 양형의 합리화·적정화

형사재판의 최후단계에서 가장 중요한 과제는 양형이다. 유죄와 무죄에 대한 법원의 판단이 올바르다고 하더라도 양형의 합리성이 인정되지 않으면 공정한 재판으로 받아들여지지 않기 때문이다. 특히 동종의 범죄, 극히 유사한 형사사건에 있어서 재판부마다 양형상의 편차가 현격하다면, 국민은 법집행상의 평등의 원칙을 의심하게 되고 법원에 대한 신뢰를 거두어들이게 될 것이다. 따라서 양형의 합리화·적정화는 유·무죄의 판단에 버금가는 형사법원의 과제가 된다.

그러나 우리나라의 양형실무에 있어서 양형의 불합리성·부적정성이 사회적 문제로 제기되었고, 특히 성폭력범죄와 횡령·배임죄 등에 있어서 국민의 법감정과 배치되는 온정적 판결이 다수 선고되어 법관의 양형에 대한 국민의 불신을 야기하였다. 이에 법관에게 부여된 폭넓은 양형재량을 통제하기 위해 '양형기준제도'를 도입하게 되었고, 2007년 1월 26일 '법원조직법'의 개정(제81조의 2

---

87) "범행의 동기가 피고인이 사상적으로 공산주의에 동조하였던 점에 있는 것이 아니라, 동독에 북한 유학생이 많다는 말을 우연히 듣게 되어 친구소식을 알려한 데 있고, 음악을 통해 널리 우리나라를 소개한 점 등 양형의 자료되는 사정을 고려할 때 징역 15년을 선고한 원판결의 양형은 심히 부당하다고 인정된다"(**대판 1968. 7. 30, 68 도 754**).

88) 김/서, 767면; 배종대, 809면; 이재상, 585면; 정영일, 551면; 진/이, 729면.

89) "대법원 양형위원회 제정 양형기준상 특별감경인자인 '처벌불원'이란 피고인이 자신의 범행에 대하여 진심으로 뉘우치고 합의를 위한 진지한 노력을 기울여 피해에 대한 상당한 보상이 이루어졌으며, 피해자가 처벌불원의 법적·사회적 의미를 정확히 인식하면서 이를 받아들여 피고인의 처벌을 원하지 않는 경우를 의미한다"(대판 2020. 8. 20, 2020 도 6965, 2020 전도 74).

내지 제81조의 12 신설)을 통해 '양형위원회'가 설치되었다. 양형위원회에서는 법관이 재판에 참고할 수 있는 구체적 · 객관적인 양형기준을 설정하여 양형상의 편차를 줄이고, 양형의 투명성과 예측가능성을 확보하여 재판의 신뢰를 높이고자 하였다. 이를 위해 양형위원회에서는 우리나라에 적합한 양형기준을 설정하기 위해 양형기준제도를 시행하고 있는 미국과 영국의 양형기준모델에 대한 연구를 진행하였다. 미국과 영국은 양형기준제도를 시행하고 있지만, 그 방식은 사뭇 다르다. '미국'의 연방양형기준은 '범죄의 경중'과 '범죄자의 범죄전력'이라는 두 개의 양형인자를 가로축과 세로축에 배치하여 표를 만들고, 표의 각 셀에서 정한 형량범위를 적용하는 방식으로 전체범죄를 아우르는 양형기준표를 채택하고 있다. 반면에 '영국'의 양형기준은 총론적으로 적용되는 '서술식 양형기준'을 정하고, '개별범죄'마다 양형기준을 마련하는 방식을 채택하고 있다.

우리나라 양형위원회에서는 위 두 방식을 검토한 후, 미국식의 양형기준은 법관의 양형재량을 지나치게 제한할 우려가 있으며 전체범죄를 아우르는 양형기준을 설정하는 것이 난망(難望)하다는 판단 하에, 영국식 양형기준모델을 토대로 해서 양형인자를 보다 구체화 · 객관화한 양형기준을 마련하였다. 그리고 양형기준을 설정할 대상범죄를 양형기준의 도입목적, 국민적 관심 및 범죄발생 정도 등을 고려하여 1차적으로 살인 · 성 · 강도 · 뇌물 · 횡령 · 배임 · 위증 · 무고범죄 등 8개 범죄로 정하였다. 양형위원회는 공청회와 관계기관의 의견조회 등 의견수렴 절차를 거쳐 2009년 4월 24일 위 8개 범죄에 대한 양형기준을 확정 · 공표하였다.[90] 이에 따라 2009년 7월 1일부터 위 8개 범죄로 공소제기된 사건에 대하여 공표된 양형기준이 적용되고 있다. 그리고 2010년 7월 제2기 양형위원회에서 2차적으로 사기, 공문서 · 사문서 위조, 절도, 마약, 약취 · 유인, 식품 · 보건, 공무집행방해 범죄에 대한 양형기준을 마련하였으며, 2025년 현재 제9기 양형위원회까지 총 48개 범죄군에 대해 양형기준이 설정되었다.

우리나라의 현행 양형기준은 영국식 양형기준모델을 기초로 하였지만, '양형인자에 대한 질적 평가'와 '각 유형별로 3단계의 형량범위 제시'라는 독창적인 방식을 취하고 있으며, '책임범위이론'을 구체화한 모델이라는 점에서 긍정적으로 평가할 수 있다. 또 법원조직법 제81조의 7에 의하면 양형기준은 법적

90) 대법원 양형위원회 간, 양형기준, 2009년 5월.

구속력을 갖지 아니하나, 법원이 양형기준에서 정한 범위를 벗어난 판결을 하는 때에는 판결서에 양형이유를 기재하도록 요구하고 있다.[91] 따라서 양형기준은 사실상의 구속적 효력을 가진다고 할 수 있으며, 상소심에 의해 양형기준 이탈사유에 대한 사후통제가 이루어질 수 있다는 점에서 긍정적 효과가 있다.

양형의 합리화·적정화를 위해서는 사실인정자료 이외에 양형조건 전반에 걸친 광범위한 자료를 최대한으로 수집하여 분석·평가할 것이 요청된다. 이를 위해 대법원은 법원조직법 제54조의 3을 근거로 2009년 법원 소속의 '양형조사관'을 선발하고 각급법원에 배치하여 양형조사 업무를 담당하게 하고 있으며, 최근에는 양형조사관에 의해 제출된 양형조사결과를 참작해 재판부가 형을 선고한 것은 적법하다는 대법원의 판결이 선고되었다.[92] 다만 양형조사관을 법원 소속으로 둘 것인지, 법무부 산하 보호관찰소 소속으로 둘 것인지에 관하여는 논의가 계속되고 있다.

---

91) "법원조직법 제81조의 2 이하의 규정에 의하여 마련된 대법원 양형위원회의 '양형기준'은 법관이 합리적인 양형을 정하는 데 참고할 수 있는 구체적이고 객관적인 기준으로서 마련된 것이다(같은 법 제81조의 6 제1항 참조). 위 양형기준은 법적 구속력을 가지지 아니하고(같은 법 제81조의 7 제1항 단서), 단지 위와 같은 취지로 마련되어 그 내용의 타당성에 의하여 일반적인 설득력을 가지는 것으로 예정되어 있으므로 법관의 양형에 있어서 그 존중이 요구되는 것일 뿐이다. 그렇다면 법관이 형을 양정함에 있어서 참고할 수 있는 자료에 달리 제한이 있는 것도 아닌 터에, 원심이 위 양형기준이 발효하기 전에 법원에 공소가 제기된 이 사건 범죄에 관하여 형을 양정함에 있어서 위 양형기준을 참고자료로 삼았다고 하여, 거기에 상고이유로 주장하는 바와 같이 피고인에게 불리한 법률을 소급하여 적용한 위법이 있다고 할 수 없다"(대판 2009. 12. 10, 2009 도 11448).

92) "양형의 조건에 관하여 규정한 형법 제51조의 사항은 널리 형의 양정에 관한 법원의 재량사항에 속한다고 해석되므로(대판 2008. 5. 29, 2008 도 1816 등 참조), 법원은 범죄의 구성요건이나 법률상 규정된 형의 가중·감면의 사유가 되는 경우를 제외하고는, 법률이 규정한 증거로서의 자격이나 증거조사방식에 구애됨이 없이 상당한 방법으로 조사하여 양형의 조건이 되는 사항을 인정할 수 있다. 나아가 형의 양정에 관한 절차는 범죄사실을 인정하는 단계와 달리 취급하여야 하므로, 당사자가 직접 수집하여 제출하기 곤란하거나 필요하다고 인정되는 경우 등에는 직권으로 양형조건에 관한 형법 제51조의 사항을 수집·조사할 수 있다. 이와 같은 취지에서, 제1심법원이 법원조직법 제54조의 3에 의하여 심판에 필요한 자료의 수집·조사 등의 업무를 담당하는 법원 소속 조사관에게 양형의 조건이 되는 사항을 수집·조사하여 제출하게 하고, 이를 피고인에 대한 정상 관계 사실과 함께 참작하여 피고인에게 징역 3년 8월을 선고한 이 사건에 있어, 원심이 그 판시와 같은 이유로 제1심판결을 유지한 것은 정당하고, 달리 거기에 양형의 조건이 되는 사항의 수집·조사에 관한 법리오해 등의 잘못이 있다고 할 수 없다"(대판 2010. 4. 29, 2010 도 750).

Ⅴ. 미결구금과 판결의 공시

1. 미결구금

미결구금이란 범죄의 혐의를 받는 자를 재판이 확정될 때까지 구금하는 것을 말한다. '판결선고 전 구금'이라고도 한다. 미결구금의 목적은 증거인멸이나 범인의 도주를 방지하여 소송절차의 진행을 확보하고, 유죄판결의 확정에 따른 형집행을 담보하려는 데 있다.

미결구금은 재판이 확정될 때까지 구금하는 것이므로 유죄판결이 확정된 후 형의 집행으로서 행해지는 자유형과는 다르다. 그러나 실제로 범인의 자유를 구속한다는 점에서 자유형의 집행과 동일한 효력을 가진다. 따라서 형법은 판결선고 전의 구금일수는 그 전부 또는 일부를 유기징역·유기금고·벌금이나 과료에 관한 유치 또는 구류에 산입한다고 규정하고 있었으나(제57조 제1항) 이 중 "또는 일부" 부분이 2009. 6. 25. 헌법재판소의 위헌결정으로 효력을 상실함(2014. 12. 30. 형법 개정에서 이 부분이 삭제됨)에 따라 그 '전부'를 법률상 당연히 산입하게 되었으므로,[93] 판결에서는 별도로 미결구금일수 산입에 관한 사

93) 즉, 헌법재판소는 2009. 6. 25. 재판관 8 : 1의 의견으로 판결선고 전 구금일수의 통산을 규정한 형법 제57조 제1항 중 "또는 일부" 부분이 헌법상 무죄추정원칙 및 적법절차원칙을 위배하여 합리성과 정당성 없이 신체의 자유를 지나치게 제한함으로써 헌법에 위반된다는 결정을 선고하였다. "형법 제57조 제1항은 해당 법관으로 하여금 미결구금일수를 형기에 산입하되, 그 산입범위는 재량에 의하여 결정하도록 하고 있는바, 이처럼 미결구금일수 산입범위의 결정을 법관의 자유재량에 맡기는 이유는 피고인이 고의로 부당하게 재판을 지연시키는 것을 막아 형사재판의 효율성을 높이고, 피고인의 남상소를 방지하여 상소심 법원의 업무부담을 줄이는데 있다. 그러나 미결구금을 허용하는 것 자체가 헌법상 무죄추정의 원칙에서 파생되는 불구속수사의 원칙에 대한 예외인데, 형법 제57조 제1항 중 '또는 일부' 부분은 그 미결구금일수 중 일부만을 본형에 산입할 수 있도록 규정하여 그 예외에 대하여 사실상 다시 특례를 설정함으로써, 기본권 중에서도 가장 본질적인 신체의 자유에 대한 침해를 가중하고 있다. 또한, 형법 제57조 제1항 중 '또는 일부' 부분이 상소제기 후 미결구금일수의 일부가 산입되지 않을 수 있도록 하여 피고인의 상소의사를 위축시킴으로써 남상소를 방지하려 하는 것은 입법목적 달성을 위한 적절한 수단이라고 할 수 없고, 남상소를 방지한다는 명목으로 오히려 구속 피고인의 재판청구권이나 상소권의 적정한 행사를 저해한다. 더욱이 구속 피고인이 고의로 재판을 지연하거나 부당한 소송행위를 하였다고 하더라도 이를 이유로 미결구금기간 중 일부를 형기에 산입하지 않는 것은 처벌되지 않는 소송상의 태도에 대하여 형벌적 요소를 도입하여 제재를 가하는 것으로서 적법절차의 원칙 및 무죄추정의 원칙에 반한다. 이와 같이 헌법상 무죄추정의 원칙에 따라 유죄판결이 확정되기 전에 피의자 또는 피고인을 죄 있는 자에 준하여 취급함으로써 법률적·사실적 측면에서 유형·무형의 불이익을 주어서는 아니되고, 특히 미결구금은 신체의 자유를 침해받는 피의자 또는 피고인의

항을 판단할 필요가 없게 되었다.[94] 이 경우에 구금일수의 1일은 징역·금고·벌금이나 과료에 관한 유치 또는 구류의 기간의 1일로 계산한다(동조 제2항).

미결구금일수를 어느 정도로 산입할 것이며, 얼마를 통산할 것인가는 2009. 6. 25.자 헌법재판소의 위헌결정 이전에는 법원의 재량에 속하였다.[95] 그러나 미결구금일수를 전혀 산입하지 않거나,[96] 미결구금일수보다 더 많은 일수를 본형에 산입하는 것은 위법이다.[97] 무기형에는 미결구금일수를 산입할 수 없으나,[98] 항소심에서 무기징역형을 선고한 1심판결을 파기하고 유기징역형을 선고할 때에는 1심판결선고 전의 구금일수의 전부 또는 일부를 산입해야 한다.[99]

2. 판결의 공시

판결의 공시란 피해자의 이익이나 피고인의 명예회복을 위해서 판결의 선고와 동시에 관보 또는 일간신문 등에 판결의 전부 또는 일부를 공적으로 주지시키는 제도를 말한다.

형법이 인정하는 판결의 공시에는 다음 두 가지가 있다. ① 피해자의 이익을 위하여 필요하다고 인정할 때에는 피해자의 청구가 있는 경우에 한하여 피고인의 부담으로 판결공시의 취지를 선고할 수 있다(제58조 제1항). 이는 피해자의 이익을 위한 공시이다. ② 피고사건에 대하여 무죄 또는 면소판결을 선고할 때에는 판결공시의 취지를 선고하여야 한다(무죄판결공시 취지 선고의 의무화). 다만, 무죄판결을 받은 피고인이 무죄판결공시 취지의 선고에 동의하지 아니하거나 피고인의 동의를 받을 수 없는 경우에는 그러하지 아니하다(동조 제2항). 그리

입장에서 보면 실질적으로 자유형의 집행과 다를 바 없으므로, 인권보호 및 공평의 원칙상 형기에 전부 산입되어야 한다. 따라서 형법 제57조 제1항 중 '또는 일부' 부분은 헌법상 무죄추정의 원칙 및 적법절차의 원칙 등을 위배하여 합리성과 정당성 없이 신체의 자유를 침해한다"(헌재 2009. 6. 25, 2007 헌바 25－전원재판부).

94) "형법 제57조 제1항 중 '또는 일부' 부분은 헌법재판소 2009. 6. 25. 선고 2007헌바25 사건의 위헌결정으로 효력이 상실되었다. 그리하여 판결선고 전 미결구금일수는 그 전부가 법률상 당연히 본형에 산입하게 되었으므로, 판결에서 별도로 미결구금일수 산입에 관한 사항을 판단할 필요가 없다"(대판 2009. 12. 10, 2009 도 11448).

95) 대판 1971. 4. 28, 71 도 374; 1969. 4. 22, 69 도 2269.

96) 대판 1979. 11. 13, 79 도 443; 1977. 7. 27, 76 도 1736; 1971. 7. 29, 71 도 1090.

97) 대판 1960. 3. 9, 4292 형상 782; 1955. 3. 4, 4288 형상 17.

98) 대판 1966. 1. 25, 65 도 384.

99) 대판 1972. 9. 28, 71 도 1289.

고 피고사건에 대하여 면소판결을 선고하는 경우에는 면소판결공시의 취지를 선고할 수 있다(동조 제3항). 이는 피고인의 이익을 위한 공시이다.

제4절 누 범

Ⅰ. 서 론

1. 누범의 개념과 범죄의 누범화현상

누범(recidivism, Rückfall)이란 개념은 광의로는 동일한 행위자가 2개 이상의 범죄를 시간적으로 누적적 관계에서 범한 경우로서, 이른바 전과관계가 초범 이상인 경우를 널리 의미한다.[100] 이 때 전범(前犯)과 후범(後犯)의 죄질이 동일하거나 유사한 경우를 '동종누범(同種累犯)'이라 하고, 죄질이 상이한 경우를 '이종누범(異種累犯)'이라고 한다.

이에 대하여 협의의 누범은 '형법상의 누범'을 의미한다. 형법은 "금고 이상의 형을 선고받아 그 집행이 종료되거나 면제된 후 3년 내에 금고 이상에 해당하는 죄를 지은 사람"을 누범으로 처벌하며(**제35조 제1항**), "누범의 형은 그 죄에 대하여 정한 형의 장기의 2배까지 가중한다"고 규정한다(**동조 제2항**). 형법상의 누범개념은 반드시 과거에 금고형 이상의 유죄판결을 받은 사실을 전제로 하고 재범기간을 형집행의 종료나 면제 후 3년 이내로 국한하고 있다.

누범개념을 광의로 파악하여 우리나라의 '범죄의 누범화현상'을 살펴보면, 형법범 내의 누범구성비가 1970년 7.2%, 1980년 27.5%, 1990년 45.1%로서 급격한 상승추세를 보이고 있으며, 누범의 '중누범화현상(重累犯化現狀)'도 뚜렷하여 전과 4범 이상인 중누범이 누범 중에 차지하는 비율은 1970년 8.4%, 1980년 16.8%, 1990년 34.7%로서 심각한 범죄문제로 대두하고 있다.[101] 형법은 범죄의 누범화현상에 대처하기 위하여 누범을 가중처벌하는 것으로 이해된다.

---

100) 여기에서의 전과자라 함은 '형의 실효 등에 관한 법률'에 의하여 수형인명부에 오른 전과기록보유자만을 지칭하고, 수사자료표에 기재된 피의자는 제외한다(동법 제2조 참조).

101) 임웅, 누범수형자의 효율적 관리방안, 한국형사정책연구원, 1993년, 15면 이하.

2. 상습범과의 구별

누범은 '상습범'과는 구별되는 개념으로서, 후자는 일정한 행위를 반복하는 습성이 있음으로써 성립하는 범죄임에 반하여, 전자는 범죄의 반복을 요건으로 하지만 반드시 상습성을 필요로 하는 것은 아니다. 즉 누범은 범행의 '횟수'를 기초로 하여 규정되는 개념이고 상습범은 상습성이라고 하는 범죄의 반복적 '습벽'을 기초로 하는 개념이다. 따라서 누범은 법률학적 · 통계학적 개념이라 할 수 있고, 상습범은 범죄학적 · 심리학적 개념이라고 말할 수 있다.

실상 누범 중에는 상습범이 많겠지만－이른바 상습누범－양자가 항상 일치하는 것은 아니다. 누범 가운데에는 범죄의 상습성 없이 우발적으로 범행을 반복한 경우가 있을 수 있고, 또 단 한번의 범행에서 범죄의 반복적 성향이 인정되는 상습범이 있을 수도 있다.

누범과 상습범은 별개의 개념이므로 상습누범의 경우에 상습범가중규정(예컨대 제264조 상습상해 · 폭행죄의 가중)과 누범가중규정이 2중으로 적용될 수 있다.[102)]

Ⅱ. 누범가중규정의 타당성

우리나라는 형법 이외에 '폭력행위 등 처벌에 관한 법률'(약칭: 폭력행위처벌법) 제3조 제4항,[103)] '특정범죄 가중처벌 등에 관한 법률'(약칭: 특정범죄가중법) 제5조의4 제5항,[104)] [105)] '특정강력범죄의 처벌에 관한 특례법'(약칭: 특정강력

---

102) 대판 1985. 7. 9, 85 도 1000; 1982. 5. 25, 82 도 600.

103) 폭처법 제3조 제4항의 누범가중처벌규정이 합헌이라는 헌법재판소결정에 관하여는 **헌재 2002. 10. 31, 2001 헌바 68** 참조.

104) "판결요지: 2016. 1. 6. 법률 제13717호로 개정 · 시행된 특정범죄 가중처벌 등에 관한 법률(이하 '특정범죄가중법'이라고 한다) 제5조의4 제5항은 "형법 제329조부터 제331조까지, 제333조부터 제336조까지 및 제340조 · 제362조의 죄 또는 그 미수죄로 세 번 이상 징역형을 받은 사람이 다시 이들 죄를 범하여 누범으로 처벌하는 경우에는 다음 각 호의 구분에 따라 가중처벌한다"라고 규정하면서, 같은 항 제1호(이하 '이 사건 법률 규정'이라고 한다)는 '형법 제329조부터 제331조까지의 죄(미수범을 포함한다)를 범한 경우에는 2년 이상 20년 이하의 징역에 처한다'고 규정하고 있다. 이 사건 법률 규정은 그 입법취지가 반복적으로 범행을 저지르는 절도 사범에 관한 법정형을 강화하기 위한 데 있고, 조문의 체계가 일정한 구성요건을 규정하는 형식으로 되어 있으며, 적용요건이나 효과도 형법 제35조와 달리 규정되어 있다. 이러한 이 사건 법률 규정의 입법취지, 형식 및 형법 제35조와의 차이점 등에 비추어 보면, 이 사건 법률 규정은 형법 제35조

범죄법) 제3조 등에서도 누범에 대한 형의 가중을 규정하고 있다. 누범에 대한 형의 가중주의는 일본형법(제57조), 오스트리아형법(제39조), 프랑스형법(제132-8조 이하), 영국(1967년 형사재판법 제37·38조 및 1973년 형사법원법의 권한에 관한 제28조) 등의 입법례에서 찾아볼 수 있는 것처럼 세계각국의 일반적인 경향이라고 할 수 있다. 다만 누범가중을 하고 있던 독일형법 제48조는 1986년의 개정에 의하여 삭제되었다.

그런데 요즈음 누범에 대한 일률적인 형의 가중은 책임주의와 일치할 수 없다고 하는 반대의 견해가 강하게 제기되고 있다.[106] 즉 누범의 많은 경우는 행위자의 행위책임에 기인한다기보다는 행위자를 둘러싼 잘못된 사회환경과 행위자의 인격적 결함 및 사회적 원조의 결핍 등에 원인을 돌릴 수 있기 때문에 책임주의와 전적으로 부합하기는 어렵다는 비판이 일고 있다. 따라서 누범에 대한 형의 가중규정이 헌법에 반하는 위헌규정인가라는 문제와 형법의 기본원칙인 책임주의에 위배되는 것은 아닌가 하는 점을 논의할 필요가 있다.[107]

(누범) 규정과는 별개로 '형법 제329조부터 제331조까지의 죄(미수범 포함)를 범하여 세 번 이상 징역형을 받은 사람이 그 누범 기간 중에 다시 해당 범죄를 저지른 경우에 형법보다 무거운 법정형으로 처벌한다'는 내용의 새로운 구성요건을 창설한 것으로 해석해야 한다(밑줄-저자). 따라서 이 사건 법률 규정에 정한 형에 다시 형법 제35조의 누범가중한 형기범위 내에서 처단형을 정하여야 한다"(대판 2020. 5. 14, 2019 도 18947; 2020. 9. 3, 2020 도 8369).

105) "특정범죄 가중처벌 등에 관한 법률(이하 '특정범죄가중법'이라고 한다) 제5조의4 제5항의 규정 취지는 같은 항 각호에서 정한 죄 가운데 동일한 호에서 정한 죄를 3회 이상 반복 범행하고, 다시 그 반복 범행한 죄와 동일한 호에서 정한 죄를 범하여 누범에 해당하는 경우에는 동일한 호에서 정한 법정형으로 처벌한다는 뜻으로 보아야 한다. 그러므로 특정범죄가중법 제5조의4 제5항 제1호 중 '이들 죄를 범하여 누범으로 처벌하는 경우' 부분에서 '이들 죄'라 함은, 앞의 범행과 동일한 범죄일 필요는 없으나, 특정범죄가중법 제5조의4 제5항 각호에 열거된 모든 죄가 아니라 앞의 범죄와 동종의 범죄, 즉 형법 제329조 내지 제331조의 죄 또는 그 미수죄를 의미한다"(대판 2020. 2. 27, 2019 도 18891; 同旨, 대판 2023. 12. 21, 2023 도 12852).

106) 김성돈, 778면; 김/서, 772면; 배종대, 817-9면; 안동준, 352면; 오영근, 715면 이하; 이재상, 589면 이하.

107) 헌법재판소는 누범 가중처벌 규정인 형법 제35조 제1항, 제2항(이하 '이 사건 법률조항'이라 한다)에 대하여 재판관 전원일치의 의견으로 '합헌'결정을 선고한 바 있다. "누범을 가중처벌하는 것은 전범에 대하여 형벌을 받았음에도 그 형벌의 경고기능을 무시하고 다시 범행을 하였다는 데 있는 것이지 전범에 대하여 처벌을 받았음에도 다시 범행을 하는 경우에 전범을 후범과 일괄하여 다시 처벌한다는 것은 아님이 명백하고, 전범 자체가 심판의 대상이 되어 다시 처벌받기 때문에 형이 가중되는 것은 아니므로, 이 사건 법률조항은 일사부재리원칙에 위배된다고 볼 수 없다. 또한 누범을 가중처벌하는 것은 형벌의 경고기능을 무시하고 다시 범행을 하여 범죄인의 행위책임이 가중되기 때문이고, 나아가 재범예방이라는 형사정책적 목적을 달성하기 위한 것이므로 행위책임을 근간으로 하는 책임주의에 반한다고 할 수 없으며, 법관으로 하여금 후범의 보호법익과 죄질, 전범과의 연관성 등 구체적인 정상에 따라 그에 알맞은 적정한 선고형을 이끌어낼 수 있도록 누범가중의 요건과 정도를 적절히 제한하고 있으므로, 책임과 형벌 간의 비례원칙에 위배되는 과잉형벌이라고 할 수도 없다. 한편, 누범은 전범에 대한 형벌의 경고적 기능을

1. 누범가중규정의 위헌 여부

누범에 대한 형의 가중은 헌법이 보장하고 있는 일사부재리의 원칙과 평등의 원칙에 반하는 것이 아닌가가 문제된다.

(1) 누범가중과 일사부재리의 원칙

누범가중은 전범(前犯)을 이유로 형을 가중하는 것이므로 전범이 다시 처벌받는 것이 되어 헌법 제13조 제1항이 보장하고 있는 일사부재리의 원칙에 위반되는 위헌규정이 아닌가가 문제된다. 그러나 누범가중은 전범을 다시 처벌하는 것이 아니라 이미 형의 집행을 종료하였거나 집행을 면제받았음에도 불구하고 다시 죄를 범한 사실 때문에 후범(後犯)의 범죄에 대한 책임을 가중하는 것이므로 처벌의 대상은 어디까지나 후범이라고 할 것이고, 이를 일사부재리의 원칙에 반한다고 할 수는 없다.[108]

(2) 누범가중과 평등의 원칙

누범에 대한 형의 가중은 누범이 되는 전과가 있다는 이유로 형을 가중하는 것이므로 전과자라는 사회적 신분에 의하여 차별대우를 인정하는 결과가 되지 않는가라는 문제가 제기될 수 있다. 그러나 누범가중은 피고인의 책임과 특별예방 및 일반예방이라는 형벌의 목적에 비추어 피고인에게 적합한 형을 양정하는 것이므로 법원이 양형의 조건을 고려하여 누범을 무겁게 벌하는 것을 불합리한 차별이라고는 할 수 없다.[109]

2. 누범가중과 책임주의

누범에 대하여 형을 가중하는 이유는 이미 형을 받은 자가 개전하지 않고 재범한 때에는 책임이 가중되고 행위자의 사회적 위험성도 커지기 때문이라고 설명하는 것이 다수설의 입장이라고 할 수 있다.[110] 이는 누범가중과 책임

무시하고 다시 범죄를 저질렀다는 점에서 사회적 비난가능성이 높고, 이러한 누범이 증가하고 있는 추세를 감안하여 범죄예방 및 사회방위의 형사정책적 고려에 기인하여 이를 가중처벌하는 것이어서 합리적 근거 있는 차별이라 볼 것이므로, 이 사건 법률조항이 평등원칙에 위배된다고 할 수 없다. 따라서 이 사건 법률조항은 헌법에 위반된다고 할 수 없다"(헌재 2011. 5. 26, 2009 헌바 63, 2010 헌바 364·409, 2010 헌마 548, 2011 헌바 6(병합). 同旨, 헌재 2021. 9. 30, 2020 헌바 62; 2019. 11. 28, 2018 헌바 207-전원재판부; 2018. 8. 30, 2017 헌바 365, 2018 헌바 87, 2018 헌바 220(병합)-전원재판부; 2011. 12. 29, 2011 헌바 284; 1995. 2. 23, 93 헌바 43).

108) 대판 1970. 9. 29, 70 도 1656; 1968. 5. 21, 68 도 336.

109) 대판 1983. 4. 12, 83 도 420.

주의가 조화될 수 있음을 긍정한 것이라고 하겠다. 이에 대하여 누범가중은 행위책임의 원리로는 도저히 설명할 수 없고 행위자책임의 원리에 의하여 비로소 그 근거를 설명할 수 있다고 보는 견해도 있다.[111] 여기에서 누범가중의 근거와 책임주의와의 관계를 근본적으로 재검토해야 할 필요가 있다.

(1) 누범가중의 근거에 관한 학설

책임주의가 형법의 기본원칙으로 적용되고 있는 한, 누범에 대한 형의 가중은 책임의 가중에서 그 근거를 찾지 않을 수 없다.[112] 책임을 행위자책임 또는 인격책임으로 이해할 때에는 누범에 대한 책임의 가중을 용이하게 설명할 수 있는 것이 사실이다. 책임을 행위책임으로 이해하면서도 행위책임과 인격책임이 조화될 수 있다는 전제에서 누범이 '전(前)판결의 경고에 따르지 않았다는 태도'로 인하여 행위책임이 가중된다고 설명하는 견해도 있다.[113] 그러나 책임을 행위자책임으로 파악하거나 행위책임을 인격의 표현으로 이해하여 행위책임을 인격책임과 결합시키는 것은 범죄 이외의 생활태도를 책임판단의 대상으로 하여 책임주의를 무의미하게 만드는 결과를 초래한다.[114] 그러므로 누범가중은 순전히 행위책임의 가중에서 그 근거를 찾아야 한다. 이 때 누범은 전판결에 의하여 주어진 경고효과를 보다 더 강화된 범죄추진력으로 극복하였다는 점에서 행위책임이 가중된다고 설명할 수 있다.[115] 그리고 행위책임의 가중 이외에도 누범가중에는 누범의 재사회화를 위하여 단기자유형보다 장기의 자유형이 보다 더 적합하다는 특별예방적 고려도 그 근거가 되어 있다고 할 수 있다.[116]

(2) 책임주의와의 관계

전판결의 경고기능을 무시한 누범의 행위가 책임가중의 근거가 될 수 있다는 견해에 대하여는 비판의 소리가 높다. 왜냐하면 누범자 중에는 판결의 경고기능을 받아들일 수 없는 의지박약자나 인격결함자가 적지 않기 때문이

---

110) 정/박, 682면; 정영석, 291면; 황산덕, 315면.

111) 유기천, 359면.

112) 김성돈, 774면; 오영근, 715면; 이재상, 590면.

113) 김/서, 772-3면; Arthur Kaufmann, Das Schuldprinzip, S. 194.

114) Horn, SK §48 Rn. 6.

115) 이재상, 591면; 진계호, 696면. 독일형법 제48조가 삭제되기 이전에 독일학자들은 일반적으로 이와 같이 누범가중의 근거를 설명하였다(Dreher/Tröndle, StGB, 41. Aufl., §48 Rn. 1; Hirsch, LK, §48 Rn. 1; Schönke/Schröder/Stree, StGB, 21. Aufl., §48 Rn. 1).

116) Hirsch, aaO.; Schönke/Schröder/Stree, aaO.

다. 비판자들은 판결의 경고기능위반을 이유로 한 형의 가중은 부당한 방법이며 위험한 사회화수단이라고 하거나,[117] 누범은 형의 집행에 의하여 안정성이 더욱 약화되었기 때문에 오히려 책임이 감경되어야 할 경우이며 국가와 사회가 형의 집행에 의하여 범죄인을 효과적으로 돕지 못하는 한 부당하다고 한다.[118] 그러므로 전판결의 경고위반에 대한 비난은 누범이 경고의 무시로 인하여 보다 더 무겁게 비난받을 수 있을 때에만 가능하다고 보아야 하며, 사회적 원조의 결여에 기인한 누범에 대하여는 책임비난이 가중될 근거가 없다고 함이 타당하다.[119] 과거 독일형법 제48조가 "이전의 형의 선고를 경고로 여기지 아니하였음이 비난대상이 되는 때"라고 하는 '실질적 누범조항'을 둔 것은 누범가중을 책임주의와 조화시키려 한 취지로 이해되며, 당시의 독일학자들은 이러한 실질적 누범조항에 의하여 누범가중의 범위를 축소함으로써 누범가중규정이 행위책임과 일치할 수 있다고 해석하였다.[120] 즉 누범가중과 책임주의를 조화하기 위하여는 누범의 형을 무조건 가중할 것이 아니라 재범에 의하여 비난이 가중된 경우에 한하여 형을 가중한다는 신중한 태도를 보인 것이라고 하겠다.

Ⅲ. 누범가중의 요건

제35조 제1항에 의거한 누범가중처벌의 요건은 ① 금고 이상의 형을 선고받고 ② 그 집행이 종료되거나 면제된 후 ③ 3년 내에 금고 이상에 해당하는 죄를 지어야 한다.

1. 전범(前犯)에 관한 요건

(1) 금고 이상의 형을 선고받았을 것

전범은 금고 이상의 형을 선고받았다는 사실이다. 금고 이상의 형이란 선고형을 의미하며, 유기징역 또는 유기금고 이상의 형을 말한다. 따라서 자격상

117) Ernst-Walter Hanack, "Das Juristische Konzept der sozialtherapeutischen Anstalt und der sonstigen Maßregeln im neuen Strafrecht", KrimGF., H. 10, S. 71.

118) Baumann/Weber, Strafrecht, AT, 9. Aufl., 1985, S. 642.

119) 이재상, 591면.

120) Dreher/Tröndle, StGB, 41. Aufl., §48 Rn. 8; Hirsch, LK, §48 Rn. 32; Schönke/Schröder/Stree, StGB, 21. Aufl., §48 Rn. 17.

실 · 자격정지 · 벌금 · 구류 · 과료 · 몰수는 전범(누범전과사실)에서 제외된다.

전범은 해석상 고의범인가 과실범인가를 불문한다. 그러나 입법론으로는 누범가중규정을 그대로 둔다고 하더라도 '고의범'에 국한하는 것으로 개정함이 타당하다.[121] 전범이 금고 이상의 형을 선고받은 이상 적용된 법률이 형법인가 특별법인가도 불문한다. 그러므로 군법회의의 판결로 징역형을 선고받거나, 소년법에 의하여 부정기선고형을 받은 것도 누범전과사실이 될 수 있다.

금고 이상의 형의 선고는 그것이 '유효'할 것을 전제로 하므로, 일반사면,[122] 집행유예기간의 경과로[123] 형의 선고의 효력이 상실되면 누범전과로 인정되지 않는다. 다만 복권은 형의 선고로 인하여 상실 또는 정지된 '자격'을 회복시키는 것에 불과하므로 그 전과사실은 누범가중사유에 해당한다.[124]

(2) 형의 집행이 종료되었거나 형의 집행을 면제받았을 것

선고된 금고 이상의 형은 집행이 종료되었거나 집행을 면제받았을 것을 요한다. 형의 집행이 종료되었다는 것은 형기가 만료되었음을 의미하고, 형의 집행을 면제받은 경우로는 형의 시효가 완성된 때(제77조), 특별사면으로 형의 집행이 면제된 때(사면법 제5조), 외국에서 형의 집행을 받았을 때(제7조) 등이 있다.

2. 후범(後犯)에 대한 요건

후범도 금고 이상의 형에 해당하는 죄이어야 한다. 여기에서 금고 이상의 형도 선고형을 의미한다.[125] 후범도 고의범 · 과실범을 불문하며, 전범과 죄질을 같이 하는 동종의 범죄일 필요도 없다.

후범은 전범의 형의 집행을 종료하거나 면제를 받은 후 '3년 이내'에 행해져야 한다. 이를 '누범시효'라고 한다. 그러므로 전범 이전에 범한 죄,[126] 전범의 형집행종료 후 3년이 경과된 후에 범한 죄는[127] 누범요건에 해당하지 않는다.

3년의 기간은 전범의 형집행이 종료한 날 또는 형집행을 면제받은 날로부

121) 박상기, 530면; 이재상, 594면.

122) 대판 1965. 11. 30, 65 도 910; 1965. 11. 9, 65 도 801; 1965. 4. 6, 65 도 163; 1964. 3. 31, 64 도 34.

123) 대판 1970. 9. 22, 70 도 1627.

124) 대판 1981. 4. 14, 81 도 543.

125) 대판 1982. 7. 27, 82 도 1018; 1960. 12. 21, 4293 형상 841.

126) 대판 1976. 5. 25, 76 도 648; 1966. 12. 6, 66 도 1430.

127) 대판 1974. 5. 14, 74 도 956.

터 기산한다. 후범이 금고 이상의 죄를 범한 시기는 실행의 착수시를 기준으로 한다.[128][129] 다만 후범이 예비·음모를 처벌하는 범죄에 해당하면, 3년 내에 예비·음모가 있었을 때 누범요건을 충족한다.

후범에 관하여는 죄를 범한 시기가 기준이 되는 것이므로 후범이 언제 처벌받는가는 전혀 문제가 되지 않는다. 상습범에 있어서는 상습범 중의 일부가 누범시효기간 내에 행해진 이상 그 전부가 누범관계에 있게 된다.[130] 이에 반하여 후범이 실질상 수죄로 행해진 것이면 그 중 누범시효기간 내에 행해진 범죄만이 누범관계에 있게 된다.[131]

전범의 형의 집행 '전' 또는 집행 '중'에 범해진 죄에 대하여는 누범관계가 인정되지 않는다.[132] 따라서 전범의 집행유예기간 중[133] 또는 가석방기간 중에[134] 다시 죄를 범한 경우에는 누범이 성립하지 않는다.

Ⅳ. 효 과

1. 누범의 가중처벌

누범의 형은 그 죄에 정한 형의 장기의 2배까지 가중한다(제35조 제2항). 장기를 2배까지 가중하더라도 50년을 초과할 수는 없다(제42조 단서). 누범가중은 장기에만 해당될 뿐이며, 단기에는 변화가 없다.[135] 누범가중을 하더라도 형법 각 본조에 정한 단기까지의 범위에서 선고형을 정할 수 있고, 누범이라 하여 반드시 법정형을 초과하여 선고해야 한다는 취지는 아니다. 예컨대 강간죄(제297조)의 경우 법정형은 3년 이상 30년 이하인데(제42조 본문), 강간죄의 누범의 처단형은 장

128) 권오걸, 768면; 김성돈, 776면; 김신규, 618면; 김/서, 776면; 배종대, 820면; 손해목, 1164면; 안동준, 353면; 이재상, 597면; 이형국, 413면; 정/박, 685면; 정영석, 293면; 진/이, 740면.

129) 대판 2006. 4. 7, 2005 도 9858-전원합의체.

130) "상습범 중 일부 소위가 누범기간 내에 이루어진 이상 나머지 소위가 누범기간 경과 후에 행하여졌더라도 그 행위 전부가 누범관계에 있는 것이다"(**대판 1976. 1. 13, 75 도 3397**. 同旨, 대판 1982. 5. 25, 82 도 200).

131) 김/서, 776면; 손해목, 1164면; 이재상, 597면; 진/이, 740면.

132) 대판 1958. 1. 28, 4290 형상 438.

133) 대판 1965. 10. 5, 65 도 676.

134) 대판 1976. 12. 31, 76 도 1857; 1976. 9. 14, 76 도 2071.

135) 대판 1969. 8. 19, 69 도 1129. 다만, 누범이 '특정강력범죄'에 해당하는 경우에는 장기 및 단기 모두를 2배까지 가중하여 처벌한다(특정강력범죄의 처벌에 관한 특례법 제3조).

기의 2배까지이므로 장기 60년으로 되지만, 또 다시 제42조 단서에 의하여 50년으로 된다. 따라서 강간죄의 누범의 처단형의 범위는 3년 이상 50년 이하로 된다.

누범에 대하여도 법률상 또는 재판상의 감경을 할 수 있다. 누범이 실체적 경합범인 경우에는 각 죄에 대하여 먼저 누범가중을 한 후에 실체적 경합으로 처벌해야 하며, 누범이 상상적 경합범인 경우에는 실질상 수죄인 점에 비추어 각 죄에 대하여 누범가중을 한 후에 가장 중한 죄의 형으로 처벌한다.

2. 소송법적 효과

누범가중사유인 전과사실은 범죄사실은 아니므로 불고불리(不告不理)의 원칙이 적용되지 않는다. 그러므로 전과사실이 공소장에 기재되어 있을 것을 요하는 것은 아니다.[136] 전과사실은 피고인의 자백에 의하여 인정하면 족하며, 이에 대한 보강증거가 있어야 하는 것도 아니다.[137] 그러나 누범가중사유가 되는 전과사실은 형벌권의 범위에 관한 중요사실이므로 엄격한 증명을 요한다. 대법원은 누범가중에 있어서 누범의 시기를 판결에서 명시해야 한다고 판시하고 있다.[138]

V. 판결선고 후의 누범발각

1. 형법 제36조

판결선고 후에 누범인 것이 발각된 때에는 그 선고한 형을 통산하여 다시 형을 정할 수 있다(동조 본문). 이 규정의 취지는 재판 당시 범죄자가 사술(詐術)을 써서 전과사실을 은폐하여 누범가중을 면하고 판결 후에 누범임이 발각되는 경우가 적지 않기 때문에, 재판확정 후에 누범임이 발각되었을 때에도 다시 누범가중의 원칙에 의하여 먼저 선고한 형을 가중할 수 있도록 한 것이다.

다만 후범에 대해서 선고한 형의 집행이 종료하였거나 그 집행이 면제된 후에는 누범인 것이 발각되더라도 형을 가중하지 아니한다(동조 단서). 이미 자유를

136) 대판 1972. 12. 11, 71 도 2004.
137) 대판 1981. 6. 9, 81 도 1353; 1979. 8. 21, 79 도 1528; 1973. 3. 20, 73 도 280.
138) 대판 1946. 4. 26, 4279 형상 13.

회복하여 평온한 사회생활을 영위하는 정상상태를 존중해 줄 필요가 있기 때문이다.

2. 일사부재리의 원칙과의 관계

제36조에 의한 누범가중은 이미 확정판결에 의하여 선고한 형을 다시 가중한다는 점에서 헌법 제13조 제1항의 일사부재리원칙에 반하지 않는가라는 문제가 제기된다. 이에 대하여 확정판결 후 누범인 사실이 발각되어 새로운 사정에 기하여 가중형만을 추가하는 것은 일사부재리의 원칙에 반하지 않는다는 견해도 있다.[139]

그러나 동일한 범죄에 대하여 새로운 사정만을 이유로 가중형을 추가하는 것은 동일한 범죄를 거듭 처벌하는 것으로서 일사부재리의 원칙에 정면으로 위배된다고 해야 한다.[140] '의심스러운 때에는 피고인의 이익으로'라는 원칙에 따라 형벌권의 존부 및 범위에 관한 사실에 대하여는 검사가 거증책임을 져야 하며, 형사피고인에 대하여 진술거부권을 보장하고 있는 형사소송법의 정신도 존중되어야 한다. 즉 피고인에 대하여 진술거부권을 보장하고 있으면서 누범전과사실을 은폐한 후 발각된 경우에 이미 확정된 판결에 가중형을 추가한다는 것은 불이익한 진술을 강요하는 결과가 된다. 입법론으로 보아 이 규정의 폐지가 요망된다.[141] 우리 형법 제36조와 동일한 내용을 가진 일본형법 제58조도 일사부재리의 원칙에 반한다는 이유로 1947년의 개정에 의하여 폐지된 바 있다.

---

139) 정/박, 686면; 정영석, 294면.

140) 김성돈, 777-8면; 김신규, 621면; 김/서, 777면; 박상기, 532; 배종대, 822면; 손해목, 1165면; 안동준, 354면; 오영근, 714면; 이재상, 600면; 진/이, 742면.

141) 김/서, 777면; 박상기, 532면; 이형국, 414면.

제 5 절 형의 유예제도

Ⅰ. 형의 집행유예

1. 의의와 성격

(1) 의 의

형의 집행유예란 형을 선고함에 있어서 일정한 기간 동안 형의 집행을 유예하고 그 유예기간을 경과한 때에는 형의 선고의 효력을 잃게 하는 제도를 말한다(**제62조 및 제65조**). 이 제도는 단기자유형의 폐단을 피하면서 형의 집행없이 피고인의 사회복귀를 도모하고자 함에 취지가 있으며, 특별예방주의라는 형벌목적달성에 있어서 매우 중요한 역할을 하는 것으로 평가되고 있다.

(2) 법적 성격

형의 집행유예의 법적 성격에 관하여는 ① 외래적 처우라는 의미에서 특수성을 가진 법집행의 변형이라는 견해,[142] ② 형벌과 보안처분의 성격을 함께 지니는 특별한 종류의 법률효과라는 견해,[143] ③ 형벌과 보안처분에 이은 형법의 제3의 독립된 제도라는 견해[144] 등이 있다.

그러나 집행유예제도는 형의 집행없이 범인으로 하여금 정상적인 사회생활을 영위하도록 함으로써 '사회내 처우'의 장점을 도모하는 한편, 형의 선고 자체는 행해짐으로써 판결의 경고기능을 유지하고 보호관찰 등의 보안처분과도 결부될 수 있는 '제재'라는 점을 고려한다면, '형집행의 전환수단'(diversion)의 하나로 이해함이 타당하다.

2. 연 혁

자유형집행의 대체형식인 집행유예제도는 형을 선고하지 않고 단순히 유

---

142) 김성돈, 780면; 박상기, 540면; 성낙현, 743면; 안동준, 357면; 이재상, 601면; 이형국, 421면; 정/박, 694면; 진/이, 743면.

143) Jescheck, AT, S. 751.

144) 김/서, 780면; 박상기, 537면; 손동권, 675면; 오영근, 796면; 정영일, 559면; Horn, SK, §56 Rn. 2.

죄판결만 하여 피고인을 보호관찰하도록 한 후 보호관찰기간이 무사히 경과하면 형을 선고하지 않는 영미의 보호관찰제도(probation)에서 유래한 것이다. 영미의 probation은 19세기 후반에 유럽에 도입되어, 집행유예기간이 경과하면 형의 선고의 효력을 상실케 하는 '조건부 판결제도'와 집행유예기간이 경과하면 행정기관의 사면처분에 의하여 형의 집행만을 면제하는 '조건부 특사제도'로 발전하였다. 전자는 벨기에(1888년)와 프랑스(1891년)에서 채택한 형태이고, 후자는 독일에서 채택한 형태인데 독일은 1953년의 형법개정에 의하여 유예기간이 경과하면 행정기관이 아니라 법원이 형의 집행을 면제하도록 하는 '조건부 면제제도'로 이행하였다.

우리 형법이 채택하고 있는 집행유예제도는 벨기에와 프랑스식의 조건부 판결제도에 해당한다고 볼 수 있다. 구형법은 집행유예에 있어서 보호관찰제도를 도입하지 않았으나, 보호관찰에 의하여 범죄인의 생활형성에 대한 지도와 감독이 결합될 때 비로소 집행유예도 그 본래의 형사정책적 목표를 달성할 수 있다는 점을 고려하여 1995년의 개정형법에서는 집행유예에 있어서 보호관찰제도를 도입하였으며, 그 외 사회봉사명령제도와 수강명령제도도 신설하였다.

3. 요　　건

법원은 다음과 같은 요건하에 1년 이상 5년 이하의 기간 동안 형의 집행을 유예할 수 있다(제62조 제1항). 즉 ① 3년 이하의 징역이나 금고 또는 500만원 이하의 벌금의 형을 선고할 경우일 것, ② 정상에 참작할 만한 사유가 있을 것, ③ 금고 이상의 형이 확정된 때부터 그 집행을 종료하거나 면제된 후 3년까지의 기간에 범한 죄에 대하여 형을 선고하는 경우가 아닐 것을 요건으로 한다.

형집행의 유예기간은 1년 이상 5년 이하의 범위에서 법원이 재량으로 결정한다.

(1) 3년 이하의 징역이나 금고 또는 500만원 이하의 벌금의 형을 선고할 경우일 것

집행유예는 징역이나 금고 또는 500만원 이하의 벌금의 형을 선고할 경우에만 가능하다. 종래에 벌금형을 선고할 때에는 집행유예를 할 수 없었으나, 2016. 1. 6.에 형법을 개정하여 "500만원 이하의 벌금형"에 대해서도 집행유예제도를 도입하였다(시행일은 2018. 1. 7.). 벌금형이 징역·금고보다 가벼운 형일 뿐만 아니라, 벌금미납시 환형처분으로서의 노역장 유치는 실질적으로 자유형과 동일하다는 점을 고려하여, 비교적 낮은 액수의 벌금형을 선고할 경우에 집행유예가 가능하도록 개정한 것이다. 개정된 제62조를 세칭 '장발장법'이라고 한다.

선고할 징역 또는 금고의 형은 3년 이하여야 한다. 그런데 집행유예는 단기자유형의 폐단을 피하기 위한 제도라는 점에 비추어, 결코 단기라고 볼 수 없는 3년 이하의 자유형까지 집행유예가 가능하도록 한 것은 집행유예의 범위를 지나치게 확대하고 있다는 비판도 있다.[145] 독일형법(제56조)과 오스트리아 형법(제43조) 및 스위스형법(제42조)은 2년 이하의 자유형을 선고할 때에만 집행유예를 할 수 있도록 하고 있다.

(2) 정상에 참작할 만한 사유가 있을 것

집행유예를 하기 위하여는 정상에 참작할 만한 사유가 있어야 한다. 정상참작의 사유란 형의 집행없이 형의 선고만으로도 피고인에게 충분한 경고기능이 작용하여 장래에 재범을 하지 않을 것으로 인정되는 경우를 말한다.[146] 그 판단기준은 형법 제51조의 사항, 즉 범인의 연령·성행·지능과 환경, 피해자에 대한 관계, 범행의 동기·수단과 결과, 범행 후의 정황이다. 판단의 기준시기는 판결선고시이다.

(3) 금고 이상의 형이 확정된 때부터 그 집행을 종료하거나 면제된 후 3년까지의 기간에 범한 죄에 대하여 형을 선고하는 경우가 아닐 것

2005년 7월 29일의 형법개정 이전에는, 금고 이상의 형을 선고받아 집행을 종료하거나 집행이 면제된 후로부터 5년이 경과되지 않았으면 집행유예의 선고가 불가능하였다. 즉 이 경우에는 다시 재판할 사건의 범죄를 언제 범하였는가 하는 구체적인 시기는 전혀 문제되지 아니하였다.

그러나 개정형법은 '판결 후의 재범방지'라는 집행유예제도의 본질에 비추어, 금고 이상의 형이 확정된 때부터 그 집행을 종료하거나 면제된 후 3년까지의 기간에 범한 죄에 대하여 형을 선고하는 경우에 한정하여 집행유예의 결격사유로 규정함으로써(제62조 제1항 단서), 결격사유의 요건을 크게 축소함과 동시에 보다 명확히 하였다.[147] 따라서 판결이 확정되기 이전에 범한 죄나 형의 집행이 종료

145) 진/이, 746면.

146) Dreher/Tröndle, StGB, §56 Rn. 4; Horn, SK, §56 Rn. 9; Schönke/Schröder/Stree, StGB, §56 Rn. 14.

또는 면제된 후 3년이 지나 범한 죄에 대해서는 집행유예의 선고가 가능하다.

여기서 '금고 이상의 형이 확정된 때'란 실형이 확정된 때뿐만 아니라 형의 집행유예의 판결이 확정된 때도 포함한다는 것이 판례이다.[148] 따라서 집행유예기간 중의 범죄에 대해서는 다시 집행유예를 할 수 없다.[149] [150] 그러나 집행유예기간 중이라도 재차의 집행유예를 선고할 수 있도록 하는 것이 형사 정책적 관점에서 보다 더 바람직한 일이라고 할 수 있다.[151]

2005년 개정형법은 집행유예의 결격사유 및 실효사유를 축소함으로써 그 적용범위를 보다 확장하고 있으나, 집행유예기간 중의 집행유예 허용 여부에 관해서는 여전히 해석의 여지가 남아있다. '집행의 종료 또는 면제'란 실형의 선고를 전제로 하는 표현이라는 점, 개정된 형법 제63조가 '유예기간 중 고의로 범한 죄로 금고 이상의 실형을 선고'받는 경우를 집행유예의 실효사유로 규정하고 있음에 비추어 그 반대해석이 가능하다는 점, 집행유예제도의 취지를 고려할 때 그 활용가능성을 확대하는 방향으로의 정책적 운용이 요구된다는 점 등에서 긍정적인 해석론도 가능하나, 입법론적인 보다 명확한 해결이 바람직하다.[152]

---

147) 집행유예 결격조항이 합헌이라는 헌법재판소 결정(헌재 2021. 9. 30, 2020 헌바 62) 참조.

148) 대판 2007. 2. 8, 2006 도 6196; 1969. 9. 30, 69 도 67; 1968. 7. 2, 68 도 720; 대결 1971. 3. 9, 70 누 167.

149) 대판 1989. 4. 11, 88 도 1155; 1984. 6. 26, 83 도 2198; 1969. 5. 13, 66 도 450; 1968. 7. 2, 68 도 720; 1960. 5. 18, 4292 형상 563. 그러나 형법 제37조의 경합범관계에 있는 수죄(數罪)에 관하여 같은 형사절차에서 동시에 재판을 받았더라면 한꺼번에 형의 집행유예를 받았으리라고 여겨지는 특수한 경우에는 형의 집행유예기간 중에 범한 범죄에 대하여 재차 집행유예를 허용하는 방향으로 판례가 변경되었다(대판 1989. 9. 12, 87 도 2365-전원합의체; 1992. 8. 14, 92 도 1246; 1991. 5. 10, 91 도 473; 1990. 8. 24, 89 모 36).

150) 이에 관한 최근의 판례를 소개해 둔다. "판결요지: 집행유예기간 중에 범한 죄에 대하여 형을 선고할 때에, 집행유예의 결격사유를 정하는 형법 제62조 제1항 단서 소정의 요건에 해당하는 경우란, 이미 집행유예가 실효 또는 취소된 경우와 그 선고시점에 미처 유예기간이 경과하지 아니하여 형 선고의 효력이 실효되지 아니한 채로 남아 있는 경우로 국한되고, 집행유예가 실효 또는 취소됨이 없이 유예기간을 경과한 때에는, 형의 선고가 이미 그 효력을 잃게 되어 '금고 이상의 형을 선고'한 경우에 해당한다고 보기 어려울 뿐 아니라, 집행의 가능성이 더 이상 존재하지 아니하여 집행종료나 집행면제의 개념도 상정하기 어려우므로 위 단서 소정의 요건에 해당하지 않는다고 할 것이므로, 집행유예기간 중에 범한 범죄라고 할지라도 집행유예가 실효·취소됨이 없이 그 유예기간이 경과한 경우에는 이에 대해 다시 집행유예의 선고가 가능하다"(대판 2007. 2. 8, 2006 도 6196).

151) 권오걸, 792-3면; 김성돈, 782면; 김/김, 690면; 김/서, 780면; 박상기, 539면; 배종대, 827면; 신동운, 805면; 오영근, 797면; 정/박, 698면; 진/이, 748면.

152) 김/서, 782면. 2005년 개정형법에 의해 재차의 집행유예가 가능하도록 입법적으로 해결되

두 개의 범죄가 경합관계에 있어서 동시에 심판할 수 있음에도 불구하고 별도로 기소되어 때를 달리하여 확정된 때에는 집행유예가 확정된 때에도 집행유예의 취소사유로 되지 않는다.[153]

4. 효 과

집행유예의 선고를 받은 후 그 선고의 실효 또는 취소됨이 없이 유예기간을 경과한 때에는 형의 선고는 효력을 잃는다(제65조). 그러므로 형의 집행이 면제될 뿐만 아니라 처음부터 형의 선고가 없었던 상태로 돌아가게 된다.[154] 다만 형의 선고가 효력을 잃는다는 것은 형의 선고의 법률적 효과가 없어진다는 의미이므로, 형의 선고가 있었다는 기왕의 사실까지 없어지는 것은 아니다.[155] 따라서 형의 선고에 의하여 이미 발생한 법률효과에는 영향을 미치지 않는다.

형집행의 유예기간은 1년 이상 5년 이하의 범위에서 보통 판결주문에 선고된 형의 기간보다 긴 기간으로 법원의 재량에 의하여 정해진다. 하나의 형의 일부에 대한 집행유예는 허용되지 않으나,[156] 형을 병과할 때에는 그 일부

었다고 보는 견해로는 신동운, 806면.

153) 대판 1980. 2. 29, 79 모 42.

154) "판결이유: 폭력행위 등 처벌에 관한 법률 제2조 제3항은 '이 법을 위반하여 2회 이상 징역형을 받은 사람이 다시 제2항 각 호에 규정된 죄를 범하여 누범으로 처벌할 경우에는 다음 각 호의 구분에 따라 가중처벌한다."라고 규정하고 있다. 그런데 형의 실효 등에 관한 법률에 따라 형이 실효된 경우에는 형의 선고에 의한 법적 효과가 장래를 향하여 소멸하므로 형이 실효된 후에는 그 전과를 폭력행위처벌법 제2조 제3항에서 말하는 '징역형을 받은 경우'라고 할 수 없다. 한편 형법 제65조는 '집행유예의 선고를 받은 후 그 선고의 실효 또는 취소됨이 없이 유예기간을 경과한 때에는 형의 선고는 효력을 잃는다.'라고 규정하고 있다. 여기서 '형의 선고가 효력을 잃는다'는 의미는 앞서 본 형의 실효와 마찬가지로 형의 선고에 의한 법적 효과가 장래를 향하여 소멸한다는 취지이다(대법원 2010. 9. 9. 선고 2010도8021 판결 등 참조). 따라서 형법 제65조에 따라 형의 선고가 효력을 잃는 경우에도 그 전과는 폭력행위처벌법 제2조 제3항에서 말하는 '징역형을 받은 경우'라고 할 수 없다. 그리고 어느 징역형의 실효기간이 경과하기 전에 별도의 집행유예 선고가 있었지만 그 집행유예가 실효 또는 취소됨이 없이 유예기간이 경과하였고 그 무렵 집행유예 전에 선고되었던 징역형도 그 자체의 실효기간이 경과하였다면 그 징역형 역시 실효되어 폭력행위처벌법 제2조 제3항에서 말하는 '징역형을 받은 경우'에 해당한다고 할 수 없다(대법원 2014. 9. 4. 선고 2014도7088 판결 참조)"(대판 2016. 6. 23, 2016 도 5032).

155) 대결 1983. 4. 2, 83 모 8.

156) "판결요지: 집행유예의 요건에 관한 형법 제62조 제1항이 '형'의 집행을 유예할 수 있다고만 규정하고 있다고 하더라도, 이는 같은 조 제2항이 그 형의 '일부'에 대하여 집행을 유예할 수 있는 때를 형을 '병과'할 경우로 한정하고 있는 점에 비추어 보면, 조문의 체계적 해석상 하나의 형의 전부에 대한 집행유예에 관한 규정이라 할 것이고, 또한 하나의 자유형에 대한 일부 집행유예에 관하여는 그 요건·효력 및 일부 실형에 대한 집행의 시기와 절차·방법 등을 입법에 의해 명확하게 할 필요가 있어, 그 인정을 위해서는 별도의 근거규정이 필요하므로, 하나의 자유형 중

에 대해서도 집행유예를 할 수 있다(제62조 제2항).

5. 집행유예와 보호관찰, 사회봉사명령, 수강명령

형의 집행을 유예하는 경우에는 보호관찰을 받을 것을 명하거나 사회봉사 또는 수강을 명할 수 있다(제62조의 2 제1항). 보호관찰은 집행유예의 핵심적 요소이며 보호관찰에 의하여 피고인의 생활형성에 대한 지도와 감독이 있는 때에만 집행유예는 그 형사정책적 목적을 달성할 수 있다는 점에서 법원의 재량으로 보호관찰을 명할 수 있도록 한 것이다. 보호관찰의 기간은 집행유예기간으로 하지만, 법원은 유예기간의 범위 내에서 보호관찰기간을 정할 수 있기 때문에(동조 제2항), 결국 보호관찰기간의 단축이 가능하다.

집행유예의 경우에는 보호관찰이나 사회봉사 또는 수강을 명할 수 있는데, 사회봉사명령과 수강명령은 집행유예기간 내에 집행하도록 되어 있다(동조 제3항). 집행유예를 다양한 조건과 결합시켜 특별예방목적을 달성하고자 하는 것이다.

집행유예를 선고하는 경우에 보호관찰과 사회봉사 또는 수강을 '동시에' 명할 수 있는가 하는 문제가 제기되고 있다. 대법원은 제도의 취지와 특별예방 목적의 관점에서 보호관찰과 사회봉사 또는 수강을 '병과'하여 명할 수 있다고 해석하고 있다.[157] 그러나 법문에서 "보호관찰을 받을 것을 명하거나"에서의 "하거나"라는 표현은 문언해석상 선택가능성을 의미하는 것이지, 병과가능성으로 해석할 것은 아니다. 문언해석에서의 일탈이 피고인에게 불리한 방향으로 나아가는 것은 죄형법정주의에 위배되는 것이고, 보안처분도 형사제재인 이상 판례의 입장은 이중(二重)의 형사제재를 부과하는 것이 된다는 비난

일부에 대해서는 실형을, 나머지에 대해서는 집행유예를 선고하는 것은 허용되지 않는다"(대판 2007. 2. 22, 2006 도 8555).

157) "형법 제62조의 2 제1항은 '형의 집행을 유예하는 경우에는 보호관찰을 받을 것을 명하거나 사회봉사 또는 수강을 명할 수 있다'고 규정하고 있는바, 그 문리에 따르면, 보호관찰과 사회봉사는 각각 독립하여 명할 수 있다는 것이지, 반드시 그 양자를 동시에 명할 수 없다는 취지로 해석되지는 아니할 뿐더러, 소년법 제32조 제3항, 성폭력범죄의처벌및피해자보호등에관한법률 제16조 제2항, 가정폭력범죄의처벌등에관한특례법 제40조 제1항 등에는 보호관찰과 사회봉사를 동시에 명할 수 있다고 명시적으로 규정하고 있는바, 일반 형법에 의하여 보호관찰과 사회봉사를 명하는 경우와 비교하여 특별히 달리 취급할 만한 이유가 없으며, 제도의 취지에 비추어 보더라도, 범죄자에 대한 사회복귀를 촉진하고 효율적인 범죄예방을 위하여 양자를 병과할 필요성이 있는 점 등을 종합하여 볼 때, 형법 제62조에 의하여 집행유예를 선고할 경우에는 같은 법 제62조의 2 제1항에 규정된 보호관찰과 사회봉사 또는 수강을 동시에 명할 수 있다고 해석함이 상당하다"(**대판 1998. 4. 24, 98 도 98**). 대법원과 같은 입장에 서는 학자로는 이재상, 605-6면.

을 면하기도 어렵다.[158] 법조항의 문언적 표현을 정확히 개정하여 해석상의 논란을 해소할 필요가 있다(입법론).

보호관찰과 사회봉사명령 및 수강명령의 의의와 내용 등에 관하여는 다음 제2장의 보안처분론에서 설명하기로 한다.

6. 집행유예의 실효와 취소

(1) 집행유예의 실효

집행유예의 선고를 받은 자가 유예기간 중 고의로 범한 죄로 금고 이상의 실형을 선고받아 그 판결이 확정된 때에는 집행유예의 선고는 효력을 잃는다(제63조).[159] 개정 전에는 유예기간 중 금고 이상의 형을 선고받아 그 판결이 확정되면 족하고 언제 죄를 범하였는가는 불문하였으나, 2005년 7월 29일의 형법 개정에서는 '유예기간 중 고의로 범한 죄'로 명확히 하였으며, 또한 '금고 이상의 실형'을 선고받는 경우로 집행유예의 실효사유를 제한하였다. 집행유예제도는 유예의 판결이 있은 이후의 재범방지를 목적으로 하는 것이기 때문이다. 입법례를 보자면, 독일형법 제56조f, 스위스형법 제46조 제1항, 오스트리아형법 제53조 제1항 등은 유예기간 중에 죄를 범하였을 것을 요건으로 하고 있다.

(2) 집행유예의 취소

(가) 집행유예의 선고를 받은 후, 금고 이상의 형이 확정된 때부터 그 집행을 종료하거나 면제된 후 3년까지의 기간에 범한 죄에 대하여 형을 선고하는 경우(제62조 제1항 단서의 사유)라는 것이 발각된 때에는 집행유예의 선고를 취소한다(제64조 제1항).

집행유예의 취소는 필요적이다. 그러나 이 집행유예의 취소규정은 누범발각의 경우(제36조)에서 지적한 바와 같이 일사부재리원칙과 피고인의 진술거부권을 보장하고 있는 헌법과 일치할 수 없을 뿐만 아니라, 형사소송법상의 거증책임분배원칙과도 조화될 수 없다. 그러므로 특별예방목적의 관점에서 이

---

158) 김태명, "제45회 사시 제2차 해설", 시사법률신문, 제37호, 2003. 7. 8, 8면 참조.

159) 집행유예의 실효를 규정한 형법 제63조가 이중처벌금지원칙에 위배되지 않는다는 헌법재판소의 결정례가 있다. "결정요지: 집행유예가 실효되는 경우에 부활되는 본형은 이미 판결이 확정된 동일한 사건에 대하여 다시 심판한 결과 새로이 부과되는 것이 아니라 집행유예에 본래부터 내재되어 있던 효과가 발생한 것에 불과하고 동일한 범죄행위에 대하여 국가가 형벌권을 거듭 행사하도록 하는 것이 아니므로, 이중처벌금지원칙은 문제되지 않는다"(헌재 2020. 6. 25, 2019 헌마 192-전원재판부).

를 폐지함이 타당하다고 본다.[160]

(나) 제62조의 2의 규정에 의하여 보호관찰이나 사회봉사 또는 수강을 명한 집행유예를 받은 자가 준수사항이나 명령을 위반하고 그 정도가 무거운 때에는 법원의 재량으로 집행유예의 선고를 취소할 수 있다(제64조 제2항).

Ⅱ. 형의 선고유예

1. 의의와 성격

(1) 의 의

형의 선고유예란 범정(犯情)이 경미한 범인에 대하여 일정기간 동안 형의 선고를 유예하고 그 유예기간을 경과하면 면소된 것으로 간주하는 제도를 말한다(**제59조 및 제60조**). 선고유예는 영국의 조건부 석방제도에서 유래하며, 영미의 보호관찰제도(probation)와 관련하여 발전되어 온 것이기 때문에 집행유예보다 probation에 더욱 가깝다고 할 수 있다. 그러나 probation은 유죄의 판결만 하고 형을 정하지 않음에 반하여, 선고유예는 유죄판결뿐만 아니라 선고할 형의 종류와 양을 정한다는 점에서 probation과 구별되고, 형의 선고 자체를 유예한다는 점에서 형을 선고하고 그 집행만을 유예하는 집행유예와도 구별된다. 형의 선고를 유예하여 피고인이 처벌을 받았다는 오점을 남기지 않고 피고인의 사회복귀를 용이하게 하려는 특별예방목적에 제도의 취지가 있다.

(2) 법적 성격

선고유예의 법적 성격에 관하여는 ① 형벌도 보안처분도 아닌 독자적인 제3의 형사제재수단이라는 견해,[161] ② 집행유예와는 달리 형집행의 변형도 아니고 보안처분도 아닌 형법이 규정하고 있는 고유한 종류의 제재라고 하는 견해[162] 등이 있다.

선고유예제도는 죄질이 경미하고 뉘우치는 정상을 보이는 범인에게는 처벌을 피하고 정상적인 사회생활을 영위하도록 하는 한편, 유죄판결의 일종으로서 보호관찰과 같은 보안처분과 결부될 수 있는 제재라는 점에서 특별예방

160) 김/서, 789면; 배종대, 831면; 안동준, 361면; 이재상, 609면; 진/이, 752면.
161) 김성돈, 787면; 김/서, 790면; 손해목, 1202면; 이형국, 419면.
162) 이재상, 610면; 진/이, 753면.

목적을 달성하기 위하여 고안된 광의의 '전환수단'(diversion)의 하나로 이해함이 타당하다.

2. 연　　혁

선고유예는 1842년경부터 영국에서 행해진 조건부 가석방제도에서 유래한 것이다. 그 후 미국에서는 1878년 매사추세츠 주에서 처음으로 이 제도가 등장한 이래, 집행유예 및 가석방 등과 같이 보호관찰(probation)의 한 유형으로 발전되었으며, 1962년의 미국 모범형법전(Model Penal Code) 제6장 제2조 제4항에 도입되기에 이르렀다. 독일의 경우는 형법 제59조가 '형을 유보한 경고'(Verwarnung mit Strafvorbehalt)라는 표제하에 이 제도를 규정하고 있는데, 벌금형에 한하여 일정한 요건하에 선고유예를 인정하고 있다. 구형법은 보호관찰과 결부시키지 않고 제59조 내지 제61조에서 선고유예를 규정하고 있었으나, 1995년의 개정형법은 다른 입법례를 본받아 제59조의 2를 신설하여 선고유예에 있어서 보호관찰제도를 도입하였다.

3. 요　　건

법원은 다음의 요건이 구비되면 선고를 유예할 수 있다(제59조 제1항). 즉 ① 1년 이하의 징역이나 금고, 자격정지 또는 벌금의 형을 선고할 경우일 것, ② 뉘우치는 정상이 뚜렷할 것, ③ 자격정지 이상의 형을 받은 전과가 없을 것을 요건으로 한다.

(1) 1년 이하의 징역이나 금고, 자격정지 또는 벌금형을 선고할 경우일 것

1년 이하의 징역이나 금고, 자격정지 또는 벌금형을 선고하는 경우인 이상 범죄의 종류는 불문한다. 우리 형법은 독일형법보다는 폭넓게 벌금형 이외에 1년 이하의 자유형 및 자격정지를 선고할 경우에도 선고유예를 할 수 있도록 규정하고 있다. 여기에서 형이란 주형과 부가형을 포함한 처단형 전부를 의미한다.[163] 따라서 주형을 선고유예하는 때에 부가형인 몰수나 추징도 선고유예할 수 있으나,[164] 주형에 대하여 선고를 유예하지 않으면서 이에 부가할 몰수나 추징에 대해서만 선고를 유예할 수는 없다.[165] 그러나 형을 병과할 때에는

---

163) 대판 1972. 10. 31, 72 도 2049; 1970. 6. 30, 70 도 883.

164) 대판 1980. 3. 11, 77 도 2027.

165) 대판 1988. 6. 21, 88 도 551; 1979. 4. 10, 78 도 3098.

그 일부 또는 전부에 대하여 선고유예를 할 수 있다(제59조 제2항). 예컨대 징역형과 벌금형을 병과하는 경우에 징역형은 집행유예하고 벌금형은 선고유예하는 것이 가능하다.[166)]

(2) 뉘우치는 정상이 뚜렷할 것

선고유예를 함에는 제51조의 사항을 고려하여 뉘우치는 정상이 뚜렷한 것으로 판단되어야 한다. 뉘우치는 정상이 뚜렷하다고 함은 행위자에게 형을 선고하지 않아도 재범의 위험성이 없다고 인정되는 것을 말한다.[167)] 종래 판례는 범죄를 부인하는 경우에는 선고유예를 할 수 없다는 입장이었으나, 최근 대법원은 전원합의체판결에서 반드시 피고인이 죄를 깊이 뉘우치는 경우만을 뜻하는 것으로 제한하여 해석할 것은 아니고, 피고인이 범죄사실을 자백하지 않고 부인할 경우에도 재범하지 않으리라는 사정이 현저하다면 선고유예를 할 수 있다는 입장으로 판례를 변경하였다.[168)] 뉘우치는 정상이 뚜렷한가 하는 판단은 법원의 재량이지만,[169)] 재범의 위험성 여부가 중요한 판단기준이 된다. 판단의 기초는 제51조에 규정된 양형의 조건이다. 그리고 판단의 기준시기는 판결선고시이다.

(3) 자격정지 이상의 형을 받은 전과가 없을 것

선고유예를 함에 있어서도 자격정지 이상의 형을 받은 전과가 있는 자에 대해서는 예외로 한다. 선고유예는 불법과 책임이 현저히 경미한 경우에만 인정되는 제도로서 재범의 위험성이 없는 초범자에 대해서만 인정할 수 있음을 의미한다. 집행유예의 선고를 받은 후 유예기간의 경과로 인하여 형의 선고가 효력을 잃게 된 경우에도 전과는 여전히 존재하므로 선고를 유예할 수 없다.[170)]

---

166) 대판 1976. 6. 8, 74 도 1266.

167) 김성돈, 787면; 김/서, 792면; 박상기, 534면; 오영근, 792면; 이재상, 611면; 정/박, 691면; 진/이, 754면.

168) "선고유예의 요건 중 '개전의 정상이 현저한 때'라고 함은, 반성의 정도를 포함하여 널리 형법 제51조가 규정하는 양형의 조건을 종합적으로 참작하여 볼 때 형을 선고하지 않더라도 피고인이 다시 범행을 저지르지 않으리라는 사정이 현저하게 기대되는 경우를 가리킨다고 해석할 것이고, 이와 달리 여기서의 '개전의 정상이 현저한 때'가 반드시 피고인이 죄를 깊이 뉘우치는 경우만을 뜻하는 것으로 제한하여 해석하거나, 피고인이 범죄사실을 자백하지 않고 부인할 경우에는 언제나 선고유예를 할 수 없다고 해석할 것은 아니다"(**대판** 2003. 2. 20, 2001 **도** 6138－전원합의체).

169) 대판 2003. 2. 20, 2001 도 6138－전원합의체; 1979. 2. 27, 78 도 2246.

170) "'자격정지 이상의 형을 받은 전과'라 함은 자격정지 이상의 형을 선고받은 범죄경력 자체

4. 효 과

형의 선고유예는 선고유예를 받은 날로부터 2년을 경과한 때에는 면소된 것으로 간주한다(제60조). 집행유예의 경우와는 달리 선고유예에 있어서의 유예기간은 일률적으로 2년이다. 면소는 무죄와는 구별된다. 무죄판결은 공소사실이 범죄로 되지 아니하거나 범죄사실의 증명이 없는 때에 선고하는 재판임에 반하여, 면소판결은 범죄가 성립하더라도 형벌권의 소멸을 이유로 하여 소송을 종결시키는 재판이다.

선고유예의 판결을 할 것인가 하는 여부는 법원의 재량에 속한다. 그러나 선고유예는 조건부 유죄판결의 일종이므로 범죄사실과 선고할 형을 일단 확정해 놓아야 한다.

5. 선고유예와 보호관찰

형의 선고를 유예하는 경우에도 재범의 방지를 위하여 지도 및 원호가 필요한 때에는 보호관찰을 명할 수 있다(제59조의2 제1항). 선고유예도 보호관찰과 결합하여 발달한 제도이고, 보호관찰에 의한 생활의 지도와 원호가 행해질 경우에 선고유예제도의 취지가 효과적으로 구현될 수 있다는 점에서 법관의 재량으로 보호관찰을 명할 수 있도록 한 것이다. 이 때 보호관찰기간은 1년으로 한다(동조 제2항).

형의 선고유예시에는 집행유예의 경우와는 달리 사회봉사명령과 수강명령을 내릴 수 없다.

6. 선고유예의 실효

형의 선고유예를 받은 자가 유예기간 중 자격정지 이상의 형에 처한 판결이 확정되거나 자격정지 이상의 형에 처한 전과가 발견된 때에는 유예한 형을

를 의미하는 것이고, 그 형의 효력이 상실된 여부는 묻지 않는 것으로 해석함이 상당하다. 따라서 형의 집행유예를 선고받은 자는 형법 제65조에 의하여 그 선고가 실효 또는 취소됨이 없이 정해진 유예기간을 무사히 경과하여 형의 선고가 효력을 잃게 되었다고 하더라도 형의 선고의 법률적 효과가 없어진다는 것일 뿐, 형의 선고가 있었다는 기왕의 사실 자체까지 없어지는 것은 아니므로, 형법 제59조 제1항 단서에서 정한 선고유예 결격사유인 '자격정지 이상의 형을 받은 전과가 있는 자'에 해당한다고 보아야 한다"(대판 2007. 5. 11, 2005 도 5756; 2003. 12. 26, 2003 도 3768).

선고한다(제61조 제1항).[171][172] 유예한 형의 선고는 검사의 청구에 의하여 그 범죄사실에 대한 최종판결을 한 법원이 한다(형소법 제336조). 이와 관련하여 자격정지 이상의 형에 처한 전과가 발견된 때에도 형을 선고하도록 규정한 점에 대해서는 집행유예의 취소의 경우에 있어서와 같은 비판이 제기될 수 있다.

제59조의 2의 규정에 의하여 보호관찰을 명한 선고유예를 받은 자가 보호관찰기간 중에 준수사항을 위반하고 그 정도가 무거운 때에는 법원의 재량으로 유예한 형을 선고할 수 있다(제61조 제2항). 판례는 선고유예 실효결정에 대한 상소심 진행 중에 유예기간인 2년이 경과하였다면 유예한 형을 선고할 수 없다고 한다.[173]

---

171) "형법 제61조 제1항에서 말하는 '형의 선고유예를 받은 자가 자격정지 이상의 형에 처한 전과가 발견된 때'란 형의 선고유예의 판결이 확정된 후에 비로소 위와 같은 전과가 발견된 경우를 말하고 그 판결확정 전에 이러한 전과가 발견된 경우에는 이를 취소할 수 없으며, 이 때 판결확정 전에 발견되었다고 함은 검사가 명확하게 그 결격사유를 안 경우만을 말하는 것이 아니라 당연히 그 결격사유를 알 수 있는 객관적 상황이 존재함에도 부주의로 알지 못한 경우도 포함한다"(대결 2008. 2. 14, 2007 모 845).

172) 선고유예의 실효를 규정한 형법 제61조 제1항이 집행유예 실효사유와 달리 규정한 것이 평등원칙에 위반되지 않으며, 선고유예의 실효 여부의 판단을 판결확정시점을 기준으로 한 것이 책임주의에 위반되지 않는다는 헌법재판소의 결정례가 있다. "결정요지: 가. 선고유예는 형법이 규정하는 고유한 종류의 제재로서 집행유예와 그 법적 성격 및 요건·효과에 있어서 근본적으로 차이가 있으므로, 집행유예에 비하여 선고유예의 실효사유를 넓게 규정하는 것이 형평의 원칙에 부합하는 측면이 있다. 입법자가 선고유예의 입법취지, 실효의 효력 발생 시기·효과 등을 감안하여 선고유예의 실효사유를 집행유예와 서로 다르게 규정하였다고 하더라도 이를 반드시 불합리한 차별이라고 보기는 어렵다. 종전의 합헌 선례(2007헌가19)를 변경할 만한 사정이 없으므로 헌법상 평등원칙에 위반되지 아니한다.

나. 심판대상조항이 판결확정시점을 기준으로 실효 여부를 판단하도록 규정함으로써 선고유예기간 전에 범죄를 저지르고 유예기간 중에 판결이 확정되는 경우에도 선고유예가 실효되도록 한 것은 법질서상 부정적으로 평가할 만한 행위를 한 자에 대하여 책임주의를 구현하는 것으로서 책임주의 원칙에 반하지 아니한다는 선례(2007헌가19)는 이 사건에서도 타당하다. 나아가 심판대상조항이 범죄의 시기를 기준으로 하지 않고 그 확정판결이 유예기간 중에 있었는지를 기준으로 실효사유로 규정한 것은 형벌권의 적정한 행사라는 측면에서 충분히 납득할 수 있고, 초범에 대한 은혜적 조치라는 선고유예 제도의 취지에 부합한다. 따라서 심판대상조항은 책임주의에 위반되지 아니한다"(헌재 2019. 9. 26, 2017 헌바 265-전원재판부).

173) 대결 2007. 6. 28, 2007 모 348.

제 6 절 형의 집행

Ⅰ. 형의 집행의 내용과 방법

형의 집행은 선고형이 확정된 후 그 형을 현실적으로 실현하는 과정이다. 형의 집행의 내용과 방법은 형의 종류에 따라 다르다. 형법은 제66조 이하에서 형의 집행에 관한 기본적 방법을 제시하고 있으며, 그 세부적 절차는 '형사소송법'과 '형의 집행 및 수용자의 처우에 관한 법률'(약칭: 형집행법)에 규정되어 있다. 형의 집행은 신속성과 기동성을 기하기 위하여 그 재판을 행한 법원에 대응하는 검사가 지휘한다(형소법 제460조 제1항). 그리고 형의 집행을 담당하는 공무원으로는 교도관과 집행관이 있다.

1. 사형의 집행

사형판결이 확정된 자는 집행시까지 교정시설에 수용된다.[174] 사형은 법무부장관의 명령에 의하여 집행하되(형소법 제463조), 사형집행의 명령은 판결이 확정된 날로부터 6월 이내에 해야 한다(형소법 제465조 제1항). 그리고 법무부장관이 사형의 집행을 명한 때에는 5일 이내에 집행해야 한다(형소법 제466조). 단 공휴일과 토요일에는 사형을 집행하지 않는다(형의 집행 및 수용자의 처우에 관한 법률 제91조 제2항).

사형은 교정시설 안에서 교수하여 집행한다(형법 제66조, 형의 집행 및 수용자의 처우에 관한 법률 제91조 제1항). 다만 군형법에 의거한 사형은 소속 군 참모총장이 지정한 장소에서 총살로써 집행한다(군형법 제3조).

2. 자유형의 집행

자유형에 속하는 징역 · 구금 및 구류는 교정시설에 수용하여 집행한다. 징역은 정해진 노역(勞役)에 복무하게 하지만, 금고와 구류는 정해진 노역에 복무하지 않는다(제67-68조). 그러나 금고와 구류형을 받은 자도 신청에 따라 작업을

174) '형의 집행 및 수용자의 처우에 관한 법률 시행령' 제108조(사형확정자 수용시설의 설비 및 계호의 정도) "사형확정자를 수용하는 시설의 설비 및 계호의 정도는 법 제57조 제2항 제3호의 일반경비시설 또는 같은 항 제4호의 중(重)경비시설에 준한다."

할 수 있다(형의 집행 및 수용자의 처우에 관한 법률 제67조).

자유형의 집행을 행형이라고 하며, 자유형의 집행을 받는 자를 특히 '수형자'라고 한다(형의 집행 및 수용자의 처우에 관한 법률 제2조 제2호 참조). 자유형의 집행방법에 관한 세부사항은 형집행법에 규정되어 있다.

자유형의 집행에 있어서는 수형자의 인간으로서의 존엄을 실질적으로 존중해야 한다는 것을 지도원리로 삼아서, 개선·교화 내지 사회복귀라는 특별예방의 효과를 거둘 수 있도록 노력해야 한다.

자유형의 선고를 받은 자가 심신장애상태에 있을 때에는 회복시까지 형의 집행을 정지할 수 있으며(형소법 제470조 제1항), 또 형의 집행으로 인하여 현저히 건강이나 생명을 해할 염려가 있는 때, 70세 이상인 때, 잉태 후 6개월 이상인 때 등 일정한 사유가 있을 때에는 형의 집행을 정지할 수 있다(동법 제471조 제1항).

판결선고 전의 구금(미결구금)은 본래 형의 집행은 아니고 형사소송법상 인정된 구금에 불과하지만, 범인의 자유를 박탈한다는 점에서 자유형과 다를 바가 없기 때문에 형평을 기한다는 관점에서 형집행의 일부로 인정되고 있다. 즉 판결선고 전의 구금일수는 그 전부 또는 일부를 유기징역·유기금고·벌금이나 과료에 관한 유치 또는 구류에 산입한다(형법 제57조 제1항).

3. 재산형의 집행

벌금과 과료는 판결확정일로부터 30일 이내에 납입해야 한다(형법 제69조 제1항 본문). 단 벌금을 선고할 때에는 동시에 그 금액을 완납할 때까지 노역장에 유치할 것을 명할 수 있다(동 단서). 벌금을 납입하지 아니한 자는 1일 이상 3년 이하, 과료를 납입하지 아니한 자는 1일 이상 30일 미만의 기간 노역장에 유치하여 작업에 복무하게 한다(동조 제2항). 벌금 또는 과료를 선고할 때에는 납입하지 아니하는 경우의 노역장 유치기간을 정하여 동시에 선고해야 한다(제70조 제1항).

선고하는 벌금이 1억원 이상 5억원 미만인 경우에는 300일 이상, 5억원 이상 50억원 미만인 경우에는 500일 이상, 50억원 이상인 경우에는 1천일 이상의 노역장 유치기간을 정하여야 한다(제70조 제2항).

징역형과 벌금형이 병과되는 경우에 벌금형의 환산유치기간이 그 병과된 징역형의 기간보다 장기간이 될 수 있는가 하는 문제가 있지만, 제69조 제2항에 따라 벌금형의 환산유치기간이 3년을 넘지 않으면 가능하다고 본다.[175] 벌금 또는 과료의 선고를 받은 자가 그 금액의 일부를 납입한 때에는 벌금 또는 과료액과 노역장 유치기간의 일수에 비례하여 납입금액에 상당한 일수를 뺀다(제71조). 재산형의 집행방법에 관한 세부사항은 형사소송법에 규정되어 있다(제477조 이하).

4. 명예형(자격형)의 집행

사형·무기징역 또는 무기금고의 확정판결을 받으면 형법 제43조 제1항 제1호 내지 제4호에 기재된 자격이 상실되고(제43조 제1항), 유기징역 또는 유기금고의 판결을 받으면 형의 집행이 종료 또는 면제될 때까지 동 제1호 내지 제3호에 기재된 자격이 당연히 정지된다(동조 제2항). 법원의 선고에 의한 자격정지는 선고된 내용에 따라 제43조 제1항 제1호 내지 제4호에 기재된 자격의 전부 또는 일부가 선고된 기간 동안 정지된다(제44조).

자격상실 또는 자격정지의 선고를 받은 자에 대하여는 이를 수형자원부에 기재하고 지체없이 그 등본을 형의 선고를 받은 자의 등록기준지와 주거지의 시·구·읍·면장에게 송부해야 한다(형소법 제476조).

Ⅱ. 가석방(假釋放)

1. 의의와 성격

(1) 의 의

가석방이란 자유형의 집행 중에 있는 사람이 수형생활을 통하여 뉘우침이 뚜렷하다고 인정되는 경우에 형기만료 전에 조건부로 수형자를 석방하고, 이것이 취소 또는 실효됨이 없이 일정기간을 경과한 때에는 형의 집행이 종료된 것으로 간주하는 제도를 말한다(**제72조 및 제76조**). 가석방제도는 형의 집행 중에 뉘우침이 뚜렷하여 형벌의 목적이 달성되었다고 판단되는 경우에 불필요한 형의 집행을 단축함에 의하여 수형자의 사회복귀를 앞당기는 동시에 행형과정에 있어서 수형자 자신의 사회복귀를 위한 자발적이고 적극적인 노력을 촉진하려는 데 그 취지가 있다.

---

175) 대판 1977. 7. 26, 76 도 2314; 1971. 3. 30, 71 도 251.

(2) 법적 성격

가석방은 실질적으로 형의 집행유예와 형사정책적 목적을 같이하면서도 행정처분에 의하여 수형자를 석방한다고 하는 점에 그 특색이 있다. 그러므로 가석방의 법적 성격은 수형자의 사회복귀를 위하여 형집행의 일부를 포기한다고 하는 점에서 '형집행작용'에 불과한 것으로 보아야 한다.[176]

2. 연 혁

가석방제도는 1791년 당시 영국의 식민지였던 호주에서 노포크(Norfolk)섬에 유형(流刑)중인 죄수들이 잔형기간 동안 본국으로 돌아가지 않을 것을 조건으로 해서 가석방의 허가장을 발급해 주고 죄수를 풀어준 관행에서 유래하였다. 다시 이 제도는 본국인 영국을 거쳐서 미국에 도입되었으며, 1862년 독일의 작센(Sachsen)에서 채택된 이래 유럽 각국에 전파되어, 현재 대부분의 국가가 채택하고 있다.

우리 형법은 제72조 이하에서 가석방제도에 관한 규정을 두고 있으며, 1995년의 개정형법에서는 가석방된 자는 원칙적으로 가석방기간 중에 보호관찰을 받도록 하는 규정을 신설하였다(제73조의 2 제2항).

3. 가석방의 요건

가석방은 다음의 요건이 갖추어진 경우에 가석방심사위원회의 가석방신청에 의하여 법무부장관이 허가할 수 있다(형법 제72조, 형의 집행 및 수용자의 처우에 관한 법률 제121·122조).

(1) 징역 또는 금고의 집행 중에 있는 자가 무기에 있어서는 20년, 유기에 있어서는 형기의 3분의 1을 경과한 후일 것

가석방은 징역 또는 금고의 집행 중에 있는 자에게만 인정된다. 따라서 자유형 이외의 형벌에는 가석방이 인정될 여지가 없다. 여기에서의 형기는 선고형을 의미한다. 다만 사면 등에 의하여 감형된 때에는 감형된 형을 기준으로 한다. 이 경우에 형기에 산입된 판결선고 전 구금일수는 가석방을 하는 경우 집행한 기간에 산입한다(제73조 제1항).

벌금을 납입하지 않아서 노역장 유치가 된 경우에 가석방을 인정할 것인가가 문제된다. 벌금형에는 가석방을 인정할 수 없다는 이유로 부정하는 견해

---

176) 김성돈, 792면; 김/서, 795면; 안동준, 362면; 이재상, 614면; 정/박, 703면; 진/이, 760면.

가 있을 수 있으나, 노역장 유치가 대체자유형으로서 실질적으로 자유형의 집행이나 다름없고 자유형을 선고받은 자에 비하여 벌금형을 선고받은 자를 구태여 불이익하게 처우해야 할 이유가 없다는 점에서 가석방을 긍정함이 타당하다고 본다.[177] 수개의 독립된 자유형이 선고되어 있는 경우에 형기의 3분의 1을 경과하였는가를 판단함에 있어서 각개의 형을 분리하여 검토할 것인가 또는 이를 종합하여 계산할 것인가 하는 점도 문제로 되어 있다. 현저한 개전의 정이 있는 경우에 불필요한 형의 집행을 삼가고 가급적 수형자의 사회복귀를 앞당기고자 하는 가석방제도의 취지를 존중하기 위해서는 수개의 형을 종합하여 가석방의 요건을 판단함이 타당하다고 하겠다.[178]

(2) 행상(行狀)이 양호하여 뉘우침이 뚜렷할 것

이 요건은 수형자가 규율을 준수하고 죄과를 깊이 반성하고 있으며 남은 형기를 집행하지 않더라도 재범의 위험성이 없다는 판단이 내려짐을 의미한다. 뉘우침이 뚜렷한지는 교정시설 안에서의 규율준수 여부 및 생활태도 등을 참작하여 특별예방적 관점에서 판단한다.

(3) 벌금 또는 과료의 병과가 있는 때에는 그 금액을 완납할 것

이와 관련하여 벌금 또는 과료에 관한 노역장 유치기간에 산입된 판결선고 전 구금일수는 그에 해당하는 금액이 납입된 것으로 본다(제73조 제2항).

4. 가석방의 기간과 보호관찰

1995년의 개정형법에서는 가석방기간을 명시하고 있다. 가석방의 기간은 무기형에 있어서는 10년으로 하고, 유기형에 있어서는 남은 형기로 하되 그 기간은 10년을 초과할 수 없다(제73조의 2 제1항). 유기형의 가석방기간은 남은 형기로 하면서 남은 형기가 10년을 넘는 경우에는 10년을 초과할 수 없게 함으로써 유기형의 가석방기간이 무기형의 경우보다 길어지지 않도록 한 것이다.

가석방된 자는 가석방기간 중 보호관찰을 받는다(제73조의 2 제2항 본문). 가석방에 있어서의 보호관찰은 필요적이라는 점에서 임의적으로 규정한 선고유예나 집행유예의 경우와 다르다. 다만 가석방을 허가한 행정관청이 필요가 없다고 인정한

177) 김성돈, 793면; 김/서, 796면; 박상기, 545면; 배종대, 837면; 손동권, 686면; 안동준, 362면; 오영근, 803면; 이재상, 615면; 정/박, 704면; 진/이, 761면.

178) 김성돈, 793면; 김/서, 796면; 배종대, 837면; 손동권, 686면; 안동준, 362면; 오영근, 804면; 이재상, 615면; 정/박, 705면; 진/이, 762면.

때에는 예외적으로 보호관찰을 하지 않을 수 있다(동 단서). 범죄의 성질이나 수형자의 성격을 고려하여 불필요한 보호관찰까지 강제할 이유는 없기 때문이다.

5. 가석방의 효과

가석방의 처분을 받은 후 그 처분이 실효 또는 취소되지 아니하고 가석방기간을 경과한 때에는 형의 집행을 종료한 것으로 본다(제76조 제1항). 이 경우 형의 집행을 종료한 것으로 간주함에 그치며,[179] 유죄판결 자체의 효력이 없어지는 것은 아니다. 다만 가석방기간 중에는 아직 형집행이 종료된 것이 아니므로, 그 기간 중에 다시 죄를 범하더라도 누범은 성립하지 않는다.[180]

6. 가석방의 실효와 취소

(1) 가석방의 실효

가석방 기간 중 고의로 지은 죄로 금고 이상의 형의 선고를 받아 그 판결이 확정된 때에는 가석방처분은 효력을 잃는다(제74조).

(2) 가석방의 취소

가석방처분을 받은 자가 감시에 관한 규칙에 위배하거나, 보호관찰의 준수사항을 위반하고 그 정도가 무거운 때에는 가석방처분을 취소할 수 있다(제75조). 가석방된 자가 이러한 감시규칙이나 준수사항을 위반한 때에는 법무부장관은 재량으로 가석방을 취소할 수 있다. 가석방의 취소는 필요적이 아니고 임의적이다.

(3) 가석방의 실효와 취소의 효과

가석방이 실효 또는 취소되었을 때에는 가석방 중의 일수는 형기에 산입하지 아니한다(제76조 제2항). 그러므로 가석방이 실효 또는 취소되면 가석방처분을 받았던 자는 가석방 당시의 남은 형기의 집행을 받아야 한다. 가석방 중의 일수란 가석방된 다음날부터 가석방이 실효 또는 취소되어 구금된 전날까지의 일수를 말한다.

---

179) 대판 1976. 3. 9, 75 도 3434.

180) 대판 1976. 9. 14, 76 도 2058; 1974. 7. 16, 74 도 1531.

제 7 절 형의 시효 · 소멸 · 기간

Ⅰ. 형의 시효

1. 의의와 취지

(1) 의 의

형의 시효란 형(사형은 제외한다)을 선고하는 판결이 확정되었으나 그 형의 집행을 받지 않은 채로 일정한 기간을 경과하면 형의 집행이 면제되는 것을 말한다(제77조). 2023. 8. 8.의 형법개정으로 형의 시효가 적용되는 형벌 중에서 사형이 제외되었다.[181] 형의 시효는 이미 확정된 형벌의 집행권을 소멸시키는 것이라는 점에서 미확정의 형벌권인 공소권을 소멸시키는 공소시효와 구별된다. 형의 시효는 형법에서 규정하고, 공소시효는 형사소송법(제249조)에서 규정한다. 그리고 형의 시효와 공소시효를 합하여 형사시효라고 한다.

(2) 취 지

형의 시효제도를 인정하는 취지는 상당한 시간이 경과함으로써 당해 형사사건에 대하여 당벌성과 필벌성에 관한 사회적 요구가 현저히 약화되고, 범인이 형의 집행을 받지 않고 일정한 기간 동안 영위해 온 평온한 생활상태를 유지·존중할 필요가 있다는 데 있다.

2. 형의 시효의 기간

형의 시효는 형을 선고하는 재판이 확정된 후 그 집행을 받지 아니하고 다음 각 호의 구분에 따른 기간이 지나면 완성된다(제78조: 형의 시효의 기간). 즉 ① 사형: 삭제(제78조 제1호), ② 무기의 징역 또는 금고: 20년(제2호), ③ 10년 이상의 징역 또는 금고: 15년(제3호), ④ 3년 이상의 징역이나 금고 또는 10년 이상의 자격정지: 10

181) 2023년 최장기 미집행 사형수인 원모씨에 대한 형의 시효 완성여부와 관련하여 형법해석상의 논란이 있었다. 쟁점은 사형수들의 사형집행 전 구금상태를 집행과정으로 볼 것인지, 또는 그러한 구금상태가 형법 제80조의 시효중단 사유에 포함되는지 여부였다. 국회는 이와 같은 해석상의 논란을 입법을 통해 해결하였으며, 개정형법 시행 전에 사형을 선고받은 사형수에 대해서도 동법이 적용된다고 함으로써(개정형법 부칙 제2조) 형 집행 공백의 우려를 불식시켰다.

년(제4호), ⑤ 3년 미만의 징역이나 금고 또는 5년 이상의 자격정지: 7년(제5호), ⑥ 5년 미만의 자격정지, 벌금, 몰수 또는 추징: 5년(제6호), ⑦ 구류 또는 과료: 1년(제7호)이다.

시효의 초일(初日)은 판결이 확정된 날로서 이날부터 시효가 진행되고, 그 말일(末日) 오후 12시에 시효기간이 종료한다. 시효기간의 초일인 판결확정일은 시간을 계산함이 없이 1일로 산정한다(제85조).

3. 형의 시효의 효과

형(사형은 제외한다)을 선고받은 자[182]에 대해서는 시효가 완성되면 그 집행이 면제된다(제77조). 형의 선고 자체가 실효되는 것은 아니다. 시효의 완성으로 당연히 형집행면제의 효과가 발생하며, 별도의 재판은 필요하지 않다.

4. 형의 시효의 정지와 중단

(1) 형의 시효의 정지

시효는 형의 집행의 유예나 정지 또는 가석방 기타 집행할 수 없는 기간 동안은 진행되지 않는다(제79조 제1항). '기타 집행할 수 없는 기간'이란 천재지변 등의 불가항력적 사유로 인하여 형을 집행할 수 없는 기간을 말하며, 형의 선고를 받은 자의 도주 또는 소재불명의 기간은 이에 해당되지 않는다. 시효의 정지는 정지사유가 소멸하면 잔여시효기간이 진행한다는 점에 특색이 있다.

시효는 형이 확정된 후 그 형의 집행을 받지 아니한 자가 형의 집행을 면할 목적으로 국외에 있는 기간 동안은 진행되지 아니한다(제79조 제2항 신설). 제2항은 형의 집행 회피목적의 국외체류로 말미암아 야기되는 문제점을 해소하기 위한 규정으로서, 2014. 5. 14.의 형법개정에서 신설되었다.

(2) 형의 시효의 중단

시효는 징역·금고와 구류에 있어서는 수형자를 체포함으로써, 벌금·과료·몰수와 추징에 있어서는 강제처분을 개시함으로써 중단된다(제80조). 따라서 벌금형의 경우 검사의 명령으로 집행관이 벌금형의 집행에 임하였으나 압류

---

182) 2023. 8. 8. 형법 개정에서 제77조의 '형을 선고받은 사람'은 '형을 선고받은 자'로 개정되었는데, 이는 법인에 대해 벌금형 등이 선고된 경우에도 형의 시효가 적용된다는 점을 명확히 함으로써 현행 제도의 운영상 나타난 일부 미비점을 개선·보완하기 위함이다(형법 개정이유 참조).

대상물건의 평가액이 집행비용에도 미달되는 가액이어서 집행불능이 된 때에도 시효는 중단된다.[183] 시효가 중단되면 이미 경과한 시효의 효과가 시효개시시로 소급하여 상실된다는 점에 시효중단의 특색이 있다. 그러므로 시효중단의 사유가 소멸되면 새로이 시효의 전기간이 경과되어야 시효가 완성된다.

Ⅱ. 형의 소멸

1. 의의와 소멸원인

(1) 의 의

형의 소멸이란 유죄판결의 확정에 의하여 발생한 형의 집행권을 소멸시키는 제도를 말한다. 유죄판결확정 후의 형의 집행권을 소멸시킨다는 점에서 확정판결 전에 검사의 형벌청구권을 소멸시키는 공소권의 소멸과 구별된다.

(2) 형의 소멸의 원인

형의 집행권을 소멸시키는 원인에는 형집행의 종료, 형집행의 면제, 형의 선고유예기간 또는 집행유예기간의 경과, 가석방기간의 만료, 시효의 완성, 범인의 사망, 사면 등이 있다.

(가) 범인의 사망　　범인이 사망하면 형의 일신전속적 성격으로 인하여 형의 집행권이 소멸한다. 그러나 재산형에 있어서는 특례가 있다. 즉 몰수 또는 조세·전매 기타 공과(公課)에 관한 법령에 의하여 재판한 벌금 또는 추징은 그 재판을 받은 자가 재판확정 후 사망한 경우에는 그 상속재산에 대하여 집행할 수 있다(형소법 제478조). 범인이 법인인 때에도 법인이 소멸하면 형은 소멸한다. 다만 법인에 대하여 벌금·과료·몰수·추징·소송비용 또는 비용배상을 명한 경우에 법인이 그 재판확정 후 합병으로 소멸한 때에는 합병 후 존속한 법인 또는 합병에 의하여 설립된 법인에 대하여 집행할 수 있다(형소법 제479조).

(나) 사 면　　사면이란 국가원수의 특권에 의하여 형벌권을 소멸시키거나 그 효력을 감경시키는 제도이다. 대통령은 법률이 정하는 바에 의하여 사면·감형 또는 복권을 명할 수 있다(헌법 제79조 제1항).[184] 사면법이 대통령의 사면·감형과

---

183) 대판 1979. 3. 29, 78 도 8.

184) 대통령의 사면권의 한계와 그 남용에 대한 비판으로는 변종필, "사면의 법리와 사면권행사의 법치국가적 한계", 형사법연구, 제12호, 한국형사법학회, 1999. 11, 284면 이하; 허영, "대통

복권에 관한 사항을 규정하고 있다. 사면에는 일반사면과 특별사면이 있다.

일반사면은 죄를 범한 자에 대하여 미리 죄의 종류를 정하여 대통령령으로 행하며(사면법 제8조), 국회의 동의를 얻어야 한다(헌법 제79조 제2항). 일반사면은 형의 선고를 받은 자에 대하여는 그 선고의 효력을 상실케 하며, 형의 선고를 받지 않은 자에 대하여는 공소권을 상실케 한다(사면법 제5조 제1항 제1호). 단 특별한 규정이 있는 때에는 예외로 한다.

특별사면은 형의 선고를 받은 특정인에 대하여 대통령이 행한다(사면법 제3조 제2호 및 제9조). 특별사면은 형의 집행을 면제하지만, 특별한 사정이 있을 때에는 이후 형의 선고의 효력을 상실케 할 수 있다(사면법 제5조 제1항 제2호). 사면의 효력은 장래를 향하여 발생하므로 형의 선고에 의한 기성(旣成)의 효과는 일반사면이나 특별사면으로 인하여 변경되지 아니한다(사면법 제5조 제2항).

2. 형의 실효 및 복권(復權)

(1) 제도의 취지

형이 소멸되더라도 형선고의 법률상 효과는 소멸하지 않고 그대로 존재한다. 형의 선고를 받았다는 전과사실로 인하여 여러 가지 자격의 제한이나 사회생활상의 불이익이 발생할 수 있으므로, 전과사실을 말소시키고 자격을 회복시킴으로써 범죄인의 사회복귀를 용이하게 해야 한다는 형사정책적 요청이 대두한다. 형법은 이를 위하여 형의 실효와 복권이라는 제도를 두고 있다.

(2) 형의 실효

형의 실효에는 재판상의 실효와 당연실효가 있다.

(가) 재판상의 실효　　징역 또는 금고의 집행을 종료하거나 집행이 면제된 자가 피해자의 손해를 보상하고 자격정지 이상의 형을 받음이 없이 7년을 경과한 때에는 본인 또는 검사의 신청에 의하여 그 재판의 실효를 선고할 수 있다(제81조). 형을 받음이 없이 7년을 경과해야 하므로 형의 집행종료 후 7년 이내에 집행유예의 판결을 받고 유예기간이 경과되어도 형의 실효를 선고할 수 없다.[185] 실효의 재판이 확정되면 형의 선고에 의한 법적 효과는 장래를 향하여 소멸한다.[186]

령의 특별사면권", 고시계, 1999. 10, 2면 이하 참조.

185) 대결 1983. 4. 2, 83 모 8.

(나) 당연실효 '형의 실효 등에 관한 법률'(약칭: 형실효법)은 일정기간이 경과하면 자동적으로 형이 실효되도록 하는 형의 당연실효제도를 규정하고 있으며, 형의 실효의 대상을 자유형 이외에 벌금·구류·과료에까지 확대하고 있다. 즉 수형인이 자격정지 이상의 형을 받음이 없이 형의 집행을 종료하거나 그 집행이 면제된 날로부터 다음의 기간이 경과한 때에는 그 형은 실효된다(형의 실효 등에 관한 법률 제7조 제1항). ① 3년을 초과하는 징역·금고는 10년, ② 3년 이하의 징역·금고는 5년, ③ 벌금은 2년이다. ④ 구류와 과료는 형의 집행을 종료하거나 그 집행이 면제된 때에 그 형이 실효된다(동법 제7조 제1항 단서).

(다) 형의 실효와 전과기록의 말소 형법 제81조와 형의 실효에 관한 법률 제7조에 의하여 형이 실효된 때에는 수형인명표를 폐기하고 수형인명부의 해당란을 삭제하는 방법으로 전과기록을 말소(정리)하게 된다(형의 실효 등에 관한 법률 제8조 제1항 제1호). '수형인명표'란 자격정지 이상의 형을 받은 수형인을 기재한 명표로서 수형인의 등록기준지 시·구·읍·면사무소에서 관리하는 것을 말하고(동법 제2조 제3호), '수형인명부'란 자격정지 이상의 형을 받은 수형인을 기재한 명부로서 검찰청 및 군검찰부에서 관리하는 것을 말한다(동조 제2호).

(3) 복권(復權)

자격정지의 선고를 받은 자가 피해자의 손해를 보상하고 자격정지 이상의 형을 받음이 없이 정지기간의 2분의 1을 경과한 때에는 본인 또는 검사의 신청에 의하여 자격의 회복을 선고할 수 있다(제82조). 이 규정은 자격정지의 선고를 받은 자에게 자격정지의 기간이 만료하지 않더라도 일정한 조건하에 자격을 회복시켜서 사회복귀를 원활히 하자는 데 그 취지가 있다. 그리고 복권은 사면법에 의해서도 행해질 수 있다(사면법 제3조 제3호, 제5조 제5호, 제6조).

Ⅲ. 형의 기간

형의 시효기간이나 형기 등 형법상 기간의 계산은 다음과 같은 방법에 의한다.

186) 대결 1974. 5. 14, 74 누 2.

1. 기간의 계산

연(年) 또는 월(月)로 정한 기간은 연 또는 월 단위로 계산한다(제83조). 중간의 일·시·분·초를 정산하지 않고 연·월을 단위로 계산하는 역법적 계산방법에 의하도록 한 것이다. 예컨대 징역 6월의 기간을 1월 1일부터 계산하면 6월 30일에 만료된다.

2. 형기의 기산(起算)

형기는 판결이 확정된 날로부터 기산(起算)한다(제84조 제1항). 여기에서 형기란 자유형의 기간을 말한다. 징역·구금·구류와 유치에 있어서는 구속되지 아니한 일수는 형기에 산입하지 아니한다(동조 제2항). 예컨대 판결이 확정되더라도 곧바로 구속되지 않은 경우나 형의 집행 중에 도주 등으로 구속되지 않은 경우는 형기에 산입하지 않는다. 형의 집행과 시효기간의 초일은 시간을 계산함이 없이 1일로 산정한다(제85조). 석방은 형기종료일에 하여야 한다(제86조).

제 2 장 보안처분론

제 1 절 보안처분의 일반이론

Ⅰ. 보안처분의 의의와 목적

「보안처분」(measures of safety, Maßnahmen der Besserung und Sicherung)이란 "행위 속에 나타난 행위자의 장래의 범죄적 위험성 때문에 행위자를 개선 내지 재사회화하고, 위험한 행위자로부터 사회를 방위하기 위하여 부과되는 형벌 이외의 형사제재수단"을 말한다.

19세기 말 서구사회의 급격한 공업화·도시화에 따라 누범과 소년범이 격증함으로써 범죄현상에는 질과 양의 면에 있어서 현저한 변화가 일어났다. 이러한 새로운 범죄현상에 대하여 종래의 응보적 책임형벌이론만으로는 효과적으로 대처할 수 없게 되었으므로, 행위책임을 지양하고 행위자의 사회적 위험성에 주목하여 그 위험성을 교정하거나 그 위험성으로부터 사회를 방위하기 위한 과학적·합목적적·효과적 수단을 강구하게 되었는데, 이렇게 하여 형벌과는 별도로 탄생하게 된 일련의 제재수단이 바로 보안처분이다. 따라서 보안처분제도의 중심목적은 '특별예방주의'와 '사회방위주의'에 있다고 하겠다.

우리 헌법은 제12조 제1항에서 "…누구든지 법률에 의하지 아니하고는… 보안처분을 받지 아니한다"라고 규정함으로써 보안처분의 근거를 마련하고 있다.

Ⅱ. 보안처분의 본질과 입법주의

1. 일원주의

형벌과 보안처분의 본질을 동일한 것으로 파악하고, 위법행위에 대하여 양자 중 어느 하나만을 부과해야 할 것으로 보는 견해 내지 입법태도를 일원주의(일원론)라고 한다. 입법례로서는 형벌의 특별예방효과를 기대할 수 없을 경우에 보안처분만을 부과하는 영국, 스웨덴, 덴마크, 벨기에 등이 있다.

2. 이원주의

형벌과 보안처분의 본질을 서로 다른 것으로 파악하고, 위법행위에 대하여 양자를 함께 부과하여 이중으로 집행하는 것을 가능하다고 보는 견해[1] 내지 입법태도를 이원주의(이원론)라고 한다. 이 때 일반적으로 형벌을 보안처분보다 먼저 집행한다. 그런데 이원주의는 형벌과 보안처분을 중복하여 집행하는 것은 이중처벌이며 비인도적이라는 문제점을 안고 있다.

프랑스, 이탈리아, 네덜란드 등이 이원주의를 채택하고 있다. 우리나라의 경우 구 사회보호법상의 '보호감호'처분이 바로 이원주의에 해당하였으나(동법 제23조 제1항), 이중처벌금지의 원칙 및 과잉처벌금지의 원칙에 반한다고 하는 위헌판단의 소지가 있어 2005. 8. 4.자로 동법은 폐지되었다.[2]

3. 대체주의

대체주의는 기본적으로 이원주의의 입장에 서서 형벌과 보안처분이 함께 선고되는 것을 인정하되, 그 집행방법을 개선한 것인데, 책임의 범위 안에서 선고된 형벌을 '집행단계'에서 보안처분으로 대체할 수 있는 것으로 이해한다.

---

1) 헌법재판소는 형벌과 보안처분이 본질상 서로 다르다는 견해를 취하면서, 형벌과 보안처분을 병과하는 것은 이중처벌금지원칙에 위배되지 않는다고 한다. "결정요지: 보안처분은 그 본질, 추구하는 목적 및 기능에 있어 형벌과는 다른 독자적 의의를 가진 사회보호적인 처분이므로 형벌과 병과하여 선고한다고 해서 이중처벌금지원칙에 해당되지 아니한다는 것이 헌법재판소의 확립된 견해이고, 보안관찰법상 보안관찰처분 역시 그 본질이 헌법 제12조 제1항에 근거한 보안처분인 이상, 형의 집행종료 후 별도로 보안관찰처분을 명할 수 있다고 규정한 보안관찰처분 근거조항이 이중처벌금지원칙에 위배되지 아니한다"(**헌재** 2015. 11. 26, 2014 **헌바** 475).

2) 본서, 742면 참조.

대체주의에서는 형벌보다 보안처분을 먼저 집행하고, 보안처분의 집행기간을 형기에 산입하며, 보안처분을 집행한 후 형벌의 집행유예가능성을 인정하고 있다. 독일형법과 스위스형법이 대체주의에 입각하고 있다.

우리나라 치료감호법상 치료감호처분은 형과 병과될 수 있으나, 형벌보다 치료감호를 먼저 집행하고 이 경우에 그 집행기간은 형기에 산입된다고 규정함으로써(동법 제18조), 치료감호에 관한 한 대체주의를 취하고 있다.

일원주의는 책임주의를 포기할 위험성이 있고 이원주의는 이중처벌의 문제점을 지니고 있다는 단점에 비추어, 행위자의 자유보장과 사회방위주의 및 특별예방주의의 양측면을 조화시킬 수 있는 대체주의가 가장 타당한 견해라고 판단된다. 그리고 대체주의의 '집행'에 있어서는 행위자의 개선이라는 특별예방목적이 응보로서의 형벌에 우선해야 할 것으로 생각한다.

Ⅲ. 보안처분의 요건

1. 위법행위의 존재

보안처분에도 위법행위의 존재가 필요하다. 구성요건에 해당하고 위법한 행위가 없는 경우에는 형법상 아무런 제재가 가해질 수 없기 때문이다. 위법행위의 존재는 형벌에서는 그 법적 근거로서의 의미를 가짐에 비하여, 보안처분에서는 그 자체에 의미가 있는 것이 아니고 보안처분부과의 준거점으로서의 의미를 갖는 데 불과하지만,[3] 그렇다고 하더라도 보안처분을 부과하기 위하여는 반드시 위법행위가 있을 것을 전제로 한다.

보안처분은 처분대상자의 위험성이 위법행위의 존재를 통하여 객관적・외부적으로 확실히 징표된 후에 부과되어야 한다. 그렇지 않으면 국가의 전단적인 형사제재로부터 개인의 자유와 권리가 보장될 수 없기 때문이다. 특히 형벌이 슬며시 보안처분의 옷으로 갈아입고 등장함으로써 결국 형법의 보장적 기능이 훼손될 수도 있다는 점을 항상 경계해야 한다.

보안처분의 요건이 되는 행위는 객관적으로 보안처분에 의하여 제거하고자 하는 위험성을 징표하는 일정한 성질의 행위여야 한다.

---

3) 김/서, 808면.

2. 범죄적 위험성

보안처분은 행위자의 장래의 범죄로부터 사회를 방위하고자 함에 목적이 있으므로, 보안처분의 요건으로서 행위자에게 범죄적 위험성이 있어야 한다.[4)]

행위자의 범죄적 위험성이란 행위자가 장래에 형벌로써 처벌되는 행위를 범할 위험성, 즉 재범의 개연성을 의미한다. 행위자의 위험성판단은 과거의 행위책임에 대한 것이 아니라 장래를 내다보는 예측 내지 가정적 판단의 성격을 갖는다.

행위자의 위험성판단은 행위자의 성격과 그가 행한 위법한 행위를 기초로 하여 내려지는 종합적 판단이다. 위법행위 자체에서 비롯된 결과적 위험성뿐만 아니라 행위자의 성격·직업 등으로부터 도출되는 위험성도 고려해야 한다. 따라서 행위자의 출신배경, 교육수준, 가족관계, 친우관계, 직업상의 경력, 범행의 성질, 행위자의 사회관 내지 가치관, 행위자의 지능과 성격, 전과의 유무와 전과의 수, 재범의 빈도 등이 위험성의 판단기준이 된다.

행위자의 범죄적 위험성은 불확실한 미래에 대한 예측의 성격을 갖고 있으므로 위험성판단의 기준시기는 위법한 행위를 한 시점이 아니라 보안처분이 선고되거나 집행되는 시기, 개괄적으로는 판결시라고 하지 않을 수 없다.

Ⅳ. 보안처분의 정당성과 비례성

보안처분이 정당성을 갖기 위해서는 보안처분이 특별예방주의와 사회방위주의라는 목적을 달성하기 위하여 필요할 뿐만 아니라 이 목적달성에 대한 비례가 유지되어야 한다. 즉 보안처분의 정당화에는 보안처분의 '필요성'과 '비례성'이 요구된다.

---

4) "특정 범죄자에 대한 보호관찰 및 전자장치 부착 등에 관한 법률 제5조 제3항 및 제21조의2 제3호에 규정된 '살인범죄를 다시 범할 위험성'이라 함은 재범할 가능성만으로는 부족하고 피부착명령청구자 또는 피보호관찰명령청구자가 장래에 다시 살인범죄를 범하여 법적 평온을 깨뜨릴 상당한 개연성이 있음을 의미한다. 살인범죄의 재범의 위험성 유무는 피부착명령청구자 또는 피보호관찰명령청구자의 직업과 환경, 당해 범행 이전의 행적, 그 범행의 동기, 수단, 범행 후의 정황, 개전의 정 등 여러 사정을 종합적으로 평가하여 객관적으로 판단하여야 하고, 이러한 판단은 장래에 대한 가정적 판단이므로 판결시를 기준으로 하여야 한다"(대판 2018. 9. 13, 2018 도 7658).

보안처분의 필요성은 행위자에게 장차 '중대한' 범죄행위를 행할 '높은 가능성'이 있는 경우에 인정된다. 즉 장래에 있을 것으로 예기되는 범죄행위의 '중대성'과 '개연성'이 전제된다. 장차 사소한 범죄행위가 막연히 행해질지도 모른다는 낮은 가능성만으로 보안처분이 필요하다고 할 수는 없을 것이며, 이 정도의 위험성은 우연에 속하는 문제로서 사회가 감수할 수밖에 없다고 해야 한다.[5] 그리고 행위자의 범죄적 위험성의 징표가 되는 과거의 위법행위가 별 의미가 없는 경미한 것인 경우에, 이를 근거로 범죄적 위험성을 인정하여 보안처분을 부과하는 것은 정당하다고 볼 수 없다.[6]

보안처분의 '비례성원칙'의 기본사고는, 일정한 목적을 달성하기 위하여 투입하는 국가수단은 그 목적달성에 적합하고 균형을 이루어야 한다는 '목적과 수단의 원리'에 있다.[7] 따라서 보안처분의 비례성은 적합성과 균형성을 그 내용으로 한다.

이와 관련하여 독일형법은 제62조에서 '비례성(Verhältnismäßigkeit)의 원칙'이라는 표제하에, 행위자가 범한 행위와 장차 예기되는 행위의 의의(Bedeutung) 및 행위자로부터 발생하는 위험의 정도에 대하여 비례가 유지되지 않으면 보안처분을 부과해서는 안된다고 명시하고 있다. 즉 보안처분의 비례성을 요구하면서, 그 비례가 유지되어야 하는 검토대상으로 ① 행위자가 범한 행위 ② 장차 예기되는 행위 ③ 행위자로부터 발생하는 위험의 세 가지를 들고 있다.

V. 보안처분의 종류

보안처분의 종류를 크게 구분해 보자면, 대인적 보안처분과 대물적 보안처분으로 나누어진다. 전자는 다시 자유를 박탈하는 보안처분과 자유를 제한하는 보안처분으로 분류될 수 있다.

1. 대인적 보안처분

대인적 보안처분이란 장래의 범죄행위를 방지하기 위하여 특정인에게 부과되는 보안처분을 말한다.

5) 배종대, 849면.
6) 배종대, 849면.
7) 배종대, 848면.

(1) 자유를 박탈하는 보안처분

(가) 보호감호처분(보안감치처분) 보호감호처분은 재범의 위험성이 있는 상습범·누범·정치범·위험한 강력범 등을 보호감호시설과 같은 특수시설에 수용하는 처분이다. 우리나라 구사회보호법 제5조, 독일형법 제66조, 오스트리아형법 제23조, 덴마크형법 제68조 이하 등에서 규정하고 있다.

(나) 치료감호처분 치료감호처분은 정신병자·정신병질자·히스테리환자 등과 같이 책임능력상의 결함이 있는 자에게 무죄의 선고를 하는 경우에 또는 형을 집행한다고 하더라도 형벌의 효과를 기대하기 어려운 경우에 그 장애요인을 치료하기 위하여 무기한 또는 일정기간 동안 정신병원 등 일정한 치료시설에 수용하는 처분이다. 우리나라 치료감호 등에 관한 법률 제2조, 독일형법 제63조, 스위스형법 제59조, 덴마크형법 제68조 이하, 미국 모범형법전 제4장 제8조 등에서 규정하고 있다.

(다) 금단치료처분 알코올중독자 또는 마약중독자를 일정기간 교정시설 또는 금단치료시설에 수용하여 그 섭취습벽을 단절케 하는 치료처분이다. 우리나라 치료감호법 제2조, 독일형법 제64조, 오스트리아형법 제22조, 스위스형법 제60조, 덴마크형법 제57조 등에서 규정하고 있다.

(라) 노동교화처분(勞作處分) 걸인·부랑자·매춘부 등 노동을 혐오하고 기피하는 생활태도로 인하여 상습적으로 범죄를 행하는 자에 대하여 노동교화시설에 수용하여 일정한 작업에 종사하게 하고 기술을 습득케 함으로써 건전한 노동의식을 심어주는 처분이다. 프랑스형법 제131-8조, 덴마크형법 제62조, 그리스형법 제72조 등에서 규정하고 있다.

그런데 노동교화처분의 대상이 되는 자들의 범행은 그 죄질이 경미하고 재범의 위험성도 높지 않으므로 자유형의 집행에 부과되는 정역에의 복무를 통해서도 교정이 가능하다고 보고, 따라서 보안처분을 부과하는 것은 타당하지 않다는 반대론이 유력하게 대두하는 가운데, 이 노동교화처분은 점차 폐지되어 가는 추세에 있다.[8]

(2) 자유를 제한하는 보안처분

(가) 보호관찰 보호관찰은 오랜 역사를 가지고 있으며 유효한 제도로 평가받고 있다. 보호관찰은 범인에게 형벌을 집행하지 아니하고 정상적인 사회

---

8) 김/서, 813면.

생활을 계속 영위하게 하면서 보호관찰기관의 지도와 감독 또는 생활보도를 받도록 함으로써 개선과 사회복귀를 도모하는 보안처분이다. 전통적으로 보호관찰제도는 영미법계와 유럽대륙법계에서 각기 다른 형태로 발달하여 왔다. 이 제도는 먼저 영미법계에서 보호관찰부 집행유예 내지 가석방제도로 발전하였고, 후에 유럽대륙법계에서도 집행유예를 기초로 하여 자유제한적 보안처분의 하나로 채택되었다.

우리나라는 유럽대륙법계의 보호관찰제도를 받아들여 '보호관찰 등에 관한 법률'[9] 및 형법 제59조의 2 · 제62조의 2 · 제73조의 2 제2항, 치료감호법 제32조, 소년법 제32조 제1항 제4 · 5호 등에서 이를 규정하고 있다. 외국의 입법례로는 영국의 형사재판법, 미국 모범형법전 제6장 제2조 및 각 주의 법, 독일형법 제68조 내지 제68조g, 네덜란드형법 제14조c, 덴마크형법 제56조 내지 제61조 등이 있다.

(나) 선행보증 선행보증이란 형의 집행유예나 가석방을 행하면서 상당한 금액 또는 유가증권을 보증금으로 제공하게 하거나 보증인을 세우게 하고 일정기간 내에 범행을 하는 경우에 그 보증금을 몰수하지만 사고없이 그 기간을 경과하면 보증금을 반환하게 되는데, 결국 보증금의 몰수라는 심리적 압박을 통하여 선행을 보증하려는 보안처분이라고 할 수 있다. 스위스형법 제66조, 이탈리아형법 제237조, 프랑스형법초안 제58조 등에서 규정하고 있다.

(다) 단종(斷種) · 거세 단종은 생식능력을 제거하는 것이고, 거세는 고환 또는 난소까지 제거하여 생식뿐만 아니라 성생활도 불가능하게 하는 것이다. 거세는 나치시대에 유태인의 단종을 위해 채택되었던 것인데, 2차대전 후 인간의 존엄성을 해하는 비인도적인 처분이라는 문제점 때문에 1946년 연합국관리위원회법 제11호에 의하여 폐지되었다. 현재 단종은 범죄대책으로서 형사정책적 문제일 뿐만 아니라 국민후생학적 입장에서도 중요한 사회문제로 되어 있다. 단종에 관한 입법례로서는 1907년 미국 인디애나 주법에서 최초로 법제화된 이래, 1934년 노르웨이, 1935년 덴마크, 1950년 핀란드 등의 국가에서 '단종 및 거세에 관한 법률'을 제정한 바 있으며, 일본의 우생보호법(1948년)도 불임수술명령을 인정하고 있다.

우리나라는 최근 성폭력범죄에 대하여 강력한 대책을 마련할 필요가 있다

9) 1996. 12. 12. 전면개정, 법률 제5178호.

는 여론에 힘입어, 2010년 7월 23일에 「성폭력범죄자의 성충동 약물치료에 관한 법률」(약칭: 성충동약물치료법; 세칭: 화학적 거세법)이 제정되었는데, 일정한 요건이 갖추어진 경우에 19세 이상의 성폭력범죄자에 대하여 '성충동 약물치료'(이른바 '화학적 거세')를 행할 수 있게 되었다.

(라) 직업금지 직업금지처분은 일정한 직업이나 영업활동을 남용하거나 이와 관련된 의무에 위반하여 범죄를 행하고 장차 재범의 우려가 있는 자에게 당해 직업이나 영업을 일정기간 금지시키는 처분을 말한다. 우리나라 '아동·청소년의 성보호에 관한 법률'(약칭: 청소년성보호법) 제56조, 스위스형법 제67조, 독일형법 제70조 내지 제70조b, 덴마크형법 제79조 등에서 규정하고 있다.

(마) 거주제한 거주제한처분은 사상범 등 일정한 범죄자에게 주거를 제한하는 보안처분이다. 이탈리아형법 제215조 제2항 등에서 규정하고 있다. 거주제한처분과 동일하지는 않으나 이와 유사한 자유제한처분으로는 우리나라의 '가정폭력범죄의 처벌 등에 관한 특례법'(약칭: 가정폭력처벌법) 제40조 제1항 제1호에 규정된 보호처분으로서 "행위자가 피해자에게 접근하는 행위의 제한", 즉 '접근제한처분'이 있다. 또한 '전자장치 부착 등에 관한 법률'(약칭: 전자장치부착법; 세칭: 전자발찌법) 제9조의 2는 법원으로부터 전자장치(일명 전자발찌) 부착명령을 선고받은 특정 범죄자에 대해 "야간 등 특정시간대의 외출제한, 특정지역·장소에의 출입금지, 피해자 등 특정인에의 접근금지" 등의 준수사항을 부과할 수 있도록 규정하고 있다.

(바) 국외추방 국외추방처분은 주로 외국인범죄자를 대상으로 하여 외국인범죄자의 국내체류가 공공의 안전을 해할 위험이 있다고 인정되는 경우에 부과되는 보안처분이다. 우리나라 출입국관리법 제46조는 출입국관리법 중 일정한 규정을 위반하였거나, 외국인으로서 금고 이상의 형의 선고를 받고 석방된 자를 행정처분으로 국외로 강제퇴거시킬 수 있도록 규정하고 있다. 외국의 입법례로는 이탈리아형법 제235조, 프랑스형법 제131-30조 등이 있다.

(사) 주점출입금지 주점출입금지처분은 범죄의 원인이 알코올 과음에 있는 자에게 과해지는 보안처분이다. 입법례로는 이탈리아형법 제215조 제2항 제3호 및 제234조, 체코슬로바키아형법 제61조 등이 있다.

(아) 운전면허박탈 운전면허의 박탈은 교통법규를 위반하여 사고를 낸 자가 정신장애·주취·교통사고 후 도주 등의 사유로 자동차운전에 부적합한

것으로 판단되면 운전면허를 취소하는 처분이다. 대부분의 국가에서는 이것을 행정처분으로 하고 있으나, 독일형법 제69조는 '법원'에 의하여 부과되는 보안처분으로 규정하고 있는 점에서 특색을 보이고 있다.

2. 대물적 보안처분

대물적 보안처분에는 범죄에 제공되었거나 장차 제공될 물건 등 범죄와 관련된 물건의 몰수, 범죄에 이용된 영업소의 폐쇄, 범죄와 관련된 법인의 해산 또는 영업의 허가취소 등이 있다.

(1) 몰 수

몰수는 범행에 제공하였거나 제공하려고 한 일정한 물건 또는 범행으로 인하여 생긴 일정한 물건이 재차 범행에 관련될 위험성이 있을 때 이들을 국가에 귀속시키는 처분을 말한다. 스위스형법 제69조, 이탈리아형법 제240조 등에서 규정하고 있다. 우리 형법이 인정하는 몰수(제41·48·49조)는 부가성을 갖는 형벌의 일종임과 동시에 대물적 보안처분의 성격도 지니고 있다.

(2) 영업소의 폐쇄 및 법인의 해산, 영업허가의 취소, 영업정지

범행이 행해지는 영업소를 일시 또는 영구히 폐쇄하거나 범죄와 관련된 법인의 해산 또는 영업의 허가취소에 의하여 장래의 범죄를 방지하려는 처분도 대물적 보안처분에 속한다. 우리나라의 '풍속영업의 규제에 관한 법률'(약칭: 풍속영업규제법) 제6조 제2항과 동 시행령 제7조 제2항에서는 풍속영업의 허가취소·폐쇄명령·영업정지 등의 처분을 내릴 수 있도록 규정하고 있다. 또 프랑스형법 제225-22조에서는 매춘시설 등 일정한 영업시설의 폐쇄 또는 영업허가의 취소 등을 규정하고 있다.

제 2 절 현행법상의 보안처분

Ⅰ. 개 관

우리 헌법은 제12조 제1항에서 "…누구든지 법률에 의하지 아니하고는 … 보안처분을 받지 아니한다"라고 규정함으로써, 보안처분의 근거를 헌법에 명문화하고 있으며, 동시에 '보안처분 법정주의'를 선언하고 있다. 우리 형법은 총칙에 보안처분에 관한 일반적 규정을 두고 있지 않으며, 다만 1995년의 개정형법을 통하여 보호관찰·사회봉사명령·수강명령이라는 보안처분을 형의 유예제도 및 가석방제도에 결부시키고 있다. 그 밖에 현행법상 인정되고 있는 보안처분을 보자면, 치료감호법상의 치료감호·보호관찰, 소년법상의 보호처분 등, 보호관찰 등에 관한 법률에 의한 보호관찰, 보안관찰법에 의한 보안관찰, 국가보안법상의 공소보류자에 대한 감시·보도, 마약류관리에 관한 법률에 의한 마약류중독자의 치료보호, '전자장치 부착 등에 관한 법률'이 규정하고 있는 전자장치(일명 전자발찌) 부착제도[10] 등이 있다.

아래에서는 치료감호법상의 보안처분, 소년법상의 보호처분, 형법과 소년법상의 사회봉사명령·수강명령, 보호관찰 등에 관한 법률상의 보호관찰, 보안관찰법상의 보안관찰을 중심으로 해서 고찰해 보고자 한다.

Ⅱ. 치료감호 등에 관한 법률상의 보안처분

1. 제정배경

종래 사회보호법에 의한 보호감호처분 등은 피감호자의 입장에서는 이중처벌적인 기능을 하고 있을 뿐만 아니라, 그 집행실태도 구금위주의 형벌과 다름없이 시행되고 있어 국민의 기본권을 침해하고 있고, 또 사회보호법 자체도 지난 권위주의시대에 사회방위라는 목적을 위하여 제정된 것으로 위험한 전과자를 사회로부터 격리하는 것을 위주로 하는 보안처분에 치중하고 있어서 위헌적인 소지가 있기 때문에, 국민의 기본권을 보장하려는 취지에서 이를 폐지하여야 한다는 목소리가 높았다. 즉 헌법재판소의 합헌결정에도 불구하고 보호감호제도는 여러 위헌적 요소(제정절차의 정당성 결여, 이중처벌금지원칙

---

10) "동 법률에 의한 '전자감시제도'는 징역형을 종료한 이후에도 성폭력범죄를 다시 범할 위험성이 있다고 인정되는 자에 대하여 일정한 요건 아래 검사의 청구에 의해 성폭력범죄사건의 판결과 동시에, 10년의 범위 내에서 부착기간을 정하여 선고되는 법원의 부착명령에 의해 이루어지는 점에서 일종의 '보안처분'으로 볼 수 있고, 이러한 보안처분은 범죄행위를 한 자에 대한 응보를 주된 목적으로 그 책임을 추궁하는 사후적 처분인 '형벌'과 구별되어 그 본질을 달리하는 것으로서 형벌에 관한 일사부재리의 원칙이 그대로 적용되지 않으며, 성폭력범죄사건의 양형은 부착명령의 요건에 대한 심사, 그에 따른 부착명령의 선고 여부와 선고되는 부착기간의 결정 등과는 구별된다"(대판 2009. 5. 14, 2009 도 1947, 2009 전도 5).

의 위반, 과잉처벌금지원칙의 위반, 재범의 위험성에 대한 판단곤란 등)를 내포하고 있는 동시에 운영상의 문제점도 제기되고 있는 상황에서, 사회보호법상의 보호감호제도 및 그에 따른 보호관찰부분은 폐지하되, 다만 치료감호제도 및 그에 따른 보호관찰부분은 다른 대체입법을 통하여 개선·존속시키자는 의견이 지배적인 실정이었다. 그리하여 「사회보호법」의 폐지(사회보호법 폐지법률: 2005. 8. 4. 공포·시행, 법률 제7656호)에 맞추어 그 대체입법으로서 「치료감호법」이 제정되었다(2005. 8. 4. 공포·시행, 법률 제7655호). 치료감호법은 2015. 12. 1.의 개정(법률 제13525호)에서 법률명칭이 '치료감호 등에 관한 법률'로 변경되었다. 이 법률은 심신장애 또는 마약류·알코올 그 밖에 약물중독상태, 정신성적(精神性的) 장애가 있는 상태 등에서 범죄행위를 한 자로서 재범의 위험성이 있고 특수한 교육·개선 및 치료가 필요하다고 인정되는 자에 대하여 적절한 보호와 치료를 함으로써 재범을 방지하고 사회복귀를 촉진하는 것을 목적으로(제1조), 구 사회보호법에 의하여 규율되어 온 치료감호제도를 보완·개선하여 규율하고 있다.[11]

2. 치료감호

치료감호란 심신장애 또는 마약류·알코올 그 밖에 약물중독상태, 정신성적(精神性的) 장애가 있는 상태 등에서 범죄행위를 한 자로서 재범의 위험성이 있고 특수한 교육·개선 및 치료가 필요하다고 인정되는 자에 대하여 적절한 보호와 치료를 함으로써 재범을 방지하고 사회복귀를 촉진하는 것을 목적으로 하는 보안처분을 말한다(제1조).

치료감호 청구권자는 검사이다(제4조 제1항).[12]

11) 다만, 사회보호의 측면보다는 치료감호대상자의 치료 및 인권에 중점을 두기 위하여 '치료의 필요성' 등 치료감호의 요건을 강화하고 치료감호시설에의 수용기간을 제한하며 치료감호의 청구시 정신과 등의 전문의의 진단과 감정을 의무화하였다는 점에서, 구 사회보호법상의 치료감호와 구별되는 특색이 있다.

12) 검사만 치료감호를 청구할 수 있고, 법원은 검사에게 치료감호청구를 요구할 수 있다고만 규정한 '치료감호 등에 관한 법률' 제4조 제1항 및 제4조 제7항에 대하여 합헌이라는 헌법재판소 결정이 있다. "결정요지: 피고인 스스로 치료감호를 청구할 수 있는 권리나, 법원으로부터 직권으로 치료감호를 선고받을 수 있는 권리는 헌법상 재판청구권의 보호범위에 포함되지 않는다. 공익의 대표자로서 준사법기관적 성격을 가지고 있는 검사에게만 치료감호 청구권한을 부여한 것은, 본질적으로 자유박탈적이고 침익적 처분인 치료감호와 관련하여 재판의 적정성 및 합리성을 기하기 위한 것이므로 적법절차원칙에 반하지 않는다. 그렇다면 이 사건 법률조항들은 재판청구권을 침해하거나 적법절차원칙에 반한다고 보기 어렵다. '정신건강증진 및 정신질환자 복지서비스 지원에 관한 법률', '형의 집행 및 수용자의 처우에 관한 법률'에 있는 다른 제도들을 통

치료감호의 대상자는 ① 심신장애인으로서 형법 제10조 제1항(심신상실자)의 규정에 의하여 벌할 수 없거나 동조 제2항(심신미약자)의 규정에 의하여 형이 감경될 수 있는 자가 금고 이상의 형에 해당하는 죄를 범한 때, 또는 ② 마약·향정신성의약품·대마 그 밖에 남용되거나 해독(害毒)작용을 일으킬 우려가 있는 물질이나 알코올을 식음·섭취·흡입·흡연 또는 주입받는 습벽이 있거나 그에 중독된 자가 금고 이상의 형에 해당하는 죄를 범한 때, ③ 소아성기호증·성적가학증 등 성적(性的) 성벽이 있는 정신성적(精神性的) 장애자가 금고 이상의 형에 해당하는 성폭력범죄를 범한 때이다(제2조 제1항).

치료감호와 형이 병과된 경우에는 치료감호를 먼저 집행하고, 이 때 치료감호의 집행기간은 형기에 산입한다(제18조, 대체주의). 치료감호의 기간은 심신장애인 및 정신성적(精神性的) 장애자의 경우 15년, 약물중독자의 경우 2년을 초과할 수 없다(제16조 제2항). 다만 '전자장치 부착 등에 관한 법률' 제2조 제3호의 2에 따른 살인범죄를 저질러 치료감호를 선고받은 피치료감호자가 살인범죄를 다시 범할 위험성이 있고 계속 치료가 필요하다고 인정되는 경우에는 법원의 결정으로 3회까지 매회 2년의 범위에서 치료감호기간이 연장될 수 있다(제16조 제3-7항). 치료감호심의위원회는 치료감호처분의 집행개시 후 또는 치료위탁 후 매 6개월마다 종료여부를 심사·결정해야 한다(제22조).

3. 보호관찰

보호관찰은 가종료 또는 치료위탁된 피치료감호자를 감호시설 밖에서 지도·감독하는 보안처분이다. 보호관찰처분으로서 치료감호심의위원회는 피보호관찰자에 대하여 일정한 준수사항을 부과할 수 있다(제33조).

보호관찰은 ① 피치료감호자에 대한 치료감호가 가종료되었을 때, ② 피치료감호자가 치료감호시설 외에서의 치료를 위하여 법정대리인 등에게 위탁되었을 때, ③ 제16조 제2항 각 호에 따른 기간 또는 같은 조 제3항에 따라 연장된 기간(이하 "치료감호기간"이라 한다)이 만료되는 피치료감호자에 대하여 제37조에 따른 치료감호심의위원회가 심사하여 보호관찰이 필요하다고 결정한

하여 국민의 정신건강을 유지하는 데에 필요한 국가적 급부와 배려가 이루어지고 있으므로, 치료감호대상자의 치료감호 청구권이나 법원의 직권에 의한 치료감호를 인정하지 않는다 하더라도 국민의 보건에 관한 국가의 보호의무에 반한다고 보기 어렵다"(헌재 2021. 1. 28, 2019 헌가 24, 2019 헌바 404(병합)).

경우에는 치료감호기간이 만료되었을 때에 개시된다(제32조 제1항).

보호관찰의 기간은 3년이다(제32조 제2항). 그리고 보호관찰기간이 끝나기 전이라도 피보호관찰자가 다시 치료감호 집행을 받게 되어 재수용되었을 때에는 보호관찰이 종료된다(제32조 제3항 제3호). 피보호관찰자가 보호관찰기간 중 새로운 범죄로 금고 이상의 형의 집행을 받게 된 때에는 보호관찰은 종료되지 아니하며, 해당 형의 집행기간 동안 피보호관찰자에 대한 보호관찰기간은 계속 진행된다(제32조 제4항). 피보호관찰자에 대하여 제4항에 따른 금고 이상의 형의 집행이 종료·면제되는 때 또는 피보호관찰자가 가석방되는 때에 보호관찰기간이 아직 남아있으면 그 잔여기간 동안 보호관찰을 집행한다(동조 제5항).

Ⅲ. 소년법상의 보호처분

성장기에 있는 소년(19세 미만자)들은 정신적·신체적으로 미숙하기 때문에 범죄의 충동과 유혹에 빠지기 쉬운 반면, 그만큼 개선·교화의 가능성도 높다. 이러한 특성을 고려하여 소년법은 반사회성이 있는 소년에 대한 보호처분을 규정하고 있다.

소년법(2007. 12. 21. 개정, 2008. 6. 22. 시행)상 인정되는 보호처분의 종류는 다음과 같다(제32조 제1항). 즉 ① 보호자 또는 보호자를 대신하여 소년을 보호할 수 있는 자에게 감호를 위탁하는 것, ② 수강명령, ③ 사회봉사명령, ④ 보호관찰관의 단기(短期) 보호관찰, ⑤ 보호관찰관의 장기(長期) 보호관찰, ⑥ 「아동복지법」에 따른 아동복지시설이나 그 밖의 소년보호시설에 감호를 위탁하는 것, ⑦ 병원, 요양소 또는 「보호소년 등의 처우에 관한 법률」에 따른 소년의료보호시설에 위탁하는 것, ⑧ 1개월 이내의 소년원 송치, ⑨ 단기 소년원 송치, ⑩ 장기 소년원 송치 등 모두 10종류이다. 그리고 이 경우 '사회봉사명령'은 14세 이상의 소년에게, '수강명령'과 '장기 소년원송치'는 12세 이상의 소년에게 명할 수 있다(제32조 제3·4항).

이상 각 호에 해당하는 보호처분은 소년부판사(가정법원 소년부판사 또는 지방법원 소년부판사)가 심리의 결과 필요하다고 인정한 때에 결정으로써 내린다(제32조 제1항). 소년의 보호처분은 그 소년의 장래의 신상에 어떠한 영향도 미치지 아니한다(동조 제6항).

Ⅳ. 형법과 소년법상의 사회봉사명령 및 수강명령

1. 사회봉사명령

사회봉사명령(community service order)이란 유죄판결을 받은 범인에게 자유형을 집행하는 대신 사회에 유용한 활동이나 급부를 제공하도록 명함으로써 사회내 처우의 장점과 속죄의 효과를 달성하고자 하는 보안처분이다.

우리나라에서는 1988년 12월 31일에 개정된 소년법이 보호관찰처분을 받는 16세 이상의 소년에게 사회봉사명령 또는 수강명령을 과할 수 있도록 규정한 것(구 소년법 제32조 제3항)으로부터 이 제도가 시작되었으며, 1995년의 개정형법에서 형의 집행유예시에 사회봉사명령 또는 수강명령을 내릴 수 있도록 규정함으로써(**형법 제62조의** 2) 집행유예를 받는 성인범죄자에게까지 널리 적용할 수 있게 되었다. 형법상의 사회봉사명령은 집행유예기간 내에 이를 집행한다(동조 제3항).

사회봉사명령제도의 운영에 관하여는 보호관찰법, 형의 집행 및 수용자의 처우에 관한 법률 또는 특별법에 별도의 구체적인 규정을 두고 있다. 사회봉사명령은 다른 법률에 특별한 규정이 없는 한 500시간의 범위 내에서 법원이 사회봉사를 할 분야와 장소 등을 지정할 수 있고(보호관찰 등에 관한 법률 제59조), 그 집행은 원칙적으로 보호관찰관이 담당한다(동법 제61조 제1항). 소년의 경우 사회봉사명령은 14세 이상의 소년에게만 부과할 수 있으며(소년법 제32조 제3항), 200시간을 초과하지 않는 범위 내에서 사회봉사명령을 이행한다(소년법 제33조 제4항). 사회봉사프로그램의 내용으로는 자연보호활동, 공원·동물원·식물원 기타 공공시설에서의 근로봉사활동, 공공의료·요양시설이나 공공도서관 등에서의 봉사활동, 양로원·고아원·장애자복지시설 등에서의 봉사활동 등을 다양하게 개발할 수 있다. 사회봉사명령시에 개인의 능력과 흥미, 신분, 직업 등을 고려하여 적절하게 지정할 필요가 있다고 하겠다.[13]

---

13) 이와 관련하여, 재벌그룹 회장의 횡령·배임행위 등에 대하여 집행유예를 선고하면서 '사회봉사명령'으로서 일정액의 금전출연을 주된 내용으로 하는 사회공헌계획의 성실한 이행 및 준법경영을 주제로 하는 강연과 기고를 명하는 것은 허용될 수 없다고 본 대법원판례가 주목된다. "판결요지: [1] 형법과 보호관찰 등에 관한 법률의 관계규정을 종합하면, 사회봉사는 형의 집행을 유예하면서 부가적으로 명하는 것이고 집행유예되는 형은 자유형에 한정되고 있는 점 등에 비추어, 법원이 형의 집행을 유예하는 경우 명할 수 있는 사회봉사는 자유형의 집행을 대체하기

이 제도는 처벌의 한 형태이면서도 범죄자에게 낙인을 찍지 않는다는 점, 형사사법상의 비용을 절감할 수 있다는 점, 인간적이라는 점, 구금의 부정적 영향을 피할 수 있다는 점, 범죄자로 하여금 사회에 속죄한다는 심리적 보상감을 줄 수 있다는 점, 범죄자에게 지역사회에의 소속감을 심어줄 수 있다는 점, 범죄자에게 근로정신의 함양과 여가선용의 기회가 되어 교화와 사회재통합의 효과가 있다는 점, 지역사회에 필요한 봉사활동을 무상으로 제공할 수 있다는 점 등 많은 장점이 있는 것으로 지적되고 있다.

2. 수강명령

수강명령이란 유죄판결을 받은 범인에게 자유형을 집행하는 대신에 지정된 교육 또는 일정시간 이상의 강의 내지 학습을 받도록 명함으로써 교정의 효과를 달성하고 정상적인 사회복귀를 촉진하는 보안처분이다.

수강명령제도는 비행청소년들에 대한 선도조건부 기소유예처분의 내용으로 검찰에서 실시하여 오던 것을 1988년 12월 31일에 개정된 '소년법'에 16세 이상의 소년에게 부과할 수 있는 것으로 입법화되었다가, 2007년 12월 21일의 개정에서는 12세 이상의 소년에게 부과가능하도록 바뀌었으며(소년법 제32조 제1항 제2호 및 제4항), 1995년의 개정형법에서 형의 집행유예시에도 수강명령을 내릴 수 있도록 규정함으로써(**형법 제62조의** 2) 이 제도는 성인범죄자에게까지 널리 적용할 수 있게 되었다. 형법상의 수강명령은 집행유예기간 내에 이를 집행한다(동조 제3항).

위한 것으로서 500시간 내에서 시간단위로 부과될 수 있는 일 또는 근로활동을 의미하는 것으로 해석되므로, 법원이 형법 제62조의 2의 규정에 의한 사회봉사명령으로 피고인에게 일정한 금원을 출연하거나 이와 동일시할 수 있는 행위를 명하는 것은 허용될 수 없다. [2] 법원이 피고인에게 유죄로 인정된 범죄행위를 뉘우치거나 그 범죄행위를 공개하는 취지의 말이나 글을 발표하도록 하는 내용의 사회봉사를 명하고 이를 위반할 경우 형법 제64조 제2항에 의하여 집행유예의 선고를 취소할 수 있도록 함으로써 그 이행을 강제하는 것은, 헌법이 보호하는 피고인의 양심의 자유, 명예 및 인격에 대한 심각하고 중대한 침해에 해당하므로 허용될 수 없고, 또 법원이 명하는 사회봉사의 의미나 내용은 피고인이나 집행담당기관이 쉽게 이해할 수 있어 집행과정에서 그 의미나 내용에 관한 다툼이 발생하지 않을 정도로 특정되어야 하므로, 피고인으로 하여금 자신의 범죄행위와 관련하여 어떤 말이나 글을 공개적으로 발표하라는 사회봉사를 명하는 것은 경우에 따라 피고인의 명예나 인격에 대한 심각하고 중대한 침해를 초래할 수 있고, 그 말이나 글이 어떤 의미나 내용이어야 하는 것인지 쉽게 이해할 수 없어 집행과정에서 그 의미나 내용에 관한 다툼이 발생할 가능성이 적지 않으며, 유죄로 인정된 범죄행위를 뉘우치거나 그 범죄행위를 공개하는 취지의 말이나 글을 발표하도록 하는 취지의 것으로도 해석될 가능성이 적지 않으므로, 이러한 사회봉사명령은 위법하다"(**대판** 2008. 4. 11, 2007 **도** 8373－전원합의체: 현대차 비자금 사건).

'아동·청소년의 성보호에 관한 법률'(약칭: 청소년성보호법)은 ① 아동·청소년대상 성범죄를 범한 자에 대하여 유죄판결을 선고하거나 약식명령을 고지하는 경우에 500시간의 범위에서 재범예방을 위한 수강명령을 병과하도록 규정하고 있으며(제21조 제2항 이하), 제44조 제1항에 규정된 죄를 범한 ② 10세 이상 14세 미만의 아동·청소년(제44조 제1항)과 ④ 14세 이상 16세 미만의 아동·청소년(동조 제2항)에 대하여 수강명령을 부과하도록 하는 특칙을 두고 있다(동조 제4항). 그리고 '아동학대범죄의 처벌 등에 관한 특례법'(약칭: 아동학대처벌법) 제8조는 아동학대행위자에 대하여 형벌 또는 집행유예를 선고하면서 재범예방을 위한 '수강명령'을 병과할 수 있음을 규정하고 있다.

수강명령은 다른 법률에 특별한 규정이 없는 한 200시간의 범위 내에서 법원이 수강할 분야와 장소 등을 지정할 수 있고(보호관찰 등에 관한 법률 제59조), 그 집행은 원칙적으로 보호관찰관이 담당한다(동법 제61조 제1항). 소년의 경우 수강명령은 12세 이상의 소년에게만 부과할 수 있으며(소년법 제32조 제4항), 100시간을 초과하지 않는 범위 내에서 수강명령을 이행한다(소년법 제33조 제4항).

수강명령제도도 사회내 처우의 장점을 살리기 위한 형벌대체수단의 하나이다. 범죄자를 교정시설에 수용하여 교화프로그램을 실시하지 아니하고, 정상적인 사회생활을 영위하게 하면서 특히 일과 후나 주말에 수강센터에서 교화프로그램을 수강하도록 하는 것은 범죄자에게 낙인을 찍지 않는다는 점, 구금의 부정적 영향을 피할 수 있다는 점, 형사사법상의 비용을 절감할 수 있다는 점, 인간적이라는 점, 청소년범죄자들에게는 여가를 박탈하여 수강하게 함으로써 일종의 처벌의 효과도 얻을 수도 있다는 점 등의 이점이 있다. 또 교통사고자나 음주운전자 등의 경우에는 운전학교나 금주교실 등에서 수강케 함으로써 자신의 음주문제 또는 운전에 있어서의 부주의한 태도나 부족한 기술을 교정·보완할 수 있을 것이다.

2021. 4. 20.에 제정된 '스토킹범죄의 처벌 등에 관한 법률'(약칭: 스토킹처벌법) 제19조는 스토킹범죄자에 대하여 형벌 이외에 수강명령을 병과할 수 있다고 규정하고 있다.

수강명령과 유사한 보안처분으로서 일정한 프로그램의 '이수명령'이 있다. 성폭력처벌법 제16조 제2항 이하에 규정된 '성폭력 치료프로그램의 이수명령', 청소년성보호법 제21조 제2항 이하에 규정된 '성폭력 치료프로그램의 이수명령', 아동학대처벌법 제8조에 규정된 '아동학대 치료프로그램의 이수명령', 스토킹처벌법 제19조에 규정된 '스토킹범죄자에 대한 치료프로그램 이수명령'이 그 예이다.

V. 보호관찰 등에 관한 법률상의 보호관찰

'보호관찰 등에 관한 법률'(약칭: 보호관찰법)은 죄를 범한 자로서 재범방지를 위하여 체계적인 사회내 처우가 필요하다고 인정되는 자에 대하여 지도·원호를 함으로써 건전한 사회복귀를 촉진하기 위한 보호관찰처분을 규정하고 있다(제1조). 보호관찰의 대상자(보호관찰 등에 관한 법률 제3조 제1항)는 ① 형법에 의하여 보호관찰조건부 선고유예 또는 집행유예를 선고받은 자(제59조의 2, 제62조의 2) 및 가석방된 자(제73조의 2 제2항), ② 소년법 제32조 제1항 제4호 및 제5호의 보호처분을 받은 소년 또는 가석방된 소년수형자·가퇴원한 보호소년(동법 제3조 제1항 제4호), ③ 가종료 또는 치료위탁된 피치료감호자(치료감호법 제32·33조), ④ 다른 법률에 의하여 보호관찰 등에 관한 법률에 의한 보호관찰을 받도록 규정된 자(동법 제3조 제1항 제5호)이다. 따라서 형법, 소년법, 치료감호법에 의한 보호관찰처분은 모두 보호관찰 등에 관한 법률의 적용을 받는다.

법무부장관 소속하에 보호관찰에 관한 사항을 심사·결정하는 기관으로서 보호관찰심사위원회를 두고(동법 제5조-13조), 보호관찰에 관한 사무를 관장하는 기관으로서 보호관찰소를 둔다(동법 제14조-15조). 보호관찰소에는 그 관장사무를 처리하기 위하여 형사정책학·행형학·범죄학·사회사업학·교육학·심리학·기타 보호관찰에 필요한 전문적 지식을 갖춘 보호관찰관을 둔다(동법 제16조).

보호관찰관은 보호관찰대상자의 재범을 방지하고 건전한 사회복귀를 촉진하기 위하여 필요한 지도·감독을 하는데, 그 방법으로는 ① 보호관찰대상자와 긴밀한 접촉을 가지고 항상 그 행동 및 환경을 관찰하는 것, ② 보호관찰대상자에 대하여 준수사항을 이행함에 적절한 지시를 하는 것, ③ 보호관찰대상자의 건전한 사회복귀를 위하여 필요한 조치를 하는 것 등이 규정되어 있다(동법 제33조).

Ⅵ. 보안관찰법상의 보안관찰

보안관찰법[14]은 사상범으로 복역하고 출소한 자의 재범위험성을 예방하기 위한 목적으로 제정된 구 사회안전법[15]의 대체법률이다.

보안관찰법상 보안관찰처분대상자는 보안관찰해당범죄(동법 제2조: 형법상의 내란·외환죄, 군형법상의 반란·이적죄, 국가보안법상의 일정한 범죄) 또는 이와 경합된 범죄로 금고 이상의 형의 선고를 받고 그 형기합계가 3년 이상인 자로써 형의 전부 또는 일부의 집행을 받은 사실이 있는 자이다(동법 제3조). 보안관찰처분은 이 대상자 중 보안관찰해당범죄를 다시 범할 위험성이 있다고 인정할 충분한 이유가 있는 자에 대하여(동법 제4조 제1항), 2년의 기간으로 부과되는데, 법무부장관은 검사의 청구가 있는 때에는 보안관찰처분심의위원회의 의결을 거쳐 그 기간을 갱신할 수 있다(동법 제5조).

보안관찰처분을 받은 자는 소정의 사항을 주거지 관할 경찰서장에게 신고하고, 재범방지에 필요한 범위 안에서 그 지시에 따라 보안관찰을 받아야 한다(동법 제4조 제2항). 그리고 검사와 사법경찰관은 피보안관찰자의 재범방지를 위하여 특히 필요한 경우에는 일정한 자와의 회합·통신을 금지하거나 일정한 집회 또는 시위장소에의 출입을 금지하는 등의 조치를 할 수 있다(동법 제19조 제2항).

Ⅶ. 현행 보안처분제도의 문제점과 개선방향

① 현재 특별법에 산재해 있는 각종의 보안처분은 그 성격상 불가피한 것이 아닌 한 형법전에 편입시켜 통일적이고도 체계적인 보안처분법을 구성하도록 하고, 보안처분이 법원의 통제를 받는 사법처분이면서 형사제재로서의 성격을 갖도록 함이 보안처분의 본질과 인권보장적 견지에서 바람직하다고 하겠다.[16]

② 보안처분은 범죄인의 사회적 위험성에 주목해서 부과되기 때문에 자칫

14) 1989. 6. 16. 법률 제4132호.

15) 1975. 7. 16. 법률 제2679호.

16) 김/서, 819면; 배종대, 857면; 이형국, 446면; 진/이, 775면.

과도한 제재로 나아가기 쉽다. 보안처분에 있어서 인권보장과 부과의 신중을 기하기 위하여 법률로써 보안처분의 비례성원칙을 명문화할 필요가 있다.[17)]

③ 끝으로 보안처분은 사회방위라는 명목으로 개인의 법익에 심각한 제약을 줄 소지가 큰 형사제재수단이므로 인권보장의 견지에서 죄형법정주의가 최대한 적용되어야 한다는 점을 지적하고자 한다. 따라서 보안처분의 규정은 법률로써 하되, 그 내용의 추상성을 피하고 개별적으로 명확하게 규정하여야 하며, 그 선고는 법원으로 하여금 행하도록 해야 한다. 무엇보다도 중요한 것은 실무자들이 보안처분제도를 운용함에 있어서 그 남용을 삼가고 신중을 기하는 자세를 견지하는 일이라고 하겠다.

17) 배종대, 857면.

판례색인

사항색인

[ㅇ]

[ㅈ]

[ㅊ]

[ㅍ]

[ㅎ]

저자약력

• 임 웅(任 雄)

1949년 生

1972. 2. 서울대학교 법과대학 졸업

1982. 8. 서울대학교 대학원 법학박사

1987. 9.~1989. 8. 독일 Max-Planck 외국형법연구소에서 연구
(독일 Humboldt재단 초청)

사법시험, 행정고등고시, 입법고등고시 시험위원 역임

성균관대학교 법과대학 학장 및 비교법연구소장 역임

한국형사법학회 회장 및 한국형사정책학회 회장 역임

2009년 법무부 변호사시험 형사법분야 문제유형 연구위원회 위원장

2009년 경찰청(본청) 집회·시위자문위원회 위원장

2010년 '법의 날'에 홍조근정훈장 수훈

2013년 제1회 유기천법률문화상 수상

1983. 3.~2014. 2. 성균관대학교 법과대학 및 법학전문대학원 교수

2014. 3.~현재 성균관대학교 법학전문대학원 명예교수

(E-mail: wyim@hanmail.net)

• 김성규(金成圭)

성균관대학교 법과대학 법학사

성균관대학교 대학원 법학과 법학석사

Albert-Ludwigs-Universität Freiburg 법학박사(Dr. jur.)

현, 한국외국어대학교 법학전문대학원 교수

• 박성민(朴成敏)

성균관대학교 법과대학 법학사

성균관대학교 대학원 법학과 법학석사

성균관대학교 대학원 법학박사

현, 경상국립대학교 법과대학 교수

刑法總論 [第15訂版]

1999년	2월 20일	초판 발행		2015년	8월 15일	제7정판 발행
2002년	8월 20일	개정판 발행		2016년	8월 15일	제8정판 발행
2005년	8월 30일	개정판 보정발행		2017년	8월 30일	제9정판 발행
2008년	11월 10일	개정판 제2보정발행		2018년	8월 15일	제10정판 발행
2010년	8월 30일	제3정판 발행		2019년	5월 10일	제11정판 발행
2011년	6월 15일	제3정판 보정발행		2021년	2월 10일	제12정판 발행
2012년	6월 25일	제4정판 발행		2022년	1월 30일	제13정판 발행
2013년	8월 5일	제5정판 발행		2024년	2월 25일	제14정판 발행
2014년	6월 30일	제6정판 발행		2025년	8월 30일	제15정판 1쇄 발행

저 자 任 雄
金 成 圭
朴 成 敏

발행인 裵 孝 善

발행처 도서출판 法 文 社

주 소 10881 경기도 파주시 회동길 37-29(문발동)
등 록 1957년 12월 12일 제 2-76호 (倫)
전화 031-955-6500~6, 팩스 031-955-6500
e-mail(영업) : bms @ bobmunsa. co. kr
(편집) : edit66 @ bobmunsa. co. kr
홈페이지 http : //www. bobmunsa. co. kr

조 판 법 문 사 전 산 실

정가 48,000 원

ISBN 978-89-18-91619-4